荣获山东省优秀史志成果奖

济南市槐荫区志

HUAIYIN QU ZHI

1989—2006

济南市槐荫区史志编纂委员会 编

方志出版社
Publishing House of Local Records

图书在版编目（CIP）数据

济南市槐荫区志：1989—2006 / 济南市槐荫区史志编纂委员会编. --北京：方志出版社，2017.10
ISBN 978-7-5144-2628-1

Ⅰ. ①济… Ⅱ. ①济… Ⅲ. ①槐荫区—地方志—1989—2006 Ⅳ. ①K295.24

中国版本图书馆CIP数据核字（2017）第265961号

济南市槐荫区志（1989—2006）

编　　者：济南市槐荫区史志编纂委员会
责任编辑：刘　珊

出 版 人：冀祥德
出 版 者：方志出版社
地址　北京市朝阳区潘家园东里9号（国家方志馆4层）
邮编　100021
网址　http://www.fzph.org
发　　行：方志出版社图书经销中心
电话（010）67110500
经　　销：各地新华书店
印　　刷：济南黄氏印务有限公司

开　　本：889×1194　　1/16
印　　张：47.75
字　　数：1226千字
版　　次：2017年10月第1版　　2017年10月第1次印刷
印　　数：0001～3000册

ISBN 978-7-5144-2628-1　　定　价：590.00元

槐荫区史志编纂委员会

（2006年12月）

《济南市槐荫区志（1989—2006）》
编审人员

主　　审　朱玉明

副 主 审　胡民安

主　　编　杨　军

编　　辑　彭丁山　　金　颖　　钮建新

中共济南市槐荫区委书记　国承彦

序

盛世修志，鉴古知今。地方志作为辅政、教化、存史之书，为历代所倚重，承担着“穷天人之际，通古今之变”的使命。以习近平总书记为核心的党中央，高度重视史志工作，多次发出修史修志的号召。习近平总书记在2014年2月考察北京首都博物馆时强调：“要高度重视修史修志，把历史智慧告诉人们，激发我们的民族自豪感和自信心，坚定全体人民振兴中华、实现中国梦的信心和决心。”李克强总理提出：“修志问道，以启未来”。

槐荫历史底蕴丰厚，20世纪初成为繁华的主城区，前人留下了宝贵的发展经验和浩繁的史志典籍。进入中国特色社会主义新时代，为适应社会主要矛盾变化，无论是为发展举旗定向，还是为民生增进福祉，都尤为需要通晓历史规律，把握发展脉络，借鉴过去经验，启迪前进智慧，提高决策科学性和有效性，为开创全区经济社会发展新局面提供智力支持。

可喜的是，时值全国上下学习贯彻落实党的十九大精神之际，历经十载潜心编纂、数易其稿的《济南市槐荫区志（1989—2006）》杀青付梓。本志上限1989年，下限2006年。这18年，是槐荫区经济社会快速发展、成绩斐然的18年。勤劳朴实的槐荫人民在历届区委、区政府的坚强领导下，锐意进取、奋发有为，国民经济和社会发展取得了辉煌成就。全区党的建设全面加强，城乡面貌焕然一新，经济发展成效显著，科技教育蓬勃向上，文化卫生进步明显，社会保障不断完善，人民群众安居乐业，呈现出百业兴旺、政通人和的大好局面。

《济南市槐荫区志（1989—2006）》运用辩证唯物主义和历史唯物主义观点，立足当今，求实存真，全面、客观地记述了18年来全区政治、经济、文化和社会事业的发展变化和历

济南市槐荫区人民政府区长　朱玉明

史成就，集思想性、科学性、资料性于一体，为建设中国特色社会主义伟大实践提供了决策依据，为开展爱国爱党爱家乡教育提供了生动教材，同时也为区外各界人士了解槐荫、认识槐荫、推介槐荫提供了翔实资料，是一部传承文明、有益当代、垂鉴后世的地情资料著述，具有无可替代的社会、文学、历史价值。

《济南市槐荫区志（1989—2006）》的编撰出版，得益于省、市史志部门的精心指导和兄弟县区的大力支持，得益于全区各级各单位的高度重视和鼎力合作，得益于全体编撰人员的科学考证和千锤百炼，得益于所有提供资料人员的尽心尽力和无私奉献。在此，谨向所有关心、支持、参与区志编修工作的同志们，致以最诚挚的感谢！

人事有代谢，往来成古今。衷心希望全区人民以史为鉴、借史明志，承前启后、继往开来，在习近平新时代中国特色社会主义思想指引下，奋力谱写创新活力、开放现代、生态宜居、和谐文明槐荫的新篇章。

中共济南市槐荫区委书记　周羽彦

济南市槐荫区人民政府区长　朱玉明

济南森林公园

（区文化局提供）

济西湿地

（王琴　摄）

大美槐荫

（区文化局提供）

济南二机床装配生产现场　　（区委宣传部提供）

山东九阳小家电有限公司

济南轨道交通装备有限公司生产现场　　（区委宣传部提供）

（区委宣传部提供）

和谐广场　　　　　　（区委宣传部提供）

济南嘉华购物广场　　　　　　（区委宣传部提供）

济南世购广场　　（王琴　摄）

济南茶叶市场　　（2009 年摄　区委宣传部提供）

水稻丰收　　　　（区农发局提供）

莲藕生态园　　　（区农发局提供）

休闲观光农业——美里湖生态公园

出口圆葱　（2004年7月摄　区农发局提供）

有机盖韭基地　（区农发局提供）

（马亮　摄）

2006 年 3 月，世界卫生组织安全社区命名仪式暨全国安全社区高层研讨会　　（青年公园街道提供）

阳光 100 小区景观　　（区委宣传部提供）

交警训练
（2004 年 8 月 12 日 刘新华　摄）

阳光体育展示
（2007 年摄　区教育局提供）

“槐荫职教杯”2006 年全国少年女子柔道锦标赛在山东省济南第二十六中学柔道馆举行　（区教育局提供）

①

②

① 龙腾虎跃闹新春
（区文化局提供）
② 晨练 （区文化局提供）

皁成信东记

（区委宣传部提供）

蔡公时殉难地

（2002 年摄　区文化局提供）

兴福寺全貌

（区文化局提供）

槐荫广场　　（2003年7月　王琴　摄）

二环西路槐荫段　　（2001年摄　区市政局提供）

新修建的经六路延长线　（2002年摄　区市政局提供）

经十路槐苑广场段　（2005 年 10 月　王琴　摄）

扩建经十路槐苑广场段　（2004 年　王琴　摄）

经十路辛庄高架桥　（2003 年 8 月　王琴　摄）

张庄路　　（2006 年摄　区市政局提供）

纬十二路槐荫段　　（王琴　摄）

经十路西段　　（2008 年 4 月　王琴　摄）

二环西路立交桥　　（张庄路街道提供）

经二路纬七路交岔路口　　（王琴　摄）

槐荫政务中心　　（区委宣传部提供）

① ②

③ ④

① 北大槐树街（2005 年 10 月　王琴　摄）

② 德邻里（2005 年 3 月　王琴　摄）

③ 丁字山东路一角（王琴　摄）

④ 经七路隆新里（王琴　摄）

① 经三纬七路一角　　（王琴　摄）

② 忠厚街　　（王琴　摄）

③ 南大南街　　（2003 年 11 月　王琴　摄）

④ 裕福里　　（2005 年 2 月　王琴　摄）

济南大剧院
（区文化局提供）

西部新景

济南市图书馆、众艺术馆、美术馆（区委宣传部提供）

（区文化局提供）

俯瞰高铁片区　　（王琴　摄）

高铁济南西站

高铁济南西站公交枢纽　　　　（王琴　摄）

（区文化局提供）

黄河槐荫段杨庄险工　（区黄河河务局提供）

黄河银杏林（区文化局提供）

济西湿地　　（区文化局提供）

湿地荷塘　　（区文化局提供）

玉符河湿地夕照　　（王琴　摄）

腊山湖 （王琴　摄）

小清河槐荫段

玉清湖水库　　（区委宣传部提供）

（王琴　摄）

匡山

（区委宣传部提供）

2017年3月21日，《济南市槐荫区志（1989—2006）》专家评审会召开

（王芬 摄）

《济南市槐荫区志（1989-2006）》专家评审会

2017年3月21日

2017 年 3 月 21 日，《济南市槐荫区志（1989—2006）》专家评审会与会领导、专家及编纂人员合影

第一排左起：丁爱军、张云雷、吴春国、胡民安、翟世林、翟旭东、刘爱军、巩宪群、韩振国、朱玉明、李刚、李天程、王芬

第二排左起：钮建新、范金鹏、金颖、杨军、庞新华、彭丁山、边绍林、高长海、亓远程、于瑞东、罗毅

凡 例

一、本志以马克思列宁主义、毛泽东思想、邓小平理论、“三个代表”重要思想、科学发展观和习近平新时代中国特色社会主义思想为指导，坚持辩证唯物主义和历史唯物主义的立场、观点和方法。依据国务院《地方志工作条例》和《山东省地方史志工作条例》，全面客观记述槐荫区自然、政治、经济、文化和社会的历史与现状，努力做到思想性、科学性、资料性的统一，力求突出时代特色和地方特点。

二、本志为《槐荫区志》1994年版的续志，上限为1989年，下限为2006年，为保持事物发展的连续性和完整性，部分内容适当上溯或下延。

三、本志由述、记、志、传、图、表、录和索引组成，以志为主;采用编、章、节、目体结构，横排门类，纵述史实。

四、本志使用规范的现代语体文记述。大事记采用编年体为主结合纪事本末体记述。行文力求简洁、朴实、流畅。

五、本志采用公元纪年，使用历史纪年的，括注公元纪年。

六、数字、标点符号使用遵循国家标准《出版物上数字用法》（2011年7月发布）和《标点符号用法》（2011年12月发布）的规定；计量单位遵循《中华人民共和国法定计量单位》（1993年12月发布）的规定，个别沿用习惯用法。

七、本志收录人物，坚持“生不立传”原则，以本籍人物为主，兼记本行政区域有重大影响的客籍人物。人物传以卒年为序，人物简介以生年为序，人物表以表彰（授予）称号时间为序。

八、本志采用数据，以统计部门公布的数据为准；统计部门未作统计的，采用业务主管部门提供的数据。

九、本志资料主要由区直各部门、街道（镇）等提供，部分资料来自档案、文献和媒体等，文中不再注明出处。

目　　录

第三编　农　业

第四编　工　业

第五编 商 贸

第六编 财政 税务 金融

第七编 经济综合管理

第八编　政党　群团

第九编 政权 政协

第十编 综合政务

第十一编 公安 司法 军事

第十二编 教育 科技

第十三编 文化 体育

第十四编 卫 生

第十五编 社会生活

第十六编 街道 镇

第十七编　组织机构

人 物

附 录

概　述

GAI SHU

槐荫区志

1989—2006

一

槐荫区位于山东省中部，济南市区西部，地处北纬 36°37′～36°45′，东经 116°47′～116°59′。北与德州市齐河县隔黄河相望，南与济南市市中区相邻，东与济南市天桥区、市中区接壤，西临济南市长清区，是省会济南四个中心城区之一。2006 年，辖区土地面积 151.65 平方千米。辖 12 个街道、2 个镇，54 个社区居委会、93 个行政村。总人口 36.71 万人，性别比为 99（以女性为 100），人口出生率 9.52‰，人口自然增长率 3.20‰。有回、满等 25 个少数民族，少数民族人口 1.43 万人。

槐荫区地处鲁中山区和鲁北平原的过渡地带，地势南高北低，南部多丘陵，西北部平坦低洼。境内山脉属泰山山地北支余脉，主要山丘有刘长山（海拔 135 米）、腊山（海拔 162 米）、卧牛山（海拔 97 米），均呈东西走向。属暖温带大陆性季风气候，四季分明。春季干燥少雨，多西南风；夏季炎热多雨；秋季天高气爽；冬季严寒干燥，多东北风。年平均气温 14.2℃，平均降水量 685 毫米，平均日照时数 2737.3 小时，平均无霜期 218 天。流经境内的河流有黄河、小清河、玉符河、腊山河等，水量可观，水质良好。有铁矿、煤矿和石灰石等资源，吴家堡地热温泉水温可达 45℃以上，有较大的开发价值。

二

槐荫区历史悠久。境内田家庄遗址出土的陶器、石器、鹿角、兽骨、淡水蚌壳等证明，属北辛文化（距今 6500 年前）、龙山文化（距今 4000 年前后）和商代文化（距今 3000 年前）混合区，早在六七千年前，这里就有人类活动。位于大金庄西南 4 千米的祝阿古城遗址证明，早在汉代这里就开始设县。1904 年，济南自开商埠，作为占三分之一商埠区的槐荫区，拥有众多具有悠久商埠历史文化的资源，仅老建筑就有宏济堂、老洋行、阜成信棉花行东记西记、经四路基督教堂、济南饭店等数十处。1921 年夏，中共一大代表王尽美及中国工人运动的先驱、中共早期领导人之一王荷波深入津浦铁路大槐树机车厂（济南铁路机车工厂前身）建立工人夜校和俱乐部，宣传马列主义，培养党的骨干。

槐荫区区位优越。济（南）青（岛）高速公路起始于此，（北）京福（州）高速公路纵贯西部，并与济（南）青（岛）、济（南）泰（安）、济（南）聊（城）、济（南）德（州）4 条高速公路交会，使槐荫区成为连接全国陆路交通的枢纽和济南市的西大门。辖区内有名列全国第三位的铁路编组站和津浦铁路，形成完善的交通体系。驻区学校、文化院团、医疗机构众多。驻区学校有中共山东省委党校、山东省劳动技术学院、山东省济南卫生学校、山东省济南第九中学等；文艺单位有济南市儿童艺术团、济南市杂技院、济南市吕剧院；医疗机构有山东省立医院、山东省肿瘤医院、山东大学齐鲁儿童医院（济南市儿童医院前身）、济南市第五人民医院。

槐荫区潜力巨大。槐荫区是济南西部新城的核心区，随着济南西扩战略的实施，道路、市政等基础设施明显改善。有 50 平方千米生态湿地资源，水资源丰富。黄河、长江南水北调工程及泰山山脉地下水在此交汇，是济南城市居民用水的重要水源地。小清河湿地公园占地面积 33 平方千米。玉清湖水库、美里湖水库环境优美，水资源丰富。

三

1989—2006 年，槐荫人民在中共槐荫区委、区人民政府的领导下，坚持以经济建设为中心，解放思想，抢抓机遇，深化改革，扩大开放，国民经济迅速发展。

综合实力不断增强。1989 年，全区国内生产总值 4.36 亿元，完成财政收入 4677 万元。1995 年，全区国内生产总值 15.5 亿元，一、二、三产业增加值分别为 1 亿元、7.5 亿元、7 亿元，三次产业比例 6.5∶48.4∶45.1，全区财政收入 5578 万元。2000 年，完成地区生产总值 25.48

亿元，财政收入2.85亿元，其中地方财政收入1.9亿元，三次产业比例5.4∶39.5∶55.1，民营经济成为全区经济增长重要力量。2006年，实现地区生产总值131.4亿元，其中一、二、三产业增加值分别为2亿元、45.9亿元、83.5亿元，三次产业比例1.5∶34.9∶63.6。完成地方财政一般预算收入3.94亿元，全社会固定资产投资60.56亿元。

农村经济稳步发展。1989年后，全区农村进一步完善家庭联产承包责任制，积极调整农业产业结构，大力发展城郊型、出口型农业，推广农业标准化种植，提高农业机械化水平，加快农业产业化进程，促进高产、优质、高效农业的发展。1990年起，进行农业种植结构调整，发展多种经营。同年，全区农村经济总收入6亿元，其中多种经营收入4亿元。1994年，以圆葱为主的出口农业开始起步。1995年，农村经济总收入23.5亿元，粮食总产量2.39万吨，蔬菜总产量9万吨。2000年，初步形成出口创汇、生态观光、精种特养等特色农业，农产品出口创汇270万美元。2003年，实施“双十工程”（发展十类龙头企业、十类重点产业或产品）。2006年，完成农业总产值3.27亿元。粮食总产量3.15万吨，蔬菜总产量8.91万吨；猪、牛、羊年出栏总数2.8万头，肉、蛋、奶、水产品总产量5.4万吨。农、林、牧、渔业增加值分别为13556万元、134万元、4988万元、731万元。农作物播种面积7037公顷，其中粮食作物播种面积4985公顷，经济作物播种面积2052公顷。在全市第一个实现种植业无公害产地全覆盖，济南丰农有限责任公司、济南樱龙食品有限公司成为国家级出口蔬菜标准化示范区；省、市级农业龙头企业5家，出口创汇1200万美元。

工业经济增势强劲。槐荫区素有工业重地之称，经过多年发展，逐步形成机械制造、交通运输设备制造、电器器械和器材制造、农副产品加工、生物技术等为主导的工业结构。中国重汽集团济南特种车有限公司生产的特种卡车位列全国前五名；济南第二机床厂生产的数控机床全国闻名；济南机车车辆厂为中国铁路货车制造的大型骨干企业；山东九阳小家电有限公司的系列小家电远销美国、日本、新加坡、印度尼西亚、泰国等国家。1989年，全区区属工业全年总产值40175万元，实现利润2443万元。1995年，全区完成工业总产值26.17亿元，实现利润9896万元，其中乡镇工业总产值17.5亿元，实现利润6687万元。1998年，济南民营科技产业园（2006年批准设立省级开发区，更名为济南槐荫工业园）和段店镇、吴家堡镇成为全区工业经济发展的重要区域。2000年，全区完成工业总产值43.34亿元，实现利润1.38亿元。2002年，民营企业成为全区经济发展重要力量，全区47家规模以上企业中有38家为民营企业。2005年，市属18家国有（集体）企业管理权下放至区及街道。2006年，全区产值500万元以上工业企业111家，完成工业增加值29.9亿元，完成主营业务收入89.7亿元，实现利税6.1亿元，利润3亿元。槐荫工业园区进园企业406家，其中规模以上工业企业32家，实现产值19亿元；孵化器、创业区新引进企业22家，在孵企业83家。

市场贸易繁荣活跃。依托区位及交通优势，大力发展现代服务业，一批大型高档市场、商贸设施相继建成使用，特色市场建设规模居济南市各区之首。形成以济南华联商厦、嘉华购物广场为中心的西市场商贸中心，以山东润华汽车贸易中心为代表的经十西路商贸中心等。西市场小商品批发市场、济南茶叶批发市场、八里桥蔬菜批发市场、山东汽车配件城、匡山汽车大世界等大市场享誉全省，济南茶叶批发市场有江北第一茶叶市场之称。1989年，全区有商业网点4682处，其中省、市及外地驻区商业网点182处。1995年，全区商业网点发展到8350处，完成商业营业额27.4亿元，集贸市场交易额32.6亿元。2000年，全区完成第三产业收入195.8亿元，实现消费品零售总额32.9亿元。2006年，全区完成社会消费品零售总额（在地口径）125.5亿元，持续活跃的消费品市场成为全区第三产业发展的一大亮点。

对外开放水平不断提高。1988年，区对外贸易经济开始起步。1989年，发展中外合资企业16家。1993年起，外贸出口由供货型为主逐步向自营出口型发展。1993年，全区实际利用外资1200万美元，自营出口创汇271万美元，中外合资企业112家。2006年，实现出口创汇1.21亿美元；有出口实绩企业56家，年出口额超过100万美元企业21家，超过500万美元的4家；机电、轻工、化工等产品占全区出口总额的39%。

城乡面貌日新月异。区内道路交通网络纵横交错、干支相连，城乡贯通。1989年，全区有道路93条、长73.2千米，其中主干道13条26.64千米。1990年，辛庄高架桥建成通车。1990—1992年，投资1280万元，新修道路15条、面积8万平方米。1996年，完成东南外环路、西北外环路、经四路等15条主干道拓宽改造工程。1998年，完成济齐路、小清河北路（西起外环西路、东至天桥区界）、经二路西段道路建设。2005年，实现村村通公路和通公共汽车。城中村、城市片区改造不断深入，住宅小区功能不断完善，居民居住环境发生巨大变化。1986—1989年，开发改造旧城区11处，施工面积21万平方米。1990—1995年，全区综合开发竣工面积150.84万平方米，建成匡山、明星、南辛、闫千户等小区。1997—2002年，规划建设新世界阳光花园、阳光100国际新城、外海城市花园等大型高档社区，房地产竣工面积248万平方米。2006年起，五里沟发祥巷棚户区、中大槐树南区、北大槐树、振兴街三角地、经七纬十二路东南片区等老城开发全面展开，段店村等城中村改造启动。城市环境愈加优美，绿化面积不断扩大。1989年，有区属公园2处（青年公园、槐荫公园），市属苗圃2处（济南园林苗圃、段店苗圃）。城区绿化面积7.17万平方米，绿化覆盖率25.2%，人均公共绿地面积0.49平方米。1998年起，绿化开始进入集中建设时期，青年公园改建为占地面积3.2万平方米的槐荫广场，实施小清河、腊山绿化工程及西外环路、经七路等重点绿化和城区拆墙透绿。1999年，将槐荫公园改建为槐苑广场。2000年，建成济南森林公园。2002年，全区建成绿地广场20余处，绿化覆盖率37.8%，人均绿地面积7.3平方米。2006年，绿化美化腊山立交桥、担山屯立交桥，新增绿地面积60余万平方米。

四

国民经济快速发展，促进了全区各项社会事业的全面发展和人民生活水平的显著提高。

教育事业全面进步。教育事业受到全社会的高度重视，教育体制改革不断深入，学校布局、师资配备逐步优化，教学设施不断完善，教学质量稳步提高。1989年，辖区有幼儿园73所，教职工1712人，在园幼儿7708人；小学72所（含驻区7所），教职工1981人，在校生27519人；中学21所，教职工1607人，在校生10516人。1993年，全区实现普及九年制义务教育。1994年，辖区有幼儿园101所，在园幼儿10120人；小学77所，在校生34977人；普通中学21所，在校生13538人；职业学校2所，在校生919人。1996年，区属中学全部取消高中。1998年，全区民办教师全部转为公办。2003年，辖区设立外来务工子女定点学校5所。2006年，有各级各类学校62所，教职工3142人，专任教师2514人。其中，普通中学11所，在校生8869人，毕业生3380人；小学49所，在校生21959人，毕业生3444人。特殊教育学校1所，在校生94人。职业中专1所，在校生1305人。幼儿园110所，在园幼儿14383人。全区小学、初中在校生巩固率分别为100%、99.92%。

科技创新步伐加快。大力实施科教兴区战略，发展壮大高新技术产业，科技进步对经济增长的贡献率不断增长。1989年，全区有科研机构15家，有各类专业技术人员4859人，其中高级职称159人、中级职称1134人、初级职称3566人。1991年，建立农村科技服务站26个、科技协会24个、示范村3个，形成区、镇、村三级科技服务网络。1995年，全国第五家民营科技产业园区——济南民营科技产业园成立。1996年7月，槐荫区被国家科委评为“全国科技先进区”。2000年9月，成立民营科技企业孵化器，2003年2月被科技部认定为国家高新技术创业服务中心。2006年，全区有省级高新技术企业22家、市级高新技术企业30家，高新技术产业累计实现产值54.4亿元，占规模以上工业总产值的58%。

文化体育事业更加繁荣。文艺创作队伍不断扩大，文学创作更加繁荣，群众文体活动丰富多彩。1990年，举办槐荫区首届文化艺术节。1995年，在槐荫公园举办首届文化消夏晚会，参与群众近10万人。2001年，槐苑广场被评为全省十佳文化广场和优秀文化广场。2005年，举办“槐荫区十大业余歌手大赛”“兴济河社区文化艺术节”。2006年，全区有民间文化队伍、社区业余群众文艺团队68个，社区业余活动辅导员127人。体育方面，1993年、2000年、2005年，分别举办全区第四、五、六届全民运动会。1996年，槐荫区被国家体委、国家教委授予“全国体育先进单位”称号。2005年，槐荫广场社区被命名为“全国城市体育先进社区”。2006年，全区实施村级健身工程，各村组建健身队伍，开展健身活动。有省级体育传统项目学校4所，市级体育传统项目学校12所，健身场（馆）7处，健身路径280条，村居健身场所覆盖率91%。

卫生事业长足发展。各级医院规模不断扩大，医疗队伍逐年壮大，医疗设备、设施愈发先进，医疗技术水平不断提高。预防保健、农村卫生、社会卫生和社区卫生工作取得显著成绩。1989年，区管卫生机构主要有槐荫人民医院、区卫生防疫站、区妇幼保健站、各街道（乡镇）卫生院、区属企业卫生室及个体诊所。1996年，开始在辖区内试点建立社区卫生服务中心。2005年8月，在两镇开始推行新型农村合作医疗制度。2006年，有各类卫生机构340所，其中医院20所，床位4853张；卫生专业人员5528人，其中医生2203人。新型农村合作医疗共补偿3266人、59.7万元。有社区卫生服务中心12个、社区卫生服务站5个，槐荫区被命名为“全国社区卫生服务示范区”，受到卫生部、民政部和国家中医药管理局的表彰。

人民生活幸福安康。居民收入不断增加，消费结构发生较大变化，社会保障体系不断完善，居住条件明显改善。1989年，区属全民所有制单位职工人均年工资1812.2元，集体所有制单位职工人均年工资1548.5元；农村人均年收入850元。2000年，城镇在岗职工人均年工资9559元，农民人均年纯收入3676元。2001年，农村取消“三提五统”。2004年，取消农业税及附加。2006年，全区在岗职工83980人，人均年工资20164元。农民人均年纯收入6277元，农村家庭人均年生活费支出3368元，人均住房面积37.8平方米。全年职工养老、医疗、失业、工伤、生育保险参保人数分别达到9.63万人、4.59万人、4.72万人、4.78万人和4.68万人，社会保险基金总收入2.85亿元。全区有劳动保障服务中心14处，安置城镇就业8500人，城镇登记失业率控制在3.4%以内。最低生活保障救助12332人，其中城镇11990人，农村342人。全区农村“五保”供养对象168人，全部由集体供养转为财政供养。被中国社会工作者协会社区服务工委命名为“全国社区服务示范区”。

五

1989—2006年，区委、区政府以邓小平理论、“三个代表”重要思想为指导，贯彻落实科学发展观，科学决策，准确定位，先后制定并实施“东部上水平、中部打基础、西部搞开发”经济发展规划、“两园两城”发展战略、“三个带动”战略和“四园两区”发展战略，凝心聚力搞建设，一心一意谋发展，使槐荫区逐步崛起，由封闭走向开放。全区政治安定，经济发展，社会和谐，人民安居乐业，成就辉煌。18年的发展经验证明：要走符合槐荫实际的强区富民之路，必须坚持党的基本路线，解放思想，实事求是，与时俱进，开拓创新；必须坚持以经济建设为中心，深化改革，扩大开放，用发展的办法解决前进中的问题；必须坚持以人为本，始终把实现好、维护好、发展好广大人民群众的根本利益作为一切工作的出发点和落脚点，做到发展为了人民，发展依靠人民，发展成果由人民共享；必须立足槐荫实际，正确处理改革、发展、稳定的关系，在社会稳定中推进改革发展，并通过改革发展促进社会的稳定。

人类社会的文明史就是一部不断发展、不断创造的历史。槐荫人民将在区委、区政府的正确领导下，承前启后，继往开来，振奋精神，真抓实干，为加快建设现代化的新槐荫而努力奋斗。

1989-2006 年槐荫区国内生产总值情况表

表 1　　　　单位：亿元

年份	国内生产总值	年份	国内生产总值	年份	国内生产总值
1989	4.36	1995	15.50	2001	28.80
1990	4.96	1996	15.20	2002	30.80
1991	6.34	1997	18.00	2003	35.84
1992	8.54	1998	21.00	2004	83.22
1993	13.62	1999	22.54	2005	108.70
1994	14.20	2000	25.48	2006	131.40

说明：1989—1993 年数据为全区工农业总产值，1992 年、1993 年、1998—2006 年数据来源为区统计年鉴，其他年份数据来源于济南年鉴。2004 年为在地统计数据，2005 年、2006 年生产总值总量按全国第二次经济普查结果进行了调整

1990—2006 年槐荫区部分年份第一、二、三产业增加值情况表

表 2　　　　单位：亿元

年 份	第一产业增加值	第二产业增加值	第三产业增加值	第一、二、三产业比例
1990	0.64	2.93	1.39	13 : 59 : 28
1995	1.00	7.50	7.00	6.5 : 48.4 : 45.1
2000	1.38	10.06	14.04	5.4 : 39.5 : 55.1
2005	1.80	36.60	70.30	1.6 : 33.7 : 64.7
2006	2.00	45.90	83.50	1.5 : 34.9 : 63.6

大事记

DA SHI JI

槐荫区志

1989—2006

1989 年

1 月 23 日 市委书记贺国强、市长翟永溥在区委副书记、代区长马洪泉陪同下，到中大槐树街道参加计划生育宣传日活动。

1 月 29 日 省委副书记、省长赵志浩视察纬十一路农贸市场春节供应情况。

1 月 全区开展党政机关干部评定行政职务，10 月结束。共评出主任科员 180 人，副主任科员 65 人，按规定进入职务工资最低档。

2 月 13 日 区委召开全区领导干部廉政工作会议，区纪委书记刘传印作《全区廉政工作基本情况和今后意见》的报告。

3 月 1 日 区委、区政府召开全区农村工作会议，区委书记张印峰代表区委提出 1989 年农村工作奋斗目标。

3 月 9 日 中共济南市槐荫区委对台工作办公室成立。

同日 中共济南市槐荫区委研究室成立。

同日 区委决定从 1989 年起对新提拔党政干部实行试用制，试用期限为 1 年。

3 月 10 日—16 日 由 18 家企业、25 名代表组成的槐荫区代表团参加在深圳举办的中国技术与商品交易大会。

3 月 28 日至 4 月 1 日 济南市槐荫区第十一届人民代表大会第四次会议召开，出席代表 210 名。会议补选马洪泉为槐荫区人民政府区长。

4 月 4 日 区委、区政府在青年公园举行“四五”烈士纪念碑落成揭幕仪式，省、市、区主要领导参加活动。

4 月 6 日 区委作出《关于进一步加强人大工作的决定》，要求进一步更新观念，提高对加强人大工作的认识，健全和完善人大工作制度和工作程序。

4 月 10 日 区委、区政府制定《区机关岗位目标责任制考核奖惩办法试行意见》，岗位责任制实行目标管理，实行月检查、年考核、年终总评，考核的内容包括德、能、勤、绩。

4 月 24 日 区委、区政府决定在全区范围内集中开展一次“打流窜、反盗窃、挖窝子、摧团伙”专项斗争。

5 月 3 日 槐荫区人才基金会对全区 13 名青年杰出人才进行表彰奖励，区委书记张印峰向获奖者颁发证书和奖金。

5 月 16 日 全国妇联副主席黄启璪和书记处书记关涛在省委秘书长马仲才、省妇联主席杨衍银、市委组织部部长亓凤海的陪同下，到全国“三八”红旗集体——振兴街街道第七居委会视察工作。

6 月 7 日 区委、区政府制定《党政机关干部廉政勤政十项守则》，要求党政机关干部自觉遵守。

6 月 28 日 区委决定对全区 21 个先进党支部、47 名优秀党员予以通报表彰，号召全区各级党组织和党员学习他们的模范事迹，在两个文明建设中发挥先锋模范作用。

7 月 14 日 全区召开 1988 年度区级科技进步奖和专业技术人员技术职称证书颁发大会，有 10 个项目受奖。

7 月 28 日 市委副书记、市长翟永溥，市委常委、济南军分区政委王涛一行 4 人到槐荫区现场办公，帮助解决民兵工作中的疑难问题。

8 月 20 日 区委、区政府决定在全区职工中开展“做主人、战百日、争贡献”劳动竞赛活动。

8 月 29 日 济南市政府、济南军分区在槐荫区召开以劳养武工作现场会。

9 月 20 日 槐荫区西市商场大楼、区医院大楼、青年公园地下商场工程竣工。

9 月 区委、区政府决定对城郊局部地区进行区划调整。26 日，撤销北大槐树和经三路 2 个街道，其行政区域分别划归五里沟、西市场和中大槐树 3 个街道。29 日，将段店镇所辖 14 个行政村分别划归新建的张庄、段北、匡山 3 个街道管辖。区划调整后，全区城区面积由原来的 12.9 平方千米扩大到 30.8 平方千米，街道由 10 个增加到 11 个，市区人口由 21 万人增加到 26 万人。

10 月 14 日 区委决定在全区少年儿童中

开展学习全国十佳少先队员边荣塘活动。边荣塘是济南市光明街小学六年级学生，父母离婚，母亲患精神病，边荣塘自强自立，孝敬老人，刻苦学习，先后被评为省、市和全国十佳少先队员，并受到江泽民、李鹏、邓颖超等党和国家领导人接见。

11月19日 德达商场建成开业。

11月26日 司法部部长蔡诚在市委副书记李启万的陪同下，到槐荫区振兴街街道视察依法治街工作，并题词："依法治街的模范，综合治理的典型。"

12月4日—6日 槐荫区第一次工会代表大会召开，出席代表174名，特邀代表71名。济南市总工会主席刘锡藩和区委书记张印峰出席会议并讲话。

12月20日 区委召开五届五次全委(扩大)会议。会议审议通过区委《关于贯彻〈中共中央关于进一步治理整顿和深化改革的决定〉的意见》和《关于全区1990年经济和社会发展目标》，审议通过区委书记张印峰所作的工作报告。

12月25日 区委下发《关于加强党的建设的意见》，提出进一步加强党的建设的基本原则和指导方针，针对加强党员教育管理，抓好党的基层组织建设和廉政建设，搞好领导班子和干部队伍建设等制定具体措施。

12月27日 西市场百货商场建成开业。

1989年 纬九路小学89级学生柳笛获全国数学华罗庚金杯赛金牌(第二名)和华东地区、山东省、济南市三个一等奖，被评为山东省十佳少年。

同年 段店镇周王办事处建成全区第一个千亩集体农场。

1990年

1月12日 区委决定从1990年开始，在全区各级党组织中全面推行党建工作目标管理制。党建目标管理考核内容主要包括领导班子建设、党员教育与管理、基层组织建设与发展新党员、党的纪律检查工作、党的思想政治工作等。区委书记张印峰与区直各党委、总支书记签订责任书。

1月15日 全区共有225294名选民参加投票，选出济南市槐荫区第十二届人民代表大会代表210名。

2月3日 区委、区政府对3名第二批区级专业技术拔尖人才进行命名表彰。

2月14日 区委、区政府召开全区农村经济工作会议，探讨研究深化农村改革的新路子。会上，区委、区政府下发《关于农村土地管理使用制度试行意见》《关于建立农村积累制度试行意见》《完善家庭联产承包责任制，发展适度规模经营的意见》。

2月15日 根据市委、市政府和济南军分区指示，槐荫区成立应急机动队。

3月5日—9日 政协济南市槐荫区第三届委员会第一次会议召开，185名政协委员出席会议。会议听取并审议政协常务委员会工作报告。选举产生政协济南市槐荫区第三届委员会主席、副主席和常务委员会委员。刘茂儒当选为区政协主席，吴敬铭、李广杰、潘慎松、黄成烈当选为副主席。

3月6日—10日 济南市槐荫区第十二届人民代表大会第一次会议召开。会议听取并审议济南市槐荫区人民政府工作报告、槐荫区1990年国民经济和社会发展计划执行情况与1991年国民经济和社会发展计划（草案）的报告、槐荫区1990年财政预算执行情况和1991年财政预算（草案）的报告、槐荫区人大常委会工作报告、区人民法院工作报告、区人民检察院工作报告。会议选举刘连城为区第十二届人大常委会主任，魏法文、冯宏、韩芳云、韩世香、陈耀汉、刁怀林为副主任；选举马洪泉为区人民政府区长，邢家应、孙启胜、赵玉水、钟蔚为副区长；选举张礼堂为区人民法院院长，周留存为区人民检察院检察长。

3月26日—28日 中共济南市槐荫区第六次代表大会召开，出席代表250人。会议听取并审议区委书记张印峰代表第五届区委所作的工作报告和区纪委书记刘传印代表区纪委所作的工作报告。大会选举产生中共济南市槐荫区第六届委员会委员25人，候补委员4人，选举中共济南市槐荫区纪律检查委员会委员15人。中共济南市槐荫区六届一次全委会选举张印峰、董林洲、马洪泉、马广庆、刘传印、邢家应、徐承鲁、梁乙河、宋秉坤、刘英亮、刘锡玉为区委常委，张印峰为区委书记，董林洲、马洪泉、马广庆为区委副书记。区纪委第一次全委会，选举刘传印为区纪委书记。

4月1日 区委、区政府下发《关于深入基层体察民情调查研究解决问题的意见》。

4月7日 段店镇食用菌研究所培育的“野生平菇p86菌株”通过省级鉴定，达省内领先水平。

4月10日—14日 槐荫区4个街道、11家企业负责人参加济南市在深圳召开的对外经贸洽谈会，会上共展出产品31个，先后与40余家客商洽谈合资项目，签署合同4项，意向书6个，引进外资1405.5万元，成交贸易额350万元。

4月16日 省人大常委会主任李振到济南市槐荫区五里沟派出所、振兴街街道等单位视察社会治安综合治理工作。

5月1日—22日 济南市槐荫区第一届文化艺术节举行，全区共有30余万人次参加艺术节活动。举办各类展览5次，举办专题文艺演出15场，组织具有浓厚民族特色的龙灯、秧歌演出等。

5月23日 区委、区政府召开实施《中华人民共和国城市居民委员会组织法》动员大会，制定下发工作方案。

5月 区委党校举办局级领导干部学习《哲学纲要》进修班，先后举办2期，82人参加。

7月1日 按照全国第四次人口普查统一时间，全区4000余名普查员开始正式普查登记，共分222个普查区，1065个普查组。

8月1日 区委在区武装部召开议军会，济南军分区政委王涛、区委书记张印峰以及区直有关部门负责人出席会议。

8月8日 共青团中央第一书记宋德福在团省委书记杨传堂、济南市委副书记庄庆臣等陪同下，到槐荫区段店镇张庄村文化活动中心视察。

8月20日 区委、区政府制定《关于整顿农村经济秩序，巩固壮大集体经济的意见》，明确规定，对收缴的拖欠款一律作为农业发展基金，专款专用，并健全审计制度，以充实集体经济实力，发展农业生产。

9月10日 区委、区政府召开全区教育工作会议，研究贯彻落实济南市政府《关于改善公办中小学办学条件，推进九年义务教育的决定》，号召全区人民和社会各界捐资助学，加快全区校舍改造步伐。

11月3日 全国工商管理学会名誉会长、国家工商行政管理局原局长任中林到槐荫区视察工作。

11月6日—7日 济南市槐荫区残疾人联合会第一次代表大会召开，出席代表133人。会议选举支应福为区残疾人联合会执行理事会理事长。

11月8日—10日 共青团济南市槐荫区第九次代表大会召开，出席代表201人，特邀代表20人。会议听取并审议张君代表团区委第八届委员会所作的工作报告，选举产生共青团济南市槐荫区第九届委员会委员21人。共青团济南市槐荫区九届一次全委会选举刘光亮为团区委书记。

11月9日 区委、区政府召开全区企业承包工作会议，对搞好新一轮承包工作进行动员部署，下发《关于搞好企业新一轮承包工作的实施方案》。

11月25日 区医院门诊大楼启用。

12月15日 区委制定《关于加强村级组织建设工作的意见》，加强以党支部为核心的村级组织建设。

1991年

1月11日 区委召开六届三次全委（扩大）会议，讨论通过区委书记张印峰所作的题为《统一思想，团结奋进，把全区各项事业不断推向前进》的工作报告，并确立全区“东、中、西”

经济发展构想。

1月31日 省委常委、副省长高昌礼到槐荫区视察《中华人民共和国城市居民委员会组织法》试点工作。

同日 区政府与区经计委、商业局、交通局、校办工业公司、劳动服务公司等5个系统签订1991年经济承包合同，并对1990年合同完成情况进行奖惩兑现。

2月24日 区委作出《在全区农村开展“创建农村党的建设工作先进镇（街）、先进村”活动的决定》，对开展活动的组织领导、评选标准、表彰办法、措施作出明确规定。

3月5日—8日 政协济南市槐荫区第三届委员会第二次会议召开。会议增选刘锡玉、尤春峰为区政协第三届委员会副主席。

3月10日 区委党史办与市党史人物研究会联合编写的《四五烈士名垂青史》出版发行，共印2万册。

3月15日 区委、区政府制定《关于进一步做好离退休干部管理服务工作的若干规定》，对离、退休干部的政治、生活待遇及管理服务部门的分工、机构设置和经费等方面作出明确规定。

3月20日 区委召开六届四次全委（扩大）会议，审议并原则通过《槐荫区经济和社会发展十年规划及“八五”计划纲要（草案）》。

4月11日 区委、区政府制订《在全区公民中开展法制宣传教育的第二个五年规划》。

4月17日 区委、区政府召开全区社会治安综合治理工作会议，区委、区政府与32个单位签订社会治安综合治理责任书。

4月20日 区委、区政府与驻区部队联合开展创建双拥模范区活动，并制定实施意见。

5月 全区完成土地资源调查工作。经调查：全区总面积151.48平方千米，其中城区占地（不含近郊3个街道）113.63公顷，全区耕地7865.7公顷。土地资源调查工作自1990年4月开始到1991年5月全部结束，经山东省验收合格并被评为优秀。

6月25日 民政部部长崔乃夫在省政府特邀顾问马连礼和济南市委副书记庄庆臣陪同下到槐荫区视察社区服务工作。

6月25日—27日 省司法厅在槐荫区召开全省司法所建设观摩交流会，司法部副部长佘孟孝、省政府特邀顾问韩邦聚、济南市委副书记李启万等领导及全省16个地市司法行政系统领导出席会议。会上，槐荫区委、区司法局和4个街道司法所作汇报发言。与会人员对振兴街、西市场等6个街道司法所进行现场观摩。

7月6日 市委书记翟永溥和市委副书记李启万会见颜锡笙。颜锡笙是槐荫区一位老党员、老干部，先后被评为全国优秀共产党员、全国老干部先进个人。

7月17日 区委召开六届五次全委（扩大）会议，审议通过《槐荫区建设城市社会化服务体系，发展第三产业的规划》。

8月10日 《济南日报》对槐荫区在社会治安治理工作中实施“7654”系列工程进行专题报道。“7”即强化联防、治保、巡逻、帮教、调解、普法、居民楼院管理7支队伍建设，推行群防群治；“6”即加强对企业单位、要害部门、特种行业、公共复杂场所、重点人口、暂住人口6个方面管理，堵塞犯罪空隙，减少治安问题；“5”即建立健全领导任期目标责任制、内部单位治安保卫责任制、基层治安队伍责任制、基层调解组织责任制、定期考核评比达标制5项制度，逐步实现依法按章治理；“4”即抓好全民普法教育、干部职工职业道德教育、青少年的“五爱四有”（爱祖国、爱人民、爱劳动、爱共产党、爱社会主义，有理想、有道德、有文化、有纪律）教育及“两劳”（劳动改造、劳动教养）释解人员守法教育。

8月12日 市委副书记庄庆臣，副市长谭永青、王丕俊带领市有关部门负责人到槐荫区现场办公，研究西市场开发建设问题。

10月29日 区公安分局刑警大队侦察员王曰松被授予“全国模范军转干部”称号，受到党和国家领导人李鹏、宋平等人接见。王曰松从部队转业到公安系统12年间，一直战斗在反扒窃第一线，共抓获各类盗窃分子1600余人，缴获赃款 20 余万元。

11 月 1 日 区委、区政府召开全区乡镇企业工作会议，审议“八五”期间全区乡镇企业发展的奋斗目标和鼓励乡镇企业发展的优惠政策。

11 月 7 日 段店镇峨嵋滑动水口厂晋升为国家二级企业，为全市首家获此称号的乡镇企业。

11 月 18 日 山东省军区司令员易元秋一行 3 人到槐荫区武装部检查民兵基层正规化建设工作。

11 月 25 日 省委常委、副省长李春亭率省普法、执法工作检查组到槐荫区视察。

11 月 28 日 市政法委在槐荫区召开市区社会治安综合治理流动现场会。市委政法委书记房立，济南市 4 个区的综合治理办公室主任、公安分局局长、建委主任等参加会议 。

12 月 1 日 区委、区政府制定《扶持镇（街）村企业发展的意见》。

12 月 30 日 区委召开六届六次全委（扩大）会议，讨论加强农业、农村工作的措施和全区农村奔小康的规划。

1992 年

1 月 4 日 区委、区政府决定建立全区股份合作制改革领导小组，区委副书记董林洲任组长。

1 月 6 日 区委下发《关于传达贯彻党的十三届七中全会精神的通知》，要求全区各级党组织认真传达贯彻。

同日 市政协副主席诸葛士廉到槐荫区段店镇视察农村社教工作。

1 月 8 日 区委、区政府下发《关于推行股份合作制的意见》。

3 月 5 日 北店子黄沙浮桥管理委员会成立，由槐荫区副区长谷永琛、齐河县副县长米照华任主任。

3 月 7 日 区委、区政府制定《关于进一步深化改革，转换企业经营机制的试行办法》。

4 月 9 日 区委、区政府及驻区部队联合下发《关于 1992 年双拥共建工作的意见》。

4 月 17 日 市委确定在槐荫区开展“依法治区、综合治理”试点工作。区委制定《1992 年槐荫区社会治安综合治理实施意见》。

4 月 20 日 区纪委印发《关于在全区党员中开展反腐败、防演变教育活动的实施意见》。

4 月 29 日 区政府举行环境保护十万人签名仪式。

5 月 19 日 区委、区政府制定《槐荫区企业股份合作制试行办法》《槐荫区企业股份合作制示范章程》。

6 月 24 日—26 日 济南军分区司令员温吉福一行 3 人到槐荫区武装部考察领导班子。

7 月 25 日 市人大常委会副主任王忠堂视察槐荫区公安派出所建设情况。

8 月 20 日 济南军分区副司令员刘明武一行 10 人到槐荫区武装部检查民兵基层建设情况。

9 月 4 日 省政协副主席丁方明，市政协副主席惠熙和到槐荫区第七职业高中慰问教职员工。

9 月 16 日 区委决定成立槐荫区老年大学。

12 月 4 日 区纪委印发《关于授予王曰松等十六名同志“人民公仆”称号的决定》。

12 月 29 日 区委、区政府作出《关于向“全国公安战线二级英雄模范”王曰松学习的决定》。

1993 年

1 月 9 日—14 日 政协济南市槐荫区第四届委员会第一次会议召开，180 名政协委员出席会议。会议听取并审议通过政协济南市槐荫区第三届常务委员会工作报告。会议选举刘传印为区政协主席，刘锡玉、尤春峰、朱德华、朱乃燔、孔庆来、张炳元为副主席。

1 月 10 日—14 日 济南市槐荫区第十三届人民代表大会第一次会议召开，出席代表 210 名。会议听取并审议通过槐荫区人民政府工作报告、槐荫区 1992 年国民经济和社会发展计划执行情况与 1993 年国民经济和社会发展计划（草案）的报告、槐荫区 1992 年财政预算执行情况和 1993 年财政预算（草案）的报告、区人大常委会工作报告、区人民法院工作报告、区人民检察院工作报告。会议选举董林洲为区第十三届人民代表大会常务委员会主任，刘英亮、韩芳云、刁怀林、张敏、韩金魁、于恩林为副主任；选举马纯济为区人民政府区长，杨庆林、赵玉水、钟蔚、谷永琛、陆政为副区长；选举王建国为区人民法院院长；选举张红齐为区人民检察院检察长。

2月5日 区委决定成立中共济南市槐荫区张庄出口工业加工区工作委员会、中共济南市槐荫区峨嵋山出口工业加工区工作委员会、中共济南市槐荫区美里湖旅游经济开发区工作委员会。

2月8日 区委、区政府决定在区直有关部门和系统实行包村责任制。由区主要领导和区直有关部门、系统具体包挂，并制定奖惩办法，年终组织考核兑现。

2月 中共济南市槐荫区美里湖旅游经济开发区工作委员会建立，吴家堡镇所辖南沙王庄、新沙王庄、西沙王庄3个村划归该委员会管理。

3月24日 区委、区政府制定《争创“经济四强”单位的规定》。“经济四强”指经济强镇（街）、经济强村（居）、经济强厂、经济强店。

同日 区委、区政府决定：在全区农村开展“村办企业年”活动，发展第二产业和第三产业，振兴农村经济。

同日 区委、区政府制定《关于1993年在全区开展“市场效益年”活动的安排意见》。

4月2日 区委、区政府召开“小康村”“亿元村”命名表彰大会。对1992年度2个农村经济总收入过亿元的村和9个达到小康标准的村进行命名表彰。

4月3日 区纪委举办党风廉政建设理论报告会，邀请市纪委常委、秘书长胡占平作题为《市场经济与党风廉政建设》的报告。

4月8日 中共济南市槐荫区纪律检查委员会、济南市槐荫区监察局机关合署办公。实行一套机构、两块牌子、两种职能体制。合署后的区纪委（区监察局）内设办公室、案件检查室、案件审理室、信访室、执法监察室、党风廉政建设室6个室。

4月12日 区委制定下发《关于加快科教兴区工作的实施意见》《招聘引进人才的优惠政策》。

4月21日 槐荫区电力公司成立。

4月28日 济南市区街工业腾笼换业现场会在吴家堡镇政府召开，副市长李华理出席会议。

5月6日 市长谢玉堂等到槐荫区外环路参加义务劳动。

5月12日 区人大常委会对全区人大常委会代表进行培训，市人大常委会主任李启万到会授课，题目是“人民代表大会制度是我国的根本政治制度”。

5月13日 全国十城市区级人大常委会工作联席会在北京召开，区人大常委会主任董林洲、副主任于恩林等5人参加会议。

6月9日 区委、区政府召开会议，对在东南外环路槐荫段建设中做出突出贡献的18个先进单位予以表彰。

6月10日 槐荫区东南外环路竣工典礼暨经四路工程开工新闻发布会在槐荫区东南外环路施工工地召开，区委、区人大常委会、区政府、区政协、区纪委有关领导出席会议。

6月11日 槐荫区基督教第一次代表大会在经四路基督教会举行。

7月10日 全区廉政建设工作会议召开。区纪委书记黎越代表区纪委作工作报告，区委书记张印峰到会讲话。通过《全区副局级以上党政领导干部廉洁勤政的规定》《全区副区级以上党员领导干部党风廉政建设责任制》等。公布新选聘的44名区级廉政监督员名单，并颁发聘书。

7月18日 区委决定成立中共济南市槐荫区党校委员会。

8月12日 区委、区政府制定《关于全面推行股份合作制的意见》，在全区各集体企业、合资企业中全面推行股份合作制。

8月30日 区纪委印发《槐荫区基层纪委监察室调查处理违反党纪政纪案件的暂行规定》

9月17日 区委召开全区反腐败动员大会，下发《关于深入开展反腐败斗争工作的实施意见》，决定在公安专项治理的基础上，对其他行业进行专项治理。

10 月 11 日 区委、区政府对在 1991 年度和 1992 年度工作中事迹突出、成绩优异的 22 名机关工作人员进行通报表彰，并给予晋升一级工资奖励。

11 月 19 日—20 日 市纪委书记倪士崇一行 3 人对槐荫区开展反腐败斗争工作进行检查。

12 月 17 日 区委、区政府决定将吴家堡镇邹庄办事处划入美里湖旅游经济开发区管理。

12 月 29 日 经四路西段拓宽工程竣工通车。该路段东起纬十二路，西至槐村街，长 800 米，宽 35 米，该工程共动迁居民和单位 500 余户，拆除房屋 1342 间，面积 2.36 万平方米，动用土石方 5 万余立方米，铺设污水管道等 2814 米，新建桥梁 1 座，铺设沥青路面 2.2 万平方米。

1994 年

1 月 6 日 省政协副主席李功一行 10 人到槐荫区济南华联商厦等处视察精神文明建设。

1 月 10 日 省高级人民法院发布由槐荫区人民检察院于 1993 年 3 月侦破的张某某特大贪污案刑事裁定书，以贪污罪判处被告人张某某死刑，缓期两年执行，剥夺政治权利终身。此案中，张某某贪污公款共计 21 万余元，系区人民检察院自 1956 年建院后侦破的最大贪污案件。

1 月 29 日 区委、区政府制定《关于进一步开展争创“经济四强”单位的规定》，对原规定做进一步补充和修改。同时对上年度达到“经济四强”单位标准的单位和个人给予奖励。

1 月 区委、区政府决定由道德街、振兴街、西市场 3 个街道在吴家堡镇成立 3 个经济园，撤销吴家堡镇西王办事处，原西王办事处所属棉张、东曹、三教堂、曹圈、西王、北店子、西张 7 个村划归道德街街道经济园管理，安庄、席庄 2 个村划归西市场街道经济园管理，申庄、明里、七里 3 个村划归振兴街街道经济园管理。

3 月 1 日 区委下发《1994 年全区普法教育和依法治理工作意见》，重新调整普法、依法治区领导小组成员，区委副书记邢家应任组长。

3 月 8 日 区委、区政府制定《关于进一步加快个体私营经济发展的意见》，成立槐荫区第三产业领导小组，区委副书记周留存任组长。

3 月 根据《国务院关于职工工作时间的规定》，槐荫区实行新工时制度，每周工作 5 天半、44 小时。

4 月 26 日 区委、区政府下发《关于确定段店镇、吴家堡镇党政机关机构改革实施意见的通知》。改革后的机构共设置 6 个办公室，分别是党政办公室、农业办公室、经济贸易办公室、建设环保土地办公室、社会事务办公室、教科文卫办公室。

同日 区委提出在全区范围内开展城市环境综合整治突击月活动。

5 月 9 日 槐荫区双拥工作办公室从区文明办调整到区民政局，作为区双拥领导小组的常设办事机构，正处级建制。调整后的双拥工作领导小组组长由区长马纯济兼任。

5 月 11 日 区委、区政府召开表彰大会，对在“打团伙、抓逃犯、破大案”专项斗争中做出突出成绩的 12 个先进单位和 11 名先进个人予以表彰奖励。

5 月 22 日 区委书记张印峰、区政协主席刘传印等一行 14 人赴江苏苏州、无锡、常州等地考察学习发展外向型经济经验。

6 月 2 日 槐荫区妇女儿童工作委员会成立，区儿童少年工作协调委员会同时撤销。

6 月 10 日 区委作出决定在全区开展向王广顺学习的活动。王广顺系吴家堡镇党政办公室主任，为改变吴家堡镇的落后面貌，日夜操劳，积劳成疾，因心脏病突发，不幸殉职，年仅 41 岁。

6 月 16 日 槐荫区见义勇为奖励基金会成立。

6 月 20 日 全省反腐败斗争检查团到槐荫区检查。

6 月 30 日 区委、区政府下发《关于行政事业性收费管理的规定》。

同日 区委、区政府下发《关于进一步加强和完善预算外资金管理的补充规定》，对预算外资金进行专项治理。

同日 区委、区政府制定《党政机关与所办经济实体脱钩实施办法》，要求有经济实体的单位，立即着手制定脱钩方案，于1994年9月前彻底脱钩。

7月29日 区委、区政府下发《关于进一步加强计划生育工作的决定》。

8月12日 区委、区政府下发《加快教育改革和发展的试行意见》。

8月16日 市纪委书记倪士崇到槐荫区视察发展外向型经济情况。

8月 《槐荫区志（1904—1989）》出版发行。

同月 槐荫区工商行政管理局更名为济南市工商行政管理局槐荫分局，作为市工商行政管理局的派出机构，由市工商局统一领导和管理。

9月10日 区委、区政府制定《推进企业产权改革的实施方案》。规范企业产权改革有股份合作制，股份制公司，引进外资嫁接，合作经营和合伙经营，兼并、租赁、出让、拍卖和破产等形式。

9月17日 省委常委、省军区政委刘国福带领检查组对槐荫区基层武装建设进行验收。

9月23日—25日 济南市'94金秋经贸洽谈会开幕，槐荫区承办的韩国大宇公司展览会剪彩仪式在金帝利大酒店举行。

10月15日 区委决定编辑出版《槐荫先锋》一书。

10月17日 区委制定《关于考察领导班子和领导干部的工作安排意见》。

10月24日 槐荫区机关办公地址由经三纬九路379号迁至北小辛街55号。

11月18日 区委、区政府决定在各街道（镇）组建财政所、地税所 。

11月29日 市政协主席刘耀华、副主席张明山、张钰、姚兆迪等到槐荫区指导工作。

12月5日 区委、区政府决定从区直机关、镇街机关、开发区机关中选派200名干部到农村包村驻点。

1995年

2月16日 全区经济工作表彰会议在槐荫宾馆召开，对1994年经济承包合同完成情况进行奖惩兑现。

2月18日 区委、区政府决定对在1994年度涌现出的刘庄村等3个年收入过亿元的村庄授予“亿元村”称号，对11个两个文明建设优秀村庄授予“小康村”称号。

3月2日 区委制定《1995年全区社会治安综合治理工作要点》。

3月14日—17日 槐荫区第十三届人民代表大会第三次会议召开，出席代表201名。大会补选丛大鸣为区政府区长。

4月5日 德国考察代表团到槐荫区参观考察红旗考格尔等项目，区长丛大鸣陪同。

4月6日—8日 中共济南市槐荫区第七次代表大会召开，出席代表259名。会议听取并审议通过马纯济代表区第六届委员会作的题为《解放思想，扎实工作，不断开创槐荫建设与发展的新局面》的工作报告；听取并审议通过黎越代表区纪律检查委员会的工作报告。会议选举产生中共济南市槐荫区第七届委员会，选举委员29名、候补委员4名；会议选举产生中共济南市槐荫区纪律检查委员会委员15名。中共济南市槐荫区七届一次全委会选举产生常务委员会，马纯济、丛大鸣、周留存、梁乙河、黎越、杨庆林、徐承鲁、孙金奎、于汝彬、赵常胜、李良坤当选为区委常委；马纯济当选为区委书记，丛大鸣、周留存、梁乙河为副书记。

4月26日 省科委主任何宗贵到槐荫区视察低温起动装置厂、红旗考格尔、美里湖开发区，区长丛大鸣陪同。

5月1日 根据《国务院关于修改〈国务院关于职工工作时间的规定〉的决定》，槐荫区实行每周5天工作制，星期六、星期日为休息日。

5月8日 区委制定下发《关于培养选拔优秀年轻干部的三年规划》《关于加强农村基层组织建设的三年规划（1995—1997）》。

5月19日 槐荫区首次召开见义勇为先进分子表彰大会，区委对在维护社会治安中见义勇为、表现突出、事迹显著的青年公园司法所所长毕可胜等6人进行表彰奖励。

6月16日 全区“理想、信念、宗旨”报告会召开，省委党校教授徐世钦作专题报告，全区副局级以上领导干部参加会议。

6月29日 区委、区政府决定在全区开展创建全国科技工作先进区活动，成立槐荫区创建全国科技工作先进区领导小组，具体负责全区创建工作的组织、协调督察和检查，制订具体实施方案。

7月10日 区委决定在全区开展创建“文明片区”和以优质服务、优良秩序、优美环境为主要内容的“三优街”活动。活动分宣传发动阶段、组织实施阶段、总结评比阶段3个阶段。同时成立创建“文明片区”和“三优街”活动领导小组，下设办公室。

7月13日 区委决定在全区范围内开展创建社会治安综合治理模范区、模范街（镇）、模范单位活动，并制订《关于开展创建社会治安综合治理模范区活动的实施方案》。

7月18日 市长谢玉堂到槐荫区视察连锁商业建设情况。

7月24日 区委、区政府决定成立吴家堡农业经济技术开发园，同时撤销道德街、振兴街、西市场3个街道所管理的经济园，将原西王办事处所属的12个村重新划归吴家堡镇管理。

8月7日 槐荫区工商业联合会改称槐荫区商会。

8月18日 区委召开全区领导干部会议，对全区推进全方位目标管理工作进行安排部署，并制定《槐荫区党政机关推进全方位目标管理的实施意见》。

9月9日 在全市五区街巷综合整治活动评比中，槐荫区获总分第一名。全区共整治街巷道路88条，长24千米，面积14.3万平方米，投资852.29万元，安装排水管道1万米，安装检查井329个，安装路灯250盏，整治残墙断壁118米，拆除各类违章设施14处603平方米。

10月4日 区科技、经济专家咨询委员会成立，由25名专家组成。

11月1日 区委书记马纯济带领街道及有关部门主要负责人，赴大连、沈阳考察学习城市建设、经济发展等方面的工作经验。

12月1日 中共济南市槐荫区第七届委员会第三次全委（扩大）会议召开。审议并原则通过《槐荫区国民经济和社会发展第九个五年计划及2010年远景目标纲要（草案）》。

12月20日 区委决定今冬明春在全区党政机关集中进行一次思想、作风、纪律整顿工作，并制定实施意见。

1996年

3月18日—23日 区第十三届人民代表大会第四次会议召开，出席代表197名。大会补选孙金奎、石志勇为区人大常委会副主任。

3月21日 全区精神文明建设工作暨争创省级精神文明先进区誓师动员大会召开。

3月27日 济南汽车低温启动装置厂建成，经省科委批准，该企业成为槐荫区首家高新技术企业。

4月1日 区人民武装部收归军队建制，隶属于济南军分区，正团级单位，任务性质不变，军地双重领导。

4月15日 区委书记马纯济调任济南市经委主任。

4月24日 区委、区政府对在1995年创建全国卫生城市活动中做出突出贡献的28个先进单位和34名先进个人予以表彰奖励。

4月29日 区委制定《关于进一步加强青少年工作的意见》。

4月 区委、区政府决定成立济南市槐荫区美里湖街道，将吴家堡镇的邱庄、美里、蒋庄等14个行政村划归美里湖街道管辖。同时，成立中共济南市槐荫区美里湖街道工作委员会、纪律检查工作委员会。

5月11日 槐荫区人才交流大会开幕。

5月21日 槐荫区与内蒙古自治区根河市

签订友好区市协议。

6月19日 区委、区政府制定《关于加强农村教育工作的意见》。

6月27日 区委召开全区纪念建党75周年暨命名表彰大会，对在1995年度涌现出的40个先进基层组织、98名优秀共产党员、15名优秀农村党支部书记、14名优秀党务工作者予以表彰奖励。

7月9日 乌拉圭首席大法官马里尼奥一行在省、市法院领导陪同下到区法院访问。

同日 丛大鸣任中共济南市槐荫区委书记。

7月14日 杨庆林任济南市槐荫区人民政府代理区长。

7月24日 槐荫区被国家科委授予“全国科技工作先进县（市）”称号。

7月26日 区委制定《关于在全区推行平等协商制度和签订集体合同工作的实施意见》。

7月30日 全区机构改革会议召开，下发《关于济南市槐荫区机构改革实施意见》和《关于济南市槐荫区推行国家公务员制度的实施意见》等。

8月8日 济南市槐荫区商业局更名为济南市槐荫区商业委员会；济南市槐荫区房地产管理局更名为济南市槐荫区房产管理局。成立中共济南市槐荫区建设委员会、中共济南市槐荫区商业委员会、中共济南市槐荫区房产管理委员会，同时撤销中共济南市槐荫区城市建设管理委员会、中共济南市槐荫区商业局委员会、中共济南市槐荫区房地产管理局委员会。

8月11日 区委决定在全区党员、干部、群众中开展向颜锡笙学习活动。颜锡笙是中共十三大代表、全国优秀共产党员、全国老有所为精英奖获得者、省劳动模范。

8月28日 全区农村“奔小康”工作会议召开，会议确定年底实现小康，加速农村“三化”进程。

9月10日 区委制定《关于加强农村精神文明建设工作的意见》，要求认真抓好思想教育和道德建设，提高农民的思想道德素质；积极开展各种创建活动，增强农村精神文明建设工作的活力。

9月12日 区委决定，在全区开展创建“五好村党支部”（好班子、好队伍、好路子、好经营体制、好管理制度）活动。

9月23日 槐荫区与浙江省瑞安市签订友好市区协议。

10月14日 济南红旗考格尔汽车制造有限公司举行投产开业典礼仪式。

10月 区委召开全区组织工作会议。会议下发《关于建立同领导干部谈话制度的意见》《1996—2000年槐荫区干部教育培训规划》《关于对领导干部实行函询的暂行规定》等。

11月20日 省政协副主席李殿魁带领省政协机关各委办负责人一行14人到槐荫区美里湖民营科技产业园、济南汽车配件市场和新开业的华东汽车配件中心及山东国际物资交易中心视察。

11月23日 市委副书记、市长谢玉堂等市六大班子领导参加小清河治理工程槐荫区段开工典礼，并参加劳动。

11月26日 省委副书记、省长李春亭带领省委、省政府有关领导参加治理小清河工程槐荫区段劳动。

11月27日 市委副书记、市长谢玉堂到槐荫区视察济南红旗考格尔汽车制造有限公司。

11月28日 裕园副食品商场开业。

11月29日 在全市科技奖励大会上，槐荫区被市政府授予“济南市科技兴市先进县（市）区”称号。槐荫区有8项科技成果获省、市科技进步奖和星火奖，是全区历史上科技成果获奖最多的一年。

12月9日 中共济南市槐荫区第六届委员会第五次全委（扩大）会议召开。会议通过《槐荫区“九五”期间社会主义精神文明建设规划》和《中共济南市槐荫区委关于学习贯彻〈中共中央关于加强社会主义精神文明建设若干重要问题的决议〉的实施意见》。

12月19日 区委召开全区党政机关“三整顿”（思想、作风、纪律）工作动员大会。区委书记丛大鸣作动员报告，纪委书记黎越部署“三整顿”工作实施意见，并成立“三整顿”工作领导小组，下设办公室，办公室设在区纪委党风廉政建设室。

12 月 20 日 区委制定《关于进一步搞好农村基层组织整顿和建设的实施意见》，要求在今冬明春和今后一个时期内，以开展创建“五好村党支部”活动为载体，集中力量，切实搞好整顿建设工作。

12 月 按照区委、区政府的统一部署，各街道进行机构改革。按照“三定”方案，各街道内设 7 个办公室，即党委办公室、行政办公室、社会事务办公室、城市管理办公室、经贸办公室、政法办公室、计划生育办公室。

1997 年

1 月 8 日 中共济南市槐荫区第七届委员会第三十四次常委会（扩大）会议召开。会议审议《中共济南市槐荫区委 1997 年工作重点》，研究制定《区级领导包挂规模企业（集团）重点项目及亏损企业的意见》。

1 月 18 日 全国总工会副主席方嘉德、山东省总工会副主席颜志松、李遮聪等到槐荫区听取区总工会关于开展送温暖活动情况的汇报。方嘉德代表全国总工会向全区困难企业职工赠送救济金 2 万元。

5 月 8 日 区委、区政府召开首届“槐荫十大杰出青年”表彰大会。区委、区政府决定授予丁原田、王学忠、王家强、王淑玲、关葆纯、张曰良、李忠华、李勇、张德海、路美荣 10 名青年“槐荫十大杰出青年”称号。

同日 全区重点企业挂牌保护工作会议召开，会议印发《关于重点企业重点工程挂牌保护的实施办法（试行）》《关于对济南国茂集团总公司等三企业实行挂牌保护的决定》。

5 月 20 日 小清河干流治理工程槐荫区段阶段性成果庆祝大会举行。槐荫区承担 11.9 千米的河段，其中上游河段 10.5 千米，占地 126.7 公顷，拆迁建筑面积 4.3 万平方米，搬运土方 160 余万立方米；砌石河段 1.4 千米，开挖土方 3.7 万立方米，搬运土方 8.6 万立方米，砌石 3.68 万立方米。

5 月 30 日 槐荫区送温暖工程基金会成立，制定《槐荫区送温暖工程基金章程》，区六大班子领导带头为基金会捐款。

6 月 25 日 全国总工会促进再就业经验交流与研讨会在济南华联商厦召开。槐荫区委副书记、区长杨庆林和济南华联商厦总裁李茂年分别介绍实施再就业工程经验。

7 月 24 日 卫生部部长陈敏章到槐荫区考察社区卫生服务工作。

8 月 28 日 区委、区政府决定，在全区党政机关中开展“进百厂、访千户、察民情、办实事”活动。重点实施安居工程、德政工程、便民工程、形象工程。

9 月 6 日 槐荫区首批教职工正式入住园丁小区，区六大班子领导为首期工程的 186 户教职工发放住房钥匙。

9 月 21 日 越南驻华大使阮文寿、菲律宾驻华领事罗伊·爱柯爱拉、老挝驻华大使坎堪那帕翁到槐荫区民营科技产业园参观。

10 月 10 日—13 日 ’97 全国汽车配件交易会在华东汽车配件城开幕。来自全国 29 个省（市）、自治区及国家有关部门的 80 余个展团、3000 余家厂商、约 10 万人参加交易活动，共签订交易合同额 30 亿元。

10 月 15 日 韩国江原道华侨协会回乡访问团一行 12 人到槐荫区进行经贸洽谈。

10 月 20 日—25 日 由中国医疗器械总公司主办、山东医疗器械公司和山东长城实业集团公司承办的’97 全国医疗器械博览会在山东国际博览中心举办，省委书记吴官正等领导出席开幕式。来自全国 29 个省（市）、自治区的 80 个组团、1800 余个摊位、12 余万人参加交易，成交额 12 亿元。

10 月 22 日 济南市民营科技促进会联络处挂牌发布会在槐荫区民营产业园举行。

10 月 24 日 济南市槐荫区国防动员委员会成立，下设 4 个办公室和 1 个秘书组，作为平时办事机构。

11月1日 由贸易部和机械工业部主办的'98全国农机产品订货会在槐荫区举办。全国近2000家农机生产流通企业及农机科研所的近万人与会洽谈，共成交250亿元。

11月13日 济南市槐荫区社会科学联合会成立，属槐荫区社会科学工作者的学术性群众团体。

11月25日 全国社区卫生服务工作现场研讨会在济南召开，国务委员、国家计划生育委员会主任彭佩云到槐荫区社区卫生服务点视察。

12月9日 济南市文明楼院建设现场会召开。槐荫区委书记丛大鸣作"开展'市民道德自律'活动，推动社区精神文明建设上新水平"的典型发言，推广槐荫区市民道德自律活动经验。

1998年

1月3日 省委副书记陈建国在市委副书记孙长印及省、市有关部门领导陪同下到道德街一居看望104岁的杨氏。

1月14日—19日 政协济南市槐荫区第五届委员会第一次会议召开，190名政协委员出席会议。会议听取并审议通过区政协第四届常务委员会工作报告。会议选举梁乙河为区政协主席，宋秉坤、刘锡玉、陆政、王宪德、朱德华、朱乃燔、孔庆来为副主席。

1月16日—20日 济南市槐荫区第十四届人民代表大会第一次会议召开,出席代表193名。会议听取并审议通过槐荫区人民政府工作报告、槐荫区1997年国民经济和社会发展计划执行情况与1998年国民经济和社会发展计划（草案）的报告、槐荫区1997年财政预算执行情况和1998年财政预算（草案）的报告、区人大常委会工作报告、区法院工作报告、区检察院工作报告。会议选举周留存为济南市槐荫区第十四届人民代表大会常务委员会主任，刘英亮、孙金奎、韩芳云、韩金魁、石志勇、谷永琛、崔守华为副主任；选举杨庆林为区人民政府区长，王建国、钟蔚、丁新力、张曰良、金德岭、杨华为副区长；选举王启太为区人民法院院长；选举吴庆海为区人民检察院检察长。

1月16日 由山东长城集团公司筹建的济南世界购物广场开业。该广场营业面积3万平方米，主营家电、日用化工、副食调料等商品，为国内规模最大的货仓式、会员制购物广场。

3月3日 区六大班子领导及区直各部门、各街镇干部群众1000余人到腊山参加义务植树活动。

3月19日 联合国开发计划署（UNDP）合作署项目城市社区卫生服务考察团到槐荫区部分社区服务点参观。

3月 济南民营科技产业园管理委员会成立。

4月2日 山东省教职工住宅建设现场会在槐荫区召开，副省长张瑞凤参加会议。槐荫区在现场会上就改善教师住房问题作经验介绍，全体与会人员参观槐荫区园丁小区。

4月24日 区委召开区街体制综合改革动员大会，全面部署区街体制改革工作，并确定以西市场、南辛两个街道为试点单位。

4月19日—21日 中共济南市槐荫区第八次代表大会召开，出席代表260名。会议听取并审议通过市委常委、区委书记丛大鸣代表中共济南市槐荫区第七届委员会作的题为《高举旗帜，开拓进取，为建设现代化省会城区而努力奋斗》的工作报告；听取并审议通过中共济南市槐荫区纪律检查委员会工作报告。会议选举产生中共济南市槐荫区第八届委员会，选举委员30名、候补委员5名；会议选举产生中共济南市槐荫区纪律检查委员会委员15名。中共济南市槐荫区八届一次全委会选举产生常务委员会，丛大鸣、杨庆林、王宏炜、时延盈、徐承鲁、黎越、李良坤、于汝彬、赵常胜、王建国、王继贵、李建国当选为常务委员，丛大鸣当选为区委书记，杨庆林、王宏炜、时延盈、徐承鲁当选为副书记。

4月30日 槐荫广场建成。5月1日正式向市民开放。该广场占地面积3.2万平方米，绿地面积1.6万平方米，内设大理石平台音乐广场。

5月6日—10日 '98全国家具展览订货

会在山东国际博览中心举办。全国700余家家具生产厂家参加订货会，与会人员7万余人，协议成交额10亿元。

5月13日 举行全区“暖心工程”挂牌仪式，解决中小学生中午就餐难问题。

5月31日 在槐荫广场举办首届广场音乐会。

6月5日 区委、区政府决定在全区行政事业单位推行财务管理“三统一”（统一建账、统一票据、统一签字）、财务监督“三审计”（定期审计、离任审计、专项审计），即“三三制”规范化管理。

6月23日 市政协主席孙长印到槐荫区视察。

6月29日 槐荫区举办新当选居委会干部培训班，对新当选的60余名居委会主任进行上岗培训。城区居委会换届由114个调整为64个。

6月 成立中共济南民营科技产业园管委员会工作委员会，撤销中共济南市槐荫区美里湖旅游经济开发区工作委员会，其职能移交民营科技产业园管委会工作委员会。

7月15日 由山东广播电视厅、山东省文化厅主办，山东电视台、山东省歌舞剧院和槐荫区委、区政府共同承办的“激情飞跃——庆祝改革开放20周年广场音乐会”在槐荫广场开幕。

7月24日 济南市槐荫区关心下一代工作委员会成立，委员会下设法律教育、校外辅导、调研宣传、社会活动4个小组。

10月6日 山东迈英德化学有限公司研制的“18%阿维S-氰乳油”低毒无害农药达到国内领先水平，填补国内空白，并申报为1999年度国家星火计划。

10月13日—14日 由山东长城集团承办的’99全国农机订货会暨第二届国际农机展览会在山东国际博览中心举办。全国30个省（市）的3000余家农业机械产销企业及50余家外商农业企业布展交易，共设摊位3000余个，与会人员10万余人，合同意向成交额200亿元。

10月13日—16日 中国电化教育协会小学协作研究会第九届年会在槐荫区召开。

10月28日 国家旅游局检查组到槐荫区检查创建优秀旅游城市工作，对槐荫广场、山东国际物资交易中心、博览中心进行实地考察。

11月10日 济南市槐荫区体育总会挂牌成立。

11月17日 济南市首家区域经济协调发展指导委员会——济南市槐荫区营市街地区经济发展协调指导委员会成立。

11月18日 在中国龙狮运动协会主办的中国国际舞狮邀请赛上，槐荫区闫千户龙狮队获第三名。

11月19日 全区对外经贸工作会议召开，会议原则通过《关于加快发展对外经贸工作的意见》。

11月23日 区委、区政府制定《关于加快新城区城市化进程试行方案》。

11月25日 区委、区政府召开全区再就业工作会议，对做好下岗职工基本生活保障和再就业工作做出全面部署，并成立下岗职工再就业领导小组。

1999年

1月10日 全市乡镇换届选举统一投票。全区两镇应参选50354人，实际参选49111人，参选率97.5%，共选出镇人大代表127人。

1月16日 区委、区人大常委会、区政府、区政协办公地址由北小辛庄西街55号的三号办公楼迁至新落成的四号办公楼。新办公楼命名为“槐荫大厦”。

1月28日 由济南市槐荫区房地产管理局投资建设、营业面积3600平方米的槐荫房产交易大厦正式开业。首届房产交易会开幕，全市50余家房地产开发企业和中介机构参加展销活动。

3月8日 槐荫广场被共青团中央、建设部、全国少工委命名为“全国青少年绿色文明园”。

4月12日 济南市槐荫区劳动局更名为济南市槐荫区劳动和社会保障局，将人事部门承担的机关事业单位社会养老保险、民政部门承担的农村社会养老保险和卫生部门承担的公费医疗保险划归劳动和社会保障部门统一领导和管理。

4月26日 杨庆林不再担任槐荫区区长、区委副书记、区委常委职务。

5月1日—3日 由济南市房地产管理局主办、济南市槐荫区房地产管理局承办的济南'99春季房产交易大集在槐荫区房地产市场广场举办。房地产开发企业、房屋中介、建材、装饰、保险、银行、公证、律师等相关行业的114家单位参加活动。活动中，赶大集的群众10万余人，咨询和登记人员15070人次，购买房屋成交320套，成交额6500余万元，达成购房意向6256户。

5月6日 槐荫区召开公开选拔副处级领导干部工作新闻发布会，向社会各界介绍选拔工作有关情况、公布录用结果。这是槐荫区首次采用"一推双考"（公开推荐与考试考核相结合）的方式，坚持德才兼备和"公开、平等、竞争、择优"的原则，公开选拔副处级领导干部，共选拔副处级领导干部14人，其中女性5人，非党员3人。

5月18日 槐荫区社区服务中心建成。该中心占地面积5300平方米、建筑面积3250平方米，总投资200余万元。

5月26日 区委研究决定：今后凡是提拔担任副处级以上领导职务的干部（党委书记、需经人大任免的干部除外）均实行任职试用制度，试用期为1年；试用期满，经考核胜任工作的正式任用，不胜任工作的予以免职。

6月3日 济南市环保"110"和清洁燃料示范街现场会在槐荫区召开，会议要求在全市推广槐荫区的经验和做法。

6月18日 区委、区政府制定下发《关于"争创名学校、争当名校长、争做名教师"工程的意见》，设立每年50万元"三名工程"奖励基金，每两年评选一次。6月25日，区委、区政府召开全区教育"三名工程"动员大会，全面部署开展"三名工程"。

6月23日 中共中央总书记、国家主席、中央军委主席江泽民到槐荫区内的济南黄河二桥视察黄河防汛工作，并对黄河防汛工作作出重要指示。中央、省、市有关领导陪同视察。

6月 区委宣传部与山东画报社联合制作《槐荫——奔向新世纪》大型外宣画册。

7月7日 市政协主席孙常印，副主席任荷舫、姚兆迪等一行7人到槐荫区视察社区服务工作。

8月28日 省委常委、宣传部部长陈光林到槐荫区考察广场文化活动情况。

9月2日 举行槐苑广场落成典礼仪式，广场正式对外开放。槐苑广场占地面积2.53万平方米，绿地面积0.93万平方米，硬铺装面积1.28万平方米，湖水面积0.18万平方米。

9月22日 槐荫区与齐河县缔结为友好区县。

9月28日 槐荫广场被省委宣传部、省文化厅评为山东省"十佳"文化广场，是济南市唯一获此殊荣的广场。同时在济南市1999年度优秀文化广场评选中，槐荫广场名列第一，被评为"全市十大城建景观"。

9月29日 槐荫阳光花园项目被建设部评为康居示范工程试点小区。

10月1日 槐荫区成功举办第三届全国舞龙锦标赛，闫千户舞龙队分别获男、女组第一名。

10月12日 济南市槐荫区经二路小学少先队员兰珍妮在共青团中央、教育部、全国少工委、中央电视台共同举办的"全国十佳少先队员"评选活动中被评为"全国十佳少先队员"。10月20日，槐荫区召开"全国十佳少年兰珍妮事迹"报告会，号召全区少年儿童向兰珍妮学习。

10月22日 槐荫区召开"省级双拥模范区"暨"社区服务示范城区"表彰大会，对在创建省级双拥模范区及社区服务示范城区工作中做出突出贡献的36个单位和20名个人进行表彰。

11月10日 由槐荫区实力集团承担的火炬计划"双燃料汽车"项目，通过省级鉴定，达到国内领先水平，填补国内空白。

11月30日 槐荫区建材新产品展示推介洽谈会举办。会议邀请大专院校、科研单位、建材类生产企业、开发建设单位等100余家单位参加，共达成合作意向并签订各类合同36项。

11月 槐荫区人民检察院被评为1999年度全国“人民满意的检察院”。

12月16日 槐荫区科技协作洽谈会举办，中科院等21家科研院所代表和29名专家学者应邀参加大会，会议共达成科技合作协议35项。

12月19日 闫千户村舞龙队代表山东省参加在北京天安门广场举行的庆澳门回归联欢晚会。

12月28日 区委、区政府召开表彰大会，对槐荫区人民法院荣获最高人民法院授予的“全国法院模范集体”称号进行表彰。

12月 全区容貌整治工程完成，共拆除各类建筑物5.33万平方米，粉刷墙面59.53万平方米，换铝合金、钢塑门窗5227扇，整治广告牌匾3751块，完成墙面清洗79.63万平方米，清理花坛、新建绿地7.32万平方米，清运垃圾2.08万吨，清除非法广告和视觉污染7.88万处，取缔露天烧烤325处，集中拆除经营性燃煤炉具1207个。

2000年

1月6日 中共济南市槐荫区第八届委员会第四次全委（扩大）会议召开。会议审议并通过《关于〈中共济南市槐荫区委2000年工作要点〉的决议》和《关于〈面向新世纪，塑造槐荫区域形象工作方案〉的决议》。

1月28日 从大鸣不再担任中共济南市槐荫区委书记；赵文朝任中共济南市槐荫区委书记；朱玉臣任中共济南市槐荫区委副书记，代区长。

1月 区法院少年审判庭被最高人民法院、团中央联合授予“全国优秀青少年维权岗”称号。

3月8日 区委召开表彰大会，对区检察院获全国“人民满意的检察院”称号进行表彰奖励。

3月23日 槐荫区与长清县行政区域界线勘定仪式举行。

5月11日 区委、区政府下发《关于加快槐荫区农业和农村经济战略性调整的意见》。

5月22日 区委、区政府下发《关于深化教育改革，全面推进素质教育的实施意见》。

5月31日 市政协主席孙常印到槐荫区民营科技产业园视察。

5月 济南华联商厦总经理李茂年被人事部、国家国内贸易局评为全国内贸系统劳动模范。

6月2日 区委召开全区“三讲”教育动员大会，全面部署在区直部门、各街道、县处级事业单位领导班子、领导干部中开展“三讲”教育活动。

6月13日 槐荫区科技创新大会召开。区委、区政府下发《关于加快全区科技创新的意见》。

6月14日 区委、区政府制定《关于调整优化工业结构的实施意见》，提出把汽车改装与摩托车制造及配件制造、机械制造、化工、电子信息、生物技术、新型材料等六大产业，作为产业提升和创新的重点。

6月15日 新世界阳光花园一期工程开始拆迁，共拆迁居民1093户。

7月21日 全区“一环九射”工程动员大会召开，会议确定二环西路、济微路、济齐路、经十西路（济兖路）拆迁造绿、综合整治工作正式启动。

8月4日 撤销各街道办事处委员会，设立街道工作委员会；各街道成立纪律检查工作委员会，撤销街道办事处纪律检查委员会。

8月30日 由区房地产管理局房产市场筹建的全市首家“金钥匙”住房金融超市挂牌开业。

9月15日—16日 共青团槐荫区第十次代表大会召开，会议选举满斌为共青团槐荫区委书记。

10月12日 副省长林廷生、省监察厅厅长刘统侠、市纪委书记李荣芝等视察槐荫区政务公开工作。

10月20日 区委、区政府制定下发《关于领导干部任期经济审计的实施意见》，要求对列入审计范围内的领导干部任期届满，或者任期内提拔、调任、转任、轮岗、免职、辞职、退休、解聘的以及特殊情况需要时，都要接受任期经济责任审计。

10月31日 区委、区政府决定招聘事业编制专职居委会干部，每个居委会人数不超过3名，在任期间列入事业编，享受事业单位干部工资待遇。

11月15日 区委研究决定：成立中共济南市槐荫区新型经济和社会组织工作委员会、纪律检查工作委员会，领导和管理部分规模较大、党员人数较多的新型经济和社会组织中的党组织。

11月23日 济南新世界阳光花园举行奠基仪式。香港新世界集团总经理郑家纯和市长谢玉堂为奠基仪式揭牌。新世界阳光花园项目规划建筑面积58万平方米，东起纬十二路，西至北小辛庄西街，南起经七路，北至经六路延长线，占地面积23.87万平方米，整个工程分四期开发。新世界阳光花园是济南西部最大的旧城改造项目，是首批入选“21世纪国家康居示范工程”项目。

12月29日 玉清湖水库工程建成蓄水。玉清湖水库及其附属工程在槐荫区占地401.3公顷，涉及30个村，自1998年征地建设，历时近3年。

2001年

1月15日 区委、区政府制定《加强人口与计划生育工作 稳定低生育水平的实施意见》。

3月7日 由区房地产管理局负责的“平改坡”(将多层住宅平屋面改建成坡屋顶)试点工程在南辛庄北街74号楼动工，标志着槐荫区“平改坡”工程正式实施。

3月25日 区委、区政府召开全区教育系统人事制度改革动员大会。会议确定在全区各级教育行政部门所属公办学校、幼儿园和其他事业单位的全体教职工范围内实行教育人事制度改革。

4月3日 居民委员会改建为社区居民委员会，同时进行社区居民委员会选举。

4月4日 区委、区政府召开庆功会，表彰槐荫区人民检察院再次被省检察院记集体一等功；区检察院控申举报接待室被最高人民检察院授予“全国检察机关文明接待室”称号。区委下发《关于在全区党政机关开展向槐荫区人民检察院学习活动的决定》。

4月5日 为纪念1931年4月5日在纬八路刑场英勇就义的邓恩铭、刘谦初等22位革命烈士（史称“四五”烈士），由区委党史办和团区委共同发起纪念“四五”烈士的系列活动。山东省委原书记梁步庭、山东省委副书记陈建国等领导和部队官兵、青少年学生代表、市民代表4000余人参加活动，瞻仰烈士纪念碑并敬献花篮。

4月11日 市政协主席孙常印带领市政协部分常委视察槐荫区国道G220线造绿工程建设情况。

4月23日 市长谢玉堂视察营市街街道老年公寓。

4月27日 区委召开区文明共建委员会成立暨创建文明社区动员大会。

4月30日 经十西路槐荫区段3.4千米绿化建设工程完成。该路段共植乔灌木43.85万株，新建绿地10万平方米，更换种植土10.7万立方米。

5月18日 段北街道前屯居委会建立由全体居民持股的济南前屯商贸有限公司，是济南市第一个居改制的试点单位。

5月23日 区委决定对处级事业单位副职领导干部实行聘任制。新任区直处级事业单位行政副职领导干部，一般采取聘任方式产生，聘任期满，对聘任人员组织考核并依据考核结果提出续聘、解聘及其他使用意见。

6月12日 槐荫区与山东农业大学成立农业科技发展协作会举行签字仪式。

6月25日 根据《济南市区、县（市）、乡机构改革的意见》，槐荫区制定《济南市槐荫区党政机构改革方案》，党政机构由37个调整为26个。

6月29日 由区委办公室、区委组织部、区委党史办联合编纂的《中共济南市槐荫区组织史资料（续编）》（1987—2000）出版发行。

7月9日 槐荫副食品城举行开业仪式，副市长刘善友及区有关领导出席仪式。

7月26日 济南民营科技产业园企业孵化基地揭牌及科技创新园举行启动仪式，省科技厅厅长董昭和、市委副书记马纯济以及区六大班子领导参加。

8月21日 市政协主席孙常印到槐荫区视察重点工程建设情况。

8月23日 区委、区政府印发《槐荫区招商引资考核奖惩实施细则》。细则规定区政府设区招商引资奖励资金，奖励资金由区财政局在财政预算中列支。区招商办、区财政局共同负责奖励资金的管理使用。

8月 济南市槐荫区安全生产监督管理局成立，正处级单位，行政编制5人，工勤编制1人，隶属于区经济计划委员会管理。同时撤销区安全生产委员会办公室。

9月7日 济南市槐荫区水务局举行揭牌仪式。济南市槐荫区水务局隶属于槐荫区人民政府，正处级单位，下设办公室、法制科、水资源科、河道维护科、水土保持科，辖段店水利站和吴家堡水利站。

9月22日 2001中国（济南）国际家电博览会暨山东现代家电市场开业典礼在山东现代家电市场举行，市政协主席孙常印以及区六大班子领导出席仪式。

9月27日 全区村（居）综合配套改革现场会召开。

10月28日 济南国际装饰材料会展中心举行开业仪式。

11月11日 全国妇联副主席华福周、书记处书记吴涛到槐荫区视察家庭文化建设和巾帼社区服务工作。

11月16日 全区创建省级文明区总结表彰大会召开。槐荫区被评为省级精神文明先进区，会议对创建省级精神文明建设工作先进区作出突出贡献的50个单位和50名精神文明建设积极分子进行表彰。

12月10日 《半月谈》2001年第23期杂志刊发区委书记赵文朝题为《村民变为居民之后怎么办》的文章。

2001年 振兴街司法所被司法部评为全国人民满意司法所。

2002年

1月22日 全区“创文明城市、建文明新区”动员大会召开，对全区“创城”工作进行部署。会议要求各街道（镇）设立“六个一”，即一处服务中心、一处事务受理大厅、一处文体活动场所、一所文明市民学校、一处街心绿地花园和一个规范市场。

2月20日 区委、区政府决定在全区开展“作风建设年”活动。要求全区精简会议、文件，简化接待工作，实行规范化办公，密切联系群众，提高工作质量和效率，转变政府职能，建设廉洁勤政、高效务实的党政机关。

2月25日 济南市规划局槐荫分局成立。

3月21日 槐荫区市容环卫清洁公司成立。

3月26日 区委和济南市人民检察院召开表彰大会，对槐荫区人民检察院获“全国模范检察院”称号进行表彰。

3月 济南华联集团被中国商业联合会、中华全国商业信息中心授予“2001年度全国重点大商场百强企业”称号。

4月5日 区政务中心及新城区建设咨询论证会召开。

同日 山东省青少年道德教育实践基地——济南“四五”烈士纪念碑揭牌。

4月28日 举行经六路西延长线“兴西路段”通车仪式。市政协主席徐华东、副区长张曰良等出席仪式。

5月31日 全区民营经济工作会议召开，区委、区政府作出《关于进一步加快民营经济发展的决定》。

6月25日 由团省委、省禁毒委、团市委等部门联合开展的“社区青少年远离毒品”行动启动仪式在槐荫区举行。省委常委、省委政法委书记高新亭出席仪式并讲话。

6月28日 全省首家都市经济园区——博远物流经济园区正式挂牌。该园由振兴街街道办事处和山东博远物流发展有限公司依托钢材交易市场和网络优势共同创办。

8月15日 区委决定建设学习型社区，提出建设学习型社区的指导思想和目标、活动内容、方式和保障措施。

8月18日 济南西部具有典型园林特色的住宅小区——外海城市花园开工建设。该小区总规划用地面积26.7公顷，总建筑面积35万平方米，由多层和小高层建筑构成。小区以突出江南园林艺术风格为特色，总投资超过6亿元，分三期开发建设。

9月16日 嘉华购物广场开业。

9月27日—29日 由中央党校理论研究室、中国城市经济研究会主办，槐荫区和济南市农村工作办公室承办的"城市化进程中的村(居)改革——槐荫模式理论研讨会"在槐荫区举行。

9月29日 槐荫区图书馆新馆建成开馆。

同日20时 华联商业街正式开街，市委副书记、市长谢玉堂，市委副书记李华理，市人大常委会副主任栾毅昌，市政协副主席姚兆迪以及区六大班子领导出席开街仪式。华联商业街地处经二路西段，东起纬八路，西至纬十二路，全长780米，沿街有济南华联、嘉华购物广场等经营业户126家，休闲、购物、餐饮、娱乐等功能齐全。

10月10日 市政协主席孙常印到槐荫区进行调研。听取区委书记赵文朝关于全区工作情况汇报，实地察看营市街街道都市经济园、华联嘉华购物广场、槐荫政务中心建设情况。

10月11日 槐荫区举行兴济河改造工程开工仪式。兴济河改造河段南起经十西路，北至张庄路，全长1.5千米，总投资8000万元，改造实行棚盖方式。

10月27日 在山东—天津经贸洽谈会上，槐荫区人民防空办公室与天津家世界连锁商业集团就槐荫广场人防工程改造项目合作意向举行签字仪式。山东省委书记张高丽、天津市市长李盛霖出席签字仪式。

10月31日 区委、区政府制定《关于在实行综合配套改革村（居）加强基层组织建设、健全工作机制的意见》。

11月2日 段店实业有限公司正式成立。段店村有1110户、3343名村民，拥有段店批发市场等十大专业市场，集体资产4.6亿元。段店村改制，首次将土地使用权进行评估，并合理作价进入公司资产，为实现集体土地集约化经营闯出新路子。

11月26日 举行经六路东段通车暨跨铁路桥奠基仪式，市委副书记、市长谢玉堂及区六大班子主要领导出席仪式。经六路延长线东段从纬十二路到机车车辆厂西门，全长1.7千米。

2003年

1月14日—19日 政协济南市槐荫区第六届委员会第一次会议召开，190名政协委员出席会议。会议听取并审议通过区政协第五届常务委员会工作报告。会议选举徐承鲁为区政协主席，王宪德、陆政、朱德华、赵世河、靖绪杉、印东为副主席。

1月15日—20日 槐荫区第十五届人民代表大会第一次会议召开，出席代表190名。会议听取并审议通过槐荫区人民政府工作报告、槐荫区2002年国民经济和社会发展计划执行情况与2003年国民经济和社会发展计划（草案）的报告、槐荫区2002年财政预算执行情况和2003年财政预算（草案）的报告、区人大常委会工作报告、区法院工作报告、区检察院工作报告。会议选举时延盈为槐荫区第十五届人民代表大会常务委员会主任，钟蔚、于汝彬、赵常胜、崔守华、李昌义、侯少伟为副主任；选举李胜利为槐荫区人民政府区长，张曰良、杨华、刘光亮、刘福荣、展庆林、王诚为副区长；选举王启太为槐荫区人民法院院长；选举吴庆海为槐荫区人民检察院检察长。

1月23日 中共济南市槐荫区第八届委员

会第十次全委（扩大）会议召开。会议审议筹备召开中共济南市槐荫区第九次代表大会的有关事宜，审议通过《关于召开中共济南市槐荫区第九次代表大会的决议（草案）》。会议确定中共济南市槐荫区第九次代表大会定于2003年3月5日—8日召开。

1月27日 区红十字会救助孤残儿福军红的事迹被中国红十字总会列入“百年百好事”，并在中国残联理事会议上作典型发言。

2月 区司法局与工商局联合成立济南市首家区个体私营企业维权服务中心，中心下设10个律师维权投诉服务站。

3月5日—8日 中共济南市槐荫区第九次代表大会召开，出席代表257名。会议听取并审议通过题为《把握新机遇，实现新发展，为加快建设现代化新槐荫而努力奋斗》的工作报告；听取并审议通过中共济南市槐荫区纪律检查委员会的工作报告。会议选举产生中共济南市槐荫区第九届委员会，选举委员29名、候补委员5名；会议选举产生中共济南市槐荫区纪律检查委员会委员15名。中共济南市槐荫区九届一次全委会选举产生常务委员会，朱玉臣、李胜利、徐明梅、刘向伟、高斌、张曰良、吴峻崎、赵玉杰、付金峰、郑金松、李坚强当选为常务委员，朱玉臣当选为区委书记，李胜利、徐明梅、刘向伟、高斌当选为副书记。

3月8日 南辛庄社区巾帼文明健身队被全国妇联、国家体育总局评为全国优秀巾帼文明健身队。

3月14日 槐荫区物价检查所获全国规范物价检查所授牌大会举行。

3月20日 区委对党史工作领导小组进行调整。

3月 济南华联集团被中国商业联合会和中华全国商业信息中心授予“2002年度全国重点大商场百强企业”称号。

4月2日 区委决定成立济南市槐荫区维护稳定工作委员会，作为非常设机构。同时下发《中共济南市槐荫区委关于健全维护社会稳定工作机制的试行意见》。

4月4日 区委决定2003年、2004年两年深入开展以创建“五个好”（好班子、好队伍、好路子、好机制、好制度）村党支部、“六个好”（好班子、好队伍、好路子、好制度、好作风、好格局）街镇党工委、农村基层组织建设先进区为主要内容的“三级联创”活动。

5月6日 槐荫区防治传染性非典型肺炎工作领导小组更名为区防治非典型肺炎工作指挥部。

5月8日 全区优化经济发展环境工作会议召开，会议下发《2003全区执法监察工作意见》《关于行政执法部门对企业执行公务的几项规定》《进一步优化经济发展环境的意见》《关于建立优化经济环境示范点和联系点的决定》4个文件。

5月13日 市政协主席徐华东等一行9人到槐荫区调研民营经济发展工作。

6月2日 区委决定在全区机关和具有行政职能的区直事业单位中公开选拔20名副处级领导干部、10名科级助理和10名助理调研员。选拔采取推荐、考试、考核相结合方式。

6月3日 省人大常委会原副主任何宗贵到济南民营科技产业园视察指导工作。

6月10日 济南丰农有限责任公司国家级示范园区揭牌仪式举行。

6月25日 槐荫区第十次妇女代表大会召开，出席代表220人。会议选举周洁为区第十届妇联主席。

7月9日 省政协副主席王宗廉带领法制委员会的部分委员到槐荫区调研优化法制环境、推动非公有制企业发展工作。

7月 济南华联集团被中国商业联合会、中国财贸轻纺烟草工会授予“全国商业服务业抗击非典先进单位”称号。

8月4日 区委决定成立中共济南市槐荫区城市管理行政执法局委员会、纪律检查委员会。

9月1日 韩国经贸考察团到槐荫区考察，区长李胜利、常务副区长张曰良陪同考察。

9月18日 全区“树组工干部形象”集中学习教育活动部署会召开。活动分4个阶段，从

9月中旬开始到12月上旬结束。

9月25日 全区创建国家环保模范城市动员大会召开。活动主要内容是实施蓝天工程、碧水工程、安静工程、固体废物治理工程、绿化工程、“创模”细胞工程，开展爱国卫生运动。

9月26日 槐荫区振兴工业创业园揭牌仪式举行。

9月28日 华联槐苑超市举行开业仪式。

10月22日 省人大常委会副主任王道玉到济南民营科技产业园视察九阳集团和民营科技企业孵化器。

11月6日 区委、区政府决定将槐荫政务中心由北小辛庄西街迁至经十西路275号。

11月15日 省人大常委会副主任王道玉带领人大常委会民营经济发展情况视察组到济南科技园进行调研。

12月29日 副省长王军民到槐荫区青年公园街道艾滋病防治社区视察。

2004年

1月1日 “槐荫党建”网站（www.hydj.com.cn）OA远程办公系统正式开通。网站涵盖党建重要文件、政策法规、典型经验、工作动态等方面的信息。

1月2日 区委、区政府制定《槐荫区机关工作人员守则》。

1月6日 经六路大桥通车典礼举行。

2月18日 槐荫工业园建设指挥部成立，并迁入吴家堡镇中赵村现场办公。

2月19日 区委、区政府决定对2004年全区21个重点项目实行区领导及部门包挂。

2月23日 济南市创建“平安社区”启动仪式在槐荫区青年公园街道举行。

2月25日 省委副书记、济南市委书记姜大明到槐荫区调研，现场察看红旗凯沃特汽车制造有限公司、润华集团、经一路拆迁工程、青年公园“平安社区”、民营科技产业园孵化器等9个重点项目，并听取相关工作汇报。

3月4日 区委、区政府下发《关于建设“平安槐荫”的决定》。

3月6日 济南市首家家庭暴力举报中心在青年公园街道正式挂牌成立。

3月7日 济南市暨槐荫区关注外来务工青年大型公益活动在槐荫区正式启动。

3月8日 南辛社区张吉嵩一家被全国妇联授予“全国五好文明家庭”称号。

3月19日 市政协主席徐华东带领部分市政协委员到槐荫区调研农业工作。

4月7日 全国妇联副主席、书记处书记莫文秀到槐荫区视察“零家庭暴力”创建工作。

4月19日 区委、区政府决定，以深化“三级联创”工作为总抓手，在城郊地区开展“进百村、走万户、摸实情、保稳定、促发展”活动，帮助村居解决实际问题。

4月20日 省委副书记、济南市委书记姜大明到槐荫区视察街巷整治工作。

4月30日 济南市艾滋病综合防治示范区项目暨“四进”（防治工作进社区、进农村、进学校和进家庭）活动启动仪式在槐荫区举行。槐荫区被省政府确定为济南市唯一艾滋病综合防治示范区。

5月17日 第一届槐荫区城市规划咨询委员会成立，区长李胜利兼任委员会主任。

5月18日 槐荫区劳动技能培训中心美里湖培训基地揭牌暨开学典礼举行。

6月10日 全区农村公路建设现场会召开。

6月26日 中国济南留学人员创业园美里湖创业区揭牌仪式举行，人事部专业技术人员管理司司长刘宝英、省人事厅副厅长单宗杰等参加揭牌仪式。

7月1日 中国红十字会总会和国际联合会艾滋病项目考察组到槐荫区考察红十字会和艾滋病综合防治工作。

7月7日 区爱卫会第十五次全委（扩大）会议暨创建国家卫生城市动员大会召开，安排部署全区创建国家卫生城市工作。

7月8日 济南市社区妇女工作现场会在槐荫区召开。与会人员先后参观青年公园街道“反家暴一条街”、维权工作、精神文明创建工作及南辛庄街道妇联的“幸福工程”等，并进行现场交流。

7月26日 省委副书记、济南市委书记姜大明，市长鲍志强等率各县区主要领导一行50余人到槐荫区工业园考察企业发展情况。

8月2日 世界卫生组织工作人员、澳大利亚发展青年大使Mr.Jonathon passmore，中国疾病预防控制中心主治医师段蕾蕾等到青年公园街道考察社区伤害的预防与控制工作。

8月6日 区委召开2004年度常委民主生活会，省委副书记、济南市委书记姜大明应邀参加并讲话。

8月11日 铁路小学移交调度会召开，铁路小学移交工作进入交接程序。

8月13日 区委、区政府制定下发《延伸背街小巷综合整治，加快和完善社区建设的实施意见》。

8月16日 区委、区政府制定《关于统筹城乡发展，促进农民增收的意见》。

9月2日 区委、区政府制定《关于加强农村基层组织建设和管理监督的实施意见（试行）》。

9月15日 区委、区政府制定《关于工作重心下移，加强城市管理的实施意见（试行）》。

9月20日 山东省暨济南市公民道德宣传日活动在槐荫区启动。省委常委、宣传部部长朱正昌，市委副书记徐长玉等参加启动仪式。

9月23日 中国—联合国开发计划署艾滋病防治领导能力建设培训班学员到槐荫区现场观摩。

10月11日 经区委研究决定，选派101名年轻干部到农村挂职锻炼。同时下发《中共济南市槐荫区委关于下派干部挂职锻炼的实施意见》。

10月22日 省委副书记、济南市委书记姜大明到槐荫区视察背街小巷治理工作，并在西市场街道召开座谈会。

12月5日 济南市槐荫区知识产权局成立，为正处级全额事业单位，编制3人，隶属于区科技局管理。

12月29日 全市工业园区优化经济发展环境工作座谈会在槐荫区英大高尔夫俱乐部会议室召开。

2004年 黄河槐荫段堤防建设工程完工。该工程为国家公益性重点工程，自1999年开工建设，到2004年完工，共占用土地133.3公顷，工程项目涉及槐荫区段店镇、吴家堡镇、美里湖街道，工程总长24.63千米。

2005年

1月29日 区委决定从1月底开始，用1年左右的时间，在全区共产党员中开展以学习实践“三个代表”重要思想为主要内容的保持共产党员先进性教育活动。

2月7日 省委副书记、济南市委书记姜大明对槐荫区“开展联系群众年活动”作出批示。

2月 济南华联集团被中国商业联合会授予“2004年度全国商业诚信企业”称号。

3月22日 槐荫区举行园区及区重点项目扎口管理新闻发布会。

3月23日 全区开展“双基”工程和“三为民”主题活动，区委全面部署实施以强化基层党组织的凝聚力、号召力和创造力，强化基层党员干部的发展能力和致富能力为目标的基层组织建设“双基”工程，组织党员开展以“树为民服务意识，强为民办事本领，作为民致富模范”为主要内容的“三为民”主题活动。

3月25日 全区对外开放工作会议召开，对全区2005年对外开放工作进行安排部署。

4月6日 槐荫区禁毒委员会成立。

4月10日 中国红十字会会长彭佩云到槐荫区视察红十字会工作。

4月20日 由新华社、中央电视台、中央人民广播电台和《人民日报》《法制日报》《光明日报》等11家新闻单位的13名记者组成的中央新闻采访团到槐荫区法院采访人民陪审员。

4月 济南华联集团被中国商业联合会、中华全国商业信息中心授予“2004年度全国重点大商场百强企业”称号。

5月11日 省委副书记、济南市委书记姜大明到槐荫区视察棚户区整治及和谐社区创建工作。

5月19日 槐荫工业园区用地通过国土资源部土地规划审核、公告。

5月24日 槐荫区新型农村合作医疗管理委员会成立。

5月 山东省军区司令员谈文虎到区武装部检查指导工作。

6月1日 槐荫区防治艾滋病工作委员会成立。

7月14日 南辛庄街道欣园社区王成家庭被全国妇联、国家环保总局评为“全国绿色家庭”。

7月22日 槐荫区通过创建全国社区卫生服务示范区省级评估组的验收，并正式向国家递交参加全国社区卫生服务示范区验收申请。

7月30日 槐荫区与机床二厂学校签订移交协议，机床二厂学校自8月1日起正式交槐荫区管理。

8月1日 全区新型农村合作医疗试点工作正式启动，标志着槐荫区农民看病报销制度开始实施。

8月5日 济南市执法监督工作现场经验交流会在槐荫区召开，推广槐荫区政法系统“以建立执法档案为载体，强化党的执法监督工作”的经验做法。

8月24日 卫生部副部长蒋作君到槐荫医院、西市场、振兴街社区卫生服务中心调研。

8月27日 省委副书记、济南市委书记姜大明到槐荫区视察环境整治工作。

9月13日 槐荫区政府投融资管理领导小组成立，区委副书记、区长李胜利任组长。领导小组下设办公室，办公室设在区财政局。

9月15日 省委副书记、济南市委书记姜大明到槐荫区视察第二批共产党员先进性教育活动及重点项目建设情况，市委常委、组织部部长殷鲁谦，市委常委、秘书长许立全陪同。

9月26日 山东现代航仓暨现代物流大道奠基仪式举行，省委副书记、济南市委书记姜大明等领导出席奠基仪式。山东现代航仓项目占地面积733.3公顷，总投资11亿元。

同日 全国平安家庭创建活动领导小组及全国妇联权益部调研组一行3人到槐荫区视察“平安家庭”创建工作。

9月 段店镇司法所被司法部授予“全国模范司法所”称号。

10月10日 区委、区政府召开表彰大会，对济南市公安局槐荫区分局获“全国优秀公安局”称号进行表彰和奖励。

10月14日 全国政协委员、山东省政协常委、山东省伊斯兰教协会会长丁文方到段店镇小金村视察民族教育工作。

10月 西市场北大东街社区居委会获“全国社区服务先进社区”称号。

同月 道德街街道被国家体育总局评为全国群众体育先进单位。

11月14日 槐荫区通过山东省计划生育工作年底考核检查，并通过山东省计划生育优质服务先进区复核检查。

11月17日 旧村改造项目——段店馨苑项目奠基仪式举行，省委副书记、济南市委书记姜大明等领导出席。

12月15日 槐荫区振兴街劳动保障服务中心获“全国巾帼文明岗”授牌暨振兴街劳动广场揭牌仪式举行。

12月30日 中共济南市槐荫区第九届委员会第四次全委（扩大）会议召开。会议听取并审议区委副书记、区长李胜利所作的《关于编制〈槐荫区国民经济和社会发展第十一个五年规划纲要（草案）〉的说明》，审议通过《关于落实科学发展观 加快经济建设科学发展的决议（草案）》《关于努力做好新形势下的群众工作的决议（草案）》《关于城郊地区建设社会主义新农村的初步意见（讨论稿）》。

12月 段店立交桥建成通车。该项目2003年开始动工，占地面积22.7公顷。

2005年 南水北调济平干渠输水工程征地项目槐荫区段完成，共征用土地49.7公顷，涉及10个自然村。

2006 年

1 月 13 日 区经济发展计划局更名为区发展和改革委员会；区安全生产监督管理局不再由区发展和改革委员会管理，改为区政府工作部门；区建设管理委员会更名为区建设委员会；区计划生育局更名为区人口和计划生育局；区城市管理监察大队更名为区城市管理行政执法大队,在城市管理行政执法局挂牌。机构改革后，区政府工作部门共设 20 个。

1 月 道德街街道青年活动中心被团中央评为全国优秀青年活动中心。

同月 济南华联集团被中国商业联合会、中国财贸轻纺烟草工会授予“2005 年度全国商业服务业十佳经营者”称号。

2 月 20 日 槐荫区被中国疾病预防控制中心确定为“安全学校”项目实施区。

3 月 1 日 世界卫生组织正式为青年公园街道安全社区命名。青年公园社区成为中国大陆第一个、世界第 97 个被世界卫生组织确认的安全社区。

3 月 9 日 省委常委、政法委书记阎启俊，济南市委副书记雷建国，市委常委、政法委书记李家政到槐荫区视察全国“两会”安全保卫和平安建设工作。

3 月 15 日 区委九届四次全会通过《关于建设城郊型新农村的意见》，明确建设城郊型新农村的总体思路、基本原则和基本任务。

3 月 22 日 副省长李玉妹、济南市副市长杨佩钦到槐荫区青年公园街道调研安全社区工作。

3 月 28 日 中共中央党校秘书长、组织部部长、社区建设领导小组组长郝时晋一行到槐荫区考察安全社区建设工作。

4 月 2 日 槐荫区被卫生部、民政部、国家中医药管理局授予“全国社区卫生服务示范区”称号。

4 月 4 日 劳动和社会保障部副部长刘永富、基金监督司司长陈良等到槐荫区调研劳动保障工作。

4 月 5 日 全国妇联副主席、书记处书记莫文秀等一行 8 人在省妇联主席赵玉兰、市委副书记雷建国等陪同下到槐荫区调研“平安家庭”创建工作。

4 月 17 日 省老龄工作委员会办公室主任诸庆观到济南民营科技产业园指导、协调老年公寓社区工程建设工作。

4 月 济南华联集团被中国商业联合会、中华全国商业信息中心授予“2005 年度中国零售百强企业”称号。

5 月 1 日 全区庆“五一”暨劳动模范表彰大会召开，大会宣布区委《关于开展向李茂年同志学习活动的决定》和表彰区劳模的决定，全国“五一劳动奖章”获得者济南华联商厦总经理李茂年作典型发言。

5 月 24 日 中央综治委副主任、中央政法委副秘书长、中央综治办主任陈冀平，中央综治办总督导室主任胡增印等一行 5 人到槐荫区视察安全社区及平安建设工作。

5 月 济南民营科技产业园被中国民营科技促进会评为全国先进科技产业园。

6 月 2 日 济南市做好群众工作、创建文明社区现场会在槐荫区召开，省委宣传部副部长、文明办主任姜铁军，市委副书记徐长玉出席会议并讲话。

6 月 5 日 山东省流动人口计划生育工作现场会在槐荫区召开，省计生委主任班开庆、济南市副市长张泽等领导参加会议。

6 月 12 日—14 日 山东省委第三巡视组到槐荫区进行巡视。

6 月 23 日 2006 首届济南国际服装文化节在济南世购国际服装广场开幕。文化节由济南市政府和山东省服装行业协会联合主办，济南市贸易服务局、济南市文化局、槐荫区政府、济南世购国际服装广场等单位承办。

6 月 25 日 槐荫区举行远程教育网络党校建设启动仪式，标志着区、街道（镇）、村（居）三级网络党校建设正式开始。

6 月 27 日 槐荫区庆祝建党 85 周年暨保

持共产党员先进性教育活动总结表彰大会召开，会议对10个“槐荫区先进党（工）委”、20个“槐荫区先进基层党组织”、10个“槐荫区党建工作示范社区标兵”、30个“槐荫区五好村（居）党组织标兵”、20个“槐荫区村级组织阵地建设先进村（居）”、10名“槐荫区优秀党务工作者”、100名“槐荫区优秀共产党员”进行表彰。

6月 济南民营科技产业园主任、美里湖街道党工委书记李小明被中国民营科技促进会评为全国科技产业园先进管理者。

7月11日 济南市新农村建设工作现场会在槐荫区召开。副市长赵文朝及市有关部门、各县（市）区分管领导参加会议。

7月24日 省委副书记、济南市委书记姜大明，市长鲍志强带领市委理论学习读书会人员视察担山立交绿化、党杨路建设等槐荫区重点项目。

8月8日—11日 “槐荫职教杯”2006年全国少年女子柔道锦标赛在槐荫区开幕，共有来自全国的17个代表队、147名运动员参加。

8月9日 市委常委、纪委书记徐长玉带领市纪委理论学习中心组读书班成员到槐荫区视察担山立交绿化项目、段店立交绿化项目、世纪中华城、党杨路建设等重点项目。

8月16日 济南市社会主义新农村建设现场交流会在槐荫区召开。市委副书记雷建国、副市长赵文朝出席会议并讲话。

8月31日 全国人大常委会副委员长、全国妇联主席顾秀莲，全国妇联副主席、书记处第一书记黄晴宜，全国妇联副主席、书记处书记莫文秀到槐荫区青年公园社区视察“平安家庭”创建工作，省委副书记、济南市委书记姜大明，省委常委、政法委书记阎启俊，省人大常委会副主任莫振奎等陪同视察。

9月5日 济南市未成年人思想道德建设工作社区座谈会在槐荫区召开，中宣部副部长欧阳坚、人民日报社华东分社总编吕网大、中共中央办公厅督查室主任张勇以及省、市有关领导参加座谈会。

9月7日 全区“四五”普法依法治理总结表彰暨“五五”普法依法治理动员大会召开。会议总结“四五”普法工作，对“四五”普法依法治理先进集体和先进个人进行表彰奖励，对“五五”普法依法治理工作全面部署。

9月21日 在山东省社区工作会议上，槐荫区被命名为山东省和谐社区建设示范区；振兴街街道和青年公园街道被命名为山东省和谐社区建设示范街道；中大槐树街道裕园社区和西市场街道华联社区被命名为山东省和谐社区建设示范社区。

9月29日 省委副书记、省长韩寓群带领省民政厅、省财政厅、省建设厅等有关部门领导到青年公园街道前卫街社区视察社区建设工作。

同日 全市首家创业孵化基地在槐荫区西市场小商品批发市场挂牌。

9月30日 担山立交景观环境建设工程完工。该项工程2006年2月开工，总占地面积72公顷，总投资7000余万元。

9月 省委常委、省军区政委张秉德到槐荫区武装部检查指导工作。

10月18日 全区第一批下派干部工作总结暨第二批下派干部誓师大会召开，第二批下派干部有136名。

10月24日 《中共济南市槐荫区代表大会文献汇编》发行会召开。该书共收录中共济南市槐荫区1956年4月第一次代表大会至2003年3月第九次代表大会的主要材料。

11月 南辛庄街道南辛社区居民张吉嵩被中宣部、教育部、国家国防教育办公室评为全民国防教育先进个人。

12月8日 槐荫区被评为全国红十字服务示范区。

12月22日—26日 中共济南市槐荫区第十次代表大会召开，出席代表270人。会议选举产生中共济南市槐荫区第十届委员会，选举委员37人、候补委员8人；会议选举产生中共济南市槐荫区纪律检查委员会委员29人。

第一编

境域　人口

JING YU　REN KOU

槐荫区志

1989—2006

第一章 建置区划

第一节 地理位置

槐荫区位于北纬36°37′～36°45′，东经116°47′～116°59′，济南市市区西部。北濒黄河，南依市中区，东临天桥区、市中区，西接长清区。东西最大横距约15.3千米，南北最大纵距约13.5千米。总面积151.65平方千米。

第二节 建置沿革

1929年济南设市后，辖区城区部分为济南市第七区，其他区域分别属济南市第八、第九区和长清县。1940年，第七区改为济南市商埠西区，辖区其他区域分别属济南市南乡区、西乡区和长清县。1945年，抗日战争胜利后，商埠西区、南乡区、西乡区分别改称济南市第七区、第九区、第十区。1948年9月，济南解放后，辖区分别属济南市第七区（范围:北起津浦铁路，南至经十路；东起纬六路，西到纬十二路）、第九区、第十区和长清县。1951年1月，济南市调整市辖区设置，辖区分别属济南市第六区（北起万盛街，南至刘长山；东起纬六路，西到津浦铁路）、郊三区、郊四区、郊五区。1955年9月，根据国务院关于"市辖区应改为地名称呼"指示，将以槐树命名的街巷较多的第六区改为槐荫区，郊三区、郊四区、郊五区分别改称段店区、药山区、玉符区。1956年7月，段店区、药山区、玉符区撤销，划入新设立的济南市郊区；槐荫区辖区范围：北起津浦铁路，南至山东水泥厂（济南水泥厂前身）；东起纬五路，西到津浦铁路。1958年郊区撤销，上述区域划入历城县，辖区东部为槐荫区，其范围：北起经一路，南至山东水泥厂（济南水泥厂前身）；东起民权大沟，西到津浦铁路，西部属历城县。1960年，槐荫区区划调整：北起津浦铁路，南至山东水泥厂；东起纬五路，西至新河圈村。1961年5月，恢复1956年区划。

1966年8月，槐荫区更名为东风区。1973年7月，东风区复称槐荫区。1978年区划调整，槐荫区范围北起堤口路、张庄路交叉口，南至刘长山路，东起纬五路，西至兴济河，面积12.91平方千米。兴济河以西区域仍属历城县，1980年改属重设的济南市郊区，1985年辟为济南市郊区段店镇、吴家堡镇。1987年5月，郊区撤销，段店、吴家堡镇划入槐荫区。至2006年，槐荫区范围北接黄河，南至卧牛山，东起纬五路，西到新河圈村。

第三节 行政区划

1929年济南设市后，为坊、闾、邻制，每区设10坊。1938—1944年，实行坊、保、甲制，辖区设10坊。1945年，改为保、甲制。1946年12月，辖区内济南市第七区41保、531甲合并为13保、312甲。1948年9月，济南解放，废除保、甲制，建街、闾政权，第七区设8个街政委员会、127个闾。1951年1月，第七区与第九区中大槐树街、道德街，第十区万盛街、槐荫街合并为第六区。1952年12月，第六区设立7个居民委员会。1954年12月，居民委员会改为街道。1955年12月，各街道按地名改称经三路、西市场、中大槐树、道德街、振兴街、营市街、北大槐树等街道，下辖57个居民委员会。1956年7月，市中区纬五路和小纬六路南街以西的部分地区划归经三路街道，辖区万盛街以北地区划归天桥区。1959年12月，市中区大观园、四里村、岔路街、杆石桥、经七路、经二路、魏家庄、馆驿街等8个街道划归槐荫区，全区下设15个街道。1960年6月，槐荫人民公社成立，以各街道区域，设立大观园、经七路、经二路、振兴街等11个分社。同月，历城县西郊人民公社28个生产大队和南郊人民公社3个生产大队及白马山铁路职工宿舍划归槐荫区，四里村、机床一厂、大观园、经二路、经七路、馆驿街、杆石桥等7个分社复归市中区；辖区划为经三路、机车工厂、机床二厂、振兴街、西郊等5个分社。1962年6月，划为经三路、西市场、中大槐树、道德街、振兴街、营市街、北大槐树、五里沟、青年公园9个分社。1963年2月，分社复称街道。1978年9月，历城县南辛、北辛两个生产大队划入槐荫区。1979年9月，设立南辛庄街道。1987年5月，济南市郊区段店镇、吴家堡镇划归槐荫区。1989年9月，进行区划调整，撤销经三路、北大槐树街道，建立匡山、段店北路、张庄路街道，槐荫区划为西市场、中大槐树、道德街、振兴街、营市街、五里沟、青年公园、南辛庄、匡山、段店北路、张庄路11个街道和段店、吴家堡2个镇，有129个居民委员会、96个村民委员会、110个自然村。1995年12月，设立美里湖街道。2006年底，辖区有12个街道、2个镇，54个居委会、93个行政村。

第二章 自然环境

第一节 地 质

一、地层

辖区地层分为奥陶系、石炭系、二迭系、第三系和第四系。

奥陶系中统 厚度约100米。主要由青灰色灰岩、豹皮状灰岩组成，夹有少量白云质灰岩与泥灰岩、角砾状泥灰岩。仅在刘长山、丁字山、腊山和峨嵋山一带有出露。

石炭系中统 厚度约45米。由浅灰色石灰岩、灰色粉砂石及杂色粘土岩组成，偶夹一层不稳定的煤。主要分布于段店镇龙王庙以北地区。

二迭系 下统以粉砂细砂岩为主，夹1～5层煤，厚约100米；上统以粘土岩、泥岩、粉砂岩为主，夹石英长石砂岩，厚约140米。主要分布于吴家堡镇七里铺以西地带。

第三系 主要由长石砂岩、砾岩、粘土岩、砂岩组成。主要分布于大金庄、小金庄一线以北，以小龙王庙一带厚度为最大。

第四系 为松散的堆积物，几乎覆盖全区。东南部薄，西北部厚。沉积物颗粒，南部粗，北部细；西部粗，东部细；底部粗，顶部细。底层为砂砾石层或砂砾石夹粘性土，表层为淤泥质粘性土。

二、岩浆岩

属济南岩体的一部分。以辉长岩为主，边部渐向闪长岩或灰石闪长岩过渡，为向北倾伏和延伸的复杂岩盖。岩体占据辖区东部、北部、中南部，约占全区总面积的三分之二；最大厚度在无影山、匡山一带，约1800～2000米。辖区北部刘七沟、肖家屯、西沙王庄一带，有一厚度不大的大理岩体浮在上面。

三、构造

辖区煤系地层分布在龙王庙、北店子、三教堂一带，发育有北北东向和北西向两组断层，北西向断层切割北北东向断层。北北东向断层，主要有：明里庄断层，区内长6千米，属正断层，断层面倾向西，垂直断距为300米；三教堂断层，断层面倾向东，区内长4千米，属正断层。北西向断层，主要有：安家庄断层，区内长5千米，属正断层，断层面倾向东；申家庄西断层，区内长4千米，属正断层，断层面倾向北东至北北东；龙王庙断层，区内长3.5千米，属正断层，断层面倾向南西。

第二节　地　貌

辖区地处鲁中山区与鲁北平原的过渡地带，有山前冲积平原、山间平原两个地貌类型。

一、山前冲积平原

主要分布于北部黄河沿岸，包括山前斜低平原和微倾斜低平原两类。物质组成与微地貌变化受黄河与小清河控制。由于黄河携带大量泥沙淤积，使黄河河床高出地面 5～9 米而成为地上河。黄河发育有高河漫滩和低河漫滩，低河漫滩位于人工堤内，标高 30 米左右，高河漫滩位于人工堤外，标高 25 米左右。在小清河与黄河堤之间局部分布有沼泽地带。匡山以西，小清河发源于此，加之受玉符河冲积扇影响，地形起伏较大，地势微向北西倾斜，坡度 3°～ 5°，在位里庄、美里庄一带低洼处形成沼泽地；匡山至滩头，受人为因素影响，地势平坦，有匡山等零星分布，成为该区独特地貌景观。

二、山间平原

分布于山地前缘地带，地势南东高、北西低，坡度平缓，一般为 5°～ 10°，东西差异明显，地形倾向北西，冲沟不发育，地势平坦，标高几十米至几百米，零星分布刘长山（高 135 米）、丁字山（高 98.1 米）、腊山（高 162 米）等几座大小不等的灰岩残丘。

第三节　气　候

一、气温　光照

辖区地处中纬度地带，属温暖带大陆性季风气候区。春季干燥少雨，多西南风；夏季（5—8 月）炎热多雨；秋季天高气爽；冬季（11 月至翌年 3 月）严寒干燥，多东北风，春季、秋季均不足两个月。历年平均气温为 14.2℃。最高气温为 42.7℃（1942 年 7 月 6 日），最低气温为 -19.7℃（1953 年 1 月 17 日）。最热为 7 月，平均气温 27.4℃；最冷为 1 月，平均气温 -14℃。平均每年结冰期为 86.7 天，一般始于 11 月中旬，终于翌年 3 月下旬。

辖区平均每年日照时数为 2737.3 小时。月最高日照时数为 287.3 小时（5 月），最低日照时数为 185.4 小时（2 月）。平均每年晴天 97.5 天，阴天 90.6 天，雾日 19.3 天。

二、降水　季风

辖区历年平均降水量为 685 毫米，最大降水量为 1160 毫米（1962 年），最小降水量为 320.7 毫米（1968 年）。每年最小降水量为 1 月，平均 6.3 毫米；最大降水量为 7 月，平均 217.2 毫米。平均每年降雪日 9.3 天，最早始于 10 月 27 日（1978 年），最晚终于 5 月 3 日（1961 年）。平均每年积雪 14.7 天，最大积雪深度 19 厘米。

辖区历年平均气压为 1010.5 百帕，最大为 1021.2 百帕（1 月），最小为 996.5 百帕（7 月）。常年主导风向为西南风和东北风。平均每年风速为 3.2 米 / 秒，相当于风力 2～3 级；最大风速为 33.3/ 秒，相当于风力 12 级以上。4 月份风速最大，平均 4.3 米 / 秒，最大达 26 米 / 秒。

三、湿度　霜期

辖区平均每年相对湿度为 58%。4—5 月最小，平均为 48%；7—8 月最高，平均为 74.5%；9—10 月次之，平均为 62.5%。其他月差异在 9% 左右。

辖区初霜日为 10 月 30 日，终霜日为 3 月 25 日，全年无霜期为 218 天。

第四节　水　文

一、地表水

辖区有黄河和小清河两个水系。主要河流有黄河、小清河、玉符河。

黄河　自北店子入境，向东北至刘七沟出境，境内长 14.5 千米。据洛口水文站 1951—1981 年测量，平均径流量为 1380 立方米 / 秒，最大为 11900 立方米 / 秒；1972 年、1974 年、1975 年、1979 年、1981 年，每年的 6 月下旬至 7 月上旬曾发生过断流。汛期分桃汛（4 月上、中旬）、伏汛、秋汛（7—10 月）和凌汛（1—2 月中、下旬）。1968 年、1972 年、1977 年、1979 年、1980 年，凌汛期全河封冻。含砂量年均为24.92千克/立方米，8月、9月高达221千克/立方米，1月最低为3.68千克/立方米。

玉符河　自周王庄入境，至北店子入黄河，境内长15千米，全年有水。据卧虎山水文站1959—1979年测量，平均径流量为4.12立方米/秒，最大径流量为11.92立方米/秒，最小径流量为0.61立方米/秒。

小清河　发源于段店镇睦里庄，与黄河大致平行流向东北，至匡山庄出境，区内长12.7千米。为区内灌溉水源和排洪、排涝、排污河道。据黄台板桥水文站1959—1979年测量，平均径流量为7.74立方米/秒，最大径流量为89立方米/秒，最小径流量为0.8立方米/秒。境内支流有南太平河、北太平河、新太平河、大杨虹吸干河、峨嵋山河、腊山河、兴济河。

二、地下水

辖区地下水有四种水型，均属重碳酸钙型，符合国家规定饮用标准。

第四系松散岩类孔隙水　主要储存于砂砾石层中及砂砾石类粘性土中，分布范围较广，一般厚度和水量不大。东南部水位深，西北部水位浅，一般不具备供水意义。据五里牌坊探测孔（济南汽车配件原厂址）测试，水位埋藏深度10.38米。对水位以下至17.43米的砂砾石层抽水，水位降低8.32米，日出水量6.83立方米。据南辛庄探测孔测试，水位埋藏深度为9.41米。对水位以下至11.68米的中粗砾层抽水，水位降低3.3米，日出水量49.16立方米。

碳酸盐岩裂隙岩溶水　主要分布于辖区东部、南部。地下碳酸盐岩裂隙岩中水量富集，为区内主要含水层，具有供水意义。据峨嵋山探测孔测试，孔深132.27米，从80～90米处抽水，水位降低0.84米，日出水量1317.6立方米。据任家庄探测孔测试，孔深119.32米，抽水降深6.4米，日出水量9240立方米。

岩浆岩风化带及构造破碎带孔隙裂隙水　主要分布于辖区东南部。岩浆岩风化带厚度一般为20～40米，富水性差，不具备供水意义。对南辛庄探测孔处抽水，水位降低18.7米，日出水量11.92立方米。对一〇七厂探测孔28.48～59.9米处抽水，水位降低19.28米，日出水量54.86立方米。对大金庄探测孔158～197米处抽水，水位降低7.06米，日出水量36.63立方米。较大的破碎带有时较富水，对七三一三工厂探测孔153～163米及244～300米处抽水，水位降低6.21米，日出水量1549.58立方米。

碎屑盐类孔隙裂隙水　主要分布于辖区西北部，有一定富水性。对油牌赵家庄87～205米处抽水，水位降低20.31米，日出水量54.9立方米。从小龙王庙314～407米处抽水，水位降低49.6米，日出水量230.7立方米。

第五节　土　壤

一、类型

辖区土壤分为褐土、潮土两个土类及褐土（黄土）、潮褐土（潮黄土）、潮土和盐化潮土（盐碱土）四个亚类。

褐土（黄土）　主要分布于段店镇中部平原。土层深厚，土体发育完全，土壤呈中性至微碱性，耕层质地多为中壤或轻壤，多数熟化度和肥力较高。

潮褐土（潮黄土）　主要分布于段店镇北部。土层深厚，土壤呈中性至微碱性，耕层质地为中壤，土壤肥沃，水、肥、气、热较协调。

潮土　主要分布于吴家堡镇大部地区和段店镇西北部。土层深厚，土体构造复杂，耕层质地多样，轻壤、中壤面积较大。

盐化潮土（盐碱土）　主要分布于吴家堡镇黄河大堤以南地区。土体构造复杂，表层质地多为轻壤、沙壤，物理性状较差，早春有不同程度的返碱现象。经稻改、增施有机肥料、加强耕作管理、改进灌排设施，盐化状况有所减弱。

二、质量

辖区内土壤分为四个等级。

一级地　主要分布于段店镇济兖公路两侧。微地貌单元为山前平地，海拔25～50米，土壤为褐土、潮褐土，潜水埋深2～10米。土层深厚，物理性状良好，水、气、热资源丰富，排灌条件良好，无旱涝威胁，为粮菜生产基地。

二级地　主要分布于吴家堡镇和段店镇部分地区。微地貌单元为山间平地和微斜平地，海拔25～40米，土壤为褐土和潮土，潜水埋深一般为2～8米，最深达20米。土地不平，熟化度低。

三级地　主要分布于吴家堡镇北店子东沿黄地带及段店镇西北部地区。微地貌单元为交接洼地，土壤为潮土和轻度盐化潮土，海拔23米左右，潜水埋深1.5～4米。土壤肥力不高，受黄河、小清河的影响，有季节性内涝和盐碱的威胁。

四级地　主要分布于吴家堡镇黄河滩区、段店镇腊山湖内的滞洪洼地和玉符河滩地。土壤为褐土和潮土，常受洪水威胁。

第六节　自然资源

一、土地资源

1992年，全国第一次土地详查资料显示：全区土地总面积15148.33公顷，其中耕地6732.08公顷，占土地总面积的44.44%；园地334.09公顷，占土地总面积的2.21%；林地398.29公顷，占土地总面积的2.63%；居民点及工矿用地4357.08公顷，占土地总面积的28.76%；交通用地785.32公顷，占土地总面积的5.18%；水域1926.54公顷，占土地总面积的12.72%；其他未利用土地614.39公顷，占土地总面积的4.06%。

二、矿产资源

境内矿产资源多样，包括石灰岩、花岗岩、煤炭、矿泉水等。

煤炭　煤系地层主要是上古生界石炭二叠系，煤炭地理分布在山前平原黄河沿岸地带。按其地质、地理特征，辖区煤炭资源属黄河北煤田(长清区、槐荫区沿黄地带)。煤层均分布在石炭系太原组和二叠系山西组地层内，共7层煤，煤质较好，属多煤种区。

石灰岩　石灰岩是经济发展中使用最广泛的矿产之一，境内石灰岩均属下古生界海相化学沉积矿床，为奥陶系马家沟组灰岩，质纯，厚度大、夹层少，矿层稳定，是开发利用的最佳矿床。为济南市及槐荫区的水泥生产、钢铁冶炼提供丰富的原材料和辅助原料。至2006年，区内的石灰岩已全部停采。

建筑石材　匡山属于岩浆岩类(花岗岩、辉长岩、辉绿岩等)岩石，是较好的建筑石材，被誉为“济南青”，是济南地区的优势矿产。

三、水资源

地表水　辖区天然地表水资源多年平均储量为18819.2万立方米。其中地表径流总量为1006.6万立方米，入境客水总量为3598.3万立方米。1989—2006年，地表水常年可利用量平均为7905.87万立方米；“引黄”闸2处，平均提引量为7714.25万立方米。

地下水　辖区地下水历年平均补给量为10706.3万立方米。其中降雨入渗2131.4万立方米，灌溉回归1309.2万立方米，河渠补给2065.7万立方米，侧向补给5200万立方米。黄河侧渗总量为400.5万立方米。地下水可开采利用量为7225.5万立方米，已开采量为6534万立方米。其中工业用水254.8万立方米，农业灌溉用水2997.20万立方米，城乡人畜用水3285万立方米。

矿泉水　区内矿泉水点分布在匡山及北部的淡水水产研究所附近，均系人工开发的地下水源。通过对水的物理性质、毒理学指标、宏量元素、微量元素指标分析，宏量元素中钙镁含量较高，钠离子含量低，锶含量达饮用矿泉水标准。

四、生物资源

野生动物资源　辖区内兽类有野兔、黄鼠狼、蝙蝠、野狸、獾、田鼠、刺猬等；鸟类有麻雀、燕子、野鸡、野鸭、喜鹊、鹰、鹁鸪、凤头百灵、啄木鸟、斑鸠、乌鸦、布谷鸟、猫头鹰等；水生动物有鲤鱼、鲫鱼、鲢鱼、鳝鱼、乌鲤、泥鳅、虾、蟹等；昆虫有蜜蜂、蝴蝶、螳螂、蝈蝈、蝎子、蝉、土鳖、斑蝥、蜘蛛、豆虫、蝼蛄等；爬虫有蛇、壁虎、蜥蜴、蜈蚣等；两栖类有青蛙、蟾蜍、甲鱼、乌龟等。

野生植物资源　辖区内药材类有车前子、黄

丝、益母草、大蓟、小蓟、地黄、生地、蒲公英、蒲子、苍耳子、节骨草、艾、枸杞、栝楼、芦根、白菊花、茅根、酸枣等；食用类有洋姜、荠菜、马齿苋、灰菜、苦菜、山韭、山花、苜蓿等。

第七节　自然灾害

一、旱灾

1989年，辖区遭遇自1916年最严重的旱灾。年累计降雨量仅342毫米，比正常年减少46.6%。1992年，降雨量比常年减少124.6毫米。1997年8月，地下水水位出现历史同期最低水位（23.94米）。2000年3月至4月底，降水量仅26.6毫米，较常年同期少23.4毫米，距平百分率为-47。2003年5月29日至6月8日，降水量6.0毫米，较常年偏少13.1毫米，距平百分率为-68.6。6月6日、7日、8日三天连续出现干热风天气，部分地块出现重旱。2006年春、夏、秋季均有干旱发生，秋季干旱持续时间长、影响范围大，造成严重经济损失。

二、水灾

1990年7—8月，辖区平均降水量669毫米，造成河道爆满，水库漫溢。1991年8月28日，卧虎山行洪，玉符河滩区266.7公顷粮田受淹，减产160万千克，损失96万元。通过睦里闸向小清河泄洪，造成两岸粮田受灾466.7公顷，减产70万千克，损失57万元;菜田受灾200公顷，损失600万元；鱼池受灾33.3公顷，损失25万元。1993年6月22日18时50分，遭受暴风雨袭击，多条供电高压线、低压线遭破坏，造成停电。1994年7月1日，卧虎山水库开闸泄洪，全区粮田过水面积2304.3公顷，其中绝产802公顷，损失190157万元；菜田过水面积177.1公顷，绝产65.5公顷，倒塌大棚797个，面积23.4公顷；鱼池过水面积174.5公顷，绝产40.3公顷；果园过水面积32.1公顷，绝产1公顷。1994年8月6日，普降暴雨到大暴雨，降雨量在140毫米以上。2005年9月16日、9月19日，两次出现暴雨天气。由于雨量大、持续时间段，造成低洼地、桥涵、洞等多处积水，对交通造成一定的影响。

三、其他灾害

1989年1月24日，辖区出现逆流天气，大气监测发生酸雾，酸度在pH4.5左右，空气中二氧化碳最高值达2.35毫克/立方米，能见度低于10米。

1998年4月16日清晨，上空变成黄色，越来越暗。至7时5分，突然天昏地暗，后天空开始变黄变亮，一场零星小雨降下，雨点饱含黄土，实为“泥点”，气象上称为“扬沙”。

2001年4月9日下午，遭受近20年来最严重的一次沙尘暴袭击，持续1小时左右。

2002年4月23—25日，受强冷空空气的影响，气温下降，出现低温冷害，致使正在开花的小麦授粉不良，部分麦田出现籽粒自行干缩现象。

2004年11—12月，出现13天大雾天气，能见度差，影响交通，造成高速公路封闭；影响保护地栽培作物的生长发育，并易染病害。

2005年5月5日凌晨，段店镇常旗屯村的供电线路遭到雷击，该村及周边多个村庄上千亩的养鱼池增氧机停机，池塘里的鲤鱼大量死亡，村民直接损失达40余万元。

2006年11月19日、12月26日，两次出现大雾天气，造成高速公路封闭。

第三章　人　口

第一节　人口数量

1989年,全区有99197户,总人口333718人。1990年第四次全国人口普查，全区有96731户，总人口为337044人。其中市区人口244769人，占总人口的72.62%；两镇（段店镇、吴家堡镇）人口92275人，占总人口的27.38%。同1982年第三次全国普查的306942人相比，总人口8年间共增加30102人，平均每年增加3763人，平均年增长率为1.8%。2000年第五次全国人口普查，全区有122227户，总人口396846人。其中市区人口312469人，占总人口的78.7%；两镇人口84377人，占总人口的21.3%。同1990年相比，总人口增加59802人。2006年，全区共有124644户，总人口为367100人。

1989-2006年槐荫区人口情况表

表1-1

年份	户数	人数				人口密度（人/平方千米）
		合计	男	女	农业人口数	
1989	99197	333718	170093	163625	91807	2203
1990	96731	337044	172748	164296	96052	2262
1991	110707	339863	172647	167216	96052	2243.6
1992	112770	341516	173842	167674	96383	2254.5
1993	114326	340431	173447	166984	96126	2247.4
1994	111924	333414	169857	163557	96253	2201
1995	115458	342323	174239	168084	75874	2259.5
1996	116069	345893	175514	170379	96841	2283.4
1997	113184	336728	170263	166465	100764	2223
1998	114855	337534	170331	167203	97701	2228
1999	116320	337686	170130	167556	97971	2229
2000	122227	398646	203421	193425	96576	2620
2001	119256	339514	170425	169089	97018	2241.30
2002	12410	341551	171286	170265	2667	2257.76
2003	122114	348146	174486	173660	1852	2298
2004	122325	352609	176232	176377	0	2327.80
2005	123415	358491	178771	178720	0	2366.60
2006	124644	367100	182644	184456	0	2421

说明：（1）1990年数据为第四次全国人口普查资料，2000年数据为第五次全国人口普查资料，户数为总户数，包括常住户、集体户、常住一年以上，常住户口在外地户。人数为总户数人数

（2）1989、1991—1999年数据是公安系统统计资料，2001—2006年数据是区统计年鉴资料

第二节 人口分布与密度

一、人口分布

1990年，城区8个街道（后称老城区）人口约占总人口的59%，城郊新建3个街道人口约占总人口的14%，两镇人口约占总人口的27%。1996年，新建美里湖街道。之后，随着城郊一体化建设和新城区建设的不断发展，城郊结合部人口逐渐增多。1996年，城郊新建4个街道（后称新城区），人口约占全区总人口的17%。2006年，老城区人口约占总人口的53%，新城区人口约占总人口的23%，两镇人口约占总人口的24%。

1990—2006年槐荫区部分年份人口分布情况表

表1-2　　单位：人

街道（镇）＼数量＼年份	1990	1996	2000	2006
西市场街道	20819	18886	19789	16523
中大槐树街道	20542	18168	21738	17425
道德街街道	17139	18220	17458	12436
振兴街街道	30070	29441	33913	36001
五里沟街道	31346	30048	29779	25019
青年公园街道	18599	18142	19122	26765
营市街街道	33541	33070	34750	33344
南辛庄街道	27010	38590	27851	27907
段店北路街道	19220	18024	32549	22875
张庄路街道	15077	14160	28159	20637
匡山街道	11406	16391	31699	25995
美里湖街道	—	11642	15662	14687
段店镇	59137	59813	62465	64672
吴家堡镇	33138	21298	21912	22814
合计	337044	345893	396846	367100

说明：2000年资料为第五次全国人口普查资料，全区总人口为396846人（包括外来人口，不包括外出人口）。家庭户人口为348221人（不包括现役军人，不包括相互间没有家庭成员关系的集体居住的人）

二、人口密度

1990年第四次全国人口普查，辖区人口密度为2262人/平方千米，比1982年第三次全国人口普查时的2060人/平方千米，增加202人。2000年第五次全国人口普查，辖区人口密度为2620人/平方千米，比1990年增加358人。2006年，老城区人口密度为17127人/平方千米，新城区人口密度为2158人/平方千米，农村人口密度为864人/平方千米。

2006年槐荫区街道（镇）人口密度情况表

表1-3

街道（镇）	户数	人数			面积（平方千米）	人口密度（人/平方千米）
		合计	男	女		
合计	124644	367100	182644	184456	151.65	2421
西市场街道	6908	16523	8233	8290	0.71	23272
中大槐树街道	7285	17425	8693	8732	1.45	12017
道德街街道	4658	12436	5586	6850	0.62	20058
振兴街街道	10930	36001	19422	16579	2.53	14230
五里沟街道	10332	25019	12360	12659	0.92	27195
青年公园街道	6446	26765	13376	13389	0.79	33880
营市街街道	11733	33344	16722	16622	2.37	14069
南辛庄街道	10061	27907	14083	13824	2.02	13815
段店北路街道	8237	22875	11014	11861	3.59	6372
张庄街道	7375	20637	10188	10449	9.87	2091
匡山街道	9413	25995	12675	13320	5.67	4585
美里湖街道	4197	14687	7169	7518	19.90	738
段店镇	20131	64672	31968	32704	63.00	1027
吴家堡镇	6938	22814	11155	11659	38.22	597

第三节　人口构成

一、性别构成

1990年第四次全国人口普查，全区总人口中，男性172748人，占51.25%，女性164296人，占48.75%，男女性别比（以女性为100，男性对女性的比例）为105.1。2000年第五次全国人口普查，全区总人口中，男性203421人，占51.26%，女性193425人，占48.74%，性别比为105.17。2006年，全区总人口中，男性182644人，占49.8%，女性184456人，占50.2%，性别比为99。

1989—2006年槐荫区人口性别构成情况表

表1-4

年份	总人口			占总人口的（%）		男女性别比（女=100）
	合计	男	女	男	女	
1989	333718	170093	163625	51	49	104
1990	337044	172748	164296	51.25	48.75	105.10
1991	339863	172647	167216	50.8	49.20	103.30

续表 1-4

年份	总人口			占总人口的（%）		男女性别比（女=100）
	合计	男	女	男	女	
1992	341516	173842	167674	50.9	49.10	103.70
1993	340431	173447	166984	50.95	49.05	103.90
1994	333414	169857	163557	50.9	49.10	103.70
1995	342323	174239	168084	50.9	49.10	103.70
1996	345893	175514	170379	50.7	49.30	102.80
1997	336728	170263	166465	50.56	49.44	102.30
1998	337534	170331	167203	50.46	49.54	101.90
1999	337686	170130	167556	50.38	49.62	101.50
2000	396846	203421	193425	51.26	48.74	105.17
2001	339514	170425	169089	50.2	49.80	100.80
2002	341551	171286	170265	50.1	49.90	100.60
2003	348146	174486	173660	50.1	49.90	100.50
2004	352609	176232	176377	50.0	50.00	100
2005	358491	178771	179720	50.0	50.00	100
2006	367100	182644	184456	49.8	50.20	99

1989—2006年槐荫区部分年份街道（镇）人口性别比对照表

表 1-5

街道（镇）\年份	1999	2000	2006
五里沟街道	101.21	96.16	97.60
振兴街街道	116.22	110.30	117
中大槐树街道	103.41	100.63	99.60
道德街街道	99.01	89.14	81.50
西市场街道	100.86	95.83	99.30
营市街街道	109.20	101.61	100.60
青年公园街道	105.65	102.99	99.90
南辛庄街道	109.61	107.36	101.90
张庄街道	98.31	103.78	97.50
段店北路街道	102.85	124.83	92.90
美里湖街道	99.36	113.79	95.40
匡山街道	112.72	112.46	95.20

续表 1-5

街道（镇）＼年份	1999	2000	2006
吴家堡镇	99.12	104.79	95.70
段店镇	106.08	105.93	97.70

二、文化构成

1990 年第四次全国人口普查，在全区总人口中，具有大专以上文化程度的 14804 人，具有高中（中专）文化程度的 75769 人，具有初中文化程度的 98217 人，具有小学文化程度的 79362 人。

2000 年第五次全国人口普查，在全区总人口中，接受大专以上教育的 40000 人，接受高中（含中专）教育的 111438 人，接受初中教育的 130336 人，具有小学教育程度的 73459 人。与 1990 年相比，每千人中具有大学教育程度的由 44 人上升至 101 人，具有高中教育程度的由 516 人上升至 609 人，具有小学教育程度的由 235 人下降至 185 人。

2000 年槐荫区街道（镇）6 周岁以上人口受教育程度情况表

表 1-6　　单位：人

街道（镇）	未上过学	扫盲	小学	初中	高中和中专	大专以上
总　计	19165	2412	73459	130336	111438	40000
道德街街道	1017	48	2863	4792	6378	1762
西市场街道	1211	90	3443	6602	5922	1693
中大槐树街道	1115	170	3593	6963	6865	2094
振兴街街道	1468	172	4793	8874	12054	5187
营市街街道	1622	110	5773	9229	11217	5179
五里沟街道	1289	190	4257	7461	10223	5119
青年公园街道	785	112	2726	4918	6121	3702
南辛庄街道	1025	127	4500	7542	9578	3820
匡山街道	1032	91	5285	11148	9470	2898
张庄街道	934	166	4643	8942	8627	2971
段店北路街道	1362	126	5601	11342	8991	3498
美里湖街道	968	103	3917	6734	2428	461
段店镇	3764	607	15755	26564	10616	1425
吴家堡镇	1573	300	6310	9225	2948	191

1990、2000 年槐荫区街道（镇）每千人受教育程度人口情况表

表 1-7　　　　单位：人

街道（镇）	大专以上		高中和中专		初中		小学	
	1990	2000	1990	2000	1990	2000	1990	2000
总　计	44	101	225	281	291	328	235	185
道德街街道	45	101	302	365	258	274	190	164
西市场街道	42	86	257	299	281	334	201	174
中大槐树街道	28	96	259	316	302	320	216	165
振兴街街道	60	153	292	355	276	262	199	141
营市街街道	80	149	288	323	278	266	185	166
五里沟街道	89	172	308	343	254	251	174	143
青年公园街道	85	194	287	320	261	257	182	143
南辛庄街道	67	137	285	344	292	271	193	162
匡山街道	14	91	136	299	360	352	280	167
张庄街道	41	106	187	306	336	318	240	165
段店北路街道	27	107	198	276	334	348	248	172
美里湖街道	1	29	75	155	287	430	368	250
段店镇	10	23	132	170	309	425	302	252
吴家堡镇	3	9	91	135	286	421	348	288

三、年龄构成

1990 年第四次全国人口普查，0 ～ 19 岁人口 96335 人，占总人口的 29%；20 ～ 49 岁人口 175369 人，占总人口的 52%；50 ～ 69 岁人口 54087 人，占总人口的 16%；70 岁以上老人 11262 人，占总人口的 3%。年龄构成为青壮年型。

2000 年第五次全国人口普查，0 ～ 19 岁人口 97972 人，占总人口的 24.7%；20 ～ 49 岁人口 216053 人，占总人口的 54.4%；50 ～ 69 岁人口 63476 人，占总人口的 16%；70 岁以上老人 19345 人，占总人口的 4.9%。年龄构成为青壮年型。

1990、2000 年槐荫区人口年龄构成情况表

表 1-8　　　　单位：人

年份 / 年龄	1990			2000		
	男	女	合计	男	女	合计
0 ～ 9	26026	24638	50664	17181	15536	32717
10 ～ 19	23932	21739	45671	33275	31980	65255
20 ～ 29	38483	33163	71646	34924	31477	66401
30 ～ 39	34433	32232	66665	42629	37658	80287

续表 1-8

年龄＼年份	1990			2000		
	男	女	合计	男	女	合计
40～49	18817	18241	37058	36410	32955	69365
50～59	15429	15958	31396	17589	18207	35796
60～69	10946	11745	22691	13048	14632	27680
70 以上	4671	6591	11262	8365	10980	19345
总　计	172737	164307	337044	—	—	—

四、民族构成

1990 年第四次全国人口普查，全区总人口中，汉族人口为 323749 人，占 96.06%，各少数民族人口为 13295 人，占 3.94%。主要有回族、蒙古族、藏族等 20 个少数民族，其中回族最多，占少数民族人口的 95%，主要集中在西市场地区和段店镇。2000 年第五次全国人口普查，汉族人口为 382666 人，占 96.43%，各少数民族人口为 14178 人，少数民族人口占总人口的 3.57%，比 1990 年减少 0.37%。主要有回族、蒙古族、藏族等 29 个少数民族，其中回族最多，占少数民族人口的 95%，主要集中在西市场地区和段店镇。

1990、2000 年槐荫区民族构成情况表

表 1-9　　单位：人

民族＼年份	1990	2000	民族＼年份	1990	2000
汉族	323749	382666	水族	4	—
蒙古族	37	205	土族	3	2
回族	12577	13472	仫佬族	5	3
藏族	59	17	锡伯族	7	9
苗族	166	148	傣族	—	2
彝族	7	18	傈僳族	—	1
壮族	22	41	哈尼族	—	3
布依族	2	4	维吾尔族	—	11
朝鲜族	40	65	俄罗斯族	—	3
满族	224	369	撒拉族	—	2
侗族	116	92	毛南族	—	3
瑶族	1	2	仡佬族	—	1
白族	1	2	羌族	—	1
土家族	16	34	其他未识别民族	3	1
高山族	1	1	合计	337044	396846

第四节 人口变动

1989年，全区总人口333718人。1990年第四次全国人口普查，全区总人口337044人。2000年第五次全国人口普查，全区总人口396846人。2006年末，全区总人口367100人。

1989—2006年槐荫区总人口变动情况表

表1-10

年份	总人口	自然变动			机械变动		
		出生人数（人）	死亡人数（人）	自然增长率（‰）	迁入人数（人）	迁出人数（人）	机械增长率（‰）
1989	333718	4497	2035	7.40	4178	2090	6.30
1990	337044	4289	2095	6.50	4053	2549	4.50
1991	339863	2989	1898	3.20	4450	2125	6.80
1992	341516	3147	2283	2.50	6088	2789	9.60
1993	340431	2638	2196	1.30	5520	3038	7.30
1994	333414	3111	2156	2.90	8093	3604	13.50
1995	342323	3088	2054	1.70	8222	3849	12.80
1996	345893	3752	2303	4.20	8280	4460	11
1997	336728	3911	2183	5.10	5432	5230	6
1998	337534	3602	2203	4.10	7881	3882	11.80
1999	337686	3280	2061	3.60	5560	4871	2
2000	396846	3730	2394	3.40	6927	5255	4.20
2001	339514	3237	2199	3.00	7689	5187	7.40
2002	341551	3494	2353	3.30	7618	5276	6.90
2003	348146	2914	2374	1.50	10242	4845	15.50
2004	352609	3198	2157	2.90	9049	4038	14.20
2005	358491	3404	2536	2.40	7604	3337	11.90
2006	367100	3477	2309	3.20	7561	3782	10.30

第五节 计划生育

1989年，区计划生育局主管辖区人口与计划生育工作。1990年1月6日，第一次由区长与11个街道、2个镇、12个区属系统、局（公司）及60个省、市级驻区单位的主要负责人签订《计划生育目标管理责任书》，改变过去由分管区长与各级党委签订责任书的办法。1992年起，全区100个行政村全部配有专职计生主任和专（兼）职统计员、药管员，每个村民小组有1～2名育龄妇女小组长。1994年7月29日，区委、区政府作出《关于进一步加强计划生育工作的决定》，明确要求紧紧围绕“三为主”（计划生育要以宣传教育为主、避孕节育为主、经常性工作为主），进一步强化管理，优化服务上水平。1997年10

月23日，区政府制定《关于加强计划生育“三结合”工作实施意见》，计划生育“三结合”（即计划生育工作与发展经济相结合，与勤劳致富奔小康相结合，与建立文明幸福家庭相结合）纳入计划生育工作目标中。2005年，槐荫区成为省级计划生育优质服务先进区。全区人口出生率、自然增长率分别由1989年的13.52‰和7.68‰下降到2006年的9.52‰和3.20‰；人均计划生育经费由1998年的3.2元增至2006年的10元。

一、计划生育政策

1988年7月23日始，执行《山东省计划生育条例》。1996年10月14日始，执行修订后的《山东省计划生育条例》。2002年9月28日始，实施《山东省人口与计划生育条例》，同时废止《山东省计划生育条例》，由此，计划生育政策也有相应的变化。

生育政策　1988年7月后，执行国家提倡的一对夫妇生育一个孩子的政策，确有实际困难和特殊情况的夫妇，女方年满30周岁，经过批准可允许再生一胎，但无论什么情况都不准生育第三胎。区政府每年制订生育计划，并逐级分配到机关、团体、企事业单位。对要求生育者采取先发准孕通知书，怀孕后换发生育证的办法控制生育。对符合二孩生育条件者，在办理二孩生育证的同时，按上年人均收入的30%计算，缴纳二孩社会抚养费。1998年4月1日起，停止使用准孕通知书。1999年后，区不再对各街道（镇）、村（居）下达计划生育指标，对要求生育的已婚育龄妇女，按规定办理生育证审批手续，直接发给生育证。2002年10月起，停止缴纳计划内二孩社会抚养费。对符合生育条件的夫妇，实行免费登记制度，免费领取“计划生育手册”，凭手册享受计划生育、优生优育服务。

晚婚晚育政策　1988年7月始，执行《山东省计划生育条例》，男年满25周岁，女年满23周岁以上初婚的为晚婚，晚婚职工增加婚假2周。晚婚并按计划生育第一个孩子的为晚育，晚育职工增加产假2个月。增加的婚假和产假视为出勤，工资照发，福利待遇不变。对实行晚婚晚育的农村居民，免1年的集体义务工。2002年9月28日始，执行《山东省人口与计划生育条例》，女方晚育的，增加给予男方护理假7天的政策。农民、城镇失业人员实行晚婚晚育的，由镇人民政府、街道办事处或者村（居）民委员会给予适当奖励，并优先提供计划生育技术服务。

独生子女优惠政策　1991年，全区为13558个独生子女投“双全保险”，投保15681份。1992年9月始，全区独生子女保健费每月由5元增至8元。1996年始，独生子女费每月增至10元。机关和企事业单位的独生子女，父母退休时加发5%的退休金（退休金为100%的不再加发）。独生子女优先入学、就医、招工，城镇分配住房，独生子女加分，农村划分宅基地、责任田优先照顾独生子女户。2002年9月28日始，执行《山东省人口与计划生育条例》的相关政策，独生子女父母为企业职工的，退休时由所在单位按照设区的市上一年度职工年平均工资的30%发给一次性养老补助。

奖励政策　1988年始，全区对计划生育工作实行严格的考核奖惩制度，区政府每年都召开表彰大会，发荣誉证书和纪念品，所在单位一次性奖励500～1000元。1995年1月20日，区委、区政府对1990—1994年连续5年考核获一等奖的10个单位命名为“红旗单位”，并颁发锦旗和奖金1000元，通报表扬。1986—1998年，全区有729对夫妇自愿退出二胎生育计划。2001年始，对符合条件生育二胎而自愿终身生育一个子女的夫妇，一次性给予不少于2000元的奖励。2005年，区和街道（镇）分别制定晚婚晚育的奖励政策，对晚婚晚育的群众给予50～200元奖励。

二、计划生育管理

社区计划生育管理　1991始，在市区街道居委会开展“三为主”“五达标”（组织领导、计划生育、计划生育宣传、晚婚晚育、依法管理达标）活动。1992年11月6—8日，在全省计划生育工作经验交流会暨先进县（市）、区先进个人表彰大会上，槐荫区被评为“三为主”先进单位，并在大会上作题为“坚持‘三为主’方针，搞好综合服务，推动计划生育工作不断上水平”的发言。1998年5月，槐荫区再次被评为全省“三为主”先进单位。1998年5月，成立以区长为组长的区计划生育社区服务工作领导小组，负责领导、协调各有关部门共同参与计划生育社区服务工作。5月17日，区政府制定下发《关于规范社区计划生育服务工作的实施意见》，要求依托社区现有的服务功能，进一步完善计划生育的服务项目和内容，为广大育龄群众提供生产、生活、生育服务。区计生委设立社区计划生育服务中心，城区8个街道成立分中心，各街道根据辖区居委会和驻区单位的不同情况，设立服务站（室）近100个，形成社区计划生育工作网络。2002年底，实施《山东省人口与计划生育条例》，城市人口与计划生育工作实行属地管理，服务对象为社区内居住的所有居民，逐步建立和完善“属地管理、单位负责、居民自治、社区服务”的管理机制。2003年，将下(离）岗职工等“特殊人群”的计划生育管理纳入常住人口纯居民管理，由居委会接收建档，落实奖励政策。2004年，试行企业计划生育工作代理制。在民营科技产业园，建立计划生育代理事务所，在各企业设置计生联络员，形成企业委托、园区代理、承诺服务的工作机制。同年，对新建小区、人户分离人员的计划生育管理，采取“三不断”管理法（联系不断线、管理不断档、服务不断人）和“三面覆盖、五位一体”的新机制（能建立居委会的由居委会管理；能纳入村居的纳入村居进行管理；既不能纳入村居，也不能纳入居委会管理的，成立由村居负责、物业协助、公安配合、业主参与、协会服务“五位一体”管理机构管理）。至2006年底，全区45个新建小区按新机制落实计生管理与服务工作，其中新建社区居委会的11个，纳入社区管委会管理的14个，纳入村委会管理的15个，以物业公司为主过渡管理的5个。

流动人口计划生育管理　1991年，区政府制定《关于加强流动人口计划生育管理的暂行规定》，对流动人口的计划生育管理进行初步探索和研究。1994年，国家、省、市《流动人口计划生育管理办法》相继颁布之后，区政府下发《流动人口计划生育管理办法》，规定公安、工商、建委、劳动、卫生、民政等有关职能部门对流动人口计划生育管理的职责分工。区、街道（镇）普遍成立流动人口计划生育领导协调组织，计划生育局内设流动人口计划生育办公室。全区流动人口计划生育管理工作建立八种制度（工作调度、建档立卡、合同管理、孕情检查、定期走访联系、出具审验婚育证、一票否决、清理清查）。1995年底，全区共有流动人口15300人，其中育龄人口11088人，育龄妇女4212人。2001年始，加大“流动人口婚育证明”核证工作；至年底，市区8个街道的社区居委会、家委会均建立流动人口管理服务站。2002年，下发“流动人口生殖保健服务卡”14323个，为流动人口开展生殖保健服务。2004年，全面落实现居住地管理为主的计划生育两地化管理体制，将流动人口与市区人口共同纳入计划生育服务体系。

农村计划生育管理　1987年底，在段店镇河头王村进行“计划生育书加公证书”试点工作。1988年7月18日，区计划生育局在段店镇朱庄办事处召开“生育合同加公证”现场会，凡是1988年签订“生育合同加公证”的村都没有出现计划外生育。1990年始，在全区农村开展创建计划生育“五好村”（组织领导、计划生育、计划生育宣传、晚婚晚育、依法管理好）达标活动。同年，全区有28个村达标。1993年，重新修订《计划生育五好村标准》。1994年，区政府把创建五好村活动纳入人口目标责任考核内容。1998年起，全区启动开展计划生育村民自治工作。1999年9月，区人口与计划生育领导小组制定下发《槐荫区推行计划生育村民自治的工作意见》，明确计划生育村民自治的目标、方法、步骤，要求实行民主决策，落实民主监督，实行民主管理。至2000年底，全区有60%的村实现计划生育村民自治。2001年始，区政府把计划生育工作纳入创建“小康村”“文明村”“文明家庭”的重要内容。2002年9月《人口与计划生育法》实施，全区重新规范《村民自治章程》的内容，突出村两委计生工作的责任，更好地发挥计划生育村民代表议事会和育龄妇女小组长的作用。2006 年，全区农村计划生育薄弱村全部实现升级转化。

特色管理　2002 年，全区开展“青春健康”国际合作项目，对青少年群体进行青春健康培训。2003 年，组织济南市第三十五、第三十七中学的项目培训。6 月 8 日,《都市女报》以《谈笑间揭开“性”的神秘面纱》为题进行报道,《中国人口报》进行转载。至 2004 年 8 月，全区 80% 的企事业单位和 90% 的学校实施活动项目，85% 的青少年接受教育培训。2006 年，区政府制定《关于人口早端暨独生子女培养工作的实施意见》，建立槐荫区儿童早期教育活动中心，对全区首批 61 名早教辅导员进行培训，全国早期教育现场会在槐荫区召开。

三、计划生育服务

技术服务　1990 年，辖区先后成立 2 处镇级服务站，评定药士 1 人，管理医士 5 人，管理医师 12 人，放射技师 1 人。1994 年，全区共设立 19 个避孕药具管理服务点。1995 年，全区新婚夫妇婚前查体率达 98%。1999 年底，制定下发《槐荫区关于实施山东省独生子女病残儿家庭生育二胎优生监护管理办法（试行）的方案》，对 1998 年、1999 年的病残儿家庭实行优生检测、注射疫苗等二胎优生监护。2001 年，国务院《计划生育技术服务管理条例》颁布实施。对全区农村实行计划生育的育龄夫妇免费提供避孕节育技术服务。区、镇两级服务站投入 40 余万元，实施“市计划生育技术服务机构执业许可”评审，技术人员全部通过技术服务资格考试。同年起，大力实施“出生缺陷干预”和“生殖道感染干预”工程。区计生服务中心和两镇计生服务站均设立优生优育咨询门诊，配有专（兼）职优生咨询医生，面向群众开展咨询服务。2002—2003 年，全区接受优生检测和优生干预指导人数 3378 人。2004 年，新修订的国务院《计划生育技术服务管理条例》颁布实施。同年，区计划生育服务中心面积增至 1000 余平方米。2006 年 4 月，区计划生育技术服务站通过 ISO 9001 国际标准质量管理体系认证。

计生统计　1991 年始，全区制作标准一致的计划生育统计报告单，包括月出生人数、月结婚人数、月手术人数等项目。1992 年，从区到基层，档、簿、卡、生育证发放、生育计划管理等各项统计数据均达到市级标准。1995 年 2 月 27 日，区计生局下发《关于进一步规范计划生育统计台账管理的意见》，对区、街道（镇）、居（村）统计台账的设置、管理提出了规范化的要求。1999 年 6 月 30 日，区计生委制定《槐荫区流动人口计划生育信息计算机管理实施方案》，要求用计算机管理流动人口计划生育信息，实现流动人口计划生育信息收集、传递、汇总、分析的自动化，并逐步使用服务卡作为流动人口婚育证明。2000 年，对全区驻地单位职工、居委会纯居民及流动人口进行信息采集，建成辖区“已婚育龄妇女基础信息库”。2002 年，在全区 14 个街道（镇），165 个居（村）配备档案橱、档案盒，计生档案做到内容、分类、装盒、装橱“四统一”。同年，区计划生育内部专线网建成，与国家、省、市计生委信息中心实现互联互通,街道（镇）与区之间实现拨号上网查询。2003 年,对全区育龄妇女信息进行核查。2004 年,增设统计信息科,投资 50 余万元,建成区与国家、省、市、街道（镇）互联互通的计生信息专线网络，开通系统内 IP 电话；区计划生育服务站建成局域网络，配备并启用全省统一的技术服务信息软件。2005 年，开通“槐荫区计划生育公众信息网”，对“槐荫计生政务网站”进行全面改版，初步实现办公自动化、材料无纸化、公文传递网络化的目标。2006 年，区人口与计生局办公自动化软件与政务网站实现互联互通。

计划生育协会　1987 年 11 月 14 日，区计划生育协会成立。1990 年，协会组织发展到 213 个，会员有 13000 余人。1993 年，全区 100 个行政村，115 个居委会和 300 人以上的区属系统与省、市驻区单位都成立计生协会，各级协会都成立理事会和会员小组,协会组织达 251 个，会员 22230 人。1993 年 5 月，协商产生第二届计划生育协会。随着市场经济的发展，流动人口的增加，1994 年底，建立 25 个流动人口计生协会。1995年3月24日，召开区计生协会二届三次理事会，增设专职会长和专职秘书长。1998年底，全区共有计生协会组织278个，会员3.4万人。1999年4月15日，区计生协理事会召开换届会议，选举产生第三届协会理事会成员，选举产生会长、常务副会长、副会长，聘任秘书长，聘请名誉会长。全区统一印制协会会员证，发给会员。2000年初，区政府拨付5万元专项经费，用于全年协会召开会议、表彰先进、村级协会基础建设等。2001年，经过检查评估，全区合格村居计生协会147个，占村居协会总数的89%。

四、计划生育宣传教育

1990年，全区开展人口与计划生育基层知识化教育工作，在普遍进行人口理论和计生政策教育的基础上，根据育龄妇女婚前、新婚、怀孕、哺乳等不同时期，有针对性地进行生理卫生、妇幼保健、优生优育、避孕节育等知识宣传教育。1999年起，开展婚育新风进万家活动，活动时间3年，搞好“四项工程”（人口学校创优、宣传品进村入户、环境宣传升级、新闻宣传创新工程）。2000年，宣传《中共中央、国务院关于加强人口与计划生育工作，稳定低生育水平的决定》，张贴宣传画、发放公开信、明白纸等宣传品2万余份，展出板报200余块，举办“计划生育工作20年成果摄影展”，制作展板30余块，配制450余幅大型照片在槐荫、槐苑2个广场展出。2002年，宣传《中华人民共和国人口与计划生育法》，全区计生系统和驻地单位联合，在槐苑广场设置80余张咨询服务台，100余块宣传牌，排练20余个文艺节目，发放宣传材料3000余份。2005年，全区以平稳过渡第四次人口出生高峰为重点，把2月定为“计划生育集中宣传月”，组织开展志愿签名活动，编印下发3万余份公开信和1万余份晚婚晚育倡议书。各级计生协会组织充分发挥网络优势，开展“三上一签”活动，即上待婚青年（20～23周岁）家宣传晚婚政策，上待孕妇女（已婚不满23周岁）家宣传晚育政策，上已孕妇女家宣传优生优育知识，与待婚、待孕青年签订晚婚晚育服务协议书，共签晚婚晚育协议书1600余份，最大限度减少生育堆积现象。2006年6月20日，在机床二厂礼堂举办“人口文化节”槐荫专场演出。

第二编

城乡建设

CHENG XIANG JIAN SHE

槐荫区志

1989—2006

1989 年，城区绿化覆盖率 25.2%，在全市绿化评比中获总分第一名。1990 年起，城区建设步伐加快，确定“东部上水平、中部打基础、西部搞开发、东中西相结合，实现全面发展”的总体构想，制订“四线、五点、一系统”的规划方案，并开始对区域噪声、大气环境、地表水进行监测。1992 年，全区开始进行旧村改造，完成闫千户、段店村、张庄、八里桥、老屯村、匡山 6 个村改造规划。1993 年，全区住房制度改革启动，成立区房产交易市场。1995 年，规划建设 2 个新的小城镇。1999 年，实施经十西路绿化工程。1998 年，区房产市场综合大楼竣工，房产交易实现选房、交易、公证等手续一条龙服务。2000 年，制定“两城、一园、七区”的总体战略布局，推进城市化进程不断加快。2003 年，提出“老城连片开发、新城分步启动、周边园区建设”的基本思路，制定实施“四园一区”发展战略，制订全区旧城棚户区改造规划。2005 年，全区正式启动廉租住房工作。2006 年，全区共有城市道路 250.43 千米，乡道 19 条 69 千米，村道 86 条 75 千米。城区绿化覆盖率 39.7%，绿地率 31.6%，人均公共绿地面积 7.78 平方米。全区噪声达标区面积 35.85 平方千米，噪声达标区覆盖率 86.9%，烟尘控制区覆盖率 100%，空气质量明显改善。

第一章　城乡规划

1989 年，城市规划以济南市规划为准，区建委城乡建设规划科以审批规划批件为主。2002 年 2 月，撤销区建委规划科，成立槐荫区规划分局。2006 年 5 月，区规划分局收归济南市规划局统一管理，更名为济南市规划局派出管理二处；6 月，槐荫区成立城市规划建设协调办公室。

第一节　城区规划

1989 年，城市规划由济南市规划局负责。1990 年，济南市对 1983 年版总体规划进行调整。此次规划调整涉及槐荫区的有：居住用地新增匡山、106 医院北侧 2 片居住用地；道路用地调整市内主要解决经七路、纬十路的高架交通系统，以解决东西向交通问题。加快实施内环路的立交工程，使平面交通组织变为立体交通组织。拟在市立五院增设换乘枢纽站。对外交通干线调整以济青高速公路、城市北外环及西外环组成城市对外快速干道，通过大桥路立交、泺口立交、吴家堡立交、段店立交节点与市区二环路有机联系，带动市区发展。市级商业服务设施的规划以经四路一条线贯穿几个商业中心为主。

1991 年，济南市规划局委托济南市规划设计研究院编制完成全区 11 个街道分区规划，面积 35.37 平方千米。规划范围：东起匡山路、纬五路与天桥区、市中区相连，西至腊山河，北至小清河，南接卧牛山、腊山与市中区接壤。规划总用地面积 3.37 平方千米。规划期限：1990—2000 年。依据济南市总体规划，槐荫区委、区政府提出“东部上水平、中部打基础、西部搞开发、东中西相结合，实现全面发展”的总体构想，制订“四线、五点、一系统”的规划方案。“四线”，即东西方向以经十路和张庄路为发展轴线，南北方向以段店北路和纬十二路为发展轴线。“五点”，即一个市级商业中心，两个区级商业中心，两个行政办公中心，一个文化体育中心。一个市级商业中心即在西市场地区建立起市级商业服务中心，提高档次和规模，使其在西部地区具有较强的辐射力，建成集购物、娱乐、休闲为一体的商业购物中心。两个区级商业中心即在经十路南辛高架桥附近建立槐苑服务中心，在段店北路与经十路交叉口周围建立段店商业服务中心。两个行政办公中心即在经三路西段和段店北路建立区级行政办公中心。一个文化体育中心即在西郊苗圃西侧，结合苗圃开放改造，建立起区级体育中心，在体育中心对面、张庄路南侧建立文化娱乐中心，设置文化馆、图书馆、影剧院、青少年活动中心等设施。“一系统”，即建立槐荫区大环境绿化系统，以腊山、匡山、刘长山和西郊苗圃为大面积绿化点，利用兴济河、腊山河等较宽绿化带，结合街头绿化和普遍绿化形成槐荫区点、线、面结合的绿化系统，开放改造西郊苗圃作为西郊植物公园。

1993 年，完成两个经济开发区改造规划。1995 年，区政府制定“四纵四横”路网建设规划。“四纵”，即外环路、拥军路、金星路、治黄路。“四横”，即济兖路、大饮马路、乐园路、济齐路。《济南市城市总体规划（1996—2010 年）》涉及槐荫区有：规划中心城区由主城区和王舍人、贤文、大金、党家四个外围组团组成。其中大金组团规划为新兴产业园区。2000 年，制定“两城、一园、七区”总体战略布局，以推进城市化进程为契机，加快建设商贸金融中心城区和现代化新型城区；突出发展济南民营科技产业园；加快规划建设以吴家堡地区为中心的槐荫工业园区，以经十西路、张庄路、西二环路为重点的大型批发市场商贸区，以济南华联商厦为核心的西市场大型零售商贸区，以山东国际博览中心为依托的大型会展经济区，以新世界阳光花园、大金组团为主的高中档住宅区，以美里湖地区为中心的旅游观光农业区和以段店镇为重点的高效蔬菜创汇区。2003 年，提出“老城连片开发、新城分步启动、周边园区建设”（老城突出抓好以中大槐树、西市场、五里沟、省立医院周边、环西路—兴济河五大片区为主要内容的连片开发改造，挖掘潜力，创造优势，切实提高老城区建设的水平、档次和效益；新城突出按照功能定位和区域划分，先期启动一批与新城区规划相吻合的基础设施、商贸物流等项目，力争尽早地发挥其作用；周边突出搞好工业园区和物流园区建设，进一步拓展全区经济发展的空间和舞台，并与城市化进程相一致，从而最终实现全区经济社会全面发展）的基本思路，制定实施“四园一区”（汽车园、物流园、工业园、都市经济园、西市场商贸区）发展战略；制定全区旧城棚户区改造规划，道路建设与旧城改造相结合，将棚户区划分为中大槐树、西市场、五里沟、省立医院周边四个片区，总面积 2.18 平方千米，包含棚户区 20 个，涉及人口 5.4 万人。2004 年，区政府制定经十路产业经济发展带规划，规划东起经十纬十二路口，西至长清区界，全长约 18 千米，道路两侧各辐射 600 米，占地面积约 26.1 平方千米，确定“一线、两片、三段、四点”的城市空间布局。“一线”，即总部经济带的主轴线，西起京福高速公路、京沪高速铁路，东至纬十二路，以经十路为轴线。“两片”，即总部经济带发展的重要支撑，沿经十路两侧被西部城区津浦铁路自然分割为东西两大居住片区。“三段”，即衔接四大中心点的绿化走廊，纬十二路至二环西路为商业、购物段，二环西路至京福高速公路为总部经济商务办公段，京福高速公路至长清区界为总部主题公园及总部商务预留段。“四点”，即纬十二路与经十路交叉口至槐苑广场为总部经济商务中心，津浦铁路线至段北东路为总部经济商务景观中心，张庄路与经十路交叉口为总部经济金融会展中心，京沪高速公路与经十路交叉口为总部经济中心。2005 年，依据济南市总体规划，区政府规划建设现代物流园、槐荫工业园、黄河生态休闲度假区、经十路产业经济发展带和腊山居住片区等五大功能区，总用地面积 40 平方千米。《济南市城市总体规划（2006—2020 年）》涉及槐荫区的有：规划明确主城区由腊山、党家、旧城、燕山、王舍人和文贤六个片区组成。建设腊山新区疏解旧城的中心功能。明确商埠区应保持经纬道路路网和街区空间格局，保护典型街坊和具有代表性的建筑，新建设应保持与保护建筑的协调，整治街区环境，改善基础设施条件，实施功能更新，激发商埠区活力，促进商埠区复兴。划定经三路、经五路、小纬六路、纬七路围合的特色街区进行保护。

附：阳光100国际新城详细规划

1999年，阳光100国际新城详细规划编制完成。阳光100国际新城基地原为济南水泥厂、东方水泥厂厂区。随着城市规模不断扩大，其所处位置已对济南市区的生活环境严重污染，对其周围居民健康状况造成严重损害。根据《济南城市总体规划（1996—2010年）》，搬迁2家水泥厂，其用地性质为居住用地。

设计理念　创造以人为本的生活环境：现代生活需要有安宁的居家环境，便捷的交通联系，方便的服务设施。规划方案中从空间层次、设施布局、道路结构等角度出发，组织公共交往空间、交通通道与停车空间、安静与私密的居家空间等适应居民不同需要、不同行为特征的场所，形成环境安宁、交通便捷、生活方便的居住生活社区。

功能布局　将规划区用地划分为平地、坡地和台地三类，对场地坡度大于8%的用地，采用分台处理的手法。三类用地的分类中，平地分别位于沿兴济河两岸和规划区中部，虽然都属平地，但有高程上的差异，其中中部地区高于沿河地区。

功能分区　区域划分为五个小区。分别是近期建设区、城市功能区和三个生活居住小区。规划将阳光新路和兴济河东岸地区布置为新城中心区兼城市功能区，构成城市生活服务、金融商贸中心向南延伸的态势。在新城东北地块依据社区主次干道形成三个不同规模的居住生活小区，每个小区都有独立的服务体系，同时各个功能区又是相互联系，相互依托。在居住区主干道与城市道路连接处，根据服务半径和周围公建配套，分别布置社区中学、小学、托幼等公共服务设施。依托中心会所、南北两大矿坑的设计布局形成居住区级公共活动中心，包括中央公园、文化娱乐中心、物业管理中心。为体现新城和未来济南市新商务区、新城生活居住和新城中心的联系，该方案规划两条步行景观走廊，沿步行走廊规划适宜居民休闲的场所。

分期建设　规划采取分期建设的方案，以区内道路及河道自然分割，根据现状土地情况，将阳光100国际新城分为七期实施方案。

首期建设：地段内布置2780套各种套型、不同标准的住宅，拟开发39.98万平方米的建筑面积。形成配套设施完善、环境优美的居住小区。

二期详细规划：利用小区内两条南北小区级道路，将小区分为三个台地，每个台地根据各自的地形特点，形成不同高度的院落组团。靠近西侧的台地为二期的最高点，也是二期与三期的结合点，7栋点式高层布置在山林绿化之中；山体东侧两台地，顺应地形形成四组具有北欧风情的住宅组团，通过底层消防门洞，将四个组团相互联通。靠兴济河公园设置4组底层公建，以满足小区级的商业配套服务，同时保留原有的绿化景观通道。

三期详细规划：做到不开挖、不回填、不损伤山体，原生地形，尊重原生地质肌理，顺山而势，小区主干道依山体等高线而建，做到区内交通方便，景观效果最好；人车分流的布局方式，利用南北两个矿坑作为地下停车场，地上绿化的设计手法，通过曲径通幽的步行系统及人工湖泊将南北两个中央绿化广场组成为阳光100中央公园，面积4万平方米；公共服务中心，依南侧矿坑而建，形成地下购物、娱乐、运动、休闲场所；6栋点式住宅依山而建，会所在山的最高处，站在会所可以俯瞰整个社区全貌。其他板式高层住宅分布在中央公园的四周，围合形成阳光100国际新城城中之城。会所以西，由西至东地势高差比较大，其布局手法与二期相近，形成2个大的住宅空间组团和7 个小私密空间。

绿化规划　绿化系统充分利用规划区本身具有的“两山一水”之称的自然环境优势，规划组成树木、沟塘、广场、林荫步道一体化的绿化空间。区内绿化系统采用小区—组团—宅间三级布置，并通过连接居住组团之间的林荫步道与小区东侧的兴济河滨河绿地连成整体。环绕林荫步道形成的中心绿地是居民进行交往活动、身体锻炼、戏耍游憩的主要场所，中心绿地内以林木、草坪为主要的环境构成要素，点缀各种花卉树木。组团绿地内布置儿童游戏场、亭廊座椅，与住宅的绿化庭院紧密相连，形成可以供人们停留的空间场所。兴济河是贯穿新城南北的城市河道，方案借鉴国外水环境处理的经验，考虑在兴济河的南段建设一片湿地生态景观，作为保证新城地段内水环境质量的过渡带。在规划地段内的河道上，结合地形落差大的特点，逐段布设橡胶坝，使狭长的河沟变成开阔的水面，在丰水期还可以形成层层叠落瀑布景观。两岸分别规划有滨河绿带和步行散步道，与飞架在河道上的各式桥梁共同构成新城独具特色的滨河公园。

配套公共设施 新城中心沿城市主干道布置，规划区设九年一贯制学校1所，标准小学1所，幼儿园3所，位于新城北、西南和东南。在新城南北入口处分别设有居住区级商业服务设施；在社区主次干道一侧分散布置小区级商业服务设施；在中央公园的最高点布置新城中心会所，与中央公园密切结合，形成居民活动和新城标志性场所。

空间形态 沿城市南北主干道形成的高层建筑群和规划区内保留山坡地的两组制高点，人文和自然遥相呼应，虚实相间，区内保留的自然特征将5个小区划分为8个组团，或沿河展开，或环山分布，建筑依山就势与地形紧密结合，旨在创造和自然条件相适宜的居住和生活环境，形成新城活泼的城市空间形态，将城和自然环境融为一体。区内主要道路的走向和自由的城市形态紧密配合，城市次干道是新城和济南城区联系的主要通道，道路竖向的设计以满足和城市地区的联系为原则，区内道路则更多以与地形走势相适应的角度布置，形成小区道路或跨越城市次干道，或从次干道下穿过的不同道路空间。在新城内规划两条步行景观轴，在刘长山上制高点规划山顶会所形成步行景观轴交点，景观轴的另一端为新城两个人行道主入口，两条景观轴由入口广场、中心 绿地、组团间的带形绿地等要素构成，是居民日常游憩娱乐的活动带。

第二节 镇村规划

1990年前，镇村建设未进行过系统规划。1992年，全区开始进行旧村改造，济南市规划设计研究院完成闫千户、段店村、张庄、八里桥、老屯村、匡山6个村旧村改造规划。1993年，完成10个村面积为200公顷的旧村改造规划。其中道路规划为20公顷，绿地规划为5公顷。1995年，规划建设2个新的小城镇。以段店镇为中心，以大金庄为依托，新建1个小城镇，内设长途汽车站、商业居住区、贸易市场等。以美里湖开发区为中心，以韩国工业园为依托，新建1个小城镇，内有韩国工业园、腾笼换业工业园、私营工业城、商业居住区、旅游景点等。2002年，启动前屯、大金、张庄等一批旧村改造工程。2006年，段店镇作为社会主义新农村建设的规划试点镇，由山东省城建设计院编制完成对大李村、小李村、麻沟村、河王庄、古城村5个村庄规划设计。

第二章　城区建设

第一节　道　路

1989年，全区城市道路73.15千米，其中主干道13条26.64千米，次干道13条15.52千米。1990年，改造和建设张庄路、段北路、段东路、经二路、槐村街等；辛庄高架桥开工建设，同年竣工通车。1991年，新建兴济河两岸道路，拓宽北辛西街。1992年，完成经一路、经二路、纬十二路、张庄路等11条道路大中修工程和匡山小区道路扩建工程。1993年，开工建设东南外环路、金星路、济齐路和西北外环路。经四路西段拓宽改造工程竣工通车，改造后道路长800米，宽35米；投资1396万元，完成东南外环路2千米建设。1994年，总投资5000万元，完成西北外环路建设，全长6.3千米，宽50米。1995年，投资3000万元，建成金星路。同年，全区系统内（市政道路）道路141.21千米，面积137.11万平方米，人行道长234.75千米，面积66.36万平方米；系统外道路（由街道、产权单位管辖）168.73千米，面积117.53万平方米，人行道长48.90千米，面积16.12万平方米。1996年，投资380万元，完成全长1.56千米的拥军路建设，新铺沥青路面2.4万平方米；建成长2.5千米的致富路。1998年起，历时5年，完成全长6.6千米的济齐路吴家堡段工程建设；投资460万元，相继完成小清河北路（西起外环西路，东至天桥区界）、经二路西段拓宽改造工程；完成纬五路、道德北街等道路铺修工程。2000年，投资130万元，新建交校西路，长348米，面积8400平方米。2001年，开工建设全长5.06千米的经六路西延长线拓宽改造工程；投资480万元，完成兴济河西坝路拓宽改造工程。2001—2002年，投资8977万元，完成二环路维修工程，混凝土路面总面积43.55万平方米。2003年，投资6450万元的经六路跨铁路桥竣工通车。2004年，总投资3亿元，完成全长2.84千米的经一路槐荫段拓宽改造工程。2005年，投资981万元，完成拖机路、机床二厂路、纬十二路、南辛庄街、经五路道路整修，摊铺沥青混凝土路面14.06万平方米。同年，启动物流大道建设。2006年，段店立交桥建设工程竣工，经十路全面通车；总投资528万元，完成全长2.3千米的腊山北路道路建设；投资924万元，完成纬七路、岔路街、纬九路、营市西街、纬十路、经四路延长线等道路整修。同年，全区共有城市道路250.43千米，其中快速路13.56千米，主干道107.94千米，次干道35.77千米，

整修后的经四路　　（2006年摄　区市政局提供）

2006年3月14日，物流大道施工（区市政局提供）

支路28.73千米，街坊路64.43千米；实有道路面积234.7万平方米，其中车行道面积179.28万平方米，人行道面积55.42万平方米。

2006年槐荫区主要城市主、次干道情况表

表2-1

单位：米

序号	名称	等级	起止地点	长度	宽度	结构
1	营市街	主	经十路—经六路	780	40	沥青混凝土
2	槐村街	主	经六路—机车工厂北门桥	1134	40	沥青混凝土
3	经一路	主	纬十二路—纬五路	1225	40	沥青混凝土
4	经四路	主	槐村街—小纬六路	1988	16.90～35.20	沥青混凝土
5	南辛庄街	主	南辛庄西路—经十路	972	35	沥青混凝土
6	经七路	主	小纬六路—纬十二路	1778	35～51	沥青混凝土
		主	纬十二路—经十路			
7	经十路	主	担山屯立交—中光明街	8300	80～105	沥青混凝土
8	张庄路	主	纬十二路—军区十二师	3786	50	沥青混凝土
9	南辛庄西路	主	经十路—辛西桥	925	45	沥青混凝土
10	水泥厂路	主	刘长山路—经十路	1434	14～17.10	沥青混凝土
11	纬十二路	主	经十路—堤口路	2905	30～35.90	沥青混凝土
12	济齐路	主	孟家桥—二环西路	2097	50	沥青混凝土
13	二环西路	主	市中界—美里路	7961	50	沥青混凝土
14	幸福街	次	老八里桥沟—二环西路	1350	27～34	沥青混凝土
15	经二路	次	纬五路—机车工厂北门桥	2017	15～35	沥青混凝土
16	经三路	次	纬十路—纬五路	1022	16.50～20.80	沥青混凝土
17	经五路	次	纬十二路—小纬六路	1126	17.20～19.60	沥青混凝土
18	经六路	次	小纬六路—纬十二路	1059	11.60～21.50	沥青混凝土
		次	纬十二路—段兴东路	2564	30	沥青混凝土
19	纬五路	次	经三路—经一路	484	13～17	沥青混凝土
20	纬六路	次	经一路—经七路	1180	12～26.10	沥青混凝土
21	纬七路	次	经一路—经十路	1586	11～15.90	沥青混凝土
22	纬八路	次	经一路—经七路	1131	12.30～13.10	沥青混凝土
23	纬九路	次	经一路—经七路	1137	12.40～14	沥青混凝土
		次	经七路—经十路	541	13～15	沥青混凝土

2006年槐荫区主要城市支路和街巷路情况表

表 2-2 单位：米

序号	名称	等级	起止地点	长度	宽度	结构
1	岔路街	支	纬七路—前卫街东	172	24	沥青混凝土
2	小纬六路	支	经二路—经七路	1137	12～17.50	沥青混凝土
3	北大槐树街	支	经一路—纬十二路	982	7	沥青混凝土
4	北小辛庄西街	支	经十路—经六路延长线	500	22	沥青混凝土
5	段兴东路	支	经十路—张庄路	1312	10	沥青混凝土
6	段兴西路	支	经十路—张庄路	1298	15.40～17.60	沥青混凝土
7	机床二厂路	支	辛西路—铁道	890	21.70	沥青混凝土
8	纬十一路	支	北大槐树街—纬十二路	702	7.60～24.60	沥青混凝土
9	小经六路	支	纬九路—纬十二路	223	4	沥青混凝土
10	营市西街	支	经六路延长线—经十路	538	19.60	沥青混凝土
11	兴西路	支	张庄路—段兴东路	2014	23.50～30.00	沥青混凝土
12	兴济桥西路	支	张庄路—济齐路	2296	15	沥青混凝土
13	德裕路	支	经四路—经六路	493	20	沥青混凝土
14	纬十路	支	经二路—纬十二路	772	11.00～14.50	沥青混凝土
15	拖机路	支	张庄路—经十路	1550	23	沥青混凝土
16	纬九路街巷	坊	纬九路296-2号—纬九路	37	3.60	沥青混凝土
17	纬十路街巷	坊	小纬十路—纬十二路	14	6	沥青混凝土
18	小纬十路	坊	纬十二路—纬十路	214	6	沥青混凝土
19	南小纬九路	坊	经七路—经六路	289	4～9	沥青混凝土
20	小纬十一路	坊	小纬十路1号—70号	139	4.30	沥青混凝土
21	段北东路	坊	段店路—段北东路19号	678	5.60～6.00	沥青混凝土
22	南辛北街	坊	经十路—南辛北街40号	744	7	沥青混凝土
23	南辛南街	坊	丁字山路—辛西路	708	5.80～6.00	沥青混凝土
24	南辛中街	坊	经十路—南辛庄街	1214	4～7	沥青混凝土
25	南辛中街(街巷)	坊	中街—东街	581	4.10～6.20	沥青混凝土
26	南辛东街	坊	南辛庄街—南辛南路	645	6	沥青混凝土
27	南辛庄东路	坊	经十路—华东电焊机厂	842	4～6	沥青混凝土
28	丁字山路	坊	铁路桥洞—机床二厂桥	835	7	沥青混凝土
29	丁字山东路	坊	阳光新路—槐荫化工厂	642	3.70～4.20	沥青混凝土
30	中光明街	坊	经十路—中光明街16号	573	6.50～19.40	沥青混凝土

续表 2-2-1

序号	名称	等级	起止地点	长度	宽度	结构
31	西光明街	坊	经十路—西光明街 24 号	352	6	沥青混凝土
32	五里牌坊东街	坊	西光明街—五里牌坊东街 86 号	369	2.50 ~ 4.50	沥青混凝土
33	五里牌坊南街	坊	1 号—82 号	166	5	沥青混凝土
34	五里牌坊北街	坊	五里牌坊南街—阳光新路	120	5	沥青混凝土
35	锻压研究所	坊	经十路 470 号—锻压研究所	365	4.00 ~ 6.30	沥青混凝土
36	北小辛庄东街	坊	北小辛庄西街 16 号—44 号	859	4.30 ~ 12.80	沥青混凝土
37	营市东街	坊	经十路—经六路延长线	1221	3.70 ~ 9.60	沥青混凝土
38	振兴西街	坊	经七路—经十路	153	4.40	沥青混凝土
39	德兴街	坊	经十路—德兴东街	347	5	沥青混凝土
40	德兴南街	坊	德兴街 67 号—济南铅笔厂宿舍	128	4.30	沥青混凝土
41	德兴西街	坊	德兴街—经十路 364 号	153	5.00 ~ 5.50	沥青混凝土
42	德兴东街	坊	经十路—铁道路口	407	10.80	沥青混凝土
43	槐荫南街	坊	营市西街—经十路	450	6 ~ 8	沥青混凝土
44	西槐荫街	坊	槐荫街—段店立交桥	78	4.50	沥青混凝土
45	槐荫街	坊	段店路—道德北街	1799	3.50 ~ 20.80	沥青混凝土
46	六顺街	坊	小纬六路—纬六路	190	4.40	沥青混凝土
47	北大槐树街	坊	35 号—1089 号	473	4 ~ 7	沥青混凝土
48	顺祥街	坊	纬七路—纬六路	179	7.40	沥青混凝土
49	忠厚街	坊	纬十二路—经二路	180	11.50	水泥混凝土
50	前卫街	坊	纬七路—前卫街 26 号	149	6.15	沥青混凝土
51	公祥街	坊	14 号—经二路	437	3.60 ~ 9.10	沥青混凝土
52	槐村东里	坊	道德北街—11 号	179	4	沥青混凝土
53	槐村西里	坊	道德北街—槐村东里	147	4	水泥混凝土
54	振兴中街	坊	银座置业—经七路	278	6 ~ 13	沥青混凝土
55	中大南街	坊	中大东街—经二路	126	4 ~ 6	沥青混凝土
56	经一路街巷	坊	246 号—8 号	342	1.70 ~ 2.50	砖
57	经二路街巷	坊	321 号—碧伍街 49 号	720	1.60 ~ 2.50	沥青混凝土
58	经三路街巷	坊	277 号—268 号	261.20	2.00 ~ 2.50	沥青混凝土
59	经四路街巷	坊	经四路—432 号	817	2 ~ 3	沥青混凝土
60	经五路街巷	坊	265 号—247 号	120	2.00 ~ 2.40	砖

续表 2-2-2

序号	名称	等级	起止地点	长度	宽度	结构
61	经六路街巷	坊	279 号—233 号	137	2.50 ～ 2.90	沥青混凝土
62	经七路街巷	坊	经七路—771 号	418	1.00 ～ 2.90	沥青混凝土
63	纬五路街巷	坊	经二路—经三路	79	2.20	沥青混凝土
64	纬六路街巷	坊	经五路—经六路	236	1.20 ～ 3.00	沥青混凝土
65	纬十路街巷	坊	41 号—65 号	186	1.20 ～ 2.40	沥青混凝土
66	纬八路街巷	坊	5 号—54 号	355	2.50 ～ 2.00	砖，水泥混凝土，沥青混凝土

第二节　桥梁　涵洞

1989 年，全区共有桥梁 16 座，其中铁路桥 7 座、公路桥 8 座、便桥 1 座；有涵洞 90 座，长 2075.5 米，面积 8387 平方米。2006 年，全区共有桥梁 54 座，有涵洞 35 座。

一、城市立交桥

腊山立交桥（段店立交桥）　位于国道 220 线 240 千米 660 米处、市区经十路与二环西路交叉处，是济南市西部重要交通枢纽。该桥为半苜蓿叶半定向型 4 层互通式立交，由 4 座主线桥、8 座匝道桥组成，东西长 1600 米，南北长 1200 米，最大高度 22 米，其中经十路方向主线桥为双向 8 车道，桥梁全宽 31.5 米，行车道净宽 29.5 米，设计荷载公路一级，抗震烈度 6 度；整个工程占地 27.13 公顷。2003 年 12 月开工，2006 年 5 月竣工，总投资 2.69 亿元。

南辛庄高架桥　位于经十路与经七路交叉处。该桥桥梁为变截面预应力连续箱梁，双箱分离式结构。桥梁总长 500 米，由主桥、引桥及引道三部分组成。其中主桥长 100 米；东引桥长 54 米，西引桥长 90 米；东引道长 54 米，西引道长 150 米；桥宽 17.2 米。该桥设计荷载汽车 20 吨，拖挂 100 吨。该桥于 1990 年 5 月开工，1990 年 9 月竣工。因城市发展规划需要，辛庄高架桥于 2003 年 8 月拆除。

二、铁路大桥

经六路跨铁路大桥　位于经六路西延长线中部，西起兴济河，横跨铁路编组场和津浦铁路至营市西街，全长 836 米。其中主桥长 164 米，宽 29.5 米，为 52+68+44 米三孔预应力变高连续箱梁；引桥和引道长 672 米，宽 18 米，标准跨径 20 米，20 孔，为先张法预应力混凝土梁；四个非机动车道总长 345 米，为钢筋混凝土连续箱梁。该桥于 2003 年 5 月底开工，年底贯通，2004 年 6 月建成通车。

2003 年 12 月 9 日，经六路跨铁路桥合龙

（区市政局提供）

纬六路斜拉桥　位于纬六路槐荫区与天桥区交界处，大桥主体大部分位于天桥区。该桥是一座跨铁路的双塔双索面 5 跨连续漂浮体系的大跨径预应力混凝土斜拉桥，总长 740 米，具体跨径为 41.5 米（边跨）+120.5 米（次中跨）+380 米（主跨）+120.5 米（次中跨）+41.5 米（边

纬六路桥　　（区文化局提供）

跨），边跨设辅助墩。索塔为A型钢筋混凝土结构，塔柱采用双室箱型断面，外形尺寸3.2×6.0米，斜拉索交叉锚固在箱型断面的中肋上，中间肋厚1.8米，塔高124.8米。改进式双柱梁为等截面双室开口预应力混凝土梁，梁高2.1米至2.4米，边主梁宽2.8米，距梁顶0.3米以挖直径1.25米圆洞，外腹板最小厚度1.15米。主梁对应斜拉索锚固点处设一道宽度为0.3米的横隔板，为增加斜拉桥整体刚度及压重，边跨主梁加宽至8.35米，桥面板厚0.3米。斜拉索采用直径7毫米的低松弛高强度平行钢丝束，冷铸墩头锚，热挤压双层PE防护，由工厂加工成成品索。主桥分为S72～139，S72～163，S72～199，S72～223，S72～253。斜拉桥中跨锚固点间距7.5米，在边跨范围内减至4.4米。该桥为双向4车道，行车速度每小时60千米，荷载汽车20吨，拖挂100吨。该桥于2000年9月22日开工，2004年10月28日竣工，总投资1.3亿元。

曹家圈黄河特大桥　该桥为京沪铁路双线桥，全长2484.15米，正桥由60孔各长31.7米的预应力钢筋混凝土梁和6孔分别长64、64、105.2、114.4、105.2、64米的全钢桁梁组成。由中国铁路大桥设计院设计，中国铁路大桥局施工。1981年7月1日，建成正式分流通车。1984年1月1日，由济南铁路分局济南西工务段正式接管运营。该桥自建成通车后，主河道及靠近主河道的各桥墩发生下沉现象，1982年工程验交时即作为桥的主要病害。至1993年，第110～115号桥墩均出现不同程度的下沉，最小下沉桥墩111号为37.1毫米，最大下沉桥墩115号173.5毫米，严重威胁京沪线客货列车运行安全。1994年底，经铁道部批准，由铁道部大桥局对曹家圈铁路大桥进行抬梁施工和加高支座处理，利用22个封锁点、67小时，对22个支座进行垫高，确保列车运行安全畅通。

三、浮桥

齐（河）槐（荫）北店子黄河浮桥　位于槐荫区吴家堡北店子码头渡口处，是槐荫区的第一架浮桥。浮桥长310米，宽9米，总承重120吨，由26个承重舟组成，总投资650万元。由齐河县人民政府、槐荫区人民政府、铁道部战备舟船处共同架设、经营和管理。1992年3月，成立北店子黄河浮桥管理委员会。4月26日，正式运营通车。1993年5月至2003年2月，总收入5800余万元。2003年2月拆除。

济齐黄河浮桥　2003年，槐荫区吴家堡镇西张村、黄河两岸航运站和齐河北关四村共同出资，村民集资入股分红，新建济齐黄河浮桥。

济齐黄河浮桥　　（2003年摄　区民宗局提供）

3 月投入运营。浮桥长 280 米、宽 15 米，由 17 组双体承压舟组成，总承重 80 吨，总投资 485 万元。至 2006 年底，总收入 1510 万元。

四、乡道大桥

周官屯桥 位于乡道中韩路 2 千米 293 米处，为钢筋混凝土板桥。桥长 168.1 米，桥面宽 11 米，行车道宽 10 米，设计荷载公路 –II 级。由德州公路勘察设计院设计，山东三路路桥公司施工，吴家堡建委监理。1999 年 8 月，建成通车，由槐荫区吴家堡镇管养。

2006 年槐荫区市政（直管）桥梁情况表

表 2-3　　单位：米

序号	名称	原名称	所在道路	跨越河流	所在街道	上部结构	下部结构	桥梁类型	桥长	跨径组合	桥宽	建成时间
1	南辛庄西路兴济河桥	辛西桥	南辛庄西路	兴济河	南辛庄街道	L、R：装配式钢筋混凝土简支T梁M：装配式钢筋混凝土简支板	砌石重力式墩台	小桥	45.20	4×7.80	56	2005 年扩建
2	经十路兴济河桥	经十路兴济河桥	经十路	兴济河	段店北路街道	装配式钢筋混凝土简支板	砌石实体式桥台、钢筋混凝土多柱式墩	中桥	65	3×17	60	2004 年 9 月
3	经六路兴济河桥	经六路兴济河桥	经六路	兴济河	张庄路街道	装配式钢筋混凝土简支板（人行道为矩形梁）	砌石重力式墩台	小桥	43	3×11	30	2003 年
4	幸福街兴济河桥	兴西路兴济河桥	幸福街	兴济河	匡山街道	装配式钢筋混凝土简支板（人行道为矩形梁）	砌石重力式台、钢筋混凝土实体式墩	小桥	41.30	4×10	30	1978 年 10 月
5	张庄路八里桥沟桥	—	张庄路	八里桥沟	张庄路街道	装配式钢筋混凝土简支板梁	砌石重力式墩台	小桥	6	2×3	50	—
6	经六路南大槐树沟桥	道德涵	经六路	南大槐树沟	中大槐树街道	装配式钢筋混凝土简支板	钢筋混凝土轻型台	小桥	15	1×4.50	7.50	2002 年
7	经二路南大槐树沟桥	经二路桥	经二路	南大槐树沟	中大槐树街道	装配式钢筋混凝土简支板	砌石重力式台	小桥	北桥：8.10 南桥：6	北桥：1×8.10 南桥：1×6	北桥：11.70 南桥：40.10	2004 年
8	党杨路腊山分洪道桥	—	党杨路	腊山分洪道	段店北路街道	装配式预应力混凝土简支板	钢筋混凝土薄壁式桥台、钢筋混凝土多柱式桥墩	中桥	65.60	3×20	60	2006 年
9	经十路腊山河桥	腊山河桥	经十路	腊山河	段店北路街道	现浇整体式钢筋混凝土连续梁	砌石实体式桥台、钢筋混凝土多柱式墩	中桥	61	3×17	90	2006 年 5 月
10	昆仑街南大槐树沟 5 号桥	—	—	南大槐树沟	中大槐树街道	装配式钢筋混凝土简支板	右幅 0 号：砌石重力式；1 号：钢筋混凝土轻型台 左幅：钢筋混凝土轻型桥台	小桥	6	右幅：1×6 左幅：2×3	—	—
11	经六路八里桥沟桥	经六路过街涵	经六路	八里桥沟	营市街街道	装配式钢筋混凝土简支板	砌石重力式台	小桥	4.60	1×4	9.30	—

2006 年槐荫区非市政（监管）桥梁情况表

表 2–4

单位：米

序号	名称	原名称	所在道路	跨越河流	所在街道	上部结构	下部结构	桥梁类型	桥长	跨径组合	桥宽	建成时间
1	兴济河阳光 100 南桥	阳光 100 南桥	—	兴济河	振兴街街道	装配式预应力混凝土简支板	钢筋混凝土轻型桥台、钢筋混凝土柱式墩	中桥	68	16+20+16	25	2002 年
2	兴济河阳光 100 北桥	阳光 100 北桥	—	兴济河	振兴街街道	预应力混凝土斜腿刚构	钢筋混凝土轻型桥台	中桥	63	10+32+10	25	2002 年
3	老屯人行桥	老屯人行桥	—	兴济河	匡山街道	装配式钢筋混凝土简支板	砌石重力式墩台	小桥	27.30	3 × 6.20+1 × 5.70	2.60	2003 年 11 月
4	老屯大桥	老屯大桥	—	兴济河	匡山街道	装配式钢筋混凝土简支板	砌石重力式墩台	小桥	35.70	3 × 10	16.50	2002 年 5 月
5	匡山小区中路桥	匡山小区中路涵	匡山小区中路	排水沟	匡山街道	装配式钢筋混凝土简支板	砌石重力式台	小桥	4.50	1 × 4.50	11	—
6	老屯东路桥	老屯东路桥	老屯东路	排水沟	匡山街道	现浇整体式钢筋混凝土简支板	砌石重力式台	小桥	11.80	1 × 5	10~13.50	—
7	新沙二街虹吸干渠桥	创新桥	新沙工业园新沙二街	虹吸干渠	美里湖街道	现浇整体式钢筋混凝土简支板	砌石重力式墩台	小桥	14.80	2 × 7	9.10	2002 年 8 月
8	新沙一街虹吸干渠桥	美里湖 5 号街桥	新沙工业园新沙二街	虹吸干渠	美里湖街道	现浇整体式钢筋混凝土连续肋板式梁	砌石重力式墩台	小桥	14.20	2 × 5.50	7.50	—
9	新沙三街虹吸干渠桥	美里湖 3 号街桥	新沙工业园新沙二街	虹吸干渠	美里湖街道	现浇整体式钢筋混凝土连续肋板式梁	砌石重力式墩台	小桥	15	2 × 5.50	7.50	—
10	新沙四街虹吸干渠桥	美里湖 2 号街桥	新沙工业园新沙二街	虹吸干渠	美里湖街道	现浇整体式钢筋混凝土连续肋板式梁	砌石重力式墩台	小桥	15	2 × 5.50	7.50	—
11	德兴街跨经十路人行天桥	—	经十路	—	南辛庄街道	钢结构	钢结构	大桥	80.80	1 × 50	4	2004 年
12	儿童医院跨经十路人行天桥	—	经十路	—	南辛庄街道	钢结构	钢结构	中桥	56.50	1 × 37	4	2004 年 5 月
13	北太平河西沙北桥	西沙北桥	—	北太平河	美里湖街道	装配式钢筋混凝土简支板	砌石重力式墩台	小桥	13.50	3 × 3.50	6.30	1976 年
14	北太平河西沙北 2 号桥	西沙北 2 号桥	—	北太平河	美里湖街道	装配式钢筋混凝土简支板	砌石重力式墩台	小桥	14.70	3 × 3.60	7	1976 年

续表 2-4

序号	名称	原名称	所在道路	跨越河流	所在街道	上部结构	下部结构	桥梁类型	桥长	跨径组合	桥宽	建成时间
15	美里东路虹吸干渠桥	肖家屯北桥	美里东路	虹吸干渠	吴家堡街道	装配式钢筋混凝土简支板梁	砌石重力式墩台	小桥	12	2×4.20	5	—
16	肖家屯虹吸干渠桥	—	—	虹吸干渠	吴家堡街道	装配式钢筋混凝土简支板梁	砌石重力式墩台	小桥	10.40	2×4	4.05	—
17	西沙塑胶篮球场虹吸干渠桥	—	—	虹吸干渠	吴家堡街道	装配式钢筋混凝土简支板梁	砌石重力式墩台	小桥	11.30	2×4	4.60~7.30	—
18	西沙小区虹吸干渠1号桥	—	—	虹吸干渠	吴家堡街道	—	—	小桥	10.60	不详	16.10	—
19	龙腾工业园南太平河桥	—	—	南太平河	吴家堡街道	现浇整体式钢筋混凝土简支板梁	钢筋混凝土薄壁式台	小桥	8	1×8	7.70	—
20	楚家庄虹吸干渠桥	—	—	虹吸干渠	吴家堡街道	装配式钢筋混凝土简支板梁	砌石重力式墩台	小桥	12.20	2×4	6.60	—
21	横1路虹吸干渠桥	—	横1路	虹吸干渠	吴家堡街道	装配式钢筋混凝土简支板梁	砌石重力式墩台	小桥	15	3×4	11	1957年
22	唐家庄虹吸干渠桥	唐家庄桥	—	虹吸干渠	吴家堡街道	装配式钢筋混凝土简支板梁	砌石重力式墩台	小桥	17.50	2×7	9.20	1999年
23	楚家庄北太平河桥	—	—	北太平河	吴家堡街道	装配式钢筋混凝土简支板梁	砌石重力式墩台	小桥	10	2×4	4.60	—
24	裴家庄北太平河桥	—	—	北太平河	吴家堡街道	装配式钢筋混凝土简支板梁	砌石重力式墩台	小桥	10	2×4	15	—
25	中店铺村南太平河桥	—	—	南太平河	吴家堡街道	现浇整体式钢筋混凝土简支板梁	—	小桥	8	1×8	6.60	—
26	中店铺村南太平河桥2	—	—	南太平河	吴家堡街道	装配式钢筋混凝土简支板梁	—	小桥	10	2×3.50	5.60	—
27	美里东路北太平河桥	北太平河小桥	美里东路	北太平河	美里湖街道	装配式钢筋混凝土简支板梁	砌石重力式墩台	小桥	11.70	3.60+3×2.70	7.15	—
28	八里桥小区八里桥沟桥	—	—	兴济河支流	段店北路街道	装配式钢筋混凝土简支板梁	砌石重力式桥台	小桥	7.30	1×7	15	—
29	雅宝特口腔诊所南大槐树沟桥	—	槐树街	南大槐树沟	中大槐树街道	现浇整体式钢筋混凝土简支板梁	砌石重力式	小桥	6	1×5.60	16.30	—
30	槐树街南大槐树沟桥	中大槐树南街涵	槐树街	南大槐树沟	中大槐树街道	圬工拱	砌石重力式台	小桥	10	1×3.20	4.40	—

2006 年槐荫区在建或建成尚未移交（监管）桥梁一览表

表 2-5　　单位：米

序号	名称	原名称	所在道路	跨越河流	所在街道	上部结构	下部结构	桥梁类型	桥长	跨径组合	桥宽	建成时间
1	济南优抚医院腊山河人行桥	—	—	腊山河	段店北路街道	现浇整体式钢筋混凝土简支板梁	埋置式桥台；单（双）柱式桥墩	中桥	88	3×18+2×17	3.60	—
2	济齐路东涵	—	济齐路	—	美里湖街道	装配式钢筋混凝土简支板	钢筋混凝土轻型桥台	小桥	6.40	1×5.6	60	1995 年
3	张庄路兴济河桥	张庄路兴济河桥	张庄路	兴济河	张庄路街道	装配式预应力混凝土简支板	钢筋混凝土轻型桥台、钢筋混凝土多柱式墩	小桥	44	2×18	60.10	—
4	经六路跨铁路大桥	—	经六路	—	营市街街道、段北街道	主桥：变截面连续箱梁；引桥：装配式预应力混凝土空心板	柱式桥墩	大桥	836	主桥：52+68+44	29.50	2004 年

第三节 路 灯

1989年，辖区110条街巷共有路灯1700余盏，其中高压汞灯874盏，高压钠灯49盏，白炽灯700余盏。1992年，开始采用路灯微机监控系统。1996年，市委、市政府将“灯亮工程”列为树立济南形象的六大工程之一，槐荫区对辖区照明路灯进行改造提升。1997年，重点对背街小巷的第一代光源白炽灯路灯进行更换，第一代光源白炽灯在槐荫区使用结束。2000年，完成张庄路路灯建设及经十路路灯更新；开展集中整治活动，对全区路灯电杆进行全面清理，达到“治脏、治乱、治暗”的要求。维修人员不再登电杆作业，全部采用机械车辆进行维修，结束脚扣登杆历史。2003年,先后完成营市东街、经六路延长线等路灯改建工程。2004年，实施经十路道路改造工程，同时对经十路路灯进行更新，路灯电杆、灯型、光源全部一致；完成闫千户、经六路、兴济河、经一路、纬六路等道路的路灯安装任务。2005年，完成经七路路灯改造，同时完成背街小巷路灯整治。重新建立路灯微机监控系统，设立视频点，安装节能控制器（LCU），安装远程智能控制设备（TH-RTU）。2006年，继续完善路灯集中控制系统建设，变压器、单灯加入节能控制器和区域RCU视频监控系统，部分新改建的道路设置半夜灯的控制手段，安装视频点，可远程控制变压器，安装联网型节能控制器、非联网型节能控制器、车载GPS。

第四节 供 水

一、管网建设

1989年，辖区有供水站6处，供水主干线37条，总长46.6千米，月计划供水量101.11万立方米。1992年，配合经七路西段拓宽工程，实施自来水管道的新装、改造和铺设工程，完成主干管、配水管以及闸门、消防等配套设施的安装。同年,成立槐荫区供水管网所和营业所。1993年，济齐路安装1780米直径400毫米管道。1994年，完成纬十二路、匡山小区供水管网工程，完成北大槐树、西北外环路、段店南路等供水管网的改造工程。1995年，对旧城区管线分步实施管道升级改造，先后完成纬八路、经四路和济齐路部分路段供水管道的改造升级。1996年，完成济齐路、经四路管线新装和改装。1997—1998年，对市区部分旧管网进行升级改造。1999年，配合“畅通工程”，安装经十路西起营市街口东至山大路口近8千米的大口径输水管道；铺设玉清湖水库直径600毫米钢套筒混凝土管排泥管3.5千米；完成张庄路直径1000毫米输水干管的内抹口维修施工。2001年，实施西水东调工程，8月25日并网成功。该工程西起玉清水厂，东至大众日报社，沿经十路铺设的供水管线将黄河水送至东部城区。同时，关停解放桥水厂地下水井，自历山路与经十路口向北铺设长管线700米，将玉清水厂的水送入市区。2002年，实施西水东调、北水南输“五纵五横”供水管网建设工程和市区部分应急供水管网改造工程。4月20日，管径800～1200毫米建设路加压站应急供水管道工程竣工。2003年，实施济西水源应急供水抽水试验管道安装工程等。投资165万元，实施玉清水厂跨越管工程，安装钢管231米。2004年10月起，对全区背街小巷居民片区水压偏低的管网分批实施升级改造。2005年，实施腊山北路、经一路延长线供水管道工程。按照济南市政府下发的《关于实施城市自来水户表计量工程的通知》，实施济南市城市自来水户表计量工程改造，同年完成户表改造4.3万户。2006年，完成营市西街低压片区改造工程。

二、水源地

20世纪90年代，按照市政府节水保泉要求，限制地下水开采。1998年起，建设玉清湖水库，合资成立鹊华制水有限公司、玉清制水有限公司，供水范围不断扩大。2000年12月，玉清湖水库建成供水，总库容4850万立方米，占地面积613.7公顷，蓄水面积4.9平方千米。2005年，按照市政府关于供水体制改革的要求，供水集团将自筹资金建设的玉清湖水库、鹊山水库交由市水利局所属的济南清源水务有限公司运营管理。2006年12月，济南市城市供水格局变为原水、制水、供水三部分，济南水业集团公司、济南泓泉制水公司、济南清源水务公司分别挂牌运营。同年，辖区地表水厂有鹊华水厂、玉清水厂，地下水厂有西郊水厂。

鹊华水厂　始建于1984年，原名为济南黄河水厂，1994年建成投产。鹊山水库建成投产之前，水厂主要是引用黄河水为原水。2000年4月，鹊山水库建成后向黄河水厂供水。2002年9月11日，济南市自来水公司以黄河水厂为主体与海南润达实业公司合资组建济南鹊华制水有限公司，黄河水厂更名为鹊华水厂。2006年12月11日，由济南水业集团有限责任公司（原自来水公司）、济南玉清制水有限公司、济南鹊华制水有限公司与（香港）中华水业集团有限公司以合资方式成立济南泓泉制水有限公司，鹊华水厂归属济南泓泉制水有限公司管理。济南泓泉制水有限公司鹊华水厂为济南市大型地表水处理水厂，位于槐荫区二环西路与粟山路路口东北角，占地面积11.2万平方米，设计供水能力40万立方米/日，实际供水约为20万立方米/日，约占济南市日供水量的四分之一。

玉清水厂　建于2000年1月15日，由上海市政工程设计院设计，总投资1.5亿元。同年7月9日，建成供水，主要水源为经玉清水库沉砂调蓄后的黄河水。2003年6月13日，济南玉清水厂与上海泓源聚实业有限公司、香港成达国际投资有限公司合资组建济南玉清制水有限公司，注册资本24666万元。2006年，划归济南泓泉制水有限公司管理。济南泓泉制水有限公司玉清水厂为济南市大型地表水处理水厂，位于济南市槐荫区王府庄，占地面积11.1万平方米，建筑面积约4万平方米，设计规模40万立方米/日，实际供水约38万立方米/日，高峰供水最高43万立方米/日。

西郊水厂　始建于1980年5月，水源主要取自腊山、峨嵋山、大杨水源地。2003年1月25日，济南济西水源应急供水及抽水试验咨询会召开，证实西郊地区地下水蕴含量丰富，水质优良，地下水以岩溶水为主，地下水补给有保障，属优质地下水。1月28日，在桥子李、冷庄和古城3个水源地新打井26眼。2004年7月21日，实施第二次济西水源抽水试验。济西二期抽水试验初期，冷庄和桥子李水源地开机，日开采量12万立方米，同时等量减采峨嵋山、大杨、腊山等水源地开采量。济西水源地建成并供水后，腊山、峨嵋山、大杨水源地供水量逐渐减少至停采，作为应急水源备用。2006年12月11日，成立合资的济南泓泉制水有限公司，西郊水厂更名为鹊华水厂八里桥分厂，归属济南泓泉制水有限公司管理。

第五节　排　水

1989年，全区城区排水管道总长115.1千米。1992年，完成纬九路、道德中街、孔村沟等6.38千米排水设施改造工程。同年，全区排水管道总长124.19千米。1994年，投资1159.6万元，清挖明沟1.9千米、掏挖检查排水管道井14921个、清挖污泥6878吨、修换排水道井盖328套、疏浚下水管道175.8千米。1995年，安装排水管道10千米，安装检查井329个。同年，市政设施普查，全区系统内排水管道长130.2千米，检查井3396个，进水井2739个；系统外排水管道长201.5千米，检查井4728个，进水井3177个。1996年6月，投资380万元，完成拖机路道路排水工程，铺设排水管道2.8千米，新设检查井98个、雨水井96个。1997年，总投资2635万元，相继完成建筑面积3.8万平方米的济齐路道路排水工程、2100平方米的小清河砌垒工程及段店新村排水沟工程。1998年6月，投资2911万元，完成全长1.65千米的小清河北路道路排水工程；10月，投资291.1万元，完成小清河道路排水工程，全长25千米；完成南大明沟部分沟段、段东路排水设施改造工程。1999年，投资1400.11万元，完成八里桥沟排水工程及小清河干流治理工程。

2001—2002年，投资4783.12万元，完成

兴西路道路排水工程，全长2.41千米，建单跨15米桥梁2座，完成经六路西延长线道路排水工程，全长2.66千米，建污水倒虹吸1座，南大沟桥涵1座。2004年，投资597.3万元，对段店铁路立交泵站进行改造，泵房主体为C30(水泥混凝土标号)钢筋混凝土435立方米，钢筋混凝土检查井1个，直径1200毫米钢筋混凝土进水管28米，直径1000毫米钢制压力出水管28米，建筑群为一层砖混结构260.8平方米，安装550千瓦水泵6台、5.5千瓦水泵2台，高压柜6面，315千伏安变压器1台，80千伏安变压器1台。2006年，全区排水管道总长215.93千米。设检查井4132个，收水斗3646个。污水按自然地势分两路流向西、北，一路汇集于纬十二路以西，经忠厚街、昆仑街至八里桥排水泵站；一路汇集于经一路纬九路，向北穿北大槐树街至堤口南路，经万盛街大沟、堤口路流入西工商河。

第六节　供　电

南郊变电站　位于南辛庄东路23号，为220千伏变电站，1997年12月投产，主变压器2台150兆伏安、三相三绕组自冷有载调压变压器。

美里湖变电站　位于二环西路西沙村对面，为220千伏变电站，2000年7月2日投产，主变压器选用三相三绕组高阻抗有载调压变压器。二期工程安装2号变压器，2004年1月投运。

前卫变电站　位于腊山路1号，为110千伏变电站，1994年8月投产，主变压器2台，变电容量2x50兆伏安，三相双绕组自冷有载调压变压器。

中大变电站　位于经四路623号，为110千伏变电站，1996年1月3日投产，变电站为两级电压等级，110千伏进线电源电压，10千伏为负荷出线电压。110千伏系统采用SF6组合电器（GIS）设备，是公司第一座110千伏无人值守设计、投运的变电站。

匡山变电站　位于济齐路69号，为110千伏变电站，1997年7月8日投产，为110千伏双电源进线，主变容量为2x50兆伏安，开关采用六氟化硫（SF6）弹簧储能开关。2台主变压器均为SZ10-50000/110型双绕组油浸自冷有载调压变压器，户外装置。

大金变电站　位于段店西部大金庄，为110千伏变电站，2001年4月15日投产，主变压器2台50兆伏安、三相双绕组油浸自冷有载调压分级绝缘低损耗变压器。

吴家堡变电站　位于济齐路陈庄南，2004年8月投产，35千伏变电站，主变压器1台，变电容量12.5兆伏安，为三相双绕组自冷有载调压变压器。

第七节　市政管理

1989年，城区管理工作由区建委城管科负责。同年，对辛西路、经十路和段店北路进行综合整治。在经六纬十二路修建喷泉雕塑1座，整改工地32处，共办理审批临时占用土地73处2925平方米，设置商亭238处3408平方米，商摊508处1810平方米，开门开窗100处。1990—1992年，济南市创建国家“十佳”卫生城市，全区共整治经四路、经五路、经七路、张庄路、南辛大街、段南路等6条主要交通干道，粉刷墙壁35万平方米，整治残垣断壁4781米，施工工地建起围挡墙5142米，油漆商亭门窗10192处，清运垃圾1252车，清理“八乱”(乱贴、乱画、乱搭、乱建、乱摆、乱放、乱倒垃圾污物、乱占道经营)现象3896处，出动宣传车395车次。1993年，全区开展市容市貌整顿工作。拆除商亭136处，拆除违章建筑303处，取缔马路仓库28个。1994年，济南市开展“一迎两创”(迎卫生城市复查，创文明城市，创园林城市)工作，提出“路通、灯亮、泉涌、街净、墙洁、气清、树绿、花美”的十六字方针。槐荫区对15条主要道路两侧的沿街保留建筑进行整治，整治面积26万平方米，拆除违章建筑6794平方米，新建自行车及机动车停车点92处、1万平方米；全面规划15条主要道路的霓虹灯设施，建成经二路、经十路两条霓虹灯街，共92处、3422平方米，其余主要街道也安装霓虹灯和灯箱。

1995年，在全区全面开展街巷综合整治，共整治街巷道路88条，总长度24千米、面积14.3万平方米，投资852.29万元，安装排水管道1万米、检查井329个，安装路灯长1.3万米、250盏，整治残墙断壁118米，拆除各类违章设施14处、603平方米。1997年，完成11.92千米长的小清河干流治理工程，共拆迁建筑4.3万平方米，倒运土方160余万立方米，砌石河段1.4千米，开挖土方3.7万立方米，倒运土方8.6万立方米，砌石3.68万立方米。1996年，开展整治街巷工作，共整治街巷道路43条，总长度17.36千米、面积12.8万平方米，投资658万元，安装排水管道总长度850米、检查井个30个，安装路灯长2950米、59盏。1998年，重点整治辛庄高架桥周围、槐荫公园门前、经四路等13条主要干道的市容市貌，全年共拆除违章建筑6600余平方米。

1999—2000年，实施容貌工程，包括墙体美化、广告牌匾整治、绿地整治、垃圾清运、灯亮工程等，共清理“十乱”83800余处，墙面粉刷清洗65.33万平方米，治理违章摊点1400余处，整治广告牌匾3751块，华联商厦、省委党校教学楼、泰山大厦等16座10层以上建筑全部实现灯光装饰。2001年，基本建设投资3.13亿元。2003年，市政设施管理行政处罚权下放至区城市管理行政执法局。主要管理城市道路养护、城市排水设施、道路挖掘工程、查处破坏市政设施的违法行为。开通“12319”市政服务热线。

新建的市政养护材料厂（2006年摄　区市政局提供）

同年起，对背街小巷进行全面整治。至2004年，共整治街巷171条，实现路面硬化、沿线绿化、照明亮化、墙体美化、环境净化。2005年，开展城乡环境综合整治工作，整治重点向棚户区转移，投资7000万元，解决棚户区常年存在的路不平、灯不亮、排水不畅、整体环境差等问题，共整治街巷547条，铺设沥青路面65万平方米，铺设花砖17万平方米，安装路灯1682盏，对裕园、五里牌坊西街、闫千户、明星小区等7个居民小区进行集中整治。以经三路、经四路、经七路、经十路、济齐路为重点，以广告牌匾、“八乱”治理为主要内容开展道路环境整治工作，共拆除道路两侧违章建筑484处，粉刷沿街楼体7.8万平方米，新增、改建道路沿线绿地22.5万平方米。完成经五路、纬六路、机床二厂路、拖机路等道路的大修铺装。投资1420万元，对村镇容貌进行整治，硬化村镇道路22.74万平方米，植树2.35万株。在段店镇、吴家堡镇分别进行沼气通户、旱厕改建等试点工作，对担山屯、段店村实施村庄整体整合，查处违章建筑31处、552万平方米。对腊山、香山、卧牛山破损山体进行恢复治理，以“拆、刷、绿、挡、清”为重点，对辖区铁路沿线进行突击整治，共粉刷墙体5.8万平方米，清运垃圾1.5万吨，植树2万株。

2006年2月，对经十路沿线广告牌匾进行整治。经十路槐荫段东起西光明街，西至京福高速公路，全长8231米，共拆除违法广告牌匾97块，粉刷建筑物40处1.57万平方米，拆除私搭乱建46处7656平方米。同年，对省立医院周边环境进行综合整治，对经五路、经六路、纬六路、纬七路、纬八路5条道路实施环境综合整治，与居民小区整治相结合，重点解决社区农贸市场和停车场问题，规范停车场14处，新建农贸市场3个，规范农贸市场6个。

第八节　城管执法

2003年7月，成立济南市槐荫区城市管理行政执法局（简称区城管执法局），同时挂济南市槐荫区城市管理监察大队牌子。8月8日，区城建监察大队撤销，区建设管理委员会、区园林绿化处、区市政工程养护处、区房地产管理局、区拆迁办公室、区人民防空办公室、区环保局、区环卫局相关城市管理行政执法职能划归区城管执法局（区城管监察大队）。区城管执法局依据《济南市城市管理综合执法暂行规定》《济南市关于公布城市管理相对集中行政处罚规定的通告》履行行政处罚权。9月17日，市政府印发《关于推进城市管理重心下移深化城管体制改革的意见（暂行）》，区城管执法局按照分级管理、逐级负责的模式，完善“两级政府、三级管理、四级网络”（市、区两级人民政府，市、区、街道三级管理，市、区、街道、居（村）委会四级网络）城管工作体系,确立“市局管面、区局管块、中队包片、路段到人”的目标责任，全面推行区域巡查责任制。11月7日，区城管执法局举行全市首次城市管理行政处罚听证会，对驻济某公司未办理有关规划手续，擅自修建汽车展厅及维修车间一案进行听证。

2004年7月，开展“迎亚足赛·创文明城”市容环境综合整治行动，将7月定为“市容环境集中整治突击月”，重点整治店外经营、占道摊点、乱贴乱挂、不文明施工等行为。经二路、经四路、经六路、经七路、经十路、纬十二路、张庄路等7条路定为综合执法示范路,槐荫广场、槐苑广场、省立医院周边等3处场所定为综合执法示范场所。当月，区城管执法局共出动500余人次，共清理占道摊点120余个，规范户外乱贴乱挂广告及门头牌匾300余块，清理临时亭类设施80余个。9月1日，市政府下发《济南市人民政府办公厅关于印发济南市城市管理行政执法局主要职责、内设机构和人员编制暂行规定的通知》，区城管执法局不再行使城市规划、建筑管理方面的处罚权。9月13日起，开展以整治占道经营、露天烧烤、扬尘污染为主要内容的“三项整治”执法行动，重点对辖区内经十路、张庄路、纬十二路、纬六路等14条主次干道及槐荫广场、槐苑广场、山东省立医院周边等3个重要公共场所进行整治。10月27日，对担山屯立交桥东南角正在建设的700平方米的违法工程依法强制拆除，市、区两级共6个部门165名执法人员参与。至年底，区城管执法局一般程序案件立案处罚135件。

2005年3月，建立并启动法律顾问制度。9月，对辖区内紫光园、鑫都小区、鑫城小区等19处违法旧村改造项目进行通报曝光。10月，第73届秋季全国糖酒会举办期间，区城管执法局与高新区城管执法局、市城管执法局共出动100余名执法队员、30辆执法车在济南国际会展中心会场周边进行24小时巡查。清除户外广告3000余件，清理户外展品9200余件，强制拆除大型路牌广告60块，责令改正占道展卖600余处,查处占道经营12300余处。11月28日，

2005年6月1日，区城管执法局组织执法人员进行封闭式执法素质技能培训 （李国兵 摄）

2005年6月4日，区城管局执法人员在槐荫广场开展城市管理法规宣传并接受市民咨询

（区城管执法局提供）

区城管执法局在全市率先推行“早勤上岗、徒步巡查，聘请人大代表、政协委员担任城管社会监督员，执法‘三项禁令’（严禁酒后上岗执法、敲诈勒索和无故旷工），集中定点停放执法车辆，建设‘队员之家’休息活动室”为内容的“五项城管执法制度”。12 月 23 日起，在全区开展占道经营专项整治。辖区道路分为Ⅰ级严控路（10 条）、Ⅱ级严管路（6 条）、Ⅲ级监管路（2 条）分别进行管理。对槐荫政务中心、槐荫广场、槐苑广场、省立医院等 4 处重点场所进行严管严控。采取车巡、步巡、守点三种方式，在中午和下午高峰时段实行错时执法。至年底，区城管执法局一般程序案件立案处罚 952 件。

2006 年 1 月，区城市管理监察大队更名为区城市管理行政执法大队。3 月 17 日，市区两级共出动执法人员 70 余人，执法车 15 辆，对段店镇大杨庄村北经十西路南侧 2000 余平方米的沿街违章建筑依法强行拆除，打通经十西路拓宽工程的最后一道阻碍屏障。4 月 8 日，城管执法进社区、进重点单位（项目）、进工地、进学校“四进”服务系列活动启动。至年底，区城管执法局一般程序案件立案处罚 873 件。

第三章　城区绿化

第一节　道路绿化

1989 年，全区共有绿化干道 26 条、街巷 38 条。1990—1993 年，先后对张庄路、机场路、辛庄高架桥、西外环路、机床二厂路进行绿化建设、改造。1994 年，实施南外环路、经四路、辛西路等绿化工程，共植树 5 万株。1996 年，对西北外环路 6.3 千米沿线进行绿化，共植树 3500 株，完成绿地建设 3.5 万平方米。1997 年，对外环路、小清河桥头、国道 220 线、张庄路、经七路等重点区域进行绿化。同年，新增绿地 8.6 万平方米。1998 年，完成西外环路、经七路等道路绿化。同年，共植树 6.08 万株，铺草皮 2.21 万平方米，新增绿地 3.28 万平方米。1999 年，重点实施经十西路绿化工程，共植树 3.57 万株。

2000—2002 年，全市实施“一环九射”绿化工程（“一环”，指二环路两侧绿化带；“九射”，指经十西路和济兖路段、济微路、英雄山南路及省道 103 路段等济南市城区 9 大出入口沿线的绿化带），辖区主要是对二环西路、经十西路（济兖路）、济齐路、济微路实施大面积绿化，共拆除各类建筑 32.7 万平方米，绿化道路总长 36.43 千米。

2001 年，建成长 3.4 千米的经十西路绿化样板路。同年，全区共栽植乔灌木 83.95 万株。2002 年，建设二环西路、济齐路绿化样板路，共栽植乔灌木 27 万株。

2003 年，重点绿化区政务中心、经六路延长线等，新建、改建绿地 21 万平方米，补植、栽植乔灌木 47 万株。同年，对经十路 1000 株行道树进行清理，全长 11.62 千米的京福高速公路绿色通道槐荫段绿化工程全面完成。

2004—2005 年，高标准绿化建设经十路 8.4 千米景观绿色长廊，共栽植各类苗木 40 余种 61 万株，新建绿地 9 万平方米；完成经七路分车带绿地改造，栽植瓜子黄杨 2.9 万株。

2006 年，绿化阳光新路、兴济河两岸栽植行道树，对张庄路、二环西路分车带草坪进行改造，更换草坪 3.5 万平方米。绿化建设担山屯立交桥，栽植苗木 28 万株，建成节水型草坪 16 万平方米，新增绿地面积 46 万平方米；完成腊山立交桥美化工程，栽植雪松、石楠、紫叶李等树种，新建绿地面积 16 万平方米。同年，全区新建绿地 56.79 万平方米，栽植乔灌木 157 万株，新植草坪 33.54 万平方米，绿化覆盖率 39.7%，绿地率 31.6%，人均公共绿地面积 7.78 平方米。

第二节 广场公园绿化

1989年，有区属公园2处（青年公园、槐荫公园）。1998年，青年公园改建为槐荫广场。2000年1月1日，济南西郊森林公园建成，正式对外开放。2003年，美里湖公园、匡山公园建成。2006年，全区有博远广场（槐荫广场）、华联广场（槐苑广场）、匡山绿苑广场、美里湖广场、腊山文化休闲广场5处，济南西郊森林公园、美里湖公园、匡山公园3处。

一、广场

博远广场 位于山东省立医院南门，经七路与经六路、纬七路与纬八路之间。1948年，名为青年公园。1998年，公园改建为槐荫广场，占地面积3.2万平方米，新增绿地面积1.6万平方米，由5块环状草坪围绕中心大理石音乐平台，四周7块草坪呈放射状布局。2003年，更名为博远广场。

华联广场 前身为槐荫公园，位于经十路、营市东街、经六路、北小辛庄两街之间。1986年建成开放。1999年，槐荫公园进行改建，后更名为槐苑广场。占地面积2.53万平方米，其中绿地面积0.93万平方米，湖水面积0.18万平方米，铺装舞台大理石1364平方米，广场砖2189平方米，彩砖7800平方米，鹅卵石400平方米。2003年，广场进行二期改造，更名为华联广场。

槐苑广场（1999年摄 区园林局提供）

匡山绿苑广场 位于匡山公园南侧。1999年始建，2000年4月建成，广场占地面积1.8万平方米，绿地面积9600平方米，栽植乔灌木2500株。

美里湖广场 位于美里湖小区。1999年5月建成，占地1万平方米，建成绿地面积6700平方米。

腊山文化休闲广场 位于腊山立交桥下。2006年10月1日建成开放，占地面积22万平方米，其中绿化面积16万平方米，广场分为艺术休闲区、人文休闲区、商业街和生态绿地四部分。

二、公园

济南西郊森林公园 位于槐荫区中部，南至张庄路，北到济南市农业学校，东临兴济河，西接西外环路。1996年9月开始建设，2000年1月1日建成正式对外开放，总投资960万元，规划占地面积55.5万平方米，公园建成部分占地13.8万平方米，是经济南市政府批准和山东省城市建设委员会专家组论证的市级综合性公园。建有月季台园、花雨湖、"树魂"雕塑等景点及儿童乐园，种植各类植物千余种。公园突出表现森林野趣，着力营造幽静、原始的游园环境。2006年，完成花卉销售83万盆及外购苗木3万余株；投资79.66万元，完成生产主干道硬化、办公房维修等工程。"红羽毛"合欢选育研究项目通过济南市科技局组织的专家鉴定。

美里湖公园 位于美里湖办事处辖区内。2003年建成，占地面积50万平方米。公园由休闲垂钓区、拓展训练区等组成，是集农业生产、风景观赏、娱乐休闲于一体的多功能园区。

匡山公园 位于济南城区西北隅，是"齐烟九点"中最西边的一"点"。因"山石方隅，皆如筐形"，故名。有"李白读书处"和古代文人游记中描述的匡山奇石等景点。2001年，投资300万元，完成匡山公园山体和山前广场绿化。2003年，公园建成。

第三节 庭院小区绿化

1989 年，全区有济南市花园式庭院 14 个，市绿化先进单位 40 个。1997 年，市花园式庭院 17 个，市绿化先进单位 27 个。1997 年，驻区单位、住宅小区开始开展垂直绿化和拆墙透绿等建设工作。2001 年，全区共新建、改建绿地面积 112 万平方米，栽植攀缘植物 5.2 万株。2002 年，新建绿地面积 20.5 万平方米，铺设草坪面积 17 万平方米。2006 年，全区共有省、市“花园式小区”“花园式庭院”单位 46 个。

第四章 环境卫生

第一节 环卫作业

一、道路保洁

1989 年，区环境卫生管理所负责辖区内道路保洁、垃圾清运等环境卫生工作。道路保洁建立“五净”（墙根净、树坑净、电线杆净、花坛绿地净、路牙和下水道口净）、“五无”（无乱堆乱放、无摊点污染和施工污染、无垃圾死角、无渣土杂物堆积、无积水和污水排放）标准；单位门前卫生实行有偿服务，实施“门前三包”责任制，与各单位签订责任书。区保洁队负责全区道路主次干道保洁，各办事处负责街巷道路保洁，区环卫所委派环管员到各街道进行日常工作督导。同年，全区有保洁员 500 余人，保洁面积 171 万平方米。1992 年，全区 179 万平方米硬化道路全部落实“四定一保”（定时间、定人员、定职责、定奖惩，确保道路保洁达标）责任制，实行专人保洁。1999 年，道路保洁开始由各街道（镇）环卫所监管、保洁，并全部实行一班制（8 小时白班制）。城区主次干道每天两次普扫，全天守岗拣扫，晨扫必须在 7 时 30 分前完成；小街巷每天普扫一次，随时拣扫。建立完善特殊天气作业应急预案，夏季气温超 35℃，保洁人员避开露天作业；雷雨天气停止作业，雨雪后及时做好清淤除雪工作。同年，全区保洁面积 386 万平方米。2002 年，区环卫局职工以个人身份，参加全市第一次道路保洁权招标，取得经二路槐荫段、匡山济齐路等路段的道路保洁权。同年，全区首次采用“人工 + 机械”方式进行道路保洁作业。2004 年，通过参加招标，取得纬十路路段的道路保洁权，开始采用“人工 + 冲刷 + 降尘”作业方式。2006 年，取得纬六路、纬六路高架桥、无影山北路及无影山路的道路保洁权，采用“人工 + 机扫 + 冲刷 + 降尘”方式进行道路保洁，并首次实现跨区作业。同年，全区道路保洁总面积 425 万平方米，其中一类道路共有 13 条，保洁面积 233 万平方米；二类以下道路共有 72 条，保洁面积 155 万平方米；街巷道路共有 83 条，保洁面积 37 万平方米，人均保洁面积 3800 ～ 4800 平方米。城郊村居道路保洁由村居自行负责。

二、垃圾清运

1989 年，区环卫所有垃圾清运车辆 24 辆，清运工人 24 人，单位、居民生活垃圾主要收集在土建或铁制垃圾楼内，每天由环卫车队负责清运。1995 年，垃圾清运车辆增至 28 辆，清运工人 28 人。1997 年，将企事业单位生活垃圾纳入统一管理，由各企事业单位自行运到专用垃圾场；对无能力自运的单位，由环卫部门有偿代运。1998 年，城区 8 个街道（镇）推行居民、单位、沿街门头垃圾收集袋装化，采取小袋装大袋、定点、一天两次定时收集，上门有偿服务。购置压缩车，实行垃圾压缩密闭收集运输。1999 年，城郊农村开始逐步实行垃圾袋装化收集，集中统一外运。张庄街道刘庄村成为首个生活垃圾袋装化收集、集中统一外运的城郊村。2000 年，生活垃圾有偿代运单位 100 余个。2001 年，垃圾清运服务范围进一步向城乡接合部、城中村、远郊村延伸。2002年，无自运能力的单位设立垃圾点，配置垃圾中转箱；垃圾清运主要采用垃圾集装箱、密闭式运输方式，沿街垃圾站点在早7时30分前清运完毕。2003年，段店镇石头庄、吴家堡镇韩家道口村开始实行生活垃圾袋装收集。2005年，有垃圾清运车33辆，车辆陈旧、老化。2006年，投资400万元，新增机扫车、高压冲水车、拉臂车等大型机械设备14辆，全区各类环卫专用车辆增至46辆。其中机扫车4辆、洒水车2辆、高压冲水车3辆、拉臂车4辆。日清运垃圾400余吨，代运单位200余个，垃圾清运密闭率100%，城区垃圾袋装普及率90%以上，生活垃圾清运率100%，设施完好率100%。

1989—2006年槐荫区垃圾清运量情况表

表2-6

单位：万吨

年　份	垃圾清运量	年　份	垃圾清运量
1989	9.20	1998	11.90
1990	9.90	1999	12.90
1991	11.00	2000	12.90
1992	11.00	2001	13.80
1993	8.50	2002	13.50
1994	11.00	2003	15.00
1995	11.20	2004	18.30
1996	11.70	2005	16.00
1997	10.80	2006	14.60

第二节　环卫设施

一、公厕

1989年，全区有公厕118座，家庭旱厕1000余个。1990年,对公厕进行因地制宜地改建、新建，卫生条件有较大改观。同年，全区有水冲公厕121座。1992年，市区公厕全部实现水冲式改造。2001年9月1日，《济南市城市环境卫生设施管理办法》颁布实施，加强新建住宅区环卫设施配套建设。2003年，在经一纬六建成全区第一座环保型免水冲式生态公厕，配置移动式公厕3座，缓解因拆迁再建、人口密集处无公厕矛盾。2006年8月，在经一路纬六路高架桥下建成全区第一处二类水冲公厕1座。同年，全区有水冲公厕84座，移动公厕9座。公厕有专人全天保洁管理，定期喷洒消杀药物。

二、垃圾中转站

1989年,全区设垃圾箱124个、垃圾台44个。1992年，垃圾楼全部实行容器收集。1994年起，土建垃圾楼开始逐渐被铁制垃圾楼替代。1995年起，在主次道路两侧配置果皮箱，逐步淘汰简易垃圾堆放点、露天垃圾桶。2002年，先后在闫千户小区、森林苗圃、桃园小区、明星小区等设置垃圾转运站。代运单位设立垃圾集中点、配置垃圾中转箱；在不宜设置较大垃圾转运站或中转箱的商业街或居民区，配置垃圾筒或设置中小型垃圾集中点。2006年，全区土建、铁制垃圾楼全部拆除，共建有垃圾转运站（箱）86个，垃圾站点110个。沿街果皮箱实行一日两清掏一擦洗，垃圾中转站（箱）有专人负责，保持箱体及周边卫生清洁。

三、环卫公寓

2003年，全区第一座环卫公寓建成，位

于经一路纬六路高架桥下，共2层，建筑面积285.6平方米，可供40人居住。2004—2006年，新建青年公园、振兴街、五里沟社区环卫公寓，保洁员居住环境逐步得到改善。2006年，在腊山新建办公场所1处，占地面积400平方米，设停车场1处，所属保洁员用房2处，可供6人居住。

1989—2006年槐荫区环卫设施情况表

表2-7

年份	水冲公厕（座）	垃圾设施（个）	年份	水冲公厕（座）	垃圾设施（个）
1989	82	177	1998	105	80
1990	121	205	1999	91	74
1991	115	198	2000	113	85
1992	114	67	2001	88	54
1993	113	78	2002	81	68
1994	103	97	2003	81	65
1995	103	99	2004	80	65
1996	102	104	2005	84	58
1997	104	122	2006	84	86

第三节　环卫管理

一、环卫监察

1990年前，济南市环卫局市容环境卫生监察大队槐荫中队行使市容管理执法权。1990年3月，市环卫局市容环境卫生监察大队槐荫中队划归槐荫区管理，市容管理执法权同时下放。1991年，济南市颁布《城市市容和环境卫生管理办法》，市容环境卫生监察大队槐荫中队依据该办法管理辖区市容环境卫生工作。同年10月，市容环境卫生监察大队槐荫中队更名为槐荫区市容环境卫生监察中队，划归区环卫局领导和管理。1997年，济南市环卫局市容环境卫生监察大队撤销，原槐荫区市容环境卫生监察中队的执法权移交到槐荫区城管大队，环卫局无执法权。1999年2月，区市容环境卫生监察中队撤销，并入区城建监察大队（原槐荫区城管大队）。1999年，市环卫局开通环卫“110”联动热线，主要受理道路保洁、垃圾清运、公厕管理、生活和建筑垃圾乱倒等问题。区环卫局成立环卫“110”办公室，设立联动电话，接受市环卫局“110”指挥中心统一指挥。同年，受理群众投诉问题120余件，处结率100%。2001年，按照市环卫局制定的环卫“110”联动工作考核标准和考核办法，及时处理各种问题。2002年，组织开展争创示范环卫路、示范环卫所和示范环卫社区活动。2006年，强化对重点工地、重点路段、重点区域、重点时段的管理，联合城管执法、公安等部门实行联合执法、部门联动，有效遏制渣土运输的违法行为。

二、环卫进社区

2001年起，全区推行“环卫进社区”活动，城区各街道环卫所与辖区部分封闭式小区签订有偿保洁服务协议，负责社区卫生保洁和垃圾袋装化清运。2002—2003年，城区“环卫进社区”逐步向孔村、刘堂、匡山、刘庄、张庄、段店、闫千户等近郊村社区延伸，“一村一个垃圾场”的垃圾收集模式成为过去。2006年，“环卫进社区”工作基本覆盖全区街道（镇）。

第五章 房地产

第一节 住房制度改革

一、公房出售

1989年，全区有直管公房62.90万平方米，单位自管公房46.39万平方米，私有住房49.87万平方米。1991年，全区开始围绕住房制度改革，进行旧城改造、房改资金筹集、租金改革等课题研究。1992年，区房产管理局相继成立房产经营公司、住房解困办公室。同年，举办房改工作培训班，对46名人员进行政策和业务培训。1993年，全区住房制度改革启动，成立住房制度改革领导小组，下设房改办公室，与住房解困办公室合署办公，具体负责公房出售工作。1996年6月至1997年5月，全区进行第一轮房改，执行一次性付款优惠20%的政策，房改成本价632元/平方米。1997年6月至1998年5月，全区进行第二轮房改，执行一次性付款优惠10%的政策，成本价771元/平方米。1998年6月至1999年5月，全区进行第三轮房改,成本价848元/平方米。1999年6月，全区进行第四轮房改，成本价升至1017元/平方米。此后，成本价逐年提高。2000年，随着住房制度改革的不断深化，直管公房面积减少。至2004年，全区共有直管公房23.36万平方米，其中住宅房屋面积19.72万平方米，非住宅房屋面积3.64万平方米。至2006年底，全区共出售公房34145套，面积112.77万平方米，收取资金54953.77万元。

1996—2006年槐荫区公房出售情况表

表2-8

时间	公房出售（套）		面积（万平方米）		收取资金（万元）	
	直管公房	自管公房	直管公房	自管公房	直管公房	自管公房
1996.6—1997.5（第一轮房改）	3505	18259	20.32	11.67	3750.28	20282.18
1997.6—1998.5（第二轮房改）	2987	6145	17.00	42.00	3808.88	11897.20
1998.6—1999.5（第三轮房改）	275	957	1.54	6.55	4579.60	2564.27
1999.6—2006.12（第四轮房改）	522	1495	3.03	10.66	1167.31	6904.05
合　计	7289	26856	41.89	70.88	13306.07	41647.70
总　计	34145		112.77		54953.77	

二、廉租住房

2005年5月1日，全区正式启动廉租住房工作。区房改办公室负责租金补贴和核减申请的受理、审核、公示、核准、申报、发放等具体工作，廉租住房户申报材料由街道协助调查审核、出具证明。6月7日，在中大街道裕园社区对全区首批符合廉租住房政策的申请者情况进行公示，涉及8个街道、70户居民，数量居全市各区之首。公示内容包括申请者现住址、住房面积等，接受居民举报。公示张贴后，房改办公室工作人员接到举报电话，经核查，取消2户申请者资格。全年为345户“双困”（住房困难、收入困难）家庭办理并发放租赁住房补贴共81.67万元。2006年，对2005年度345户“双困”家庭重新审核确定。同年，新增申请办理廉租住房“双困”家庭54户。

三、公房划转

2005年，按照济南市政府有关规定，进行直管公房企业划转，将公房直接划归承租企业。2006年，全区列入划转的房产36处，建筑面积1.57万平方米。

第二节　房屋拆迁

1988年2月，全区开始执行《济南市城市建设房屋拆迁安置补偿试行办法》，对住户安置办法是以原房屋建筑面积“多三少一”（安置房屋的建筑面积允许比原房屋建筑面积多三平方米或少一平方米）安置。1991年7月，执行《济南市城市建设拆迁管理办法》，对私房户实行补偿产权，安置使用权的办法。1995年10月，执行《济南市城市建设拆迁管理实施细则》，对房屋安置采用产权调换的方式进行，并对超面积安置住户产权调换费用的收取进行详细规定。2002年4月，《济南市城市房屋拆迁管理办法》实施，对房屋安置办法进行改革，对被拆迁户采取房屋安置和货币安置两种办法进行补偿，并对补偿系数进行大幅度增加，对外迁安置的可以按原建筑面积的2.2倍进行安置补偿。2003年8月，《济南市城市房屋拆迁管理办法（修正案）》《济南市拆迁住宅房屋区位单价标准》《济南市拆迁住宅房屋重置单价标准》《济南市拆迁房屋附属物补偿标准》《济南市房屋拆迁搬迁补助费、临时安置补助费、停产停业补偿费标准》颁布施行，首次在拆迁过程中引进区位概念，根据不同区位给予不同价格补偿。1989—2006年，全区累计拆迁16653户，拆迁面积119.59万平方米。

1989—2006年槐荫区拆迁工程完成情况表

表2-9

年份	拆迁工程	拆迁户数（户）	拆迁面积（万平方米）
1989	南辛庄局部改造、省委党校宿舍楼、济南军区后勤部宿舍楼等工程	303	0.96
1990	德兴街危房改造、机车工厂宿舍楼工程及纬十一路两侧改造一、二期工程	496	1.13
1991	南大西街宿舍楼、槐村东西里危房改造、省委党校二期等工程	369	0.68
1992	南大小学教学楼工程、西市场华联工程、二十中学实验楼工程及经三路纬十路旧城改造工程及省电力所调试中心楼工程	986	4.65
1993	经七纬六路工程及皮鞋厂道路改造工程、北大槐树二小教学楼工程	655	1.20
1994	经四路工程、光明街房管三所改造工程	495	1.86
1995	福音里工程、泰山大厦改造、北小辛庄及德兴东街工程	263	1.22
1996	经二路区交通大队、经二纬八教委、经三纬七双龙、六顺街工程房管一所、经三纬九城乡开发、经一路匡山开发等工程	950	3.75
1997	省储备局综合楼工程、220国道、济齐路、金兴路拓宽工程	126	1.39
1998	五里牌坊改造及东光明街教委改造工程	1263	2.65
1999	绿景苑工程、经一纬十二商住楼改造工程、容貌工程、新世界阳光花园工程（一期）	711	3.55
2000	建设部批准的首批康居示范工程、济南市道路交通“六纵六横”重点市政工程、新世界阳光花园工程（二期）	1373	11.10
2001	经六路延长线、市华联西市商城工程、经二纬六路城乡开发工程	987	11.64

续表 2-9

年份	拆迁工程	拆迁户数（户）	拆迁面积（万平方米）
2002	经六路延长线工程、教委南辛庄小学、房管三所、四所危房改造、三十七中校改、危改中心工程及纬六路道桥工程	1810	12.96
2003	经十路道路拓宽工程	1356	20.00
2004	经一路及营市街拓宽工程、经十西路及二环西路立交桥工程、市华联丁字山路住宅工程、经十路二、三期工程、新世界阳光花园工程（三期）	3244	30.22
2005	经一路土地收购招、拍、挂拆迁、阳光100房屋开发拆迁、纬六路拓宽改造拆迁、三十五中校改拆迁、济微路拓宽改造拆迁等工程	982	5.33
2006	经十路综合整治拆迁工程、鲁星面粉厂国土收购项目、经十路东航地块拆迁工程、北园路拓宽改造工程	284	5.30

第三节　房地产开发

1986年7月，成立区旧城改造指挥部，区房地产开发起步。1992年，全年总施工面积42.7万平方米，年内竣工面积18.12万平方米。规划建设段西、段北、闫千户、匡山、老屯5个小区，具备全面开发条件。1998年，城乡综合开发步伐加快，全区开发总施工面积60万平方米，总竣工面积30万平方米。2004年，全区房屋建筑施工面积66.2万平方米，房屋建设竣工面积24.5万平方米，开发建设阳光100国际新城、嘉馨现代逸居、艾菲乐花园、嘉和馨园等规模项目。2005年,全区房屋建筑施工面积258.27万平方米，房屋建设竣工面积71.23万平方米。2006年，全区房屋建筑施工面积250.65万平方米，房屋建设竣工面积65.89万平方米。

一、槐荫区房地产开发集团总公司

1986年3月，济南市槐荫区城市建设综合开发公司成立，隶属槐荫区政府，是从事旧城开发、棚户区改造的事业单位。1993年3月，更名为槐荫区房地产开发集团总公司。2002年3月，接管槐荫区经济开发投资总公司。2003年11月，自筹资金1100万元，在槐荫区段店镇王府村投资设立济南鲁润混凝土有限公司，混凝土年产量20万立方米。2006年初，投资1000万元，在章丘市曹范镇邢亭山村设立济南鲁润混凝土有限公司章丘分公司，设计年产量30万立方米，9月建成投产。公司先后承建经七纬六路公司办公宿舍楼（1993年，建筑面积6000平方米）、明星小区北区（1993年至1995年初，建筑面积6.73万平方米）、裕园小区（1995年底至1998年,建筑面积10万平方米）、明星小区南区（2000年至2003年10月，建筑面积10平方米）以及招远市滨河花园小区（2003年至2006年，建筑面积8.4万平方米）等大型居民小区。

二、槐荫房屋建设综合开发总公司

1985年成立，隶属槐荫区房产管理局，注册资金1024万元，主要经营房屋开发、旧城改造业务。1992年、1994年，公司分别完成二合里小区、昆仑街小区涝洼地区改造。1996年，建成经二纬八小区。2001年，完成五里牌坊棚户区改造工作。2005年，开发建设文苑小区。

三、槐荫区城乡房地产开发总公司

1993年4月成立。1994年11月，公司与原槐荫区地产公司合并，组成槐荫区城乡房地产开发总公司，隶属区建委。2005年6月，公司划归槐荫区房管局。公司以房地产开发、经营及销售为主，注册资金1500万元。先后开发建设刘堂小区（1993年8月至1996年，建筑面积6.07万平方米）、刘庄小区（1993年至1995年,建筑面积1.73万平方米）、舜亿园小区（2000年9月至2001年10月，占地面积3300平方米，建筑面积0.61万平方米）、舜亿绿园小区（2001年5月至2003年8月,建筑面积1.21万平方米），与槐荫区村镇建设服务中心联合开发建设闫千户小区（1992年至1994年，占地面积8.9万平方米，建筑面积8.88万平方米）。

第四节 房产市场

1989年，由区房管局交易科负责房产交易。1992年，成立区房地产估价事务所，负责区内房产价格的评估。1993年，成立区房产交易市场。1994年，房产交易市场正式开业。1996年，房产市场承揽原有私房科业务，实行承包经营，独立核算。1998年，区房产市场综合大楼竣工，总投资800万元，建筑面积3600平方米，全区房产交易实现选房、交易、公证等手续一条龙服务。1999年5月，区房产市场承办济南市房管系统主办的第一届房产交易大集，有114家单位参展，3天共现场成交购房320套，达成意向6256户，各种房产业务咨询15万人次，房屋法律咨询代理业务300余件，发放各种宣传品20万份。房产交易大集后，延续成交房屋230套，全年办理房产交易982件。2000年5月，区房产市场组织第二届房产交易大集,即“五一房产一条街”活动，共发放宣传材料5万余份，出售、出租房屋20余套，房屋咨询6万人次；8月，房产市场推出“住房金钥匙”房屋贷款业务，共办理业务413件。2001年，房产交易收费逐步弱化，交易费等收费下调80%以上。2004年，实现与市交易市场网络化联合经营。2006年，全区房产交易2860件，建筑面积33.7万平方米；办理房地产转让2500件，建筑面积9万平方米；房地产抵押3400件，建筑面积5万平方米。

槐荫房产交易市场开业　　（2004年4月摄　区房管局提供）

1998—2006年槐荫区房产交易情况表

表2-10

年份	交易量（件）	面积（平方米）	年份	交易量（件）	面积（平方米）
1998	982	—	2003	1978	259221
1999	982	—	2004	3060	333259
2000	650	—	2005	2835	316429
2001	890	—	2006	2860	337144
2002	1960	223092			

第五节 房产管理

一、房屋维修

直管公房维修　1989年，直管公房维修由各街道（镇）房管所具体负责。房屋维修资金主要是房租收入和市房管局房屋维修资金拨款。其中，直管公房的房租由各房管所收取后，上交区房地产管理局专项管理，再由各所根据维修量上报，申请维修资金，进行统一分配，按收租额税后的65%比例进行返还。市房管局每年在汛期前拨付危漏房屋专项维修资金。1989—1995年,共完成房屋维修投资总额1068.47万元，维修工程量17.59万平方米。1999年5月1日，在房管四所省劳模王平维修班的基础上，成立“王平热线”，配备通信设施、应急抢修车辆和抢修队伍，开展直管公房维修、水电暖抢修工作，为非直管公房抢修、维修提供有偿服务，开展物业管理服务等，实行24小时值班制。1999年，投资2370万元，完成房屋维修工程量3.37万平方米。随着住房制度改革及城市建设拆迁工作的开展，公房面积逐渐减少，维修资金相应减少。同时，危旧房屋不断增多，维修成本加大，以租养房的管理模式难以为继。2000年，成立济南槐远置业发展有限公司（2001年更名为济南银地房产经营服务公司），全面负责区内公房管理和维修。至2004年，共完成房屋维修投资总额1008万元，完成工程量8.83万平方米。2005年初，整合各房管所维修资源，成立济南市大兴伟业房屋维修有限责任公司，受济南银地房产经营服务公司委托，负责区内直管公房的工程维修。济南银地房产经营服务公司负责维修资金拨付、维修监管，济南市大兴伟业房屋维修有限责任公司具体负责实施，集中专业维修人员，实行企业化管理，产业化经营。同年，开展危旧房屋调查，全区共有危房2.87万平方米，涉及直管公房用户734户，主要分布在五里沟、北大槐树、南辛庄、南大槐树4个片区。2006年，完成房屋维修投资300万元，工程量2.2万平方米。至2006年，“王平热线”共接听求助电话2.5万个，出车抢修8000余次，为3万余名住户提供抢修、维修服务。

单位自管房维修 1989—1995年，单位自管房维修主要由单位房管科或基建科进行日常维护。1996年后，随着住房制度改革，房屋大部分出售给个人，公房管理部门只负责公共部位维修，自用住房由房主自行维修或由物业公司实行有偿维修。

二、房屋租赁

1989年，区房管部门管理区属直管公房，实行以租养房的管理方式，公房租赁费由专人上门收缴，收缴率99.8%。1995年，公房租金由平均0.3元/平方米调整到0.72元/平方米。1996年，租赁管理职能纳入房管部门，租赁科对全区房屋租赁市场依法行使行政监督与查处，收缴率99%。1997年，提高商业、办公、单位用房租金标准，由于用房单位多为传统国有企业，经济效益较差，执行力度不够。同年，成立房产稽查大队，加大房租收缴力度。1998年，实行银行代扣房租业务，房租收缴率97.7%。2000年，房产稽查大队撤销。同年，公房租赁业务放开，房屋租赁二级市场迅速发展。2001年，恢复并执行1997年租金标准。2005年，市属以上公房租赁管理权下放到区，全区公房实现完全属地化管理。2006年，全区纳入房屋租赁管理面积12万平方米，两室住房月租金500元左右。

三、房产证换发与产权调换

房产证换发 1983年，对区内私房、企业产权房，将原来1954年由市政府颁发的第一批房产证（契约），换发为由房屋管理部门颁发的济南市私房房屋所有权证，私房和公房为同一式样的所有权证。1986年，全区房屋产权登记换证，对私房和公房进行区分，改变房屋所有权证“一张纸”的状况，分为“济南市私有房屋所有权证”和“济南市城镇公房所有权证”。1987年，房屋产权登记换证工作基本完成，完成登记348.6万平方米，占普查面积的85%；完成发证346.5万平方米，占普查面积的84%，共发放房屋所有权证22094件。1992年，成立房产发证办公室，驻西郊办事处统一对郊区村镇居民的房产发放“房屋所有权证”，共发放房产证29692件（包括单位发证）。1995年8月起，逐步取消区局发证权。1998年起，换发全国统一的“房屋所有权证”。

产权调换 1998年，为1982年8月至1997年底前实施拆迁的私房自住户办理产权调换。至1999年，房管部门共收件2532户，发证2457户，并全部整理归档。至2002年，拆迁部门共为413户拆迁私房自主户办理产权调换手续，为502户公房户办理房改相关手续。随着国家拆迁政策的进一步完善，主要实行货币或住房安置，产权调换工作结束。

四、房产档案管理

1987年，建立区房产档案室，对房屋档案进行整理与完善。1991年，开始改建新档案，建立产权产籍档案和以房租收缴记录为主的旧档案，档案编排按照经、纬路，单、双号，街、里、巷等编排方式。1998年，区私房档案与公房档案合并管理。2002年，完成档案改建，共保存旧档案2530卷，增加整理存档1775卷。2006年，馆藏主要以各种房屋档案为主，以及房屋各种变更情况，档案全部实现微机化管理，年接待查档群众3000余人次。

第六节　物业管理

1994年7月，成立槐荫区城建物业公司，注册资金10万元，编制10人，是区建委下属独立法人单位，主要开展房屋买卖、调剂、开发、建设等业务。1999年1月，山东省建设委员会印发《关于对全省物业管理企业资质等级进行审定的通知》，对物业管理企业实行资质管理制度，从事物业管理业务的企业，必须持有资质等级证书。同年，济南成隆物业有限公司成立，属槐荫区城建物业公司子公司，注册资金50万元，山东省物业管理三级资质，是以物业管理服务为主业，小型房地产开发、房产营销、咨询代理、工程施工等多业并举的股份制公司。2000年，全区物业管理逐步规范和发展。区房管局以"王平热线"维修品牌为基础，成立区利民物业管理中心。

2001年起，济南成隆物业有限公司先后接管槐荫区建委办公楼、槐荫区检察院办公楼、济南市总工会办公楼、成隆商务大厦写字楼、山东省文联办公楼、段店镇政府办公楼、山东师范大学第二附属中学校区及汇馨·祥和苑住宅小区等多处物业管理项目，总面积16万平方米。同年，区房管局成立银荷苑物业管理公司。2002年3月，正式明确区房管局负责区内物业企业的行政管理。同年，全区有物业企业33家，其中服务旧村改造小区的物业企业12家、单位宿舍后勤改制的物业企业11家、与开发商有连体关系的物业企业10家，物业管理费的收缴率较低，多数物业公司不盈利，主要靠开发商或者服务单位的补贴维持。2003年，济南成隆物业有限公司自主开发管理丁字山19号住宅楼1幢6000平方米。2004年，济南成隆物业有限公司收购改造纬八路12号成隆商务大厦写字楼1幢5000平方米，并且自行出租管理。2006年，全区共有成隆物业、润华物业、绿园物业、银河伟业物业等44家单位取得物业管理资质（其中5家物业公司取得二级物业管理资质），管理项目144个，管理面积563万平方米，43家物业企业建立信用档案。同年，济南成隆物业有限公司拥有各类资产1000万元，其中各类房产近6000平方米，年各类营业收入300余万元。公司员工120余人，90%以上参加过专业培训。10余人取得建设部颁发的物业管理经理资格证书，40余人持有物业管理人员上岗证书。

第七节　建筑管理

1990年5月，成立槐荫区建筑建材管理处，负责辖区内新建工程开工报告的办理（3000平方米以内的工程）和全区建筑企业资质年检报审工作。同年，全区有建筑企业9家，装饰企业1家，钢结构企业1家。1994年8月，成立济南市建筑工程质量监督站槐荫分站，隶属于区建委，业务上接受济南市建筑工程质量监督站统一领导，负责辖区内受监工程质量监督工作。2000年前，工程质量监督实行核验制，监督重点为工程主体质量，主要对工程中各个分部的隐蔽工程进行监督检查。监督的工程多为4层以下的小办公楼或厂房，建筑面积小、工期短、技术单一。

2000年1月，《建筑工程质量管理条例》颁布实施，明确提出乙方责任主体应承担的责任和义务。之后，工程质量监督实行工程备案制。监督人员不再对各项隐蔽工程进行核验，由参建各方责任主体对分部分项进行自查自评，只监督验收程序是否合法，对工程主体进行抽检。监督机构将监督重点由工程实体监督逐步更改为主体质量和参建行为监督，加强对参建单位的管理，逐步形成由建设单位委托监理单位主要负责施工质量隐蔽验收，监督部门负责抽检的监督模式。建筑工程由最初砖混工程逐步增加钢结构工程、框架工程、框剪工程，楼层由4层以下增加到6层、12层小高层。2001年，区建筑建材管理处不再负责新建工程开工报告办理业务。2002年，区建筑建材管理处协助市城乡建设委员会建筑队伍管理处对辖区内施工建筑企业的在建工程进行春季、秋季大检查（开工手续、从业人员资格证等）。2005年，随着建筑市场规模逐步扩大，辖区建筑企业增长迅速。至2006年，全区有建筑企业17家。1995—2006年，共监督建筑工程1300余个，建筑面积387.42万平方米。

1999—2006年槐荫区建筑企业情况表

表2-11

单位：家

年份	房屋和土木工程建筑业	装饰装修业	建筑安装业	其他建筑业	合计
1999	11	6	—	—	17
2000	12	8	—	—	20
2001	8	4	—	—	12
2002	9	3	—	—	12
2003	10	4	—	—	14
2004	9	4	—	—	13
2005	9	1	4	3	17
2006	9	1	4	3	17

第六章　环境保护

第一节　环境质量

一、大气环境质量

1990年，开始进行大气环境监测，监测项目有二氧化硫（SO_2）、氮氧化物（NOx）、降尘和总悬浮颗粒物（TSP）。1990—2002年，大气采样采用人工间断监测。1998年，济南市环境监测站成立地面站，在槐荫区设立环境空气子站，区监测站停止对空气中二氧化硫、氮氧化物的监测。2003年，停止对总悬浮颗粒物的监测，全区的环境空气质量趋于好转。2006年，全区空气年均二氧化硫含量0.050毫克/立方米，二氧化氮含量0.018毫克/立方米，可吸入颗粒物含量0.110毫克/立方米。

1990-2006年槐荫区空气质量（年日均值）情况表

表2-12

单位：毫克/立方米

年份	二氧化硫（SO_2）	氮氧化物（NO_X）	总悬浮颗粒物（TSP）	二氧化氮（NO_2）	可吸入颗粒物（PM10）	降尘（吨/平方千米）
1990	0.384	0.088	1.050	—	—	56.90
1991	0.218	0.099	0.557	—	—	41.10

续表 2-12

年份	二氧化硫（SO_2）	氮氧化物（NO_X）	总悬浮颗粒物（TSP）	二氧化氮（NO_2）	可吸入颗粒物（PM10）	降尘（吨 / 平方千米）
1992	0.172	0.095	0.532	—	—	33.80
1993	0.204	0.058	0.360	—	—	82.60
1994	0.239	0.053	0.403	—	—	55.60
1995	0.194	0.052	0.364	—	—	31.30
1996	0.304	0.068	0.300	—	—	30.90
1997	0.403	0.072	0.470	—	—	16.40
1998	—	—	0.420	—	—	22.80
1999	—	—	0.350	—	—	14.80
2000	—	—	0.290	—	—	14.30
2001	0.050	—	0.194	0.030	0.096	19.60
2002	0.046	—	0.193	0.039	0.110	16.10
2003	0.066	—	—	0.044	0.144	16.40
2004	0.050	—	—	0.036	0.144	15.90
2005	0.064	—	—	0.025	0.149	17.50
2006	0.050	—	—	0.018	0.110	18.00

说明：2001 年起，济南市将 SO_2、NO_2 和可吸入颗粒物（PM10）作为考核各区环境空气质量的特征指标

二、水环境质量

1991 年，开始对地表水监测。1991—2006 年，地表水监测项目根据市环保局年度监测计划确定，评价地表水质量的主要指标化学需氧量（COD），其浓度总体呈现下降趋势，但仍为劣Ⅴ类水质；氨氮（NH3-N）始终为劣Ⅴ类水质。地表水执行标准为 GB3838-2002《地表水环境质量标准》。

1991-2006 年槐荫区地表水质量（年均值）情况表

表 2-13　　单位：毫克 / 升

年份	PH 值	化学需氧量	氨氮	悬浮物	溶解氧	生化需氧量	挥发酚	氰化物	六价铬	石油类	高锰酸盐指数
1991	—	222	—	—	—	—	—	—	—	—	—
1992	—	176	—	—	—	—	—	—	—	—	—
1993	7.59	258	7.80	92	4.66	18.00	0.120	0.004	0.008	6.40	48.90
1994	7.25	456	26.70	236	未检出	88.80	0.124	0.156	0.003	5.00	115.00
1995	6.76	372	14.10	159	未检出	55.30	0.145	0.002	0.003	6.40	113.00
1996	7.36	317	6.40	66	—	—	0.075	0.005	0.002	—	—
1997	7.23	183	25.00	110	—	—	0.009	0.005	0.017	—	—

续表 2-13

年份	PH 值	化学需氧量	氨氮	悬浮物	溶解氧	生化需氧量	挥发酚	氰化物	六价铬	石油类	高锰酸盐指数
1998	7.37	118	17.20	103	—	—	0.045	0.005	0.005	2.60	—
1999	7.61	132	21.90	82	—	—	0.007	0.002	0.013	2.40	—
2000	7.44	150	22.20	100	—	—	0.037	0.009	0.039	10.00	—
2001	—	158	20.90	—	—	—	—	—	—	—	—
2002	—	198	20.10	—	—	—	—	—	—	—	—
2003	—	65	18.40	—	—	—	—	—	—	—	—
2004	—	41	11.60	—	—	—	0.008	—	—	—	6.30
2005	—	64	30.10	—	—	—	0.008	—	—	—	8.10
2006	7.71	48	19.00	—	0.78	—	0.008	—	—	—	7.80

三、声环境质量

1990 年，开始对区域噪声进行监测。环境噪声来源于交通噪声、工业噪声、施工噪声和社会生活噪声，全区除 1990 年、1991 年、1996 年和 1997 年没有达标外，其他年份的环境噪声均达到 GB3096-93《城市区域环境噪声标准》一类标准。

1990—2006 年槐荫区区域噪声情况表

表 2-14　　单位：分贝（dB）

年份	昼间	夜间	标准（昼/夜）	判定
1990	55.90	—	55/45	超标
1991	57.60	—	55/45	超标
1992	52.20	—	55/45	达标
1993	52.20	—	55/45	达标
1994	53.20	—	55/45	达标
1995	53.30	—	55/45	达标
1996	53.90	46.90	55/45	超标
1997	57.50	50.20	55/45	超标
1998	54.10	45.00	55/45	达标
1999	54.60	44.90	55/45	达标
2000	54.10	44.90	55/45	达标
2001	53.70	44.00	55/45	达标
2002	54.40	42.80	55/45	达标
2003	54.40	44.40	55/45	达标

续表 2-14

年份	昼间	夜间	标准（昼/夜）	判定
2004	54.00	44.40	55/45	达标
2005	53.90	44.30	55/45	达标
2006	54.50	44.30	55/45	达标

第二节　环境监测

1989 年，区环境保护监测站开展环境空气、地表水、污染源等各类监测项目 38 项，有监测人员 12 人，仪器设备 8 台，监测用房 35 平方米。1993 年 8 月，区环境保护监测站通过全省首家计量认证评审。1998 年、2003 年，分别通过省技术监督局复审。2004 年，投资 10 万元，对实验室进行改造，新增地表水全盐量监测，完成各类有效监测数据 7982 个。2005 年，对全区易发生重大污染事故的重点化工单位进行全面调研，制订《槐荫区应急监测体系处置预案》。2006 年，新建微生物实验室，新增大肠菌群、生化需氧量项目监测。同年，监测站共有仪器设备 50 台，监测用房 260 平方米，开展各类监测项目 33 项，完成各类监测数据 10607 个。

一、大气监测

1989—1997 年，开展降尘及大气中二氧化硫、氮氧化物和总悬浮颗粒物等项目的大气监测，共设 2 个监测点，监测频率为降尘每月 1 次，二氧化硫、氮氧化物和总悬浮颗粒物每月 5 天，每季度监测 1 次。1998—2002 年，开展降尘及总悬浮颗粒物监测。2003—2006 年，开展降尘监测。

二、降水监测

1989—1997 年，开展大气降水中降水量、pH 值、电导率、氯离子、氨离子、硝酸根离子的监测，在区环境监测站设置监测点 1 个。1998 年，终止氯离子、氨离子、硝酸根离子的监测。至 2006 年，监测项目主要是降水量、pH 值、电导率。

三、地表水监测

1989—1995 年，设置小清河支流沙王庄、小清河支流黄岗桥入口采样口 2 个，监测项目 10 个，每月 1 次。1996—2003 年，设置小清河支流沙王庄、小清河支流兴济河入口采样口 2 个，监测项目 10 个，每月 1 次。2004—2006 年，设置兴济河黄岗桥入河口、腊山河入小清河处采样口 2 个，监测项目 12 个，每年 6 次，单月全分析，双月兴济河黄岗桥入河口点位只分析化学需氧量（COD）、氨氮（NH3-N）。

四、噪声监测

1989—2006 年，全区设置监测点 23 个，主要监测区域环境噪声，每年监测 1 次，监测时间为 5 月 13 日至 5 月 20 日。区域环境噪声按 GB/T14623-93《城市区域环境噪声测量方法》监测昼间和夜间等效声级。

五、污染源监测

1989 年，开始污染源监测。主要监测辖区内企事业单位工业污水、生活污水、工业废气、厂界噪声、建筑噪声，监测项目主要有 pH 值、化学需氧量、氨氮、悬浮物、石油类、动植物油、总磷、酚、六价铬、烟尘、粉尘、二氧化硫、氮氧化物、烟气黑度、厂界噪声、建筑噪声、区域噪声等。

2006 年槐荫区环境质量监测情况表

表 2–15

类别	监测点	采样频次	检测项目	单位	主要污染物测值范围	结果平均值
地表水	兴济河、腊山河	1 次 / 月	pH、化学需氧量、溶解氧、氨氮、总磷、高锰酸盐指数、石油类、酚、流量、温度	毫克 / 升	化学需氧量：17.50 ～ 116	47.70
					氨氮：4.54 ～ 32.80	19.00
降尘	监测站、机床二厂	1 次 / 月	降尘量	吨 / 平方千米 · 月	10.50 ～ 39.60	18.00
降水	监测站	逢雨雪必测	pH 值、降水量、电导率	—	pH 值：6.08 ～ 8.08	6.78
环境噪声	23 个测点	1 次 / 年	区域噪声	分贝	41.20 ～ 57.40	昼间：54.50 夜间：44.30

第三节　污染治理

一、大气污染防治

1990 年，全区开始创建烟尘控制区。1991 年，8 个城区街道建立烟尘控制区面积 11.4 平方千米。同年，开始对区内济南水泥厂、东方红水泥厂进行粉尘治理。至 1995 年，累计投资 357 万元，完成粉尘治理项目 17 个。1994—1997 年，共改造各类炉灶 609 台，取缔花盆炉、火烧芯茶炉等污染严重的炉具 744 台，对 13 个污染严重的单位责令限期整改。1999 年起，围绕“一控双达标”（“一控”是污染物总量控制，主要污染物的排放量控制在国家规定的排放总量指标内；“双达标”是工业污染源要达到国家或地方规定的污染物排放标准，空气和地面水按功能区达到国家规定的环境质量标准）目标，实施“蓝天工程”。2000 年，重点监控全区工业污染源 88 个，通过限期治理和关停并转等手段，实现工业污染源达标排放目标；督促 200 家单位按期完成政府下达的总量控制任务，烟尘、二氧化硫、化学需氧量等排放总量达到目标要求。2001 年起，区环保局对济南第二机床厂和农科所 2 个监测子站周围半径 1000 米范围内的济南第二机床厂、济南中心面粉厂、济南试金集团、济南绿园物业、济南农业学校 5 家用煤单位每周检查一次，督促使用合格煤炭；对子站周围 4 吨以上燃煤锅炉的脱硫、收集、煤堆覆盖情况每周至少现场监察一次；对 4 吨以下燃煤锅炉，除每月进行一次委托监测外，随时进行监督监测，确保二氧化硫达标排放；对济南第二机床厂和农科所 2 个监测子站周围半径 1000 米范围内建筑工地、拆迁工地和道路施工工地情况每周至少检查 2 次，落实扬尘污染防治措施，最大限度地降低扬尘污染。同年，取缔济南试金集团、济南中心面粉厂等 16 家单位 2 吨燃煤

1994—1997 年，改造各类炉灶，取缔花盆炉、火烧芯茶炉等污染严重的炉具　（区环保局提供）

锅炉65台。2002年，淘汰济南绿园物业管理公司3台4吨燃煤锅炉，更换1台15吨燃煤锅炉，同时带动其周边4家部队单位5台4吨以下燃煤锅炉全部淘汰，共计削减烟尘排放量56吨，削减二氧化硫排放量29.7吨，有效降低燃煤污染。投资100万元，治理3台20吨燃煤锅炉烟气脱硫除尘装置，每年削减烟尘排放量29吨，削减二氧化硫排放量28吨。2003年，开始创建高污染燃料禁燃区，划定“青年公园—道德街禁燃区”及“中大禁燃区”3.22平方千米，为禁止使用高污染燃料区域。2003—2004年，共取缔43家单位52台4吨燃煤锅炉。2005年10月，区环保局、建委、环卫局、城管执法局四部门联合下发《关于进一步加强文明施工管理防治扬尘污染的通告》，建立防治扬尘污染联动机制。2006年，烟尘控制区覆盖率100%，全区烟尘排放量571吨，二氧化硫排放量1870吨，空气质量明显改善。

1990—2006年槐荫区烟尘控制区情况表

表2–16

年份	范围	扩建面积（平方千米）	累计面积（平方千米）	建成区覆盖率(%)
1990—1991	五里沟、青年公园、振兴街、道德街、西市场、南辛庄、营市街、中大8个街道	11.40	11.40	27.60
1992	扩建段北街道	3.61	15.01	36.40
1993	扩建张庄街道	7.50	22.51	54.50
1995	扩建匡山街道	5.71	28.22	68.40
2003	扩建美里湖街道	8.00	36.22	87.80
2003	扩建张庄街道	2.35	38.57	93.50
2005	扩建美里湖街道	2.70	41.27	100
2006	—	—	41.27	100

二、水污染防治

1989年，区环保局投资1.5万元，建设济南西郊造纸厂污水处理工程。1990—1998年，完成济南电石厂、济南槐荫淀粉厂、济南滑动水口厂及济南西郊造纸厂等单位的污水处理工程。1998—2000年，完成4个废水污染源治理，济南第二造纸厂、景峰纸业公司分别投资40万元、24万元更新改造污水处理设施，实现达标排放。对92个排污口实施规范化整治，化学需氧量排放达到规定指标。2002年起，对小清河流域沿线131家排污企业摸底调查,加大现场检查频次，严查水环境违法行为。2003年，对3家申领电镀生产排污许可证的企业进行申报登记，加大污水治理投资力度，完善治理措施；对已关停的电镀企业定期复查，防止企业水环境违法行为的再次发生。2006年，开展地下水和地表水饮用水水源地污染源调查，编制槐荫区饮用水水源地环境保护现状评价。

2006 年槐荫区饮用水水源地情况表

表 2-17

名称	地址	建成年份	水井（眼）	设计取水量（万立方米 / 日）	备注
峨嵋山地下水源地	段店镇担山屯村新村西北	1980	14	13	供给八里桥水厂
大杨庄地下水源地	段店镇大杨庄村西南	1980	13	11	旱情严重时的补给水，供给八里桥水厂
玉清湖水库地表水源地	段店镇和长清区平安街道交界	2000	—	40（实际 16）	黄河调蓄水库，济南市集中式生活饮用水源地，库容量 4850 万立方米，年引黄河水 1.69 亿立方米
济西古城地下水源地	段店镇筐里庄西南三八大坝东面	2003	11	9	—

三、噪声污染防治

1989 年，开始创建环境噪声达标区。1989—1998 年，青年公园、道德街环境噪声达标区面积 4.38 平方千米，功能区划为Ⅰ类区。1991—1995 年，八里桥环境噪声达标区面积 4.79 平方千米，西南山区混合区面积 6.91 平方千米，功能区划为Ⅱ类区。2005 年，段店混合区噪声达标区面积 8.53 平方千米。2006 年，扩建段店混合区噪声达标区面积 11.24 平方千米。同年，全区噪声达标区面积 35.85 平方千米，噪声达标区覆盖率 86.9%。

四、放射源辐射污染防治

2001 年，开始对辖区 5 家放射源及射线装置单位开展现场调查，每季度一次；每年对放射性同位素及射线装置变更申报进行登记，督促单位制定应急预案及管理制度。2004 年 7 月 28 日、9 月 14 日，对济南市第五人民医院、济南第二粮库的 3 枚废放射源进行处置和回收。2006 年 6 月 30 日，山东省路桥集团搬迁至章丘，其拥有的 1 枚铯 -137 密闭放射源同时交由章丘市环保局管理。至 2006 年底，区环保局管理的放射源使用单位为山东省辐射环境管理站及山东省饲料监察所。

五、电磁辐射防治

2005 年 5 月起，在全区范围内每年开展一次电磁环境污染源申报登记工作。2006 年，全区共有山东省医学影像研究所、济南恒泰机车车辆铸业有限公司 2 家电磁辐射单位。

六、固体废物及危险废物防治

2002 年 7 月 1 日，根据济南市环保局《关于开展全市危险废物污染防治工作调查的紧急通知》，在辖区内开展危险废物污染防治工作情况调查，组织危险废物产生单位填写调查表。2006 年，在全区开展固体废物申报登记工作，每季度一次，辖区固体废物及危险废物均达到零排放。

第四节　环保管理

一、环境目标责任制

1991 年，开始实行区长环境保护目标责任书考核。至 2006 年，共签订 5 届环境保护责任书，分别是 1991—1992 年、1993—1997 年、1998—2000 年、2001—2002 年和 2003—2005 年。1992 年，全区以 963 分的成绩名列全市第二名。1993—1997 年，全区共投入治理资金 1511. 57 万元，完成 100 余个污染源治理。1998—2002 年，对济南市政府下达的 21 项工作指标层层分解，全区共投入治理资金 913.89 万元，完成 146 个污染源治理。2001—2002 年，对济南市政府下达的 34 项工作指标层层分解，全区共投入治理资金 3700 余万元，用于污染治理及环境基础设施建设。2003—2005 年，全区共投资 5428.22 万元，用于污染治理和环境基础设施建设。2003 年 9 月 25 日，召开全区创建国家环保模范城市动员大会，区长与 33 个相关部门及街道（镇）

主要负责人签订2003—2007年创建国家环保模范城市责任书，明确目标、时限和奖惩措施。至2006年，先后开展蓝天保护工程、碧水工程、安静工程、固废治理工程、绿化建设工程、创模细胞工程和爱国卫生运动，全区良好天数比率81.1%，达到国家环保模范城市80%的要求。同年，印发《槐荫区人民政府关于进一步落实科学发展观 加强环境保护的意见》，制订《槐荫区2006—2010年主要污染物总量削减方案》，区长同相关单位签订“十一五”污染物总量削减目标责任书，向25家废气污染源和44家废水污染源企业下达总量指标及年度计划。

二、建设项目管理

1989年，严格执行建设项目环境影响报告书（表）审批制度。1995年，区环保局制定《关于对新建项目加强环境管理的通知》，对凡是1994年起新建、扩建、改建项目未办理“三同时”（新建、改建、扩建的建设项目、技术改造项目及引进的建设项目，其劳动安全卫生设施必须符合国家规定的标准，必须与主体工程同时设计、同时施工、同时投入生产和管理）审批手续的项目，与区人大常委会组织开展建设项目大检查活动。至1997年，共办理建设项目环境影响报告表34个；环境保护“三同时”审批验收登记表344个；有60个锅炉房及窑炉填报排烟设施建设项目审批验收表；20个砖瓦厂、6个石灰窑填报建设项目环境影响报告表。同年12月，对利民造纸厂、金华电镀厂2家污染严重单位实行关停。1998—2002年，办理建设项目环保审批手续224个，其中编制环境影响报告书1个，报告表28个，登记表195个，涉及机械制造、食品加工、化学品制造等36个行业，处罚未执行“三同时”制度的建设项目12个。2003年9月1日，《中华人民共和国环境影响评价法》实施。至2006年，共审批办理建设项目88个，编制环境影响报告表21个，填报登记表67个。验收竣工项目32个。依法否决和劝阻化工厂、造纸厂、地条钢生产、小电镀等7个污染项目，检查未办理环保审批的建设项目48个，行政处罚违法建设项目18个。

三、排污费征收

1989年，根据国务院《征收排污费暂行办法》的通知，开征辖区内99家排污企业的废水、废气、噪声排污费，共征收排污费91.45万元。1991年起，根据国家环保局、国家物价局、财政部《关于调整超标污水和统一超噪声排污费征收标准的通知》和《山东省环境保护条例》征收排污费。1993年，根据山东省物价局《关于发布环保系统行政事业性收费项目及标准的通知》征收排污费。1998年，根据山东省环保局《关于在酸雨控制区和二氧化硫污染控制区开展征收二氧化硫排污费扩大试点的通知》征收排污费。随着排污收费制度的不断完善，环境监管力度不断增强，征管单位家数、征收数额逐年增加，至1999年全区排污费征收企业406家。2000年，全区实现国家“一控双达标”目标任务，辖区内所有工业污染源排放污染物达到国家或地方规定的标准，不再征收超标准排污费，征收排污费企业减至288家，征收排污费360.93万元。2003年7月1日后，根据国家计委、财政部、国家环保总局、国家经贸委等4部委联合发布的《排污费征收标准管理办法》征收排污费，排污费征收对象、收费模式均有重大改变，凡是直接向环境排放污染物的单位和个体工商户，均被列为征收对象，收费模式也由单纯的超标收费变为总量收费。同时，济南市环保局对征收权限进行重新划分，把辖区内机床二厂、机车工厂、山东省立医院等大型排污企业的管理权集中到市局，下放部分中小企业的管理权，相继开征辖区企事业单位和个体工商业户的污水排污费。2004年，征收单位扩大到518家，征收总额379.55万元。2005年，污水管网内的排污单位一律不再征收排污费。2006年，全区征收排污费单位减至94家，征收总额减至244.10万元。

1989—2006年槐荫区排污费征收情况表

表2-18

单位：万元

年份	排污费	年份	排污费
1989	91.45	1998	347.10
1990	108.23	1999	341.26
1991	152.48	2000	360.93
1992	187.71	2001	397.41
1993	197.18	2002	365.70
1994	207.01	2003	373.13
1995	315.48	2004	379.55
1996	350.86	2005	335.45
1997	327.22	2006	244.10

四、生态调查

2000年，对全区农药、化肥、农膜使用及控制情况进行全面调查。经调查，全区使用农药面积3698公顷，平均农药使用量18.9千克/公顷；化肥使用量409.0千克/公顷；全区耕地使用农膜面积565公顷，使用农膜266吨，农膜使用量470.8千克/公顷，其中小部分农膜在自然条件下可以降解，其余不可降解部分全部回收。对畜禽养殖情况进行全面调查，全区畜禽养殖业规模较小，主要分布于农村地区，距离环境敏感区较远，污染较轻。畜禽粪尿总产量2.13万吨，全部用于还田，综合处理利用率100%，未对周边环境造成污染。2001年，全区小麦、玉米、水稻三大农作物秸秆重量5.2万吨，通过秸秆青贮、草编、粉碎还田等方式，加大秸秆综合开发和利用，实现秸秆过腹还田、转化增值、提高效益、优化环境的目标，保持农业生态系统良性循环，每年秸秆有效利用率85%以上。2004年，对全区湿地进行调查，全区湿地总面积2050.26公顷，其中天然湿地面积354.2公顷，人工湿地面积1696.06公顷，人工湿地主要为稻田、鱼塘和藕池。同年，在全市率先开展城区生态环境现状调查工作，对全区自然环境、人居环境、经济状况、污染状况进行全面调查了解，建立完整的生态档案和动态数据库，编写生态环境现状调查报告，提出将生态环境保护纳入城市总体规划的建议。2006年底，全区建有沼气池1323个，共1.3万立方米，改造农厕3028个，年消耗畜禽粪便6600立方米，实现畜禽粪便无害化处置和资源化利用，规模化畜禽养殖粪便处置率90%以上，建有明里村等文明生态村20个。

第五节　环保宣传

1989年12月26日，《中华人民共和国环境保护法》公布施行。1990年，在全区大中型企业、街道（镇）宣传《中华人民共和国环境保护法》。1995年6月，首次在全区中青年干部培训班中增设环保课程。1996年6月，首次将环保课程列入全区工程系列继续教育。1998年起，开展绿色学校创建活动，与学校定期开展生态监护活动，反馈生态环境现状信息。2001年8月，启动绿色社区创建活动，环保宣传进入家庭，倡导绿色消费和简约生活理念，高安里社区成为全省第一家区级绿色社区。2002年1月，高安里社区、六顺街社区、玉景家园社区、绿园社区、振兴社区被命名为济南市首批市级绿色社区。5月，济南市暨槐荫区“环保下乡”活动在吴家堡镇启动，命名槐荫中学为槐荫区首支“环保下乡志愿者服务队”，命名该校200名学生为首批环保下乡志愿者，省环保局局长张凯授旗。2003年1月20日，山东省济南第十二中学被团中央、国家环保总局命名为“全国保护母亲河生态监护站”。2004年12月，济南市首家环保工作站在西市场街道成立，全市首批“环保协查员”同时上岗；社区开展“捐闲置物品，过绿色生活，建环境友好型社会”主题活动，建立绿园社区资源超市，进行资源互换。2006年，在段店镇西王村及河圈村设计制作50余平方米的环保宣传画廊。东谢屯村成立全市第一家乡镇环保工作站，向农民宣传秸秆焚烧、农药的危害等环保知识，增强农民生态保护意识。全市首批环保“绿色承诺”单位在槐荫区挂牌，区环保局与辖区4家排污企业大户签订环保“绿色承诺”责任书，首创由企业主动向社会实践环保承诺。省级绿色社区、绿色学校培训班成员400余人参观绿园社区和山东省济南第十二中学，将创绿经验向全省、全国推广。同年，全区有国家级绿色学校1所，省级绿色学校5所，市级绿色学校37所；国家级绿色社区1个，省级绿色社区4个，市级绿色社区15个，区级绿色社区3个；省级安静居住小区2个，市级安静居住小区13个，区级安静居住小区3个。

“环保小卫士”进社区（1998年摄　区环保局提供）

2000年3月5日，举行“槐荫区实施蓝天工程共建美好家园签名活动”　（区环保局提供）

第七章　交通　邮电

第一节　公　路

一、高速公路

京福高速公路　位于二环西路以西。辖区内路段北起京福黄河大桥，南至槐荫区与市中区界（马家庄村），双向6车道，长约14.2千米。与绕城高速公路西线槐荫段重合。

济广高速公路　位于黄河以南，槐荫城区北部。辖区内路段西起大杨庄立交桥（与京福高速公路互通），东至天桥立交桥（与二环西路互通），路基宽42米，2004年12月开工，设计行车速度120千米/小时，双向8车道。

绕城高速公路（西线）　位于二环西路以西。辖区内路段北起大杨庄立交桥，南至槐荫区与市中区界（马家庄村）。槐荫区内设大杨庄立交桥（与济广高速公路互通）、济南西立交桥（与经十路互通）。双向6车道，长约13.4千米，1999年通车。与京福高速公路槐荫段重合。

二、国道

104国道　也称国道104线、G104线，是由北京经济南、南京、杭州，到达福州的国道。辖区内路段北起经十路，南至机床二厂市中区界，全长约 1 千米。与南辛庄西路重合。

220 国道 也称国道 220 线或 G220 线，起点山东东营，终点河南郑州。辖区内东起中光明街，西至小李庄市中区界，全长约 15.6 千米。与经十（西）路重合。

三、济齐公路

济南市济齐路东起堤口路，西至黄河大坝，全长 15.4 千米;堤口路至二环西路，长 3.5 千米，为市政道路。1998 年，对二环西路至中赵家庄段(长 4.6 千米)进行拓宽改造。2004—2005 年，对中赵家庄至黄河大坝段（长 7.3 千米）进行拓宽改造，按城市道路二级公路标准设计，路面宽度 14 米，双向 4 车道(含非机动车道、人行道)，按县道管理。

四、公路村村通工程

2003 年，槐荫区启动村村通沥青（混凝土）路工程。2005 年，全区完成村村通沥青(混凝土)路，工程累计投资 5139 万元，形成比较完整的公路网络。2006 年，全区拥有乡道 19 条 69 千米，村道 86 条 75 千米。

第二节 铁 路

一、京沪铁路（津浦铁路）

京沪铁路北起北京，南至上海虹桥站，全长 1318 千米，列车最小追踪间隔 3.5 分钟，高速动车组列车沿途停靠 24 个车站，设计年运送旅客 1.6 亿人次。境内京沪铁路段也称津浦铁路，1908 年动工，1912 年通车。2005 年 7 月 1 日，京沪铁路进行电气化改造。2006 年 6 月 20 日，全线供电。2006 年 7 月 1 日，京沪铁路升级为电气化铁路。最高时速 205 千米 / 每小时。

二、胶济铁路

1986 年，胶济铁路复线引入济南站，新建北园、北关跨京沪线立交特大桥和京胶连线，引入济西编组站，立体疏解进入京沪线。1991 年 12 月，胶济复线二期工程竣工开通运营。1992—2005 年，先后进行扩能、提速、电气化改造，逐步使胶济线运输装备现代化，旅客列车最高时速 140 ～ 160 千米，有 53 对货物列车牵引重量 4000 吨 / 列。

三、专用线

2006 年，区境内铁路专用线共有 6 条，总长 4039 米。

2006 年槐荫区境内铁路专用线情况表

表 2-19　　单位：米

序号	专用线名称	出岔地点	长度
1	济南广友物资集团线	济南站	692
2	济南机床二厂线	济南站	325
3	济南北山粮库线	济南站	483
4	山东煤炭物资总公司线	济南站	320
5	北车集团济南机车车辆厂线	济南站	640
6	济南第二机床厂线	济南南站	1579

四、济南西编组站

济南西编组站位于槐荫区西部，1982 年建设完成，为全路路网性编组站，等级为特等站。位于为京沪线 K470+871（3 号场信号楼）处，占地面积 3 平方千米，南北长 5.7 千米，东西宽 460 米；有 540 组道岔，信号机及表示器 616 架；南经京沪线与京沪Ⅲ、Ⅳ线相连，向东经北环线与胶济线相连，同时经水白线与济南站相连，成为京沪、胶济两干线的交会点。全路路网性编组站之一主要担负着京沪线和胶济线上、下行货物列车及部分枢纽小运转列车的解体、编组与中转任务。2006年，日均接发列车320辆，日均解编列车1.6万余辆。

第三节　机　场

济南机场，原名张庄机场、济南航空站，又名西郊机场。1958年4月，民航徐州站奉命迁至济南组建中国民用航空济南站，开通济南至北京、南京、上海航线。机场变为军民两用，当时职工不足50人，只有12间平房。1960年2月，山东省民航管理局进驻张庄机场。1966年，机场建起候机楼。1977年，又修建机库、旅客餐厅和招待所，建筑面积3347平方米。1985年11月，济南机场引进英国肖特–360客机4架，济南航站由过往航站变成始发航站。1987年，增建候机楼400平方米，候机楼总面积达到1600平方米，并在南辛庄建设济南民航售票服务大楼6600平方米。1989年，济南机场旅客发运量4534人次。1990年5月15日，正式组建东方航空公司济南分公司筹备组，后更名为山东分公司。5月21日，国务院正式批准在历城区遥墙镇新建济南国际机场。1994年底，济南机场所有民用航空运输航线全部迁往济南遥墙国际机场。

第四节　公路运输

一、客运

新国线济南运输有限公司段店客运站　位于济南西部交通要道经十路主干路，段店立交桥西侧，客运站向西距京福、京沪高速公路进出口2千米，东距二环西路500米。2006年1月建成使用，是新国线济南运输有限公司所属二级单位，是交通部确立的公路主枢纽客运站。占地面积1.8万平方米，建筑面积3500平方米，车站内部分设7个经营科室以及6个管理科室，在岗人员61人，其中53人获职业上岗证书。设有微机售票窗口10个，采用第五代客运站广域互联售票管理系统；设有22个检票口，均采用红外线扫描检票系统；有发车位50个；有经营线路101条，进站车辆600辆/日，始发线路9条，月发送旅客5万人次，其中新国线平阴快客是公司的品牌线路，实行一票直达式服务方式。同时开展货物快运、电话订票、送票上门、包车及旅游客运等多种服务项目。同年，获山东省交通厅、济南市交通局授予的“文明汽车站”称号。

济南强生出租有限公司　1989年，全区拥有机动三轮车25辆，主要分布在经二纬五路、省立医院、经七纬十二路、经一纬六路货场、市立五院。1992年12月，槐荫区机动车客运站改为槐荫客车出租公司。购买轿车3辆（其中俄罗斯产莫斯科人轿车2辆、国产富奇轿车1辆），投入运营，实行单车定额承包管理。1993年，购进天津大发小型客运面包车（时称黄色面的）32辆。同年，机动三轮车全部淘汰。1994年，将出租车折价转让给承包者，收取管理费。1997年，面的被淘汰。同年，成立槐荫客车出租联运中心。1998年，购买桑塔纳轿车10辆投入运营（时称轿的）。1999年，槐荫客车出租联运中心改制为民营企业，后更名为济南强生出租有限公司。

二、货运

1989年，全区有货运汽车220辆、1629个吨位。货源结构为钢材、木材、机电设备、水泥制品、日用百货、家用电器及生产资料。1990年，建材货源仅占30%，营运指标量化各专业运输企业，运输工具逐步向大中型载重汽车发展。1991年，货运汽车发展到277辆，其中普通载货汽车223辆、1894个吨位。同年，运输总收入700万元，实现利润21万元，货运量45万吨，周转量3266万吨千米。1992年，各运输企业实行单车租赁承包管理。1993年，完成货运量390万吨，周转量5984万吨千米，货运总收入4803万元，实现利润755.3万元。1994年，有专业运输车辆216辆、1875个吨位。其中重型车辆（10吨位以上）148辆、1590个吨位。1995年，完成货运量33万吨，周转量1550万吨千米，货运总收入1200万元，亏损70万元。

1996年，完成货运量15.4万吨，周转量1684万吨千米，货运总收入1300万元，利润11万元。槐荫汽车运输一队承接济南轻骑摩托车总厂的搬迁业务，运输收入近100万元，在全市运输行业领先。1997年，货运总收入1356万元，利润21.6万元。1998年，货运总收入1300万元，利润13.2万元。1999年，货运汽车减少到105辆、977个吨位，货运量10万吨，周转量1156万吨千米，货运总收入1119万元，利润15.1万元。2000年，有专业运输车辆63辆、628个吨位，其中大型牵引半挂车34辆、黄河15吨大拖车3辆、黄河20吨大拖车2辆、太拖拉40吨大型拖车2辆、斯太尔大型拖车1辆、黄河QY12吨吊车5辆、泰山牌8吨吊车1辆、解放牌5吨吊车3辆、生产服务车12辆。2001年，区属专业运输企业全部实行自主管理，自主经营。货运汽车46辆、466个吨位，完成货运量2.4万吨，周转量337万吨千米，货运总收入1543.9万元，亏损417万元。2002年，亏损116万元。2003年，槐荫区政府不再对槐荫区交通局下发经济指标。

三、公共交通

1989年，槐荫区有公交线路11条。1994年，实行无人售票制度。2000年，推行电子月票，以IC卡替代纸质卡月票。2003年，城市70岁以上老人实行免费乘车制度，65岁以上老人实行优惠乘车制度。2004年，革命伤残军人持免费乘车卡，可免费乘坐市区使用月票的公共汽（电）车。2006年，辖区公交线路有53条。

2006年槐荫区主要公交线路情况表

表2-20

序号	线路	起止点及首末班时间						配车	日班次
		主站	首班	末班	副站	首班	末班		
1	118 K118	公交祝甸车场	5：30	0：00	市立五院	6：00	0：05	34	304
2	201 K201	公交祝甸车场	6：40	18：30	济南大学	6：30	18：30	12	44
3	120 K120	九曲	5：50	23：40	西苑小区	6：00	23：50	23	260
4	42 K42	玉函小区南区	6：00	21：00	段兴西路张庄路	6：00	21：05	31	278
5	76 K76	东八里洼（临）	6：00	21：00	闫千户小区	6：00	21：20	24	238
6	129 K129	东八里洼（临）	6：00	20：30	省立医院	6：30	21：05	14	158
7	202 K202	刘智远村北	6：00	20：00	济南西站公交枢纽	6：00	21：30	22	120
8	19 K19	彭庄	5：55	20：30	省立医院	6：40	21：10	16	174
9	77 K77	唐家庄	5：50	21：00	经五纬一	6：00	21：45	20	192
10	2 K2	匡山小区	5：00	21：00	中心医院	5：40	21：40	27	260
11	45 K45	匡山小区	5：30	21：30	解放桥北	6：00	22：05	22	236
12	83 K83	匡山小区	5：30	21：00	解放桥	6：05	21：35	19	220
13	K27	山东汽配城	6：00	21：00	南苑小区	6：00	21：00	25	240
14	K59	山东汽配城	6：00	20：30	友谊苑小区	6：00	20：30	24	210
15	K91	山东汽配城	6：00	21：00	留学人员创业园	6：00	21：00	26	220

续表 2-20-1

序号	线路	起止点及首末班时间						配车	日班次
		主站	首班	末班	副站	首班	末班		
16	K100	山东汽配城	6：00	20：30	舜世路土屋路	6：30	20：30	18	160
17	K107	山东汽配城	6：00	21：00	山财大燕山校区（临）	6：00	21：00	36	294
18	K58	济南西站公交枢纽	6：00	21：00	动物园	5：40	21：00	25	218
19	K109	济南西站公交枢纽	6：00	21：00	大明湖	6：30	21：00	26	204
20	126	常旗屯	6：00	19：00	市立五院	6：45	19：45	6	70
21	K56	省肿瘤医院	5：50	21：00	山财大燕山校区（临）	6：00	21：00	28	226
22	K96	世购服装广场	6：00	20：30	二环东路荆山路	6：30	20：30	29	206
23	K98	世购服装广场	6：00	20：30	洪家楼	6：00	20：30	20	166
24	7 K7	王府庄	5：30	21：30	经五纬一	5：30	22：15	33	308
25	78 K78	朱庄	5：30	21：00	火车站	6：00	21：30	35	300
26	81 K81	陆军学院南门	5：50	21：30	大观园	6：00	21：30	27	292
27	86 K86	南辛庄西路经十路	6：00	20：30	山东联合大学	6：00	20：30	18	196
28	101 K101	营市街经十路	5：00	0：00	甸柳庄	5：35	0：35	50	530
29	29 K29	济南大学	5：30	21：00	天桥南	6：00	21：30	24	262
30	102 K102	济南大学	5：00	0：00	葛家庄	5：00	0：00	55	520
31	104	济南大学	6：00	20：00	人民商场	6：25	20：25	12	154
32	13 K13	世茂原山首府	6：00	21：00	青年桥	6：00	21：00	20	220
33	124 K124	白马山铁路新村	6：00	20：40	市立五院	6：20	21：00	11	172
34	125 K125	世茂原山首府	6：00	20：30	长途汽车站	6：35	21：05	22	232
35	128 K128	王官庄小区东区	6：00	21：00	泉城广场	6：30	21：30	19	232
36	9 K9	省建筑机械厂	5：30	21：00	火车站	6：00	21：30	23	264
37	74 K74	杨家庄	6：00	20：30	华联商厦	6：00	21：10	21	210
38	K90	济南军区总医院西院	6：00	20：30	济南军区总医院	6：00	20：30	21	190
39	117 K117	腊山立交桥	5：30	23：45	二环东路文化东路	6：10	0：30	42	388
40	1 K1	营市街经十路	5：00	22：30	洪家楼	5：00	22：30	50	480
41	38 K38	经十路营市西街	6：00	20：00	位里	6：00	19：30	11	106
42	K20	公交营运中心	5：50	20：00	经二纬十二	6：00	20：30	20	138

续表 2-20-2

序号	线路	起止点及首末班时间						配车	日班次
		主站	首班	末班	副站	首班	末班		
43	21 K21	党家枣林	5：40	20：30	火车站	6：00	21：00	23	248
44	K22	公交营运中心	5：50	19：00	市立五院	6：50	19：55	10	76
45	K301	公交营运中心	6：00	19：00	章丘	6：00	19：00	15	32
46	K302	公交营运中心	6：00	19：00	泺口汽车站	6：00	19：00	8	32
47	K92	赵家庄	6：00	20：30	济南大学	6：00	20：30	20	188
48	6 K6	济南东站	6：00	21：00	王官庄小区东区	6：00	21：00	23	216
49	33 K33	济南东站	5：30	21：00	映月紫云城	6：05	21：35	22	216
50	12 K12	东宇花园	5：15	21：00	五柳闸	6：00	21：40	22	220
51	26 K26	黄岗	6：00	20：30	北店子	6：20	20：30	11	102
52	72 K72	东宇花园	5：55	20：50	泉城广场	6：00	21：35	23	214
53	127 K127	大魏	6：00	21：00	经七纬二	6：40	21：40	24	214

四、运输企业

区属运输企业 1987年4月，成立槐荫汽车驾驶员培训队，主要负责槐荫区运输公司范围内的驾驶员培训。1989年，全区区属运输单位有槐荫汽车运输一队、二队、三队、五队、六队，槐荫汽车起重队，槐荫黄河航运队，槐荫机动车客运站等。1992年12月，槐荫客运出租公司成立。1994年5月，槐荫客运出租联运中心成立。8月，槐荫汽车驾驶员培训队定编为科级集体事业单位，编制35人。1995年起，区属运输单位先后被兼并、买断或破产、改制。2003年，槐荫汽车驾驶员培训队停业。至2006年底，槐荫汽车驾驶员培训队有在职职工23人，退休职工10人。

1992—2006年槐荫区交通局所属企业改制情况表

表 2-21

单位名称	成立时间	改制时间	改制方式	改制结果
济南市电梯厂	1983	1986年划归区经委	兼并	1989年隶属于重型集团
槐荫机动车客运站	1960	1992.12	变更	改建为槐荫客车出租公司
槐荫工业设备厂	1988	1994.6	破产	破产
槐荫汽车运输五队	1984	1995.8	兼并	隶属于汽车二队
槐荫客运出租公司	1992	1998.1	破产	破产
槐荫汽车运输六队	1986	1998.1	破产	破产
槐荫汽车运输二队	1960	2001.5	有限公司	有限公司
济南泉城电梯安装维修中心	1994	2001.8	买断	有限公司

续表 2-21

单位名称	成立时间	改制时间	改制方式	改制结果
槐荫客运出租联运中心	1994	2001.11	买断	有限公司
济南迅达电梯服务公司	1986	2001.11	买断	有限公司
槐荫汽车起重队	1963	2002.2	破产	破产
槐荫汽车运输一队	1960	2002.4	股份合作制	股份公司
槐荫汽车运输三队	1960	2002.5	有限公司	有限公司
槐荫区黄河航运队	1992	2005.8	有限公司	有限公司
槐荫交通运输管理站	1971	2005.11	兼并	隶属区房管局

济南大运物流有限公司　位于经一纬五路15号，前身为济南市第一运输公司。1990年，有职工2100人，下设二级单位14个。1998年，从法国尼古拉公司引进全国第一台能够承载1300吨组合式大型升降搬运机械设备。1999年11月，完成国家重点技改项目——山东齐鲁石化公司乙烯装置改造项目单件920吨特大型设备的整体运输，设备最大外形尺寸长42.05米、宽7.5米、高6.04米，运输总质量1086吨，运距108千米，经交通部审核确认此次运输创造国内公路运输单件最重、运距最长、手段最先进的纪录。2000年，有5～1300吨位各型车辆300余辆、7600个吨位，8～300吨位各型轮式起重设备16台，各种卷扬设备20台套，液压起重设备能力2000吨级，企业资产总额1.2亿元。该公司是山东省唯一具有四级资质（国家最高级）大件运输的国有专业运输企业，是国家重点物资、抢险救灾、基础设施建设的骨干企业。2004年12月30日，公司改制。2005年初，企业更名为济南大运物流有限公司。公司以大件运输为主，跨行业发展，先后成立济南百脉泉饮品有限公司、济南东方远景文化传媒有限公司。同年7月，济南大运物流有限公司划归区发展和改革委员会管理。2006年底，有职工1080人，下设7个二级单位，拥有8～200吨位各型车辆27辆，30吨轮式起重机2台，200吨10轴线1台，150吨7轴线1台，30吨推进器2台，企业资产总额9706万元。

新国线济南运输有限公司　位于丁字山路3号，前身系济南市第三运输公司，始建于1956年，是济南市综合性道路运输骨干企业。2000年8月，企业改制为公司制企业，主要从事道路客货运输、客货运站场经营、车辆维修、运输服务四大经营板块业务。拥有济南公路主枢纽段店、青龙山2个客运站，有济南至京、津、沪等跨省及跨区客运班线100余条；拥有张庄、段店2个货运站，货物运输辐射全国各地，年运输能力1亿吨千米，是济南市货运市场支柱企业；公司具备客、货运企业二级经营资质，一级出租客运企业资质，A类联运企业资质，A级汽车综合性能检测站资质，综合类二级驾培学校资质。2003年3月，建立实施质量管理体系，在济南市同行业中率先通过ISO 9001：2000国际质量管理体系认证，是质量信得过的运输企业。2006年底，公司总资产1.36亿元，经营场地面积11.2万平方米，有二级经营单位20个，员工642人，有各类客、货运营运车辆680余辆。

济南市公共交通总公司电车公司　位于济微路117号，前身为济南市电车公司。1989年，有职工1606人，设有办公室等科室13个，下设车辆保修厂1个，供电所1个，电车车队3个。营运线路10条，其中公共汽车线路8条，电车线路2条；营运车辆155辆，其中公交汽车88辆，电车67辆。1990年，新增电车103线路，102线路停运。1991—1993年，新增19路、38

路公交线路2条，102路电车恢复营运。1992年11月，济南市电车公司改称为济南市公共交通总公司电车公司。1994年，公司调整营运线路，将电车公司管辖10条公交线路全部分解到公交分公司，电车公司只保留101路、102路、103路3条电车线路。同年，电车公司有线路3条，职工946人，营运车辆84辆（其中汽车3辆、电车81辆）。年底，济南市公共交通总公司电车公司迁往市中区辖区。

第五节 邮 政

一、邮政业务

函件 1989年，函件业务主要有信函、有声信函（邮寄信函磁带）、快递（件）信函、国际快递信函、邮政快件（1998年7月1日停办）、明信片、邮简、印刷品及盲人读物等。1990年7月31日，保价信函保价金额上限调整为每件1万元。1991年1月，国际保价信函规定每件限重2千克，保价最高额不得超过2000元。7月1日起，收寄挂号信函贴用条码标签。12月1日，邮政总局首次发售中国邮政贺年（有奖）明信片，次年2月开奖，2月20日至6月20日兑奖，其后每年发售1次。同年，开办商业信函业务。1992年7月1日，开办国内邮政电子信函业务。1993年5月29日起，开始收寄寄往台湾的挂号函件。挂号函件采取各自理赔方式，不相互结算。6月1日起，收寄寄往台湾地区的信函和文件资料类特快专递邮件。1994年4月1日起，推广国家标准信封。8月8日，增办国际电子信函业务。至1995年底，与24个国家的50余个城市开通电子信函业务。1995年5月，开办中国邮政礼仪（邮资）信函业务。7月10日，开办高考录取通知书寄递业务。1999年12月28日，开办邮政限时信函业务，利用电子信函机进行传递。2000年1月1日，邮政快件业务恢复在省内办理。2003年4月1日，停办与日本间国际电子信函业务。2006年底，国内函件业务开办有信函、明信片、印刷品、盲人读物、保价（险）信函、快递信函、特种挂号信函、有声信函、商业信函、混合信函、电子信函、中国邮政礼仪（邮资）信函、邮政限时信函、邮简、代发广告等。

包件（包裹） 1989年，已开办的包裹邮件分为民用包裹（含纸质品包裹）和商业（品）包裹两类。民用包裹每件重量以5千克为限，用户专用袋包裹划入商品包裹类。商业（品）包裹包括大件商品包裹，每件重量以25千克为限。1990年7月31日，各类包裹全部改为按保价收寄，取消甲类保价包裹和乙类保价包裹的规定；价值1000元以上的包裹，按贵重包裹收寄；停办“用户专用袋包裹”业务和“代收货价”业务。1992年7月1日，开办台湾快件包裹业务。1995年起，收寄脆弱包裹只限寄往同意接收此类包裹的国家（地区）。同年，国际保价包裹只限与中国互寄此类包裹的国家（地区），保价金额为500元。1996年12月1日，停办商品包裹、纸质品包裹和航空包裹国际业务。2001年8月1日，开办国内快递包裹业务。至此，包裹业务形成普通、快递、特快专递3种包裹业务。

汇兑 1989年，汇兑国内业务主要有普通汇款、电报汇款和邮政快件汇兑3种。1996年6月1日，每笔汇款最高限额由0.5万元提高至1万元。1999年3月1日，每笔汇款限额提高至5万元。2001年7月26日，开办邮政电子汇兑业务。2002年1月1日，取消“邮政汇款单”，改用计算机网络的方式传递汇款，全面实现电子汇兑。2006年底，国内电子汇款业务可办理邮局投单汇款、自行通知汇款、入账汇款、加急汇款、实时汇款、24小时取款等汇兑业务。

1992年7月1日，恢复办理国际邮政汇兑业务，开始与美国、日本通汇。与日本开发汇票用日元，每张汇票最高限额20万日元。日本开发中国兑付的汇票用美元，每张汇票最高限额2000美元。中国与美国开发和兑付汇票，每张汇票最高限额7000美元。1993年9月1日，开始与芬兰通汇，每张汇票最高限额1000美元。1994年1月1日，开通与意大利、比利时、瑞士、巴西通汇业务，每张汇票最高限额1000美元；开办与日本互换汇票业务，款额改为使用美元。

3月1日，与韩国通汇;11月1日，与泰国通汇；1995年1月1日，与新加坡通汇；2000年8月，与巴基斯坦通汇。2003年6月，开通西联国际汇款业务。11月，开通国际银邮汇款业务。汇款通达世界1.9万余个银行。2006年，国际汇款业务可办理实物汇款、银联汇款和西联汇款，汇率实时变化。

邮政储蓄　1986年5月20日，恢复办理邮政储蓄业务。1990年1月1日，收储存款由缴存银行改为转存银行，银行向邮局支付存款利息。1997年，开始“绿卡工程”（邮政储蓄计算机联网）建设。1998年，全区邮政储蓄网点实现联网，并与全国50余个城市的2300余个邮政储蓄网点实现邮政储蓄活期存款通存通取。异地存取款按存取款额的0.5%收取手续费，每笔存取款额最低收费2元。2000年4月1日，按照中国人民银行要求，邮政储蓄开始实行个人存款账户实名制度。2001年，实现全国行业内邮政储蓄活期存款异地通存通取。2005年6月，实现邮政储蓄计算机网和电子汇兑系统两网互通，并可跨行交易。

报刊发行　1989年，经营方式分为订阅和零售两种，采用窗口收订、上门发行、发行站（员）收订3种订阅方式。各邮政支局均办理报刊发行业务。同年起，报刊推行自办发行，邮发报刊数量减少。1990年，开辟新的发行渠道，扩大市场，报刊期发份数均比上年有较大幅度增长。同年，报刊发行工作采用计算机处理，并实行微机收订。1991年起，在市区繁华街道地段，新建零售报刊亭。2000年，在市区选址建设报刊亭。

集邮　1980年8月18日，中国集邮总公司山东分公司成立，济南邮政开始恢复集邮业务。1992年12月28日，纬一路集邮门市部迁至经一路66号济南邮政大厦营业大厅内，并开设邮票交换厅，进行邮票交换。1997年10月，济南邮政商厦邮政支局，设专柜出售集邮邮票、票品。1998年4月，邮政商厦集邮专柜设为集邮中心门市部。2000年9月18日，集邮中心门市部划归槐荫区邮政局管辖。

特快专递　1987年7月1日，国内业务开办特快专递邮件业务，业务分为“定时业务”和“特需业务”两种。凡是信函、文件、资料、物品、商品等，均可作为国内特快专递邮件寄递。1993年12月，特快专递邮件收费标准为每件起重200克的收费8元，续重每200克或其零数加收2元。2000年9月1日，开办省内特快专递限时递业务。有上门揽收和营业收寄两种方式，收寄限时专递邮件。2003年8月30日，调整国内特快专递邮件资费标准，计费单位由200克调为500克，并对续重部分由每个计费单位6元调整为按空间距离分区计费。2004年8月10日，“全夜航”邮路开通，当日收寄的特快专递邮件，次日17时前有效投递，并与全国136个城市实现次日投。2005年7月，启动“次晨达”业务，当日下午收寄的特快邮件，次日上午投递。

1987年7月10日始，办理国际特快专递业务，按寄达区域、内件质量和业务种类计费。1991年10月1日，寄递范围为文件资料类、物品类，体积重量以6000立方厘米折合1千克计算，每件重量不得超过30千克，特殊情况下可放宽至45千克。1994年10月，放宽对化工产品的收寄，对非爆炸性、易燃性、腐蚀性、放射性、毒性等化工产品可以收寄，单件重量不得超过10千克。2005年7月25日，中国（含中国香港地区邮政）、澳大利亚、日本、韩国、美国邮政共同推出邮政快件承诺服务，承诺传递时限，逾期退还邮资。

邮政代办业务　1988年4月1日至9月30日，办理代销国库券业务。1989年7月1日，开办代销保值公债业务。1990年8月7日，代销十一届亚运会基金奖券。1996年4月26日，办理磁卡电话业务。1999年7月28日，代理保险业务。2001年11月16日，开办代收代扣电话费业务。2002年4月2日，开办特快送汇业务。2003年3月20日，开办邮政电子汇款回执业务；5月12日，开办邮政汇款回音卡业务;6月1日，开办邮政礼仪业务。2005年6月，开办商务汇款业务；8月11日，开办电费代扣（收）业务。2006年3月1日，开办邮政短信业务。

投递 邮件投递方式分按窗口投交和按址投递两种，分别由投递员和营业员完成。

1985年，城区投递设槐荫投递点（支局），投递所在区内用户的邮件报刊。1991年1月1日，原历城区辖区吴家堡、大金庄两投递点划归槐荫邮政局管理。1993年7月16日，槐荫投递点分设为辛庄、纬九路2个投递点。1999年12月29日，邮政投递局成立，统一管辖市内4区邮件、报刊投递工作。2000年1月18日，各邮件投递点改称邮政投递分局。2001年10月16日，增张庄路投递分局。2002年3月13日，辛庄投递分局迁址济微路66-38号，更名王官庄投递分局。2006年4月，增设辛庄投递分局。至年底，全区设纬九路、吴家堡、大金庄、张庄路、辛庄投递分局。

农村投递实行定班期、定路线、定人员、定地点、定时间“五定”要求。报刊邮件投递深度，紧急邮件投递到户，报刊、平常邮件投到村办公室或指定的地点和接收人。2006年，乡村邮件投递以邮电支局为中心，辐射支局辖区的各个行政村庄，全区所有的行政村全部通邮。

经四路小纬六路老邮筒　（2002年5月　王琴　摄）

二、邮政网络

1991年1月1日，原历城区辖区吴家堡、大金庄支局划归槐荫邮政局管理。1993年7月16日，设辛庄、纬九路2个支局。1995年5月18日，设八里桥邮政所。2000年9月，邮政商厦支局划归槐荫邮政局管理。2002年1月26日，设经十纬七邮政所。2003年，根据省工商行政管理局和省邮政局《关于规范邮政分支机构名称及有关登记注册问题的通知》，新开设支局所，一律称“邮电”支局所。6月26日，设腊山北路邮电所。10月31日，设段东邮电所。12月31日，设纬十二路邮电所。2005年4月7日，设阳光邮电所和桃园邮电所，新建段店邮电支局。11月3日，设营市西街邮电所。2006年7月3日，撤销纬十二路邮电所。

第六节　电　信

一、有线通信

市内电话 1987年10月22日，济南程控电话开通。1991年，程控电话交换机取代步进制交换机。1993年12月12日零时，济南市内电话号码由6位升至7位。2005年5月21日零时起，济南市电话升至8位，济南地区固定电话、小灵通在原7位号码前加“8”。

长途电话 1990年1月25日，济南市电信局开通国际及港澳台长途电话直拨业务。11月29日，开办国际及港澳台长途电话半自动台，年末长途电话电路2842条；先后与外商签订长途2500路端和3500路端交换设备合同。1995年，济南市通信网的容量规模、技术层次、服务水平都有一个大的提高。年末，长途自动交换机容量6万路端。2000年，长途电话交换机容量9万路端；长途业务电路14.19万路。2005年，长话业务2M电路3227条。

电报 1985年12月30日，256路程控自动转报系统投产运行。1988年2月1日，开办礼仪电报业务。1989年5月，邮电部与瑞士哈斯拉公司技术合作项目，共同开发研制TM203用户电报和公众电报合网系统，决定首先在济南市电信局安装、调试、使用。1991年，由邮电部与瑞士哈斯拉技术合作共同开发研制的世界上第一套TM203用户电报和公众电报合网系统，于4月7日凌晨2时一次割接成功进入试运行。6月7日，济南市电信局“TM203”电报交换系统正式开通，是20世纪90年代的先进产品，该系统的使用在全国属首次。1996年1月8日，济南市电信局开办发往中国台湾地区的鲜花礼仪电报业务。随着通信新技术、新业务以及互联网的不断发展，电报业务的用户逐年减少。2004年起，电报业务逐渐退出市场。

二、无线通信

无线寻呼 1988年1月1日，人工无线寻呼系统正式开通。1993年1月11日，开通“127”自动寻呼台。4月26日，寻呼台20万寻呼系统开通，“127”自动寻呼号码升至6位。5月8日，开通全省第一家“128”自动寻呼系统。1997年10月1日，198、199全国寻呼网BP机在济南放号。1998年10月，无线寻呼业务从济南市电信局剥离出去，电信局不再经营无线寻呼业务。

2004年后，随着手机的普及，无线寻呼业务停止。

移动电话 1991年5月16日，开通移动通信服务。1995年，济南与30个省（市）自治区联网和自动漫游，并开通数字移动电话。1996年，模拟移动电话及数字移动电话(GSM)均实现全国联网和自动漫游。1997年，完成模拟移动通信五期工程及数字移动通信(GSM)三、四期工程。1998年9月16日，试开通1861移动电话费自动查询系统，济南市模拟移动电话和数字移动电话用户均可通过该系统查询话费。完成模拟移动通信六、七期工程及数字移动(GSM)五期工程。1999年7月，济南市的模拟移动电话网建设完成六期工程。2001年12月31日，实现模拟网的全网退网工作。

无线市话 2002年，无线市话“小灵通”业务开通并正式放号。2003年，推出通信新业务“一号通”，系济南通信公司为商务人士量身定做的个人虚拟通信号码系列业务。2005年，完成小灵通第七期扩容工程、全省小灵通悦铃平台建设工程。2006年，济南网通公司推出“亲情1+”新业务。

三、数据通信

分组交换网 1993年9月1日，分组交换全国骨干网DPN100型分组交换设备全网开通。1995年，数据通信建成全省分组交换骨干网、数字数据本地网；建成电子信箱、计算机互联网。1996年底，完成本地分组交换网工程。1997年底，数据通信完成公用分组交换骨干网二期扩容工程。2005年，分组交换接点机实占端口数694个。

数字数据网 1994年11月28日，中国数字数据网(ChinaDDN)济南本地网建成开通。1998年，济南本地数字数据网(DDN)扩容工程28个接点通过初验；山东省(DDN)二期工程及分组交换三期工程通过终验。2003—2006年，数字数据网接点机实占端口数分别为3477个、3824个、2127个、2023个。

四、互联网

1996年7月5日，中国电信国际计算机互联网济南本地网开通。2000年，济南本地宽带城域网开通。2001年1月1日，原济南电信分公司向社会推出中国电信宽带网业务。该业务主要提供ADSL和FTTX+LAN两种接入方式。

2006年，中国网通济南分公司实现济南市辖区行政村100%宽带覆盖；中国移动济南分公司对济南市全市自然村进行网络测试，网络覆盖状况持续改善；中国联通济南分公司加大对农村地区的网络覆盖，城市覆盖率达99%以上。

第三编

农业

NONG YE

槐荫区志

1989—2006

1989年，全区粮食种植面积6000余公顷，总产量3.14万吨；蔬菜种植面积1073公顷，总产量8.5万吨。全区实现农业增加值7300万元，农民人均纯收入850元。1990年起，全区农业种植结构进行调整，发展多种经营。1992年，发展乡镇企业，农村经济开始向二、三产业转化。1994年，以圆葱为主的出口农业开始起步。1996年，制订全区蔬菜发展规划，全面实施“粮改菜”工程。2001年，发展出口创汇、精种特养和生态观光农业，粮经比例调整为4.4∶5.6。2003年，全区实施“双十工程”（发展十类龙头企业、十类重点产业或产品），农业产业化快速发展。2004年，实行种粮农民直接补贴，全区共发放种粮补贴63万元。全区开始对农村自来水进行普查、规划和建设。同年，成立区农业产业化经营工作领导小组，加大对农业龙头企业扶持力度；实施“7931”农民增收工程（2003—2007年，确保全区农民人均增收2000元，人均纯收入实现6500元。其中，调整和优化农业结构，农民人均收入再增加700元以上；大力发展二、三产业和民营经济，就地转移农村劳动力，农民人均再增收900元以上；向区域外输出劳务，人均再增收300元以上；落实对农民的直补和减负政策，人均再增收100元以上），农民收入快速增长。2006年，全区粮食种植面积4985公顷，总产量3.15万吨；蔬菜种植面积2052公顷，总产量8.91万吨；实现农业增加值2亿元。辖区内有省、市级农业龙头企业5家，农业专业合作经济组织10家。

1989—2006年槐荫区农业和农村经济主要指标情况表

表3-1

年份	农业总产值（亿元）	农业增加值（亿元）	农民人均纯收入（元）	粮食总产量（万吨）	蔬菜总产量（万吨）
1989	—	0.73	850	3.14	8.5
1990	0.90	0.76	890	3.2	8.3
1991	1.09	0.80	1134	2.51	8.3
1992	1.27	0.86	1254	2.91	8.55
1993	1.47	1.02	1392	3.10	8.55
1994	1.77	1.15	1746	2.59	8.00
1995	—	1.28	2138	2.39	9.00
1996	—	1.29	2706	2.80	8.20
1997	—	1.28	3200	2.45	9.50
1998	1.96	1.33	3401	2.73	8.68
1999	2.15	1.36	3552	2.84	6.63
2000	2.12	1.37	3676	2.86	7.07
2001	2.25	1.42	3905	2.78	7.84
2002	2.38	1.47	4200	2.67	8.51
2003	2.69	1.56	4528	2.61	8.80
2004	2.81	1.18	5027	2.87	8.91
2005	3.03	1.80	5774	3.05	9.03
2006	3.27	2.00	6277	3.15	8.91

第一章 农业综述

第一节 农村经济体制改革

一、土地承包制度改革

1982年，全区开展第一轮土地家庭承包责任制，承包期15年，村集体与农户签订土地承包合同。除果园、鱼塘、林地等多种经营实体实行专业承包外，其余土地按人口分配到户，所有权归村集体，管理权、收益权归农户。1985年，粮食每公顷产量由承包前的2250千克提高到3000千克。1988年后，为保障村集体收入，在部分村推行“两田制”（口粮田、责任田）。1993年，中共中央再次颁发文件，要求对土地联产承包为主的责任制和统分结合的“双层经营”机制要长期稳定，并不断完善。1997年，取消“两田制”，全区普遍开展第二轮土地延包，推行“延长土地承包期30年不变”的政策。全区有90个村完成土地延包工作，占全区行政村总数的96.8%；同时，按照“坚持土地所有权、稳定土地承包权、放活土地使用权”的基本原则和“依法、自愿、有偿”的原则，引导农户进行土地流转。

二、农村财务管理

1988年后，收付记账法改为借贷记账法。全区制定统一的农村财务管理制度，实行账目与钱物分管制度、资金开支审批制度、公开账目制度、财务审查制度。2002年初，在吴家堡镇进行“村账镇管”试点工作。2003年，在吴家堡镇33个村和段店镇4个村推广“村账镇管”制度，统一会计账簿、统一会计核算方法、统一会计报表和统一档案管理；村会计人员持证上岗，由区经管站及区财政部门负责财务监督。每村均成立3～5人组成的民主理财小组，其成员由村民选举产生。各村按本镇安排的报账时间报账，制定固定的民主理财日，每季度第一个月的10日，在固定的财务公开栏内张榜，逐笔公布上季度的全部财务收支情况。至2006年，吴家堡镇33个村和段店镇4个村坚持的“村账镇管”制度运行良好，其余村一直实行原有的管理方式，并不断完善。

三、减轻农民负担

1982年，农村实行家庭联产承包责任制后，开始实行“三提五统”（“三提”是指村提留，包括公积金、公益金和管理费；“五统”是指乡镇统筹，包括教育附加、计划生育费、民兵训练费、民政优抚费、民办交通费等）。1994年，区委、区政府制定《关于减轻农民负担的规定（试行）》。1997年4月8日，区委、区政府印发《关于贯彻〈中共中央、国务院关于切实做好减轻农民负担工作的决定〉的意见》。9月26日，区农业办公室制定《关于做好减轻农民负担工作的暂行规定》。2001年，全区推行农村税费改革。改革的主要内容为“三取消、两调整、一改革”。“三取消”即取消乡统筹、农村教育集资等专门面向农民征收的行政事业性收费和政府性基金、集资；取消屠宰税；逐步取消劳动积累工和义务工。“两调整”即调整农业税政策，重新核定农业计税土地面积和计税常年产量，新的农业税税率为6%；调整农业税总体负担水平，按规定正税及附加总体负担水平低于8.4%。“一改革”即改革村提留征收使用办法，村级三项费用（村干部报酬、“五保户”供养、村办公经费）采用新的农业税附加方式统一收取。全区农民仅负担农业税正税及附加，减负幅度在30%左右。2002年，改为“两税”（农业税与农业特产税）和附加及“一事一议”，核定税改标准，填写农民负担监督卡。同年，农民人均负担95.21元，比税改前减少39元，减负率29%。2003年，年计税土地面积3694公顷，应征农业税214.7万元，农业税附加71.7万元，社会减免12.7万元，灾歉减免22万元，农业税实际入库额180

万元。同年，对特困户和70岁以上老人实行减免税赋政策，取消特产税，暂停收取公益事业金。2004年，全区取消农业税及附加，免征农业税及其附加286万元。同年，全区开始实行“粮食直补”政策，共补贴资金63万元。2005年，全区共发放种粮补贴69万余元。2006年，全区共发放涉农补贴资金147万元，其中粮食直补资金73万元，成品油价格财政补贴资金74万元。

四、农村公司制改革

2000年下半年始，按照理顺村（居）管理体制和运行机制，实现村（居）一级所有权体制、管理体制、经营机制全面创新的思路，首先在段店北路街道前屯居民委员会和八里桥居民委员会推行以集体资产公司制改造为主的综合配套改革。之后，以单纯公司制方式、集团公司制方式、分步到位的改制方式、农业生产比重较大改制方式四种形式，推进农村经营体制改革。单纯公司制方式以前屯居民委员会、八里桥居民委员会为代表。主要是村（居）规模较小、土地存量较少、村（居）办企业资产关系比较明晰的村（居）。在对村（居）集体资产进行清产核资和依法评估之后，按照规定进行资产量化分配，设立有限公司。改制资产不包括土地使用权，公司资产不再实施再投资，不设子公司。集团公司制方式以段店村、闫千户村为代表。主要是村（居）规模较大、经济实力较强、村（居）办企业门类较多、产量大的村（居）。主要特点是将集体土地使用权进行评估，合理折算进入公司资产。全村（居）改制设立有限公司，原村（居）办企业清理产权关系，作为有限公司的二级法人单位。对体量较大的企业，为满足其发展空间，促其做大做强，采取有限公司注资、自然人和社团投资相结合，组建具有独立法人资格的二级有限公司。对体量较小的企业，一般采取出售、出租等方式，改为私营企业。分步到位的改制方式以朱庄村为代表。主要是村非农产业的比重较小，村民市场意识不强、村集体经济实力一般的村，不可能一步到位组建有限公司。先实施股份合作制改革，并将集体土地使用权评估进入改制资产，资产配置设量化资产和公益资产，待新办非农产业发展、收入相对稳定之后，实施资产转资，再设置配送资产和奖励资产，最终改制为有限公司。农业生产比重较大改制方式以西沙、南沙村为代表。主要是集体土地存量较大、农业生产尚有相当比重的村。在实施集体资产评估，并将土地使用权评估进入改制资产、组建有限公司。对纳入公司资产的集体土地，在村民自愿的前提下，允许有条件的村民继续经营，在公司年度结算分红时，扣除村民经营土地所得部分。

2002年9月27—29日，由中央党校理论研究室、中国城郊经济研究会主办的“城市化进程中的村（居）改革——槐荫模式理论研讨会”在槐荫区召开，150余名领导及有关专家、学者参加会议，对“槐荫模式”村（居）改革的成功经验给予充分肯定。至2006年，全区前屯、八里桥、段店、闫千户、朱庄、西沙、南沙村等7个村（居），进行不同形式的改制。

第二节 农业结构调整

全区属城郊型农业，随着市场经济的不断发展，农业和农村经济结构调整步伐加快。1989年起，启动“菜篮子”工程，发展大棚蔬菜，生产精细蔬菜，多种经营年收入2.95亿元。1990年起，养殖业发展较快，推广投饵机，引进推广罗非鱼、建鲤、淡水白鲳鱼、彭泽鲫鱼、南美白对虾等水产品新品种；同时推广奶牛养殖。1992年，粮、菜、畜禽、水产、林果等多种经营收入6.46亿元，农业商品率明显提高。同年，乡镇企业快速发展，全区80%的农村劳动力务工经商，农村经济逐步向二、三产业转化。1993年，开展“村办企业年”活动，新建村办企业102家。1994年，以圆葱为主的出口农业开始起步。1995年，发展“双高一优”（高产、高效、优质）农业，推广优、稀、新、特蔬菜面积6.7公顷。1996年，发展产业化、城郊型农业，全面实施“粮改菜”工程，蔬菜种植面积扩大166.7公顷。1997年，全区初步形成粮食种植、畜牧、水产、林果、蔬菜五大农业生产基地，粮经比例 7∶3。同年，全区粮食总产量 2.45 万吨，蔬菜总产量 9.5 万吨，肉 3560 吨，蛋 738 吨，奶 1000 吨，淡水鱼 3040 吨，果品 3800 吨；大牲畜存栏 1900 头，生猪 2.5 万头，羊 1.5 万只，家禽 35 万只。

2001 年，发展出口创汇、精种特养和生态观光农业，农业产业化龙头企业 6 家，粮经比例调整为 4.4∶5.6；全区粮食总产量 2.78 万吨，猪、牛、羊年出栏分别为 2 万头、443 头、2260 只，肉、蛋、奶、水产品产量分别为 2501 吨、886 吨、2780 吨、3000 吨。2004 年，农业标准化生产基地和农产品出口基地不断扩大，农业出口创汇占全区出口创汇的 33.8%，产业化经营水平明显提高。

2006 年，粮经比例调整为 3.5∶6.5，粮食总产量 3.15 万吨，蔬菜总产量 8.91 万吨，猪、牛、羊年出栏共 2.8 万头（只），肉、蛋、奶、水产品总产量共 5.4 万吨。农、林、牧、渔业增加值分别为 13556 万元、134 万元、4988 万元、731 万元，农业实现出口创汇 1200 万美元。非农产业占到全区农民人均纯收入的 80% 以上，乡村从业人数 4.92 万人（其中男从业人员 2.56 万人、女从业人员 2.36 万人）。其中，农林牧渔业从业人员 1.89 万人，工业从业人员 8200 人，建筑业从业人员 5000 人，交通运输、仓储和邮电业从业人员 4300 人，批、零贸易、住宿和餐饮业从业人员 9100 人，信息传输计算机服务业从业人员 900 人，其他从业人员 2800 人。各街道（镇）之间发展不平衡，段北、张庄、匡山 3 个街道城市化比例较大，耕地相对较少，纯农业收入比重较小；段店镇、吴家堡镇和美里湖街道城市化比例相对较小。

第二章　种植业

第一节　粮食作物

1989 年，全区粮食作物种植面积 6000 余公顷，总产量 3.14 万吨。1996—2003 年，平均每年粮食总产量 2.7 万吨。2004 年，全区实行种粮农民直接补贴，每公顷补贴 195 元，共发放种粮补贴 63 万元，农民种植小麦的积极性有较大提高，粮食生产出现反弹，总产量 2.87 万吨。2006 年，全区粮食作物种植面积 4985 公顷，总产量 3.15 万吨。

1992—2006 年槐荫区部分年份耕地变化情况表

表 3-2　　单位：公顷

年份	合计	段店镇	吴家堡镇	美里湖街道	张庄路街道	匡山街道	段店北路街道
1992	4476	2015	2126	—	41	153	141
1998	3784	1837	1216	591	69	56	15
2001	3594	1748	1179	583	48	36	0
2006	3511	1719	1179	559	46	8	0

说明：1992 年美里湖街道所属 14 个村原是吴家堡镇的一部分，还未分离出来

全区粮食作物主要有小麦、水稻、玉米等。

一、小麦

1989年，全区小麦种植面积2940公顷，总产量1.23万吨。20世纪90年代，全区主要推广小麦精量播种技术。1996—2003年，小麦种植面积和产量呈下降趋势。2004年，实行粮食直接补贴后，农民种粮积极性提高。2006年，小麦种植面积2467公顷，总产量1.36万吨。主要种植品种有济麦19号、济麦20号、济麦21号、稳千1号等。

二、水稻

水稻是全区粮食主导产业，主要产地是吴家堡镇。全镇水稻常年种植面积1400公顷左右，总产量1万吨左右。20世纪90年代，先后推广旱育稀植、免耕条播等新技术。水稻主要种植品种有京引119号、徐稻2号、辽粳847号、豫粳5号、圣稻14号等。1998年，水稻平均单产4756千克／公顷。2000年，平均单产提高到6188千克／公顷。2005年，“吴家堡大米”被农业部农产品质量安全中心认证为无公害农产品。2006年，全区水稻种植面积1382公顷，平均单产7602千克／公顷，总产量1.05万吨。

水稻　　（区农发局提供）

三、玉米

玉米生产地主要集中在段店镇。1989年，全区玉米种植面积1300公顷，总产量7389吨。1990年，全区玉米种植面积1227公顷，平均单产5602千克／公顷，总产量6874吨。2000年前，推广的新品种主要有烟单14号、丹育6号、丹育13号、掖单2号、掖单12号、掖单13号、鲁育3号、鲁育4号、鲁育10号、鲁育11号、鲁育16号、西育3号、鲁原单14号、鲁单50号等品种。2000年后，推广的新品种主要有鲁单981号、农大108号、郑单958号、泰育2号、山农206号等品种。2006年，全区玉米种植面积1130公顷，占粮食作物播种面积的22.7%，平均单产6531千克／公顷，总产7380吨。

1989—2006年槐荫区主要粮食作物生产情况表

表3-3　　单位：公顷、吨

年份	玉米		小麦		水稻	
	面积	产量	面积	产量	面积	产量
1989	1300	7389	2940	12343	1767	11705
1990	1227	6874	2773	12650	—	—
1991	1313	7167	2787	12659	1747	3267
1992	1316	7063	2832	12828	1421	8851
1993	1271	7248	2830	13247	1671	9958
1994	1262	6301	2676	11691	1304	7469
1995	1262	6350	2676	13267	1304	3800
1996	1278	6556	2848	12276	1607	8858
1997	1264	6291	2610	13233	1528	7267
1998	1108	6681	2641	13035	1528	7267

续表 3-3

年份	玉米		小麦		水稻	
	面积	产量	面积	产量	面积	产量
1999	1150	7358	2485	13125	1451	7640
2000	1077	6767	2363	12522	1491	9227
2001	1061	6684	2279	11831	1508	9168
2002	1081	6664	2243	11372	1392	8568
2003	1073	6647	2144	11053	1324	8310
2004	1120	6926	2121	11325	1422	10422
2005	1130	7062	2467	13222	1382	10159
2006	1130	7380	2467	13555	1382	10506

第二节　蔬　菜

一、品种

1989年，蔬菜品种主要有传统种植的黄瓜、茄子、辣椒、西红柿、萝卜、菠菜、白菜、冬瓜、莴苣、韭菜、大蒜、芹菜、芫荽（香菜）等。1994年，在小金村建成“小金工厂化育苗场”，开始大量引进新品种，国外品种有荷兰豆、日本萝卜等，南方品种有木耳菜、空心菜、生菜球、紫甘蓝、菊花叶菜、酥皮菜瓜、一点红苋菜等。至2006年，随着各类名优新稀蔬菜新品种的引进，全区蔬菜有9大类、60余个品种。其中，绿叶菜有小白菜、菠菜、油菜、芹菜、茴香苗、芫荽、雪里蕻（雪里红）、苔菜、茼蒿、油麦菜、芥蓝、生菜苋、苋菜、空心菜、木耳菜等；茄果类菜有茄子、番茄、辣椒、甜椒等；瓜类菜有黄瓜、冬瓜、西葫芦、丝瓜、南瓜、苦瓜等；豆类菜有芸豆、豆角、蚕豆、豌豆、毛豆、扁豆等；葱蒜类菜有韭菜、圆葱、大葱、大蒜、青蒜等；根茎菜有萝卜、莴苣等；结球类菜有大白菜、甘蓝、花椰菜等；薯芋类菜有马铃薯、芋头；水生蔬菜有莲藕、茭白、蒲菜等。

二、生产

1989年起，全区蔬菜生产进入快速发展期，主要引进和推广冬暖棚种植蔬菜技术，同时引进和推广南方稀有蔬菜10余种。槐荫区蔬菜种植在济南市素有“三分天下”之誉，近郊菜农因种植大棚蔬菜成为首批富裕起来的“万元户”。同年，全区蔬菜种植面积1073公顷，总产量8.5万吨。全区蔬菜种植保护地栽培面积390公顷，其中大棚117公顷，中小棚（风障阳畦）273公顷。全区蔬菜上市量占全市的30%以上。每逢八、九月蔬菜淡季，上市量占全市的40%以上。春节期间，韭菜产量400余吨，占全市上市量的80%以上。露地蔬菜每公顷收入2.25万元，大棚蔬菜每公顷收入8.7万元。1990年上半年，推广“南方黑籽南瓜嫁接黄瓜”新技术，121公顷塑料大棚蔬菜普遍长势良好，产量大增。3月1日，采摘黄瓜，比上年提前8天。西红柿提前10天，4月上旬上市。同年8月，连降大雨，蔬菜大棚部分倒塌1600个，全部倒塌681个，造成直接经济损失204.3万元，间接损失410万元。菜田进水526.7公顷，被淹205.1公顷，其中绝产40.2公顷，经济损失180.9万元。1991—1994年，蔬菜生产持续稳定发展，新发展冬暖型大棚6.7公顷。1994年7月1日，卧虎山水库泄洪，蔬菜过水面积177.1公顷，绝产65.5公顷，倒塌大棚797个，面积23.4公顷。1995年，新扩菜田66.7公顷，食用菌试验推广100余个品种，新建圆葱、大蒜出口种植基地333.3公顷，年出口1600吨，出口交货值500

万美元。新建良种基地53.3公顷，繁育蔬菜良种，销往省内外。1995年后，济南市各县（市）区以发展蔬菜为主进行产业结构调整，菜田面积大幅度增加，槐荫区近郊蔬菜生产受到影响，蔬菜种植面积减少。1996年，冬暖型大棚面积扩展到40公顷。1998年，圆葱种植面积120公顷，年出口量6500吨。2004年后，重点发展无公害蔬菜种植技术，先后认证圆葱、莲藕、韭菜3个无公害蔬菜。2006年，全区蔬菜种植面积2052公顷，形成三大主导产品基地，其中出口圆葱基地233.3公顷、白莲藕基地233.3公顷、速生叶菜基地200公顷，蔬菜生产达到顶峰。

三、基地建设

出口圆葱基地 1994年，段店镇农委工作人员胡世亭与日本富永株式会社合作，引进优良富永牌系列圆葱品种，试种成功后推广。1996年，全区圆葱种植面积发展到100公顷。1999年，成立济南丰农有限责任公司。2000年6月，由日中贸易株式会社在槐荫区投资成立济南樱龙食品有限公司（独资企业），主要经营圆葱等蔬菜的种植、加工和出口业务，全区形成以圆葱为主的农产品出口创汇农业。2002年，全区农产品出口突破1000万美元。2003年10月，济南丰农有限责任公司申报建立全市第一个国家级农业标准化示范区——国家级出口圆葱标准化示范区。2004年，济南樱龙食品有限公司建立第二个国家级出口圆葱标准化示范区。2005年，圆葱被农业部农产品质量安全中心认证为无公害产品。2006年，全区种植出口圆葱面积233.3公顷，圆葱单产最高达127.5吨/公顷，年出口量2万吨。

白莲藕基地 1989年，全区莲藕种植面积300公顷，主要分布在吴家堡镇。主栽品种有鄂莲系列白莲藕、当地大卧龙、海花1号等名优品种。2004年，吴家堡镇成立济南润泽农产品保鲜加工厂，推广使用低温气调保鲜藕技术。济南润泽农产品保鲜加工厂生产各类藕产品，年生产能力3000吨。其主要产品除低温气调保鲜藕和液体保鲜藕两大类保鲜产品外，还有藕脯、麻辣藕片、膨化藕片等多种即食类产品。2005年，莲藕被农业部农产品质量安全中心认证为无公害农产品。2006年，吴家堡镇成立莲藕协会。同年，由于高速公路两侧绿化带建设占地，莲藕种植面积减少至233.3公顷。

西郊盖韭基地 起源于济南西郊阳畦栽培，最初依靠风障和草苫或苇毛覆盖保温，冬春供应青韭的一种传统栽培方式，故名“西郊盖韭”。济南西郊盖韭栽培始于明末清初。20世纪初至1948年，西郊菜区继续向西延伸。中华人民共和国成立后，西郊盖韭年均产量500吨，是济南传统蔬菜之一。其栽培方式独特，色、香、味、形俱佳，素有“千里香”之美称。1958年人民公社化后，盖韭生产进入困难时期。1964年，盖韭生产恢复正常。1976年后，盖韭生产达到高峰期，基本实现全年供应。20世纪80年代，西郊盖韭年种植面积达到66.7公顷。后因经济发展、城市扩展，西郊盖韭种植面积逐渐减少。2004年，济南盛农种苗有限公司对西郊盖韭进行保护性种植开发，在段店镇大金庄西部租地2公顷，邀请区、镇农口科技人员等成立课题组着手研发，旨在挖掘整理传统栽培技艺，进行品种保护、科学改进和技术开发，取得显著成效。基地盖韭注册为“家家乐”牌，与银座集团等超市建立长期供货关系，发展多家固定会员消费单位;每逢元旦、春节等节日，供不应求。2006年，西郊盖韭被农业部农产品质量安全中心认证为无公害农产品。

食用菌基地 1978年，槐荫区颜锡笙开始学习、研究和试验食用菌的栽培技术。1984年，从104个试验菌种中筛选出适宜四季生长的平菇菌种17个。在其指导下，济南西郊地区100余户菜农进行菌菜间作试验，并获成功。同年，段店镇蔬菜办公室成立段店镇食用菌研究所（21世纪初撤销），进一步推动食用菌的快速发展。1988年，槐荫区承担市科委食用菌项目，进行大田阳畦高产栽培试验，达到省内领先水平。1989年，槐荫区菌菜间作推广到34公顷，年上市鲜菇600吨，菜农收入成倍增长。1999—2005年，区农业主管部门在小饮马村租赁土地13.3公顷，建立食用菌生产科技示范基地（2005

年由于城市扩展被征占），建设食用菌大棚5万平方米，实现“制种—生产—加工”一条龙，指导和带动全区食用菌发展。以常旗屯为代表的部分村食用菌生产成效显著，全区食用菌生产达到顶峰。2005年后，随着城市扩展占地和外地食用菌对济南市场的冲击，全区食用菌种植面积锐减，但科技生产水平却越来越高。

第三节　名优特产

一、吴家堡大米

吴家堡大米产地集中于吴家堡镇、美里湖街道丰水区，为济南市名牌农产品。米色洁白，入口香、甜、粘，属北方典型粳米品种，品质好，营养价值高。2005年，吴家堡大米被农业部农产品质量安全中心认证为无公害农产品。2006年，全区水稻种植面积1382公顷，总产量1.05万吨。

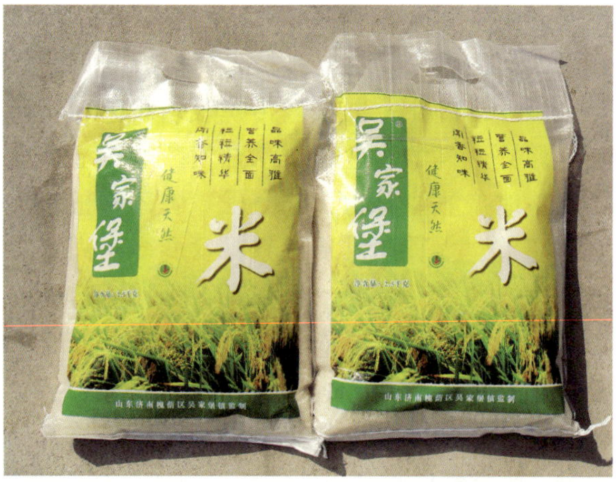

吴家堡大米　　（区农发局提供）

二、西郊盖韭

西郊盖韭产于段店镇大金庄周边地区，供应季节主要为春节前后。栽培始于明末清初。北面以秸秆挡风障，周围以土围挡，韭菜之上覆盖草苫，“盖韭”因此而得名。清代中叶，盖韭已是济南名菜。中华人民共和国成立后，西郊盖韭与唐王白菜、北园芹菜并称济南“三美”，为济南传统蔬菜之一。1976年后，盖韭生产达到高峰期，实现常年供应。20世纪80年代，西郊盖韭年种植面积达到66.7公顷。后因经济发展、城市扩展，西郊盖韭种植面积逐渐减少。2004年，济南盛农种苗有限公司对西郊盖韭进行保护性种植开发，种植面积2公顷。2006年，西郊盖韭被农业部农产品质量安全中心认证为无公害农产品。

西郊盖韭（区农发局提供）

三、吴家堡白莲藕

吴家堡白莲藕已有2000余年传统种植历史，原栽培品种“大卧龙”由当地野生品种培育而来，生食少渣，熟食味甜，蛋白质含量2.21%，且药用价值高。1989年，全区白莲藕种植面积300公顷，主要分布在吴家堡镇，主栽品种有鄂莲系列白莲藕、当地大卧龙、海花1号等名优品种。2005年，吴家堡白莲藕被农业部农产品质量安全中心认证为无公害农产品。2006年，全区白莲藕种植面积233.3公顷。

吴家堡白莲藕　　（区农发局提供）

第三章 养殖业

第一节 畜禽养殖

1989年，畜禽养殖主要以散养为主，全区大牲畜存栏1700头，生猪存栏2.5万头，家禽存栏100万只。全年肉类总产量2280吨，奶类640吨。随着城市化进程的加快，畜禽散养数量逐渐下降，全区优质、高产、高效的良种畜禽比例不断增加，突出生态循环化畜牧经济特点，推广沼气池建设，减少污染，逐步形成规模化、优质化、标准化、区域化畜禽生产的格局。2006年，全区大牲畜存栏3580头；生猪存栏8348头，出栏2.4万头；家禽存栏31.5万只，出栏47.3万只。肉类总产量2550吨，禽蛋产量1002吨，奶产量1.65万吨。

一、家畜饲养

20世纪90年代，家畜以农户散养为主，随着科学水平和集约化程度的提高，家庭散养数量逐渐减少。2000年后，规模饲养场比重越来越大。

牛 20世纪90年代开始，随着城乡居民生活水平的提高和对奶品需求量的日益增长，农户黄牛养殖数量逐步减少，品种多以本地牛为主；奶牛养殖数量逐步增多，品种以中国黑白花奶牛为主。1992年，全区奶牛存栏900头。1995年起，引进西门塔尔和利木赞种牛进行黄牛改良。1999年，奶牛存栏951头。2003年，奶牛存栏2740头。2005年，成立槐荫区奶牛协会，入会农户112户。奶牛协会建立标准化管理体系，全面负责奶牛良种引进、改良繁殖、生产资料经营及销售等。2006年，全区有规模化奶牛养殖场1处、规模化奶牛养殖小区8处，总存养量3280头。农户饲养1头奶牛，每年可增加纯利润3000～5000元。

奶牛饲养基地（区农发局提供）

猪 1989年，主要品种有莱芜黑、杜洛克等。1991年后，先后引进大约克夏猪、长白猪。该品种具有生长速度快、饲料转化率高、胴体瘦肉率高、分布广、饲养量大等特点。1993年，全区猪存栏3万头，其中能繁母猪1900头。1994年后，适应市场需求，生猪由原来的脂肪型逐渐向瘦肉型转变。1999年，全区生猪存栏11780头。2000–2004年，全区生猪规模养殖不断扩大，存养能繁母猪10头以上的养猪户有20余户；吴家堡镇、美里湖街道5个养猪大户，每户常年存栏优质能繁母猪30头左右，每户年出售优质仔猪500头以上。2006年，全区生猪存栏8348头，其中能繁母猪800余头。

种猪繁育场（区农发局提供）

羊 1990年始，先后从嘉祥、梁山、郓城等地引进小尾寒羊。1992年，全区羊存栏1.3万只。1998年，羊存栏4850只。2002年后，

村民牧羊　　（区农发局提供）

引进波尔山羊。2006 年，全区羊存栏 4712 只，主要集中在段店镇小金村和吴家堡镇的西张村 2 个回民村一带，多以本地山羊和小尾寒羊为主。

二、家禽饲养

鸡　包括蛋用鸡和肉用鸡两类。蛋用鸡品种主要包括罗曼鸡、来航鸡，肉用鸡品种有 AA 等。1989 年前，养殖方式主要以家庭散养为主。1992 年后，逐渐转向规模化养殖，出现一批养鸡专业户。1993 年，全区鸡存栏 41 万只，其中肉用鸡 5 万只；鸡出栏 29 万只，其中肉用鸡 19 万只。2002 年，全国养禽业波动，养殖效益下降，存栏量减少。2003 年，全区鸡存栏 19.1 万只，鸡出栏 46.8 万只。2004 年起，养禽业生产形势逐渐好转。2006 年，全区肉用鸡存栏 24 万只，肉用鸡出栏 47.2 万只。

鸭、鹅　鸭的品种按经济用途分为蛋用、肉用两大类型，鹅主要品种有白鹅和狮头鹅。本地多以农户散养为主。1999 年，存养鸭、鹅 4000 只，出栏 500 只。2003 年，存养鸭、鹅 32720 只，出栏 600 余只。2006 年，存养鸭、鹅 29000 只，出栏 600 余只。

1998–2006 年槐荫区畜牧业生产情况表

表 3–4

年份	存栏						出栏				产品产量			畜牧业总产值（万元）	畜牧业增加值（万元）
	牛（头）			猪（头）	羊（只）	家禽（万只）	牛（头）	猪（头）	羊（只）	家禽（万只）	肉类（吨）	蛋类（吨）	奶类（吨）		
	合计	黄牛	奶牛												
1998	1049	552	497	12621	4850	13.60	134	19521	1422	37.20	2222	535	1643	2589	1089
1999	1353	402	951	11780	4700	16.60	380	19920	1670	38.30	2402	717	1671	2696	875
2000	1485	460	1025	11960	4850	17.90	380	19985	2230	38.40	2457	793	1860	2836	1400
2001	1498	430	1068	11965	4850	19.40	443	19995	2260	38.90	2501	886	2780	3115	1643
2002	1970	420	1550	11960	4850	22.20	550	22055	2290	39.50	2511	956	548.0	3741	2164
2003	3150	410	2740	12040	4850	22.40	705	24140	2501	46.90	2516	975	9228	5341	2970
2004	3150	410	2740	12110	4850	22.40	720	24160	2521	46.90	2520	975	11530	5709	3277
2005	3620	410	3210	12120	4850	32.40	740	24331	2636	47.00	2533	976	13812	6435	3871
2006	3580	300	3280	8348	4712	31.50	813	24467	2815	47.30	2550	1002	16490	8320	4988

三、动物防疫及检疫

动物防疫　区、镇两级都设有畜牧兽医站，具体负责辖区内动物疫病防治工作。20 世纪 80 年代起，动物疾病一般在乡镇兽医站就可得到诊治。1985 年起，全区每年春秋两季集中防疫 2 次，疫苗费用全部由区财政承担。随着免疫程序的改革，逐步实行程序化免疫。2004 年，全区建立村级动物防疫员队伍，在 87 个行政村各设村级动物防疫员 1 人，负责所在行政村的动物防疫工作。至 2006 年，镇村两级均设有防疫员，全面负责防疫工作。

动物检疫　1996 年前，区农业委员会授权段店镇、吴家堡镇兽医站负责本辖区内的畜禽检疫工作。1997 年，区农委收回检疫职权，成立区兽医卫生监督检验所，负责辖区内所有定点屠宰场、集贸市场和郊区集市动物及动物产品的检疫检验工作。至 2006 年，区兽医卫生监督检验所对辖区 2 个屠宰场和 15 个农贸市场进行监管，检疫率 100%。

第二节　水产养殖

一、资源

水域资源　槐荫区西、北两面靠黄河，因黄河河床高于沿黄土地，黄河的侧渗，形成“两湖一洼”（美里湖、跃进湖、睦里洼）的长年丰水区域。2006 年，全区淡水养殖面积 433 公顷。由于水域资源充沛，淡水养殖具有得天独厚的优势。

鱼类品种　全区养殖品种除常规的青鱼、草鱼、鲢鱼、鳙鱼、鲤鱼、鲫鱼外，先后引进罗非鱼、建鲤、淡水白鲳、革胡子鲶、彭泽鲫、南美白对虾、甲鱼、锦鲤等品种。

二、淡水养殖

1989 年，全区有养鱼场 2 个，养鱼专业户 50 户，养鱼总面积 340 公顷，总产量 840 吨。主要品种有黄河鲤鱼、草鱼、鲢鱼、罗非鱼及建鲤、胡子鲶、罗氏沼虾等。1990 年，开始推广投饵机，投喂全价颗粒饵料，安装增氧机，养殖方式由粗放粗养向精养高产转变；采用上粮下渔、上菜下渔、鱼藕混养等模式，生产方式由单一型渔业向生态型渔业转变；经营方式由单纯生产型向休闲型渔业转变。同年，实施“建鲤的引进养成及繁育技术开发”项目。至 1992 年，项目完成后，鲤鱼的单产量由 3750 千克 / 公顷提高到 15510 千克 / 公顷，该项目获山东省科技进步二等奖。单产量的提高，充分调动起农民养鱼的积极性，全区养鱼面积达到 400 公顷。1996 年，实施“池塘双季养鱼高产高效开发”项目，拓展养鱼空间，变一年养一茬鱼为一年养两茬鱼，延长市场供应，提高单位面积养鱼效益，该项目获济南市星火计划三等奖。1998 年，美里湖街道郑店村水产养殖大户张敬玉在区水产站的指导下，开始塑料大棚养殖甲鱼试验，提高养殖空间和水温，当年获得成功，并取得较好效益。此后大棚渔业面积逐年扩大，品种以革胡子鲶鱼为主，大棚养殖革胡子鲶鱼主要是利用大棚提温，延长渔业养殖期，缩短革胡子鲶等热带水产品种的生长期，提高单位水面养殖效益。2003 年起，进行池塘无公害水产品养殖技术推广，进行健康养殖和无公害产地认定、产品认证。2004 年后，水产养殖主要从成效优势向休闲渔业方向发展，全区有商品渔基地 200 公顷，75% 的渔场均开展垂钓业务，专用垂钓的池塘 300 余个，面积 100 余公顷。休闲垂钓型的主要有黄河湾生态园等，观赏、教育型的有云湖锦鲤科普示范基地、黄河湾生态园、省淡水水产研究所等。2005 年，全区养殖面积 433 公顷，水产品总产量 3400 吨，实现产值 1836 万元。2006 年 11 月，山东东来农牧科技发展有限公司申报的“革胡子鲶鱼”通过农业部农产品质量安全中心无公害农产品认证，批准产量 1500 吨。大棚养鱼平均亩产效益达到 2 万元以上，是常规养殖模式的 10 倍以上。同年，全区共有水面 433 公顷，主要分布在段店镇、吴家堡镇、美里湖街道。其中，生产经营型（以渔业生产为主，以垂钓为辅的生产经营方式）的有睦里渔场、三教堂渔场、跃进湖渔场，共有商品鱼基地 333 公顷，75% 的渔场开展垂钓业务，专门用于垂钓的池塘 900 余个，面积 253 公顷；休闲垂钓型的有通达垂钓园、舜亚垂钓园、

收网　　（区农发局提供）

东方垂钓园等，投资单位和个人17家，合同投资4亿元；观赏、教育型的有亮亮观赏鱼养殖场、省淡水水产研究所等，省淡水水产研究所被授予“槐荫区青少年科普教育基地”称号。

第四章 林果业

第一节 林业资源

一、林地

1989年，全区有林地总面积602.7公顷，各种树木共258.4万株，主要有杨树、柳树、泡桐、刺槐、侧柏、苹果树、梨树、桃树、葡萄树、山楂树、石榴树等，农村林木覆盖率15.6%。2006年，全区林地面积983.6公顷。其中，森林面积632.3公顷，占64.3%（包括用材林356.3公顷，占56.3%；防护林206公顷，占32.6%；经济林70公顷，占11.1%）；苗木72公顷，占7.3%；未成造林地194公顷，占19.7%；无林地85.3公顷，占8.7%。树木品种主要有柳树、泡桐、毛白杨、速生杨、刺槐、侧柏、梨树、桃树、苹果树、山楂树、黄栌等，农村林木覆盖率16.1%。同年，全区林网覆盖面积723公顷，村镇树覆盖面积621公顷。

二、农田林网

1989年，全区农田林网面积1560公顷。1990—2001年，平均每年完善林网面积33.3公顷。2002—2006年，平均每年建设林网面积226.7公顷。2006年，全区农村林网面积3284.1公顷。其中，已林网化面积723公顷，占22.0%；需完善林网面积968.6公顷，占29.5%；未林网面积1592.5公顷，占48.5%。

三、林木蓄积量

1989年，全区林木蓄积量2.9万立方米，林木总株数58.4万株，其中用材林占24.4%，防护林占18.9%，经济林占55.6%，特用林占1.1%。1991年，全区林木蓄积量3.1万立方米。1995年，全区林木蓄积量4.5万立方米。2000年，全区活立木总蓄积量4.1万立方米，其中森林蓄积量0.98万立方米，占24%，林网蓄积量1.07万立方米，占26.2%。2006年，全区农村活立木总蓄积量6.34万立方米。其中：森林1.52万立方米，占24.0%；林网1.66万立方米，占26.2%；村镇树3.14万立方米，占49.5%；散生木0.02万立方米，占0.3%。

第二节 植树造林

一、育苗

1989年，全区绿化和果树苗木一直是由市林业局从济南市国有苗圃或从外地购买调拨，区域内育苗空白。1990年，育巨峰葡萄苗1.9公顷。1993年，巨峰葡萄苗扩展到13.3公顷。2001年后，借黄河实施淤背工程，建立黄河苗圃，培育城市道路绿化的塔松、银杏等名贵品种苗木20公顷。2006年，全区育苗2.9公顷。

济南园林苗圃 位于原张庄机场东侧。1989年，总面积105.7公顷，种植苗木39个科目、129个品种、12万株，定植80万株，出圃苗木12万株，培育花卉50余个品种。因建设二环西路，无偿占用土地10.08公顷，道路从苗圃中间穿过，由封闭式变为敞开式。2006年2月，市政府征用苗圃北侧土地19.07公顷，建设泉城花园小区，安置大明湖扩建拆迁户。同年，苗圃土地面积73.93公顷，有各种乔木、花灌木、长绿树、攀缘树种、各类花卉150余种、35万株。

济南市花卉苗木开发中心 前身为段店苗圃。1996年，段店苗圃更名为济南市花卉苗木开发中心。2000年，生产基地迁往济南市东部，位于经六路延长线兴济河西侧的3.33公顷生产基地建成济南市园林局职工宿舍。2003年，经十路拓宽，减少用地面积1239.5

平方米。2004—2005年，出圃品种20余个，苗木2万株。2006年，有生产用地16公顷，苗木品种80余个，花卉品种30余个。

二、造林

每年3月12日前后，动员全区各级干部及群众开展义务植树活动。1989年，全区造林面积590公顷，其中用材林244公顷、经济林289公顷，其他观赏及道路绿化57公顷，林木覆盖率19.3%。1990年，全区新造林40.3公顷，其中用材林30.3公顷，经济林10公顷。1991年，造林面积666.7公顷。1993年，全区新造林128.2公顷，其中防护林90公顷，荒山绿化38.2公顷。1994—2000年，平均每年造林面积100公顷。2001年，实施大环境绿化“绿色通道工程”，绿化道路12.8千米，完善林网266.7公顷。2003年，完成京福高速绿色通道工程，建成长12千米两侧宽50米的绿化带，折合造林面积101.7公顷。同年，实施黄河淤背区防护林建设工程，造林面积244.7公顷。2004年，黄河淤背区防护造林面积66.7公顷。2005年，造林面积105.3公顷。2006年，村村通公路绿化35.5千米。同年，全区造林面积72.7公顷。

第三节 林果生产

1989年，全区果树面积312.4公顷，果品总量1708.6吨，其中苹果1301吨，梨136吨，葡萄6.6吨，桃265吨。果树品种除苹果、梨、桃等常规品种外，重点发展“巨峰”葡萄20余公顷。1990年，引进种植“泰山大石榴”10公顷，被列入星火计划项目。1993年，种植“红富士”苹果32公顷，果树面积253公顷，达到高峰。1994年秋末，遭遇数十年一遇的冻害，222.7公顷果树受冻害，上千亩新植果树冻死，盛果期的果树也有部分大型果枝受冻害，损失严重。1995年，大面积进行果苗补植和盛果期果树的枝、芽嫁接，历经3年，果树面积和产量得到稳定。1998年，全区果树面积208公顷，果品总量2910吨。2003年，全区果树面积179公顷，果品总量2960吨。2006年，全区果品总量2944吨，其中：苹果1273吨，占43.2%；梨175吨，占5.9%；桃987吨，占33.5%；葡萄464吨，占15.8%；山楂20吨，占0.7%；其他果品25吨，占0.85%。

1993–2006年槐荫区部分年份果林面积及产量情况表

表3–5

年份	产量（吨）								面积（公顷）				
	合计	苹果	梨	葡萄	桃	杏	山楂	其他	合计	其中			
										苹果	梨	葡萄	桃
1993	3888	1848	265	559	1105	—	90	21	253	173	18	14	22
1998	2910	2230	163	194	280	1	37	5	208	145	21	16	21
2000	2850	1270	180	330	1010	—	37	23	168	71	15	19	56
2003	2960	1270	180	440	1010	—	37	23	179	71	18	26	56
2006	2944	1273	175	464	987	—	20	25	179	71	18	26	56

第四节　林业管理

一、林政执法

2003 年 8 月，市林业局把部分林业许可执法职能下放到槐荫区，主要有林木采伐许可、木材经营加工许可、苗木种子经营许可、林权证确权发证。2006 年，全年办理采伐证 9 件，查处滥伐林木案件 3 起，其中 1 起违法案件移交司法机关。

二、森林防火

1989 年，以区、镇、街道林业站为主，建立护林防火联络站 4 处，以区农委林果站为核心，另设吴家堡镇、段店镇大金办事处及朱庄办事处各 1 处，共投资 20 万元。1990 年，投资 15 万元，购置测报仪器，在沿黄重点林网建立测报站。1991 年，投资 10 万元，在吴家堡镇、段店镇主要林网设立瞭望台 4 个，每台雇用 3 人轮流负责观察火情。1992—1993 年，投资 12 万元，配备交通车辆和扑火机具。2001 年，建立防火专业队，完善森林防火各项制度。1989—2006 年，除腊山在冬春由于群众祭祀扫墓引发的零星杂草山火并及时扑灭外，全区没有发生林木火灾。

三、病虫害防治

1989—2006 年，全区发生的林木害虫多达 50 余种，主要包括食叶害虫类、蛀干害虫类和种实害虫类；林木病害有 30 余种，主要有毛白杨破腹病、杨树腐烂病、杨树溃疡病、苹果霉心病等。1989 年，发生虫害面积 207.3 公顷，其中柳蚜 73.3 公顷，榆兰金花虫 10 公顷，杨树天社蛾 100 公顷，光肩星天牛 24 公顷；防治面积 136.7 公顷，其中柳蚜 53.3 公顷，榆兰金花虫 10 公顷，杨树天社蛾 73.4 公顷。1990 年，防治虫害面积 140.7 公顷，基本控制杨树天社蛾、柳蚜等虫害的蔓延。至 2006 年，每年对于林木病虫害加强监测，科学预防，没有发生大的病虫灾害。

第五章　农业机械

第一节　农机设备

1989 年，辖区内段店镇、吴家堡镇共有农机 5514 台，由两镇农业机械管理服务站负责管理，为辖区内统一机耕、统一机播服务。全区农业机械主要有动力机械和配套机械，动力机械以 8.8 千瓦、18.4 千瓦小型拖拉机为主，有电动机、柴油机、汽油机等，服务领域涉及农业运输、经营运输、农田灌溉、场间作业、农副产品加工及其他副业加工等；配套机械主要有与拖拉机配套的农机具收割机、播种机、水泵等。1990 年前后，开始出现集体型、合作制型等多元化农机服务组织。1990—1994 年，农机化进入快速发展时期，农机服务领域逐步拓宽。1995 年后，农业机械由小型向大中型发展，开始使用背负式小麦联合收割机、玉米联合收割机、大中型小麦收割机、推土机等；农机经营服务范围由区内向区外发展。1996 年始，引进推广江苏产小麦半精量播种机。农用运输车（包括农用三轮、四轮、六轮）发展迅速。2000 年后，

新型水稻脱粒机　　（区农发局提供）

农业配套设施和城市建设快速发展，农业工程机械成为农机户的投资方向，相继购买多动力挖掘机、工程装载机、平整机械、大中型挖掘机等。2005 年，国家设立农机购置补贴专项资金，农业机械化进程加快，逐步形成功能齐全、门类众多的机械行业。2006 年，全区农机总动力 11.5 万千瓦，拥有农用拖拉机 846 台、农用汽车 185 台、农用运输车 2710 台、工程机械 72 台、联合收割机 80 台等。

1989—2006 年槐荫区部分年份主要动力机械情况表

表 3-6　　　　单位：台 / 千瓦

年份	镇	拖拉机	农用汽车	农用运输车	工程机械	联合收割机
1989	吴家堡镇	689/10306	91/6417	9/114	—	1/9
	段店镇	962/8920	89/6642	—	—	—
	合计	1651/19226	180/13059	9/114	—	1/9
1991	吴家堡镇	700/10167	89/6307	9/128	—	1/9
	段店镇	864/8573	106/7855	—	1/44	—
	全区合计	1564/18740	195/14162	9/128	1/44	—
1996	吴家堡镇	518/7522	153/10583	296/1834	3/502	1/9
	段店镇	662/7617	98/6972	21/339	3/231	24/356
	合计	1180/15139	251/17555	317/2173	6/733	25/365
2001	吴家堡镇	379/6708	175/9009	2240/21109	10/1147	29/1022
	段店镇	809/12117	101/6096	505/4240	27/1415	35/736
	合计	1188/18825	276/15105	2745/25349	37/2562	64/1758
2006	吴家堡镇	372/6660	107/5508	2105/18957	33/3560	66/4133
	段店镇	474/8026	78/4280	605/6720	39/6720	14/498
	合计	846/14686	185/9788	2710/25677	72/10280	80/4631

第二节　农机经营与维修

一、农机经营

20 世纪 80 年代，农机产品主要有 8.8 千瓦拖拉机、人力车、畜力车及其配件。后逐渐经销农用三轮车、13.2 千瓦拖拉机、联合收割机及配件等。1989 年，段店镇农机经销门市部、吴家堡镇农机公司经营农业机械。1997 年后，段店镇农机经销门市部、吴家堡镇农机公司实行经营承包责任制，成为自主经营、自负盈亏的经济实体。

二、农机维修

1988 年，段店镇拖拉机站与农业机械管理站合并为段店镇农机服务站，吴家堡镇拖拉机站与农业机械管理站合并为吴家堡镇农机服务站。段店镇拖拉机站与农业机械管理站两站合并后，取消农机维修车间，主要发展民营维修网点。1994 年，吴家堡镇农机服务站进行农机包修制试点。1995 年，包修率 90% 以上。1997 年，包修制度取消，对农机实行市场化服务。2006 年，段店镇有维修网点 20 余处。吴家堡镇农机服务站修理车间配有常用修理工具、钳工工具、台钻、砂轮、气焊、车床等设备，对拖拉机进行换件维修，对挂车、农机具进行焊接修理。

第三节　农机作业

20 世纪 80 年代末至 90 年代初，吴家堡镇农机作业主要是为农村基本建设、城乡道路建设、黄河工程等服务。1988—1989 年，参与济南大纬二路工程、高架桥工程建设。1990—1992 年，参与济聊高速公路零千米段工程建设。1996 年，段店镇农机服务站组织“三夏”西进东征小麦跨区域作业队和“三秋”东机西调跨区域作业队，配备 20 余台小麦联合收割机和 20 余辆大中型拖拉机赴濮阳、上蔡、舞阳、平度、文登、唐山等地进行跨区域作业，作业面积 5333 余公顷。1998 年，段店镇农机管理服务站牵头成立农业机械合作社，农机户成为合作社社员。1999—2001 年，吴家堡镇农机服务站组织农机户参与治黄路及部分村级公路、区食用菌示范园大棚基地、吴家堡镇浅水藕示范基地、区北方水生菜基地等重大工程建设，开发建设鱼藕池 200 余公顷。2000 年后，由于济南市商业经济快速发展，段店镇农机户由外出作业为主转为就近服务或者转行，农机跨区域作业逐渐减少。2005 年，段店镇牵头注册槐荫区农业机械技术协会，在技术指导、安全作业方面提供保障。2006 年，吴家堡镇农机户参与社会主义新农村、村村通公路、村村通自来水、沼气池等项目建设，实现经营收入 430 万元，利润 83 万元。

第四节　农机监理

1993 年前，农机管理、农机监理多借助于油料杠杆完成。国家为支援农业，每年按农业作业量及农机拥有量供给一定数量的平价柴油指标，平价柴油由农机站分配，拖拉机年审、年检率较高。1993 年，取消平价柴油，农业生产用油改为议价柴油。1994 年，《山东省农业机械管理条例》《山东省农机管理办法》颁布，农机管理工作步入法制轨道。辖区两站有 10 人被市农业监理站聘为兼职农机监理员，配合市农机站监理人员开展农机监理工作。

第六章　农业产业化

第一节　农业标准化

2003 年 10 月，济南丰农有限责任公司申报建立全市第一个国家级农业标准化示范区——国家级出口圆葱标准化示范区。2004 年，济南樱龙食品有限公司建立辖区第二个国家级出口圆葱标准化示范区。同年 11 月，全区耕地全部通过省农业厅认证，成为全市第一个实现种植业无公害产地全覆盖的县（市）区。2005 年起，开展无公害农产品认证，圆葱、大米、白莲藕 3 个农产品被农业部农产品质量安全中心认证为无公害农产品。2006 年 11 月，韭菜、革胡子鲶鱼 2 个农产品被农业部农产品质量安全中心认证为无公害农产品。同年，全区无公害农产品共有 5 个，批准产量分别为：圆葱 1.2 万吨、大米 9860 吨、白莲藕 1.25 万吨、韭菜 1530 吨、革胡子鲶鱼 1500 吨。

第二节　农业龙头企业

2006 年，全区省级农业龙头企业有济南一品实业有限公司 1 家，市级农业龙头企业有济南樱龙食品有限公司、济南丰农有限责任公司、济南好邦食品有限公司、济南福德食品有限责任公司 4 家，具有一定规模和发展潜力的区级龙头企业有济南槐荫天翼食品厂、济南富康肉类制品有限公司、济南润泽农产品保鲜加工厂、济南绿之风大米加工厂、济南斯派福瑞禽业科技有限公司、济南槐荫大金奶牛厂、济南盛农种苗有限公司、山东东来农牧科技发展有限公司、济南宝昊粮油食品有限公司、济南匡山蔬菜综合经营有限公司、济南八里桥蔬菜批发市场、济南段店农贸市场等。

一、济南一品实业有限公司

1996年，济南一品实业有限公司成立。2002年，引进到槐荫区，主营大蒜出口，是一家集农产品良种培育、基地种植、农业合作社组织、订单收购、恒温冷藏、农产品加工生产、国内和国外贸易于一体的外向型农业企业，注册资本1000万元。同年，公司对美国政府大蒜反倾销应诉获胜，"一品"品牌享誉海内外。2004年，公司被认定为农业产业化山东省重点龙头企业，并被认定为济南市高新技术企业。2006年，公司被认定为重点培育和发展的山东出口名牌企业。公司主要产品有大蒜、生姜和花生等3大系列、30余个规格的深加工制品，多个品种填补国内空白。产品出口到美国、意大利、印度尼西亚、澳大利亚、丹麦、韩国、俄罗斯等30余个国家。同年，公司完成进出口贸易1503万美元，"一品"大蒜产品出口居山东省第二位。

二、济南樱龙食品有限公司

2000年6月，樱龙食品有限公司成立，是由日本日中贸易株式会社投资的独资企业。主要从事蔬菜种植、加工和出口。公司成立后，发展订单农业，以"订单+龙头企业+农场+农户"作为基本组织形式，以契约作为基本的利益连接方式，实施标准化生产，基地发展到333余公顷。公司生产的"龙"牌圆葱在日本市场上享有"中国圆葱看山东、山东圆葱看济南"的美誉。2002年，该基地被评为全市十佳标准化示范基地。2003年，被评为国家级标准化示范区。2004年，公司被评为市级龙头企业。2006年，公司加工出口能力1.5万吨，创汇400万美元，成为集创汇、订单、绿色农业于一体的外向型农业创汇龙头企业。

三、济南丰农有限责任公司

1999年9月，济南丰农有限责任公司成立，是集生产、科研、加工、出口贸易于一体的外向型民营企业。科技示范园占地13.3公顷，圆葱及其他蔬菜基地1000公顷。公司"万亩圆葱出口基地高产技术开发"项目获济南市星火计划科技进步二等奖，科技示范园被山东省政府命名为引进国外圆葱高产技术示范园。2003年6月，被国家科学技术委员会及质检总局认定为国家级出口蔬菜标准化示范区。2004年，公司被评为市级龙头企业。2006年，公司注册资金350万元，有员工30人，固定资产600万元。拥有日本大型分选流水线11条，自行研制国产选果机5台，年生产能力超过1万吨，年产值过千万元。配有现代化钢架聚苯板结构氟式制冷系统1000吨恒温库1座(其中低温库200吨)，精加工车间面积400平方米，全部达到国家出口生产企业卫生登记注册标准。公司有农业高科技实验室、研究中心1处，面积560平方米，配备国内外先进的检验检测设备。出口主导产品"富永"牌圆葱，经农业部农产品质量安全中心认定为无公害农产品，公司是全市首批农业出口创汇重点龙头企业之一。

四、济南好邦食品有限公司

1996年，济南好邦食品有限公司成立，公司以专业研制开发农产品深加工为主，产品为各种口味的绿色食品馅料，主要原料为冬瓜、小豆、红枣、莲藕、莲子、花生、白糖、食用油、玉米淀粉、小麦粉等，产品畅销20余个省市。2002年，被济南市质量技术监督局、济南市标准化协会评为济南市优秀标准化单位；公司产品在天津市第一届焙烤技术比赛中被评为"唯一指定产品"。2003年，公司被中国产品质量协会评为质量诚信品牌企业、被中国市场研究中心评为中国质量服务信誉AAA企业。2004年3月，被国家质检总局评为月饼馅料质量放心品牌企业。2005年7月，公司产品被济南市消费者协会、济南市食品工业协会分别评为金牌产品和银牌产品。2006年，公司被评为济南市农业龙头企业。同年，公司有员工162人，固定资产1230万元。

五、济南福德食品有限责任公司

2000年7月，济南福德食品有限责任公司成立。公司经过发展，逐步形成饲料—养殖—屠宰—深加工—生物工程—专卖店的产业链。产品主要有“迎福”牌分割肉、香肠、酱下货、西式低温肉制品等。公司与西班牙合作生产的低温肉制品（无淀粉、无色素、无防腐剂的西式纯肉制品）填补省内空白，与南京农大、南京元化生物工程公司合作的带髓超细鲜骨粉项目填补国内空白。2006年，公司销售收入1753万元，利税199万元。

第三节　农业专业合作经济组织

2006年，全区有农业专业合作经济组织10家，会员2560人，带动农户8100余户，带动基地面积2200公顷，涉及市中、长清、济阳、齐河、商河等周边12个县区。

一、槐荫区大蒜技术协会

2003年8月13日，槐荫区大蒜技术协会成立，注册资金3万元。协会从事建设标准化示范基地、组织技术指导和培训，供应会员需求的生产资料，销售会员产品，制定产品生产标准，注册商标等。协会依托农业龙头企业和外贸出口单位，采取订单种植的方式，依据市场定产品、定种植面积，附加值比普通农民种植高5%。大蒜农业生产由原来一家一户分散种植变为组织化种植、规模化生产，由一般性生产变为标准化生产，由初级产品生产变为高附加值产品生产。2006年，协会有会员1017人，自有基地70公顷，带动基地233公顷。

二、济南槐荫蔬菜协同协会

2004年12月，济南槐荫蔬菜协同协会成立，由樱龙食品有限公司发起成立，是“民办、民管、民受益”的合作社会组织。2006年，协会有会员单位6个，个人会员120人。协会采用“公司+农户+基地”的生产经营模式，发展订单农业，农产品创汇基地形成规模。以圆葱、牛蒡为主的10余个蔬菜产品出口，从事创汇农产品种植的农户上千户，出口蔬菜面积400余公顷，辐射16个村，对农业的增收拉动作用明显。

三、济南槐荫圆葱技术协会

2003年3月，济南槐荫圆葱技术协会成立，以龙头企业带会员，遵循“民办、民管、民受益”的原则，推广和引进农业新技术、新项目、新品种。2003年起，先后邀请德国专家Dr.Binder、Dr.Karl-heinzZERBE以及日本专家佐藤正忠、大竹通男，就蔬菜种植、加工、保鲜、储藏等有关技术问题对会员进行培训。2005年，圆葱基地被农业部认定为第一批农业标准化示范区，被评为山东省百强农村经济协会。2006年，建立以段店镇为主，辐射周围24个行政村的农业标准化基地200公顷。同年，协会有会员181人，被山东省科协评为全省优秀科协先进单位。

四、济南槐荫新能源协会

2006年5月，济南槐荫新能源协会成立。在协会的带动下，全区建设沼气池1221个，新增太阳能洗浴设施2017套，建设规模化畜禽养殖场小型沼气工程2处。2006年，协会成立沼气服务中心2个，建立沼气施工队伍2家，实现从建池、维修、进出换料、零配件供应的服务网络，基本满足沼气用户的需要。

五、济南市槐荫区农业机械技术协会

2004年4月，济南市槐荫区农业机械技术协会成立，有会员128户。2006年，协会有会员621户，农业机械686台（部），其中小麦联合收割机68台、大型农业机械31部、农用运输车和小型拖拉机587部，机械完好率达95%以上。

六、济南市槐荫区渔业协会

2006年3月，济南市槐荫区渔业协会成立。通过联合全区分散的渔业生产者，增强行业间的凝聚力和协作力，连接生产、加工、销售各个环节，提高渔业产业化程度，为共同参与市场竞争创造条件。协会有鱼池133.3公顷，年产优质商品鱼1600吨，年供应优质苗种800吨。

七、济南市槐荫区奶牛协会

2005年4月，济南市槐荫区奶牛协会成立。2006年，协会有标准化奶牛养殖场1个和奶牛养殖小区8个，实行机械化挤奶，科学喂养，鲜奶达到“绿色食品标准”，全部由佳宝乳业有限

公司和蒙牛乳业有限公司收购，产销率100%，订单履约率100%。带动周边奶牛养殖户400余户，奶牛存栏量3280头，年产鲜奶1.8万吨，产值4000余万元。全区青贮玉米秸秆1.5余万吨，消化玉米秸秆2000公顷。奶牛养殖业已成为槐荫区农业的六大支柱产业之一。

第四节 休闲观光农业

2000年起，全区发展观光旅游农业，鼓励开发休闲观光渔业，在辖区美里湖地区形成休闲观光渔业雏形。2006年，形成以黄河为背景，以水为基调，融垂钓、观赏、休闲、娱乐、度假为一体的农业观光旅游景观区，初步具备餐饮、住宿、娱乐、观光、会议等接待功能。

一、槐荫区浅水藕示范基地

2002年，槐荫区浅水藕示范基地建成。位于吴家堡镇中赵村，占地面积13.3公顷，主要承担浅水藕试验示范、良种繁育和生产经营任务。周边董庄、楚庄等村，有星罗棋布的养鱼户兼营垂钓业务，没有形成较大规模。

二、美里湖乡村乐园

2003年，美里湖乡村乐园建成，总投资1800万元，占地面积50公顷。主要经营业务有垂钓、划船、生态观光、果品采摘、动物观赏、休闲住宿、会议接待餐饮等，吸纳就业人员45人，年接待2万人次，年综合收入160万元，增加农民收入70万元。每年“五一”期间，举办百家团体垂钓比赛和国际渔具展销会，吸引大批垂钓爱好者和游客。

三、中国北方地区水生蔬菜科技园

2002年，在原槐荫区淡水养殖实验场的基础上，投资200余万元进行改造和扩建，建成中国北方地区水生蔬菜科技园。科技园占地面积16.3公顷，主要经营业务有休闲住宿、会议接待、餐饮、垂钓、生态观光、水生菜和淡水产品试验示范及生产等，吸纳就业人员30人，年接待6000人次，年综合收入50万元，增加农民收入20万元。

休闲垂钓　　（区农发局提供）

四、美里湖畔休闲园

2004年，美里湖畔休闲园建成，占地面积1.3公顷，总投资300万元。主要经营业务有承担绿化、苗木培育、新苗木栽植与研究及试验，国内外苗木的实验、种植，兼营生态观光、会议、餐饮等，吸纳就业人员100人，年接待2万人次，年综合收入150万元，增加农民收入100万元。

第五节 出口农业

1994年，段店镇农委工作人员胡世亭与日本富永株式会社合作，引进优良“富永”系列圆葱品种及种植新技术，进行圆葱生产出口。1995年，兴建冷冻食品公司，取得速冻蔬菜自营出口权（2002年停止经营）。1999年，建立济南丰农有限责任公司，公司当年取得自营进出口权。2000年6月，由日中贸易株式会社投资成立济南樱龙食品有限公司（独资企业），主要经营圆葱、牛蒡、大葱、胡萝卜等蔬菜的种植、加工和出口。2002年，引进济南一品实业有限公司。2006年底，全区有自营出口权的农业龙头企业3家，年出口1600余万美元，带动区外出口蔬菜面积3333余公顷，带动区内出口蔬菜面积467公顷。

第七章 水 务

第一节 河道整治

一、玉符河

玉符河位于济南市境内，自卧虎山水库至北店子入黄河口，全长40.8千米，流域面积827.3平方千米，土质梯形河槽，辖区内长11.5千米。220国道以上以自然地势为堤，以下到入黄口，右堤是黄河大堤，左堤自古城至入黄口筑有生产堤，顶宽3～4米，河深5米，主河槽底宽30米，过水量200立方米/秒，左堤顶高程35米（黄海高程）。1999年，玉清湖水库建设时，占用睦里桥下游的直角段，投资150万元，对玉符河进行改道，左堤长737米，右堤长437米，底宽30米，堤防采用壤土填筑，内坡1∶2，采用M7.5浆砌块石护坡，厚度0.22米，下设反滤层，河底高程29米（黄海高程）。

二、腊山分洪工程

1965年春，腊山分洪工程由人工筑堤而成。工程位于济南市西部腊山以北，东起兴济河京沪铁路桥，西至槐荫区南宋家庄入玉符河，全长7.85千米，控制流域面积159.5万平方米。主要作用是拦截市区南部兴济河、大涧沟、陡沟的山区洪水，进入玉符河，再入黄河，以减轻市区洪水威胁及小清河干流洪水压力。辖区内长5.7千米，堤顶宽3米，高5米，过水流量30立方米/秒,堤顶高程36.0米,底高程32.0米。2006年5月,为解决右堤(拖机路桥至大杨庄段)渗漏严重问题，由济南市水利设计院设计，槐荫区水务局投资98.15万元，对该段堤防进行加固，将腊山分洪道右堤培厚，由原来的3.5～4米加宽到7米，治理长度636米；在腊山河接腊山湖处新建泄洪闸1座，设计流量10立方米/秒，采用胸墙式钢筋混凝土箱涵，1孔宽2.2米高2.2米，以调节腊山湖的水位。

三、小清河

小清河由槐荫区睦里闸发源至寿光市羊角沟入海，全长237千米，辖区内长12.1千米。1989年，小清河防洪能力为五年一遇。1996年冬至1997年春，省政府对小清河进行综合治理，对河道进行加宽、建筑物改建。治理后睦里村北跌水至二环西路桥为土质梯形断面，底宽20米，边坡1∶2；二环西路桥至槐荫区边界为矩形复式浆砌石挡土墙护岸,子槽底宽20米,深3米。1998年，由市小清河治理指挥部投资500万元，对沿河的金星桥、槐化桥、烟墩桥和南太平河闸进行改建和新建。2004年，因水大，莲子草堵塞河道，将南堡桥冲塌。汛期过后，进行改建。2006年，小清河防洪能力为二十年一遇。

四、腊山张庄排水沟

腊山张庄排水沟上接市中区陡沟排水沟，主要排泄市中区党家庄镇南部山区的洪水。1998年，由市水利局投资40万元，对其进行治理，长3千米，建设交通桥1座，生产桥3座，排水沟护坡长500米。

五、其他排水河

其他灌区内排水河主要包括：南太平河、曹家圈虹吸干河、北太平河、大杨庄排水沟、邱庄排水沟、济西铁路枢纽3条排水沟、峨嵋山排水沟、腊山河。大部分为洼地自然沟，经人工多年整治，底宽在2～9米不等，深度2～5米，过水量2～8立方米/秒。每5年进行彻底清淤1次，同时治理河道的内外边坡。

第二节 农田灌溉

一、机井灌溉

1988年，在周王滩区建设半固定式管道，喷灌面积73.3公顷。全区拥有机井1462眼，井灌面积2273.3公顷。1991年，在后周村周边地区建设低压管道,灌溉面积666.7公顷。1992年，在古城地区建设半固定式管道，喷灌面积66.7公顷。2006年，全区有机井2652眼（其中有1007眼机井用于引黄灌区水稻补源），井灌面积1770公顷。

二、引黄灌溉

黄河水是全区农业灌溉的重要水源，吴家堡镇水稻主要靠黄河水灌溉。1989年，全区有北店子引黄闸和杨庄引黄闸2处，引黄灌溉面积2133公顷。北店子引黄闸引水量50立方米/秒，原提水量30立方米/秒。同年，新建烟墩闸提水站，提水量2立方米/秒，2台机组，装机160千瓦。1991年，新建北店子河口提水站，提水量2立方米/秒，4台机组，装机200千瓦。1991—1992年，对杨庄中干渠进行防渗建设，长3.1千米，采用C15混凝土预制板衬砌，C15混凝土预制板压顶。1993—1994年，对北店子北干渠进行防渗建设，长4500米，采用C15混凝土预制板衬砌，C15混凝土预制板压顶。1999年，玉清湖水库建成，将北店子引黄闸原来的12台机组拆除6台，改建后向玉清湖水库供水，其余6台为农业供水，提水量15立方米/秒；杨庄引黄闸引水量10立方米/秒，提水量4立方米/秒，有干渠6条，支渠9条。2006年，引黄灌溉面积1740公顷。

第三节 饮水工程

一、玉清湖水库工程

玉清湖水库位于济南市西郊槐荫区与长清县（区）交界处。1999年5月16日，玉清湖水库工程正式施工。2000年12月29日，建成蓄水。2001年6月，正式向玉清水厂送水。玉清湖水库工程包括水库、北店子沉沙池、1号泵站、2号泵站、3号泵站及相应的输水管线工程。

玉清湖水库总库容4850万立方米，其中库容1220万立方米（含取土库容），调节库容3630万立方米，年供水量1.46亿立方米。设计蓄水位38.35米（黄海高程，以下同），最低水位31.10米，坝轴线以内面积4.90平方千米。坝轴线总长9.64千米，坝顶高程40.85米，戗台高程36.30米。坝顶宽度7.5米(净宽7.0米)。最大坝高12.4米，上、下游坝坡戗台以上1∶3，戗台以下1∶3.5。水库总占地面积618.2公顷。

北店子沉沙池将经由北店子引黄闸和1号泵站引来的黄河水进行沉沙处理，水含沙量小于1千克/立方米。沉沙池位于吴家堡镇北店子村南的黄河滩区内，地势平缓，地面高程29.0～31.0米，北高南低，工程总占地面积1.59平方千米，围坝总长7.63千米，其中利用黄河大堤4.27千米,新筑围坝3.35千米。设计水位36.0米，最低水位33.0米。

1号泵站位于吴家堡镇北店子农业扬水站处，设计年引黄河水16875万立方米，共有6台480千伏安机组，其中4台机组运行，最大日提水量100万立方米。1250千伏安主变压器2台。1号泵站主要由前池、泵室、压力钢管、压力水箱、调压井、预应力钢筒混凝土埋涵、出口控制闸、出口防冲段、35千伏安变电站、高低压配电控制室及管理房组成。黄河水经北店子引黄闸进入前池，通过6台轴流泵，将水经压水钢管进入压力水箱及调压井，通过双排DN2200的混凝土埋涵将水送至沉沙池。

2号泵站作用为将沉沙池内经沉沙处理的水送入玉清湖调蓄水库，位于段店镇龙王庙村附近，邻靠黄河大堤，由出沉沙池节制闸、进水前池、泵房、出水钢管、自流入水口、出水池等主要建筑物组成。另有变配电室、控制室、机修室、值班室等辅助建筑物和部分围堤。装有监控设备4套。2号泵站设有280千伏安机组3台，140千伏安机组2台，800千伏安主变压器2台。常年以自流方式向3号泵站输水。

3号泵站作用为将玉清湖水库内的水送至玉

清水厂，保证玉清水厂每天向济南市区供水40万立方米。主要有管理平台、出库泵站、高低配间、出水管道引桥、闸阀室等主体建筑物组成。另有办公楼、机修车间、仓库、食堂、车库、平台护坡及排水等附属设施。3号泵站设有350千伏安机组6台，全部为进口泵，设计日输水量44万立方米。2000千伏安主变压器2台。整个泵站采用双电源供电，分别是朱玉线和平水线，其中朱玉线共55级线杆，平水线共174级线杆，保证在一条线路故障情况下水库的正常生产不受影响。

玉清湖水库至玉清水厂的输水管线采用双管线，2条管线直径1600毫米，长5.5千米。管材型号原设计沿线为两种标准的预应力混凝土管。即前段地面较低，采用预应力钢筒混凝土管；后段地面较高，地下水位低，采用预应力三阶段混凝土管。其余过沟河管道倒虹采用钢管。输水管道埋设于地下，设计最小管顶覆土深0.8米，局部不足0.8米的管段，要求回填到0.8米。玉清湖输水管线西起玉清湖水库出库泵站（起点），东至玉清水厂（终点），途径槐荫区麻家沟村、东谢屯村、筐李村、古城村、田庄村、河王村、南北穿越经十西路过后周大桥后继续向东至后周村，穿越铁道和腊山分洪河道。

二、村村通自来水工程

槐荫区地处济南市城郊接合部，共有村居101个。2004年前，农村自来水发展未列入国家统一规划，扶持力度相对较小，靠城区近的村较早接入城市自来水管网，一些经济实力较强的村，先后打井建立自来水系统。2004年，国家提出“村村通自来水”发展规划，全区开始对农村自来水进行普查、规划和建设，农村自来水发展进入一个全新快速发展时期。同年底，全区普查时，农村接通城市自来水管网的有15个村居（其中段店镇2个村、段店北路街道7个村居、匡山街道4个村居、张庄街道2村居）共19450人；以村为单位安装自来水的有28个村居（其中段店镇26个村、美里湖街道1个村、张庄街道1个村）共33302人；饮用手压水井的水有58个村(其中段店镇12个村、美里湖街道13个村、吴家堡镇33个村）45349人。2005年，对全区农村自来水建设进行全面调研论证、科学规划和报批。2006年，开始大规模建设。至年底，共建设自来水工程58处，每处工程打深井1眼，深100米左右，采用325毫米螺旋钢管为护管，配备变频控制设备1套，管理房1座。村内给水主管、支管及入户部分均采用卫生级PE管。供水保障率按95%控制，每人每天给水量100升，二、三产业用水保证率85%，完成建设计划的100%，入户率100%，水质达到GB 5749-85生活饮用水卫生标准，共解决安全饮水人口45349人。工程建设总投资1706.85万元，其中水源工程建设685.05万元，村级管网工程投入1021.80万元。

三、济平干渠槐荫段

南水北调工程东线济平干渠槐荫段自段店镇大李村入槐荫区，在段店镇睦里村北入小清河，境内长4.7千米，有交通桥6座，穿玉符河、黄河大坝倒虹吸1处，长1000米，节制闸1座。槐荫段工程占地面积49.7公顷，工程总投资12亿元。2001年5月起，槐荫区开始组织人员对区内工程进行前期地面附属物初步清点。2002年12月27日，山东省南水北调工程建设指挥部在平阴县举行开工仪式。2003年3月10日，施工企业及监理单位进场施工。至2006年1月8日，槐荫区境内土方、建筑物及渠道衬砌全部完成。

第四节　防　汛

区政府成立由区农业经济发展局、区粮食局、区供销社、区公安分局、区人民武装部等部门负责人为成员的内河防汛指挥部，统管全区内河防汛排涝、灾情救助和人员安置等工作。区农业经济发展局具体负责全区的防汛工作。内河主要有小清河、玉符河、腊山分洪工程和南、北太平河等河流。全区每年制订预案，落实预防和治理措施。春季内河枯水期，组织劳力对河道进行清淤，疏通河道。“三夏”结束，立即投入汛期河道的清障。集中时间，组织劳力对河道的水草、抗旱提水的填堵坝子、临时搭建物及阻水设施实施清理，以保证汛期河道的泄洪顺畅。内河防汛的主要任务是玉符河及小清河的防洪。重点是雨季丰水季节，卧虎山水库水位超过警戒线后，即向玉符河开闸泄洪排入黄河。一旦洪涝量大，时间集中，又值黄河汛期，涨满顶托，以致洪水在玉符河滩区滞留，通过小清河昼夜排洪下泄，又造成两岸洪水漫溢，向农田倒灌，形成涝灾，农业遭受严重经济损失。

1990年8月，济南市连降大雨，卧虎山水库超过警戒水位。8月19日，开闸放水，下泄30立方米/秒，由于玉符河入黄口高，洪水不能顺利排入黄河，开启睦里闸50厘米，流量7立方米/秒，减少滩区受淹面积，没有造成大的损失。1994年7月，黄河洪水与卧虎山水库洪水相遇，在入黄口筑一道土坝。7月8日，黄河水消退后，调动济南陆军学院官兵100余人，将河口开通。1996年7—8月，济南市连降大到暴雨，市中区党家庄镇的洪水通过陡沟排水沟入腊山分洪河道。7月31日，由于洪水较大，加之排水不畅，洪水冲入辖区段店镇张庄村，61户村民家中进水。汛情发生后，市、区、镇三级防汛机构迅速组织人力物力到达现场展开抢险救灾工作，共动用机械3台、大功率水泵5台，利用1天时间，将洪水排掉，没有造成人员伤亡。8月9日，受黄河洪水倒灌和卧虎山水库下泄洪水的共同影响，玉符河下游滩区全部被淹，受淹面积406.6公顷，水位35米（黄海高程）。由于洪水持续不退，17日将丁字河北岸冲开，长90米，淹没长清区面积100公顷，并威胁罗屯等村庄安全。经过槐荫区、长清区的全力防守，没有造成重大损失，8月25日洪水消退。1998年8月，济南市连降大到暴雨，卧虎山水库水位猛涨。8月22日，开始放水，9点流量达到27立方米/秒，10点增加到50立方米/秒，下午1点增加到70立方米/秒。至8月31日，由于洪水不能顺利排入黄河和小清河，辖区滩区受淹面积386.7公顷，经济损失452万元。2004年6月9日，卧虎山水库开始放水，流量10立方米/秒。6月18日，加大到50立方米/秒。6月20日，黄河开始调水调沙。6月23日，黄河水到北店子流量2500立方米/秒，并倒灌入玉符河下游滩区。7月29日，省南水北调施工的丁字河段出现管涌，水位达33米，施工人员通过灌水泥的方法，确保该段安全。古城的防洪堤出现裂缝，区、镇防汛机构组织村民加强防守并加固堤坝。7月30日，入黄河口生产桥两侧桥台出现坍塌，8月4日填筑块石200立方米，保证生产桥安全。7月30日，由于小清河排水量大，将河中的大量水草冲至下游，致使南堡桥两侧桥台坍塌，没有造成人员伤亡，直接经济损失50万元。2004年12月20日，完成南堡桥改建。

第五节 水资源管理

1999年5月，成立槐荫区水政监察大队。2001年，成立区水务局，建立专职监察队伍，各项工作逐步规范，水资源管理开始走向正轨。同年，制定《槐荫区水政监察制度》《槐荫区水政监察员工作规范》等。2003年初，区水务局对辖区水资源进行全面调查论证，对农村及企事业单位用水实行全面登记。按照《中华人民共和国水法》《山东省水资源管理办法》及《济南市水资源管理办法》，对未接自来水管网的企事业单位办理取水许可证、安装水表、统一实行计量收费和超定额累进加价制度。同年4月，开始征收水资源费，征收标准为2.1元/立方米（此前自来水管网外未曾征收）。2004年起，区水务局每年利用“3·22世界水日”“中国水周”及“世界环保日”，在华联广场、槐苑广场和大型社区进行《中华人民共和国水法》《中华人民共和国防洪法》《中华人民共和国水土保持法》等法规的宣传。在“政务热线”等媒体讲解工农业及群众生活用水疑难问题；编印有关节水保泉、防洪防汛、水土保持宣传材料，每年发放1.5万份以上。2005年，水资源费提高至2.6元/立方米。2003—2006年，区水务局共征收水资源费530万元，除上缴财政和省、市水利部门外，资金全部用于水利基础设施建设；共查处各类水事违法案件160余起，挽回经济损失130余万元，节水170余万立方米；协助市水利局共审批发放取水许可证178套（含换发证），审批水量336万立方米（农村灌溉、畜牧及人员少量饮用水暂不办证和收费）。2006年，有专职水政监察员7人，兼职12人。街道（镇）、村水事管理员108人。

第八章　黄河治理

第一节　河　道

一、位置流向

黄河槐荫区段河道上迄吴家堡镇北店子村，下止美里湖街道办事处刘七沟村，河道长度为14.25千米，纵比降约为万分之一，河道宽度在0.44～1.4千米之间，属黄河下游最窄河段，最窄处（曹家圈铁路大桥）河道宽度仅为441米，两岸堤距仅为488.7米。河道主河床普遍高于两岸自然地面3～5米。两岸险工多，汛期洪水全靠两岸险工控制；桥梁多，浮桥、铁路桥、高速公路桥各一座。槐荫辖区河道弯曲且相对较窄，滩区低，3000立方米/秒左右的洪水，主河道的滩区大多就会漫滩；当出现3000～5000立方米/秒洪水时，两岸因有多处险工对峙控导，过水主河槽及险工溜势相对稳定，滩岸相对较少出现坍塌。

二、滩区

河道内有大小滩区6处，分别为朱庄、睦里、西张、棉张、郑家店、刘七沟滩区，总面积20.9平方千米，其中耕地6.53平方千米，涉及段店镇、吴家堡镇和美里湖街道共34个村、2.41万人。

第二节　工　程

一、堤防工程

黄河槐荫区段堤防工程上迄段店镇宋庄，下止美里湖办事处刘七沟村，相应右岸大堤桩号-（1+980）～22+650，全长24.281千米。堤顶高度9～12米，临河坡1∶2.5～1∶3，背河坡1∶3，堤顶高程37.45～40.03米（黄海基准面），平均高出背河地面10米以上。堤防工程是在原民埝基础上陆续培修形成的。新中国成立后，先后进行5次帮宽加高（1950—1951年，1953—1955年，1962—1964年，1977—1983年，2000—2004年），3次上接延长（1955年、1983年、1999年）。堤防宽度、高度已全部达到2000年设防标准，并已全部堤顶硬化。

二、险工、控导工程

黄河槐荫区段险工共3处，分别是北店子、曹家圈、杨庄险工，共有坝岸100段，工程长度5329.2米。控导工程1处，段庄控导，在2003年堤防帮宽工程中被占压，2006年恢复。

北店子险工　始建于1898年，工程长度1001.7米，坝岸32段，主坝为5#、8#、10#、13#。1989—1992年，改建12段坝为浆丁扣。2004年，按照2000年设防标准进行加高改建。

曹家圈险工　始建于1898年，工程长度1804米，坝岸33段，主坝为9#、15#、17#、21#。1991年、1997年分别进行加高改建。2004年，按2000年设防标准对所有坝岸进行加高改建。

曹家圈险工　（区黄河河务局提供）

杨庄险工 始建于1881年，工程长度2523.5米，坝岸35段，主坝为15#、16#、22#、27#。1993年、1994年、1998年、1999年分别进行了加高改建。2004年，按2000年设防标准对除12#～30#坝以外坝岸进行加高改建，其中6段坝退坦改建,其余坝岸按原结构顺坡加高，展宽坝基。

三、涵闸工程

黄河槐荫区段有各类涵闸3处4座，其中引黄闸2处3座（北店子新、老闸，杨庄闸），设计引水流量60立方米/秒；排涝闸1座（睦里闸），排水流量5立方米/秒。北店子引黄闸（相应大堤桩号8+750）有新闸老闸各1座，新闸设计引水流量为50立方米/秒，老闸为30立方米/秒，设计灌溉面积6666.67公顷；新闸和老闸之间有提水站1座，主要用于农田灌溉和城市供水。杨庄引黄闸相应大堤桩号16+045，设计引水流量10立方米/秒，设计灌溉面积4000公顷，主要用于灌溉农田。睦里排涝闸位于黄河右岸段店镇睦里庄南邻，相应大堤桩号1+590处，设计排水流量5立方米/秒，加大排水流量10立方米/秒。

北店子引黄闸 （区黄河河务局提供）

第三节 防汛防凌

一、防汛

黄河汛期分桃汛、伏汛、秋汛和凌汛。桃汛较小，在4月上旬和中旬；伏汛和秋汛最大，在7—10月；凌汛在1—2月。枯水期在11月至次年1月和5月下旬至6月上旬。

1986—2005年，黄河槐荫区段内共发生险情173次，其中一类险情6次，二类险情167次。险情主要集中在1988年至1993年、1995至1996年、1998年、2002年、2003年和2005年。其中1988年发生二类险情17次，1996年发生一类险情4次、二类险情66次，1998年、2002年分别发生二类险情14次、19次，2003年发生一类险情2次、二类险情24次。

1986—2005年，出险抢护共使用土料1.18万立方米、石料1.73万立方米、柳秸料9.30万公斤、铅丝1.76万千克、编织袋3.12万条、麻袋0.50万条、土工布4252.5平方米。

二、防凌

1986年后，黄河下游冬季气温偏高，来水量偏少，加上小浪底水库的调节运用，黄河下游凌情相对较轻，但由于河道主槽淤积抬高严重，加剧了“二级悬河”的不利局面，局部河段成灾的情况仍然存在。

每年凌汛前组织防凌队伍8000余人，主要有基干班、防汛班、抢险连、肩负防凌汛抢险任务的各大型厂企抢险队，组建冰凌爆破队、爆土队、专业队伍等。至2006年，境内未发生较大险情。

第四节 调水调沙

调水调沙是通过加大小浪底大坝放水流量，把淤积在河道中的泥沙送入大海，冲刷河床，减缓泥沙的淤积。依靠大型水库的人工调节，由小浪底水库“制造”一个含沙量小于20千克每立方米、流量约在2600立方米每秒的洪峰，持续10天以上通过花园口水文站、洛口水文站，创造一种能够冲刷下游河床泥沙的“人造洪峰”，输沙入海。

调水调沙始于2002年，其中2002—2004年，开展了三次不同模式的调水调沙运用试验，2005年起，转入结合汛前腾空防汛库容和汛期防洪调度的生产运行式调水调沙。

第四编

工 业

GONG YE

槐荫区志

1989—2006

1989 年，全区共有工业企业 501 家，其中区属企业 406 家，驻区企业 95 家（其中国营 42 家、集体 53 家）。区属工业全年总产值 40175 万元，实现利润 2443 万元，出口交货值 649 万元。1993 年，成立济南美里湖旅游经济开发区（1995 年变更为济南民营科技产业园；1996 年初，山东省政府批准成立美里湖街道；2001 年，济南民营科技产业园与办事处实行“园办合一”管理体制），辖区形成东部老城、中部城郊结合和西部两镇（段店镇、吴家堡镇）三个不同特点的工业经济区域。

20 世纪 90 年代中后期，全区工业实施“东、中、西”经济发展规划，形成汽车、机械、建材、轻化四大支柱产业。21 世纪初，围绕“抓住新机遇，建设新槐荫”的工作主题，全区加大工业结构调整力度，进行工业技术改造，巩固、提高汽车改装及配件制造业、机械制造业、化学制品业，发展新材料产业以及电子信息产业、生物技术产业，工业发展速度与效益明显提高。2005 年 5 月，市政府将 18 家市属国有、集体企业管理权限下放，由区政府行使出资人职责。2006 年，全区有规模以上工业企业 111 家，实现增加值 29.9 亿元，销售收入 89.7 亿元，利税 6.1 亿元，其中利润 3 亿元。

第一章 工业体制改革

第一节 管理体制改革

1989 年，区属工业企业由槐荫区经济计划委员会管理，街办企业由各属地街道负责日常管理工作，区企业改制工作由区经济体制改革委员会负责。当年，辖区有区属工业企业 16 家，归槐荫区经济计划委员会管理，全部为集体所有制企业。1992 年起，区经济计划委员会按照“产权明晰、责权分明、政企分开、管理科学”的现代企业制度目标，先后对区属工业企业推行多种形式的产权制度改革。1992—2004 年，有 7 家原部队或市级工业企业划归槐荫区管理，企业涉及机械制造、机械加工、锅炉制造、化工等行业，是全区工业的重要支柱。2005 年 5 月，市政府将 18 家市属国有、集体企业管理权限下放槐荫区，由区政府行使出资人职责。6 月，撤销区体改办，成立区国有资产监督管理委员会，履行国有企业出资人的职责，负责全区企业国有资产的管理、处置和审批工作。8 月 30 日，区政府下发《关于将部分原市属国有（集体）企业移交属地街道办事处管理的通知》，除济南市第二建筑工程总公司、中国济南电工设备总公司、济南大型汽车运输公司 3 家企业由区经济发展计划局负责管理外，其他 15 家企业全部移交所在街道管理，继续享受市属企业改革改制政策。街道具体负责企业的日常管理和企业资产保值、增值，参与企业改制方案的制定和实施，维护企业及职工的稳定。区国资委代表区政府履行出资人的职责，负责企业改制指导、方案审批、资产处置审批和企业破产审核。至 2006 年底，全区完成改制企业 27 家，济南剪切设备厂、济南鲁军工程总队、济南市槐荫区工业供销总公司、济南市槐荫印刷材料厂、济南市槐荫化工总厂、中国济南电工设备总公司等 14 家企业未进入改制程序。

2005年济南市移交槐荫区街道管理企业情况表

表4-1 单位：家

街道名称	企业数量	移交企业名称
五里沟街道	2	济南市机电设备集团总公司（济南市汽车销售有限公司）、济南服装二厂
中大槐树街道	1	济南广友物流配送集团有限公司（济南百货批发总公司、济南文化用品总公司）
西市场街道	2	济南经济贸易开发总公司、济南重型汽车配件厂
青年公园街道	2	济南齐鲁标准件厂、济南半导体三厂
振兴街街道	3	济南电焊机厂、济南汽车水泵制造厂、济南五金工具二厂
段店北路街道	2	济南压铸厂、济南第四仪表厂
美里湖街道	1	济南篷布厂
张庄街道	2	济南绿晨日用化工总厂、济南市塑料十厂

2005年济南市市属企业驻槐荫区情况表

表4-2 单位：万元

单位名称	地 址	销售收入	利润	利税
济南汽车配件厂	经十路286号	18323.90	1701.00	3161.90
济南亨通制笔有限公司	经十路384号	7342.00	51.30	120.80
济南试剂总厂	丁字山路35号	639.20	0.00	38.50
齐鲁三联印务有限公司	经二路701号	1781.20	3.60	35.90
山东邮电服装厂	经四路528号	268.20	-138.00	-109.10
山东绿洋食品厂	经二路539号	76.80	-746.00	-639.00
济南鲁联物产有限公司	经一纬七路5号	9944.80	793.30	1025.00
中国北车集团济南机车车辆厂	槐村街73号	77582.00	-1972.00	-913.00
济南市汽车修理厂	道德北街239号	547.00	-82.50	-78.20
济南文建印刷厂	经七纬七127号	5248.30	31.30	445.50
济南二机床集团有限公司	机床二厂路4号	87306.00	3500.00	10437.80
山东健康药业有限公司	南辛南街18号	2749.00	162.00	428.70
济南市新光机床配件厂	机床二厂路10号	2996.00	45.00	188.20
济南试金集团有限公司	济微路24号	17700.80	625.00	1544.80
济南民天面粉有限责任公司	机床二厂路3号	20045.10	15.10	189.80
济南铁路局配件厂	经十路518号	2279.70	-211.10	-74.70
济南镇海机械厂（7313工厂）	济兖路58号	721.00	3.60	18.80
济南元丰纺纱实业公司	张庄村	4277.60	2.10	234.00

续表 4-2

单位名称	地　址	销售收入	利润	利税
济南鲁鹰进口汽车维修服务中心	张庄路 433 号	1594.80	-156.20	-153.20
山东省邮政机械厂	腊山北路 16 号	2833.30	1.20	9.60
济南拔丝镀锌厂	大饮马村	359.10	-205.70	-196.00
山东东方药业集团有限责任公司	西外环路 8 号	4899.50	-270.50	8.10
济南天齐特种平带有限公司	济齐路 92 号	4564.50	-570.80	-188.20
济南市华星纺织器材有限公司	济齐路 92 号	1243.30	5.80	60.60

一、股份制改造

1998 年 8 月，济南剪切设备厂由职工出资，组建济南豪达摩托车股份有限责任公司，主要生产家用各式专用摩托车。2001 年 4 月，济南市第二变压器厂（曾用名济南市槐荫区变压器一厂）改组为内部职工持股的股份制公司，成立济南第二变压器有限公司，主要生产各种型号的工业及民用变压器。2002 年，济南金銮集团有限责任公司企业职工一次性买断企业产权，企业职工身份置换，成立独立经营、独立核算、自负盈亏的有限责任公司。

二、兼并重组

1990 年，鲁滨实业公司兼并北方微型汽车厂。1993—1995 年，济南消烟锅炉厂、槐荫建材厂、济南跃进化工厂 3 家企业分别被振达集团、槐荫金属机械厂、济南市槐荫区工业供销总公司兼并。2000 年 11 月，济南冷冻食品公司被山东长城实业集团总公司兼并。2001 年 3 月，济南爱民制药厂进行股份制改造；7 月，被济南药业集团有限责任公司兼并。2002 年，济南市金属回收加工厂、济南汽车低温起动装置厂被中国济南电工设备总公司兼并；济南电梯厂被济南重机集团公司兼并。2003 年，济南鲁兴木工厂被山东省金志房地产开发有限公司兼并。产权出让后，企业债权全部由兼并方或买断方接管，国有产权全部退出，真正实现政企分开、权责清晰的产权制度改革。

三、破产拍卖

1991 年，济南电器线材厂破产，成为槐荫区第一家破产的街办企业。1998 年，济南电石厂因严重资不抵债宣告破产，成为槐荫区第一家进入破产程序的区直企业。该企业财产经公开拍卖，由山东省大成建设有限公司竞买，企业债权债务、职工全部由山东省大成建设有限公司接管。1998—2004 年，先后对资不抵债、又无法盘活的济南槐荫低压锅炉厂、济南气动元件实验厂、济南起重设备总厂、济南市环保锅炉厂、济南市塑料制品厂等 5 家区属企业依法实施破产。至 2004 年，济南电子器材厂、济南人民电器开关厂、医疗机械厂、济南槐荫热管茶炉厂、热处理设备厂、槐荫塑料厂、槐荫印刷装订二厂、济南侨光汽车装具厂、机床标牌厂、济南节能设备厂、济南友谊食品厂、济南印刷装订一厂、济南市老茂生糖果厂、济南日历印刷厂等 14 家街办企业破产。

1989—2006 年槐荫区区属企业改制情况表

表 4-3

序号	单位名称	改制时间	政府批文	改制形式	破产时间	法院批号	备注
1	济南消烟锅炉厂	1993.6	—	合并	—	—	振达（道德街街道）集团
2	槐荫建材厂	1994.2	—	合并	—	—	槐荫金属机械厂

续表 4-3-1

序号	单位名称	改制时间	政府批文	改制形式	破产时间	法院批号	备注
3	济南跃进化工厂	1995.1	—	兼并	—	—	济南市槐荫区工业供销公司
4	济南电石厂	1998.4	济槐政批〔1998〕4号	破产	1998.5.6	〔1998〕槐经破字第3号	
5	济南冷冻食品公司	2000.11	济槐体改批字〔2000〕11号	出售	—	—	山东长城实业集团总公司 1992.5 济槐政发〔1992〕41号划归区经计委管理
6	济南爱民制药厂	2001.3	济槐体改批字〔2001〕9号	股份合作制	2001.7.5	兼并	济南药业集团有限责任公司
7	济南第二变压器厂（原济南市槐荫变压器一厂）	2001.4	济槐体改批字〔2001〕10号	股份合作制	—	—	—
8	济南槐荫低压锅炉厂	2002.7	济槐政字〔2002〕47号	破产	2002.7.24	〔2002〕槐民破字第3号	—
9	济南气动元件实验厂	2002.7	济槐政字〔2002〕46号	破产	2002.7.24	〔2002〕槐民破字第4号	—
10	济南市金属回收加工厂	2002.8	济经企改办字〔2002〕20号	兼并	—	—	中国济南电工设备总公司
11	济南起重设备总厂	—	—	破产	2002.8.20	〔2002〕槐民破字第5号	—
12	济南市电梯厂	2002.10	济槐经计字〔2002〕75号	兼并	—	—	济南重机集团公司
13	济南汽车低温起动装置厂	2002.11	济槐政字〔2002〕84号	兼并	—	—	中国济南电工设备总公司
14	济南市环保锅炉厂	2003.5	济槐政字〔2003〕23号	破产	2003.6.20	〔2003〕槐民破字第2号	—
15	济南鲁兴木工厂	2003.5	济槐政字〔2003〕24号	兼并	—	—	山东省金志房地产开发有限公司
16	济南市塑料制品厂	—	—	破产	2004.4.8	〔2004〕槐民破字第1号	—
17	济南金銮集团有限责任公司	2002.2.22	济槐体改办批字〔2002〕3号	成立有限责任公司	—	—	—
18	济南大运物流有限公司	—	—	成立有限公司	—	—	2005年下放前已完成改制
19	济南二建集团工程有限公司	—	—	成立有限公司	—	—	2005年下放前已完成改制
20	济南广友物流配送集团有限公司	—	—	成立有限公司	—	—	2005年下放前已完成改制
21	济南市塑料十厂	2006.12.30	济槐国资批字〔2006〕18号	整建制移交	—	—	—
22	济南服装二厂	2006.8.21	济槐政字〔2006〕2号	破产	—	—	—
23	济南市经济贸易开发总公司	2006.10.23	济槐政字〔2006〕25号	破产	—	—	—
24	济南标准件厂	2005.12.19	济槐政字〔2005〕38号	破产	—	—	—
25	济南电焊机厂	2006.4.19	济槐国资批字〔2006〕3号	股份合作	—	—	—
26	济南市汽车水泵制造厂	2006.7.31	济槐国资批字〔2006〕5号	兼并	—	—	—
27	济南五金工具二厂	2006.9.5	（2006）槐民破字第3号	破产	—	—	—

续表 4-3-2

序号	单位名称	改制时间	政府批文	改制形式	破产时间	法院批号	备注
28	济南绿晨日用化工总厂	2005.12.19	济槐政字〔2005〕39号	破产	—	—	—
29	济南槐荫化工总厂	—	—	—	—	—	—
30	济南剪切设备厂	—	—	—	—	—	—
31	济南印刷材料厂	—	—	—	—	—	—
32	济南鲁军工程总队	—	—	—	—	—	—
33	中国济南电工设备总公司	—	—	—	—	—	—
34	济南市槐荫区工业供销总公司	—	—	—	—	—	1995年11月，由道德街划归区经计委管理
35	济南市机电设备集团总公司	—	—	—	—	—	—
36	济南重型汽车配件厂	—	—	—	—	—	—
37	济南半导体三厂	—	—	—	—	—	—
38	济南百货批发总公司	—	—	—	—	—	—
39	济南文化用品总公司	—	—	—	—	—	—
40	济南压铸厂	—	—	—	—	—	—
41	济南第四仪表厂	—	—	—	—	—	—
42	济南篷布厂	—	—	—	—	—	—

第二节　企业集团

1992年，成立全区第一家企业集团——济南金龙集团，该集团为以济南市金龙实业公司为核心、以济南耀福塑胶有限公司等12家企业为紧密层、以槐荫区张庄制氧厂等7家企业为半紧密层的独立核算、自主经营、自负盈亏、具有独立法人地位的集体企业。1993年，成立山东实力集团、山东匡山集团、济南恒泰集团、济南宝冠集团、济南鲁滨集团、济南大金集团、山东担山集团。红旗实业公司与德国考格尔汽车制造有限公司合作成立济南红旗——考格尔汽车制造有限公司。1995年，在济南军区东方制药厂基础上组建成立山东东方药业集团有限责任公司。同年，峨嵋滑动水口厂改制为山东峨嵋集团有限公司。1997年，山东峨嵋集团有限公司改制为济南新峨嵋实业有限公司，形成包括济南新思维装饰材料有限公司、峨嵋技术开发中心、济南瑞金汽车出租公司、京福物流公司等企业组成，集科研开发、生产销售、服务贸易于一体的多元化、综合性公司。同年，由济南槐荫建材玻璃品厂、槐荫复合材料厂、槐荫兴华五金厂、济南稀贵金属提炼厂、济南消声器厂5家单位合并成立济南羽田（集团）有限责任公司，注册资本1281万元(由于各种原因，公司成立后一直没有实际经营)。1999年，山东东方药业集团有限责任公司实施兼并联合后，成为国有控股的大型医药集团公司。

2000年7月，济南福德食品有限责任公司成立，公司形成饲料—养殖—屠宰—深加工—生物工程—专卖店的产业链。产品主要有“迎福”牌分割肉、香肠、酱下货、西式低温肉制品，公司与西班牙合作生产的低温肉制品（无淀粉、无色素、无防腐剂的西式纯肉制品）填补省内空白。2003年7月，由深圳健康药业集团股份有限公司、济南东风制药厂有限公司、香港天诚实业有限公司等5家公司共同投资成立山东健康药业有限公司，为山东省高新技术企业。同年，济南新峨嵋实业有限公司被济南市人民政府授予“济南工业50强企业”称号。

第二章 工业所有制结构

第一节 区直属工业

1989年，全区共有区直属工业企业16家，全部为集体所有制企业，涉及锅炉制造、起重剪切设备、化工建材、塑料印刷、金属回收、气动元件及汽车低温起动等行业，全年实现工业总产值6255万元，拥有固定资产总值18507.8万元。1998年底，根据《山东省交接工作办公室 山东省军区企业移交工作部关于军队武警部队企业移交接收意见》，济南爱民制药厂、济南鲁兴木工厂、济南鲁军工程总队移交槐荫区政府管理，3家企业成为区直属国有企业。1990年底，全区有区直属工业企业16家，实现销售收入6306.8万元，实现利润723.3万元。1993年6月，济南消烟锅炉厂被道德街街道振达汽修厂兼并(1998年4月依法破产)。1995年底，区属工业企业减少至13家，实现销售收入9848万元，实现利润727万元。同年，济南建筑机械厂更名为济南试验仪器设备厂(2000年该企业由个人出资买断)。2000年底，全区有区直属工业企业14家，除少数企业正常生产外，其余企业均在改制中。2005年，市政府下放18家工业企业，划归槐荫区管理，为全区经济发展注入新活力。2005年、2006年，积极调整经济结构，推动企业转化升级，加快企业的改制步伐，先后完成济南服装二厂、济南经济贸易开发总公司等5家企业的破产退出及济南电焊机厂、济南汽车水泵制造厂等3家企业的公司制改革。2006年底，全区有区直属工业企业共14家，其中济南剪切设备厂、济南鲁军工程总队、济南市槐荫区工业供销总公司、济南市槐荫印刷材料厂、济南市槐荫化工总厂、中国济南电工设备总公司6家企业由区发改委管理，其余8家企业由属地街道管理。

1989年槐荫区直属工业企业情况表

表4-4

序号	名称	厂 址	占地面积（平方米）	建筑面积（平方米）	职工（人）	固定资产（万元）	销售收入（万元）	利润（万元）
1	济南槐荫低压锅炉厂	王官庄1号	13200	7200	603	4362	964.94	170.13
2	济南环保锅炉厂	南辛庄西路36号	9856	4415	295	2877	763.72	140.92
3	济南消烟锅炉厂	济齐路匡山	19333	4690	223	1927	236.13	1.17
4	济南起重设备总厂	德兴街18号	25091	3730	440	2715	496.01	79
5	济南剪切设备厂	白马山东坡	35000	12000	364	3521	301.76	79
6	济南市电梯厂	道德北街四里80号	12900	5000	253	1305	182.66	20.46
7	济南槐荫化工总厂	拖机路西	40000	5000	447	140.8	568.79	133.84
8	济南跃进化工厂	张庄路老屯	19980	3500	127	42	212.85	21.11

续表 4-4

序号	名称	厂　址	占地面积（平方米）	建筑面积（平方米）	职工（人）	固定资产（万元）	销售收入（万元）	利润（万元）
9	济南市电石厂	南辛庄中街	41752	14914	428	457.7	1019.15	57.08
10	济南市化工建材厂	西十里河	1933	2509	140	53.8	282.22	27.01
11	济南市槐荫塑料制品厂	北小辛庄	6407	3040	116	26.5	234.33	27.09
12	济南市槐荫变压器一厂	段店南路	17000	2170	159	92.6	301.89	34.75
13	济南市槐荫金属回收加工厂	八里桥 45 号	6967	2100	127	81.2	22.75	51.51
14	济南市槐荫印刷材料厂	西十里河 42 号	4500	1600	170	85	191.60	25
15	济南汽车低温起动装置厂	南辛庄西路	34665	5500	351	212.2	305.87	60.83
16	济南气动元件试验厂	西十里河 278 号	5471	2252	152	609	170.80	33.50

1995 年槐荫区直属工业企业情况表

表 4-5

序号	名称	厂　址	占地面积（平方米）	建筑面积（平方米）	职工（人）	固定资产（万元）	销售收入（万元）	利润（万元）
1	济南槐荫低压锅炉厂	王官庄 1 号	13200	7200	561	825.22	564.83	4.72
2	济南环保锅炉厂	南辛庄西路 36 号	9856	4415	282	580.18	800.15	38.65
3	济南起重设备总厂	德兴街 18 号	25091	3730	373	664.59	1500	160
4	济南剪切设备厂	白马山东坡	35000	12000	217	695.82	468.04	177.71
5	济南槐荫化工总厂	拖机路西	40000	5000	710	3461.48	3050.8	239.78
6	济南市电石厂	南辛庄中街	41752	14914	328	521.21	250.62	—
7	济南市槐荫塑料制品厂	北小辛庄	6407	3040	80	254.12	247.61	16.44
8	济南槐荫变压器一厂	段店南路	17000	2170	132	351.95	680.25	4.58
9	济南市槐荫金属回收加工厂	八里桥 45 号	6967	2100	74	111.79	228.99	11.14
10	济南市槐荫印刷材料厂	西十里河 42 号	4500	1600	135	101.74	120.2	3.82
11	济南汽车低温起动装置厂	南辛庄西路	34665	5500	395	1651.52	789.25	17.39
12	济南气动元件试验厂	西十里河 278 号	5471	2252	123	111.5	209.87	10.1
13	济南冷冻食品公司	—	—	—	140	904.29	937.15	42.36

2000 年槐荫区直属工业企业情况表

表 4-6

序号	名称	厂　址	占地面积（平方米）	建筑面积（平方米）	职工（人）	固定资产（万元）	销售收入（万元）	利润（万元）
1	司普润化工有限公司	纬十二路	—	—	—	4319.10	2697.42	38.35
2	豪达摩托车有限公司	白马山东坡	35000	12000	185	79.47	2833.60	17.02
3	科华机械设备加工厂	德兴街 18 号	25091	3730	—	12.90	54.82	-2.08

续表 4-6

序号	名称	厂 址	占地面积（平方米）	建筑面积（平方米）	职工（人）	固定资产（万元）	销售收入（万元）	利润（万元）
4	济南环保锅炉厂	南辛庄西路 36 号	9856	4415	160	969.03	395.89	-6.72
5	极光集团有限公司	南辛庄西路	34665	5500	310	2167.71	1184.81	19.30
6	济南第二变压器厂	—	17000	2170	121	555.02	1406.08	20.09
7	济南市槐荫金属回收加工厂	八里桥 45 号	6967	2100	50	109.56	22.19	—
8	济南市槐荫区工业供销总公司（济南瑞琪集团有限公司）	—	—	—	140	71.53	132.83	-31.01
9	济南市槐荫塑料制品厂	北小辛庄	6407	3040	84	288.99	11.23	-10.85
10	济南市槐荫印刷材料厂	西十里河 42 号	4500	1600	83	34.87	238.96	0.83
11	济南槐荫低压锅炉厂	王官庄 1 号	13200	7200	—	—	—	—
12	济南鲁兴木工厂	西十里河	1933	2509	221	1343.52	129.35	0.12
13	济南鲁军工程总队	—	—	—	—	993.95	277.49	-25.63
14	济南爱民制药厂	段店南路	—	—	—	141.11	70.72	-11.18

第二节　街办工业

1989 年，全区有街办工业企业 37 家，涵盖塑料、服装、印刷装订、电子器材、汽车修理、食品糖果、医疗器械、通用设备、建筑机械、木器制品、汽车装具等数十个行业，全年实现销售收入 3347 万元，实现利润 249 万元。1990 年，全区有街办工业企业 37 家，从业人员 2607 人，实现销售总收入 2398 万元，实现利润 260 万元。1991 年，电器线材厂破产。1994 年，电子器材厂和人民电器开关厂破产。1995 年，全区有街办工业企业 37 家，其中破产 3 家，停产 8 家（服装四厂、槐荫汽车修理厂、老茂生糖果厂、友谊食品厂、热管茶炉厂、热处理设备厂、医疗器械厂、木器制品厂），全年实现销售收入 2972 万元，利润总额 269 万元。

2000 年，全区有街办工业企业 15 家，振兴烤漆厂、锅炉附件厂、服装四厂、印刷装订一厂、羽田集团有限责任公司、老茂生糖果厂、友谊食品厂等 7 家企业停产；槐荫塑料厂、印刷装订二厂、热管茶炉厂、热处理设备厂、医疗器械厂、侨光汽车装具厂等 6 家企业破产；印刷装订三厂、服装三厂、液压装置厂、水箱厂、热管应用技术试验厂、胶木制品厂、精细化工厂、试验仪器设备厂、木器制品厂等 9 家企业通过无偿转让所有权个人买断、整体出售等形式实行改制。“十五”期间，街办企业逐步改制，不再统计。

1989 年槐荫区街办工业企业情况表

表 4-7

序号	名称	厂 址	占地面积（平方米）	建筑面积（平方米）	职工（人）	固定资产（万元）	销售收入（万元）	利润（万元）
1	槐荫塑料厂	德兴东街	931	471	54	17.90	21.69	1.50
2	振兴烤漆厂	张庄路	19980	3500	30	13.50	9.23	0.12
3	济南机床标牌厂	西十里河 44 号	2500	1750	134	35	108.32	7.36
4	槐荫锅炉附件厂	八里桥	1200	526	35	137	37.70	7.16

续表 4-7-1

序号	名称	厂 址	占地面积（平方米）	建筑面积（平方米）	职工（人）	固定资产（万元）	销售收入（万元）	利润（万元）
5	双菱机床维修厂	经二路 548 号	400	310	14	133	31.24	2.52
6	槐荫服装四厂	经二路纬十一路	410	760	47	16.70	32.35	0.90
7	济南市槐荫区印刷装订三厂	经五路 229 号	400	438	50	15.80	59.60	6.81
8	槐荫服装三厂	经四路 425 号	337	349	74	4	23.19	0.71
9	槐荫电子器材厂	段店北	2047	450	58	14	56.56	4.99
10	济南人民电器开关厂	段店北	2600	1100	95	211	94.05	15.10
11	济南印刷装订一厂	经三路 242 号	710	702	130	27.70	132.73	7.33
12	济南液压装置厂	经五路 404 号	1500	1000	29	136	40.68	7.43
13	济南市槐荫水箱厂	纬十二路 218 号	231	141	62	13.30	30.41	7.29
14	建材玻璃厂	南辛庄中街	1921	1657	62	32.60	25.73	6.01
15	稀贵金属熔炼厂	南辛庄南街 3 号	1333	426	47	26.90	30.42	3.01
16	消音设备厂	纬七路	1900	650	39	12	39.02	4.50
17	槐荫友谊复合材料厂	丁字山路	4662	2300	91	24.90	133.93	3.00
18	济南市槐荫汽车修理厂	南辛庄南街	3370	2016	85	35.40	104.20	8.01
19	济南市老茂生糖果厂	道德北街	10656	2523	130	15.30	264.52	17.76
20	化工印刷材料厂	道德北街	2457	1797	103	71.30	59.08	12.70
21	友谊食品厂	南大槐树南街	5280	2000	113	71.10	54.28	0.45
22	印刷装订二厂	北小辛庄东街	691	604	113	19.20	81.51	5.60
23	济南市振达汽车修配厂	南大南街 133 号	7500	1581	87	23.30	72.88	9.05
24	济南节能设备厂	裕华里 1 号	3458	1574	164	411	118.39	0.16
25	热管茶炉厂	西十里河	1216	1362	100	221	77.94	17.01
26	热管应用技术试验厂	机场路	3333	667	63	2093	69.48	11.04
27	热处理设备厂	槐村街 103 号	4000	700	51	9	72.85	0.01
28	济南槐荫医疗器械厂	经二路 769 号	560	825	85	189	108.94	11.04
29	通用设备厂	道德北街	1925.36	1166.28	81	17	276.64	3.52
30	济南槐荫胶木制品厂	营市东街 48 号	1200	850	64	—	119.65	12.71
31	精细化工厂	营市东街	250	175	22	7.50	269.79	8.33
32	建筑机械厂	铁配路 7 号	6500	2600	94	931	39.19	2.34
33	济南日历印刷厂	南辛庄路	4351	1936	226	86.60	344.02	11.54
34	木器制品厂	南辛庄街	11650	1556	102	36.20	166.83	14.41
35	电器线材厂	南辛庄中街	19813	4360	102	55.10	21.29	1.37

续表 4-7-2

序号	名称	厂 址	占地面积（平方米）	建筑面积（平方米）	职工（人）	固定资产（万元）	销售收入（万元）	利润（万元）
36	槐荫汽车修理二厂	南辛庄中街	7091	2019	60	26.30	48.33	11.55
37	侨光汽车装具厂	南辛庄中街	7992	1560	124	27.10	70.49	4.62

1995 年槐荫区街办工业企业情况表

表 4-8

序号	名称	厂 址	占地面积（平方米）	建筑面积（平方米）	职工（人）	固定资产（万元）	销售收入（万元）	利润（万元）	备注
1	槐荫塑料厂	德兴东街	931	471	24	4.39	28.83	0.18	—
2	振兴烤漆厂	张庄路	19980	3500	49	31.63	48.66	0.04	—
3	济南机床标牌厂	西十里河 44 号	2500	1750	133	53.56	115.22	2.43	—
4	槐荫锅炉附件厂	八里桥	1200	526	24	15.06	32.64	0.08	—
5	双菱机床维修厂	经二路 548 号	400	310	15	4.92	153.84	1.12	—
6	槐荫服装四厂	经二路纬十一路	410	760	—	—	—	—	停产
7	济南市槐荫区印刷装订三厂	经五路 229 号	400	438	27	15.96	47.42	12.20	—
8	槐荫服装三厂	经四路 425 号	337	349	—	7.85	—	2.80	—
9	槐荫电子器材厂	段店北	2047	450	—	15.24	43.73	3.78	1994 年破产
10	济南人民电器开关厂	段店北	2600	1100	81	23.38	36.21	4.70	1994 年破产
11	济南印刷装订一厂	经三路 242 号	710	702	106	69.48	338.48	23.37	—
12	济南液压装置厂	经五路 404 号	1500	1000	50	99.05	397.03	44.11	—
13	济南市槐荫水箱厂	纬十二路 218 号	231	141	44	17.75	111.82	12.05	—
14	建材玻璃厂	南辛庄中街	1921	1657	55	177.90	109.27	0.53	—
15	稀贵金属熔炼厂	南辛庄南街 3 号	1333	426	44	48.36	159.04	5.02	—
16	消音设备厂	纬七路	1900	650	50	46.74	115.76	11.14	—
17	槐荫友谊复合材料厂（解散）	丁字山路	4662	2300	63	82.99	123.40	18.74	—
18	济南市槐荫汽车修理厂	南辛庄南街	3370	2016	—	—	—	—	停产
19	济南市老茂生糖果厂	道德北街	10656	2523	—	—	—	—	停产
20	化工印刷材料厂	道德北街	2457	1797	—	—	—	—	1991 年更名为振达特种油品厂
21	济南友谊食品厂	南大槐树南街	5280	2000	—	—	—	—	停产
22	槐荫印刷装订二厂	北小辛庄东街	691	604	108	20.5	83.92	6.03	—
23	振达汽车修理厂	南大南街 133 号	7500	1581	100	24.73	97.38	12.84	—

续表 4–8

序号	名称	厂 址	占地面积（平方米）	建筑面积（平方米）	职工（人）	固定资产（万元）	销售收入（万元）	利润（万元）	备注
24	济南节能设备厂	裕华里 1 号	3458	1574	164	90.01	150.39	0.33	—
25	热管茶炉厂	西十里河	1216	1362	—	—	—	—	停产
26	热管应用技术试验厂	机场路	3333	667	63	65.93	304.39	30.86	—
27	热处理设备厂	槐村街 103 号	4000	700	—	—	—	—	停产
28	济南槐荫医疗器械厂	经二路 769 号	560	825	—	—	—	—	停产
29	通用设备厂	道德北街	1925.36	1166.28	33	45.34	135.77	22.5	—
30	济南槐荫胶木制品厂	营市东街 48 号	1200	850	33	181.89	122.15	26.75	—
31	精细化工厂	营市东街	250	175	20	29.74	35.52	13.06	—
32	济南试验仪器设备厂	铁配路 7 号	6500	2600	85	165.47	43.84	9.46	—
33	济南日历印刷厂	南辛庄路	4351	1936	119	246.46	110.15	3.56	—
34	木器制品厂	南辛庄街	11650	1556	—	—	—	—	停产
35	电器线材厂	南辛庄中街	19813	4360	—	—	—	—	1991 年破产
36	槐荫汽车修理二厂	南辛庄中街	7091	2019	50	25.38	23.14	1.45	—
37	侨光汽车装具厂	南辛庄中街	7992	1560	58	35.96	4.23	0.17	—

2000 年槐荫区街办工业企业情况表

表 4–9

序号	名称	厂 址	占地面积（平方米）	建筑面积（平方米）	职工（人）	固定资产（万元）	销售收入（万元）	利润（万元）	备注
1	槐荫塑料厂	德兴东街	931	471	—	—	—	—	1997 年破产
2	振兴烤漆厂	张庄路	19980	3500	—	—	—	—	停产
3	济南机床标牌厂	西十里河 44 号	2500	1750	20	—	44.06	27.83	—
4	槐荫锅炉附件厂	八里桥	1200	526	—	—	—	—	停产
5	双菱机床维修厂	经二路 548 号	400	310	15	15.97	453.9	24.06	—
6	槐荫服装四厂	经二路纬十一路	410	760	—	—	—	—	停产
7	济南市槐荫区印刷装订三厂	经五路 229 号	400	438	—	—	—	—	1998 年改制
8	槐荫服装三厂	经四路 425 号	337	349	—	—	—	—	1998 年改制
9	济南印刷装订一厂	经三路 242 号	710	702	—	—	—	—	停产
10	济南液压装置厂	经五路 404 号	1500	1000	62	195.28	1029.74	123.70	2000 年改制
11	济南市槐荫水箱厂	纬十二路 218 号	231	141	—	—	—	—	1998 年改制

续表 4-9

序号	名称	厂 址	占地面积（平方米）	建筑面积（平方米）	职工（人）	固定资产（万元）	销售收入（万元）	利润（万元）	备注
12	建材玻璃厂	南辛庄中街	1921	1657	—	—	—	—	1997 年 9 月，5 家企业合并为济南羽田集团有限责任公司，已停产
13	稀贵金属熔炼厂	南辛庄南街 3 号	1333	426	—	—	—	—	
14	消音设备厂	纬七路	1900	650	—	—	—	—	
15	槐荫友谊复合材料厂	丁字山路	4662	2300	—	—	—	—	
16	济南市槐荫汽车修理厂	南辛庄南街	3370	2016	—	—	—	—	
17	济南市老茂生糖果厂	道德北街	10656	2523	—	—	—	—	停产
18	济南友谊食品厂	南大槐树南街	5280	2000	—	—	—	—	停产
19	振达特种油品厂	道德北街	2457	1797	133	340.77	1329.11	47.36	—
20	印刷装订二厂	北小辛庄东街	691	604	—	—	—	—	1999 年破产
21	振达汽车修理厂	南大南街 133 号	7500	1581	100	75.25	234.68	29.22	—
22	济南节能设备厂	裕华里 1 号	3458	1574	42	102.63	263.14	22.60	—
23	热管茶炉厂	西十里河	1216	1362	—	—	—	—	1996 年破产
24	热管应用技术试验厂	机场路	3333	667	110	147.38	972.68	69.42	1999 年被买断
25	热处理设备厂	槐村街 103 号	4000	700	—	—	—	—	1996 年破产
26	济南槐荫医疗器械厂	经二路 769 号	560	825	—	—	—	—	1995 年破产
27	通用设备厂	道德北街	1925.36	1166.28	—	512	799	98	—
28	济南槐荫胶木制品厂	营市东街 48 号	1200	850	—	478	850	128	2000 年整体出售
29	精细化工厂	营市东街	250	175	—	670	660	75	2000 年改制
30	济南试验仪器设备厂	铁配路 7 号	6500	2600	—	475	981	140	2000 年被个人买断
31	济南日历印刷厂	南辛庄路	4351	1936	119	133.19	543.62	49.79	—
32	木器制品厂	南辛庄街	11650	1556	—	—	—	—	2000 年改制
33	槐荫汽车修理二厂	南辛庄中街	7091	2019	240	33.51	189.80	13.09	—
34	侨光汽车装具厂	南辛庄中街	7992	1560	—	—	—	—	1999 年破产

2005 年槐荫区街办工业企业情况表

表 4-10

序号	名称	厂　址	占地面积（平方米）	建筑面积（平方米）	职工（人）	固定资产（万元）	销售收入（万元）	利润（万元）	备注
1	振兴烤漆厂	张庄路	19980	3500	—	—	—	—	2002 年整体出售
2	济南机床标牌厂	西十里河 44 号	2500	1750	—	—	—	—	2001 年破产
3	槐荫锅炉附件厂	八里桥	1200	526	—	—	—	—	2001 年改制
4	双菱机床维修厂	经二路 548 号	400	310	—	—	—	—	2001 年改制
5	槐荫服装四厂	经二路纬十一路	410	760	—	—	—	—	2001 年改制
6	济南印刷装订一厂	经三路 242 号	710	702	—	—	—	—	2003 年破产
7	济南市老茂生糖果厂	道德北街	10656	2523	—	—	—	—	2003 年破产
8	济南友谊食品厂	南大槐树南街	5280	2000	—	—	—	—	2002 年破产
9	振达特种油品厂	道德北街	2457	1797	—	—	—	—	—
10	振达汽车修理厂	南大南街 133 号	7500	1581	—	—	—	—	破产清算
11	济南节能设备厂	裕华里 1 号	3458	1574	—	—	—	—	2001 年破产
12	通用设备厂	道德北街	1925.36	1166.28	—	—	—	—	2002 年解体
13	济南日历印刷厂	南辛庄路	4351	1936	—	—	—	—	2004 年破产
14	槐荫汽车修理二厂	南辛庄中街	7091	2019	—	—	—	—	2003 年改制

第三节　镇办工业

1989 年，有 24 家产值过百万元的工业企业纳入段店镇政府管理。1993 年，成立济南大金集团、山东担山集团，后稳步推进股份制改造。同年，济南段店实业总公司改制为山东段店集团总公司、济南槐荫兴达实业公司改为济南兴达集团实业总公司、济南长城汽车维修总厂改为山东实力企业集团总公司。1994 年，以济南峨嵋滑动水口厂为试点，优化组合，进行公司化改革，成立山东峨嵋集团有限责任公司（1997 年改为峨嵋集团有限公司）。随后公司化改革成为镇办企业改制的主流。1996 年，山东泉西集团公司改制为有限责任公司。1997 年，济南鲁滨集团公司改制为有限公司、济南华益洗涤厂改为济南华益洗涤品有限责任公司，红旗实业总公司与德国考格尔汽车制造有限公司合并成立济南红旗——考格尔汽车制造有限公司。1999 年，济南峨嵋剪切设备厂改制为济南兴盛剪切设备有限公司，槐荫区预制构件厂、长城预制厂改为有限责任公司。

2000 年，山东实力企业集团总公司公有资产退出。2001 年，山东泉西集团有限公司、槐荫区泡花碱厂改制为有限公司。2002 年，济南实力客车厂改制为济南实力客车制造有限公司（济南惠众客车制造有限公司），山东造纸总厂东厂西郊分厂（济南第二造纸厂），改制为济南泉丰纸业有限公司。2003 年，济南国茂集团总公司改制为济南国茂集团有限公司。2005 年，槐荫予制厂、济南峨嵋剪切设备厂改制为济南兴盛剪切设备有限公司。至 2006 年底，济南茂盛集团、红旗实业公司、振兴贸易公司、济南兴达集团总公司、济南鑫源实业公司、济南联达实业公司、济南鹏程实业公司等7家镇直企业尚未进行改制。

第四节　民营企业

1989年，槐荫区民营工业规模小、档次低、科技含量低。1992年后，辖区民营经济进入快速发展阶段，区政府先后制定《加快民营经济发展的决定》《转变政府职能、优化发展环境，努力实现全区民营经济跨越式发展》等优惠政策。至1999年，全区有私营企业1360家（不含美里湖民营经济园区），投资者2444人，注册资金5.42亿元，实现总产值10.08亿元，销售总额11亿元，社会消费品零售额5.62亿元；个体工商户17920户，从业人员42327人，注册资金9549万元，实现总产值2.02亿元，销售总额12亿元，社会消费品零售额7.5亿元。

2001年，全区有私营企业2016家，投资者4156人。2004年，全区私营企业有3894家，投资者8610人，注册资金18.59亿元；个体工商户8227户，从业人员14811人，注册资金累计1.48亿元。其中，规模以上民营企业48家，销售收入过亿元的3家，过5000万元的6家。2005年，国务院颁布《关于鼓励支持和引导个体私营等非公有制发展的若干意见》。2006年底，全区有私营企业5058家、个体工商户10306户（不含美里湖民营经济园区），注册资金累计28.5亿元。民营规模以上工业企业90家，实现销售收入42亿元，占全区规模企业的45%。

第三章　工业门类

第一节　交通运输设备制造业

1989年，全区交通运输设备制造业有振达汽修厂、侨光汽车装具厂、南辛汽车修理厂、振兴烤漆厂、济南低温起动装置厂等5家企业。1995年，南辛汽车修理厂停产。1997年，振达汽修厂划归街道管理。1998年8月，济南豪达摩托车有限公司成立，是国家批准的中型摩托车专业生产定点基地，产品有十大系列60个品种，是中国最具规模的摩托车制造企业之一。1999年，侨光汽车装具厂依法实施破产。2000年，振兴烤漆厂停产。2002年，济南低温起动装置厂被鲁联集团兼并。2003年，济南红旗凯沃特汽车制造有限公司成立，占地面积26.6万平方米，在同行业率先通过汽车行业强制性“3C”认证。企业主导产品有特种车、改装车等共八大系列100余个品种，其中11种产品达到国际先进水平，9种填补国内空白，拥有30项专利技术。

2006年，中国重汽集团济南特种车有限公司成立，是中国重汽集团特种车和军车产品的生产基地。其主导产品有斯太尔、黄河系列全轮驱动商品汽车、特种专用商品车、军车及客车底盘。公司先后研发生产四开门消防车、原木运输车系列、港口专用低速码头车系列等产品。至2006年底，全区有交通运输设备制造业规模以上企业18家，实现产值1.69亿元，销售收入1.67亿元，利润2423.90万元，主要企业有中国重汽集团济南特种车有限公司、中国北车集团济南机车车辆厂、济南豪达摩托车有限公司、济南同力达机车车辆工具厂、济南美弛车桥有限公司、济南新金发工贸有限公司等。

附：重点企业

济南同力达机车车辆工具厂　前身是济南机车车辆厂工模具分厂。2001年9月9日，分厂经过股份合作制改造成立济南同力达机车车辆工具厂。工厂位于济南机车车辆厂厂区内，建筑面积5100平方米，在职员工120余人，主要产品智能组合电动扳机，该产品形成三大系列，并可以根据客户需要实现多种安装方式，满足客户各种需求，广泛用于各机车车辆厂及各路局车辆段。2001年，工厂获得CMC计量器具制造许可证，是铁路行业唯一取得该资格的智能扳机生产厂家。2002年，实现销售收入2520万元，利税163万元。2006年，公司实现销售收入2503万元，利税258万元。

第二节 机械装备制造业

一、锅炉

1989年，全区机械装备制造业有济南消烟锅炉厂、济南槐荫热管茶炉厂、济南槐荫热管试验厂、济南节能设备厂、槐荫锅炉附件厂、济南槐荫低压锅炉厂、济南环保锅炉厂等7家锅炉生产企业。1993年6月，济南消烟锅炉厂被道德街街道振达公司兼并。1995年，济南槐荫热管茶炉厂停产。1996年，济南槐荫热管茶炉厂破产。1997年，济南长城锅炉配套制造有限公司成立，主导产品锅炉配件，公司拥有国家A级锅炉部件制造许可、国家Ⅰ级锅炉安装改造维修受理、国家D级压力容器制造许可；为国家大容量电站锅炉（2000T/H，亚临界压力）配套生产承压部件，是锅炉部件制造的骨干民营企业之一。1998年,济南消烟锅炉厂破产。1999年，济南槐荫热管试验厂被买断。2000年，槐荫锅炉附件厂、济南槐荫低压锅炉厂停产。2001年，济南节能设备厂破产。2003年，济南环保锅炉厂破产。2006年，辖区锅炉行业规模以上企业有济南长城锅炉配套制造有限公司、济南鲁建锅炉成套有限责任公司、济南瑞丰锅炉配套制造有限公司、济南豫鲁特钢锅炉配套设备有限公司等4家企业，实现销售收入7604万元。

二、机床

2005年，驻区全国机床行业规模最大的重型数控冲压机床和大型数控金切机床制造企业济南二机床集团有限公司纳入槐荫区统计，主导产品有数控冲压机床、数控金切机床、自动化设备、铸造设备、环保建材设备、数控切割设备等六大门类。大、重型数控冲压机床国内市场占有率80%以上，产品远销世界50多个国家和地区。公司是全国机床行业唯一拥有金属成型、金属切削两个“中国名牌”的企业。2006年，公司销售收入10.06亿元，实现利税1.58亿元，成为辖区收入过十亿元工业企业之一。

三、通用设备制造

1989年，全区通用设备制造业有济南槐荫医疗器械厂、济南槐荫液压装置厂、济南通用设备厂、济南建筑机械厂、济南气动元件实验厂、济南起重设备总厂等6家企业。1995年，济南槐荫医疗器械厂依法实施破产；济南建筑机械厂更名为济南试验仪器设备厂。2000年7月，济南槐荫液压装置厂以股权转让的形式改制为有限责任公司；济南试验仪器设备厂由个人出资买断。2002年，济南通用设备厂、济南气动元件实验厂、济南起重设备总厂3家企业因严重资不抵债依法实施破产。2006年，全区以济南试金集团有限公司、济南市砖瓦机械厂为重点，发展功能先进的微机控制机电一体化试验设备等通用机械。同年，全区通用设备制造业有规模以上企业2家，完成产值1.78亿元，销售收入1.45亿元，实现利税332.6万元。

四、电器机械及器材制造业

1989年，全区电器机械及器材制造业有济南电子器材厂、济南人民电器开关厂、济南电器线材厂、济南第二变压器厂（原济南市槐荫变压器一厂）4家企业。1991年，济南电器线材厂实施破产。1994年，济南电子器材厂、济南人民电器开关厂破产。2001年4月，济南第二变压器厂改组为内部职工持股的股份制公司济南第二变压器有限公司，主要生产各种型号的工业及民用变压器，逐步向节能、低噪音、免维护变压器和干式变压器发展。2006年，济南第二变压器有限公司实现销售收入683万元，利税−145.9万元。

五、非金属矿物制造业

1989年，全区非金属矿物制造业有济南槐荫建材玻璃品厂、槐荫复合材料厂、济南稀贵金属提炼厂3家企业。1995年，济南槐荫建材玻璃品厂有职工55人，固定资产177.9万元，实现销售收入109.27万元，利润0.53万元；槐荫复合材料厂有职工63人，固定资产83万元，实现销售收入123.4万元，利润18.74万元；济南稀贵金属提炼厂有职工44人，固定资产48.36万元，实现销售收入159.04万元，利润5万元。1997年，由济南槐荫建材玻璃品厂、槐荫复合材料厂、槐荫兴华五金厂、济南稀贵金属提炼厂、济南消声器厂5家单位合并成立济南羽田（集团）有限责任公司，注册资本1281万元，由于各种原因，公司成立后一直没有实际经营。2006年，全区非金属矿物制造业有规模以上企业5家，完成产值4842.6万元，销售收入5202.3万元，实现利税240.9万元。主要有济南新峨嵋实业有限公司、济南新思维装饰材料有限公司、济南金銮集团有限责任公司、济南天源宏大门窗有限公司等企业。生产滑动水口、铝塑板、塑钢门窗、商品混凝土、砌块砖、桥梁板等产品及新型建材、墙体装饰材料，推进企业产品升级。

附：重点企业

济南市砖瓦机械厂 1995年7月，济南市砖瓦机械厂成立。该企业是中国砖瓦工业协会和中国建筑材料工业机械标准化技术委员会指定的“全国砖瓦机械产品定点生产单位”，建筑材料工业机械“全国标准化先进单位”，注册自主品牌“金牛”商标。2005年，“金牛”牌系列砖瓦机械设备被中国砖瓦工业协会评为首批中国砖瓦名优产品。2006年，“金牛”牌砖瓦机械设备被山东省建设厅评为优秀创新技术产品。同年，实现销售收入2320万元，利税624万元。

济南新峨嵋实业有限公司 1997年，山东峨嵋集团有限公司改制组建济南新峨嵋实业有限公司。公司前身济南峨嵋滑动水口厂，是国内最早生产炼钢用滑动水口（耐火材料、机械装置）产品的专业企业，是国家滑板砖行业标准的制修订单位之一。主导产品炼钢用B60型滑动水口、QH40型、QH70型滑动水口、ZKD90型中间包快速更换定径水口装置等，产品先后列入国家级重点新产品计划和国家级星火计划项目。2006年，公司实现销售收入4.6亿元，利税4145万元，资产1.86亿元。

济南新思维装饰材料有限公司 2001年，济南新思维装饰材料有限公司成立。公司位于济南市西部新城区，占地面积近3万平方米，是集科研、生产、商贸为一体的现代化企业。公司投资2000余万元，全套引进“在线连续热复合生产线”3条，年产各类铝塑板100万张。产品经国家建材质量检测中心多次抽检，均达到或超过国家标准，为国家建材行业协会推荐名优产品，并通过ISO 9001-2000国际质量管理体系认证。2006年，公司实现销售收入1.4亿元，利税614万元。

济南金銮集团有限责任公司 济南金銮集团有限责任公司创建于1996年。2006年，集团有山东金銮混凝土有限责任公司、济南金銮混凝土有限责任公司、济南金銮高新建材有限公司、济南金銮环保轻型板有限公司等四大新型建材企业，共完成产值8700万元，实现销售收入8700万元，利税526万元。山东金銮混凝土有限责任公司，2003年1月正式投产运营，拥有2个120搅拌站，日产混凝土3000余立方米，年产商品混凝土100万立方米，能配制各利工程所需的优质普通混凝土和特种混凝土。济南金銮混凝土有限责任公司，是金銮集团兴办的股份制企业。1994年11月创建，1995年5月建成投产。公司年产20万立方米商品混凝土。济南金銮高新建材有限公司，成立于1998年9月，由金銮集团投资3000万元，从德国海斯机械工程公司引进全自动化生产线，是专业生产粉煤灰混凝土空心墙体砌块、彩色劈裂装饰砌块、彩色路面砖、护坡砖等异型砌块的绿色环保企业。公司可年产墙体材料、彩色地砖及多种展开砌块15万立方米。产品广泛用于墙体及广场、人行便道、停车场的地面硬化和街道树坑、道路护坡。济南金銮环保轻型板有限公司，

2004 年 7 月注册成立，注册资金 100 万元，位于济南市中腊山北路 18 号，主要生产以粉煤灰、水泥、炉渣、珍珠岩等为原材料的工业灰渣混凝土空心隔墙条板轻质隔墙板，该产品是国家提倡推广用以替代实心粘土砖的新型环保建材，年产量 15 万平方米。

济南天源宏大门窗有限公司　位于张庄路 183 号，核心总公司始建于 1986 年，注册资金 518 万元。2001 年，改制为股份制公司。公司拥有生产线 9 条，年生产能力 30 余万平方米（日生产能力可达 1200 平方米）。公司先后获济南市 1999、2000、2001 年度优质建筑门窗生产企业奖。2006 年，公司实现销售收入 1883 万元，利税 126 万元。

天源宏大门窗车间现场

（2006 年 6 月摄　区发改委提供）

第三节　医药工业

1999 年 12 月，辖区第一家医药制造企业——济南光明兽药厂成立。2002 年，济南科隆博奥生物技术有限公司在济南市槐荫区美里湖开发区成立。至 2006 年，全区共有 2 家医药制造企业。

附：重点企业

济南光明兽药厂　1999 年 12 月，济南光明兽药厂成立，位于济南市槐荫区美里湖开发区，占地面积 2 万平方米，建筑面积 5000 平方米。主要生产兽药粉散剂、口服液、消毒剂、维生素添加剂四大系列 60 余种产品。2004 年，企业通过 GMP 认证。2006 年，企业有员工 85 人，是一家集科研、开发、生产、销售于一体的综合性高新动物保健品企业，实现销售收入 120 万元，利税 16.8 万元。

济南科隆博奥生物技术有限公司　是中国医学科学院医药生物技术研究所投资兴建的高新技术企业，是该研究所的中试基地。创建于 2002 年，位于济南市槐荫区美里湖开发区新沙工业区。主要产品有 1647 抗感染口腔喷雾剂、康博因 AF-01 抗病毒空气阻断剂和微生物活性肽蛋白饲料。其中，1647 抗感染口腔喷雾剂是国家高新技术研究发展计划（863 计划）高科技项目；康博因 AF-01 抗病毒空气阻断剂是国家“十五”重点科技攻关计划项目。2006 年，公司有净资产 1350 万元，职工 94 人，其中专业技术人员 48 人。

第四节　食品加工业

1989 年，全区食品加工业有济南老茂生糖果厂、济南友谊食品厂 2 家企业。1990 年，济南老茂生糖果厂、济南友谊食品厂停产。2001 年，济南宝昊粮油食品有限公司成立，主要生产“宝昊”牌面粉、挂面。2002 年，济南友谊食品厂依法实行破产。2003 年 4 月，济南巨源粮油食品制作中心成立。同年，济南老茂生糖果厂依法破产。2006 年，全区食品加工业主要有济南民天面粉有限责任公司、济南宝昊粮油食品有限公司、济南巨源粮油食品制作中心、济南华盛食品有限公司等。

附：重点企业

济南宝昊粮油食品有限公司　2001 年，济南宝昊粮油食品有限公司成立，位于金星路中段。为民营合资企业，拥有固定资产 600 万元。是济南市粮食局批准的粮食收储企业，具有 1000 吨以上的收储能力。公司主导产品有“宝昊”牌面粉、挂面，包括蔬菜系列、儿童营养系列、纸包系列等 50 多个品种。公司通过 ISO 9001：

2000质量体系认证和QS质量体系认证，产品被评为济南名牌产品。2006年，公司成为集小麦加工、面粉加工、挂面加工、成品粮销售为一体的粮食综合性企业，拥有面粉加工、挂面加工生产线各1条，日处理小麦120吨、日产挂面20吨，实现销售收入707万元，利税7万元。

济南巨源粮油食品制作中心 2003年4月，济南巨源粮油食品制作中心注册成立，民营企业，位于经七路843号。2006年，该企业拥有小麦制粉生产线和低温低速挂面生产线，年生产挂面8000余吨，全年实现销售收入75万元，利税4万元。员工150余人，在全国设有10个办事处、100余个经销点。产品有“巨源”“百兴源”两大品牌六大系列80余个品种。

济南华盛食品有限责任公司 1985年，济南华盛食品有限责任公司成立，位于新沙北路7号。公司是济南市食品工业骨干企业之一，主要经营千叶豆腐、糕点、面包、月饼、速冻肉食调理品等。公司是以食品开发、加工、生产、销售、超市配送综合型公司，与济南银座、贵和、大润发、绿地、华联、万嘉隆等各大超市合作经销。公司参与鲁式月饼的研制开发，为鲁式月饼研制成功提供大量科学数据。公司生产的“冠中华盛”牌月饼，多次获山东省精品月饼称号。华盛食品在2005年“山东3·15迎春名优商品展览会”上获优秀奖，2006年获“济南市名牌糕点”称号。2006年，公司实现销售收入703万元，利税2.8万元。

第五节 驻区市属以上企业选介

一、济南二机床集团有限公司

前身是济南第二机床厂，位于机床二厂路4号。1996年10月，济南第二机床厂整体改制为国有独资公司济南二机床集团有限公司。1997年，公司推进国际化经营战略，为美国通用汽车公司泰国总装中心提供大型冲压生产线，开创中国锻压设备成线出口的先河。2006年，济南二机床集团有限公司是国家520家重点企业之一，也是全国机床行业规模最大的重型数控冲压机床和大型数控金切机床制造企业，有生产用地65万平方米，在岗职工4700余人，总资产近15亿元，实现销售收入10.06亿元，利税1.58亿元。下设压力机、数控金切机床、销售、进出口等20个公司。企业拥有主要生产设备1200余台（套），具备年产各种重型机床570标准台、优质树脂砂铸件2.5万吨、焊接件2.5万吨的生产能力。主导产品有数控冲压机床、数控金切机床、自动化设备、铸造设备、环保建材设备、数控切割设备等六大门类。大、重型数控冲压机床国内市场占有率80%以上，产品远销50余个国家和地区。企业跨入“中国机械工业核心竞争力三十佳”“中国机床行业核心竞争力之星”行列，被授予“在国家重大技术装备领域做出重要贡献企业”称号，被誉为“世界五大数控冲压装备制造商之一”。主导产品“数控冲压机床”和“数控重型镗铣床”被评为中国名牌产品。

二、济南民天面粉有限责任公司

前身是成立于1989年的济南中心面粉厂，隶属于济南市粮食局。成立之初，济南中心面粉厂与济南第一粮库厂库合一。1997年，济南中心面粉厂改制为济南民天面粉有限责任公司，位于机床二厂路3号。1999年，济南民天面粉有限责任公司与济南第一粮库实施厂库分离，经营管理仍是厂库合一模式。2003年，公司获“7+1”强化营养面粉生产资格，被省政府命名为“农业产业化省重点龙头企业”。2006年4月，济南民天面粉有限责任公司与济南市第一粮库人员分开、财务分离、办公场所及使用物品分离。

2006年，济南民天面粉有限责任公司成为一个集面粉加工、粮食储存、食品生产和商业贸易为一体的集团化大型企业，公司占地6.7万平方米，员工300余人，总资产1.2亿元，实现销售收入1.6亿元。“民天”牌产品先后获山东名牌产品、山东省用户满意产品、济南市民天馒头放心食品、首批国家免检产品、全国质量信得过食品、绿色食品等称号。“民天”牌商标被认定为山东省著名商标。企业通过ISO 9001质量体系认证、ISO 14001环境体系认证和HACCP

食品安全体系认证，多次获山东省粮办工业十强、山东省粮食诚信企业、山东省粮油制品行业十大品牌等称号。

三、济南时代试金集团有限公司

前身是济南试验机厂，位于济微路24号。1987年8月，成立济南试验机联合制造公司（集团）。1989年，公司在全国试验机行业厂际竞赛综合评比中获总分第一名。至1990年，公司平均每年研制新产品5～7个，产品种类发展到13个系列70余个品种，有3种试验机分别被评为国优、部优、省优产品。1992年5月，公司更名为济南试验机制造总公司（集团）。1996年6月，济南试验机制造总公司为日本生产的WAW-Y500型微机控制电液伺服万能试验机，首批20台销往日本，标志着中国液压万能试验机达到国际先进水平。1997年12月，改组为济南试金集团有限公司。1999年，公司通过ISO 9001国际质量体系认证。2001年12月，济南试金集团有限公司研制的PWS-100A电液伺服动静万能试验机通过鉴定，性能指标达到国际先进水平，结束国内市场动静万能试验机完全被欧美、日本等发达国家垄断的局面。2002年，济南试金集团技术中心成为国家级技术中心。WAW-300C微机控制电液伺服万能试验机、YAW-2000微机控制电液伺服压力试验机获济南市科技进步二等奖，WDW-200电子万能试验机、PNW-3600扭转疲劳试验机、YE-10000压力试验机获山东省机械科技进步奖。2003年8月28日，与北京时代集团实现联合重组，成立高科技民营企业——济南时代试金集团有限公司。

2006年，济南时代试金集团有限公司占地面积21.2万平方米，有在岗职工1600余人，实现销售收入1.73亿元，利税2435万元，拥有资产总额2.8亿元。公司是中国最大的研制大型精密测试仪器设备的行业龙头企业，主导产品液压式万能试验机、液压式压力试验机、电子式万能试验机、大型构件及卧式拉力试验机、摩擦磨损试验机、电液伺服疲劳试验机享誉国内外。产品WE-600型液压万能试验机连续获国家银质奖，WAW系列微机控制电液伺服万能试验机被评为中国机械工业名牌产品。公司先后获中国机械工业技术进步示范企业、中国机械工业行业优秀企业、中国工业行业排头兵企业等称号。

四、中国北车集团济南机车车辆厂

原铁道部济南机车工厂，位于槐村街73号，为大型全民所有制企业。1910年，始建津浦铁路局济南机器厂，占地面积5.74万平方米，主要设备85台，工人411人，年修机车、客车各30余台，货车200余台。1937年日军侵占济南，该厂先后改名为华北交通株式会社济南铁路工厂、华北日本军部地方交通团济南铁路工厂。抗日战争胜利后，改为交通部津浦区铁路管理局济南机厂。济南解放后，由华东军政委员会接管，更名为华东区铁路管理总局济南机厂。1949年5月，划归铁道部管辖。1953年，定名济南机车车辆修理工厂。第一个五年计划期间修理机车224台。第二个五年计划期间修理机车914台，试制成功跃进型蒸汽机车。1958年9月改称济南机车工厂。1989年，全厂占地面积79.7万平方米，建筑面积29.8万平方米，下设生产车间20个、班组350个、行政科室21个，有职工6073人（其中技术人员561人），主要设备1550台，固定资产6829.7万元。主要承修QJ、SL、TS、RM四种车型，年修机车480台，同时生产轴箱、压盖螺栓、机车汽室涨圈、风板机等，其中B30、BA系列风板机被评为省优、部优产品。2005年，更名为中国北车集团济南机车车辆厂，划归区统计范围。2006年，工厂占地面积83.2万平方米，固定资产原值3.6亿元，拥有各类设备1800余台（套），员工4500余人，实现销售收入10.74亿元，利税4174万元。工厂先后开发制造C62、C64型敞车系列，G60、G17、G70型罐车系列，集装箱平车和15.4米多用途平车等平车系列产品；引进瑞典EVAC公司、韩国昌园环境株式会社先进技术，开发制造拥有自己专利技术的旅客列车集便器系列以及专用吸污车系列产品，初步建成国内唯一一家铁路旅客列车集便系统的开发生产基地；取得国家大型游艺机生产许可证和广电部颁发的电视传输铁塔生产许可证。工厂通过ISO 9001质量管理体系认证、ISO 14001环境管理体系认证、OHSAS18001职业健康安全管理体系认证，先后获“全国模范职工之家”“省级花园式企业”“山东省思想政治工作优秀企业”“省级文明单位”等称号。

五、济南沃德汽车零部件有限公司

1956年，由分散在济南的27家小企业组建公私合营济南汽车修配厂。1969年，公司更名为济南汽车配件厂。1991年，公司划归中国汽车工业总公司，为中央直属企业。1998年，公司通过ISO 9002质量体系认证。2001年，公司通过SGS公司QS9000/VDA6.1/ISO9002质量体系认证。2003年，公司划归济南市机械电子国有资产经营公司。2005年，公司与联想控股弘毅投资公司实施战略重组，成为外商投资企业，更名为济南沃德汽车零部件有限公司，注册资本1200万美元。2006年，公司由槐荫区整体搬迁至济南经济开发区（长清区）。公司新厂区占地面积20万平方米，建筑面积7.3万平方米，总投资近3亿元。有员工2000余人，各类设备1000余台，气门生产线17条，气门挺柱生产线4条，具备年产气门2500万支、气门挺柱500万支的生产能力。气门和气门挺柱年产量始终位居国内同行业第一位。产品长期为上海大众、天津丰田、神龙富康、中国一汽、中国重汽、南京菲亚特等几十家汽车厂和主机厂配套。公司是北美福特公司的供应商之一，跨入世界主要气门供应商行列。

六、山东健康药业有限公司

由深圳健康药业集团股份有限公司、济南东风制药厂有限公司、香港天诚实业有限公司等5家公司共同投资成立的合资企业，成立于2003年7月，位于南辛南街18号，占地面积3.46万平方米，为山东省高新技术企业。产品主要有片剂、膏剂、酊水剂、软胶囊、粉散剂、药用原料等12类剂型120余种，全部通过GMP认证。其中新肤螨灵软膏、泉盈（盐酸左氧氟沙星分散片）、芬那克（双氯芬酸钠凝胶）等产品为国内首创，枸橼酸他莫昔芬等产品为国内及省内独家生产。产品新肤螨灵软膏被国家科委、外国专家局、技术监督局等五部门审定为国家级新产品。2006年，公司实现销售收入2286万元，利税248万元。

七、山东东方药业集团有限责任公司

在济南军区东方制药厂基础上组建成立的综合性药业集团公司，始建于1995年，位于济南市西外环路8号。1998年底，公司移交地方管理。1999年，实现兼并联合后成为国有控股的大型医药集团公司。集团实施以中药为主，中西药并举，二、三产业全面发展战略，突出开发具有自主知识产权的系列中药制剂。先后投入4000万元改扩建集片剂、胶囊、软膏等剂型于一体的中西药综合制剂大楼及医用高分子制品、卫生材料加工中心。2004年5月，公司一次性通过GMP认证。2006年，公司占地面积17.3万平方米，拥有职工1200余人，资产1.5亿元，实现销售收入4620万元，利税128万元。产品有中西药品、卫生材料、医用硅橡胶制品等10多个剂型、60多个中西药品种共70多个批准文号，产品销售遍及全国，部分产品出口印度尼西亚、韩国、俄罗斯等10余个国家和地区。其主导产品东方活血膏、麝香壮骨膏、康达威、医用硅橡胶导管等成为市场名牌产品。

八、济南天齐特种平带有限公司

1990年，济南天齐特种平带有限公司成立，位于济齐路92号，占地面积3万平方米。公司是投资3000万美元全套引进国际先进技术和装备兴建的中外合资企业，建筑面积1.8万平方米，主要生产高强度传动平带、高速龙带、节电锭带、糙面橡皮、输送带、无接头橡胶传送带等高新技术产品。1996年，公司生产的“高速龙带（高强度传动平带）”被认定为国家级新产品，并获济南市科技进步一等奖。1997年，“节电锭带(CNG、CNPG)”产品被认定为国家级新产品，NYCO®牌传动平带获山东名牌产品。公司技术开发中心被认定为山东省技术开发中心。2000年，公司通过ISO 9002：1994版质量体系认证。“特种高强度彩色传动带”被认定为2000年度国家级新产品，并获2000年度山东省优秀

新产品一等奖。2001年，“高速龙带”“节电锭带”被评为济南市高新技术产品；NYCO® 牌高强度传动平带被认定为中国国际农业博览会名牌产品。2002年，“特种高定伸强力尼龙片基”获济南市科技进步二等奖。2003年，“TQ2000系列高耐磨传动带”获济南市科技进步二等奖。2005年，“高强节能型纳米锭带”获济南市科技进步二等奖。2006年，公司有员工185人，主营业务收入5018万元，实现利税401万元。产品出口欧美、亚洲等地，是全国规模最大的平带生产企业。

第四章　工业技术

第一节　技术改造

1989年，全区实施技改项目20项，完成投资145万元。槐荫化工总厂氢氧化钾二期工程基本完工并开始批量生产；兴济桥冷库引进设备改造项目9个，全部当年施工，当年投产，当年见效；起重设备总厂二期工程和济南汽车低温起动装置厂通过技改和新产品开发，新增产值3600万元，利税740万元。1990年，济南天齐特种平带有限公司投资3000万美元，全套引进国际先进技术和装备，主要生产高强度传动平带、高速龙带、节电锭带、糙面橡皮、输送带、无接头橡胶传送带等高新技术产品。耐火材料生产基地建设暨峨嵋滑动水口厂整体搬迁项目投资1.2亿元。1994年，全区通过立项审批技改项目35项，到位资金9830万元，完成技改工作量1亿元，新增产值2.2亿元，新增利税2800万元。1996年，全区技改项目投资1.8亿元，景峰纸业公司的瓦楞纸二期工程、滑动水口厂的炼钢多功能耐火材料、第二变压器厂的扩大新型变压器生产能力相继建成投产。

1999年，济南金銮高新建材有限公司投资3000万元，从德国海斯机械工程公司引进全自动化生产线，专业生产粉煤灰混凝土空心墙体砌块、彩色劈裂装饰砌块、彩色路面砖、护坡砖等异型砌块，年产墙体材料、彩色地砖及多种展开砌块15万立方米。同年，全区完成一批重点技改项目，形成汽车改装、汽车配件、耐火新材料、建筑机械、新型建材等优势产业，双燃料豪华中巴车、摩托车、变压器、新型水口阀等具有竞争优势。2000年，全区在建36个项目全部完工，完成投资22574万元。其中，济南新峨嵋实业有限公司的中间色快速更换经水口机构及长寿命包衬材料技改项目投资2700万元、济南长城大厦的玖A汽配电子交易所配套设施建设项目投资2542万元、山东国茂集团的重型汽车配件产品项目投资2400万元、槐荫长城预制构件厂的加气泡沫混凝土新型样体材料技改项目投资995万元。

2001—2005年，全区工业总投资36.38亿元，其中技术改造投资占全部工业投资的33%，相继开工技改项目231项。济南新思维装饰材料有限公司投资2000余万元，全套引进“在线连续热复合生产线”3条，年产各类铝塑板100万张，产品经国家建材质量检测中心多次抽检，均达到和超过国家标准。济南二机床通过数控机床产业化专项技术改造工程和加工中心数控铣床规模化改造工程，其系列产品在国内外处于领先地位，在全国同行业中，是同时实现规模化生产数控车床和加工中心数控铣床的唯一一家企业。济南试金集团有限公司的日式高档酱油技术改造项目，采用国内技术领先的日式高档酱油浇淋技术，在酱油种曲、大曲、制曲和后发酵技术温度控制、食盐含量控制酱油澄清度方面均有所突破。山东博远物流发展有限公司投资引进的意大利原装设备——建筑用商用钢筋加工生产线，提高效率9倍，年生产能力达到

5.5万吨。济南新峨嵋实业公司先后投入近亿元的资金进行技术更新、改造，其产品市场占有率在全国同行业中跃居第一，并打入国际市场。济南泉城制药有限公司投资8000余万元的生物制药工程续建项目于2005年4月通过GMP论证，并进入试生产阶段。5年累计更新、新增引进设备5台（套），国产设备873台（套），引进国外先进生产线1条，建成国内先进生产线1条，新增及改扩建筑面积47.25万平方米。新增销售收入37亿元，利税4亿元，创汇130万美元。

2006年，全区企业科技创新投入4073万元，开发新产品46项。其中达到国内先进水平、省内领先的各有7项。济南试金集团有限公司参加在北京举办的“第四届中国国际科学仪器及试验室装备展览会”，其参展产品WDW-100微机控制电子式万能试验机获“自主创新奖”。同年，完成济南泉丰纸业有限公司的软压光机设备技术改造项目和济南福德食品有限公司的带髓鲜骨高钙胶囊生产技术改造项目以及山东重—沃汽车工贸有限公司的重沃豪沃、斯太尔横梁生产线改造项目的备案手续（技改投资不再单独计算）。至年底，全区有市级以上技术中心14家，其中国家级2家（济南二机床集团有限公司技术开发中心、济南试金集团有限公司技术开发中心），省级4家（济南天齐特种平带有限公司技术开发中心、中国北车集团济南机车车辆厂技术开发中心、济南民天面粉有限责任公司技术开发中心、济南新峨嵋实业公司技术开发中心）。

第二节　产品研发

1989年，高锰酸钾、消音器、热管茶炉、起重机、服装等19种产品增幅20%以上，高锰酸钾被评为部优质产品，JR系列进气歧管加注器、高锰酸钾被评为省优质产品。同年，南华客车、宏业三轮车、切片机、三位五通电磁阀等18种产品研制成功并批量生产，其中填补国内空白3种、省内空白6种、具有国内先进水平8种。1990年，按照国家产品结构十个调整保、限、压政策及《槐荫区产品产业结构调整规划纲要》，机械业由1988年的51%降为42.4%；化工业由1988年的10%上升到20%；高锰酸钾、起重设备等18个产品增幅均在25%以上。同年，LSG系列蒸汽锅炉、AA6561中型客车等26种产品研制成功并投入生产，12种产品通过省以上产品鉴定，其中填补国内空白5种、省内空白7种，新增产值4500万元，新增利税800万元。1996年，通过嫁接改造、技术开发，一批新型自动调隙滑动水口设备、节能免维护变压器、高速纱锭芯、三效溴化锂制冷机组、汽车节温器等产品研制投产，为辖区工业结构调整注入新的活力。1999年，通过改制促使公有资产从一般竞争性领域退出，发展民营、股份制等新的经济形式，当年有23家企业中的公有资产全部退出，退出政府资产300多万元，结构调整取得实质性进展。

2000年，全区开发新产品76项，其中光明集团的“模糊控制清角机”处于国际领先地位，美里湖开发区的无竺竹绿食品填补国内空白，山东实力集团的消防车、两用燃料客车、TEL6880客车在国内领先。2001—2005年，全区共开发新产品200余项，其中达到国内领先及填补国内空白产品40余项。市属企业二机床集团有限公司以JICK616I、CK6163/80为代表的CK系列经济型数控车床达到国内先进水平，以MJ460、MJ760、MJ860DT、JIVL550为代表的MJ系列普及型数控车床、车削中心达到世界先进水平，在国内处于领先地位；以JIMC40、JIHMC80、JIVMC40、JIVMC40M为代表的立卧式加工中心、数控铣床均达到世界先进水平，在国内处于领先地位。山东健康药业有限公司的尼索地平缓释片、盐酸二甲双缓释片和穿心莲内酯软胶囊填补国内空白。山东九阳小家电有限公司的商用小型豆浆机达到国际水平。济南新峨嵋实业有限公司的ZKD-90型中间色快速更换定经水口机构产品和济南槐荫油净化机械厂的XYKJ-1稀油快速净化再生除水设备产品列入《山东省享受财政专项奖金扶持的新产品项目名单》，级别定为国家级新产品。长城预制厂的高效减水剂处于国际先进水平。红旗—

考格尔的水道疏通车达到国际水平。山东迈英德化学有限公司的纳米颗粒金属涂料填补国内空白。槐荫贻业包装研究所的绕包装机填补国内空白。

第五章 工业园区

第一节 济南槐荫工业园区

1993年7月，在美里湖办事处（南沙、西沙村）建设民营科技产业园，初期规划面积4.5平方千米。8月，济南美里湖旅游经济开发区房地产开发公司、山东绿野助剂有限公司等一批公司相继落户园区。1995年11月，国家科委正式批准成立济南民营科技产业园，为当时全国第五家民营科技产业园区，为国家级高新技术产业示范区，批准规划面积3平方千米。同年，美里湖民营经济园有各类企业80家，其中民营科技企业20家。

1998年3月，建立济南民营科技产业园管理委员会。2000年9月，成立济南民营科技企业孵化器，占地面积8.5万平方米，其中办公场地1.5万平方米，生产场地占地面积7万平方米。内设服务大厅、多功能会议室、国际报告厅、接待室等，能够同时满足100余家企业的办公、生产需要。引进新材料、电子信息、机电一体化等新领域科技企业112家，从业人员1200人，其中享受国家特殊津贴专家5人、博士5人、硕士43人，具有高级职称的120人，具有大专以上学历的占87%。2001年12月，济南民营科技产业园管理委员会与美里湖街道实行“园办合一”管理体制。2002年12月，济南民营科技企业孵化器被认定为省级高新技术创业服务中心。

2004年6月，经人事部备案建立中国济南

济南槐荫工业园区 （美里湖街道提供）

留学人员创业园美里湖创业区，建成创业大厦4000平方米，创业基地2万平方米，引进美国、日本、加拿大、俄罗斯等10个国家的17名留学人员创办高新技术企业。同年，济南民营科技企业孵化器内企业共开发科技成果90项，其中获国家、省、部级奖励17项，实现工业产值2亿元。2005年，经国家发改委牵头组织的全国开发区审核，审核面积2平方千米（东至槐荫区界，西至美里东路—七支渠，南至济齐路—粟山路，北至绕城高速公路）。

1995—2006年，先后投入2亿元进行园区基础设施建设，实现道路、供水、排水、电力、通信、天然气、有线电视、信息宽带网“八通”，以美里北路、美里路、济齐路、粟山路为东西横轴，二环西路、美里东路、美里西路为南北纵轴的“三纵四横”园区路网。2006年3月，经山东省政府批准，正式成为省级经济技术开发区，同时更名为济南槐荫工业园区，形成以智能型小家电、机电一体化、新材料为产业特色的民营科技企业聚集区。7月，济南槐荫工业园区被科技部及中国民营科技促进会授予“全国先进科技园区”称号。至年底，园区入驻企业406家，涵盖机电一体化、生物技术、新材料和新能源、智能化小家电、电子信息技术、生态旅游业、物流业七大体系。其中规模以上企业32家，实现产值19亿元。高新技术企业35家，高新技术产品45项，高新技术产业产值达到8亿元，占规模以上工业企业总产值的42.1%。其中济南民营科技企业孵化器累计入驻企业160余家，省、市高新技术企业23家，高新技术产品超过40项，拥有各种专利289项。在孵企业销售收入2.8亿元，实现税收1980万元。留学归国人员创办的企业27家，省、市高新技术企业9家，高新技术产品15项；区内企业共实现技工贸收入8000万元，实现利税1200万元。

附：园区重点企业

山东九阳小家电有限公司 1994年，创建九阳小家电公司，研制发明拥有完全自主知识产权的第一台“九阳”牌家用豆浆机。之后，陆续开发并投产开水煲、榨汁机、电磁炉、电压力煲等小家电产品。2001年，九阳豆浆机获首届中国企业“产品创新设计奖”优秀奖，“九阳”牌家用电动搅拌机、豆浆机商标被认定为山东省著名商标，“九阳”牌电磁炉、料理机和榨汁机商标被认定为济南市著名商标。2002年，创建山东九阳小家电有限公司，位于经十路28038号。2003年，企业被评为山东省高新技术企业、山东省优秀民营科技企业。2004年，“九阳”牌家用电动搅拌机、豆浆机商标被再次认定为山东省著名商标。2005年，“九阳”牌豆浆机复评为山东名牌产品；电磁炉获全国同类产品三大畅销品牌。2006年，“九阳”牌商标被认定为中国驰名商标；“九阳”牌电磁炉、电热水壶、料理机和榨汁机被评为山东名牌产品。同年，公司有职工2000余人，实现销售收入9.33亿元，利税6495万元。公司成为全球最大的豆浆机生

山东九阳小家电产品展示（韩伟明 摄）

九阳装配车间现场（2006年6月摄 区发改委提供）

产基地，主要产品有豆浆机、电磁炉、料理机、榨汁机、开水煲、紫砂煲、电压力煲等七大系列100多个型号，产品通过中国电工产品长城认证和欧盟CE论识，美国UF论证，拥有国家专利23项，畅销全国30余个省（市）、自治区，并远销日本、美国、新加坡、印度尼西亚、泰国等20余个国家和地区，市场占有率始终维持在80%以上。

济南泓泉制水有限公司 2006年12月，济南泓泉制水有限公司成立，位于槐荫工业园区，是一家中外合资企业，注册资本1.38亿元，日最大供水能力177万立方米，负责济南市90%以上的城市自来水供给。公司下设7个职能部门，管辖鹊华水厂、玉清水厂、南郊水厂、东郊水厂、泉娃水厂、济南市分水岭供水有限责任公司，济南泉娃饮用水有限公司、济南普利电子系统控制工程有限公司、临沂港华水务有限公司、济宁市海源水务有限公司。公司总资产8.68亿元。

第二节 济南槐荫工业科技园

2001年12月，经济南市编委批准成立济南槐荫工业园管理委员会（槐荫工业科技园），管委会编制15人，属差额预算管理事业单位，为区政府派出机构。2003年6月，省政府将槐荫区京福高速公路以西、济西编组站和津浦铁路线以东、220国道以北、黄河以南20平方千米的区域批复为济南经济开发区北区。在济南经济开发区北区北部（小清河以北面积约10平方千米）开发建设槐荫工业园（土地利用总体规划未调整）。

2003—2006年，累计投入3000万元用于基础设施建设，先后完成济齐路西段、变电东路、跃进坝路、闫家庄南路、西堡铁路立交桥下落等关键性工程，完成道路建设13.7千米（济齐路7.3千米、电站东路2.1千米、跃进坝路3.1千米和闫家庄南路1.2千米），并对园区道路两侧进行绿化、亮化。35KV变电站已投入使用。2006年，园区共入驻企业5家，总投资4.3亿元，其中山东华冠建材有限责任公司、济南槐荫电器开关厂、济南同鑫文具有限公司、济南强达工贸有限责任公司等企业先后投产，共完成产值2.57亿元，利税1336万元。

第五编

商贸

SHANG MAO

槐荫区志

1989—2006

1989年，全区有商业服务网点4682处（户），全年完成商品批发零售额27.74亿元。随着计划经济向市场经济的转化，国有和集体商业主渠道作用淡化，经营能力和经营活力受到挑战。1995年，全区完成商业营业额27.4亿元，实现商业利润4817万元。1995年后，经过商业体制改革，国有及区属公有资本逐步退出。同时，建筑面积1万平方米以上的单体商场、卖场开始出现。其中，济南华联商厦集团股份有限公司下属济南华联商厦二期落成，总建筑面积4.8万平方米，其中营业面积2.6万平方米；济南中兴商厦主体面积1.52万平方米，商场面积1.05万平方米。全区商贸行业由传统的百货家电、纺织服装、五金化工等扩展到塑胶制品、建材装饰、汽车、摩托车、家居家私等，出现专营、连锁、代理、会展、超市、4S店等新生业态，休闲娱乐、美容美发、洗印、网吧等新兴现代服务业。2000年，全区完成商业营业额52亿元，实现利润8326万元。全区商业开始向大型化、专业化、综合型方向发展，经营品种向电脑、手机、汽车、摩托车、电动车等延伸。2006年，城区经过多年拆迁改造和社会需求变化，小而散的网点逐渐被淘汰，大而强的实体不断建成。同年，全区商业网点2830处，其中各类交易市场31处，从业人员5.41万人。全区完成商品批发零售及交易总额368.4亿元，其中商业营业额104.3亿元、市场交易额264.1亿元，实现利税3.28亿元。全区商贸服务经济占国民生产总值的比例由1989年的不足25%增长到2006年的56.2%。

第一章　商业综述

第一节　商业体制改革

1989年，打破固定工资制，全区商业系统第一批合同制职工进入企业。同年，区商业局下辖百货、烟酒、食品、西市商场、饮食、服务、副食、振华等8个公司和齐鲁副食品厂、淀粉厂等。区商业局对各企业实行统一领导管理，企业实行经营承包责任制，由区商业局对下属企业下达经营指标，实施“定销售、定利润、定商品适销率”的全员承包责任制，年终根据企业完成“三定”任务情况进行奖罚。1991年，在西市商场、烟酒公司进行经营、价格、分配、用工“四放开”改革试点。1992年，全面推行“四放开”经营制度。1993年12月，经省体改委批准，济南华联商厦改为济南华联商厦股份有限公司。1994年8月，实行全员劳动合同制。1995年，逐步实行“利润包干，多收归己，自负盈亏”的经营大包干。区商业局制定《关于加快企业产权制度改革意见》，实行“先出售，后改制，内部职工持股”为主要形式的产权制度改革，将企业中全部国有或公有资产按照国家政策进行评估后，把企业净资产一次性打包（或优惠折扣）出售给企业职工集体经营，并改制为企业职工持股的股份制企业。同年7月，经市体改委批准，济南华联商厦股份有限公司更名为济南华联商厦集团股份有限公司。1996年6月，济南华联商厦集团股份有限公司正式加盟全国华联商厦集团。1996年后，在企业内部推行“干部能上能下、职工能进能出、报酬可高可低”的劳动人事及工资制度。1997年3月，中兴大厦改制为股份有限责任公司。1998年11月，饮食公司（大部分）、服务公司、食物公司改制为股份合作企业，烟酒公司改制为民营企业，百货公司、副食品公司因经营大幅下滑而撤销。2000年7月，中兴大厦因经营不善，资不抵债，宣布解散。2001年12月，区属商业企业全部改制。随着企业产权制度改革的完成，局属企业成为市场独立法人主体，独立经营、自负盈亏、自我约束、自我完善、自我发展，企业内部的劳动人事及工资制度，由企业按照经营需求自主调整和管理。

第二节　社会消费品零售总额构成

1989年，全区共有网点4682处（户），完成社会商品零售总额27.74亿元。1992年，全区完成社会商品零售总额30.68亿元。按经济类型分，全民所有制、集体所有制、个体所有制分别占全部社会商品零售总额的20.86%、62.99%和16.15%；按行业分，商业批发零售业、餐饮服务业收入分别占整个社会商品服务业总额的87.2%、12.8%。2000年，全区完成社会消费品零售总额32.9亿元。按经济类型分，国有经济、集体经济、个体私营经济分别占整个社会消费品零售总额的12.24%、63.97%和23.79%；按行业分，批发零售业、餐饮住宿和修理服务业分别占全部社会商品零售总额的83.84%、16.16%。2006年，完成社会商品零售和市场交易总额368.4亿元。按行业分，批发零售业、餐饮业住宿、修理服务业分别占整个社会商品零售总额的84.1%、9.3%和6.6%；按经济类型分，国有经济、集体经济、个体私营经济分别占整个社会消费品零售总额的6.2%、11.4%和82.4%，股份制企业和个体私营经济成为社会消费品市场的主力军。

第二章　市场建设

第一节　概　述

1989年，全区有各类集贸市场12处，市场成交额1.68亿元，以农副产品、小商品交易为主。1992年，全区有集贸市场35处，成交额6.77亿元。1993年3月，区政府制定《加快全区市场建设的有关规定》，统一规划，制定优惠政策，鼓励市场建设。之后，专业化市场建设加快，相继建成八里桥钢材市场、西市场纺织服装市场、济南陶瓷大市场、八里桥蔬菜副食品批发市场、山东建材装饰材料市场、济南博茗茶城、五〇一钢材市场、华东汽车配件市场、槐荫房产市场、济南民天干货副食品市场、山东现代家电市场、彭庄闲置物资市场等。2000年，全区有各类集贸市场65处，总占地面积180万平方米，市场交易额120亿元。2001年起，加大对市场的整合改造，专业类市场做大做细，综合类市场做强、做全，相继建成山东汽车交易中心、段店汽车配件城、山东匡山钢材市场、和平服装服饰市场、济南华东物资交流中心、济南维尔康小百货文具市场、槐荫副食品城、济南老屯汽配市场、济南维尔康水产批发市场、山东匡山汽车大世界等。2006年，全区有各类市场31处，市场成交额264.1亿元，建成以济南华联商厦和西市场小商品批发市场为龙头的西市场商贸中心，以山东国际物资交易中心、段店集贸中心为代表的经十西路商贸城和以山东汽车配件城、茶叶土产品市场为代表的张庄路批发市场群，构成“一个中心（西市场商贸中心）、两条主线（经十西路、张庄路）”的市场发展格局。

第二节　商场　超市

一、商场

1989年，全区有商场7处，其中有中型商场2处，为西市商场和供销商厦。西市商场隶属于区商业局，供销商厦隶属于市供销社，主要经营日用百货、针纺织品、服装鞋帽、五金家电、烟酒糖茶、副食和粮油。1990年，西市商场和供销商厦总营业额1.4亿元。1992年，全面推行商业经营“四放开”后，打破许多经营项目限制，商场成为综合消费场所，新建成鑫兴大厦、日用杂品商场。1993年，建成鲁泉商场、中大商场。1995年，济南华联商厦二期工程、中兴大厦、上海豫园商场济南商厦、山东装饰商场建成开业。1996年，全区大型商场发展到7处，总经营面积4.3万平方米。商场内增添空调、自动扶梯、客梯等设施，营业环境得到较大改善，经营项目和经营品种成倍增长。2000年，商场零售额5.8亿元。2002年9月，济南嘉华购物广场开业。至2004年，由于商场竞争或城市改造需要，中兴、金銮、豫园等3处商场相继停业或被兼并。2006年，全区有大型商场4家，总经营面积11.3万平方米，营业额10.6亿元。

济南华联商厦集团　原名济南西市商场，1989年12月开业，隶属于区商业局管理。1992年6月，经市政府、市工商行政管理局批准，西市商场更名为济南华联商厦。1993年12月，经省体改委批准，成立济南华联商厦股份有限公司。1995年7月，经市体改委批准，济南华联商厦股份有限公司更名为济南华联商厦集团股份有限公司。9月，华联二期工程新大厦五层营业楼开业。1996年6月，正式加盟全国华联商厦集团。12月，济南华联商厦集团股份有限公司成为大型二类企业。1997年6月，济南华联大酒店开业，年底成为涉外酒店。2001年9月，济南华联商厦集团被省政府列为山东省重点企业集团。12月，通过ISO 9001质量体系认证。2002年9月，济南嘉华购物广场、济南华联超市嘉华店开业。2003年9月，济南华联超市广场店开业。2004年6月，济南华联超市舜耕山庄店开业。2006年1月，济南华联超市东方家园店开业。济南华联商厦集团先后被评为全国重点大商场百强企业、全国诚信单位、全国百城万店无假货活动示范店、全国商业服务业先进企业、中国零售百强企业等。

1996年6月29日，济南华联商厦正式加盟全国华联商厦集团

（区商务局提供）

济南华联商厦位于华联商业街，是济南华联商厦集团股份有限公司旗下单位之一。原名济南西市商场，最初经营面积不足1000平方米，最高建筑是一座2层简易砖楼。1989年后，经过改建扩建，建成一座单体建筑五层大楼，商场营业面积6000平方米。1990年，营业额0.8亿元。1995年9月，经再次扩建和兼并，经营面积2.6万平方米。济南华联商厦是西城大型百货商场之一，经营品种有32个大类1.48万个品种，商场内设大型中央空调，有德国生产自动扶梯8部，客梯2部，货梯2部。2006年，营业额5亿元。

济南嘉华购物广场位于经二路588号，是济南华联商厦股份有限公司旗下单位之一。2002年9月建成开业，总投资1.6亿元，建筑面积4万平方米，有自动扶梯12部，客梯6部，货梯2部及大型中央空调，5～8层有停车位近400个，地下一层设大型超市1处，是一处超大型摩尔式购物广场。广场内经营品种有37大类近10万个规格品种。2003年，完成营业额3.5亿元。2005年，营业额6亿元，消费者近千万人次。2006年，营业额7亿元。

济南供销商厦　1985年建成开业，位于经十路410号。隶属于济南市供销社，是一座五层建筑，经营面积7100平方米，场内分6个专柜，主要经营百货文具、服装鞋帽、五金家电、针纺织品、钟表工艺、烟酒糖茶、副食调料等品种1.8万个。

1990年，营业额4380万元。之后调整布局，增加经营品种。1995年，营业额5820万元。1997年，退出商业领域。

德达家电商场 1984年建成开业，位于纬十二路中段，为区属集体企业，经营面积300平方米，主要经营进口家电产品。1989年底，迁至经二路565号，占地面积700平方米，营业面积3000平方米，分四层布局，以经营家用电器为主，兼营百货，并设有服装超级商场和妇女儿童用品专营商场。1995年，营业额1900万元。1998年前后，由于家电市场竞争激烈而关闭。

济南中兴大厦 1995年5月建成开业，位于经十路425号，为区属国有企业，经营面积1.52万平方米，是一座七层建筑，集购物、住宿、餐饮于一体。商场设自动电梯、扶梯6部，有中央空调等现代化设备，经营商品有8大类2.7万个品种。同年，完成营业额4301万元。1998年营业额5690万元。2000年起，由于企业银行贷款过多，付息压力过大，流动资金匮乏，大厦经营面临困境，营业额大幅下滑。2001年，清产还贷后关闭。

二、超市

1998年1月，由山东长城集团公司投资建设的全区第一家货仓式、会员制购物广场——济南世界购物广场建成开业。广场营业面积3万平方米，采取大批量进货、大货架陈列储存、大包装销售、自助式购物方式。同年，交易额5亿元，实现利润3000万元。2002年9月，济南华联超市有限公司嘉华店建成开业，经营面积8300平方米。超市作为一种新兴的商业运营业态，统一采购渠道、统一营销策划、统一价格管理，适应现代社会消费需求，得到快速发展。同时小超市、便民店得到快速成长。2003年9月，济南华联超市广场店建成，营业面积9800平方米。至2006年，全区共有大小超市便利店60余家，营业额9.3亿元。

第三节　连锁店　4S店

一、连锁店

1992年，辖区第一家快餐连锁店——金德利快餐厅营业。1998年前后，济南民天连锁（专卖）店、济南万隆超市连锁店、六乃喜连锁店、国美家电连锁店等相继建成开业。至2006年，全区有中小型连锁店110余家，餐饮服务业居多，经营总面积6200余平方米，营业额4700余万元。

二、4S店

2001年，辖区建成第一家润华大众汽车4S店。2006年，全区有汽车4S店50余家，主要分布在经十西路、二环路西段区域。

三、企业选介

金德利快餐连锁总公司 1992年6月，槐荫粮食分局下属的二六粮店，由原来的经营粮油为主，开始首办50平方米的金德利快餐厅，主营炒菜和米饭。年底，粮价放开，辖区内快餐店增至4家。1998年，成立金德利快餐连锁公司，经营的面食有煎、烤、烙、炒、煮、蒸7大类近100个品种，菜品3大类近100个品种。2000年6月，金德利快餐连锁公司在槐荫粮食分局院内（经四路396号）利用两个旧仓库改造开办670平方米的配送中心，设立采购部、面食加工部、糕点加工部、肉类加工部、副食调料部、营销部6个部，负责原材料采购、半成品和成品加工配送到各个快餐网点。配送中心使用先进的立式和面机、切片机、大型搅拌机、全套不锈钢醒发箱、液化气烤炉等设备。年底，建成冷藏库，用于部分原材料和半成品的保鲜冷藏。配送中心为各网点配送原材物料50余个品种，半成品馅料10余个品种，面点、糕点70余个品种和上百个品种的副食调料。2001年，金德利进入济南市各大超市，进行现场制作销售。2002年，公司更名为济南金德利快餐连锁总公司，统一使用“金德利”品牌，实现济南市统一连锁。公司是济南市“居民厨房工程”承办单位之一，先后获“山东省金牌快餐”“中华餐饮名店”称号。2006年，济南金德利快餐连锁总公司发展网点和加盟店107家。

济南民天面粉有限责任公司 济南民天面粉有限责任公司隶属于济南市粮食局，成立于1989年，是一家集粮油存储、面粉加工、食品生产、油脂加工、粮油贸易和进出口贸易为一体的国有粮油加工骨干企业。公司下设面业、面食制品、食用油三大分公司及应急加工配送中心。民天公司是省、市粮食局重点培植的龙头企业。1997年，公司在槐荫区开设连锁店1家，位于机床二厂路3号，面积90平方米，员工4人。2003年，公司被山东省政府命名为省级农业产业化重点龙头企业。公司重点推动放心粮油走进千家万户，通过“统一店面、统一产品、统一价格、统一服务、统一着装、统一标志”等“十统一”管理模式，完善民天连锁店网点的建设，逐渐形成连锁发展之势。公司在大润发、华联等各大连锁超市均设有专柜，基本实现销售无缝隙覆盖。同年，在辖区内开设连锁店12家。至2006年，济南民天面粉有限责任公司在槐荫区共有专卖店、网点23家。

第四节 专业市场

1989年，全区专业市场除西市场小商品市场外，主要为集贸市场。1991年11月，建成段店集贸中心。1992年，投资2100万元，建成辛庄果蔬批发市场、工业品综合批发市场、济南汽车配件市场。同年，小商品市场成交额过亿元。1995年，完成中国北方物资交易市场、八里桥酒水市场、北方汽车交易市场、段店建材市场、大杨综合批发市场等5大市场建设。1996年后，随着商业流通体制改革的不断深入，计划经济体制下实行配额式流转的商品批发站撤销，随之变为批发市场。辖区内济南百货批发站变为百货批发市场，济南纺织品批发站变为纺织品批发市场，济南糖业烟酒批发站变为糖酒批发市场，济南木材公司仓库变为木材钢材市场，济南商业储运公司仓库变为广友家电市场，济南物资公司所属仓库变为钢材市场，济南市供销社仓库变为茶叶土产杂品市场等。同时，村办市场开始出现，城乡接合部的农民自筹资金，拿出土地兴办市场。

1998年，区政府提出“依托大交通，建设大市场，搞活大流通，实现大发展”规划，专业市场得到快速发展。2000年，总投资6.38亿元，新建山东华夏现代家电市场、玖A汽配电子交易所等各类大型专业市场8处，新增市场占地面积80余万平方米。至2003年，全区专业市场发展到37处，涉及汽车、摩托车、汽车配件、钢材机电、茶叶、蔬菜、建材装饰等，总面积188.83万平方米，年交易额216.2亿元。2004年起，进行结构调整，市区内市场随城区改造逐步向近郊转移，多数市场不断扩大规模，向设施更新、设备完善、管理科学、布局合理等方面发展。

2006年，经过撤销合并，全区有专业市场31处，经营面积253.6万平方米，总投资20.8亿元，国际和国内知名品牌代理和自营商户1273户，年市场交易额264.1亿元。同时，全区市场形成四大市场群体：以西市场小商品批发市场、济南华联商厦等为龙头的商贸用品市场群，主要经营小商品、文具用品、日用百货、服装鞋帽等；以张庄路为中心的生活必需品市场群，主要经营蔬菜、副食、调料、陶瓷用品等；以段店集贸中心为中心的副食品市场群，主要经营副食、调料、酒水、饮料、海鲜、肉类等副食品；以经十西路为中心形成的汽车交易市场群，主要经营汽车、汽车配件、摩托车、摩托车配件、钢材、装饰材料等。

山东匡山汽车大世界 （匡山村提供）

2006年槐荫区年交易额亿元以上专业市场情况表

表5-1

市　场	建成时间	经营面积（万平方米）	交易额（亿元）	经营品种
山东汽车商城	1995.3	4.10	11.85	汽车、配件
山东匡山汽车大世界	2004.4	11.68	30.60	汽车、配件
山东汽车交易中心	2001.9	6.10	21.70	汽车、配件
山东华东汽车配件市场	1996.11	1.52	4.26	配件、修理
济南汽车配件市场	1992.9	0.74	1.14	配件、修理
济南茶叶批发市场	1996.3	8.50	13.07	茶叶、茶具
山东段店集贸中心	1991.11	20.00	28.34	食品、副食、服装、家具等
济南广友钢材市场	2002.6	0.38	4.08	各种钢材
济南机电产品市场	1992.1	1.20	1.10	机电、配件
山东匡山钢材市场	2002.11	7.20	19.80	钢材等
济南金属板管市场	1997.1	6.10	1.00	各种板材、管材
济南西市场小商品市场	1986.3	1.97	42.61	小百货、小家电、小五金、文体用品
济南绿洋商城	1996.2	1.08	2.83	小百货、针纺织品、文具
济南西市场纺织服装市场	1998.6	1.80	2.53	针纺织品、服装、床上用品
济南八里桥蔬菜副食品批发市场	1995.3	1.17	14.72	干、鲜蔬菜，副食品等

附：市场选介

山东段店集贸中心　位于经十西路南侧。1991年11月，段店村在原段店大集的基础上建成，占地面积18.7万平方米，建筑面积17万平方米。至2000年，经过不断扩建和改造，成为江北最大的酒水食品批发市场之一，年交易额过亿元。2000年后，段店集贸中心逐步调整场内布局，划分为酒水、小食品、小百货、五金、副食调料、粮油、服装、家具、蔬菜等9个市场，场内配备程控电话1000余部，大型发电机组1套，有大小机动车100余辆，为驻场客户提供货物搬运服务。2004年，交易额23亿元。2005年，启动“超大市场规划”，先后投资30亿元，建集销售、仓储、办公、食宿为一体，设有写字楼、商务酒店、休闲娱乐等配套设施的现代化特大型批发市场，建筑面积20余万平方米，容纳客商5000户。2006年，市场交易额28.34亿元。

济南茶叶批发市场　位于张庄路90号，原为济南供销社一处大型仓库。1996年3月，建成济南茶叶批发市场，占地面积6.8万平方米，建筑面积7.8万平方米。后经多次改造建设，先后投资1.1亿元，建成现代化综合交易大楼2座和仿古式3层经营楼12座，共6万平方米，可举办大型茶市展览、茶艺茶道表演、质量检测、茶文化研究、茶艺师培训等活动。市场以经营茶叶为主，兼营茶具、包装、加工等，产品源自云南、广东、广西、福建、安徽、台湾等地，销往辽宁、吉林、黑龙江、陕西、甘肃、宁夏、新疆、内蒙古、北京、天津、河北及省内各地。2006年，市场有客商800余家，交易额13.07亿元，年交易量由最初的8万余担发展到近90万担。济南茶叶批发市场被茶界称为中国茶叶最大集散地、南茶北销枢纽、茶文化推广引擎和“中国茶叶经济晴雨表”。

济南八里桥蔬菜副食品批发市场　位于张庄路4号。市场由济南燃料集团总公司投资与区工商分局共同建设，1995年3月建成开业，占地面积4.36万平方米，经营面积1.17万平方米。拥有开放式交易大棚2座，经营房100余间，经营摊位400余个。市场主营各类蔬菜，年成交量30余亿千克，成交额21余亿元。2005年下半年，受城区扩建改造和城市管理制约，客商开始分流，市场交易量逐渐减少。2006年，成交额14.72亿元。

山东华东汽车配件市场　位于张庄路132号。1996年11月建成开业，占地面积1.88万平方米，建筑面积1.52万平方米。主要经营汽车配件，分南北2个交易区，设有汽车修理场。2006年，交易额4.26亿元。

山东匡山钢材市场　位于二环西路4111号。2002年12月开业，由匡山村出资创办，建筑和货物堆放面积7.2万平方米，有经营客商90余家，承接城区内钢材市场拆迁转移的部分客商。场内拥有78.2吨吊装设备，经营板材、卷材、管材、线材、棒材等品种，全国各地大型钢铁企业的部分产品在此交易，是省内乃至华东地区大型市场之一。2006年，交易额19.8亿元。

第五节　西市场商贸中心

1928年建立，因地处商埠西部，故名西市场。1958—1989年，政府投资对市场进行4次较大规模改造。1989年，西市场建有西市场小商品市场、西市商场、德达商场、西市场百货商场等，成为纬十路至纬十一路的繁华商业区。1994年，区政府对西市场进行第一次规划，将西市场扩大至西起纬十二路，东到纬九路，南起经三路，北至经一路北侧，面积8万平方米，建成集商业贸易、金融服务、文化娱乐为一体的西部商业服务中心。1996年，建成单体21层、面积2.4万平方米的集市场、住宿、餐饮为一体的大型商业设施，并与经二纬十二商业金融设施连成一体。

1997年始，济南第二十六中学、区公安分局、区人民法院、区运输公司第五车队先后搬迁，小商品市场逐步向东拓展。随后，绿洋商城、匡山服装商城等相继开业，一个以西市场小商品市场为中心的市场群体初步形成。1999年7月，市政府启动“西市场商贸中心规划”，对西市场商贸区进行第二次规划。西市场商贸中心规划占地面积12万平方米，以已有西市场为核心，纬十二路西侧以东、纬八路以西、京沪铁路以南、经四路以北为规划建设区域，形成集商业贸易、住宿餐饮、金融保险、信息通信、文化卫生、休闲娱乐为一体，辐射带动影响力极强的商贸和现代服务区。按照规划要求，济南面粉厂、济南清真食品厂、济南罐头食品厂、济南消毒设备厂、济南和平影剧院等实行“退二进三”（退出生产、加工、制造等第二产业，进入第三产业商业服务业经营）、“腾笼换业”（挪出厂区、车间地块、地盘，开展商贸服务活动）改造，对200余户居民进行拆迁安置。至2003年，相继建成房产交易、百货、文化用品等市场。

2006年，西市场商贸中心主要范围为北起经一路，南至经三路，东起纬八路，西至纬十二路，约1平方千米区域，成为济南市大型商贸中心之一，每日客流量约在3～5万人，高峰日流量达10余万人，全年商业服务和市场贸易额64.8亿元。

附：市场选介

济南市西市场小商品市场　位于西市场中心区，1986年3月建立，占地面积2000平方米。1989年，新建西市场小商品市场营业楼7000平方米。1994—1995年，再次进行大规模扩建，将原来大棚遮盖式市场进行全面改造，建成周边简易二层营业楼，共有营业房400余间；建成中间为营业柜台、顶部为钢架结构的玻璃钢瓦大棚，分为东西两个交易大厅，共有柜台700余节。1997年，对西市场小商品市场原布匹市场进行改造，新建营业房150间。至1998年，经多次改造扩建，市场面积1.8万平方米，摊位1700余个，经营业户1500余户，基本形成规模化经营市场。2002年，工商管理部门与市场运营脱钩，济南长城集团公司成为市场主办方。2004—2006年，济南长城集团公司对西市场小商品市场进行改造，改为商厦式市场，经营面积扩至1.97万平方米，摊位5000个，分地下1层、地上5层，内设中央空调、客货电梯、手扶电梯等，以批发零售日用百货为主。2005年，实现交易额48.3亿元。2006年，实现交易额42.61亿元。商品交易辐射天津、河北、河南、江苏、浙江等十几个省（市），是国内著名的小商品集散中心之一。

济南绿洋商城　位于经二路539号，邻小商品市场，1996年2月开业。由济南市罐头食品厂改造而成，占用厂区南半部分，经营面积1.08万平方米，建筑面积9200平方米。2000年，实现交易额9300万元。2006年，商城有营业房300间，柜台460节，主要经营纺织和百货日用品，实现交易额2.83亿元。

济南西市场纺织服装市场　位于经一路北侧，1998年6月建成开业。原为山东省济南第二十六中学校址，建筑面积1.80万平方米，二层建筑先后投资5000万元，进行3次改造。2000年，实现交易额1.2亿元。2006年，主要经营服装、布匹、床上用品、鞋帽、箱包等，场内设营业房80余间，精品屋300间，有柜台500余节，客商610户，实现交易额2.53亿元。

民天干货副食品批发市场　位于经一路北侧，2000年6月建成开业。投资150万元，由济南面粉厂改造而成，占地面积6667平方米，建筑面积6500平方米，主要经营干货副食品、面粉等。2006年，有客商40余户，实现交易额3700万元。

维尔康百货文化用品市场　位于西市场中心区，2001年9月开业。原为济南清真食品厂址，占地面积7333平方米，建筑面积4100平方米，有营业房120余间，柜台380余节，主要经营百货、文具账册、各种纸张、体育用品等。2006年，实现交易额3150万元。

济南和平商城　位于经二路北侧，邻小商品市场，建筑面积1100平方米。原为和平电影剧院，2000年改建成市场，经营服装、百货、小家电和小影像电子产品。2005年后，整体出租给济南路桥集团，租期20年，改造后市场经营面积1350平方米，主要经营小百货、小电器、小影像制品和小首饰等。2006年，实现交易额1200万元。

第六节　商业街

1989年，辖区内有经二路、纬十一路2条商业街，经二路沿街各店主要经营工业生产商品，纬十一路主要经营计划供应商品以外的农副产品和土杂商品。1993年，纬十二路商业街建成。1994年，全区实施商业街建设，先后建成经四路、经七路、经十路、纬十二路、段店南路等商业街。1995年后，相继形成五里牌坊五金机械商业街、经十路军转民品被服一条街、营市西街皮鞋一条街等。至2000年，辖区有大小商业街26条，经营项目从日用百货、鞋帽服装、五金交电，到汽车摩托车、风味餐饮、美容美发、粮油土杂商品等。

2001年后，受城区改造、道路拓宽影响，商业街减少，商业街经营逐步调整，门店趋向集中，商业服务的特色更加鲜明。2006年，全区有商业街10余条，拥有门店（摊点）2080余家，从业人员3.16万人，商业服务营业额79.3亿元。

附：商业街选介

华联商业街　2002年9月，华联商业街开业。在原来经二路商业街的基础上，投资2000万元更新改造而成。东起纬八路、西至纬十二路，全长980米。沿街有济南华联、嘉华购物广场等126家经营业户，门店400余个，涉及名牌服装、鞋类品牌专卖店及华联大酒店、肯德基、永和豆浆等多家餐饮店，有金融、保险、证券服务机构7家，形成集休闲、购物、餐饮、娱乐等功能于一体的商业街。全街日客流量3万～4万人次，节日高峰近10万人次。

兴济河商业街　2004年12月，兴济河商业街开业。该街南北走向，全长1100米，全部由二层或三层欧式建筑连接而成，总经营面积9200平方米。商业街分南、中、北三区，分别经营百货文化、办公家私和汽车配件等，营业区内设自动扶梯6部。

第七节　农贸市场

1989年，全区有农副产品贸易市场11处，其中纬十一路市场是全市最大的综合性贸易市场。主要集中在城郊结合地区，总经营面积10万余平方米。1991年,全区集贸市场有19处(含段店集贸中心和辛庄果菜批发市场)，摊点群11处，市场占地面积5.86万平方米，其中设施建筑面积6831平方米,大棚覆盖面积2.1万平方米。全区农副产品上市总量11.31万吨，成交额2.5亿元，其中工业小商品成交额6926万元。

1997年始，实施“退路进厅”工程，清理马路市场，把占道市场有序迁入一些停产闲置的厂区(车间)或已建成的农副产品超市(卖场)。2006年,全区有南辛庄等便民市场9处,大金庄、王府、古城、田庄等民间集市8处。

附：集市选介

大金庄集市　清道光年间《长清县志》有大金庄集的记载。20世纪50年代，大金庄集规模较大，后街、南北街、中街及村内空场，买卖处处皆有。逢农历四、九为大金庄集，有菜市、粮食市、布市、杂货市、肉市、禽蛋市、猪市、牲口市等，大到生产用具、大牲畜，小到衣帽鞋袜、针头线脑、生活日用品，所卖物品应有尽有。

大金庄集市　（2005年2月　王琴　摄）

每逢集日，市区小贩、四邻八乡，人们成群结队奔向大金庄。1992年，大金庄集成立市场管理委员会，有管理和服务人员59人。大集分百货服装区、五金工具区、建材装饰区、粮油种子化肥区和畜禽动物区等，有门店摊位2100余个，集客流量1万人次左右，交易额400万元左右。1996年，建成商城后，市场设立管理办公室，工商部门参与管理，将集市贸易门类进行调整、归类，主要设置五金市场、木材市场、蔬菜果品市场、服装市场、鞋帽市场、布匹市场、副食品市场、旧自行车市场、宠物市场，将村内街道、商业一条街两侧充分利用。客流量3万余人，逢年过节，集市达10万人之多。至2006年底，集市贸易依旧进行。

南辛庄便民市场　20世纪80年代自发形成的菜市场，位于南辛庄北街社区。此地楼群较为集中，交通便利，早期经营者为零星散户，为市民提供蔬菜、调料等日常生活必需品，后逐渐形成规模。2006年，经营业户近百家，主要经营蔬菜、水果、副食调料、生鲜肉、水产、百货等，消费辐射整个南辛地区。

第三章　服务业

第一节　概　述

1989年，全区有餐饮、住宿、理发、洗染、照相等服务网点70余个，年营业额不足350万元。随着改革开放的不断深入，国家逐步取消各种准入限制，服务业开始活跃。1992年，在全民经商热潮下，机关企事业单位的食堂、招待所等后勤服务设施纷纷改造扩建，向社会租赁、承包经营，个体民营服务业网点迅速增加。1993年，服务业城乡个体工商户近3000户，营业额4278万元。1995年，现代服务业兴盛起来，高档酒店、豪华宾馆、美容美发、娱乐健身、房屋中介、劳动中介、家政服务、婚姻介绍、婚庆服务、休闲茶吧、网吧等逐步走进人们的生活。2000年，物流业出现，成为现代服务业的重要组成部分。至2006年，全区共有各类服务网点（单位）1320个，总经营面积1408万平方米，从业人员7600余人，年营业额2.1亿元。

第二节　餐饮住宿业

1989年，全区有中小型饭店、旅馆49家，其中饭店32家、旅馆17家，设施比较简陋，餐饮食品品种主要是当地肉蛋蔬菜面食，一桌酒席不过100元，一日住宿不过20元。20世纪90年代中期，餐饮住宿业快速发展，出现许多单次可供200人以上用餐的饭店（酒店）和一次可供300人住宿的宾馆。1996年，全区有大中型饭店、旅馆89家，其中涉外或旅游定点酒店7家，经营菜肴品种达1800余个，涵盖鲁菜、淮扬菜、京津菜、湘菜、川菜、粤菜等菜系，同时风味小吃店遍及大街小巷。

2000年，有大型酒店（宾馆）17家，经营面积6.1万平方米，年营业额1.07亿元，床位利用率73%，客房利用率86.2%。至2006年，全区有星级宾馆8家，营业额3960万元；限额以上餐饮业11家，营业额9941万元。

附：酒店选介

济南饭店　位于经三纬六路240号，为山东餐饮名店。始建于20世纪20年代，占地2.8万平方米，建筑面积8000平方米。曾为日本领事馆，1954年后成为山东省外事宾客接待单位。党和国家领导人毛泽东、周恩来、朱德等多次到此下榻，接待过许多友好国家官员、代表团等。是一处建筑设施独特、树木花草错落环抱、四座古典（三层）楼宇庭院式、集吃住行于一体的“花园饭店”。2004年，饭店由省级事业单位改制成为企业单位。饭店的“养生海参汤”“红运大鱼头”“寿桃石榴虾”“中华脆鳝”“鸡茸鱼翅”“佛跳墙”“金丝面”等名菜曾获国家及省、市奖。2006年，营业额956万元，设高中档客房90余间，大小会议室4个，获“国家特级酒店”称号。

山东化工宾馆　位于经十路234号，原为山东省石油化学工业厅属接待单位。1988年11月开业，当年营业额110万元。1995年，改制成为独立经营实体，先后进行过2次改造装修。宾馆拥有豪华套房、标准客房和单人套间100余间，床位230张，备有中央空调、自动客梯、独立卫生间，有多功能厅、零点音乐餐厅、自助餐厅、西餐厅及KTV宴会厅，总餐位300余个，可提供中、高档宴会，喜庆宴会和各项团体会议服务，另设休闲茶室、中医保健、康乐活动场所，是一家三星级涉外酒店。2006年，营业额1276.9万元。

华联大酒店　位于西市场内，1998年7月开业，酒店是一座21层高楼建筑，经营面积

1.6 万平方米。设地下停车场，底层设接待大厅，中层设餐饮和办公区，高层有客房和休闲娱乐、健身设施。2005 年，营业额 483 万元。2006 年，营业额 513.7 万元。

第三节 美容美发业 修理业

一、美容美发业

1989 年，全区有理发店 17 家，座席 60 余位，还有部分民间理发摊点，设施设备比较简陋。随着国营、集体理发店逐步转为个体民营，理发店迅速增加。1996 年，各种美容美发服务应运而生。到 20 世纪 90 年代末，美容美发店遍布城区主要街巷。2000 年，美容美发业个体工商业户 623 户。2001 年后，逐渐形成纬十路美发一条街和北辛西街美容一条街。2006 年，全区有美容美发店 230 余家，其中美容店 38 家。

二、修理业

1989 年，商业服务中的专业修理网点较少，主要从事照相机、收音机、衣服、鞋、自行车、锁等小型修理服务。1992 年，个体工商户 412 户。1995 年，服务项目延伸到电脑、摩托车、电动自行车、汽车等。1998 年，有服务网点（摊位）330 余个，营业收入 510 万元。2000 年，汽车 4S 店的服务模式得到普遍推广，修理服务业的规模得到扩大。2006 年，修理服务业有网点 690 余个，年营业额 3160 余万元。

第四节 洗印照相业

1989 年，全区有网点 7 家，其中有正大、新艺等照相馆 3 家，洗印染店 4 家，照相者以各尺寸的黑白照为主；洗印染以布衣、印花、染青、黑、黄色为主，服务设备简单，服务项目少。20 世纪 90 年代中后期，行业有所发展，照相、洗印网点增加，照相业服务项目新增彩色照、艺术照、婚纱照等，洗衣业则以代理或连锁店形式，印染服务退缩。文印业开始兴起，多以打印、复印、文件扫描等业务为主。2000 年前后，摄影开始使用数码相机，新兴服务业务数码洗相出现，大都以个体店形式出现，规模不大。2006 年，在纬十二路、经六路等建有喷画公司，承揽彩色印刷、展示展板、喷画写真、户外广告牌匾制作、广告灯箱制作等业务。同年，全区有网点 62 家，其中照相馆 7 家。

第五节 物流业

物流服务包括货物运输和货物仓储。1978 年改革开放后，随着地域行业界限被打破，物流市场逐渐繁荣。1989 年，货物储运流转定向定量，按地区分系统配置。1995 年后，许多商业、物资仓储企业纷纷改制进入物流市场，参与竞争。随着机动车配件、茶叶、钢材等市场的发展，民间物流应运而生，多数是个体私营业户，承接市场衍生服务的一部分业务，主要帮助买卖客户运送少量零散物资，其经营地点集中在各个市场周围，运送距离一般在 300 千米之内，运送费用当面议定。1998 年，有个体私营业户 10 余户，主要为市区送货服务。2002 年，有近 50 户，服务区间扩大到本市周边各县及河北、河南等地，年运送物资 3.8 万吨千米。2005 年前后，随着市场交易日益活跃，业务量迅速增加，出现坐地商式的物流小企业，招揽生意的方式由运费议价变为部分定价，同时增加保管小仓储和物资价值保险等服务项目，物资运送距离和运量大幅增长。2006 年，全区物流企业发展到 17 家。民间物流个体私营业户有中小型车辆 210 余辆，仓储面积 7400 平方米，年运送物资 802 万吨千米，年营业额 589.6 万元。

附：物流企业选介

山东博远物流发展有限公司 2001 年 1 月，博远物流公司成立，位于纬九路 39 号，是一家第三方现代物流服务企业。2003 年，通过 ISO 9001 质量管理体系认证。2005 年 10 月，被列为“中国物流百强企业”。

济南山东大金物流中心有限公司 2000 年，济南长运集团租用河头王村土地建成山东大金物流，位于经十路西河头王村，占地面积4.67万平方米，建筑面积10万平方米，主要从事物流运输和仓储等。2006年，营业收入475万元。

第六节 会展业

1997年，长城实业集团相继承办全国汽车配件秋季交易会、全国医疗器械秋季博览会、全国农用机械产品订货会，共达成交易额30亿元。其中，全国汽车配件秋季交易会于10月10日开幕，历时3天，29个省（市）及国家有关部委的80个展团，3000余家厂商，约10万人参加。交易市场设3000个展位，面积6万平方米，其中室内展厅4万平方米，是中国汽车工业销售总公司主办的42届汽配交易会中规模最大、档次最高的一次。10月20日，全国医疗器械秋季博览会开幕，会期5天。博览会设1800余个摊位，面积2.6万平方米。各省、市及国家有关部委的50余个展团，约11万余人参加，交易额突破13亿元，创历史最高纪录。11月4日，全国农用机械产品订货会开幕，历时3天。展场面积6万平方米，有全国近2000家农机生产企业、农机流通企业、农机科研院所的数万名代表参加。1999年，共举办大型展销活动16次，与会人员35万余人，协议成交额147亿元，会展业成为全区第三产业新的增长点。2001年、2002年，济南茶叶批发市场成功举办两届“中国济南国际茶博览会”。2004年、2005年，相继举办“济南市品茗赏泉暨茶文化宣传周”“中国济南第三届国际茶博览会”。通过举办一系列的会展活动，以茶文化促进茶交易，逐渐形成大流通、大批发的经营格局，济南茶叶市场在全国的整体形象和知名度不断提升。

第四章 物资供应

第一节 物资供应体制改革

1985年起，物资供应行业由计划管理体制向市场体制转变，国家计划分配的物资逐年减少。经营方式采取“先区内、后区外、保重点、兼顾一般”的原则，经营体制以“计划经济为主、市场调节为辅”。1989年，撤销原区物资局下属公司——槐荫区物资公司（前身是济南市槐荫区供销公司）；先后将物资局下设的一科、二科改为济南市槐荫金属材料公司、济南市槐荫生产资料服务公司；成立济南市槐荫机电设备公司，采取集体承包的形式，由经理负责，层层实行经济责任制，落实到人。同年，区物资局有在职人员58人，管理费收入130万元，物资系统年销售钢材7160吨、机床164台、石油产品900吨，年营业额3501万元，实现利润49万元。1990年6月，建立济南槐荫石油站（1992年11月更名为济南槐荫石油供销公司）。同年，物资系统销售金属材料7480吨、机床286台、汽油2250吨、柴油3000吨、机油24吨，年营业额4800万元，实现毛利171万元。

1991—1993年，槐荫区物资局相继成立济南市工业品商场、济南槐荫汽车经销处、济南槐荫西蒙时装商场、济南市槐荫物资宾馆、济南槐荫石油经销中心、济南市钢板公司（前身为济南市槐荫生产资料服务公司）、槐荫物资供应中心、济南槐荫石材开发经销公司。1992年，最高毛利583万元。1993年8月，建立济南市槐荫物资集团总公司（以下简称总公司），属全民局级事业单位，实行企业化经营，独立核算，自负盈亏，编制23人。1994年，物资系统首次出现亏损，全年亏损350万元。1995年6月，成立槐荫区金属材料供应中心。1996年7月，撤销区物资局，人员移交总公司，由政府机关过渡为自收自支的事业单位。

1997年起，实施企业产权改革，除保留济南市槐荫区物资局仓库外，其他所属企业或改制，或撤销，与总公司不再有隶属关系。1998年，总公司为下属企业清偿债务，经济损失1307万元。2004年2月，总公司在编人员14人，业务范围变更为解决处理系统内下岗职工遗留问题，清理债务，负责物资仓库管理等业务。2006年，因区政府统一规划收回物资局仓库用地，在岗人员7人、离职人员7人由区财政供养。

第二节　企业选介

一、济南市槐荫机电设备公司

1988年9月11日，济南市槐荫机电设备公司成立。公司是区物资局最早成立规模较大的下属企业之一，为集体所有制，独立核算，自负盈亏。成立前期，区物资局先后两次拨入流动资金30万元。公司下设办公室、业务科、钢材科、财务科。主要经营机械设备、电工产品、仪器仪表、现代办公设备，兼营金属材料、化工原料、家电产品。公司不断拓宽经营渠道，扩大工业生产服务范围，经营串换机床，增加计划外钢材经营。1992—1993年，年均销售机床4000台（套）。1995年下半年起，公司经营出现亏损。1999年3月，公司破产。

二、济南市槐荫区物资局仓库

1979年，新建仓库面积530.6平方米，主要承担计划内物资的仓储和保管。1985—1986年，修缮仓库，改善条件，被誉为清洁卫生花园式仓库。1988年5月，区物资局将仓库由营市东街8号搬迁至济兖路126号，占地面积1.67万平方米，投资125万元。1989年11月25日，补办征用土地手续。1994年，取得营业执照，正式面向市场开展物资仓储业务。主要仓储钢材、油品、化工材料和机电产品，最高时仓库吞吐量5600余吨，利润60余万元。2000年后，吞吐量和利润出现下滑。2006年，区政府统一规划，将物资局仓库用地收回，仓库停业。

三、济南槐荫金属材料供应中心

济南槐荫金属材料供应中心成立于1995年6月。集体所有制企业，实行独立核算，职工10人。企业总资产205万元，总负债196.5万元，净资产8.5万元。主要经营济钢生产的中厚板和太钢生产的锅炉板，年均销售总额2000余万元。1995年至1999年5月，上交总公司利润19.3万元。1999年9月，公司改制为有限责任公司。

四、济南市钢板公司

济南市钢板公司的前身是济南市槐荫生产资料服务公司，于1993年下半年正式挂牌成立，职工30余人。公司主要经营钢板、建材等产品，销售总额近千万元，向区物资局缴纳管理费40万元。2000年，因涉及一宗票据诈骗案损失近400万元，亏损321万元。2001年，公司破产。

第五章　对外经贸

第一节　出口贸易

1989年，全区有济南司普润化工有限公司、济南兴建冷冻食品有限公司2家三资企业对外出口产品，内资企业产品由外贸公司收购后对外出口，出口产品主要有高锰酸钾、速冻食品、服装、汽车平衡器等。1993年，外贸出口由原来以出口供货模式为主逐步向自营出口发展。至1997年，全区有出口供货企业30家，出口产品40余种，以农副产品出口为主。1998年，济南槐荫化工总厂、济南市冷冻食品公司获进出口企业资格证书，全区实现自营出口206万美元。1999年，全区获进出口权的企业6家，出口额461万美元。

2000年，区委、区政府印发《关于实施经

济国际化战略 加快发展对外经贸工作的意见》，设立区对外开放奖励专项基金，扶持重点外贸出口企业。同年，区属第一家综合性外贸公司——济南润溢达贸易公司获进出口权，全区获自营进出口权企业共有13家，实现出口603万美元。2001年，国家办理进出口权实行登记制，济南隆捷机械有限公司成为实行新办法后全市获权的第一家，当年实现出口。同年，全区获权企业18家，出口额1341万美元，其中出口过百万美元企业7家，九阳豆浆机、成林塑胶等产品打入欧美、日本等市场，机电和轻工产品占出口总量的37%，改变全区主要依赖农副产品出口的局面。

2002年，济南丰农有限责任公司、济南樱龙食品有限公司、济南世鼎实业有限公司等出口农产品种植面积200余公顷，全区农产品出口首次突破千万美元。2003年，济南丰农有限责任公司出口产品种植基地被认定为国家级“蔬菜标准化示范区”。2004年，进出口权改为备案制，新增进出口企业15家，新增企业出口1100万美元，占全区出口总量的20%。同年，济南世鼎实业有限公司出口1131万美元，成为全区第一家年出口过千万美元的企业。2005年，省属、市属出口企业实行属地化管理，有12家国有外贸公司下放至槐荫区管理。民营企业、三资企业出口发展迅速，三资企业出口1825万美元。同年，全区完成出口1.2亿美元，首次实现出口过亿美元。2006年，全区出口企业发展到60家，出口产品100余种，涉及大型压力机床、粮食深加工、小家电、塑料制品、化工、服装、工艺品等，出口到60余个国家和地区，实现出口1.21亿美元，出口过千万美元的企业2家，累计发放对外开放奖励资金800万元。

第二节 利用外资

1988年，槐荫区对外经济贸易委员会（简称区外经委）成立。同年，开始引进外资，兴办三资企业2家，济南第十棉纺厂与香港中盈有限公司合资兴办济南台通织带有限公司，总投资45万美元；济南友谊食品厂与香港有成实业有限公司合资兴办济南诚值食品有限公司，总投资11万美元，全区实现利用外资、港资零的突破。1989年，全区有中外合资企业16家，总投资948.8万美元。1990年，建立合资企业5家，签订合同4项，总投资2500万元，全年完成出口交货值783万元。1991年，与香港文力发展有限公司成立济南耀福塑胶有限公司，注册资本540万美元，主要生产经营干式、湿式PU人造革。1992年，实际利用外资、港资2100万美元，新批三资企业42家，完成出口交货值3500万元。1994年，成立全区第一家中外合营（中美合作）公司——济南景锋纸业有限公司，注册资本275万美元，以生产纸箱和纸板为主，年产值1亿元，为济南轻骑、松下电视机等大型企业提供包装材料。同年，全区最大外商投资工业项目——济南红旗—考格尔制造有限公司成立，注册资本1000万美元，是济南市最早的外商投资汽车领域的公司。至1997年底，全区共新办三资企业117家，总投资累计19371万美元，合同利用外资10990万美元，其中总投资过千万美元的项目3个，利用外资形式以合资为主，涉及机械、化工、汽车、房地产、塑料、餐饮娱乐、纺织等行业。

1999年，香港新世界发展（中国）有限公司在槐荫区出资成立济南新世界阳光发展有限公司，投资总额8997万美元，注册资本2999万美元，成为济南市第一个参加开发旧城改造的港商投资公司。2000年，区委、区政府提出在全区实施经济国际化战略，确定开放型经济在全区经济发展中的地位。外商独资企业发展逐步加快，资金到位率高，投资规模大，合资企业发展逐步放缓。同年，全区实际利用外资、港资725万美元，三资企业累计105家，其中合资企业83家，独资、港资企业22家。

2001年，区外经委更名为槐荫区对外贸易经济合作局。2002年，市外经贸局将符合国家产业政策、总投资1000万美元以下的三资企业审批权下放到各区县。同年，全区审批成立三资企业10家。2003年，全区审批项目11个，合同利用外资 3054 万美元，实际利用外资 3120 万美元，外资来源扩大到 13 个国家和地区。2004 年，香港群盛（国际）集团有限公司在辖区成立独资企业——山东群盛置业有限公司，注册资本 1500 万美元，群盛项目是济南市第一家土地公开“招拍挂”由港资公司摘牌的房地产项目，是全市第一家现状土地“招拍挂”的项目，开创济南市港资房地产企业与内资企业共同招标的先河。2006 年，全区实际利用外资 4186 万美元，经过年检的三资企业 47 家，其中投资过 1000 万美元的合资企业 5 家、独资企业 4 家，济南新世界阳光发展有限公司、山东瑞信房地产开发有限公司、济南发祥置业有限公司等投资均超过 2000 万美元。

1992—2006 年槐荫区利用外资、港资和出口创汇情况表

表 5-2　　单位：万美元

年份	合同利用外资	实际利用外资	自营出口创汇
1992	2500	2100	102
1993	6658	1200	271
1994	—	270	916
1995	920	1016	149
1996	656	800	144
1997	256	920	160
1998	1030	423	206
1999	1682	54	461
2000	1297	725	603
2001	2392	1010	1341
2002	4059	1328	2409
2003	3054	3120	3154
2004	3354	2170	5764
2005	6895	3010	12001
2006	6149	4186	12112

第三节　重要经贸活动

1989 年，组织参加国内外大型经贸活动 5 次，派出国考察团 4 个，拓宽对外招商领域。1990 年 4 月，参加深圳对外经贸洽谈会，共展出产品 31 个，与 40 余家客商洽谈合资项目，正式签署合同 4 个，意向书 6 个，引进外资 1405.5 万元，成交贸易额 350 万元。1992 年，鲁滨实业总公司在毛里塔尼亚兴办造船厂，成为济南市第一个到国外投资办厂的乡镇企业。该公司与毛里塔尼亚渔业部签订购买玻璃钢渔船厂的合同，合同总投资额 37.5 万美元，其中鲁滨实业总公司投资 16.5 万美元，产品就地销售，利润按比例分成。合同签订后，正式成立中毛船舶制造有限公司。

1994 年起，每年参加济南市金秋经贸洽谈会。2000 年，邀请国外客商到槐荫区访问和交流，办理到华邀请签证 50 个。2003 年，组织专业招商人员赴上海、杭州等地进行考察招商，在山东省经贸考察团浙江招商说明会上，与浙江现代集团、宁波三丰集团、香港斐凡公司等签署合作协议6项，招商引资额60亿元。同年，在第三届深圳招商洽谈会上，与深圳银储投资顾问有限公司签署合作协议，将其作为槐荫区在深圳的招商代理，形成利用招商中介以商招商的新模式。

2004年，针对国外大公司、大财团的投资特点，采用网上招商、中介招商、聘请外国人在外招商等新的招商方式和合作方式。2005年，聘请国内外10名企业家、经济学家担任招商代表，发挥其在招商引资的中介作用。同年，共引进超千万元招商项目66个，实际到位资金32.39亿元。2006年，区招商代表团参加市政府主办的在韩国、日本、新加坡和中国香港的招商推介活动，通过有目的、有针对性的项目推介会、拜访重点客户等形式进行专业招商，签订合同投资额6149.2万美元，主要涉及工业、现代服务业等领域。

第六编

财政　税务　金融

CAI ZHENG　SHUI WU　JIN RONG

槐荫区志

1989—2006

1989 年，全区财政收入 4677 万元。1998 年，全区财政收入首次突破亿元大关，实现 12197 万元。进入 21 世纪，随着改革开放的深入，招商引资力度不断加大，经济总量大幅增长，财政收入逐年递增，财政支出日趋合理，社会保障能力显著增强。2006 年，全区财政收入实现 39417 万元，是 1989 年的 8.4 倍，连续 18 年实现财政收支平衡。

1989 年，全区完成税收 32907 万元。1994 年，实行分税制改革，国税、地税机构分设，分别完成税收 5079 万元、2623 万元。1998 年，国税、地税完成税收均突破亿元大关，分别完成税收 10173 万元、10967 万元。2005 年，济南市政府将部分市属国有、集体企业管理权限下放槐荫区后，税收有较大增长。2006 年，全区完成税收收入 116228 万元，其中国税收入 61709 万元、地税收入 54519 万元。

1989 年，全区有金融机构 4 家。至 2006 年，全区主要金融机构发展到 16 家。

第一章 财 政

第一节 财政体制改革

一、区级财政体制改革

1989 年，财政体制改革，实行以收定支、财政包干体制，采取“核定收支、总额分成加增长分成”的管理办法，规定区总额分成比例为 28.3%，年度超过 8% 以上的部分再实行三、七比例分成，70% 留区。1994 年，由“财政包干”改为“分税制”财政管理体制。增值税为中央和地方共享，中央分享 75%、地方分享 25%，以 1993 年净上划中央收入为基数，核定区级税收返还基数，后据每年上缴中央两税（增值税 75% 和消费税）数额，按 1∶0.3 的比例增加税收返还，继续保留定额上解和专项上解。

2002 年起，地方各级企业缴纳的企业所得税和个人所得税，全部实现中央与地方共享，营业税由省和区分享。同年，槐荫区企业所得税中央、省和区分享比例为 50%、10%、40%；个人所得税中央分享 50%，区分享 50%；营业税省分享 20%，区分享 80%。2003 年，槐荫区企业所得税中央分享 60%，省分享 8%，区分享 32%；个人所得税中央分享 60%，区分享 40%；营业税分享比例与上年相同。

2004 年 1 月起，实行“税收属地管理，主体税种两级分享”的新财政管理体制。按照新财政体制改革的要求，重新划分市、区两级收入范围。

2005 年，山东省调整个人所得税分享范围、分享比例、划转基数等内容。个人所得税收入范围包括个人所得税、储蓄存款利息个人所得税和个人所得税税款滞纳金、罚款收入。其中，储蓄存款利息个人所得税由中央、省分享收入，调整为中央分享 60%、省分享 15%、市区分享 25%，25% 分享部分市与区分享比例为市分享 10%，区分享 15%；划转基数以 2004 年为基准，按照分享比例计算确定。县（市）区上划的个人所得税收入大于下划的差额部分，由市财政作为基数予以返还；县（市）区上划的个人所得税收入小于下划的差额部分，由县（市）区财政作为基数上解市财政。

2006 年 12 月 27 日，国务院颁布《中华人民共和国车船税暂行条例》，规定自 2007 年起，由从事机动车交通事故责任强制保险业务的保险机构代收代缴车船税。各县（市）区 2006 年原车船税的既得利益，按照 2004 年、2005 年、2006 年各县区车船税所占比重平均数确定财政收入分配比例，并通过年终财政体制结算返还。

二、街镇财政体制改革

1989 年，建立街道财政管理体制，实行“定收定支、收入上交、增长分档分成、支出下拨、结余留用、超支不补”的财政体制。1995 年起，随着分税制财政管理体制的实施，区与街镇实行“分灶吃饭”，槐荫区随之建立街镇财政体制。调整街镇财政体制，对收大于支的街镇实行“收支挂钩、核定基数、确定基数递增比例（每年以上年基数递增 12% 并作为下年基数和增收分成）”的财政体制；对个别收不抵支的街镇实行“核定支出、定额补贴、逐年递减”的财政体制。1998—2000 年，进一步调整街镇财政体制，两镇按照完成收入年递增 8%保支出基数，增量部分实行倒三七比例分成；其他街道 1997 年收入在 80 万元以上的，按照收入年递增 8% 保支出基数，超收部分按四六比例分成；收入在 80 万元以下的仍执行原体制。美里湖街道仍执行原体制。2001—2003 年，突出协税的激励作用，街镇财政体制调整为“完成固定税收，保支出基数；协税收入区与街镇六、四分成”。2004 年，区停止实施协税，并根据“税收属地管理”新政，改革街镇财政体制。新体制按照“完成收入保基数，参照贡献定财力”的原则，规定街镇完成固定税收计划保支出基数，街镇招商引资以及通过综合治税产生的税收，区与街镇四六分成，同时为确保街镇招商引资的质量，将街镇财税贡献率（街镇招商引资企业产生的税收占招商引资额的比例）纳入全方位目标考核体系。至 2006 年，街镇财政体制无变化。

第二节 财政收入

1989 年，全区财政收入 4677 万元。1998 年，全区财政收入首次突破亿元大关，实现 12197 万元。2001 年，全区财政收入突破 2 亿元。2002 年，全区财政收入突破 3 亿元。2006 年，全区财政收入 39417 万元。

1989—2006 年槐荫区财政收入情况表

表 6-1　　　　单位：万元

年 份	财政收入	年 份	财政收入	年 份	财政收入
1989	4677	1995	5578	2001	23656
1990	4701	1996	7089	2002	30212
1991	4800	1997	8772	2003	37408
1992	5310	1998	12197	2004	31005
1993	6630	1999	15435	2005	33898
1994	4256	2000	19046	2006	39417

2006 年槐荫区财政收入情况表

表 6-2　　　　单位：万元

收入项目	金额	收入项目	金额
增值税	7281	车船使用和牌照税	204
营业税	10684	耕地占用税	127
企业所得税	2710	契税	3844
个人所得税	1897	国有资产经营收益	148
城市维护建设税	2798	行政性收费收入	1929

续表 6-2

收入项目	金额	收入项目	金额
房产税	2000	罚没收入	903
印花税	713	专项收入	1359
城镇土地使用税	1216	其他收入类	85
土地增值税	1519	合计	39417

第三节　财政支出

1989 年，全区财政总支出 2452 万元。1998 年，全区财政总支出超过 1 亿元，支出 12665 万元。2001 年，全区财政总支出超过 2 亿元。2003 年，全区财政总支出超过 3 亿元。2004 年，全区财政总支出超过 4 亿元。2006 年，全区财政总支出 56939 万元。

1989—2006 年槐荫区财政支出情况表

表 6-3　　单位：万元

年 份	财政支出	年 份	财政支出	年 份	财政支出
1989	2452	1995	5837	2001	24095
1990	2520	1996	7411	2002	29330
1991	2570	1998	12665	2003	39054
1992	3294	1999	15673	2004	43825
1993	4402	2000	19219	2005	47481
1994	5168	2000	19219	2006	56939

2006 年槐荫区财政支出项目表

表 6-4　　单位：万元

支出项目	金额	支出项目	金额
企业挖潜改造资金	656	抚恤和社会福利救济	2133
科技三项费用	970	行政事业单位离退休支出	6495
农业支出	767	社会保障补助支出	2953
林业支出	111	行政管理费	10209
水利和气象支出	102	公检法支出	5445
工业交通等部门的事业费	69	城市维护费	4602
文体广播事业费	1017	政策性补贴支出	10
教育支出	8947	支援不发达地区支出	10
科学支出	39	专项支出	2025
医疗卫生支出	2548	其他支出	6707
其他部门事业费	1124	合计	56939

第四节 财政管理

一、预算管理

1989年2月，中央制定国家预算调节基金征集办法。调节基金中属于地方单位缴纳的部分，50%上交中央财政，50%留归地方财政。财政预算草案本着“量财办事、量入为出、自求平衡、不打赤字”的原则，在保工资、保改革、保最低维持费前提下，适当照顾文教、科学、卫生方面投资。1991年10月，国务院发布《国家预算管理条例》。各项收支预算，严格按照国民经济和社会发展计划及收支平衡原则下达计划。预决算的编报程序，除按规定上报上级审核外，同时报同级人民代表大会审查批准。1993年12月，山东省决定从1994年1月1日起，将各项行政性收费全部纳入财政预算内管理。1994年3月，国务院发布《中华人民共和国预算法》，预算管理逐步法制化。1995年1月，财政部规定各部门、各单位的罚没收入必须全部纳入预算，如数上缴财政。1996年7月，国务院决定将养路费、电力建设基金等13项数额较大的政府性基金（收费）纳入预算管理。对地方财政部门按国家规定收取的各项税费附加，也统一纳入地方财政预算，作为地方财政的固定收入，不再作为预算外资金管理。

2000年，全区开展部门预算改革。改革主要包括明确部门预算“两上两下”的编制程序。财政部门在本预算年度的上年年初下发编制预算指导意见，部门提出预算建议计划；财政部门审核并下达部门预算控制数；各部门根据预算控制限额，编制本部门预算草案，上报送同级财政部门；财政部门在人民代表大会批准政府预算草案后1个月内，统一向部门批复预算，各部门在财政部门批复本部门预算之日起15日内，批复所属各单位预算，并负责具体执行。规定部门预算编制方法实行收入预算暂按基数加增减因素分析法确定，由各部门根据历年收入情况和预算年度的增减收入因素测算各项收入来源。支出预算实行零基预算，各类支出预算取消基数加增长的编制方法，按照预算年度所有因素和事项的轻重缓急程度及国家的法定支出重新测算部门的支出预算和每一科目、款项的支出需求；在财力分配上推行综合财政预算，部门预算的编制采用综合预算形式，统筹考虑部门和单位的各项资金。部门预算试行后，改变过去“基数加增长”的支出模式，以前年度的支出执行情况只做参考，不做基数，而是以零为基准，综合考虑当前各单位的不同情况，对支出项目进行分析和评估，根据财力可能和支出项目的重要程度，统筹安排预算内外资金，实现预算编制的科学化、民主化、法制化。

2001年起，区级预算单位全部编制部门预算。2002年起，农业税收征收经费以及代扣、代收和代征税款手续费，全部纳入预算管理。2003年起，国家将公安、法院、工商、环保、计划生育等部门的预算外收入全部纳入预算管理。同年9月，区财政加大部门预算改革力度，以综合财政预算为突破口，将单位预算内外资金统一安排，全部纳入部门预算管理范围。财政预算内拨款、预算外资金、纳入预算管理的政府性基金收入、事业收入、上级补助收入、附属单位上缴收入、经营收入和其他各项收入统一作为单位预算收入，以收入定支出；对单位的支出需求，严格按照“先预算外资金安排，后预算内资金补充；先单位收入安排，后财政拨款补充”的顺序安排，凡是预算外资金及其他收入能够满足单位合理支出需要的，原则上停止预算内拨款。

二、预算外资金管理

1987年，开始实行预算外资金管理。1990年3月，区政府印发《关于加强预算外资金管理的通知》，对预算外资金实行“全面清理，限期上缴;强化管理，集中储存;监督使用，财政审批”的管理制度，纳入预算外资金管理的系统有3个、区直单位22个，管理仅限于报收报支。1992年7月，区政府印发《槐荫区预算外资金管理规定》，对行政事业单位的预算外资金实行“财政专户储存、计划管理、财政审批、银行监督”的管理办法，正式明确把预算外资金纳入财政管理，要求单位预算外资金按月全额上缴财政专户，按季填报季度收支计划，经财政部门审批后，按月由银行监督拨款。同年，实行“收支两条线”的管理模式，规定各单位在银行开设“收入”和“支出”两个账户，其他预算外资金账户全部取消，单位的一切预算外收入和往来款项都要存入“收入”专户，并按规定要求及时转存“财政集中代管户”，收入户只能存入不能支出，单位所有开支都要经过支出账户，支出户资金来源为批准的财政拨款。1995年9月12日，槐荫区账务处理中心成立，同时取消原有的“收支两条线”的管理模式，规定全区所有纳入财政专户储存的行政事业单位，统一在规定期限内到账务处理中心办理开户手续，并撤销各专业银行的一切预算外收支账户。

1996年5月29日，区政府成立清理检查预算外资金领导小组，开展预算外资金清理检查。1999年，按照全国“收支两条线”电视电话会议精神，制定《关于切实加强全区执收执罚部门落实“收支两条线”规定工作的实施意见》，确定公、检、法等16个单位作为1999年落实“收支两条线”规定工作的重点检查单位，其余单位分批进行。通过检查，取消不合规定的银行账户28个，为政府统筹预算外资金近300万元。2000年11月，印发《济南市槐荫区人民政府关于行政事业性收费实行“票款分离”办法的通知》，在行政事业性收费的征收过程中，开始实行“票款分离”制度。实行“部门开票、银行收款、财政统管”的资金收缴和票据开具相分离办法，各执收部门的收入过渡账户一律撤销，各部门、各单位只设立支出账户，不再设立收入账户。

2005年，对全区国有资源（资产）有偿使用收入进行调研，将各行政事业单位房租收入，国土局探矿权和采矿权及价款收入，公安分局场点经营权有偿出让收入（主要是指出租场地收取的看车费），人防办人防工程出租款，绿化处和槐荫公园下属博远广场和华联广场冠名权收入，区企业改制国有资产变卖收益收入全部上缴财政专户或国库管理。另外教育系统主管部门集中收入、多家单位捐赠收入全部纳入财政专户管理。2006年，实现预算外收入6004万元，支出5360万元。

1989—2006年槐荫区预算外资金收支情况表

表6-5　　单位：万元

年份	收入	支出	年份	收入	支出
1989	1665	1357	1998	6330	6974
1990	2743	3031	1999	5577	5789
1991	3007	2642	2000	6512	6811
1992	3517	2982	2001	4424	3998
1993	4384	3779	2002	3536	3130
1994	4712	4058	2003	4375	4068
1995	5127	4879	2004	3239	2918
1996	5611	5899	2005	6555	5798
1997	4910	4772	2006	6004	5360

三、社会保障资金管理

1997年3月，成立社会保障财务管理中心。社会保障支出主要包括抚恤和社会福利救济费支出、医疗卫生支出和社会保障补助支出。同年，全区社会保障支出981万元。随着财政收入的不断增长，财政对社会保障投入逐步增加。2000年,全区社会保障支出1853万元。2006年，全区社会保障支出7878万元。

1997—2006年槐荫区社会保障支出情况表

表6-6

单位：万元

年份	抚恤和社会福利救济支出						医疗卫生支出		社会保障补助支出		
	抚恤事业费	军队移交地方安置的离退休人员费用	社会救济福利事业费	救灾支出	其他民政事业费	残疾人事业费	卫生事业费	公费医疗经费	社会保险经办机构经费	城镇就业补助费	其他社会保障补助支出
1997	45	25	26	63	29	—	403	390	—	—	—
1998	44	59	36	39	21	—	438	380	149	—	25
1999	81	81	31	72	25	—	534	448	41	22	223
2000	83	36	57	41	60	—	721	425	56	39	304
2001	126	97	118	20	60	—	885	356	66	33	391
2002	85	120	262	28	177	1	994	438	64	304	994
2003	129	311	274	28	122	—	1101	447	62	544	1375
2004	103	308	304	24	250	—	1094	546	85	753	2619
2005	602	627	295	10	295	3	1524	640	86	369	2417
2006	394	563	405	25	748	2	1864	684	92	941	2160
合计	1692	2227	1808	350	1787	6	9558	4754	701	3005	10508

公费医疗经费管理 1997年，全区公费医疗定额在职、离（退）休人员实行统一标准为人均540元。2004年，人均定额标准提高至700元。1997—2006年，全区行政事业单位公费医疗资金累计支出4754万元。

卫生经费管理 1997年起，区财政加大卫生经费投入，平均每年投入购置设备和慢性病防治经费30万元。2003年，“非典”（非典型性肺炎）突发，全区卫生经费增至50万元。2004年起，为保障“两个体系”（社会保障体系和服务体系）建设,投入疾控中心建设经费220万元。2005—2006年，投入社区卫生经费104万元。

离休干部“两费”管理 1999年起，区财政每年安排一定数额的资金保障离休干部“两费”（离休费、医疗费）。同年，解决离休干部医疗费6万元。2001年起，将企业37名离休干部的工资差额部分纳入区财政补贴范围。2004年2月，将企业离休干部纳入公费医疗管理范畴。1999—2006年,区财政共解决离休干部“两费”267万元。

城乡居民最低生活保障资金管理 1997年，国务院下发《关于在全国建立城市居民最低生活保障制度的通知》。1998年起，槐荫区在农村实行最低生活保障制度，当年享受人数115人。2001年4月，槐荫区实施城市最低生活保障制度，按属地化管理原则，在辖区内的城市非农业户口居民，家庭人均月收入低于208元的，给予差额补助。建立低保审批和低保资金管理两条线制度，对低保资金实行专户储存、专账管理、专款专用，杜绝“列而少支”或“列而不支”等问题，防止虚报冒领超限额救济现象。2006年，农村低保标准提高至每人每月70元，城市最低生活保障标准提高至月人均230元。1998—2006年，累计发放农村低保金12.61万元；2001—2006年，累计发放城市低保金122.7万元。

再就业资金管理 1998年起，区政府按照“三三制”原则，即企业、财政、社会筹集各负担三分之一，用于国有企业下岗职工基本生活保障和再就业工作，先后筹集资金110万元，用于全区1200名下岗职工的基本生活。2006年，建立下岗失业人员小额担保贷款制度，财政投入资金100万元，用于下岗失业人员从事经营贷款贴息。至2006年，全区累计支付再就业各类补贴1097.35万元。

农村合作医疗资金管理 2003年，市委、市政府下发《关于进一步加强农村卫生工作的决定》，对新型农村合作医疗的目标和原则、组织管理、筹资标准、资金管理等问题提出指导意见。2005年3月，启动新型农村合作医疗制度，段店、吴家堡两镇先行试点；8月开始，启动报销程序，全区建立起基本覆盖农村居民的以大病统筹为主要形式的新型农村合作医疗制度，首批参合47072人，参合率65%，报销283人次，补偿金额13.48万元。2006年，全区农村居民参合57081人，参合率96%，报销3120人次，补偿金额49.69万元。

四、行政事业经费管理

行政事业经费包括人员经费、公用经费、专项经费、公检法司经费等。人员经费的核定遵循足额保障的原则，对其中的工资、津贴、补贴据实足额核定。严格核定财政供养人员范围，实行新增人员工资审批制度，凡是新增人员一律由区长签批。公用经费支出，在规范财政供给范围的基础上，结合单位收支状况，采取定额补助形式，确定相应的供给标准，严格控制公用经费的供给。1991年，贯彻财政紧缩政策，严格预算管理，控制各项经费支出。1994年12月，行政事业单位养老保险改革，收支由全市统一平衡，区级财政资金缺口较少，每年补贴倒挂资金50万元。1995年，调整压缩会议费、购置费、差旅费等部分非生产性支出，科学安排正常经费投入。2000年1月，按照省政府《关于实施失业保险条例有关问题的通知》，对全区机关事业单位失业保险制度进行改革。2001年，区财政局成立预算行财科，具体负责行政事业经费预算管理。2002年起，行政事业单位养老保险由市级下放区级自求平衡，倒挂部分区级承担，区级财政压力加大，每年补贴资金近千万元。为弥补缺口，先后3次提高养老保险缴费比例，确保收支平衡。2004年7月，区财政局预算行财科分为预算科和行政事业科两个科室，加强行政事业经费管理，提高行政事业单位经费保障水平，对财政性资金实施全过程的监控，有效保证财政资金的安全和使用，对综合治理、信访、严打整治、民族宗教、人才战略等社会稳定和发展大局问题给予重点支持。

五、政府采购管理

1999年5月，槐荫区政府采购管理办公室成立。同年，政府采购方式主要以询价采购为主，采购金额45万元，节省财政支出2万元。2000年，印发《槐荫区政府采购管理暂行办法》，政府采购的范围由货物类延伸到工程类和服务类，采购项目由最初的微机和公务用车发展到办公设备、网络开发、电梯等40余个品种。同年，政府采购金额152万元，节约率8%。2001年，印发《槐荫区政府采购管理试行办法》及《槐荫区政府采购管理试行办法实施意见》，从采购程序、资金结算、采购监管方式等各方面加以规范。印发《关于对公务用车燃油实行定点采购的通知》，对全区车辆实行定点加油；印发《关于对公务车辆投保实行政府集中采购的通知》，对全区车辆保险实行定点采购；改革车辆加油管理办法，下发《关于公务用车实行定点刷卡加油的通知》。同年，政府采购实现合同额423万元，节约率9%。2002年，全年共完成竞争性采购44项，询价采购326次，实现采购金额896万元，节约率10.6%。建立供应商库、专家库，对参加政府采购的供应商严格审查把关，建立考察制度。对采购数额大、采购方案复杂的项目，实行评审制度，对采购人员进行教育培训。2003

年1月1日，《中华人民共和国政府采购法》正式实施。区政府采购工作进一步制度化、规范化，采购金额逐年增长，当年政府采购金额突破1000万元。2004年，针对公务车辆保费高、保额低、险种少、理赔慢等问题，考察大修厂7家和保险公司6家，制定《行政事业单位机动车辆保险及事故费用实行集中采购管理的暂行办法》，确定第三责任险、车上人员责任险、车辆损失险和不计免赔险为政府采购必保险种，保费由用车单位与区政府采购管理办公室结算，区政府采购管理办公室代替用车单位向定点保险机构集中统保，定点保险机构按其承诺实行上门办理承包和理赔服务。通过竞争性谈判，确定槐荫太平洋保险公司为新一轮定点保险公司，保费由原来的2600元降到2100元，保险品种由原来的5种扩大到7种，将第三者保险额由原来的5万元提高到10万元，驾乘保险额由原来的1万元提高到2万元。2004年，政府采购金额1615万元。

2005—2006年，制定《槐荫区政府采购协议定点供货实施细则（暂行）》《关于行政事业单位2005年第一期政府采购协议供货工作有关事宜的通知》《关于行政事业单位办公家具政府采购协议供货有关事宜的通知》《关于行政事业单位印刷、纸张、耗材政府采购协议供货有关事宜的通知》《槐荫区政府采购联络员管理暂行办法》。根据《槐荫区会计人员管理办法》，对全区违反政府采购制度的行政事业单位会计负责人员进行累积计分处理制度，在全省尚属首次。下发《槐荫区关于进一步规范区级政府采购工作的通知》，将政府采购过程的每一个环节都用制度的形式规定下来。率先在全市各县区实现“采、管”分离，建立政府采购“资金、采购、使用”三分离的管理体制。2005年，政府采购金额6831.82万元。2006年，政府采购金额30400万元。

六、财政监督检查

1989年，区财政局成立由局长任组长的廉政建设工作小组，改进财政有偿资金的管理，整顿财政部门成立的公司，整顿清理预算外资金及乱收费。1992年6月22日，成立区税收、财务、物价大检查办公室。同年，济南市统一组织对农业税、农林特产税、耕地占用税、契税等的征收管理情况以及小型农田水利补助费、水土保持补助费、抗旱经费的管理使用情况进行检查。1993年，开展对支援经济不发达地区发展资金和两镇财政支农资金、周转资金使用情况检查。1994年，区财政部门开展对1992年、1993年度财政支农周转金发放、使用、回收、管理情况检查。1996年10月30日，印发《槐荫区1996年税收财务物价大检查实施意见》通知，对检查时限、范围、重点、方法、步骤和要求做出明确规定。1999年5月26日，成立济南市槐荫区会计监督检查局，撤销济南市槐荫区会计管理中心。2001年，成立区财政监督检查科，隶属于区财政局。同年4月至9月，全区开展税源普查工作。2005年，财政监督职能移交综合计划科。2006年4月，对2005年政府扶持企业专项资金的使用情况进行跟踪检查。8月，对吴家堡镇、段店镇、拆迁办的专项资金进行跟踪检查。确保专项资金使用的安全性、规范性和有效性。同年，区物价局、区监察局、区财政局、区审计局联合下发《关于对街道（镇）价格和收费执行情况进行清理整顿的通知》，组成联合检查组，对所辖14个街道（镇）2005年度收费情况进行检查。在票据管理中加大票据的审核力度，从制度上规范部门和单位的收费行为，对非税收入票据的入库、发放、核销，实行票据微机化管理，随时掌握执收单位的领用和使用情况，实现“收支有据、用之合理、调度灵活、运筹有方”的财政监督管理机制。

七、工资统发

2000年9月，区财政局下发《关于实行财政统发工资实施意见》，成立工资统发管理中心。10月1日起，对全区财政供养行政和全额事业单位的在职人员实行财政统一发放工资。2000年10月至2001年2月，区工资发放中心先后将区直机关、公检法司、城区教育各学校、其他全额预算事业等109个单位工资纳入统一发放的范围。2001年3月，区财政局下发《关于对两镇一街教育人员实行财政统发工资的实施方案（暂行）》，将段店镇、吴家堡镇、美里湖街道所辖各学校教育人员纳入财政工资统发范围。2003年8月，区财政局下发文件，进一步明确工资统发工作范围、程序，强化财政工资统发工作管理。2004年9月，明确增人要以“人员编制”为源头，对于超出编制的人员，一律不得进入工资统发范围；对于调离人员，一律不得保留其工资统发资格；对于已办退休手续的工资统发范围的人员，相关单位和部门要及时办理工资变更手续，否则将按有关规定相应扣减其经费。至2006年底，累计发放工资34.73万人次，应发工资额61991.5万元，实发工资额57629.1万元。其中，累计代扣代缴个人住房公积金2594.1万元，养老保险金739.9万元，失业保险金335.9万元，代扣代缴个人所得税692.5万元。

2000—2006年槐荫区财政统发工资情况表

表6-7　　单位：万元

年份	单位（个）	人数（人）	应发工资额	代扣代缴公积金	代扣代缴养老保险金	代扣代缴失业保险金	代扣代缴个人所得税	实发工资额
2000.10–12	109	11872	1461.26	58.90	24.20	7.80	6.02	1364.34
2001	142	54835	7825.98	323.91	127.29	43.59	49.44	7281.75
2002	141	55557	9426.73	392.78	154.82	52.68	117.99	8708.46
2003	137	55509	9597.52	399.23	157.21	52.06	126.64	8862.38
2004	134	55205	9993.86	414.08	162.58	53.39	155.94	9207.87
2005	135	56343	11641.21	495.01	113.73	62.45	193.47	10776.55
2006	127	57988	12044.89	510.21	—	63.95	43.03	11427.70
累计	925	347309	61991.45	2594.12	739.83	335.92	692.53	57629.05

八、会计管理

1997年2月前，全区会计管理工作归山东济南会计师事务所槐荫分所负责。1997年3月，区财政局成立会计管理中心，为科级全额事业单位。1999年5月，撤销会计管理中心，成立槐荫区会计监督检查局，隶属于区财政局，为正处级全民事业单位。2001年，机构改革，撤销会计监督检查局，成立会计监督管理科，属区财政局内设科室。2002年，成立济南市槐荫区珠算协会，负责珠算、珠心算及等级鉴定，组织珠算比赛。

会计专业技术职称考试　1992年前，按照会计人员工作年限及专业技术水平进行职称评审。1992年起，中、初级会计专业技术资格实行全国统一考试制度，考试管理职能归区财政局；高级会计师职称资格实行评审制度，由省财政厅负责。2001年12月，会计专业技术资格考试管理职能由区财政局划归区人事局。至2006年底，全区取得高级会计师职称资格7人，会计师专业技术资格476人，助理会计师资格1013人。

会计从业资格管理　1991年1月1日，实行会计证管理制度。至1992年底，全区取得会计证人员2673人。1993年起，实行会计证年检制度（每两年一次）。1998年，会计证实行统一考试制度。2001年，将会计人员的会计证统一换发为会计从业资格证书。至2002年6月，换发会计从业资格证书4265本。2005年3月，会计证年检制度取消，同时规定取消两年以内中专以上会计类专业毕业证书直接申领办法，会计证全部实行会计从业资格考试制度。至2006年底，全区持有会计从业资格证书的人员 6780 人次，换发 2005 版会计从业资格证书 5679 人次。

会计人员培训　1992 年，举办会计职称岗位专业知识培训，全区 2000 余名会计人员参加培训。其中，会计员 1500 余名，助理会计师、会计师 500 余名。1998 年始，每年举办会计人员继续教育培训。2000 年，开始举办会计电算化培训，首次参训人员 310 人次。至 2006 年底，共培训会计人员 3.5 万人次。

会计基础工作规范化　1998 年，槐荫区开始会计基础工作规范化达标验收。主要考核会计基础、会计核算、会计监督和内部会计管理制度等。2003 年，在吴家堡镇实行“村账镇管”改革试点。面向全区公开招考村级会计 10 名，取消各村的会计，成立村民理财小组。加强对农村会计人员、报账员和村民理财小组成员的规范管理，进行业务培训，会计基础工作逐步规范化。2005 年，对全区行政事业单位的 400 多名会计人员开展会计基础工作规范化知识答题活动。同年，对全区 13 个街道（镇）环卫所会计基础工作进行规范。至 2006 年底，全区有 1210 余家单位达到会计基础工作规范化标准。

九、国有资产管理

1989 年，有区属集体所有制工业企业 16 家，由区经济计划委员会管理，执行国家资产管理政策法规，保障国有资产安全完整、保值增值。1992 年起，区经济计划委员会按照“产权明晰、责权分明、政企分开、管理科学”的现代企业制度目标，先后对区属工业企业进行资产评估，推行股份制改造、兼并重组、破产拍卖等多种形式的产权制度改革。2005 年 5 月，市政府将 18 家市属国有、集体企业管理权限下放槐荫区，由区政府行使出资人职责。8 月 30 日，区政府下发《关于将部分原市属国有（集体）企业移交属地街道管理的通知》，除济南市第二建筑工程总公司、中国济南电工设备总公司、济南大型汽车运输公司 3 家企业由区经济发展计划局负责管理外，其他 15 家企业全部移交所在街道管理。继续享受市属企业改革改制政策。街道接受区国资委的委托，具体负责企业的日常管理和企业资产保值、增值，参与企业改制方案的制定和实施。区国资委代表区政府履行出资人的职责，负责企业改制指导、方案审批、资产处置审批和企业破产审核。至 2006 年底，全区完成改制企业 27 家，14 家未进入改制程序。

十、政府投融资管理

2005 年 8 月，设立槐荫区政府投融资管理中心，注册成立济南市槐荫区国有资产运营有限公司，注册资本金 1 亿元。区政府投融资管理中心拓展投融资渠道，加强资金监管，逐步健全资金运行及政府监督机制，建立有效的资金还款机制。承担区重点项目建设资金的管理，协助有关部门做好项目区内土地的“招、拍、挂”及土地收益返还工作，加速推进土地熟化进程，实现区级重点项目投融资工作的“自求平衡，滚动发展”。按照市政府投融资管理中心的模式，资金投向与可行性项目对接，建立“借、用、还”良性循环机制的融资平台，形成政府主导、市场运作、社会参与的多元化投融资格局。至 2006 年 12 月，区投融资中心先后承担党杨路、物流大道、大学路等总长 13.5 千米的市政道路建设及总建筑面积 26 万平方米的腊山片区村民安置区、担山物流园等重点项目建设资金的筹集、管理、使用和监督工作，投入各项建设及征地拆迁资金 15.3 亿元。

第二章　税　务

第一节　税收体制

1989年，全区开征的税种有产品税、增值税、营业税、集体所得税、个体所得税、城建税、个人调节税、车船使用税、房产税、城镇土地使用税、屠宰税、牲畜交易税、奖金税、国营工资调节税、事业单位奖金税、集体企业奖金税、印花税、建筑税、滞纳补税罚款等19种。1994年，实施分税制改革，设立中央税、地方税、中央和地方共享税。共享税中，中央分享75%，地方分享25%。同年，实行税制改革，取消产品税，改征增值税；将集体企业所得税、私营企业所得税、国营企业调节税合并为企业所得税，税率统一调为33%；将个人所得税、个人收入调节税、城乡个体工商业户所得税并入个人所得税；将盐税并入资源税；取消特别消费税和燃油特别税，新设立消费税；取消外资企业工商统一税，将农、林、牧、水产行业产品税改为农业税和屠宰税；新开征土地增值税；将由增值税、消费税、营业税组成的流转税统一适用于内外资企业。同年8月，济南市槐荫区国家税务局、济南市地方税务局槐荫分局分别成立。

一、国税税种

国税税种有增值税、营业税、消费税、企业所得税、个人所得税、国家能源交通重点建设基金、国家预算调节基金。2001年起，车辆购置附加费改为车辆购置税。2002年1月1日起，新办企业缴纳所得税由国税局征收。2006年，区国家税务局征收税种主要有增值税、消费税、企业所得税、个人所得税、车辆购置税。

二、地税税种

地税税种有营业税、资源税、企业所得税、个人所得税、外商投资企业和外国企业所得税、城镇土地使用税、城市维护建设税、固定资产投资方向调节税、土地增值税、房产税、车船使用税、车船使用牌照税、印花税、筵席税、屠宰税。1998年1月，济南市地方税务局槐荫分局更名为济南市地方税务局第三征收分局。1999年11月1日起，开征储蓄存款利息个人所得税。2000年，停征固定资产投资方向调节税；农村税费改革取消屠宰税。2003年1月，济南市地方税务局第三征收分局更名为济南市地方税务局槐荫分局。2006年，地税税种有营业税、企业所得税、个人所得税、资源税、房产税、城镇土地使用税、车船使用税、土地增值税、印花税、城市建设维护税、城市房地产税、车船使用牌照税，征收的其他地方规费有：教育费附加、发展旅游事业费、文化事业建设费。

第二节　税收征管

1989年，实行专管员制度，划片管理征收。实行“征、管、查”三线分离的征收管理模式。对个体业户全部实行集中控管、纳税鉴定、纳税申报制度；对大型企业实行驻厂征管和定点征收;征收管理工作趋向正规化、科学化。1992年，在继续坚持以查管分离为基础、以总体控制为内容、以激励与制约并存的税收征管模式的基础上，按照定岗、定权、定责的要求加强征管。对个体税收的征管探索试行“‘一总控、两分离’、自我约束、双向监控、程序管理”的税收征管模式，得到国家税务局肯定。同年，将控管户基本情况输入微机，进行微机征收和税收的源泉控制。1993年，在全局范围内全面推行“自我约束，相互监控，互为制约，程序管理”的税收征管办法。

一、国税征管

1994年10月起，实行“税收检查、税务代理和微机征收”三位一体的新型征管模式。在

1996 年 3 月 20 日，区国税局召开征管改革实施动员大会　　（蒋宝铸　摄）

增值税专用发票管理上，制定“集中销售”“双人签字”“使用管理责任书”等制度，其经验做法在全市国税系统推广。1995 年 7 月，区国家税务局计算机征收大厅正式投入运行，开设税务登记、纳税申报、发票销售、银行结算等窗口，纳税人可在服务大厅内办理全部涉税事宜，税款征收由全手工操作改为计算机征管。1996 年，取消专管员管户制度，实行“以纳税申报和优质服务为基础，以计算机网络为依托，集中征收，重点稽查”的新型征管模式。开设税务登记、纳税申报、发票销售、银行结算等窗口，纳税人可在服务大厅内办理全部涉税事宜。1997 年，槐荫区国税局进行机构改革，撤销原设的征收分局和税务所，成立个体管理科。区国家税务局办税服务厅正式启用，由过去多点分散征收变为集中统一征收。1998 年，贯彻省国家税务局《关于规范基层税收征收管理工作的试行办法》、济南市国税局《综合业务工作规程》《税务稽查工作规程》，全面推行税收征管规程。在办税服务厅理顺窗口设置，规范业务衔接手续，强化税源监控，实现纳税人办理税务登记、发票领购、纳税申报、缴纳税款“一条龙”服务。1999 年，加强对重点税源企业管理，按照市国家税务局《重点税源控管办法》，对重点税源实行片管员制度，及时跟踪监控重点企业的动态变化情况。

1997 年 7 月，区国税局办税服务厅正式启用　　（李华民　摄）

2000 年，按照省国家税务局“落实完善、深化提高”的工作思路，推行纳税评估，解决税源监控和税务稽查脱节问题。2001 年，以税收征管改革为龙头，推进征管、机构、人事制度改革，初步建立起“以信息技术为支撑、设置科学合理、运转协调高效”的税收管理新体制，建立起“多元申报、集中征收、分类管理、一级稽查”的新框架。成立 3 个税源管理科和 1 个个体征收管理分局，由“征、管、查”全职能机构转变为管理机构，实现工作重心向管理转移。制定《目标管理考核办法》和《税收征管岗责体系》。同年，CIAIS（中国税务征管信息系统）上线运行。2002 年，按照《中华人民共和国税收征收管理法》要求，对税收管理活动全过程进行规范。加强对征管质量考核，将征管质量与单位和个人经济利益挂钩，征管质量和征管效率得到提高。2003 年，开发纳税信息电子地图，提高税源监控整体效能和信息数据处理分析能力，并在全市推广。将收入任务完成情况与奖金挂钩，对全局收入计划进行细化分解，从局到科、组、人，层层落实责任制，确保收入计划按期完成。2004 年，进行征管业务重组和流程再造，成立综合业务科、管理监控科和纳税服务中心，将税收业务重新划分归类，整合岗位设置。5 月 8 日起，济南市国税系统在全市范围内推出同城受理发票的审验、发售及所有纳税人所有税种的申报业务，实现“同城办税”。探索专业市场征管模式，总结出“夯实基础监管市场、人性化管理赢得市场、公开定税取信市场、综合治税协管市场”的经验。自主开发税源监控电子户籍，提高税源监控的质量和效率。2005 年，推行税收管理员制度，实行定点分片责任包干的“责任区税源管理制度”，强化管理监控责任，拓展税源管理深度，严格征管质量动态考核。2006年，完成CTAIS V2.0（中国税收征管信息系统）上线运行和税收执法管理信息系统上线运行。

2003年10月20日，国家税务总局副局长郝昭成（左三），在山东省副省长赵克志（左五）、济南市副市长王以才（左二）等陪同下到槐荫国税局视察国务院下岗人员再就业税收优惠政策工作

（王新一　摄）

二、地税征管

1995年，落实省地方税务局提出的“申报、代理、稽查”三位一体税收征管模式，制定税收收入台账、税务登记台账、发票管理台账以及纳税申报检查制度，统一税务登记证代码。1997年，落实国家税务总局提出的“以申报纳税和优化服务为基础，以计算机网络为依托，集中征收，重点稽查”的征管改革思路，制定《税务检查工作实施办法》，将税务稽查与税收征管结合起来，实行普通发票集中管理制度，取消专管员签字办法，建立纳税人自行申报制度，开展税务代理，为纳税人提供全方位服务。1998年，投资150万元对办税服务厅进行改造，更新微机，增添服务设施，改善纳税环境，提高管理水平。为7个基层税务所全部配备微机，实现税收业务微机管理。以办税服务厅为中心，连接全局各科所的局域网，开通办公自动化网络。

2000年，加大计算机硬件投入，更新优化网络设施，实现信息共享，推行电话报税和税控收款机，所有个体“双定户”（由国、地税双方定税的个体户）均实行电话报税，90%的私营以上服务、娱乐业纳税业户推行使用税控收款机。2001年，按照市地方税务局“信息化、专业化、规范化”建设的征管改革方案，加强对干部职工计算机应用的培训，对人员进行重组，明确征管范围，对涉税文书的使用和管理统一要求，明确权限和程序，新的征管模式框架初步形成。2004年，施行片区管理责任制，全面开展交叉户调整、个体微机定税、网上和双委托报税，按照“抓大控中定小”（“大”指重点税源，“中”是中等规模税源，“小”指个体工商户税源）的要求，加大重点税源监控，以计算级网络为依托，将各项业务流程、信息传递纳入网络管理。

第三节　税收收入

1989年，全区税收收入32907万元。1991年，由于区重点企业集中到济南市管辖，全区税收收入降至4860万元。1994年，全区税收收入7702万元，比1993年增长10%。2006年，全区税收收入116228万元，是1994年的15倍。

1994—2006年槐荫区税收收入增长情况表

表6-8　　单位：万元

年　份	国　税		地　税	
	实现税收	比上年增长%	实现税收	比上年增长%
1994	5079	—	2623	—
1995	5831	14.81	3482	32.75%
1996	7163	22.84	5234	50.32%

续表 6-8

年　份	国　税		地　税	
	实现税收	比上年增长 %	实现税收	比上年增长 %
1997	9007	25.74	6283	20.04%
1998	10173	12.95	10967	74.55%
1999	13113	28.90	13901	26.75%
2000	14041	7.08	17191	23.67%
2001	34437	145.26	27812	61.78%
2002	39581	14.94	34918	25.55%
2003	42062	6.27	40371	15.62%
2004	50618	20.34	41025	1.62%
2005	51667	2.07	46803	14.08%
2006	61709	19.44	54519	16.49%

国税收入　1994 年，完成国税收入 5079 万元。1998 年，国税收入突破 1 亿元，完成 10173 万元。2001 年，实行属地管理，原由市局直属局和涉外分局管辖的重点企业划归区局管理，税收收入较 2000 年大幅增长，完成税收 34437 万元。2006 年，完成国税收入 6.17 亿元，是 1994 年的 12.15 倍。其中，增值税 5.19 亿元，占 84.13%；企业所得税 0.53 亿元，占 8.62%。主要税源行业为制造业、批发和零售业。同年，全区 100 万元以上纳税大户有 65 家，共纳税 3.7 亿元，占国税税收的 59.97%。

1994—2006 年槐荫区国税收入情况表

表 6-9　　单位：万元

年份	营业税	增值税	涉外企业所得税	企业所得税	其他各税	合计
1994	116	4483	3	172	305	5079
1995	219	4962	2	142	506	5831
1996	—	6693	2	379	89	7163
1997	—	8783	2	102	120	9007
1998	—	10103	—	—	70	10173
1999	—	13063	—	—	50	13113
2000	—	14014	—	—	27	14041
2001	656	30272	410	932	2167	34437
2002	371	34918	733	1061	2498	39581
2003	72	37204	1050	1556	2180	42062
2004	—	42097	1108	5136	2277	50618
2005	—	42957	1635	4668	2407	51667
2006	—	51915	1738	5322	2734	61709

2006年槐荫区国税税收100万元以上重点税源企业情况表

表 6-10 单位：万元

序号	名称	税额
1	济南二机床集团有限公司	6989
2	中国北车集团济南机车车辆厂	3599
3	山东九阳小家电有限公司	2497
4	中国石油化工股份有限公司山东济南石油分公司	1917
5	山东电力设备厂	1731
6	山东送变电工程公司	1475
7	济南新峨嵋实业有限公司	1473
8	济南华联超市有限公司	1162
9	山东华辰国际集团有限公司	823
10	济南志亨特种变压器有限公司	756
11	济南嘉华购物广场有限责任公司	653
12	中国重汽集团济南特种车有限公司	638
13	青岛宝井钢材加工配送有限公司济南分公司	628
14	济南中信医药有限公司	615
15	济南华联商厦集团股份有限公司	569
16	济南民天面粉有限责任公司	541
17	济南试金集团有限公司	505
18	青岛可口可乐饮料有限公司济南分公司	433
19	山东鲁奥钢构件制造有限公司	432
20	济南文建印刷厂	422
21	济南天齐特种平带有限公司	406
22	武汉钢铁（集团）公司济南销售分公司	344
23	山东移动通信规划设计研究院有限公司	343
24	济南玉清制水有限公司	343
25	山东博远物流发展有限公司	340
26	济南鹊华制水有限公司	322
27	山东润通汽车销售有限公司	318
28	济南明星丰田汽车销售服务有限公司	294
29	济南红旗凯沃特汽车制造有限公司	291
30	南京旺旺食品有限公司济南分公司	276

续表 6–10–1

序号	名称	税额
31	山东上海汽车销售有限责任公司	257
32	济南铁路局燃料运贸总公司	245
33	济南联诚工程发展有限公司	235
34	济南鄂尔多斯羊绒制品商贸有限公司	226
35	山东华辰国际集团有限公司	225
36	山东健康药业有限公司	218
37	济南汽车配件厂	214
38	润华集团股份有限公司	213
39	山东联诚能源发展有限公司	206
40	济南斯普瑞科技有限公司	201
41	济南金万通汽车贸易有限责任公司	192
42	济南司普润化工产品有限公司	186
43	济南高强标准件有限责任公司	184
44	济南润华丰田汽车销售服务有限公司	175
45	山东金剑营销有限公司	169
46	河南双汇投资发展股份有限公司济南分公司	169
47	山东网源电力工程有限公司	168
48	济南山和通达汽车有限公司	166
49	山东莱钢建设置业有限公司	158
50	济南同力达机车车辆工具厂	155
51	山东鲁桥公路养护有限公司	151
52	济南市新光机床配件厂	145
53	济南元丰纺纱实业公司	142
54	山东华泰汽车销售有限公司	140
55	济南机车车辆厂机具分厂	140
56	济南永宁制药股份有限公司	137
57	济南国奇汽车销售有限公司	132
58	济南环保陶瓷除尘技术研究所	127
59	山东金銮混凝土有限公司	125
60	山东元运公路养护工程有限公司	124
61	济南铁路迅潮实业公司	122

续表 6–10–2

序号	名称	税额
62	济南现代房地产开发有限公司	118
63	济南铁路局配件厂	112
64	济南波司登贸易有限公司	103
65	中国山东对外经济技术合作集团有限公司	102
	合　　　　计	37017

地税收入　1994 年，完成地税收入 2623 万元。主要税源行业是建筑业、商业和工业。1998 年后，收入突破亿元，达 10967 万元。2000 年后，地税收入增长迅速，2001 年、2002 年、2003 年，地税收入分别突破 2 亿、3 亿、4 亿元。2005 年，完成地税收入 4.68 亿元。2006 年，完成地税收入 5.45 亿元。主要税源行业是房地产行业、制造行业、商业和建筑业，重点税源企业 64 家。同年，重点税源企业纳税额 2.52 亿元，占当年地税税收的 59.16%。

1994—2006年槐荫区地税收入情况表

表 6-11　　单位：万元

年份	总计	税收收入													其他收入				
		合计	营业税	屠宰税	资源税	企业所得税	个人所得税	投资方向调节税	城市维护建设税	房产税城市房地产税	印花税	土地使用税	土地增值税	车船使用和牌照税	合计	教育费附加收入	地方教育附加	罚没收入	文化事业建设费
1994	2623	2608	1246			331	207	292	284	92	18	89		49	15	13		2	
1995	3482	3460	1762		1	387	296	334	326	168	20	134		32	22	22		0	
1996	5234	5110	2476		1	448	596	659	468	232	26	108		96	124	127		-3	
1997	6283	6116	3187	1	2	523	783	233	762	354	33	129		109	167	150		17	
1998	10967	10680	4633	1	1	1136	1052	1549	949	629	80	392	108	150	287	284			3
1999	13901	13507	6505	1	10	1539	1049	1224	1223	966	170	622	66	132	394	380			14
2000	17191	16567	8181			1973	1739	1070	1622	917	200	479	98	288	624	591		6	27
2001	27812	26655	12103		20	2618	3912	803	2628	1929	410	1455	378	399	1157	1105		2	50
2002	34918	33474	16078			3332	4682	161	3450	2540	364	2213	314	340	1444	1394		5	45
2003	40371	38486	19791			2336	5571	150	4613	2823	464	1739	525	474	1885	1837		4	44
2004	41025	39368	17890			5074	6911		3745	1854	468	1391	1618	417	1657	1573		8	76
2005	46803	44559	18992			8231	6536		3943	2923	537	1744	1345	308	2244	1687	473	29	55
2006	54519	51773	22258			7052	10003		4663	3334	713	2027	1520	203	2746	1998	673	23	52

2006年槐荫区地税税收100万元以上重点税源企业情况表

表6-12　　单位：万元

序号	企业名称	所属行业	税额
1	济南阳光壹佰房地产开发有限公司	房地产业	7984
2	济南二机床集团有限公司	制造业	2226
3	山东信莱房地产开发有限公司	房地产业	836
4	山东送变电工程公司	建筑业	812
5	山东省立医院	卫生、社会保障和社会福利业	492
6	济南华联商厦集团股份有限公司	批发和零售业	456
7	济南新世界阳光发展有限公司	房地产业	424
8	山东国际合作联合有限公司	租赁和商务服务	422
9	中国民生银行股份有限公司济南经七路支行	金融业	364
10	济南联诚工程发展有限公司	批发和零售业	361
11	济南市槐荫农村信用合作社	金融业	354
12	山东联诚电力工程有限公司	建筑业	344
13	山东匡山琪鑫置业股份有限公司	房地产业	327
14	济南外海房地产开发有限公司	房地产业	326
15	济南博茗茶叶交易中心	租赁和商务服务	323
16	济南嘉华购物广场有限责任公司	批发和零售业	321
17	润华集团股份有限公司	批发和零售业	319
18	济南实力房地产开发有限责任公司	房地产业	311
19	山东力神起重运输有限公司	交通运输、邮政	304
20	中国石油化工股份山东济南石油分公司	批发和零售业	304
21	济南二建集团工程有限公司	建筑业	297
22	山东华辰国际经贸合作有限公司	批发和零售业	292
23	济南联诚运输有限公司	交通运输邮政业	283
24	济南华联超市有限公司	批发和零售业	264
25	济南中信医药有限公司	批发和零售业	261
26	济南润华广告传播有限公司	居民服务和其他服务业	260
27	招商银行股份有限公司济南槐荫支行	金融业	253
28	中国石化销售有限公司鲁皖管道经理部	建筑业	249
29	济南城中城房地产开发有限公司	房地产业	247
30	山东山大生殖医疗中心有限公司	卫生、社会保障和社会福利业	231

续表 6-12-1

序号	企业名称	所属行业	税额
31	中国北车集团济南机车车辆厂	制造业	226
32	济南永达房地产开发公司	房地产业	202
33	济南汽车配件厂	制造业	194
34	济南市福利彩票发行中心	居民服务和其他服务业	194
35	山东省肿瘤防治研究院	卫生、社会保障和社会福利业	192
36	济南新峨嵋实业有限公司	制造业	185
37	济南嘉馨房地产开发有限公司	房地产业	184
38	济南试金集团有限公司	制造业	183
39	胜利石油管理局石油大厦	住宿和餐饮业	180
40	润华集团山东汽车修理有限公司	居民服务和其他服务业	176
41	山东省机械施工公司	建筑业	176
42	济南邮区中心局	交通运输、邮政	164
43	新国线济南运输有限公司	交通运输、邮政	158
44	中国建设银行股份有限公司济南槐荫支行	金融业	147
45	山东金羚置业有限公司	房地产业	141
46	济南市商业银行段店支行	金融业	141
47	济南城安建工有限责任公司	建筑业	138
48	济南盛国机械有限公司	制造业	133
49	山东鲁建世纪房地产开发集团有限公司	房地产业	132
50	山东新世纪酒店	住宿和餐饮业	128
51	济南黄河路桥工程中心	建筑业	124
52	济南市商业银行股份有限公司张庄支行	金融业	124
53	中国农业银行济南市槐荫区支行	金融业	123
54	山东省天然气管道有限责任公司	交通运输、邮政	123
55	济南广友物流配送集团有限公司	交通运输、仓储	123
56	山东鲁奥钢构件制造有限公司	制造业	121
57	中国光大银行济南槐荫支行	金融业	117
58	济南鲁联集团有限公司	租赁和商务服务	116
59	山东省路桥集团有限公司	建筑业	116
60	济南市市区农村信用合作社联合社槐西农村信用合作社	金融业	114
61	济南市商业银行槐苑支行	金融业	106

续表 6-12-2

序号	企业名称	所属行业	税额
62	山东省桃花源水上人家餐饮有限公司	住宿和餐饮业	104
63	山东融海建筑工程有限公司	建筑业	101
64	济南市儿童医院	卫生、社会保障和社会福利业	100
	合计		25233

第四节　税务执法

1989年，在财税大检查中，检查370户，查补税款295.3万元，入库235.8万元，入库率79.9%。个体税收专项检查3809户，补税罚款189万元。1990年，共检查2382户，查补税款639.5万元。其中，印花税、个人收入调节税查补税款190万元。查处重大偷税案件方面，检查税务案件110起，刑事立案5起，移交司法机关1人，查补税款61万元，查处赃款9.72万元。清理村办企业，检查132户，查补税款133万元。稽查运输发票1.52万份，查补税款101.9万元。发动企业自查，召开会议16次，参加人员5219人次，查补税款132.6万元。稽查队检查272户，查补税款1179万元。联合检察室查处各类经济案件547起，其中刑事立案21起，移交司法机关6人，查出违纪金额549万元，追缴入库238万元。1991年，在五项税收大检查中（地方税检查、个人收入调节税检查、日常汇交检查、个体税收专项检查和财税大检查），查补税款447.7万元，入库436.1万元。其中，个体税收检查共查补217.9万元，入库率100%。财税大检查中，检查131户，查补税款51万元。1992年，财税大检查中，共查补税款410万元，查处税务违章52起。1993年，实行稽查队和检察室税收检查的独立定案权和入库权。全年查补税款152万元，入库97万元。1993年，开展无证业户拉网式检查，查补税款276万元；制定人民来信来访处理程序，处理检举偷漏税人民来信50封，查补税款230万元。财税大检查和专项检查中，查补税款689万元。个体税收专项检查中，采取以自查为主，召开动员大会12场次，参加人数6000余人次。

一、国税执法

1994年11月，成立区国税局稽查分局，以稽查分局为主，各科室成立检查小组。全年检查个体工商户5267户，查补税款127.4万元；查处丢失发票案4起，罚款7万元；检查一般纳税人717户，查补税款306万元。1995年，组织拉网式检查，遵循有户必查、有税必征、违章严惩的原则，督促140户未办证企业或个人办理税务登记证。检查3916户，查补税款182万元。查处黑龙江豆奶厂驻济办事处等部分重点企业，查补税款300余万元。全年各项检查共查补税款500余万元。1996年，着重抓住重点开展增值税专用发票大检查、个体私营企业及外地驻济企业大检查、财务物价大检查等三大专项检查，共查补税款400余万元。稽查分局查处案件61起，查补税款310余万元。1997年，加大专项检查和重点稽查力度，全年查补税款1742万元。其中对外地驻济企业查补税款474万元。1998年，采取微机选案、人机结合和实地调查等办法，发动社会力量监督、揭发偷税行为。成立公安、国税打击涉税犯罪联络办公室，破获江某案，查补税款滞纳金218万元。全年通过查封账号、扣押物资、查封企业等措施，查补税款2758万元，滞纳金罚款293.3万元。1999年，检查企业2194家，定案715家，采取强制措施查封账号30家，扣押物资67件，下达催交税款通知书322家，外地协调案件6起，全面检查3次，查补税款4449万元，加收滞纳金罚款549万元。2000年，检查企业866家，接受社会各界举报40人次，案件37起，查补税款滞纳金、罚款共计 94.3 万元。向公安机关移送虚开增值税专用发票案 1 起。全年查补税款 2260 万元，滞纳金罚款 575 万元。2001 年，税务稽查实行“一级稽查”的模式，职能收归市国税局稽查局。同年，结合市国家税务局下发的《关于开展增值税发票专项检查的紧急通知》，对辖区使用增值税专用发票企业进行专项检查，把发票用量过大，10 万元以上的企业作为检查重点。对 161 家企业审查，补交税款 2279.2 元。对 47 家小规模企业检查，有 27 家存在账外经营、库存不实问题，查补税款 55 万元。2002 年，重点对各类集贸市场进行检查。与地税、工商、公安等单位组成联合检查组，对辖区各类集贸市场进行专项整顿。通过检查有问题的业户 329 户，查补税款 53.18 万元。对 19 家加油站进行检查,查出问题 11 家，查补税款、罚款及滞纳金 5 万元。2003 年，依托信息技术手段和协税、护税网络，集中开展漏征漏管清理活动，共清理漏征漏管户 1311 户，查补税款 1.5 万元。全年协查发票 1512 万份，查补税款滞纳金 114 万元。2004 年，先后开展减免税普查、汽车市场专项整治、加油站调研、扩大增值税抵扣范围等 16 项专项检查。检查企业 1880 家，查出问题企业 16 家，查补税款 78 万元，罚款、滞纳金 4 万元。2005 年，对 666 家企业进行所得税汇算清缴。检查、调增应纳所得税额 207 万元,查补税款 124 万元,罚款 9 万元。对 379 家使用普通发票企业及个体工商户进行普通发票专项检查，补交税款 12.66 万元，加收滞纳金 141.99 元，罚款 1.16 万元。2006 年，加强对滞留票检查，检查滞留票企业 342 家，检查发票 5268 份，对 147 家企业查补税款 107.02 万元。加强对所得税日常检查，全年检查企业 606 家，调整应纳税所得额 482.7 万元，查补所得税 35.16 万元，滞纳金 1.44 万元，罚款 28.63 万元。

二、地税执法

1994 年，济南市地方税务局槐荫分局下设稽查队。同年，对 11 家企业欠税进行了清理，清理欠税 380 万元。1995 年，开展重点项目和重点税种专项检查，全年共查补税款 230 万元。1996 年，先后开展企业所得税汇算清缴、车船使用税、固定资产投资方向调节税、个人所得税专项检查。1997 年，强化税收稽查，依法清理欠税，检查纳税单位 70 余家，查增税款 340 余万元。开展税收专项检查 12 项，查补税款 1000 余万元。1998 年，加强对漏管户管理，对辖区 6 条繁华街道进行 3 次拉网式清漏检查，检查 958 家，发现漏管户 46 家。同年，依法查封、冻结纳税人账号 300 余个，扣缴入库税款 800 余万元。2000 年，检查餐饮业发票业户 140 家，发票 5604 本，查补税款 51 万元。2001 年，查封企业银行账号 132 个，冻结银行存款 1352 万元，扣缴入库 456 万元。同年，加大协税护税工作力度，成立协税护税领导小组，与公安、工商、街道（镇）联合清理漏征漏管户 147 户，清理欠税 1947 万元。2002 年，成立国税、地税、公安联合检查小组，组织拉网式检查，规范 22 个重点市场纳税管理。同年,实现市场税收 340 万元。实行票税联审制度，通过“以票管税”查补税款 350 万元。2003 年，开展村（居）税收专项检查，查补税款 1000 余万元；对 21 户重点户进行检查，查补税款 750 余万元；对 15 家行政事业单位开展税收专项检查，查收税款 3111 万元。清理欠税补缺口，清理欠税 3462 万元。同年，监督检查发票使用情况，累计检查 1000 余家，查处发票违法 150 余起，查补入库税款 100 余万元。2004 年,开展对餐饮娱乐、房地产开发、货物运输、金融等行业为重点的税收专项检查，查补税款及滞纳金、罚款 3000 余万元。全年累计清理欠税近 1000 万元。开展拉网式检查，清理漏征漏管 400 余家。2005 年，强化“以票管税”，实施微机定税和企业所得税核定征收、开展税收专项检查等一系列日常征管措施。综合纳税申报率由 64% 提高到 95%，企业申报率由 74% 提高到 99%。2006 年，对企业所得税汇缴情况进行检查，查补入库税款 7605 万元，清理欠税 277 万元。

第五节 农业税收管理

1986年，区财政局农财农税科负责农业税收征收管理。2002年6月，成立区农业税收征收管理局，为全额预算管理副处级事业单位，隶属于区财政局，编制6人。农业税收项目有农业税、农业特产税、耕地占用税和契税4种。

一、农业税

纳税人为在境内从事农业生产、有农业收入的单位和个人。1985年，开征农业税。1989年，全区完成农业税37.1万元。1996年，因粮食提价，全区完成农业税117.2万元，是1989年的3.16倍。2000年，由于自然灾害和社会减免，农业税比1999年有所减少，全区完成农业税86.4万元。2002年，农业税收政策调整，取消乡镇统筹费。重新核定常年产量和农业税计税土地面积，执行1.14元/千克的计税价格和7.77%的税率，一律征收代金，不再征收实物。同年，征收农业税208.5万元。2003年，完成农业税214.7万元。2004年，取消农业税。

二、农林特产税

纳税人为在境内从事应税农产品的单位和个人。1987年，开征农林特产税。农林特产税按产品收入定产征收，以1983—1985年的平均产量为基础评定常年产量，按当地中等质量收购单价计算收入，一定3年，增产不增税。藕、苇子税率5%，鱼10%，苹果15%。1989年，全区完成农林特产税6.8万元。1994年，税制改革后，改称农业特产税。调整部分税率，淡水养殖、水生植物执行税率8%，苹果执行税率12%，梨执行税率10%。停征农业特产税附加，以实际收入征收。同年，完成农业特产税12万元，比上年增长48%。2002年，税费改革，对大田中生产的西瓜、甜瓜、甜叶菊改征农业税，不再征收农业特产税。调整部分税率，降低水果税率，一律执行8%。同年，完成农业特产税10.7万元，比上年降低31.85%。2003年，取消农业特产税。

三、耕地占用税

以纳税人实际占用耕地面积为计税依据，按照规定税率一次性计算征收。1987年4月1日，开征耕地占用税。根据人均占用状况，市政府核定槐荫区平均定额税率6元/平方米。1988年，全区完成耕地占用税11万元。1989年1月1日，调整解缴比例，中央30%，地方70%。同年，全区完成耕地占用税15.8万元，比上年增长43.6%。1994年，因分税制改革，税收收入大幅减少。2000年，全区完成耕地占用税461万元。2006年，全区完成耕地占用税127万元。

四、契税

契税是土地使用权、房屋所用权发生转移时，国家依法向取得土地使用权和房屋所用权的单位和个人征收。1990年1月1日，恢复征收契税，适用税率6%。同年全区征收契税10万元。1998年6月，扩大契税征收范围，税率调整3%。2003年，全区征收契税1436.6万元。2006年，全区征收契税3844万元。

1989—2006年槐荫区农业四税税收收入情况表

表6–13　　　　单位：万元

年份	合计	农业税	农林（业）特产税	耕地占用税	契税
1989	59.70	37.10	6.80	15.80	—
1990	79.70	36.90	7.30	25.50	10.00
1991	117.10	36.80	8.30	62.00	10.00
1992	51.30	46.00	5.30	—	—
1993	110.90	54.90	8.10	18.00	29.90

续表 6-13

年份	合计	农业税	农林（业）特产税	耕地占用税	契税
1994	147.90	80.40	12.00	—	55.50
1995	131.30	80.30	13.20	0.60	37.20
1996	204.10	117.20	15.10	18.00	53.80
1997	265	117.00	15.00	60.00	73.00
1998	245.20	107.00	14.60	18.10	105.50
1999	401.60	99.70	14.60	52.30	235.00
2000	947.30	86.40	15.90	461.00	384.00
2001	676.70	86.30	15.70	181.70	393.00
2002	1203.70	208.50	10.70	193.60	790.90
2003	1764.40	214.70	—	113.10	1436.60
2004	1844.90	—	—	—	1844.90
2005	2964.20	—	—	175.30	2788.90
2006	3971.00	—	—	127.00	3844.00

说明：2003 年，取消农业特产税。2004 年，取消农业税

第三章 金 融

第一节 发展概况

1989 年，辖区内主要有中国人民银行济南分行槐荫区办事处、交通银行济南支行、中国人民建设银行济南市分行营业部、中国农业银行济南市槐荫区支行、中国工商银行济南市支行槐荫区办事处、中国人民保险公司济南市分公司槐荫办事处、槐荫城市信用合作社、槐荫区经七路城市信用合作社等金融机构。工商银行济南市支行槐荫办事处全年办理各项存款 603697 万元，其中储蓄存款 35935 万元；办理各种贷款 86575 万元；实现利润 3300 万元。对工业企业累计发放贷款 22 亿元，其中 80%以上贷款支持大中型骨干企业的生产发展。交通银行济南分行对外试营业，年底资金营运规模达到 37648 万元；存款 30241 万元，超计划 37.46%；其中储蓄存款 817 万元，超计划 3.7 倍。年底各项贷款余额 21900 万元，其中固定资产贷款 900 万元，农业贷款 200 万元。全年现金收入 6839 万元，现金投放 1563 万元，货币回笼 5276 万元。市保险公司槐荫办事处开办险种 24 种，其中财产保险 12 种，人身保险 12 种，承担保险责任 22.99 亿元。

1990 年，辖区内金融机构贯彻落实国家“控制总量、调整结构、保证重点、压缩一般、适时调节、提高效益”的金融方针，严格控制货币、信贷两个最高限额，全面落实调整力度的各项措施，发挥金融在国民经济中的杠杆作用。6 月 5 日，经中国人民银行总行批准，交通银行济南分行正式对外营业。先后开办人民币存、贷款业务，外汇业务，结算、汇兑、咨询和证券交

易等业务。至年底，该行营运资产规模66900万元，各项存款余额51204万元，各项贷款余额37922万元。2年累计发放流动资金贷款14亿元，人均创利10万元。与全市1500余家企事业单位建立业务关系。根据市人行制定的《济南市清理整顿金融性公司实施意见》《济南市金融机构管理暂行办法》，辖区内开始清理整顿信托投资公司和非银行金融性公司及银行独资、投资、合资办的单位，其中坐落在经二纬十二路的市建设银行信托投资公司改组为建设银行济南市信托投资公司，查处未经批准发行的大额可转让定期存单，清理超范围经营机构，配合工商、税务、公安部门打击国库券黑市交易活动。济南市保险公司槐荫办事处根据社会需要，开办新险种。其中国内财产险业务包括技改贷款项目保险、农村干部安全保障一揽子保险、养鸡保险；人身保险业务包括个体劳动者、私营企业职工人身意外伤害满期还本保险，义务兵养老金保险，民办教师养老金保险，金婚纪念保险；涉外保险包括旅行社旅客保险和出口商品信用保险。

1991年，辖区内金融机构贯彻“控制总量、调整结构、强化管理、适时调节、提高效益”的货币信贷方针，把金融工作的着力点与经济工作的重点相衔接，强化信贷管理，贯彻向国营大中型企业倾斜的政策。交通银行济南分行1991年底资金营运规模达到94537万元；各项存款余额70637万元，超计划14.46%，其中储蓄存款2090万元，超计划8.15%；各项贷款余额53255万元。1992年，市工商银行槐荫办事被确定为“资产负债比例管理”试点单位，进行以资产负债管理为主的综合改革试点，获“总行级先进行处”称号。

1993年11月，贯彻落实“从严控制总量、优化结构、面向市场、转换机制、提高效益”的货币信贷方针。基本实现金融运行的良性循环，为全区经济发展创造稳定的金融环境。交通银行济南分行各项存款余额比上年底增加3.2亿元，达12.5亿元；其中储蓄存款净增3122万元，达7384万元，超额1622万元；各项贷款余额比上年底增加2.7亿元，达到9.5亿元；资本金增加2729万元，达到0.9亿元；资产营运规模比上年底增加5.5亿元，达到20.68亿元。保险业务保费收入2223.40万元；证券业务交易额比上年增加2000万元，达到1.4亿元；全年实现利润4417万元，比上年增加1270万元，人均利润13.7万元。中国工商银行济南市支行槐荫区办事处改称为中国工商银行济南槐荫区支行，成立南辛分理处，由经十路412号迁入经二路638号新办公大楼。12月，全省最大的证券交易厅——济南建行信托证券交易厅在经二路575号新兴大厦开业。

1994年，成立济南商品期货交易所、齐鲁期货经纪有限公司。市保险公司槐荫办事处开发济德高速公路建安保险、商品房财产保险、母子平安人寿保险、少儿未来幸福定额保单、幸福安康保险卡、学生住院医疗保险等42个新险种和附加险种。1995年，辖区内金融机构贯彻落实适度从紧的货币政策，抑制通货膨胀，筹集资金，严格执行信贷规模，灵活调度使用各项资金，推行新的信用形式，取得货币稳定、经济发展的双重成效。各项存款增长继续保持旺盛势头。济南市工商银行槐荫区经十路分理处更名为济南市工商银行南辛支行，原济南市工商银行槐荫区段店分理处更名为济南市工商银行南辛支行段店分理处。

1996年6月，经中国人民银行山东省分行批准，成立济南城市合作银行，原辖区内信用社成立济南城市合作银行槐荫支行。永宁股份等4家公司股权证在鲁产权上柜交易。1998年，济南城市合作银行槐荫支行更名为济南市商业银行槐荫支行。2000年，辖区内银行系统实施稳健的货币政策，坚持支持经济发展和防范化解金融风险并重，增加贷款投入，优化信贷结构，改进金融服务，防范和化解金融风险，保持金融平稳运行。中国工商银行山东省分行营业部槐荫支行成立并开通电话银行。2002年，中国工商银行山东省分行营业部槐荫支行、南辛支行强化市场营销，调整信贷结构，提高资产质量，拓展业务领域，强化内部管理，各项经营指标均创历史最高水平。南辛支行与江铃集团财务有限公司及山东江铃全顺汽车销售服务有限公司就资金封闭运行签订协议书。支行营业室、营市街所、济微路所和辛东所4个市级“行风示范窗口”通过营业部检查验收。支行营业室和营市街所被通报表扬，被列为营业部“服务免检单位”。

2003年，加强对非上市公司的规范和监管，完成多家定向募集公司情况的调度，向济南证券监管办公室写出专题报告，对解决非上市公司遗留问题提出建议；建立完善非上市公司的资料台账和运行情况调度制度，保持与股份公司沟通，了解和掌握公司运作情况。中国工商银行山东省分行营业部南辛支行通过土地置换收回济南地毯总厂不良贷款320万元，核销贷款3200万元。通过一次性了断，货币化清收济南酿造厂不良贷款356万元、槐荫区糖酒公司不良贷款80万元。收回山东省机电设备集团汽车销售有限责任公司贷款欠息972万元。2004年，辖区内银行业金融机构贯彻金融宏观调控政策，按照“有保有压、有抑制、有发展”的宏观调控要求，围绕经济和社会发展目标，做好“结合”文章，保持银行信用供给总量的稳定增长，调整优化贷款投向，改善金融服务，深化管理体制和经营机制改革。2006年，辖区内金融机构适应国家宏观调控和全市经济结构调整的要求，优化信贷结构，保持货币信贷的合理增长。

第二节　金融机构

2006年，辖区内有国有商业银行支行16家，分理处28家，储蓄所68处；金融资产管理公司1家，证券营业部5家，股份有限公司2家，保险业金融机构4家。

一、银行业金融机构

2006年，辖区内主要有中国人民银行济南分行槐荫办事处，中国工商银行济南市分行槐荫支行、南辛支行、城西支行，中国农业银行济南市槐荫区支行，中国人民建设银行济南分行槐荫支行、槐中支行和经七路支行，中信银行济南分行槐荫支行（经二路588号）、恒丰银行济南分行槐荫支行（经四路384号）、经十路支行（经十路22258号），华夏银行济南分行槐荫支行（2000年成立，纬八路143号）等。

中国工商银行股份有限公司济南槐荫支行　1984年10月，中国工商银行济南市槐荫区办事处从人民银行分设成立，办公地点在经十路412号，职工总人数387人。1989年，下设3个分理处、19个储蓄所、13个工厂联办储蓄所、53个代办所。1993年11月30日，中国工商银行济南市槐荫区办事处更名为中国工商银行济南市槐荫区支行。1994年1月10日，槐荫区支行、南辛支行分设。槐荫区支行成立省工行系统首家区县行条法室。7月，槐荫支行在齐鲁金属期货市场和山东省物贸中心市场设立服务组。11月，张庄路分理处正式对外营业。2005年10月26日，中国工商银行济南市槐荫区支行更名为中国工商银行股份有限公司济南槐荫支行。2006年，槐荫区内主要有槐荫支行和南辛支行，槐荫支行主要包括槐荫支行营业室、济南纬六路支行、城西支行、经七路分理处、经一纬八路储蓄所、营市街支行、经六路支行、幸福街支行等；南辛支行主要包括南辛支行营业室、经十西路支行、阳光新路支行、槐西支行、南辛庄西街支行、槐苑支行、济微路分理处等。

中国人民建设银行济南市分行营业部　1987年8月成立，位于经十路4号。1989年，下设办公室、营业处、投资一科、投资二科、投资三科、会计科、筹资出纳科、储蓄专柜（1个）、储蓄所（7个），共有职工147名。1994年，中国人民建设银行济南分行设槐荫支行、槐中支行。2006年，建设银行在辖区主要设立槐荫支行、经七路支行、槐中支行、槐西支行，其中槐荫支行主要包括支行阳光100分理处、经三纬十路分理处、南辛庄分理处、阳光新城分理处等。

交通银行济南分行　1989年1月21日，交通银行济南支行经交通银行总行管理处验收合格对外试营业。地址经三路纬十路。1990年6月5日，交通银行济南支行正式对外营业。

1991年1月，经人民银行总行批准，交通银行济南支行改称分行，全行由建行初期的60余人发展到220人。1995年4月升格为总行直属分行，1997年被省政府列为省级金融机构。1999年8月，交通银行济南分行迁入市中区。2004年10月，升格为省级管理分行。2006年，交通银行山东省分行在辖区内主要营业机构：交通银行济南经三纬八路支行(济南市经三纬八路57号)、济南张庄路支行（济南市张庄路255号）、济南经十路支行（济南市经十西路27号实力大厦一层）。

二、保险业金融机构

1989年，辖区内保险机构有中国人民保险公司济南市分公司槐荫办事处。2006年，辖区内主要有人保财险济南市分公司槐荫支公司、中保人寿济南市分公司槐荫支公司、中国太平洋人寿保险股份有限公司济南中心分公司槐荫区支公司（经二路626号）、中华联合财产保险股份有限公司济南中心支公司槐荫支公司（机床二厂路绿园写字楼3-301号）等保险机构。

三、证券经营机构

2006年，辖区内主要有齐鲁证券有限公司济南经十路证券营业部（济南市经十路410号）、齐鲁证券有限公司济南经七路证券营业部（济南市经七路573号）、西部证券股份有限公司济南经十路证券营业部（济南市经十路23237号）、东吴证券有限责任公司济南纬十二路证券营业部（济南市纬十二路330号）、宏源证券股份有限责任公司济南纬九路证券营业部（济南市纬九路66号）。

四、期货经营机构

山东泉鑫期货经纪有限公司 前身为1993年6月成立的济南商品期货交易所。1995年5月，经山东省证券管理办公室初审同意，山东济南期货交易所改制成立山东泉鑫期货经纪有限公司，注册资金1020万元。公司注册地为济南市经十路239号。中国证监会予以核准（期货经纪业务许可证号A019015005），经营范围为国内期货经纪业务，期货投资、信息咨询服务业务，期货从业人员培训业务。1999年，适应中国证监会期货公司注册资本金最低3000万元要求，山东泉鑫期货经纪有限公司引进济南市能源投资有限责任公司投资2000万元作为公司新的控股股东，注册资本金提高至3020万元。2001年，公司住所迁至济南市英贤街19号。

齐鲁期货经纪有限公司 其前身是筹建未果的齐鲁金属交易所，1994年4月，齐鲁金属交易所更名为齐鲁商品交易所。12月，齐鲁商品交易所注册资本金1010万元，股东为山东省物资集团总公司、山东省冶金工业总公司等16家。1994年底，国家对期货市场清理整顿，该交易所向中国证监会申请转建为期货经纪公司。1995年4月，经中国证监会批复同意，由交易所改制为齐鲁期货经纪有限公司，注册地为济南市经三路287号。主要从事北京商品交易所、苏州商品交易所、天津联合交易所等交易所上市期货品种的代理交易。1995年8月开始，齐鲁期货经纪有限公司先后在烟台、济宁、枣庄、泰安、淄博、滨州、东营、临沂、莱芜、青岛、聊城等地设立办事机构。1996年，公司注册资本金增至1020万元，其后又增加至1620万元。1999年，按照中国证监会期货公司注册资本金最低3000万元要求，齐鲁期货经纪有限公司股东增加山东省资产管理有限公司、民安投资管理有限公司及山东民安发展有限公司等18家，注册资本金增至3125万元，营业场所迁至济南市泉城路180号。

五、其他金融机构

中国信达资产管理公司山东省分公司 1999年9月成立，位于济南市槐荫区经三路293号。前身为中国信达资产管理公司济南办事处（以下简称济南办事处），是中国信达资产管理公司在山东的分支机构，主要是收购、管理、处置中国建设银行和国家开发银行山东省分行及辖区内分支机构剥离的不良资产。济南办事处有员工47人，内设机构有债权管理部、计划财务部、办公室、股权实体管理部、投资银行部5个管理部门以及青岛业务部、济宁业务部、烟台业务部、潍坊业务部、济南业务部5个区域业务部。2000—2005年，机构及业务几经调整，2006年

3月，济南办事处内设机构调整为办公室、审核评估部、资产管理部、计划财务部、交行资产部、政策资产部、中行资产部、市场开发部、委托经营部。

第七编

经济综合管理

JING JI ZONG HE GUAN LI

槐蔭
区志
1989—2006

1989—2006 年，为适应市场经济发展需要，全区各经济综合管理与监督部门职能发生较大变化。区发展改革部门改进计划编制方法，搞好综合平衡，提高计划可行性，发挥计划导向性作用。区统计部门扩大统计调查、统计服务范围，先后开展人口普查、第三产业普查、基本单位普查等专项统计，深入调研分析，及时把握全区经济社会发展的脉搏。审计工作形成包括国家审计、内部审计和社会审计较为完整的审计体系，审计领域逐步拓宽到预算执行审计、固定资产审计、经济责任审计和各种专项审计。价格改革不断深化，逐步形成以市场调节为主体的价格体系。工商部门从建设、管理市场、个体私营经济和企业登记等，转变为监督管理各类市场及市场交易行为和维护公平交易执法。国土部门加强对国土资源的开发、利用管理和执法力度，强化保护措施，逐步将土地、矿产资源管理纳入法制化、规范化轨道。技术监督部门强化质量认证监督、标准计量管理、特种设备安全管理，实施标准化战略，产品质量有较大提高。

第一章　计划管理

第一节　计划体制改革

20 世纪 80 年代至 90 年代初，计划管理工作经历了以计划调节为主、市场调节为辅，向计划调节与市场调节相结合的转变过程，市场调节范围逐步扩大。以治理国民经济秩序为中心，在项目审批、物资调配、银行贷款等方面加强计划管理。按照上级规定，逐步缩小指令性计划，扩大指导性计划和量价调节。

至 1991 年，逐步形成指令性计划、指导性计划和市场调节相结合的经济管理形式。“八五”期间，坚持“抓住机遇、深化改革、扩大开放、促进发展、保持稳定”的方针，全面实施全区“东、中、西”经济发展构想，推进技术进步，保持工业生产稳定增长，发展城郊型农村经济，经济总量明显提高，经济结构趋向合理。1996 年，计划管理由微观管理逐步向宏观调控和区域性经济调节转变。在计划编制上将重点放在国家产业政策和投资导向方面。至 2000 年，经济结构不合理的状况有很大改变，农业的基础地位进一步巩固，第三产业在国民经济中的比重大幅上升，完成一批重点技术改造项目，涌现出汽车改装、汽车配件、耐火新材料等优势产业。通过推进以明晰产权为重点的企业改制，加快全区工商业企业放开搞活的步伐，促进公有资产从一般竞争性领域退出，发展个体民营、股份制等新的经济形式。至 2006 年，计划工作内容转变为研究制定全区国民经济和社会发展战略，制定发展规划并监督实施计划落实情况。计划指标主要涉及国内生产总值、一二三产业增加值、社会消费品零售总额、实际利用外资、出口总额、全社会固定资产投资、地方财政一般预算收入、农民人均纯收入、人口发展和环境保护等方面。同年，农业内部结构进一步优化，工业发展速度与效益明显提高，形成一批经济实力较强的企业集团和在国内外市场上具有一定竞争力的优势产品。华联商业街、润华汽车主题公园、匡山汽车大世界等大型商贸设施的建设成效显著，新兴服务业态逐步发展，全区服务业整体素质和水平不断提高。

第二节　计划编制与实施

一、年度计划编制与实施

1991—2006 年，每年编制全区年度计划，提出工作重点、发展指标，明确工作方向、工作举措。其间，全区经济保持持续、快速、健康发展态势，完成各年度经济社会发展的主要计划指标。

1991年，推进治理整顿和深化改革，进一步提高经济效益，依靠技术进步，发展工业、农业、商业及对外贸易，推动全区经济和各项社会事业不断发展。1992年计划提出，贯彻落实中共十三届八中全会精神，以经济建设为中心，以加快技术进步为动力，深化改革、优化结构、强化管理、提高效益，促进经济持续稳定增长。1994年计划提出，进一步深化改革，扩大对外开放，优化经济结构，推进科技进步，扩张经济总量，在提高经济效益的前提下，推动全区国民经济持续、快速、健康发展，促进全区各项社会事业全面振兴。1995年计划提出，以经济建设为中心，以深化改革为动力，继续加大投入，加快结构调整，发展、培植一批新的增长点。加强农业基础建设，发展第三产业，进一步扩大对外开放，在更高的起点、更大的规模上，迅速提高全区经济总量。

1996年计划提出，贯彻落实中共十四届五中全会精神，坚持以经济建设为中心，以提高经济运行质量为前提，进一步优化投入结构，突出结构升级、突出高新技术、规模经济、出口创汇，进一步增强综合经济实力。1997年计划提出，以"两城两园"（"两城"指东部老城区和中部新城区；"两园"即济南民营科技产业园为主体的美里湖经济开发区和济南市西部工业园区）和区域经济建设为主攻方向，进一步增加效益、增强后劲，发展规模经济，壮大经济实力。推进"两个转变"（经济体制由计划经济向市场经济转变、经济增长方式由粗放型向集约型转变），全面实施"抓大带小，骨干膨胀"战略，不断扩张经济总量，努力提高经济运行质量和效益。1998年计划提出，继续实施"抓大放小，骨干膨胀"战略，深化以产权制度为重点的企业改革，加大结构调整力度，加快技术进步步伐，推进农业产业化进程，发展区域经济，提高对外开放的层次和水平，强化新城区配套建设特色。1999年计划提出，贯彻落实中共十五大精神，全面落实中央扩大内需的各项措施，坚持以发展财税型区域经济为重点，以提高经济效益为核心，围绕推进"两个转变"，深化企业改革，提高对外开放水平，拓展国际国内市场，培植新的经济增长点，推动经济结构调整和优化重组，全面提高经济整体素质和运行质量。2000年计划提出，继续坚持市场导向、科技进步和可持续发展原则，紧紧围绕发展财税型区域经济和企业脱困目标，以提高经济效益为中心，深化各项改革，加快结构调整，开拓国内国际市场，提高经济的整体素质和质量。

2001年计划提出，贯彻落实中央和省、市经济工作会议上提出的各项政策措施，全面实施"两个带动"（房地产开发和市场建设）战略，坚持科技创新，探索能够极大促进生产力发展的实现形式，努力提高经济的整体素质和质量。2005年计划提出，落实科学发展观，继续按照"老城连片开发、新区分步启动、周边园区建设"总体思路和"四园一区"（汽车园、物流园、工业园、都市经济园，西市场商贸区）发展战略，充分发挥省城优势，发展省会经济，以结构调整为主线，加大招商引资力度，培植工业经济、"三个亮点"（对外经贸、高新技术、民营经济）和现代服务业，努力增加农民收入，促进全区经济和各项社会事业的全面、协调、可持续发展。2006年计划提出，围绕"发挥省城优势，发展省会经济"，进一步深化拓展现代物流园、槐荫工业园、汽车经济园、都市经济园、西市场商贸区、腊山新区"四园两区"，加快推进老城连片开发，新区分步启动和周边园区建设，不断提高经济增长的质量和效益，力争在工业经济、现代服务业、外向型经济、城市建设、社会发展上实现较大突破，促进全区国民经济和社会各项事业更好更快发展。

二、五年计划编制与实施

第八个五年计划（1991—1995年） 计划提出，到1995年，工业总产值达到8.1亿元，年均增长12%。农业经济总收入达到10亿元，年均增长10.8%；农业总产值5120万元，年均增长4%；农民年人均纯收入达到1100元，年均增长4.3%。商业营业额达到9.8亿元，年均增长 11%。财政收入达到 6000 万元，年均递增 5%。出口商品供货总值达到 3500 万元，年均递增 23.3%。城市绿化覆盖率达到 30%。人口自然增长率控制在 8‰以下。

实施结果：全区经济快速增长，综合实力显著增强。1995 年，全区国内生产总值达到 15.5 亿元，年均递增 30.5%；一、二、三产业增加值分别达到 1 亿元、7.5 亿元和 7 亿元。实现工商利润 9333 万元，年均递增 14.1%。财政收入完成 5578 万元，年均递增 14.5%。工业总产值完成 26.17 亿元，年均递增 41.3%；乡镇工业企业总产值达到 17.5 亿元，比 1990 年增长 6.3 倍。农村经济总收入达到 23.5 亿元，农民人均纯收入达到 2138 元，分别比 1990 年增长 2.8 倍和 1 倍。产业结构趋向合理，发展后劲明显增强。"八五"期间，全区固定资产总投入累计完成 25 亿元，其中技改投资 4.05 亿元。三次产业比例由 1990 年的 13∶59∶28 调整为 6.5∶48.4∶45.1。全区商业网点由 1990 年的 4600 处发展到 8350 处，总营业面积 53 万平方米；各类市场由 1990 年的 21 处发展到 44 处，总交易面积 50 万平方米。对外开放不断扩大，外向型经济取得突破性进展。1995 年，全区外贸出口交货值达到 3.2 亿元，自营出口创汇 149 万美元，实际利用外资 1016 万美元。城市建设步伐加快，城乡面貌发生较大变化。通过实施城市开发带动战略，全区城市基础设施明显改善，城市服务功能进一步提高。市政维护投资 7987 万元，市政设施完好率 95% 以上。科技教育蓬勃发展，各项社会事业取得新进步。实施"科教兴区"战略，全区共取得重要科技成果 74 项，实施各类科技计划 85 项，实施专利技术、产品 98 件，建立槐荫区科技中心和国家级济南民营科技产业园。教育事业取得新成就，教育教学质量稳步提高。医疗卫生事业又上新水平，计划生育工作连续多年保持省级先进水平。

第九个五年计划（1996—2000 年）　计划提出，到 2000 年，全区国内生产总值达到 37 亿元，年均增长 19%。一、二、三产业增加值分别达到 2 亿元、17 亿元和 18 亿元，年均增长 5.9%、17.8% 和 20.8%。"九五"期间，全区固定资产投资总额达到 35 亿元，其中技改投资 10 亿元。地方财政收入达到 1.2 亿元，年均增长 16.9%。城镇居民人均收入 8800 元，农民人均纯收入 4000 元以上。自营出口创汇总额 4000 万美元，年均增长 32%；出口供货值 12 亿元，年均增长 30.3%。实际利用外资累计 1.2 亿美元，是"八五"期间实际利用外资总额的 4 倍。基本完成全区 120 万平方米旧城改造任务，新建 3 个高标准居民小区，继续抓好交通、通信、供水、供电、供气等公用设施建设，提高城市综合服务功能。全面提高劳动者科学文化素质和社会文明程度，人口自然增长率控制在 5‰以内。提高劳动保护、卫生保健、失业救济等社会保障水平，加强法制建设，巩固社会安定，全面推进各项社会事业发展。

实施结果：全区经济快速发展。2000 年，国内生产总值完成 25.48 亿元，比上年增长 12.4%，5 年平均增长 15.5%。一、二、三产业增加值分别达到 1.37 亿元、10.06 亿元和 14.05 亿元。全区地方财政收入完成 1.9 亿元，超额完成全年任务，比上年增长 23.4%，5 年平均增长 27.8%，区域财税贡献能力明显增强。农村经济全面发展，2000 年农民人均纯收入 3676 元，比上年增长 3.5%，5 年平均增长 11.4%。产业结构调整步伐加快。"九五"期间，全区固定资产总投入累计完成 36 亿元，比"八五"期间净增 11 亿元。三次产业比例由 1995 年的 6.5∶48.4∶45.1 调整为 2000 年的 5.4∶39.5∶55.1，经济发展后劲明显增强。改革开放取得新突破。经济体制改革步伐加快，实施以产权制度为重点的企业改革，全区镇直以上国有（集体）企业改制率 89.4%，区街管理体制改革进一步深化，社区服务产业化取得新进展，以养老、失业、工伤、职工医疗保险为重点的社会保障体系初步建立，住房商品化程度大幅度提高。对外开放不断扩大，利用外资累计 2921 万美元；完成自营出口创汇总值 603 万美元，5 年平均增长 75.7%，全方位对外开放格局基本形成。城乡面貌发生较大变化。"九五"期间，全面实施以道路拓宽改造为重点的基础设施工程，高标准完成经十西路、纬十二路、张庄路、济齐路匡山段和二环西路美里湖段路灯工程，城市环境不断改善。建成槐荫、槐苑等绿化广场，全区绿化覆盖率 34%。科技、教育等社会事业全面发展。其间，共实施各类科技计划近 100 项，跨入全国科技工作先进区行列。济南民营科技产业园进园企业 136 家；创办济南民营科技企业孵化器，引进高科技企业 11 家。全面实施素质教育，教育教学质量和办学水平进一步提高，社区卫生服务、计划生育、广场文化和群众体育工作分别走在全国和省、市前列。社会主义精神文明和民主法制建设成效显著。

第十个五年计划（2001—2005 年） 计划提出，到 2005 年，国内生产总值年均增长 13.5%，达到 48 亿元。其中一产增加值年均增长 5.5%，二产增加值年均增长 12.6%，三产增加值年均增长 14.8%。三次产业比例调整为 3.8∶37.9∶58.3。全社会固定资产投资 5 年累计达到 70 亿元，年均增长 14.2%。地方财政收入年均增长 14.1%，达到 3.6 亿元。社会消费品零售总额年均增长 7.1%，达到 45 亿元。出口创汇额年均增长 43.8%，达到 4000 万美元；实际利用外资 5 年累计 1 亿美元。人口自然增长率控制在 4‰以内。全区（城区）绿化覆盖率达到 35%，空气质量基本达到国家二级标准。城镇登记失业率控制在 4% 以内。加快推进城市化，努力把槐荫区建成经济繁荣、功能完善、环境优美的现代化省会城区。实施科技创新，为全区发展提供智力和技术支撑。突出实施体制创新，发展民营经济。加强精神文明和民主法制建设，推动全区文明与进步。

实施结果：综合经济实力显著增强。2005 年，全区实现生产总值 108.7 亿元，其中，一二三产增加值分别达到 1.8 亿元、36.6 亿元和 70.3 亿元。地方财政一般预算收入 3.39 亿元；全社会固定资产投资累计完成 125.6 亿元。社会消费品零售总额 108.2 亿元，比上年增长 14.7%。三次产业比例由 2000 年的 5.4∶39.5∶55.1 调整为 1.6∶33.7∶64.7。农民人均纯收入 5774 元，年均增长 9.4%。5 年累计出口创汇 2.47 亿美元，年均增长 54.6%；按新口径实际利用外资 6000 万美元，年均增长 33%，是“九五”时期的 4 倍。城市面貌发生较大变化。5 年累计完成城建投资 32 亿元，是“九五”时期的 3 倍。累计完成房地产开发建设投资 90 亿元，竣工面积 420 万平方米。城市人均道路面积、人均公共绿地面积分别为 9.8 平方米和 8.2 平方米，城市绿化覆盖率、垃圾无害化处理率分别为 38.2% 和 100%，均比 2000 年有较大提高。各项社会事业蓬勃发展。科技、社区体育、社区卫生服务等工作跨入全国先进行列，各类教育全面发展，人才机制不断完善。和谐社会建设卓有成效。5 年累计安置就业再就业 1.7 万人，城镇登记失业率控制在 4.2% 以内，被评为全省就业再就业工作先进单位。5 年累计投入社会福利和救济资金 4500 万元，基本实现动态管理下的应保尽保。

第十一个五年计划（2006—2010 年） 全区经济社会发展的总体目标是：经济实力迈上新的台阶。到 2010 年，全区生产总值达到 175 亿元，年均增长 13.5%；地方财政一般预算收入达到 6.82 亿元，年均增长 15%；社会消费品零售总额达到 180 亿元，年均增长 12.5%；全社会固定资产投资累计完成 420 亿元，年均增长 23%，投资率提高到 50% 以上；三次产业比例调整为 1.3∶36∶62.7。城市服务功能更加完善。到 2010 年，城市人均道路面积达到 15.6 平方米，城市排水管网达到 328.7 千米，市政设施完好率保持在 95% 以上；城市绿化覆盖率达到 40.3%，人均公共绿地面积达到 9.6 平方米，道路保洁率达到 100%；环境污染防治和生态城市建设不断加强，居民生活环境质量进一步提高。对外开放取得新突破。到 2010 年，外贸出口达到 2.4 亿美元，年均增长 15%；5 年累计实际利用外资 2.2 亿美元，年均增长 15%。自主创新能力显著增强。到 2010 年，实施各类科技计划 228 项，申请专利 2800 件；高新技术产业产值占规模以上工业总产值的比重提高到 49%。社会事业协调发展。到 2010 年，义务教育阶段入学率保持 100%，高中教育毛入学率达到 99%，两镇四新办全部达到市级教育示范乡镇标准，争创“山东省教育工作示范区”，实现全区义务教育的均衡发展；公共卫生、文化、体育等服务体系更加完善；人口自然增长率控制在5‰左右。社会和谐水平明显提高。公民综合素质和社会文明程度大幅提升，居民生活富裕，社会治安良好，政府依法行政能力进一步增强；城镇登记失业率控制在4.2%以内，社会保障水平进一步提高；农民人均纯收入8500元，年均增长8.8%。

实施结果：经济实力显著增强。2006年，全区实现生产总值131.4亿元，比上年增长20.9%，一二三产增加值分别达到2亿元、45.9亿元和83.5亿元；地方财政一般预算收入3.94亿元，比上年增长16.28%。完成全社会固定资产投资60.56亿元，比上年增长23.59%；实现社会消费品零售总额125.5亿元，比上年增长15.97%。发展方式加快转变，三次产业比例由1.6∶33.7∶64.7调整为1.5∶34.9∶63.6。农民人均纯收入提高到6276.69元。段店立交桥建成通车，济南西市场小商品批发市场重新开业，济南茶叶市场一期改造项目竣工并投入使用；和谐社区建设成效显著，辖区内诞生中国内地第一个安全社区，被评为山东省首批和谐社区示范区，全国社区服务示范区、全省安全生产先进单位。

第二章　统　计

第一节　专业统计

1989年，开展工业、农业、商业、劳动工资、交通运输、物资、固定资产投资和综合平衡8项专业统计调查，报表单位300余个，定期报表45种，年报表103种。1993年，推行国家新统计报表制度，由基层表和各专业综合表两部分组成，综合表由计算机汇总形成。1994年起，统计调查方法由全面调查为主改为以周期性普查为基础，以经常性抽样调查为主，并以必要的统计报表、重点调查、综合分析等作为补充资料；统计报表资料收集方式由按单位性质统计改为按专业内容分别进行统计调查。1998年，工业统计由实行乡及乡以上独立核算口径的全面报表制度改为规模以上工业统计实行全面统计报表，规模以下工业采用抽样调查统计（以年产品销售收入500万元为标准，划分为规模以上工业和规模以下工业）；社会商品零售总额改为社会消费品零售总额，限额以上企业逐月报送统计报表，限额以下批零贸易餐饮业实行每年2次抽样调查制度（批发业年营业收入2000万元以上、零售业年营业收入500万元以上、餐饮业年营业收入200万元以上为限额以上企业）；对粮食、畜牧业实施抽样推算。1999年，开始每季度统计蔬菜分品种情况。2003年，固定资产投资统计由项目统计改为单位统计。2004年，开始对高新技术企业进行统计。2005年，实行在地统计后，三产统计增加劳动情况和能源购进、消费与库存季报等统计报表，实现限额以上批发零售业、星级住宿业和限额以上餐饮业企业的“一套表”统计。贸易业限额以下抽样调查改为月度监测。按照新的服务业统计调查范围，对分行业规模以上企业实行全面统计报表季度监测，对规模以下及个体经营业户实行抽样调查，以此推算全区服务业增加值数据。全社会固定资产投资实行指标口径，即计划总投资50万元以上（含50万元）建设项目均纳入统计范围。2006年，全区共有工业、农业、商业、劳动工资、交通运输、物资、固定资产投资和综合平衡8项专业统计调查，报表单位323个，定期报表86种，年报表99种。规模以上工业企业123家，第三产业限额以上统计单位58个。

第二节 专项统计

一、人口普查

按照国务院统一部署，以1990年7月1日零时和2000年11月1日零时为标准时点，全区分别进行第四次、第五次人口普查。两次人口普查，区政府都成立人口普查领导小组，下设人口普查办公室，具体组织、指导和实施全区人口普查工作，各街道（镇）、居（村）成立相应的人口普查领导机构和工作班子。

第四次人口普查　1989年9月开始准备，1990年7月1日开始普查登记，7月18—30日逐级审核汇总主要数字上报。全区共划分普查区222个，调查小区1065个，抽调1576名普查指导员和普查员。全区人口普查登记资料经验收并汇总后，于1990年9月28日上报市人口普查领导小组办公室。

第五次人口普查　普查登记的时间是2000年11月1日零时。全区共抽调2100余名普查人员，划分普查区和调查小组，绘制普查区域地图，对普查人员进行培训，开展宣传动员等准备工作。在调查小区过录、普查区手工汇总的基础上，将数据输入微机，用国家统一编制的程序汇总人口普查资料。

二、第三产业普查

1993年10月，进行全国第一次第三产业普查。普查范围是区划范围内所有第三产业单位。普查1991年度和1992年度。普查结果显示，1991年，全区填表登记基层调查单位1455家，其中独立核算单位1244家，单独核算单位211家。全区第三产业增加值7.04亿元，其中城镇个体0.7亿元；按隶属关系，区属及以下第三产业增加值1.2亿元，其中区属8358万元，乡镇（街道）属2223万元，村（居）及村以下1419万元。年末从业人数56968人，其中独立核算单位从业人数53806人，单独核算单位从业人数3162人。1992年，全区填表登记基层调查单位1847家，其中独立核算单位1583家，单独核算单位264家。第三产业增加值9.44亿元，其中城镇个体1.17亿元；按隶属关系，区属及以下第三产业增加值1.38亿元，区属9156万元，乡镇（街道）属3017万元，村（居）及村以下1599万元。年末从业人数62753人，其中独立核算单位从业人数59120人，单独核算单位从业人数3633人。

三、基本单位普查

第一次基本单位普查　1996年11月1日，进行全国第一次基本单位普查。普查范围是全区法人和产业活动单位。普查时点是1996年12月31日。抽调普查员56人，对辖区1900家单位的地址、法人代表、行业属性、资产情况等22项指标进行调查。1997年9月完成。普查结果显示：1996年，全区内法人单位1201家，产业活动单位699家。

第二次基本单位普查　2001年10月24日，开展第二次基本单位普查。普查时点为2001年12月31日，普查范围为辖区内的法人单位及法人单位所附属的产业活动单位，包括各类企业法人、事业单位法人、机关法人、社会团体法人和其他法人，及其所属的农业、工业、建筑业、交通运输业、批发零售贸易业、餐饮业、服务业等产业活动单位。共有普查员和指导员126人参加普查。2002年7月结束。普查结果显示：全区共登记法人单位、产业活动单位和个体工商户10841家，其中法人单位2507家，产业活动单位356家，个体工商户7978家。

四、农业普查

第一次全国农业普查　1997年，开展第一次全国农业普查。普查时点为1996年12月31日，标准时间为1996年1月1日至1996年12月31日。普查对象是全区范围内各种类型的农业生产经营单位、农村住户、乡镇企业、行政村和乡镇，调查项目为38个。普查结果显示：全区农村住户总数25687户，人口99662人。全区有耕地3938.25公顷，果园88.47公顷，林地0.85公顷，水面养殖面积238.81公顷，农作物种植面积7602.17公顷，其中粮食种植面积6093.23公顷，牛497头，猪存栏6359头，羊存栏4184只。

第二次全国农业普查　2006年，开展第二次全国农业普查。普查时点为2006年12月31

日，标准时间为2006年1月1日至2006年12月31日，普查对象是全区农村住户，城镇农业生产经营户，农业生产经营单位、村委会、乡镇人民政府。共选调普查指导员和普查员526人。普查结果显示：全区共有农村住户30420户，人口114428人（含外来人口8559人），其中农业生产经营户16795户，66551人；实际经营耕地面积3236.07公顷；果园面积37.97公顷，内陆养殖面积468.07公顷，农作物种植面积7037公顷，其中粮食种植面积4985公顷。奶牛4778头、肉牛100头、猪3744头、羊882只，农业机械拖拉机304台，农用运输车1716辆。能通电、通电话、通道路、收看电视节目的自然村104个；农业生产经营单位32个。

五、经济普查

2004年，进行全国第一次经济普查。将原来的工业普查、第三产业普查和基本单位普查三项普查合并，增加建筑业普查内容，每5年一次。普查对象是全区从事第二、三产业的法人单位和产业活动单位以及个体经营户。普查标准时间为2004年12月31日零点，全区共选调普查指导员及普查员400余人。2005年1月1日开始入户登记，2006年3月普查结束。普查结果显示：全区共登记各类单位3991个，其中法人单位3246个，产业活动单位745个。各类单位中，登记工业企业1105家，建筑业企业78家，交通运输、仓储和邮政企业83家，批发零售企业2474家，住宿餐饮企业136家，房地产开发企业115家。各类单位从业人员总数79921人。共登记个体工商业户10189户，从业人员26103人。

第三节　抽样调查

一、农村住户调查

1989年，全区抽取4个村、40户家庭作为样本，进行常年记账跟踪，每日记录家庭收入与支出情况，每隔5年轮换一次样本。1989年，全区农民人均纯收入1049.36元。2000年，调整为6个村、60个调查户，抽样调查结果显示：全区农民人均纯收入3676.40元，人均生活消费支出2506.69元。2006年，全区农民人均纯收入6276.69元，比1989年增长近6倍；生活消费支出3367.76元，比1989年增长4倍。

二、全国1%人口抽样调查

2005年11月1日零时，开展全区1%人口抽样调查工作，共涉及4个街道（镇）、21个村（居）委会，1700余户，5000余人。抽查对象为具有中华人民共和国国籍、2005年10月31日晚居住在本调查小区或者居住在本户的人口。调查以户为单位进行登记，调查表分按户填报项目和按人填报项目。调查结果显示：2005年底，全区常住人口43.47万人，出生率9.72‰，死亡率4.73‰。

第四节　统计服务

一、资料汇编

1989年2月起，区统计局每月一次印发《月度资料》，内容包括全区工业、房地产、社会消费品零售总额、批发零售贸易业等月度完成情况。1991年，按全国性各类统计调查要求，编辑出版《第四次人口普查》专题汇编资料。1998年起，开始编印《统计年鉴》，涉及综合、农业、工业、建筑业、国内贸易、对外贸易、财政税收、固定资产投资、劳动工资等方面内容，每年1册。2001年，编辑出版《第五次人口普查》专题汇编资料。

二、教育培训

1989年下半年，举办大中专水平统计专业知识培训班，参加学习121人，获统计专业自学考试结业率98%。1990—1994年，评出统计师7人，助理统计师63人，统计员62人。1995起，职称评定改为全国考试，当年考取率20%。1999年开始，每年进行上岗证和继续教育培训，平均每年组织学习150人次。2005年，全区95%的统计人员取得统计上岗证书，参加统计人员继续教育率100%。

第五节 统计法制

1989年起，开始进行统计执法大检查，至1998年共检查单位50余家。1999年起，结合普法教育，区统计局多次印发宣传材料、举办学习班、印制标语，加强对《中华人民共和国统计法》《中华人民共和国统计法实施细则》《山东省统计管理条例》等法律、法规的宣传和教育，并对各部门贯彻执行情况进行检查。2004年，为800家未办理统计管理证的单位办理统计管理证。1999—2006年，执法检查中发现有统计违法行为的19起，立案12起，结案12起。

第三章 审 计

第一节 国家审计

1989年，开展定期审计、经济效益审计、承包合同兑现审计等，审计济南电石厂、区劳动服务公司等83个单位，调整虚报利润111万元、补交税款227.1万元、纠正乱发奖金补贴27.5万元、追回公款私存12万元。1990年后，审计领域逐步拓宽到预算执行审计、固定资产投资审计、经济责任审计和各种专项审计。

一、财务收支审计

1990年，对区公安分局等27家行政机关的行政事业性收费和罚没收入进行审计，共追缴财政收入16万元，追回被挪用资金12万元，促进增收节支78万元，调账处理27万元。1991年，对槐荫低压锅炉厂、槐荫变压器一厂、区生产资料服务公司等19家工商企业进行以经济效益、承包经营等为目标的财务收支审计，共查处7家单位虚增盈利264万元，11家单位未完成承包经营合同351万元。1992年，对城建资金、小型农田水利补助资金及农村计划外生育费等专项资金进行审计；对区机关招待所、槐荫瑞金商店、区糖业烟酒公司等15家工商企业生产经营情况进行审计，共补缴入库财政收入3万元，促进增收节支100万元。1993年，对段店镇财政决算审计及对济南人民电器开关厂、济南电器厂进行工商企业生产经营、经济效益审计，共追缴财政收入8万元，促进提高经济效益114万元。1994年，对企业职工养老保险和失业保险基金审计、7家单位的预算外资金管理情况审计以及济南跃进化工厂等10家工商企业审计，共追缴财政收入391万元，追回挤占挪用资金51万元，促进提高经济效益36万元。1995年，对济南滑动水口厂等19家工商企业审计，共追缴财政收入33万元，补缴税款18万元，查出资产不实金额748万元。1996年，对济南鲁泉商场等8个工商企业审计，共追缴财政收入54万元；对区城乡房地产开发管理办公室、区矿产资源管理局等行政事业单位审计，共追缴财政收入177万元。1997年，对济南食品总厂开展资产负债审计，查出资产不实194万元、负债不实26万元，促进增收节支361万元；对振兴街街道、区机关幼儿园等20家行政事业单位审计，共追缴财政收入88万元、追回被挤占挪用资金57万元，罚款4.9万元。1998年，对槐荫宾馆等3家企业的资产负债情况进行审计，共追缴财政收入6万元,促进增收节支396万元；对区委党校、区公安分局等14家行政事业单位进行财务收支审计，共追缴财政收入77万元，追回被挤占挪用资金103万元，调账及指明纠正2587万元。1999年，对区物资集团总公司等18家行政事业单位、1家工商企业的财务收支进行审计，调整虚增利润86万元，促进增收节支408万元，调账及指明纠正2908万元，共追缴财政收入7万元，追回被挤占挪用资金268万元。2000年，对营市街塑料焊接加工厂、槐荫建联中药材店等5家工商企业进行财务审计，共追缴财政收入28万元，促进增收节支462万元，调账及指明纠正1390万元；对11家行政事业单位进行财务收支审计，查处违纪金额48万元，纠正不规范金额2459万元。2001年，审计13家行政事业单位财务收支情况，查处违规金额140万元，纠正不规范金额3974万元。2002年，对槐荫第三建筑公司等2家工商企业进行审计，促进增收节支282万元；审计区经济开发总公司资产负债情况，调账及指明纠正金额938万元；对12家行政事业单位进行审计，纠正不规范金额1545万元。2003年，对社会保障资金进行审计，审计总金额4508万元。此后，财务收支审计主要与经济责任审计相结合，共同组成审计项目。

二、预算执行审计

1995年1月，《中华人民共和国审计法》正式实施，明确本级财政预算执行审计的法律地位，确立审计机关每年向区人大常委会报告预算执行审计情况的制度。1996年，首次对区财政局等18家一级预算单位进行财政预算执行审计，查处违纪违规金额46万元，共追缴财政收入14万元，罚没款33万元。1997年，对17家一级预算单位进行财政预算执行审计，并对财政周转金的来源、运用情况进行专项审计，追缴财政收入7万元，追回被挤占挪用资金149万元，罚款3.4万元，调账处理63.6万元。1998年，对15家一级预算单位进行预算执行审计，共追缴财政收入38万元，追回被挤占挪用资金19万元。1999年，对11家一级预算单位进行预算执行审计，共追缴财政收入92万元，追回被挤占挪用资金214万元，调账及指明纠正252万元。2000年，对6家一级预算单位进行预算执行审计，共追缴财政收入178万元，追回被挤占挪用资金20万元。2001年，审计9家一级预算单位，共追缴财政收入730万元，追回被挤占挪用资金83万元，调账及指明纠正不规范资金1427万元。2002年，对11家一级预算单位进行审计，共追缴财政收入712万元，追回被挤占挪用资金23万元，调账及指明纠正不规范资金68万元。2003年，对9家一级预算单位进行审计，共追缴财政收入569万元，追回被挤占挪用资金11万元，调账处理23万元。2004年，对10家一级预算单位进行审计，共追缴财政收入710万元，归还原资金渠道资金348万元，调账及指明纠正626万元。2005年，对9家一级预算单位进行审计，共追缴财政收入394万元，归还原资金渠道资金63万元，调账处理805万元，指明纠正不规范金额457万元。2006年，审计10家一级预算单位，共追缴财政收入565万元，归还原资金渠道资金179万元，调账处理291万元，指明纠正不规范金额3176万元。至2006年，共完成预算执行审计单位125家，查出违纪违规及管理不规范金额22912万元。

三、经济责任审计

1987年，在全市区（县）审计机关中率先开展对工商企业厂长（经理）的经济目标责任审计。至1999年，共对27家单位进行经济责任审计。同年始，经济责任审计重点转向党政机关领导干部，对16名领导干部进行离任审计，共查出有账无实金额1501万元。2000年，对8名党政领导干部和3名企业领导干部进行经济责任审计，追缴财政收入17万元，调账及指明纠正不规范资金2459万元。2001年3月，成立区经济责任审计办公室，为副局级事业单位，负责全区经济责任审计。同年，对12名党政领导干部进行离任审计，共追缴财政收入59万元，追回被挤占挪用资金21万元，调账及指明纠正不规范金额3974万元。2002年，对9名党政领导干部进行离任审计，纠正不规范资金203万元。2003年，对15名党政领导干部进行审计，共追缴财政收入64万元，补缴税金22万元，追回被挤占挪用资金88万元，调账纠正不规范金额1827万元。2004年，对8名党政领导干部进行审计，共追缴财政收入24万元，补缴税金17万元，归还原资金渠道资金42万元，调整账外资产159万元，指明纠正不规范金额1369万元。2005年，对7名党政领导干部进行审计，共追缴财政收入6万元，归还原资金渠道资金540万元，调账处理1482万元，指明纠正不规范金额

809万元。2006年6月1日，领导干部任期经济责任审计正式纳入国家审计机关职责。同年，对11名党政领导干部进行审计，共追缴财政收入16万元，调账处理684万元，指明纠正不规范金额1150万元。至2006年，共完成经济责任审计单位89家，审计党政及企业领导干部89人,查出违纪违规及管理不规范金额17086万元。通过经济责任审计，被审计的领导干部有31人平调，6人因成绩突出获晋升，5人被免职处理。

四、固定资产投资审计

1987年，开始固定资产投资审计工作，对区市政工程结算情况进行审计，补缴税金27万元。1990年，对区基建办公室3个主要基建项目投资情况进行审计，审计基建计划投资总额513万元。1992年，对区校改基建项目开工前投资进行审计，审计项目投资总额679万元，已完成投资320万元。1994年，对区交通局、区法院等9家单位基建项目进行开工前审计，审计项目投资总额2404万元，补缴税金23万元。1996年，对金銮酒店工程、济南华联商厦二期扩建工程进行审计，审计总金额3.6亿元，查补税款736万元。2001年12月，成立固定资产投资审计科。2002年，对济南市供电局“全市农村电网改造项目”进行审计，审计资金总额16亿元，是槐荫区独立承担的最大的专项审计项目,获全省优秀审计项目一等奖。2003年12月，对区政府投资的经一路拓宽改造工程进行首次跟踪审计，标志着固定资产投资审计从以真实性和合法性审计为重点转向以合理性、效益性为重点，即逐步过渡到公共投资领域的绩效审计。随后，陆续开展经一路改造工程中水电设施迁移、树木移植项目、农村公路改造工程项目审计。2005—2006年，对京沪高铁、群盛和现代物流拆迁项目进行跟踪审计，审计资金总额2亿元，在对1家建设单位和2家施工单位的复审中，审核工程造价111万元，工程造价平均审减率35%。

第二节 内部审计

1985年，开始推行辖区内部审计工作制度，负责所属单位的财务收支、经济责任、经济效益、基建工程等的审计和审计调查。1987年，在区教育局等6个区直部门和单位建立内审机构，开展对所属单位的审计工作。1997年2月，区审计局设立内审指导科。2001年12月，撤销内审指导科，内审工作归入固定资产投资审计科。2004年起，内部审计由过去以差错防弊为主的监督形式向以差错防弊为基础，强化对内部控制制度评价的转变。至2006年底，全区设内审机构22个，配备内审人员38人，其中专职内审人员28人、兼职10人。

1989—2006年槐荫区内审情况表

表7-1

年份	审计单位（家）	纠正违规资金（万元）	促进增收节支（万元）	避免经济损失（万元）	不规范资金（万元）	内控评审（项）	审查经济合同（份）	被采纳合理化建议（条）
1989	140	59.80	—	—	—	—	—	—
1990	239	—	28	—	—	—	—	—
1991	129	—	19	13	28	—	150	—
1992	220	31	33	249	—	—	—	—
1993	195	—	98	90	—	—	—	—
1994	177	—	130	189	—	—	—	—
1995	64	87	—	—	—	—	—	30

续表 7-1

年份	审计单位（家）	纠正违规资金（万元）	促进增收节支（万元）	避免经济损失（万元）	不规范资金（万元）	内控评审（项）	审查经济合同（份）	被采纳合理化建议（条）
1996	72	—	15	11	—	—	—	—
1997	73	—	13	6	—	—	—	—
1998	247	—	61	68	173	—	—	—
1999	212	—	112	—	—	—	—	—
2000	233	—	27	—	15	—	—	—
2001	224	—	—	—	48	—	—	69
2002—2003	249	—	37	—	—	—	—	—
2004	240	—	21	—	—	33	—	—
2005	193	—	—	—	—	13	—	—
2006	147	—	—	—	—	25	—	—

第三节　社会审计

1988 年 11 月，成立济南市槐荫区审计事务所，隶属区审计局，为全民事业单位。1989 年 4 月 1 日，正式对外挂牌，承办审计查证、验资和年检、资产评估、咨询服务等业务。1989—1991 年，审计单位 28 个，审计总金额 7620 万元，查出违规违纪金额 335 万元，追回损失 123 万元。对 393 个企事业单位开办验资审验，验证资金 11266 万元。1992—1994 年，开展基建工程预结算审计、经济案件鉴证审计、企业建账建制等业务审计。完成委托业务 1285 项。其中，完成验资及年检金额 22445 万元，查出虚假注册资金 887 万元；审计总金额 16027 万元，违规违纪金额 1626 万元，提出合理化建议 39 条，促进增收节支 892 万元；承办经济鉴证 5 项，鉴证金额 367 万元；完成工程预结算审计 13 项，审减工程造价 895 万元，审减率 26%。1995 年，开展资产评估、破产审计、外资验资审计业务。1995—1999 年，完成委托业务 1912 项。其中，验证企业资本金 1633 项，验证金额 4.85 亿元，核减虚假注册资本 1804 万元；各类财务审计 121 项，审计金额 4.16 亿元；经济案件鉴定 18 项，鉴定金额 3117 万元，挽回损失 867 万元；基建工程预结算审计 98 项，审减金额 4236 万元；资产评估 42 项，评估资产总值 3.22 亿元，提出审计建议 58 条，促进增收节支 1869 万元。2000 年 1 月 1 日，区审计事务所与区审计局脱钩，改制为山东正义会计师事务所，成为独立的社会审计机构。

2000—2003 年，山东正义会计师事务所共完成企事业单位及社团法人单位验资年检 2949 项，验证和审核总金额 61421 万元。其中，完成近郊各村（居）财务审计 48 项，审计金额 28402 万元；完成经济案件鉴定 7 项，鉴定金额 1063 万元；完成企业破产审计 7 项，审计资产总额 5230 万元；完成企事业单位厂长（经理）离任审计 16 项，审计总金额 10103 万元；完成企事业单位财产家底审计 15 项，审计金额 12305 万元；完成企业改制及村居改制审计和评估 37 项，审评总额 38742 万元；完成抵押贷款和投资评估 52 项，评估资产总值 13282 万元；完成基建工程预结算审计 44 项，工程造价审定值 13840 万元，审减值 3730 万元，审减率 22%。配合区审计局完成经一路改造槐荫地段的拆迁审计任务，包括国土及地上物收购 55 家单位补偿审计，道路两侧房屋维修、施工用电、住宅楼维修、供水设施迁移等造价的审计以及绿化工程的审计；配合区政法、信访、经委、两镇政府及各街道等部门为解决群众上访及焦点难点问题进行多次专项审计。

2004—2005 年，共完成委托法定各类业务 1262 项。其中，企事业单位和社团法人单位验资年检 1142 项，验证和审核总金额 2.14 亿元；各类财务审计 49 项，审计金额 3.89 亿元；经济案件鉴证 7 项，鉴证金额 1151 万元；各类资产评估 39 项，评估总值 1.54 亿元；基建工程预结算审计 18 项，审定工程造价 1.5 亿元，审减值 3303 万元；完成财务、税务咨询 6 项；提出审计建议 31 条；促进增收节支 880 万元。

2006 年，完成各类委托业务 801 项。其中，企事业单位和社团法人单位资本金验证和年检 731 项，验证金额 2.82 亿元；各类财务审计 26 项，审计资产总额 2.63 亿元；经济案件鉴证 8 项，鉴证金额 1664 万元；资产评估 19 项，评估资产总值 1.33 亿元；基建工程预结算审计 13 项，审定工程造价 1.53 亿元，审减值 3924 万元；完成财务税务咨询 4 项；提出审计建议 35 条，促进增收节支 1320 万元。至 2006 年底，事务所从业人员 18 人，其中注册会计师 7 人，注册资产评估师 3 人，注册造价工程师 2 人。

区审计局在槐苑广场宣传《中华人民共和国审计法》

（2000 年摄　区审计局提供）

第四章　物价管理

第一节　价格管理

1989 年，抑制通货膨胀，放开并理顺肉、蛋、菜、糖 4 类主要副食品零售价格。同年，针对价格总体水平上涨过快、幅度大的情况，适当提高粮油及调味副食用品等购销差价，对工农业生产资料、彩电、冰箱、手表等实行专营，并征收特别消费税和国产化基金，降低名烟、名酒价格，提高食盐、食糖零售价格，整顿纺织品、铁锅、铝锅、保温瓶、毛巾、日用工业品价格。1991 年，提高石油、燃料、钢铁及粮油相关制品等一系列商品价格，放开食糖、卷烟、搪瓷制品等 120 多种商品价格，放开理发、浴池、照相、洗染行业的价格和收费标准；粮食、白酒、绸缎等商品由政府定价改为国家指导价，取消电冰箱、洗衣机、水产品等商品提价申报制度和差率控制。1992 年，放开绝大多数商品和服务价格。

1992—1995 年，提高市场民用燃料和生活用煤销售价格，取消财政对燃料经营企业的政策化亏损补贴和凭票供应制度。先后放开煤炭、冶金、机电等 1023 种商品价格，将棉纺品、啤酒、水泥等商品由政府定价改为国家指导价，较大幅度提高国家定购粮食、棉花、蚕茧、烟叶购销价格，对工农生产资料实行计划内外价格并轨。对 18 种城镇居民基本生活必需品和服务价格实行监测报表制度，试行峰谷电价管理办法。

1996—2001 年，重点加强对“米袋子”“菜篮子”价格调控力度，对挂面、馒头、油条等 31 种居民生活必需品和服务价格实行企业提价申报备案和最高销售限价，对鞋帽衣着类、餐饮业实行差价率和毛利率控制，实现物价高幅上涨的“软着陆”，完善价格调节基金制度，制定13个类别41项重要商品、医疗、卫生、餐饮服务业作价办法及收费标准。1997年，对全区187个餐饮业单位进行价格等级评定和挂牌；帮助企业加强企业内部价格管理，对企事业单位物价人员进行物价法规、政策和企业价格管理知识培训。1998年5月1日，《中华人民共和国价格法》实施，价格管理工作走上法制化、规范化轨道。1999年5月1日，组织500人参加庆祝《中华人民共和国价格法》颁布一周年宣传活动。

2002—2004年，全省城镇居民生活照明用电实行同网同价，上调自来水、教育、邮政、交通、燃气等价费标准。2003年，严厉打击"非典"疫情发生期的多种价格欺诈、价格暴利行为，加大市场价格监测、检查、处罚力度，及时平息预防"非典"药品及相关商品价格异常波动；对与"非典"防治相关的饮片、中草药、口罩、消毒用品、防疫服务等商品价格实行最高限价管理。

2005—2006年，按照"把握大局、稳中求进"的方针，实行物价调控目标责任制，呈现出经济发展高增长，物价指数低涨幅的格局。重点加强对关系国计民生的商品和群众生活必需品价格的管理与监督检查，做好商品定调价前的宣传、解释工作，确保各项价格改革措施顺利出台；做好定、调价后的价格通知发放工作，使各项价格落实到位、执行到位，对不执行国家政策的单位依法进行查处。配合市物价局对辖区宾馆、餐饮、修理业价格进行审核，规范市场价格秩序。根据全省统一部署，开展"价格服务进万家"活动。2005年9月，在中大槐树街道昆仑社区建立全市第一家"社区价格监督站"，设立收费公示牌，为社区居民开展价格咨询、投诉服务。

第二节　收费管理

一、收费许可管理

1988年始，在行政事业性收费管理中实行收费许可证制度。同年，发放收费许可证68个，对加强收费管理，制止乱收费、保护合法收费起到积极作用。1991年1月1日起施行的《山东省行政事业性收费管理条例》规定，每5年换发1次收费许可证。1992年10月，进行收费许可证核发和管理，同年核发收费许可证102套。1993年、1994年，分别核发260套、37套。至1995年，共核发收费许可证399套，收费员证564个，申请立项收费项目21项，废止收费项目6项。1996年，开始第1次换发收费许可证，共换发收费许可证177套，换发收费员证242个。1999年，对辖区内国家机关、事业单位及非企业组织重新换发有效期为3年的新式收费许可证。1999年、2000年、2001年，分别换发收费许可证167套、96套和150套，换发收费员证242个、188个和110个。2002年，换发收费许可证260套。2003年，对有关收费单位的收费项目、收费标准和收费依据进行审核，取消收费项目5项、变更收费项目15项；对涉企收费进行筛选，编制《现行涉企收费指南》1000余本，发到有关单位和企业。2005年，增设价格管理科，负责全区行政事业性收费管理。1998—2006年，先后组织企业物价员、收费员培训班5期，参加人员2520人次。

二、收费审验

1990年，成立槐荫区收费年度审验领导小组，下设收费年度审验办公室，一般从每年3月开始，对所有行政事业性收费单位上年度收费情况进行全面审验。1991年，审验单位130家，清理整顿收费项目103项，撤销学校收取的晚自习费、辅导费和辅导材料费3项。1993年，审验收费单位94家，审验收费项目309项，审验收费额2019.50万元，清理自立项目收费6项（科技人员培训费、资源开发利用保证金、图书市场印刷行业管理费、市场卫生费、机动车公路发展统筹费、二胎准生证工本费）。区政府以济槐政发〔1993〕129号文件公布取消6项收费。1994年，审验项目201项，审出有乱收费行为的单位94家，乱收费金额133.84万元，对有乱收费行为的单位依法进行处罚，经济制裁金额11.48万元，退还消费者2.19万元。1995年，审验收费项目156项，审出有乱收费行为的单位60家，乱收费项目21项。1997年，审验单位198家，审验收费额3356.23万元，乱收费现象明显减少。2004年，审验235家单位，审验收费额5475万元，审出有乱收费行为的单位18家，乱收费金额355万元，经济制裁金额250.08万元，其中责令退还消费者104.4万元，没收罚款145.68万元。

1994—2006年槐荫区收费审验情况表

表7-2

年份	审验单位（家）	审验收费额（万元）	有乱收费行为单位（家）	乱收费金额（万元）	经济制裁金额（万元）
1994	271	6451.25	94	133.84	11.48
1995	190	9839.34	60	—	—
1996	204	11667.96	14	33.02	—
1997	198	3356.23	—	—	—
1998	190	21999.00	—	102.00	—
1999	208	5153.30	28	62.34	—
2000	216	4934.75	12	36.60	—
2001	265	6500.00	16	105.00	—
2002	305	5021.92	17	108.00	—
2003	266	8173.46	57	600.00	29.98
2004	235	5475.00	18	355.00	250.08
2005	197	9000.00	—	—	—
2006	226	7000.00	—	—	—

三、收费公示

2002年起，在全区推行收费公示制度。全区101个行政村、2个镇政府驻地制作统一涉农收费公示牌，多个区直部门、60余所中小学、医院（含卫生院）制作收费公示栏。随着网络的发展，多数收费单位开始实行网上公示。涉农价费公示100%。累计取消不合理收费2000次，降低收费标准80项。向企事业单位送发“局长致函”“收费项目公告”上万份。2006年，区物价局被省人事厅、省物价局评为“全省物价和收费公示工作先进集体”。

第三节　价格监督检查

1984年，成立区物价检查所，负责全区的价格监督检查。价格检查的形式主要有物价大检查、专项检查、经常性的市场检查、重大节日期间（元旦、春节、“五一”）市场检查。2000年6月，成立区创建规范化物价检查所领导小组和督查小组，开展争创“全国规范化物价检查所”活动。购置办公硬件设施，配备办案车辆、电脑、传真机、照相机、摄像机、复印机、打印机等，建立健全办公会议、学习、考勤、车辆管理、财务管理、档案管理、价格举报、案件审理、价格执法过错追究、价格监督检查人员守则、廉洁自律、奖惩等制度，加强内部价格管理，提升执法、服务水平。2002年，区物价检查所被国家发改委授予“全国规范化物价检查所”称号。

一、物价大检查

1985年11月15日，成立区物价大检查领导小组，开始开展一年一度的物价大检查。1998年国务院通知，鉴于绝大多数商品价格已放开，以后不再进行物价大检查，每年一次的物价大检查结束。1989—1997 年，全区重点抽查单位 999 家，处罚单位 468 家，经济制裁金额 94.53 万元。

1989—1997 年槐荫区物价大检查统计表

表 7-3

年份	检查重点	自查单位（家）	重点抽查单位（家）	处罚单位（家）	经济制裁金额（万元）
1989	家电、百货、纺织品、建材、农业生产资料价格	135	47	47	23.97
1990	家电、钢材、石油、汽车配件价格、汽车修理、非商品收费	187	62	62	12.59
1991	钢材、汽车配件、石油、农资、种子价格	102	41	41	6.86
1992	医疗、计生、学校、土地、民政、城建等 行政事业单位收费	56	20	15	5.70
1993	行政事业性收费，汽车修理费，医药、农资价格	240	198	71	2.08
1994	化肥、农药等农资价格，非商品收费，粮、油、肉、蛋、菜及粮食复制品价格	—	180	87	14.95
1995	居民生活必需品价格执行情况，工商、医疗、教育等行政性事业收费，汽车修理收费，明码标价	—	360	101	13.78
1996	居民生活必需品价格执行情况，电价，中小学、医疗、婚姻登记、汽车修理收费，居民燃料，医药、餐饮价格，明码标价	—	56	29	7.18
1997	建设项目收费、农机养路费和管理费、中小学收费、汽车修理收费、明码标价	—	35	15	7.42
合　　计		720	999	468	94.53

二、日常物价检查及节日市场检查

1989 年后，区物价局经常开展市场价格检查，检查内容是各单位执行国家价格政策情况、实行明码标价情况、有无变相涨价行为。每年元旦、春节、“五一”、国庆节期间，在辖区大型集贸市场设立价格宣传站，设置宣传台、咨询台、投诉台，发放宣传材料，播放宣传录音，摆放公平秤，为消费者复称，对节日市场肉、蛋、菜等商品价格进行检查，打击趁节日之机短称少两、变相涨价的价格违法行为，维护市场价格秩序。

三、价格专项检查

1989 年，开展对散装啤酒价格执行情况专项检查，查处价格违法行为 76 件，罚款 1800 元。1990 年，开展农业生产资料价格专项检查，查出违价案件 5 件，违价金额 4470 元；开展汽车配件价格专项检查，检查 55 个单位，查出违价金额 13.7 万元。1991 年，开展农资价格专项检查，查出违法案件 4 件，违价金额 9.3 万元；对散装啤酒价格执行情况开展专项检查，检查 47 个单位，60% 的单位有违价行为，对其进行教育、查处；开展汽车配件价格专项检查，检查 78 个单位，查出违价金额 5.3 万元。1995 年，对粮食及粮食复制品价格开展专项检查，组织检查 1000 余次，经济制裁金额 2 万元。1997 年，开展柴油价格专项检查，检查 18 个单位，对有违价行为的 13 个单位依法进行处罚，经济制裁金额 9 万元；开展涉企、涉农收费和教育收费专项检查，查出乱收费、超标准收费项目 8 项，乱收费金额 20 万元，依法进行处理。1998 年，开展汽车维修、托运服务收费、医药、水、电、粮食价格专项检查，对不执行国家定价、擅自提高收费标准的价格违法行为进行处罚。1999 年，开展汽车维修、药品、餐饮、电价、水价、粮食价格专项检查。2000 年，开展药品、餐饮、电价、水价、粮食价格、停车场收费、公安收费、教育收费及明码标价专项检查。2001 年，开展药品和医疗服务价格专项检查、中小学收费专项检查、农村电价和农村电网改造收费、明码标价专项检查，规范收费行为和市场价格行为。

2002年，开展工商和集贸市场收费专项检查，对11个工商所、47个涉及集贸市场管理的部门收费进行检查。2003年，开展防治“非典”相关商品价格专项检查,查处价格违法案件243件，经济制裁金额8万元。2004—2006年，每年开展一次农资价格、成品油价格、教育收费、涉农收费专项检查。

四、社会价格监督

1988年1月,召开槐荫区建立“物价监督岗”大会，在“物价计量信得过”单位和街道设立54个“物价监督岗”,开展物价宣传、监督工作。3月，在10个街道、2个镇建立12个群众价格监督站，重新选聘54名群众价格监督员，义务开展价格宣传、监督活动。每逢重大节日，在集贸市场设立“物价监督岗”，为消费者复称。1990年，区总工会成立“槐荫区职工物价监督分站”，开展社会价格监督工作，区物价局为其进行业务指导。1991年，区物价局被省物价局评为“全省指导群众价格监督工作先进单位”，西市场地区街道群众价格监督站、营市街街道群众价格监督站、振兴街街道群众价格监督站多次被评为省、市先进群众价格监督工作先进单位。1989—1992年，各群众价格监督站组织开展价格宣传、检查、监督活动4719人次，查处价格违法行为2001件，经济制裁金额19741元。1994年，西市场街道群众价格监督站被国家计委评为“全国街道群众价格监督先进集体”。

1993—1998年，群众价格监督站组织开展监督、检查活动13483人次，查处价格违法行为598件，经济制裁金额21680元。

2005年，随着“价格服务进万家”活动的开展和形势需要，槐荫区在12个街道建立12个社区价格监督站，在2个镇建立2个农村价格监督站，聘请85名义务价格监督员，开展价格服务活动。

至2006年，全区通过日常物价检查、节日市场检查、物价大检查、价格专项检查和社会监督等形式，共查处一般价格违法行为5352件、一般价格违法案件323件、重大价格违法案件82件，退还消费者289.44万元、经济制裁金额1003.35万元。

1989—2006年槐荫区查处价格违法情况表

表7-4

年份	检查重点	查处一般违法行为数（件）	查处案件数（件）		退还消费者（万元）	经济制裁金额（万元）
			一般案件	重大案件		
1989	粮食及熟食制品、纺织品、棉花及其织品、啤酒价格执行情况，医疗收费、中小学收费等行政事业性收费执行情况	120	38	2	—	31.12
1990	汽车修理及配件行业、卷烟价格、农业生产资料、建材价格执行情况，明码标价情况、清理各种乱收费	1035	37	6	—	20.81
1991	紧俏日用消费品、农用生产资料、种子、石油、汽车配件价格执行情况，行政性事业性收费情况，明码标价情况	1265	21	1	—	10.21
1992	主副食品、农资农药、种子、价格执行情况，行政性事业性收费情况	74	14	1	—	5.16
1993	农资价格执行情况，涉农收费情况、汽车修理收费，明码标价情况	11	6	—	0.34	2.36
1994	清理乱收费，明码标价、农资价格执行情况，国家定价、最高限价等政策执行情况，节日市场检查	277	15	4	2.19	18.76
1995	农资价格，粮食及粮食复制品价格执行情况，汽车修理收费、行政性事业性收费、国家定价执行情况，集贸市场、节日市场检查	242	10	9	—	26.03
1996	明码标价、节日市场检查、着装类、饮食行业价格检查、农资价格检查、集贸市场价格检查，收费检查	755	16	2	1.20	24.04
1997	明码标价情况、对实行最高限价的肉蛋菜价格、农资价格及涉农收费检查，汽车修理收费检查、药品价格检查、各种收费检查	434	30	6	—	31.64
1998	明码标价情况、医药价格、粮食价格执行情况，汽车修理收费、水电收费情况，集贸市场节日检查	201	11	3	—	25.01

续表 7-4

年份	检查重点	查处一般违法行为数（件）	查处案件数（件）		退还消费者（万元）	经济制裁金额（万元）
			一般案件	重大案件		
1999	明码标价、药品价格、水、电餐饮业价格检查，清理乱收费	208	63	1	0.15	18.07
2000	明码标价检查，清理乱收费	340	18	9	13.20	26.01
2001	清理涉农、涉企收费，明码标价检查，节日市场检查	11	12	7	—	39.60
2002	涉农收费、医疗、教育、土地、建委等行政事业性收费、明码标价、节日市场检查	7	9	8	—	29.60
2003	价格欺诈行为、明码标价、各种收费	243	12	5	142.80	197.22
2004	明码标价、民政、计生、土地、教育、医疗等行政事业性收费，药品、石油、电信等部门和行业的价格检查，农资价格检查	39	1	2	128.40	427.02
2005	明码标价、教育、医疗等行政事业性收费，药品、石油、农资价格检查	73	2	7	159.30	40.70
2006	明码标价、教育、医疗等行政事业性收费，药品、石油、农资价格检查，房地产市场检查	17	8	9	0.16	30.00
合　　计		5352	323	82	289.44	1003.35

五、投诉举报

区物价局建立后，建立群众来信来访工作制度，设立价格举报电话，专人负责受理群众咨询与投诉。2001年，全国价格举报电话“12358”联网开通，区“12358”电话保持24小时畅通，对群众咨询和举报及时解答、调查核实，做到有问必答、有受必查、有查必果，件件有答复、事事有回音。1989—2006年，共受理群众价格咨询及举报4331人次，立案443件，退还消费者423214元，经济制裁金额516970元。

1989—2006年槐荫区价格举报查处情况表

表 7-5

年份	咨询及举报（人次）	立案查处案件（件）	退还消费者金额（元）	经济制裁金额（元）
1989	47	18	—	—
1990	65	24	—	—
1991	40	30	—	—
1992	46	12	—	—
1993	38	4	3400	—
1994	78	13	—	—
1995	62	8	—	—
1996	89	40	12000	—
1997	98	21	—	—
1998	112	17	1507	—
1999	134	28	132000	20070
2000	577	27	1458	6000
2001	621	21	—	—

续表 7-5

年 份	咨询及举报（人次）	立案查处案件（件）	退还消费者金额（元）	经济制裁金额（元）
2002	627	5	—	4200
2003	927	53	—	486700
2004	230	16	142800	—
2005	350	20	128400	—
2006	190	86	1649	—
合 计	4331	443	423214	516970

六、明码标价

1990 年 2 月 1 日，国家物价局发布《关于商品和收费实行明码标价制度的规定》。2 月 28 日，槐荫区翻印该规定 3000 份发到各基层单位，先后召开医院、电影院、印刷、汽车修理和配件等行业明码标价工作现场会，重点抓明码标价工作。至年底，国营、集体单位商品明码标价率 98%，个体单位标价率 85%，机关事业单位收费标价率 95%。1991 年 2 月，全区统一使用由济南市物价检查所监制的红、蓝、绿三色标价签，分别表示国家定价、国家指导价和市场调节价。3 月，发放标价签 60 万张。国营和集体企业的标价率 85% 以上，个体工商户标价率 70% 以上。1993 年，在全区饮食业推行市物价局统一制作的价目簿，规范餐饮业的明码标价，发放标价签 50 万张、价目簿 26 套。1994 年 3 月 1 日，取消三色标价签，开始使用统一的绿色标价签。1994 年，发放标价签 70 万张，餐饮业价目簿 226 套。1995 年，探索集贸市场明码标价工作，制作“集贸市场标价牌”，统一实行明码标价，规范集贸市场的价格行为。发放标价签 200 万张，价目簿 1000 套。1996 年，发放标价签 110 万张，价目簿 500 套，集贸市场标价牌 700 套。1997 年 1 月 24 日，全市集贸市场价格管理工作现场会在槐荫区召开，该做法开始在全市推广。《华东物价报》《价格纵横》分别介绍槐荫区的经验。同年，发放标价签 50 余万张，价目簿 230 套。1998 年 5 月 1 日，使用两色标价签，正常商品统一使用绿色价签，降价处理商品使用黄色价签。当年发放标价签 68 万张，价目簿 280 套。2001 年，全面落实明码标价制度，加强价格监测、价格认证工作。将每年 3 月定为“明码标价宣传检查月”。9 月，对全区 126 家行政事业性单位进行年度检查和审验，大中型生产经营者商品零售业明码标价率和准确率 90% 以上，个体工商户零售商品明码标价率 50% 以上，全区生产经营商品、服务价格明码标价率及准确率 90% 以上。2003 年后，结合开展“百城万店无假货”活动，倡导全区生产经营者开展“诚信经营，明码实价”。2004 年，率先在经二路华联商厦地区、经七路创建“明码实价一条街”“明码实价示范店”活动，带动 12 家街道（镇）物价所各自创建一条“价格诚信”示范街，2 ～ 3 家“明码实价示范店”，消灭无标价的空白点和死角。同年，发放标价签 56 万张，价目簿 50 套。2004 年后，在辖区设三个标价签发放点，不再集中发放标价签。

七、“物价计量信得过”活动

1986 年 3 月，召开全区“物价计量信得过单位”（简称“双信”）竞赛活动领导小组会议，成立区“双信”活动领导小组，制定活动意见。领导小组由市一商局、市二商局、市供销社、区经委、区商业局、区劳动服务公司等业务主管部门分管物价工作的领导等组成。4 月，召开全区“双信”活动动员大会，在辖区经营单位中开展“双信”单位评选活动。评选活动首先由各业务主管部门对所属单位进行自查、推荐，经过领导小组考核验收，对物价、计量工作管理严格、制度健全、没有违价行为、经济效益好的单位评为“双信”单位，授予“物价计量信得过单位”

称号，颁发荣誉牌匾。区级“双信”活动每年开展一次。自1992年始，对连续2年以上被评为区级“双信”的单位，推荐参加市级“双信”单位竞赛评选。同年，全区有8家单位被评为市级“双信”单位。市级“双信”活动两年评选一次。2004年起，“双信”活动停止。其间，槐荫区多次被市物价局评为开展“双信”活动先进集体。

1989—2003年槐荫区“双信”活动开展情况表

表7-6 单位：家

年 份	检查验收单位	评为区级“双信”单位	评为市级“双信”单位
1989	55	48	—
1990	56	35	—
1991	53	32	—
1992	54	32	8
1993	135	32	8
1994	135	38	5
1995	150	25	5
1996	42	30	7
1997	50	33	7
1998	40	21	7
1999	45	26	7
2000	50	23	7
2001	60	28	7
2002	59	28	—
2003	28	25	1

第四节 价格信息与监测

1991年12月，成立济南市价格信息中心槐荫信息部，开展价格信息、咨询、服务工作。1992年1月10日，信息部印发《槐荫价格信息》第1期，设“政策规定”“政策问答”“监督检查”“供求信息”4个栏目。4月，济南市价格信息中心槐荫信息部更名为济南市槐荫区价格信息中心，为政府、企业提供价格政策、传递信息服务。同年，为企业传递价格信息2500份，传递《每日信息》18140份、《济南价格信息》6840份、《山东价格信息》689份，免费刊登广告847条。1995年始，开始价格监测工作，为政府宏观决策提供数据。同年，对8类65种农产品、副食品和5类50种化工、建材等商品价格进行监测，监测重点为与群众生活相关的粮食、肉、蛋、菜、海产品等生活副食品价格及关系国计民生的钢铁、煤、生产资料价格。在区粮食分局，区水产、蔬菜、百货、烟酒公司，副食品商店，西市场等农贸市场设立价格监测点，由专人负责，按月汇总上报监测结果。2003年“非典”期间，加强对市场上与“防非”有关的药品、医疗、消毒用品等商品价格的监管和监测，每日上报29种“防非”药品价格和119种商品价格。2004年，价格信息中心更名为价格监测中心。在老屯集贸市场、华联商厦等设立价格监测点14个，每天上报主要农副产品、食品、钢材、有色金属、建材、化肥、种子等360种生活、生产资料价格。2005年，济南华联超市有限公司嘉华店、济南市八里桥蔬菜副食批发市场、济南市槐荫区春晓商店、济南市槐荫区段店种子站、济南银楚物资有限公司、济南燃料集团总公司一公司经营部6个监测点被确定为"国家价格监测点"。区物价局多次被市物价局评为价格监测工作先进单位。

第五节　价格认证

1992年，对4件经济纠纷案件涉案物品进行价值认定，评估价值7万元。1994年，区物价局设立价格事务所，开展价格认定、价格评估工作。1996年，事务所对行政机关、司法机关办理的行政、刑事、民事、经济案件涉及的扣押、没收、追缴物品及纠纷财物等物品进行价格评估。1998年、2000年，分别有4人、3人取得涉案物品价格鉴证人员资格证书。1999年12月，区物价检查所加挂槐荫区价格鉴证中心牌子，开展价格鉴证业务。2001年，槐荫区价格鉴证中心更名为槐荫区价格认证中心，专司涉案物品价格鉴证工作，开展公、检、法、交通事故财产损失等价格认证、价格评估业务。2002年9月1日起，实行免收刑事案件认定费。2005年，完善工作制度和工作程序，全面提升服务质量。被省物价局命名为全省规范化价格认证中心。1994—2006年，累计办理价格认证17805件，评估价值43120.98万元。

1994—2006年槐荫区价格认证情况表

表7–7

年 份	办理价格认证（件）	评估价值（万元）	年 份	办理价格认证（件）	评估价值（万元）
1994	4	7.28	2001	985	7500.00
1995	13	125.00	2002	1140	7950.00
1996	13	168.00	2003	1460	1694.50
1997	38	22.00	2004	3942	9710.04
1998	102	263.00	2005	1333	1147.25
1999	2585	5000.00	2006	1559	1721.07
2000	4631	7805.84	合计	17805	43113.98

第五章　工商行政管理

第一节　市场监督管理

1989年，工商行政管理部门作为市场培育建设的主导机关，与企业、村委会合作建设市场，并进行监督管理。同年，全区集贸市场固定经营单位和个体工商户等经营者开始佩戴经营证。1990年，随着粮食市场逐步放开，强化粮食市场监管，严厉打击倒买倒卖粮食、粮票和非法贩运粮食行为。对重要生产资料及特殊工业品的经营资格、经营范围和经营方式作出具体规定，维持良好的市场经营秩序。同年，全区各市场建立消防安全管理机构，配置消防器材，配备专兼职消防人员；农贸市场内每隔50米配备垃

2005 年 1 月 25 日，山东省副省长张昭福（右二）视察嘉华超市　（区市场监管局提供）

圾桶，每 500 平方米市场面积配备一名专职保洁人员，食品经营业户统一制作防蝇防尘设施，统一工作服、卫生帽。1993 年，开始对商品交易市场实行登记管理。明确除农业生产资料公司和各级供销社外，农业技术推广部门和化肥、农药生产企业允许经营农业生产资料。除国家明令禁止上市的工业品外，工业品上市全面放开。1996 年，实行市场登记“双轨制”，即对市场开办单位同时进行企业法人登记和市场登记，加大对上市商品和交易对象的管理；推行市场巡查制，分局设立市场巡查指挥协调中心，设立举报电话、投诉室，以基层工商所为主体，对市场主体、经营主体、交易过程进行全方位动态监管。

1998 年，根据国务院、国家工商行政管理总局关于市场办管脱钩规定，分局将自建和联办市场进行转让。2000 年，粮食市场进一步放开，企业、个体粮食经营者允许购销退出政府保护价的粮食，工商部门强化经销商经营台账和运销凭证查验。2001 年，探索试行市场监管预警制，鼓励企业自行纠正违法违章行为。同时，充实一线巡查力量，严格监管商品质量和市场交易行为，创建规范化文明市场和平安市场。2004 年，实行区域经济监管服务责任制，各工商所对其管辖的经济区域，登记管理与属地管理相结合，实行信用分类监管。分局建立商品质量检测室，配置商品质量检测车，定期重点对农副产品进行抽样检测。2006 年，开展专项整治，打击假冒伪劣、欺行霸市等各种违法活动，全年抽查、检测超市、市场各类商品 1300 余批次，销毁处理问题商品 170 批次 451 个品种，其中农副产品和食品 3000 余千克。

1990 年 11 月 9 日，国家工商局局长任仲林（左二）视察纬十一路市场　（区市场监管局提供）

第二节　企业登记管理

1989 年，根据国家工商局公布的《企业法人登记管理条例施行细则》，对企业进行登记换证，同时对企业登记情况和经营情况进行拉网式检查。部分行业的经营设立由部门审批变为许可证管理。1993 年，进一步规范登记程序，简化登记手续，全区在册登记国有、集体及个体私营企业 11388 户，注册资金 10.5 亿元。1994 年，《中华人民共和国公司法》颁布实施后，对无照经营、官商不分的公司进行清理整顿，对具备登记条件的企业重新登记。进一步放宽政策，降低乡镇企业登记门槛，新注册登记乡镇企业 187 户。1995 年，分局实行一审一核登记制度，企业登记注册周期缩短 20

天。重点对商业、技术咨询、中介服务、房地产开发等企业进行检查登记。

1996年起，市场监管方式由驻场式改为市场巡查制，以经济户口管理为基础，实行区域经济监管服务责任制和信用等级分类动态监管。1996年，纠正不符合规定的企业名称，对登记注册企业进行综合检查，打击骗买骗卖、拖欠货款、欺诈经营、套取资金、牟取暴利、扰乱社会经济秩序等不法行为。1997年，登记注册办理进入区政府职能部门联合组成的“一站式”服务大厅。2002年，成立企业注册局，设立注册大厅，将企业管理部门及个体工商户管理部门职能合二为一，执行“一次性讲清”“首办负责”“限时办结”“AB角”等工作制度，开展预约年检、集中分区分片年检、上门年检，提高工作效率。

2003年，探索试行独立注册员制度，即分局将部门登记注册权限委托给培训合格的注册员，注册员独自完成登记注册程序，基本实现当场受理、当场审核、当场发照。2004年，独立注册员制度得到国家工商总局和山东省工商局肯定，并在全市工商系统推广。同年，分局组织以查处无照经营为重点的专项整治活动，补办营业执照260户，查处无照经营317户。2005年，独立注册员制度经市工商局进一步丰富完善后，形成《企业注册官制度》，在全省工商系统推广。2006年，全区在册登记国有、集体及个体私营企业15642户，注册资金34.8亿元。

第三节　个体私营经济管理

1989年，根据国务院《私营企业暂行条例》，工商行政机关开始对个体私营企业和个体工商业户的经营行为进行规范，并纳入登记管理。同时，国家开展经济治理整顿，检查处理少数违法违规设立和经营的个体私营业户，取缔无证商贩，全年查处各类违法违章业户127户，个体私营企业和工商户户数及其从业人员减少，经营额出现较大幅度的负增长。1991年，国家政策放宽，鼓励发展个体私营经济，个体私营经济逐步复苏。1992年，经营第三产业的条件和范围进一步放宽，允许外地经营者进入济南经商，允许个体私营企业和个体工商户经营粮油。1993年，进一步放宽个体私营企业的经营范围、经营方式，允许机关和企事业单位职工辞职或停薪留职从事个体经营，鼓励和支持农村富余劳力、城市待业人员、企业富余人员从事个体私营经营。

1994年，为个体私营企业解决经营场地，提供发展互助基金，为外地来济经商的个体工商业户协调解决户口、暂住证、子女入学入托等问题；在业户比较集中的西市场建立个体业户党组织。全年新增个体私营业户4749户，新增从业人员13700人，新增注册资金3500余万元。1995年，市政府发布《济南市个体工商户管理规定》《济南市私营企业管理规定》，按照市工商局提出的“三上一创、三快一优、四个结合”思路，支持和帮助辖区个体私营经济发展。“三上一创”即“发展上规模，增长上质量，管理上水平，创造更高的社会效益和经济效益”。“三快一优”即“政策落实到位快，扶持发展招商快，管理推动服务快，优化产业结构，抓住重点，推动全盘”。“四个结合”即“发展个体私营经济同国有企业深化改革相结合，支持企业富余人员从事个体私营经济；发展个体私营经济与推动农村脱贫致富相结合，培养推广几个典型专业村、专业乡；增加个体私营业户数量与提高个体私营经济质量相结合，重点扶持培养私营大户；发展个体私营经济与优化产业结构相结合，提高个体私营企业素质”。1996年，再一次放宽个体私营经济的经营范围、经营方式、从业人员条件、注册资金限额、冠名条件和前置审批等，临时营业执照审批下放到工商所，简化工作程序，方便服务业户。

1997年，市委、市政府下发《关于进一步加快个体私营经济发展的决定》，进一步放宽个体私营经济的从业条件、经营范围，私营企业和个体工商户只要具备条件，可以从事国有、个体、三资企业从事的各种经营项目。1998年，市政府印发《关于进一步加快个体私营经济发展的补充决定》，再次放宽个体私营经济的从业条件和经营范围。开展发展个体私营经济的“三大工程”，即宣传工程、抓大扶优工程、清障护航工程，实施“八大战略”，即骨干膨胀战略、资产重组战略、科技驱动战略、争创名牌战略、人才推动战略、外向发展战略、中介拉动战略、龙头带动战略。1999年，省财政厅、省工商局转发财政部、国家工商局《关于会计师事务所和审计事务所体制改革中登记注册有关问题的通知》。2000年，国家工商局颁布《个人独资企业登记管理办法》。全区在册私营企业1852家，个体工商户9549户，安置下岗职工300余人。

2001年，重点清理整顿无资金、无场地、无机构的私营企业，对经营食品、饮料、餐饮、药品、医疗器械、烟花爆竹、汽车摩托车零配件的私营企业和个体工商户实行跟踪检查，及时处罚制售假冒伪劣行为。2002年，分局成立企业注册局，个体私营企业登记注册更加规范、方便。2004年，加大对辖区内偏僻、远散地区违法违章业户的检查，查处隐藏在城乡接合部民房中从事无照生产、加工、经营等，收缴并处理销毁假冒伪劣产品和上市流通的商品162个品种、2.7万余件、8000余千克，取缔无照经营业户27户。2005年，实行“四服务”（上门服务、预约服务、跟踪服务、联系点帮扶服务），全年帮扶57名下岗职工及复员退伍军人开办私营企业，398人开办个体经营，安置下岗职工578人。至2006年底，全区在册个体工商户10306户，私营企业5058家，注册资金28.5亿元。

1993—2006年槐荫区在册企业情况表

表7-8

年份	国有		集体		私营		个体	
	数量（家）	注册资金（万元）	数量（家）	注册资金（万元）	数量（家）	注册资金（万元）	数量（家）	注册资金（万元）
1993	76	6820	3042	92923	151	2359	8119	2454
1994	151	16715	3571	119386	359	3353	12660	4983
1995	215	25418	3883	131854	609	5304	15675	6150
1996	260	29164	3721	134812	801	12042	17930	6805
1997	261	29224	3659	139627	839	23999	15675	6150
1998	134	16012	1602	95531	990	32043	17920	7192
1999	107	19991	1122	74154	1340	54154	12920	8202
2000	86	18210	869	72366	1852	71005	9549	10043
2001	77	16594	658	69904	2016	94331	8291	13360
2002	75	18068	655	69926	2623	125129	8740	15544
2003	69	17990	552	63107	3398	164222	8949	15746
2004	54	14956	361	5026	3894	185945	8227	14833
2005	54	14956	361	50750	4334	214040	9182	15313
2006	42	15227	236	48127	5058	268317	10306	16753

第四节　合同监督管理

1990年，推行经济合同示范文本制度，工商部门派出巡回仲裁庭在区内巡回办案，及时帮助企业解决经济纠纷。1991—1992年，全区有620家企业使用统一合同文本，鉴证、仲裁、“重合同守信用”企业评选活动成为合同管理的主要内容。1993年，由于国家工商行政管理局合同司改设合同处，隶属公平交易局，经济合同管理职能弱化。1994年，《山东省经济合同管理条例》颁布实施，重新明确工商部门为经济合同监管部门，辖区企业全部使用国家推行的经济合同示范文本。1995年起，经济合同管理相继增加抵押登记和拍卖行为的监管职责，分局加大与合同相关的法律法规宣传。至1997年，共举办经济合同培训班15期，培训人员6000余人；鉴证各类经济合同4000余份，金额6000余万元;检查经济合同1.2万余份,金额2.9亿元。1998年,认定市级“重合同守信用”企业34家。

1999年,《中华人民共和国合同法》颁布实施。合同监管范围由过去的9类经济合同增加到15类。同年,组织开展打击合同欺诈专项活动。至2001年,共检查企业340家,检查合同8250份。2002年，合同管理科归并到市场管理科，更名为市场合同管理科。2003年，国家工商总局将“重合同守信用”企业评选改为“守合同重信用”企业评选。至2006年，全区共认定市级“守合同重信用”企业36家，省级5家。

1989—2006年，分局共组织检查企业550家，检查合同18620份；鉴证各类经济合同6170份，金额3.1亿元；确认无效合同47份，金额325万元；纠正、补充和完善不符合相关法律规定及条款不全合同127份。

第五节　商标　广告管理

一、商标管理

1986年，实行商标注册二级核转（各市、县区工商局将商标申请书件直接向省工商局核转，由省工商局统一向国家商标局核转），商标管理工作的重点是指导企业注册商标。1992年，商标注册由核转制改为商标事务所代理制，工商部门职能由指导企业申报商标注册为主转向商标监管为主。1993—1996年，重点对全区企业注册商标使用情况进行检查和验证，指导企业及时变更、转让、续展、许可使用合同备案等手续。1997—2001年，重点对商标印刷企业的审查制度、登记制度、商标标识出入库制度的执行情况及商标审查员持证上岗情况进行检查监督，规范商标印制行为和使用行为，依法指定18家符合条件的企业为辖区商标印制单位。2002年，全区新注册商标数量由2001年的39件增长到121件。2005年，济南二机床集团有限公司的“JRJ”图形商标和济南民天面粉有限公司的“民天牌”商标被评为山东省著名商标。至2006年底，全区共注册商标1106件。

1991—2006年槐荫区注册商标情况表

表7-9

年 份	注册商标件数	年 份	注册商标件数
1991	1	1997	22
1992	2	1998	16
1993	6	1999	24
1994	10	2000	45
1995	9	2001	39
1996	25	2002	121

续表 7–9

年 份	注册商标件数	年 份	注册商标件数
2003	111	2005	240
2004	165	2006	270

二、广告管理

1989 年,查处违法广告案件 15 起。1991 年,清理整顿较为混乱的食品广告，并对技术开发、技术转让、技术咨询、技术服务等方面的虚假违法广告进行查处。1992 年,《山东省户外广告管理办法》颁布实施，分局组织对报纸、期刊、户外广告、印刷品等大众传播媒介发布的广告进行日常检查，跟踪监管。1995 年,《中华人民共和国广告法》颁布实施，分局通过座谈会、报纸、街头宣传等形式进行广告法律法规的宣传，发放宣传材料 5000 余份。与公安、城建、卫生部门联合对辖区户外乱张贴、乱发放的广告进行清理整顿，指导监督广告经营单位建章立制、依法经营。1995—2006 年，共查处违法广告案件 289 件，上缴国库罚没款 61.84 万元，查缴各类非法印刷品广告 9.4 万份。

1995—2006 年槐荫区查处违法广告情况表

表 7–10

年 份	查处违法广告案件（件）	罚没款（万元）	清理整顿情况	
			查缴非法印刷品广告（万份）	其他
1995	2	0.40	0.30	—
1996	2	1.26	0.60	—
1997	4	1.48	1.10	—
1998	9	0.77	—	登记大中型商场、药店户外广告、店堂广告
1999	2	0.20	1.00	—
2000	4	1.30	0.90	—
2001	218	27.00	0.20	—
2002	15	8.10	3.00	消除不规范广告牌、匾 800 块、收缴 PS 印刷 300 块
2003	14	8.15	0.40	—
2004	8	7.60	1.00	清理整顿媒体广告和户外广告中的“黄赌毒”现象
2005	5	3.58	0.30	—
2006	6	2.00	0.60	—
合计	289	61.84	9.40	—

第六节　经济监督检查

1989 年，组织查处倒卖重要生产资料、制售假冒伪劣商品等投机倒把行为，整顿城乡市场秩序。1990 年，重点查处倒卖紧俏耐用商品及生产资料等投机倒把行为，立案处罚违法违章案件 190 件。1991—1993 年，集中开展打击走私贩私行为，立案处罚各类走私案件193件，查获走私物品案值2000余万元。1993年，《中华人民共和国反不正当竞争法》颁布，对违法违章行为进行更准确的界定，将部分投机倒把行为划归为不正当竞争行为。工商行政管理的工作重点转向维护市场秩序，保护公平竞争。1994年，查处不正当竞争案件18件，罚没款21万元。之后，查处不正当竞争案件成为分局经济监督检查的重点，查处公司虚报注册资本案、公司传销案、制造销售假冒试验机案、公司商业贿赂案等一批大要案，有效抑制辖区内的不正当竞争行为，市场经营秩序逐年好转。1994—2006年，共查处各类违法经济案1905件，其中大要案405件，上缴国库罚没款2421.96余万元。

1997年起，分局配合公安机关开始严厉打击传销和变相传销活动。每年对辖区出租房、城郊接合部居民楼及宾馆、礼堂等进行拉网式检查，及时遣散有关人员，没收其非法所得，并进行严厉处罚，涉嫌犯罪的移交公安部门处理。2004年，查处“消费储值、消费增值、计点消费”等不正当经营行为，依法查封山东众旺公司等运营商、代理商账户，冻结资金876.9万元，房产3处及一批物资，转交公安机关进行后续处理。至2006年，共取缔传销窝点13处，遣散人员600余人，收缴传销宣传品2300余张，上缴国库罚没款500余万元。

2004年3月28日，国家工商总局副局长刘玉亭（左一）在省工商局局长李华理（左三）等陪同下视察工商局槐荫分局工作　（区市场监管局提供）

1994—2006年槐荫区查处违法经济案件情况表

表7-11

年份	案件（件）				上缴国库罚没款（万元）
	一般程序案件	当场处罚案件	合计	其中万元以上大要案件	
1994	4	14	18	4	21.00
1995	7	7	14	1	2.82
1996	13	39	52	3	5.57
1997	14	43	57	3	27.60
1998	6	30	36	1	5.10
1999	2	36	38	—	1.17
2000	11	32	43	1	6.20
2001	15	52	67	—	31.50
2002	358	—	358	15	269.00
2003	369	—	369	99	387.00

续表 7-11

年 份	案　件（件）				上缴国库罚没款（万元）
	一般程序案件	当场处罚案件	合计	其中万元以上大要案件	
2004	247	—	247	87	421.00
2005	311	—	311	89	550.00
2006	295	—	295	102	694.00
合计	1652	253	1905	405	2421.96

第七节　消费者权益保护与个体劳动者管理

一、消费者权益保护

1992年，区消费者协会（简称消协）成立，召开第一届理事会，通过《槐荫区消费者协会章程》，同时成立消费者协会办公室，负责区消协日常工作。2000年，成立“12315”申诉举报受理中心（简称“12315”），依法受理消费者申诉、举报，调解消费者权益纠纷，查处侵害消费者权益案件和制售假冒伪劣商品等经济违法行为。同时，在所属10个工商行政管理所分别成立“12315”申诉举报站，开展“12315”进社区、进商场、进超市、进市场、进学校、进农村活动，建立基层申诉举报站。2005年，在八里桥蔬菜批发市场、大金庄、济南华盛食品有限公司等批发市场、食品生产企业及城郊接合部建立食品安全保障监控点。至2006年底，全区共设立申诉举报站54个，食品安全保障监控点10个，形成“12315”申诉举报受理中心，工商申诉举报站，社区、商场、村镇基层申诉举报站三级申诉举报网络。

“12315”申诉举报中心　　（区市场监管局提供）

2001年8月，山东省副省长赵克志（左二）在山东省工商行政管理局局长张仁敬（左四）等陪同下视察工商局槐荫分局　　（区市场监管局提供）

1992—2006年，区消协共受理消费者投诉8212件，接待消费者来访咨询6.8万人次，为消费者挽回经济损失71万元。2002—2006年，“12315”受理消费者当面咨询近万次，电话咨询5000余次，举办各类培训4次，培训人员100余人，发放各类宣传材料3400余份，在各类媒体发布消费警示信息200余条；共受理申诉1617件，其中商品申诉1149件，服务申诉468件，处结率100%，为消费者挽回经济损失32万元。

2000年起，区消协连续被中国消费

者协会评为全国消协系统先进集体和落实消协法定职能最佳单位。

二、个体劳动者管理

1985年10月，召开全区个体劳动者第一次代表大会，出席会议代表153名，其中个体劳动者代表106名，建立10个基层分会。1992年7月，召开全区私营企业第一次代表大会，成立区私营企业协会。出席会议代表80名，其中私营企业代表50名，会议通过《槐荫区私营企业协会章程》。2001年，区个体劳动者协会和区私营企业协会合署办公。2003年，成立区个体私营企业维权投诉服务中心，在街道（镇）设立工作站10个，向会员宣传党的路线方针政策，提供服务，维护会员合法权益。至2006年，区个体劳动者协会和私营企业协会先后组织会员向社会捐款30余万元，捐助物品折合人民币20余万元，投入公益事业50余万元，开展文体活动30余次，为会员提供法律援助135次，处结率98%，为个体劳动者和私营企业挽回经济损失120余万元。区个体私营企业协会4次被省个体私营企业协会评为先进集体。

第六章　国土资源管理

第一节　地籍管理

一、土地调查

土地资源调查　1990年3月至1991年4月，按照全国《土地利用现状调查技术规程》要求，对全区土地资源进行调查。从辖区镇、街道招聘23人，经过技术培训组成专业队伍，将土地利用划分为46个类别，通过外业调绘和补测，将地类界、权属界、行政界标绘在航片上再转绘到地形图上，图上量算出各类土地面积，按国家规定误差不大于四百分之一，查清全区范围内土地类型、面积数量、分布和权属状况，并进行初始土地登记，建立完整系统的土地资源档案，通过山东省土地资源调查专家组验收。本次调查取得4项主要成果：核实区、镇、村三级行政边界，签署《边界协议书》；核实土地权属、建立土地档案，为颁发土地证书提供重要依据；查清各类土地数量及利用状况，编制区、镇、村三级地类面积统计资料；编制区1∶25000、镇（街道）1∶10000土地利用现状图和村地籍图，并绘制1∶10000分幅土地权属界线图等各类图件，为地籍管理提供最基本的图件。

1991年槐荫区土地资源调查情况表

表7-12

类　别	耕地	园地	林地	居民点及工矿用地	交通用地	水域	未利用土地
面积（公顷）	6732.08	334.09	398.29	4357.61	785.32	1926.15	614.39
所占比例（%）	44.44	2.21	2.63	28.77	5.18	12.72	4.05
全区总面积（公顷）	15148.33						

城区地籍调查　1998年1—8月，对辖区东至纬五路、西至兴济河、南至刘长山、北至张庄路的区域，进行城区地籍调查。本次调查范围包含段店北路、中大槐树、西市场、五里沟、营市街、道德街、振兴街、青年公园、南辛庄9个街道，调查面积12.5平方千米，共完成36个街坊1600宗地的权属调查，标定界址9264个，布设GPS点24个和一、二级导线点312个，填

写地籍调查表1876份，形成地籍图279幅、宗地图1600幅。

新城区地籍调查　1998年，对西外环路以西、腊山路以东，沿经十西路两侧的张庄、段北两个街道和段店镇开展新城区地籍调查。调查面积3.1平方千米，调查37个街坊86宗地，标定界址547个，填写地籍调查表84份，形成地籍图76幅。

耕地后备资源调查　2002年，对全区耕地后备资源类型、数量、质量及分布状况展开调查。全区共有耕地后备资源总量292.2公顷，涉及图斑9个，主要分布在玉符河周边和黄河灌溉区域。10月，区耕地后备资源调查工作率先在济南市完成并通过专家组验收。

二、土地登记

国有土地确权　1988年9月开始，区政府对国家机关（含驻军）、企事业单位及个人使用的国有土地进行申报登记，对权属合法、面积准确、四至清楚的国有土地使用单位和个人颁发国有土地使用证。2002年开始，在全区开展房改房登记发证工作。2004年起，开展商品房登记发证工作。至2006年底，累计颁发国有土地使用证10040册，发放房改房国有土地使用证14702册、商品房国有土地使用证691册。

集体土地确权　1992年起，在全区各村庄开展集体土地地籍调查及确权发证工作。至2006年底，累计颁发集体土地使用证27076册，集体土地所有权证199册。

宅基地管理　1989年，制定《槐荫区农房管理办法》，由村民写书面申请、村委会审核，占用非耕地的由镇政府批准，占用耕地的由区土地局批准。宅基地面积不得超过166平方米，土地较宽裕的村不得超过200平方米。经批准后，宅基地建设按村、镇规划实施，未经批准非法占用的，责令其退回土地并限期拆除或没收地上建筑物。1991年，制定《槐荫区农村宅基地有偿使用的实施细则》，对全区100个行政村29809户进行现场测量和发证工作。同年，辖区98个村完成农村宅基地有偿使用工作，28903户缴纳使用费，占总户数的96.9%；共收缴农村宅基地有偿使用费103.3万元，其中90%留村作为村公益事业建设专项经费，10%作为开展工作经费。通过宅基地丈量，解决历年宅基地纠纷320起。1993年，取消宅基地有偿使用费。

三、土地利用规范化管理

2002年3月开始，对辖区内2个镇（段店、吴家堡）、4个新建街道（段店北路、张庄、匡山、美里湖）141平方千米进行外业调查、内业建库，建立图件、数据、实地三者一致的全区土地利用现状数据库，形成全区1∶10000土地利用数据库及有关图件和文字成果。2005年5月，槐荫区土地利用基础图件与数据更新项目通过国土资源部专家组验收。同年7月，开展土地登记清查清理，共清查清理国有土地使用权8481宗、集体土地所有权138宗、集体土地使用权30870宗、国有土地使用权抵押131宗，对个

“土地日”宣传活动

（1996年6月25日摄　区国土资源分局提供）

宣传土地政策

（2003年6月摄　区国土资源分局提供）

别卷宗登记材料不全或缺项及时进行补充纠正。制定《槐荫区土地登记公开查询制度》，建立土地登记资料计算机检索系统，地籍档案归档率100%。

第二节 耕地保护

一、耕地（基本农田）保护

1996年起，开展基本农田保护工作。辖区共划定耕地保护地块215块，4252.24公顷。其中，一类保护面积1955.14公顷，二类保护面积1427.24公顷，三类保护面积869.86公顷。绘制区、街道（镇）两级《基本农田保护分布图》，区与街道（镇）、街道（镇）与村、村与户签订三级保护责任状77份。根据1996—2010年济南市基本农田保护专项规划，辖区将东起京福高速公路、西至槐荫区界、北起黄河、南至小清河范围内的地势平坦、土壤肥沃、规模连片的1000公顷土地列为基本农田保护区，制定《槐荫区基本农田保护办法》。2002年，在吴家堡镇设立基本农田保护标志3块，耕地保护宣传牌6块。2002年、2004年、2006年，区国土局先后3次与2个镇（段店、吴家堡）、3个街道（匡山、美里湖、张庄）的89个村签订耕地保护目标责任书，同时设立举报箱、举报电话，形成区、镇（街道）、村、民四级监督、保护网络。

二、土地开发整理复垦

1989—2000年，辖区主要采取街道（镇）、村自行组织、自己开发、区国土局适当补偿方式进行土地开发整理工作，共整理土地266.7公顷，主要分布在段店镇周王村、由李砖厂，吴家堡镇陈庄村、东曹村、石佛村，美里湖街道蒋庄村、鲁塘村等地。2001年始，辖区开始施行大规模成片开发的土地开发整理新模式，按照宜养则养、宜农则农、宜林则林，养、农、林结合原则，通过对“田、沟、林、路、桥、涵”进行综合整治，将部分未利用土地、荒地、荒滩、废弃地和旧村址开发利用。2001—2006年，全区土地开发整理总建设规模276.5公顷，总投资738.55万元，新增耕地111.52公顷。

土地开发整理前　　（区国土资源分局提供）

土地开发整理后　　（区国土资源分局提供）

2001—2006年槐荫区土地开发整理情况表

表7-13

年份	项目名称	总建设规模（公顷）	预算总投资（万元）	新增耕地（公顷）
2001	段店镇水屯村砖厂复垦项目	8.46	10.96	7.66
	段店镇石头村砖厂复垦项目	1.82	8.00	1.82
	吴家堡镇槐花张村旧村址复垦项目	16.56	38.00	12.07
2002	段店镇睦里村荒草地废弃地开发项目	29.22	67.00	23.05

续表 7-13

年 份	项目名称	总建设规模（公顷）	预算总投资（万元）	新增耕地（公顷）
2003	段店镇田庄村土地开发项目	5.31	12.00	4.21
2005	吴家堡镇裴家庄村土地开发整理项目	73.06	183.53	32.60
2006	吴家堡镇周官屯村、宋庄村土地开发整理项目	142.07	419.06	30.11
合　　计		276.50	738.55	111.52

第三节　土地市场建设

一、城区国有土地基准地价

1995 年，完成城区规划区以内的土地级别划定和基准地价测定，区土地市场体系逐步形成。1996 年 4 月，济南市人民政府向社会公布城区国有土地基准地价，槐荫区国有土地基准地价级别范围为：商业用地 2 ～ 6 级，住宅用地 1 ～ 6 级，工业用地 1 ～ 6 级。随着城区不断外延，根据土地市场发展的客观要求，济南市城区基准地价体系分别于 1999 年、2004 年进行调整更新。1999 年，区工业用地基准地价级别范围改为 2 ～ 6 级。2004 年，区商业用地准地价级别范围改为 1 ～ 10 级，住宅用地改为 2 ～ 8 级，工业用地改为 1 ～ 7 级。

1996 年济南市城区国有土地基准地价表

表 7-14　　单位：元 / 平方米

土地级别	一	二	三	四	五	六
商业用地	—	3105	2062	989	662	400
住宅用地	1872	1422	975	724	504	367
工业用地	1030.20	821.60	645.40	493.60	388.50	266.20

1999 年济南市城区国有土地基准地价表

表 7-15　　单位：元 / 平方米

土地级别	一	二	三	四	五	六
商业用地	4654	3362	2345	1226	757	499
住宅用地	3242	2231	1564	845	617	425
工业用地	—	1691	1050	714	581	383

2004 年济南市城区国有土地基准地价表

表 7-16　　单位：元 / 平方米

土地级别	一	二	三	四	五	六	七	八	九	十
商业用地	3815	2750	1926	1613	1400	1150	900	805	700	610
住宅用地	—	1880	1350	1020	820	735	660	605	—	—
工业用地	2055	1480	1056	725	591	409	338	—	—	—

二、农用地分等定级

2005年7月，区农用地开始分等定级，范围覆盖区域内所有耕地，通过对各调查样点的农用地分等因素主要性状、土地利用及经营现状（即指定作物投入产出状况）进行全面调查和分析，建立符合全区实际的农用地等级体系。2006年12月，通过国土资源部验收。

2006年槐荫区不同地类农用地等别面积汇总表

表7–17　　单位：公顷

地类	水田	望天地	水浇地	旱地	菜地	合计
四等地	53.58	6.69	24.10	151.83	0	236.20
五等地	1882.72	4.94	162.39	65.96	26.39	2142.40
六等地	17.00	0	0.73	1.83	0	19.56
七等地	0	0	0.84	2.82	0	3.66
八等地	164.60	0	239.28	37.26	74.44	515.58
九等地	35.89	0	92.01	5.12	1.51	134.53
十等地	0	0	138.00	1.52	19.34	158.86
十一等地	0.29	0	740.95	30.09	193.28	964.61
十二等地	24.74	1.11	603.29	41.80	334.21	1005.15
十三等地	0	0	81.73	4.57	75.04	161.34
十六等地	0	0	0	33.60	0	33.60
十七等地	22.21	0	2.61	40.96	3.86	69.64
十八等地	0	0	8.81	0	19.82	28.63
十九等地	0	0	11.28	0	0.11	11.39
总计	2201.03	12.74	2106.02	417.36	748.00	5485.15

三、地产物业估价

1994年7月，成立区地产物业估价所，为隶属于区土地局的全民科级事业单位，主要负责土地估价业务。至2006年，共对全区560宗土地进行估价业务。

第四节　矿产资源保护与管理

一、矿产资源保护

槐荫区矿产资源主要有地热、砖瓦粘土等。1993年，全区有矿山企业48家，其中大小砖瓦厂25家。为保护耕地、节约资源，开始对全区砖瓦厂进行“南砖北移”，将原有利用粘土制砖的企业全部转移到沿黄一带，逐步关停一些小规模砖瓦厂，利用黄河淤泥沉沙制砖。1996年12月，在吴家堡镇三教堂地区发现地热资源。1997年4月至1998年5月，委托山东省地矿工程勘查院对该地区（东经116°47′54″～116°55′58″，北纬36°41′20″～36°44′10″，面积60平方千米）进行野外普查、物探、钻探、取样工作。圈定两个地热异常区：位于吴家堡棉花张庄村东的棉花张庄异常区，面积0.5平方千米；位于吴家堡镇三教堂村南的三教堂—七里堡异常区，面积4.8平方千米。地热资源量为1.38×1017焦耳，其中可采出的热量为2.07×1016焦耳，相当于70.65万吨标准煤产热量。1999年，济南市地质矿产技术监测中心通过储量检测，辖区为乙类矿种。砖瓦粘土主要分布在吴家堡镇，砖瓦粘土资源的开发利用始于农村就地取土。后逐步禁止从耕地取土，转而利用黄河淤泥烧制砖瓦。至2006年，共关停矿山企业38家，辖区有7家矿山企业正常生产，其中砖厂6家，全部利用黄河淤泥制砖，开采规模10.7万吨/年。同年3月，区国土资源局委托山东省地质环境监测总站对辖区内6座破损山体进行调查摸底并制定整治方案，投资1.6亿元进行整治。12月16日，用约100吨炸药对腊山西麓石柱子进行爆破，至年底整治完成76%，新增建设用地13.8公顷。

区国土资源分局工作人员送政策法规下乡

（2005年4月摄　区国土资源分局提供）

二、矿产资源管理

1991年8月20日，制定《济南市槐荫区矿产资源管理试行办法》。同年，为30家矿山企业颁发采矿许可证，发证率100%。1992年起，开始对采矿企业进行年度检查，主要检查矿山企业的采矿权设置以及依法开采、依法缴费情况；10月，开展矿区范围公告埋桩工作，为12家矿山企业埋设界桩。1994年7月，下发《矿产资源补偿费征收管理规定》，开始征收矿产资源补偿费。2003年3月，开始向矿山企业征收采矿权价款，矿山企业纳入有偿使用国家资源的轨道。至2006年，累计征收矿产资源补偿费约500万元，征收采矿权价款约70万元。1996—2006年，连续被评为全省矿产资源补偿费征收先进单位、矿业秩序治理整顿先进单位。辖区矿山企业年检合格率保持100%。

三、国土资源执法监察

1989年，成立区“双违”清查办公室，对辖区内的违法用地进行全面清查，下达处理决定251个，处理违法占地面积222.44公顷。1990年，查处越权批地30起（干部职工建私房2起、国家建设用地5起、乡镇企业用地23起）。1993—1994年，对辖区内土地隐形市场进行专项清理。1993年，共登记非法转让出租土地1766宗，面积70.59公顷（出租1582宗、转让166宗、其他18宗），登记非法转让出租抵押划拨土地使用权1500余宗。1994年，共查处新的违法占地20宗，其中补办手续19宗，面积11公顷；制止违法占地7宗，面积8公顷。1995—2001年，共清理查处违法转让国有土地49宗，面积14.2公顷；违法占地298宗，面积303.2公顷；查处闲置国有土地16宗，面积56.69公顷。2002年，三次利用卫星遥感立案查处涉区16个图斑20宗地，总面积40.47公顷。2002年8—11月，在全区范围内开展城市房地产开发建设用地清理整顿工作，共清理房地产违法用地142宗（其中2宗属于出让方式取得），对符合政策的违法用地经处罚后，分别办理征用、划拨、出让等用地手续。2003年，在全区开展土地利用现状普查和土地使用情况清查登记，土地利用现状普查共查出37629宗地，总面积15148.3公顷；土地使用情况清查共查出17739宗地，总面积4092.93公顷。同年，根据国土资源部《关于清理各类园区用地加强土地供应调控的紧急通知》要求，对济南民营科技产业园进行详查。该园区1995年11月经国家科委批准，面积300公顷，符合土地利用总体规划。园区内共用地139宗，占地面积155.34公顷。2003年3月26日，通过进一步清理整顿规范土地市场秩序，清理出1999年以后发生的违法用地186宗，面积159.72公顷。2005年，分别在全区101个行政村（居）设立1名信息员，实行国土资源管理信息员制度。2004—2006年，共清理违法用地74宗，总面积157.01公顷。2003—2005年，连续3年获“全省国土资源执法模范县（区）”称号。2005年、2006年，区国土局分别获“全省国土资源系统先进集体”“全省国土资源系统国土所规范化建设先进单位”称号。

第七章　安全生产监督管理

第一节　安全生产宣传教育

一、安全生产宣教活动

1990年前，全区主要以展板、咨询台、悬挂安全宣传条幅等为主要方式进行安全生产宣传。1990—2002年，每年5月开展“安全生产周”活动。围绕安全生产法律法规的普及和推广，共开展各类安全生产宣传教育活动41场次，发放宣传单、宣传彩页4万余份。2002年起，全国将每年6月定为“安全生产月”，就安全生产法律法规和安全生产工作进行集中宣传。区安全生产监督管理部门以宣传安全生产法律法规、提升全民安全意识为重点，开展“安全生产月”主题活动。2003—2006年，“安全生产月”主题分别为“实施安全生产法，人人事事保安全”“以人为本，安全第一”“遵章守法、关爱生命”“安全发展、国泰民安”。其间，全区通过组织开展全民性安全教育培训，在重点路段、街道悬挂安全条幅，摆放展板等形式，深入开展“四百工程”（进社区放映一百场安全宣传片，进企业放映一百场安全警示片，进农村放映一百场安全宣传片，进学校放映一百场安全教育片），共在企业、村居、学校、建筑工地播放安全知识宣传片400余场，累计发放安全生产宣传材料1.5万余份，举办各类文娱汇演30余场次，设置安全文化宣传板150余块，街镇开展模拟逃生、居家安全知识讲座60余场次。全区共15万名群众从中受益。

二、安全生产教育培训

1985年起，按照上级“先培训、后就业、先培训、后上岗”的方针，加强安全生产教育培训工作。至2001年，全区共举办安全知识培训班106期，对5万余名企业安全管理人员进行安全技术和管理知识培训。2001—2006年，全区进一步明确以提高全民安全素质为重点的培训思路，通过开展教育培训等形式，培训企业主要负责人和安全管理人员3000余人、新上岗员工和转岗人员5万人次；培训农民工8万人次。2006年，区安监局、区劳动局、区教育局、区建委、区总工会、区农发局六部门联合开展“阳光惠民安全教育培训工程”，建立区、街镇、村居、企业“四级”安全生产教育网络。至年底，全区有区级安全生产教育培训中心1处，街道（镇）安全生产培训学校14所，村、居安全教育指导站143个，企业安全教育培训点318个。

第二节　安全生产防范

一、安全生产防范体系建设

2001年起，全区各级各部门严格落实安全生产“一岗双责”，各级各部门的安全生产意识和领导责任得到强化。至2003年，逐渐形成逐级负责、层层落实、齐抓共管的目标责任体系。2005年3月，槐荫区总结分析安全生产工作经验，创新开展安全生产防范体系建设工作。全区安全生产防范体系建设分成社区篇、教育篇、建设篇、道路交通篇、消防篇、质监篇、文化篇、体育篇、环保篇、商贸篇、工商篇、区属企业篇、农业篇、公安篇14个篇章，分别由区安监局、区教育局、区建委、区交警大队、区消防大队、区质监局、区文化局、区体育局、区环保局、区商贸局、区工商分局、区发改委、区农发局、区公安分局14个部门具体承担。各篇章均从安全生产组织、制度、信息网络、应急救援、安全培训、监管监控、评价评估、标准化、安全考核9个体系入手，构建以区、街道（镇）、居（村）、企业“四位一体”的综合监管网络。至2006年底，共规范生产经营单位2000余家。

二、安全生产预案制定

2005年起，区安监局坚持每年对全区安全生产事故应急总预案进行修订完善，即《槐荫区特大、重大生产安全事故应急救援预案》《槐荫区特大、重大道路交通事故应急救援预案》《槐荫区特大、重大火灾事故应急救援预案》《槐荫区危险化学品特大安全事故应急救援预案》《槐荫区非煤矿山特大、重大生产安全事故应急救援预案》《槐荫区内河水域水上交通特大、重大生产安全事故应急救援预案》《槐荫区民用爆炸物品特大、重大爆炸事故应急救援预案》《槐荫区工程建设特大、重大生产安全事故应急救援预案》《槐荫区特种设备特大安全事故应急救援预案》《槐荫区腊山火灾事故应急救援预案》《槐荫区突发环境污染事件应急救援预案》《槐荫区特大电力生产安全事故应急救援预案》共12项分预案进行修订完善。

三、安全生产应急演练

2001年，区安监部门成立后，每年至少以区政府名义组织开展大型应急演练1次。2005—2006年，全区共开展各类安全生产事故应急救援演练630余次。2006年4月，中央电视台《焦点访谈》栏目以“应急从社区开始”为题，对槐荫区安全生产应急救援工作进行报道。6月，国务院应急办副主任王守兴视察槐荫区社区应急救援工作，给予高度评价。

第三节　安全监察

1985年起，全区安全生产工作主要以行政管理为主。至1999年，共对120余家生产经营单位规范检查5100余次，发现隐患600余处，做到隐患及时整改。2000—2001年，共规范检查生产经营单位187家，查出隐患400余处，整改落实率97%。2002—2004年，共规范检查生产经营单位230余家，对排查出的600余处安全隐患做到及时整改。

2005年起，全区安全生产工作逐步推行执法监察工作模式。11月6日，全省6地市安全生产执法监察现场经验交流会在槐荫区召开。同月28日，全省执法监察队伍建设现场会在槐荫区召开。年底，省安监局提出全省安全生产监管工作“地市看淄博，区县看槐荫”的口号。2006年初，区安监局提出变“严格执法、热情服务”为“热情服务、严格执法”，坚持“寓执法于服务之中”工作理念。至年底，全区两级执法监察队伍共为企业提供帮助和服务460余次。通过坚持向被检查单位发放“安监服务监督卡”，公开监督承诺，公开举报电话（共接举报电话11起），群众对执法监察提出的投诉数为零。9月20日，全市安全生产执法监察队伍建设现场会在槐荫区召开。

2005—2006年，组织开展重大危险源普查登记工作，共排查加油站、危化企业等重大危险源30余处。建立全区安全生产监管监控信息中心，初步实现远程监管、远程监控、视频会议和政府门户网站四项功能，实现上与省市政府视频会议对接，下对企业重大危险源部位监控的功能。监察大队和中队采取分类监管、分级监控的方法，明确大队和中队监管权限，建立起覆盖全区的两级执法监察网络。其间，共查处各类安全隐患1.3万余处，92%以上得到落实整改，未彻底整改的隐患，通过采取定点监控监管等防范措施，确保不发生安全事故。对发生的安全事故，安监部门会同公安、工会、监察、主管部门联合执法，按照“四不放过”（即事故原因未查清不放过，当事人和群众没有受到教育不放过，事故责任人未受到处理不放过，没有制订切实可行的预防措施不放过）的原则，依法开展职工伤亡事故的调查、处理、结案和批复工作。对发生事故的单位和个人进行严肃处理，构成犯罪的，移交检察机关追究其刑事责任。各类事故做到及时上报、不漏报。区安监局共调查处理各类生产安全事故案件21起。

第四节 专项整治

一、危险化学品安全整治

2002年，区安监局建立危险化学品专项整治联席会议制度，制定安全整治实施方案。每年区安监部门都定期组织有关部门对危险化学品生产企业和38家加油站点进行现场检查至少2次。至2006年，共向查出安全隐患的企业下达隐患整改通知书1000余份。开展危险化学品生产经营单位的安全评价工作，每年定期组织有关部门对11家危险化学品生产企业进行现场检查。至2006年底，全区38家加油站、11家危险化学品经营单位均取得危险化学品安全生产经营许可证。

二、非煤矿山安全生产整治

2002年起，以全区6家砖瓦窑场为重点，区安监局落实非煤矿山安全评估，加大对事故隐患的排查治理，加强对职工的安全教育和培训，严格执行建设工程“三同时”（安全设施必须和主体工程同时设计、同时施工、同时投入生产和使用审批）制度和安全生产合格证的验收发放。

三、道路交通整治

强化各级各部门的交通安全责任，建立起完善的交通安全管理网络；强化各职能部门交通安全责任，按照“谁主管，谁负责”原则，共同做好交通事故预防工作；强化各单位责任，要求各单位人员按照道路交通法律法规制定本单位规章制度和考核办法，落实交通安全管理和教育措施。

四、消防安全整治

全面贯彻《中华人民共和国消防法》《机关、团体、企业、事业单位消防安全管理规定》，落实消防安全责任制；对重点防火单位强化监控措施，落实火灾隐患整改责任制；要求重点单位制定火灾事故应急救援预案，并组织有关人员进行实战演练。

五、建筑安全整治

区安全生产委员会每年定期组织区安监、工会、质监、建委等部门联合执法，对全区建筑施工企业使用的安全帽、安全网、安全带、安全鞋、建筑支架等全面检查，同时对所有个体建筑队伍进行抽查；开展塔吊专项检查，对违章作业、不符合安全标准的，全部现场下达停用通知书；注重对建筑事故企业特殊工种的作业人员持证上岗情况进行检查。

2005—2006年，区安监局监管的危险化学品、非煤矿山、烟花爆竹监管行业领域未发生一起重特大生产安全事故，伤亡人数为零。

第五节 安全社区建设

2005年2月，《槐荫区安全社区创建工作指导意见》印发后，由区安监局和区卫生局具体承担全区安全社区创建工作。按照国家安监总局关于安全社区创建的一系列标准要求，区安监局制定《槐荫区创建国家安全社区工作指导手册》。按照安全社区“跨界合作、资源整合、持续干预”的创建理念和“政府引导、整体规划，资源整合、多元参与，社区干预、特色带动，动态定位、长效运作”的总体思路，成立由全区37个党政部门、群众团体、协管单位和14个街道（镇）主要负责人参加的“安全社区推进工作协调委员会”，组建安全文化传播、社会稳定、卫生健康安全、消防安全、居家安全、生产安全、环境安全、道路安全、考核监督、专家指导等10个安全社区推进小组，建立完善安全社区创建工作组织体系，加强对创建工作的统一领导和整体规划，保障安全社区创建工作的持续推进。2006年3月1日，槐荫区青年公园街道被世界卫生组织命名为中国内地第一个、国际第97个“国际安全社区”。

第八章　质量技术监督

第一节　标准化管理

一、工业、农业、服务标准化

1989年,《中华人民共和国标准化法》颁布实施，鼓励企业制定高于国家标准、行业标准的企业标准。济南机床二厂参与闭式单、双点压力机精度两个国家标准的制定（10924-1989、10933-1989）。1999年，在全区工业企业中开展消灭无标准生产活动，帮助企业查找、提供标准298个，提供咨询服务600人次，登记企业182家，产品328种，其中执行国家和行业标准的产品301个，执行企业标准的27个。全区工业企业产品标准覆盖率由55%上升到97%。企业标准登记备案率100%。2000年，举办标准化检查员培训班5期，培训合格人员600余人。每家企业有1～2名标准化工作人员。同年10月,获“全国消灭无标准生产区”称号。2001年，济南高强度标准件有限公司等4家企业采用国际标准。2002年，全区在服务行业开展服务标准化试点。2003—2005年，开展农业标准化示范基地试点。济南丰农有限公司、济南樱龙食品有限责任公司的万亩圆葱基地被国家质监总局批准为国家级农业标准化示范基地。2005年，济南华联商厦股份有限公司被授予山东省服务名牌称号，是槐荫区商业企业获得的第一个省级服务名牌。至2006年底，济南槐荫第二变压器厂、济南金华变压器厂等8家工业企业采用国际标准；获得ISO 9000、14000国际质量体系认证的企业39家；63家企业制定产品标准，93种产品企业标准备案，56家企业224种产品执行标准登记。

二、组织机构代码申办受理

1998年起,对全区机关、社会团体、企（事）业单位办理组织机构代码。至2001年，共办理组织机构代码证1370份，其中机关事业单位占20%，商业、企业、服务业和社会团体占80%。每年年审组织机构代码200余个。2001年秋，该项业务上交市质量技术监督局。

第二节　质量管理

一、质量监督检查

济南市质量技术监督局槐荫分局前身是济南槐荫区技术监督局。1997年11月成立。同年，质量管理主要推行区域打假责任制。2003年，重点监督检查生产领域产品质量，年内共查办假冒厂名厂址、违法生产螺纹钢、酒水等案件13起。2004年起，对生产企业质量、计量、标准化、特种设备安全监察实行“四位一体”综合管理。对全区食品加工企业进行调查摸底，将83家食品生产企业分为四类（其中A类1家、B类28家、C类40家、D类14家），建立企业档案。组织产品抽样并实施检验或送检，共抽查食品300多批次，产品平均合格率93%。2005年，纳入监管的生产企业536家，完成定期监督检查企业309家，产品618个批次，平均合格率90%以上，对72个抽检产品不合格企业，采取责令整改、经济处罚等措施。2006年，抽查检验463个重点产品。

二、生产许可证和准入制度

2002年5月1日起，对关系人身健康和财产安全的安全防范、建筑材料、农用机械、医疗设备、电动工具、家用电器等第一批19类132种工业消费产品实行中国强制认证（简称CCC认证）。下半年，对米、面、油、酱油、醋、奶、肉制品等28大类、525种食品生产企业实行食品质量安全市场准入制度，即“QS”（质量安全）标志。2004年，纳入食品市场准入的生产加工企业83家，其中取得食品生产许可证的12家。

2005 年，13 家企业获食品生产许可证。至 2006 年底，有 18 家企业的产品进行 CCC 认证，46 家企业获食品生产许可证。

2006 年槐荫区 CCC 认证企业情况表

表 7-18

企业名称	注册类型	规模
山东九阳小家电有限公司	中外合资	大中型
济南喜相逢电器有限责任公司	有限责任公司	小型
济南蓝奇电器有限公司	有限责任公司	小型
济南槐荫新富源电器厂	私营独资企业	小型
山东万格汽车改装有限公司	个体工商户	小型
济南鼎盛线缆厂	个体工商户	小型
山东匡山集团总公司黄河汽车配件厂	集体企业	小型
济南晨生医用硅胶制品有限责任公司	有限责任公司	小型
济南槐荫电器开关厂	私营独资企业	小型
济南槐荫通力电器成套厂	私营独资企业	小型
济南法奥电器有限责任公司	有限责任公司	小型
济南海内特汽车部件有限公司	有限责任公司	小型
山东省邮政机械厂	国有企业	小型
济南百顺达机械有限公司	私营独资企业	小型
济南市槐荫区中大五金制造厂	集体企业	小型
济南杰兴实业有限公司	有限责任公司	小型
济南市槐荫区低压开关厂	集体企业	小型
济南红旗凯沃特汽车制造有限公司	有限责任公司	小型

三、争创名牌产品

2003 年起，在全区工业企业中开展争创名牌产品活动。2005 年，济南民天面粉厂、济南二机床集团有限公司被评为国家免检产品企业；济南二机床集团有限公司的大型机床、数控机床被评为中国名牌产品；8 种产品被评为山东省名牌产品。2006 年，12 种产品被评为济南市名牌产品。同年，槐荫分局被省政府表彰为争创名牌产品工作先进单位。

2006 年槐荫区山东省名牌产品情况表

表 7–19

序号	企业名称	产品名称	获证时间
1	济南民天面粉有限公司	小麦粉	2006
2	山东九阳小家电有限公司	豆浆机	2005
3	山东九阳小家电有限公司	榨汁机	2006
4	山东九阳小家电有限公司	电热水壶	2006
5	山东九阳小家电有限公司	电磁灶	2006
6	济南市天齐特种平带有限公司	特种皮带	2005
7	济南试金集团有限公司	试金系列 sj– 系列	2003
8	济南试金集团有限公司	试金系列 sj– 系列	2005

2006 年槐荫区济南市名牌产品情况表

表 7–20

序号	企业名称	产品名称	获证时间
1	济南成林塑胶制品有限公司	“成林”塑胶制品	2005
2	济南第二变压器厂有限公司	变压器	2005
3	济南新思维装饰材料有限公司	“新思维”铝塑板材	2005
4	济南沃尔达汽车有限公司	“沃山”半挂车桥	2005
5	济南御泉酿酒有限公司	“白趵泉”白酒	2003
6	济南豪达摩托车有限公司	济南豪达牌正三轮摩托车	2003
7	济南巨源粮油食品制作中心	挂面	2006
8	济南宝昊粮油食品有限公司	“宝昊”挂面	2006
9	济南兴达伟业粮油贸易有限公司	“兴达伟业”食品油	2006
10	济南凯丰食品有限公司	“鲁益”挂面	2006
11	济南华盛食品有限公司	面包	2006
12	济南福明电动助力车厂	电动助力车	2006

第三节　特种设备安全监察

2000 年底，锅炉、压力容器、压力管道、电梯、起重机械等特种设备使用单位的安全监察监督职能由区劳动局划归区技术监督局。2002 年 6 月，对全区在用的 1300 余台（件）锅炉、压力容器、压力管道、电梯，起重机械，大型游乐设施，各类气体钢瓶（15000 余只）进行全面普查，建立电子数据信息管理系统。2003 年 6 月 1 日起，对特种设备使用单位注册登记、周期检验等情况进行执法监督监察。检查不合格单位 15 家，配合市局检查单位 300 家、特种设备 1000 台。2004 年，建立特种设备应急救援体系，每年举办 1—2 次应急救援演练。2004 年第四季度，对每只气瓶均按规定粘贴永久金属条码，作为气瓶的唯一性标识，信息数据输入微机，实行微机化管理。2005 年 1 月 1 日起，没有粘贴金属条码的气瓶一律不准充装和出厂销售。至 2006 年底，槐荫区有特种设备使用单位 378 家，特种设备 1856 台，其中重要特种设备 187 台、生产制造单位 14 家、煤气瓶 1920 台。

2006 年槐荫区特种设备情况表

表 7–21

设备种类	特种设备（台）	生产制造单位数量（家）
锅 炉	139	—
容 器	389	1
电 梯	546	1
起重机械	512	1
厂内机动车	270	—
煤气充装站	—	11
合 计	1856	14

第四节　行政执法检查

1997 年，成立稽查科，推行区域打假责任制。1999 年起，重点在流通领域开展打击查处假冒伪劣产品的行政执法工作。

2001 年 11 月、2002 年 1 月分别查获假冒古井贡牌白酒、趵突泉啤酒各 2000 余瓶和假冒调料 9 万袋的案件。2003—2005 年 7 月，重点查处食品、建材、农资、生产许可证产品、强制性认证产品和涉及人身财产安全、人体健康的产品，共查处违法案件 20 起，其中分别查处假冒斯达康、普天、中兴小灵通案，销售无 3C 认证行程开关、电子信号灯案，涉案货值均在 5 万元以上。2005 年 6 月 7 日，查获一起假冒农药大案，其中现场查获 146 箱。捣毁吴家堡地条钢生产窝点 3 个，没收地条钢 7 吨。端掉黑心棉加工窝点 5 处，销毁黑心棉 300 余床。至 8 月，共查办违法案件 821 起，其中立案 294 起，现场 527 起。假冒伪劣产品价值 1000 余万元，罚没款 400 余万元。同月，行政执法权上交市局，执法队撤销。

工作人员在市场开展专项打假行动　　（区市场监管局提供）

第八编

政党　群团

ZHENG DANG　QUN TUAN

槐荫区志

1989—2006

1987年6月、1990年3月、1995年4月、1998年4月、2003年4月、2006年12月，先后召开中共济南市槐荫区第五、第六、第七、第八、第九、第十次代表大会，分别选举产生中共槐荫区委第五、第六、第七、第八、第九、第十届委员会，提出各个时期全区党的思想、组织、作风建设要求、举措，以及有关全区经济社会发展指导思想、发展战略和目标任务的建议，并组织抓好落实。逐步建立各级纪检监察组织，对违法违纪案件进行查处，查处各类违法案件325件。党的基层组织建设不断加强，党组织的战斗堡垒作用和党员的先锋模范作用得到较好发挥。至2006年底，全区有党员19319人。思想作风建设不断深入，先后开展邓小平视察南方重要谈话和中共十四大、十五大、十六大精神学习和"三讲"教育、"三个代表"重要思想、保持共产党员先进性教育学习活动。

各民主党派与工商联、各群众团体组织分别召开代表大会，选举产生各自领导机构。各民主党派围绕区委、区政府的中心工作和群众关心的热点难点问题，开展社会调研，充分发挥参政议政和民主监督职能。各人民团体充分发挥联系党和团结各界群众的桥梁和纽带作用，为全区政治稳定、经济发展、社会进步作出贡献。

第一章　中共槐荫区地方组织

第一节　代表大会

一、中国共产党济南市槐荫区第五次代表大会

1987年6月22日—25日召开。出席大会代表344人，其中，干部代表184人，当代表总数的53.5%；工人、农民代表105人，占30.5%；居民代表30人，占8.7%；专业技术人员代表25人，占7.3%。代表中，各条战线先进人物代表占15.7%，妇女代表占32.8%，少数民族代表占1.5%。代表文化程度，高中以上146人，占代表人数的42.%。其中，大专22人，占6.4%；中专55人，占16%。代表年龄，45岁以下172人，占代表总数的50%；46岁至55岁130人，占34.9%；56岁以上52人，占15.1%。

大会审议通过第四届区委和区纪委的工作报告，选举产生中共槐荫区第五届委员会委员24人、候补委员4人和中共槐荫区纪律检查委员会。五届一次全委会选举产生本届区委常委、书记、副书记，批准区纪委委常和区纪委书记、副书记的任职。

该届区委坚持改革、开放、搞活的方针开展工作，全区各项事业全面发展。1989年同1986年相比，全区工业总产值翻了一番。农村经济向商品化、社会化迈进，乡镇企业健康发展，城乡市场形成城乡一体、纵横交错的流通网络。基本建成开发小区9处，竣工面积达18万平方米，区医院大楼、西市商场、新星商场、张庄公路、槐荫公园等几大工程建设的竣工和建设步伐的加快，使城区面貌进一步改观。三年实现科技成果37项，推广应用率达90%。教育经费逐年增加，配套设施得到改善，教育质量不断提高。文化、卫生、体育，事业有了新的发展。改革和建设和实践促进人民思想解放和观念更新，适应社会主义商品经济发展的新思想、新观念开始树立。

二、中国共产党济南市槐荫区第六次代表大会

1990年3月26日—28日召开。出席大会代表250人。其中，各级领导干部140人，占代表总数的56%；优秀工人农民和各条战线先模人物62人，占24.8%；各类专业技术人员48人，占19.2%；妇女代表52人，占20.8%；少

数民族代表5人，占2%。50岁以下代表186人，占74.4%。代表中，大专以上文化43人，占17.2%；中专文化178人，占71.2%；小学文化29人，占11.6%。代表中，新中国成立前入党2人，占0.8%；新中国成立后至“文革”前入党74人，占29.6%；“文革”中入党94人，占37.6%；“文革”后入党80人，占32%。

大会审议通过第五届区委和区纪委工作报告。选举产生中共槐荫区第六届委员会委员25人、候补委员4人和中共槐荫区纪律检查委员会。六届一次全委会选举产生本届区委常委、书记、副书记，批准区纪委常委和区纪委书记、副书记的任职。

该届区委坚持以建设有中国特色的社会主义理论为指导，以新建的匡山、段北和张庄3个街道为中心，将全区划分为东、中、西三个不同特点的经济地带，全面实施“东部上水平，中部打基础，西部搞开发”经济发展规划。在近郊农村继续深化完善以家庭联产承包为主的责任制和统分结合的双层经营体制，农村经济沿着企业化、城市化、现代化的目标，保持强劲发展势头。第三产业获得长足发展，1994年第三产业总收入比1989年增长6.3倍。在城区加快旧村改造步伐，先后实施近200万平方米的旧城改造工程，改造经四路延长线、西北外环路、纬十二路等十几条主干道路，新建南辛、明星等一批住宅小区。同时，一批专业化市场、较高档次的大中型商业网点等服务设施相继建成，全区城市社会化服务体系日趋完善。至1995年，基本形成东部商业区、中部工业区、西部农业区的新型城市格局。

三、中国共产党济南市槐荫区第七次代表大会

1995年4月6日—8日召开。出席大会代表259人。其中，各级领导干部167人，占代表总数的64.5%；各条战线劳动模范、先进工作者和专业技术人员代表92人，占35.5%。妇女代表68人，占26.3%；少数民族代表8人，占3.1%。代表中，新中国成立前入党的2人，占0.8%；新中国成立到1978年入党的152人，占58.7%；1978年以后入党的105人，占40.5%。50岁以下195人，占75.3%。大专以上文化177人，占68.3%；高中和中专文化42人，占16.2%；初中以下文化40人，占15.5%。

大会审议通过第六届区委的工作报告和区纪委的工作报告，选举产生中共槐荫区第七届委员会委员29人、候补委员4人和中共槐荫区纪律检查委员会。在七届一次全委会上，选举产生本届区委常委、书记、副书记，批准区纪委常委和区纪委书记、副书记的任职。

该届区委团结带领全区广大党员和干部群众，牢牢把握党中央“抓住机遇、深化改革、扩大开放、加快发展、保持稳定”的工作方针，紧紧围绕经济建设这个中心，积极推进“两个根本性转变”（即经济体制由计划经济向市场经济的转变、经济增长方式由粗放型向集约型转变），全面实施“两城两园”（“两城”指东部老城区和中部新城区；“两园”即济南民营科技产业园为主体的美里湖经济开发区和济南市西部工业园区）的发展战略，加快新城区建设步伐。有计划地进行较大规模的道路改造和住宅小区的开发整治；开工建设槐荫广场，绿地面积大大增加；坚持建设与管理并重，狠抓街巷、小区、市容卫生的综合治理和环境保护，完成小清河槐荫区段11.9千米的治理任务，促进全区经济和社会各项事业的协调发展。

四、中国共产党济南市槐荫区第八次代表大会

1998年4月19日—21日召开。出席大会代表260人。其中，各级领导干部169人，占代表总数的65%，各条战线上劳动模范、先进工作者和专业技术人员代表91人，占35%。妇女代表82人，占31.5%；少数民族代表9人，占3.5%。代表中，40岁以下的41人，占15.8%；41岁至50岁的166人，占63.8%；51岁以上的53人，占20.4%。大专以上文化的193人，占74.2%；高中和中专文化的49人，占18.8%；初中以下文化的18人，占7%。党的十一届三中全会前入党的116人，占44.6%；党的十一届三中全会后到党的十四大入党的125人，占

48.1%；党的十四大以后入党的19人，占7.3%。

大会审议通过上届区委的工作报告和区纪委的工作报告，选举产生中共槐荫区第八届委员会委员30人、候补委员5人以及中共槐荫区纪律检查委员会。同时选举产生槐荫区出席济南市第七次党代会的代表。八届一次全委会选举产生本届区委常委、书记、副书记，批准区纪委常委和区纪委书记、副书记的任职。

该届区委带领全区各级党组织以“面向新世纪、塑造新形象、建设新槐荫”为主线，以发展为主题，以创新为动力，深入实施“三个带动”战略，积极推进经济工作“四个加快”。在经济建设中，以提升经济总量为目标，以结构优化调整为主线，突出招商引资、园区发展和环境创新的作用，经济综合实力和竞争力明显增强。以西市场商贸区为中心，经十西路、张庄路、二环西路3条市场带为轴线的西部商业圈初步形成。以市场为导向，积极推进工业结构调整和科技创新，济南民营科技产业园等经济园区发展日益加快，企业竞争实力明显增强。以农业结构调整为主线，精种特养示范园和农业龙头企业迅速膨胀，农业产业化程度不断提高，精种特养、出口创汇、旅游观光三大特色日益突出。都市经济园成为城区经济发展新的增长点。

五、中国共产党济南市槐荫区第九次代表大会

2003年3月5日—8日召开。出席大会代表257人。其中，各级领导干部161人，占代表总数的62.6%；各类专业技术人员和各条战线的先模人物96人，占37.4%。妇女代表83人，占32.3%，少数民族代表8人，占3.1%。大专学历以上代表218人，占84.8%。50岁以下的217人，占84.4%；年龄最大的62岁，最小的26岁，平均年龄44.6岁。

大会审议通过第八届区委工作报告和区纪委工作报告，选举产生中共槐荫区第九届委员会委员29人、候补委员5人和中共槐荫区纪律检查委员会。同时选举产生槐荫区出席济南市第八次党代会代表。九届一次全委会选举产生本届区委常委、书记、副书记，批准区纪委常委和区纪委书记、副书记的任职。

该届区委坚持以人为本，以科学发展观统揽全局，突出重点、难点问题的解决，明确提出“四园两区”的发展战略。即以山东现代物流基地为载体，启动现代物流园建设，着力打造现代物流园区；突出“一线两片”，大力发展交通运输设备制造、机械装备、非金属矿物制造、食品加工和生物医药五大优势产业，加快推进工业园建设；依托经十西路，全力构建华东地区具有较高知名度的汽车核心市场和集散地，规范完善汽车园建设；发挥省会城区优势，积极优化整合社区闲置资源，提升都市经济园建设；以槐荫政务中心为中心，以经十路为轴线，以现代服务业、汽车产业、房地产业、政务服务为基础，打造槐荫西部新城中心区；以西市场地区为核心，以经一路为依托，以现代商贸服务产业为基础，积极推进西市场商贸区建设。全区经济建设实现了在制约中突破和在困境中发展。

为适应经济社会发展的需要，着力解决因利益关系调整带来的不和谐问题，组织全区党员干部深入开展“联系群众年”活动，实施联系群众的“十大工程”，基本落实向百姓承诺的“百件实事”，确定每月9日的“民情日”工作机制，对千户“穷亲”进行经常走访和长期帮扶。

六、中国共产党济南市槐荫区第十次代表大会

2006年12月22日—26日召开，出席大会代表270人。其中，各级领导干部代表160人，占代表总数的59.3%；各类专业技术人员和各条战线的先模人物代表110人，占代表总数的40.7%。妇女代表86人，占31.9%；少数民族代表8人，占3%。50岁以下代表170人，占63%。

大会听取并审议通过中共槐荫区第九届委员会所作的题为《站在新起点，实现新发展，为加快建设现代化新槐荫而努力奋斗》的工作报告，审议通过中共济南市槐荫区纪律检查委员会的工作报告，选举产生中共槐荫区第十届委员会委员37人、候补委员8人和中共槐荫区纪律检查委员会。十届一次全委会选举产生本

届区委常委、书记、副书记，批准区纪委常委和书记、副书记的任职。

该届区委以“三个代表”重要思想和十六大精神为指导，全面贯彻科学发展观，以“抓住新机遇、建设新槐荫”为主线，深入实施“四园两区”（即：现代物流园、槐荫工业园、汽车经济园、都市经济园、西市场商贸区、腊山新区）发展战略，国民经济持续健康发展，各项事业全面进步。在经济建设中，抓住重要战略机遇期，推进经济结构调整、重点项目建设和税源培植，大力发展财税型区域经济，全区经济实力和效益明显提高。大力发展提升第三产业，建设大市场、促进大流通、实现新突破，润华汽车主题公园、嘉华购物广场等规模市场和商贸设施建设成效显著，物流、汽车服务、要素产业等现代服务业发展迅速，西市场商圈日趋繁荣，成为全市三大商圈之一。做大做强第二产业，全面实施工业强区战略，走新型工业化发展道路，推进园区建设、规模膨胀和科技创新，骨干龙头企业和名牌产品优势明显，规模以上工业企业达115家，年销售收入过亿元的企业达10家。提出并落实“突出省会城郊特色、加快建设城郊型社会主义新农村”的工作思路和建设生态经济带、新产业带、新社区带的总体规划。落实街道（镇）部门包挂帮扶、多元投入、资源整合等措施，农村基础设施建设和改善农村生活条件的“十件实事”，取得阶段性成果。实施经六路西延长线、经一路、经十路、物流大道、党杨路、大学路等城乡干道拓宽改造及担山立交、腊山立交等环境绿化；完成“村村通”等农村道路建设100余千米，实施北大槐树等棚户区改造和739条背街小巷的综合整治，城市绿化覆盖率31.7%，人均公共绿地8.6平方米。

青年公园街道是内地第一个被世界卫生组织确认的“安全社区”。启动“联系群众年”和“服务群众年”活动，实施联系群众“十大工程”，落实向社会承诺的“百件实事”，完善“民情日”和结对帮扶“穷亲”等机制；推进“一线工作法”。“平安槐荫”建设日益深入。

第二节　重要决策

一、体制改革

行政管理体制改革　1989年4月10日，区委、区政府制定《区机关岗位目标责任制考核奖惩办法试行意见》，规定区直各部门、各街道、两镇及区直事业单位均列入执行范围，岗位责任制实行目标管理，部门、单位及个人每年初填写“岗位责任制主要目标审批表”，实行“月检查，年考核，年终总评”，考核内容包括德、能、勤、绩。意见同时制定具体奖惩办法。

1994年4月26日，区委、区政府下发《关于确定段店镇、吴家堡镇党政机关机构改革实施意见的通知》。改革后的镇级党政机构共设党政办公室、农业办公室、经济贸易办公室、建设环保土地办公室、社会事务办公室、教科文卫办公室6个办公室。

1996年8月8日，槐荫区商业局更名为槐荫区商业委员会；济南市槐荫区房地产管理局更名为济南市槐荫区房产管理局。同时根据机构改革实施意见，建立中共济南市槐荫区建设委员会、中共济南市槐荫区商业委员会、中共济南市槐荫区房产管理委员会，撤销中共济南市槐荫区城市建设管理委员会、中共济南市槐荫区商业局委员会、中共济南市槐荫区房地产管理局委员会。

1996年12月，进行街道机构改革。按照“三定”方案要求，各街道内设7个办公室，即党委办公室、行政办公室、社会事务办公室、城市管理办公室、经贸办公室、政法办公室、计划生育办公室。

1999年5月，槐荫区首次采用“一推双考”方式公开选拔副处级领导干部。经过动员部署、宣传发动；推荐报名、资格审查；理论考试、面试答辩；组织考核、确定人员等程序，从144名符合条件的报考者中选拔出14名副处级领导干部，其中女性5人，非中共党员3人。此次干部选拔，采用司法公证介入做法，对整个选拔工作进行全方位、全过程监督。

1999年5月26日，区委研究决定，今后凡是提拔担任副处级以上领导职务的干部（党委书记、需经人大任免的干部除外）均实行任职试用制度，试用期为一年，试用期满，经考核胜任工作的正式任用，不胜任工作的予以免职。

2000年8月4日，根据全省街道、社区党建工作会议精神和市委《关于加强城市社区建设的意见》，撤销街道办事处委员会，设立街道工作委员会；同时，各街道成立纪律检查工作委员会，撤销街道办事处纪律检查委员会。

2001年12月，街道实行机构改革，各街道内设6个科室，即党工委办公室（挂行政办公室牌子）、社会事务科、城市管理科、经济发展科、政法科（挂社会治安综合治理委员会办公室牌子）、计划生育科。

2006年1月13日，区经济发展计划局更名为区发展和改革委员会，挂区经济局牌子；区安全生产监督管理局不再由区发展和改革委员会管理，改为区政府工作部门；区建设管理局更名为区建设委员会；区计划生育局更名为区人口和计划生育局；区城市管理监察大队更名为区城市管理行政执法大队，在城市管理行政执法局挂牌。改革后，区政府工作部门共设置20个。

经济管理体制改革　1990年8月20日，区委、区政府作出《关于整顿农村经济秩序，巩固壮大集体经济的意见》。主要内容是彻底清理农村经济体制改革后的各项债权、债务，完善积累制度，限期处理解决好各项拖欠款的收回。意见明确规定，对收缴的拖欠款一律作为农业发展基金，专款专用，并健全审计制度，以充实集体经济实力，发展农业生产。

1990年11月9日，区委、区政府召开企业承包会议，传达全市企业承包工作会议精神，印发槐荫区《关于搞好企业新一轮承包工作的实施方案》，对企业新一轮承包作出明确规定。

1992年3月7日，区委、区政府推出深化企业改革、转化企业经营机制的20条措施。对严格执行《中华人民共和国企业法》、全面落实企业自主权，进行企业管理机构改革、下大力气压缩非生产人员，改革政府对企业的管理方式，对经营性亏损企业实行限期扭亏、减亏，进一步完善承包经营责任制，严格奖罚制度，全面推行全员劳动合同化管理，放开工业企业集团内部调拨供应价格等方面作出具体规定。明确规定区直有关部门制定的各项法规，凡是不符合《中华人民共和国企业法》及上级有关搞活企业政策的，必须立即修订或废止。

1994年9月10日，区委、区政府制定《推进企业产权改革的实施方案》。结合槐荫区集体企业多、小型企业多的现状，提出企业产权改革的主要形式：股份合作制；股份制公司；引进外资嫁接；合作经营和合伙经营；兼并、租赁、出让、拍卖和破产等。

1998年6月5日，在全区行政事业单位推行财务管理“三统一”（统一建账、统一票据、统一签字）、财务监督“三审计”（定期审计、离任审计、专项审计），即“三三制”规范化管理。

2000年6月14日，区委、区政府制定《关于调整优化工业结构的实施意见》。提出到2002年，通过工业结构优化调整，全区初步形成以优势产业为基础，高新技术产业、新兴产业为导向，规模企业和名牌产品为龙头，外向型与内向型经济协调发展，多种经济成分齐头并进的合理化工业布局。把汽车改装与摩托车制造及配件制造、机械制造、化工、电子信息、生物技术、新型材料等六大产业，作为产业提升和创新重点。

2005年，区委、区政府下发《关于将部分原市属国有（集体）企业移交属地街道办事处管理的通知》，将部分市属企业移交所在街道管理，继续享受市属企业改革改制政策。

二、党的建设

思想政治建设　1989年7月24日至8月26日，组织全区副处级以上党员领导干部学习中共十三届四中全会文件。共办5期，每期1周，406人参加学习，占全区副处级以上党员领导干部总数的90%。

1989年8月18日，区委、区政府召开各基层单位党政负责人会议，对全区搞好清查、清理工作进行全面部署。区委书记张印峰对搞好清查、清理工作提出要求：充分认识清理、清查工作的极端重要性；采取坚决得力措施，把清查、清理工作搞深搞透；认真执行政策，严格区分两类不同性质的矛盾，务求把工作搞的扎实、细致、稳妥，经得起历史检验；切实加强对清查、清理工作的领导。区委、区政府成立清查工作领导小组，由区委副书记董林洲任组长，下设两个办公室，负责具体工作。该项工作历时 4 个月，至年底结束。

1990 年 4 月 16 日，根据中发〔1989〕13 号文件精神，区委制定全区党员干部职工政治理论学习意见。要求各单位党委采取多种形式，组织党员干部职工学习马克思主义基本理论，逐步提高运用马克思主义的立场、观点和方法分析问题、解决问题的能力。

1992 年 3 月 7 日，区委作出《关于认真传达学习贯彻中共中央〔1992〕2 号文件（〈中共中央关于传达学习邓小平同志重要谈话的通知〉和〈邓小平同志在武昌、深圳、珠海、上海等地的谈话要点〉）的决定》，向各党委提出 3 点要求：按照中央和省、市委通知要求，尽快将邓小平谈话要点传达到全体党员和干部，并组织好学习讨论；全面深刻领会邓小平重要谈话的精神实质；以谈话精神为动力，把全区经济建设、改革开放和各项工作搞得更有成效。通过学习，全区干部群众统一三个方面的思想问题：统一对“改革也是解放生产力”的基本观点的认识，坚定改革开放的信心；统一对区、乡镇企业破除“三铁”、深化改革的认识；统一改革开放与稳定关系问题上的认识。

1995 年 10 月 9 日，区委发出通知，要求各党（工）委组织广大党员干部群众学习中共十四届五中全会精神。按照区委要求，抓住重点、深刻领会把握五中全会和江泽民重要讲话的主要内容和基本精神，以十四届五中全会精神统一思想行动。

1998 年 8 月 26 日，全区深入学习邓小平理论。区委决定以江泽民在全国邓小平理论工作会上的重要讲话、中共中央关于在全党深入学习邓小平理论的通知、中共十五大报告、《邓小平文选》和《邓小平建设有中国特色社会主义理论学习纲要》为重点内容，着重解决五个方面的问题：进一步坚定高举邓小平理论伟大旗帜的信念；坚定不移同以江泽民为核心的党中央保持一致；努力改造主观世界、全面提高党员特别是领导干部的素质；端正学风，把学习和运用邓小平理论提高到一个新水平；保持良好精神状态，促进改革发展稳定。

2000 年 2 月 14 日，区委召开“三讲”教育动员大会，传达《关于在全区区级领导班子中进行“三讲”教育的实施意见》。此次党性党风教育活动，以“讲学习、讲政治、讲正气”为主要内容，分思想发动，学习提高；听取意见，自我剖析；交流思想，开展批评；认真整改，巩固提高 4 个阶段。6 月 2 日，区委召开全区“三讲”教育动员大会，全面部署在全区区直部门、各街道、县级事业单位领导班子、领导干部中进行“三讲”教育。此次“三讲”教育分学习、剖析、批评、整改 4 个阶段进行。

2001 年 1 月 3 日，区委决定用 2 年左右的时间，在全区镇、街道、村领导班子和基层干部中有计划、有步骤地开展“三个代表”重要思想学习教育活动。今冬明春首先在两镇、四街道（匡山、张庄、段店北路、美里湖）和街道、镇部门及镇辖办事处领导班子和党员干部中开展，2001 年冬季在村级领导班子中进行。11 月 5 日，区委决定利用 2 个月左右时间，在全区村级和城市社区党组织、村（居）委班子中开展“三个代表”重要思想学习教育活动。通过学习教育活动，使村（居）经济有所发展，群众生活有所改善，干部作风明显改进，精神文明和民主政治建设得到加强，村（居）党组织的创造力、凝聚力和战斗力进一步增强。

2002 年 12 月 11 日，区委召开全区集中开展学习中共十六大精神宣传教育活动动员大会，动员全区各级党组织和广大党员、干部、群众，严格按照区委的要求，掀起学习、宣传、贯彻中共十六大精神热潮，全面准确把握中共十六大精神实质，推动全区各项工作再上新台阶。区委书记赵文朝强调：要全面深刻把握中共十六大精神；用中共十六大确定的宏伟目标凝聚全区上下力量；用中共十六大精神指导工作，推进全区经济和社会事业持续、快速发展；切实加强对学习贯彻中共十六大精神的领导。

2005年1月29日，区委决定从1月底开始，用1年左右的时间，在全区共产党员中开展以学习实践“三个代表”重要思想为主要内容的保持共产党员先进性教育活动。活动的范围和对象是党的组织关系在槐荫区的全体共产党员。通过开展保持党员先进性活动，达到提高党员素质，争做“四个模范”；加强基层组织，提高执政水平；服务人民群众，密切党群关系；坚持“三个始终”，促进各项工作。

2006年7月20日，区委下发《关于认真学习贯彻胡锦涛总书记在庆祝中国共产党成立85周年暨总结保持共产党员先进行性教育活动大会上重要讲话的通知》。要求各党（工）委、党组，各街道（镇），区直各部门把学习贯彻胡锦涛总书记重要讲话作为当前重大政治任务，切实把思想统一到讲话精神上来；以切实加强党的先进性建设为根本，全面推进党的建设；以学习贯彻重要讲话为强大动力，扎实做好当前各项工作。

组织建设　1990年1月12日，根据市委要求，区委决定从1990年开始，在全区各级党组织中全面推行党建工作目标管理制。党建目标管理的考核内容主要包括：领导班子建设、党员教育与管理、基层组织建设与发展新党员、党的纪律检查工作、党的思想政治工作等。12月15日，区委作出《关于加强村级组织建设工作的意见》。确定村级组织建设工作总的指导思想是：按照党的基本路线要求，着眼于加强和改善党对农村工作的领导，密切党同人民群众的联系，教育、引导、团结、组织农民发展经济，坚定不移地走共同富裕的社会主义道路。工作目标是：基本上实现村级组织健全配套；生产得到较大发展，集体经济不断壮大，农民生活水平不断提高；村级组织工作的各种规章制度健全；党群关系密切，社会秩序稳定，精神文明建设不断取得新的成果，为进一步促进农村经济发展创造良好环境。

1991年2月24日，区委作出《在全区农村开展“创建农村党的建设工作先进镇（街道）、先进村”活动的决定》。决定要求进一步强化街道（镇）党（工）委和村支部抓党建工作的职能作用，在全区农村基层党组织中形成积极进取、争先创优局面，把农村党建工作和两个文明建设提高到新水平，为争创全省“农村党的建设工作先进区”而努力奋斗。决定对活动的组织领导、评选标准、表彰办法、措施作出明确规定。

1993年2月5日，区委决定成立中共济南市槐荫区张庄出口工业加工区工作委员会、中共济南市槐荫区峨嵋山出口工业加工区工作委员会、中共济南市槐荫区美里湖旅游经济开发区工作委员会。作为党的派出机构，分别领导各开发区党的工作，执行区委交办的各项任务。

1995年4月8日，区委制定《关于加强农村基层组织建设的三年规划（1995—1997）》。指出三年内要达到的主要目标为：建设高素质农村党支部书记队伍，重点整顿党支部领导班子；促进先进村级组织建设再上新水平；加强和改进党员教育管理；抓好村级组织配套建设；发展壮大集体经济；加强后备干部建设；调整改进农村基层党组织设置；搞好社会治安综合治理；加强街道（镇）党（工）委和政权建设。

2000年6月19日，区委决定在全区村级党组织中全面实施“固垒工程”。通过实施“固垒工程”，在2～3年时间内，全区90%以上的村级党组织达到“十个一”，即：有一个高素质的党支部，有一个坚强有力的党支部领导班子，有一支结构合理、模范作用发挥好的党员队伍，有一套健全的党内组织管理制度，有一条发展经济、致富群众的好路子，有一个党支部领导下村级组织各负其责的工作格局，有一套民主科学的决策程序，有一套受到群众肯定和欢迎的村务公开、民主管理制度，有一套健全的激励约束机制，有一套行之有效的精神文明建设机制。11月10日，区委提出要充分认识在非公有制经济组织中加强党建工作的重要性和紧迫性，积极稳妥地在非公有制经济中建立健全党的基层组织，发挥党组织的核心作用。

2004年9月2日，区委、区政府制定《关于加强农村基层组织建设和管理监督的实施意见（试行）》，指出街道、镇党委政府所属村的基层组织负有直接领导和指导责任；要建立健全村务重要工作审查机制；要切实强化对村级组织的监督；要及时受理和查处村民反映的问题；要实行廉政谈话和廉政报告制度；要建立村“两委”成员责任追究制度。10月11日，区委决定，选派101名年轻干部到农村挂职锻炼。下派干部按段店镇、吴家堡镇、四新办分为3个队，并由区下派办制定下派干部目标责任书，建立考核制度。同时下发《中共槐荫区委关于下派干部挂职锻炼的实施意见》。

2005年1月29日，区委、区政府决定在2005年开展“联系群众年”活动。通过建立和完善领导干部群众联系点制度、建立和完善听取群众意见的制度、针对群众诉求办实事、推进职能工作向基层延伸、切实加强基层组织建设等措施，使群众的呼声得到关注、群众的冷暖疾苦得到帮助、群众的利益矛盾得到调处，工作作风明显转变、基层组织得到加强。

民主法制建设 1989年4月6日，区委作出《关于进一步加强人大工作的决定》。主要内容：进一步更新观念，提高对加强人大工作的认识。加强和改善党对人大常委会工作的领导。区委每年至少召开两次专门会议研究人大工作，定期听取汇报，及时研究有关人大工作的重大问题。支持人大及常委会依法行使职权，充分发挥地方国家权力机关的作用。进一步加强人大常委会建设，注意强化人大常委会组成人员的群体结构，调整增加机构设置和人员编制，健全和完善人大工作制度和工作程序，使人大工作走向制度化、规范化。

2000年11月16日，区委决定在全区农村集中开展社会主义民主法制教育活动。教育内容为法律知识教育，民主意识教育，思想作风、学风和工作作风教育，权利义务教育，维护稳定教育。重点教育对象是街道（镇）、村两级党员干部和农民群众。此次集中教育从11月下旬开始，共安排3个月时间。

2001年5月10日，区委、区人大常委会、区政府召开“三五”依法治区动员大会。传达全市“三五”依法治市会议精神，回顾槐荫区“二五”依法治区工作情况，研究部署依法治区工作。区人大常委会主任周留存宣读区人大常委会《关于贯彻实施〈槐荫区“三五”依法治区工作意见〉的决定》。区委书记赵文朝要求：提高认识，进一步增强依法治区工作的责任感和自觉性；突出重点，全面推进依法治区工作；切实加强组织领导，确保依法治区工作深入健康发展。

党风廉政建设 1989年6月7日，区委、区政府制定《党政机关干部廉政勤政十项守则》。要求党政机关工作人员尤其是区级领导干部做到：自觉同党中央在政治上保持一致；牢记全心全意为人民服务的宗旨，当好人民“公仆”；发扬密切联系群众、求实务实的工作作风；加强组织纪律观念，坚持组织原则；自觉维护干部人事制度，严格按组织原则和规定程序办事；严格遵守财务制度和财经制度；严于律己，洁身自守；辖区范围内严禁用公款吃喝招待；实行政务公开，自觉接受监督；认真检查落实，做到赏罚严明。

1990年2月2日，区委召开全区机关干部会议，区委书记张印峰作《加强区级机关的思想作风建设以适应新的形势任务要求》的报告，强调指出，加强机关思想作风整顿，认清形势，找准问题，使机关的思想作风进一步适应新形势的要求；切实加强机关的思想政治工作，教育机关干部强化公仆意识，提高工作效率；不断改进领导作风和工作方法，提高决策水平。4月1日，区委、区政府下发《关于深入基层体察民情调查研究解决问题的意见》，区六大班子领导带领区直各部门建立联系点40余个，采纳群众建议50余条，先后对企业承包经营、城市管理等多项改革作出决策，并建立信访局，负责处理解决具体问题。

2002年，在全区开展“作风建设年”活动。

区委、区政府要求，精简会议、文件，简化接待工作，实行规范化办公，密切联系群众，提高工作质量和效率，转变政府职能，建设廉洁勤政、高效务实的党政机关。为切实改进领导方式和工作方法，实行“无会月”“无会日”制度，规定4月、8月一般不召开区一级会议；每周的二、四两天，开展“联千户、访万家、察民情、送温暖”活动，进一步深入基层开展调查研究。

2003年8月19日，区委印发《关于建立领导干部述职述廉制度的意见》，建立领导干部述职述廉制度。述职述廉的对象是各街道（镇）、系统党政主要领导、区直各部门主要领导，述职述廉的内容是报告本人及领导班子的遵守纪律情况、执行民主集中制情况、落实党风廉政建设责任制情况、选拔推荐干部情况、廉洁从政情况。述职述廉每年一次，一般安排在当年度下半年适当时间进行。

2004年，区委决定在各级领导班子和领导干部中开展“能力建设年”活动。要求各级领导班子和领导干部要强化机遇意识，提高科学决策的能力；强化发展意识，提高为中心服务的能力；强化责任意识，提高处理复杂问题的能力；强化法律意识，提高依法执政的能力；强化服务意识，提高组织协调能力。

宣传工作 1990年3月，区委、区政府召开“学雷锋、讲奉献、树新风”活动动员大会，全区近3万名党团员、青年和干部群众走上街头进行“奉献月”社会实践。

1990年5月1日—22日，举办首届文化艺术节。艺术节期间，共举办各类展览5次、专题文艺演出15场，组织演出具有浓厚民族特色的龙灯、秧歌等项目。全区30余万人次参加艺术节活动。

1994年3月10日，区委、区政府作出向徐洪刚学习的决定。要求全区各级党组织在广大党员、干部、群众中掀起向徐洪刚学习的高潮。

1995年4月25日，区委制定下发《关于在全区领导干部中广泛深入地开展向孔繁森同志学习活动的通知》，要求全区各级党组织和广大党员、干部、群众，充分认识开展学习孔繁森、王廷江、韩素云活动的重要意义，把握好学习内容和精神实质，加强领导，精心组织，推动“三学”活动在全区扎实深入开展。

1996年8月11日，在全区党员、干部、群众中开展向颜锡笙学习活动。颜锡笙是中共十三大代表、全国优秀共产党员、全国老有所为精英奖获得者、山东省劳动模范。1983年离休后，他把农民的需要作为研究课题，先后进行菌菜间作、农作物秸秆栽培食用菌、多种维生素蛋白系列饲料酵母等课题的研究和实验，取得成功。采取招生办班、外出讲课、写信寄资料、现场指导等方法，无偿向全国17个省（市）、自治区的2万余户农民进行传授，年创社会效益500余万元。区委要求全区党员、干部、群众认真学习颜锡笙的奉献精神，真抓实干，提高效益，把全区各项事业推向前进。9月10日，区委制定《关于加强农村精神文明建设工作的意见》，要求认真抓好思想教育和道德建设，提高农民的思想道德素质；积极开展各种创建活动，增强农村精神文明建设工作的活力；加强领导，把各项工作任务落到实处。

1998年9月，为纪念济南解放50周年，继承革命前辈的光荣传统、弘扬民族精神，教育广大党员、干部、群众、学生“热爱济南、建我槐荫”，槐荫区集中开展解放济南历史报告会、革命歌曲演唱会、书画展等纪念活动。区直有关部门、系统、街道（镇）结合各自工作特点举行了不同形式的纪念活动。

2001年4月5日，为纪念1931年4月5日在纬八路刑场英勇就义的邓恩铭、刘谦初等22名革命烈士（史称“四五”烈士），继承先烈遗志，铭记烈士的丰功伟绩，由区委党史办和团区委共同发起纪念“四五”烈士系列活动。省委原书记梁步庭，省委副书记陈建国，市委副书记雷建国，市委常委、市委秘书长丛大鸣及省、市有关部门领导和部队官兵、青少年学生代表、市民代表4000余人参加纪念大会。

2002年8月15日，区委下发《关于在全区开展向付联群同志学习活动的通知》。付联群生前系区房管局助理调研员、房管五所所长。多年来，为了房管事业的发展，积劳成疾，于2002年4月7日因病医治无效，不幸殉职，年仅47岁。付联群的事迹在《济南日报》刊登后，在广大党员、干部和群众中引起强烈反响。区委要求，学习付联群要切实把握先模的本质特征和思想内涵，各级党组织要密切联系本单位工作实际，通过多种形式，搞好宣传发动，抓好思想教育，把向付联群学习的活动深入扎实地开展起来，推动全区两个文明建设的快速发展。

三、经济建设

农业、农民、农村工作 1990年2月14日，区委、区政府召开全区农村经济工作会议，总结交流1989年全区农村经济工作情况，探讨研究深化农村改革的新路子。会议印发《关于农村土地管理使用制度试行意见》《关于建立农村积累制度试行意见》《完善家庭联产承包责任制，发展适度规模经营的意见》。

1991年3月2日，区委、区政府召开全区农村经济工作会议，传达全市农村经济工作座谈会精神；提出1991年的主要任务。1991年农村经济总收入7亿元，乡镇企业总产值2.9亿元，粮食总产量3.2万吨。

1992年1月13日，区委、区政府制定《全区三年农业综合开发总体规划》。把农业综合开发作为振兴城郊型农村经济的战略重点，以段店、河头王庄、吴家堡区域为中心，农林牧副渔全面发展，经济效益、社会效益和生态效益并举，提出"坚持一个中心，辐射五条主线，实现五项过万"的要求，即坚持以综合开发为中心、辐射黄河滩涂、中低产田、蔬菜、渔业、水利5条开发主线，3年完成万亩荒滩改良、万亩蔬菜保护栽培、万亩淡水养鱼、万亩低压输水管道、万米防渗渠道。10月20日，区委召开常委（扩大）会议，根据全市农村工作会议精神，研究安排今后几年全区农村工作。提出大力推进农村工业化、城市化、现代化"三化"进程，稳步发展第一产业，大力发展第二产业，突击发展第三产业，使全区经济迈上一个大的台阶。基本构想是发展两个经济带，建设4个开发区，即沿济兖路、西外环路发展以二、三产业并举的带状经济区，建好美里湖、张庄、峨嵋3个外向型经济、旅游开发区和小清河高产、高效农业开发区。围绕上述目标，区委决定，组织开展"四个会战"，即乡镇企业翻番会战，第三产业布局会战，外经外贸规模会战，副食品基地会战。

1997年4月8日，区委、区政府就贯彻落实《中共中央、国务院关于切实做好减轻农民负担工作的决定》，切实抓好减轻农民负担，提出意见：认真学习和深刻领会中央决定精神，统一思想，提高认识；坚持现行农民合理负担的基本政策稳定不变；严禁出台农民合理负担之外的各种集资、摊派项目和"三乱"（乱收费、乱涨价、乱罚款）行为；坚决落实"三减"（减免贫困户税费、减轻乡镇企业负担、精简机构）措施；切实加强领导。

2000年5月11日，区委、区政府下发《关于加快槐荫区农业和农村经济战略性调整的意见》。调整总目标是：立足城郊区位优势，改善内部环境，加快调整步伐。由农产品的品种、数量的调整转向质量和效益的调整；由单纯农业产业结构的调整转向整个农村经济结构的调整。经过3～5年左右的调整和发展，基本建立起结构明显优化、布局较为合理、素质显著提高、现代化程度增强的可持续发展农业。

2001年9月26日，区委、区政府制定《农村"两委"工作规范化管理实施办法》。规定农村"两委"工作规范化管理的目标和要求是：强化党支部的领导核心地位，维护村民自治的民主权利；建立和完善农村党支部领导下的村民自治运行机制；推进农村党支部工作规范化、村民自治法制化和民主管理程序化，严格依法管理农村各项事务，保障村民依法行使自治权利；突出工作规范，逐步建立和完善各项规章制度，形成"两委"班子思想统一、职责明确、决策民主、行动合拍的工作秩序，提高农村基层组织的战斗力。

2003年4月4日，区委决定深入开展以创建"五个好"（好班子、好队伍、好路子、好机制、好制度）村党支部、"六个好"（好班子、好队伍、好路子、好制度、好作风、好格局）街道（镇）党（工）委和农村基层组织建设先进区为主要内容的“三级联创”活动。

2004年8月16日，区委、区政府制定《关于统筹城乡发展，促进农民增收的意见》。提出，2004—2007年，确保全区农民人均纯收入实现6500元。即调整和优化农业结构，农民人均纯收入再增加700元以上；大力发展二、三产业和民营经济，就地转移农村劳动力，农民人均再增收900元以上；向区域外输出劳务，人均再增收300元以上；落实对农民的直补和减负政策，人均再增收100元以上。

2005年3月15日，围绕贯彻中共十六届五中全会提出的建设社会主义新农村的部署，区委九届四次全会通过《关于建设城郊型新农村的意见》，明确建设城郊型新农村的总体思路、基本原则和基本任务。同时，区委、区政府制定加快建设城郊型新农村建设的实施方案，明确2006年全区首批启动远郊53个重点村的新农村建设工作，着力办好“十件实事”；近郊村加快推进城市化，集中开展以垃圾清理为主要内容的城郊地区环境综合整治；实行城区街道和部分区直部门、协管单位联系包挂制度。

2006年7月28日，区委、区政府通报城郊型新农村建设“十件实事”落实情况，下发《关于巩固“十件实事”建设成果，完善城郊型新农村建设长效机制的实施意见》。

第三产业发展　1991年7月17日，区委召开六届五次全委（扩大）会议，传达学习省委、省政府《关于大力发展第三产业的决定》和市委、市政府召开的全市建设城市社会化服务体系、发展第三产业工作会议精神，研究制定发展第三产业的规划措施。区委书记张印峰代表区委常委提出4点意见：面对现实，立足基础，增强建设城市社会化服务体系、发展第三产业的信心；统一思想，提高认识，强化建设城市社会化服务体系、发展第三产业的观念；明确指导思想和任务目标，加速建设城市社会服务体系，大力发展第三产业；加强领导，推动城市社会化服务体系和第三产业的健康发展。会议审议了《槐荫区建设城市社会化服务体系，发展第三产业的规划》等政策措施。

1992年9月5日，区委召开常委（扩大）会议，传达学习全市第三产业工作会议精神，讨论研究区贯彻意见，提出到1995年，力争全区第三产业营业总收入比1991年翻一番，达到18.2亿元；进一步搞好房地产开发建设，敢于举债经营用活资金，注意抓好特色经营等，群策群力，加快全区第三产业发展步伐。

1998年3月10日，槐荫区加快三产发展进程，提出“一处商贸中心、四处规模膨胀”的具体措施。即抓好西市场商贸中心扩建工程，到2000年使其三产收入达到60亿元；膨胀完善山东国际物资交易中心、西市场小商品批发市场、张庄路汽车配件城、八里桥蔬菜批发市场等4处市场的基础建设。

城乡建设　1997年5月20日，小清河干流治理工程槐荫区段阶段性成果庆祝大会举行。区委、区政府对为工程作出突出贡献的24家单位和63名先进个人予以表彰。槐荫区承担全长11.9千米的河段，其中上游河段10.5千米，共占地130余公顷，拆迁建筑面积4.3万平方米，倒运土方160余万立方米，砌石河段1.4千米，开挖土方3.7万立方米，倒运土方8.6万立方米，砌石3.68万立方米。

1998年4月30日，槐荫广场落成。该广场占地面积3.2万平方米，绿地面积1.6万平方米，在原青年公园基础上改建而成。广场内设大理石平台音乐广场，5块环状草坪环绕其中，外围构建7块大面积草坪。广场东北部的“四五”烈士纪念碑与中心广场遥相呼应。广场整体外方内圆、和谐统一，音响、照明、通讯等均采用先进设施，功能齐全，为市民提供一个集文化、娱乐、休闲为一体的多功能活动场所。中央政治局委员、省委书记吴官正，全国人大常委会副委员长田纪云，省长李春亭等先后到槐荫广场视察，对广场的建设和使用给予较高评价。该广场被评为全省城建精品工程。11月23日，区委、区政府制定《关于加快新城区城市化进程试行方案》。该方案以实施区街综合体制改革为突破口，提出加快新城区城市化进程的六项措施：加快新城区经济发展；抓好思想观念的转变；加快新城区城市建设；实现农村向城市管理体制的转变；搞好试点，稳步实施；加强对新城区城市化领导。

四、社会事业

1989年4月24日，区委、区政府决定从即日起到6月底，在全区范围内集中开展一次“打流窜、反盗窃、挖窝子、摧团伙”专项斗争，重点打击流窜犯和各类犯罪团伙的骨干分子及各类严重刑事犯罪分子和严重贪污受贿分子。区委成立由14人组成的领导小组，制定具体的实施意见。

1995年7月13日，根据省、市委的统一部署，区委决定在全区范围内开展创建社会治安综合治理模范区、模范街道（镇）、模范单位活动，制定下发《关于开展创建社会治安综合治理模范区活动的实施方案》，明确社会治安综合治理模范区、街道（镇）、村（居）的标准，按照宣传发动、全面创建、完善巩固3个步骤完成创建活动。

2001年1月15日，区委、区政府制定《加强人口与计划生育工作稳定低生育水平的实施意见》。指出，稳定低生育水平是今后一个时期重大而艰巨的任务；今后10年全区人口与计划生育工作的指导思想和方针；完善有利于人口与计划生育工作的调控体系和相关社会经济政策；建立健全适应社会主义市场经济要求的人口与计划生育工作管理机制；切实加强人口与计划生育工作的领导。提出对连续5年计划生育考核达标的街道（镇）计生科（办）科长（主任），给予提拔重用。4月3日，根据《中共中央办公厅、国务院办公厅关于转发〈民政部关于在全国推进城市社区建设的意见〉的通知》及济南市民政局贯彻落实此通知的具体意见，槐荫区决定将居民委员会改建为社区居民委员会，同时进行社区居委会选举。此次调整和划定社区居委会的时间为2001年4月6日—30日；选举时间为2001年5月1日至6月中旬。调整后，每个居委会的户数在1000户左右，并根据地域特点确定社区名称。6日，召开将居民委员会改建为社区居民委员会及选举工作动员大会。

2004年3月4日，区委、区政府制定《关于建设“平安槐荫”的决定》。决定用3年时间，在全区集中开展建设“平安槐荫”活动。活动坚持“打防结合、预防为主”的方针，充分发挥政法机关的职能作用，全党动手，全民发动，全社会参与，条块结合，齐抓共管，全面完成平安槐荫建设的各项任务，确保全区的社会政治稳定，为经济建设、社会进步、人民安居乐业营造良好的治安环境。8月13日，区委、区政府制定《延伸背街小巷综合整治，加快和完善社区建设的实施意见》。指出，要以方便群众、服务群众为宗旨，以整治背街小巷、提升大社区、创建文明城为主线，以综合整治树形象、“五位一体”优服务、高效管理建机制、居民参与强自治为重点，建立和完善长效机制，创新工作方法，提高工作效率，整体规划，分步实施，保持全国社区建设示范区的荣誉，推动社区建设和城市面貌再上新水平，加快文明城市建设。

2006年3月1日，世界卫生组织为青年公园街道安全社区命名，青年公园社区成为中国内地第一个、世界第97个被世界卫生组织确认的安全社区。区委、区政府下发《关于弘扬安全社区创建精神，推动各项工作实现新突破的意见》。7月21日，区委、区政府下发《关于进一步推进安全社区建设的意见》。

第三节　纪检　监察

一、党风党纪教育

1990年起，坚持每年突出一个主题，有针对性地开展党风党纪教育。1990—1994年，先后开展“四查”（查思想、查作风、查制度、查纪律）、“学党章、正党风”“四廉”（强化廉政教育、健全廉政制度、开展廉政检查、评选廉政典型）和“三无两创一突破”（开展无违纪、无违法、无事故教育，争创廉洁勤政先进集体和先进个人，查处案件有新的突破）教育活动。

全区共举办各类学习班、辅导讲座、报告会、党课730余场次，组织收看党风党纪录像600多场，组织知识竞赛、演讲会130余场次，全区党员干部受教育面98%以上。同时配合典型教育，总结表彰王广顺等65名廉洁勤政先进个人和79个先进集体，组成事迹巡回报告团在全区巡回报告，并剖析典型案例，对广大干部以示警诫。1995—1997年，相继开展"抓自律、正风纪、树形象""讲政治、讲纪律、讲奉献、创一流""讲政治、正风纪、做表率"主题教育活动；结合典型教育开展争创廉洁勤政先进集体和个人"双十佳"活动，对涌现的先进集体和个人进行表彰。

1998—2002年，先后开展"学理论、守纪律、做模范""学纪守纪、警钟长鸣"等主题教育活动，配合典型教育，开展争创"双十佳"活动；建立廉政宣誓制度，开展廉政宣誓活动。2003—2006年，开展"为民、务实、清廉""守纪律、做表率""学党章、守纪律、做表率、树形象"主题教育活动，同时创新教育形式和内容，加强廉政文化建设，先后在槐荫党建网开设纪检、监察专栏；连续3年在正处级以上干部中开展"读廉文、思廉政"活动；党委一把手讲党课形成制度，每年3月组织一次集体廉政党课；开展"读书思廉、家庭助廉、案例警廉、谈话促廉、躬行践廉"和党风廉政教育"进会场、进家庭、进社区、进党校、进网络"活动，各街道社区结合实际举办廉政书画展、廉政文化现场观摩等。

全区领导干部在英雄山烈士纪念碑前举行廉政宣誓仪式

（2001年摄　区纪委提供）

二、领导干部廉洁自律

1990—1994年，制定《关于加强领导班子自身建设的决定》《全区副局级以上领导干部廉洁勤政的规定》。对全区副局级以上领导干部贯彻执行中央廉洁自律"五条规定"情况进行监督检查，清理干部拖欠公款16.6万元，偿还13.6万元；查出违控小汽车45辆；对区级领导干部住房情况进行清查摸底，填报登记。1995—1997年，先后制定下发《关于加强党的领导，强化民主监督，严肃党的纪律的意见》《区委常委和党员副区长抓党风廉政建设责任制的意见》《关于厉行节约，制止奢侈浪费行为的实施意见》等有关规定，对领导干部廉洁勤政提出明确要求，把党风廉政建设纳入全方位目标管理体系。清理超标小汽车4辆；清理公款安装住宅电话400余部，收缴装机费近50万元；对21个单位和部门的建房、购房、分房情况进行严格审查把关；对区直部门、街道（镇）党政一把手住房、购房、装修等情况进行调查摸底和填报登记；对不符合规定的公款配置移动电话由各单位予以封存；完善内部接待制度，实行工作时间和工作日中午禁酒令，招待费支出严格登记；审查因公出国团组19个，取消不符合规定的出国团组2个，调整人员5人。

1998—2002年，健全完善领导干部廉洁自律有关规章制度，制定《槐荫区机关工作人员廉洁勤政行为规范（试行）》《关于全区党政机关移动电话管理暂行办法的补充规定》；实行住宅电话公务通讯补贴制、公务接待就餐制；健全完善重大事项报告制度、函询诫勉谈话制度和领导干部上岗前廉政谈话制度；制定《关于实行党风廉政建设责任制的实施办法》，把党风廉政建设责任制落实到领导班子每个成员，层层签订目标责任书，并加强责任考核，严格责任追究。对领导干部廉洁自律制度的落实情况实施专项检查，共调整住房97套，清退住房35套，单位借用小汽车6辆、个人借用小汽车7辆，个人借用公款94.1万元。开展领导干部配偶子女从业情况，领导干部持有因私护照和本人及其配偶办理前往港、澳通行证，领导干部收受现金、有价证券和支付凭证等专项集中清理。

2003—2006年，落实《党内监督条例》和《关于加强党内监督“五项规定”》，执行廉政谈话、廉政档案、廉政鉴定等制度，先后与70多名单位部门党政主要领导进行廉政谈话，为300多名新提拔干部作廉政鉴定。率先在全市建立领导干部述职、述廉制度和个人重大事项报告制度，每年开展一次述职、述廉活动，集中进行一次个人重大事项报告；加强对执行《党政领导干部选拔任用工作暂行条例》情况的监督检查，会同组织部门建立健全领导干部呈报、交流、公示、试用期等制度，先后对34名干部进行离任和任期经济责任审计；对领导干部公务用车、拖欠公款、虚报冒领工资和补贴、违规购房建房和多占用房开展专项清理工作，共清退个人借用公款2.3万元，查处商业贿赂3起。多次深入农村开展调理研究，制定《村干部任期经济责任审计暂行办法》和《关于加强全区农村党风廉政建设的实施意见》，加强对村“两委”干部的监督。

区反腐败协调小组召开案件论证会

（2005年摄　区纪委提供）

三、信访举报与案件查处

信访举报　1990年后，逐步建立区、街道（镇）、村三级信访网络，实行“分级负责，隶属管理”的原则处理来信来访。2000年后，进一步完善信访工作制度和工作流程，先后印发《关于信访举报工作实施意见》《关于集体上访跟踪督办实施意见》《关于首访责任制考核管理办法》，制定《关于对署实名举报快查快结限期答复的暂行办法》《区纪委常委接访值班制度》等。1990—2006年，全区共受理群众来信来访4285件（次），平均年信访问题处结率98%。

案件查处　1990—2006年，全区共查处党员干部贪污贿赂、挪用公款、违法占地、违规建房、腐化堕落等违法违纪案件325件，其中1995—2006年涉及副局（处）级以上领导干部的要案和万元以上经济违法大案59件；处分违纪党员干部275人，其中受党纪处分190人（警告、严重警告、留党察看27人，开除党籍63人，撤销党内职务3人），受政纪处分85人，为国家挽回经济损失831.2万元。

四、纠风正纪

1990—1994年，集中开展以制止公款请客送礼、挥霍浪费、出国（境）旅游、治理乱收费、清理党政机关无偿占用企业“人财物”，减轻农民负担、党政机关与所办实体脱钩为主要内容的专项治理。全区停止收费62项；党政机关归还占用企业人员36人，各种车辆5辆，各类通信工具及物品23件，房屋400平方米，资金180万元。协助区委、区政府制定《关于加强行政性事业性收费管理的规定》《关于减轻农民负担的规定》《关于坚决纠正个人借款、挪用公款问题的规定》等8个规范性文件。1995—1997年，对不正之风实施专项治理。制定下发《关于严明纪律、确保〈槐荫区预算外资金管理决定〉贯彻落实的意见》；对农民“三提五统”的预决算情况、农民负担卡和专用票据的发放、使用情况开展专项执法监察，使农民负担严格控制在国家规定的5%标准以内。对16个重点企业、工程和市场实行挂牌保护。1998—2002年，先后开展农业税费改革、推行药品集中招标采购制、治理公路“三乱”、制止各种代币购物券（卡）的发放、治理中小学乱收费、企业减负等专项治理。清理各种涉及企业收费项目34项，取消率14.1%；启动经济110举报中心，协调处理各类举报案件50余起，群众满意率95%。2003—2006年，对群众反映突出的征用农民集体所有土地补偿费管理使用情况、槐荫医院药品集中招标采购规定执行情况及涉农收费情况开展专项检查；对全区30个重点单位行政事业性收费情况进行清理检查，查处违规收费300万元；推行教育收费公示制，在城区中小学实行“一费制”，农村中小学实行“两免一补”（免教科书费、学杂费，补寄宿生生活费）政策。先后制定《关于行政执收执罚部门对企业执行公务的规定》《关于全区优化济发展环境“示范点”统一实行规范化管理的规定》，编印《槐荫区现行涉企主要收费项目指南》《关于进一步规范涉企行为，落实“六不准”要求的通知》《关于涉企检查收费签批制度和备案制度的规定》等。

第四节　组织工作

一、党员队伍建设

党员发展　1989年后，始终遵循“坚持标准、保证质量、改善结构、慎重发展”的方针，把党员发展的重点放在生产第一线和多年未发展的单位。1989年，全区发展新党员132人，生产第一线的88人，占发展党员总数的66.67%。全区有党员6218人，其中正式党员6050人，预备党员168人。1989—1993年，每年新发展党员在百人以上，各行业生产第一线新发展党员占发展党员总数的50%以上。1995年，重点举办28岁以下青年入党积极分子培训班。1996年，先后举办培训班3期、参加的优秀团干部和入党积极分子229人。同年，新发展党员253人，其中35岁以下的占60%，女党员占45%，大专以上文化程度占35%，生产一线的占83%。2003年开始，发展党员工作全面推行“两推一公示”（“两推”指选拔确定入党积极分子，先由党员和群众代表对申请入党人员进行无记名投票推荐，然后再召开支部会议，根据推荐情况以及本人的治政表现、工作实绩等，研究是否确定入党积极分子；“一公示”指在召开支部大会接收预备党员之前，要将发展对象的基本情况、政治思想表现、工作实绩、培养考察情况等，在公共场所进行公示，确保新发展党员的数量和质量）。至2006年底，全区共有党员19319人。

党员教育和管理　1990年7月1日，全区召开“争先创优”表彰大会，命名表彰先进党支部26个，优秀共产党员107人和优秀党务工作者7人，并组织先优代表到部分单位作巡回报告，引领广大党员向优秀党员学习。1991年，组织全区参加民主评议党员6386人；评出优秀党员871人，占参加评议党员总数的13.6%；不合格党员5人，占0.08%。1994年，开展学习王广顺事迹以及庆“七一”活动，通报表彰先进基层党组织40个、优秀党员121人和优秀党务工作者9人。1995年，在全区党员中开展“双学”（学习建设有中国特色社会主义理论和党章）活动，围绕“庆七一、学楷模、促双学”主题，组织开展新党员宣誓、评选表彰先优和知识竞赛等十大系列活动。1997年，开展“双学”和学习十五大报告知识竞赛，组织开展大型歌咏比赛。2004年，采取推荐、检查、征求意见、互评等形式，命名表彰区级先进党（工）委12个，先进基层党组织21个，党建工作示范社区8个，“五好”村居党组织标兵20个，优秀共产党员101人，优秀党务工作者12人。同年，青年公园街道党工委获省级先进基层党组织，获省级优秀共产党员1人；获市级先进基层党组织和“五好”镇党委党组织4个，获市级优秀共产党员或优秀党务工作者7人。

二、基层组织建设

理论和制度建设　1989年，区委组织部会同有关部门召开新世纪党建工作理论研讨会，就如何搞好廉政建设，怎样当好党委书记、提高党组织的战斗力等问题展开座谈讨论，提出建议50余条，发表论文20余篇。同年起，区委每年都与各党委签订年度党建工作目标责任书，由组织部着重抓好对党建目标落实情况的督导检查，通报表彰当年度党建工作先进单位。1991年，会同有关部门举办全区首次党建工作理论研讨会。1995年，专题研究民营科技产业园党建工作和流动党员教育管理工作，总结推广振兴街街道、房管局、吴家堡镇加强党的建设的经验。2001年，组织社区党建工作经验交流会、下派工作经验交流会等系列活动。

2003年，继续落实《农村党建工作百分考核实施细则》《关于农村“两委”工作规范化管理的实施办法》《关于开展“三级联创”活动，进一步加强农村基层组织建设的实施意见》等规定，推动村级组织建设制度化和规范化。各街道（镇）立足实际建立完善规章制度，规范村级财务管理。吴家堡镇向社会公开招聘会计10人，对全镇33个村实行村账镇管，杜绝因财务管理混乱而产生矛盾；制定《关于发放村党支部书记、村委会主任职务补贴的意见》，实行村级工作目标百分考核制度，镇党委、政府对考核结果符合条件的书记、主任统一发放职务补贴。匡山街道党工委制定《关于加强村级财务管理及重大事项报告的规定》，规定村级财务支出必须由书记、主任共同签字。2004年，先后制定《2004—2007年农村基层组织建设意见》《村级规范化管理工作实施细则》等10余个规范性文件。2005年，区委下发《关于加强农村基层组织建设和管理监督的实施意见》《村干部任期经济责任审计暂行办法》，各街道（镇）相继规范各项管理监督制度，强化对村居、社区的目标管理考核机制，落实党（工）委领导与村干部一对一谈话制度、包挂村居制度，定期参加村民代表恳谈会、党员活动日、书记主任例会制度等。

基层党组织班子建设 1990年，对区属21个党委改选进行指导，新组建医院党委。1991年，抓好党支部换届改选工作，下发《关于基层党组织改选工作的意见》，加强具体指导，全年任期届满的党支部完成改选95%。1994年，指导78个村按期完成换届选举工作，结合整顿充实调整支部成员35人，有16个村健全支部班子。同时调整充实29个党（工）委专兼职组织员。2003年，采取宣讲辅导灌输、电化教育引导、互相开展讨论、先进典型示范等形式，提高村居党员领导干部的政治素质和水平。2004年，村居两委换届，区委组织部制定《关于在全区农村党支部换届选举中实行“两推一选”的实施意见》，并在段店镇进行试点。“两委”交叉任职和“一人兼”比例明显提高，一批“双高双强”型人才被选进“两委”。2005年，区委组织部、区民政局对新换届班子分批组织培训。2006年，结合开展先进性教育活动，深化农村党建“双基”（基层民主、基层组织）工程，着力抓好村级班子制度建设和教育培训。

农村基层党组织建设 1991年，在农村开展创建党建工作先进镇、先进村活动，段店镇被市委授予“党建工作先进镇”称号，被区委授予“党建工作先进村”7个。1992年，会同段店镇、吴家堡镇党委，对两镇24个经济三类村级班子和组织建设情况进行摸底调查，制定限期消灭经济三类村的措施。1993年，开展“村办企业年”活动，重点抓好农村后进支部和经济三类村的转化升级工作。1995年，按照中央提出的“五个好”（支部班子好、党员队伍好、组织建设好、活动开展好、群众反映好）村党支部建设目标，制定下发《关于加强农村基层组织建设的三年规划》。1996年，在全区全面开展“创建五好村党支部”活动，制定《创建五好村党支部活动实施意见》《进一步加强农村基层组织建设的实施意见》，先后召开全区农村基层组织建设经验交流会和农村支部书记座谈会。全年共整顿村党支部16个，调整充实支部成员23人，总结推广吴家堡镇党委和刘庄村党总支等5个单位抓党建促经济建设和精神文明建设全面发展的经验。同年4月，市委检查验收组对槐荫区加强农村基层组织建设的做法给予充分肯定。1997年，举办农村基层干部培训班，召开现场会、专题研讨会、表彰大会等，全区共评出“五好党组织”49个，整顿农村后进班子16个，帮助行政村组建党委或总支9个。

2000年后，农村基层组织建设更加集中规范。2003年，全区开展“三级联创”活动，成立区“三级联创”活动领导小组和督导组，派驻7个“三级联创”工作指导组，由6名区委常委和4名副区级以上领导干部带队，分到班子较软、经济较弱的7个村居指导创建工作。在全区展开百村调研，摸清全区101个村居的基本情况，编制全区101个村居档案，初步制定2004—2007年全区农村基层组织建设四年规划。根据班子建设、经济基础、稳定状况等情况，把全区村居划分为一类村34个、二类村47个和三类村20个，确定“树强、扶弱、帮穷、治乱”的工作思路，一村一策，分类指导。宋桥、王府、田庄、匡山等后进村明显改观。

2004年，制定《2004—2007年农村基层组织建设意见》《村级规范化管理工作实施细则》等10余个规范性文件。开展百村调研，根据调研成果，按照“树强、扶弱、帮穷、治乱”的总体工作思路，对101个村（居）实行ABC三种类型分类管理，建立重点村居档案；先后组织139名干部深入101个村（居）开展调研活动，入户18445家，入户率70%，共收集意见和建议116件，解决或基本解决91件，制定整改措施25件。

2005年，把加强村级组织阵地建设作为提升党组织形象、规范村居工作的基础性任务，提出村级阵地建设有两委标志牌、有办公场所、有办公家具、有党员活动室、有远程教育站点、有村务公开栏的“六有”标准要求，列为基层组织建设考核的硬指标。至年底，全区通过行政划拨、部门扶持、企业赞助、村级自筹等方式，筹集资金410余万元，帮助21个村新建或扩建办公场所，新增办公面积2000余平方米，新增党员活动场所2700余平方米，各村居“六有”建设全部达标。《山东组工通讯》以《让村级组织有个像样的家》为题进行报道。2006年，结合开展先进性教育活动，深化农村党建“双基”工程，着力抓好村级班子制度建设和教育培训，规范加强后备干部队伍建设，开展规范村居党建活动，继续提升村级组织阵地建设水平。

社区基层党组织建设　1991年开始，对全区所有居委会进行摸底分析，抓好居委会独立支部建设。至1993年，102个居委会已建党支部94个，其中独立支部92个。12月，在济南市街道党建工作会议上，振兴街街道党工委作《加强党的建设促进街道的改革、发展和稳定》的典型发言，其“抓党建、促经济、搞服务、保稳定”的经验做法，受到好评。2001年，组织召开社区党建工作经验交流会。2003年，开展创建“党建工作示范社区”活动。逐步形成“以街道党工委为核心，社区党组织为基础，社区党员为主体，社区群众共同参与”的社区党建工作机制。各党工委采取社会招聘、机关下派等方式调整充实一批社区工作者，使社区党建工作者队伍的年龄、文化结构得到优化，整体素质进一步提高。全区社区党组织负责人平均年龄39.2岁，其中35岁以下13人，大专以上文化程度33人（其中本科生5人）；书记主任一人兼27人。命名表彰全区首批党建工作示范社区10个。11月17日，在全市社区党建工作经验交流会上，槐荫区委作题为《凝聚社区力量，走资源共享、共建社区之路》的典型发言，青年公园街道纬六路社区党支部、振兴街街道振兴中街社区党支部、五里沟街道公祥街社区党支部被市委组织部授予“济南市党建工作示范社区”称号。

2004年，结合社区居委会换届，把全区原有的67个社区居委会整合为33个，相应设置党的基层组织。通过“选”“聘”“派”等方式，选好配强社区领导班子。

2005年，贯彻《中共中央组织部关于进一步加强和改进街道社区党的建设工作的意见》，开展争创“五个好”（领导班子好、党员干部队伍好、工作机制好、工作业绩好、社区群众反映好）街道社区党组织活动和“党建工作示范社区”活动。新成立社区党总支18个、党支部68个。中大街道及裕园社区分别被授予“全国社区服务先进街道和社区”称号。探索以社区党组织为核心的社区管理体制新模式，按照“三会分设，循环互动，全方位推进社区自治”的工作思路，在中大街道裕园社区进行三元化管理体制试点，建立并发挥社区居委会、社区议事会、社区监事会作用，把以社区党组织为核心的居民民主自治落到实处。

2006年，开展社区党建“三服务”（服务群众、服务党员、服务社区）主题活动。巩固“党建工作示范社区”创建成果，实现“五好”街道、社区党组织达到30%的创建目标，实现一街道一特色，一社区一品牌。同年，青年公园街道成为世界卫生组织命名的中国内地第一个安全社区，中央电视台《焦点访谈》栏目给予关注报道。振兴街街道党工委获“全国和谐社区建设自主创新先进单位”称号，其“梅兰邻里”评选活动获优秀创新项目奖；营市街街道成为全国科普进社区先进单位；中大街道的“三元化”管理模式得到省文明办推广；西市场街道的诚信社区、道德街街道的道德社区各具特色，形成百花齐放的社区党建格局。

企业党组织建设　1992年，提出加强“三资”企业党组织建设的具体措施，三资企业党建工作逐步走上轨道。17家已开业的“三资”企业中，有党员72人、党支部7个。1993年，全区批准“三资”企业150家，其中开业的30家，有党员90人，已建支部15个；街居企业新建独立支部8个、联合支部2个。1994年，着重抓企业领导班子建设，选拔配备部分素质较高的支部书记，举办企事业单位支部书记培训班，开展“我为企业改革发展做什么”大讨论和评选“三十面红旗”活动。提出《关于进一步加强新经济组织党建工作的意见》。全区外商投资企业、股份制企业、企业集团和私营企业中，已建立党的基层组织的22家。1995年初，召开全区党建工作会议，下发《关于加强区属企业党建工作的意见》。2001年，出租车行业推出党员先锋车，在全市引起较大反响。在强生、九阳等非公有制企业内部建立党支部。2004年，对全区非公有制企业党建情况进行初步统计，并在全区各街道（镇）试行季报制。6月29日，鲁建集团党委成立，是槐荫区首家民营企业党委。2005年，理顺市国资委下放到区企业的党组织关系。按照“五衔接、双带动、两覆盖”（实施新经济组织、新社会组织党建工作与街道社区、乡村、园区、国有（集体）企业、社会团体党建工作相衔接，以党建带工建带团建，扩大党的组织覆盖、工作覆盖）的要求，继续做好新经济和新社会组织党建工作，全区符合要求的54家非公企业全部建立党组织。

三、领导班子和干部队伍建设

领导班子建设　1989年，对全区45个部门和单位、202名领导干部进行考核，对16个党委和19个部门的领导班子进行充实调查，从机关选拔一批中青年干部到基层任职。全年调整干部216人，其中选拔干部64人，改任调研员27人，免职2人；对11名军转干部安排领导职务。根据济发〔1989〕43号文件精神，在全区开展“双清”工作，全区受教育人数95%以上，共举报构成问题线索53件，涉及67人，其中外转13件，本区40件；清查方面15件，处理13件，占86%；清理方面25件，查清处理20件，占88%。对试用期内14名干部进行跟踪考察，召开第一批挂职干部座谈会，部署下派14名第二批干部到基层挂职锻炼。

1990年，承接市委在槐荫区进行的《县区党政领导干部选任工作程序》试点工作。对区管领导班子进行考核，调整任命部分领导干部，安排5名党外干部到机关部门任职。按照济组发〔1990〕36号文件要求，为66名干部办理退（离）休手续，其中市管干部3人，区管干部36人。

1991年，按照干部“四化”标准调整干部71人，其中新提拔干部26人。为26名干部办理退（离）休手续，其中市管干部1人，区管干部20人。

1992年，对区属22个党委、20个直属部门、12所县级中学的214名领导干部进行考核，调整领导干部152人，其中新提拔47人。

1993年，全面贯彻执行干部“四优”方针和德才兼备原则，全年调整领导干部156人，其中新提拔67人，副提正15人，免职1人，全区26个党（工）委实行党政一人兼的领导体制。同时，减少领导班子职数，适当增加领导成员兼职。由过去领导班子最多10职减为5～6职。

1994年，对48个领导班子进行充实调整，进一步优化班子结构。提拔副局级以上领导干部81人，其中45岁以下年轻干部44人。组织开展“一号工程”和干部下派、包村驻点活动，并加强考核、管理、指导、选调等工作。全年有341名领导干部参加“一号工程”实践活动，有64名中青年干部通过下派、外挂等形式，经受多方位、多层次锻炼；重点对29名中青年干部进行轮岗和交流，建立干部谈话制度和考评制度。

1995年，对区直各党委进行届中考察，有重点的调整部分领导班子，全年调整区管领导干部126人，其中提拔年轻干部14人，妇女干部、党外干部和少数民族干部13人。制定下发《关于对领导班子和领导干部年度工作及全方位目标管理的考核意见》《关于党政机关干部管理和监督的有关规定》。对33名领导干部进行交流，选派202名干部到农村进行挂职锻炼，完成援藏干部选派任务。

1996年，贯彻落实《关于选拔年轻干部的三年规划》，全年调整领导干部168人，其中40岁以下的中青年干部22人。在行政部门、单位任命20名行政助理，选派187名干部包村、驻村，推动农村奔小康工作。以实施全方位目标管理为主要内容，采取“双线并行，量化目标”的办法，分半年、年终两次对领导干部进行考核。制定《干部谈话制度》《干部诫勉制度》《关于对领导干部实行函询的暂行规定》等制度；会同人事部门组织机构改革和公务员制度推行工作，组织全区机关干部分3批参加公务员过渡考试，完成党群机关参照管理工作。

1997年，对区属领导班子进行民主测评考察，对部分领导班子进行充实调整，指导全区21个区直党委按期完成换届选举工作，指导工商联、侨联按照有关章程确定人选，完成换届工作。协助市委考察组对区级领导班子进行全面考核。采用轮岗、挂职等形式，对部分青年干部进行有计划、有目的地培养锻炼，先后在部分行政部门和单位任命行政助理26人。调整领导干部137人，其中提拔40岁以下的中青年干部17人，提拔女干部6人。成立下派干部工作办公室，完成下派干部轮换工作，制定有关管理工作制度。对全区部分副局级以上领导干部进行民主测评。

2003年，建立领导人才储备、培养、竞争、激励、协调“五大机制”，加大选、配、训、管等环节措施力度，贯彻执行《干部任用条例》，形成干事创业的用人导向。全区14个街道（镇）都配备女干部，82%的政府所属部门配备女领导干部，女干部占全区中层处级“一把手”总数25.3%。槐荫区重视使用女干部的做法先后在省市经验交流会上作典型发言，《中国人才》杂志和《济南日报》头版头条相继进行专题报道。平职交流干部298人，免去6名干部的主要领导职务。

2004年，调整交流干部99人，其中提拔38人，交流26人，免实职5人，退二线20人，安置军转干部10人。动员5名干部辞去企业兼职，提交区委常委会免去3名企业干部兼任的党政领导职务。制定《关于加强科级以下干部管理的实施意见》，将党群、政法、人大、政协科级以下干部的调出调入、教育管理、职务升降、辞职辞退等职能划归组织部管理，政府序列事业单位科级以下干部由人事局负责。总结女干部选拔任用工作的经验作法，撰写《认真贯彻〈妇女发展纲要〉，让更多的女干部走上重要岗位》经验材料，在济南市实施“两纲”经验交流会上作典型发言，《中国人才》杂志和《济南日报》头版头条予以报道。

2005年，按照《2004—2008年党政领导人才发展实施意见》。调整交流干部307人，其中提拔132人（35岁以下年轻干部26人、女干部38人），聘任21人，交流85人，免实职兼职15人，退居二线39人，安置军转干部12人。在区法院等单位选拔20名优秀年轻干部到岗任职。制定《关于建立执法（执业）档案，严格管理考核，进一步加强政法干部队伍建设的实施意见》，为全区47个基层单位、734名执法干部建立“执法档案”。规范落实《科级干部管理办法》，制定《选调生管理工作暂行办法》，对科级干部的职位设置、资格条件、任免程序和管理层次及省、市委组织部选调生的培养、教育、管理作进一步明确界定，理顺和加强对科级干部和选调生的管理。

2006年，对2004年7月起槐荫区贯彻执行《干部任用条例》的情况进行回顾、总结，顺利通过市委组织部检查组验收。对8名领导干部进行离任和任期经济责任审计，调整充实干部工作监督员队伍；进一步推行科级干部竞争上岗，在区法院等单位选拔18名优秀年轻干部到岗任职。全区138名机关年轻干部奔赴村居、社区岗位任职，实现农村、城区全覆盖。制定《区下派干部工作管理规定》，进一步健全完善领导体制和工作机制。以“下派论坛”为载体，组织召开下派干部经验交流会，开展调研活动，总结下派工作经验。市委研究室进行专题调研，省委副书记、市委书记姜大明作出批示，对区下派工作给予充分肯定。

干部队伍建设　1989年，会同区委宣传部、党校等部门，举办学习班5期，集中学习十三届四中、五中全会精神，406名领导干部参加学习。对新提拔的副局级干部实行试用期制，下派29名机关干部到企业和商业的基层单位挂职锻炼。组织由151名干部参加的大专专业证书班，其中领导干部58名，推荐50余名干部参加各类大专招生考试，录取率80%以上。对经委、商业、交通54家企业的52名支部书记进行为期一周的培训，选送部分干部到各类大专院校学习。

1990年，会同区委党校、宣传部等部门举办两期共83名领导干部参加的哲学学习班，召开新任党委书记和新任办事处主任座谈会，交流探索怎样当好党政一把手的经验和体会，使领导干部思想作风建设得到加强。

1991年，举办领导干部学习班3期，每期1个月，145名领导干部脱产学习。选拔第3批16名干部到基层挂职锻炼；会同区委党校对34名中青年干部进行为期4个月的理论培训；举办事业单位党支部书记培训班，教委、房管、建委等系统的52名基层支部书记参加为期2周的理论学习。

1992年，建立和制定检查评比办法，落实党委中心组学习制度。选派18名机关干部组成联络组分别到3个系统6个基层单位挂职和帮助工作。同年，会同区委党校对没有系统学习过马克思主义理论的区管中青年领导干部进行为期3个月的脱产学习培训，35人参加；举办领导干部学习十四大文件短期培训班4期，每期1周，共培训领导干部310人；对22名基层组织科长、党委干事进行组织工作培训。

1993年，举办局级领导干部、厂长经理涉外经济培训班，培训领导干部100名；对40名中青年干部进行3个月的脱产培训；对73名村级后备干部进行培训；选送20余名干部参加各类大专院校的学历培训。

1994年，组织全区副局级以上领导干部进行“三学”知识培训，举办第四期青年干部培训班，同时结合学习《邓小平文选》第三卷和贯彻中共十四届四中全会精神，组织安排干部轮训。共举办不同类型的干训班15期，培训干部1667人次。

1995年，在领导班子中开展坚持民主集中制的再学习再教育活动，健全和完善党委会议事规则等制度，狠抓领导班子中心组学习制度的落实。制定《关于培养选拔优秀年轻干部的三年规划》，举办一期青年干部培训班，组织进行轮岗、下派等实践锻炼，提拔重用一批优秀年轻干部。举办领导干部研讨班、岗位培训班等，全区共培训各类干部1585人次，其中在区委党校举办的主体班次8个，培训干部597人，培训副局级以上领导干部350人；有45人参加市委党校和其他大专院校的学习。

1996年，着重抓党委中心组学习制度落实，举办读书班、研讨班，不断深化学习内容。组织各党工委召开两次民主生活会，对照《中国共产党章程》自查自纠，围绕名位关、金钱关、权力关、色情关和人情关等问题，开展批评与自我批评。组织领导干部收看《孔繁森和他身后的人们》《在钱与权面前》两部电视专题片，用正反两方面的典型，教育广大领导干部用好手中的权力。在坚持对党员干部进行特色理论、《中国共产党章程》和社会主义市场经济知识培训的同时，分别举办青年干部、妇女干部和党外干部培训班，全区有164人参加学习培训，其中选送和推荐32名副局级以上领导干部到市级以上党校、干校进行脱产轮训。制定《1996—2000年槐荫区干部教育培训规划》，全区干部教育工作走上制度化规范化轨道。

1997年，在全区各级领导班子中组织开展以“讲学习、讲政治、讲正气”为主要内容的学习教育活动。对党员干部进行邓小平理论、《中国共产党章程》和社会主义市场经济知识培训，先后举办副局级以上领导干部培训班，重点学习党的十四届六中全会和党的十五大精神，采取全封闭式举办高层次企业领导干部培训班。

2001年，进行全区范围内的处级干部轮训，上半年举行经济和科教文卫2个班次。2003年，共培训各级干部1500人，选送89名干部到省、市委党校和外地高校进行培训，选派3名年富力强、有发展潜力的干部去杭州江干区挂职锻炼。

2004年，开展“能力建设年”活动，先后举办专题讲座10次，受教育的副处级以上干部4000余人次；举办处级领导干部培训班9期，2300人次；组织开展读书活动，购买下发《怎样当好“一把手”》《怎样当好副职》等近10种书籍；组织全区干部培训班18期，5700人次；共有289名干部参加上级组织的各类培训。11月，举办“能力建设在槐荫”论坛，邀请省市领导和专家学者进行能力建设研讨，部分领导干部研讨文章进行书面交流和座谈交流。省委组织部《组工通讯》、市委《每日信息》、市委组织部《泉城党建》《组工信息》、济南电视台分别介绍槐荫区的做法，《领导科学报》推荐参加由山东省社科院和青岛大学联合主办的“21世纪社会科学家论坛”，并作经验介绍，《领导科学报》《组织人事报》安排专版介绍槐荫区开展能力建设活动的经验做法。

2005年，建立领导干部日常学习和集中学习相结合的学习制度，加强对街道（镇）、系统党（工）委中心组学习的督促检查，引导干部自学。全年组织培训班次9个，培训干部1000余人次，组织8名干部参加市“双高”人才培训，67人参加省、市委党校和其他干部院校的培训。

2006年，围绕全区“四园两区”发展战略，有针对性地举办物流、城市管理、经济管理等主题班次。切实抓好处级领导干部轮训班、科级干部上岗培训班等11个培训班次，举办专题讲座2次，培训干部2000余人次。推荐9名干部参加市“双高人才”培训。

四、人才工作

1989年，开展知识分子问卷调查，掌握知识分子状况，为部分知识分子解决生活、学习和工作中的一些实际困难；帮助5名知识分子子女解决入学难问题；对第二批区级专业技术拔尖人才进行考察摸底；协助科委对全区专业技术人员职称评定工作进行验收，制定专业技术拔尖人才的管理规定。

2004年11月20日，举办“能力建设在槐荫”论坛

（区委办公室提供）

1990年，对第一批拔尖人才进行跟踪考察和跟踪服务，按照标准选拔出第二批拔尖人才，协助有关部门对全区企业政工干部进行职称评定。

1991年，对第一批15名拔尖人才进行全面考察，保留5名继续作为拔尖人才进行管理，对第二批拔尖人才进行年度考察，选拔5名知识分子作为第三批拔尖人才，对1984年后招聘的专业技术人员进行调查摸底。

1992年，向市委组织部推荐18名优秀中青年专业技术人才，1名特技人才，2 名退离休的优秀人才。协助有关部门引进 103 名专业技术人才。

1993 年，对区级第四批专业技术拔尖人才评审工作进行部署安排，对第二、三批专业技术拔尖人才进行年度跟踪考察。按照市委要求建立近 80 人的区级专业技术人才库，对农村专业技术优秀人才的选拔进行调查摸底，会同有关部门制定关于招聘各类专业技术人才的优惠政策。

1994 年，重新调整建立区拔尖人才评审委员会，集中开展第四批拔尖人才考察推荐工作，对第二、三批拔尖人才进行全面考核；对出国人员政审工作进行部署研究，严格审批程序，开展有关业务培训，全年办理出国团队 24 个，出国人员 84 人次。

1996—1998 年，按照双向选择、互惠互利的原则，在全区各街道（镇）加强科技副职选聘工作。2000 年，按照《济南市高级技能人才奖励办法》，对生产一线的技术能手进行表彰。

2004 年，制定《2004—2008 年人才发展规划》《2004—2008 年党政人才发展实施意见》《2004—2008 年企业经营管理者和专业技术人才发展实施意见》，谋划今后槐荫区人才工作的总体思路，规划并实施“三支人才”（党政领导人才队伍、企业经营管理人才队伍和专业技术人才队伍）队伍“622”工程和党政人才“221”工程（“662”即全区副处以上党政领导干部保持 600 人左右、较高层次经营管理人才 6000 人左右、专业技术人才总量达 20000 人左右。“221”即每年引进博士 2 人、硕士 20 人、大学生 100 人），着力构建人才分布“四区三带”，构建民营科技园、留学生创业园等人才平台。做好外经贸副职选聘工作，选聘省外事办公室孙传尚到槐荫区任外经贸副区长。推荐 13 人参加“双高人才”脱产学习或到发达地区挂职锻炼。拟定“关于专业技术拔尖人才的实施意见”和“专业技术拔尖人才选拔管理办法”。总结槐荫区人才工作的基本情况，撰写《着眼槐荫发展，注重能力建设，全面提高党政人才队伍素质》的经验材料，被列为全市人才工作会议《经验材料选编》之首。

2005 年，制定《槐荫区“十一五”人才发展规划》。

2006 年，指导全区人才工作各成员单位制定年度人才工作计划，实行人才工作目标责任制。建立区人才工作领导小组例会制度，定期研究人才工作的重大问题。组织开展全区人才工作专项调研，进一步摸清全区人才数量、结构、层次的底数。

五、党员电化教育与信息宣传

党员电化教育 1994 年，重点抓三级电教网络建设，全区建立电教中心 1 处，电教站 76 个，播放点 108 个，总投资 176 万元。发行电教片 166 盘，自制电教片 13 部，组织播放 350 场次。

1996 年，组织全区 1 万余名党员分 400 余个场次收看党员电教片近百部，收视率 87%。1997 年，制作完成省委组织部下达的党员电教科技片《平菇大田阳畦栽培技术》，被《济南党员电教》录用，全市发行。

2001 年，拍摄电教片 8 部，参加全市会展。2003 年，建立全区电教片源中心库，完善片源传递制度；抓好“三簿一册”、播放员岗位职责等制度的落实。通过以会代训等形式，对基层电教干部进行培训，提高业务能力。参加全市首届庆“七一”党建电视新闻片观摩评比活动。共收到区直各党工委和有关部门选送的党建新闻片 18 部，被济南电视台采用 12 部，其中由振兴街街道党工委选送的《闲不住的老党员—王序领》获全市党建电视新闻片展播一等奖，另有 3 部作品获三等奖，1 部作品获优秀奖。在全市 19 个单位中总分列第二位，在 10 个区县中送片数、入围数和获奖数均列第一位。

2004 年，组织实施远程教育试点工作。第一批 56 个站点在全市率先完成并投入使用，第二批 49 个村站点建设基本完成。组织开展槐荫区第二届党建电视新闻观摩评比活动，报送新闻片 18 部，在济南电视台播出 8 部，有 2 部分获全市一等奖和二等奖。

2006 年，坚持“建管学用”并举，进一步完善全区党建“四网三库三平台”信息化管理系统，得到省、市委组织部的充分肯定。槐荫党建网站被评为济南市优秀政务类网站，是济南市第一家获此荣誉的党建类网站。在全市率先启动网络党校建设，全区三级网络党校建设全面完成。

信息调研工作　1989年，围绕加强党的建设和领导班子建设，深入基层进行专题调查7次，协助基层解决疑难问题14件，总结各类典型材料30份，其中被上级部门和新闻单位采用16份。1991年，会同有关部门完成电视片《槐荫先锋》的制作和播放；有6篇稿件被《济南组工通讯》和《济南组工信息》采用。1993年，摄制先进典型专题录像片。1996年，创办《槐荫组工》，加强对基层党建工作中热点、难点问题的探讨，全年刊用17篇。全年有25篇信息被有关刊物采用，其中《领导科学报》2篇，《济南党建》17篇（包括照片2组），《济南组工信息》6篇，《山东组工通讯》《济南组工通讯》各1篇。另有1篇文章获全市调研文章一等奖；2篇获优秀稿件奖。1997年，先后总结推广槐荫法院等单位和个人的先进事迹。全年向新闻单位投稿90余篇，被刊用36篇，有4篇文章分别被《山东支部生活》《大众日报》《山东组工信息》刊发。

2001年初，制定信息调研责任制目标考核办法，把责任细化到人，全年上报组工信息236篇，被省市委组织部采用或转发近20篇，在济南市5区排名第二。16篇组工调研文章被省、市委组织部采用；在《人民日报》《大众日报》《济南日报》、山东电视台、济南电视台、山东广播电台等20多家报社电台发表新闻稿件100余条。2004年，及时上报组织工作的动态、信息、做法、经验，共上报调研文章和信息近70篇（条），大部分被有关媒体、省市组工刊物录用，在全市10个县（市）区中列第二名。2005年，省、市委共专题刊发槐荫区经验做法45篇，其中被省采用4篇，中央电视台新闻联播栏目和《人民日报》《大众日报》《济南日报》等中央省市媒体同时给予关注和报道。在组工系统内部刊物刊发调研信息稿件37篇，其中在《山东组工信息》刊发信息3篇；在各类新闻媒体发稿40余篇，其中《人民日报》1篇，《济南日报》头版头条1篇。《人民日报》《大众日报》《济南日报》和济南电视台等新闻媒体对槐荫区干部下派工作进行专题报道。

第五节　宣传工作

一、理论宣传

1990年，组织党员干部学习《马克思主义哲学纲要》，区委党校举办副区级以上领导干部培训班2期，培训85人；基层业余党校举办培训班150期，培训7500人。1992年，学习邓小平视察南方重要谈话，组织全区党员干部开展“解放思想、扩大开放”大讨论，学习党史、党建理论，共举办各类培训班120多期，培训党员干部7000余人。1994年，强化学习《邓小平文选》第三卷、《十四届四中全会决定》《中国共产党章程》《爱国主义实施纲要》和社会主义市场经济知识，共举办各类学习班500期，培训干部群众1.5万人次。1995年，学习《建设有中国特色社会主义理论纲要》一书。1997年，区委常委、区直各党委分管书记、宣传干部70余人参加市委举办的学习中共十五大精神理论骨干培训班。1998年，再次将学习《邓小平文选》和《邓小平建设有中国特色社会主义理论学习纲要》推向深入，举办全区领导干部深入学习邓小平理论研讨班和经济理论报告会。2000年，举办副区级以上领导干部及各街道（镇）、系统负责人参加的领导干部理论学习读书会，学习“三个代表”重要思想。同年10月，在全区党员干部中开展巩固“三讲”（讲政治、讲学习、讲正气）教育成果，大兴理论调研之风主题活动。2001年，学习贯彻以德治国方略和“三个代表”重要思想，在全区党员干部中开展“学习贯彻以德治国方略，全面推进精神文明”建设理论研讨活动和纪念建党80周年理论研讨会；举办由区委中心组及各党（工）委书记参加的理论学习读书班。2002年，举办“学习中共十六大精神理论骨干培训班”，培训区直各党工委和区直机关各部门学员86人。

2003年3月，区委理论学习中心组参加全省先进县级党委（党组）理论学习中心组经验交流会，作《适应形势，学好理论，促进全区各项事业健康发展》的发言。6月，区委宣传部、区社科联联合举办“抓住新机遇，建设新槐荫”理论研讨会暨区直各党（工）委理论学习中心组经验交流会。12月，省委宣传部、省社科联在槐荫举办整合社区资源理论研讨会，充分肯定并推广槐荫经验。同年，区委宣传部与济南大学共同申报的“济南市槐荫区社区资源整合经验研究”被列为2003年度全市社科理论研究项目；以前屯村配套改革为内容的“槐荫模式”研究获济南市社科成果二等奖。2004年，把学习贯彻“三个代表”重要思想和中共十六届三中、四中全会精神，树立科学发展观，作为理论学习的首要任务，重点抓区委及区直党（工）委理论中心组学习，先后撰写理论文章50篇。同年，区委理论学习中心组被评为省级先进（市）区委理论学习中心组。2005年，区委宣传部与市直有关部门在西市场街道联合举办“弘扬济南精神，构建和谐社会”专题理论研讨会，9名专家、学者到会发言。2006年，区委宣传部与济南日报社、济南城市经济研究会联合举办“城郊型社会主义新农村建设”理论研讨会；区委宣传部《建立机制是建设社会主义城郊型农村的重要保证》一文，选入山东省社会科学界2006学术年会《科学发展观与建设社会主义新农村》论文集。同年，区委理论学习中心组被评为山东省先进区党委理论学习中心组。

二、社会宣传

1990年，在全区干部群众中举办报告会、学习班、讨论会等，进行坚持四项基本原则、国际国内形式教育和社会主义思想教育；开展“学雷锋、讲奉献、树新风”活动。1991年4月，在城区8个街道、11个单位开展社会主义思想教育活动，进一步坚定社会主义信念，共有10万人次参加学习。1992年，在全区农村开展社会主义思想教育活动，掀起“百村大竞赛、争先奔小康”竞赛热潮。1994年，结合学习雷锋、徐洪刚，开展向吴家堡镇党政办公室王广顺学习活动，先后出板报、墙报1100余期，举办演讲、讨论会100余场，“王广顺事迹报告团”巡回演讲30余场。1995年，在全区干部群众中开展向孔繁森、王廷江、韩素云学习系列活动和“学交警、创一流”活动，宣传槐荫中学校长祖兆田、纬九路小学校长马晓玲等先进典型。落实《山东省基层党校工作条例》，加强党员活动室建设，张庄路街道张庄村、段店镇田庄村、匡山街道匡杨村党员活动室被评为省级先进党员活动室。1997年，通过层层举办辅导讲座、收看录像、知识答卷、座谈讨论等形式，在全区上下掀起学习中共十五大精神的热潮。同年，庆祝中共十五大召开、迎接香港回归，开展知识竞赛、摄影比赛、演讲比赛等爱党、爱国系列活动。1998年，举办庆祝济南解放50周年和改革开放20周年活动，区委、区政府同省、市文艺单位合作，先后举办广场音乐晚会、摄影展等系列活动。1999年，以迎接21世纪、中华人民共和国成立50周年、澳门回归祖国为主题，先后举办千人大合唱、形势教育报告会、大型文艺演出、50年成就展、摄影展、两代人书画笔会、文明家庭文化展示、校园文化展示周等5大类、20项、100场次的系列庆祝活动。2000年，先后召开全区社区思想政治工作研讨会和全区思想政治工作经验交流会，推广振兴街街道、西市场街道加强思想政治工作的经验。同年，振兴街街道被省委命名为全省思想政治工作先进集体。

2001年10月，召开学习江泽民“七一”讲话，加强社区思想政治工作经验交流会。同年，槐荫区振兴街街道党工委举办“社区居民论坛”，《济南市槐荫区举办“居民论坛”，做好社区思想政治工作》和《济南市槐荫区坚持“德法并治”，积极探索社区建设新途径》两篇文章分别在《山东宣传信息》上发表，并在全省推广。纪念中国共产党建党80周年，举办文艺演唱会、广场音乐会、优秀党员先进事迹报告会、党建知识竞赛、图片展、成就展等系列庆祝活动。2003年，先后在全区城乡开展争创“社区文化建设五十佳”“农村小康五十强”活动，举办“抓住新机遇、建设新槐荫”干事创业先进事迹报告会6场。2002年，开展学习实践“三个代表”重要思想，迎接十六大、学习十六大精神宣传教育活动，召开“迎接党的十六大社区思想政治工作经验交流会”。2003年，开展预防“非典”政治思想宣传教育工作，举办各类培训班138场次，受教育人员112261人次。2004年11月，振兴街街道代表山东省参加在武汉举办的全国社区思想政治经验交流会，他们从亲情入手推进社区政治工作的成功经验得到大会的充分肯定。开展“迎亚足赛、创文明城”系列宣传活动、“市文化建设百佳单位”争创活动、“文化、科技、卫生”三下乡活动。2005年，开展党员领导干部上党课活动，组成党员先进性教育宣讲团和优秀共产党员先进事迹报告团，到基层宣讲报告场次，听众3800余人次。2006年，“社区居民论坛”在山东省暨济南市社会科学普及周活动中，作为亮点工程予以展示推广；槐荫区社科联被评选为全国大中城市社科联先进学会。同年，槐荫区在全区实施“知荣辱，我为先”未成年人道德先锋行动，全区3万多名未成年人签订争当“道德先锋”承诺书，6万余名家长和100余个村居参与监督考核，中央文明办在第56期《未成年人思想道德建设工作简报》头条位置，向全国推广该经验做法。举办纪念中国共产党成立85周年征文活动，共收到反映党的丰功伟绩等方面内容的理论文章25篇。其中，《井冈山革命根据地的建立及影响》《从我党历史上的整党整风运动看保持共产党员先进性教育活动》两篇文章，在山东省纪念中国共产党建党85周年理念研讨会上交流并获优秀论文奖。

三、新闻宣传

1989年后，始终围绕党的中心工作开展宣传报道。1990年，配合济南电视台拍摄的《少年启示录》在中央一、二台的《地方半小时》栏目中播放，获全国一等奖。1995年，建起区、街道（镇）、居（村）三级通信网络。2002年，《人民日报》以《聚焦城乡接合部，推动城市化进程》为题，整版介绍槐荫区村（居）综合配套改革的新探索。2005年4月，中央电视台《新闻联播》栏目以《常委会开进棚户区》为题，报道槐荫区对棚户区民生问题的关注，是槐荫区首次以独立的形式在《新闻联播》报道。2006年，中央电视台《焦点访谈》栏目对青年公园安全社区工作进行报道，是槐荫区第一次走进《焦点访谈》栏目。至年底（1999年未统计在内），累计被中央、省、市新闻媒体采用稿件50411篇，平均每年3151篇，有5年在5000篇以上。在被采用的稿件中，中央媒体采用437篇。

四、企业思想政治宣传

1989年，槐荫区职工思想政治工作研究会召开第三届年会，18个基层职工思想政治工作研究会报送研讨论文29篇，典型经验材料17份，表彰基层职工思想政治工作研究会7个、优秀政工企业8个、评出优秀论文10篇。1990年2月，槐荫区企业政工干部职称评审工作领导小组办公室下发《槐荫区企业政工干部专业职务初级评审委员会组建意见》，成立企业政工干部初级、中级专业职称推荐小组。同年5月，全区开展企业政工干部职称评定工作，共评定高级政工师3人，企事业单位政工师71人，企事业单位助理政工师109人，企事业单位政工员61人。同年，区职工思想政治工作研究会召开第四届年会，下发《槐荫区思想政治工作优秀企业、优秀工作者管理条例》，授予槐荫化工厂等13个单位思想政治工作优秀企业，评出优秀论文8篇。同年7月，济南市在槐荫化工厂召开全市企业政工交流会，低压锅炉厂厂长尹宣渭作交流发言。1991年，全面开展企业政工干部复核工作，全区有278名企业政工干部获全国及济南市政工职称。加强青工培训工作，对全区5238名工人进行轮训，累计轮训5062人，占总人数的96.64%，在市内五区名列前茅。区职工思想政治工作研究会召开第五届年会，表彰7个优秀政工企业和7个优秀研究会，评出优秀论文5篇，槐荫化工厂的论文在全市进行交流。1992年2月，区委宣传部设企业思想政治工作科，负责区属企业思想政治工作。同年，在全区各行业职工中倡导职业道德和社会公德教育，组织5个系统的2000余名干部职工参加“两德”培训。组织召开区职工思想政治工作研究会第六届年会。

1993年，围绕“市场效益年”活动，开展社会主义市场经济宣传教育培训班20期，宣传耀福塑胶有限公司、兴济桥冷库等企业的股份制改革经验，树立起长城企业改装厂、古城实业总公司等企业文化建设典型。区职工思想政治工作研究会召开第七届年会，表彰优秀政工企业16个和优秀研究会10个，评出优秀论文13篇。1995年，在企业开展以爱国、爱厂、爱岗为主题的爱岗敬业教育，宣传华联商厦股份有限公司、振达集团总公司等一批优秀政工企业，组织召开区职工思想政治工作研究会第九届年会。1996年，围绕贯彻落实中共中央宣传部和国家经贸委《关于加强和改进企业思想政治工作的若干意见》，举办企业政工干部培训班。2003年后，按照《济南市企业文化建设示范点管理办法》，在全区企业中开展思想政治宣传工作。

第六节　政法工作

1989—2006年，政法工作围绕社会稳定，加强社会治安综合治理，坚持综治委议事制度，每季度召开1次综治委会议，研究综治工作；建立党政领导干部抓综治工作政绩档案制度；抓好队伍建设，加大执法监督，通过重大案件查究、百案评查等活动，促进公正执法。2000年，获“省社会治安综合治理模范区”称号。

一、维护社会稳定

1989—1990年，贯彻“稳定压倒一切”的方针，成立预防突发事件领导小组和前线指挥部，制定预案。建立信息网，排查化解不安定因素苗头788起。1995年4月，成立全区维护稳定工作小组，完善值班制度和信息控制汇报制度，组织开展不安定因素排查4次，消除不安定因素20余起，调解各类纠纷1519起，防止民转刑案件79起，制止集体上访5起。1996年，建立见义勇为奖励基金。1997年，区委、区政府把全区的稳定工作作为政法工作的重中之重，组织政法各部门对各街道、镇的稳定工作实行主要领导包挂制度，每周二召开包挂负责人“碰头会”，区委政法委统一汇总并协调各方面工作。1998年，与25个单位和部门一把手签订稳定责任书。2000年，建立区人民调解工作指导委员会和办公室，各街道、镇全部建立社区司法调解中心，构建城乡人民调解工作的大格局。2001年，加强防范和处理邪教问题。2003年，成立区维护稳定工作委员会，下设办公室，加强全区社会稳定工作的组织和指导。修订《处置群体性治安事件预案》，成立处置群体性治安事件总指挥部，落实各环节责任。2005年3月，建立每月政法“五长”（公、检、法、司、民）接访制度，每月16日为政法“五长”接访日。建立健全矛盾纠纷排查信息预警网络和多元化调处机制，各街道、镇建立预警中心、预警站、预警点和预警员，有基层调解组织141个，调解员625人。2006年，建立每月1次由区综治办牵头，稳定办、联席办、信访局、司法局、公安分局、安监局参加的“七位一体”协调会议制度，排查和调处不稳定因素。建立涉法涉诉上访案件的月报、交办和督办制度。

二、社会治安综合治理

严打整治　1989年，在全区范围内开展以打击流窜犯罪和深挖犯罪团伙为重点的统一行动3次，共破获各类刑事案件192起，破案率69.5%；打击各类违法犯罪分子218起，其中逮捕163人，提起公诉74起129人，判处105起185人，摧毁犯罪团伙34个82人。1995年，强化打击力度，进行专项斗争6次和集中打击行动7次。破获“3·8”重大抢劫案，“12·5”重大杀人抢劫案等一批重大盗窃、盗窃团伙和重大恶性案件。破获各类刑事案件254起，其中，重大案件126起，缴获赃款折价135余万元。2001—2002年，先后组织“打击人贩子、解救被拐卖妇女儿童”、综合整治入室盗窃犯罪等12次专项斗争和清查行动。全区政法各部门成立20个共100余人组成的工作组，深入基层，对治安问题突出的地区和部位进行重点整治，初步实现由乱到治的转变。2005—2006年，破获“2·9”特大纵火案、“12·22”省厅挂牌督办的特大入室抢劫案、“2·8”预谋制造恶性爆炸案、特大非法吸收公众存款4600余万元案等一大批社会影响大、涉案数额大的案件。

群防群治 1989年，制定《关于加强社会治安综合治理实施方案》《槐荫区居民楼房治安管理试行办法》，建立联防、治保会、帮教组织、调解组织、普法队伍、楼房管理小组6支基层队伍，有效减少刑事、治安案件发生。1991年，加强群防群治队伍整顿，变过去各基层单位、村居综治队伍的分散型（各管各的辖区）为集约型（由警务责任区民警即区域性综治办主任统一管理、调度使用），综治队伍可聚可散，形成综治队伍集约化管理格局。8月10日，《济南日报》对槐荫区在社会治安治理工作中实施“7654”系列工程进行报道。“7”即强化联防、治保、巡逻、帮教、调解、普法、居民楼院管理7支队伍建设，推行群防群治；“6”即加强对企业单位、要害部门、特种行业、公共复杂场所、重点人口、暂停人口6个方面的管理，堵塞犯罪空隙，减少治安问题；“5”即建立健全领导任期目标责任制、内部单位治安保卫责任制、基层治安队伍责任制、基层调解组织责任制、定期考核评比达标制5项制度，逐步实现依法按章治理；“4”即抓好全民普法教育、干部职工的职业道德教育、青少年的“五爱四有”教育及“两劳”释解人员的守法教育。全区形成“大街小巷布岗哨，可疑人物溜不掉，违法线索有举报，犯罪分子难脱逃”的氛围。2000年，在营市街街道召开“居村技防建设现场经验交流会”，营市街街道每户居民与居委会连线安有电子报警装置，一有困难或事情发生，按下报警按钮，居委会人员会第一时间赶到现场。2002年，强化人、物、技“三防”建设，新建停车场12个，看车棚23个，传达、警卫室37个，新上技防设施12个。建立假日和夜间工作模式，每晚21时至次日凌晨4时，在重点要害部位周围、交通干线、易发案地区等不间断进行治安巡查。公安机关与52个单位和36家市场主管单位签订责任书，派出所与各基层单位和业户签订责任书6500余份。2005年，在城市社区，组建完善社区保安联防巡逻队、社区治安党员义务巡逻队、公益工创建平安社区协管队、党员积极分子普法宣教队、社区志愿者消防队、突发事件应急处置小分队、反家庭暴力小分队、失足青年帮教小分队8支专群队伍。在城郊接合部，推行综治工作“三化”管理模式，即综治队伍专业化（按村居人口2%的比例配备专职综治人员），经费拨付制度化（按集体收益的3%的比例拨付工作经费），综治工作管理物业化，完善人、物、技“三防”配套设施。新建2处堵截点。2006年6月1日，全区各街道（镇）综治办全部实现矛盾纠纷排查调处电子网络现代化办公。全年共排查各类矛盾纠纷22起，调处成功16起。

创建活动 1995—1997年，在全区开展“创建社会治安综合管理模范区”活动。1997—2003年，开展“创建安全文明小区”活动及“千村百居创安达标竞赛活动”。2000年，槐荫区获“省社会治安综合管理模范区”称号，振兴街街道等4个单位被省表彰命名为安全文明单位。2004年，区委、区政府作出《关于建设“平安槐荫”的决定》，制定《建设“平安槐荫”实施意见》。针对城市、城郊接合部和农村不同状况和特点，在城区8个街道，着重解决防范和减少多发性可防案件及其他影响居民生活和安全的突出问题，建设“平安亲情社区”；在城郊接合部的4个街道，着重解决村居集体与群众利益分配、村居民主建设、干群关系等方面问题，建设“民主阳光村居”；在两镇农村，着重解决好在城市化进程中引发的占地补偿、干群关系、经济体制、利益分配、土地界分和承包等方面问题，建设“稳定发展和谐村”。2005年，槐荫区分别被省、市评为“平安山东建设先进区”“平安济南建设标兵单位”。2006年，平安社区建设的经验做法在全国社会治安综合治理经验交流会上进行书面交流，青年公园街道将国际安全社区标准引入平安社区建设，其经验在全国综治办培训班上进行典型交流。中央综治办主任陈冀平专程到槐荫区视察平安建设和安全社区工作，给予高度评价。

三、执法监督

1997年起，每年开展百案评查工作，对区政法各部门进行集中评查，促进公正执法意识的提高。2005 年，设执法监督科，与政工科合署办公，主要负责执法档案管理、每年一度的百案评查和接待群众来信来访。2005 年，区委组织部和区委政法委联合下发《关于建立执法（执业）档案，严格管理考核，进一步加强政法干部队伍建设的实施意见》，在全区政法各部门建立干警和领导干部执法(执业)档案。2006 年，区委政法委管理公、检、法、司 4 个部门分管执法工作副职的执法档案，共 21 卷。每年交办、督办案件 20 余件，化解不稳定因素。

第七节　统战工作

1989 年起，区委贯彻执行党的统战政策，开展与各民主党派的合作，发挥民主党派和无党派人士参政、议政作用。2001 年，建立区委统战部、街道（镇）、社区三级统战网络，14 个街道（镇）分别成立社区统战工作领导小组，设有分管书记和专职统战干部。

一、多党合作

1989 年，中央颁布《关于坚持和完善中国共产党领导的多党合作和政治协商制度的意见》。1990 年 5 月，区委印发贯彻实施意见，进一步推进多党合作的制度化、规范化和程序化建设。2005 年，中央颁布实施《中共中央关于进一步加强多党合作和政治协商制度建设的意见》。2006 年，区委下发贯彻落实意见，就进一步健全和完善政治协商制度的内容、形式和程序，进一步发挥民主党派和无党派人士的参政议政作用，充分发挥民主党派和无党派人士民主监督的作用等方面，提出具体实施意见。至 2006 年，主要坚持民主协商会和情况通报制度、同民主党派代表人士谈话制度、对口联系制度、特约“四员”制度四项制度。

民主协商会和情况通报制度　凡属重大决策、重要政策制定及人事安排，都做到事先与各民主党派通报协商。1990 年后，区委、区政府或委托有关部门共召开各类通报会、协商会、座谈会 160 余次。1996 年 3 月 7 日，区委举行民主协商会，就槐荫区人大常委会、政协重要人事安排征求意见。各民主党派、工商联，政府、政协非中共领导，区侨联、区“三自”爱国运动委员会、区伊协会长参加会议。1999 年 11 月，槐荫区召开党外干部座谈会，就全区开展“三讲”教育的建议和要求、改革发展过程中存在的问题及领导干部队伍在党性党风方面存在的问题，通报情况并征求意见。

同民主党派代表人士谈话制度　2001 年，区委制定党政负责人同民主党派代表人士谈话制度，规定每位党政负责人要与 2 ～ 3 名民主党派代表人士建立联系，参加该组织有关活动，坚持定期不定期进行谈话，听取他们对区委、区政府的意见，帮助解决困难。同年，区委书记赵文朝与九三学社社区基层委员会，区政府领导与民建总支分别建立联系。

对口联系制度　1997 年起，建立区政府有关部门与民主党派对口联系制度。2004 年，区外经贸局、区招商局与区民革，区教育局、区成教办与区民盟，区经发局、区商贸局与区民建，区文化局、区体育局与区民进，区建委、区卫生局与区农工委，区侨办、区民政局与区致公党，区科技局、区环保局与区九三学社，分别建立对口联系，各有关部门邀请各民主党派开展工作视察，进行专题调研。

特约“四员”制度　1997 年起，在区监察、检察、审计、教育系统设立特约“四员”（监察员、检察员、审计员、教育督导员），其中民主党派及无党派人士占在聘人员的 36%。2004 年，区法院任命 4 名民主党派人士担任人民陪审员。

二、统战宣传

1989 年 9 月，区委统战部召开各民主党派成员、区政协常委及各界人士会议，学习讨论中央统战部《统战动态》（1989 年第 11 期）。1990 年 4 月 15 日，农工党槐荫区支部开展学雷锋活动，15 名农工党党员到街道和企业开展义诊。8 月 8 日，召开全区统战工作会议，学习《中共中央关于坚持和完善中国共产党领导的多党合作和政治协商制度的意见》和中共中央总书记江泽民的两次重要讲话。1991 年 5 月 15 日，召开担任实职党外领导干部和其所在单位党委负责人座谈会，了解党外干部工作学习情况。1992年6月10日，区委统战部组织各民主党派、工商联、侨联、台联负责人参观考察区属部分“三资”企业。1993年10月，区委统战部参加全市纪念毛泽东诞辰100周年统战理论研讨会，撰写《试论邓小平同志“和平统一、一国两制”的基本思想》。1995年10月，民盟济南市槐荫区工委在江苏、山东、河南、安徽四省十城市盟务工作会议上作《坚持党的领导，维护党盟团结，不断提高盟务工作水平》的发言。1998年8月24日，区委统战部举办“槐荫区非党干部深入学习邓小平理论培训班”。区人大常委会、政协新进非中共党员常委，各民主党派主委、副主委，工商联会长、副会长参加为期5天的学习。1999年，召开各民主党派、工商联负责人座谈会，谴责以美国为首的北约悍然用导弹袭击中国驻南斯拉夫联盟大使馆的野蛮暴行。2000年，组织各民主党派负责人学习“三个代表”重要思想。2001年“七一”前，召开各民主党派负责人座谈会，庆祝中国共产党建党80周年，畅谈改革开放20多年来的巨大变化。2002年，组织各民主党派成员学习“三个代表”重要思想，贯彻中共十六大精神。2004年2月，召开由各民主党派负责人参加的中共十六届三中全会精神通报会。2006年2月21日，召开统战工作座谈会，通报槐荫区第十九次全国统战工作会议之后工作情况。

三、党外人士培养使用

政府任职 1989年，贯彻中组部《关于选配党外人士担任政府领导职务的通知》，区委组织部、区委统战部联合开展党外人士情况调查，向区委、区政府写出调查报告，推荐部分党外人士分别担任区级及政府部门领导职务。1990年，有4名民主党派人士分别担任区工商联、司法局、监察局、侨办、民宗办领导职务。1999—2002年，通过“一推双考”，有5名民主党派人士任政府部门副处级职务。2001年5月，区委组织部、区委统战部联合下发《关于进一步做好培养选拔党外干部工作的意见》，提出到2003年，区政府领导班子成员中要继续保持有一名党外领导干部；政府部门要逐步增加党外干部的安排数量。2006年，全区有副处级以上党外干部18人，其中民革2人，民盟4人，民建2人，民进1人，农工党1人，致公党1人，九三学社1人，无党派人士6人；政府部门7人，事业单位7人，群众团体（科协、工商联）2人，区级干部2人。

人大、政协任职 1993年，政协槐荫区第四届委员会共有委员180人，其中民主党派人士占61%。1998年，区第五届政协共有委员180人，其中民主党派人士占60%。2002年，区第六届政协共有委员190人，其中民主党派、无党派人士117人，占61.6%；常委32人，其中民主党派、无党派人士21人，占65.6%；区第十五届人大共有代表193人，其中民主党派4人，无党派人士46人，党外人士占代表总数的26%。2006年，全区共培养选拔党外后备干部50人，其中11人是区政协委员。

四、对台事务

1989年3月，成立区委对台工作办公室，以服务台属为重点，加强两岸人员来往，发展经济，促进两岸关系和谐发展。2006年普查，辖区有台属310余户、长期生活居住台胞80余人。

对台宣传 1990—2006年，先后在区机关、街道（镇）和部分中小学开展形式多样的涉台知识宣传，共印发《涉台教育宣传提纲》7000余份；购买涉台挂图300套、《中国台湾问题》图书150余本；举办涉台知识问答，收到答卷3200余份；举办大型涉台报告会、知识讲座10余次，受教育者5000余人次。

对台经济及交流 1990—2006年，先后有50余户台商在槐荫区经营建材、食品、茶叶、包装、汽车、汽车配件等，主要企业有山东华鸿汽车经贸有限公司、台力建材有限公司、景峰纸业有限公司、乐拍有限公司等。其间，先后接待到区探亲、旅游、考察、投资的台胞近千人次，工商社团20余个。2002年、2005年，区主要领导先后随济南市经济交流考察团、济南市教育考查交流团赴台考察交流。

台属工作 1988年10月，召开第一次台属代表会，成立台属联谊会。1998年8月27日，召开第二次台属代表大会。2003年9月，召开第三次台属代表会。2003—2004年，发动台属给在台湾的亲属写信、打电话、发邀请，促成24位台胞、台商到区探亲考察，有12个项目落户槐荫。2003年起，鼓励台属兴办经济实体、勤劳致富，先后建起山东华统物流公司、济南金海岸汽车出租有限公司、雅艺龙服饰有限公司等。2004年，区台办帮助山东华统物流公司解决贷款9万元，筹措资金7万元，使其渡过难关。

五、侨务事务

服务侨胞 1991—2006年，按照《中华人民共和国归侨侨眷权益保护法》关于“对归侨学生、归侨子女和华侨在国内的子女及曾被评为市地级以上专业技术类人才、获得省部级以上荣誉称号的侨眷子女，在中考、高考时给予增加10分的照顾”的规定，对45名确定身份的“三侨考生”（归侨青年、归侨子女、华侨在国内的子女）给予加分照顾。1997年7月起，开展办理归侨、侨眷身份证工作，全区共为495人办理归侨侨眷身份证。同年10月15日起，为1978年底以前回国，在国有和县以上集体所有制企业工作的14名退休归侨职工，每月发放30元生活补贴（2004年7月1日起调整为50元）。1998年6月，提高1978年底以前回国、在国家机关事业单位和人民团体工作的归侨、退休人员退休待遇。1992—2005年，通过与有关部门协商，先后解决住房1户，拆迁安置、私房遗留问题4户，房屋修缮1户，落实养老金、工作单位2人，子女落户1人，子女入学2人，经济纠纷、火灾损失2件，推荐5名下岗归侨侨眷参加全市组织的再就业培训班。2003年起，全区逐步建立起区、街道（镇）、社区三级工作机制。

侨情普查 1996年，开展侨情普查。同年，辖区有海外华侨、华人、港澳同胞499户、1578人，其中华侨249户、872人；华人138户、317人；港澳同胞112户、389人。分布于世界25个国家和地区，以美国、东南亚等国家和地区占多数。有国内归侨、侨眷属、港澳眷属355户、1158人，其中归侨34户，侨眷225户、788人，港澳眷属96户、336人。1999年，对1978年后出国人员进行普查登记，辖区共有新移民84人，其中华人41人，占49%；华侨33人，占39%；香港同胞10人，占12%；新移民主要集中在1983—1995年出国，共74人，占总数的88%。新移民中，大专以上学历占80%以上，本科、硕士、博士后学历（学位）占50%。主要分布在11个国家和地区，其中美国36人，占42.9%；加拿大13人，占15%；日本10人，占11.9%；中国香港地区10人，占11.9%；其他15人，分布在澳大利亚、新西兰等国家。担任经理、总经理、总裁、董事长10人，占11.9%；从事教师、讲师、教授、医师、工程师、会计师15人，占17.9%；在校攻读研究生、博士后8人，占9.5%；经商7人，占8.3%；职员15人，占17.9%；其他打工、理家、退休29人，占24.5%。1999年开展侨企普查，同年，辖区共有经工商部门年检核准的侨商企业38家，其中港胞投资的21家，华侨、华人投资的17家。2000年9月，开展侨情普查摸底，全区共有归侨59人，侨眷398人。2002—2006年，开展侨情普查，共填写归侨侨眷登记表500份，其中归侨48人，侨眷356人，分布在朝鲜、印度尼西亚、印度、柬埔寨等国家和中国香港地区，从事工商、科技、金融、医务等行业。

侨商经济 1990年起，通过侨眷牵线搭桥，招商引资，为全区经济建设服务。1992年，侨眷、高级畜牧师隋大铮引进法国纯种肉羊2只，创办槐荫区华侨肉羊研究所。1993年，段店镇匡里村与港商合资，建立济南维泰食品有限公司；同年，马来西亚侨商投资12万美元，建立大家乐食品有限公司，主营马来西亚面包、糕点；侨眷、高级农艺师胡兆吉帮助吴家堡镇大杨村建立饲料酵母厂，并研制出“净化真空保鲜藕”送广交会展销。1994年，侨眷、高级畜牧师隋大铮引进的法国肉食羊和英国、加拿大的瘦肉型种猪落户油牌赵村。同年，侨眷、高级农艺师胡兆吉在吴家堡种植50亩优质水稻，喜获丰收。1995年，为迎接济南金融经贸洽谈会，先后向海外侨商发联系函20余封，并邀请到会的美国、法国、加拿大等国家和中国台湾、香港地区的14名客商参加槐荫区举办的两个招商会，初步达成2个项目、50万美元的投资意向。2001年，组织区属企业参加济南海外学人联谊、论坛、项目洽谈会，共签订合同14个，签订意向书26个。2006年，组织区属20余个单位、企业参加第二届华侨华人回国创业研习班、济南创业与投资国际合作周等活动，济南福能达环保设备有限公司分别与美国赫德森电器公司和加拿大达斯玛环境科技有限公司达成《垃圾热介处理》与《水与污水处理及再生水回用技术》合作意向，区虚拟科技公司与中国世贸网就高节能灯及灯具制作签订合作意向。

第八节　机关党建工作

一、组织建设

1990年，区机关有党支部46个。1992年、1995年，先后成立区政府办公室党总支、法院党总支。1998年，中共槐荫区机关委员会改称中共槐荫区机关工作委员会。1999年、2000年，先后成立槐荫区人大常委会机关总支部委员会、民政局党总支。2002年，撤销法院党总支，成立法院党委、检察院党委、开发公司党总支。2006年，区机关设党委2个，党总支4个，党支部65个。1989—2006年，全区共培训入党积极分子608人，发展新党员444人。区机关党员由1989年的587人增至2006年的1339人。

二、思想作风建设

1989年，区委、区政府领导给机关党员上党课，提出针对每个人的具体情况，做深入细致的思想工作。1990年，对机关党员进行基本国情教育和坚持四项基本原则、反对资产阶级自由化教育。1992年，开展楷模教育、理想信念教育、宗旨教育、组织纪律教育和艰苦奋斗教育。1996年，开展思想、作风、纪律三整顿系列教育活动和“六讲六学”（讲政治、讲学习、讲正气、讲道德、讲纪律、讲奉献，学孔繁森、学白求恩、学颜锡筌、学交警、学工行、学张家港）主题教育活动。机关掀起“远学交警、近学法院”热潮。1997年，开展“满意在机关”活动，从机关干部文明公约和日常礼貌用语入手。2000年，开展以“三讲”（讲学习、讲政治、讲正气）为主要内容的党性、党风教育活动。2005年，开展“联系群众年”活动和“建学习型机关，树诚信形象，做人民公仆”主题活动，进行“保持共产党员先进性教育”，机关干部帮扶“穷亲”，定期走访、探望困难户，解决他们生活中的困难。2006年，学习《江泽民文选》和《科学发展观学习读本》，进一步转变干部思想观念，开展为新农村建设做十件实事活动，做到送知识、送政策、送温暖、送资金、送教育。

三、廉政建设

1989年，在机关党员中组织开展各种廉政教育活动，落实各项廉政规章制度，严肃查处违法违纪案件。同年，对各部门财务执行情况进行清查清理。1992年，开展拒腐防变教育，学习毛泽东关于拒腐防变的论述和市委宣传部编写的《基层反和平演变教育材料》。1993年，开展“强化廉政教育、健全廉政制度、开展廉政检查、表彰廉政典型”活动。同年，查处挪用公款案3人。1995年，狠刹吃喝风，查处违纪案件3起。2002年，开展“立党为公、执政为民”“与时俱进、开拓创新”“遵纪守法、克己奉公”专题教育活动。2004年，规范领导干部从政行为，实行领导干部廉政承诺制。2005年，在全区党员领导干部中开展“守纪律、做表率”主题教育活动、党风廉政建设主体活动月和“读廉文、思廉政”活动。组织机关党员收看《建立健全教育、监督并重的惩治和预防腐败体系实施纲要》电视讲座。同年，对党政领导干部在企业兼职及机关工作人员违规购房、建房、多占住房登记摸底，查处违法违纪案件6起。2006年，组织入党积极分子45人，参加组织部举办的培训班；组织党员参加《“红船杯”学习贯彻党章》《信访条例》知识竞赛。

第九节 信访工作

一、信访制度

1990年10月，区委、区政府制定《关于信访工作的暂行规定》，对全区信访工作作出相关规定。1995年10月，贯彻国务院《信访条例》和《山东省信访处理暂行规定》，将信访工作纳入规范化轨道。1997年，区委、区政府开始实行党政主要领导处理信访制。1998年，区委、区政府制定信访工作目标管理责任制，各级党政主要领导为信访工作第一责任人，负总责；分管领导为具体责任人，靠上抓。1999年，区委、区政府制定《关于加强信访工作领导公开接访，做好当前信访工作的通知》，规范各街道（镇）、系统党（工）委领导干部接访的有关问题。同年，区委、区政府办公室制定关于主要领导处理信访问题、“一岗双责”、三套应急方案等问题的规定，并建立区委、区政府领导每周二公开接待群众来访制度。2000年，实行党政一把手办案，党政主要领导每月处理一件群众最关心的信访问题制度和领导包案制度。2003年，区委进一步完善区级领导挂靠信访案件多发单位制度。2004年，区委建立处理突出信访问题及群体性事件联席会议制度。2005年，贯彻国务院《信访工作条例》，区委下发《关于切实加强信访工作的意见》《关于印发〈槐荫区处理群众来信来访工作规程（试行）〉及〈槐荫区信访督查督办工作规程（试行）〉的通知》《关于成立区信访事项听证委员会的通知》，进一步规范信访事项办理程序。2006年，区委印发《关于进一步加强信访工作的意见》，重申领导亲自阅批人民来信、接待重要来访等制度，明确区委、区政府办公室在处置重大信访访事项中的总协调和督导作用。

二、信访办理

1989—1991年，受理信访案件1844件，上级交办信访案件367件。信访问题主要集中在少数企业经济效益滑坡，导致工资和退休金发放不及时，要求解决各种实际问题；城市改造方面，与政府相关政策存在意见分歧；个别镇个别村存在超生、偷生等计划生育问题；个别党组织和党员干部打着改革旗号，钻改革的空子，牟取暴利；宅基土地纠纷、赡养纠纷等。

1992—1994年，受理信访案件1399件，上级交办信访案件34件。信访问题主要集中在部分医院医疗收费过高引起的问题；农村实行土地承包责任制后引起的承包合同等问题；基层单位干群关系紧张，领导干部特殊化、不民主、公款吃喝和公款旅游等问题；华联商厦扩建、张庄村集体征用土地等城区开发拆迁工程导致上访案件；福利待遇、工作调动、建房分房等涉及自身利益的经济问题。

1995—1997年，受理信访案件1760件。信访问题主要集中在经二路、纬十二路、槐村街、营市街等路段扩宽工程拆迁引起的回迁安置不落实、工程质量差、拆迁过渡补偿费发放不及时等城建拆迁问题；济南食品厂、济南电石厂等部分亏损、停产和破产企业欠发职工工资，尤其是欠发退休职工工资问题；少数村由于村干部不能正确执行政策规定、廉洁执政、损害群众利益，造成基层单位干群关系紧张的问题；随着有自建房单位分房方案出台后，部分职工反映单位分房不合理，领导干部多占房、占公

区委副书记、区长李胜利接待来访群众

（2006年摄　区信访局提供）

房问题；改革开放以来征用大量土地，早期征用价格偏低，且征用土地单位资金不到位、被征用土地没有及时利用起来、个别村干部管理不善、不能专款专用引发上访问题；历下玻璃厂与槐荫公园联营“水上世界”效益不佳，造成经济损失，产生经济纠纷，引起群众集体上访问题。

1998—2000年，受理信访案件2104件。信访问题主要集中在槐荫印刷厂、德达商场、振达阀门厂、槐荫服装厂等亏损、停产或破产企业欠发、拖欠职工工资，下岗职工安置等问题；涉及经二纬八路、光明街、闫千户小区、道德中街、五里牌坊等扩宽拆迁区域土地征用、拆迁安置、拆迁补偿费、占地款发放、欠发周转费问题；村委会换届选举交接、违规、村务不公开及村干部经济、作风问题引发干群关系紧张；部分大中小学校反映的退休教师工资待遇较低，民师转公办工资低等问题；部分办事处、村干部存在贪污挪用公款、公款吃喝、公款旅游等不廉洁行为。

2001—2003年，受理信访案件1229件。信访问题主要集中在反映企业调整改制和困难企业拖欠职工工资和养老保险，职工集体款和银行贷款不能偿还等方面的信访案件；反映农村工作特别是农村改制中引发的矛盾，告村干部违纪、经济不清、占地补偿等方面的信访案件；反映城市建设管理、住房、拆迁等方面的信访案件；包括民事纠纷、批评建议、计划生育等方面的其他类信访案件。

2004—2006年，受理信访案件1564件，上级交办信访案件77件。信访问题主要集中在涉及企业亏损、停产或破产，欠发、拖欠职工工资、欠缴养老医疗保险、下岗职工安置等问题；经十路拓宽工程、新世纪阳光花园、阳光100、经六路延长线工程、纬六路高架桥、经一路拓宽工程等因城市建设引发的各种拆迁、拆迁补偿款到位不及时、安置未落实等问题。

区信访局积极协调拆迁安置居民房产证办理事宜，获得群众认可

（2006年摄 区信访局提供）

1989—2006年槐荫区信访工作情况表

表8-1

年份	信访总数			处结数	处结率（%）	中央、省、市交办案件	
	合计	来信	来访			件数	处结率（%）
1989	542	285	257	542	100	162	98.00
1990	733	476	257	733	100	29	93.10
1991	569	306	263	552	97.00	176	99.40
1992	491	239	252	482	98.20	11	100
1993	477	198	279	470	98.50	23	87.00
1994	431	208	223	415	96.40	—	—

续表 8-1

年份	信访总数			处结数	处结率（%）	中央、省、市交办案件	
	合计	来信	来访			件数	处结率（%）
1995	480	159	321	468	97.50	—	—
1996	699	278	421	688	98.50	—	—
1997	581	235	346	565	97.20	—	—
1998	637	215	422	628	98.60	—	—
1999	802	271	531	785	97.90	—	—
2000	665	206	459	640	96.30	—	—
2001	432	122	309	423	98.00	—	—
2002	464	182	282	456	98.30	—	—
2003	333	135	198	318	95.60	—	—
2004	464	219	245	436	94.00	17	70.60
2005	583	227	356	569	97.60	35	97.10
2006	517	187	330	500	96.80	25	100

第十节　老干部工作

1986年2月，区委组织部老干部科改为区委老干部局，归口区委组织部。按照中央对离退休干部“基本政治待遇不变，生活待遇略为从优”原则，落实离退休干部的政治待遇、工资福利，做好医疗保健、生活服务等工作。

2006年底，区老干部局管理的离休干部有642人。其中，区属285人（军队12人，异地安置9人，区属企业28人，区直系统、街道236人），占有44.4%；市属357人，占55.6%。行政机关150人，占23.4%；事业单位97人，占15.1%；企业单位395人，占61.5%。抗日战争时期148人（抗战前期37人，抗战后期111人），占23.1%；解放战争时期494人，占76.9%。厅局级待遇12人，占1.9%；县处级待遇298人，占46. 4%；科级以下待遇332人，占51.7%。90岁以上11人，占1.7%；80岁至89岁253人，占39.4%；70岁至79岁378人，占58.9%。中共党员472人（机关135人，事业单位46人，企业单位291人），占73.5%。

一、政治待遇

1988年，全区有离退休干部党支部15个，党小组22个。1990年起，每3年召开一次离休干部代表大会，每年春节前为离退休干部召开一次全区情况通报会和副区级离退休干部座谈会，每逢重大节日，区委、区政府领导带队走访慰问离退休干部。1993年、2000年、2001年，先后为每位离休干部和副区级以上退休干部订阅《老干部之家》《老年教育》《老干部参考》各1份。2004年起，为每位副区级以上离退休干部订阅报纸一份。2004年9月，成立区老干部党校，为离退休干部提供培训与教育平台。2006年底，全区共建立离退休干部党支部47个。

二、工资福利

1985年1月，对行政十四级、十八级的离休干部及标准工资额高于行政十四级、十八级的非行政干部，分别享受副厅局级和副处级待遇。1999年底，区属企业37名离休干部实行与机关离休干部工资同步增长机制。

2006年，全区共有离休干部642人，其中抗战前期离休干部 37 人，在原工资照发的基础上，每年增发 1 个半月工资；抗战后期离休干部 111 人在原工资照发的基础上，每年增发 1 个月工资，解放战争时期离休干部 494 人原工资照发。

三、医疗保健

1989 年，全区离休干部就医享受挂号、诊治、计费、取药、住院等方面的优惠和照顾；区机关、事业单位的离休干部医疗费用由区财政据实报销，企业离休干部的医疗费用由本单位据实报销，因困难无法报销的，年底由区财政报销。12 月，对享受一、二类保健的范围进行规定，其中，1937 年 7 月 7 日前参加革命的老干部及行政十四级、科技四级、新闻五级，行政十五级提高两项待遇的离休干部均享受一类保健。1990 年 9 月起，每年为享受一、二类保健的老干部进行健康查体。1999 年将区属企业离休干部 37 人纳入公费医疗体系。2005 年 9 月，全区离休干部 329 人和在职退休的副区级以上干部 73 人全部纳入二类保健；增设定点医疗单位 4 个，设立老干部优先窗口，区医院开设老干部病房；区老干部局为高龄、高危多发病老干部建立家庭档案和健康档案。2006 年 4 月，在老干部相对集中的阳光 100、营市街、德兴街、中大裕园、西市场等 11 个社区先后建立医疗卫生站，定期派医务人员到老干部家中巡诊、查体。同月，区老干部局与济南市 120 急救中心建立联动，为“双高期”（高龄期、高发病期）老干部抢在第一时间进行治疗。

四、生活服务

2004 年 10 月，在区老干部活动中心建立“舒馨话室”，聘请有经验的法律顾问、老干部工作者和心理医生，先后为老干部 100 余人答疑解惑，理顺情绪、释解心结。2006 年 3 月，成立由老干部工作者、社区工作者等百名青年志愿者组成的服务队，为行动不便、子女不在身边的老干部提供服务。7 月，区老干部局将每月 15 日定为局长接待日，与老干部面对面交流，倾听他们的意见、建议，帮助解决实际问题。同年，区老干部局牵手“阳光大姐”家政公司，成立全市第一家老干部家政服务中心，以优惠价格为老干部提供服务。

五、文体活动

1986 年、1992 年、1997 年，相继成立区老干部书画研究会、区老年大学和区老干部活动中心，依托三个基地，开展丰富多彩的文体活动。2004 年，新建 800 平方米老干部活动中心，老年大学和老年党校，居各县（市）区之首。振兴街街道德兴社区被评为“全国先进离退休干部党支部”。至 2006 年底，区老干部书画研究会共有会员 130 余人，先后举办各类活动 300 余次。区老年大学先后开设声乐、舞蹈、太极拳、瑜伽等 13 个专业、20 余个班次，共有 1 万余人参加学习。区老干部活动中心室内活动场地由成立之初的 480 平方米发展到 1100 平方米，设有图书馆、学习室、棋牌室、健身室、台球室、乒乓球室、舒馨话室、多功能厅等；另有室外活动场地约 2000 平方米。

第十一节　党校教育

区委党校主要培训轮训辖区内党员、党员领导干部、理论骨干、入党积极分子及部分党外人士。1989 年，开办业余函授教育。2001 年后，树立人才兴校、教学强校、科研立校、环境建设、后勤改革五大目标，连续被评为省级先进党校、

第九期全区中青年干部培训班重温入党誓词

（2003 年 9 月摄　区委党校提供）

省级文明单位、市级文明单位，并被省委宣传部讲师团评为山东省“三个代表”宣教基地。

一、干部培训

1989—2006 年，区委党校先后举办主体培训班次 150 余期，培训干部 32067 人次，发挥“三个主阵地，一个熔炉”的作用。即培训党员、党员领导干部，培养理论骨干和入党积极分子的重要阵地；学习、研究和宣传马克思主义、毛泽东思想、邓小平理论和“三个代表”重要思想的重要阵地；增强党员、党员领导干部和入党积极分子党性修养的重要阵地；成为增强党员、党员领导干部和入党积极分子党性锻炼的熔炉。

1990—2006 年槐荫区委党校干部学习培训情况表

表 8–2

时间	培训对象	期数	人数	学习内容
1990.9	企业党支部书记	1	47	东欧形势与民主社会主义的由来和发展、党的思想政治工作等。
1991.9—1992.3	中青年干部	1	36	哲学、政治经济学、科学社会主义、中共党史、领导科学等 8 门课程。
1991.7—1992.6	局级领导干部	5	245	十三届七中全会精神、江泽民“七一”讲话、唯物辩证法、马克思主义认识论和人生观、党的基层组织建设等。
1993.11	农村党支部书记	1	86	怎样当好党支部书记、解放思想实事求是、中国搞社会主义市场经济要做的几件事等。
1994.3—5	局级干部	3	152	十四届三中全会决定、外贸体制改革、金融体制改革、税制改革、微机、英语等。
1994.12	企事业单位党支部书记	1	62	十四届四中全会精神、党的纪检工作、党的思想政治工作等。
1996.4	副局级以上女干部	1	93	女性与社交、市场经济与妇女成才、女领导干部协调艺术、女性心理卫生与健康、领导干部讲政治等。
1997.3—4	局级领导干部	4	336	十四届六中全会文件精神、党的建设理论等。
1998.3	市直机关处级干部	1	80	十五大报告、邓小平理论、社会主义市场经济理论等。
1999.7	农村党支部书记、村委会主任	1	189	十五届三中全会精神、贯彻落实村委会组织法、新土地管理法有关章节介绍、怎样当好发展经济的带头人等。
2000.4	政法系统政工干部	1	8	学习区委关于进一步加强政法干部队伍建设的文件、经验交流等。
2001.3	新提拔科级领导干部	1	135	反腐倡廉教育、领导科学与领导艺术、党风廉政建设和反腐败形势、收看录像《胡长清案件警示录》、专题调研等。
2001.5—6	经济类处级干部	1	68	邓小平理论科学体系，收看录像《全面理解“三个代表”的重大意义》，国际经济一体化与企业发展战略，参观考察历城仲宫酒厂、平阴玛钢公司、山水集团等。
2001.7	宣传干部	1	23	江泽民“七一”讲话，当代世界文化思潮，做好新形势下的新闻报道工作，创造性地开展宣传思想工作，参观考察文明社区创建工作。
2001.9	党外干部、少数民族干部	1	54	新时期统一战线的理论和政策，怎样做合格的党外干部、民族干部，按“三个代表”要求加强和改进党的建设等。
2002.5	新任处级干部	1	79	坚持教育在先，牢固树立正确的权力观、地位观、利益观，努力改造世界观，筑牢拒腐防变的思想防线，怎样当好副职，录像《公仆本色——汪洋湖》等。

续表 8-2-1

时间	培训对象	期数	人数	学习内容
2002.8	纪检、组工干部	1	67	消除束缚生产力发展的体制性障碍实现市场取向改革的新突破，执法监察，党风宣教，信息调研，当前国际军事形势，《纪律处分条例》讲座，学习《干部任用条例》等。
2002.9	少数民族干部	1	41	如何做好民族关系的协调工作，第三代领导集体对马克思主义民族理论的贡献，录像《心连心》等。
2002.11	全区理论骨干	1	86	十六大报告基本精神、民主政治建设和先进文化建设、当前的国际形势和新的历史任务等。
2003.3	地税槐荫分局新任科级干部	1	29	工商管理主架构及人力资源管理、十六大的理论创新、研究领导规律提高领导水平、税收理论与相关现实问题分析等。
2003.10	处级干部	3	519	胡锦涛“七一”讲话，十六大、十六届三中全会基本精神，坚持两个“务必”、加强世界观改造，发达国家和中国经济发展现状及前景分析等。
2003.11	党外、少数民族干部、统战干部	1	44	当前国际形势，怎样做一名合格的少数民族干部，槐荫区区情，当前统战工作的新形势、新任务及如何做好新形势下的统战工作等。
2003.9—12	中青年干部	1	60	十六大报告精神，马列主义、毛泽东思想、邓小平理论、“三个代表”重要思想基本问题，领导科学基本理论，提高管理效能的心理依据，当代世界经济、政治、法律、科技、军事、生物、文化思潮系列，宏观经济、企业变革、商务礼仪、名家论坛，准确把握区情搞好调查研究，槐荫区基层党组织建设的现状与思考，参观考察、撰写党性分析及调研报告等。
2004.4	经济类干部	1	28	如何利用外资，对外贸易管理基础，专业招商，全市外经贸工作现状与分析，对外商务礼仪等。
2004.9	第一批下派干部	1	101	利益失衡是农村矛盾的根源，当前农村基层组织建设存在的突出问题，当前农村工作的特点、难点、重点，做好驻村包挂工作的几点想法等。
2004.8—11	中青年干部	1	46	录像：解放思想干事创业加快山东现代化建设步伐（张高丽），加强党性修养，《中华人民共和国行政许可法》讲座，“三基本”，“五当代”，文化建设和文化体制改革，围绕经济发展谈金融，摄录编技术，槐荫区基层党组织建设的现状与思考，青年干部谈成长体会，槐荫建设与发展问题，参观考察，素质拓展训练等。
2005.4	信访、政法干部	1	69	新的信访形势下如何做好接访工作，《信访工作条例》解读，基层如何开展好平安和谐社会的建设工作等。
2005.4	纪检、组工干部	1	80	调查研究与公文写作，纪检监察信息写作，如何写好党政信息稿件，组织部门的信息写作等。
2005.5	入党积极分子	2	386	党性修养，《中国共产党章程》辅导，中国共产党的光辉历程，牢固树立科学发展观，当前反腐败斗争的形势与任务，录像：立党为公执政为民先进事迹报告会等。
2005.9	党外、少数民族后备干部	1	30	学习中央5号文件，当前台海局势及两岸关系，新时期的民族工作等。
2006.5	新任科级干部	1	262	准确把握区情搞好调查研究，中日关系的现状与发展趋势，领导科学与艺术，科级干部应具备的基本素质等。

续表 8-2-2

时间	培训对象	期数	人数	学习内容
2006.9	经济类干部	1	36	在构建社会主义和谐社会中应正确处理的几个突出问题，拆迁政策的运用，当代中国经济热点问题浅析，济南市外经贸工作的特点和优势等。
2006.10	第二批下派干部	1	138	做好驻村包挂工作的经验和体会，构建社会主义和谐社会，如何做好农村工作，社区工作的实践和思考等。

二、学历教育

1989 年，山东省委党校函授学院槐荫区委党校函授站成立，设立大专班，招生对象主要为党政机关和企事业单位具有高中文化程度的党员干部。1992 年，党校建立山东大学、山东省电子工业学校等院校的槐荫教学点，并在段店、吴家堡两镇设立教学点，组织教师到基层党委和基层单位讲课。1994 年 5 月，区委党校建立济南市槐荫职工中等专业学校，实行“一个机构，两块牌子”管理模式。至 2006 年底，区委党校业余函授教育共招收培训大专、本科学员 5129 人；向社会输送财会电算化专业中专毕业生 3000 余人。

三、科研工作

2001 年 7 月，区委党校率先在全市成立科研处，制定科研奖惩制度。2004 年初，组织校领导 4 人和教师 9 人编写出版《农村城镇化理论与实践》一书，就全国小城镇体系、农村工业化、农村产业化、农村经济区域化、农村剩余劳动力的转移、制度建设与创新、小城镇建设与发展规划、小城镇建筑设计、案例分析等展开论述。2005 年，编撰出版《耕耘录》，总结区委党校教学管理工作经验。至 2006 年，区委党校共申报课题 28 项。其中，国家级课题 4 项，省级课题 14 项，市级课题 5 项，区级课题 5 项；立项 20 项，结项 19 项。其中，《WTO 与党校教育》《和谐社会建设中的稳定机制研究》《目前党员干部基本素质调查研究》《2003 年济南市城市居民社会信心调查研究》《2004 年济南市城市居民社会信心调查研究》《2006 年济南市城市居民社会信心调查研究》等获省级立项；《加入 WTO 后区（县）级党校生存与发展研究》《加快城市化进程研究》等获市级立项。先后有 31 篇调研论文获省级以上奖励，95 篇论文获市级奖励。《浅谈党校面临的新任务》《用创新精神开拓槐荫社区党建工作新局面》《邓小平人才理论与实践创新》《谈“三个代表”的哲学内涵》《以德治官》《我国企业品牌战略实施中存在的问题及对策分析》《浅析湖北省“双低”优质油菜产业化》《中国共产党对现代化道路的初步探索》《我国国企人力资源激励机制》《领导干部荣辱观建设的当代意义和价值理念》《创新工作思路构建和谐党校》等论文，先后被《理论学刊》《山东行政学院学报》《山东教育学院学报》《农业现代化研究》《科学管理文摘》等被国家、省、市级刊物采用。2006 年，完成校史大事记 15 余万字，编写《理论信息》100 期 60 余万字。

四、师资队伍建设

1991 年，区委党校有教职工 12 人，1994 年增至 14 人。2001 年，区委党校制定三年内建设一支“年轻化、知识化、专业化、高学历、高素质、高境界”师资队伍目标，在各大高校公开招聘硕士、博士、本科生 16 人。至 2006 年底，全校共有教职工 25 人，其中专职教师 19 人，本科以上学历 100%；高级讲师 4 人，讲师 7 人；硕士研究生 7 人，博士研究生 1 人。从中国人民大学等高校聘请 11 名硕士、博士研究生作为兼职教师，并通过他们进行科研合作，优化师资队伍结构。

五、党校建设

1991 年，投资 100 余万元，在段北东路 12 号建起约 2000 平方米的新教学楼，装备配套的教学设施。2001 年，对学校进行改建和扩建，面积扩大 2 倍，建成学员公寓，新建健身路径、篮球场、乒乓球室等。2001 年 6 月，区委党校组织创作新世纪党校系统的新型歌曲《党校之歌》，填补全国党校系统校歌创作空白。2005年7月，投资100余万元，维修改造教学楼、办公楼，扩建校园，形成集教学、办公、会议、中央党校远程教学、多媒体教学、电脑网络、远程会议、中央控制系统为一体的现代化教学办公大楼。2006年底，先后建成中央党校远程教学网站C级站、校园局域网、教学控制系统，实现上网、多媒体教学、实时收看校内授课、中央党校远程教学、网上科研、网上办公“六同步”。

第十二节　政策研究

1989年4月，区委设立政策研究室，与区委办公室合署，是专门从事调查研究和文秘服务的职能部门，负责区委重要文件及领导讲话起草工作。2001年党政机构改革，政研室成为区委办公室的挂牌部门。至2006年底，围绕区委中心工作、重点工作和全区热点、难点问题，先后开展较大型调研活动160余次，形成大型调研报告180余篇、150余万字；代区委起草文件220个，起草区委主要领导讲话、汇报材料等270余篇，撰写重要文稿90余篇；撰写和审定区委全委会、常委会、领导干部会及经济、建设、党建、政法、农村、计生等重要会议材料170余份。每年编辑《槐荫调研资料汇编》，共290万字。累计在市级以上刊物上发表综合或专题文稿300余篇。

一、调研活动

1989年起，区委政策研究室每年围绕事关全区大局问题，独立或联合相关部门开展调查研究活动，形成一批有价值、有分量、有见地的调研报告，绝大多数纳入区委决策。特别是坚持立足槐荫区情，发挥区域优势，准确定位产业和空间发展布局，加强对经济社会发展思路的研究，先后提出并深化“东中西”“四个突出、四个加快”“四园两区”“老城提升、新区带动”等发展战略，为区委、区政府的科学决策提供重要依据。

区街企业发展调研　20世纪90年代初期，适应社会主义市场经济建立的新形势和区街企业发展需要，着重从拓宽市场、科学管理、企业增产、产权制度改革、企业家队伍建设等方面，加强对区街企业发展情况的研究，总结和推出一批企业发展典型，指导和推动区街企业发展。1992年11月6日，关于外向型经济发展的调研成果在《济南日报》刊登。1998年8月，关于济南红旗—考格尔汽车制造有限公司和济南世购广场2家企业的2篇专题材料被山东人民出版社出版的《山东沿海开放区发展纪实》一书收录。

第三产业发展调研　20世纪90年代中期，适应经济发展需要，对第三产业情况进行调查研究，明确三产服务业的发展现状、基本布局和推进措施，推动第三产业发展，为建设市场强区提供基础资料。

区街体制改革调研　1998年，槐荫区被确定为全市区街体制改革试点区，围绕构建“两级政府、三级管理、四级落实”城市管理体系，对区街体制运行现状、规律及改革方向、内容等进行集中研究，提出推进大财政、大市政、大民政和社区经济、社区文化、社区卫生、社区教育、社区管理、社区安全等建设内容，促进社区快速发展。

区域形象建设调研　1999年，加强对区域形象建设方面的调研，起草《关于进一步提升槐荫区域形象的意见》，提出“环境也是生产力”“处处是环境、人人是形象”口号，并就建立“政务一条龙服务”、推进政务公开和制止“乱收费”“乱罚款”“乱摊派”等作出安排部署。

村居综合配套改革调研　2000年起，经过调查研究，在段北街道前屯等村居，探索并实施以村居集体资产公司制改造为主的综合配套改革试点，取得成功，被誉为“城市化进程中的村居改革——槐荫模式”。中央党校理论研究室、中国城郊经济研究会等在槐荫区召开全国“槐荫模式”研讨会。

都市经济园建设调研　2001年，经研究和尝试，探索提出整合社区资源、建设都市经济园、培植新的经济增长点、发展财税型区域经济的新路子。

城市环卫管理体制改革调研　2001年起，

对城市环卫管理体制进行调查研究，提出环卫管理重心下移等措施和建议，完善责、权、利相结合的环卫管理体制和运作机制，促进城市发展和功能完善。

农村基层组织建设调研　始终关注村级组织建设，先后就加强农村基层组织建设、完善民主管理和监督等进行研究，提出多项合理化的建议。1990年9月5日，抓好基层党支部建设的调研成果在《济南日报》刊登。2004年，起草《关于加强农村基层组织建设和管理监督的实施意见（试行）》，促进农村地区和谐稳定。

群众工作调研　1991年7月10日，社会治安综合治理“7654”系列工程调研成果在《济南日报》刊登。2005—2007年，围绕促进社会和谐和维护社会稳定，注重理论指导和具体实践相结合，加强新形势下群众工作理论、规律、方法等方面的研究，推动开展“联系群众年”“服务群众年”和“群众满意年”活动，完善“民情日”和结对帮扶“穷亲”等工作机制，实现具体的群众工作与基础性群众工作互动推进。中央政策研究室主办的《学习与研究》刊登槐荫区的经验做法。

城郊型新农村建设调研　2005—2007年，提出并落实“突出省会城郊特色、加快建设城郊型社会主义新农村”的工作思路和建设生态经济带、新产业带、新社区带的总体规划。坚持城乡互动和城乡融合，落实街道（镇）部门包挂帮扶、多元投入、资源整合等措施，农村基础建设和农民的生产生活环境与条件明显改观。

二、刊物编辑

1989年始，每年汇集全年优秀调研成果，编发《槐荫调研资料汇编》，累计编印18辑，发放到全区领导干部及全国友好通联单位，在服务决策、交流经验、指导工作、宣传槐荫等方面发挥作用。其中，1998年第10辑《槐荫调研资料汇编》，汇集贺国强、高昌礼、王怀远、朱文兴等原省、市领导为本刊的题词。

1990年，创办不定期刊物《槐荫调研》《槐荫工作》，每年编辑不少于20期，累计编发400余期，构建理论与实践相结合工作平台，从各领域、各层面反映全区经济社会事业发展的新形势、新任务、新思路、新措施和新成效，推出一批改革发展稳定典型。

第十三节　机要　保密

1990年10月，设立区保密局，负责区党政领导机关的密码电报、明传电报和中共中央、省委、市委文件的接收、分发、传办、管理与保密宣传教育工作。2001—2006年连续被评为全市机要工作先进单位。

一、机要工作

1991年，实现机要专线加密传真通信。1996年始，建立并逐步完善计算机网络通信系统。机要人员注重业务学习，加强密码设备管理，对有明确要求的电报，随到随办。

二、保密工作

1990年10月6日，建立济南市槐荫区保密局，为正局级部门，依法主管本行政区域保守国家秘密的工作。

1990—2006年，通过保密知识开卷问答、播放保密教育录像片、举办培训班及泄密案例展览等形式，开展保密法制宣传教育；先后印发《领导干部保密知识读本》《保密法规选编》《出国人员知识手册》等8000余册（张）。把《中华人民共和国保守国家秘密法》纳入普法教育内容，在党校举办的各期培训班中增设保密教育课。开展对全区计算机网络保密工作大检查，杜绝网上泄密；采取综合性检查与不定期专项执法检查相结合的办法，开展对党政机关、要害部门的保密工作大检查。修订完善关于领导干部、涉密人员、文件资料、计算机信息系统保密等规章制度，印发各街道（镇）、部门认真贯彻执行，规范各项规章制度，促进依法治密。2006年，区保密委员会办公室、区保密局编印《保密工作手册》，收录国家、省、市具有时效性的保密法规、法律及保密知识80余件，对新形势下领导干部、涉密人员加强宣传，增强国家公务员的保密意识。1992年、2004年，被评为全省保密工作先进单位。

第十四节　党史资料研究

1986年，设立区委党史办公室。承担全区党史资料征集、编印及党史宣传工作。先后征集、编印党史资料文本5种，编印党史资料教育书1本，开展各种形式的党史教育活动。

一、资料征集与编印

1996年10月，区委党史办公室编印《中共槐荫党史大事记（1948.9—1992.12）》。2001年2月，编印《中国共产党山东省济南市槐荫区组织史资料续编（1987—2000）》；2004年12月，编印《中国共产党济南市槐荫区基层单位组织史资料汇编（1990—2003）》，收录槐荫区委和各街道、镇党的组织机构和领导人名录，区政权、政协、军事、群众团体系统党的组织机构和领导人名录，各街道、镇、委、局、医院等基层单位的政权、军事、群众团体系统及企事业单位党的组织机构和领导人名录。2006年6月，编印《中共济南市槐荫区代表大会文献汇编（1956—2003）》，收录1956年4月第一次代表大会到2003年3月第九次代表大会的文献资料。至年底，区委党史办公室先后编印各种党史资料文本5种、200余万字。

二、党史宣传

1991年3月10日，区党史办与市党史人物研究会联合编写《四五烈士名垂青史》一书，共印2万册。该书收录1931年4月5日在济南市纬八路刑场英勇就义的邓恩铭、刘谦初、吴丽时、雷晋笙、郭隆真、刘晓坡、党维蓉、于清书、李敬铨、陈德金、孙守诚、朱霄、车锡贵、纪子瑞、刘一梦、宋占一、王凤岐、孔庆嘉、赵鸿功、李华亭、任守钧、王锡三等22位优秀共产党员的斗争事迹。全区各级党的组织以该书为教材，在纪念日期间对党团员、青少年进行革命传统教育。2006年，区党史办联合区委宣传部、区社科联，组织“庆祝中国共产党成立85周年征文”活动，向省、市党史研究室报送文章25篇，其中获省一等奖2篇，获市一等奖2篇、二等奖2篇、三等奖19篇。

第十五节　督查工作

2001年9月，成立区委办公室督察室（副处级）。协调、组织全区年度主要工作目标的制定、运行、监控、督促检查、考核、评比表彰，编制《全区各街道（镇）和区直各部门工作目标汇编》；对上级和本级党委重要文件、会议决议、工作部署、决定事项贯彻落实情况进行督查；对上级和本级领导重要批示和交办事项的落实情况进行专项查办。至2006年，平均每年受理市委督查通知事项80余项，落实率100%；承办省市领导批件60余件，办结率100%；查办报刊、广播、电视等新闻媒介反映本地区及有关部门的批评、建议近400件；编发《槐荫督查》32期。

第二章　民主党派与工商联

第一节　民革槐荫区总支委员会

1992年12月，中国国民党革命委员会（简称民革）槐荫区支部委员会改为民革槐荫区工作委员会。2006年11月，撤销民革槐荫区工作委员会，成立民革槐荫区总支委员会。

一、组织建设

1989年，民革槐荫区支部委员会有成员23人，其中委员3人，郑继栋任主任委员，崔守华任副主任委员。1992年12月23日，民革槐荫区支部委员会改为民革槐荫区工作委员会，下设2个支部，1个小组，有成员33人，其中委员3人，崔守华任主任委员，崔长生任副主任委员。2000年12月29日，有委员3人，马厚强任主任委员，李刚任副主任委员。2002年12月21日，有委员4人，马厚强任主任委员，孙红梅任副主任委员。2006年11月17日，成立民革槐荫区总支委员会，有成员46人，其中委员4人，马厚强任主任委员，孙红梅、孙艳梅任副主任委员。

二、主要活动

围绕党委、政府的中心工作建言献策，除平时及时提出建议外，在每次区政协年会上都提出8—9份提案。坚持每月20日的组织生活，学习党和国家的重要文件、时事政治。2001年，在庆祝中国共产党成立八十周年纪念活动中，组织成员学习江泽民“七一”讲话，踊跃撰稿，先后在《济南民革》上发表诗文5篇，在市委统战部《踊泉集》上发表文章3篇，并获征文奖；自编快板书，巡回演出。1995—2000年，马厚强在中共济南市委开展的知识分子建功立业活动中被评为先进分子。2002年，党的十六大召开之际，收看实况，学习有关文件，座谈讨论。区民革提出的关于《加快发展观光旅游农业》和《进一步做好我区招商引资工作的几点建议》在区政协五届五次会议上获优秀提案集体奖。2003年6月，马厚强被济南市监察局聘为特邀监察员。2005年6月，被民革中央授予民革全国先进个人称号。2006年，学习八荣八耻，开展弘扬社会主义荣辱观等一系列活动。

第二节　民盟槐荫区基层委员会

1989年10月21日，成立中国民主同盟（简称民盟）槐荫区工作委员会，其成员主要由辖区教育界高、中级知识分子组成。2006年7月，撤销民盟槐荫区工作委员会，成立民盟槐荫区基层委员会。至2006年，先后有38人分获全国民政系统先进个人、省环保局监测及应急监测先进个人、全国女子举重锦标赛先进个人等国家、省市区先进个人、优秀教师称号，在国家、省、市级刊物上发表论文42篇；30余人次担任省、市区人大常委会、政协委员，有多项提案被评为优秀提案。

一、组织建设

1989年11月，成立民盟槐荫区工作委员会，选举产生主任委员1人，副主任委员2人，委员6人；下设济南第十九中学、济南第二十中学、济南第三十五中学、济南第六十三中学、济南第四十二中学、济南第四十七中学、离退休教师7个支部，共有盟员63人。1994年10月，召开民盟区工委第二次代表大会，选举产生主任委员1人，副主任委员2人，委员6人（含秘书1人）；下设济南第九职业中等专业学校（原济南第四十二中学）、济南第十九中学、济南第二十中学、济南第三十五中学、济南第六十三中学、济南第四十七中学6个支部。1997年11月，召开民盟区工委第二次代表大会，选举产生主任委员1人，副主任委员4人，委员6人（含秘书1人）；下设机关、济南第十九中学、济南第二十中学、济南第三十五中学、济南第九职业中等专业学校、济南第十四职业中等专业学校6个支部。2002年9月，召开民盟区工委第四次代表大会，选举产生主任委员1人，副主任委员5人，委员9人，秘书1人；增设第九中学、济南第二职业中等专业学校、机车工厂3个支部。2006年，共有盟员118人，印东任主任委员，吕红艳、祝长勇任副主任委员，委员8人。

二、主要活动

1990—2006年，盟员在省、市、区人大常委会、政协会议上共提出提案192件。其中，《关于将垃圾台改为流动垃圾车的建议》《关于加强我区机关干部学习制度的建议》《加强教育队伍建设是振兴槐荫教育的基础工程》《关于古城中学的建设问题》《改建青年公园地下工程，建设地下停车场》等建议和提案，被评为重点提案和优秀提案，受到区领导和有关部门的高度重视，并得到落实。2003年“非典”期间，民盟区工委在全市四区工委中率先提出“关于号召全体盟员开展抗击非典活动的意见”，盟员在这场斗争中作出积极贡献。同年，民盟区工委被民盟济南市委授予“参政议政先进集体”。1989—2006年，盟员中曾担任省政协委员1人，市人大代表、市政协委员、区政协委员35人，1人被市、区两级法院聘为执法执纪监督员，1人被聘为市特邀监察员。

第三节　民建槐荫区总支委员会

一、组织建设

1982年11月，成立中国民主建国会（简称民建）槐荫区支部，李广杰任支部主任委员。1989年，成立民建槐荫区总支委员会，李广杰任总支主任委员，李庆长、鹿邦海、巩立亮、裴明铭、刘燕任副主任委员。1993年，选举产生第二届总支委员会，鹿邦海任总支主任委员，李庆长、李广杰、裴明铭、刘燕任副主任委员。1997年12月，选举产生第三届总支委员会，鹿邦海任总支主任委员，李广杰、刘燕、华殿凤、储大齐、王翠香、王学林任副主任委员。2002年6月，选举产生第四届总支委员会，王翠香任总支主任委员，王学林、储大齐、陈锐、成煜任副主任委员。2006年9月，选举产生第五届总支委员会，陈锐任总支主任委员，张代惠、冯延军、王学林任副主任委员。

二、主要活动

1992年，鹿邦海在市人大十届四次会议上，提出《开通济南“120”急救电话的建议》，为济南市建成“120”急救网络发挥促进作用。1993年，鹿邦海在市人大十届五次会议上提出《禁止燃放烟花爆竹的建议》一案，经市人大常委会立法通过。1998年，在区政协五届一次会议上提出《加大非公有制经济对外贸易的力度》提案，2003年，在区政协六届四次会议上提出的《关注失地农民，完善社会保障机制》《棚户区改造的几点建议》等提案，受到区委、区政府的重视。2004—2006年，参与光彩事业。15家会员企业先后安置下岗职工近百名；在小清河改造、经六路拓宽等工程中，会员企业和全体会员先后捐款、捐物10余万元。

第四节　民进槐荫区总支委员会

1997年9月，成立中国民主促进会（简称民进）槐荫区支部。2002年8月，成立民进槐荫区总支委员会，其成员主要由辖区从事教育、文化、出版工作的高中级知识分子组成。注重加强组织建设，提高会员素质；参政议政，先后组织开展系列经济知识讲座、开通法律热线、救助失学儿童等多种形式的社会公益活动。先后有8人在区人大常委会、政协任职，累计提交提案65件。

一、组织建设

1997年9月，成立民进槐荫区支部，赵忠言任主任委员，叮满玲、马玉国任副主任委员，有会员19人。2002年8月，成立民进槐荫区总支委员会，李宗孝任主任委员，赵忠言、马玉国任副主任委员，下设4个支部，共有会员36人。2006年9月，选举产生民进槐荫区总支第二届委员会，李宗孝任主任委员，马玉国、殷济任副主任委员，共有会员43人。

二、主要活动

1993年，在区第十三届人代会上，有2人被选为区人大常委会代表。在1998年区第五届政协会、2003年区第六届政协会上，有2人被选为区政协常委，6人被选为区政协委员。各届人大代表、政协委员谏言献策，提出许多有决策参考价值的提案和建议。其中，1998年，在区政协第五届会议期间，共提交提案65件，有3件被列为重点提案，7件被评为优秀提案。赵忠言提交关于《加强对兴济河的治理管理》的提案，引起市政协、市建委等部门的重视，并邀请赵忠言参加对兴济河治理的讨论。崔琦撰写的关于《建设社会主义新农村，加快一建三改工作》一案，引起媒体重视，《联合日报》对其进行专题报道和追踪采访。李宗孝、韩莉梅被聘为区教育、审计、计划生育社会监督员和人民法院陪审员。

第五节　农工党槐荫区总支委员会

1991年12月，成立中国农工民主党（简称农工党）槐荫区总支委员会，其成员主要由辖区医药、卫生界高、中级知识分子组成。注重加强思想和组织建设，提高素质。坚持每年深入基层，开展义诊活动；参政议政，为“两个文明”建设服务。

一、组织建设

1991年12月，成立农工党槐荫区总支委员会，蔡玉康任主任委员，陈世平任副主任委员，下设6个支部，共有成员90人。1995年1月，选举产生第二届总支委员会，蔡玉康任主任委员，赵子彬、金瑞琴任副主任委员，共有成员110人。1997年12月，选举产生第三届总支委员会，蔡玉康任主任委员，邹积裕、孔芙蓉任副主任委员，有成员120人。2000年10月，选举产生第四届总支委员会，孔芙蓉任主任委员，张建基、渠鹏程任副主任委员。2005年10月，选举产生第五届总支委员会，张建基任主任委员，孙秀华、渠鹏程任副主任委员，下设7个支部，共有成员170人。

二、主要活动

2000年起，每年元旦、春节、“八一”建军节、“六一”儿童节、助残日，组织医疗专家深入农村、社区、部队驻地和社会福利院，为居民、部队官兵和残疾儿童开展义诊服务；中秋节为台胞、侨胞实施义诊。至2006年，共组织咨询、义诊服务21次。积极参政议政，撰写、提交有价值的建议提案。2004年、2005年，委员孔芙蓉撰写的《关于在华联广场建立超市问题的建议》和《关于综合治理济南华联周边环境问题的建议》2个提案，被评为区政协优秀提案；2006年，委员张建基撰写的《关于兴济河棚盖问题的建议》被评为区政协优秀提案；《关于加强农村村级卫生室建设的建议》在被评为区政协优秀提案同时，获济南市民主党派工商联参政议政优秀调研成果先进集体奖。

第六节　致公党槐荫区总支部委员会

1989年2月16日，成立中国致公党槐荫区支部。2002年6月11日成立中国致公党槐荫区总支部委员会（简称致公党区总支）。2006年，下设槐荫区、省立医院2个支部，共有成员75人。致公党区总支致力于参政议政，开展为群众送医送药、扶贫助困、发展经济等活动。

一、组织建设

1989年12月16日，成立致公党槐荫区支部委员会，有党员11人，吴温毅、宋跃群、吴波先后任支部主任委员。2002年6月11日，成立致公党槐荫区总支部委员会，下设槐荫区支部和省立医院支部，共有党员68人，袁大川任总支部主任委员。

二、主要活动

1998年3月，支部委员、高级畜牧师隋大铮退休后到河北省邱县发展畜牧养殖业，取得突出经济效益，被该县誉为“引进一名人才，搞活全县经济”的典型。2001年9月，隋大铮被济南市敦和肉羊研究所聘为所长兼技术顾问，该企业迅速发展成为集产、学、研为一体的高科技畜牧良种繁育基地。2001年，宋跃群在市人大十二届二次会议上提出《关于建立市区、市郊旅游观光旅游车的议案》《关于建立济南市外企劳动事务代理制的建议》，分别列入会议的1号议案和1号建议。《济南日报》以“宋跃群代表获得两个第一”为题，刊登对她的专题报道。2002起，总支部主任委员袁大川坚持每年组织省立医院支部成员到本区边远农村开展义诊活动，进行防病宣传教育，受到群众的赞誉。2005年，总支部副主任委员吴波每年“六一”期间，带领支部成员到长清贫困山区开展捐资助学活动，支部青年成员参与社会调研，先后获省、市级优秀调研成果奖4次。

第七节　九三学社槐荫区基层委员会

1995年12月，成立九三学社槐荫区基层委员会，主要由辖区科学技术界高中级知识分子为主组成。先后完成国家部级攻关课题12项，省级课题37项，市级课题26项，在国家及省级学术刊物上发表学术论文16篇。2006年，李景全被评为济南市第六批拔尖人才，李庆甲被评为济南市青年科技带头人标兵，张文亮被评为济南市青年学术技术带头人。

一、组织建设

1995年12月，召开九三学社槐荫区社员大会，选举产生第一届基层委员会，朱乃燔为主任委员，陶端融、李景全为副主任委员，下设3个支社，有社员33人。2000年10月，召开社员大会，选举产生第二届基层委员会，李庆甲为主任委员，魏绪之、孙昌玲为副主任委员，有社员46人。2002年5月，召开社员大会，基层委员会改选。李庆甲任主任委员，孙昌玲任副主任委员，马志远、张志清、丁邵旭任委员，有社员48人。2006年9月，召开社员大会，选举产生第三届基层委员会，李庆甲任主任委员，孙昌玲、张志清任副主任委员，马志远、刘婷、连鲁文、孙涌任基层委员会委员，有社员48人。

二、主要活动

1995—2006年，社员中有2人担任省政协委员，4人担任市人大代表，1人担任区政协副主席，6人担任区政协委员，2人担任区人民法院陪审员。人大代表、政协委员共提出有价值的提案和建议30多件，许多议案和提案得到政府和有关部门的重视和采纳。如:谢健真提出的《小学生戴黄帽子》的提案被济南市采纳，对全市小学生过马路的安全提供有力保障。孙昌玲提出的《关于加快槐荫区信息化建设的建议》等提案，获槐荫区政协优秀提案。

第八节　区工商业联合会

一、组织建设

1993年，区工商联负责人由主任改称会长。同年3月，中共槐荫区委在区工商联建立党组。1995年，辖区14个街道（镇）成立工商联分会。2006年，发展新会员101人，会员总数697人。

二、代表大会

1989年4月13日，槐荫区工商业联合会第四届会员代表大会召开，出席会议代表100人。会议审议通过区工商联第三届执行委员会工作报告，选举产生区工商联第四届执行委员会，选举执委会委员19人。区工商联四届一次执委会选举执委会主任1人，副主任3人。

1993年2月26日，槐荫区工商业联合会第五届会员代表大会召开，出席会议代表101人。会议审议通过区工商联第四届执行委员会工作报告，选举产生区工商联第五届执行委员会，选举执委会委员23人。区工商联五届一次执委会选举执委会主任1人，副主任6人。

1997年5月9日，槐荫区工商业联合会第六届会员代表大会召开，出席会议代表102人。会议审议通过区工商联第五届执行委员会工作报告，选举产生区工商联第六届执行委员会，选举执委会委员25人。区工商联六届一次执委会选举执委会会长1人，副会长6人。

2001年12月7日，槐荫区工商业联合会第七届会员代表大会召开，出席会议代表120人。会议审议通过区工商联第六届执行委员会工作报告，选举产生区工商联第七届执行委员会，选举执委会委员48人。区工商联七届一次执委会选举执委会会长1人，副会长13人。

三、主要活动

思想政治工作　1989年，区工商联采取活动与学习相结合方式，组织会员有计划地进行政治学习。1991年，中共中央（1991）15号文件下发，把做好非公有制经济代表人士思想政治工作的任务赋予工商联。1997—2002年，工商联六届、七届委员会利用召开座谈会、报告会等形式开展“致富思源、富而思进”“三个结合”和“三个代表”重要思想教育活动；先后举办WTO讲座、电子商务、经济理论、企业管理、法律法规培训班12期，培训670人次。2003年、2004年，组织开展“同进共富建小康”和评选“中国特色社会主义优秀建设者”，“干事创业杯”竞赛等活动。至2006年，有10人被评为区十佳青年民营企业家，1人被评为全国“三八”红旗手，3人被评为济南市“三八”红旗手，1人被评为省劳动模范，1人被评为齐鲁十大创业女性。

服务会员　1989—2000年，区工商联“建联夜校”在原来开办12个专业培训班的基础上新增设烹调、养殖、中医、财会、企业管理等5个专业培训班，培训16期，培训学员1100余人。先后组织会员参加全国工商联企业名特优产品博览会、电子商务产品交易与技术洽谈会；“六省一市”工商联举办的二、三、四届商品交易会，交易额280万元；省、市工商联组织的“中美合作协商会”“中韩经贸洽谈会”等。2001年，组织会员赴东南亚、俄罗斯进行经贸考察，签订汽车修理厂、面粉厂、印刷厂及开设酒店的协议。2002年3月21日，区工商联与区司法局签订协作协议，成立槐荫区工商联会员定点律师服务中心和槐荫区工商联会员定点公正服务中心；10月31日，成立槐荫区民营企业家联谊会。同年，区工商联被省工商联表彰为先进单位。2002—2005年，组织会员企业赴南方5市、海南、山西、南京、青岛、烟台等地学习考察，缔结友好商会20家。2004年3月8日，成立槐荫区工商联女子商会；7月，成立会员组织、思想政治，企业服务、会员联谊，对外联谊，参政议政；企业文化建设、教育培训5个工作委员会。至2006年，共向注册资金50万元以上的70家会员企业颁发中国工商业联合会会员证书；先后参加各类人才招聘会8次，提供就业岗位1200余个，达成就业意向800人；2个服务中心先后代理各类案件110余件，避免经济损失近1000万元；“联户联保”银企联手贷款服务活动，为企业协调贷款6900余万元。

光彩事业　1997年，组织开展“帮带致富”和“再就业”工程，发动会员与贫困户结成“帮带致富对子”，并逐一签订协议书。1999年，参与全市“优秀工商联会员”“济南市十佳非公有制经济优秀青年标兵”和“非公有制经济优秀青年”评选表彰活动。2000—2002年，全区200余名会员帮带贫困户40余户，帮扶资金100余万元，安排再就业超过700人，培训技术人员200余人。2003年，组织开展“科教兴区、捐资助学”活动，捐资170万元；在抗击“非典”工作中，会员企业捐款捐物折合人民币30万元。2004年，九阳小家电有限公司黄淑玲个人资助10余名贫困大学生，先后捐资18余万元；济南新峨眉实业有限公司为民族村居小学捐款12万元，出资24500元为学生定做校服；济南巨源实业有限公司为幼儿园捐赠10万元的游乐设备。2005年，金海岸汽车出租有限公司为希望工程、下岗职工、治理背街小巷等捐款近15万元；济南民营科技产业园房地产开发公司先后修建各类广场、公园公共设施，架设路灯线路5500米，安装路灯80余盏，各类捐款累计100余万元。至2006年，会员企业捐款捐物1000余万元，安置下岗职工、农村富余劳动力就业近6000人。

参政议政　1989—1993年，发挥工商联会员中人大代表、政协委员作用，通过各种渠道调查研究，对深化改革、扩大开放、政府工作提出意见和建议30条。1993—1997年，就全区非公有制经济发展状况、存在问题及如何促其发展等进行调查活动2次，参与人数200余人（次）。《关于要求开通“120”急救电话，加快成立济南急救中心》议案，被市政府采纳，于1996年开通。《关于加强对电子游艺机经营者的管理》《限制养犬》议案，受到市政府重视，专门下发《关于加强营业性游艺机娱乐业管理的通知》和《济南市犬类管理办法》。2000年，《关于非公有制企业国际贸易培训班》《在济南电视台设立宣传民营经济专题栏目》及《认清形势，强化措施，狠抓落实，推动我区非公有制经济的快速发展》《加快发展我区非公有制经济的几点建议》的大会发言，受到市、区两级领导的高度重视。2001—2006年，工商联围绕经济发展、行业商会、发展环境等社会难点热点问题建言献策，提交团体提案10余件，个人提案100件。推荐非公有制经济代表人士担任各级人大代表、政协委员43人，其中省市人大代表、政协委员11人，区人大常委会代表、政协委员32人。

第三章 群众团体

第一节 槐荫区总工会

一、组织建设

1989年12月，撤销济南市总工会槐荫区办事处，成立槐荫区总工会委员会，下设组织民管部、宣传教育部、生产保护部、办公室、职工业校；同时成立区总工会女职工委员会。下属基层工会103个，会员15205人，专职干部34人，兼职干部2924人。1994年，新建私营、三资企业等工会组织37家。2005年，成立农民工联合会等5家工会联合会，号召农民工加入工会组织，先后有3万余人加入工会组织；同时坚持基层工会组织建到哪里，哪里同时选举工会女职工委员会。同年，全区有工会委员会组织578个，基层分会（含法人单位）5026个，会员52178人。同年11月，全区首家乡镇工会工作委员会在段店镇成立。

2006年，区总工会下设组织民管部、生产事业部、宣教部、财务部、办公室及职工中等专业学校、困难职工帮扶中心。全区共有工会委员会804个。其中区机关工会1个，系统工会15个，事业单位工会46个，街道总工会12个，乡镇工会2个，企业、非公组织等工会728个。会员（包括农民工）12万余人。全区女职工工会904个，女会员29290人。工会专职干部82人，各级经费审查组织组建率95%。企业改制后的工会组织划归区发改委管理。

二、代表大会

1989年12月4日—6日，槐荫区工会第一次代表大会召开，出席会议代表184人。选举区总工会第一届委员会、第一届经费审查委员会，第一届女职工委员会。选举产生区总工会第一届委员会委员29人。12月6日，召开区总工会第一届一次全委会，选举第一届委员会常委9人，总工会主席1人，副主席1人。

1995年2月28日—3月1日，槐荫区工会第二次代表大会召开，出席会议代表184人。大会审议通过区总工会第一届委员会题为《团结奋进，开拓创新，为促进槐荫改革、发展、稳定做贡献》的工作报告。选举区总工会第二届委员会委员29人。3月1日，召开区总工会第二届一次全委会，选举第二届委员会常委9人，总工会主席1人，副主席1人。

2000年3月30日—31日，槐荫区工会第三次代表大会在召开，出席大会正式代表198人，特邀代表61人。大会审议通过区总工会第二届委员会题为《抓住机遇，开拓创新，带领全区职工为实现新世纪宏伟目标努力奋斗》的工作报告。选举区总工会第三届委员会委员33人。3月31日，召开区总工会第二届一次全委会，选举出第二届委员会常委9人，总工会主席1人，副主席2人。

三、主要工作和活动

职工民主管理 1991年，建立健全“职工民主管理机制”，并开始坚持每年对工会干部进行培训。同年，区总工会与区委组织部、区经委、区劳动局、区体改委联合下发《关于加强职工民主管理、健全职代会制度的实施细则》。2000年起，全区90%以上的规模企事业单位都建立职代会（职工代表大会）制度，其中达到规范化建设的占30%。2001年，工会主席进入董事会、职工代表进入监事会制度逐步推广。各企事业单位坚持每年召开两次职代会，本单位工作计划、重大决策、改革方案、集体合同和涉及职工切身利益的问题都经职代会审议、表决。

维护职工合法权益　1995年，区总工会根据区委要求，把签订集体合同工作列为各级党委的重要考核工作内容，层层落实目标任务，由厂长经理代表行政，工会主席代表职工，签订书面协议。同年，贯彻实施《中华人民共和国劳动法》，印发《中华人民共和国劳动法》单行本2.3万册，发至各基层单位职工。1999年底，全区平等协商签订集体合同率95%，职工满意95%。

1995年12月，槐荫区送温暖基金会成立，区委书记丛大鸣、区长杨庆林接受区农业银行的启动基金（区总工会提供）

2005年10月，区总工会在泉城广场宣传《中华人民共和国工会法》（区总工会提供）

帮扶送温暖　1994年开始，区总工会率先在全市建立困难职工档案、下岗职工档案、贫困线以下职工档案、无子女离退休职工档案，为实施“送温暖工程”提供可靠依据，送温暖活动趋向制度化、经常化、社会化。1995年4月，全国工会促进再就业现场经验交流会在槐荫区召开。2002年下半年，区及街道（镇）系统两级工会分别建立困难职工帮扶中心（工作站），开展为困难职工办理特困证、向特困职工发放救济金、春节走访慰问特困职工等各种帮扶服务。同年，共救助特困职工4000余人次，困难劳模及老党员200余人次，发放救济款82万元，为8名特困生申请大学助学金8000元；工会中专学校举办4期12个班次下岗失业职工培训班，培训下岗失业职工800余人，为700余名下岗失业职工免费提供职业介绍并成功安置220人；有3家区属企业捐资3.5万元，参与送温暖专项资金募集活动，有1家驻区单位向区送温暖基金捐助4万元。2002—2005年，共办理特困证333个，年审305个；为634名特困职工办理专用就诊证；1386名特困职工享受到政府发放的水价补贴。2003年6月，区六大班子领导深入特困职工家庭走访慰问，向特困职工代表发放慰问金和生活必需品。2004年，在道德街、五里沟2个街道成立困难职工帮扶工作站，进行下岗失业职工培训、职业介绍、困难职工救助等规范化试点。当年全区共为1100余名失业职工进行登记和培训。先后免费为2600余名求职人员进行求职登记和职业介绍。向23名考上大学的特困职工子女发放助学金1.15万元，救助12名遇到临时困难的职工。2005年，全区有247名特困职工加入区级低保，困难职工帮扶中心为840余名下岗失业职工进行职业介绍，安置420余人次。

劳动模范评选　1998年4月，首次开展区劳动模范评选表彰工作，共评出劳模10人。至2006年4月，共评选表彰区劳动模范4次，70

人次获“槐荫区劳动模范”称号。2005年5月，槐荫区区级以上劳模档案实现微机管理。2006年，全区有区级以上劳动模范281人，其中全国级2人，省部级22人，市级187人，区级70人。

职工技能培训 1990年起，槐荫工会业余学校先后与济南电视大学、济南职业学院、山东省工会管理干部学院联合举办成人高等业余学历教育，成为济南市中西部地区主要的成人中等专业学校，职工技能培训主要依托该学校进行。1996年6月，槐荫工会业余学校改名为济南市工会第二职工中等专业学校，主要以成人教育为主，开展工会干部培训、下岗职工转岗培训、成人高考考前培训班、专业人员继续教育培训班等。2004年，先后被省劳动保障厅评为再就业培训基地、被山东省总工会评为“工会职业培训示范点”；7月，被省教育厅评为优秀校外教学点。1989—2006年，学校共为社会培训各类人才4万余人。

1989—2006年济南市工会第二职工中等专业学校在校生情况表

表8-3　　单位：人

年份	业余中专	全日制中专	业余大专	业余本科	培训班	年份	业余中专	全日制中专	业余大专	业余本科	培训班
1989	—	—	112	—	786	1998	82	28	273	—	3373
1990	40	—	57	—	712	1999	121	26	155	—	2986
1991	36	—	—	—	879	2000	133	—	153	—	3152
1992	76	—	74	—	952	2001	84	—	146	—	2913
1993	173	—	164	—	1345	2002	28	—	199	—	2678
1994	244	—	291	—	1453	2004	43	—	209	—	2213
1995	223	—	143	—	1578	2005	32	—	89	—	2156
1996	205	—	396	—	2736	2006	23	—	67	24	1874
1997	132	45	270	—	3561	合计	1675	99	2798	24	35347

第二节 共青团槐荫区委员会

一、组织建设

1989年，全区共有基层团委34个、总支22个、支部278个，团员6588人。1998年，成立槐荫区关心下一代工作委员会。2005年3月，成立槐荫区关心下一代工作委员会办公室。至2006年，全区团（工）委24个、总支20个、支部290个，青年14789人，团员7543人。

1990—2006年槐荫区团组织基本情况表

表8-4

年份	团（工）委（个）	总支（个）	支部（个）	青年（人）	团员（人）
1990	34	22	278	29451	6748
1991	38	23	280	26481	6254
1992	38	23	280	26754	6542
1993	38	23	281	27462	6348
1994	34	25	270	25487	5854
1995	32	24	268	20546	6214

续表 8-4

年份	团（工）委（个）	总支（个）	支部（个）	青年（人）	团员（人）
1996	31	23	270	20985	6587
1997	30	25	276	18647	6872
1998	26	27	267	15782	6823
1999	26	27	267	17624	6728
2000	25	26	266	17955	6941
2001	25	23	273	16957	7212
2002	24	22	288	16524	7356
2003	24	22	287	12625	7013
2004	24	22	287	12587	7201
2005	24	20	293	11358	6874
2006	24	20	290	14789	7543

二、代表大会

1990 年 11 月 8 日—10 日，共青团槐荫区第九次代表大会召开，出席会议代表 201 人。大会审议通过第八届团区委委员会的工作报告。11 月 16 日，召开团区委九届一次全委会，选举产生团区委书记 1 人，副书记 1 人。

2000 年 9 月 15 日—16 日，共青团槐荫区第十次代表大会召开，出席会议代表 212 人。大会审议通过第九届团区委题为《振奋精神、创新务实，团结带领全区广大青少年在新世纪再创辉煌》的工作报告。会议选举产生第十届共青团槐荫区委员会委员 30 人，候补委员 15 人。9 月 16 日，召开团区委十届一次全委会，选举产生团区委书记 1 人，副书记 1 人。

2004 年 2 月 14 日，共青团济南市槐荫区第十一次代表大会召开　　（团区委提供）

2004 年 2 月 14 日—15 日，共青团槐荫区第十一次代表大会召开，出席会议代表 211 人。大会审议通过第十届团区委题为《“三个代表”重要思想指引下，团结带领全区青年为加快建设现代化新槐荫而努力奋斗》的工作报告。会议选举产生第十一届共青团槐荫区委员会委员 31 人，候补委员 15 人。2 月 15 日，召开团区委十一届一次全委会，选举产生团区委书记 1 人，副书记 1 人。

三、主要工作

（一）青少年思想政治教育工作　1989 年 4 月 4 日，“四五”烈士纪念碑在青年公园落成，济南市委书记贺国强、槐荫区委书记张印峰、刘谦初烈士的女儿刘松林等出席落成仪式。1990 年，成立槐荫区学雷锋奖励基金会，年底共对 10 个先进学雷锋团组织和 10 名槐荫好青年进行评比表彰。1993 年 12 月，举办“纪念毛泽东同志诞辰一百周年”书画展，全区 1500 名青少年参与，评选出优秀书画作品 100 幅。1994 年，在全区团员青年中开展“学习徐洪刚，塑造跨世纪槐荫青年”新形象大讨论活动，共搜集全区团员青年讨论文章 200 余篇，团区委召开座谈会，5 名优秀青年谈学习英雄事迹体会。1995

团中央书记处书记杨岳（左四）视察新世界阳光花园社区青年中心

（2005年摄 团区委提供）

年，开展“争当遵纪守法好少年”活动，联合司法、教育、公安等部门，向青少年制作发放宣传手册200册；开展“学法小课题”，请政法学院的法律教授实例讲课，评选出10名“守法好少年”。1997年，在全区中小学中，开展《中华人民共和国香港特别行政区基本法》学习宣传日活动，组织“庆香港回归，学特色理论”展板巡回展览。围绕香港回归开展演讲比赛、知识竞赛等活动。1998年，槐荫区关心下一代工作委员会成立，聘请500名“五老”（老干部、老战士、老专家、老教师、老模范）为青少年思想道德辅导员。2001年3月，在槐荫广场“四五”烈士纪念碑前，开展“人民不会忘记”——槐荫区纪念“四五”烈士英勇就义70周年活动，团员青年、中小学生、老红军战士及市民群众共计7000余人参加。向全区青少年发出“立足岗位，继承遗志，刻苦成才”倡议书，发放《人民不会忘记》宣传手册1000余册。2006年，开展学习践行“八荣八耻”活动，以报告、快板、说唱等形式进行宣讲，全区65所中小学校、3万余名未成年人、6万余家长和100余个村（居）参与。

服务活动 1996年4月，团区委开展“科技兴农，青年当先”活动，制定“以协会为载体，靠科技奔小康”规划，建立四大体系。在活动中，团区委注意选树典型，区蔬菜局路美荣被团中央、国家科委授予“全国青年星火带头人”称号。2000年，在农村成立20个“青年科技图书站（屋）”，推出致富典型吴振（大学生回乡创业）。

1991年，成立共青团槐荫区委团校，对全区200名团干部开展每年一期的团务知识培训，制作完备的团干部培训档案。同年，在全区实施团员证统一编号活动，全区6254名团员均配有团员证，规范团干部培训和团员团籍注册制度。1992年，开展“青年绿化工程”，确定腊山为槐荫区青年植绿护绿基地，开辟“青年绿化林”。1995年，吴家堡镇刘庄小学，作为“希望工程爱心筑校”点，在6所小学内设立希望工程爱心班级，免除贫困青少年的学杂费，全年共帮扶40名品学兼优的贫困青少年继续完成学业。1999年，迎国庆50周年，举办20对新人“青年集体婚礼”活动。2001年始，按照“组织随人走，团随青年建”原则确定民营经济组织建团标准。至2002年，在民营经济组织内建立61个共青团组织，登记团员2900人。

志愿者行动 1996年9月，团区委成立全市第一家青年志愿者服务中心，并建立匡山、南辛等5处青年志愿者服务站，成立30余支青年

槐荫志愿者参加全市迎亚足赛誓师大会

（2004年摄 团区委提供）

志愿者服务队，注册青年志愿者200余名，全区形成服务中心、服务站、服务队三级青年志愿者服务网络。2003年，团区委建立48支预防“非典”志愿宣传小分队和志愿服务突击队，1000余名志愿者走进社区，帮助弱势特殊家庭提供卫生保洁、防疫消毒等志愿服务。2004年，团区委开展“迎亚足赛，创文明城”志愿服务活动，组织500余名志愿者定期到匡山和腊山捡拾白色垃圾，宣传环保、爱林护林等知识，开展“净化一山一路一河”周六志愿者服务活动；招募2000余名亚洲杯足球赛外围志愿者，开展联络咨询、礼仪接待、导游导购、医疗卫生、环境美化等培训。2005年，团区委成立槐荫区保持共产党员先进性教育活动志愿服务团，组织502名青年志愿者对社区、农村、企业中的离退休党员、因疾病等原因不能参加党支部集中学习的特殊党员，上门开展“五项”（上门宣传动员，上门送学习资料，上门补课辅导，上门征求意见，上门帮助解决实际困难）服务。

十大杰出青年评选 1997年5月8日，团区委开展首届“槐荫十大杰出青年”评选工作。1999年、2001年、2004年，分别组织开展第二、三、四届“槐荫十大杰出青年”的评选工作。

槐荫区首届十大杰出青年 （1997年5月摄 团区委提供）

1997—2006年槐荫区“槐荫十大杰出青年”评选表彰情况表

表8-5

届次	时间	获表彰人员名单
第一届	1997.5.8	张曰良、李忠华、路美荣、关葆纯、李勇、丁原田、王家强、王淑玲、张德海、王学忠
第二届	1999.5.4	马宗辉、张怡、张思扬、骆斌、王爱、艾传盛、胡学春、梁基民、靳大卫
第三届	2001.5.4	董传新、孙嫣玲、李呈滨、贺立坤、蒋琍、赵中华、高伟、张业爱、王卫东、高保东
第四届	2004.5.4	孟帅、边祥为、黄斌、张翮、赵冬梅、朱军、吴振、杜平、王学财、方江鲁

第三节 槐荫区妇女联合会

一、组织建设

1989年，全区共有妇女联合会11个（区妇女联合会1个，街道妇联会8个，镇妇联会2个），妇女代表大会199个（居妇代会99个，村妇代会100个），区直系统妇委会3个。1997年，街道妇联12个，居妇代会92个，村妇代会67个，乡镇企业妇代会9个。2001年，居妇代会改称社区妇联，2004年，社区妇联80个，区直系统妇委会8个，村妇代会93个。

二、代表大会

1988年9月7日，槐荫区妇女联合会第八次代表大会召开。会议听取并审议上届区妇联的工作报告，选举产生区第八届妇女联合会。在第一次全委会上，选举产生区第八届妇联的7名常委和正、副主任。

1993年11月5日—6日，槐荫区妇女联合会第九次代表大会召开，出席代表155人，特邀代表12人。大会讨论通过区妇联第八届执行委员会题为《团结奋进为建设现代化槐荫再立新功》的工作报告。大会选举产生区妇联第九届执行委员会委员27人。召开区妇联第九届执委会第一次全体会议，选举产生执委会常委7人，主席1人，副主席1人。

2003年6月25日，槐荫区妇女联合会第十次代表大会召开，出席代表180人，特邀代表30人。大会讨论通过区妇联第九届执行委员会题为《与时俱进，开拓进取，团结带领全区妇女为建设现代化新槐荫而努力奋斗》的工作报告。大会选举产生区妇联第十届执行委员会委员31人。6月25日，区妇联第十届执委会第一次全体会议选举产生执委会常委6人，主席1人，副主席2人。

2003年6月23日，全区第十次妇女代表大会召开

（区妇联提供）

三、主要工作和活动

“巾帼建功”竞赛活动 1990年9月26日，在槐荫化工总厂召开女厂长（经理）联谊会年会。同年，全区妇联系统举办技术比武3场，开展“巾帼建功”汇报展示活动9次，800余人参加，100名妇女被评为“巾帼建功”能手。1998年12月，在吴家堡召开女科技致富大户现场经验交流会，参观养鱼养猪专业户。同年，区妇联被评为省“巾帼建功”活动先进协调单位。2001年，全区有区、街、居三级联动的“巾帼文明队”142支，6000余人。2002年4月28日，槐荫区农村妇女科技指导中心“巾帼服务队”成立，聘请专家5人，女服务能手15人组成。同年，建立“阳光大姐”服务机构。70%的社区成立“阳光大姐”服务站，200名女工实现再就业。2003年，与移动公司联合打造“牵手工程”，安置下岗女工。2004年，开展以“争创学习型示范岗”为主题活动，槐荫医院妇产科被评为省级“巾帼文明岗”。2005年，全区农村妇女劳动力普遍接受实用技术培训，接受高新技术培训比例25%以上，有401人领到“绿色证书”。2006年6月18日，槐荫区阳光大姐家政服务中心更名为“济南阳光大姐槐荫区服务中心”。同年，建立“巾帼新农民大课堂”，重点培训下岗失业、农村失地等困难妇女群体创业、再就业。利用“阳光大姐”服务网络，开展月嫂、家政、陪护、保洁等专业培训，培训下岗失业女工3000余人次，为妇女提供再就业指导咨询5100余人次，安置1800余人次。开展小额贷款扶持工作，有8人获2年3万元的无息贷款。吴家堡镇董庄村硬化池藕基地、三教堂村水产养殖基地，段店镇大李村出口圆葱种植基地被评为山东省“巾帼科技示范基地”。

社区建设活动 1989年，在城区组织妇女开展便民活动，服务以无偿微利为主。1990年，由松散的服务逐步建成生活服务中心，以有偿服务保无偿服务。1992年，逐步建成妇联创办的经济实体。1994年，全区服务网点939个，服务项目1283个。1996年，将保护妇女儿童合法权益的心理咨询、钟点工、计件工、科技服务进家庭等列为便民服务内容，形成十大便民服务系列。全区100个居妇代会全部开展便民活动，建成妇女儿童生活服务站100个，服务网点1040个，服务项目2000余个，累计创收640万元。1997年3月6日，举行“庆三八、迎香港回归，槐荫巾帼风采展示大会”，文明家庭标兵户代表向全区11.1万户家庭发出争做文明家庭倡议书。1998年1月3日，开展“尊老爱幼”宣传日活动，发放宣传资料1200份，为老人及儿童提供查体、法律咨询等服务。5月，西市场街道百户文明家庭走上街头清除垃圾，发出“争做文明市民，告别塑料袋，重拎菜篮子”倡议。

1999年，区妇联召开“辉煌五十年，好书伴我行”文明家庭演讲比赛，9名选手参加演讲；区委领导、区妇联主任参加在振兴街小区举行的“文明家庭志愿者爱心奉献月”活动。2000年5月19日，区妇联与区环保局、区文化局在槐苑广场举行“参与蓝天工程，共建美好家园”启动仪式暨首届家庭文化艺术节开幕式。2001年，区妇联印发《积极参与创城工作，努力争做“绿色家庭”》——至妇女及家庭成员一封信，7000余份。2002年，区妇联印发《关于开展“尊老敬老、爱心献老人”活动的通知》。2004年，开展“四进”活动（传统美德进家庭、法制教育进家庭、良好习惯进家庭、环保知识进家庭）和“巾帼文明进社区”活动。中大槐树街道妇联在社区广泛开展“五让”（让彼此陌生的人能够交流，让紧张忙碌的人享受轻松，让疲惫劳累的人获得健康，让生活困难的人得到关爱，让热心奉献的人受到尊敬）活动。南辛庄街道妇联为每户家庭建立家庭档案，开设“爱心储蓄”，年度按爱心储蓄分值产生文明家庭。邻里之间互信、互帮、互助、互爱，涌现出梅兰邻里、梅兰楼道、梅兰楼院等文明楼院。2005年，济南市“百万家庭文明行，共创全国文明城”活动在辖区启动。开展家庭教育、疾病预防、居家安全、法律维权等方面知识的宣传培训。2006年5月12日，在济南机床二厂南村宿舍老干部活动中心举办槐荫区“文明家庭才艺展”。400余件作品参展，近千名群众参观。在农村，开展“四化（美化、绿化、净化、亮化）”“三改（改灶、改厕、改圈）一建（建沼气池）”活动，开展“十星级文明户”“文明家庭”“好婆婆、好媳妇”评选活动。9月，区妇联在吴家堡举办建设新农村“家庭和睦、邻里和谐”趣味运动会，近300名家庭代表参加。

维护妇女儿童合法权益 1992年2月，国务院颁布《九十年代中国儿童发展规划纲要》。同年，《中华人民共和国妇女权益保障法》颁布实施，全区开展各种宣传教育活动。1993年5月27日，槐荫区儿童活动中心在振兴街七居建成。1995年4月，举办村居家庭保教人员学习班，聘请幼儿专家授课，同时在机关幼儿园组织教学观摩，全区54名教师参加培训。1996年4月，在“二八”礼堂举办妇女干部维权培训班，全区村、居以上260名妇女干部参加培训。同年开始将保护妇女儿童合法权益的法律服务列为社区服务活动内容。1997年5月22日，在青年公园体育场举行“槐荫区庆6·1迎回归万名儿童技能大赛”。1998年4月，在政府二楼会议室召开全区“暖心工程”小饭桌现场会，参观南辛庄第三居委会、德兴街小学、四十二中等餐厅。营市街街道妇联、中大槐树街道第四居委会妇代会主任进行典型发言。2001年，为提高妇女的法律意识，依法维权，对240名基层妇女干部进行培训。2002年，区政府印发《槐荫区妇女发展纲要（2001—2010年）》和《槐荫儿童发展纲要（2001—2010年）》。同年，成立槐荫区妇女儿童法律服务中心，建立“110妇女维权报警台”。2003年初，区妇联与区综治办联合开展“实施预防和制止家庭暴力工程，建立消除家庭暴力社区”创建活动。2004年，联合区文明办、区教育局印发《关于进一步推进社区家庭教育工作的意见》，并建立54个家庭教育指导站，健全区、街

2001年11月11日，全国妇联副主席华福周（前排左二）、全国妇联书记处书记关涛（前排左四）视察巾帼社区服务工作（区妇联提供）

2003 年 3 月 5 日，省妇联为区法院妇女儿童维权岗揭牌
（区妇联提供）

长学校”。同年，85% 以上的社区（村庄）达到零家庭暴力社区（村庄）创建标准，95% 的村（居）建立妇女儿童维权机构。8 月 31 日，全国人大常委会副委员长、妇联主席顾秀莲到辖区青年公园社区视察“平安家庭”创建工作，给予充分肯定。年底，区妇联被山东省妇联、山东省综合治理委员会办公室评为创建“平安家庭”活动先进单位。

贫困救助活动　1998 年 6 月，区妇联在吴家堡镇西堡小学举行“春蕾计划”救助特困女童活动，区房管局、区建委、区教育局、区工委、区商委、区交通局妇委会向被救助的 10 名女童捐款，区妇联向 40 名困难女童赠送学习用具及救助金。1999 年 5 月，区妇女儿童工作委员会在光明街小学举行现场捐资仪式，区法院、区卫生局、区环卫局捐款资助 50 名下岗特困职工家庭子女。2000 年，响应全国妇联“情系西部、共享母爱”捐资修建母亲水窖动员大会，共筹集捐款 15.2 万元，槐荫区妇联被全国妇联授予“助西爱心集体”称号。2003 年，建立槐荫区“阳光工程”妇女儿童救助基金，当年共收到捐款 5500 余元，救助 24 名单亲特困女童；联合《生活日报》开展“手拉手”救助单亲特困女童活动，共借助社会力量，结对救助女童 80 名，接受救助资金 4.5 万余元，另向女童赠送学习用品、衣物等价值约合 3000 元。2005 年，开展“关爱单亲母亲”行动，为 91 名单亲特困母亲免费办理 2 年大病、意外伤害医疗保险。2006 年，为 30 名失去双亲的贫困孤儿以及单亲家庭中的特困儿童免费办理 2 年“国寿学生、幼儿平安保险附加住院医疗保险”，区妇联协调救助特困女童 94 名，救助资金 3.04 万元，其中单亲女童 74 名，救助金额 2.64 万元。

道（镇）、居（村）三级家庭教育工作网络。在全区 61 所中小学、110 所幼儿园、54 个社区全部建立家长学校，制定《槐荫区家长学校工作意见》。全区开展“平安家庭”创建活动，争创零家庭暴力示范社区省级 3 处、市级 5 处、区级 21 处。2005 年，成立槐荫区社区家庭教育指导中心，居民李瑛获全国“为国教子、以德育人”好家长称号。3 月，成立槐荫区“外来务工妇女之家”，开通维权热线，设立维权信箱。同年，全区建立妇女维权示范站 36 处，维权志愿者队伍 35 支，知心话室或心理咨询门诊 20 处。妇联干部在陪审员队伍中占到 10%。5 月 10 日，青年公园街道妇联牵头成立“‘当·当’成长教育推进站”，以“当有识成长伴侣、当无忧成长少年”为主题，开展 4 点半行动、专家访谈日、社区体验日、社区家庭周、安全指导、心理驿站、安全知识进校园、青少年暑期“当当”乐园、“成长之星”评选系列活动。被中央文明办评为“全国未成年人思想道德建设工作创新案例三等奖”。2006 年，成立“候鸟式”儿童暑期服务站，专门为暑期来济探亲外来务工子女服务；在外来务工人员居住比较集中的西市场北大寺社区，成立槐荫区外来务工子女家长学校，聘请有关教育专家组建起社区讲师团，为广大外来务工子女家长提供服务，被全国妇联命名为“全国流动人口子女、农村留守儿童示范家

第四节　槐荫区科学技术协会

一、组织建设

1989 年，全区有街道科协 10 个，镇科协 2

个，厂科协2个，专业协会、学会、研究会共7个。2006年，全区共有街道、镇科协14个，企业联合协会1个，农村专业技术协会9个。

二、代表大会

1988年4月8日，槐荫区科学技术协会第一次代表大会召开。大会选举产生了第一届区科协的领导机构。

1998年7月3日，槐荫区科学技术协会第二次代表大会召开，出席会议代表168人。会议通过第一届区科协工作报告。大会选举产生区科协第二届委员会委员23人。在区科协第二届一次全委会上，选举产生委员会常委11人，主席1人，副主席2人。同年，区委、区政府制定《关于充分发挥科协作用，大力推进科普工作的意见》。

2006年3月23日，召开区科协全委（扩大）会议，依据规定，调整充实科协委员35人。

三、主要工作和活动

城区科普 1997年，开展“讲精神文明、比科学生活、创建文明街居”活动。2002年，开展“科普进楼院”“专家进社区”等科普活动，在社区安装科普宣传牌240块，19名专家为社区进行科普讲座。2003年，评选“科普特色家庭”24家。2004年起，开始建立以普及保健、饮食卫生、心理健康、安全常识等身边科普知识为主的综合性社区科普大学（济南社区科普大学分校），每半月一次科普讲座。5月，营市东街建起“科普一条街”，南辛中街建起“小巷科普文化长廊”。同年，区科协主席李胜利被中国科协、中央文明办评为2002—2004年全国科教进社区活动先进个人。2005年，营市街街道获“全国科教进社区先进单位”称号。至2006年，全区建成社区科普大学13所，有学员近千人；建立科普画廊400余米，其中德兴社区科普画廊被评为“山东省优秀社区科普画廊”，西市场、青年公园科普画廊被评为“全国示范科普画廊”；德兴社区、绿园社区获“省级科普示范社区”称号。

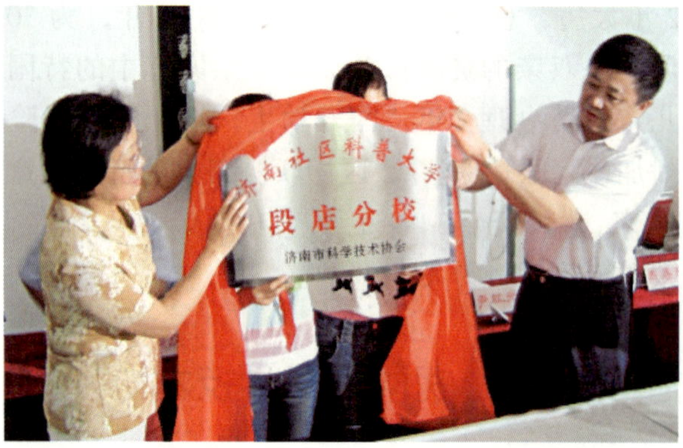

2006年5月26日，济南社区科普大学段店分校成立 （区科协提供）

农村科普 1988年，区养鱼技术协会、吴家堡镇蔬菜研究会成立。1988—1999年，每年在吴家堡、段店镇及美里湖街道举办科普大集，宣传农业科普知识；举办蔬菜种植、水稻种植、养鱼等培训班，邀请专家到各村进行科技咨询和指导。2000年起，每年在全区农村开展科技、文化、卫生“三下乡”活动。同年，区科协通过与单县科协联系，吴家堡镇董庄等村村民到单县学习种藕高产新技术，当年开发高产藕田2公顷。吴家堡镇东曹村引种试种6种蔬菜新品种。2005年1月，在段店镇圆葱生产基地举办科技下乡活动，送去科技资料并现场解答农业技术问题，济南电视台进行报道。5月，区科协组织举办“出口创汇农业生产技术研讨会”等多项农村科普活动；段店镇河王村村民王传芳试制成功太阳能空调，10多户本村村民装上该空调。2005—2006年，全区93个行政村安装6×2米的不锈钢“科普村村通宣传栏”，涉及“沼气使用”“生态村建设”等6种700套科普挂图进栏。圆葱协会通过培训会员，生产的圆葱出口日本，年创汇1000万美元。152个农机户组成的区农业机械技术协会，年收入达到320万元，比非会员户增收3000余元。3家农村专业技术协会被评为济南市优秀农村专业技术协会。2006年，区科协被评为全省“科普村村通”工作先进单位。

青少年科普 1995年，成立区青少年科技辅导员协会，举办青少年科技培训，与有关部门联合举办青少年航模比赛等。同年，北小辛庄小学代表队在全国航模比赛中获第二名。1997年，区航模代表队在济南市第十届航模比赛中获总分第一名，在全市实现“十连冠”。2002—2003

2006年5月12日，省政协原主席陆懋曾（左三）等领导视察区社区青少年科学工作室

（区科协提供）

年，先后有14名博士分别受聘到14个学校作科普报告39场。2004年，全区建立4所“科普教育基地”，开始建立“机器人工作室”。2005年，聘请中国科学院老科学家讲师团到学校作科普报告20场。2004—2006年，全区组织七巧板、数棋、陶艺、创造发明作品展评和专利申请活动，各学校组织各具特色的校园科普活动。3年间，全区获全国青少年科技创新大赛一等奖1项，二等奖4项。至2006年，全区有全国智力七巧板示范学校1所，省市级科普示范学校24所，国家、省、市级优秀科技辅导员27人；7所学校建立机器人工作室；1人获全国“明天小小发明家”称号，6人获市“科普小博士”称号。全

2005年5月20日，济南市青少年生物科普馆授牌暨“清泰杯”青少年生物科普知识竞赛颁奖仪式在槐荫区举行　（区科协提供）

区建立3所“青少年生物科普馆”，济南第十二中学的“生物科普馆”，展览面积3500平方米，有昆虫标本300余种，吸引区内外数万名中小学生参观，境外参观者200余人。1989—2006年，全区有3万人次青少年参加科技夏令营，到山东大学、省科技馆、泰安，到卧虎山水库以及污水处理厂等地参观。

企（事）业科普　1988年，成立区工程师协会。1990年，成立区气功科学研究会。1991年，区工程师协会为企业引进“切削液”等技术项目。1992年，区科协与团区委共同举办“槐荫区首届企业青年焊接、车工技术比武”活动，评出青年技术能手12人。1995年10月，区科协与区工会、团区委、区经委举办“起重杯”比武活动，评出技术能手14人。1997年后，区科协引导企业组织科技人员开展“技术比武”等技术革新活动。2002年，成立区珠算协会，开展会计培训、珠算等级鉴定等。同年，区科协为济南科苑标准件公司引进“紧缩器”项目。2004年，加强非公有制企业科协组织建设，南辛庄街道19家非公有制企业成立联合科协，开展科技创新，参与街道“幸福家庭工程”等活动。2005—2006年，组织有关企业参加济南市企业科技创新研讨会，组织参加首届鲁台农业科技洽谈会。2006年，指导企业成功申报2项市科协“金桥工程”项目。

群众性科普活动　1991年，槐荫区电教协会举办电教人员培训班5期，培训110人。1993年，人体科学研究会举办《易经》学习班，1000余人参加。1995年，槐荫区委宣传部、区科协、区科委联合下发《关于在全区积极开展科技宣传周活动的意见》，自此每一年或两年开展一个不同主题的科普宣传周（月）活动。9月16日—21日，举办首期以“科技为经济服务、科技是第一生产力，科技知识在身边”为主要内容的科普宣传周。1997年起，每年组织开展主题科普宣传周或科技宣传月活动。9月，举办“人口、资源环境与可持续发展”科普宣传周活动。1998年，科普宣传周活动主题为“步入信息时代”，1万余人参与科普宣传周活动。2000年，科普宣传周活动主题为“创新创新再创新，迎

接科技新时代”。在槐荫广场举办“歪理邪说害死人”科普宣传展览活动。2002年5月18—25日，科普周活动的重点是“进楼院，进社区”。2003年，开展预防“传染性非典型肺炎”的科普宣传活动。2004年,科技周主题为“科技以人为本，全面建设小康社会”。2005年，科技周活动的主题是“关爱家庭亲情健康”，在华联广场举办大型科普日活动,区科协编印发放《科普知识问答》500余册。2006年全国科普日，在吴家堡镇举办“科普进万家,共建新农村”活动。通过展板、宣传资料宣传科学种养、疾病防治、安全生产知识，邀请省科普大篷车进村。

第五节　槐荫区残疾人联合会

一、组织建设

1990年前，区民政局社会科负责全区残疾人工作。1990年11月，区残疾人联合会（简称残联）成立。1991年，区政府成立由区委常委、常务副区长为主任、各相关部门负责人为成员的残疾人工作协调委员会。街道（镇）由民政助理员代管残疾人工作。1994年5月起,各街道(镇)陆续成立残疾人工作协调委员会。2001年9月，规范街道（镇）残联，村居残协组织名称。统一称为:××街道(镇)残疾人联合会,××村(居)残疾人协会。2002年2月25日，区残疾人联合会升格为区政府直属正处级事业单位。编制5人，领导职数2人。2003年9月，公开招聘残联干事14人。2004年4月1日，区残疾人联合会增挂残疾人劳动就业服务中心牌子，为自收自支事业单位，编制4人。2005年10月8日，成立区残疾人劳动服务部，为正科级全额预算管理事业单位，隶属于区残疾人联合会管理。2005年8月,招聘残疾人就业服务员14人。2006年，全区有区残联1个，街道（镇）残联14个，村（居）残疾人协会147个。全区共有持证残疾人3952人，其中男性2439人，女性1513人。

二、代表大会

1990年11月6日，召开槐荫区残联第一次代表大会，参加大会代表133人。大会审议通过区残联筹备组的工作报告，讨论通过区残联实施《中国残疾人联合会章程》细则，选举产生37名成员组成的首届主席团。区第残联第一届一次主席团会议选举产生主席团主席1人，副主席7人；聘请主席团名誉主席、副主席；选举产生主席团执行理事会,选举产生理事长1人。

1995年4月27日，召开槐荫区残联第二次代表大会，参加大会代表115人。大会审议通过区残联第一届主席团工作报告。区第残联第二届一次主席团会议选举产生主席团主席1人，副主席7人；选举产生5人组成的残联执行理事会，选举产生理事长1人。

1998年4月29日，召开槐荫区残联第三次代表大会，参加大会代表79人。大会审议通过区残联第二届主席团工作报告。区第残联第三届一次主席团会议选举产生主席团主席1人，副主席8人;选举产生6人组成残联执行理事会，选举产生理事长1人。

2003年4月30日，召开槐荫区残联第四次代表大会，参加大会代表87人。大会审议通过区残联第三届主席团工作报告。区第残联第四届一次主席团会议选举产生主席团主席1人，副主席8人;选举产生8人组成残联执行理事会，选举产生理事长1人。

三、主要工作和活动

残疾人康复　1991年11月，成立区白内障复明、小儿麻痹后遗症矫治、聋儿听力语言训练康复领导小组,开展“三项”康复工作。此后，福利企业、学校、社区相继购买器械、建立康复站，因地制宜开展康复训练。1992年，中大槐树街道塑料焊接厂等5个社会福利企业购置康复器械30余件；中大槐树辅读学校200名弱智生，在学习文化的同时，坚持进行康复训练；振兴街街道第八居委会金属机械厂购买按摩椅、神灯、跑步机等器械，为残疾工人实施康复训练。1994年，区级社区康复站在槐荫医院成立，配备专职康复医生2人。至1995年底，全区设立社区康复点56处，实施白内障复明手术26例、小儿麻痹后遗症矫治手术11人，参加聋儿语言训练43人。1996年起，康复范围扩大为肢体残疾康复、听力言语残疾康复、智力残疾康复、精神残疾康复、视力康复，康复工作重心由工厂、福利企业向社区转移。2004年2月，区残疾人工作委员会制定《槐荫区康复训练与服务“十五”实施方案》。1996—2006年，全区共设立康复机构139处，其中区康复指导中心1处，肢体、智力、听力语言、视力、精神残疾人康复指导中心各1处，盲人定向行走训练指导中心、残疾人辅助器具供应站各1处；街道（镇）康复指导站14个，社区康复站117个。全区共有康复专家、医生、服务员、协调员182人，其中康复专家7人，街道（镇）康复指导医生14人，康复服务员14人；社区康复协调员147人。通过机构康复和家庭康复，共有665名肢体残疾人参加系统功能训练，98名智残儿童接受康复训练，43名聋儿参加听力语言训练，8名孤独症儿童接受康复训练，73名白内障患者实施复明手术；发放各类康复器械641件，康复知识读物425本；轮椅35个；装配假肢56支，安装矫形器13人。建立康复档案432份。

残疾人就业　1990年起，通过扶持发展福利企业，安置有需求有劳动能力的残疾人就业。1992年起，开始兴办经济实体，安置残疾人就业。12月，全区共有乡镇、村居社会福利企业23家，经济实体1家。1998年，福利企业30家，经济实体3家，共安置残疾人735人（其中经济实体25人），占有劳动能力残疾人的85%以上。随着市场经济的发展，福利企业的生存空间逐步萎缩，残疾人就业转为自主经营与社会安置相结合。2002年3月，市政府发布《济南市按比例安排残疾人就业若干规定》，加大残疾人就业保障金征收力度，为残疾人技能培训、就业安置提供强有力的支持。至2006年，先后举办电脑、按摩、面点、剪纸等各类技能培训班50余期，培训残疾人2100人；兴建残疾人扶贫基地3个，带动41户贫困残疾人脱贫；发放经营扶持金，扶持37名残疾人自主经营；购买公益性岗位，安置62名残疾人就业；建立农村残疾人实用技术培训基地1处；建立残疾人就业培训中心1处。在五里沟街道公祥街社区举办“残疾人就业一条街”；创建青年公园街道、张庄路街道2个“残疾人充分就业社区”；面向社会举办残疾人就业洽谈会15次。

助残解困　1991—2002年，依靠民政拨款、企业资助共救助贫困残疾人130人、残疾学生8人，为36名残疾人办理低价罐装煤气，112名残疾人安装优惠电话。先后开展“红领巾助残”“团员助残”“社会助残”等活动3000人次，组织社会爱心捐款5次，提供免费法律援助15人，换发盲人免费乘车证600人次。2003年8月，实施《救助贫困残疾学生和奖励残疾大学生暂行办法》。11月，启动残疾人“百户安居”工程。2004年，实施贫困残疾人大病救助、背街小巷无障碍设施建设，成立残疾人法律维权联络站（区残联与区信访局合建）。2003—2006年，全区共救助贫困残疾学生（残疾人子女）1258人、贫困残疾户2446户，办理生活最低保障975人，大病救助53人。实施无障碍建设主干道5条、背街小巷91条、公共场所12处，建立残疾人“信访绿色通道”1条（区残联与区信访局合建），签订免费法律援助协议73份，成立“我的兄弟姐妹”捐助便利店2处，65户残疾人住上“安居”房。

2005年7月，成立全市首个由聋哑人组成的秧歌队
（区残联提供）

助残宣传　1990—2006年，共开展助残、扶残宣传活动61次，宣传《中华人民共和国残疾人保障法》《济南市按比例安排残疾人就业若干规定》等有关政策性文件。共组织书画家、艺术家、社区演出团体、志愿者爱心义卖、文艺演出18场，发放宣传材料4.38万份，张贴

宣传画、标语 7400 幅，订阅报纸、刊物 876 份，自办《工作简报》发行 13 期，向省、市电视台、电台、报纸投稿 130 篇，向上级残联报送信息稿件 171 篇。

第六节　槐荫区归侨侨眷联合会

一、组织建设

1997 年 4 月，开始在全区各街道（镇）党（工）委设立专（兼）职侨联干部。2003 年 11 月 10 日，槐荫区机构编制委员会印发《济南市槐荫区归侨侨眷联合会机关职能配置、内设机构和人员编制方案》，明确区归侨侨眷联合会为群团机关，事业编制 2 人。至 2006 年底，全区共有基层侨联小组 14 个，联络员 20 人，共有归侨、侨眷 400 余人，分布于 27 个国家和地区。

二、代表大会

1988 年 11 月，槐荫区第二次归侨侨眷代表大会召开。会议选举产生区侨联第二届委员会和正、副主席。

1997 年 4 月 30 日，槐荫区第三次归侨侨眷代表大会召开，出席会议代表 60 人，列席代表 10 人，特邀代表 30 人。会议选举产生区侨联第三届委员会，委员 9 人。选举主席 1 人，副主席 2 人。

2002 年 4 月 3 日，槐荫区第四次归侨侨眷代表大会召开，出席会议代表 40 人，列席代表 15 人，特邀代表 25 人。会议选举产生区侨联第四届委员会，委员 11 人。选举副主席 1 人。

三、主要工作和活动

参政议政　1993 年，建立侨界人大代表、政协委员联系制度。至 2006 年底，全区有 15 名归侨侨眷被推选为区级以上人大代表、政协委员和上级侨联委员。全区归侨侨眷在政协历次会议上提出提案 55 件，多件提案获优秀提案奖。2006 年，市政协委员、区政协常委、区侨联委员袁大川提出并获市委统战部“优秀调研成果先进个人奖”的《关于在我市主要交通干道设立公交专用道的建议》和市政协委员、区侨联委员吴波提出并获市级参政议政优秀提案的《整顿、规范商品住宅小区物业管理收费标准建议》得到各级党委、政府的高度重视和采纳。

引资工作　发挥归侨侨眷牵线搭桥的作用，引进资金兴办实体。1989 年，创办槐荫区侨联业校、区华侨经销部，1991—1996 年，先后创办区华侨印刷厂、区装饰厂、区特种油供应站。其中，1994 年，侨眷张嘉智引进中美合作企业济南景锋纸业有限公司，注册资金 275 万美元，实际总投资 450 万美元。1995 年起，引导大家向海外侨胞写家信，介绍项目，引进人才，提供信息，推荐海外朋友，仅 2002 年接待海外朋友和客商 11 人次，收集投资信息 20 余条，牵线邀请德辉集团、永达集团、漳州花卉基地等多家实力投资商到区考察，达成投资意向。其中为美国未来趋势发展集团与永力树脂厂搭桥，外方投资 100 万美元，实施核糖酸项目。1999—2001 年，连续 3 年被市侨联评为“为经济建设服务先进单位”。2006 年，深入侨企，调查研究，为 1 家侨属企业解决投资转行、追回欠款。2000—2006 年先后引进企业 10 余家。

侨法宣传　1990—1991 年，《中华人民共和国归侨侨眷权益保护法》（简称《侨法》）《山东省归侨侨眷权益保护法实施办法》先后颁布实施，组织归侨、侨眷和驻会干部学习座谈《侨法》等政策法规、外经外贸知识。2000 年，纪念《侨法》颁布 10 周年，通过黑板报、宣传栏、座谈会进行宣传，向归侨侨眷发放《侨法》宣传材料 700 余份，组织归侨侨眷和办事处侨务干部知识答卷 280 余份。2004 年，新修订的《侨法》颁布实施后，区侨联每年都组织开展内容丰富、形式多样的宣传普及活动。2004—2006 年，会同有关部门和街道，开展《侨法》大型宣传活动 4 次，出黑板报 180 期，宣传栏 98 期，制作宣传牌 26 块，分发《侨法》宣传材料 3000 余份，网上发布宣传信息 50 余条。

服务归侨　1989—2006 年，区侨联共处理来信来访 118 人次，帮助侨界群众解决困难 166 件，依法维权 21 件；为部分侨资企业协调关系，解决问题 12 件，共安排侨属子女临时就业 40 余人；帮助12名归侨侨眷子女解决升学、上学问题。共走访慰问重点归侨侨眷400户次，捐助款物折合人民币4.2万余元。2000年9月，开展侨情普查摸底，全区共有归侨59人，侨眷398人。2001年4月，组织市立二院医生为全区60余名归侨侨眷开展“送医暖侨”活动。1990—2006年，共接待来自美国、英国、日本、阿根廷、巴西、印尼、澳洲、韩国、泰国等国家客人40余人次，归侨侨眷21人出国探亲、旅游、考察。2002年4月至2006年，开展侨情普查，共填写归侨侨眷登记表500份，其中归侨48人，侨眷356人，分布在朝鲜、印度尼西亚、印度、柬埔寨等国家，主要从事工商、科技、金融、医务等行业。

新移民登记　1989—2006年，区侨联开展新移民调查登记工作2次。2000年9月，在全区内开展新移民调查登记工作，全区登记新移民45户，分别来自美国、加拿大、英国、日本、新加坡等11个国家。2002年4月，开展第二次新移民调查登记工作。其中华人315人，华侨430人，留学生54人，主要分布在美国、日本、加拿大等国家，从事教学、科研、金融、机械制造、医疗卫生等工作。

侨界联谊活动　每年春节、元旦、中秋节组织开展归侨侨眷座谈会、茶话会，邀请归侨侨眷共度佳节。1991—2006年，组织归侨侨眷联谊活动76次，参观党史纪念馆、孔繁森纪念馆，缅怀先烈，接受革命教育，到育园学校、社会福利院看望慰问残疾儿童。节日期间，向海外侨胞、港澳同胞寄送贺卡300余张；接待来自美国、英国、日本、阿根廷、巴西、印尼、澳洲、韩国、泰国等国家华人87人次。2003年“非典”防治期间，区侨联发出《致归侨侨眷的一封信》500余份，向侨界群众家中发放消毒液等防非物品，到侨界医务人员及其亲属家中进行走访慰问。

2000年4月，组织归侨侨眷到章丘白云寺参观开展联谊　（区侨联提供）

第七节　槐荫区红十字会

一、组织建设

1976年，区爱国卫生运动委员会办公室成立，区红十字会办公室与区爱国卫生运动委员会办公室合署办公。1993—1996年，区红十字会被评为中国红十字会先进集体。2005年6月，区红十字会机构独立设置，为正处级全额预算管理事业单位，在区卫生局的领导下独立开展工作，编制5人，处级领导职数2职。2006年，全区有街道和镇红十字会16个，基层红十字会组织81个，会员2442人，志愿者1000余人。

二、主要工作

扶贫救助　1989年，世界红十字日活动中，纬九路小学20名红十字青少年搀扶镇敬老院10名孤寡老人，乘车游览济南主要景点。1994年，区红十字会协调济南军区一〇六医院为福利院孤残儿福角免费做肢体矫形手术，并向全市发起救助孤残儿倡议。1995年，市、区红十字会协同区教委为长清县贫困山区学校募款1.52万元，课桌凳59套，衣物3309件，学习用品7.41万件。1998年，为西藏、青海雪灾募捐1.33万元。2003年，为新疆巴楚—伽师6.8级地震灾区募款11.33万元，被评为全省救灾募捐工作先进集体和全省信息宣传工作先进集体。2004年，区红十字会与区教育局联合发动辖区中小学学生300余人，向历城希望小学捐赠书包783个、文具盒122个、书籍、练习本820册、笔1231支、尺子、橡皮等其他文具69件。向国内17个省市遭受洪灾地区，募捐13.9余万元、衣物1万余件。2005年1月，为印度洋海啸募捐57.6万元；被山东省红十字会评为救灾募捐工作先进集体。同年，中大槐树街道裕园社区建成“博爱超市”，筹集物资无偿发放给社区困难群众。2006年1月10日起，向辖区单亲、无亲家庭孩子发放救助和生活费，小学生每年每人400元，初中生600元，高中生800元，103名中小学生领取助学金。同年，向农村合作医疗募捐5.87万元，区红十字会以“凝聚人道力量、共建和谐社区”为主题，组织专业文艺演出队，到社区和乡村进行百场演出。

救护健康知识普及　区红十字会会同医疗单位，进行止血、包扎、固定、搬运、火灾、地震、心肺复苏等现场急救等知识普及和培训。1989—2006年，全区培训865场次，有69582人次参加初级卫生救护培训，26153人次参加各种卫生知识讲座。2004年11月，区红十字会邀请红心月会国际联合会东亚代表法凯霞女士到区开展预防艾滋病青年同伴行动。2005年，编写《初级卫生救护知识》，参加现场救护培训的有辖区各街道、居委会骨干、红会志愿者。4月，中国红十字总会会长彭佩云到辖区视察；11月，塞黑红十字会会长耶莱娜·佩什奇到区参观。

2003年11月20日，槐荫区红十字会接收第一位遗体捐献并办理遗体捐献志愿登记手续申请，标志着槐荫区红十字会遗体捐献工作正式启动。

1998年7月23日，区红十字会为长江特大洪灾灾区募捐　（区卫计局提供）

第九编

政权　政协

ZHENG QUAN ZHENG XIE

槐荫区志

1989—2006

1989—1992年，区人民代表大会常务委员会每3年一届。1993年区第十二届人大第一次会议起，改为5年一届。区人民代表大会及其常委会坚持以经济建设为中心，切实履行宪法和法律赋予的决定权、监督权和人事任免权，强化对一府两院的法律监督和工作监督，在保障全区政治、经济和社会各项事业协调发展等方面开展富有成效的工作。1990—2006年，共召开常委会议115次，听取和审议一府两院等工作报告210余次，对有关的报告作出相应的决议、决定。

1989年起，区人民政府本着精简高效的原则进行机构改革，转变政府职能，坚持依法行政，调整产业结构，加强宏观经济管理，优化发展环境，加大招商引资力度，全区经济社会实现又好又快发展。“三农”工作成效显著，城市建设日新月异，民生保障更加有力，社会事业全面进步，社会大局稳定和谐，历届人民代表大会确定的全区经济和社会事业发展目标及各项工作任务全面完成。

1989年，为政协槐荫区第二届委员会任期最后一年。1990年3月召开政协槐荫区第三届委员会第一次会议，至2006年1月召开政协槐荫区第六届委员会第四次会议，18年间共经历5届，其中第二、三届每届任期3年，第四、五、六届每届任期5年。1990—2006年，共举行区政协全委会议17次、常务会议93次、主席会议81次，为全区改革开放和经济建设献计献策，充分发挥了政治协商、民主监督、参政议政作用。

第一章　区人民代表大会及常务委员会

第一节　人大代表选举

1990年3月至2006年1月，各届区人民代表大会代表的选举，实行直接无记名投票差额选举。根据《中华人民共和国选举法》《中华人民共和国地方各级人民代表大会和地方各级人民政府组织法》规定和区人大常委会安排意见，选举工作在区选举委员会统一领导下进行。选举委员会设办事机构——选举办公室，下设秘书组、指导组、组织组、宣传组、选民登记组。选举工作一般分为宣传发动、建立组织、培训骨干，划分选区、进行选民登记，提名推荐代表候选人、选举代表等阶段。

区人民代表大会代表候选人，由各选区选民和各政党、各人民团体提名推荐，选举委员会汇总后公布，并由该选区的选民小组反复酝酿、讨论、协商，根据较多数选民的意见，确定正式代表候选人名单。

根据法律规定，直接选举产生的区人大常委会代表资格，由代表资格审查委员会审查，向区人大常委会提出代表资格审查报告，经审议通过予以公告；再由选举委员会填写当选代表登记表，发给当选代表通知书和代表证。

槐荫区第十二届至十五届区人大常委会代表选举选民参选情况表

表9-1

届　次	选举时间	登记选民人数	参选人数	参选率（%）
第十二届	1990.1.15	234072	225336	96.27
第十三届	1992.12.25	237216	227982	96.10
第十四届	1997.12.18	235814	232154	98.40
第十五届	2002.12.26	224333	216032	96.30

槐荫区第十二届至十五届区人大常委会代表构成情况表

表 9-2　　单位：人

届次	代表人数	代表构成										
		性别		政治面貌			民族		界别			
		男	女	中共党员	民主党派	无党派人士	汉族	少数民族	工农及其他劳动者	知识分子	军警	行政干部
第十二届	210	151	59	119	4	87	199	11	134	32	2	42
第十三届	210	151	59	127	83		204	6	132	32	2	44
第十四届	195	135	60	125	3	67	189	6	119	28	2	46
第十五届	193	143	50	140	53		189	4	113	31	2	47

第二节　区人民代表大会

至 1992 年 3 月（区第十二届人民代表大会第三次会议），槐荫区人民代表大会每 3 年一届。1993 年 1 月起，改为每 5 年一届。区人民代表大会的法定程序是：听取并审议区人大常委会工作报告、区人民政府工作报告、上年度全区国民经济和社会发展计划执行情况及当年国民经济和社会发展计划安排意见（草案）报告、上年度财政执行及当年财政预算（草案）报告、区人民法院和区人民检察院工作报告，作出相应的决议；如有议案要通过有关议案的决议。选举或补选区人大常委会主任、副主任、委员，区长、副区长，区人民法院院长和区人民检察院检察长。

一、第十一届人民代表大会

第四次会议　1989 年 3 月 28 日至 4 月 1 日召开。会议补选马洪泉为槐荫区人民政府区长。

二、第十二届人民代表大会

第一次会议　1990 年 3 月 6 日—10 日召开。到会代表 210 名。会议选举产生区第十二届人大常委会委员 12 名，选举刘连城任区人大常委会主任，魏法文、冯宏、韩芳云、韩世香、陈耀汉、刁怀林任副主任。选举马洪泉任区人民政府区长，邢家应、孙启胜、赵玉水、钟蔚任副区长。张礼堂为区人民法院院长，周留存为区人民检察院检察长。

第二次会议　1991 年 3 月 5 日—8 日召开。到会代表 209 名。会议审议通过《槐荫区人民代表大会议事规则（草案）》。会议通过议案 3 件，议案转重要意见和建议 7 件，建议、批评和意见 126 件。

第三次会议　1992 年 3 月 24 日—27 日召开。到会代表 209 名。会议通过议案 1 件，议案转重要意见和建议 13 件，建议、批评和意见 125 件。

三、第十三届人民代表大会

第一次会议　1993 年 1 月 10 日—14 日召开。到会代表 210 名。会议选举产生区第十三届人大常委会委员 12 名，选举董林洲任区人大常委会主任，刘英亮、韩芳云、刁怀林、张敏、韩金魁、于恩林任副主任。选举马纯济任区人民政府区长，杨庆林、赵玉水、钟蔚、谷永琛、陆政任副区长。王建国任区人民法院院长，张红齐为区人民检察院检察长。选举出席济南市第十一届人民代表大会代表。

第二次会议　1994 年 3 月 17 日—19 日召开。到会代表 207 名。会议除例行法定程序外，听取区公安分局关于全区社会治安情况的汇报；全区教育捐资工作情况的书面汇报。会议通过“关于设立见义勇为奖励基金”的议案，14 件转重要意见和建议，建议、批评和意见 124 件。

第三次会议　1995 年 3 月 14 日—17 日召开。到会代表 201 名。会议补选戴守信为区人大常委会委员；选举丛大鸣为区人民政府区长。

第四次会议　1996 年 3 月 18 日—22 日召开。

到会代表197名。会议审议通过区人民政府关于槐荫区国民经济和社会发展第九个五年计划及2010年远景目标纲要的报告，审查批准槐荫区国民经济和社会发展第九个五年计划及2010年远景目标纲要。补选孙金奎、石志勇为区人大常委会副主任。

第五次会议　1997年3月10日—14日召开。到会代表194名。选举杨庆林为区人民政府区长。

四、第十四届人民代表大会

第一次会议　1998年1月16日—20日召开。到会代表193名。会议选举产生区第十四届人大常委会委员11名；选举周留存任区人大常委会主任，刘英亮、孙金奎、韩芳云、韩金魁、石志勇、谷永琛、崔守华任副主任。选举杨庆林任区人民政府区长，王建国、钟蔚、丁新力、张曰良、金德岭、杨华任副区长。选举王启太为区人民法院院长，吴庆海为区人民检察院检察长。

第二次会议　1999年3月6日—10日召开。到会代表189名。会议补选李昌义为区人大常委会副主任。

第三次会议　2000年3月14日—15日召开。到会代表190名。会议补选朱玉臣为槐荫区人民政府区长。补选汪文祥为区人大常委会委员。

第四次会议　2001年3月3日—7日召开。到会代表192名。会议补选钟蔚、侯少伟为区人大常委会副主任，王宝珠为区人大常委会委员。

第五次会议　2002年3月11日—13日召开。到会代表189名。10件议案全部转重要意见和建议，建议、批评和意见80件。

五、第十五届人民代表大会

第一次会议　2003年1月15日—20日召开。到会代表190名。会议选举产生区第十五届人民代表大会常务委员会委员14名，选举时延盈任区人大常委会主任，钟蔚、于汝彬、赵常胜、崔守华、李昌义、侯少伟任副主任。选举李胜利任区人民政府区长，张曰良、杨华、刘光亮、刘福荣、展庆林、王诚任副区长。选举王启太为区人民法院院长，吴庆海为区人民检察院检察长。

第二次会议　2004年1月10日—13日召开。到会代表193名，其中补选代表11名。

第三次会议　2005年1月13日—16日召开。到会代表193名，其中补选代表10名。

第四次会议　2006年1月12日—15日召开。到会代表191名，其中补选代表4名。会议听取审议区人民政府关于槐荫区国民经济和社会发展第十一个五年总体规划纲要草案的报告，审查批准槐荫区国民经济和社会发展第十一个五年计划纲要。

第三节　区人大常委会主要工作

1989年，区人大常委会办事机构由“一室两科”（办公室、代表联络科、调查研究科）调整为“一室五处”（办公室、法制处、财政经济处、教科文卫处、城乡建设处、人事代表处）。1999年，增设信访处、老干部处。至2006年底，区人大常委会办事机构设置为：办公室、法制处、财经处、教科文卫处、城建处、人事代表处、信访处、老干部处。

一、重大事项审议决定

自区十二届人大第一次会议（1990年3月）始，至区十五届人大第四次会议期间（2006年12月），共召开常委会议115次，先后听取和审议区人民政府、区人民法院、区人民检察院及有关系统（部门）贯彻实施相关法律法规的工作报告210余个，对有关的报告作出相应的决议、决定。

二、人事任免

1995年始，对区人民政府、区人民法院、区人民检察院（简称一府两院）和区人大常委会机关提请人大任命的干部，一律实行任前法律考试，考试合格后，方能提交人大常委会任命。1999年，区第十四届人大常委会通过修订后的《人事任免办法》。任免前，提请任免机关如实介绍被任命人员的情况和任免理由，听取供职报告；决定时，常委会组成人员实行无记名投票表决；任后进行述职评议。

1990年3月至1993年1月，区第十二届人大常委会任命一府两院和人大常委会机关工作人员105人，免职27人。1993年1月至1998年1月，区第十三届人大常委会任命一府两院和人大常委会机关工作人员166人，免职54人。1998年1月至2003年3月，区第十四届人大常委会决定任免一府两院和人大常委会机关工作人员共320人。2003年3月至2006年12月，区第十五届人大常委会决定任免一府两院和人大常委会机关工作人员共173人。

三、监督工作

法律监督 区人大常委会通过定期听取区人民政府、区人民检察院、区人民法院和有关单位、企业、学校的工作汇报，实地视察、专项调查和执法检查等形式，对辖区内法律、法规的实施情况实施监督。1991年，区第十二届人大常委会连续检查、视察计划生育工作，组织力量对计生工作后进村的问题进行专题调查；区第十二届人大常委会第10次会议听取政府汇报，形成解决流动人口计生管理等问题的四条审议意见。1993年8月至1994年6月，区第十三届人大常委会分别对《中华人民共和国教师法》《中华人民共和国义务教育法》进行法律监督。调查研究中发现，辖区内两镇建立经济园和经济开发区，由于管理渠道没有理顺，民办教师工资发放出现困难。根据委员们的建议，常委会向政府提出书面“审议意见”。之后，常委会又专门听取汇报。区政府主要领导亲自抓，补发拖欠的民办教师工资。1993年12月，常委会在听取区政府关于《中华人民共和国土地管理法》贯彻执行情况的汇报时，针对个别地区荒芜土地的问题提出改进意见。区政府及时下发《关于紧急制止土地荒芜现象的通知》，并狠抓落实，复耕土地40公顷，复种土地31.3公顷。1999年，区第十四届人大常委会在村民委员会换届宣传发动和试点准备阶段，对选举委员会产生、选民登记、村委会候选人提名、投票选举等环节进行监督指导，及时提出意见和建议，强调法律规定的程序一笔不能少，应该交给村民的权力一点不能留，保障村委会换届选举任务顺利完成。2003—2006年，区第十五届人大常委会连续对辖区《中华人民共和国环境保护法》贯彻执行情况听取汇报，进行视察；针对铅笔厂、水泥厂等污染大户以及全区近百台燃煤锅炉超标排放烟尘污染问题，督促区政府加大防治力度，限期治理大气污染源。经过努力，济南、东方红两个水泥厂迁出市区，铅笔厂进行改造，近百台锅炉限期治理完毕。2004年11月，任命全省第一批通过公开选拔产生的人民陪审员35名，并制定《加强人民陪审员监督管理工作的意见》。

1990—2006年，区人大常委会先后17次对区人民法院、区人民检察院的工作进行视察，通过听取“两院”关于审判工作、执行工作、惩治腐败与打击经济犯罪情况的汇报，在队伍建设、制度建设等方面提出建议。

视察调查 1990—2006年，区人大常委会以及驻区省、市人大代表先后开展重要视察、调查活动50次，视察内容主要包括国民经济和社会发展运行、计划生育、城市建设、环境保护、安全生产、食品卫生和教育、卫生事业等。

槐荫区第十二届至十五届人大常委会部分视察活动情况表

表 9-3

届次	时间	视察内容
第十二届	1990.1.5	驻区省人大代表视察 1989 年国民经济和社会发展计划等工作
	1990.3.9	驻区市人大代表视察 1989 年国民经济和社会发展计划等工作
	1990.6.28	部分市、区人大常委会代表视察区个别路段交通堵塞问题
	1990.7.12	区人大常委会视察计划生育工作情况
	1990.8.1	区人大常委会视察《中华人民共和国食品卫生法》贯彻执行情况
	1990.8.17	区人大常委会视察区副食品基地建设和秋季农业生产情况
	1990.11.14	区人大常委会视察西市场地区建设管理情况
	1990.12.5—6	区人大常委会视察《中华人民共和国环境保护法》贯彻实施情况
	1991.1.22—24	驻区省人大代表视察 1990 年国民经济和社会发展计划等工作
	1991.1.22—25	驻区市人大代表视察 1990 年国民经济和社会发展计划等工作
	1991.5.10—11	视察全区春季农业生产、滩区开发和副食品基地建设情况
	1991.5.23—24	视察城市建设管理及房屋开发情况
	1991.7.4—5	区人大常委会视察计划生育工作
	1991.9.11—13	区人大常委会视察食品卫生工作
	1991.12.24—26	驻区市人大代表视察各单位生产情况
	1991.12.29	视察“质量、品种效益年”活动开展情况
	1992.7.7	全国人大领导视察振兴街办事处第二季度信访情况
	1992.5.27	视察城市建设管理及房地产开发情况
	1992.6.23	视察计划生育工作
	1992.8.4	视察食品卫生情况
	1992.10.29	视察农田水利建设以及农村社会化服务体系建设
第十三届	1993.5.8	视察外向型经济发展情况
	1993.7.2	视察减轻农民负担工作
	1993.8.12	视察食品卫生情况
	1994.5.11	视察环境保护执法情况
	1994.7.7	视察两镇农民负担情况
	1994.8.1	视察食品卫生情况
	1994.9.18	视察市容、城市建设和管理情况
	1994.12.6—10	驻区省、市人大代表视察经济、财政、城建工作
	1996.4.18	视察区农田水利基本建设情况

续表 9-3

届次	时间	视察内容
第十三届	1996.5.22	视察《中华人民共和国科技进步法》贯彻执行情况
	1996.7.24	视察区、镇、村三级卫生医疗保健工作
第十四届	2000.3.31	视察全区统计工作
	2000.6.29	视察全区代表意见、建议办理情况
	2001.5.10	区人大常委会视察全区绿化工作进展情况
	2001.7.31	区人大常委会视察《中华人民共和国食品卫生法》贯彻实施情况
	2001.8.23	区委人大常委会视察全区退路进厅情况
	2002.7.20	区人大常委会视察《中华人民共和国食品卫生法》贯彻执行情况
	2002.10.11	区人大常委会视察全区重点工程建设情况
第十五届	2003.3.27	区人大常委会视察全区计划生育工作
	2003.7.4	区人大常委会视察全区代表建议、批评意见办理工作
	2003.7.16	区人大常委会视察全区安全生产监督工作
	2004.4.8	区人大常委会视察全区教育工作
	2004.6.30	区人大常委会视察全区代表建议、批评和意见办理工作
	2006.2.23	视察区人才交流中心及留学人员创业园
	2006.3.14	区人大常委会视察宗教活动场所情况
	2006.5.15	视察南水北调工程和社会主义新农村建设情况
	2006.6.20	视察人大代表建议、批评和意见办理情况
	2006.7.21	视察全区商贸物流工作情况
	2006.10.17	视察全区《城市房屋拆迁管理条例》落实情况

四、办理代表议案和建议

区人大常委会对代表提出的议案，建议、批评和意见，坚持以代表满意为标准，狠抓审核、转办、催办、反馈等环节。每年都安排专题会议听取区政府关于代表议案和建议办理情况的汇报，了解办理工作进展情况，提出有针对性的办理意见，并选择部分重点建议，由区人大常委会组成人员、提建议代表和承办单位负责人，采用现场办公、跟踪视察、当面征求代表意见的形式办理。1991 年，区委、区人大常委会、区政府办公室、区政协办公室联合制定《办理人民代表建议和政协委员提案暂行办法》，使代表议案和建议工作有章可循。2006 年，十五届人大常委会通过《区人大常委会关于处理人大代表建议、批评和意见的办法（草案）》。

1990—2006 年，区第十二届人民代表大会一次会议至第十五届人民代表大会四次会议期间，共收到代表议案和建议 1859 件，办结 1686 件，办结率 90.55%。通过回访和问卷调查，代表满意率均在 90% 以上。其中，区第十二届人大各次会议上共形成议案 4 件，代表建议、批评和意见 461 件；区第十三届人大各次会议上共形成议案 3 件，代表建议、批评和意见 504 件；区第十四届人大各次会议上共形成代表建议、批评和意见 530 件；第十五届人大各次会议上共形成代表建议、批评和意见 360 件。

五、述职评议

1994年，区第十三届人大常委会通过《关于开展人大代表评议政府部门和两院工作的决定》，加强对人大任命干部的监督，将评议活动作为常委会的一项重要活动固定下来，每年选择几个政府部门进行评议。1996年起，开展政府部门领导述职活动，听取人大任命的政府部门领导的述职。为做好述职评议工作，区人大常委会先后制定《关于组织人大代表评议政府部门工作的实施意见》《关于听取部分政府组成人员述职并进行评议的方案》《槐荫区人民代表大会常务委员会述职评议及代表评议工作实施办法》《关于组织人大代表评议市垂直管理单位的安排意见》等专题文件。至2006年，共评议区建委、区发改委、区教育局、区卫生局、区民政局、区审计局、区农发局、区科技局、区城管执法局、区工商行政管理局、区交警大队、区国税局、区黄河河务局等20多个部门（系统）和主要领导干部。

六、信访接待

1999年，区人大常委会设立信访工作室，专门受理人大代表和群众的来信来访。2003年，区第十五届人大常委会通过《区人大常委会办理人民来信来访的规定》，统一工作规程，规范办理要求。坚持主任信访接待日等各项工作制度，凡是重点信访案件，由主任亲自接防；对每一件来信来访，根据“分级负责，归口办理”的原则拿出方案，交相关部门办理，并加强催办督办，强化部门间的协调。区第十二届人大常委会期间，共受理信访514件（次），办结率96%。区第十三届人大常委会期间，共受理信访389件（次），办结381件（次），办结率98%。区第十四届人大常委会期间，共受理信访2000余件（次），办结率90%以上。至2006年12月，区第十五届人大常委会共受理群众来信1228件，来访1996人次。

第二章　区人民政府

第一节　施政纪要

1990年2月24日，区人民政府制定《关于实施九年制义务教育规划的意见》，决定市区（公办、厂办）小学自1989年9月1日起实施初等义务教育（学制六年），1990年9月1日起实施九年制义务教育。两镇小学自1990年9月1日起实施初等义务教育（学制六年），1992年起实施九年制义务教育。实施对象包括残疾儿童、少年在内的全体适龄儿童、少年。《意见》就实施程序、职责、评估等事项作出明确规定。

1990年3月，区政府制定《一九九〇年槐荫区区街集体企业完善和发展承包经费制意见》，主要内容有：稳定和优选经营者。根据领导班子团结情况、生产经营稳定性、承包基数合理性确定企业承包者。合理确定承包基数。对重新承包的企业，以上一个承包期年平均实际完成数为基础，考虑下一个承包期内增收减支因素，合理确定承包基数。完善承包指标体系。对工业企业考核指标和商业企业考核指标进行明确规定。完善对经营者的奖惩办法。经营者全年收入不得高于职工年平均收入的3倍；高于3倍时，其高出部分必须纳入企业风险基金。适当缩小承包工资档次的差距，经营者在企业完成合同利润基数后，按文件规定比例提取的奖金及企业营利中的奖励基金，由企业共同分配。厂长和同级书记享受该项收入的最高档次或享受该项收入人平均数额的3～4倍；厂级领导班子其他成员按经营者该项收入的0.6～0.8倍的系数确定。

1991年8月18日，区政府制定《济南市槐荫区暂住人口计划生育暂行规定》，主要内容有：育龄妇女持要到暂住地的街道（镇）签定计划生育合同，交纳信誉金，申报“计划生育管理证”，凭该证办理暂住户口证、营业执照和劳务手续。房屋出租单位（人）于房屋出租10日内到所在街道（镇）办理“暂住人口计划生育保证书”等手续，交纳保证金。用工单位在雇用外地劳务团体和个人时，要审查有无签定计划生育合同，申报“计划生育管理证”，并纳入本单位职工计划生育管理范围。12月，区政府制定《关于大力发展居办生产服务的若干规定》，建立居办企业发展基金，发展居办商业服务业，对安置待业青年、残疾人较多的居办企业给予特别照顾，鼓励支持专业技术人员到居办企业工作或服务。

1992年7月6日，区政府制定《关于促进开发区建设的若干规定》。区委、区政府成立开发区领导小组，下设办公室；各开发区成立开发区管委会，承办开发区建设发展中的各项具体工作事宜。鼓励中外合资、中外合作、外商独资企业和土地连片开发、房地产开发、旅游开发项目为主的企业进驻开发区。进行成片开发建设和房地产开发经营，除享受国家及省、市优惠政策外，视其投资规模和建设项目，采取一事一议的办法给予优惠。中外合资、中外合作、外商独资兴办的产品出口企业和先进技术企业，从设立年度起，前3年免征场地使用费，从第4年度起按市定标准的50%比率收取场地使用费；兴办的非产品出口企业和非先进技术企业，设立的第1年免收场地使用费；兴办的教育、体育、科研、文化、医疗等社会公益事业项目，按市最低标准收取土地使用费。区内有关企业还可享受减免有关征税，免征进出口税等优惠待遇。对总投资额在1000万美元以下的“三资”项目，集体基建总投资在1000万元以下的生产性项目和500万元以下的非生产性项目，均由开发区管委会审批。9月9日，区政府制定《关于促进企业集团发展的意见》，对组建企业集团应具备的条件、企业集团管理及促进企业集团发展的几项政策措施进行明确规定。

1993年3月31日，区政府制定《关于加快全区市场建设的有关规定》和《关于促进个体、私营经济发展的有关规定》。按照谁投资、谁所有、谁受益的原则，鼓励多方投资建市场，对进入新建市场经营的国营、集体、个体业户，优先办理各种营业执照手续，优先安排摊位，减收市场管理费。外地来的固定工商业户，为其申办临时户口，协助安排其子女就近入学、入托，对其生活、经营提供系列优质服务。已形成规模、特色的新建市场，工商管理部门可将年收取管理的30%返还于市场建设；5万平方米以上的市场，1～3年内，市场管理费全部用于市场建设。对个体、私营经营者，简化手续，降低门槛，放宽经营项目，放开经营方式。业户可租赁、承包、收买、合并工商餐饮服务业，可向国有、集体企业投资入股，农民可兴办生产型、科技开发型、生产生活服务型企业。金融部门拨专款予以扶持，税务部门用税收杠杆激励业户发展。

1994年4月20日，区政府制定《槐荫区流动人口计划生育管理规定》。实行街道、镇（开发区）统一领导，各级计生行政管理部门为本行政区主管部门，公安、工商、劳动、卫生、建委、民政、房管等部门协助配合。对违犯规定的单位和个人视情况予以处罚。9月19日，区政府制定《关于加强两镇村级财务管理，推行“村账镇管”工作的实施意见》，采取先点后面的办法，在两镇全面推广章丘市高官寨乡的村级政务公开经验，推行“村账镇管”，实行账务两级管理；“户电村管”，将农村用电纳入村级财务管理范围。

1995年9月25日，区政府印发《槐荫区“九五”科技发展计划及2010年长期规划》，制定未来15年科技发展目标、主要任务及实施措施等。主要任务：抓好以综合技术开发和成果应用为重点的科技兴农；抓好高新技术产业化及传统产业高新技术化的科技兴工；抓好社会方面重大科技问题的研究。通过规划的实施，科技进步对经济增长的贡献率达到60%以上。

1996年9月13日，区政府印发《关于加快济南民营科技产业园建设的若干规定》。主要内容：优先发展民营科技企业；为有突出贡献的进园人员的配偶、子女提供入户、上学、就业之便；区有关部门优先安排民营企业所需人才；

产业园审批企业免交两年工商管理费；进园投资者可自主选择经营方式；允许经营国家开放的行业、项目和商品；进园企业实行统一标准收费；政治上关心民营企业负责人；区直部门不得擅自进园搞检查等。

1997年4月11日，区政府制定《关于深化区属计划单列企业改制工作的实施意见》。计划上半年选择2家条件上成熟、具有代表性的企业进行试点，完成改制任务。在搞好试点的同时，对已进行资产评估的4家企业创造条件，尽快确定实施改制方案；对8家尚未进行资产评估的企业，抓紧进行资产评估，为企业改制做好准备。推进全区计划单列企业建立起与市场经济相适应的现代企业制度，提高企业经营者素质，建立健全对企业经营者的激励和约束机制。8月14日，区政府印发《槐荫区农村最低生活保障暂行办法》，规定：凡因常年病残或遇不可抗拒的自然灾害而造成自身无生活能力且无其他经济来源的特困户，以及其他生活困难的、年人均收入低于最低生活保障线的农民，均可享受最低生活保障。最低生活保障标准，1997年为720元，以后随着物价指数变动，每年调整一次。12月6日，区政府制定《关于加快发展对外经贸工作的意见》，提出：1999—2000年，外贸出口创汇总额分别达到2000万美元和5000万美元，实际利用外资分别达到1000万美元的目标。为此，要走好对外贸易的“十条路子”（境外办企业、兴办外商独资企业、合作企业、中外合资企业、自营出口、来料加工、来件装配、来图加工、补偿贸易、权尽所用），突出发展“三来一补”（来料加工、来样加工、来件装配和补偿贸易）项目，制定和完善各项优惠政策，加强对外经贸队伍建设，促进全区外向型经济取得突破性进展。

1999年5月13日，区政府批准实施《槐荫公园改造实施方案》，自6月15日至8月30日，将槐荫公园改造成绿化广场。公园改造总面积5.6万平方米，分三个区建设：广场区1.2万平方米，游乐区2.1万平方米，体育场2.3万平方米。5月19日，区政府批准实施《经十西路绿化工程实施方案》，拟5月15日至6月25日，在经十西路两侧建设宽15米的高标准绿化带。工程由区220办公室负责绿化带的规划、设计、技术指导、验收，沿线两侧企事业单位承担自家门前的绿化，单位所在办、镇具体负责协调实施。

2000年1月21日，区政府制定《关于区政务厅实行联合办公的实施意见》，决定集中区有关职能部门在政务厅实行联合办公，改革审批制度，简化办事程序，解决审批手续复杂、工作效率低的问题。采取的办公形式主要有：对跨系统、多部门审批的事项实行联合办公制；对系统内部以及需报上级部门审批的事项实行一条龙服务制；对部门独立审批的事项实行“一站式”服务制。

2001年3月8日，区政府制定《关于区属国有企业深化改革的补充规定》。已改制为股份合作制、有限责任公司等形式的企业，其国有、集体股份按企业章程进行转让，退出国有、集体资产。未改制的国有、集体企业，按区政发〔1998〕5号文件规定进行评估后，通过量化股份转换职工身份，实现用工制度市场化；鼓励企业兼并联合，职工走向市场自谋职业。8月14日，区政府制定《济南市槐荫区平原绿化“十五”计划》。计划2001—2003年，在京福、济青公路两侧，黄河淤背区基干线，玉清湖旅游景点，腊山、玉皇山北坡、220国道、西外环、济齐路等地，基本建成较为完善的林网体系；2003—2005年实现高标准平原绿化体系，全区平原森林覆盖率达到27.6%，新建完善农田林网2733公顷，林网化面积占宜林面积的95%以上；造林547公顷。

2002年5月13日，区政府制定《关于加快工业经济发展的意见》，提出树立优先发展工业经济的思想。建立科技创新体系，提高全区科技创新能力；扶优扶强，搞好规模企业的扩张；加快体制创新，完善现代企业管理机制；加强扶持服务，促进民营工业经济的发展；加强组织领导，进一步改善工业经济发展环境。8月5日，区政府制定《关于在我区取消户口性质分类、实行统一的济南市居民户口登记管理制度的实施意见》。决定自8月1日起至8月31日，在辖区取消户口性质分类，实行统一的济南市居民户口登记管理制度，对全区原农业人口全面改登为济南市居民户口。9月28日，区政府制定《关于实施人口与计划生育综合改革的意见》。农村全面推行计划生育村民自治；城区建立完善“属地管理、单位负责、居民自治、社区服务”的计划生育管理体制；流动人口建立以现居住地管理为主的体制。完善计划生育工作机制，二孩生育实行咨询、办证、收费“一站式服务”；落实计划生育奖励、免费服务和各项优先、优惠、扶持、救助政策。

2004年2月11日，区政府印发《槐荫区公费医疗管理暂行办法》，规定：槐荫人民医院为区公费医疗定点医院，享受公费医疗的在职及退休人员，在定点医院不分门诊或住院，一律个人承担医疗费的10%；经批准转外院（含外院急诊）的，个人承担医疗费的20%；离休人员和二等乙级以上伤残军人，属医疗费报销范围的据实报销。凡超《济南市公费、劳保医疗用药报销范围》以外的药品费用一律自理。11月22日，区政府制定《关于进一步发展社区卫生服务的意见》。提出要健全社区卫生服务体系，加强社区卫生服务的管理。到2005年，以街道（镇）为单位，社区卫生服务中心覆盖率达到100%，90%以上的居民出行10分钟即可到达社区卫生服务中心（站）；平均每万名城市社区居住人口配备3名全科医生、5名护士；法定传染病报告率达到100%，计划免疫接种率、儿童保健接种管理率和孕产妇系统管理率均达到95%以上，社会慢病网络系统管理率达到50%以上；居民到社区卫生服务中心（站）及其他基层医疗机构就诊的比例达到50%以上。

2005年3月2日，区政府制定《关于进一步完善街道（镇）财政体制的意见》。核定以各街道（镇）辖区内2005年国税和地税的税收计划为基数，确定支出基数。完成税收计划的，保其支出基数；完不成税收计划的，或按未完成计划的比例相应扣减其支出基数，或按影响区级财力多少相减扣减其支出基数。各街道（镇）地方财政收入，街道（镇）分成60%。地税涉外企业产生的税收，从2005年起，凡区级财力比上年增长部分，视所在街道（镇）对企业的服务程度，给予街道（镇）1%～5%的分成。凡街道（镇）引进企业落户于其他街道（镇）的，该企业实现的地方税收由引进街道（镇）分成60%，落户街道（镇）分成40%。5月23日，区政府制定《关于建立新型农村合作医疗制度的意见（试行）》。实行个人缴纳、集体扶持和政策资助相结合的筹资机制，对段店、吴家堡两镇农村常住农业人口以户为单位，每人每年缴纳10元，市、区财政对参加合作医疗制度的农民，每人每年补助10元，其医疗费用的报销比例和程序按有关规定办理。7月20日，区政府印发《关于调整区直机关事业单位基本养老保险缴费比例和缴费办法的通知》，规定：区直党政机关和全额拨款的事业单位，基本养老保险单位缴费比例由原在职职工工资总额的26%调整为38%（含职工个人应负担的2%部分）。区直差额拨款和自收自支的事业单位，基本养老保险单位缴费比例由原在职职工工资总额的26%调整为36%，职工个人2%的缴费比例不变；取消以离退休人员养老金为基数征收的15%调剂金。

2006年3月28日，区政府印发《济南市槐荫区科学技术奖励办法》。办法规定：区政府设立区科学技术奖，每2～3年颁发一次，奖项分突出贡献奖和科技进步奖。区科学技术奖遵循公开、公正的原则，经推荐评审后授予。区科学技术科技进步奖设3个等级：一等奖1名、二等奖3名、三等奖6名，奖金分别为2万元、1万元和5000元。6月26日，区政府印发《关于印发济南市槐荫区黄河防洪预案和济南市槐荫区黄河滩区运用预案的通知》。对防汛职责、防汛队伍组成、物资储备筹集与使用、滩区群众迁安救护及安置等进行明确规定。

第二节 施政业绩

一、第十二届区人民政府（1990年3月10日至1993年1月10日）

工业经济 通过产业调整、技改投入、加强企业管理，工业速度、效益跨上一个新的台阶。全区年产值过千万元企业由1989年的4家增至1992年的11家。共开发新产品130余种，其中20余种达到国内先进水平。1992年，全区完成工业总产值7.6亿元，比1989年增长82%，平均年递增22.1%；实现利润（不含村户工业）2950万元，比1989年增长51.6%，平均年递增14.9%。

农村经济　乡镇企业崛起，粮、菜、畜禽、水产、林果多种经营发展迅速。1992年，全区农村经济收入8.92亿元，比1989年增长67.3%。其中多种经营收入6.46亿元，比1989年增长119%。农民人均收入1124元，比1989年增长32%。在粮田逐年减少的情况下，粮食总产量2.92万吨。

商品贸易　全区商业网点和集贸市场建设总投资1.87亿元；新建、改建网点1650处，增加营业面积3.4万平方米；新建、改造集贸市场14处，增加交易面积7万平方米。1992年，全区有各类商业服务网点5000余处，各类集贸市场25处，个体工商户5537户；完成商业营业额8.61亿元，比1989年增长77.6%，平均年递增21.1%；集贸市场交易额4亿元，比1989年增长2.2倍。

对外经贸　1992年，全区三资企业由1989年的1家增至60家，累计利用外资2500万美元；外贸出口企业由1989年的7家增至34家，出口交货值3500万元，比1989年增加4倍。

城市建设　以道路建设、房产开发为重点。投资1280万元，完成新市区骨架道路15条、8万平方米；开发面积54万平方米，竣工面积38万平方米。槐荫公园基本建设成型。先后解决住房特困户378户，连获泉城解困奖。完成全区分区规划和10个自然村的详细规划。对全区卫生环境、市容市貌进行全面综合治理，为济南市进入全国十佳卫生城市做出贡献。环境保护跨入全省先进行列。

文化事业　1990年开始实施九年制义务教育。1992年，小学毕业考试成绩进入全市先进行列；成人教育、职业技术教育、社会力量办学均被评为省先进单位。开展全民教育捐资，共收缴资金700万元用于校舍改造项目11个，其中已竣工项目7个。取得科技成果44项，获市级以上奖励11项，科技成果推广应用率85%以上。1992年，全区10种地方传染病发率比1991年下降8.24%，达到国家规定标准。全区计划生育率99.8%，独生子女领证率100%，跨入省先进行列。成功举办首届文化艺术节；书刊管理、基层文化网络建设被评为省市先进单位。

精神文明建设　深入开展社会主义思想教育活动。完成第一个五年普法任务，第二个五年普法工作迅速展开。强化政府法制建设，依法治区工作逐步延伸。在“双拥共建”活动中成绩显著，1991年被评为省级“双拥模范区”。

二、第十三届区人民政府（1993年1月10日至1998年1月16日）

综合经济实力　区域经济快速发展，经济总量大幅度增长。1997年，全区国内生产总值完成18亿元，比1992年增长153.5%，年均递增20.4%。其中第一产业完成1.3亿元，比1992年增长62.5%；第二产业完成7亿元，比1992年增长79.5%；第三产业完成9.7亿元，比1992年增长304%。全区财政总收入完成1.47亿元，比1992年增长176%，年均递增22.6%；其中地方财政收入完成8772万元，比1992年增长193%，年均递增24%。

工业经济　企业改革步伐加快，骨干企业快速膨胀，规模经济不断壮大。1997年，全区完成工业总产值26.6亿元，比上年增长26.7%；实现利润5000万元（老口径），比上年增长21.3%。镇以上独立核算工业企业完成销售收入9亿元，比1992年增长293%，年均递增31.5%；实现利税5000万元。

农村经济　实施以粮食、蔬菜、林果、水产、畜禽为重点的综合开发，初步形成五大农业生产基地；开展小清河流域万亩方田化建设工程；建成新技术推广、良种繁育、新品种推广、规模栽培、高效综合开发5个示范区；完善农业基础设施，实现引黄、井灌双保险；发展种养、加工、营销专业大户、专业村。1997年，农村经济总收入31.5亿元，比上年增长17%；粮食总产量 2.45 万吨；蔬菜总产量 9.5 万吨；农民人均纯收入 3128 元，比 1992 年增长 178.3%，年均递增 22.7%。

商品贸易　第三产业发展迅速，一批特色市场相继建成。1997 年，全区各类市场由 1992 年的 25 处发展到 51 处，交易面积由 5.9 万平方米增加到 40 万平方米，年交易额由 4 亿元增至 54 亿元。完成第三产业总收入 100 亿元，比 1992 年增长 452%，年均递增 40.7%。其中商业营业额完成 40 亿元，比上年增长 2.6%；集贸市场交易额完成 54 亿元，比上年增长 25.9%。

对外贸易　1997 年，全区三资企业由 1992 年的 60 家发展到 90 家；合同利用外资由 1992 年的 1848 万美元增加到 4327 万美元，实际利用外资由 1992 年的 436 万美元增加到 3540 万美元。全区完成出口创汇 1000 万美元，其中自营出口创汇 450 万美元，三资企业出口创汇 550 万美元。

城市建设　投资 2 亿余元，完成经四路、经十西路等 15 条重要道路的拓宽改造工程，总长 50 余千米。全面完成济德高速千米的征地拆迁任务，共征地 140 公顷，拆迁建筑面积 2.5 万平方米。提前完成小清河干流槐荫区段 11.9 千米的治理任务，共拆迁建筑面积 4.3 万平方米，开挖土方 210 万立方米，砌石 4.5 万立方米。综合开发竣工面积 166 万平方米，建成匡山、明星、闫千户、裕园等小区；建成经四路、纬十二路等 6 条商业街。新城区建设全面铺开，制定新城区总体规划，实施经十西路绿化样板工程，新建绿地 2.5 万平方米。槐荫广场进入建设施工阶段。

教育　全区提前两年实现“两基”规划目标，推进由应试教育向素质教育的转变，在全市率先推行教育校长负责制、教职员工聘任制、岗位目标责任制、结构工资制“四制”改革。共投入校改资金 2640 万元，对 15 所学校的校舍进行改造，新建学校 2 所。在全市率先完成教职工住房解困工作，规划建设园丁小区。1997 年，投资 1200 万元实施“温暖工程”，30 所学校实现供暖。

科技　全区共实施各类科技计划 124 项，其中进入国家科技计划 13 项，取得科技成果 72 项；认定高新技术企业 6 家，培植高新技术生长点 10 家；实施技改项目 226 项，开发新产品 278 个，完成技改投入 6.3 亿元。1996 年被国家科委命名为全国科技工作先进区。1997 年，科技对经济的贡献率 60% 以上。同年，民营科技产业园通过国家科委考核验收。

卫生文化体育　1995 年，区医院达到部颁“二等甲级医院”标准。1996 年，实施《槐荫区创建爱婴区实施意见》，被市政府授予“爱婴区”称号。1993—1996 年，红十字会连续 4 年被中国红十字会总会授予全国红十字先进集体称号。1997 年，在全市率先推进妇幼社区卫生服务试点，走出一条融预防、医疗、康复和健康教育为一体的社区卫生服务新路子，卫生部给予充分肯定并向全国推广。全面完成人口与计划生育控制目标，1993 年、1997 年，先后被山东省委、山东省人民政府授予计划生育“三为主”、全省计划生育先进集体称号。成功举办全区第二届文化艺术节。新建改建槐荫公园体育场、区游泳馆，成立区体育运动竞技学校，全区学校在执行国家青少年体育锻炼标准达标工作中被评为先进单位。

精神文明建设　完成“二五”普法任务，“三五”普法全面启动。实施部门执法责任制和领导干部普法责任制，提高依法决策、依法管理水平。开展创建省级社会治安综合治理模范区、社会主义思想教育、爱国主义教育、“学交警、学工行、创一流”、争创“三优街”“争创文明片区”“争当文明市民”“廉正‘双十佳’”等活动，在“双拥共建”活动中，跨入省级双拥模范区行列。

三、第十四届区人民政府（1998 年 1 月 16 日至 2003 年 1 月 16 日）

综合经济实力　实施市场建设、房地产开发、园区建设“三大带动”战略，全区经济总量大幅度增长。2002 年，全区国内生产总值完成 31.02 亿元，比 1997 年增长 80%，平均每年递增 11.5%。其中，第一产业增加值 1.47 亿元，比 1997 年增长 13.1%；第二产业增加值 11.7 亿元，增长 67.1%；第三产业增加值 17.85 亿元，增长 84%。全区地方财政收入完成 3.02 亿元（按可比口径），比 1997 年增长 244.4%，年均递增 28.1%。

工业经济　实施规模企业膨胀战略，工业经济稳步增长。2002 年，全区完成工业总产值 57.1 亿元，比 1997 年增长 115%；实现利润 1.1 亿元，增长 120%。其中，限额以上工业企业 47 家，完成工业增加值 7.2 亿元，比 1997 年增长 111.8%，年均递增 16.2%；完成销售收入 19.1 亿元，比 1997 年增长 107.6%，年均递增 15.7%；实现利税 8343.6 万元，比 1997 年增长 113.7%，年均递增 16.4%。

农村经济　发展以食用菌、花卉、蔬菜、林果、种植和奶牛养殖为主的都市型农业，粮经比例由 1997 年的 7∶3 调整到 2002 年的 4.4∶5.6。加快农业科技示范园建设，“水生蔬菜示范园”被列入全省十大农业特色园区；培植一批创汇型农业龙头企业；完善全区旅游观光农业总体规划。2002 年，全区农民人均可支配收入 3915 元，比 1997 年增长 32.4%，年均递增 5.8%。

商品贸易　一批规模市场和商贸设施相继建成。2002 年，全区有各类市场 71 处，比 1997 年增加 20 处；交易额 185 亿元，年均递增 27.9%。全区第三产业总收入 287.4 亿元，比 1997 年增长 187.4%，年均递增 23.5%。

对外贸易　累计利用外资 3539 万美元。2002 年实际利用外资 1327.7 万美元；出口企业 28 家，出口创汇 2350 万美元，比 1997 年增长 135%，其中农产品出口过千万美元。

城乡建设　相继建成兴济河西坝路、交校西路、小清河北路等道路 10 余条，总长 30.3 千米；拓宽改造经十西路、济齐路、经六路西延长线等道路 10 余条。实施经十西路、二环西路、济齐路等样板路绿化。建成槐荫、槐苑等广场 20 余处。房地产开发竣工 248 万平方米，拆迁安置棚户 5600 户。新世界阳光花园、阳光 100 国际新城、外海城市花园等大型高档生态社区相继规划建设；新建扩建明星小区、匡山小区、玉景家园、普利花园、槐苑花园等住宅小区；启动前屯、大金、张庄等一批旧村改造工程。

教育　全面推行素质教育，实施“三名”（名校、名师、名校长）工程；通过全省实验教学普及县（区）达标验收；建成槐荫教育信息网，有 8 所学校被评为省级电化教育实验学校；加大校舍改造和学校布局调整力度，新建校舍 3.5 万平方米，撤销合并学校 9 所；强化教学科研和教学管理，教育教学质量进一步提高。

科技卫生文化教育　共实施各类科技计划 187 项，取得科技成果 191 项；专利工作连续 5 年被省知识产权局授予先进单位称号。1999 年、2001 年，槐荫广场、槐苑广场先后被市、省评为优秀文化广场。开展群众体育活动，1999 年，匡山、道德街街道被评为省级先进体育社区；2001 年，匡山、张庄街道分别被评为全国和省级先进体育社区。相继建成区图书馆、区体育场、区室内游泳馆等设施。2002 年，计划生育率 100%，被评为全市优质服务区。

精神文明建设　完成“三五”普法工作，被评为全省“三五”普法先进区；“四五”普法启动实施。推进依法治区，严格落实部门执法责任制。开展双拥共建活动，实现省级双拥模范“三连冠”。在精神文明创建活动中，推出市民道德自律、社区居民论坛等品牌，被评为全省精神文明先进区。

四、第十五届区人民政府（2003 年 1 月 16 日至 2007 年 12 月 4 日）

综合经济实力　2007 年，全区实现生产总值 129.07 亿元，比 2002 年增长 99.8%，年均增长 14.1%；其中一、二、三次产业比 2002 年分别增长 56.4%、94.9%、104.3%。地方财政一般预算收入 4.76 亿元，比 2002 年增长 153%，年均增长 21%。全社会固定资产投资 76 亿元，比 2002 年增长 230.9%，年均增长 27.5%。

工业经济　实施“工业强区”战略，推进骨干企业膨胀，突出培植机械制造、家用电器等主导产业。2007 年，规模以上工业企业 111 家，比 2002 年增加 64 家；实现增加值 29.56 亿元，年均增长 17.9%；实现销售收入 120 亿元，年均增长 27.9%；实现利税 9 亿元，年均增长

37.1%；实现利润6亿元，年均增长66.6%。

农村经济　不断增加农业投入，加强农业基础设施、农业标准化生产基地建设，农业产业化程度进一步提高。2007年，在粮田面积减少的情况下，粮食总产量3.04万吨，比2002年增长14%；在全市率先实现种植业无公害产地全覆盖；省、市级农业龙头企业8家；出口创汇、精种特养、观光旅游三大都市农业特色更加突出。

商品贸易　2007年，全区社会消费品零售总额完成143.6亿元，年均增长16.2%；限额以上贸易企业63家，比2002年增加52家。市场建设实现新突破，全区亿元以上商品市场32家。济南茶叶市场、西市场小商品批发市场等一批大市场档次不断提升；以润华汽车服务园、匡山汽车大世界为龙头的汽车园区建设初具规模。成功举办济南国际茶博会、济南国际服装文化节等大型展会。

对外贸易　累计招商引资到位资金265亿元，年均增长62.7%，招商引资项目对财政的贡献率68%。2007年，实际利用外资4500万美元，比2002年增长239%，年均增长27.7%；全区共引进各类项目607个，其中过千万的大项目102个；全区有出口实绩的企业50家，其中出口额过100万美元的23家；外贸出口值1.3亿美元，比2002年增长440%，年均增长40%。

城市建设　坚持“政府引导、市场运作、统一规划、连片开发、自求平衡、滚动发展”的原则开展旧城改造。投资49亿元，相继建成新世界阳光花园一期、阳光100国际新城一、二期、鑫苑·城市之家、嘉馨·现代逸居等10个项目；投资66亿元，进行济南第三十五中学综合校改、群盛华城、四建泉城花园等12个项目建设。全区1.3万户棚户区居民喜迁新居，棚户区改造走在全市前列。组织实施经六路铁路桥、经一路、党杨路、大学路、物流大道等主干路桥建设，完成621条背街小巷和老城区次干道的综合整治。建筑面积4万平方米的区政务中心投入使用。深入实施城乡环境综合整治，突出开展违法违章建设、破损山体、居民小区等专项整治行动；在全市第一个实现城乡环卫管理覆盖，“两级政府、三级管理、四级网络”的城市管理长效机制基本形成。

社会事业　坚持教育优先发展战略，推进素质教育；济南第十二中学、经七路第一小学等7所学校跨入省级规范化学校行列，济南第九职业中等专业学校被评为省级重点职业学校，实验幼儿园被评为省十佳幼儿园，营东小学被评为全国首批中小学外语教研示范学校；完成古城中学、南辛庄小学等20余所学校的校舍新建、改造任务，外海实验学校、阳光100小学等新建住宅小区配套学校建成使用；建立完善农村义务教育经费保障机制，投资1.1亿元完成农村校舍改造，两镇、“四新”街道达到市级教育示范乡镇标准。科技工作，以企业为主体、市场为导向、产学研相结合的自主创新体系不断完善；成立槐荫区创新型城区建设推进工作委员会，新增省级高新技术企业5家，市级高新技术企业10家，省、市高新技术企业共75家，累计实现产值81.53亿元，占规模以上工业总产值的64.18%。申报市级以上各类科技计划23项，申请专利1414件，其中发明专利127件，获市级以上科技成果8项。在全市率先建立2处地震应急避难场所——华联广场和博远广场；在全市10个县（市）区率先成立海外留学人员创业区；建立完善人才、智力、项目相结合的柔性引进机制，全区专业技术人才4.3万人。公共卫生体系不断健全，艾滋病防治、妇幼保健等多项工作跨入全省先进行列，获全国社区卫生服务示范区、全国红十字服务示范区等称号。全面实行新型农村合作医疗，参合村庄覆盖率100%，参合率96%。人口计生工作不断创新，新建小区“三种模式、五位一体”、驻地部队“军地双管双助”等管理经验在全省范围内推广，流动人口管理、儿童早期教育工作走在全国前列，人口自然增长率控制在4‰以内，获省级优质服务先进区称号。公共文化服务体系建设，在全市率先建成文化信息资源共享工程并顺利通过国家验收，开展创建基层文化建设百强等文化活动，村居文化设施建设达标率在90%以上。环保工作，以治污减排为重点，2006年化学需氧量、二氧化硫排放量比上年分别降低 4.3% 和 2%，良好以上天数比率超过 85%。社会保障体系不断完善，5 年累计实现就业再就业 4.34 万人，其中下岗失业人员 1.94 万人，城镇登记失业率控制在 4.2% 以内，被评为省就业再就业工作先进单位；妥善解决 61 家改制破产困难企业退休职工医疗保险，成为全市第一个所有改制企业退休职工参保的县区。

精神文明建设　落实《公民道德建设实施纲要》，弘扬社会主义荣辱观，开展各具特色的文明城市创建活动，形成“一街一特色、一居一品牌”的创建格局并在全省推广，获全省第六届精神文明建设工作先进区称号。“一个核心，三元互动”社区管理体制得到推广，被命名为全省首批和谐社区建设示范区。双拥共建活动实现“省级双拥模范区”四连冠。

第三节　政府法制

1990 年 8 月 29 日，成立区政府法制办公室，编制 3 人，为正处级单位。1991 年 7 月 19 日，成立区政府行政复议办公室，与区政府法制办公室合署办公。主要承担制定政府法规、执法监督、规范性文件审核备案、行政复议等工作。

一、法规制定

1990—2006 年，先后制定《济南市槐荫区规范性文件制定程序规定》《济南市槐荫区行政许可监督检查规定》《济南市槐荫区人民政府关于贯彻落实国务院全面推进依法行政实施纲要的意见》《济南市槐荫区国家赔偿程序管理暂行办法》《济南市槐荫区行政处罚监督（检查）暂行规定》《济南市槐荫区行政审批制度改革暂行规定》等文件 20 余个。

二、执法监督

1992 年 5 月起，分两批将 1979—1994 年现行有效的 469 个法律法规分解到 41 个部门，由各部门行使执法权，实行执法责任制。每年组织行政执法人员进行业务培训和考试，至 2006 年，全区共有 900 余人领取山东省行政执法证。2006 年，《中华人民共和国行政许可法》颁布实施，至年末，共举办各级领导干部讲座 3 次，培训行政执法人员 1000 余人次；27 个部门办理行政许可实施资格，共有行政许可项目 105 项，其中具有收费依据的行政许可项目 42 项。

三、规范性文件审核备案

2003 年起，凡政府制定的规范性文件，事先要经过法制办审核把关，对政府部门和乡镇政府颁布的规范性文件实行登记备案制。

四、行政复议与应诉

1991—2006 年，全区共收到行政复议申请 22 件，受理 16 件，占申请案件的 73%；不予受理 6 件，占申请案件的 27%。在受理的案件中撤回申请 3 件，维持具体行政行为 12 件，撤销具体行政行为 1 件。案件涉及土地、公安、房管、拆迁、人事、文化等部门，内容包括土地权属、行政处罚、劳动人事、行政不作为、房屋拆迁、村委会改选纠纷等。

1990—2006 年，共为区政府办理诉讼案件 30 余起，挽回经济损失近千万元。

第四节　政务督查与行政审批

一、政务督查

1989—1997 年，政务督查由区政府办公室秘书科承担。1998 年 3 月，成立区政府办公室督查科。2003 年 11 月，改为区政府办公室督查室（副处级）。负责处理市、区政府督查案件、领导批示交办件；市、区长公开电话反映的问题；省、市、区人大常委会代表建议和政协委员提案办理。

1989 年起，每年召开全区人大常委会代表议案建议、政协委员提案办理交接会议。1999 年起，改为召开全区办理人大代表议案建议、政协委员提案表彰动员会议，总结表彰上年度办理情况，对本年度办理情况提出要求。同时，区政府办公室下发《关于人大代表议案建议、政协委员提案办理工作的通知》，对办理时间、方式、答复等作出明确规定。1998—2006 年，共办理市、区政府督查件、领导批示交办件和省、市、区人大常委会代表建议、政协提案 2700 件，人大代表建议和政协提案的办理回复率100%，满意率95%以上；处理市、区长公开电话反应的问题4500余件，处结率在98%以上。

二、行政审批

1999年5月，成立槐荫区政务厅，设在区政府办公楼二楼，面积90平方米，投资30万元。政务厅集中区建委、区房管局、区工商局等22个职能部门实行联合办公，每周二至周五对外办公。区委、区政府根据各部门职责范围及内在联系，研究制定《槐荫区政务厅实行联合办公的实施意见》，规定其办公形式主要有：对跨系统、多部门审批的事项实行联合办公。联合办公由区政府办公室负责总协调，确定项目审批的主管部门，填报政务厅督办单，然后由主管部门牵头组织所涉及的部门进行联合办公，并按有关程序进行办理。对系统内各部门审批的事项实行一条龙服务审批。对超出区级职权范围、需报请上级主管部门审批的，由区有关部门帮助协调申报单位上报审批。对部门独立审批的事项实行“一站式”服务。为方便群众，政务厅内设置“槐荫区政务指南”触摸屏，汇集参加联合办公的22个部门的机构设置、工作职责、办事程序、办事时限等内容，使前来办事人员一目了然。至2000年底，政务厅接受各种咨询、办理审批事项1.07万件次。同年，山东省副省长林廷生在政务厅检查指导工作时，给予较高评价。

2005年，成立区行政审批服务中心，与招商局合署办公。

第五节　机关事务工作

1989—1995年，区政府办公室行政科负责管理区机关行政事务及区机关幼儿园。1995年6月，成立区机关行政事务管理局（简称行管局），与区政府办公室共同管理区机关行政事务。1996年10月，成立基建办公室。2001年3月后，由区机关行政事务管理局统管区机关行政事务。2006年，区行管局下设办公室、机电房产科、财务科、车管科、膳食科、综合科，管理区机关幼儿园。

1995—2003年，机关安全保卫工作由行管局保卫科带领区公安分局巡警大队8名巡警负责。2003年，区政务中心建成，面积4万平方米。与润华集团山东物业管理有限责任公司签订《委托物业管理合同书》，政务中心实行卫生、安全等物业管理。同年，建立区机关食堂，实行自助餐式规范化管理。2004年，原槐苑、槐荫宾馆两家企业化管理的事业单位实行改制。对达到退休年龄的7名固定职工办理退休手续；34名40岁以上的固定职工负责缴纳养老保险和发放基本生活费；23名40岁以下固定职工负责缴纳养老保险，自谋职业；36名合同制职工解除合同，自谋职业。2005年起，对管辖的38辆车辆实行定点厂维修，燃油费、维修费“一车一账”包干制。

2000年6月，建成段北东路2号4栋、16000平方米宿舍楼，沿街房2000平方米。至2006年，对7处、17栋宿舍楼实施物业管理，实现一户一表供水。

第六节　政务信息

一、信息编发

1990年起，各街道（镇）、政府部门均设有信息员1名，定期向区政府办公室报送信息，为领导决策提供参考。主要内容有：中央重要决策发布后干部群众的反映和基层贯彻落实的具体情况；群众关心的热点、难点问题；围绕改革开放出现的新情况、新问题，提出合理化建议；社会上出现的急事要事，影响社会安定的重大问题;本部门、单位的好经验、好做法等。区政府办公室创办《槐荫政务信息》《政务工作》，至2006年,共下发《槐荫政务信息》500余期、《政务工作》400余期，上报市政府信息处2万余条。

政府办公室在服务领导的同时，深入基层调查研究，写出部分有价值的调研文章，上报市政府并在有关刊物发表。其中，2002年《实施两大带动战略促进济南西部经济发展》、2004年《深化街巷整治创建城市管理示范区——槐荫加强城市管理的报告》和《理清思路抓住关键加快农业经营发展步伐》获全市先进调研成果；2002 年《槐荫区城郊村（居）综合配套改革的新探索》、2005 年《槐荫区田庄村新房淤积任务再三拖延拆迁村民反响强烈》分别被省、市领导批示。

二、电子政务

2002 年前，槐荫区政府网站由区统计局管理维护。2002 年划归区政府办公室后，区政府办公室对原门户网站进行全面升级改版，设置槐荫概况、机构职能、政务信息等栏目，成为政府信息公开的主渠道；开设区长信箱，成为政府与社会沟通的桥梁。至 2006 年底，网站累计浏览 29.2 万次。

第三章　政协槐荫区委员会

第一节　区政协委员

每届区政协委员产生，均根据上级要求和中共槐荫区委批准的委员安排方案，由区内各界别单位协商提出建议人选。中共槐荫区委组织部对中共党员委员建议人选进行考察，中共槐荫区委统战部对非中共党员建议人选进行考察，并征求有关部门意见。根据考察情况，分别审定后，由中共槐荫区委统战部统一提交区政协常委会协商通过。

委员以界别代表身份参加政协，由中国共产党、民主党派成员、无党派人士、人民团体、少数民族、宗教、侨胞、经济、科技、农业、教育、医药卫生、文化艺术、体育等各界代表及特邀人士组成。根据每届实际，界别设置有所不同。政协委员中中共党员所占比例一般不超过 40%。

政协槐荫区第三届至六届委员会第一次会议委员界别构成情况表

表 9–4

界　别	人	数		
	第三届	第四届	第五届	第六届
合计	185	180	190	190
中国共产党	13	12	12	12
中国国民党	4	4	6	4
中国民主同盟	6	6	4	6
中国民主建国会	5	5	4	5
中国民主促进会	—	—	3	2
中国农工民主党	3	5	6	6
中国致公党	2	2	2	3
九三学社	2	2	3	3
中国共产主义青年团	8	8	6	6

续表 9-4

界　别	人　数			
	第三届	第四届	第五届	第六届
工会	10	8	6	6
妇联	8	8	6	6
工商联	5	5	8	8
文化艺术界	4	4	6	4
科协	—	5	4	3
科技	21	8	8	7
经济界	—	8	8	10
农业界	7	6	7	7
教育界	14	14	18	12
社会福利和社会保障界	—	—	—	3
体育界	3	3	5	3
医药卫生界	12	10	10	8
少数民族界	5	5	7	6
侨联	5	5	5	5
宗教界	3	3	2	3
特别邀请人士	45	44	44	52

第二节　区政协委员会会议

一、第三届区政协委员会会议

第一次会议　1990年3月5日—9日召开，21个界别185名委员出席会议。会议听取和审议区政协主席董林洲代表第二届委员会所作的政协常务委员会工作报告和副主席李广杰所作的提案委员会工作报告。刘茂儒当选为区政协第三届委员会主席，吴敬铭、李广杰、潘慎松、黄成烈当选为副主席；于龙德等19人当选为常务委员。列席区人大常委会第十二届一次会议。

第二次会议　1991年3月4日—7日召开。会议听取和审议区政协主席刘茂儒所作的政协常务委员会工作报告和副主席吴敬铭所作的提案办理情况报告。会议增选刘锡玉、尤春峰为区政协第三届委员会副主席。列席区人大常委会第十二届二次会议。

第三次会议　1992年3月24日—27日召开。会议听取和审议区政协主席刘茂儒所作的常务委员会工作报告和副主席吴敬铭所作的提案办理情况报告；列席区人大常委会第十二届三次会议。

二、第四届区政协会议

第一次会议　1993年1月9日—14日召开，23个界别180名委员出席会议。会议听取和审议区政协主席刘茂儒代表第三届委员会所作的政协常务委员会工作报告和副主席李广杰所作的提案委员会工作报告。刘传印当选为区政协第四届委员会主席，刘锡玉、尤春峰、朱德华、朱乃燔、孔庆来、张炳元当选为副主席；王伦善等20人当选为常务委员。列席区人大常委会第十三届一次会议。

第二次会议　1994年3月15日—19日召开。会议听取并审议区政协主席刘传印所作的政协常务委员会工作报告和副主席刘锡玉所作的提案办理情况报告。列席区人大常委会第十三届二次会议。

第三次会议　1995年3月13日—16日召开。会议听取并审议区政协主席刘传印所作的政协常务委员会工作报告和副主席刘锡玉所作的提案办理情况报告。增选宋秉坤为区政协第四届委员会副主席。列席区人大常委会第十三届三次会议。

第四次会议　1996年3月17日—21日召开。会议听取并讨论区委书记马纯济的讲话；听取并审议区政协主席刘传印所作的政协常务委员会工作报告和副主席刘锡玉所作的提案办理情况报告。增选王宪德、王伦善为区政协第四届委员会副主席。列席区人大常委会第十三届四次会议。

第五次会议　1997年3月10日—14日召开。会议听取并讨论区委书记丛大鸣的讲话；听取并审议宋秉坤副主席所作的政协常务委员会工作报告和副主席刘锡玉所作的提案办理情况报告。列席区人大常委会第十三届五次会议。

三、第五届区政协会议

第一次会议　1998年1月14日—19日召开，24个界别190名委员出席会议。会议听取并讨论区委书记丛大鸣的讲话，听取和审议政协副主席宋秉坤代表第四届委员会所作的政协常务委员会工作报告和副主席刘锡玉所作的提案工作报告。梁乙河当选为区政协第五届委员会主席，宋秉坤、刘锡玉、陆政、王宪德、朱德华、朱乃燔、孔庆来当选为副主席；马连栋等21人当选为常务委员。列席区人大常委会第十四届一次会议。

第二次会议　1999年3月5日—10日召开。会议听取并审议区政协副主席宋秉坤所作的政协常务委员会工作报告和副主席刘锡玉所作的提案办理情况报告。列席区人大常委会第十四届二次会议。

第三次会议　2000年3月13日—17日召开。会议听取并讨论区委书记赵文朝的讲话；听取并审议区政协副主席宋秉坤所作的政协常务委员会工作报告和副主席刘锡玉所作的提案办理情况报告。增选张其江为区政协第五届委员会副主席。列席区人大常委会第十四届三次会议。

第四次会议　2001年3月3日—7日召开。会议听取并讨论区委书记赵文朝的讲话；听取并审议区政协副主席宋秉坤所作的政协常务委员会工作报告和副主席刘锡玉所作的提案工作报告。增选赵世河为区政协第五届委员会副主席，孔芙蓉、匡赞辉为常务委员。列席区人大常委会第十四届四次会议。

第五次会议　2002年3月10日—13日召开。会议听取并讨论区委书记赵文朝的讲话；听取并审议区政协副主席宋秉坤所作的政协常务委员会工作报告和副主席赵世河所作的提案工作报告。增选周庆山、章鹏飞、薄玉民为常务委员；表彰先进政协委员联络组、优秀政协委员、优秀提案人（集体）。列席区人大常委会第十四届五次会议。

四、第六届区政协会议

第一次会议　2003年1月14日—19日召开，25个界别190名委员出席会议。会议听取并讨论区委书记讲话；听取和审议区政协副主席宋秉坤代表第五届委员会所作的政协常务委员会工作报告和副主席赵世河所作的提案工作情况报告；徐承鲁当选为区政协第六届委员会主席；王宪德、陆政、朱德华、赵世河、靖绪杉、印东当选为副主席；丁惠东等25人当选为常务委员。列席区人大常委会第十五届一次会议。

第二次会议　2004年1月10日—13日召开。会议听取并讨论区委书记讲话；听取并审议区政协副主席王宪德所作的政协常务委员会工作报告和副主席赵世河所作的提案工作报告。列席区人大常委会第十五届二次会议。

第三次会议　2005年1月12日—15日召开。会议听取并讨论区委书记讲话；听取并审议区政协副主席王宪德所作的政协常务委员会工作报告和副主席赵世河所作的提案工作报告。表彰先进政协委员联络组、优秀政协委员、优秀提案。列席区人大常委会第十五届三次会议。

第四次会议　2006年1月11日—14日召开。会议听取并讨论区委书记讲话；听取并审议区政协主席徐承鲁所作的政协常务委员会工作报告和副主席赵世河所作的提案工作情况及审查情况报告。列席区人大常委会第十五届四次会议。

第三节　职能履行

一、政治协商

政治协商的主要内容是地方大政方针以及政治、经济、文化和社会生活中的重要问题，各党派参加人民政协工作的共同性事务，政协内部重要事务以及有关爱国统一战线的其他重要问题。主要形式有每年一次的全体会议、每季一次的常委会议和每月一次的主席会议，以及与区政府协商座谈制度、常委专题协商会等。

第三届区政协共举行全委会3次、常委会18次、主席会议15次，分别就槐荫区政府工作报告、国民经济与社会发展计划、财政预决算、重大行政人事变动等问题进行协商讨论，提出意见建议。1991年3月，区政协召开常委会对《槐荫区经济和社会发展第八个五年计划和十年规划设想（草案）》进行座谈讨论，提出意见建议。1991年7月，区政协召开常委会就槐荫区《建设城市社会服务化体系，大力发展第三产业的规划》进行座谈协商，了解情况，指出问题，提出建议。每次全委会议期间，委员们分别就经济发展规划、体制改革、文化教育、市政建设等关系全区国计民生的重要问题提出建议意见，3年共收集整理委员建议意见340条，每次全委会后送交区委、区政府决策时参考。

第四届区政协共举行全委会5次、常委会29次、主席会议28次，各专门委员会专题座谈会60余次，分别就全区深化改革、科教兴区、农业发展、反腐倡廉、一创两迎、全区“九五计划”及2010年远景目标的制定和实施等方面的工作或问题，向区委、区政府提出建议100余条。1993年10月，区政协常委会通过《关于加强我区农村合作医疗工作的建议案》。1996年8月，区政协常委会听取区政府对全区经济发展情况的通报，提出建议14条，被区委、区政府纳入决策。

第五届区政协共举行全委会5次、常委会26次、主席会议20次。每年全委会都把听取和讨论区政府的工作报告作为主要议程。五届三次会议增加大会发言内容，10名委员以党派和团体的名义，向会议提出重要建议，得到区委、区政府高度评价。组织专题调研10余次，形成建议案2件，调查报告13份，提出意见、建议100余条。其中，为加快近郊地区经济建设和社会事业发展、积极推进城市化进程，提出重视和解决农民利益问题的建议10条，区委领导非常重视并给予充分肯定。先后围绕民营经济发展、农业产业结构调整、重点城建项目、社区卫生服务、素质教育、社会治安综合治理、民主法制建设等工作进行视察150余次，近2000人次的政协委员参加活动，提出许多改进工作的意见建议。其中，在对全区“一环九射”造绿工程视察中，针对拆迁工作不彻底、造绿工程后期管理跟不上以及投资欠账大的情况，提出建立区、镇、村三级管理网络，加大资金投入，结合济南气候特点多栽树、少种草等建议，被有关部门采纳。针对退路进厅工作中出现回潮现象，常委们提出要统筹规划，合理布局；密切配合、齐抓共管，持之以恒，常抓不懈等意见建议，对解决马路市场回潮问题起到重要促进作用。针对济南新城区的建设选址问题，经济界的委员在视察中提出区政府应组建精干班子，全力以赴争取将新城区建在槐荫的建议引起区委、区政府的高度重视，为济南新城定址槐荫区作出贡献。

第六届区政协共举行全委会5次、常委会20次、主席会议18次。共组织专题调研10余次，形成调查报告13份，提出建议100余条。2003年，经过调研形成《对全区农村稳定工作情况的调查》。向区委提出加强农村基层组织建设、推行“村账镇管”、坚持机关干部下派包村制度等7个方面的建议，区委主要领导作出重要批示。2004年，形成《关于槐荫区工业园开发建设的几点建议》《关于如何解决招商项目落地问题的建议》《关于表彰城市拆迁困难户购房需求的建议》。2005年，形成《落实工业强区战略，促进槐荫工业发展——对全区经济发展的调查报告》。

二、参政议政

槐荫区历届政协贯彻全国政协各项意见，在实践中不断健全和完善社情民意信息工作运作机制，为助推科学民主决策，建设和谐槐荫发挥作用。

第三届区政协委员会期间，区委选拔任命5名民主党派成员，区政府、区纪委聘请30多名政协委员作为廉政建设监督员，直接参政议政。组织政协委员视察考察60余次，写出专题性报告、建议近20篇。其中，关于吴家堡镇西张小学校舍危房应尽快整修的建议；关于稳定教师队伍，提高教师素质的建议；关于振兴全区体育工作的建议；关于解决区少年宫场地问题的建议；关于加强对中小学生法制教育的建议；关于加强饮食管理工作的建议；关于加强饮食管理工作的建议；关于办好区人民医院的建议；关于加强冷食冷饮市场物价管理的建议；关于严格就医资格条件，保障人民群众健康的建议；关于经三路西端危房应尽早规划改造的建议；关于科技兴农的建议；关于加强文化市场管理的建议；关于加强夜市管理工作的建议；关于加强“二五”普法领导工作的建议；关于加强计划生育工作领导的建议；关于加强税务治安管理工作的建议等，得到有关部门的高度重视。

第四届区政协委员会期间，区政协发挥各专门委员会（工作组）和界别作用，组织委员就全区骨干企业改革、民营企业发展、农业规模经营、农村医疗卫生、中小学校舍改造、园丁小区规划、失足青少年帮教、民族经济和民族教育、城市建设等方面的工作和《中华人民共和国教育法》《中华人民共和国劳动法》《中华人民共和国妇女权益保障法》的贯彻落实，完成调查报告15份。1996年5月，区政协提出重视两镇科技人员队伍建设，加大农业科技投入，促进全区城郊型现代化农业发展等问题的建议，区委、区政府领导十分重视，分别责成有关部门研究落实，并要求把建设现代化城郊型农业当作大事来抓。同年，区政协就如何加快发展民营经济、促进全区经济快速健康发展问题提出可行性建议，区政府在制定1997年国民经济发展计划时予以充分吸收，并纳入全区发展规划。区政协组织副主席深入企业具体指导，同时邀请省政协、省工商联领导和省、市政协港澳委员视察企业，提供现场咨询指导。1997年，区政协创办《社情民意》简报，编辑简报7期，为党委、政府提供社情民意信息30余条。其中，《加强街居退休党员管理并注重发挥他们的作用》《要强化措施避免我区个体私营业户外流》等信息，党政部门收到后及时采纳落实。

第五届政协委员会期间，共收到提案647件，立案600件，全部办复完毕。自五届四次会议起，提案的“一案一表”改为“一案二表”，增加政协提案落实情况征询意见表。2001年后，先后两次召开全区社情民意信息工作会议；制定下发《关于加强信息工作的意见》；从各民主党派、各人民团体、各专委会、各地区政协委员联络组选聘32名信息员，建立社情民意信息网络；制定奖励规定。2001—2002年，收到社情民意信息120余篇，内容涉及城市规划、环境保护、群众生活、文化教育、交通安全等方面，引起领导重视。其中，“设立专门的废电池收集箱”“对宠物市场要加强管理”等建议，市领导分别作出批示。区政协提出建立槐荫工业园和高新技术产业基地的建议，得到区委、区政府的认可。五届一次会议后，区政协在全体委员中开展为发展槐荫经济介绍一名客户、联系一个项目、引进一批资金、提供一条消息、办好一件实事的“五个一”活动，全区政协委员共介绍客户78家，联系项目152个，引进资金4.8亿元，提供信息120条，办实事179件，为全区经济发展作出积极贡献。

第六届政协委员会期间，区政协先后围绕民营经济发展、城区拆迁、网吧整治、社区建设、城市绿化、社会救助、扶贫开发、农村教育、村庄整合等工作进行视察100多次，提出许多有针对性的改进意见、建议，受到党政领导和有关部门的重视。5年共收到提案570件，立案533件，均办复完毕。六届区政协从各界别委员中选聘信息员25人，组建社情民意信息员网络，制定下发《关于加强社情民意信息工作的意见》《关于社情民意信息报送、奖励制度》等文件，在知情环节、沟通环节、反馈环节上建立健全制度，畅通民主监督的渠道。通过采取“民生论坛”“社情民意恳谈会”“委员接访日”和在社区建立社情民意收集箱等方式，征集意见、建议400余条。经过归纳整理，有些信息直接报送市、区党政领导，有的转送有关部门，许多信息被采纳。如上报市政协的《关于保障城市拆迁困难户购房需求的建议》，市政府分管领导作出批示，要求有关部门尽快建立起以限价商品房、经济适用房、廉租房为主的住房供应体系，以满足不同群体的需求，槐荫区经济适用房建设走到全市前列。

三、视察调研

视察活动 1989—2006年，省、市政协领导到区视察44次，其中省政协视察9次，市政协视察35次；区政协组织委员视察220次。1996年11月20日，省政协副主席李殿魁一行14人，到区视察济南民营科技产业园和济南汽车交易中心。2003年5月13日，市政协主席徐华东一行9人到辖区就民营经济发展工作进行调研，先后视察光明机器有限公司、九阳电器有限公司等民营企业。

调查研究 1998—2006年，共撰写专题调研报告15份。2000年7月，区政协五届十三次常委会议针对全区几年来经济发展政策出台多、落实少，部署多、检查少的问题，协商通过《关于落实经济发展有关政策的几点建议》，区委书记赵文朝当即作重要批示：“请区委办文件印发此《建议》，这个建议指出了我们在经济发展政策上的问题，切中要害，所提建议对于我区正在开展的优化经济发展环境活动会起到很大的促进作用”。2005年7月，区政协六届十三次常委会议针对全区经济发展情况，协商通过《落实工业强区战略，促进槐荫工业发展》的调研报告，区委书记对报告作出批示，给予高度评价。

四、提案办理

1989年，区政协二届三次会议收到提案84件，其中有关经济建设方面的4件，有关廉政建设、精神文明建设方面的15件，有关物价、市场管理、群众生活方面的13件，有关教育、卫生方面的16件，有关城建、环保、交通治安等方面的36件。1991年1月11日，《全国政协提案工作条例》颁布实施，区政协学习和贯彻落实，提案工作跨入一个新阶段。1997年，区政协四届五次会议后，区政府专门下发《办理人大代表建议、政协委员提案的通知》，对办理办法、行文格式、文字要求、办理时限、组织领导都提出具体要求，提案办理进一步规范化、制度化。2001年，区政协与承办单位共同探讨难点问题的落实措施，把往年《政协提案办理情况登记表》的“一案一表”改为“一案两表”，增加政协提案落实情况征询表，提高提案办理的落实率。2003年起，区政协在每年一次的全体委员会议上，召开全区提案承办单位总结表彰大会，促进提案的办理落实，提高提案的办理质量。2004年，区政协开展委员进社区活动，委员提案质量明显提高，内容涉及城市建设、科教文卫等群众普遍关心的重大事项。2005年，区政协首次面向社会公开征集提案线索，扩大提案工作的社会影响。同年，制定《关于进一步加强提案工作的意见》，提高提案质量及办理质量。2006年，区政协提案服务工作的做法在全省政协提高提案工作服务质量座谈会上作经验交流。

1990—2006 年政协槐荫区第三届至六届委员会提案及办理情况表

表 9-5　　单位：件

届次		第三届	第四届	第五届	第六届
提案数	收到	340	623	647	570
	审查	340	572	600	533
分类	经济建设	26	—	—	—
	经济科技	—	52	77	—
	城建环保	78	—	229	—
	城市建设	—	166	—	113
	环保卫生	—	—	—	33
	科教卫生体	49	—	112	120
	精神文明廉政建设	18	65	8	9
	党政建设	—	—	13	—
	劳动人事	3	—	—	—
	组织人事	—	—	27	32
	医药卫生	—	—	52	—
	文化教育科技	38	103	—	—
	文化体育	—	30	—	—
	群众生活	39	20	52	36
	工商税务交通	—	—	41	—
	商贸财税劳保	—	—	—	37
	交通社会治安	30	54	—	—
	交通安全	—	—	—	42
	政协统战	31	30	25	21
	农业	16	—	—	—
	政法方面	—	—	—	16
	农村工作	—	—	16	5
	其他	12	—	—	—
办理情况	被采纳落实	340	432	453	506
	列入工作计划准备解决		95	104	
	未解决的	—	45	43	27

五、文史资料整理

1984年，区政协向政协委员发出《关于征集文史资料给政协委员的一封信》，并在各街道、镇发展文史资料征集员，在全区建起文史资料通信网络。1991年2月，区政协成立社会文教工作处，文史资料的征集、整理及宣传工作列入区政协的重要工作。1998年，区政协常委谢建真撰写的《山东妇女积极支援新疆建设纪事》，真实再现20世纪50年代初期近万名山东妇女支援新疆建设的史实。区政协副主席李广杰撰写的《发挥个人专业努力为社会主义建设服务》《沙千里帮我打官司》纪事三章，《在人民政协报》《春秋》《济南文史》等报刊上发表。2001年，区政协编辑印制反映30名政协委员先进事迹和精神面貌的《委员风采》专辑，被省政协评为二等奖。2002年，区政协编辑印制《开拓创新的槐荫五届政协》画册。至2006年，发表文史资料20万余字，出版书刊2册、35万余字。

六、联谊交流

加强与海内外和社会各界人士的联谊交流，为促进祖国和平统一和现代化建设服务，是区政协的一项重要任务。1990年后，通过召开“三胞”眷属中秋座谈会、迎春茶话会、考察驻区外资企业，深入走访“三胞”眷属，发动“三胞”眷属向海外亲人写信等活动，宣传党和国家“和平统一、一国两制”的政策主张。1990—1993年，区政协发动“三胞”亲属，为富民兴鲁、振兴槐荫经济献计出力，介绍槐荫区发展经济的优惠政策。“三胞”亲属纷纷响应，争取亲人到槐荫区投资。台属华殿凤争取在台湾的父亲到槐荫区投资。1997年，区政协召开“三胞”亲属迎香港回归联欢会。五届政协委员会期间，利用节日走访、寄贺年卡、发慰问信等形式，不断密切同台、港、澳同胞和海外侨胞的联系。同时，深入台、侨属企业了解情况，帮助他们解决生产经营过程中遇到的困难和问题。区政协加强与省内外友好区县的交流，定期与厦门市湖里区等10余个友好区县政协开展信息交流。

第十编

综合政务

ZONG HE ZHENG WU

槐荫
区志
1989—2006

1989年起，逐步完善村民大会制度、村民代表会议制度、村民民主理财制度、村务公开制度以及村民自治章程等规章制度。同年，进行城区居民委员会换届选举，每3年进行1次。1995年、1999年、2003年，槐荫区先后被省委、省政府、省军区授予“双拥模范区”“拥军优属模范单位”。1997年10月，建立城乡最低生活保障制度。1998年10月起，在全区农村实行村务公开，推进民主政治建设。1999年，槐荫区被全国双拥领导小组和民政部表彰为“全国爱心献功臣行动先进区”。2006年3月，青年公园社区被世界卫生组织命名为中国内地第一个、世界第97个“WHO（世界卫生组织）安全社区”。

1989年、2001年，本着精简高效的原则，进行两次党政机构改革。1994年起，对党政机关、事业单位工作人员进行年度考核。1996年，推行国家公务员制度和参照管理工作。2002年，首次面向社会公开招考录用国家公务员。至2006年，全区共有机构39个，其中党委序列部门7个，政府序列部门20个，群团组织8个，人大、政协、法院、检察院各1个。逐步建立起包括人才信息发布、人才推荐、外国专家智力引进以及为各类单位和社会流动人员提供人事关系、人事档案、党团关系代理等综合人才服务体系。

1989年后，劳动用工逐步由计划经济时期的政府统配转为市场经济体制下的全员劳动合同制。20世纪90年代起，区委、区政府通过实施再就业工程、加强劳动就业培训、鼓励就业创业等措施，推动下岗失业劳动力就业再就业。至2006年，累计安置下岗失业职工4.6万人，城镇登记失业率控制在3.4%以内。工资方面，1995年，建立工资增长指导线制度，实行最低工资和工资总额弹性计划管理，对企业工资实行宏观管理、总量调控。1999年起，实行工资指导线制度，结合企业实际，合理调整职工工资标准。社会保障方面，先后实行养老保险、医疗保险、失业保险、工伤保险，保障范围不断扩大，政策体系逐步完善。

第一章　民　政

第一节　基层政权建设

一、村民自治

村民委员会换届选举　1984—1998年，村委会选举基本是街道、镇党（工）委确定村委会候选人，再交由村民会议选举产生村委会成员。1998年11月，新修订的《中华人民共和国村民委员会组织法》颁布实施，全面实行村民直接选举产生村民委员会的办法。1999年3月，全区进行第六届村委会换届选举，每个村从本村村民推选5～9人组成村民选举委员会，负责具体实施本村换届选举。预选时由全体村民直接提名产生候选人，一般差额1～2人，后交全体选民在候选人中选出村委会成员（一般由3～7人组成）。经过村民选举委员会推选、选民登记、预选、正式选举4个程序，完成换届选举。同年，全区88个行政村共有84个村完成换届选举，选举村委会成员268人。至2005年，全区农村共进行8次村委会换届选举。

1984—2005 年槐荫区村委会换届情况表

表 10-1

年份	届次	应换届村委会（个）	完成换届村（个）	产生村委会成员（人）	中共党员（人）	书记、主任一人兼（人）	“两委”成员交叉任职（人）
1984	第一届	93	93	398	188	28	95
1987	第二届	93	93	402	191	30	97
1990	第三届	93	93	438	261	26	94
1993	第四届	93	93	433	245	24	88
1996	第五届	93	93	432	247	22	91
1999	第六届	88	84	268	154	26	69
2002	第七届	91	78	235	150	27	93
2005	第八届	92	79	279	157	18	98

村民自治制度建设　1984 年，第一届村民委员会选举成立后，全区农村普遍制定村规民约。1988 年，随着《中华人民共和国村民委员会组织法（试行）》的颁布实施和村民自治示范活动的开展，全区各村委会逐步完善村民大会制度、村民代表会议制度、村民民主理财制度、村务公开制度以及村民自治章程等规章制度。1989 年，全区普遍开展创建模范镇和模范村（居）活动。1999 年，全区各村均建立村民理财小组。2003 年，区政府下发《关于印发〈槐荫区村民委员会规范化建设实施细则（试行）〉的通知》，对村民会议、村民代表会议、村委会、村民理财小组等组织的产生方式、程序、形式及权利职责和义务作出详细规定，规范和完善村民自治组织建设。2004 年 9 月，区委、区政府下发《关于加强农村基层组织建设和管理监督的实施意见（试行）》，制定《槐荫区农村规范民主管理、强化村民监督实施细则》，在规范村级组织民主管理、民主监督内容的基础上，对村委会的财务管理作出详尽规定。2006 年，全区有 2 个示范镇、2 个示范村（居）达到全市村务公开、民主管理示范达标创建标准。

村务公开　1998 年 10 月，区委、区政府制定《槐荫区村务公开和民主制度建设的实施意见》，决定在全区农村实行村务公开，推进民主政治建设。主要内容：确定村务公开的五项内容为财务管理、计划生育、宅基地审批、农民负担状况，特别是村级集资情况、经济项目承包内容和投标情况；确定村务公开的程序，先由村干部列出公开项目清单，交村民议事会审议，审议后通过村“公开栏”公布；建立村民代表议事会群众性议政和监督组织，村民议事会成员从村民代表中推选产生，一般为 500 人以下的村 5 名代表，500 ～ 1000 人的村 7 名代表，1000 人以上的村 9 ～ 11 名代表。完善村务公开制度，包括民主评议干部制度、政务公开制度和财务管理公开等各项工作制度，财务情况一季度公布一次，计划生育情况随时公开。至 2006 年，区委、区政府相继制定《关于进一步规范村务公开促进民主管理加强农村基层党风廉政建设的意见》《槐荫区村务公开目录》等文件，全区各村按照《槐荫区村务公开目录》规定要求，在全面公开政务、党务、事务、财务、廉洁自律五大类内容的基础上，把财务公开作为主要内容，做到既详细全面，又突出重点，让村级事务在“阳光”下运行，保障村民的知情权。

二、社区居民自治

居民委员会换届选举　1989 年，全区落实《中华人民共和国城市居民委员会组织法》，城区居民委员会开始换届选举，每 3 年进行 1 次。

1998年3月，全区城区进行第四届居委会换届选举，区政府下发《关于一九九八年城市居民委员会换届选举工作的通知》，规定居委会干部的职数，即由主任、副主任和委员共5～7人组成，居委会干部的组成按所辖户数多少配备，一般设主任1人，副主任1～2人，委员2～3人；规定居委会干部的条件、来源等范围。居委会干部的产生由每个居民小组选举2～3名代表组成居民代表会，选举产生居委会成员。2001年4月，全区居委会进行合并调整，居委会改建为社区居委会，进行第五届居委会换届选举。区委、区政府下发《关于将“居民委员会”改建为“社区居民委员会”及选举工作的意见》，成立槐荫区改建社区居民委员会工作领导小组。至6月底，全区81个居委会合并调整为77个社区居委会，并完成换届选举。77个社区居委会共选出社区居委会干部247人，其中党员82人；高中文化程度96人，大专以上文化程度92人；男性71人，女性176人，平均年龄41岁。2004年4月，全区第六届社区居委会换届选举，首次进行直接选举。结合换届选举，对社区规模进行调整，将全区80个社区调整合并为53个社区。每个街道选择基础较好、条件基本成熟的社区，进行社区居委会直选，直选的比例原则上不低于社区总数的30%；提倡按照规定程序把社区党组织书记，推选为社区居委会主任候选人，通过选举担任社区居委会主任；按照法定程序，把社区党组织成员推选为社区居委会候选人，通过选举兼任社区居委会成员；通过法定程序推举党员当选居民小组长和居民代表。全区共有14个社区采取直选的方式进行社区居委会换届选举，直选比例达到全区换届选举社区的35%，社区居民参选率85%。共选出社区居民委员会干部210人，其中连任的居民委员会成员29人；书记兼主任23人；党员83人，占40%。高中文化程度108人，占51%；大专以上文化程度90人，占43%。男性49人，女性161人，平均年龄43.7岁。

社区居委会管理　1989年，段店镇宋庄、位里、北八里、南八里、前屯、八里桥、刘家场、刘家堂8个村民委员会改为居民委员会，全区有居委会80个。1991年，振兴街街道一、三居委会合并为三居，青年公园八、九居委会调整管理范围，段店镇宋庄街道设立济西铁路第一居委会。全区有居委会80个。1993年，振兴街街道八居、五居，中大槐树街道四居，道德街街道十居，南辛庄街道三居，青年公园街道五居，营市街街道三居，段店北路街道八里桥居委会，五里沟街道二居、十八居，西市场街道六居、十四居，段店镇北八里居等13个居委会以及宋翰庭、李秀英、张东华等32人分获“济南市模范居民委员会”“济南市居民委员会先进工作者”称号。1998年3月，在居委会换届选举过程中，启动区街体制改革。区委、区政府制定《槐荫区区街体制改革试点方案》和《关于进一步加强城市居民委员会建设的意见》，提出实施“两级（市、区）政府、三级（市、区、街道）管理、四级（市、区、街道、居）落实”的社区管理体制。同年8月，区委、区政府分别制定《关于加强新城区居民委员会建设的意见》《关于印发〈槐荫区加快新城区城市化进程试行方案〉的通知》《关于在新建设住宅小区建立居民委员会的意见》等文件，批准在匡山、美里湖、段北和张庄街道新设立10个居委会（匡山办事处第一居委会、第二居委会、第三居委会，张庄街道明星小区第一居委会、第二居委会，美里湖街道南沙、新沙居委会，段店北路街道闫千户小区居委会、孔村小区居委会、段店居委会）。同时，

中大槐树街道开展社区居民自治活动

（2005年4月摄　区民政局提供）

制定《槐荫区社区居民委员会规范化建设实施细则（试行）》《槐荫区星级社区居委会评选标准》《槐荫区社区自治章程》《社区组织机构设置图》。2001年，在社区建成社区党支部、社区成员代表大会、社区居民理事会、社区居委会4大组织。2005年2月，制定《槐荫区社区自治组织建设指导规范（试行）》，在社区党组织的领导下，健全社区成员大会、社区成员代表会议、社区监督协商议事会、社区居民委员会。至2006年，全区共有54个社区。

社区居委会干部管理 1998年，区政府先后下发《关于选聘招聘居委会干部的实施意见》《关于居委会招聘干部的（试行）管理办法》《关于居委会干部离任后补贴的规定》《关于加强居委会财务管理的规定》等文件，对招聘居委会干部的意义、条件、方法、待遇、管理等以及离任后补贴作出规定。在居委会财务方面，对加强居委会收支各项财务制度、明确审计程序及用途作出规定，进一步加强居委会干部队伍建设。2000年10月，区委、区政府下发《关于招聘聘任制事业编专职居委会干部的实施意见》《槐荫区聘任制事业编专职居委会干部管理办法》，将居委会干部列为聘任制事业编。2001年11月，由市、区、街道三级按4∶3∶3承担居委会干部生活补贴，标准为每人每月500元。2002年6月，区政府下发《关于在社区居委会设置事业编制的通知》，选拔优秀大学生充实到社区居委会，逐步实现“一居一名大学生”。2005年3月，居委会干部生活补贴提高至800元。2006年，全区共有社区居委会干部263人。

第二节 社区建设

一、社区服务

1988年7月8日，成立槐荫区社区服务保障委员会，发展街居经济，开展社区服务，保障居民生活。1989年，针对城区扩展、住宅小区不断增加，以及就业人口剧增带来的居民生活需要等一系列社会问题，建立和完善社区服务网络，分别建立老年人服务网络、残疾人服务网络、精神病人服务网络、优抚对象服务网络、民俗改革服务网络、便民服务网络、青少年儿童服务网络、综合治理服务网络。1993年，扶持“韩大妈热线”、营市街老年公寓、营市街家政服务公司等一批精品工程，融洽党和政府与居民群众的关系，调动居民参与社区建设的积极性。1998年，成立槐荫区社区服务工作协调委员会；区委、区政府先后制定《槐荫区一九九八年至二〇〇〇年社区服务业发展规划》《关于在全区开展创建省级社区服务“示范城区”活动的实施方案》《槐荫区社区服务管理办法》。1999年5月18日，槐荫区社区服务中心建成启用，总建筑面积3250平方米，有休闲娱乐、医疗康复、便民利民、养老托老、信息咨询等功能。同年，城区8个街道、64个居委会开始建设社区服务中心和社区服务站，城区社区服务设施总建筑面积9550平方米，每千人平均50.2平方米，社区服务项目1750个，社区服务的专兼职人员和志愿者32183人。2001—2003年，全区开展三批“星光计划”（星光老年活动之家，即为老年人提供服务设施和服务）建设项目，共建成星光老年之家23处。2006年，制定《关于在全区社区建立社区服务站的暂行办法》，对在全区建立社区服务站提出明确要求，并对社区服务站的性质、工作原则、职责任务及人员来源、工资待遇、管理形式和与街道、社区党组织、居委会的关系作出解释和规定。同年，全区每个社区的服务站均完成建设并投入使用。

二、特色社区建设

2000年2月，组织学习河北省石家庄市长安区社区建设工作经验和做法，启动全区社区建设工作。11月3日，区委、区政府首次召开全区社区建设工作会议，成立槐荫区社区建设指导协调委员会，下发《关于加强城市社区建设的意见》，确定社区服务、社区经济、社区环境、社区卫生、社区文化、社区教育、社区治安七大社区建设工作内容，制定社区建设三年发展规划，建立“社区事务受理中心”，推行“首问负责制”。同年，青年公园街道社区按世界卫生组织“安全社区”的标准，启动安全社区建设。

2001年8月至2002年3月，开展创建全国、省级社区建设示范区活动。2005年1月，青年公园街道前卫街社区等16个社区被命名为“济南市平安社区”，中大街道昆仑街社区和西市场街道纬九路社区被命名为济南市“居民满意社区”。2006年3月，青年公园社区被世界卫生组织命名为中国内地第一个、世界第97个“WHO（世界卫生组织）安全社区”。至2006年，辖区12个街道均创建成为特色社区，分别为：青年公园街道“安全社区”、振兴街街道“亲情社区”、西市场街道“诚信社区”、营市街街道“学习型社区”、道德街街道“道德社区”、南辛庄街道“人文社区”、中大槐树街道“康乐社区”、五里沟街道“绿色社区”、张庄路街道“互助型社区”、段店北路街道“文化社区”、匡山街道“和谐社区”、美里湖街道“科普社区”。

全区开展构建和谐社区活动

（2006年3月摄　区民政局提供）

三、城郊村居改革

2001年起，段店北路街道前屯、八里桥居委会进行集体资产公司制改造为主要内容的村（居）综合配套改革。区政府制定《关于推进城郊村居集体资产公司制改造为主的综合配套改革指导意见（试行）》，集体资产量化到人，居民变股民，人人持股，户户受益。2002年，区委、区政府制定《关于在实行综合配套改革村（居）加强基层组织建设健全工作机制的意见》，对社区党组织职责、村（居）委会职责和集体经济组织职责进行界定。2002年，段店村、闫千户村先后完成产权制度改革，这种村（居）的股份制改革被新华社称之为“城郊改革、稳定与发展的新模式”，并在全国一些地方推广。同年9月，中央党校和中国城郊经济研究会在槐荫区举办“城市化进程中村（居）改革‘槐荫模式’理论研讨会”。

第三节　优抚　双拥

一、优待

义务兵家属优待金实行区、街道（镇）统筹，优待标准逐年增加的政策。义务兵获得荣誉称号或者立功时，对其家庭按其获得荣誉和立功等级（一、二、三等）分别给予增发20%、15%、10%和5%的优待金。1989年，全区共优待686户，发放优待款16.05万元。1990年前，入伍前有工作单位的城镇义务兵家属优待金，由义务兵所在单位发原工资；无工作单位的，由其父母所在单位于每年春节前一次性发给200元。1991年，筹集到的资金由区民政局负责发放，每户优待标准为463元。1995年，优待标准提高至864元。1999年上半年开始，城镇义务兵家属的优待金分别从辖区省市区属行政事业单位、企业和个体私营户中筹集，由区民政局和街道负责发放。当年每户优待标准为900元。2005年起，区政府将城镇义务兵家属优待金列入区财政预算（市、区两级财政负担），优待标准提高到2000元。2006年4月，义务兵家庭优待金筹集渠道及发放标准由按义务兵入伍前的户口性质（城镇非农业户口或农业户口）划分，改为按有无承包地划分，有承包地的义务兵家庭优待金每年2000元，无承包地的义务兵家属优待金为每年2800元。2006年，全区共有优待412户，发放优待款83.69万元，义务兵家属户均优待2031元，较1988年提高1807元。

1989—2006 年槐荫区优待金发放情况表

表 10-2

年份	优待户数（户）	优待款数（万元）	户均优待款（元）	年份	优待户数（户）	优待款数（万元）	户均优待款（元）
1989	686	16.05	234	1998	759	75.35	993
1990	814	19.48	239	1999	741	75.71	1022
1991	726	33.62	463	2000	758	78.59	1037
1992	777	39.20	504	2001	508	55.51	1092
1993	816	48.44	594	2002	523	53.67	1026
1994	776	66.81	861	2003	510	52.50	1029
1995	763	65.93	864	2004	482	51.30	1064
1996	757	65.67	867	2005	404	83.48	2081
1997	739	68.14	922	2006	412	83.69	2031

二、抚恤

1989 年，全区共发放“三属”（烈士遗属、因公牺牲军人遗属和病故军人遗属）、在乡复员军人、残疾军人抚恤金 33.06 万元。1999 年 6 月 18 日，区政府下发《关于建立优抚对象抚恤补助标准自然增长机制有关问题的通知》，确定在全区建立重点优抚对象抚恤补助标准自然增长机制，使重点优抚对象收入随着当地职工工资平均水平、农民年人均纯收入的提高而不断提高。1999 年 7 月起，在乡特等残疾军人每人每年补助 5340 元，烈属和因公牺牲军人家属每人每年补助 1593 元，病故军人家属每人每年补助 1416 元，“三个时期”（抗日战争时期、解放战争时期、新中国成立后）入伍的在乡复员军人每人每年平均 1026 元，分别高于国家标准 1800 元、453 元、336 元、546 元。同年，全区共发放抚恤金 84.46 万元。2002 年 6 月，区政府制定《槐荫区优抚医疗保障暂行办法》，将槐荫区人民医院确定为优抚医院，在大型医疗检查、大病重病及药费等方面给予 20% 优惠。2006 年，第七次提高重点优抚对象的抚恤补助标准。其中在乡残疾军人抚恤金最高达到每年 16841 元，人均每年增加 3998 元，达到国家标准 115%；在乡复员军人定期定量补助金最高达到每人每月 327 元，人均月增加 42 元，达到国家标准的 180%；“三属”抚恤金最高达到每人每月 491 元，人均每人每月提高 63 元，达到国家标准的 116%。

1989—2006 年槐荫区抚恤金发放情况表

表 10-3

年份	“三属”		在乡复员军人		残疾军人	
	人数（人）	抚恤金额（万元）	人数（人）	抚恤金额（万元）	人数（人）	抚恤金额（万元）
1989	81	5.32	292	8.76	570	18.98
1990	80	5.58	300	9.00	570	21.72
1991	82	5.60	300	9.58	572	25.51
1992	81	5.79	300	9.58	547	24.07
1993	80	6.91	302	11.96	554	24.76

续表 10-3

年份	"三属"		在乡复员军人		残疾军人	
	人数（人）	抚恤金额（万元）	人数（人）	抚恤金额（万元）	人数（人）	抚恤金额（万元）
1994	79	6.64	304	12.77	554	34.69
1995	77	6.93	311	14.93	550	34.43
1996	77	7.85	319	22.97	546	35.00
1997	72	7.34	321	23.11	540	36.61
1998	70	7.98	329	23.69	537	38.13
1999	65	8.84	348	33.35	537	42.27
2000	65	13.40	348	47.77	528	43.46
2001	56	11.20	328	52.88	500	42.11
2002	56	17.54	328	66.42	489	45.66
2003	56	22.30	328	71.44	470	46.52
2004	56	22.30	328	71.44	450	43.78
2005	57	26.59	300	75.49	450	129.7
2006	56	33.97	290	85.49	460	141.7

三、双拥共建

1991 年 5 月起,全区开展创建"双拥模范区"活动。6 月，成立槐荫区争创双拥模范区领导小组，下设双拥办公室。1994 年 6 月，将双拥办公室从区精神文明建设委员会办公室平行移位到区民政局合署办公。每逢八一、春节，区委、区政府都成立慰问团，对驻区部队进行走访慰问，帮助解决训练、战备、营建、生产、生活等方面的实际困难；各街道、镇对各项优抚政策的落实情况进行全面检查，并深入到优抚对象家中进行走访慰问，帮助解决具体困难；向优抚对象发放慰问年画，为新增优抚对象挂光荣牌。驻区部队利用节假日，开展"爱民奉献日"活动，官兵上街为驻地群众义务维修电器、修理车辆、理发、修鞋、整理公共卫生等活动。2000—2004 年，先后筹资 1000 万元，修复腊山北路、拖机路、鲁鹰南路、匡杨西路、段北东路和大金庄东路。2001 年，投资 20 余万元，修复驻济某部队至济齐路段，并为部队减免各种建筑规费 160 余万元。2002 年 6 月，筹资 100 万元，建设空军某部门口向北长 1500 米的耀福路。2003 年，为原济南陆军学院部队营建协调解决土地 2.67 公顷，为济南军区司令部第四干休所在经六路开门事宜减免各种建筑规费 170 余万元。2004 年，槐荫区在济南大学成立"槐荫区军地两用人才济南大学培训基地"，每年为驻区部队培训 100 名微机、电算化等军地两用人才。2005 年 8 月 12 日，区委书记率区有关领导慰问参加代号为"和平使命—2005"中俄军事演习的驻区某部官兵，赠送 10 万元慰问金。2006 年 4 月 27 日，槐荫区开展对驻区部队"援建军营图书室，共建学习型军营"的活动，为部队赠送图书 2000 余册，为 50 名部队困难基层干部发放救助金 5 万元。

1988—2006 年，辖区先后组织 1100 个（次）送温暖小组（2000 年前称"帮工队"），义务帮工 10 万个劳动日，做好事 4 万余件，解决军、地实际困难 4000 余个；区政府多方筹集资金 328 万元，为 300 户优抚对象新建房屋 1200 间，为 530 户修缮房屋 1800 余间；先后向驻区部队捐赠图书 5.6 万余册，及 26.9 万余元的电脑、VCD 等。

1995年、1999年、2003年，槐荫区先后被省委、省政府、省军区授予双拥模范区、拥军优属模范单位。1999年，被全国双拥领导小组和民政部表彰为“全国爱心献功臣行动先进区”。原济南陆军学院、济空某师被省委、省政府和省军区评为“拥政爱民模范单位”。五里沟街道被授予“济南市争创全国双拥模范城四连冠先进单位”“山东省拥军优属模范单位”称号。

四、安置

退伍军人安置 1989—1995年，全区共接收农村退伍军人323人。1996年起，按照济南市安置办“市内五区退伍军人实行集中统一安置”指示意见，槐荫区不再负责城镇退伍兵的安置工作，区退伍军人安置办公室按照市统一要求，严格执行《济南市义务兵优待和退伍军人安置办法》，做好农村义务兵的档案接收和落户工作。1996—2006年，共接收农村退伍军人446人。

1989—2006年槐荫区农村退伍军人接收情况表

表10-4　　单位：人

年　份	接收人数	年　份	接收人数
1989	49	1998	35
1990	52	1999	45
1991	58	2000	60
1992	55	2001	44
1993	39	2002	40
1994	41	2003	34
1995	29	2004	39
1996	41	2005	38
1997	24	2006	46

军休干部安置 1989年，全区共管理军队离退休干部23人，其中离休干部8人。1990—1997年，未接收军休干部。至1998年，辖区实有军休干部17人。2000年3月，济南军区医学高等专科学校移交区民政局，成立槐荫区军队离退休干部休养所，为副处级全额预算事业单位。占地2400平方米，房屋建筑面积2760平方米。至2006年，集中和分散休养军休干部44人，其中离休干部10人，退休干部32人，退休士官2人；师职6人，团职27人，营职以下11人。

第四节　救灾救济

一、救灾

1988—2006年，累计发放救灾款402.93万元，其中1998年，全区共募集资金102万元，衣被10万件，用于支援南方洪涝灾区。2000年，捐赠西藏白朗县灾区24.28万元。除支援南方洪灾和白朗县灾区外，全区共救助灾民3804户、11413人，专款专用，保证灾民的基本生活。

1988—2006 年槐荫区救灾款发放情况表

表 10-5　　单位：万元

年　份	发放金额	年　份	发放金额
1988	26.90	1998	127.37
1989	无	1999	22.98
1990	5.33	2000	70.62
1991	8.50	2001	48.11
1992	无	2002	13.00
1993	无	2003	17.00
1994	6.02	2004	15.00
1995	13.70	2005	11.00
1996	6.60	2006	无
1997	10.80	合 计	402.93

二、救济

1989 年前，实行临时救济制度，救助范围窄，救助项目少。其中，1988 年救助发放资金 3 万余元，累计救助 411 户。1989—2005 年，共发放救助资金 89 万余元，累计救助 2155 户。2006 年，开始实行医疗、住房、教育“三项救助”制度。医疗救助进社区制度救助 600 户，救助资金 15 万元。2006 年 8 月 1 日起，全区农村实行农村新型合作医疗制度，救助资金 4.5 万元，农村五保对象及低保特困户全部减免个人参保医疗基金。城镇低保中的大重病人，按当年个人实际负担的医疗费给予不同标准的救助，救助 640 户，救助金 29 万元。教育救助困难学生 1297 人，救助金 27.27 万元。住房救助低保家庭 344 户，住房补贴救助资金 80 万元。

第五节　社会福利

一、五保供养

五保户供养实行集中供养和分散供养相结合。1989 年，段店镇、吴家堡镇建有 2 处敬老院，共有建筑面积 1312 平方米，房屋 53 间，集中供养 37 人。其中段店镇敬老院 20 人，吴家堡镇敬老院 17 人，集中供养标准为每人每年 1200 元，经费由镇、村统筹。2001 年，分散供养经费为每人每年 1000 元，其中乡镇承担 500 元，其余住、用、穿、医护费用由村集体解决，五保户生活不低于当地居民平均生活水平。2003 年，全区五保对象 108 人，集中供养标准提高至每人每年 1400 元，分散供养标准提高至每人每年 1200 元。2005 年，集中供养标准提高至每人每年 2400 元，分散供养标准提高至每人每年 1400 元，并且实现财政供养，分别由市、区、镇按 4∶3∶3 的比例承担，全区五保对象 114 人。2006 年，段店镇朱庄新建敬老院 1 处，总面积 6670 平方米，房屋 90 间。同年，全区有五保户供养对象 168 人，其中集中供养 37 人，分散供养 131 人，入住房间实现“三通”（通电、通硬化路面、通自来水），每个居住房间配有衣橱、床头柜、盆架、暖水瓶、蚊帐等生活用品，夏有电扇，冬有暖气。

二、福利彩票发行

1993 年，辖区开始发售福利彩票，当年发售 100 万元。1994—1996 年，共发售 80 余万元。1998 年，将福利基金纳入预算外资金专户管理，实行收支两条线，共发售 1080 余万元。2001 年，电脑福利彩票开始在济南市销售，逐渐取代集中销售的形式。2006年，实有福利基金190余万元，用于扶老、助残、救孤、济困等福利事业。

第六节 民政事务管理

一、婚姻登记

1989—1996年，辖区内婚姻登记由区民政局婚姻登记处办理，下设段店镇、吴家堡镇2个登记点。1996年8月，市民政局成立济南市婚庆服务中心，区民政局婚姻登记处搬至市民政局，实行四区联合办公，同时撤销两镇登记点。2003年10月，新《婚姻管理条例》颁布实施。2004年12月，区婚姻登记处搬回辖区。1989—2006年，全区共办理婚姻登记54530对，离婚登记2381对。2006年，区婚姻登记处被民政部授予“婚姻登记规范化建设窗口”称号。

1985年，区民政局建立婚姻档案，对1985年后的婚姻档案进行归档管理，长期保存。2000年，将1985—1998年的婚姻档案986卷移交区档案馆。1999年，婚姻登记实行微机管理，与省民政厅、市民政局微机联网，婚姻档案每2年向区档案馆移交1次。

1989—2006年槐荫区婚姻登记情况表

表10-6　　单位：对

年 份	结婚登记	离婚登记	年 份	结婚登记	离婚登记
1989	2492	53	1998	3218	—
1990	1993	48	1999	2823	—
1991	1944	63	2000	2807	—
1992	2104	80	2001	2792	—
1993	2428	72	2002	2290	—
1994	2240	110	2003	3818	—
1995	3218	112	2004	4387	530
1996	4315	105	2005	3020	650
1997	4630	—	2006	4011	558

二、收养登记

1999年前，收养登记由济南市民政局统一办理。1999年8月，辖区开始办理收养登记事项。2005年，对全区事实收养家庭进行普查，办理事实收养53例。1999—2006年，全区共办理合法收养登记208例，其中女孩149人，男孩59人。

三、殡葬管理

全区殡葬管理工作由区民政局民政科负责。1991年5月，《济南市殡葬管理办法》颁布，区民政局联合有关单位开展全区殡葬用品市场清理，加强对殡葬用品销售网点管理；对销售业户进行登记，颁发殡葬证46个。之后殡葬证每年换证一次。2003年，区民政局停止办理殡葬证，殡葬网点销售经营由区工商局统一管理、办证。其间，全区遗体火化率保持100%。

四、地名管理与勘界

地名管理　1979年12月，槐荫区地名工作领导小组成立，办公室设在区民政局。1980年，对辖区地名进行普查，普查街巷142条，行政村115个。街巷名称除原商埠界内的经、纬路外，多以古村名命名；基本查清各类地名由来、历史沿革、含义及现状。1987年，对全区地名资料进行整理立档，共立档案40卷，历史地图38幅，并编制案卷目录，实施规范管理。1989年，根据国家《地名管理条例》《地名管理条例实施细则》，在辖区进行地名标志设置。至1992年，全区 93 个行政村全部竖起村地名标志碑；开展地名补查和地名资料更新工作，对全区街道、居民区等地名与现状不符的 45 个地名给予更名。2001 年，出版槐荫区行政区划图。2003 年，城区完成设标 185 块。2004 年 3 月，对全区的行政区域、居民区、道路、桥梁、山、河、湖、广场、堤坝、水库、站、场、公路等进行普查，将地名资料录入山东省地名信息库。2006 年，全区共设置街巷、居民区等各类地名 422 条。同年，建成山东省标准地名档案室，全区共建立文书档案 96 卷、专业档案 80 卷、图书档案 240 册、地图档案 300 幅。

2006 年槐荫区地名情况表

表 10–7

地名类别	数量（个）
街道（镇）、村、居行政区域、自然村名称	145
街道（镇）居民区名称	56
纪念地、公园、开发区名称	纪念地（10）、公园（1）、开发区（1）
城市道路、桥梁、广场、水库名称	城市道路（171）、桥梁（14）、广场（3）、水库（1）
山、河名称	山（8）、河（6）
站、场、公路等名称	站（1）、场（1）、公路（4）

勘界　1998 年 5 月，槐荫区勘界工作领导小组成立。槐荫区由南向北分别与市中区、长清区、齐河县、天桥区相邻。槐荫区牵头三个县（区），槐荫—长清线、槐荫—齐河线、槐荫—天桥线的勘界工作。勘界工作从 1999 年 2 月开始，至 11 月全部结束。共勘定边界线 80.668 千米，埋设界桩 21 棵，槐荫区飞地共计 14.7 公顷。2000—2006 年，每年根据山东省、济南市堪界要求对指定线路进行重新踏勘。2006 年 6 月 10 日—25 日，对槐荫—长清线进行踏勘。踏勘过程中，对槐荫—长清线的行政区划界线及其标志物、界线两侧地物、地段、界线两侧资源开发利用及“插花地、飞地”进行全面检查，对界碑上的文字进行重新粉刷。

五、民间组织登记管理

1991 年，槐荫区社团登记工作开始，当年登记 7 家，为非法人社团（学术类 4 家、联合类 2 家、专业类 1 家）。2000 年，对全区民办非企业单位进行摸底调查，有民办非企业单位 106 家。2002 年 5 月，槐荫区成立民间组织管理办公室，为全额预算科级事业单位，负责辖区内社会团体和民办非企业单位登记。同年，槐荫区被列为“山东省社区民间组织培育发展试点区”。全区社区民间组织分为社区公益类、社区服务类、社区文体类、社区教育类和社区维权类 5 种类型。2003 年，确定振兴街街道为全区试点，通过动员社区内的企事业单位利用其人力、物力、财力举办社区民间组织，从事社会公益事业，让更多的社区成员加入到从事便民利民的服务活动中去，指导民间组织为社区建设和社会事业发展作出贡献。2003 年，对全区农村经济协会进行普查登记，登记协会 9 家（养殖、种植类 6 家，加工利用类 3 家），入会农户 1560 户，带动基地面积 2200 公顷。2005 年 6 月，区民政局、区公安分局、区社会治安综合治理办公室联合对全区非法民间组织开展执法大检查，依法取缔非法组织 10 家。2006 年，全省培育发展社区民间组织现场会召开，振兴街街道德兴社区为全市三个现场之一。同年 4 月，实行社区民间组织备案登记管理制度，辖区共登记社会团体 25 家。至年底，全区共有会员总数 1020 个，民办非企业单位 210 家。

第二章　人　事

第一节　机构编制管理

一、机构人员编制

1989年底机构改革后，全区共有行政机构50个，其中党委机构7个，政府机构33个，人民团体机构4个，按《中国共产党章程》《中华人民共和国宪法》设置工作机构6个；全区行政人员编制558名，其中区直机关党政群人员编制377名，街道（镇）人员编制181名。全区党政在职人数1248人，其中区机关716人，街道（镇）524人。

2001年底改革后，全区机关行政人员编制618名，实际在职786人。其中，党委人员编制153名，在职165人；政府人员编制408名，在职546人；人大人员编制23名，在职29人；政协人员编制16名，在职18人；社会团体人员编制18名，在职28人。全区内设机构103个，在职部门领导161人，内设机构领导113人。派驻机构人数13人。各街道人员编制180个，在职180人。事业单位机构255个，其中财政预算单位152个，经费自理单位103个。人员编制总数5701名，其中财政预算单位编制总数4400名，经费自理单位人员编制总数1301名；全区实有人员6277人，其中财政预算单位实有人员4303人，经费自理单位编制实有人员1974人。管理人员1168人，占比例的18.6%；专业技术人员3798人，占比例的60.5%；后勤工作人员226人，占比例的3.6%；生产工人767人，占比例的12.2%；其他人员318人，占比例的5.1%。

2006年，全区共有机构39个，其中党委序列部门7个，政府序列部门20个，群团组织8个，人大、政协、法院、检察院各1个；事业单位321个，其中全额拨款单位226个，差额拨款单位9个，自收自支单位86个。全区共有人员编制7942名，其中行政人员编制883名，事业人员编制6363名，司法人员编制620名，工勤人员编制76名。实有人员8140人，其中党、政、群团、人大、政协、法院、检察院共1825人，事业单位6315人。

二、机构改革

1989年3月起，全区党政机构改革，停止审批新建区直部门机构和内设机构，对区直工作部门实行定岗、定人、定编。区政府下设33个政府工作部门、4个人民团体机构、11街道、2个镇。1996年7月起，全区党政机构改革，至1997年3月基本结束。根据《中共槐荫区委、区政府〈关于济南市槐荫区区级机构改革实施意见〉》，区级机构精简47%，人员精简48.3%。撤销合并和重新组建的机构是：撤销区商业局、区第三产业办公室、区网点办公室，成立区商业委员会；撤销区物资局，人员移交区物资集团总公司；撤销区整顿市容卫生秩序指挥部办公室，职能移交市容环境卫生管理局；撤销区土地管理局、区矿产资源管理局，成立区土地矿产资源管理局；撤销区委农村工作委员会、区农业委员会，成立区农业办公室；区城乡房地产开发管理办公室并入区建设委员会；区委对台工作办公室并入区委统战部，挂区委对台工作办公室牌子；区政府民族宗教事务办公室并入区委统战部，对外使用区政府民族宗教事务办公室牌子；区经济协作办公室并入区经济计划委员会；区普法办公室并入区司法局；区保密局、区党史办公室并入区委办公室，挂保密局牌子；区法制办、区志办、区侨办并入区政府办公室，挂区侨办、区法制办牌子；区职工教育办公室改称区成人教育办公室，仍承担原职教办的职能；区财务大检办公室并入区财政局，挂财务大检办公室牌子；撤销区段店农业高科技园区管理委员会。成建制改为事业单位的机构：区市容环境卫生管理局、张庄出口工业加工区管理委员会、峨嵋出口工业加工区管理委员会改为区政府直属事业单位，原规格不变。区档案局（馆）由局（馆）合一改为区委办公室领导的事业单位，挂区档案局牌子，授权行使有关行政管理职能。改为合署办公的机构：区监察局与区纪律检查委员会机关合署；区社会治安综合治理办公室与区委政法委员会合署；区机构编制委员会办公室与区人事局合署。改变名称的机构：区城市建设管理委员会改称区建设委员会；区房地产管理局改称区房产管理局；区计划生育局改称区计划生育委员会；区蔬菜局改称区蔬菜办公室。改为部门管理的机构：区委老干部局由区委组织部管理；区委、区政府信访局由区委办公室、区政府办公室管理，以区委办公室管理为主；区物价局由区经济计划委员会管理；区成人教育办公室由区教委管理；区人防办公室由区建设委员会管理。保留和暂维持现状的机构：区精神文明建设委员会办公室、区拥军优属拥政爱民工作领导小组办公室、区交通局、区蔬菜办公室、区国有资产管理局、区委组织员办公室、区公证处、区拆迁办公室、区机关行政事务管理局。区工商联、区老龄委办公室、区爱卫会办公室、区残联、区侨联、区科协。保留和暂维持现状以及改为事业单位的机构一并精减人员编制。区委、区政府工作机构及街道办事处的规格为处级，党政有关工作单位、部门、街道办事处的内部机构根据工作需要和精干的原则设置，其规格为科级。区美里湖旅游经济开发区管理委员会、济南工业园区管理委员会为区政府的派出机构，不占机构限额，级别与区委、区政府工作部门同级。改革后，区委、区政府工作机构由 69 个减至 32 个，精减 47.5%；10 人以下不内设科室，区机关共内设科室 86 个，街道统一设立 6 个科室；区直机关、街道（镇）共设科级领导职务 200 名，比原来的 265 名减少 65 名，精减 24.5%。全区行政人员编制 703 名，在职人员 707 人。各单位分流人员 403 人。事业单位改革主要深化分类管理，制定和完善有关配套政策，鼓励更多的事业单位由全额、差额预算管理向自收自支、企业化经营过渡。

2001 年 11 月起，全区党政机构改革，至 2002 年 3 月结束。根据《中共槐荫区委、区政府〈关于槐荫区党政机构改革实施意见〉》，区直机关党委更名为区直机关工作委员会。区委办公室设督查室，为副处级建制，挂全方位目标管理办公室牌子。保密局更名为保密机要局。经济计划委员会更名为经济发展计划局，教育委员会更名为教育局，科学技术委员会更名为科学技术局，建设委员会更名为建设管理委员会，土地矿产资源管理局更名为国土资源局，对外经济贸易委员会更名为对外贸易经济合作局，计划生育委员会更名为计划生育局，农业办公室更名为农业经济发展局；撤销经济体制改革委员会，成立经济体制改革办公室；撤销蔬菜办公室，职能移交农业经济发展局；撤销会计监督检查局，职能移交财政局；撤销 220 国道开发建设管理办公室，职能移交区建设管理委员会。组建安全生产监督管理局（由经济发展计划局管理）；物价局由经济发展计划局管理；成人教育办公室由教育局管理；人民防空委员会办公室由建设管理委员会管理。法制办公室、经济体制改革办公室在政府办公室挂牌；个体私营经济发展局在经济发展计划局挂牌；双拥工作领导小组办公室在民政局挂牌；国有资产管理局在财政局挂牌；水务局在农业经济发展局挂牌；爱卫会办公室在卫生局挂牌；体育运动委员会更名为体育局，在文化局挂牌；招商办更名为招商局，在对外贸易经济合作局挂牌。房管局整建制改转为区直事业单位。商业委员会更名为商业贸易局，整建制转为区直事业单位，授权行使行政管理职能。济南民营科技产业园管理委员会、济南槐荫工业园管理委员会为政府派出机构。段店镇、吴家堡镇党委、政府内设机构合并设置，设置党政办公室、社会事务办公室、城镇建设管理办公室、经济发展办公室（挂农业办公室牌子）、政法办公室（挂社会治安综合治理委员会办公室牌子）、计划生育办公室。

第二节　干部管理

一、实施公务员制度

1996年，制定《济南市槐荫区国家公务员制度实施方案》《济南市槐荫区中国共产党机关参照试行国家公务员暂行条例实施意见》，推行国家公务员制度和参照管理工作。全区列入和参照公务员制度范围的部门、单位共78个，其中政府工作部门25个，政府部门管理机构3个，机构改革中保留政府非序列部门6个，其他2个（防暴队、西部工业园区）；区委工作部门7个，区委部门管理机构2个，机构改革暂时保留的部门6个。全区各单位、部门上报总人数2128人（含公安、防暴大队），符合过渡资格条件的1658人。至1997年6月，经过渡考试，全区过渡为国家公务员652人，过渡为党的机关工作者140人，人大、政协、公安、防暴大队考试合格者648人，暂缓过渡5人。

2002年，根据《国家公务员暂行条例》规定，槐荫区首次面向社会公开招考录用国家公务员。同年，经过笔试、面试，录用国家公务员10人。至2006年，全区共公开招考国家公务员69人，其中男24人，女45人；硕士4人，本科45人；应届毕业生20人。

二、干部录用

吸收录用干部　1989—1991年，全区党政机关录用干部主要来源于社会招考及大中专毕业生，其中从社会录用干部59人，大中专毕业生53人。1993年起，从企事业单位调入人员逐渐增多。1989—1997年，全区党政机关共录用干部477人，其中大中专毕业生114人，占24%；企事业单位调入167人，占35%；社会录用61人，占13%；军转干部（复员退伍军人）16人，占3%。1997年后，党政机关（包括群团机关和政法机关）实行国家公务员制度，公务员的录用除个别调任外一律实行公开招考。2002年，全区首次面向社会公开招录国家公务员10人。至2006年底，共招录公务员69人。

事业单位特别是针对教育、建委、卫生等系统，根据指标、职位和专业对口原则，择优录用干部。1989—2006年，共录用大中专毕业生1500余人，安置军转干部（复员退伍军人）500余人，从非国家干部中选聘670余人，其他政策性安置380余人。

聘用制干部　根据用人单位需求和求职人员意向，组织供求双向见面洽谈，由用人单位填写聘用制干部审批表，报区人才交流服务中心审核，经批准聘用的，由用人单位与受聘人员按有关规定签订聘用合同，在聘期内享受国家正式干部待遇。至2005年底，共为大中专毕业生办理聘用干部手续336人。

1989—2006年槐荫区部分年份党政机关人员基本情况表

表10-8　　　　单位：人

项目/年份	合计			学历			政治面貌	年龄结构		
	总人数	女性	少数民族	大专以上	中专	高中以下	中共党员	35岁以下	36至54岁	55岁以上
1989	798	178	10	140	169	489	604	296	403	99
1991	1094	255	15	372	283	439	686	470	520	104
1993	1367	289	19	463	423	481	819	632	658	77
1994	1507	316	9	494	440	573	967	641	762	104
1995	1288	259	16	470	377	441	741	631	583	74
1997	1248	312	14	598	333	317	863	634	547	67

续表 10-8

年份＼项目	合计			学历			政治面貌	年龄结构		
	总人数	女性	少数民族	大专以上	中专	高中以下	中共党员	35 岁以下	36 至 54 岁	55 岁以上
2002	1357	389	17	453	503	401	919	732	545	80
2006	1956	685	95	1235	556	165	1524	960	868	128

1989—2006 年槐荫区部分年份事业单位人员基本情况表

表 10-9 单位：人

年份＼项目	合计			学历			政治面貌	年龄结构		
	总人数	女性	少数民族	大专以上	中专	高中以下	中共党员	35 岁以下	36 至 54 岁	55 岁以上
1989	2914	1730	67	892	1449	573	835	994	1723	197
1991	2903	1715	72	960	1492	451	706	1163	1596	144
1993	3280	2042	78	1173	1696	411	764	1428	1632	220
1994	3332	2129	77	1257	1709	366	768	1466	1599	267
1995	3406	2065	73	1353	1669	384	759	1635	1564	207
1997	3388	2090	108	1530	1554	304	724	1772	1427	189
1999	3492	2154	85	1880	1421	191	748	1858	1467	167
2002	4482	3001	95	2870	1531	81	1748	2858	1355	269
2006	6125	4085	256	4123	1722	280	4023	3011	2458	656

三、军队转业干部安置

1987 年后，按照专业对口、工作需要的原则对军队转业干部进行妥善安置，实行“先培训后上岗，缺什么补什么”。1989 年，全区接收安置军转干部 12 人，其中团职干部 4 人，营连排职干部 7 人，技术干部 1 人。2001 年起，部分军队转业干部选择自主择业的方式安置。1989—2006 年，全区共安置军队转业干部 633 人。

1999—2006 年槐荫区接收安置军转干部情况表

表 10-10 单位：人

年份	1999	2000	2001	2002	2003	2004	2005	2006	合计
团职	6	9	6	6	9	10	15	19	80
营职	17	12	13	4	7	23	30	28	134
连排职	11	16	7	4	8	26	29	73	174
合计	34	37	26	14	24	59	74	120	388

1995 年始，退役士兵的安置工作改由人事部门负责。根据退役士兵安置的有关政策，安置去向以全额拨款事业单位为主。至 2006 年，全区共接收安置退役士兵 126 人。

四、调配任免

干部调配 1989 年后，从服务经济发展、服务基层和干部队伍的实际情况出发，开展干部调配工作，至2006年，调整调配干部3712人。其中，从区外调入3101人，本区调出176人，区内调整435人。

1989—2006年槐荫区干部调配情况表

表10-11

单位：人

年份	调入	调出	内部调整	年份	调入	调出	内部调整
1989	157	7	15	1998	206	12	46
1990	232	12	24	1999	168	9	23
1991	202	18	17	2000	200	3	14
1992	112	6	22	2001	119	7	35
1993	185	12	35	2002	126	10	38
1994	152	9	20	2003	157	9	44
1995	237	6	7	2004	217	14	6
1996	196	11	17	2005	202	9	20
1997	151	14	36	2006	82	8	16

干部任免　1989—1995年，区委组织部负责机关事业单位科（局）级干部任免工作，区人事局负责机关事业单位中层干部任免工作。1989年，任命正科（局）级干部2人，副科（局）级干部8人，任免机关事业单位中层干部68人次。1993年，任命党政正科（局）级干部14人，副科（局）级干部25人，事业单位科（局）级干部8人，任免机关事业单位中层干部134人次。1995年后，人事局负责全区机关事业单位（教育系统除外）科级干部任免。1997年，根据机构改革后确定的内设机构，全区任免科级干部660余人次。2002年初机构改革，全区有123人通过竞争上岗的方式任职。2004年，区委组织部负责党、群、政法系统科级干部任免工作。1989—2006年，全区共任免科级干部6180余人次，涉及78个单位和部门。

五、干部培训

1989年起，区委组织部、区人事局采取联合办班形式，对全区干部进行系统培训，鼓励在职人员参加不同层次的业余学习。同年，全区有409人参加学习，其中8人取得中专学历，36人取得大专学历，18人取得本科学历。1993年，《国家公务员暂行条例》颁布实施后，加大对干部队伍的培训，先后学习政治、法律、公务员制度及行政管理、公文写作等知识，主要内容有：《社会主义市场经济理论》《当代科技》《WTO基础知识》《公务员依法行政》(包括《中华人民共和国宪法》《中华人民共和国行政许可法》《法学基本理论》)《公务员行为规范》《计算机应用能力》等。1994年，全区共有148名在职人员取得学历，其中高等成人教育109人，高教自考16人，中专自考23人。1998年起，对新录用公务员（包括部分事业单位新录用人员）进行初任培训，系统学习规定课程。2002年，全区有5名在职干部取得研究生学历（学位），134人取得本科学历，202人取得大专学历。2003年，党政机关公务员100%接受法律培训。2004年，开展信息化与电子政务培训，历时10个月，先后为机关、公安、交警系统举办培训班27期，1845人参加全市统一考试，考试合格率99.1%。1989—2006年，全区共有7860余人次参加学历学位培训，其中取得研究生学历（学位）19人，参加研究生课程班结业137人，取得本科学历769人，取得大专学历1367人，取得中专学历 435 人。至 2006 年，共培训新录用公务员 1200 余人。

六、考核奖惩

1989 年，全区实行干部岗位制，制定《槐荫区机关考核奖惩试行意见》。对机关（单位）工作人员从德、能、勤、绩 4 个方面进行考评，每年度考核 1 次。当年，在个人总结、群众评议、组织考核的基础上，评选出先进工作者 345 人，给予成绩突出的 20 人记功奖励，3 名成绩优异人员晋升一级工资（浮动）奖励，同时将考核结果作为提拔使用、调级升级的依据。1992 年，全区事业单位实行聘任制，并将聘任制与年终总结评比相结合，聘期不合格的不再续聘。当年，评出先进工作者 402 人，为 7 名事迹突出、成绩显著的人员办理奖励升级手续，对考核不合格的 3 人办理解聘手续。1994 年，按照《国家公务员考核暂行规定》《山东省国家公务员考核实施办法》要求，对党政机关工作人员和实行国家行政机关工资制度的事业单位工作人员进行年度考核。机关工作人员考核等次为优秀、称职、不称职。机关工勤和事业单位工作人员考核等次为优秀、合格、不合格。同年，全区党政机关参加考核 2185 人，评出优秀 336 人，称职 1845 人，不称职 4 人；事业单位参加考核 4837 人，评出优秀 698 人，合格 4133 人，不合格 6 人。1996 年，区委组织部、区人事局制定印发《槐荫区国家公务员考核实施意见》和《槐荫区事业单位工作人员考核实施意见》，各单位、各部门分别成立考核委员会，负责对本单位工作人员进行考核，考核工作逐步走上正常化、程序化、规范化。2002 年，机关工作人员年度考核增加“基本称职”等次，可晋升级别和工资，但当年不发年终奖金，一年内不得晋升职务。同年，参加机关考核人员 1636 人，评出优秀 232 人，称职 1404 人。1997—2006 年，区机关年度考核共评出优秀公务员 4860 人次，3 年连续被评为优秀公务员提前晋升级别工资的 396 人，被定为不合格的 36 人。

七、离退休审批

符合离休条件的干部，由本人提出申请，由区委组织部审批后享受离休待遇；符合退休条件的干部，按照干部管理权限由区委组织部或区人事局审批后享受退休待遇。1989—2006 年，全区共办理离休审批 104 人，退休审批 2014 人。

1989—2006 年槐荫区离退休审批情况表

表 10–12　　　　单位：人

年份	离退休人数			年份	离退休人数		
	合计	离休	退休		合计	离休	退休
1989	31	0	31	1998	186	0	186
1990	118	72	46	1999	103	0	103
1991	63	23	40	2000	179	0	179
1992	47	0	47	2001	191	0	191
1993	52	0	52	2002	87	0	87
1994	61	6	55	2003	213	0	213
1995	70	3	67	2004	138	0	138
1996	87	0	87	2005	194	0	194
1997	117	0	117	2006	181	0	181

第三节　专业技术人员管理

一、职称评聘

1989年3月，全区共有各类专业技术人员4005人，其中高级职称145人，中级职称1126人，初级职称2734人。1993年3月，区职称改革办公室重新组建工程、经济、档案、统计、会计、卫生、教师、农业等10个专业的初级评审委员会，并探索专业技术资格评审社会化和聘任单位化相结合的方法，搞好考试资格与单位聘任的衔接；坚持评聘分开，因事设岗、以岗定职，对全区186个企事业单位提出设岗意见。同年，全区各初级专业评审委员会共评出初级职称2018人，推荐中级职称1504人，推荐高级职称344人。1996年，在全市率先开展初级职称答辩评审工作。同年，全区有5名专业技术人员参加全国专业论文研讨，10人获全国及部级奖励。2004年，在区医院组织试点考试，择优聘任358名初级专业技术人员；对8个系统、17个专业、193名参加高、中、初级专业技术岗位聘任的专业技术人员进行严格的专业考试，180名成绩优异者予以聘任；教育系统实行考聘结合和事业单位全员聘任制，共聘任高级专业技术人员302人，中级1529人，初级1062人。2006年，全区职称按专业分工，共有29个系列，每个系列分别设高级、中级和初级职务。共设工程技术职务、农业技术职务、卫生技术职务、小学教师职务、中学教师职务5个系列的初级评审委员会。共有各类专业技术人员2366人，其中高级专业技术人员400人（卫生35人，教育365人），中级专业技术人员1858人（工程62人，卫生67人，教育1716人，经济1人，会计12人），初级专业技术人员108人（工程101人，农业7人）。

二、培训考试

1989年，全区共举办各类专业培训班11期，培训专业技术人员1400余人，同时选派126名专业技术人员参加济南市有关部门组织的培训学习。1991年起，对机关事业单位中不具备规定学历的在职在岗政工、财会、统计等人员，分期分批举办业务培训班，对部分中高级紧缺人才举办英语、计算机操作、工业、化工等技术培训班。1996年起，根据“九五”培训规划，加大对专业技术人员继续教育培训力度。同年，全区共有1800余人参加会计、外语、计算机、经济等系列任职资格考试。2004年，区委组织部、区人事局制定《2004—2008年人才发展规划》，提出对各类人才特别是专业技术人才，深化继续教育、优化成长环境、提供良好服务等方面的措施。1989—2006年，全区共举办各类专业技术培训班177期，培训专业技术人员3万余人次，同时选派2800余人次参加市级以上的教育培训。

第四节　工资福利

一、工资制度

1989年，全区机关事业单位工作人员实行以职务工资为主的结构工资制，工资构成为基础工资、职务工资、工龄津贴、奖励工资。同年底，全区执行机关工资756人，执行事业工资3739人。

1993年10月，国家机关、事业单位实行工资制度改革。将机关与事业单位工资脱钩，规定机关工作人员实行职级工资制，分为职务工资、级别工资、基础工资和工龄工资4个部分；技术工人实行岗位技术等级工资制，工资由岗位工资、技术等级工资和奖金3部分构成；普通工人实行岗位工资制，工资由岗位工资和奖金两部分构成。事业单位对全额拨款、差额拨款、自收自支3种不同类型的单位实行分类管理，专业技术人员的工资与职称挂钩；事业单位的管理人员，在建立职员职务序列的基础上，实行职员职务等级工资制；事业单位的技术工人实行技术等级工资制，普通工人实行等级工资制。全区机关事业单位参加工资改革7362人，其中机关1846人，事业4002人，离退休人员1514人；人均月增资158元，其中机关月人均增资165元，事业单位月人均增资147元。

2006年7月，国家机关、事业单位实行工资制度改革。机关工作人员（工勤人员除外）自2006年7月起执行职级工资制，工资构成为职务工资、级别工资。事业单位实行岗位绩效工资制，工资构成为岗位工资、级别工资、绩效工资、津贴补贴。全区机关事业单位参加工资改革12014人，其中机关2814人，事业5852人，离退休3348人；人均月增资307元，其中机关月人均增资319元，事业单位月人均增资303元。

二、工资调整

1989年，为事业单位347名职称评聘后人员升级；为392名退休人员增加退休补贴，人均月增资7.5元；为2100多名在职和退休人员增发交通补贴；为506人升级补发工资；为2506人调资，人均月增资7元。

1990年，对全区机关事业单位1989年9月底前的6487名在职干部职工普调一级工资，人均月增资7元；为机关事业单位2665名干部职工（占总人数的41.1%）在普调工资的基础上晋升一级工资，人均月增资7.5元；为2715名干部职工（占总人数的41.9%）在普调工资的基础上再升一级工资，人均月增资8元。对机关事业单位1296名离退休人员晋升一级工资，人均月增资10元。

1998年，对全区机关事业单位现行津贴、补贴简化归并，为7534人调整工资，人均月增资85元。其中机关2261人调资，人均月增资89元；事业单位5273人调资，人均月增资83元。

2001年1月，调整机关、事业单位工作人员和离退休人员工资，其中机关行政人员增加基础工资和级别工资，事业单位调整工资标准，离退休人员增加离退休费。全区工资调整人数9242人，人均月增资119元。其中，区级财政5256人，人均月增资125元；其他3986人，人均月增资117元。同年10月，为全区9292名在职机关事业单位和离退休人员调整工资，人均月增资91元，其中区级财政5248人，人均月增资96元；其他4044人，人均月增资88元。

2003年，根据《国务院办公厅转发人事部、财政部关于2003年7月1日调整机关事业单位工作人员工资标准和增加离退休人员离退休费三个实施方案的通知》，为全区机关事业单位8221人调整职务工资标准，人均月增资60元。10月，全区机关、事业单位857名工作人员正常晋升工资档次，人均月增资29元。同年，为全区执行行政职级工资制的629人调整级别工资，人均月增资57元。2005年10月，全区机关、事业单位897名工作人员正常晋升工资档次，人均月增资30元。同年，为全区执行行政职级工资制的468人调整级别工资，人均月增资58元。

三、福利待遇

1989—2006年，区机关事业单位工作人员享受的福利待遇主要包括：

带薪年休假 国家规定工作年限满1年不满10年的，年休假5天；满10年不满20年的，年休假10天；满20年的，年休假15天。年休假的假期不包括国家法定休息日。对于应休未休的应当按照职工日工资收入的300%支付年休假工资报酬。

职工探亲假 国家规定工作年限满一年的，与配偶不住在一起，又不能在公休假日团聚的；与父亲、母亲都不住在一起，又不能在公休假日团聚的，享受职工探亲假。探望配偶：一年一次，一次30天。未婚职工探望父母：一年一次，一次20天；已婚职工探望父母：四年一次，一次20天。探亲假不包含探望路上的时间，但包含公休假和法定假日。同时，探望配偶、未婚职工探望父母的往返路费由单位负担。已婚职工探望父母的路费，在本人基本工资30%以内的本人自理，超出部分由单位负担（不含飞机票）。

产假 国家规定产假为90天，难产的增加15天；每多生育一个婴儿，增加产假15天。《山东省计划生育条例》规定，女方晚育的增加60天，并给予男方护理假7天。女方不满4个月流产的，给予15～30天产假；4个月以上流产的，给予42天产假。

病假 国家规定病假在2个月以内的，工资不变。病假3～6个月的，工作年限满10年的，工资不变；不满10年的，发给基本工资的

90%。病假超过6个月的：工作满10年和不满10年的，打折比例分别是80%和70%。工作人员连续几次病假的，每次病假在6个月以内的可计算工作年限，每次超过6个月的期间不计算工作年限。

第五节　人才交流

一、人才市场

1988年5月槐荫区人才市场正式成立后，逐步建立起包括人才信息发布、人才推荐、离校未就业学生档案存放、外国专家智力引进以及为各类单位和社会流动人员提供人事关系、人事档案、党团关系代理等综合人才服务体系。每年召开各类人才招聘会并组织企业参加省、市人事部门召开的招聘会。2006年，开辟网络招聘方式，用人单位通过山东高校毕业生就业信息网发布网络招聘信息80余条，有60余名毕业生通过网络签订就业协议。

为离校未就业学生提供档案查询、借阅、转出等服务，至2006年累计存放未就业学生档案930余份。

二、人事代理

1988年，区人才交流服务中心正式开展人事代理业务。实行人事代理的对象主要是各类改制单位，民营、私营企业；实行个人代理的对象主要是本地户口到外地企业就业以及从企事业单位离职的人员。交流服务中心为代理单位和个人提供档案借阅、调动、大中专毕业生转正定级、升学政审、推荐评审职称、代缴养老保险、出具各种以档案为依据的证明材料等服务。至2006年，全区共有集体代理单位110家，集体代理档案500余份，个人代理档案800余份，代落集体户口人员120余人，代缴保险300余人。

三、人才引进

1993年，组织区属企业单位参加全国首届人才交流大会和济南市人才交流大会，启动人才引进工作。1993—2006年，区人才交流中心参加由省、市举办的各类人才毕业生双选会50余场，与省市人才市场、企业联合举办区人才交流会13场，先后为全区引进各类中高级人才2600余人，提供就业岗位2.23万个。

四、大中专毕业生引进

2000年，制定《槐荫区引进大中专毕业生实施意见》，成立槐荫区促进大中专毕业生就业促进会。2002年4月，首次组织槐荫区大中专毕业生招聘会，全区65家企业提供就业岗位600多个，吸引各类人才2000多人参加，达成就业意向500多个。

五、智力引进

1990年，实施引智工程，把外国先进智力、技术与本区工业、农业有机结合，逐步建立完善“四库”（引智计划项目库、外国专家需求库、引进智力成果库、引智项目推介库）。2003年起，先后引进德国、法国、英国、日本等国家的专家60余人次，解决各类技术难题130多个，培训农业技术人员1200余人次。有的国外专家为相关企业带来合作意向。2004年4月起，以济南民营科技产业园为依托，建立“中国济南留学人员创业园美里湖创业区”。6月26日，经人事部备案、市政府批准，正式投资建设全国首家区县级留学人员创业区。2006年，园区建有创业大厦4000平方米，钢结构标准厂房17栋、2万多平方米，共有来自美国、加拿大、日本、俄罗斯等国家留学人员创办的27家企业入驻，实施技工贸收入8000万元，利税1200万元。

第三章 劳动和社会保障

第一节 劳动就业

一、就业管理

1989 年，区劳动服务公司负责全区劳动用工招录及待业青年安置。1990 年起，劳动就业按照“劳动者自主择业、市场调节就业和政府促进就业”的方针，采用灵活多样的形式，完善就业服务体系。全区每年的劳动力基本能得到安置。1992 年，国务院《全民所有制工业企业转换经营机制条例》颁布实施，企业享有劳动用工权，自主决定招工时间、条件、方式和数量，实行企业与就业人员双向选择。1993 年后，由于城镇人口快速增长，企业经济发展不稳定等原因，部分职工下岗失业。1994 年，全区有失业与适龄登记人员 4000 余人。1997 年，开始为失业职工代存档案，为个人代缴养老保险。同年始，对下岗失业职工实行求职登记、职业指导、职业介绍、培训申请、鉴定申报、档案管理、接续保险的“一条龙”服务。

2002 年 5 月 10 日，区劳动服务公司更名为区劳动就业办公室，内设综合科、财务科、培训指导科、失业保险科、企业管理科、职业介绍中心 6 个职能科室，全面负责辖区内劳动就业及就业培训。9 月，中共中央、国务院关于企业下岗职工基本生活保障和就业再就业工作会议召开后，济南市劳动就业和社会保障局等 12 部门联合制定下发《关于进一步促进就业再就业工作有关问题的通知》，区劳动和社会保障局与区直有关部门签订再就业工作责任状。同年，全区建立再就业服务中心 14 家，建立街（镇）劳动保障机构 12 家，多渠道开发就业岗位，扩大区内就业，将就业再就业扶持政策的操作程序和实施办法进一步细化、量化，突出操作性和实施性。同年，设立就业再就业服务中心，建立下岗失业职工信息数据库，安置下岗职工再就业 3400 人，安置率达 85%。

2003 年 3 月 25 日，劳动部到青年公园街道检查指导人社工作

（青年公园街道提供）

2003 年，济南市开发社区公益性岗位，援助就业困难人员在槐荫区先行试点，采取由街道劳动保障服务中心劳务派遣形式，顺利解决社区公益性岗位劳动关系和接续社会保险关系。全年发展新型劳动服务企业 25 家，安置下岗失业职工 560 人；开发公益性岗位 900 个，安置下岗职工 381 人；全年安置城镇就业人员 7824 人，办理失业证 2400 个。2004 年，开发公益性岗位 460 个，全部安置“4050”（年龄在 40 ～ 50 岁之间的下岗职工）人员；发展服务型企业 30 家，安置下岗失业职工 400 人，减免各种税费 20 万元。2005 年，全区城镇实现就业再就业 10912 人，其中下岗失业人员再就业 6955 人。2006 年，全区纳入数据库的下岗职工 2 万人，其中失业职工 1 万人，城镇登记失业人员 1 万人。城镇登记失业率控制在 3.4%以内，存档案 2.1 万份。

为下岗失业职工减免税费120万元。规范下岗失业人员再就业优惠证的申领程序、审核办法，建立公示制度和限时承诺制度，接受群众监督。为9451名符合申领条件的下岗失业人员发放再就业优惠证。

二、就业培训

1988年，槐荫区就业训练中心成立。区劳动就业办公室贯彻“先培训，后就业；先培训，后上岗”的劳动就业方针，实行职业资格证、上岗证两证就业准入制度。根据失业人员就业培训要求，实行全日制、业余制和双休制相结合的培训方式，先后开设计算机、电算化会计、服装裁剪、汽车驾驶、美容美发、烹饪、面点等多个技能培训班。1989—2006年，全区共开展各类劳动就业培训22425人次。

1989—2006年槐荫区就业培训情况表

表10-13

单位：人

年份	培训人数	年份	培训人数
1989	652	1999	1970
1990	710	2000	1900
1991	620	2001	2001
1992	510	2002	1760
1993	570	2003	1212
1994	800	2004	2145
1995	610	2005	2400
1996	730	2006	1853
1997	1002	合计	22425
1998	980		

第二节　劳动关系

一、劳动合同

1988年，开始对合同制工人进行劳动合同鉴证工作。1993年起，全区企业普遍开始实行劳动合同制度，要求劳动者与用人单位建立劳动关系的应订立劳动合同，区劳动部门负责纠正用工单位劳动合同和集体合同工作中存在的问题及违法条款，维护职工的合法权益。同年，全区70%的企业实行劳动合同制。2006年，落实《劳动合同备案办法》，加强对用人单位劳动合同的管理。全区用工单位和职工劳动合同签订率96%。

1989—2006年槐荫区劳动合同鉴证情况表

表10-14

单位：人

年份	订立合同人数	年份	订立合同人数
1989	1267	1992	1499
1990	1487	1993	14465
1991	1794	1994	12682

续表 10-14

年份	订立合同人数	年份	订立合同人数
1995	14864	2002	14877
1996	10655	2003	23213
1997	24597	2004	15301
1998	11345	2005	18109
1999	19098	2006	14502
2000	8077	合计	218731
2001	10899		

二、劳动仲裁

1987年，成立区劳动争议仲裁委员会，由劳动行政部门代表、同级工会代表、用人单位方面的代表组成。1995年，《中华人民共和国劳动法》实施。1996年，随着《中华人民共和国劳动法》的宣传深入，劳动争议案件直线上升。1998年，对全区符合条件的所属企业下岗职工5200人，按照规定要求，进行劳动合同变更手续登记。2003年，成立仲裁科。2005年，开始实行案件回访和社会监督、首问负责制等制度，提高办事效率和质量。1989—2006年，全区共受理劳动争议案件1261件，其中裁决631件，调解581件，为职工挽回经济损失120万元，接待群众咨询33906人。

至2006年，全区共成立企业调解组织53家。其间，除2005年的案件大多是因劳动合同解除、终止发生的争议外，劳动争议案件主要集中在劳动者与用人单位因劳动合同的签订、解除、社会保险缴纳等引发的争议。

1989—2006年槐荫区劳动仲裁情况表

表 10-15

年份	裁决（件）	调解（件）	其他（件）	接待咨询	
				次数（次）	人数（人）
1989	4	1	0	85	150
1990	13	2	0	180	208
1991	11	2	0	190	250
1992	0	1	0	156	198
1993	2	0	0	198	327
1994	9	1	0	257	477
1995	2	1	0	278	499
1996	5	27	0	324	586
1997	18	8	1	492	887
1998	2	57	5	531	983

续表 10-15

年份	裁决（件）	调解（件）	其他（件）	接待咨询	
				次数（次）	人数（人）
1999	11	96	4	874	2097
2000	38	49	6	1737	3311
2001	52	8	7	2957	4177
2002	90	30	10	3349	6365
2003	117	58	2	3450	4491
2004	57	88	8	2315	3413
2005	113	114	4	1996	2467
2006	87	38	2	2465	3020
合计	631	581	49	21834	33906

三、劳动监察

1998 年 8 月，成立区劳动监察科。采取日常检查、专项检查、举报检查及年度检查等方式，对管辖范围内用人单位遵守劳动保障法律法规的情况进行监督检查，促进劳动保障法律法规的贯彻实施和劳动关系的和谐稳定。每年集中对辖区内用人单位实施年检，在为用人单位解疑释惑、印发法律法规宣传材料的同时，把维护社会稳定作为劳动保障工作的基石，正确处理经济发展与扩大社会养老保险覆盖面之间的关系。开展劳动合同签订与扩大社会养老保险基金的征缴，清理非法中介、维护民工权益等专项检查。2005 年 4 月，外来务工人员宋某等 10 余人反映其在槐荫区某工地打工，到年底共拖欠其工资 10 余万元。经调查，用人单位拖欠劳动者工资事实清楚、证据确凿，依法对该用人单位下达行政文书，并按时支付拖欠的劳动者工资，维护劳动者合法权益。1989—2006 年，共检查用人单位 1500 家，涉及职工 97593 人；受理举报案件 1115 起，立案 1110 起；处理纠正 1110 起，结案率 100%。2005—2006 年，连续两年被省劳动保障厅评为先进单位。

第三节　工资管理

一、工资制度改革

1988 年后，全区职工工资形式主要有两种：一种是行政事业单位实行职级工资制，即月薪制；另一种是企业普遍实行技能工资制（含计件工资、效益工资）；少数企业仍保留岗位工资制；股份合作制企业实行入股分红等办法。1989 年，在全区工商企业实行工资同经济效益挂钩的办法。1994 年后，区劳动行政部门对企业内部分配制度逐步实行宏观调控，只进行监督，不再进行干预。企业劳动工资坚持以按劳分配为主、多种分配方式并存和效益优先、兼顾公平的原则，合理调节工资收入分配关系。1995 年 10 月 15 日，根据山东省规定，建立工资增长指导线制度，实行最低工资和工资总额弹性计划管理，对企业工资实行宏观管理，总量调控。1999 年起，山东省人民政府对城镇各类企业实行工资指导线制度，全区各企业根据省、市政府发布的工资指导线，结合企业实际，合理调整职工工资标准。2000 年 11 月 8 日，劳动和社会保障部发布《工资集体协商执行办法》，由职工代表与企业代表依法就企业内部工资分配制度、工资分配形式、工资收入水平等事项进行集体协商。2006 年，执行《山东省企业工资支付规定》，对企业执行工资分配、工资支付制度、最低工资标准支付制度和落实工资指导线实施方案三项制度，实行向劳动保障行政部门备案制度，逐步推行工资集体协商制度。

二、职工工资

1989年，全区全民所有制单位职工年人均工资1812.2元，集体所有制单位职工年人均工资1548.5元。全区企业职工平均浮动一级工资转为标准工资。1991年5月1日起，企业单位职工各等级标准均提高6元，按照原来的产业分类，执行调整后的工资标准。1993年1月1日起，对在职的固定工、劳动合同制职工和1970年9月底前参加工作的计划内临时工实行年功工资，年功工资按每年不高于1元的标准计发。1994年9月，调整职工技能工资标准，对全区国有、集体企业的固定职工、合同制职工和1971年底前参加工作的计划内临时工，执行起点调整为90元、95元的工资标准，暂未实行岗位技能工资制的企业，以职工现行标准工资等级按照对应关系套入技能工资标准，劳动部门批准实行岗位技能工资制时，再按照省劳动部门相关文件规定，纳入基本工资的各项津贴、补贴和人均25～30元的基本工资增量，确定执行《山东省企业职工岗位技能工资参考标准表》中的一种岗位工资标准。其他经济类型的企业参照执行；暂未实行岗位技能工资制的企业，以职工现行标准工资等级套。1995年5月22日起，全区企业开始实行最低工资标准，规定职工每月最低工资不得少于180元。1997年4月1日起，区最低工资标准为240元/月。1999年起，实行工资指导线制度，辖区执行济南市工资指导线，指导线基数6556元，增长上线为26.3%，基准线为22.9%，增长上线不低于18.3%。2002年10月1日起，全区最低工资标准为410元/月；2005年调整为530元/月。2006年，辖区执行济南市工资指导线，指导线基数16517元，增长上线为17%，基准线为11%，增长上线不低于6%。

第四节　社会保障

一、养老保险

企业职工养老保险　1986年7月，成立槐荫区劳动保险事业分处，负责全区工厂、企业的养老保险征缴工作。1987年，根据市政府有关指示，对劳动合同制工人和固定工退休费实行社会统筹，按1978年国务院暂行办法执行。1990年，区政府下文，对县以下小集体企业职工实行社会保险。1996年1月，贯彻国务院关于深化企业职工养老保险制度改革的通知，实行企业职工基本养老保险社会统筹的办法。2002年7月，槐荫区劳动保险事业分处收归济南市社会劳动保险事业办公室管理，行政业务关系脱离槐荫区劳动和社会保障局。2006年8月，成立区劳动和社会保障局退休职工管理科，负责全区退休职工的管理服务。基本形式是将企业退休人员移交社会，直接纳入街道和社区进行管理服务。职工办理退休手续后，其管理服务工作与原企业分离，养老金实行社会化发放，人员移交街道和社区，由各街道办事处劳动保障服务中心及退休职工管理委员会（服务站）提供相应的管理服务。

机关事业单位养老保险　1992年，成立区机关事业单位社会保险办公室，隶属区人事局，开展机关事业单位职工养老保险工作。1994年，按照济南市人民政府文件精神，机关事业单位实行养老保险制度，市级统筹。养老保险缴纳比例按照职工档案工资为基数，单位缴纳职工工资总额的24%，个人缴纳职工工资总额的2%。同年，全区机关事业单位参保人数为6695人，征缴养老保险费49.77万元，发放养老保险金3.05万元。1999年，机关事业单位社会保险办公室划归区劳动和社会保障局管理。2002年1月起，实行市区两级统筹，并将单位缴纳比例调整为26%，个人缴纳比例为2%。2005年7月，槐荫区养老保险金单位缴纳比例调整为36%，个人缴纳比例仍为2%。2006年，全区机关事业单位参保人数8697人，收取养老保险费6576.82万元；

离退休人员 3556 人，支出养老金 7638.68 万元。

1994—2006 年槐荫区机关事业单位养老保险收支情况表

表 10-16

年份	在职人员参保人数（人）	基本养老保险费收入（万元）	离退休人员参保人数（人）	基本养老金支出（万元）
1994	6695	49.77	1504	3.05
1995	6775	1079.00	1657	1014.04
1996	6867	1470.00	1815	1433.00
1997	7870	1598.00	1978	1673.00
1998	7961	1713.70	2128	1819.00
1999	8204	2447.90	2296	2519.00
2000	8262	2908.80	2402	3039.50
2001	8187	3774.80	2615	3532.00
2002	8096	4854.50	2760	4765.00
2003	8179	5313.00	2885	5235.00
2004	8233	5304.40	3092	5722.65
2005	8476	6364.11	3337	7082.17
2006	8697	6576.82	3556	7638.68

农村社会养老保险 1992 年 5 月，成立区农村社会养老保险管理科（隶属区民政局管理），开展农村社会养老保险工作。保险对象：非城镇户口、不由国家供应商品粮的农村人口。一般以村为单位确认（包括村办企业职工、私营企业、个体户、外出人员等），组织投保。乡镇企业职工、民办教师、乡镇招聘干部、职工等，可以以乡镇或企业为单位确认，组织投保。少数乡镇因经济或地域等原因，可以先搞乡镇企业职工的养老保险。外来劳务人员，原则上在其户口所在地参加养老保险。交纳保险不分性别、职业，年龄为 20 周岁至 60 周岁。领取养老保险金的年龄一般在 60 周岁以后。资金筹集坚持以个人交纳为主，集体补助为辅，国家给予政策扶持的原则。月交费标准设 2、4、6、8、10、12、14、16、18、20 元 10 个档次，供投保人选择。养老保险可以补交和预交。投保人领取养老金，保证期为 10 年。领取养老金超过 10 年者，支付养老金直至身亡为止。当年参保 1887 人，缴费 90576 元。1999 年 6 月，区农保工作移交区劳动和社会保障局企业养老保险处。2002 年 4 月，因区劳动和社会保障局企业养老保险处垂直管理，农保工作移交区劳动和社会保障局。2002 年，全区共有 4082 人参加农村保险，保费收入 4.71 万元，发放保险金 5413 元。2003 年，保费收入 6.24 万元，发放保险金 6535.51 元。2004 年，保费收入 15.04 万元，发放保险金 8433.03 元。2005 年，保费收入 100.69 万元，发放保险金 5.62 万元。2006 年 6 月，成立槐荫区农村社会养老保险事业管理处，为副处级全额预算管理事业单位，编制 5 人，隶属区劳动和社会保障局管理。同年，全区有 9261 人参加农村保险，保费收入 801.86 万元，发放保险金 36.31 万元。

二、医疗保险

公费医疗 1989 年，区卫生局成立公费医疗办公室，具体负责管理全区享受公费医疗待遇的单位和人员范围及资格审核，并办理公费医疗证；负责单位人员的调入、调出调整手续及各类人员数据管理及公费医疗经费的拨付。同年，实行公费医疗对定点医院定额包干（按个人年龄段发放）超支后按一定比例报销。1999年7月，区公费医疗办公室整建制移交区劳动和社会保障局，经费实行财政预算、定额管理，由定点医院包干为主的公费医疗制度。在职人员、离退休人员人均500元，超定额按6∶2∶2（财政、单位、医院）比例承担。2003年11月，槐荫区医疗保险管理办公室成立，为副处级全额预算事业单位，编制8人，隶属区劳动和社会保障局管理。2004年2月起，槐荫区调整有关区公费医疗管理和实施细则，统一执行《山东省职工医疗用药范围》，离休干部、保健干部除在定点医疗机构就医外，可再选择一家就近的医院就诊治疗。在区定点医院采取记账式管理，免缴住院押金，范围内药品及诊疗项目据实报销。2005年8月起，区直公费医疗年度经费由区医疗保险管理办公室按在职及离退休人员人均700元，提出财政预算、定额管理的新的包干制度。同月，离休干部医疗经费由原来人均700元提高到6000元，医疗待遇得到大幅度提高。至2006年底，全区享受公费医疗的单位共83家，享受人员共7385人，其中在职人员5110人，退休人员2032人，离休人员234人，二等乙级以上军队残疾人员9人。

城镇职工基本医疗保险 2002年12月，全区正式启动城镇职工基本医疗保险工作。实施基本医疗保险的范围是：行政区域内的城镇各类企业、国家机关、事业单位、社会团体、民办非企业单位及其职工、退休人员和按照国务院国发〔1978〕104号文件规定办理退职的人员。按照《济南市城镇职工基本医疗保险暂行办法》，建立基本医疗保险个人账户和统筹基金，个人账户用于支付本人门诊费和统筹基金支付范围内由个人负担的医疗费用，统筹基金主要用于支付参保人员的住院费和门诊规定的特殊病种医疗费用。2003年11月，成立区医疗保险管理办公室，负责全区医疗保险金的征缴、发放等工作。2005年起，将非全日制、临时性和弹性工作等灵活就业人员及社会退休人员纳入医疗保险范围，灵活就业人员参加医保缴费比例，按上年度社会在岗人员工资的10%或5.5%缴纳。退休人员本人不需缴纳基本医疗保险费。2006年，基本医疗保险统筹基金由用人单位和个人共同缴纳，单位缴纳职工工资总额的8%，个人缴纳工资额的2%，大额医疗费救治补助金每人每月缴纳4元。全区参保企业4000余家，参保职工9万余人，其中灵活就业人员3300人，社会退休人员1002人。同年，槐荫区被山东省社会保险事业局评为山东省医疗保险经办工作目标规范化管理先进单位。

三、失业保险

1986年10月，贯彻落实国务院《国营企业职工待业保险暂行规定》，全县失业保险工作正式启动，由区劳动服务公司负责失业保险金的征收与管理。失业保险金按职工工资总额的1%缴费，全部由企业承担。1999年1月，贯彻落实国务院《失业保险条例》，调整缴费标准，失业保险金缴纳比例为职工工资总额的3%，其中，单位缴纳2%，个人缴纳1%。2006年，参加失业保险单位3577家，参保职工60845人，征缴保险金6430万元；有5073人领取失业救济金，全年发放1977.5万元。

四、工伤保险

2004年11月起，济南市企业工伤保险由市社会养老保险处移交区医疗保险管理办公室管理，负责辖区内市、区属参保企业工伤职工待遇的审核和发放工作。企业工伤保险缴纳费率分为四类，一类为0.6%，二类为0.8%，三类为1.0%，四类为1.2%；工伤保险费由企业按费率类别乘以企业上年度全部职工月平均工资额缴纳，职工个人不缴费。至2006年底，全区有2349家单位、4.78万名职工参保。2006年，槐荫区被山东省社会保险事业局评为工伤保险经办工作目标规范化管理先进单位。

五、城市居民最低生活保障

1997年10月25日起，对辖区家庭月人均收入低于城镇居民最低生活保障线标准的城市常住居民，给予每人每月140元最低生活保障（简称低保）。2001年起，按照济南市人民政府《济南市城镇居民最低生活保障实施办法》规定，低保工作实行属地化管理，驻区中央、省、市属企业职工的最低生活保障实行属地化管理，执行标准为每人每月208元。2003年1月，为906户居民办理低保，给予20名军转干部低保待遇。2004年1月起，对城市低保实行社会化发放，享受最低生活保障的城市居民直接在银行领取，每人每月提高到230元。1997—2006年，全区共发放城市最低生活保障金4693万元，有233846户次622979人次得到最低生活保障。

六、农村最低生活保障

1997年10月，区政府制定《槐荫区农村最低生活保障暂行办法》，在段店镇、吴家堡镇、美里湖办事处农村地区实行农村低保制度。对人均年纯收入低于740元的，政府给予每人每月60元补助。同年，发放208户次460人次、发放低保金2960元。1997年后，农村初步形成以区、街道（镇）、村（居）三级结合的保障服务网络和养老保障体系。2006年1月，全区农村最低生活保障线标准调整为每人每月70元。1997—2006年，全区共发放7954户次19672人次，共发放低保金19.94万元。

1997—2006年槐荫区城市居民最低生活保障情况表

表10-17

年份	保障户数（户）	保障人数（人）	发放金额（元）	保障标准（元/月·人）
1997	993	1277	128419	140
1998	1063	1658	155997	140
1999	1105	1745	228140	140
2000	1379	2201	289876	140
2001	8945	23777	1516223	208
2002	23498	62521	3857454	208
2003	43553	118143	7722803	208
2004	48891	132291	8724309	230
2005	51208	137516	12034988	230
2006	53211	141850	12267940	230
合计	233846	622979	46926149	—

1997—2006年槐荫区农村最低生活保障情况表

表10-18

年份	保障户数（户次）	保障人数（人次）	发放金额（元）	保障标准（元/月·人）
1997	208	460	2960	60
1998	624	1380	8880	60
1999	624	1380	8880	60
2000	624	1380	8880	60
2001	624	1380	8880	60

续表 10–18

年份	保障户数（户次）	保障人数（人次）	发放金额（元）	保障标准（元/月·人）
2002	624	1380	8880	60
2003	624	1380	8880	60
2004	1050	2724	17052	70
2005	1476	4104	63048	70
2006	1476	4104	63048	70

附：社区劳动保障服务中心

2002 年 7 月，槐荫区在各街道（镇）成立社区劳动保障服务中心，为副处级事业单位，槐荫区劳动和社会保障平台建设工作起步。同年，建立振兴街、青年公园等 14 个社区劳动保障中心，为社区失业人员、退休人员和外来劳动力提供劳动就业、社会保障等服务。2003 年 3 月 25 日，劳动和社会保障部副部长步正发到槐荫区调研，先后视察五里沟街道劳动保障服务中心和青年公园街道汇通社区劳动保障服务站。至 2003 年 5 月，有 69 个社区居委会成立劳动保障服务站。2004 年 3 月 15 日，济南市首家创业指导服务站在西市场劳动保障服务中心成立。2006 年 1 月 6 日，槐荫“打造基层劳动保障平台促进就业再就业”入选“感动济南”十大事件。4 月 4 日，劳动和社会保障部副部长刘永富到振兴街劳动保障服务中心检查指导工作。同年，全区共有 14 个街道（镇）劳动保障服务中心，69 个社区居委会劳动保障服务站，区劳动保障服务中心工作面积 3200 平方米，工作人员 186 人。全区共有 3.2 万余名企业退休职工（按户籍所在地划分）纳入社会化管理服务，由原来“单位人”变为“社会人”。

第十一编

公安　司法　军事

GONG AN　SI FA　JUN SHI

槐荫区志

1989—2006

1989—2006年，相继实施“一五”至“五五”全民普法五年规划，推进依法治区和法治创建活动深入开展。公安、检察、法院、司法等政法机关严厉打击各类违法犯罪活动，在维护社会稳定和保障经济发展中发挥保驾护航作用。区公安分局被评为全国优秀公安局；区人民检察院被最高人民检察院授予“人民满意的检察院”“全国模范检察院”称号；区人民法院被最高人民法院授予“全国法院模范集体”称号。区人民武装部坚持党管武装工作制度，不断加强国防建设，民兵预备役人员在生产建设、抢险救灾、维护社会稳定等工作中发挥了重要作用。区人民武装部被济南军区表彰为“民兵应急分队建设先进单位”“先进团级党委”。

第一章　公　安

第一节　治安管理

一、公共场所管理

1989年，对公共场所实行治安管理挂牌制度，经检查合格的挂“安全单位”红牌，发生问题的挂“不安全单位”黑牌。1990年，在全区治安情况复杂的商场、集贸市场、影剧院等部位设立治安管理办公室。1992年，省政府颁布实施《山东省公共场所治安管理办法》，区公安分局在全区开展公共场所安全管理“百日宣传”教育活动，发放宣传单5万余份，制作宣传标语1500余条，宣传横幅200余幅，制作宣传图板160余块，为公共场所安全管理培训治安管理人员1520余人次，发放治安许可证180余份。1997—1999年，结合《济南市公共场所管理办法》的颁布实施，对全区公共场所持续开展各种专项集中整治，强化对公共娱乐场所的管理，严厉打击“黄、赌、毒”问题，净化社会风气。2000—2001年，集中开展公共场所“百日安全”专项整治，先后取缔非法经营的歌舞厅15家、录像厅17家、美容美发厅30家、网吧11家、电子游戏厅25家、责令停业整顿34家。2002年，开展公共场所治安管理“宣传月”活动，组织干警300余人在经十路槐荫广场开展“宣传一条街”活动，向经营业户发放《致全区公共场所业主的一封公开信》1万余封，发放公共场所调查登记表5000余份。2003年，实行治安管理检查证制度，治安民警持证检查，强化执法的人性化，规范执法行为。2004年，对公共场所从业人员实行登记管理制度，为690名从业人员建立管理档案，强化对从业人员的管理力度。2006年，全区列入管理的公共场所334家，其中练歌房等娱乐场所44家、酒店227家、美容美发店63家。1989—2006年，全区共查处各类“黄、赌、毒”案件15631起。其中，卖淫嫖娼案件5186起、出租出售淫秽物品案件3123起、传播淫秽信息案件1521起、组织播放淫秽音像案件2519起、赌博或为赌博提供条件案件1772起、毒品违法活动案件1510起。

二、特种行业管理

1989年，实行特种行业业户培训、行业检查、审验、验证登记、可疑情况报告制度，实行业户治安责任和作业人员安全责任制。同年，列入管理的特种行业507家，从业人员5667人。1991年，治安大队和各派出所设立特种行业管理办公室，固定专人对特种行业进行管理，对全区667家特种行业户进行统一检查，统一管理，协助培训从业人员。1992—2002年，加强对印章刻制业、车辆维修行业、废旧物品回收站点的管理，严厉打击制办假证，堵塞被盗物资的销售渠道，取缔废旧物品回收业店20余家，处罚违法收购业户30余户。2003—2005年，重点加大对大型宾馆、中小旅馆、洗浴场所、歌舞厅等娱乐场所，二手手机市场、旧机动车市场等特种行业的治安管理，推行旅馆业、公章刻制业的治安管理信息系统建设，严厉打击“黄、赌、毒”等社会丑恶现象。至2006年底，全区共有特种行业890家。其中，宾馆260家（星级10家，其他250家）；旧货业112家（废旧金属收购站108家，典当业1家，旧货流通企业市场3家）；刻字印刷业户249家（刻字56家，彩色复印62家，出版印刷12家，包装印刷55家，其他64家）；机动车修理业247家；机动车拆解业1家；其他21家。

三、危险物品管理

1991年，区公安分局制定《关于加强对枪支弹药、剧毒、放射和爆炸等危险物品管理的实施意见》，对公用枪支实行严格登记检验、发证制度。1992—1995年，区公安分局每年定期对全区枪支弹药的使用、管理情况集中检查，严格落实年度审核、查验持枪证制度，做到人、枪、证相符。签订安全责任书，严禁私制枪支，对全区私人猎枪、土枪、气枪进行统一管理。1996年10月1日，《中华人民共和国枪支管理办法》颁布，禁止任何单位和个人违反法律规定持有、制造、买卖、运输和出租枪支。区公安分局以此进一步强化管理，对民用枪支弹药进行集中清缴销毁。至2004年，持续开展对非法制造持有枪支、弹药的清查和收缴工作，收缴各类猎枪、土枪、气枪200余支，各类弹药5000余发。2005年，济南市颁布实施《济南市烟花爆竹管理办法》，区公安分局强化对烟花爆竹的管理，严格管控烟花爆竹的生产、销售、流通等各个环节。2005—2006年，以消除公共安全隐患为重点，每年集中时间对辖区5家剧毒、3家放射源的生产、使用、储存单位进行例行安全检查，严格落实倒查责任制。

四、治安防范

1989—1992年，强化群防群治，推进社会治安综合治理。制定《居民楼自管自治管理试行办法》，强化居民楼治安管理，全区楼房自管率90%以上；各街道（镇）治保队伍2000余人，建立起以干警为主体，治保联防和治安巡逻队为基础的市区巡逻体系。1994年，建立巡警大队，全面加强巡逻防范。1995年，制定《槐荫区治安巡逻办法》，在全区建立分局、派出所、村居三级治安巡逻体系。1996—1999年，将“三防”扩展到新建居民小区，全区群防群治队伍发展到1440余人，防盗门安装率80%以上，新建小区安装率100%，全区重点单位和部位报警器安装率97%以上。2000年，建立社会面“五四三”（市局五分之一警力、分局四分之一警力、派出所三分之一警力参与社会面治安巡逻）巡逻防控体系。2001年，开展“社区警务”活动，将全区划分为8个巡区，设立24个巡查点，实行全天候24小时警区化巡逻。在全区敞开式小区推行建设停车棚、安装防盗网；在成建制小区推行安装可视门铃、电视监控和实行保安化管理。2002年，按照“谁投资谁受益”的原则，在11个城区派出所建设技防电视监控平台，在全区170多家重点单位、30个封闭住宅小区、70多家银行营业网点、98家网吧、180余处重点部位安装电子探头340个，并在分局和公安派出所两级建立“一体化”电视监控录像系统。2003年，在全区易发案区域和重点部位建设6个治安检查站，建立盘查堵截体系，强化区域控制能力。2004年，全区群防群治队伍2403人。至2006年，在社区、街道易发案部位建立420点位的电子巡更系统，234家旅馆建立旅馆业治安信息系统，400余家公共场所建立公共场所治安管理信息系统，将从业人员3350人纳入信息化管理。建成派出所综合信息系统，每天录入信息10万余条。

第二节　户政管理

一、常住户口管理

1989年，对辖区居住人员按照社会治安有无危害及其危害程度等表现，实行重点人口、一般人员和治安积极分子人口分层次管理。1991年，在五里沟派出所试点，组织开展熟悉人口基本情况、现实表现等基本功活动。同年，重点人口熟悉率96.2%，其他常住人口熟悉率86%。1992年，实行24小时办理户口制度。1998年，更换新版居民户口簿，全区共换发10.1余万本。2000年，在全市率先实行办理户口追踪回访制度，对当月派出所办理的户口，户政科采用电话或入户回访群众（每月回访5户）进行抽查，征求意见，改进工作。2001年4月，在全区范围内启用和更换常住人口登记表工作，重新登记常住人口基本信息，建档管理，共完成34万人口的登记表更换工作。2002年，在全区建立实有人口管理"六个一"工作制度，即每责任区一张"辖区平面示意图"；每座楼或平房院落街道一张"实有人口居住状况登记表"（合并建立"实有人口居住状况登记簿"）；每户打印一张"实有人口信息登记卡"（汇集建立"实有人口信息登记簿"）；有条件的派出所为民警配备一台"警务通"；每名责任区民警建立一本工作日志；每楼或平房每30户推荐一名楼长（信息员）。同年，共绘制辖区平面示意图131幅，建立楼长、信息员5300余人。2002年8月，取消农业、非农业户口性质划分，实行统一的"济南市居民户口"登记管理制度。至10月底，全区4个街道、2个镇共8.7万农业人口户口性质改登工作全部完成。2003—2006年，全面推行实有人口信息化管理工程，建立常住人口网络化管理综合平台，人口信息在公安内部实现资源共享和"一体化"管理。

二、暂住户口管理

1989年起，对外来人口全面推行暂住证管理制度，建立暂住证日常检验制度。1990—1992年，实行暂住人口到济登记制度，建立暂住人口稽查队，加强暂住人口的验证、管理和治安清查。1993年，实施《槐荫区暂住人口租赁私房管理试行办法》，将暂住人口管理纳入法制化、规范化。1994年，推出"以房管人"的暂住人口管理模式，对出租房屋进行登记，定期检查，发现人员变动，立即登记办理暂住证。1996年3月14日，分局增设暂住流动人口管理科，进一步加强对暂住人口管理力度。2000年2月，在暂住人口稽查队中率先组成全省第一支16人的半军事化管理队伍，省公安厅召开现场会向全省推广，《济南时报》也以《槐荫区成立全省第一支暂住人口轻骑兵》为题进行报道。同年，各派出所也分别建立3～5人稽查队伍，全区共成立稽查队17支、87人，对暂住人口的管理更加有效。2001年，建立暂住人口务工地派出所和居住地派出所"两头管、双向控"的管理体系，编写《派出所暂住人口双向管理工作手册》，建立暂住人口双向管理信息系统、暂住人口人员信息数据库、暂住人口分层次管理制度，颁发全市通用新版暂住证。2002年，撤销流动人口管理科，其业务由户籍科管理。2005年，成立集公安、房地产管理、工商、税务、计生等部门于一体的暂住人口管理服务站，推出暂住人口温馨服务卡，积极协调各部门，为流动人口提供服务和帮助。2006年3月，取消暂住人口管理费。

三、居民身份证管理

1989年，全区全面实行身份证管理，要求所有年满16周岁的居民申请办理居民身份证。1990年，结合第四次人口普查，摸清全区人口底数，进一步加强居民身份证的申领工作。1991—1999年，全面推行身份证查验工作，对重卡、变更年龄等错卡重新制证补发。2000年4月，将全区16周岁以上的27万人身份证号码由原来的15位升为18位，并将16周岁以下7万无身份证号码人员，全部一次性编制18位的公民身份号码。2004年，实现身份证网上制证，全区15个派出所全部安装身份证远程照相网络制证系统，群众办理身份证只要到派出所一次，就可以完成照相、办证、送证上门一条龙服务。2005年7月，开始换发第二代居民身份证，当年换发20余万人。至2006年，完成27万人的换证工作。

四、人口信息化管理

1991年起，在全区市区派出所推行人口微机化管理，市区各派出所与分局之间建立人口管理局域网。至1992年，除郊区农村派出所外，市区派出所人口管理与分局实现全面联网。1993年，对各派出所人员进行人口微机管理培训。1994年，建立分局公安局域网。1995年起，分局以"金盾工程"建设为平台，加大科技投入，建设覆盖全区各派出所的公安局域网，所有派出所微机与分局局域网并网。1996年4月，全区15个派出所人口信息计算机管理系统全部通过市局验收并推向前台办公。2000年4月，建成槐荫户政网站，实现网上办公、网上查询、网上审批。10月8日，全面完成人口信息办公系统升级转换，以光纤网络为依托，实现人口信息网络化办公。12个派出所安装光纤线路，实现网上实时办公，其他派出所实现网上非实时办公。2001年，户口申报审批工作全部纳入计算机管理，人口管理系统进行全面升级。2002年4月1日，在全市率先开展跨区户口迁移“进一个门”办公。2003—2006年，对人口信息化管理开展纠错工作，对15位居民身份证号码进行18位升级，实现网上办证。

第三节　打击犯罪

一、打击刑事犯罪

1989年，刑事案件大量增加，先后开展“打击流窜犯”“侦查破案，打现行，安全防范”“打流窜、反盗窃、挖窝子、摧团伙”等5项专项斗争和7次集中打击行动。1990年，开展扫除“六害”（卖淫嫖娼、制作贩卖传播淫秽物品、拐卖妇女儿童、私种吸食贩运毒品、聚众赌博、利用封建迷信骗财害人）专项斗争，开展“破案会战”。1991年，开展“反盗窃，摧团伙”“严厉打击拐卖妇女儿童犯罪”等专项斗争。1992年起，相继开展“打团伙、破案件、促防范”“反扒窃、打流窜”“打击车匪路霸”“打击盗窃破坏城市公共设施违法犯罪”等专项斗争。1996年1月1日—9日，10天内连续破获吴家堡“12·29”、中大“1·3”、经三路“1·7”、大金庄“1·9”4起重大杀人案，抓获犯罪嫌疑人4人。1997年，刑警大队由正科级升格为副处级单位。2001年，推进现代刑侦警务机制建设，刑侦方式逐步实现“由案到人”到“由人到案”的转变。2002年，加快实施“科技强警”和“信息强侦”战略，不断加大科技投入，配备性能先进的证据采集设备，建立指纹自动比对系统和犯罪资料数据库。2004年，实施“情报导侦”战略，建立情报信息收集、筛选、评估、跟踪和处置机制，利用情报信息破案成为打击各类犯罪的重要手段。同年8月，侦破“8·9”担山屯京福高速公路特大持枪抢劫出租车案。2005年，探索在大城市中便衣侦查巡逻的新方法，整合各种力量，形成城市立体式治安防控网络。2006年，健全完善“挂牌督办”“网上追逃”“系列案件串并”“打黑除恶”“深挖扩案”等工作机制，以每月案件讲评和双月培训活动为载体，加强刑警的业务培训。建立刑事案件所队联合侦破机制。同年4月，破获“4·27”特大杀人焚尸案；侦破省公安厅2005年“12·22”特大入室抢劫督办案件，犯罪嫌疑人6人全部抓获。

1989—2006年槐荫区刑事案件发案、破案情况表

表11-1

年份	发案数（起）	立案数（起）	破案数（起）	破案率（%）	年份	发案数（起）	立案数（起）	破案数（起）	破案率（%）
1989	2286	908	631	69.50	1998	1820	1189	786	66.10
1990	1522	1196	810	67.70	1999	1982	1159	656	56.60
1991	1396	1119	645	57.60	2000	2173	1556	635	40.80
1992	1622	1331	856	64.30	2001	2368	1940	848	43.70
1993	1599	1054	711	67.40	2002	2473	1965	798	40.60
1994	1512	1078	689	63.90	2003	3224	1449	819	56.50
1995	1457	870	612	70.30	2004	4028	1913	926	48.40
1996	1793	903	601	66.50	2005	4247	1329	739	55.60
1997	1801	1056	669	63.30	2006	4792	1485	744	50.10

二、打击经济犯罪

1989年，由区公安分局经文保科专门负责打击经济犯罪案件。1990—1996年，以打击非法融资、非法集资、非法传销、销售、制贩假冒伪劣商品为重点，开展多种形式的专项斗争，打掉非法传销窝点50余个，破获非法集资案件30余起，销售、制贩假冒伪劣商品案件120余起。1997年，加强积案侦破，破获经济案件20余起。2000年，组织开展“严打”经济犯罪专项行动，破获各类经济案件30起，抓获犯罪嫌疑人26人。2002年5月，经文保科升格为经济犯罪侦察大队（副处级），增加对涉税犯罪案件的立案侦查工作，强化对经济犯罪的打击力度。2003年3月，破获在省、市具有较大影响的王某某、张某等虚报注册资本案。自2002年1月起，其利用银行资金，采取“一进一出”的方式，涉嫌为济南市400余家有限公司虚报注册资本，骗取工商行政管理部门营业执照，累计虚报注册资本额3.8亿余元，非法所得上百万元，涉案人员270余人。此案带破济南泉景科技开发有限公司陈某某虚报注册资本1000万元案、济南大通利通讯科技有限公司窦某某虚报注册资本500万元案等一批大案、要案，为国家避免经济损失2.3余亿元。2003年5月，破获济南天润经贸有限公司贷款诈骗300万元一案，挽回全部经济损失。2004年7月，破获山东世达工贸有限公司李某、赵某某、李某某等人非法集资诈骗案，涉案金额8000余万元。追回赃款4000余万元，查封犯罪嫌疑人用赃款购买的房产3套，汽车1辆，挽回巨额经济损失，新华社、中央电台等各大媒体对此案的成功破获进行专题报道。2005年，开展对新型经济犯罪的打击，开展以打击涉税犯罪、侵犯商标专利权犯罪以及非法传销犯罪的专项行动。相继侦破金冠集团张某某等非法吸收公众存款案；阳光森科非法吸收公众存款案；刘某某等人重特大资金诈骗案，涉案金额1700余万元；曲某某特大诈骗案，涉案金额340余万元。2006年7月，破获于某某装饰工程有限公司倒卖、虚开增值税发票案，避免国家税款损失上亿元。捣毁传销窝点30余处，遣散传销人员4000余人。2002—2006年，经济犯罪侦察大队共破获各类经济案件496起、外协案件120余起，打击处理各类犯罪嫌疑人430余人次，为集体和个人挽回经济损失5亿元。

第四节　安全保卫

一、内部保卫

1989—1991年，依照“政府监管、单位负责”的要求，加强对内部单位安全保卫工作的督导、指导，强化内部单位人防、物防、技防建设。1992年，开展行业安全保卫协会和内保工作站的试点，在内部单位建立54个内保工作站。1993—1994年，组织开展内部单位流动人口和出租房屋普查登记会战，指导内部单位对外来临时用工进行建档登记。1995年，指导内部单位加强内保巡逻防范、内部查控，严厉打击针对内部单位的现行犯罪。1996年，建立单位信息采集卡，建立重点单位基础档案130余份。同年，为全区14家金融营业场所建立安全防范设施电子档案。1997年，组织开展校园及周边专项整治工作，开展法制安全教育130余场次，印发宣传材料3万余份，师生受教育面90%。1998年，组织开展企业内部安全隐患大排查，共检查内部单位165家，排查治安隐患232处，当场整治62处，下达限期整改通知书50余份。1999年，开展破产改制企业不稳定因素排查工作，发现不稳定因素和群体性事件苗头30余起，配合有关部门做好稳控工作。2004年，为全区160余家中小学和幼儿园选派法制辅导员和法制副校长，选派率96%。2006年，实施国务院颁布的《企业事业单位内部治安保卫条例》，通过对辖区单位进行调查摸底，确定44家三级重点单位。全区有保卫科（处室）223处，保卫干部1213人。

二、保安管理

1993年12月，组建济南市保安公司槐荫区分公司（科级单位），2002年5月更名为保安管理科。2004年9月，更名为保安管理大队，升格为副处级，受济南市保安公司和区公安分局双重领导。公司坚持人防、物防、技防建设，参与各类大型文体、经贸活动的保安工作，组织对企事业单位自建保安队伍的培训，加强对保安服装、保安器材、安全技防设备等产品研发生产的监督检查和管理。至2006年底，公司拥有保安1240人，人防客户171家，技防客户300余家，年收入700余万元。

第五节　110报警服务

1996年10月，成立区110报警服务台，面积15平方米，隶属区公安分局秘书科，装备110接警系统1套、无线对讲系统1套及金融系统电子报警系统1套。担负全区110报警服务、情报信息搜集、整理、上报和上传下达等指挥调度等工作。1998年，按照《济南市110报警服务社会联动工作规范》，开始实行110报警服务与供水、供电、120急救中心、城建、环卫、环保、消协等职能部门联动，在打击犯罪、服务群众中发挥重要作用。1999年12月，110报警服务台面积增至200平方米，新装备大屏幕监控系统。2002年5月，区公安分局秘书科升格为办公室后，在报警服务台的基础上成立办公室指挥调度室，隶属区公安分局办公室。2006年，指挥中心全面升级改造，由过去的单一报警服务功能实现全方位、多功能、多元化报警，具备110报警、金融专网报警两套报警系统，集有线通讯、无线通信、计算机辅助调度、视频监控、GPS卫星定位、首长指挥、情报信息采集和指挥调度八大系统功能。有线通信系统可同时向21个出警单位下达出警命令，实现多警种配合作战；无线通信系统可同时呼叫全局一线执法单位；计算机辅助调度系统对每天接报的各类案件和信息进行统一处理，实现信息接报、显示、查询、统计、综合等多种功能于一体，为领导决策提供全方位的服务；视频监控系统对全区要害部位、繁华场所、治安卡点多窗口、分层次、按类别进行显示，实现实时监控；GPS定位系统通过电子警用地图实时掌握派出所110巡逻车和巡警巡逻车的实际位置，实现就近派警。110指挥中心24小时受理报警求助，平均每年接处群众报警21000余起，平均每月1700余起。

1996—2006年槐荫区110接处警情况表

表11-2

年份	接警总数（件）	刑事案件（件）	治安案件（件）	纠纷（件）	群众求助（人次）	其他（件）
1996	1642	92	539	721	211	79
1997	11344	107	2514	6582	1495	646
1998	14747	128	3329	8526	1931	833
1999	16821	295	3951	9052	2471	1052
2000	20932	484	4269	10221	3546	1194
2001	24299	895	5318	12128	4612	1346
2002	27148	1257	5829	13770	4559	1733
2003	28279	1394	6563	13958	4614	1750
2004	28494	1382	6574	14110	4637	1791
2005	29597	1408	7261	14496	4659	1773
2006	29953	1463	7309	14611	4745	1825

第六节　出入境管理

1993年12月，区公安分局增设外事科。2002年5月，更名为出入境管理科，承担出入境申请受理审核、日常管理、了解掌握出入境信息和查处出入境违法活动等工作。同时，为服务港澳企业界人士到内地、台湾地区企业界人士到大陆经商办企业提供便利条件和各项优质服务。2005年，出入境管理科被评为全省公安出入境管理工作先进集体。2006年，被命名为全国公安机关出入境管理部门达标文明窗口。

1994—2006年槐荫区出入境管理情况表

表11-3　　单位：人

类别 年份	内地居民往来港澳地区	大陆居民往来台湾地区	港澳台居民入境	中国公民出国	外国人出入境
1994	29	6	22	27	30
1995	35	9	39	47	37
1996	97	7	46	68	44
1997	104	11	53	79	56
1998	116	18	77	107	65
1999	282	13	91	207	93
2000	403	15	199	327	114
2001	576	17	352	509	421
2002	894	22	335	629	303
2003	1025	19	239	691	247
2004	1141	21	352	907	421
2005	1310	20	385	1116	424
2006	1573	27	250	1371	486

第七节　巡警工作

1994年，成立济南市公安局巡警支队槐荫区大队，为副处级单位，隶属槐荫区公安分局和济南市公安局巡警支队双重领导，下设政工、秘书、业务3个内设科和一、二、三、“110”4个中队。巡警大队采取科学勤务模式，按照“有警处警，无警巡逻”的原则，24小时不间断在巡区内巡逻。巡逻方式以机动车巡逻为主、步巡为辅，在重点部位、重点时段以警便交叉巡逻与设点盘查相结合，负责全区警区化巡逻和110接处警任务。2006年，大队被省公安厅治安总队授予“一级巡警大队”称号。

第八节　特警工作

1992年5月，成立槐荫区防暴大队，隶属济南市公安局防暴支队管理。1998年2月，划归槐荫区公安分局管理，下设综合科、作训科和两个防暴中队。2005年9月，更名为槐荫区分局特警大队。2006年，特警大队配备微型冲锋枪、手枪、防暴盾牌、防弹盾牌、钢盔等装备。

1992—2006年，全队干警共出警参与处置各类突发事件520余次，抓获涉枪、抢劫、盗窃、绑架、强奸等各类违法犯罪嫌疑人314人，收缴枪支、炸药、雷管一宗，查获被盗车辆、假冒商品等总价值1000余万元；为人民群众做好事 8500 余件；先后立集体二等功 1 次，集体三等功 1 次，集体嘉奖 5 次，30 人次立功受奖。2005 年 12 月，特警大队苏建辉、刁立云、陈京海赴海地执行维和任务，苏建辉被授予联合国和平勋章、公安部中国维和警察荣誉章并立个人一等功，刁立云、陈京海被授予联合国和平勋章、公安部中国维和警察荣誉章并立个人二等功。

第九节　交通管理

一、交通秩序管理

1989 年、1990 年，济南市人民警察学校两批毕业生分配到区交警大队，成为交通秩序管理的重要力量。1990 年，区交警大队主要负责辖区 2 条国道、城区主次干道的交通秩序管理。城区道路交通秩序实行定点管理与路段巡逻相结合。在城区内设有经二纬五、经二纬六、经二纬十二、经四纬六、经四纬十二、经七纬十二、五里牌坊、辛庄高架桥、市立五院、辛西路口、段店路口等定点岗，交通流量大的路口如经七纬十二、五里牌坊、市立五院、辛庄高架桥、辛西路口实行“双人岗”，流量相对较小的路口实行“单人岗”,实行“七人两岗”的勤务工作模式，民警指挥手势配合交通信号灯指挥疏导。1994 年，参加全市交通秩序整治“五大战役”：集中取缔商业摊贩违章占道，调整市区行车路线科学分流交通，强化路巡路查，安装停车场护栏统一规划停车区域,综合整治巩固战果。1995 年，开展“规范化执勤，大练基本功”活动，辖区经七纬十二岗组被团中央、公安部授予“全国青年文明号”称号。同年，开始使用饮酒检测仪查处酒后驾车违章行为。1996 年 1 月起，交通违章罚款按程序由银行代收。1999 年，改革固守路口站点管理为主的勤务模式，辖区除保留“经七纬十二岗”形象岗外，其他岗台统一撤下，采取与沿街单位签订“门前三包”责任书等措施，加强动、静态交通秩序管理。2003 年抗击“非典”期间，制定非常时期交通保卫方案，抽调 16 名民警成立突击队，在担山屯和西外环两处留验站，配合卫生防疫等部门对进出市区车辆和人员进行检查。2004 年，成立整顿组，重点整治大货车违法等重点交通违法行为。2005 年，开发配置“警务通”，强化违法行为抓拍和日常查纠，上半年查纠抓拍车辆 2 万余辆次。至 2006 年，区交警大队主要负责辖区 23 条主次干道和 66 条支路、街巷交通秩序管理。

二、交通安全宣传

1989 年，槐荫交警与区教育局联合在小辛庄小学建成济南市第一所“小交警学校”。1995 年，在经七纬十二路口设交通岗亭有线宣传站。1999 年，贯彻交通安全从娃娃抓起的方针，开展交通安全示范学校创建活动。2001 年，开展交通安全社区创建活动，前屯小区、阳光花园社区被评为全市优秀交通安全社区。2002 年，在全市首创卡通交通进酒店模式，开展拒绝酒驾宣传活动。2003 年，交警、治安、消防“三警合一”进社区，开展安全宣传。2004 年，开展

交警进社区　　（2005 年 6 月　刘新华　摄）

卡通交警进酒店　　（2003 年 10 月　刘新华　摄）

交通安全宣传进农村、进社区、进企业、进学校、进家庭“五进”活动。2005 年，实施“保护生命 平安出行”交通安全宣传教育工程，举办宣讲活动 90 场次。与区教育局、普法办联合，编发《道路出行随身读》《交通安全新童谣》2 万册。2006 年，在全区有条件的中小学校实行法制辅导员、交通安全护导员和一校一警制度。

三、道路交通事故处理

1990 年，区交警大队成立交通肇事逃逸事故专案小组。1995 年，实行交通事故责任集体研究认定。1996 年，全市建立“122”交通事故报警服务台，接处警实行昼夜 24 小时双人双车值班。接警后，市区 5 分钟、近郊 15 分钟、远郊 40 分钟到达现场，事故勘查车配备急救箱、拖车工具等。1997 年，在山东省煤矿医院成立道路交通事故急救中心，由保险公司预付部分资金作为急救基金，急救中心实行 24 小时值班，配备专用急救车和救护人员，为抢救伤员开辟一条“绿色通道”。1998 年，实行事故处理预约制度和延时服务制度，与市物价部门联合成立道路交通事故车辆物品价值认定中心；推出“三方便、三公开、一简易”措施，即印制便民服务联系卡、设置便民服务政务公开栏和咨询服务电话；公开责任认定、公开调解处理、公开损害赔偿；对于损失千元以下的轻微事故，由勤务民警适用简易程序当场认定责任，进行调解。实行事故现场勘查、责任认定与调解赔偿三权分离等。2000 年，事故处理民警配备微机，

2005 年 2 月 6 日，区交警在纬六路进行撒盐除雪作业

（刘新华　摄）

实现交通事故法律文书微机化管理；成立专门受理交通事故的巡回法庭。2003 年，受理交通事故 3780 起，其中标准事故 89 起，死亡 24 人，重伤 61 人，直接经济损失 40 余万元。2004 年 1—6 月，受理交通事故 1847 起，其中标准事故 33 起，死亡 14 人，重伤 21 人，直接经济损失 15 余万元。2005 年，制定《执勤民警处置道路交通事故现场规范》，按照就近接警原则，划定勤务中队接警区域，实行勤务民警先期处警与事故科民警处警相结合工作模式。2006 年，开发交通事故处理程序软件系统，办理案件时限、程序实现系统提醒、制约，案件审批网上进行等；按照山东省公安交通管理部门事故处理机构规范化建设标准，建成事故认定大厅、公开调解室、案情分析室、民警调解室、技术室、档案室、物证室等。

2005 年 8 月 3 日，交警在营市街路口救助被困车辆

（刘新华　摄）

四、机动车与驾驶员管理

1989 年，市车管所槐荫分所负责辖区驾驶员安全管理，驾驶员年审，机动车车辆年检，轻便摩托车和农用车的注册、变更、转移、抵押、注销、补牌证业务，轻便摩托车和农用车驾驶证申请、考试、发证、补换证、转入、转出和注销业务等。同年起，对机动车驾驶员加强安全教育和管理，与有车单位签订交通安全责任书，定期组织驾驶员学习培训，采取宣传典型与打击处理并举的方式表彰先进单位和个人，从严教育处理发生事故的单位和驾驶员，组织对驾驶员进行安全教育。

1989—1993 年，对机动车、非机动车同步管理。1994 年，换发 92 式机动车牌证。1995 年，车管分所办理大型车辆、挂车、普通摩托车注册、变更、转移、抵押、注销、补牌证业务。1998 年，成立驾驶员协会，组织专门工作人员开展驾驶员安全教育。2000 年，设置驾驶证、机动车检审流动服务车，对驾驶员集中的单位开展上门年审服务等。2004 年，实施《机动车驾驶证申领和使用规定》，启用新机动车驾驶人登记系统。改造车管业务大厅，建成敞开式、一条龙服务的业务办公大厅，人性化服务、规范化管理的经验做法在全市推广。2005 年 10 月，润华检测线投入运营，华润检验线由天桥区转入槐荫区监管。

1989—2006 年槐荫区机动车与机动车驾驶员情况表

表 11-4

年份	机动车（辆）	机动车驾驶员（人）	年份	机动车（辆）	机动车驾驶员（人）
1989	1207	4277	1998	22730	33892
1990	1358	6028	1999	25650	38355
1991	1462	7990	2000	34173	42283
1992	1636	10501	2001	38792	47415
1993	2563	12083	2002	52363	53147
1994	4663	14811	2003	59794	56547
1995	7634	19024	2004	62433	59056
1996	11702	24155	2005	71136	72939
1997	16861	28988	2006	77788	82693

第十节　消防工作

1989 年，区公安分局消防科负责全区消防工作。1996 年，原消防科改称消防大队，在区公安分局办公，隶属区公安分局和市公安消防分局双重领导。2000 年，全市首个消防民警监督责任区在槐荫区挂牌，开始实行警务监督管理模式和警长负责制。2002 年，槐荫区成立消防社会救助站，公布消防社会救助 10 项承诺，消防工作走向社会化。2003 年，区消防大队从区公安分局搬出，迁至张庄路 12 号。同年，落实支队—大队—中队三级管理机制，组建大队党委，实行消防大、中队合署办公，下辖八里桥中队和美里湖中队。2004 年，设立便民服务室，实现网上审批、网上查询和电话语音查询。2005 年，全面推行消防行政执法智能网络办公系统。同年，建立并完善社

阳光 100 小区义务消防队进行消防演练

（2006 年摄　区消防大队提供）

区、农村消防组织网络和工作制度，打造青年公园、槐荫广场社区等一批优秀消防安全社区。1989—2006年，消防大队以重点单位、社区农村、人员密集场所为防火安全重点，开展消防安全专项治理103次，整改火险隐患1.6万余处，扑救火灾1682起，抢救财产价值9266万元，抢救被困人员561人。

1989—2006年槐荫区消防情况表

表11-5

年份	火灾起数（起）	火灾损失（万元）	死亡人数（人）	受伤人数（人）
1989	60	3.29	0	0
1990	73	7.31	0	1
1991	62	2.15	0	0
1992	51	3.60	0	0
1993	67	5.33	0	0
1994	79	6.14	0	2
1995	82	7.87	0	0
1996	53	2.41	0	0
1997	60	4.39	0	0
1998	65	4.97	0	0
1999	59	3.18	0	0
2000	62	8.02	0	0
2001	98	2.97	0	2
2002	84	9.40	0	0
2003	214	30.59	2	0
2004	178	5.41	1	0
2005	183	4.94	0	0
2006	152	6.63	0	0

第二章　检　察

1989—2006年，区人民检察院严格落实介入引导侦查、关键证据复核、错案责任追究等办案制度，批捕、不捕、起诉案件均为100%。共批捕各类刑事案件2155起3206人，决定起诉刑事案件2662起3789人，立查职务犯罪案件947起，为国家挽回经济损失1.4余亿元。1998—2002年，区检察院先后被省检察院记集体一等功2次、集体二等功1次，被最高人民检察院授予“人民满意的检察院”“全国模范检察院”称号，区委三次作出向区检察院学习的决定。

2000年3月9日，槐荫区检察院获全国“人民满意检察院”称号庆功表彰大会 （丁维忠 摄）

第一节 刑事检察

一、审查批捕

1989年，区人民检察院由刑事检察一科开展批捕工作。同年起，重点打击抢劫、盗窃、故意伤害等严重危害社会治安的犯罪分子和犯罪团伙。1992年，严厉打击严重刑事犯罪分子，开展专项斗争，提前介入，平均办案时间缩短为3.5天，准确率100%。1999年，刑事检察一科更名为审查批捕科。2002年,将严重暴力犯罪、严重影响群众安全的突发性犯罪、社会恶势力及黑社会性质犯罪等“三类犯罪”作为打击重点，共批准逮捕141起189人。同年，审查批捕科改为侦查监督科。区检察院按照最高人民检察院“全面履行职责，加强配合，强化监督，引导侦查”的总要求，在履行好审查逮捕职能的同时，不断加大对立案活动、侦察活动的监督力度。2003—2006年，区检察院共受理公安机关和自侦部门提请批捕案件和各类刑事案件737起1093人，批捕准确率100%，重特大案件提前介入率100%。

1989—2006年槐荫区人民检察院审查批捕情况表

表11-6

年份	受案		批捕		不捕		退捕		公安撤回	
	件	人	件	人	件	人	件	人	件	人
1989	100	171	94	163	5	7	1	1	—	—
1990	100	185	96	178	1	1	3	6	—	—
1991	86	118	82	114	4	4	—	—	—	—
1992	80	125	78	122	—	1	—	—	2	2
1993	95	154	85	143	2	2	3	3	5	6
1994	116	195	104	176	3	7	9	12	—	—
1995	132	207	121	187	0	3	7	12	4	4
1996	142	204	128	186	3	4	9	11	2	3
1997	123	162	108	143	8	12	—	—	7	7
1998	82	118	73	104	5	9	—	—	4	5
1999	141	181	131	165	7	2	—	—	2	3
2000	111	161	96	146	9	9	—	—	6	6
2001	136	184	128	174	1	2	—	—	7	8
2002	160	217	141	189	1	1	—	—	18	27

续表 11-6

年份	受案		批捕		不捕		退捕		公安撤回	
	件	人	件	人	件	人	件	人	件	人
2003	176	251	154	216	2	2	—	—	24	39
2004	198	292	191	280	14	27	—	—	1	1
2005	190	278	184	263	20	32	—	—	—	—
2006	173	272	161	257	34	62	—	—	—	—

二、审查起诉

1989 年，区检察院刑事检察二科负责审查起诉工作。1997 年，新《中华人民共和国刑事诉讼法》颁布实施，检察机关的免诉权被取消，赋予不诉权。1999 年，刑事检察二科更名为审查起诉科，针对杀人、抢劫、强奸、放火及其他严重危害社会治安的“五类”犯罪快审、快查、快起诉，案件起诉准确率 100%。同年 4 月，检察院试行主诉检察官负责制，任命首批主诉检察官 2 人。2001 年，受理各类案件 207 起，起诉 144 起。在审理市法院交办的轰动全国的“徐某某黑社会性质组织犯罪案件”中，区检察院组成 4 人专案组，昼夜奋战补查材料 100 余份，对此案中高某某、蒋某等被告人 12 人依法提起公诉。2002 年，审查起诉科更名为公诉科，进一步完善主诉检察官办案责任制，逐步实现公诉工作引导侦查工作。2006 年，区检察院共受理案件 270 起 424 人，提起公诉 238 起 357 人。

1989—2006 年槐荫区人民检察院审查起诉情况表

表 11-7

年份	受案		起诉		免诉		退查		不诉		移送单位撤回		移送其他院	
	件	人	件	人	件	人	件	人	件	人	件	人	件	人
1989	91	98	13	13	77	83	—	—	—	—	1	2	—	—
1990	79	151	68	133	11	18	57	78	—	—	1	2	1	2
1991	220	280	141	173	20	25	57	78	—	—	1	2	1	2
1992	124	184	96	149	9	13	19	22	—	—	—	—	—	—
1993	148	243	98	155	6	6	32	56	—	—	—	—	12	26
1994	192	302	144	232	4	12	34	45	—	—	—	3	10	10
1995	224	392	177	295	5	7	40	88	—	—	—	—	2	2
1996	178	278	135	211	9	11	33	55	—	—	1	1	—	—
1997	156	221	125	178	2	3	27	38	—	—	2	2	—	—
1998	156	225	127	160	—	—	22	44	—	—	5	19	2	2
1999	228	266	152	152	—	—	67	99	—	—	—	—	9	15
2000	201	201	130	130	—	—	56	56	2	2	—	—	13	13
2001	207	291	144	199	—	—	43	62	3	4	1	4	16	22

续表 11-7

年份	受案		起诉		免诉		退查		不诉		移送单位撤回		移送其他院	
	件	人	件	人	件	人	件	人	件	人	件	人	件	人
2002	235	328	185	257	—	—	40	50	—	—	—	1	10	20
2003	224	343	209	305	—	—	37	73	—	1	1	17	4	11
2004	265	398	225	313	—	—	32	66	24	30	—	5	10	35
2005	310	455	255	377	—	—	35	58	8	9	7	22	14	23
2006	270	424	238	357	—	—	44	62	3	3	16	28	12	24

说明：1997 年《中华人民共和国刑事诉讼法》修改后，检察机关的免诉权被取消，赋予不诉权，故免诉与不诉数据不在同一年发生

第二节　反贪污贿赂检察

1989 年，区检察院经济科受理贪污受贿等经济案件，全年预查经济案件线索 380 余起，立查各类经济犯罪案件 142 起 152 人，是上年立案数的 3.4 倍，为国家挽回经济损失 204 万元。1990 年，立查贪污、贿赂案件 123 起，占各类经济案件立案数的 87%，为国家挽回经济损失 190 余万元，结案率 90%，其中区印刷制版行业受贿案件 24 起。1991—1995 年，把反贪污贿赂斗争作为首要任务，共立案侦查 256 起，其中贪污案件 81 起，受贿案件 108 起，行贿案件 35 起，挪用公款案件 24 起，偷税案件 4 起，其他案件 4 起，为国家挽回经济损失 900 余万元。1996 年 1 月 16 日，区检察院反贪污贿赂局成立大会召开，重点查办大要案和机关工作人员犯罪。同年，查办大要案 35 起，占立案数的 86.8%；机关工作人员犯罪 4 起，占立案数的 5.3%；集中处理 1993 年以来的积案 27 起。1998 年，反贪污贿赂局增设犯罪预防科，加强犯罪预防工作，成立山东省首家预防职务犯罪研究协会，发展银行、证券、保险等领域首批会员 20 家，避免预防职务犯罪只靠检察机关“单打一”的做法。1999 年，立查职务犯罪案件 43 起，其中大要案 31 起，办案总数、大要案比例居全市、全省检察系统前列，为国家挽回直接经济损失 2300 余万元。其中影响较大的案件有山东省警官总医院原副院长、一级警督李某某（副处级）受贿案，工行市中分行行长孙某某（正处级）挪用公款 2000 万元特大案，济南市教委纪委书记刘某某（副局级）贪污案等。同年，预防职务犯罪研究协会会员单位发展到 49 家，会员单位无一发生职务犯罪案件。2000—2001 年，共立查贪污犯罪案件 76 起，为国家挽回经济损失 2500 余万元。2002 年机构改革，反贪污贿赂局内设综合办公室、侦查一科、侦查二科 3 个科室，承办国家机关、事业单位及国企工作人员的贪污腐败案件。同年，立

1996 年 1 月 16 日，槐荫区检察院反贪污贿赂局成立大会

（高文臣　摄）

查贪污贿赂犯罪案件30起，为国家挽回经济损失400余万元。其中50万元以上案件7起，处级要案15起，副厅级要案2起，为历年来查办职务最高、人数最多的一年，大要案占立查案件总数的95.4%。影响较大的案件有山东省信息总公司原总经理潘某某（副厅级）挪用公款100万元案、山东省丝绸总公司总经济师冯某某（副厅级）挪用公款近亿元案等。2003年，立查贪污贿赂案件23起23人，全部为大要案，为国家挽回经济损失3600万元。其中，查办国有企业犯罪案件11起。2004年4月2日，区检察院试行人民监督员制度，对检察机关直接立案侦查案件，拟作撤案、不起诉及犯罪嫌疑人不服逮捕决定的“三类”案件由人民监督员进行监督。2004—2006年，立查各类经济犯罪案件59起，其中贪污贿赂案件40起，挪用公款案件19起，为国家挽回经济损失3040万元。通过人民监督员程序，撤案10起，决定不起诉4起，监督嫌疑人不服贪污罪逮捕决定1起。2006年6月，增设反贪污贿赂局第三侦查科。至年底，辖区110余家企事业单位建立预防职务犯罪工作办公室，并辐射至其下属分支机构，构筑起“建立百家联络站、辐射千家预防点”的网络预防格局。

第三节 渎职侵权检察

1989年，区检察院法纪检察科开展法纪检察，重点查办破坏国家政策、法律、法令实施的重大犯罪案件，严肃处理利用职权侵犯公民民主权利和人身权利的违法犯罪活动。1990—1997年，共预查各类法纪案件132起，立案55起，为国家挽回经济损失200余万元。1998年，查处济南市国税局涉外分局局长宋某某徇私舞弊案，挽回国家经济损失2600余万元。2001年，法纪检察科升格为渎职侵权检察局，为正处级行政单位，由法纪检察改为渎职犯罪侦查，重点查处玩忽职守、徇私舞弊等职务犯罪。2002年机构改革，渎职侵权检察局内设综合科和侦查科2个科室。同年，查办司法人员案件占立查渎职案件的33.3%，如济南市堤口路派出所原所长马某某玩忽职守案等。2003年9月15日，区检察院与济南监狱共建“警示教育基地”，为全市第一个“警示教育基地”。2003—2006年，开展大要案专项斗争，共立查渎职犯罪15起，其中滥用职权案6起，玩忽职守案9起。有震动、有影响的案件有济南市天桥公安分局案审中队队长刘某某徇私枉法案等。2006年4月，渎职侵权检察局更名为反渎职侵权局，全面履行法律监督职责，惩治与预防渎职侵权犯罪工作力度不断加大。

第四节 民事行政检察

1992年，区检察院成立民事行政检察科，承办对人民法院已经发生法律效力的民事、行政判决及裁定，发现确有错误或者违反法定程序，可能影响案件正确判决、裁定的，依法提出抗诉等工作，当年受理行政、民事案件2起。1993—1999年，共受理各类民事案件99起，立案44起，法院改判1起，依法提出抗诉34起。2000年，共受理民事、行政申诉案件47起，其中立案32起，依法提请抗诉30起，当年改判2起。7月13日，区检察院召开全市首例民事抗诉案件公开审查听取当事人陈述大会，贯彻最高人民检察院《检察机关民事行政抗诉案件公开审查听取当事人陈述示范规程》。2002年，对严重损害国家利益和社会公共利益的案件，支持受损害的单位向法院提起诉讼，共办理21起支持起诉案件，涉案金额4000余万元。2003年，受理民事诉讼案件106起，立案84起，依法提请抗诉并被采纳46起，法院改判26起。2004—2006年，受理民事诉讼案件91起，立案89起，提请抗诉24起，建议提请抗诉18起，法院改判15起。

第五节 监所检察

1989年，区检察院监所检察科负责依法对刑事判决、裁定执行、对驻区外执犯改造及劳教所执法情况等监管活动进行监督。同年，对驻区外执犯31人建立专人登记卡，定期调查摸底，及时掌握罪犯表现情况，防止重新犯罪发生。1990年，调查外执犯28人，对违法问题及时提出纠正意见。1991年，在坚持派员进驻劳教所对劳教场所执法情况依法进行检察监督的同时，对监外执行的罪犯40人改造情况进行二次调查，对漏管的罪犯与公安派出所共同研究落实帮教措施，消除不安定因素。1992—1996年,对监外执行的“五种人犯”179人的改造情况进行全面调查。1997年，监所检察部门批捕起诉一起在押人犯脱逃案。2002年，驻所职能收归市检察院，监所检察科取消，职能先后并入侦查监督科、控申科。2001—2006年，加强刑罚执行监督，未出现超期羁押现象。

第六节 控告申诉检察

1989年，区检察院控告申诉科受理群众来信来访案件。1989—1992年，共受理群众来信来访1062件次，为自侦科室提供经济案件线索417件次，为其他部门提供线索66件，受理申诉案件17起。1993年3月29日，区检察院法律顾问第二事务所成立，按照管辖范围调整、分流受理案件，开展文明接待和争创无重复上访活动，共受理群众来信来访113件次。1994—1997年，共受理群众来信来访1039件，办理申诉案件15起。1997年8月，建立检察长接访制度，由检察长、副检察长定期接访。1998年，研制开发MCS-2000智能型电子举报信息系统，设有群众举报信箱、检察长接待信箱、检察业务咨询信箱等若干子信箱，24小时开通，解决群众来信来电举报效率低、保密性差的问题。1999年，推行首问责任制，群众咨询、办事，被问到的第一位检察工作人员（即首位责任人），必须热情接待，问明事由，作出妥善处理。同年，受理各类举报线索142起，接待群众来访111起300人，并在全市检察系统推广。2000年12月31日，控申举报接待室被最高人民检察院授予全国检察机关“文明接待室”称号。2002年，加强举报宣传活动，制作宣传板块36块，印发宣传材料5800余份，为企事业单位上法制课25次，受教育人数上万人。2003年1月13日，控告申诉科建立公开答询制度，受理来信来访153件，当年办结152件，办理人大和人大代表交办案件5件，当年办结4件。2005年，检察长接访36次。2004—2006年，共受理来信来访443件，办理申诉案件2起。

第七节 检察技术

1989年，区检察院刑事技术科开展物证检验、现场勘查、现场图绘制、法医鉴定、拍摄资料照片等工作。1989—1996年，共参与尸检30具，活体检验23人，文检21件，痕检2件，现场勘查94次，绘制现场图9份，补证照相、资料照相157次，印放照片2万余张，出具司法会计鉴定12份，制作现场勘查笔录8份，为办案提供资料和依据。其中1995年，办理保险理赔案件7起，为保险公司挽回经济损失25万元。1997年，刑事技术科更名为检察技术科，刑事案件尸检等鉴定工作统一上交市检察院。技术科参与现场勘验2次，文检6件，痕检4件，司法会计鉴定2件，照相15次，录像68次，受理保险赔偿案件15起。2000年3月29日，槐荫区检察院网站在检察日报正义网正式开通，

2005年7月12日，最高人民检察院领导视察区检察院基础设施建设情况 （张敬国 摄）

成为走向互联网的首家全国“人民满意的检察院”。5月10日，开通内部局域网，上网微机40台，开发模块软件10个，实现办公自动化。2001—2004年，共出具文件检验鉴定99件，出具鉴定书79份；司法会计检验鉴定829件，出具鉴定书408份；提供视听资料132份；文证审查（对鉴定部门出具鉴定证书准确性进行审查）510件。2005—2006年，共受理案件177件，其中检验鉴定案件88件，出具检验鉴定文书88份，利用监控系统软件为自侦部门提供视听技术协助25件；提供视听资料89份，检验鉴定案件质量100%。

第八节　法　警

2000年9月1日，区检察院成立法警大队，主要负责提解、押送、看管犯罪嫌疑人，协助追逃、处置突发事件、参与提审等工作。2006年，法警配备防弹衣、警棍、手铐等装备；共执行提解、传唤、搜查588人次、协助追逃4人次，处置突发事件17次，防止嫌疑人逃跑1次，参与提审400人次，长途押送4人次，看管犯罪嫌疑人173人次，其中连续看管超过7天的8次，最长1次27天，未发生责任事故。

第三章　审　判

1989年，区人民法院审判工作主要开展刑事审判（包括少年审判）、民事审判、经济审判，加强审判监督和信访接待工作。1990年，开始开展行政审判工作。1997年，最高人民法院为区法院记集体一等功。1999年，区法院被最高人民法院授予“全国法院模范集体”称号。2000年12月15日，最高人民法院院长肖扬到区法院调研，对区法院工作给予肯定。2001年，经济审判纳入民事审判范畴，建立大民事审判格局。2004年，构筑“四不为”机制，即“不愿为”自律机制、“不能为”监督机制、“不敢为”惩戒机制、“不必为”激励机制，加强廉政建设。2006年，区法院由刑事审判庭、民事审判第一庭、第二庭、第三庭、执行局等19个部门组成。

1989—2006年槐荫区法院各项审判结案情况表

表11-8　　单位：件

年份	刑事审判	民事审判	经济审判	行政审判	一审案件结案
1989	106	698	634	3	1441
1990	134	687	646	2	1477
1991	174	689	640	4	1542
1992	104	684	833	6	1658
1993	124	856	1179	11	2628
1994	171	1264	1710	13	3638
1995	198	904	1418	27	3365
1996	180	1314	1604	42	4006
1997	115	1453	2220	27	4871
1998	137	1558	2330	30	5339

续表 11-8

年份	刑事审判	民事审判	经济审判	行政审判	一审案件结案
1999	142	1768	2543	54	4411
2000	118	1787	2600	21	4559
2001	138	1837	2328	45	4389
2002	181	1011		26	3100
2003	199	2938		45	3183
2004	241	4135		29	4405
2005	255	3143		21	3419
2006	246	3043		29	3318

第一节 刑事审判

1989 年，成立少年刑事审判庭，探索审教于审、惩教结合的审判方式，挽救、感化、教育失足少年。1990 年，坚持从重从快，严厉打击严重危害社会的刑事犯罪和严重破坏经济的犯罪活动，受理各类刑事诉讼案件 134 件 203 人，召开宣判大会 4 次，判处 10 年以上有期徒刑的 14 人，判处 5 年以上不满 10 年有期徒刑的 52 人。1991 年，严重危害社会治安的犯罪呈上升趋势，受理杀人、强奸等重大案件 49 件，占当年刑事案件的 28.16%。1992—1997 年，围绕严打斗争，加大对危害社会治安和严重破坏经济犯罪活动的打击力度，共审结案件 892 件。特别是 1995—1996 年，犯罪数额在万元以上的大要案大幅度增加，达 37 件 50 人。1998 年，探索少年犯罪审判的新路子，尝试适用简易程序审理，对团伙犯罪中的少年犯罪分案起诉审理，实行“圆桌式”审判。1999 年，分案起诉、“圆桌式”审判的做法在全省推广，并受到团中央有关领导和社会学家的高度评价，少年刑事审判庭被最高人民法院和团中央命名为“全国优秀青少年维权岗示范点”。2001 年，先后审理徐某某黑社会组织犯罪、全市最大的非法经营销售香烟案、全市第一起非法制售商标案等在全市、全省有一定影响的案件，全年审结刑事案件 129 起 196 人，其中属于严打重点的 118 人，被判处 10 年以上有期徒刑的 16 人。2002 年，全年审结刑事案件 181 件，惩办犯罪分子 251 人。对属初犯、偶犯和贪污贿赂等经济犯罪的人员尝试实行“审教结合”的审判方式，庭前进行社会调查、掌握犯罪的主客观原因，庭审中组织法律教育，判后实行跟踪帮教，有效地防止了重新犯罪。山东省高级人民法院院长尹忠显批示在全省法院推广。2003 年，审结各类刑事案件 199 件。坚持宽严相济，对具有法定从轻、减轻或免除处罚情节以及符合省高院“十条界限”的，依法从轻、减轻或免除处罚。2004—2005 年，依法从重从快打击暴力犯罪、“两抢一盗”（抢劫、抢夺和盗窃）等多发性犯罪以及其他严重危害社会治安的犯罪，共审结各类刑事案件 496 件。2006 年，审理刑事案件 246 件，依法判处犯罪分子 361 人。

第二节 民商事审判

1989 年，区法院坚持数量与质量并重原则，进一步提高办案效率，全年审结民事纠纷 698 件。1990 年，民事审判主要以婚姻家庭案件的审理为重点，全年共受理各类民事案件 687 件，其中离婚案件 402 件。1991 年，改进民事审判方式，强调当事人的举证责任，全年审结民事纠纷 689 件。1992—1993 年，共审理各类民事案件 1540 件，房屋、借贷等纠纷案件数量有不同程度增加，离婚案件占全部民事案件的55.4%。1994—1995年，除婚姻家庭、民间借贷、财产继承等传统民事外，劳动争议、名誉权、财产典当、著作权纠纷等新型民事案件开始增多。1996—1998年，制定民事审判操作规程及办法，进一步规范审判程序。1999年，民事审判庭改称民事审判第一庭，增设民事审判第二庭。全年受理民事案件1768件，比1998年增长17.16%。举办“公开审判观摩月”活动，制定《关于改革民事裁判文书的试行意见》，切实提高法律文书质量。2000年，实行审判长与独任审判员选任制度，设立债务、劳动争议等专业合议庭，实行专案专办，强化合议庭的职责，提高审判质量和效率，审判人员人均结案103.3件。2001年，经济审判列入民事审判范畴，保留民事第一庭、第二庭，设立独立的“简易案件审判庭”——民事审判三庭，建立大民事审判格局，统称民商事审判。2002年，根据基层法院80%的案件可以适用简易程序的客观情况，全面实行“简繁分流”，由三分之二的民商事审判人员组成“简易案件审判庭”，提高审判效率。2003年，制定《简繁分流的实施意见》，扩大简易程序适用范围，除法律明确规定应当适用普通程序审理的案件外，其他民商事案件一律首先适用简易程序审理，适用简易程序审理的民商事案件占当年新收案件的85%以上，平均审理期限比上年缩短16%，最短的1起仅用2个工作日。2004年，制定《关于进一步加强诉讼调解工作的意见》，强化诉讼

1998年11月，区法院法官在槐荫广场为聋哑人提供法律服务　（张华　摄）

调解。民事案件调解撤诉率66.55%。2005年，完善民事审判“简易程序前置”工作机制，民事审判简易程序适用率77.25%，2个月结案的占68.57%。2006年，增设民事审判第四庭，负责执行过程中需要通过审判程序解决的实体性事项的研究和审理。同年，在全市法院系统率先实行“审判案例指导”制度，将在法律适用上有典型意义、具有普遍性且对审判有指导作用的5类案件，汇编成《审判案例指导》，作为裁处同类案件的指导标准和依据，统一执法尺度和裁判标准，更好地指导审判工作。

第三节　经济审判

1989年，注重调查研究新形势下经济纠纷案件的新情况、新动向、新特点，把审理案件同宣传法律进行有机结合，共审结经济纠纷650件。1990年，经济纠纷案件主要为各类合同案件。注重以调解促发展，审结案件673件，其中调解464件，当事人撤诉144件，判决的仅48件。1991年，经济审判注重超前延伸服务，先后派出3个巡回法庭16位干警深入基层，聘任经济司法联络员131人，及时解决问题。主动为大中型企业及骨干企业搞好服务，做到“三个主动”“四个优先”，即主动听取意见、主动送法上门、主动提供服务，优先立案、优先审判、优先执行、优先理顺。1992年，8次派出巡回法庭到吴家堡镇等所辖村庄审理承包纠纷案件380件，追回集体资金18.82万元。1993年，设立经济纠纷调解中心，共审结经济纠纷1179件，比1992年增长58.7%。1994—1998年，落实公开审判原则，规范经济审判程序，1998年经济审判改判、重审率全市五区最低。1999年，经济审判庭改称经济审判第一庭，增设经济审判第二庭。2002年，撤销经济审判一庭、二庭，经济审判纳入民事审判，统称民商事审判。

第四节　行政审判

1989年4月4日，全国七届人大第二次会

议通过《中华人民共和国行政诉讼法》。1990 年，区法院行政审判庭正式成立，受案范围涉及土地、工商、统计、计划生育、农业行政征收、环卫、教育、技术监督等 20 多类。1990—2003 年，共审结各类行政案件 353 件。不断拓宽服务渠道，通过采取派驻行政巡回法庭等办法，协助开展依法行政等工作。依法维护公民、法人和其他组织的合法权益，依法监督和支持行政机关依法行政。2004 年起，为更好地发挥行政审判监督与维护的双向作用，每年组织召开行政机关司法联席会，就在案件审理过程中发现的行政机关在执法过程中出现的问题同与会人员进行交流，提出意见及建议。2004—2006 年，共审结各类行政案件 79 件。

第五节　案件执行

1989 年 10 月，区法院成立执行庭。1994 年，经济案件实行审执配套，力争审结一案，尽快执行一案，开展执行会战，执结积压案件 200 余件，当年执结率达到 101.5%。1995 年，实行审执分离，各审判庭对有可供执行内容的案件全部移送执行庭。1996 年，为解决执行难问题，加强专门执行机构建设，研讨执行方式方法，共执结各类案件 809 件，执行标的额 3450 万元。1997 年，实行执行员分庭包干联系制度，成立“疑难案件执行组”，减少执行与审判脱节而造成的贻误执行时机的现象，提高执行效率和办案效率。1998 年，响应全国法院集中清理执行积案行动，先后采取曝光典型案件、公告执行、加强宣传等措施，大造舆论声势，全年执结案件 1180 件，比 1997 年增长 15.12%。1999 年，开展执行年活动，全年执结 1707 件，执结标的额 1 亿元。同年 12 月，撤销执行庭，成立执行局，下设 2 个执行庭。2000 年，先后完善 12 项配套管理措施，实现执行期限统一管理，扣押财产统一存放管理，执行法律文书统一管理等，全年执结案件 2202 件，执结标的额 1.9 亿元，比上年分别增长 29% 和 44.48%。2001 年，设立执行大厅，公开执行立案办法、执行程序、收费办法等，成立专门受委托执行小组，被省高院指定为全市唯一的全省首批指定委托执行单位。2004 年，开展集中清理未结执行案件、执行款物和执行卷宗“三清理”活动，执结率 100%。在执行济南市塑料公司欠建设银行 150 万元贷款一案中，灵活采取“以租抵债”的方式，维护申请人的合法权益和社会的稳定。2005 年，开展“规范执行行为，促进执行公正”专项整改活动，在互联网设立“拒不履行法定义务被执行人曝光台”，全年执结案件 2202 件，标的额 5.1 亿元。2006 年，深化审执分立改革。设立独立机构——民事审判第四庭，负责执行裁决，并纳入审判流程管理，在全省法院系统率先形成“对执行过程中需要通过审判程序解决的实体性事项由非执行机构的审判组织审理”的工作新机制，加强对执行工作的监督，拓宽当事人救济渠道，保证并促进执行工作的质量和效率，全年案件执结率 100%。3 月，区委将法院执行工作纳入街道（镇）综治工作目标责任考核范围。

1998—2006 年槐荫区法院案件执行情况表

表 11-9　　单位：件

年份	1998	1999	2000	2001	2002	2003	2004	2005	2006
结案数	1180	1707	2202	2136	1425	1840	1716	2202	1408

第六节　审判监督

1989年10月，区法院成立告诉申诉庭，负责处理告诉申诉案件和群众接访工作。1990—1997年,审判监督、再审等均由告诉申诉庭负责。1998年，撤销告诉申诉庭，其职能由新成立的立案庭和审判监督庭分别承担。在全省首先实行“复查案件排期听证制度”，公开复查，增加审判监督工作的透明度。1999年，审结申诉再审案件21件。2000—2002年，实行案件的审判流程管理。通过局域网和电视监控系统对案件立案、送达、开庭、宣判、执行等不同审理阶段进行跟踪监督，基本消除案件久拖不决现象。2003年，实行案件质量审限评查制度，重新修订完善《评查标准》；对二审发回重审、原则改判的案件以及再审改变原裁判结果的案件，实行逐案分析报告制度；建立案件评查档案，实行一庭一档、一人一档，评查成绩列入分类考核、严格奖惩。2004年，设立审判工作监督管理办公室，建立并使用案件流程微机网络管理系统，设立法官“电子业务档案”，完善审判执行流程管理操作规程，加强案件审结质量的管理监督。二审发回重审、原则改判案件同比下降10%。2005年，制定《关于对（授权）法官案件质量管理的补充规定》，强化案件评查和监督，全年各类案件结案率100%。2006年，制定《审判执行业务庭审判执行质量效率评估办法》《审判执行人员司法能力评估办法》，强化监督管理，科学评价评估，提高审判执行质量和效率。当年审理再审案件10件，案件结案率101.69%。

第七节　立案信访

1989年，区法院信访接待工作以接待室接待为主，共接待人民来访2254人次，处理人民来信604件次，处理非诉讼简易纠纷154件。1990—1997年，立案主要由各审判法庭、人民法庭独立收案。1998年，设立立案庭，建立立审分离、审监分离、信访有序的工作机制。1999年，处理来信来访4810件次，信访室被省法院评为“文明信访室”。2000年起，按照《人民法院五年改革纲要》和省、市法院的“五年改革方案”要求，开始实行“大立案”的审判机制。所有案件一律由立案庭统一立案、统一排期开庭、统一审限跟踪监督。2003年,设立“便民服务室”、配置“便民法律服务车”，送法上门，实行首接立案、预约立案、预约接访等，为群众提供方便。2004年，采取签订防止涉诉上访案件目标责任状、院长集体接访、排查甄别、包案处理等10项措施，做好信访接待工作，群众上访同比减少30%，来信来访同比减少54.59%，涉诉上访案件30件，29件得到及时处理或妥善解决。2006年，设立专职信访工作机构——立案二庭。

第八节　人民法庭

1988—1994年，全区先后设立段店、吴家堡、振兴街、中大、张庄、营市街、道德街、匡山、段店北路9处人民法庭和五里沟巡回法庭。1995年1月，撤销张庄路法庭、匡山法庭，原属两法庭管辖的案件由段店北路法庭管理。3月，撤销中大槐树街法庭，所管辖案件由道德街法庭审理。五里沟巡回法庭改为五里沟法庭，管辖五里沟和西市场地区案件。1999年12月22日，撤销五里沟、营市街、道德街、振兴街、段店北路、吴家堡6处法庭，保留段店法庭。之后，随着城乡一体化的发展及道路、交通的不断完善，2002年8月19日，段店法庭撤销，区所属派出法庭全部撤销。

第九节　人民陪审员

2004年前，关于人民陪审员制度的规定过于笼统，致使人民陪审员制度流于形式。2004年8月28日，第十届全国人大常委会第十一次会议通过《关于完善人民陪审员制度的决定》（2005年5月1日正式开始实施）。2004年9—10月，区人民法院在全省法院系统率先通过采取协调召开基层司法所长会议、利用新闻媒体广泛宣传、现场报名等措施，在各界群众中选任人民陪审员。共收到推荐、申请177份，经严格审查、组织考试、供职承诺、任前公示等程序。10月、12月，区人大常委会分2次任命人民陪审员70人。区人民法院先后探索出“分类随机抽取”“人民陪审员主持调解”等办法，发挥人民陪审员作用。2005年3月，人民陪审员赵萍在主审法官赵平的指导下，发挥熟悉事故发生地周围环境的优势，在全国率先成功调解一起人身损害赔偿案。4月，新华社、中央电视台、中央人民广播电台等14家中央媒体组织新闻采访团专程采访人民陪审员工作，刊发相关经验报道近30篇。2006年，区法院人民陪审员先后参审刑事、民事、行政等各类案件785件1546人次，所有案件均在法定期限内审结，二审发改率同比下降，调撤率56%以上。同年12月，区法院人民陪审员高金辉被最高人民法院、司法部联合授予“全国优秀人民陪审员”称号。

1994年10月，区法院在槐荫广场开展普法宣传活动 （张华　摄）

第十节　司法警察

1996年，区法院司法警察大队组建，主要担负着值庭、押解、送达、协助民商案件执行、安全保卫等8项职责。1996年10月，市中院法警支队在区法院召开司法警察工作现场经验交流会。1997年、1998年，大队连续2年在全省司法警察工作经验交流会上介绍经验。1999年，在全省司法警察工作考核中获第一名，并记集体三等功。2000年，获全市法警业务技能比赛第一名，全区纪念江泽民主席题词队列表演第一名，被区委授予全区政法系统人民满意单位，荣立集体二等功。2001年，获全国法院法警工作规范化管理先进单位称号。2002年，大队成立全国首支女子司法警察中队，具体负责刑事女被告人押解等工作。2003年，建成1400平方米的法警楼和占地面积2666平方米的法警训练场地，全体警员按要求入住警营，集体食宿，实行警营化管理。制定《槐荫区人民法院司法警察警营化管理规定》，考核由新成立的“司法警察考核委员会”负责实施。2004年，女子司法警察中队获槐荫区“巾帼建功示范岗”称号。4月30日，市法院政治部作出在全市法院系统开展向槐荫区人民法院司法警察大队学习的决定。同年，大队荣立集体二等功。2005年3月，女子司法警察中队获市级“巾帼建功示范岗”称号。同年，大队荣立集体一等功。2006年，大队共完成警卫3300人次，押解人犯330人次，值庭712次，市院调警22次，出动警员95人次，送达法律文书3400件，执行民商事案件53件。

第四章　司法行政

第一节　普法宣传

1989—2006年，全区普法教育共举办法制宣传254次，印发法制宣传材料13万份、各类法律知识读本4.5万册，受教育总人数逾35万人次。开展法制竞赛128场，参加人数15.8万人次。全区30%的行政村达到市级“民主法制示范村”标准。

一、“一五”普法

1986—1990年，开展“一五”普及法律常识教育。以学习“十法一条例”(《中华人民共和国宪法》《中华人民共和国刑法》《中华人民共和国刑事诉讼法》《中华人民共和国民事诉讼法（试行）》《中华人民共和国民法通则》《中华人民共和国婚姻法》《中华人民共和国继承法》《中华人民共和国兵役法》《中华人民共和国经济合同法》《中华人民共和国森林法》及《中华人民共和国治安管理处罚条例》）法律常识为主要内容，侧重于对党员干部普法教育。

二、“二五”普法

1991—1995年，开展“二五”普及法律常识宣传和教育。主要学习《中华人民共和国宪法》《中华人民共和国工会法》《中华人民共和国环境保护法》《中华人民共和国公正暂行条例》《中华人民共和国水法》《中华人民共和国妇女权益保护法》《中华人民共和国食品卫生法》《中华人民共和国未成年人保护法》《中华人民共和国残疾人保障法》《中华人民共和国公司法》《中华人民共和国劳动法》等法律法规，宣传教育以宪法为核心，以专业法为重点，普法宣传的主要对象是各级领导干部、执法人员和青少年。

三、“三五”普法

1996—2000年，开展“三五”普法教育。普法教育以宣传社会主义市场经济法律知识为重点内容，以企业经营管理人员、个体劳动者为重点普法对象。在全区重点实施“法律进万家工程”“领导干部普法责任制工程”“部门执法责任制工程”“争创社会治安综合治理模范区工程”“厂企依法治理工程”“依法治校规范化工程”，辖区首批跨入全市依法治区达标行列。

四、“四五”普法

2001—2005年，开展“四五”普法宣传教育，实施《全区“四五”普法规划方案》。重点是以整顿规范市场经济秩序相关法律法规、加入世界贸易组织相关法律知识以及与维护社会稳定相关法律法规为主要内容，以司法和行政执法人员为主要普法对象。在全市率先制定“法律服务进社区”实施方案，开展巡回普法讲座。2003年11月，成立全区普法教育依法治理办公室。“四五”普法期间，全区共举办法制培训班42次，受教育人数6000余人；在80个社区居委会开展“家庭法律知识竞赛”和法律知识讲座活动；加强中小学校法制校长的力量配备。至2004年，全区有10个村达到“民主法治示范村”创建标准。

五、“五五”普法

2006年，启动“五五”普法，“五五”普法规划首次将普法宣传工作从城市延伸到农村，将农村、农民列为普法宣传教育重点对象。

第二节　基层司法行政

一、人民调解

1989年，全区有各类调解组织116个，专、兼职调解人员468人。1993年，区人民调解工作指导委员会成立，在全市率先推行“三级网络”（区人民调解指导委员会、街道和镇人民调解指导办公室、村居人民调解中心）联动机制，形成覆盖全区、机构健全、运作规范的“大调解”工作格局。实际工作中以人民调解、行政调解、司法调解为主体，多种调解形式有机结合。同年，振兴街街道人民调解员张东华被司法部评为“全国模范人民调解员”。1999年，振兴街街道原余庆里社区（现振兴社区）张悦珍被司法部评为“全国模范人民调解员”。2000年8月8日，省委政法委常务副书记王庆才、市委副书记雷建国、市委政法委书记谢传仁视察青年公园、振兴街、西市场街道的“社区矛盾调解中心”，对全区调解大格局给予肯定。2001年，振兴街司法所被司法部评为“全国人民满意司法所”。2005年，段店镇司法所被司法部授予“全国模范司法所”。2006年，全区共有各类人民调解组织141个，全部达到省司法厅一类调委会标准，其中村居调委会121个，占85.8%。排查调处各类矛盾纠纷521起，调解成功率94%以上，防止民转刑案件36起65人次，防止群体性上访事件31起

1035人次。

二、安置帮教

2001年，成立全区刑释解教人员安置帮教工作领导小组，依靠各有关部门和社会力量对刑满释放、解除劳教人员进行非强制性扶持、教育和管理。同年，全区有刑释解教人员56人，刑满释放人员35人，解除劳教人员21人，无一重新犯罪，被评为全省“两劳安置帮教先进单位”。2005年10月，贯彻市委、市政府《关于扩大社区矫正试点范围的意见》，以西市场、吴家堡、段北等地为试点，正式启动社区矫正各项工作，帮助符合社区矫正的罪犯在社区内，矫正其犯罪心理和行为恶习。2006年，成立以预防职务犯罪为主的犯罪心理矫治工作领导小组，举办“社会主义法治理念在我心中”演讲比赛，宣传法治理念教育涌现出来的先进典型，展现法治理念教育取得的成果。共为社区矫正对象78人指导就业，为符合条件的矫正对象25人解决低保待遇，全区社区矫正对象无一重新犯罪。2001—2006年，全区累计安置帮教人数276人，安置率和帮教率分别为95%和96%，重新犯罪率控制在3%以下。

第三节　公　证

1989年，全区有公证员3人。至2006年，共有公证员6人，公证员助理1人，辅助人员4人。其中三级公证员5人，四级公证员1人；法律专业本科以上学历8人。根据自然人、法人或者其他组织的申请，公证机构办理合同、继承、委托、声明、赠予、遗嘱等11项公证事项。1999年，开始受理证据保全业务，网上侵权、网络购物纠纷等方面的证据保全公证数量呈上升趋势。2006年，受理证据保全业务86件。

1989—2006年槐荫区公证情况表

表11-10

年份	公证人员（人）	注册公证员（人）	办理民事类公证事项（件）	办理经济类公证事项（件）	经济类公证涉及标的额（万元）	业务收费（万元）
1989	3	3	91	47	—	2.8
1990	3	3	167	89	—	4
1991	6	6	196	51	—	4
1992	6	6	433	236	—	10
1993	6	6	279	271	—	8
1994	6	6	375	328	—	10
1995	6	5	595	614	—	18
1996	7	6	350	790	5230	17
1997	7	6	742	1023	8237	24
1998	7	7	914	1116	9946	30
1999	10	6	1262	1269	12680	37
2000	10	6	1240	1939	16735	45
2001	10	6	2217	2377	19580	61
2002	10	6	2447	3045	28447	73
2003	10	7	2490	3896	39277	81
2004	9	7	2005	3586	135620	80
2005	7	6	2017	1405	66146	68
2006	11	6	3850	2968	36185	150

第四节　律　师

1984年8月，设立区法律顾问处，开展法律顾问工作。1989年，为50家企事业单位担任常年法律顾问，办理各类律师业务532件，接待群众来访2310人次，解答法律咨询1964人次。1992年7月，区法律顾问处更名为区律师事务所，成为全区首家国有律师事务所。1994年3月，济南商务律师事务所成立（1999年6月更名为济南龙力律师事务所，后又更名为山东演达律师事务所）。同年11月，济南鹏飞律师事务所成立，为合伙制管理形式。至2001年3月，区内3家律师事务所均经省司法厅核准，正式予以登记。2002年8月，区律师事务所改制为股份合作制律师事务所，更名为济南信义律师事务所。2003年，区司法局与区工商局联合成立全市首家个体私营企业维权服务中心，下设10个律师维权投诉服务站，定期为个体经营者提供法律咨询、刑事辩护和刑事代理、民事诉讼代理、非诉讼代理等法律援助。2005年12月，山东博睿律师事务所成立。至2006年，全区共有律师事务所4家，执业律师63人，其中专职律师50人，兼职律师13人；具有法律专业本科以上学历49人，占77.8%。累计代理案件737件，其中刑事案件135件，民事诉讼代理533件，行政诉讼代理8件，非诉讼法律事务61件；解答法律咨询1.6余万人次，担任法律顾问45家，业务收费376.64万元。

第五节　法律服务

一、法律服务所

1989年，各街道（镇）法律服务所、司法所实行一套班子、两个牌子，全区共有10个所。1990年2月，全区14个街道（镇）全部成立法律服务所，与司法所合署办公。1994年1月，美里湖旅游开发区成立开发区法律服务所。1996年12月，全区司法所、法律服务所进行脱钩改制，14个街道（镇）全部成立合伙制法律服务所，业务受区司法局领导，人员由各街道（镇）内部调剂，经费自收自支。同年，西市场法律服务所被评为“全国企业好参谋”法律服务所。1989—1996年，全区法律服务所共向各级领导提出司法建议814条，被采纳564条；组织各类专业培训班400余场，培训各类骨干6万余人；组织法制宣传活动248场，调处矛盾纠纷1158起，担任法律顾问822家，协办公证5536份。1998年、1999年，振兴街和张庄路法律服务所连续两年被评为省级文明法律服务所。2003年、2005年，金诺法律服务所先后被省司法厅评为全省优秀妇女维权岗、省级文明法律服务所。2006年，全区共有法律服务所15家，法律工作者78人，全年代理诉讼818件，代理非诉讼177件，代写法律文书710份，担任法律顾问53家，避免、挽回经济损失5456万元，参与法制宣传活动18场，解答法律咨询2600余人次。

二、法律援助

1998年，区法律援助中心成立，负责受理、审查法律援助申请，指派或者安排人员为符合条件的公民提供法律援助。1999年7月，区“148”协调指挥中心成立，与法律援助中心合署办公，同时成立区“148”法律服务协调领导小组，“148”法律服务热线面向社会开通，形成以区“148”指挥中心为中心，辐射至公证、律师、基层法律服务所和司法所的法律服务网络。2000年10月12日，副省长林廷生视察区法律援助工作，给予高度评价。2001年6月，区法律援助委员会成立，为全区法律援助事业在政策上、经费上提供坚强保障。1998—2006年，区法律援助中心共办理各类法律援助案件518件，年平均办理64.75件，组织法律援助宣传活动108场，发放宣传材料6万余份，接待咨询群众逾10万人次，参与处理涉法信访66件250余人次，防止“民转刑”案件51起70余人次，共减免特困当事人、特困企业代理费60万元。

第五章 军 事

1989年，槐荫区人民武装部为地方建制，实行地方为主的军、地双重领导，有11个基层街道（镇）人民武装部。1996年4月，区人民武装部由地方建制改为军队建制。民兵训练基地、武器装备仓库2个地方事业单位由武装部管理。2001年5月，区国防动员委员会成立，与区人民武装委员会为一个机构，两块牌子，办公室设在武装部。同年，槐荫区人民武装部被山东省军区授予管理工作先进单位，被济南军分区授予民兵应急分队建设先进单位、先进团级党委。2002年，区国防教育委员会成立，与区国防动员委员会合并为国防动员委员会。2003年5月，区国防动员委员会与人民武装委员会合并为中共槐荫区国防动员委员会，负责国防动员、战时兵员及物资保障。同年，槐荫区人民武装部分别被济南军分区授予“新闻报道工作先进单位”“军事训练先进单位”“民兵基层建设先进单位”“运输油料管理先进单位”“征兵工作先进单位”；被省军区授予“民兵高炮实弹射击优胜单位”。2004年，槐荫区人武部被中共山东省委和山东省军区授予“全省人武系统帮扶工作先进单位”，被济南警备区分别授予“行政管理先进单位”“先进团级党委”。2005年8月，槐荫区人民武装部被济南警备区授予“先进团级党委”。10月，被山东省国防教育办公室授予纪念抗日战争胜利60周年“昊宝杯”国防知识竞赛优秀奖。12月，被山东省委、省政府、省军区授予先进人民武装部。2006年，区武装部下设军事、后勤、政工3个科，工作人员有现役军人，也有专职人武干部及职工。设基层街道（镇）武装部14个，基层厂企武装部10个。

第一节 兵 役

一、兵役登记

根据《中华人民共和国兵役法》《征兵工作条例》和《山东省兵役登记实施办法》，区人民武装部于每年9月30日前，组织基层单位对当年12月31日以前年满18周岁的男性公民进行兵役登记。登记以街道（镇）、企事业为单位设立兵役登记站，通过目测、病史调查和政治、文化初审，依法作出应服兵役、免服兵役和不得服兵役的结论。在应服兵役中确定预征对象。2000年，区人武部配发“后备兵员数据库”，提高兵役登记质量。1989—2006年，兵役登记1.4万人。

二、征兵工作

1989—1990年，分别在春、冬季节进行2次征兵。1991年起，每年义务兵征集时间改为11月，区、街道（镇）两级兵役机关对体检和政审合格人员进行公示。同年，对应征人员年龄、文化程度、城镇征集比例作出新规定，男性18～20周岁，企事业单位的青年可放宽到21周岁；女性17～19周岁，只限应届高中毕业生。城镇非农业人口征集比例不得超过25%。1993年，高中以上文化程度的应征年龄放宽到21周岁；中专、技校毕业的学生和企业单位具有高中以上文化程度担任干部的青年也可应征。1995年，区人民武装部制定《济南市槐荫区征兵工作细则》，共56条，指导、规范全区征兵工作。1996年起，在每年的征兵工作中，成立征兵纪检小组，加强廉洁征兵。1998年，将征集的技术兵左、右眼裸视力分别由4.8和4.9放宽到4.6和4.8。1999年，贯彻修改后的《中华人民共和国兵役法》，大专以上文化程度的可放宽到22岁。严格征兵政审程序，完善三级政审和横向联审制度，建立责任制和责任追究制度。2000年，体检合格青年参加全省统一组织的文化测试，对考试成绩与文凭不符或达不到文化要求者，取消征集资格。2002年，区组建征兵自动化系统，对体检和政审结果实行网络系统管理。2003年，槐荫区被评为全国征兵先进单位。

1989—2006 年槐荫区征兵情况表

表 11-11　　　　单位：人

年份	农业户口	非农业户口		合计
		男	女	
1989	—	—	—	231
1990	57	169	0	226
1991	63	165	10	238
1992	56	164	9	229
1993	60	170	7	237
1994	63	175	11	249
1995	61	171	9	241
1996	45	131	6	182
1997	49	135	12	196
1998	35	154	0	189
1999	45	171	6	222
2000	60	154	3	217
2001	44	169	7	220
2002	40	201	0	241
2003	34	188	1	223
2004	39	173	6	218
2005	38	181	2	221
2006	56	158	10	224

三、预备役登记

1981—2006 年，实行民兵与预备役制度结合，对复员、退伍士兵进行登记，凡有民兵组织的地方，应服兵役的公民除应征服现役者外，均编入民兵组织服预备役，士兵预备役的年龄为 18 ～ 35 岁，分为一类和二类。基干民兵为一类预备役，普通民兵为二类预备役。预备役组织、人员的调整，结合民兵组织整顿每年进行一次。

1988 年 9 月，军队转业干部恢复登记。1991 年，全区开始预备役军官登记、统计、建卡、立档，登记、统计的对象主要是对 1988 年 9 月以后，被授予军官军衔的转业干部。之后，每年的 7—8 月进行登记统计。1989—1996 年，转业的军队干部，由区人武部进行登记、统计后，重新评定预备役军衔。至 1996 年底，全区进行预备役军官登记并被改授、授予预备役军官军衔的有 563 人。1997 年起，转业的部队军官军衔，在批准转业地方工作的同时，办理转服预备役，改授预备役军官军衔。在安置报到后，区人武部只负责进行登记、统计。1998—2006 年，登记预备役军官 780 人。

第二节　民　兵

一、民兵组织

1989年，组建民兵应急分队9个，指定段店镇民兵连为区人民武装部应急分队。1990年，在基干民兵中建立民兵应急分队和民兵专业对口分队。1995年，组建通信、汽车运输、车辆维修、医疗救护、工程维护等5个民兵专业对口分队。1996年，区人民武装部回归部队编制。6月10日，调整区民兵应急分队编组，由街道（镇）武装部组织民兵夜间巡逻，维持治安。民兵应急连由30人调整为120人，由驻区国有大企业和街道（镇）在编人员组成。1998年6月，组建黄河抢险救灾应急分队、通信分队。1999年，在街道（镇）和企事业单位组建30人的民兵应急小分队，担负本单位的应急任务。2000年，组建导弹连。2001年，组建导弹第二连。2002年，组建民兵应急连，连长、指导员由区人武部现役军官担任，排长由成员单位专职武装干部担任。民兵应急连组建后，重新装备防暴头盔、盾牌、警棍等防暴器材。2003年，建立电子对抗分队。同年，阳光100民兵应急连组建，并被省军区政治部表彰为“民兵组织进社区先进单位”、民兵帮建精神文明建设示范点连。2006年，济南市民兵防空第二团在槐荫组建。

二、民兵训练

1989年，在潍北民兵高炮实弹射击中，济南第一机床厂民兵高炮连击落飞机拖靶3个，济南第二机床厂民兵高炮连击落飞机拖靶1个，取得全省参训市区第一名的成绩。1992年，完成军分区组织的军事教练员集训和专武干部培训；6月12日，全区民兵纪念毛泽东关于民兵工作“三落实”指示发表30周年，开展精度射击、对抗射击、刺杀、投弹、战术动作等军事训练汇报表演。1995年，8名专武干部参加省军区组织的手枪、步枪、业务理论和队列科目的比武，取得优异成绩。1996年，对新增基干民兵集中训练20个课时，重点补训共同科目。1998年起，区黄河抢险救灾应急分队每年在黄河汛期举行防汛演练，确保汛期安全。民兵训练着重加强高炮防空演练、肩扛和车载式导弹瞄准和试射训练。2000年，全区分6批训练基干民兵845人次。2002年10月，全区组织120名民兵参加民兵应急分队集结演练和巡逻维持治安表演。2003年3—4月，区人民武装部组织400名基干民兵，参加“战非典、帮双抢”活动。2004年10月，区人武部组织两方队（每个方队120人）参加济南警备区挂牌仪式，并进行分列式阅兵表演。同年，全区基干民兵进行信息化升级建设。2005年4月，在武警训练基地，120人基干民兵分队参加山东省军区组织的“平安山东、和谐济南”军事演练。2006年，对民兵应急分队划分模块，分为侦察、通信、防空、导弹、防化分队，按专业进行实战化训练。

第三节　国防教育

1989年，重点进行《中华人民共和国宪法》《中华人民共和国国防法》《中华人民共和国兵役法》等法律法规的宣传教育。每年由干部带队，派教练员到有军训任务的学校具体组织学生军训工作。1993年起，先后参加济南市举办的“将军杯”“泉城杯”和山东省“齐鲁”等国防知识竞赛14次，完成答卷23万份。1995年6月、11月，分别在段店镇、振兴街道举办国防知识宣传活动。1998年起，每年4月的第三个星期五，开展国防教育宣传活动。2000年起，每年组织4个基层武装部在经十西路开展《中华人民共和国国防法》宣传四条街活动，接受群众咨询。同年，组建区少年军校，对辖区内26个小学轮流进行军事训练，或到学校过军事日。2001年4月28日，《中华人民共和国国防教育法》颁布实施，国防教育纳入依法行政的范畴，经费纳入区财政预算。规定每年9月第三个星期六为全民国防教育日，组织中小学学生走向街头宣传《中华人民共和国国防教育法》，辖区内所属企事业单位全天进行国防教育，并将国防教育纳入职工教育计划。2003年，组织全区中小学生参加“迎国庆”国防知识竞赛和征文评比。

至2006年，对城区6所中学和职业中专学校学生进行军训，每年训练入校新生2500人以上。

第四节 人民防空

1989年，全区有人防工程131处。之后，按照平战结合方针，开发利用人防工程。1992年，开始征收人防工程建设费，用于人防工程的维修与建设。1996年，《中华人民共和国人民防空法》颁布实施，全区由10个部门联合组建防空袭抢险抢修队、医疗救护队、防化防疫队、通信队、运输队、消防队、治安队7个专业人防队伍。至2006年，全区共有17280人次参加人防专业队伍，有人防工程245处。

一、人防工程及开发利用

人防工程 1989年，全区人防工程总面积60911平方米。1990年后，结合城市建设的需要，不断新建、拆除人防工程。1994年，全区有人防工程128处，建筑面积53204平方米。1995年，建成济南华联商厦地下室，面积800平方米。1999年，全区有人防工程126处，面积54124平方米。2002年，建成嘉华超市地下室1.2万平方米。同年起，开始要求新建生活小区建设普通地下室和半地下普通地下室，全区人防工程118处，面积40501平方米。2003年，建成槐荫政务中心地下室1500平方米。2006年，全区有人防工程245处，总面积31.5万平方米，其中Ⅰ类防护工程12.9万平方米，Ⅱ类非防护工程18.6万平方米。共征收人防建设费312万元，对经七路、经四路、纬十二路和纬八路等人防工程进行维修与建设。1989—2006年，政府共投资242万元，用于全区人防工程建设，累计拆除人防工程34处，面积18843.38平方米。

2006年槐荫区人防工程情况表

表11-12

工程类别		工程数量（处）	工程面积（平方米）
Ⅰ类防护工程	公共工程	7	46465
	单位工程	24	12555.53
	防空地下室	21	69837.99
Ⅱ类非防护工程	地下停车场	16	24780.77
	普通地下室	16	26481.02
	半地下普通地下室	161	134616.56
合计		245	314736.87

开发利用 1989年起，以槐荫广场地下人防工程为主，先后建成济南市新星商场、济南市新星宾馆，兴办便民旅馆、货物储存等平战结合项目，利用面积27536平方米。1995年，开设亚特兰迪斯科舞厅。1998年，开设M.BOX练歌城，提供就业岗位60余个，先后安置近千人次就业。至1998年，全区人防工程平均年营业额180万元，平均年利润20万元。2000—2004年，年平均营业额418万元，年平均利润50万元。2006年，完成营业额928万元，利润105万元，缴纳税金41万元。同年，利用人防干道水资源，累计建设提水站9处，年均供水量400万立方米。

二、防空指挥

防空袭方案 1993年，编写槐荫区防空袭方案，内容包括防空袭方案、防空袭抢修抢险计划、防空袭人防工程保障计划、防空袭交通运输保障计划、防空袭医疗救护保障计划、防空袭物资保障计划、防空袭防化保障计划、防空袭供电保障计划、防空袭消防计划、防空袭灯火管制计划、防空袭政治工作计划、防空袭治安保卫和交通管制计划等，共40万字。1998年和2004年，分别进行修订。2004年，增加防空袭人员疏散计划。

防空通信与警报　1999年，根据济南市人民政府要求，在全区政府机关、学校、街道、厂矿企业、居民小区等地方开始安装防空防灾警报装置，确定每年4月底举办全区防空警报管理员业务知识培训。同年，安装防空防灾警报5台。2003年、2005年，区人防办和济南第二机床集团有限公司分别获山东省“防空警报社会化管理”先进单位；樊路军、范正齐荣获山东省“防空警报社会化管理”先进个人。至2006年底，全区安装防空防灾警报24台，防空防灾警报城区覆盖率达88%，业务培训8次176人。“五三”防空警报试鸣成功率连续8年保持100%。

三、宣传教育

1989年，在全区初级中学全面开展“三防”（防核武器、防化学武器、防生物武器）知识教育，接受教育的学生7000余人。1990—1995年，在槐荫广场、济南第十二中学、济南第二十中学、西王中学等单位举办济南市人防战备展览、槐荫区“三防”知识宣传展览和“三防”知识竞赛等，多形式宣传人防知识，观众达100万人次。1996年，举办《中华人民共和国人民防空法》宣传展览。2005年，古城中学教师刘斌获济南市人防办人防知识“优质示范课奖”。至2006年，累计参加省、市组织的各类人防知识竞赛6次，获三等奖以上奖励21人次，累计接受教育的学生12.6万人。2006年，全区举行济南市首次社区人防演习，进行自救、互救、逃生等演练，参加人防演习的社区民兵和学生500余人，中央电视台军事频道、齐鲁电视台和《齐鲁晚报》等10余家新闻媒体进行报道。

第十二编

教育　科技

JIAO YU　KE JI

槐荫区志

1989—2006

1989年起，槐荫区实施“科教兴区”“教育优先发展”战略，优化学校布局，整合、拓展优质教育资源，全区教育事业实现稳步均衡发展。2006年，财政性教育拨款为10533万元，比1989年增长10.53倍；生均教育事业费2715元，比1989年增长11.94倍。加大资金投入，加强学校基础设施建设，中小学办学条件普遍改善，省级规范化学校7所；坚持以教育教学为中心，导入现代教育理念，创新教育方式，全面提高教育水平，教育教学质量逐年提升；深化学校内部管理体制改革，加强教师队伍建设，教师队伍整体素质得到明显改善。至2006年，辖区有幼儿园110所，在园幼儿14383人，幼儿教职工1341人；小学49所、初中11所、中等职业学校1所，特殊学校1所，在校生32227人，教职工3142人，中小学教师学历达标率98.13%。

1989年起，槐荫区发挥区域优势，重点抓好科技人才的引进、培养、使用、开发工作，逐步建立起科技管理、示范、服务网络。1991年，全区70%以上的企业与大专院校和科研单位建立合作关系，有横向联合、协作项目45个。与山东大学、山东师范大学、济南大学、山东轻工业学院、五三化工研究所、济南铸造锻压机械研究所等有长期合作。1995年10月，区科技局新设槐荫区科技中心。2001年，槐荫区科学技术委员会更名为槐荫区科学技术局，主管辖区科技工作。2004年12月，成立槐荫区知识产权局，隶属区科技局领导。2005年12月，发布《2006年槐荫区科技发展计划编制指南》，明确2006年全区科技发展计划重点、申报程序等相关要求。2006年，全区有各类专业技术人才42182人；有省级高新技术企业22家、市级高新技术企业30家，高新技术产品80个，高新技术产业累计实现产值54.46亿元。1989—2006年，全区共取得科技成果219项。

第一章 教 育

第一节 管理体制改革

一、行政管理体制改革

幼儿园管理体制 1989年，托幼工作由区妇联主管。1990年3月，托幼工作由区妇联移交区教委管理。1992年2月，成立区托幼领导小组，负责全区学前教育宏观管理，两镇四街道托幼工作由妇联移交街道（镇）教委主管。1993年3月，区教委设学前教育科，负责幼儿园、学前班登记注册、督导评估、分类管理；指导幼儿园搞好教学、教研、科研工作，推动教育改革。

小学管理体制 1989年，小学教育由街道（镇）教育委员会管理。1994年起，由于生源减少、新建小区等原因，全区开始撤销、合并或新建、扩建学校，厂办学校逐步移交地方。2001年7月后，小学教育由区教育局管理。2003年7月，全区农村中小学校长和教师收归区教育局管理，与城区中小学教师享有同等待遇。2004年8月，撤销两镇教育委员会，段店镇、吴家堡镇和美里湖街道分别成立教育办公室，在段北、张庄和匡山街道设专职教育干部各1人。

农村学校管理体制 1987年，段店镇、吴家堡镇成立镇教育委员会，负责农村学校教育行政管理。2000年7月起，全区教职工工资实行财政统一发放。2003年7月，全区农村中小学校长和教师收归区教育行政部门管理：区教育局协同两镇四街道对农村学校负责人进行任命，由街道（镇）提出学校干部任免申请，区教育局审核后统一任命；区教育局负责农村中小学教师的资格认定、招聘录用、职务评聘、调配交流、考核、工资调整等工作，与城区中小学教师享有同等待遇。同年，调整农村17所学校领导班子，调整交流干部32人。2004年8月，成立槐荫区段店镇、吴家堡镇和美里湖街道教育办公室，撤销镇教育委员会，在段店北路街道、张庄街道和匡山街道设专职教育干部各1人。9月，调整农村12所学校领导班子，调整校级干部21人。2005年8月，调整15所农村学校领导班子，调整校级干部26人。2006年，调整12所农村学校领导班子，调整校级干部19人。

二、学校管理体制改革

1989年，学校实行校长负责制，在确定校长中心地位的同时，保证党支部的核心作用。1994年，制订以实行校长负责制、教职员工聘任制、岗位目标责任制、结构工资制“四制”改革为主要内容的《槐荫区关于中小学内部管理体制改革的意见》。校长以下设教导处、总务处，规模较大的学校设办公室、政教处（教育处）。作为民主管理学校形式，设立校务委员会，由5～9人组成。校务委员会由校长主持召集，每月（或每周）召开一次会议，商讨学校重大问题。建立教职工代表大会制度，每3～5年为一届。工会是常设机构。校长任期内具有校内人事任免、经费管理、教育教学改革的决策权；教职工双向选择，竞争上岗；按照岗位职责层层分解到人，把平时考核和年终考核相结合，形成以考核工作实绩为主，以考核绩效结果为依据的考核奖惩制度，多劳多得，优劳优酬。在体制改革过程中不断完善配套相关政策，2004年3月，制定《槐荫区教育系统富余人员分流及缺编补充办法》，推进教育系统富余教职工的转岗分流，拓宽安置渠道。2005年，在全区核编定岗和聘任过程中，调整90人，辞退、辞职、自动离职等16人。2006年，自动离职3人。

第二节　学前教育

一、办学规模

1989年，全区有幼儿园73所，入园幼儿7708人，学制一般为3年，部分幼儿园设1年或2年。1990年，学前教育工作由区妇联主管、教育部门负责业务管理改为区教委主管。1992年，成立由区政府办公室等13个部门联合组成的托幼工作领导小组，在区教委专门设置托幼工作办公室，配备2人主管学前教育工作。1993年，济南市槐荫区实验幼儿园成为山东省首批省级实验幼儿园（济南市唯一一所）。

1997年，国务院颁布《社会力量办学条例》，全区民办幼儿园的办园教育理念不断更新，数量大幅度增加。辖区有民办幼儿园24所，在园幼儿984人。1998年，槐荫区教委被评为山东省学前教育工作先进单位。

2000年，全区有幼儿园89所，在园幼儿11212人，其中民办幼儿园49所，在园幼儿2025人，班级规模小班为20～25人，中班为26～30人，大班为31～35人。2000年后，区内大型幼儿园普遍存在超员现象，民办幼儿园存在缺额现象，90%的幼儿园人员配备不足。

2001年起，有近50%的幼儿园增设托幼班，改成4年制，幼儿办学为3年制和4年制相结合。2002年，在济南市率先启动“托幼一体化”工程，实现学前教育由3～6岁到0～3岁的延伸。同年，槐荫区实验幼儿园、二机床集团公司幼儿园、省立医院幼儿园被评为省、市“十佳幼儿园”，受到省、市政府的表彰奖励。2003年，根据国务院办公厅《关于幼儿教育改革与发展指导意见的通知》要求，各街道（镇）、村均配备托幼工作专兼职干部1人。

2006年，全区有幼儿园110所，其中教育办园27所，事业办园3所，机关办园2所，企业办园7所，村办园16所，民办园53所，部队办园2所；省级实验、示范园8所（其中省十佳1所、市十佳2所、区名幼儿园6所），市级一类园4所，市级二类园11所，其余为三类园；镇办中心园2所。3～6岁城区幼儿入园率100%，学前一年幼儿入园率100%。全区幼教职工总数1341人，专任教师668人，其中硕士4人，专科以上占95%，学历和专业合格率分别为99%、97%，形成“以政府举办幼儿园为骨干和示范，以社会力量兴办幼儿园为主体，公办与民办学前教育相结合”的发展格局。

1989—2006 年槐荫区幼儿教育情况表

表 12-1

年份	幼儿园（所）	在园幼儿（人）	教职员工（人）		入园率（%）	年份	幼儿园（所）	在园幼儿（人）	教职员工（人）		入园率（%）
			合计	专任教师					合计	专任教师	
1989	73	7708	1712	780	88	1998	94	11459	1712	745	97
1990	109	8673	1927	887	89	1999	85	10572	1614	768	97
1991	93	9892	1751	797	90	2000	89	11212	1422	734	98
1992	121	9935	1985	876	91	2001	86	10047	1321	712	98
1993	125	9995	2016	995	92	2002	85	10116	1481	796	98
1994	101	10120	2112	973	93	2003	95	10213	1516	891	99
1995	105	10011	1824	860	95	2004	99	11980	1432	784	99
1996	104	10240	1798	867	96	2005	95	13762	1238	779	100
1997	99	10582	1734	799	96	2006	110	14383	1341	668	100

二、教学与管理

幼儿教学 1989—1999 年，辖区幼儿园使用全国统编教材，分语言、计算、体育、音乐、美术、常识 6 科。2000—2003 年，辖区幼儿园使用明天出版社出版的第一套《山东省幼儿园教育活动教材》，分健康、数学、科学、社会、音乐、美术和语言 7 科。除教学活动外，另设游戏活动、生活活动、环境创设、家长工作。2004—2006 年，辖区幼儿园使用明天出版社出版的第二套《山东省幼儿园教育活动教材》，课程设置将教育活动与游戏、生活活动、环境创设、家庭与社区教育、评价指南融为一体。课时为小班每节 15 ～ 20 分钟；中班 20 ～ 25 分钟；大班 25 ～ 30 分钟。

幼教科研 1989 年，辖区幼儿园学习借鉴奥尔夫音乐教学法，进行幼儿园音乐教学改革。1990 年，《改革幼儿园音乐教学的尝试》在全国第四届幼教年会上进行交流，并发表于中国教育科学出版社出版的《幼儿教育改革与研究》。1991 年，《培养幼儿的音乐素质和能力》发表在青岛出版社出版的《教改经验》。1992—1997 年，在全区开展“幼儿园教学环境创设”“幼儿园综合教育”的研究，研究成果《以学科为基础探索综合教育的模式》在济南市幼教年会上交流，获得济南市一等奖。1998 年，槐荫区机关幼儿园教师侯建军获山东省幼儿教师优质课评比一等奖。1999 年，槐荫区幼教中心教研组研究的实验课题“幼儿园教育环境的创设”作为山东省三家代表之一，参加全国迎接 21 世纪幼教课程改革研讨会。2000 年，全区 223 名幼儿教师通过山东省幼儿教师五项通用基本功达标；槐荫区实验幼儿园教师景萍获山东省幼儿教师优质课评比一等奖；在首届“齐鲁新苗”评选活动中，获省十佳 1 人，市十佳 2 人，省百名新苗 12 人，市百名新苗 18 人。2002 年，幼教科研课题“科学膳食处方和科学体育处方的有机结合，促进幼儿体质发展”被列为“全国重点学前教育实验课题”；“幼儿园区域活动教育的研究”被评为“济南市教育十大优秀课程模式”。2004 年，65 名保育员获国家级“高级保育员”证书。2005 年，山东省建设厅幼儿园代表山东省参加国家“幼儿基本体操比赛”，获一等奖；在中央电视台“全国希望之星英语大赛”中，获全国总冠军。济南市南辛庄小学幼儿园教师陈君、机场小学教师曹禄岩代表山东省参加在湖南召开的“全国课改实验课题‘尝试教育’

的研究”评比活动，均获一等奖。2006年，幼教科研课题“科学膳食处方和科学体育处方的有机结合，促进幼儿体质发展”经中国学前教育研究会指定专家团全方位评估验收，通过国家级结题。1989—2006年，张昭华等11人获省、市幼儿教师教学能手称号；孙建华等8人获市幼儿教师学科带头人称号；姜淑兰等78人先后成为中国学前教育研究会会员；槐荫实验幼儿园等13家单位、56人被评为济南市托幼工作先进单位和个人；槐荫区4次受到市政府表彰，被评为济南市托幼工作先进区。

附：幼儿园选介

济南市槐荫区实验幼儿园 始建于1982年，隶属于槐荫区教育局，位于济南市槐荫区振兴中街34号。幼儿园建园之初占地面积2784平方米，建筑面积960平方米，教职工17人，设有4个教学班，在园幼儿109人。1993年被评为省级实验园。1995年，幼儿园自筹资金，建起教学楼，建筑面积增至2734平方米，教职工39人，班级8个，在园幼儿345人。2001年，获首届山东省“十佳幼儿园”称号。2004年，新增纬九分园，幼儿园建筑面积4300平方米，教职工人数42人，19个班，在园幼儿706人。2004年，通过复评验收，再次被评为山东省“十佳幼儿园”。

济南市槐荫区机关幼儿园 始建于1958年，1987年重建，是槐荫区政府直属幼儿园。占地面积881平方米，建筑面积1569平方米，位于经六路纬九路122号。1990年，在原址院内南侧新建二层楼，建筑面积增加至2063平方米，将教师办公室、领导办公室、会议室等迁至南楼。1993年，扩至7个班，幼儿320人，新进教师4人，全园教职工45人。幼儿园先后被评为山东省首批省级示范幼儿园、济南市十佳幼儿园、全国语言文字示范校园、全国棋文化教育十一五重点课题先进实验基地、山东省语言文字先进校园、省园本课程先进单位、济南市托幼工作先进单位、济南市巾帼文明岗、济南市文明单位。2006年，有大、中、小班级各2个，在园幼儿280人，教职员工40人。

济南二机床集团有限公司幼儿园 属于企业办园，原名济南第二机床厂幼儿园，园址在济南二机床集团有限公司宿舍区内。总园位于吉尔北苑宿舍区内，始建于1953年，原为一套四合院式平房。1987年企业对幼儿园进行改建。1988年新园舍投入使用，占地面积3850平方米，建筑面积2760平方米，有教学楼1座及办公辅助用平房7间，配套设施齐全。在园幼儿500余人，按幼儿年龄分设14个班。1986年起，每年分配或招聘1～3名大中专幼教毕业生充实教师队伍，逐步从各班“两保一教”达到“两教一保”，保教质量不断提高。1991年后，调整为大、中、小、托12个班。教职工队伍由女工保育员代课逐渐向年轻化、专业化队伍转变。1995年，集团公司在吉尔西苑宿舍区新建幼儿园分园，有教学楼1座及办公辅助用平房5间，设大、中、小6个班。1995年11月，幼儿园验收达标成为山东省省级示范幼儿园。2002年5月，通过验收成为首届济南市十佳幼儿园。2005年5月，通过验收成为第二届济南市十佳幼儿园。2006年，幼儿园有北苑总园和西苑分园两处园所，总园占地面积4277平方米，建筑面积2931平方米；分园占地面积2913平方米，建筑面积2100平方米；全园共设大、中、小、托20个班，在园幼儿840人，教职工83人，各岗人员学历达标率100%，持证上岗率100%。

第三节　小学教育

一、办学规模

1989年，辖区有小学65所（不含驻区学校），其中乡镇、村办小学35所（段店镇25所、吴家堡镇10所），学生27519人，适龄儿童入学率99.90%，毕业率100%。1994年起，为适应生源减少、新建小区等新情况，全区开始撤销、合并或新建、扩建学校，厂办学校逐步移交地方。1998年，全区有小学66所；同年起，调整两镇农村小学布局，进行学校整合。2001年，全区有小学60所，在校生23172人。2006年，辖区有小学49所，其中乡镇小学16所(段店镇10所、吴家堡镇6所)，共540个班，在校生21959人，其中毕业生3444人，招生3814人，适龄儿童入学率100%，毕业率100%。

1989—2006年槐荫区小学调整变化情况表

表12-2

类别	调整学校	调整时间	接收学校	原因与经过	备注
公办	济南市营东小学	1989	—	—	新建
	济南市槐荫实验小学	1994	—	—	新建
	济南市明星小学	1994	—	新建居民小区	新建
	济南市纬六路小学	1997	经二路小学	生源减少，部分校舍归还给教堂	—
	济南市纬十二路小学	1999	纬十路小学	合点并校	—
	济南市小纬九路小学	2001	纬十路小学	合点并校	—
	济南市纬九路小学	2002	经七一小学	合点并校	—
	济南市北小辛庄小学	2005	道德街小学	新建小区开发	—
	济南市南大槐树小学	2005	纬十路小学	生源减少	—
			昆仑街小学		
厂办	建材附小	1997	属市中区	撤销	—
	山东省水泥厂小学	1998	属市中区辖区	撤销，学生自行安排	—
	铁路第六小学	1999	—	划归市中区管理	—
	市水泥厂小学	1999	光明街小学	市水泥厂搬迁	—
	3520厂小学	2001	槐南路小学	生源减少，规模小	—
	6455厂小学	2001	属市中区辖区	撤销，学生自行安排，部分学生入二厂小学	—
	汽车总厂小学	2002	汽车总厂北校	生源减少，规模小	—
	坦克场小学	2002	属市中区	撤销	—
	生建摩托车厂小学	2003	划归市中区，改为乒乓球学校	学生自行安排	—
	铁路第一小学	2005	改名济南市昆仑小学	划归地方	转公办
	铁路第七小学	2005	改名济南市兴济小学	划归地方	
	铁路第九小学	2005	改名济南市汇英小学	划归地方	
农村	西沙小学	1996	改名济南市美里湖第一小学	划归美里湖街道	—
	刘七沟小学	1996	改名济南市美里湖第二小学	划归美里湖街道	—
	郑家店小学	1996	改名济南市美里湖第三小学	划归美里湖街道	—
	宋庄小学	1998	济南市槐荫区担山屯小学	合点并校	—

续表 12-2

类别	调整学校	调整时间	接收学校	原因与经过	备注
农村	油赵小学	1998	彭庄小学	合点并校	—
	于庄小学	1998			
	演马小学	1999	小饮马小学	合点并校	—
	后周小学	2000	济南市槐荫区周王小学	合点并校	—
	河王小学	2000			
	孟王小学	2001	济南市槐荫区小金回民小学	合点并校	—
	王府小学	2001	济南市槐荫区大杨小学	合点并校	—
	睦里小学	2001	济南市槐荫区田庄小学	合点并校	—
	宋新小学	2001			
	位里小学	2001			
	玉清湖小学	2005			
	申庄小学	2002	济南市槐荫区三教堂小学	合点并校	—
	朱庄小学	2003	济南市槐荫区古城实验学校	合点并校	新建
	小李小学	2003			
	大李小学	2004			
	杨庄小学	2005	济南市槐荫实验小学	合并到实验小学	—
民办	济南外海实验学校	2005	—	—	新建

1990—2006 年槐荫区小学教育情况表

表 12-3

年份	学校数（所）					班数（个）	毕业生数（人）	招生数（人）	在校生数（人）	小学学龄人口入学率（%）	毕业率（%）	巩固率（%）
	公办	四街道	两镇	厂办	合计							
1990	20	9	35	13	76	771	4097	5694	31341	99.87	100.00	100.00
1991	20	9	35	13	76	787	4604	5333	32303	100.00	100.00	100.00
1992	20	9	35	13	76	781	4478	5290	32524	100.00	100.00	100.00
1993	20	9	35	13	77	781	4485	5285	32571	100.00	100.00	100.00
1994	20	9	35	13	77	809	6439	6482	34977	100.00	100.00	100.00
1995	22	9	37	13	81	802	5562	5810	34178	100.00	100.00	100.00
1996	22	9	34	13	78	790	5085	5034	33532	100.00	100.00	100.00
1997	22	9	23	13	67	737	5050	4207	32657	100.00	100.00	100.00
1998	22	9	23	13	66	690	4981	3614	30505	100.00	100.00	100.00

续表 12-3

年份	学校数（所）					班数（个）	毕业生数（人）	招生数（人）	在校生数（人）	小学学龄人口入学率（%）	毕业率（%）	巩固率（%）
	公办	四街道	两镇	厂办	合计							
1999	21	12	23	10	66	668	6255	3459	28107	100.00	100.00	100.00
2000	22	11	23	10	66	628	5589	3402	25174	100.00	100.00	100.00
2001	21	11	19	9	60	587	4835	3721	23172	100.00	100.00	100.00
2002	19	11	19	6	55	554	4730	3673	21809	100.00	100.00	100.00
2003	19	11	17	5	52	540	4055	3446	20991	100.00	100.00	100.00
2004	19	11	17	5	52	542	3302	3409	20844	100.00	100.00	100.00
2005	21	10	16	2	49	539	3293	3533	21215	100.00	100.00	100.00
2006	21	10	16	2	49	540	3444	3814	21959	100.00	100.00	100.00

二、招生与课程

1989 年，小学均设思想品德、语文、数学、自然常识、体育、音乐、美术、劳动；一、二年级增设说话、唱游，五年级增设地理，六年级增设历史。1990 年起，入学年龄为 6 周岁。按户口所在地就近走读划片招生。辖区小学学制均为 6 年制。1994 年，开始执行国家颁布的《九年义务教育全日制小学、初级中学课程计划》。小学设思想品德、语文、数学、社会、自然、体育、音乐、美术、劳动 9 科，附加班团队活动、体育锻炼和科技文体活动。经二路小学、小辛庄小学、德兴街小学、槐荫实验小学、机床二厂子女小学 5 所学校在五、六年级开设英语课，使用的教材是人民教育出版社的《小学英语》《英语 300 句》，每周 2 课时。1999 年，辖区各小学全部开设英语课。2002 年秋季开始，小学起始年级全部实施基础教育课程改革，根据山东省基础教育课程改革实验区义务教育阶段课程安排，开齐开全国家、地方、学校三级课程。2006 年，全区小学共有学校课程 157 门，其中，通过市教育局审批的校本课程有 32 门，未经审批的有 125 门。

德兴街小学学生在微机室上课

（1998 年摄　区教育局提供）

附：学校选介

济南市纬十路小学　始建于 1938 年 10 月。位于济南市经四路纬五路 54 号。1993 年被评为山东省规范化学校，曾获国家、山东省、济南市、槐荫区示范学校及先进单位等荣誉称号 21 个。学校女子篮球队 23 次获济南市小学篮球比赛冠军；书画艺术教育享誉全市，先后有 25 名学生被评选为齐鲁小名士、济南小名士。2006 年，有教学班 20 个，在校生 957 人，教师 93 人。占地面积 6321.80 平方米。

济南市经七路第一小学　始建于 1932 年，位于济南市经七路 568 号。2004 年被评为山东省规范化学校。学校以“学会对话，走向成功”为办学理念，以“培养有对话意识和对话能力的现代人才”为办学使命。曾获国家、山东省、济南市基地示范校及先进单位等荣誉称号 19 个。

38位教师获全国、山东省、济南市、槐荫区优秀教师等荣誉称号。2006年，有教学班24个，学生1054人，教职工87人。学校占地面积6800平方米，有专用教室20余个，均配有先进的多媒体设备。

济南市匡山小学 位于济南市匡山村东区280号。学校原是一所村办小学，隶属于匡山村委会，2000年，划归槐荫区教育局直管。2006年被评为省级规范化学校、市级绿色学校。健美操为该校特色课程，学校健美操队在山东省大众健美操锦标赛小学组中夺得两个第一名。建有山东省第一个棒球场。2006年4月，举行“中日友好少年棒球交流大会”。年底，有教学班12个，学生481人，教师33人。占地面积22266平方米，专用教室齐全，达到省级一类标准。

济南市槐荫实验小学 建于1994年，位于济南市匡山小区21号。1998年，与上海虹口区四平路一小成为联谊学校。1999年，在济南市首推小班化教学并独立承担“小班化教育”省级实验课题。2006年，与韩国USTURGOL初等学校建立姊妹友好学校。学校注重校本课程建设，陶艺、柔道、轮滑、小提琴、排球、篮球、经典诵读等特色教学成绩显著。逐步形成“学会做人，学会学习，学会创新”的校园文化主题。2006年，被评为山东省规范化学校，曾获山东省、济南市示范学校及先进单位等荣誉称号5个。同年，学校有教学班23个，在校生988人，教师75人，其中小学超高级教师2人，高级教师31人。占地面积1.4万平方米，建有200米环形人工草皮运动场，语音室、微机室、陶艺室等专用教室14个。

段店镇小金庄小学 位于段店镇小金庄村，为槐荫区少数民族小学。《长清县志》（民国二十三年续修）载：1915年，第三乡设有村立初级小学（小金小学前身），教师是清末秀才金宝祯。20世纪50年代初，建起小金庄小学，学校设在清真寺北讲堂。1952年，小金庄小学更名为济南市第四回民子弟小学。1953年8月，学校重建。1990年，村委将办公楼改造成学校，面积1800平方米。2000年，学校有教学班12个，在校生480余人，教师24人。2001年，小金庄得到阿拉伯国家支援少数民族教育事业资助60万元人民币，建成新教学楼1处，小金庄、孟王庄两所村小学合并为小金回民小学，成为6年制完全小学。学校占地面积11160平方米，建筑面积2212平方米，达到一类学校标准。2006年，有教学班10个，教职工27人，在校学生300人，其中少数民族学生294人，回民学生占98%。

吴家堡镇西张回民小学 位于安家庄村，为槐荫区少数民族小学。1952年建立安家庄小学（西张回民小学前身）。1972年，学校随村搬迁至新村西头。1988年，更名为西张回民子弟小学。1992年，新建535平方米的2层教学楼1座。2005年8月，扩建为600平方米的教学楼。有教室6间，教师办公室2间，另有微机室、图书阅览室、器材室等。2006年，有教学班6个，教职工16人，在校学生147人，其中少数民族学生72人。

2006年槐荫区省级、市级规范化小学情况表

表12-4

类别	学校	审批时间	类别	学校	审批时间
省级规范化学校	济南市纬十路小学	1993	市级规范化学校	济南市小辛庄小学	2002
	济南市经七路第一小学	2004		济南市德兴街小学	2002
	济南市槐荫实验小学	2006		济南市昆仑小学（原铁一小）	2002
	济南市匡山小学	2006		济南市槐荫区大金小学	2002
	济南市槐荫区大金小学	2006			

第四节 初中教育

一、办学规模

1989年，有区属中学21所，班级210个，学生10516人，其中毕业生2800人，招生3906人。1996年，区属中学取消高中部。2004年，两镇初中调整为2所（段店镇为古城中学，吴家堡为西王中学）。2005年，厂办初中或取消，或改制为公办初中，厂办初中不再存在。2006年，西王中学合并至槐荫中学。两镇分别设古城中学、槐荫中学，招收两镇学生。同年，辖区内有初中11所，班级212个，在校生8869人，其中毕业生3380人，招生3004人。

山东省济南古城中学　（2004年摄　区教育局提供）

1989—2006年槐荫区中学调整变化情况表

表12-5

类别	被调整学校	调整时间	接收学校	调整情况
高中	山东省济南第十二中学	1996	—	改为纯初中
	山东省济南第二十中学	1996	—	改为纯初中
公办初中	济南第十一职业高中初中部	1999	山东省济南第三十五中学	取消初中班
	山东省济南第六十三中学	1998	山东省济南第十九中学	薄弱中学改造，合并
	山东省济南第三十五中学	2005	山东省济南第二十中学	合点并校
厂办初中	济南铁路第五中学	2002	—	改为铁路司机学校
	济南汽车总厂中学	2002	汽总北校	生源少，合并
	6455厂中学	2002	自行安排	生源减少，撤销
	济南机床二厂中学	2005	改名山东省济南济微中学	转公办
	济南机车中学	2006	改名山东省济南兴济中学	转公办
农村初中	吴家堡镇西堡中学	1996	吴家堡镇西王中学	合点并校
	山东省济南古城中学	2004	—	新建
	段店镇朱庄中学	2004	山东省济南古城中学	合点并校
	段店镇于庄中学	2004	山东省济南古城中学	合点并校
	段店镇田庄中学	2004	山东省济南古城中学	合点并校
	吴家堡镇西王中学	2006	山东省济南槐荫中学	合点并校

1989—2006 年槐荫区初中教育情况表

表 12-6

年份	学校数（所）				班数（个）	毕业生数（人）	招生数（人）	在校生数（人）	初中学龄入学率（%）	毕业率（%）	巩固率（%）
	公办	厂办	两镇	合计							
1989	11	5	5	21	210	2800	3906	10516	100	100	99.97
1990	11	5	5	21	221	2903	3523	10917	100	100	99.97
1991	11	5	5	21	215	3617	3848	10909	100	100	99.97
1992	11	5	5	21	220	3411	4455	11567	100	100	99.97
1993	11	5	5	21	225	3523	4210	11901	100	100	99.97
1994	11	5	5	21	249	4219	5306	13538	100	100	99.97
1995	11	5	5	21	270	4107	5780	15070	100	100	99.97
1996	11	5	5	21	284	5119	4991	15814	100	100	99.60
1997	11	5	5	21	270	5119	4330	15004	100	100	100
1998	11	5	5	21	259	5425	4594	14148	100	100	99.82
1999	10	4	5	19	263	3434	5373	14207	100	100	99.93
2000	10	4	5	19	283	4289	4214	11501	100	100	99.29
2001	9	4	4	17	283	4327	5713	15449	100	100	99.93
2002	9	2	4	15	277	5215	4186	14709	100	100	99.95
2003	9	2	4	15	259	5645	3561	12627	100	100	99.98
2004	9	2	2	13	236	4845	3077	10576	100	100	99.91
2005	11	0	2	13	217	3970	2919	9443	100	100	99.79
2006	10	0	1	11	212	3380	3004	8869	100	100	99.88

2006 年槐荫区省级、市级规范化中学情况表

表 12-7

类别	学校	审批时间
省级规范化学校	山东省济南第十九中学	2004
	山东省济南第十二中学	2006
市级规范化学校	山东省济南第二十中学	2002
	济南机车中学	2002
	山东省济南第二十六中学	2002
	山东省济南第三十中学	2002
	济南育华中学	2002

二、招生与课程

招生　1989年，初中招生实行“中小学挂钩，相对就近”入学。1996年起，初中招生根据国家教委关于“在普及九年义务教育的地区小学毕业生全部直升初中”和“义务教育公办学校不准招收择校生”的规定，继续实行“中小学挂钩，相对就近对口入学”的办法，各初中学校本学区对口小学的毕业生全部直升初中。1999年起，初中招生实行“相对就近，整体对口入学”的办法，初中入学率100%，学制为3年制。

1988年起，初中毕业实行会考。1999年起，中考增加体育考试。2001年，中考实行卷面考试与等级考核相结合、闭卷与开卷相结合等多样化的评价方法与形式。2002年，中考增加信息技术考试，考试科目为语文、数学、英语、思想品德、历史、物理、化学、体育和信息技术共9科。其中思想品德实行开卷考试，数学考试可以使用计算器。2004年，调整中考考试科目，改为基础学科（语文、数学、英语）加理科综合（物理、化学、生物）、文科综合（思想品德、历史、地理）的形式。2005年、2006年，文科综合开卷考试，不计入总分。

课程　1989年，使用全国统编教材，按照教育部颁发的教学计划开设课程，开设政治、语文、数学、英语、物理、化学、历史、地理、动物学、植物学、生理卫生、音乐、美术、体育、“三防”（防原子、防化学、防突袭）知识、劳动技术。1994年，国家颁布新教学计划，设思想政治、语文、数学、英语、历史、地理、物理、化学、生物、体育、音乐、美术、劳动技术13科，附加班团队活动、体育锻炼和科技文体活动。2000年，普遍开设信息技术（计算机）课。2002年，根据教育部《关于印发〈义务教育课程设置实验方案〉的通知》要求，按照《山东省基础教育课程改革实验区义务教育阶段课程安排表（试行）》开齐开全国家、地方、学校三级课程。2006年，全区中学共有学校课程22门，通过市教育局审批的校本课程7门，未经审批的15门。

附：学校选介

山东省济南第十二中学　始建于1956年，位于南大槐树西街72号。曾获山东省、济南市示范校及先进单位等荣誉称号17个，1999年被评为槐荫区“名学校”。2006年为“山东省规范化学校”。2006年7月，30名师生赴新加坡尚育中学参观访问。同年11月，新加坡尚育中学师生回访该校。到中国参加国际儿童联欢节的德国、芬兰、俄罗斯、白俄罗斯的学生代表团，美国，韩国，新加坡兰景中学，台湾成功中学、忠信中学等代表团先后访问该校。2006年，有教学班30个，在校学生1508人，教职工142人，专任教师110人，其中特级教师1人，高级教师26人，中级教师70人。国家、省、市级骨干优秀教师、辅导员等51人，31人获省、市优质课比赛奖。学校占地面积29000平方米，综合楼5800平方米，教学楼4100平方米，实验楼1800平方米，塑胶田径运动场8000平方米。校园路面硬化率100%，绿化地4000平方米。拥有按照国家一类标准配备的物理、化学、生物实验室、图书馆、教师阅览室、学生阅览室、语音室、微机室、多媒体教室、科技活动室、劳技室、音美教室、书法教室、舞蹈房、卫生室，建立校园网，安装远程教育接收系统。

2005年，济南第十二中学昆虫馆落成

（区教育局提供）

山东省济南第十九中学　始建于1941年，位于经七纬十二路444号。2000年，建立校园网，配备现代化的多媒体网络微机室，全校各班实现多媒体进课堂，配计算机、投影设备，拥有塑胶运动场，标准的篮、排球场。有国家一类标准物理、化学、生物实验室，有音、体、美、劳技教室和器材室；有图书馆、师生阅览室、语音室、多媒体教室等专用教室。曾获国家、山东省、济南市示范校及先进单位等荣誉称号18个。2006年，学校与新加坡毅道中学缔结为友好学校。学校有教学班28个，在校生1140人，教职工135人，其中国家、省、市级骨干优秀教师36人。建筑面积9360平方米。

山东省济南第二十中学 始建于1945年，位于经七路585号。曾获山东省示范校称号及先进单位等荣誉称号8个。2006年，有教学班30个，在校生1456人，教职工144人，其中高级教师43人，一级教师47人，济南市学科带头人6人。学校占地面积9000平方米，教学楼面积4374平方米，实验楼面积4344平方米，有标准教室32个，全部配备多媒体教学设备，物理、化学、生物实验室各2个、微机室3个，有语音室、多媒体教室、图书室、阅览室、音乐教室、劳技室、美术室、形体训练室、德育室等专用教室。

第五节 外来务工子女教育

1989年，辖区外来务工子女学生占学生总数不足1%，2000年后增加迅猛。2003年11月21日，根据市政府办公厅《关于作好外来务工就业人员子女接受基础教育工作的意见》，设立5所定点学校：济南第二十六中学、济南第三十七中学、济南市北大槐树第一小学、济南市北大槐树第二小学、济南市汇英小学。2006年，外来务工子女学生占全区学生总数的20%左右。其中老屯小学、段店小学外来学生占本地学生的50%以上。学生多集中在小学，中学人数相对较少，部分学生回原籍就读。生源主要来自河北、浙江、黑龙江、吉林等15个省、80余个县市，以及美国洛杉矶等海外地区。外来务工子女学生就学的各项收费与本地学生相同，建立学籍档案，接受义务教育，发给义务教育合格证书，允许参加中考。由于各地教学水平不同，部分学生基础较差，英语、计算机未学，根据特殊情况，经教育局批准，学校专门制定相关制度，允许插班、降级。对特别困难家庭学生减免杂费。在评优奖励、入队入团、参加校内外活动等方面给予照顾与倾斜。对特困家庭学生免费提供教科书，设立奖学金和助学金。与机关团体、企事业单位联系，开展各种捐款、捐物活动，资助家庭经济困难的外来务工子女就学，以帮助特困家庭子女顺利完成义务教育。

第六节 特殊教育

1989年9月，辖区有特殊教育学校1所：济南市中大槐树辅读学校，有年级12个，教学班12个，学生150人，教职员工40人，学校建筑面积1326平方米。2004年9月3日，原教学楼鉴定为危房拆除。2005年12月31日，新教学楼竣工。2006年11月26日，师生搬回新校上课。新校建筑面积3024平方米；12月，更名为济南市育园学校。有教学班9个，学生94人，教职员工32人，其中小学高级教师24人，小学一级教师6人，小学二级教师1人。

20世纪90年代初，学校加强分类教学研究，在班级集体授课的前提下，通过同步分组、异步分组（复式教学）等课堂教学模式满足不同能力水平学生的学习需要。1993年，特教学校根据国家出版的培智学校义务教育课程，

济南市育园学校　　（2006年摄　区教育局提供）

共开设语文、数学、音乐、体育、美术、劳动、常识7门课程。同年，被评为省级分类教学先进单位。1994年，国家颁布《中度智障儿童教育训练纲要（试行）》，提出培智学校的课程应关注学生的生活，培智学校开设实用语算、生活适应和活动训练三类课程。2005年，本着缺陷补偿与特长培养并重的原则，开设鼓乐、手工编织、陶艺、国画、卖报等校本课程，成为特教特色课程。2006年，开设智障儿童职前教育，使义务教育逐渐向两头延伸，结合上海及本地学校的先进经验，尝试实施个性化教育方案。

附：特殊学生随班就读

1989年，除特殊教育学校外，辖区在段店镇大金庄小学、吴家堡镇回民小学附设辅读班，开展特殊学生教育。另外，一些中小学接收随班就读的特殊学生。2006年，全区随班就读特殊学生121人，分布在33所学校。其中肢体残疾27人，听力残疾11人，视力残疾11人，智力残疾65人，其他7人。小学89人，新生16人；中学32人，新生6人。建立随班就读学生花名册和专门跟踪档案，列入年底全方位综合目标考核。济南市社会福利院的孩子在小辛庄小学及山东省济南第十九中学上学。

1989—2006年槐荫区特殊教育情况表

表12-8

年份	育园学校					辅读班		随班就读（人）
	年级（个）	教学班（个）	学生（人）	教职工（人）	教育经费（万元）	地点	学生（人）	
1989	12	12	150	40	13.60	段店镇大金庄、吴家堡镇回民小学	11＋9	156
1990	12	13	174	48	17.70		12＋9	154
1991	12	12	163	46	38.85		10＋9	152
1992	8	11	140	46	21.75		10＋9	149
1993	9	10	138	45	30.99	无	0	145
1994	9	10	138	45	37.46	无	0	150
1995	9	10	130	43	38.97	无	0	164
1996	9	10	135	41	58.44	无	0	169
1997	9	9	127	39	44.76	无	0	160
1998	9	9	127	38	65.52	无	0	151
1999	9	9	110	38	62.47	无	0	139
2000	9	9	102	38	73.94	无	0	135
2001	9	9	106	38	94.73	无	0	120
2002	9	9	109	38	132.29	无	0	125
2003	9	9	102	37	162.95	无	0	130
2004	9	9	96	34	186.95	无	0	144
2005	9	9	93	32	381.87	无	0	158
2006	9	9	94	32	282.08	无	0	121

第七节　职业教育

1989年，辖区有公办和厂办职业学校5所：济南第七职业高级中学、济南第十一职业高级中学、济南机车工厂职业学校、济南机床二厂技校附设职业高级中学、济南公交公司职业高级中学。1995年，济南第七职业高中改为济南第九职业中等专业学校。1998年，济南第十一职业高中改为济南第十四职业中等专业学校；济南机车工厂职业学校撤销，并入机车工厂子弟中学。2003年，济南第九职业中等专业学校与济南第十四职业中等专业学校合并，合并后校名为济南第九职业中等专业学校；济南机床二厂技校附设职业高级中学撤销；济南公交公司职业高级中学迁至济南市历下区。至2006年，辖区有济南第九职业中等专业学校一所职业学校。该校分南、北两个校区，南校区位于经六路道德北街215号，北校区位于经四路南大北街209号，学校占地面积10873平方米，建筑面积13183平方米。学校有教职工109人，离退休教师83人。设汽车、计算机、电气、现代物流、学前教育等5大类13个专业，有教学班34个，在校学生1305人。

第八节　社会教育

一、青少年校外教育

槐荫区青少年宫成立于1979年10月，原名少年之家，隶属区教育局。1982年，改名为槐荫区少年宫。1988年，槐荫区教委成立后，改名为槐荫区青少年宫。1999年，与纬十二路小学合并，成为独立法人单位。2006年，有在职人员17人，退休教师32人。常年在少年宫学习的人数达到几千人次。

1992年，航模成为槐荫区的特色科技活动，连续10余年获济南市航模比赛团体冠军。后相继开展书法、美术、文学、声乐等特色活动。1995—2006年，连续6届获得济南市“合唱节”先进单位组织奖。2000年，槐荫区青少年宫被山东省教委、体委命名为“三模一电”先进单位。2003年，区青少年宫被济南市命名为科普示范基地。2004年，舞蹈表演班队员参加CCTV-5现场直播的“中国跤王争霸赛”开幕式演出和济南电视台“泉城夜话”节目录制。2005年，组织参加全国首届优秀青少年合唱团比赛，获银奖第一名；全国第十届“华罗庚数学金杯赛”济南赛区团体一等奖、优秀组织奖。2006年，槐荫区青少年宫作为中国校外教育文学、美术、书法研究院济南市分院，主要培训表演、舞蹈、美术、书法、声乐、电子琴、钢琴、写作、英语、棋类、跆拳道、古筝、萨克斯等。先后组织参加一系列与教育教学相关的大型活动，如每年春秋两季舞蹈考级，每年一届的“全国中小学生美术、书法大赛”，剑桥少儿英语考级、全国英语竞赛，“花季少年健康成长”中小学生思想道德建设辩论赛等。2006年7月，槐荫区青少年宫合唱团以总分第一名的成绩获第八届中国国际合唱节少儿组唯一金奖，并应邀赴韩国参加艺术交流演出。组织编排的舞蹈《快乐课堂》《小花脸》和合唱《唱脸谱》均被选中参加省教育厅组织的“全国中小学生艺术展演”选拔活动，获二等奖，并被山东教育电视台选中参加第七届宋庆龄基金会的颁奖仪式。舞蹈《咚吧啦》应全国校园春节晚会组委会和中国文学基金会邀请，赴韩国参加“全国青少年艺术之星韩国行”活动，获“中韩文化交流先进单位”称号。同年，组织小辛庄、田庄、营东等学校数棋队参加在南京举行的全国小学生数棋比赛，获优秀组织奖（全国评选两支队伍），小辛庄小学获团体一等奖，田庄小学学生李莹、裴晓萌获个人一等奖。

二、社区教育

槐荫区社区教育起步于20世纪90年代末。至2000年，辖区各街道社区都成立社区教育工作指导委员会或领导小组。2002—2003年，区委、区政府先后制定《关于建设学习型社区的实施意见》《关于大力推进社区教育工作的意见》《关于开展社区教育“四创”活动的实施意见》等文件，进一步规范和推动社区教育的发展。2002年12月，槐荫区被山东省确定为首批省级社区教育实验区。

辖区社区教育发展迅速，逐渐形成特色。2001年，振兴街街道下辖的几个居委会办起“社区居民论坛”，制定《居民论坛章程》，为社区居民开辟一块自由表达思想的园地。2年内，论坛先后在8个居委会开办60余期。2002年，振兴街街道提出社区建设“十个一”（一居一社区居民论坛、一居一服务热线、一居一活动中心、一居一群众性文化团体、一居一多媒体、一居一健身路径、一居一宣传橱窗、一居一志愿者队伍、一居一工作品牌、一居一纳言箱）推进工程。2004年，振兴街街道投资近2万元，建成全市第一家街道网站，各社区居委会建立自己的网页。网站设立社区党建、社区经济、社区稳定、计划生育等栏目，同时开辟网上道德论坛，增加道德教育视频点播栏目。作为特色栏目的青苹果乐园，成为加强社区未成年人思想道德教育的网上阵地，深受广大青少年的欢迎。2006年，青年公园街道开展“三进三创建”（税法宣传进集市，创建文明集市；模拟法庭进楼院，创建文明楼院；普法教育进社区，创建文明社区）活动。

2006年10月，开展以“民校为民”为主题的公益培训进社区活动，济南市槐荫经济专修学校等10所民办学校被济南市确定为首批“公益培训进社区”定点学校，开设计算机、会计、商品经营等专业培训，为居民提供免费或者减半优惠收费的公益性培训服务。对有培训需求的下岗、转岗职工、残疾人、农民工等群体，实行重点帮扶，开辟“绿色通道”，凭有效证件并优先安排免费参加公益培训。

2006年槐荫区获济南市社区教育“四创”活动先进单位和先进个人情况表

表12-9

社区教育示范街道	振兴街街道、营市街街道、中大槐树街道、青年公园街道
社区教育特色学校	中大槐树街道裕园社区教育学校、营市街街道绿园社区教育学校、西市场街道社区教育中心学校
创建学习型社区先进居委会	振兴街街道丁字山社区居委会、中大槐树街道忠厚街社区居委会、南辛庄街道欣园社区居委会、西市场街道纬十路社区居委会
学习型家庭	营市街街道营市东街社区：张楚材、王孝勤；振兴街街道德新社区：刘继如；中大槐树街道裕华里社区：刘东源；南辛庄街道欣园社区：庄亚生、张吉嵩；青年公园街道五里牌坊社区：周长岭；西市场街道纬十路社区：阮曰华；五里沟街道平安里社区：韩会亭

第九节　成人教育

一、农民教育

段店镇成人教育中心　1989年5月，段店镇政府将机关南办公楼及其大院改建为成人教育中心。1992年，成人教育中心校舍单独设置，成立镇成教中心校办农业服务部，学校占地面积7300平方米，教学办公楼建筑面积823.7平方米，有校内实验、实习基地，电化教室1个；标准教室3个；图书室藏书4855册，阅览室2间；仪器室2间，实验室4间，档案室1间；建有3.2米的卫星地面接收站，配有录制室。有专职教师6人，兼职教师14人。1991年，该镇组织农村后备干部61人进行培训。1992年，先后有农业广播学校毕业学员26人走上镇机关服务岗位，培训技术员103人，1800余户农民成为科技示范户，9项农业科研成果取得成功，5600人在成人教育中心接受培训。同年，山东省教育委员会命名段店镇成教中心为山东省农村成人教育省级示范学校。1993—2006年，先后举办关于农村经济发展、农业结构调整、劳动力转移、两委干部以及农、林、水、养殖、计生、创汇圆葱等培训班329期，培训人员75968人次。1993年，济南市人民政府授予段店镇为济南市农村成人教育先进乡镇称号。1997年、2000年、2001年，被济南市成人教育局、济南市人事局评为济南市成人教育先进单位。2005年，通过济南市教育示范乡镇验收。2006年，通过山东省教育示范乡镇验收。

吴家堡镇成人教育中心 1988年，吴家堡镇建成全市第一处农村成人教育中心。原址在原邹庄联中，1998年9月迁址原吴家堡中学。学校占地面积3454.97平方米，建筑面积1446.69平方米。教室9间，可同时容纳450人上课；图书400册，仪器及标本90套、件，录音机4台，微机1台，彩电1台。校委会有9人组成，下设教务处、总务处。1992年，被山东省农业厅授予省级示范学校。1989—1992年，重点进行扫除文盲工作。全镇被调查对象14563人，核实文盲半文盲269人，除去有身体原因的31人，其他238人不同批次参加扫盲教育。1993—2002年，重点实施农业实用技术、法律法规、入党积极分子、基层党员干部、廉政建设、计划生育等培训。2003—2006年，实施农村劳动力转移等培训。

二、成人高等教育

1984年，辖区开始开展高等教育自学考试工作。按照济南市自考办制定的分区分专业报名原则，槐荫区开设本科段的汉语言专业及专科段的汉语言、工民建、工企管、公共关系、小学教育、卫生事业管理、畜牧兽医共两个层次8个专业，开设初期全年报考人数不足千人。1996年后，辖区内济南第十二中学、济南第二十中学、济南第四十二中学逐渐取消高中层次教育，辖区普通高考报名人数呈逐年递减趋势。2002年后，山东省新开设大量实用专业，吸引越来越多的人加入自学考试大军，辖区高等教育自学考试事业取得长足发展，报考专业由最初的8个增加到16个，分别为：汉语言（本、专）、工商企业管理（本、专）、建筑工程（专）、国际贸易（本、专）、物业管理（本）、企业管理（本、专）、畜牧兽医（本）、房屋建筑工程（专）、公共关系（专）、小学教育（专）、卫生事业管理（专）、房地产经营与管理（专）。报考人数、科次激增，到2002年达到顶峰。与此同时，成人高考报名人数、学历层次也呈逐年上升趋势，每年报名人数提高至5000余人，报考层次也由以高中起点的专科为主提升为以专升本为主。

第十节 社会力量办学

1989年，辖区有各类民办学校15所，其中区属民办学校由区成人教育局管理。1992年前，辖区的民办教育主要为文化辅导类，1995年扩展到艺术类，2004年增加计算机类。

2005年，市成教处转入槐荫区2所艺术类学校（济南美术设计学校、济南北方影视搏击专修学校）和2所文化类学校（济南师慧文化培训学校、山东英桥培训学校）；注销3所文化类学校（济南市兴华文化进修学校、济南市新英华文化培训学校、济南市百灵文化艺术培训中心）和1所艺术类学校（济南北方影视搏击专修学校）。

2006年初，区成人教育局并入区教育局，设立成人教育科，负责民办学校的审批、检查、业务指导。至年底，全区共有民办学校39所，校级领导72人，其中本科以上学历44人，大专学历28人；专、兼职管理人员分别为97人、35人，其中本科以上学历分别为52人、17人，大专学历分别为43人、18人；专职教师303人，其中本科以上学历211人，大专学历92人。同年，注销1所文化类学校（济南惠资培训学校）。

1992—2006年槐荫区部分年份民办学校情况表

表12-10 单位：所

年份	民办学校	新增学校	办学类型			注销学校
			文化辅导	艺术类	计算机	
1992	1	1	1	—	—	—

续表 12-10

年份	民办学校	新增学校	办学类型			注销学校
			文化辅导	艺术类	计算机	
1995	4	3	2	1	—	—
1996	5	1	1	—	—	—
1997	6	1	—	1	—	—
1998	10	4	2	2	—	—
1999	11	1	—	1	—	—
2000	14	3	3	—	—	—
2002	24	10	7	3	—	—
2003	28	4	1	3	—	—
2004	32	4	1	1	2	—
2005	35	7	4	3	—	4
2006	39	5	3	2	—	1

说明：2005 年，从市成教处转入槐荫区 4 所学校

第十一节　教　师

一、教师队伍

1989 年，全区有教职工 2650 人，专任教师 2317 人，其中小学专任教师 1356 人、初中专任教师 961 人。2006 年，全区有教职工 3142 人，专任教师 2514 人，其中小学专任教师 1402 人、初中专任教师 1014 人、职专 98 人。全区小学任课教师中专学历达标率 99.6%，专科及以上学历占 76.9%；初中任课教师专科学历达标率 97.8%，本科以上学历占 81.3%；职专任课教师本科学历达标率 80%。

1996 年、2001 年，两次为辖区 4190 名符合条件的教师办理教师资格过渡。2003 年开始，面向社会进行教师资格认定，至 2006 年认定教师资格 455 人。

1989—2006 年，全区有贾万贞等 4 人被评为全国教育系统劳动模范，孙桂英等 14 人被评为全国优秀教师，齐瑞云等 7 人被评为山东省特级教师，陈成瑞等 28 人被评为山东省优秀教师，415 人次获市级以上荣誉称号，2956 人次获市级以上教学奖励。

1989—2006 年槐荫区教职工情况表

表 12-11　　单位：人

年份	教职工数	专任教师数	年份	教职工数	专任教师数
1989	2650	2317	1993	2869	2439
1990	2711	2362	1994	2764	2377
1991	2782	2448	1995	2826	2317
1992	2848	2392	1996	2928	2372

续表 12-11

年份	教职工数	专任教师数	年份	教职工数	专任教师数
1997	3058	2660	2002	2993	2454
1998	3104	2763	2003	2904	2352
1999	3065	2483	2004	2929	2402
2000	3030	2485	2005	3098	2602
2001	3075	2522	2006	3142	2514

二、教师待遇

民办教师转公办 20世纪50—70年代，辖区中小学配备一定数量民办教师。1985年前，经过两次整顿，辖区民办教师减至295人。1990—1995年，民办教师考入师范学校27人；1992—1998年，先后分4批从民办教师中择优选招258人转为公办教师；其他原因离开教师队伍10人。经过几次调整和转正，1998年6月后，民办教师不再存在。

工资 1989年4月，区直学校教职工人均月工资128.15元。1993年10月，机关事业单位进行第三次工资制度改革,人均月增资113元。1995年10月起，每两年年度考核结果均为称职以上人员，正常晋升一个工资档次。1995年12月起，区属两镇、四街道教师实行一级浮动工资，共有1098人增加一级浮动工资，人均月增资31元。2000年1月起，开始增加住房补贴，标准为每人基本工资的35%，并随本人基本工资的变化而变化。2001年起，全区教职工工资实行财政统一发放工资办法，保证教师工资按时足额发放，解决拖欠教师工资问题。2006年7月，全区教育系统人均月增资306元（不含住房补贴），增幅在历次工资改革中最大；至年底，全区教职工人均月工资2377.50元，为1989年4月（128.15元）人均月工资的18.55倍。

住房 1990年10月，在西光明街41号改造宿舍楼2栋，建筑面积3452.88平方米，安置教职员工66户。1995年，在经二纬五路28号改造住宅楼2栋，面积2825.16平方米，安置36户。1996年，在经二纬八路18号—22号，改造住宅楼2栋，面积4126.26平方米，安置44户；园丁小区建设住宅楼3栋，面积1.58万平方米，安置186户。2000年，园丁小区建设住宅楼2栋，面积1.05万平方米，安置108户。2002年，园丁小区建设住宅楼4栋，面积2.18万平方米，安置198户；纬九路216号改造住宅楼4600平方米，安置54户。2004年，园丁小区建设住宅楼3栋，面积1.85万平方米，安置182户。

三、职称评聘

职称评审 1988年以前，全区教师均没有专业技术职称。1988年，首次进行教师专业技术职称评定工作。至1999年，共进行9次职称评审，评审通过副高级专业技术人员573人、中级专业技术人员2623人、初级专业技术人员1642人。2000—2005年，评审通过副高级专业技术人员226人、中级专业技术人员936人、初级专业技术人员746人。2006年起，实行各单位（学校）中、高级教师专业技术职务资格推荐并实行岗位限额控制办法，全区进行1次职称评审，评审通过副高级专业技术人员18人、中级专业技术人员78人、初级专业技术人员75人。

职称聘任 1988—1995年，对专业技术人员职务实行全员聘任。1996年起，对新评审的中、高级专业技术人员实行竞争上岗、择优聘任。1996年12月、1998年11月、1999年12月、2001年12月、2003年12月、2005年12月，进行6次竞聘工作。在竞聘过程中，按照“四公开、六定榜”的聘任程序，即参加竞聘人员的范围、条件和聘任原则公开，专业技术岗位设置情况公开，赋分标准公开，聘任结果公开，依次确定申请竞聘人员名单榜、经资格审查合格的竞聘人员名单榜、竞聘人员的民主评议分成绩榜、竞聘人员的量化赋分成绩榜、竞聘人员的总成绩榜、聘任人员名单榜的程序。2006年3月，经区人事局批准，全区共聘任高级教师302人，中级教师1529人，初级教师1062人，聘期2年。

四、教师招聘

1999年前，教师来源主要是国家统一分配的师范类大中专毕业生，按照生源地回槐荫分配工作，少量教师从外地调入。2000年，槐荫籍济南师范等小学教育大专班专科毕业生及省级优秀毕业生由区教育局统筹安排选聘，其他济南师范学校中专毕业生进行双向选择就业。2001年起，通过说课、考试招聘教师。2004年，辖区接收企业学校回归社会。1月，接收济南铁路第一小学教师48人、济南铁路第七小学教师49人、济南铁路第九小学教师30人，共127人。2005年1月，接收济南机车车辆厂子弟中学教师126人(在职教职工83人、离退休人员43人)；8月，接收济南二机床集团有限公司职工子女学校教师200人（在职教职工149人、离退休人员51人）。至2006年，辖区分配和招聘大中专毕业生共1719人。

五、教师培训

1992年，按照市教委高教处的要求，槐荫区教师培训中心建立小学教育大专班、中学教师“三沟通”、中学教师助学自考、中小学教师自学考试培训点，定期开展校长岗位培训班，先后举办8期小学校长岗位培训班，培训校长325人。1993年起，每年举办新任教师培训班，培训率100%。1994年，在全市率先举办小学语文骨干教师培训班，共培训小学语文骨干教师339人。1996年，举办小学教师通用基本功培训班，共培训1702人。1998年，举办小学教师学科基本功培训班，共培训1658人。2000年，举办小学教师教学综合能力基本功培训班，共培训1506人。2000—2002年，举办4期后备干部培训班，培训139人，2期教导主任培训班，培训109人；1期德育主任培训班，培训65人。2000—2005年，举办4期小学骨干教师培训班，共培训300人。2001—2005年，举办2期中小学教师全员计算机培训，共培训4432人。2002—2005年，举办4期中小学教师新课程培训，共培训2810人。2004年，启动学校领导素质提高工程和教师素质提高工程，以“请进来，走出去”的方式，先后聘请教育专家、教授13人，举办专题讲座13次，组织领导干部到上海参观学习154人次。2005—2006年，举办“空中英才”远程教育培训，先后进行2期专家培训，共培训1985人；2期导师制骨干教师外出培训，共培训81人；1期英语TKT培训，共培训261人。

2006年，区教育局实施“双高工程”，提高干部教师队伍素质，开展校长进课堂听课、评课活动。4月，组织所有校长赴上海参加由全国著名教育家冯恩洪筹划设计的第一期“走进名学校、走近名校长”提高培训班，进行现场观摩、现场诊断，拓宽办学思路，提升管理理念。同时，积极实施教师素质提高工程。以新理念、新课程、新知识、新技术、新教师为重点，实施教师全员培训。注重加强对骨干教师的培养、培训、提高工作，充分发挥他们在新课程改革中的带头、示范辐射作用，先后组织语文、数学、英语3个学科的部分骨干教师，分3批派往厦门、上海培训，由国家知名专家面授。同年，济南市经七路第一小学获“山东省教学示范学校”称号。

附：“三名”工程

1999年，区委、区政府下发《中共槐荫区委槐荫区人民政府关于实施“争创名学校、争当名校长、争做名教师”工程的意见》，区教委下发《中共槐荫区教委党委槐荫区教育委员会关于贯彻落实槐荫区委、区政府〈关于实施“争创名学校、争当名校长、争做名教师”工程的意见〉的实施细则（试行）》。

2000年初，按照“自己申报、教师评选、学校推荐、党委审批”的原则，经首轮评选，共有15所学校、13位校长、56位教师被确定为“名学校”“名校长”“名教师”的初选人(单位)。4月，区教委举办“三名工程高级研修班”，组织候选人进行为期10天的全封闭式的现代教育理论学习。5月中旬至6月上旬，区教委党委对初选单位和个人进行实地考察。6月中旬，对初选单位和个人进行第二轮评选，评选产生6所学校、10名校长、20名教师作为“三名”的候选人（单位）。7月18日，进行第三轮评选，全区教职工、驻区单位代表、街道（镇）村民代表及区直部门代表约5000人，以学区、街道（镇）和机关党委为单位，在24个投票点，以无记名方式进行投票选举，并请公证处予以监督公证，按照得票多少确定首批3所“名学校”（济南第二十中学、济南第十二中学、济南市小辛庄小学）、5名“名校长”（马凤珍、李道德、赵国顺、王庚伟、王顺云）、10名“名教师”（王儒征、王芃、张馨、张宝云、邓茗华、安文芝、刘春青、蒋玲、程涛、陈成瑞）。

2002年3月，第二届“三名工程”正式启动。按照程序确定15所学校、10名校长、66名教师为“三名”候选人（单位）。4月，槐荫区教育局组织为期5天的“理论研修班”，由省教育厅副厅长张志勇及多位省内知名专家进行授课。6月上旬，由专家组对候选学校、校长、教师进行量化评估，初选出6所学校、9位校长和16位教师分别以“校长论坛”“教师风采展”的形式向社会进行素质教育成果展示，教育系统3000余名干部、教师对初选入围的学校、校长、教师进行投票，根据展示成绩和投票结果，确定3所学校、5位校长和8位教师为最终候选单位和个人。7月，区委、区政府进行最后阶段

槐荫区第二届“三名工程”表彰大会

（2002年摄　区教育局提供）

评选工作，区教育局将候选单位和个人的事迹制作成展牌，在槐荫广场、槐苑广场、槐荫大厦及办镇展示，让广大市民充分地了解他们的事迹，全区教职工、驻区单位、街道（镇）、村居民及区直部门代表共3000人，以学区、街道（镇）和机关党工委为单位，安排28个投票点，以无记名方式进行投票，在公证处及有关部门的监督公证下，按照得票多少产生第二届“名学校”2所（济南第十二中学、济南第二十中学）、“名校长”3人（张怡、赵国顺、于淑华）和“名教师”5人（王芃、刘志英、安文芝、吴志红、刘春青）。

第十二节　教学与科研

一、教研活动

20世纪80年代，开展各项教学实验活动，由单项实验到多项实验，由课堂教学结构改革到整体改革。

20世纪90年代，素质教育与课堂教学策略的研究成为人们关注的焦点。教研室负责组织教师的业务学习，开展常规性教研活动、教学改革实验等。全区中小学推广启发式教学法，改革课堂设置，开设第二课堂，开展学校、家长、社会多渠道教育。在初中阶段广泛开展教学改革试验，推广语文单元教学法、“六课型”（读读、议议、讲讲、练练、考考、补补）教学法，魏书生教学法（培养学生自学能力，教师负责解难）、政治三段教学法（预习提疑、讲解答疑、综合解疑）和读、议、讲、练教学法等，推动素质教育深入实施。

1998年，全面贯彻落实素质教育，构建以学生综合素质和谐发展为导向的评价体系，提倡对学生进行多样化的全方位综合素质评价。小学全面取消“百分制”，实行“等级制”，以“等级+特长+评语”的形式综合评价学生，由“学生素质发展情况报告单”替代过去的“成绩册”。

2000年，全国推行基础教育课程改革，槐荫区教委下发《实施教师素质工程的意见》，组织教师学习《教师能力学》《基础教育课程纲要》

《走进新课程》《教师校本研究与专业成长》《新课程与教学改革》，在全面大练通用基本功的基础上，转向学科基本功的训练，80% 以上的教师能上规范课，30% 的教师能上优质课，10% 的教师能上观摩课。

2001 年，全区掀起“学科四结合”的研究，其中纬十路小学、济南第三十五中学、济南第三十七中学、济南第十九中学、济南第二十中学 5 所学校被教育部挂牌为实验学校。学科教研员组织教师进行计算机培训，学习办公软件，尝试现代化办公和教学。

2002 年，槐荫区被确定为山东省新课程改革实验区，全区中小学全部起用新教材，区教育局制定课程改革实施方案和具体细则，对全区起始年级教师进行通识培训和学科培训。建立教研室—教研员—学科中心组—实验教师四级网络管理体系，成立 4 个课改实验研讨小组，加强学科之间和校际间的交流。坚持先立后破、先实验后推广的原则，推广先进的教学方法和模式，切实改变传统的教学模式，废止满堂灌、填鸭式的教学方式，真正发挥学生的主动性、积极性、能动性，倡导自主、合作、探究的学习方式。11 月，济南第十九中学的“创设大语文教学圈”实验和物理学科“新思维能力的培养”实验课题在全国创新教育研讨会上作经验介绍，初中思想品德课学科的“设疑—引导—探索”教学模式被评为济南市十大教学模式之一。

2003 年，在全区推广研究性学习，光明街小学的“小学语文综合性学习”、济南市经七路第一小学的“立足新课改，构建教师个人实践知识与经验的研究”等实验课题被确立为教育部重点研究课题。

2004 年 10 月，槐荫区承办济南市第二届课程实验教学研讨会，区新课程实施 2 年来的经验做法在大会上进行交流，《齐鲁晚报》《济南时报》《山东商报》和济南教育电视台、山东教育电视台分别进行报道。同年，济南第十二中学获济南市教学示范校称号。

2005 年，区教育局下发《关于加强课堂教学质量监测的通知》，各学校成立课堂教学质量监测机构，以提高课堂教学效率，切实减轻学生负担。依据《山东省义务教育地方课程和学校课程实施纲要》的要求，在全区开展校本课程的开发研究工作，整合学校的课程资源，尊重和满足学校师生的独特性和差异性，补充国家课程和地方课程的不足。同年开始在全区小学推广儿童经典诵读活动，济南市经七路第一小学、济南市光明街小学、济南市南辛庄小学、济南市槐荫实验小学、济南市槐荫区刘庄小学、济南市德兴街小学、济南市营市东街小学、济南市小辛庄小学等学校踊跃参加。济南市光明街小学和济南市槐荫实验小学学生分别参加在北京、西安等地举行的少儿经典教育展示活动，获特等奖。8 月 31 日，区教育局、济南第二十六中学、济南第十二中学、济南市机场小学、济南市南辛小学、济南市兴济小学、济南市纬十路小学、济南市光明街小学、济南市营市东街小学做客济南电视台都市频道《泉城夜话》节目，介绍校本课程开设的有关情况。至 2006 年，辖区各校都有自己的校本课程，主要包括经典诵读、乐器（手风琴、葫芦丝、小提琴）、武术、航模、心理健康教育、环境教育、动植物研究、陶艺、实践探究、书法等内容。同年，济南第十二中学、济南第十九中学、济南济微中学获济南市义务教育课程改革先进学校称号，享受毕业生指标生追加照顾政策。济南市营市东街小学获山东省教学示范校称号。

二、科研课题

“九五”期间，槐荫区主要进行“学科四结合”“山东省多媒体网络教学”的课题研究。其中济南第十二中学的“运用电教手段，促进初中学生生物实验能力提高”课题，中央电教馆结题鉴定为“总结出可行的策略和方法，具有一定的理论和实践价值”；济南市德兴街小学“运用电教手段优化小学中年级作文教学”课题，由中央电教馆结题鉴定为“研究成果属济南市领先水平，建议在全省乃至全国推广”；济南第十九中学的“初中物理教学中的创新教育”课题，由中国教育学会物理教学专业委员会鉴定为“有较强的实用性和可操作性，取得有价值成果”；济南第三十五中学和济南第二十中学、济南第十二中学的“初中地理图像程序教学法”课题，由省教科所鉴定为“在国内同类研究中属先进水平”；济南第十二中学和济南第二十中学参与的研究课题“初中数学难点教与学”，由省教科所结题鉴定为“国内先进水平”。

2001 年，全区申报“十五”教育科研课题，国家级立项课题 25 项，省级立项课题 16 项，市教育科学研究规划办立项课题 55 项。其中，济南第十九中学的“大语文教学圈研究”课题，区教研室“中学历史合作教学研究”课题，济南第十四职业中等专业学校“实践性教学研究”课题均取得显著成果，省教科所鉴定为“国内先进水平”。

2002 年，全区进行“现代信息技术与学科教学整合”的课题研究，申请国家级课题 18 个，省级课题 16 个。在研究的过程中涌现出济南第十二中学、济南第二十中学、济南第三十七中学、济南市纬十路小学、济南市小辛庄小学、济南市德兴街小学等一批特色学校；济南市电教馆统计的各区县在全国和全省“三优”（优质课件、优质课例、优质论文）评比中，槐荫区获一等奖的数量占全市总数的 50%；在全市中小学生计算机竞赛中，槐荫区连续 2 年获初中组（济南第三十七中学）和小学组（济南市小辛庄小学、济南市德兴街小学）团体第一名。

2003 年，建立槐荫区教育科研基地，确定济南第十二中学、济南第十九中学、济南第二十中学、济南第三十五中学、济南市纬十路小学、济南市德兴街小学、济南市经七路第一小学、济南市小辛庄小学为首批槐荫区教科研基地。

2004 年，区教科室创办教科研学术研究报《探索报》，为八开四版报纸，围绕教育教学研究设立《教育前沿》《教学案例故事》《备课手记》《学术争鸣》《优秀教育教学成果推介》《教学一得》《课后反思》《教你一招》《理论导航》《金点子》等栏目。至 2006 年，《探索报》已发行 10 期，发展为八开十六版。

2001—2006 年槐荫区教育科研成果汇总情况表

表 12-12

类别 \ 数量 \ 级别	国家级			省级			市级		
	一等奖	二等奖	三等奖	一等奖	二等奖	三等奖	一等奖	二等奖	三等奖
获奖论文（篇）	6	16	15	15	22	13	42	34	—
获奖课（个）	9	13	11	7	3	2	24	8	—
获奖课件（个）	6	11	11	11	8	—	15	15	—
鉴定结题（项）	3			2			—		

第十三节　教育行政

一、教育经费

经费收入　区教育经费主要来源有六部分：财政补助收入（含教育费附加：城市附加、农村附加）、上级补助收入、拨入专款、事业收入、附属单位缴款以及其他收入。1989 年，全区教育经费为 1216 万元，其中财政补助收入 913 万元，占教育总投入的 75.1%；事业收入主要包括学杂费，105 万元。以后年度逐年增长（工资调整年度的次年除外）。生均教育事业费 209.77 元，生均预算内公用经费 33.45 元。1997 年后，生均预算内公用经费每年递增 8%。2001 年 3 月前，段店镇、吴家堡镇、美里湖街道征收的农村教育费附加主要用于发放教师工资。2001 年 3 月，两镇一街道教师工资纳入区财政统一发放后，不再收取农村教育费附加。2003 年，区委、区政府组织开展驻区单位捐资助学活动，筹集资金1000余万元，缓解部分校改经费不足的问题。2004年前，城市附加主要采取市教育局向区教育局补助的形式。2005年后，实行市、区按4∶6分成的形式，城市教育费附加主要用于学校建设、校舍修缮、设备购置等。逐步建立和完善以国家财政拨款为主，以征收用于教育的税费、收取学生学杂费、校办企业收入、社会捐集资等为辅的多渠道筹措教育经费体制，教育投入持续增长。2006年，开始征收地方教育费附加，全区教育经费14697万元，其中财政补助收入10533万元，占教育总投入的71.7%；事业收入1373万元。2006年秋季开学起，对两镇四街道所属义务教育阶段学校学生免除杂费，比国家规定提前半年执行。全区小学生均预算内公用经费达到70元，比1989年增长109.27%；初中达到100元，比1989年增长198.96%。

1989—2006年槐荫区教育经费投入情况表

表12-13　　单位：万元

年份	合计	教育事业费	城市教育费附加	事业收入	其他收入
1989	1216	834	79	105	198
1990	1591	907	123	88	473
1991	1668	1109	97	69	393
1992	2353	1576	429	101	247
1993	2390	1624	334	133	299
1994	3492	2351	310	234	597
1995	3379	2417	251	157	554
1996	4206	3182	261	222	541
1997	5508	3147	1257	240	864
1998	6099	3831	731	855	682
1999	6763	3524	872	915	1452
2000	8574	4969	635	1205	1765
2001	9811	5425	841	1326	2219
2002	11607	6732	882	1195	2798
2003	12821	6790	900	992	4139
2004	12028	7273	1230	1571	1954
2005	13142	8599	1534	1699	1310
2006	14697	8876	1657	1373	2791

经费支出　教育经费支出主要分事业支出、上缴上级支出、对附属单位补助、专款支出、结转自筹基建等5部分。事业支出主要分人员支出、公用支出2部分，人员支出主要包括工资、社会保障缴费及对个人和家庭补助3部分；公用支出主要包括公务费、业务费、设备费、修缮费及其他。1989年，人员支出739万元，占教育经费总支出的58.9%；公用支出515万元，占教育经费总支出的41.1%。2006年，人员支出7972万元，占教育经费总支出的54.9%；公

用支出 6543 万元，占教育经费总支出的 45.1%。

1989—2006 年槐荫区教育支出情况表

表 12-14　　单位：万元

年份	总计	人员经费	公用支出合计	其中				
				公务费	业务费	设备费	修缮费	其他
1989	1254	739	515	153	16	83	209	54
1990	1283	873	410	157	21	84	85	63
1991	1827	945	882	223	24	69	542	24
1992	2151	1058	1093	361	44	328	358	2
1993	2588	1545	1043	339	250	97	354	3
1994	3208	2450	758	270	50	216	221	1
1995	3381	2413	968	310	110	241	267	40
1996	4104	3212	892	289	123	241	218	21
1997	5528	3082	2446	303	270	503	1257	113
1998	5823	3703	2120	617	323	227	866	87
1999	7075	4140	2935	675	346	563	1245	106
2000	8601	5631	2970	804	417	663	919	167
2001	9739	6591	3148	768	449	718	1071	142
2002	11270	8438	2832	1232	422	384	588	206
2003	11256	8104	3152	809	60	638	1574	71
2004	11564	6650	4914	1577	72	937	1703	625
2005	12978	7841	5137	1860	165	622	2202	288
2006	14515	7972	6543	2323	15	873	2869	463

二、教育设施

基本设施建设　1989 年，区直中小学校建筑总面积为 137675 平方米，大部分校舍为楼房，少数平房；学校运动场地简陋。1999 年起，全区教育基础设施改扩建步伐加快。2002 年，济南市教育局开始实施“五个一”教育基础设施优化升级改造工程，即每年提升 1 所高中，每县(市)区各提升 1 所初中、1 所小学、扶植 1 所农村贫困小学、创建 1 所特色学校（或）基地。同年，槐荫区“五个一”教育基础设施优化升级改造工程项目为：济南第十二中学拆迁校内教室宿舍楼，扩大学校用地；济南第十九中学运动场地改造；济南市经七路第一小学大门改建及运动场地改造；济南市段店镇小金庄小学运动场地改造。2003 年，槐荫区“五个一”教育基础设施优化升级改造工程项目为：济南第十二中学新建综合办公楼；济南市南辛庄小学新建实验楼、改造旧教学楼；济南市段店镇大金庄小学新建实验楼。2004 年，槐荫区“五个一”教育基础设施优化升级改造工程项目为：济南第二十六中学新建塑胶跑道体育场、羽毛球场地、篮球场及专用教室、阶梯教室改造；济南市营市东街小学新建教学楼；济南市中大槐树辅读学校新建教学楼。2005 年，辖区建成外海实验学校，总投资 4674 万元，占地面积 1.47 万平方米，建筑面积 1.8 万平方米；规划建设济南市阳光 100 小学、济南市泉城花园小学。至 2006 年，济南市第十九中学、济南市第十二中学、济南市经七路第一小学等 20 所学校进行改扩建，新建 10 余座教学楼和多个体育馆、塑胶及草皮运动场地。新建教学楼 36129 平方米，新建运动场地 48195 平方米。

1999—2006 年槐荫区新建教学楼情况表

表 12-15

建设时间	新建教学楼	建筑面积（平方米）	投资总额（万元）
1999	山东省济南第十九中学（教学楼）	6800	600
2000	山东省济南第十二中学（教学楼）	4100	400
2000	济南市经七路第一小学（教学楼）	5500	740
2003	济南市南辛庄小学（教学楼）	3000	300
2004	山东省济南第十二中学（教学楼）	5789	660
2004	山东省济南古城中学（教学楼）	7640	700
2005	济南市外海实验学校（建校）	18000	4674
2006	济南市育园学校（教学楼）	3300	330

2002—2006 年槐荫区新建运动场地情况表

表 12-16

建设时间	新建运动场地	建筑面积（平方米）	投资总额（万元）
2002	山东省济南第十九中学（塑胶跑道）	4000	120
	济南市纬十路小学（塑胶球场）	1200	16.8
2003	山东省济南第九职业中等专业学校（塑胶球场）	945	13.9
2004	山东省济南第二十六中学（塑胶跑道）	6100	240
2005	山东省济南第十二中学（塑胶跑道）	6000	200
	济南市闫千户小学（塑胶跑道）	4000	120
	山东省济南第三十七中学（沥青跑道）	3700	86
	济南市槐荫实验小学（人工草皮）	4000	89
	济南市经七路第一小学（人工草皮）	1213	17.5
2006	山东省济南第二十六中学（风雨操场）	1200	230
	济南市营市东街小学（人工草皮）	1559	20.3
	济南市小辛庄小学（人工草皮）	1028	13
	济南市匡山小学（棒球场）	4250	20
	济南市槐荫区三教堂小学（运动场）	9000	41

危房改造 1989—2005年，区属中小学校舍、教职工住宅修缮工作隶属区教育局计财科负责。1997年6月，区教育委员会成立槐荫区教育系统校舍维护管理委员会。2005年12月，区教育局印发《关于印发槐荫区中小学危房改造工程实施管理规定的通知》。2006年3月，成立槐荫区教育局危房改造办公室。同年，现场查勘（鉴定）房屋245653.3平方米，鉴定危房39540.52平方米，加固修缮房屋255平方米，拆除"D级"（整体危险）危房150平方米；校舍改造14处、19615.9平方米，资金投入1678.93万元。

教育装备及信息化建设 1989—1997年，在全区学校装备比较薄弱的情况下，主要完成"普九"（普及九年义务教育）工作。1998年，与市教委签订"中小学实验教学普及县目标责任书"，全区开始全面实施中小学实验教学普及工程；辖区公办中小学有微机室21个，有微机732台、语音室13座、多媒体教室7个、教学用闭路电视系统4套、摄像机14台、投影仪260台、录音机5618台、录像机146台、电视机181台。1999年，辖区学校计算机总数达1600余台，建立计算机培训、考核基地，中小学教师230人参加首期培训。2000年，通过济南市"中小学实验教学普及县"工作督导检查复评，全区先后投入资金620余万元，56所学校全部达到"普实"（实验教学普及县）标准。其中，12所学校达到教学仪器配备一类标准，44所学校达到二类标准；建成全市第一个教育部门网站——济南槐荫教育网；济南第十二中学等7所中小学实现"四机一幕"（录音机、电视机、录像机、投影仪、演示幕）进课堂；19所学校建起多媒体教室，9所中小学建起闭路电视系统，17所学校接入互联网，5所学校建起校园网；97%的公办中小学和25%的乡镇中小学建起微机室，开设计算机课程；辖区学校微机室59个，微机2286台，电教设备价值1500余万元。济南市小辛庄小学、济南市德兴街小学、济南市营市东街小学、济南市北大槐树第二小学被评为山东省电化教育示范学校。2001年，辖区共建有实验室89个，阅览室59个，图书室55个，图书37万册。济南市纬十路小学、济南第十二中学、济南第二十中学被评为山东省电化教育示范学校，其中济南第十二中学被中央电教馆确定为全国现代教育技术实验学校，承担中央电教馆组织的"电化教育促进中小学由应试教育向素质教育转变"的课题任务。2002年，槐荫区教育局在济南市建立第一个联结各学校的城域教育中心网（www.hyjy.cn），实现教育主管部门内部管理、政务公开以及对下属单位的沟通管理。2004年，按照《济南市关于建立和完善中小学实验教学检查制度的意见》，开展标准化实验室建设工作，实行实验教学登记制度。2005年，区教育局引入上海方略公司的"空中英才"教师培训，辖区内12所初中和4所小学建立远程教育卫星接收点，定时接收教师培训资源。2001—2006年，新建微机室70余个，多媒体教室300余个，新增计算机3000余台。部分学校增置教育教学设备1.5万余件，购置图书20余万册。2006年9月，辖区学校均实现宽带上网，均建有微机教室，建校园网45个，学校网站15个，10所学校实现班班多媒体，建实验室及功能教室400余个，图书馆51个，阅览室68个，图书61.3万余册。济南第十九中学、济南第二十六中学、济南市经七路第一小学、济南市南辛庄小学被评为山东省电教示范学校。

2006年槐荫区教育装备及信息化建设情况表

表12-17

类别	学校数量（所）	计算机配备（台）			微机室（个）	多媒体教室（个）	彩电（台）	放像机（台）	VCD机（台）	DVD机（台）
		总数	教师用	学生用						
职专	1	236	26	210	5	2	27	4	3	2

续表 12-17

类别	学校数量（所）	计算机配备（台）			微机室（个）	多媒体教室（个）	彩电（台）	放像机（台）	VCD 机（台）	DVD 机（台）
		总数	教师用	学生用						
农村小学	26	882	157	725	26	21	60	21	29	13
区属小学	20	1530	512	1018	24	110	248	125	46	11
农村初中	1	151	37	114	2	1	4	2	—	2
区属初中	10	1527	289	1238	21	90	145	60	63	12
全区	58	4326	1021	3305	78	224	484	212	141	40

三、教育督导

1993 年，槐荫区教委成立教育督导室，与区教委普教科合署办公。对全区中小学进行全方位目标管理督导评估，考核成绩作为评优评先的主要依据。开展学校安全、实验教学普及县工程、制止乱收费、中小学办学水平专项督导评估等工作。1997 年，成立槐荫区人民政府教育督导室。

督政　1999 年，由区长与 21 个部门签订教育执法责任书。自 2000 年起，对两镇及 4 个新建街道教育工作进行综合督导评估，评估结果作为考核领导干部政绩的重要内容之一。2003 年，农村校长教师管理任命统一归区教育行政部门。11 月，区委将农村教育督导纳入对两镇的年度考核。2005 年，槐荫区代表济南市迎接山东省政府教育督导综合评估，在济南 10 个县（市）区中名列第二名。2006 年底，对教育执法责任书进行修订，教育执法责任部门增加到 39 个，对落实教育执法责任，形成全区尊师重教的良好氛围起到重要作用。

督学　1993 年，区政府教育督导室重点对两镇的“两基”（基本普及九年义务教育、基本扫除青壮年文盲）工作进行督导检查；9 月，省、市政府“两基”督导评估团对槐荫区实现“两基”工作进行复评和督导评估，全区“两基”工作通过达标评估，成为全国首批 500 个达标县（区）之一。1998 年 10 月，迎接济南市教育督导室对辖区“基础教育四项工作专项督导检查”（执行课程计划情况、减轻学生过重课业负担情况、《小学管理规程》执行情况、招生和收费情况）。1999 年 11 月，区教育督导室对两镇义务教育工作进行督导评估，段店镇良好，吴家堡镇及格；年底迎接济南市教育督导室对辖区段店镇“两基”工作复查评估。2000 年 12 月，区教委投入 180 万元，学校投入 500 余万元，改善办学条件，普实工程经过市督导验收，合格率 100%，初中、小学入学率 100%，幼儿入学率 95% 以上。2001 年 12 月，槐荫区通过省普实工程督导评估团的验收，以较高水平实现普实工程，普及中小学实验教学。2004 年起，开展争创“济南市义务教育示范乡镇”工作。2005 年 12 月，段店镇、张庄路街道、匡山街道通过市政府教育督导室的验收，获济南市“义务教育示范乡镇”称号。

四、勤工俭学

1987 年 9 月 15 日，国家教育委员会发布《全国中、小学勤工俭学暂行工作条例》，槐荫区校办企业迅速发展，绝大多数学校成立集体所有制性质的校办企业。至 1989 年，全区有校办企业 52 个，主要从事印刷、汽车修理等，商业网点 6 处，全年总产值 1170 万元，创利润 480.4 万元，同年，教育局校办工业公司、济南第二十中学校办工厂厂长常振广分别被省教委评为“勤工俭学先进集体”“勤工俭学先进个人”。1990 年，校办工业公司总产值达到 1550 万元，总利润 480 万元，年总收入比上年增长 12.9%，全区勤工俭学上缴税金 64.7 万元。1992 年，校办工业公司先后与浪潮集团、省科技情报所等科研单位挂钩，新上激光排照、彩印等 6 个项目，新增效益 80 万元，被评为“全国勤工俭学先进集体”，连续5年总收入居全市五区五县榜首。20世纪90年代后期，随着国有企业改革政策的不断出台，国家对校办企业的优惠政策也逐渐减少，校办企业受到很大影响，规模小、技术含量低，缺乏专业技术人才，导致校办企业的产值、利润不断下降。2000年后，根据全区教育发展形势和学校实际需要，槐荫区逐步淘汰规模小、效益低、技术含量不足的校办企业，腾空厂房用于教育教学使用。

1989—2006年槐荫区勤工俭学收入、支出情况表

表12-18

年份	收入		支出	
	金额（万元）	占国拨教育经费的%	改善办公条件费用（万元）	占办公总费用的%
1989	425.30	5.16	190.87	4.48
1990	450	5.13	275	4.67
1991	495	5.51	302	4.83
1992	507	5.62	495	4.72
1993	575	5.75	496	4.81
1994	567	5.64	501	4.98
1995	570	5.89	550	5.04
1996	550	5.76	505	4.97
1997	585	5.83	560	4.92
1998	590	5.91	580	4.76
1999	560	5.53	550	4.85
2000	530	5.15	506	4.94
2001	506	5.68	490	4.90
2002	487	5.40	487	4.65
2003	470	5.31	450	4.43
2004	306	3.50	244.10	5.96
2005	310	3.08	96.01	1.89
2006	325	2.93	107.42	1.64

第十四节　驻区学校

一、中共山东省委党校

始建于1938年10月，位于经七路588号。其前身分别是苏鲁豫皖边区省委党校、中共中央山东分局高级党校。1955年5月，被中央确定为中共中央第四中级党校，负责山东、安徽两省县以上领导干部和理论骨干的培训。1958年12月，改称为中共山东省委党校。郭洪涛、朱瑞、罗荣桓、彭康、夏征农等先后担任过校长。1999年1月、2003年5月，中共中央总书记胡锦涛、国家副主席曾庆红先后视察中共山东省委党校工作。2006年，学校有哲学、经济学、科学社会主义、党史、党建、管理学、文史、政法8个教研部、32个教研室及马列研究所、校刊编辑部、图书馆、信息管理部等教研机构；正处级单位28个，处级以上干部92人；在职教职工387人，其中教研人员177人，副高以上职称93人，博士36人；中共党史等硕士点6个，在校硕士生3个年级共37人；建有普及到全省各市、县（市、区）远程教学网站187个，列全国之首。

二、山东省济南卫生学校

始建于1954年。2005年7月19日，山东省济南卫生学校与济南市农业学校（济南市农业科学研究所）合并，组建新的山东省济南卫生学校。至2006年，学校有东（位于济南市道德北街87号）、西（位于济南市西郊兴福寺）、北（位于济南市张庄路345-1号）3个校区，占地面积11.6万平方米，建筑面积8万余平方米。建校50余年来培养各类卫生技术人员4万余人。学校“三二连读”五年制专科开设高级护理、高级英语护理、高级助产、高级药学、高级中药、高级口腔工艺技术、高级医疗器械维修7个专业；普通中专开设护理、英语护理、助产、药学、中药、口腔工艺技术、医疗器械维修、医学营养、美容技术、畜牧兽医、设施园艺、园林花卉、计算机及外设维修、机电一体化14个专业。2006年，学校有全日制在校生6000余人，教职工348人；其中专、兼职教师185人，副高级以上职称83人（其中研究员、教授3人），中级职称87人，研究生以上学历7人，7人被评为济南市专业技术拔尖人才，享受政府特殊津贴。学校有实验（训）室50余个，多媒体教室15个，微机实验室6个，电子阅览室3个，多功能语音室2个，另有电教厅、体操厅等教学设施，固定资产总值8000余万元。教师主编、参编的专著和全国、全省规划教材及教参120余部，发表论、译文300余篇，6项科研成果获奖。有40余名教师被卫生部聘为全国中等医学教育规划教材的主编、主审和编者；有14名教师分别担任全国和山东省专业学会或研究会的负责人；11名教师先后被评为全国、省、市级优秀教师。

三、山东省济南第九中学

始建于1954年，位于济南市经十路394号。学校占地面积36491平方米，校舍建筑面积37109平方米。学校教学设施先进齐备，具有完备的闭路电视双控系统和智能化网络平台，多媒体教学系统配备到每一个教室，有高标准的塑胶田径场、篮球场、网球场、排球场和专业的体育馆和艺术教室。2003年，被评为省级规范化学校、省电化教育示范学校、省体育传统项目学校，是省教育厅确定的心理教育实验与研究重点实验基地、中央教科所“十五”重点课题实验基地、省教育厅高中课改定点联系学校，连续14年被评为“市级文明单位”。2006年，被评为“省级文明单位”“省级绿色学校”“山东省思想政治工作先进单位”“山东省依法治校示范校”“山东省语言文字规范化示范校”，连续3年被市教育局评为“学校工作先进单位”。同年，学校有42个教学班，在校学生2142人，在职教职工206人，具有中、高级职称125人。近200人次在市级以上各类教学比赛中获奖；40余人分别获济南市师德先进个人、济南市教学能手、济南市优秀教育工作者、济南市优秀班主任和国家、省、市级优质课比赛一等奖。

四、山东劳动职业技术学院

1991年6月25日，山东省高级技工学校挂牌成立，为全国第一所高级技工学校。2000年6月8日，山东省高级技工学校更名为山东技术学院；12月26日，山东技术学院与山东省轻工业技工学校合并，组建山东劳动职业技术学院，保留山东技术学院牌子。2004年8月，原山东省轻工业技工学校分出，改建山东技师学院。2006年5月27日，恢复使用山东省高级技工学校牌子；9月，该校长清校区正式启用。

五、山东力明科技职业学院

始建于1986年，由全国第一代从事中西医结合研究和临床实践的王显明教授创办，是全国第一所以中西医结合为校名的高等学府。2001年，经山东省人民政府批准、教育部备案，在山东中西医结合大学的基础上建立山东力明科技职业学院，纳入国家计划内统一招生，独立颁发学历文凭，并由单一的中西医结合专业扩展为以中西医结合医疗和护理为主要办学特色，集医学、理工、经管、艺术等学科门类共同发展的综合性民办大学。

六、山东省人民武装学校

始建于1991年，是经山东省人民政府批准、省军区直属领导的全省唯一一所部队体制和地方院校相结合的省级全日制院校，是山东省军区军事干部培训、人武干部培养和新兵战士集训的专业军事机构，是一些企事业单位人才联合培养定向委培基地。学院占地面积10万余平方米，野外训练场地2.7万平方米；建筑面积3.7万余平方米，绿化面积2万余平方米，为园林式庭院；学院建有现代化的综合教学楼、培训楼、学生公寓、图书馆、训练场及计算机教室、语音教室、多媒体教室、校园局域网等，教学设施齐全、生活设施完善。学校师资力量雄厚，环境优美，具有浓厚的科学文化及军队气息。

第二章 科 技

第一节 科技发展环境

一、科技决策

1993年，区政府召开科教兴区会议，通过《关于加快科教兴区工作的实施意见》，提出促进传统产业高科技化，高新技术和科技成果向生产力转化。1995年，成立槐荫区科技、经济专家咨询委员会，全区各街道（镇）和开发区均建立科技办公室。同年，召开全区科技大会，表彰先进集体10个，先进个人10人。1996年7月，国家科委授予槐荫区“全国科技先进区”，科技对经济的贡献率64.7%。1997年，提出建立健全区、街道（镇）科协组织网络和科学协会。1998年，区委、区政府制定《关于充分发挥科协作用，大力推进科普工作的意见》；同年6月，区政府第八次常务会议专题研究全区农村工作及农业科技工作，确定“划分城郊区、新城区和纯农区”及以科技促发展的思路。2000年，区委、区政府召开全区科技创新大会，印发《关于加快全区科技创新的意见》，提出发展高新技术，加快科技步伐，继续实施科教兴区的战略。2003年10月，制定《槐荫区专利基金管理暂行规定》，设立专项基金，用于专利申请和专利工作奖励。2005年，制定《槐荫区科技计划项目管理暂行办法》，规范全区科技计划项目的管理，并在槐荫科技信息网上公开发布《2006槐荫区科技发展计划编制指南》；制定《2006年槐荫区科技计划项目立项评估（评审）实施方案》。2006年3月，制定《关于完善科技创新体系加快发展高新技术产业的意见》，提出设立区科技型中小企业创新专项资金，加大对中小企业与民营科技企业科技创新的扶持力度；统筹全区城乡科技发展，积极推进农业技术创新；加大知识产权工作力度，加强科普活动和基础设施建设，完善科技创新机制。

二、科技投入

1994年，争取各种科技经费660万元。1997年，辖区科教贷款1600万元、市科技三项经费120万元、星火发展基金80万元、专利发展基金50万元。1999年，市科技三项经费142.2万元，占全区财政收入的1.3%。2000年，争取市科技三项经费200万元，全部用于济南民营科技孵化器。2002年，争取到“中国北方地区水生蔬菜特色园”项目，列入山东省2002年农业特色科技园建设计划，补助经费100万元。2005年，区科技局争取市以上科技基金390万元，投资180万元，创建槐荫区中小企业创新服务平台。2006年，辖区科技投入逐步形成以政府投入为主导，以企业投入为主体，以银行贷款为补充，多渠道、多层次的科技投入体系。同年，争取省、市科技资金 393 万元。

第二节　科技队伍

1989 年底，全区共有各类专业技术人员 4859 人，其中高级职称 159 人，中级职称 1134 人，初级职称 3566 人。1990 年，全区评出农民技术员 274 人。1992 年，全区共有工程技术人员 495 人；有科技服务站 26 个，从业人员 150 人。1993 年 3 月，区政府制定《关于引进人才的优惠政策》，对引进的人才，在工资待遇、解决住房、子女入学入托、家属子女落户等方面给予优惠条件。同年，全区共有科技人员 3754 人；科技服务站 35 个，从业人员 105 人。1994 年，全区有各类科技人员 5756 人；科技服务站 23 个，从业人员 286 人。全区聘请科技顾问 2 人，两镇配备"科技军师"10 人，10 个一类村建立"智囊团"，全区 200 余家企业与省内外大专院校、科研单位协作，招聘引进科技人才 80 人，星期日工程师 570 余人次。

1995 年，全区共有各类专业技术人员 6223 人，其中高级职称 325 人，农民技术员 262 人。街道（镇）配备"科技军师"88 人，全部建立科技"智囊团"，全区 400 余家企业、村（居）与省内外大专院校、科研单位协作，招引人才 100 余人，"星期日工程师"1000 余人次。同年，济南光明机器有限公司聘请加拿大籍华人专家任总经理，成为辖区首家聘请外籍专家任总经理的企业。1998 年 12 月，李小明、王斌被评为"中国专利济南优秀发明家"，李庆林、魏长明被评为"中国专利济南优秀发明者"。

2000 年，全区有各类专业技术人员 8859 人，其中高级专业技术人员 540 人，中级专业技术人员 3377 人。济南光明机器有限公司高级工程师段临煜获"科技创新突出贡献奖"。2004 年，制定全区人才发展规划，建立济南留学人员创业园美里湖创业区，吸引归国留学人员 10 人到园区创业发展。2006 年，全区有各类专业技术人员 42182 人。

第三节　科技成果

一、获奖科技成果

1989—2006 年，全区共取得科技成果 219 项。其中，达到国际先进水平 7 项；填补国内空白 20 项，达到国内先进水平 167 项；填补省内空白 11 项，达到省内先进水平 13 项。

1990—1998 年槐荫区获得国家级科技进步（技术发明）奖情况表

表 12-19

年份	项目名称	承担单位（个人）	获奖等级
1990	旋混喷射式烧毛火口	马骥远	二等奖（技术发明）
1993	J47-1250/2000 闭式四点双动拉伸装备研究	济南第二机床厂	三等奖
1997	多工位冷挤压机	济南第二机床厂	三等奖
1997	金属加工液攻丝扭矩模拟评定试验装置的研究	济南试验机厂	三等奖
1998	高速龙带（高强度传动平带）	济南天齐特种平带有限公司	三等奖

1991—2004 年槐荫区获得山东省科技进步奖情况表

表 12-20

年份	项目名称	承担单位	获奖等级
1991	LS4-600 型 600 千牛闭式单动四点多连杆压力机	济南第二机床厂	二等奖

续表 12-20

年份	项目名称	承担单位	获奖等级
1992	J47-1250/2000 闭式四点双动拉伸压力机	济南第二机床厂	一等奖
1995	高强度尼龙片基拉仰生产线控制系统研究	济南天齐特种平带有限公司	二等奖
1995	J82-400 型多工位冷挤压机	济南第二机床厂	二等奖
1996	金属加丁液攻丝扭矩模拟评定试验装置的研究	济南试验机厂	二等奖
1996	多工位及立式肘杆冷挤压机	济南第二机床厂	二等奖
1997	高速龙带（高强度传动平带）	济南天齐特种平带有限公司	二等奖
1998	Z8-911Y-3X1650 开卷校平剪切自动线	济南二机床集团有限公司	二等奖
1999	数控龙门镗铣床及闭式四点单动压力机	济南二机床集团有限公司	二等奖
2000	XKF2520X40 数控仿形定梁龙门移动镗铣床	济南二机床集团有限公司	二等奖
2002	XH2420AX40 定梁龙门镗铣加工中心	济南二机床集团有限公司	二等奖
2003	LS4-2000A 型 2000 美吨闭式四点多连杆压力机	济南二机床集团有限公司	一等奖
2004	XSV2720X60 龙门移动式五轴联动高速铣床	济南二机床集团有限公司	一等奖

1992—2005 年槐荫区获得济南市科技进步奖情况表

表 12-21

年份	项目名称	完成单位	获奖等级
1992	LD48-00-600A 型闭式多连杆双动四点压力机	济南第二机床厂	一等奖
1993	J36-3000 型闭式双点压力机	济南第二机床厂	一等奖
1994	J82-406 型多丁位冷挤压机	济南第二机床厂	一等奖
1995	金属加丁液攻丝扭矩模拟评定试验装备的研究	济南试验机厂、上海石油商品应用研究所等	一等奖
1996	2S-J25-125A 薄板冲压自动线	济南二机床集团有限公司	一等奖
1996	高速龙带（高强度传动平带）	济南天齐特种平带有限公司	一等奖
1999	J39-900 型闭式凹点压力机	济南二机床集团有限公司	一等奖
2000	WDW 系列微机控制电子式万能试验机	济南试金集团有限公司	一等奖
2000	XK2420X40 数控定梁龙门镗铣床	济南二机床集团有限公司	一等奖
2002	LS4-2000A 型 2000 美吨闭式叫点多连杆压力机	济南二机床集团有限公司	一等奖
2002	电液伺服动静万能试验机	济南试金集团有限公司	一等奖
2003	XSV2720X60 龙门移动式五轴联动高速铣床	济南二机床集团有限公司	一等奖
2004	XK2145X140 数控动梁龙门镗铣床	济南二机床集团有限公司	一等奖
2005	LS4B-2500 型 2500 美吨闭式四点多连杆乐力机	济南二机床集团有限公司	一等奖
2005	LS4B-2500 型 2500 美吨闭式四点多连杆压力机	济南二机床集团有限公司	一等奖

1989—2006 年槐荫区科技成果情况表

表 12-22

年份	项目名称	完成单位	技术水平
1989	SZF1.4-0.7/95/70-A 型快袋沸腾燃烧热水锅炉	槐荫低压锅炉厂	省内空白
	GZH-1 型高空自控安全救生缓降器	济南市安达高空救生器材厂	省内空白
	S7 系列节能电力变压器	济南槐荫变压器厂	国内先进
	巨峰葡萄幼树丰产开发试验	段店镇多种经营办公室	省内先进
	IY-25B 液控单向阀	槐荫液压装置厂	国内先进
1990	JZ400 型全钢制砖机	槐荫新兴建材机械厂	国内先进
	GX50Q-2B 型宏业方便三轮摩托车	济南市轻便摩托车厂	国内先进
	O 形橡胶密封圈	济南长城橡胶密封件厂	国内先进
	TQ60 型特钢切割器	济南市槐荫区特钢切割设备厂	国内先进
	福寿螺养殖技术	槐荫区水产站	省内先进
	JH-110X 轿货两用微型汽车	济南鲁滨汽车研究所	国内先进
1991	氢氧化钾	槐荫化工总厂	国内先进
	南华牌 NH6600C 型轻型客车	长城汽车维修总厂	国内先进
1992	JB300B 摆锤冲击试验机	济南市试验仪器设备厂	国内先进
	SD50Q-2A 型豪华轻便摩托车	济南轻便摩托车厂	国内先进
	HKF40-2B 型滑动水口阀	济南峨嵋滑动水口厂	国内先进
	果菌间作技术试验	槐荫食用菌研究所	省内先进
1996	GX50Q-2C 型公象牌三轮摩托车	济南轻便摩托车厂	国内先进
	愈痔熏洗涤临床研究	济南市槐荫人民医院	国内先进
	韭菜新品种引进及丰产技术研究开发	槐荫区蔬菜局推广站	省内先进
	痔宁膏的临床研究	济南市槐荫人民医院	国内先进
1997	JHK5030XXH 型厢式货车	济南红旗－考格尔汽车制造有限公司	国内先进
	JCC6601TBK 轻型客车	济南长城轻型客车厂	国内先进
	区县级全方位目标管理计算机应用	槐荫区信息统计中心	国内先进
1998	HKFQH40 型弹性滑动水口	山东峨嵋集团有限公司	国内先进
	HD100ZK-A 毫达牌正三轮摩托车	济南轻便摩托车厂	国内先进
	实力牌 JCC6601TH 轻型客车	济南实力客车厂	国内先进
1999	JCC6601LPG 两用燃料客车	济南实力客车厂	国内先进
	HD100T 型毫达牌二轮摩托车	济南毫达摩托车有限公司	国内先进
	LSS 型系列全自动燃油低压蒸汽锅炉	济南市槐荫低压锅炉厂	国内先进

续表 12-22

年份	项目名称	完成单位	技术水平
2000	实力牌 JCC6601BQ92 型客车	济南实力客车厂	省内先进
	HD50QZK-4A 型豪达牌轻便正三轮摩托车	济南毫达摩托车有限公司	国内先进
	红旗牌 JHK9261GSS/858 型洒水半挂车	济南红旗考格尔汽车制造有限公司	国内先进
	经济型中空玻璃及配件	济南光明机械有限公司	国内先进
	镁质长寿命中间包内衬材料	山东峨嵋集团有限公司	国内先进
	改良子宫颈缝扎术的临床研究	济南市槐荫人民医院	国内先进
2001	LC150ATV 隆昌牌四轮全场地车	济南隆昌发动机有限公司	国际水平
2002	SHLKP6 型模糊控制六角焊接机	济南光明机器有限公司	国内先进
	高纯度硅溶胶	济南银丰硅制品有限责任公司	国内先进
	大型薄壁复杂铝合金精密铸件调压铸造	济南银轮机电有限责任公司	国际水平
2003	JHH-Q1 纳米材料改性疏水乳胶漆	济南槐荫化工总厂	国内先进
	国家智能豆浆机开发与研究	山东九阳小家电有限公司	国际水平
	FC 型复合式烧毛精加工火口	济南燃烧新技术公司	国内先进
2004	ZKQ185 中间包板坯快速更换浸入式水口装置	济南新峨嵋实业有限公司	国内先进
	白莲藕低温气调保鲜技术研究	槐荫区农业经济发展局	国内先进
2005	组态软件控制万能摩擦磨损试验机	济南益华摩擦学测试技术有限公司	国内先进
2006	基于 PCI 局部总线高精度智能字化控制器	济南试金集团有限公司	国内先进（科技进步三等奖）
	TIMS- 试验信息管理系统	济南试金集团有限公司	国内先进
	“十味愈痔丸”的药学及临床研究	槐荫人民医院	国内先进

二、科技成果推广利用

1989 年，注重提高科学技术的含量，对传统工业进行有效的改造。1990 年，科技成果的应用推广率达到 85.7%，新创办科技实体 7 家，共 16 家。1995 年，实现科技成果 12 项，其中达到国内先进水平或填补空白的 3 项，填补省内空白 9 项，获市科技成果奖 5 项。1996 年，全区 3 项成果获省星火奖，5 项成果获市星火奖，其中济南红旗汽车改装厂完成的微机自动计量轻质燃油运输加油车获省级一等奖，是济南市第一次获此奖项。

1998 年，实现科技成果 27 项，济南红旗汽车改装厂的“快换车身式多功能系列半挂车”项目引进德国考格尔公司的生产工艺和技术，采用轻量化设计，产品自动化程度高，集多功能于一体，填补快换车身式多功能半挂车的国内空白，申报 2 项实用新型专利，其主要性能达到国际先进水平。济南匡山木材厂的“高密度模压纤维制品”项目引进中国林科院木材工业研究所的国家专利“湿法纤维板模压技术”，在原硬质纤维板生产线的基础上，自行设计安装 1 条高密度模压板生产线，生产具有凹凸艺术造型和逼真压制木纹的高密度模压结构板材及制品，属国家确认的资源综合利用产品，技术填补国内空白。

1999 年，科技成果推广率 85%，实现各类科技成果 52 项，其中济南豪达摩托车有限公司通过省、市级鉴定项目 39 项。槐荫低压锅炉厂承担的“LSS 0.35、0.5型系列全自动燃油低压蒸汽锅炉”项目通过省级鉴定，均达到国内同类产品先进水平，是一种较好的环保产品。

2001年，实现科技成果30项。山东迈英德化学有限公司的“高档汽车漆用金属颜料”项目获科技部科技型中小企业技术创新基金75万元，项目颜料的主要成分是极细微的金属粉粒子，具有高装饰功能，主要用于轿车金属面漆，塑料件、家具等面漆的制作及装饰图层颜料，可替代进口产品，公司2001年底完成项目小试阶段的工作，建成一条年产20吨的生产线，并申报产品生产工艺的发明专利，纯利润率达50%；济南银轮机电有限公司承担的“年产四十万件发电机废气涡轮增压器转子总成”项目列入市级科技风险投资计划，获1200万元资金支持，项目利用成熟的光机电一体化技术，生产的发动机废气增压器转子总成，是增压器的关键部件，达到国内先进水平，装有增压器的发动机可以在降低油耗的情况下大幅度提高发动机的功率，最多可提高50%以上，并明显减少发动机工作时有害气体的排放，是典型的节能环保产品。

2002年，实现科技成果20项，科技成果应用推广率85%，其中“水生菜科技示范园”项目，列入济南市310科技示范工程，项目建在槐荫区西北部，总面积42万平方米。该项目充分利用当地水资源，主要生产莲藕、茭白、蒲菜为主的水生蔬菜和淡水鱼、蟹、螺类，园区实行本地水生菜的提纯复壮与引进水生菜优良品种相结合，采用多种栽培模式，进行水生菜的高产高效栽培，园区规划建成引种圃、示范圃、科研所、储藏加工区4个功能区，是集试验、研究、模式、生产、加工、销售以及旅游观光、休闲度假为一体的综合性水生蔬菜科技基地。

2003年，实现科技成果20项，科技成果应用推广率85%。组织全区20余家企业参加在济南举办的“乌克兰科技周暨高科技成果洽谈交易会”，使槐荫区企业了解同行业的发展情况，同时为他们与国外科研院所合作创造机会。

2004年，济南新峨嵋实业有限公司研发出“ZKQ185中间包板坯快速更换浸入式水口装置”。该装置用于板坯快速更换浸入式水口，设计新颖，技术特点明显，生产设备完整配套。工艺先进，质量保证体系健全，产品质量稳定可靠，具备批量生产条件，申报实用新型专利，为国内领先水平，经济效益和社会效益显著。

2005年，全区制造业信息化项目实现新突破，以济南第二机床集团有限公司、济南试金集团有限公司、济南新峨嵋有限公司等企业为示范，大力推动装备制造过程数控化和流程性企业的自动化和智能化，带动一批企业的信息化建设。济南新金发工贸有限公司通过企业EDM系统的开发和应用，强化企业信息资源的有效利用，提高了工作效率；济南四通机械有限公司通过开展企业综合信息管理MIS系统的开发与应用，提升企业管理水平，降低企业成本；济南汇力数控机械有限公司通过建立三维数字化设计平台，特别是数控产品设计平台，推动了企业技术创新和数控产品的规模化生产。

第四节　科技合作与交流

1991年，全区70%以上的企业与大专院校和科研单位建立合作关系，有45个横联、协作项目。与山东大学、山东师范大学、济南大学、山东轻工业学院、五三化工研究所、济南铸造锻压机械研究所等有长期合作。1993年4月，槐荫区科技工作座谈会召开，邀请22名驻济单位的专家座谈槐荫科技，全国刀具大王、高级工程师苏炳昌介绍先进切削刀具，济南铸造锻压机械研究所高级工程师、市政协副主席姚兆迪等代表作交流发言。2000年，聘请山东大学教授赵景华为槐荫区政府高级顾问。2005年9月，槐荫区政府与山东轻工业学院签订协议，建立科技合作平台，办公室设在区生产力促进中心。同年，济南福能达水技术开发公司与山东建筑大学合作攻关的家用饮水机，被用在国家神舟载人飞船上。

1996—2005年，区生产力促进中心先后与济南铸造锻压机械研究所等开展广泛的技术贸易服务工作，累计实现技术贸易总成交额

7897.12万元。2005年9月，槐荫区科技生产力促进中心与济南市生产力促进中心签订全面合作协议。2006年，全区有5家企业与各大院校建立合作关系，有20余名清华大学博士到济南试金集团有限公司、济南福能达水技术开发有限公司、济南益华摩擦学测试技术有限公司等企业实践，为企业解决技术难题和课题攻关10余个。

第五节　科技管理与服务

一、科技计划管理

1995年，区政府分两次安排科技三项经费54万元，使当年科技投入占财政预算支出的比例达到1%以上，另外筹集科技发展基金50万元，使现有科技基金达到110万元，支持全区科技事业发展。1996年，共落实市、区科技经费38万元，支持槐荫人民医院的“痔瘘膏”和市公安局槐荫分局的“110报警求助台”等科研项目22万元。至年底，累计发放各类科技基金196.7万元。1999年，落实科技三项经费142.2万元，占全区财政的1.3%。2001年，安排科技计划11项，经费218万元，其中软课题5项、科研3项、新产品2项、成果推广1项，重点支持济南民营科技产业园建设、人才培养、科技信息网络建设、高新技术研究及其产业化等。2002年，安排区级科技计划16项，经费300万元，重点支持外向型和高科技型企业的发展。年内有4个项目通过鉴定。2003年，安排区级科技计划17项，科技三项经费450万元，突出槐荫区政务中心、工业园、济南民营科技产业园建设，重点支持外向型和高科技型企业的发展。同年，全区有7个项目通过市级以上鉴定，其中3个项目达到国际领先水平，3个项目达到国内先进水平。2004年，首次采用项目申报专家评审制，成立由分管区长任组长，山东大学、济南大学、济南铸锻研究所及有关部门组成的专家组，建立科技计划申报系统，实现企业在线申报项目、专家网上评审打分、总体情况汇总等功能，简化申报程序，提高工作效率，使项目申报工作更加科学化。2005年12月，制定《槐荫区科技计划项目管理暂行办法》，完善科技计划管理制度，保障项目申报、立项、实施、验收等管理工作有章可循。同时，制定下发《2006年槐荫区科技发展计划编制指南》，明确2006年全区科技发展计划重点、申报程序等相关要求。

二、高新技术企业技术认定

1994年，全区有民办科技实体49家，培养高新技术生长点4家。1995年，全区民营科技企业达58家，培植高新技术生长点5家；科技对经济增长的贡献70%以上是实施“产学研”工程的结果。实施科技项目16项，总投资1.07亿元，新增产值6.73亿元。1996年，建成全市第一家区科技中心，新批高新技术企业5家。培植高新技术生长点2家，实施技改项目45个，开发新产品60个。1998年4月，区政府召开全区技术改造大会，强调技改与市场相适应、继续增加科学技术的含量等问题。2004年，辖区高新技术企业产值占规模以上工业总产值为45.37%。2006年，全区有省级高新技术企业22家，市级高新技术企业30家，高新技术产品80个。高新技术产业实现产值54.44亿元，同比增长21.12%；占规模以上工业总产值的比重为58.06%，比年初提高2.02个百分点。

三、知识产权管理

1993年，国家知识产权局开始统计各县（市）区专利申请授权数量，当年全区申请总数140件。1997年5月，在“97中国（泰山）专利技术及新产品博览会”上，山东达翰实业总公司的泡漠产品和济南热管应用技术研究所实验厂的化学镀镍磷技术获金奖，济南轻便摩托车厂的儿童玩具摩托车获创新奖。2000年4月，济南豪达摩托车有限公司的两项新产品“三轮摩托车”和“新型轻便三轮摩托车”分获济南市专利金奖和创新奖；9月，济南隆昌发动机有限公司研制的“新型四轮全场地车”在“2000年国际孔子文化节中国专利高新技术产品博览会”上获金奖。2002年，济南九阳电器有限公司研制的“智能家用全自动豆浆机”和济南隆昌发动机有限公司研制的“新型四轮摩托车”获“2001年度济南市十大专利”称号。2003年，区政府制定

《槐荫区专利基金管理暂行规定》，每年拿出至少 20 万元的专项资金补助和奖励发明人。2004 年 12 月，成立槐荫区知识产权局，隶属区科技局。2005 年，济南民营科技产业园被市科技局、市知识产权局确定为济南市专利试点园区。同年，槐荫区被省科技厅、省知识产权局等单位确定为"山东省知识产权试点单位"。12 月，济南瀚华科技发展有限公司的"HFM 系列超微粉碎振动磨"和济南福能达水技术开发有限公司的"车载式中央净水车"分获"山东省专利奖"的二等奖和三等奖。2006 年，济南二机床集团有限公司的"五轴联动数控定梁龙门镗铣床"获"2006 年济南市专利奖"二等奖，济南试金集团有限公司的"液压万能试验机主机底座"和山东九阳小家电有限公司的"易清洗多功能豆浆机"获三等奖。

1991—2006 年槐荫区专利申请、实施情况表

表 12-23　　单位：件

年份	申请量	实施量	年份	申请量	实施量
1991	41	—	1999	140	65
1992	207	54	2000	193	—
1993	140	90	2001	274	74
1994	116	50	2002	402	80
1995	84	20	2003	613	150
1996	132	—	2004	614	171
1997	117	—	2005	874	223
1998	156	60	2006	1063	240

四、科技培训

1989 年，主要利用区委党校、成教中心等进行科技人才培训，同时选派部分人员到高等院校学习深造。借助高等院校、科研院所提供技术咨询服务，使科技管理人员及企业负责人学习科技管理、高新技术企业、高新技术产品的认定及相关政策。1990 年，培训农村专业技术人员 8 期，另有 140 人参加科技英语和经济技术电视讲座。1995 年，全区派出 100 余人到高校深造。1996 年 6 月，对 26 名街道（镇）和企业负责人进行计算机培训。8 月，区科委在蓬莱市组织全区首届企业科技管理培训班，培训 30 余人。10 月，编印《科技优惠政策及法规摘要》，创刊《槐荫科技》，当年发行 3 期。2003 年上半年，开通槐荫科技信息网，及时发布政策法规、科技计划、科技动态、知识产权、防震减灾等相关信息。

第六节　防震减灾

1991 年 6 月，制定《槐荫区防震减灾大纲》，区科委在槐荫公园举办首届地震知识宣传周活动。1997 年 6 月，制定《济南市槐荫区破坏性地震应急预案》。2002 年 2 月，槐荫区科技局调整办镇防震减灾联络员队伍，修订《槐荫区防震减灾应急预案》。2003 年，制定《济南市槐荫区破坏性地震应急预案》。2005 年，把地震科普知识宣传作为考核学校主要成绩的一项重要内容写进《槐荫区中小学科普工作考核评估细则》中，促进学校防震减灾科普教育。同年 5 月 18 日，纬十路小学被评为"济南市地震科普示范学校"。2006 年，重新修订《济南市槐荫区地震应急预案》。

第七节 驻区科研机构选介

一、山东省医学影像学研究所

1975年3月19日在山东省立医院放射科基础上成立，位于济南市经五路324号。2006年，该研究所有在职人员264人，其中高级职称89人，中级职称79人；有山东大学博士生导师3人、硕士生导师35人，省级拔尖人才5人，享受国务院政府津贴4人，卫生部有突出贡献中青年专家1人，山东省有突出贡献中青年专家1人，在省级专业学会担任副主任委员以上职务12人。全所有博士15人,在读13人;硕士33人，在读36人。下设15个业务科室和10个职能科室。其中，神经影像学和医学影像技术为山东省医药卫生行业重点学科。在省级以上刊物发表学术论文1000余篇，出版专著47部，鉴定科研成果69项,获省部级以上科技进步奖26项，获国家级专利24项,承担“九五”攻关项目5项，“十五”攻关项目1项，国家“863”计划项目1项;拥有百万元以上大型医疗设备50余台（套），千万元以上设备10台（套）,固定资产逾3亿元，是国内规模最大的医学影像学诊断、介入治疗、科研、教学和培训基地，同时也是中华医学会仅有的2个“全国实用介入技术推广培训中心”之一。

二、山东省淡水水产研究所

1958年成立,位于槐荫区段店镇位里庄3号。2006年，该研究所设有养殖、良种、饲料、资源渔机4个研究室。有职工127人，享受政府特殊津贴5人。该研究所为集科研、生产、开发于一体的综合机构，有国家级罗非鱼良种场、山东淡水水产良种场、渔用饲料添加剂试验厂。

三、山东省皮肤病性病防治研究所

成立于1955年。至2006年，发展成为全省唯一一所集防治、临床、科研、教学于一体的省属皮肤病专业防治机构，是国务院学位委员会批准的皮肤性病学硕士研究生培养单位，卫生部指定的性病艾滋病监测点和山东省卫生厅指定的全省性病防治中心。研究所按现代化医院的标准设计新建门诊综合楼，业务用房1万平方米，设皮肤科、性病科、皮肤理疗科、美容科、皮肤外科、检验科、病理科和银屑病治疗中心，开设皮肤病、性病及化妆品皮肤病、白癜风、痤疮、银屑病等多个专病门诊，每年接诊皮肤病患者15万余人次。拥有以中高级职称和硕士以上学历人员为主的专业技术队伍，引进国际先进的皮肤病、性病诊疗设备，病房设床位100张，年出院1000余人次。对银屑病、疱病、过敏性疾病等各种常见和疑难、危重皮肤病、性病形成一整套有效的综合诊疗方案。防治所设麻风性病、病理、真菌、微生物、分子生物学、药物等研究室，为麻风性病防治和临床诊疗提供科研支撑，先后获国家科技进步二等奖、省科技进步一等奖、二等奖等一批国家、省级科技成果，主编及参编皮肤病性病专著20余部，在国内外发表学术论文1000余篇。该所为省属三级皮肤病专科医院，卫生部化妆品皮肤病诊断机构、药物临床试验机构、省科技厅性病诊断治疗技术研究推广中心、省卫生厅健康相关产品检验机构、山东省皮肤性病专业诊疗质量控制中心、山东省医师协会皮肤科分会挂靠单位，主办国家级皮肤病性病核心期刊《中国麻风皮肤病杂志》。先后获“全国卫生系统先进集体”“省卫生系统先进集体”“中国质量万里行示范单位”“省级文明单位”“全省医疗质量管理效益年活动先进单位”“省直机关职业道德建设十佳单位”等称号。

四、济南铸造锻压机械研究所

成立于1956年，位于济南市经十路464号。该研究所原是机械工业部直属国家一类科研院所，后划归中国机械装备（集团）公司，是全国铸造机械、锻压机械等多专业综合性技术研发中心和行业归口研究所。2006年，研究所有职工600余人，其中专业技术人员400余人，具有高级技术职务人员120余人。设有数控机械公司、铸造工程公司、锻压工程公司、液压气动工程公司、材料工程公司、铸锻杂志编辑部、国家铸造锻压机械质量监督检验中心及行业规划处等，总资产规模超过1亿元。先后承担近百项国家科技攻关项目和基金项目，数十项成果获得国家、部、省级发明奖和科技进步奖。

五、山东省肿瘤防治研究院

成立于 1971 年，位于济南市济兖路 440 号。全省唯一的省级肿瘤防治研究机构。至 2006 年，有床位 854 张，在职职工 869 人，其中高级人才 300 余人，60 余名专家在国内外学术团体任职。医院设有肿瘤外科、肿瘤内科、放射治疗科、妇瘤科等四大专业 19 个临床科室和 20 余个医技科室、10 余个基础研究室。是全国肿瘤医院中评定较早的“三级甲等医院”、山东省一类科研院所、临床肿瘤学博、硕士生带教点、国家药品临床研究基地，是国内建院较早集医疗、科研、教学、预防为一体并跨省区医疗服务的全省肿瘤防治研究中心，在国内外同行享有较高知名度。医院占地面积 20 万平方米，建筑面积 10 万余平方米，固定资产过亿元。成立“中国癌症研究基金会无创伤治疗研究中心”“山东省乳腺病防治中心”“山东肿瘤放射治疗中心”等国家和省内独具特色的专业技术中心。具有国内首台引进的 2100C 型电子直线加速器、亚洲第一台 BSD2000 型微波加温治疗机（微波刀）及颅脑 X 刀、体部 X 刀和国际首台全身咖吗刀以及流式细胞仪、细胞图像分析仪、螺旋 CT、核磁共振、立体彩超等。

六、济南市农业科学研究所

成立于 1958 年，位于济南市张庄路 345-1 号。隶属于济南市农业局。1958—2006 年，取得科研成果 55 项，被省品种审定委员会审定和认定的品种 10 个。2006 年，有在职科技人员（具有专业技术职务）30 余人，其中有高级技术职务的 7 人，中级技术职务的 10 人，有 3 人被评为济南市专业技术拔尖人才，享受国务院特殊津贴。设茄果、瓜菜、土肥、作物 4 个研究室，主要致力于园艺作物、经济作物的遗传育种、栽培、植物保护以及与之相配套的土、肥、水的研究与开发。

七、济南市环境卫生科学研究所

成立于 1997 年，位于济南市济齐路 29 号。隶属于济南市环卫局，是专门从事环境卫生科学及相关科学研究的事业单位。拥有环境工程、机械制造、化学工程、自动化控制、建筑设计、城市规划、医学防疫及网络信息等专业人才队伍。有多项成果在省、市获科技进步奖。

八、济南市淡水养殖科学研究所

成立于 1993 年，位于槐荫区段店镇位里庄 1 号。隶属于济南市农业局。2006 年，该研究所占地面积 15.3 万平方米，水面面积 7.3 万平方米；建有 300 平方米孵化环道、1500 平方米越冬温室;有职工 59 人。拥有“四大家鱼”(青鱼、草鱼、鲢鱼、鳙鱼)、淡水白鲳、罗非、淡水黑鲷、巴西鲷、美国大口胭脂鱼、淡水石斑鱼、南方大口鲶、红螯螯虾等 20 余个品种。每年向社会提供各种优质鱼苗 2 亿余尾、红螯螯虾虾苗 150 万尾。

九、山东省皮革工业研究所

成立于 1987 年,位于济南市纬七路 96-2 号。研究所是山东省唯一省级专业皮革科研机构，长期从事皮革加工技术研究、新产品开发、新材料应用和技术推广服务工作，有应用研究员 2 人，高级工程师 7 人，工程师 5 人，具有完善的科研和检测手段。有生产设备及检测仪器 300 余台（套），并与多家皮革厂、皮化厂建立合作关系。先后承担国家级和省部级科研攻关项目 20 余项，有的填补国内空白，有的达到国内国际领先水平。研究所拥有先进的检测设备 42 台套，1988 年通过山东省质量技术监督局计量认证，2005 年通过中国合格评定国家认可委员会（CNAS）认可（认可证书：No.L1904），出具的证书和报告具有法律效力，得到亚太、欧洲、美洲、非洲等 42 个国家和地区的承认。对外开展皮革产品、皮件产品、皮鞋产品、毛皮及其制品及皮革化工材料等检测业务。

第十三编

文化　体育

WEN HUA TI YU

槐荫
区志
1989—2006

槐荫区文化资源丰富，有诸多名胜古迹。1989—2006年，槐荫区文化事业投入逐步加大，基础设施日趋完善，群众性文化活动蓬勃发展，公共文化产品成果丰硕，优秀传统文化得到有效保护和传承，文化产业呈现出勃勃生机的局面。槐荫区建设体育设施、配备体育器材，体育事业发展迅速，学校体育、竞技体育、群众体育广泛开展，为国家输送各类体育人才150余人。

第一章　文　化

第一节　文学艺术

一、文艺创作

1989年4月，槐荫区举办全区少数民族舞蹈汇演暨庆祝中华人民共和国成立40周年文艺汇演。选拔3个节目参加济南市少数民族文艺会演。其中区文化馆创作的舞蹈《采莲女》获创作表演一等奖，其他节目获创作表演三等奖。文化馆集体创作的音乐作品《李清照组歌》获泉城文艺大奖赛三等奖，歌曲《绿柳红河》《采蘑菇》在省级音乐杂志上发表。

1992年2月，在济南市文化局组织的“山东省文化馆、站业务技能比赛”济南站比赛中，杨兆军摄影作品《明湖图》、岳仁强国画《梦依故乡的原野》获一等奖。1992年，文化馆业务干部创作各类文学作品47件，舞蹈1件，摄影24件，美术18件，参加省市各级展览比赛13件，在《济南时报》等发表2件。

1993年12月20日，举办纪念毛泽东同志诞辰100周年诗词吟会，征集作品58件，17人获奖。其中，郭元金、吕多江、树林获一等奖。

1994年8月25日，在槐荫礼堂举办纪念中华人民共和国成立45周年群众文艺创作调演，全区各街道（镇）选送13个节目参演。有6个节目参加9月10日在铁路文化宫举办的济南市纪念演出，分别是：道德街街道男声独唱《摘下满天星》（一等奖）、男声独唱《我爱你中国》（二等奖），西市场街道相声《商业服务与普通话》（三等奖，创作奖），匡山街道《霹雳舞》（二等奖），张庄街道女声独唱《飞吧，纺织姑娘》（二等奖，创作奖），南辛庄街道女声独唱《小背篓》（一等奖）。

1996年1月，区文化馆馆长冯兴深在省艺术馆编辑的《群众艺术》上发表相声作品《马路天使》、区文化馆馆员杨兰田发表儿童剧《本事儿》。

1997年，槐荫区法院、区文化局组织创作电视剧本《铁面柔情》。

2000年11月8日，闫千户村小学少儿艺术团的梆鼓秧歌《庆丰年》赴杭州参加全国广场舞蹈大赛，获“桂花奖”金奖。

2002年，区文化馆杨兰田创作的相声《无题》在《群众艺术》2002年第二期发表，并获全国“曹禺百优作品”评比大赛入围奖。其创作的曲艺作品《东西》获得中国戏曲家协会举办的2002年短句小品“百优”入围奖。

2005年，区人民医院创作的小品《产房门前》获市计划生育文艺汇演创作一等奖。区文化馆创作的歌曲《美丽的社区我的家》获市社区文艺汇演创作一等奖，歌曲《我的名字叫中国》获2005年青年歌手大赛创作二等奖。

二、书法　美术　摄影

1985年4月20日，槐荫区摄影家协会成立。1993年12月26日，槐荫画院成立，有会员112人。

1989年8月25日，槐荫区举办“槐花杯”庆祝中华人民共和国成立40年摄影展，送展作品171幅，展出132幅，参观人数上千人。同年，区文化馆杨兆军作品《正月里正月正》获省“梁山杯”摄影展优秀作品奖。

1990年1月，举办迎春画展，展出作品300余幅，参观者1万人次。杨兆军摄影作品《灰姑娘》获山东省摄影家协会举办的“数风流人物还看今朝”摄影展三等奖，并在《山东青年报》发表。同年，槐荫区成立区诗词研究会、区青年艺术协会、区老年书法协会、区书画研究会等区级文化协会，南辛庄街道、营市街街道、振兴街街道、西市场街道、五里沟街道均成立书画协会。1991年1月10日—16日，举办“槐荫区首届硬笔书法有奖比赛展”，有64个单位211人参赛，征集作品548件。展出作品151件，32件分获一、二、三等奖。10月，区摄影家协会组织举办“槐荫风采”摄影艺术展览，送展作品80余幅，展出73幅。

1992年1月24日—26日，槐荫区组织全区11个街道（镇）40余名作者参加“济南市第三届新春联比赛”活动，收集作品78件，入选30件，获奖6人次。崔明俊获创作一等奖，崔洪海、陈晓耘、刘伟获创作二等奖，马绍昆、韩玉珠获书法二等奖。1993年12月26日，举办槐荫区纪念毛泽东诞辰100周年书画作品展。征集作品178件，118件作品参展。12月20日—30日，举办槐荫区纪念毛泽东诞辰100周年摄影展览，55人参加，征集作品79幅，展出作品67幅，15幅作品评选为优秀。1994年9月27日，槐荫区举办百米长卷绘制书画展暨槐荫区庆祝中华人民共和国成立45周年书画展，有40余名书画家参加，展出作品128件。书法家魏启后和朱学达题字留念。1995年10月，省文化厅、省少年儿童文化艺术委员会举办“爱我家、爱大家、爱国家”山东省儿童美术、书法、摄影比赛，槐荫区秦楠、王顺获书法类一等奖，吉劼、刘爽、潘妍获书法类二等奖，王天童儿童画《脸谱》以及刘月芳、李楠、谭亮3人的书法作品同获三等奖。

1996年，段店镇位里村村民张庆忠摄影作品《新生活的和弦》参加山东省首届农民艺术节美术摄影作品展，获二等奖。1997年，济南市举办小清河治理工程庆功大会，槐荫区举办专题摄影展，展出作品38幅，演出文艺节目4个。1998年6月19日，举办“槐荫区纪念济南解放五十周年书画展”，展出作品100余幅。1999年9月23日，在区政府门前举办庆祝中华人民共和国成立50周年“泉西杯”槐荫区百名书画家现场笔会活动。举办“崇尚科学反对迷信”科普知识图片展览周。

2002年6月，区文化局、区环保局共同举办“我眼中的新槐荫”摄影展览。7月，区文化馆杨兆军作品《明湖图》参加全国第十二届“群星奖”推荐摄影获省级铜奖；摄影作品《祝福》获优秀奖。区文化馆杨兰田创作的国画《月颂》获优秀奖。2003年1月，区文化馆王曼国画《拜月》获市文化局社区文化年书画展一等奖。同年，中大槐树街道成立裕东书画联谊会、老年合唱团，青年公园社区成立广艺书画研究中心。2005年，在山东省少年儿童“文明山东，从我做起”美术书法作品大赛中获三等奖1人、获优秀奖6人。

第二节　群众文化

一、民间艺术

舞龙　1995年，段店镇后周村的“舞龙”参加省电视台春节晚会并在中央电视台播放。1996年，段店村、后周村的民间扮玩队在省首届农民艺术节上获一等奖。1999年，段店村的舞龙“九九归一”节目在全省表演获奖；闫千户的舞龙表演在第三届全国舞龙锦标赛中获总成绩第一名，被国家社会体育指导中心和中国龙狮协会命名为A级舞龙队。澳门回归前夕，闫千户参加全国文联举办的全国舞龙大赛，获金奖和民间艺术最高奖——山花奖，并在天安门广场参加全国庆澳门回归祖国盛典。2001年4月16日，闫千户舞龙队赴马来西亚参加“2001年马来西亚世界舞龙锦标赛”，获第三名。

高跷　高跷是流传在大饮马村的一种祖辈相传的民间表演形式。居住在当地的村民世世代代、祖祖辈辈口传心授，自娱自乐。新中国成立后，高跷在其传承发展过程中，取得较大发展。2002年，村委会投入资金3万元支持高跷发展。2004—2006年，村委会每年投入资金1万元，作为高跷队服装、道具的修复、购置、演出经费。当地居民每年定期培训、辅导、排练，利用春节、元宵节期间参加比赛、演出。

二、节庆文化活动

1989年3月，区文化局、区工会联合举办槐荫区厂歌比赛。14家企业单位、职工群众200余人参加。有2个节目参加济南市厂歌比赛获二等奖，1个节目获市三等奖。7月，槐荫区举办全区舞蹈调演。8月，槐荫区举办第五届“槐荫之声”音乐会。演出2场，参加单位17家，演职人员1200人。

1990年5月1日—22日，举办首届槐荫区文化艺术节。期间，有31场文艺演出，参演节目461个。有6项展览展示活动，分别是：成人书画展，展出作品334幅；少儿书画展，展出作品60幅；工艺品展，展出剪纸、编织、根雕等民间工艺美术作品246件；花卉盆景展，参展作品600件；广告摄影展，展出作品95幅；黑板报108块。其间举办20场台球比赛。举办电影周，放映电影10场。举办联欢会3场。9月，与沈阳大东区建立友好文化区。

1991年2月，段店村民间跑驴队参加山东省暨济南市第三届文化艺术节开幕式表演，并在济南市民间文艺会演中获表演类一等奖，区文化局获优秀组织奖。1992年2月17日—18日，举办槐荫区花灯会。全区设槐荫公园、段店大集2个灯区，展出花灯1300盏，大型机械灯60盏。段店大集灯区燃放高空焰火、民间扮玩演出，参观群众10万人，民间扮玩队伍走上街头进行巡游演出。同年，济南剪切设备厂高跷队参加济南市首届高跷比赛，获全市最佳高跷表演奖。

1994年7月，槐荫区成立济南金秋经贸洽谈会暨龙山文化艺术节活动领导小组，区委副书记、区长马纯济为组长，区委、区人大常委会、区政府、区政协等分管领导为副组长，区直部门为成员单位。12月，槐荫区在济南东方大酒店举办“东方杯”首届卡拉OK歌舞厅选送歌手大奖赛，全区有27名歌手参加。

1995年7—8月，区文化局、区文明办、区公安分局、区体委在东方大酒店举办“槐荫区首届东方之夜文化夜市”，为期10天。开展电影放映、书画展销、卡拉OK大家唱、有奖猜谜、图书销售、京剧演唱、音乐舞会、台球比赛、少儿武术表演等活动，有上万人参加。1996年7月，槐荫区举办槐荫民间秧歌大赛。12月2日，济南槐荫公园文化广场被市委宣传部评为全市优秀文化广场。

1997年，济南市艺术馆举办全国国标交谊舞比赛，槐荫区10人参加，4人获一等奖，4人获二等奖，2人获三等奖。1998年7月30日，市委宣传部、市文化局、槐荫区委和区政府在槐荫广场举办“纪念济南解放五十周年火炬之光广场音乐晚会”。

1999年1月18日，《济南日报》刊登1999泉城十大文化新闻，槐荫广场获“全省十佳文化广场”称号。2001年10月25日，济南槐苑广场被评为全省第三届“十佳文化广场”、省级优秀文化广场。

2002年2月26日，槐荫区举办首届社区元宵灯会。全区设11个观灯点，展出花灯1000盏，观灯人数约2万人。2003年6月6日，济南市首届“公益文化社会办”项目洽谈会召开，济南市段店实业有限公司与区文化局签订协议书，参与槐荫区公益文化项目合作。9月8日—10日，槐荫区在闫千户村闫千户广场举办首届广场民间文化艺术节。2004年1月31日，博远广场举办槐荫区民间艺术展演，同时作为济南市“联通杯”百龙大赛评比现场，振兴街街道舞龙队获金奖，段店镇位里村舞龙队获银奖。2006年，举办槐荫区首届农民舞蹈大赛。

三、社区广场文化活动

1998年12月28日，槐荫区委、区政府发布《关于加强社区文化建设的意见》。首次提出各级党委、政府把社区文化建设纳入本地区经济和社会发展总体规划，群众文化阵地转移到社区。2000年1月20日，召开全区1999年度社区文化工作总结表彰大会。

2002年9月，槐荫区举办济南首届社区文艺汇演。12 月，参加济南市社区文艺汇演电视颁奖演出。槐荫区参赛节目获金奖 1 个，银奖 1 个，铜奖 1 个，优秀奖 6 个。2003 年 1 月，济南市举办社区文艺汇演，五里沟社区选送男声独唱《咱当兵的人》获特别奖，西市场社区选送《戏曲与方言》获金奖，区教育局选送女声小合唱《公仆赞》获银奖。2005 年 9 月，举办济南市社区文艺汇演槐荫专场汇报演出、“和谐潮涌满槐荫”和谐社区创建文艺演出。9 月，济南市举办“七里河杯”社区文艺汇演大奖赛，段北社区选送的男声独唱《美丽的社区我的家》获奖。

2005 年，举办“槐荫区广场舞蹈大赛”“兴济河社区文化艺术节”等社区文化活动；南辛庄街道与济南机床二厂联合举办社区歌手大赛。在槐荫区第十届“槐荫之夏”文化活动闭幕式上，济南市文化局、济南市曲艺团携手倾力演出情景剧《泉城人家》，2000 余人观看。同年，五里沟街道被省文明办、省文化厅授予“全省文化先进社区”称号，1 人获优秀社区文化辅导员。2006 年，以“构建和谐社区”为主题，各街道（镇）开展生动活泼的主题文化活动，区直部门积极联合街道社区开展与职能工作相联系的主体文化活动。2006 年 3 月，区文化局印发《关于加强农村文化大院建设的实施意见》，提出在全区建立 53 个农村文化大院，新建 50 支文化队伍，开展 60 场农村文化演出。4 月上旬在吴家堡镇举行授牌仪式。中大槐树街道与济南电视台举办以“创建和谐社区”为主题的文艺演出，南辛庄和营市街 2 个街道分别与齐鲁电视台举办“每日新闻进社区，共建和谐社会”文艺晚会。省市艺术家孙镇业、孙立生、李扬、李保良等多次到社区演出。区委宣传部、区文化局和区计生局在全区开展以“人口文化节”为主题的文化活动，举办“泉城人口文化节”槐荫专场文艺演出。同年，西市场社区被省文明办、省文化厅评为全省“文化先进社区”。

2005 年 7 月 15 日，槐荫区第十届“槐荫之夏”“佳宝杯”广场文艺晚会

（区委办公室提供）

1989—2006 年槐荫区部分年份主要文化活动获奖成果情况表

表 13-1

年份	获奖成果
1989	米慧在济南市首届少数民族文艺汇演中获舞蹈一等奖
1990	米慧被评为山东省少儿文化艺术优秀工作者
1992	区文化馆在济南市第三届新春联比赛中获组织奖
	区文化局在济南市高跷比赛中获组织奖
	岳仁强在济南市专业人员业务技能比赛中获国画一等奖，米慧获舞蹈演出创作二等奖，孙学雷获二胡独奏二等奖
	岳仁强在山东省专业人员业务技能比赛中获国画优秀奖，米慧获舞蹈优秀演出奖
1994	区文化局在济南市春节民间艺术表演比赛中获优秀组织奖

续表 13-1

年份	获奖成果
1999	槐荫区在全国民间艺术表演比赛中获舞龙山花奖
1999	槐荫广场在 1999 年度济南市优秀广场评选中被评为市级优秀文化广场
2000	王曼在济南市群星美术大展评比中获书画优秀奖
2001	槐苑广场在山东省第三届文化广场评选中被评为省级“十佳文化广场”、市级“优秀文化广场”
2002	王曼在济南市纪念济南解放五十周年书画作品展中获书画优秀奖
2003	王曼在济南市首届社区文化年书画展中获书画一等奖
	孙学雷在济南市群众文艺创作评比中二胡曲《赶山会》获一等奖，歌曲《亲人》获二等奖
2005	孙学雷在山东省文化艺术科学成果评比中论文《少儿初级二胡教学法》获优秀奖
	孙学雷、赵亮在山东省论文评奖中论文《探索农村文化建设和方向的新思路》获二等奖
	孙学雷、孙延斌在山东省歌手大赛中歌曲《我的名字叫中国》分别获得优秀创作奖、二等奖
	济南市第四届新春花灯艺术大赛中，振兴街街道花灯《鸡年好运》获创新艺术奖，《麒麟送子》获三等奖；南辛庄街道花灯《群鸡报春》获主题艺术奖和制作艺术奖；营市街街道花灯《吉丰呈祥》获造型艺术奖，《群鸡报晓喜迎新》获一等奖，《金鸡报春》获二等奖；张庄路街道花灯《黄金万两》获优秀奖；段店北路街道花灯《金鸡报晓》获手工扎制艺术奖，《雄鸡一唱天下白》获特别奖
	五里沟街道在山东省文化先进社区评选中被评为省文化先进社区
	南辛庄办街道于庆山在山东省优秀社区文化辅导员评选中被评为省优秀社区文化辅导员
	区文化局在济南市社区广场文化活动中获优秀组织工作奖，振兴街社区亲情广场被评为优秀广场文化活动场地
	刘洪建在山东省论文评奖中论文《做好社区文化建设，构建和谐槐荫》获二等奖
	济南市社区文艺汇演中，段店北路街道舞蹈《平安舞鼓》和男声独唱《我的名字叫中国》分别获得一等奖；振兴街街道舞蹈《天路》、五里沟街道舞蹈《山丹丹花开红艳艳》《兵哥哥》、道德街街道男声独唱《愚公移山》和魔术、段店北路街道唢呐独奏《百鸟朝凤》分别获得二等奖；西市场街道豫剧清唱《泉城美》、匡山街道舞蹈《沂蒙颂》《小巴郎》分别获得三等奖；西市场街道男声独唱《美丽的社区我的家》获七里河杯铜奖
	济南市首届舞蹈大赛中，槐荫区舞蹈《青春的律动》获一等奖，舞蹈《开门红》《当兵的人》获二等奖，舞蹈《梨花节》《花笑》《欢庆秧歌》获三等奖；区文化局获组织奖
	山东省少儿书画展中，槐荫区 1 幅书画作品获济南市三等奖，6 幅书画作品获济南市优秀奖
2006	西市场街道在山东省文化先进社区评选中被评为全省“文化先进社区”

四、群众艺术团队

1990 年，全区有业余京剧团 1 个，业余文化协会 2 个。1991 年 4 月，槐荫区青年艺术团成立。1997 年 2 月，槐荫区曲艺家协会成立，会员 30 余人。2002 年，区文化局印发《关于开展“社区文化年”活动的通知》，全区文化活动重点转移到社区。全区新成立各种文艺、书画、摄影等群众文化队伍 50 余个。其中，由省、市曲艺家协会退休人员成立槐荫区曲艺说唱团，南辛庄街道成立南辛庄街道社区民间艺术协会、南辛社区阳光文化交流中心、社区晚晴书画联谊会。

2006年槐荫区社区业余群众文艺团队情况表

表13-2

街道（镇）	团队名称	艺术门类	人数（人）	活动地点	活动时间	成立时间
道德街街道	天地人艺术团	综合	50	北辛街	每天	1998.09
	秧歌队	秧歌	20	居委会广场	周一晚	2005.01
	腰鼓队	秧歌	16	居委会广场	周二晚	2005.01
	合唱队	音乐	20	居委会广场	周四晚	2005.01
	舞蹈队	舞蹈	16	居委会广场	周三晚	2005.01
	民乐队	乐器	6	居委会广场	周六晚	2005.01
	锣鼓队	乐器	6	居委会广场	周六晚	2005.01
	时装队	舞蹈	8	居委会广场	周日晚	2005.01
	扇子舞蹈队	舞蹈	30	阳光花园社区	每天	2004.03
	歌唱班	声乐	20	阳光社区学院	每周三	2004.01
匡山街道	旭升健身艺术团	舞蹈	40	匡山社区老年社区	周一、三、五	2004.09
	秋韵合唱团	唱歌	30	匡山社区老年社区	周二、四晚	2004.09
	老年协会书画队	书画	10	匡山社区老年社区	周三晚	2004.09
	老年协会京剧队	京剧	15	匡山社区老年社区	周二、四晚	2004.09
	老年协会交谊舞队	交谊舞	30	匡山社区老年社区	每晚	2004.09
	老年协会腰鼓队	腰鼓	30	匡山社区老年社区	周一、五晚	2004.09
	老年协会集体舞队	集体舞	30	匡山社区老年社区	周三、四、五	2004.09
	铁路小区艺术团	舞蹈	20	老屯铁路小区活动点	周二、四晚	2005.03
	森林公园太极拳	太极拳、剑	50	森林公园	每天6—9点	2000.04
美里湖街道	新沙老年队	彩绸	15	新沙广场、村大院	早晨	1999
	北王吕剧队	吕剧	20	北王村内	整天	1997
	邱庄吕剧队	吕剧	20	邱庄村内	整天	1997
	西沙舞龙队	舞龙	20	西沙广场	下午、晚上	2005.10
	新沙秧歌队	秧歌	15	新沙广场	早晨、晚上	1999
	南沙扇子队	扇子	10	南沙活动中心	下午、晚上	1997
	南沙自由舞	舞曲	15	南沙活动中心	晚上	1996
	西沙小学腰鼓队	腰鼓	30	西沙小学	不定时	2000
	新沙吕剧队	吕剧	10	新沙村	不定时	2004
	西沙扇子舞	扇子	20	西沙村	下午、晚上	2005.10

续表 13–2–1

街道（镇）	团队名称	艺术门类	人数（人）	活动地点	活动时间	成立时间
段店镇	位里舞龙队	民间舞蹈	86	位里村	常年	2001
	大金腰鼓队	秧歌	28	大金村	常年	2004
	大金剧团	吕剧	13	大金村	常年	2004
	大金老年健身舞	健身舞蹈	46	大金村	常年	2004
	小董村秧歌队	秧歌	26	小董村	常年	2005
	小饮马秧歌队	秧歌	22	小饮马村	常年	2005
	古城村秧歌队	秧歌	30	古城村	常年	2004
	宋庄村秧歌队	秧歌	36	宋庄村	常年	2006
	水屯村秧歌队	舞龙	58	水屯村	常年	2003
	麻沟村秧歌队	秧歌	18	麻沟村	常年	2006
	位里娱乐园	民间艺术	86	位里村	常年	2001
	综合艺术团	小戏剧	28	大金村	常年	2004
	睦里威风鼓	民间鼓乐	36	睦里村	年节	2004
	大金老年腰鼓队	秧歌舞	36	大金村	常年	2004
	教育老年健身舞	健身歌舞	46	大金村	常年	2004
南辛庄街道	欣园社区夕阳红腰鼓队	腰鼓	25	欣园小区内小广场	晚上	—
	欣园社区太极拳、剑队	太极拳表演	25	欣园社区院内小广场	早晨	—
	北街社区秧歌队	秧歌	20	北街社区 78 号楼下小广场	早晨	—
	南新苑社区书画社	书画	10	南辛西街一里 6 号	每周六	—
	二机床社区老年合唱队	合唱	25	二机床南院老干部活动中心	晚上	—
	二机床社区大秧歌队	秧歌、扮玩	25	二机床社区北院小广场	早晨	—
	二机床气功表演队	健身气功	25	二机床社区南院球场内	早晨	—
	南辛社区共建腰鼓队	腰鼓	22	二机床社区北院小广场	早晨	—
	二机床太极表演队	太极拳、剑	25	二机床社区北院小广场	早晨	—
	二机床老年旗牌队	棋牌	16	二机床南院老干部活动室	一天	—
	二机床夕阳红舞蹈队	老年舞蹈	18	二机床北村活动室	每周一、三	—
	二机床老干部书画队	书画	33	二机床社区老干部大学	每周二、四	—
	社区梨园戏曲队	京剧	—	二机床社区活动室	周三、五	—
吴家堡镇	肖屯秧歌队	秧歌	60	篮球场	晚 7 点	—
	西堡秧歌队	秧歌	90	篮球场	晚 7 点	—
	东赵秧歌队	秧歌	60	东赵村内	晚 7 点	—

续表 13-2-2

街道（镇）	团队名称	艺术门类	人数（人）	活动地点	活动时间	成立时间
吴家堡镇	镇老教委	健身舞	50	镇成教中心	上午	—
	清河苑队	秧歌、健身舞	60	镇政府院内	晚 7 点	—
	陈庄秧歌队	秧歌	60	篮球场	晚 7 点	—
	申庄秧歌队	秧歌	90	篮球场	晚 7 点	—
	七里铺秧歌队	秧歌	90	篮球场	晚 7 点	—
	西张秧歌队	秧歌	70	篮球场	晚 7 点	—
	西张龙舞队	舞龙	40	篮球场	晚 7 点	—
	三教堂秧歌队	秧歌	60	篮球场	晚 7 点	—
	肖屯秧歌队	秧歌	60	篮球场	晚 7 点	—
	西堡秧歌队	秧歌	90	篮球场	晚 7 点	—
	东赵秧歌队	秧歌	60	东赵村内	晚 7 点	—
五里沟街道	省立医院白衣天使艺术团	歌舞	50	省立医院俱乐部	周末	1991
	省立医院老干部舞蹈队	舞蹈	25	省立医院老干部活动中心	周末	1991
	省立医院老干部书画院	书画	12	省立医院老干部活动中心	周末	1991
	市立二院光明艺术团	歌舞	40	市立二院活动中心	周末	2000
	济南市侨联艺术团	歌舞	40	经一路 170 号	周二、三、四	2000
	顺祥街老年艺术团	歌舞	40	顺祥街小广场	每天	1998
	顺祥街老年拳剑队	拳剑	40	顺祥街小广场	每天	1998
	23 活动站	太极拳	15	社区广场	每天	1999
	23 活动站	太极剑	12	社区广场	每天	1999
	建华幼儿园	健身操	20	建华幼儿园	周末	1997
西市场街道	星火艺术团	—	30	经十路社区委员会	周末	2006.05
	博爱艺术团	—	26	北大东街社区居委会	周末	2006.09
	回族秧歌队	—	40	北大寺社区居委会	周末	2000
	威风锣鼓队	—	22	西市场办事处	周末	2003.04
	腰鼓队	—	18	经十路社区居委会	周末	2000.08
	社区舞蹈队	—	21	华联社区	周末	2001.03
	太极拳	—	15	西市场街道	周末	2002.10
	栏扇	—	16	西市场街道	周末	2002.10
	合唱队	—	20	华联社区	周末	2006.04
	豫剧	—	17	纬十路社区	周末	2000.07

续表 13-2-3

街道（镇）	团队名称	艺术门类	人数（人）	活动地点	活动时间	成立时间
营市街街道	机车厂门外太极活动站	太极拳、剑、气功、秧歌	50	机车厂门外广场	早、晚	1997
营市街街道	机车俱乐部活动站	太极拳、剑、健身舞、气功	50	机车俱乐部广场	早、晚	1997
营市街街道	机车厂门球场活动站	太极拳、剑、太极扇	50	机车厂门外球场	早、晚	1998
营市街街道	机车工厂太极队	太极拳、太极剑	30	机车厂门外广场	早、晚	1999
营市街街道	“五彩虹”艺术团	腰鼓、秧歌、舞蹈	50	槐苑广场	每周两次	2002
营市街街道	3520 厂秧歌队	秧歌、舞蹈	35	槐苑广场、舜承苑广场	每周三次	1999
营市街街道	舜承苑秧歌队	秧歌、舞蹈	50	舜承苑广场	每周两次	2005
营市街街道	槐村街健身舞队	健身舞	20	槐苑广场	每周一次	2005
营市街街道	绿园小区舞蹈队	健身舞	30	绿园小区活动室	每周三次	2005
营市街街道	绿园太极表演队	太极拳、太极剑	30	绿园小区广场	每周两次	1999
张庄路街道	张庄村	健身操	36	张庄	—	—
张庄路街道	张庄村	棋牌	20	张庄	—	—
张庄路街道	大饮马村	健身舞	45	大饮马	—	—
张庄路街道	明星小区	健身舞	20	明星小区	—	—
张庄路街道	刘庄村	健身舞	30	刘庄村	—	—
张庄路街道	刘庄村	太极拳	30	刘庄村	—	—
张庄路街道	明星小区	健身气功	30	明星小区	—	—
张庄路街道	桃源小区	健身气功	30	桃源广场	—	—
张庄路街道	明星小区	太极剑	20	明星小区	—	—
张庄路街道	明星小区	秧歌	40	明星小区	—	—
振兴街街道	德兴老来乐艺术团	气功	40	德兴社区居委会	每周一至周五	—
振兴街街道	德兴老来乐艺术团	舞蹈	30	德兴社区居委会	每周二、四	—
振兴街街道	德兴老来乐艺术团	歌唱	40	德兴社区居委会	每周二、四	—
振兴街街道	阳光新城社区艺术团	大合唱	37	阳光新城活动厅	每周一	2006.05
振兴街街道	阳光新城社区艺术团	太极	29	阳光新城活动厅	每周三	2006.05
振兴街街道	阳光新城社区艺术团	舞蹈	30	阳光新城活动厅	每周二	2006.05
振兴街街道	阳光新城社区艺术团	棋社	20	阳光新城活动厅	每周四	2006.05
振兴街街道	金凤凰艺术团	歌舞	25	丁字山社区	每周一、三、五上午	2000
振兴街街道	金凤凰艺术团	民乐	22	丁字山社区	每周一下午	2005
振兴街街道	松龄书画院	书画	23	丁字山社区	每周四下午	2001

续表 13-2-4

街道（镇）	团队名称	艺术门类	人数（人）	活动地点	活动时间	成立时间
振兴街街道	济南文苑艺术培训中心	—	13	槐荫区机关幼儿园	每天	2001.12
	“泉之韵”合唱团	—	27	纬九路社区星光活动站	星期二、五	2004.02
	“歌舞飞扬”	—	12	振兴街 51 号	每周一、四	—
	党员合唱团	—	20	纬十二路 409 号	每月 10 日	—
中大槐树街道	喜洋洋老年艺术团	舞蹈	42	邻里公园	晨、晚	1991
	老年腰鼓队	舞蹈	22	裕园广场	晨、晚	1995
	健身舞	舞蹈	26	裕园广场	晨、晚	1998

第三节　文化设施

1989 年，全区有文化馆、图书室、新华书店各 1 个，电影院 2 个，文化站 13 个。

2006 年底，全区建有公共文化机构 18 个，其中文化馆、图书馆、少年宫、新华书店各 1 个，文化站 14 个。建有社区文化中心 26 个、农村文化大院 37 个。

一、文化馆

1985 年 4 月 15 日，槐荫区文化馆开始建设，馆址在经二纬八路 412 号，建筑面积 1483 平方米，1987 年，文化馆大楼竣工。1989 年，文化馆有专职人员 12 人，房屋 30 间，总面积 1438 平方米。举办手风琴、电子琴、舞蹈、中老年迪斯科、交际舞学习班。开办台球、电子游艺、图书批发、字画装裱等文化服务项目，实施以文养文，开展文化活动。1990 年，区文化馆对全区 18 家单位进行音乐、舞蹈、美术、戏剧等培训工作，共 20 期，学员 500 人次。1991 年 5 月，区文化馆举办音乐舞会，并常年开放。实行日票、月票、团体票制，日票 1.2 元，每月 20 元，团体票 20 人以上 1 元。全年舞会参加人数 5.4 万人次，台球 1 万人次，电子游戏 4.2 万人次，电视录像 1.8 万人次。开展交谊舞辅导单位 10 家，排练文艺节目单位 1 家。1992 年 6 月，区文化馆成立音像制品租赁部，在全区设立 10 个分部，面向社会提供服务，年底增加到 20 个分部。1993 年 3 月，槐荫区文化局、文化馆搬迁到槐荫公园东侧区政府新建一号楼办公。1995 年 10 月，区文化局、区文化馆搬迁到青年公园街道辖区，在青年公园街道新建 2300 平方米的文化馆。1997 年，青年公园改建广场，区文化馆、图书室搬到经三纬八路居民楼，面积 600 平方米。1999 年，区文化馆搬迁至区政府位于北小辛庄西街 55 号新建办公楼综合楼 6 楼，面积不足 100 平方米。2005 年，区文化馆租用经七路 776 号写字楼四楼 1000 平方米开展活动。

二、图书馆

1989 年，全区有区级图书室 1 个，有专职人员 1 人，兼职 1 人，房屋 3 间，面积 140 平方米，藏书 2.4 万册。全年发展读者 320 余人，办理儿童借书证 200 个，持证读者 726 人，借阅图书 2.7 万人次。各街道文化站及驻区机关企事业单位有图书室 23 个，藏书 25.97 万册，管理人员 25 人。

1993 年，图书馆迁至北小辛庄西街 50 号区政府办公楼。由于多次搬家，藏书损失，读者减少。1995 年 9 月，迁至经六纬八路青年公园文化馆三楼，设有借书室、阅览室、采编室，工作人员 2 人，藏书 3 万余册，持证读者 600 余人，期刊 40 余种，报纸 15 份。1995—1996 年，对所藏图书（包括普通图书、期刊、报纸）按《中国图书馆图书分类法》（第三版）《中图法期刊分类表》和《连续出版物著录规则》进行重新分类标引和著录上架，文献加工整理按《区县图书馆工作规范》，统一书标，对部分图书实行半开架借阅。对全部期刊和资料图书实行开架借阅。全年接待读者7200余人次，流通图书、期刊1.5万册。

1997年，图书馆迁至经二纬八路50号二楼、三楼，面积200余平方米，藏书3.5万册，持证读者1000余人。新购置图书1088册，订阅杂志30种，办理借书证300余个，年借阅图书5000人次。1999年，图书馆征集济南市区以上的地方史志。累计地方文献40余种，藏书32175册，开设专架，专人管理。1999年4月后，图书馆新进图书均按《中国图书馆图书分类法》（第四版）分类。

2000年，槐荫区图书馆新馆开始筹建，位于经三纬七路242号。2002年4月，新馆交付使用。区房地产开发有限公司投入资金6万余元，对图书馆进行装修；省文化厅拨款18万元用于购买图书设备；济南市图书馆赠送计算机2台，图书200册；区领导和各街道（镇）捐赠图书1854册，价值37484元，捐款10170元，捐物1宗。2002年9月20日，槐荫区图书馆正式对外开放。新馆面积600余平方米，内设外借室、资料室、阅览室、展览室、采编室等，藏书3.9万册、报刊合订本600余册、计算机2台、音响设备1套、爱普生打印机1台、立式空调3台、钢木书架18个、木制书架12个、期刊架4个、报刊架4个、压膜机1台、上书车1个、阅览桌16个、阅览椅80个，另外配有漫步者有源音箱1套。持证读者有学生、工作人员以及辖区内的居民共千余人。区图书馆隶属槐荫区文化馆，其中正式人员1人，临时人员3人，全部为大专以上学历。同年，图书馆安装图书馆自动化集成系统（ILAS），全部图书实行开架借阅和微机管理，实行图书分、编、流的自动化。投资10万元，将全部木制书架换成铁制书架，阅览桌椅全部按标准更新。图书馆实行借书证一证通业务：持借书证可借图书、杂志，到阅览室阅览，到自习室学习。图书馆开设预约借书、电话续借、资料代查、代购新书等多种服务。

2004年6月，图书馆开始对未成年人免费开放。同年，区图书馆在全国区（县）级公共图书馆评估定级中被评为三级图书馆。拥有持证读者600余人，少儿读者100余人。年新增读者96人，全年借阅量达1.2万人次。新购图书500余册，投入购书经费9000元。

2006年，区图书馆设外借室、阅览室、采编室、展览室和办公室，在编人员1人，临时工作人员4人，拥有藏书5万余册，持证读者2000余人，年接待读者3万人次。

三、文化站

1989年，全区有文化站13个，其中城区8个街道均建有文化站，配备专（兼）职站长，并有固定活动场所。1月，全区文化工作会议召开，印发《关于加强三级文化网建设健全农村文化活动中心的意见》，提出一年内完成全区三分之一、三年内全部完成全区村居文化活动点建设的要求。西市场街道、中大槐树街道、中赵村党支部、营市街街道图书室与会代表作典型发言。5月，槐荫区开展全区文化活动设施筹建暨活动开展情况初查初评工作。全区建成67个文化室，23个文化中心，44个文化活动大院，群众自发形成的文化活动点32个。

1990年8月，制定《槐荫区村（居）文化室评选标准》。全区两镇和11个街道共建有文化站13个，文化活动中心13个。96个行政村，109个居委会共建成109个活动室。一类占30%，二类占70%。有五里沟、振兴街、营市街、南辛庄、中大槐树、段店北路6个区级建设达标先进街道。振兴街街道为市级达标先进。三级文化网络建设基本形成。

1991年4月，全市召开文化工作会议，槐荫区委副书记马广庆作“充分发挥三级文化网络功能积极开展丰富多彩的文化活动”典型发言。槐荫区振兴街街道被评为济南市社会文化先进街道。同年，全区有街道文化站10个，专职文化站长4人、兼职文化站长6人，文化活动辅导员3人（退休干部）。

2004年，全区有文化站14处，各配备专（兼）职文化站长1人。全区文化室140余处、文化点14处、群众文化组织50余个。各街道（镇）

文化活动场所有图书室、活动室，可供居民借阅图书，开展各类棋类比赛、球类活动及小型舞蹈比赛。7月，振兴街街道成立槐荫区首家社区图书馆。

2006年，全区有文化站14处，文化站长14人（含兼职）；建成社区文化中心26个。全区开展新农村建设，建成农村文化大院52个，建成农村图书室38个，总藏书量达2万册。在吴家堡镇七里堡村、肖家屯村、闫庄村、麻沟村、西堡村开展科教兴农电影周活动，巡回放映电影20场。

四、图书报刊

新华书店 位于经二路268号。1983年更名为济南市槐荫区新华书店。1985年，营业面积250平方米，职工26人，全年发售图书97万册。1988年后，先后迁经三路379号、经一路419号。至2006年，书店正常经营。

书报亭 2000年始，书报亭设立由邮政局核批。2004年，有济南报业集团设立的批发点2家，2006年增为8家。

图书零售 1989年，槐荫区有零售书摊47家，多数是地摊。1990年，全区有书刊零售摊点44家，报纸零售摊点89个，集体书刊批发单位4家。1991年3月，为全区书刊摊点颁发经营许可证。1995年，全区书刊摊点120家。2000年，图书销售转向室内门店。2002年，全区有图书零售单位42家。2004年，济南华联超市等开始设专柜销售图书。2006年，全区单体书店经营萧条，仅有3家独立经营的图书零售单位和华联超市3家图书销售专柜。

印刷 1989年，槐荫区有印刷企业64家，其中集体企业43家、个体21家。1999年，打字复印、印刷企业236家。2006年，全区打字复印企业90家、印刷企业92家。

五、电影院

明星电影院 位于纬十二路291号。前身系1920年建于经三路小纬二路的“小广寒”电影院，为济南市最早的电影院。后由王世祥等合资经营，改名国民电影院。1949年停业。新中国成立后改称济南电影院。1950年由魏天佑等经营，取名明星电影院。1953年公私合营。1955年迁现址重建。1967年改为红星电影院，1978年复称明星电影院。该影院坐西面东，砖混结构，青砖墙，正立面屋顶为传统大屋顶形式，平面呈“工”字形，东西深50米，南北阔32.3米，占地面积1261平方米，一至三层不等，建筑面积约2200平方米。中间部分向内微凹，面阔三间，一层中间为前厅入口，建有一前伸的平顶遮雨平台，平台口处饰有木制挂落，装饰华丽、大方。前厅三层顶部为单檐歇山绿琉璃瓦，矩形门窗，高大宽敞。观众座位1031个（楼下684个，楼上347个），设有宽敞的休息厅，两侧为走廊，走廊尽头有4架楼梯相通。前面3个双扇大门系观众入场处，两廊设有4个太平门为观众出口。1999年，固定资产541万元，有放映机2台，柴油发电机1台，12米×5米金属银幕1个。2000年后，明星电影院经营逐步陷入困境，停止营业。

明星电影院　　（2006年3月　王琴　摄）

和平电影院 位于经二路567号，济南市西市场。1929年至1930年初建，1937年开业，原名西新舞台，由当时西市场场主李孟福建。1943年西新舞台易手，改名为齐鲁电影院，1949年改为齐鲁戏院，由私商汪文秀、汪文萍合资经营，放映无声电影。由于上座率不高，又改名为齐鲁戏院，设座位600个。当时济南西半部仅有这一个戏场，吸引不少剧团在此演出。1952年，市政府出资买下齐鲁戏院产权，并拆除旧建筑，改建为电影院，命名为劳动电影院，有670个固定木折椅观众席位。1954年，更名为和平电影院。1976年后，政府投资重建该影院，1983年8月竣工。该影院占地面积2160平方米，建筑面积2500平方米，3层楼，观众座椅1052个，有后台、舞台、观众厅、前厅等。1985年初对外营业，定名为济南和平电影院，能放映电影，兼演戏剧。2002年，因经营不善停业。

其他放映单位　20世纪80年代前，由政府组成的放映队在农村放映电影。1992年11月21日，市文化局发布《关于同意段店镇成立电影放映队的通知》，同意段店镇成立流动性电影放映队，在段店镇各村巡回放映电影。

六、文化娱乐场所

歌舞厅　1991年，槐荫区出现第一家私营卡拉OK歌厅。1995年达到51家。1997年第一家私营大众舞厅出现。2002年，第一家民营KTV建成。2006年，全区有量贩式KTV等在册歌舞娱乐场所9家。

网吧　1999年，槐荫区出现首家非网络电脑游戏经营单位。2000年，首家以经营互联网上网服务的场所出现，因没有监管依据，市场迅速发展。2002年，互联网上网服务营业场所（网吧）数量达到136家，多为10余台电脑从事脱网游戏、单机游戏经营。2005年10月，济南市网络协会槐荫区分会成立，有网吧89家。2006年，全区有网吧117家。

电子游戏经营单位　1991年，全区有电子游戏经营单位15家，1994年达68家，均为个体经营，以电视机加游戏卡带为主，柜式游戏机较少。2000年7月至9月，全国范围内开始对电子游戏经营场所进行整治，槐荫区同期对电子游戏机娱乐场所进行清理整顿，全区58家电子游戏业户取缔56家，保留2家。2006年再无增加。

其他娱乐单位　棋牌室、台球厅出现于20世纪80年代初期，后逐渐萧条。1991年，全区从事台球经营业户40家，游乐场2家，没有登记注册的棋牌室。2006年，全区备案的棋牌室有13家、台球厅有2家。

演出经营团体　20世纪90年代中期，槐荫区新世界酒店设立演出舞台，并成立艺术团，每天举办驻场演出。2000年3月，文化部市场司为槐荫区新世界酒店艺术团颁发“优秀节目演出交流奖”。2006年，全区有演出经营团体3家。济南华联说唱艺术团、济南天地人庆典公司、济南天元有限责任公司，主要承接各类周年庆、店庆活动和培训演出人才。

第四节　文化市场管理

一、经营业户审批

1989年7月，首次开始对全区文化个体业户进行清理整顿、办理许可证。全年办理发放印刷许可证64个；其中，集体单位43家，个体21家。全区共有各类文化市场经营单位280家，主要从事书报刊经营、台球、电子游戏机、磁带、字画装裱、名片印刷、复印打字等集体、个体经营等工作。

1990年，办理各类文化经营许可证73个。全区有集体性质印刷单位72家，个体26家。1991年3月，全区书刊摊点颁发经营许可证。同年，全区文化场所有桌球业户40家，电子游戏15家，游乐场2家，报刊书摊40家，民间艺人演出1家，业余文化培训2家，卡拉OK歌厅1家。

1992年，全区有音像制品租售租赁点2家，报刊书摊40家，复印打字印刷业户148家，台球室4家，电子游戏室10家。

1993年，辖区新增文化市场业户26家，图书业户10家，电子游戏业户13家，印刷企业20家（国营5家，集体5家，个体10家），音像业户9家。全年办理文化经营许可证91个，含音像经营6个，录像放映5个，卡拉OK娱乐场所5个，台球、电子游戏29个，书摊27个，印刷17个。

1994年，全区有图书经营65家，电子游戏经营68家，台球5家，印刷企业165家（国营15家，集体91家，个体37家），音像经营单位29家（国营10家，集体5家，个体12家）。

1995年，全区有文化市场经营业户429家。其中图书摊点120家，打字复印、印刷180家，音像15家，磁带销售15家，录像放映5家，卡拉OK 51家，台球18家，电子游戏12家。

1998年，全区有文化市场各类经营业户超过500家。1999年，为200余家印刷业户核发新证，36家文化经营业户办理新证。2002年7—10月，对全区印刷企业重新登记，换发新版印刷经营许可证。8月，对全区音像制品经营单位进行重新审核换发新版音像制品经营许可证。

2005年，全区有印刷企业114家，打字复印企业150家，图书零售单位30家，音像经营单位17家，网吧89家，歌舞娱乐场所7家。2006年，全区有打字复印经营单位90家，印刷企业92家，网吧92家，音像制品经营单位17家，演出经营单位3家，电子游戏经营单位2家，娱乐场所经营单位7家。

二、文化市场稽查

1989年5月，成立槐荫区文化市场管理委员会，分管副区长为管委会主任，有文化、公安、工商、宣传部、经委、建委5个部门16人。下设文化市场管理办公室，其中文化局3人，工商局1人，公安分局1人。全区11个街道和2个镇设立文化市场工作领导小组，由分管副主任任组长，文化站长、司法助理员为成员，居委会主任参与市场管理。6月，成立文化市场清查领导小组，开展查禁反动、黄色淫秽书刊、非法出版物和音像制品行动，设立检查队伍13支，累计出动200人次，清查书摊、印刷厂50家，查缴各类非法刊物4000余册，取缔无证书摊10家。

1990年，执行文化市场执法亮证制度，经营单位在经营场所携带和悬挂许可证备查制度。建立文化市场审批制度，从事娱乐、图书销售、印刷经营的单位和个人需首先申请，由街道文化市场领导小组初审，由文化市场办公室会同公安、工商、城建、经委等部门有关人员联合看点、集体研究后办证。确定每周五下午为成员单位联合检查时间。全年查禁违禁书刊430册，取缔无证摊点15个。张贴扫黄宣传标语1730幅，黑板报267块（期），专题广播97次。

1992年，山东省发布《转发国家物价局、财政部〈关于发布农业系统行政事业性收费项目和标准的通知〉的通知》，对文化市场经营单位收取管理费。全年取缔无证经营书摊10余个，查处收缴违禁书刊200余册，无证经营录像带177盘，录音带320盘。1993年3月15日，济南市文化局发布《关于命名济南市文明舞厅、文明卡拉OK表彰九二年度文化娱乐市场经营、管理工作先进集体和先进个人的决定》，区文化市场管理委员会办公室、区文化馆、西市场街道文化站、道德街街道文化站获先进集体称号。9月，区文化局成立社会文化管理科。

1994年，市文化局下发《关于加强对露天卡拉OK管理的通知》，将卡拉OK审批权下放到区县文化局。12月，省文化厅下发《关于对歌舞厅、卡拉OK厅演艺人员进行考核发证的通知》，区文化局根据通知对辖区内歌舞厅、卡拉OK厅（含文艺茶餐座、卡拉OK餐厅、有乐队伴奏或有演员演唱的咖啡厅、酒吧等）从艺的歌手、乐手、主持人、时装模特、舞蹈演员进行1994年度考核定级发证。

1996年，文化市场执法建立日常巡查制度，购买执法车1辆。全年检查100余次，出动人员800余人次，查封非法销售音像磁带5000余盘，录像带100余盘，取缔非法无证经营单位27家。1997年10月，开展农村物资交流会文艺演出专项整治活动。

1999年1月8日，成立济南市槐荫区文化市场稽查队，编制5人，实行自收自支。文化局负责全区文化产业发展规划和市场规划，市场科负责全区文化经营单位的设立、审批，稽查队负责全区文化经营场所的日常监督、检查和管理。

2000年4月6日，槐苑广场举办山东省“让未成年人远离三厅一台”启动仪式。2002年，成立槐荫区文化局文化市场稽查科。

2003年5月11日，区文化局、区公安分局、区工商局、区卫生局组建槐荫文化市场防治“非典”联合督查组，对全区娱乐场所进行为期一周的拉网式检查。

2005年，济南市下放营业性演出监管到区县级，区文化市场稽查队开始对全区演出市场进行普查。4月，区文化局下发《槐荫区文化市场经营单位安全生产监督管理实施办法》《槐荫区文化市场经营单位安全防范体系建设若干规定》，文化市场安全生产监管工作全面展开。5月，成立槐荫区文化市场社区监督管理工作站，全区设14个工作站，由文化站站长、居委会主任任具体工作人员，共73人。全区文化市场区、街道、社区三级管理体系建成。2006年5月，开展农村集贸市场文化产品整治。

第五节 文物古迹

1991年，开展全区古建筑及碑碣普查情况调查。2003年11月至12月，全区开展文物普查。12月，公布9处不可移动文物。2005年，槐荫区政府将文物保护纳入经济和社会发展计划，纳入城乡建设规划，纳入财政预算，纳入体制改革，纳入各级领导责任制“五纳入”，要求重要工程项目施工需到区文化局进行项目报批，对工程地段进行文物发掘。2006年，槐荫区共有省级不可移动文物保护单位2处：兴福寺、蔡公时纪念馆；市级不可移动文物2处：古城遗址（传为祝阿故城）、周恩来1946年视察北平军事调处部济南执行小组纪念地（济南饭店）；区级登记保护单位9处：济南饭店东南楼、基督教自立会礼拜堂、宏济堂西记、担山屯村峨眉山古建筑群、担山屯村元代石碑、田家庄古遗址、刘庄村三教堂、后周王庄玉符河石桥、后周村周王庄墓（后经发掘确定为北齐王妃墓）。

一、古建筑

兴福寺 位于段店镇小饮马村，现济南卫校西校区院内。始建于宋，毁于元代，明弘治年间重建，万历七年（1579）、清康熙五十年（1711）、乾隆二十二年（1757）多次重修。原寺庙较完整，总面积1900平方米。后相继拆除寺前部的钟鼓楼和山门，寺主体建筑以西的僧舍、斋堂、场院、仓房等建筑。现仅存前、后大殿及前殿前之东、西厢房，古柏4株。前殿前有月台，东西阔13.72米，南北长8.07米。殿面阔五间，通面阔14.29米，进深四间，通进深8.20米，单檐庑殿顶，上覆黄琉璃瓦，正脊中央安装琉璃宝瓶。檐下施双昂五铺作斗拱。梁架、斗拱均施彩画。殿内后坡上金檩下皮有“大清乾隆二年（1737）岁次丁巳季春重修会首”题记。后殿面阔三间，通面阔10.87米，进深四间，通进深6.99米。单檐庑殿顶，上覆黑瓦。檐下安装如意昂三铺作斗拱。殿后明间有一悬山披檐，面阔3.81米，同明间面阔，深1.17米。殿内明间南坡上金檩下皮有“大清光绪十四年（1888）岁次戊子冬月重修会首”题记。前殿又有东西两厢，形制、尺寸相同，各为面阔三间，进深一间，外加前檐廊，通面阔10.15米，通进深5.51米，廊深1.26米。硬山顶，上覆灰瓦。前殿东侧有圆门（俗称月亮门），圆券直径1.93米，下部三分之一用石块砌筑，上部三分之二用青砖砌筑。兴福寺于1979年被公布为济南市级文物保护单位。2006年12月被公布为省级文物保护单位。

周王庄玉符河石桥 根据桥南侧的镇水兽判断此桥大约建于元朝，据现场调查桥弓南侧的石兽比桥弓北侧的石兽较早，说明在光绪年间重修过。桥长约50米，桥宽5米左右，桥两端的引桥埋于土下。1965年前在使用中，是行人、车辆东来西行的主要通道。2003年12月18日被槐荫区文化局登记保护。

北大槐树清真寺 位于济南市槐荫区北大槐树街1087号，北靠铁路。该清真寺始建于明弘治年间，历经清同治十三年（1874）、民国二十年（1931）、民国二十九年（1940）、1991年4次重修。清真寺内建筑有大门、南北厢房以及最西侧的大殿，其中大殿为始建建筑，大门为近代重新翻建，南北厢房为新建建筑。清真寺坐西朝东，大门为单檐歇山式建筑，正脊两端置龙吻，中部置绿色琉璃宝顶，垂脊置垂兽，戗脊无走兽，灰瓦覆面，面阔一间、进深一间，门内侧中部置木屏风，两侧为过道。院内南北两侧为新建的单檐硬山式厢房，前部有较短的出檐。院内最西侧为大殿，大殿为前卷棚后庑殿勾连搭式建筑，面阔五间，进深四间，带前廊，其庑殿顶正脊两端置龙吻，垂脊置垂兽，戗脊置走兽，在南北山墙上各开有两个拱形窗户，门为六抹槅扇门。在大殿前廊下立有四块各个时期重修清真寺的碑刻。该清真寺由北大槐树清真寺民主管理委员会管理使用，隶属于济南市伊斯兰教协会。

北大槐树清真寺　　（2008年4月　王琴　摄）

峨嵋山古建筑群　即大悲寺，位于段店镇大金庄西峨嵋山上。清初大金庄金某所建，因其人好佛，取名大悲寺。清同治年间，在山南建二仙祠。清光绪年间建文昌阁。逐步形成由大士殿（正殿）、东西配殿、文昌阁、钟鼓楼等组成的寺院。济南解放后殿宇逐渐坍塌，现留残迹。2003年12月18日被槐荫区文化局登记保护。

匡山太白读书处　位于匡山街道匡山村东北。筐山亦称匡山，为齐烟九点之一。相传山巅有寺，建有前后殿和东西两院，现仍可找到残砖废瓦不少。据元好问《济南行记》载，金代之前，山上建有“李白读书堂”。今山南腰间立有“太白读书处”石刻一块。

申家庄土地庙钟楼　位于吴家堡镇申家庄旧庄址的西北。此处原有申家庄土地庙，坐东面西，后土地庙倾圮，现仅存钟楼一处。该钟楼为石质建筑，整个形制为四柱歇山顶亭形，保护较好。其平面为正方形，基址被埋于地下。台基上立有四根四边形立柱，柱均高1.8米，宽0.33米。四柱顶部有石制横枋，南向额枋上刻有“声大远闻”四字，同面的两柱刻有楹联，其联曰：“音传精舍，唤醒梦迷人；响镇梵宫，惊醒名利客。”钟楼顶以若干块青石刻制、垒砌而成，单檐歇山顶，正脊两端各置一龙吻，四面屋檐刻有瓦垅，檐口刻有瓦当、滴水。当地村民称在钟楼下埋有一石狮。该钟楼是槐荫区保存较好的一处近代石制小品建筑，历经百余年风雨沧桑，至今仍保存于原处，是研究当地民俗宗教与地方史的重要实物资料。

二、古遗址

古城遗址（传为祝阿故城）　位于段店镇古城村东。面积约2万平方米，文化堆积厚约2米，主要为商周时期遗存。保存较好。遗址地望与历代文献记载之祝阿故城相符，是济南市商周时期的重要遗址之一。1995年12月公布为市级文物保护单位。

田家庄遗址　位于段店镇田家庄以南，玉符河畔。暴露面积约3万平方米。1964年，出土陶器（三足鼎、圆底斧、陶钵、双耳壶）、石器（石斧、石磨盘、石铲）、鹿角、兽骨、猪牙、淡水蚌壳等。后又在该处发现乌黑发光的轮制黑陶片和商代晚期墓葬。该遗址属北辛文化（距今约6500年），龙山文化（距今约4000年）和商代文化（距今约3000年）混合区。2003年12月18日被槐荫区文化局登记保护。

彭家庄遗址　位于段店镇彭家庄西50米，面积约13万平方米。文化堆积厚约1.50米。采集遗物有：商代夹砂灰陶绳纹鬲口沿、鬲足、甗足、泥质灰陶绳纹罐底；战国时期夹砂灰陶绳纹鬲足、绳纹罐口沿、泥质灰陶网纹盆口沿、绳纹罐口沿、豆把；汉代泥质灰陶筒瓦残片等。

后周王庄汉墓　20世纪90年代后期挖窑取土，发现汉墓10座之多。2003年12月18日被槐荫区文化局登记保护。

担山屯元代石刻　修建京沪铁路时挖出石碑、石刻一宗，中有元朝石碑一块、石羊一对、石虎一对、石人一对（一男一女），男俑拿着护板。据说附近发现过奎章阁大学士（李公墓墓志铭）一块，有名无文。奎章阁是培养太子、王公大臣子弟的机构。其他情况不详。2003 年 12 月 18 日被槐荫区文化局登记保护。

三、革命纪念地

蔡公时纪念馆　位于经四路 370 号。有一西式楼房，二层，坐南朝北，平面略呈方形，占地面积约 400 平方米，当时为山东外交交涉员公署。1928 年，蔡公时殉难地是“五三”惨案最具代表性的纪念地之一。现交涉公署院落、楼房原貌变化不大，保存尚好。1995 年，被公布为济南市第二批文物保护单位。2006 年 12 月被公布为省级文物保护单位。

周恩来 1946 年视察北平军事调处部济南执行小组纪念地（济南饭店）　位于槐荫区经三路。抗日战争胜利后，国共双方签订《双十协定》，1946 年 1 月达成停战协定，并组成有美国代表参加的北平（今北京）军事调处执行部和军事调处执行小组，具体调处国共双方的军事冲突。1 月中旬，济南执行小组成立，新四军兼山东军区第一任首席代表是陈叔亮（邝任农、黄远先后继之），国民党第二绥靖区第一任首席代表是涂叙五（张叔衡、曾天泉先后继之），美方第一任首席代表是雷克（戴维斯、谢如士先后继之）。济南小组是山东地区的中心组，负责与泰安、高密、晏城、枣庄、青岛等执行小组联系。3 月 2 日，北平军调部中共首席代表周恩来与国民党首席代表张治中、美方首席代表马歇尔到济南视察。在周恩来、叶剑英、陈毅等的领导下，中共代表团利用济南小组这个阵地，有理、有利、有节地同敌人斗争，揭露了国民党反动派假和平真内战的阴谋，维护了广大人民的利益，维护了暂时出现的和平。内战爆发后，邝任农、黄远先后撤离，10 月 1 日中共代表奉命撤回解放区首府临沂。1979 年 9 月公布为市级文物保护单位。

“四五”烈士纪念碑　纪念碑坐落在青年公园中央，占地面积 30 平方米。纪念碑由雕塑家仇志海设计，高 5 米，由 3 块长方体大理石组成，镶嵌着反映烈士当年英勇就义的铜雕，刻有国家原副主席王震、中共山东省顾委原主任梁步庭的题词和 22 位烈士的主要生平事迹。纪念碑与周围环境相映衬，显得分外庄严。1931 年 4 月 5 日，中共一大代表邓恩铭、中共山东省委书记刘谦初、中国妇女运动的先驱郭隆真等 22 名中共山东党组织的重要干部，被国民党反动派集体杀害于济南纬八路刑场（槐荫区域内的中共山东省委党校校址）。为继承烈士遗志、发扬革命传统，槐荫区委、区政府决定在烈士就义处附近的青年公园内建立“四五”烈士纪念碑。1987 年 3 月，团区委在全区发起学习“四五”烈士精神、捐款建立纪念碑活动，并向全国书画家发出了倡议信。共收到来自江苏、辽宁、南京等地及省内大部分县市捐款 6 万余元。全国 20 余个省（市）美协、书协的艺术家为纪念碑义捐书画 200 余幅。

邓恩铭弟弟邓恩光、刘谦初之女刘松林参加“四五”烈士纪念碑落成揭幕合影

（1989 年 4 月摄　团区委提供）

台湾画家、美籍华人孙瑛代表台湾及海外艺术家寄来国画。经过2个月的施工，“四五”烈士纪念碑建成。1989年4月4日，纪念碑落成揭幕式在青年公园内举行。1995年5月，“四五”烈士纪念碑被中共济南市委宣传部公布为第一批市级青少年爱国主义教育基地。2002年4月，被共青团山东省委公布为山东省青少年道德教育实践基地。

四、近现代重要建筑

刘庄村三教堂 位于经十路西段，省皮肤病研究所向北100米处。教堂建于1923年，重修于1945年，1947年立碑。由近现代书法家王讷撰写碑文，“三教堂”三个字是由清朝太史张英麟题写。三教堂内供佛、道、儒三教像。以琉璃瓦覆顶。现存门廊、正殿、后殿、偏殿（西），主体残破。2003年12月18日被槐荫区文化局登记保护。

三教堂钟楼 位于吴家堡镇三教堂村旧村址西北的水塘之中。为石质建筑，坐东面西，高约2.5米，整个形制为四柱歇山顶亭形，保存较好。平面为正方形，基址被水塘淹埋，台基上立有四根四边形立柱，四柱顶部有石制横枋。钟楼顶以若干块青石刻制、垒砌而成，单檐歇山顶，正脊两端各置一龙吻，四面屋檐刻有瓦垅，檐口刻有瓦当、滴水。该钟楼是槐荫区保存较好的一处近代石制小品建筑，历经百余年风雨沧桑，至今仍保存于原处，是研究当地民俗宗教与地方史的重要实物资料。

吴家堡三教堂钟亭 （王琴 摄）

基督教自立会礼拜堂 位于经四路425号。1924—1926年由李洪根设计，长老王宣忱主持建造。占地面积1.33万平方米，建有礼拜堂1座及楼房，平房300余间，附设进德小学1所。礼拜堂主体建筑面积1763.4平方米，占地面积770平方米。砖石结构地上两层，地下一层，高度24米。可容纳1400余人，为济南市基督教堂之冠。1980年整修开放，恢复活动。2003年12月18日被槐荫区文化局登记保护。

基督教自立会礼拜堂 （2002摄 区文化局提供）

济南饭店东南楼 位于经三路240号，现济南饭店院内东南角。主入口向南凸出，呈方形；三层，水磨石墙基，清水砖墙体，红瓦覆面，顶有老虎窗。现由济南市槐荫区烟草专卖局使用。2003年12月被槐荫区文化局登记保护。

济南日本总领事馆旧址 位于经三路240号。1915年7月，日本正式建造领事馆建筑，由东京帝国工科大学（现东京大学工学部）助教授内田祥三设计，1918年2月建成，1919年升格为总领事馆，管辖范围为青岛、芝罘（烟台）以外的山东省全境。原总领事馆建筑由总领事馆邸、办公楼、办事人员宿舍、厩舍和庭园组成，外观造型充分体现为日本仿西洋古典形式风格，受日耳曼式建筑的影响。1928年，领事馆建筑物大部分被毁，仅有庭园中的金鱼池等建筑小品。第二次世界大战爆发后，日本在侵华战争中再次占领济南，1938年重建，并突击

日本领事馆旧址　　（2006 年　王琴　摄）

丰大银行　　（2005 年 2 月　王琴　摄）

设计施工，于 1939 年 8 月在原址落成。大门北开，面向经三路，东北为总领事办公室与官邸所在。正对北大门为办公楼，与领事官邸围合为一庭园。办公楼为一字形平面，内廊式，东西两侧楼梯。院内回廊数列平房和小洋房，为办事人员宿舍。

山东丰大银行旧址　位于济纬六路 27 号。始建于 1919 年，坐西面东，占地面积 600 平方米，前后两座建筑，沿街主体建筑为营业、办公等，砖石木结构大瓦顶，东西深 12.6 米，南北阔 23.3 米，建筑面积 454 平方米，主体两层，局部三层（抬高的阁楼层）。平面呈“凹”字形，在凹进去的中间部分又突出一个单层的门廊。门廊两侧的一层是连续的半圆券柱廊，白色的圆柱。二层为扁平拱形窗口，窗上以有较复杂的线脚的檐口女儿墙作为东立面顶部的结束。屋顶为有弧线形老虎窗的红瓦坡屋面。南、北、西几个墙面的设计手法与东立面的手法相似，但略有所简化。该建筑装饰的重点是东入口，高大的石基座上立着两根尺度超常的圆形白色石柱，柱子短而精，柱头、柱基的线脚丰富而饱满，充满了张力；两根柱子上顶着一个弧线形的山花；最上面是一个由八根短而粗的白圆柱顶着一个八角形的铁皮屋顶组成的城堡式八角形塔楼。后附属建筑为员工宿舍，砖石木结构，砖石墙大瓦顶，东西深 6.67 米，南北阔 15.7 米，建筑面积 200 平方米，两层有廊。该建筑在济南近代建筑中，尤其是在欧式建筑较集中的商

丰大银行平移现场　（2005 年摄　五里沟街道提供）

埠区里，装饰手法最繁杂、丰富、华丽，是南部欧洲巴洛克建筑风格在济南的孤例。2005 年纬六路拓宽改造工程中，将其整体向西平移约 15 米。

同仁会济南医院旧址　位于济南市槐荫区经五路 324 号。始建于 1917 年，坐南面北，一至四层不等。平面基本为不封口的“山”字形，占地面积 2184 平方米，建筑面积 5684 平方米。门开于建筑的东南、西南隅，局部设有石砌的地下室。建筑外观为平屋面，在中轴线的南北两端屋顶各高出一个八边形的厅堂，十分显眼。外墙为毛石墙基，砖墙体水泥拉毛抹面，矩形上下推拉木窗。墙体和门窗凹凸的饰线十分丰富，各转角处均有挑出的石质牛腿样装饰件。抗日战争初期，医院的主楼被烧毁。1938 年日军占领济南后即开始修复，到 1943 年医院才得

以全部修复，今存大楼是按原样修复的建筑（加高一层）。该建筑所有房间均为南向，阳光充足，通风良好，医疗条件十分优越。护士站与其他辅助用房均设在中央部位，服务方便，布局合理。整个建筑人流路线十分清晰，功能分区明确，是济南府早期的教会医院之一，是济南除齐鲁医院以外的另一所科室齐全、设备先进、医疗技术高超的大型医疗建筑。今为山东省立医院办公楼。

明星电影院旧址　（祥见本章第三节文化设施“明星电影院”）

津浦铁路局济南机车厂旧址　位于济南市槐荫区槐村街31号，始建于1910年，1913年4月1日建成并正式投入生产。现存的旧有建筑主要有1911年首任德籍厂长道格米里办公楼、道格米里寓所、高级职员公寓、日式厂房和水塔共5幢建筑，均为较典型的日耳曼风格建筑。道格米里办公楼是一幢两层楼房，坐北面南，石、砖混水墙，东西阔34.3米，南北深18.6，占地面积638平方米。红瓦四坡顶屋面，南立面建有一带金属盔顶的门廊，门廊立有两根仿希腊陶立克柱式的石柱，楼内大门、木楼梯、木地板装饰考究。道格米里寓所为二层木结构楼房，四坡大瓦顶，坐北面南，有半地下室，窗台以上为砖混水墙，东西面阔23.4米，南北深16.7米，占地面积390平方米。道格米里寓所东侧为高级职员公寓，砖木结构，两坡大瓦顶，屋顶有天窗，坐北面南，有半地下室，石、砖混水墙，底层南侧有敞开式通廊，二层廊封闭为阳台。该建筑东西阔23.8米，南北深14.2米，占地面积337平方米。道格米里寓所西北方向有日式厂房1座，砖石钢结构，有南北两排结构相连、内部相通的单体建筑组成，屋顶为锯齿形，直面为采光窗，建筑东西阔72米，南北深22米，建筑面积1584平方米。日式厂房东侧有一座50立方米的砖砌水塔，现已废弃。水塔内为木楼梯、木地板，内凹的曲线形坡屋顶，拉长的拱形墙龛等造型奇特，反映当时设计者独特的设计理念。津浦铁路局济南机车厂利用德国的贷款，由德国人设计、修建、监督管理，厂内的旧有建筑既带有典型的日耳曼风格，又具有早期德国工业建筑的特点，是济南20世纪工业遗产建筑的重要代表，具有十分重要的历史、艺术和科研价值。

宏济堂西记　位于济南市槐荫区原经二路295号，始建于20世纪20年代，现存建筑由沿街南楼营业厅与北楼办公室围合成独立院落，坐北面南，东西阔14.5米，南北深24.9米，占地面积361平方米。南面临街的楼房为营业大厅，东西通面阔14.5米，南北通进深11.5米，占地面积167平方米，建筑面积334平方米，砖石木结构，庑殿大瓦顶，东西两山墙檐口为女儿墙，南立面墙上有六个对称布置的墙垛，主入口上方置刻有“宏济堂”三字的牌匾。营业厅内设有大柜台、中药斗橱架、木式方桌、屏风等木质家具。院北面楼房二层带有前廊，东西面阔14.5米，南北进深5.3米，占地面积76.8米，建筑面积170平方米，砖石木结构，硬山灰瓦顶，青砖墙，走廊底部靠近南墙的地方有雕龙木雕。宏济堂属中华老字号，历史上与北京同仁堂、杭州胡庆余堂并誉为中国“三大名店”。1907年起，乐镜宇在济南先后创建济南宏济堂乐家总店、西记、中记3家商号，总店和中记现已被拆除，仅剩宏济堂西记成为宏济堂留存至今唯一店铺，见证了济南商埠区的发展。2003年12月18日被槐荫区文化局登记保护。

宏济堂　（区委宣传部提供）

阜成信东记、西记　阜成信东记位于经二路363号，建于清宣统元年（1909），建筑坐北面南，主体为传统中国古代建筑形式，部分采用西方近现代建筑技术和材料。现存建筑平面布局基本保持原貌,平面呈“日”字形。建筑均为二层，围合形成东西封闭院落。东院较窄，建筑主要功能为居住、办公和储存贵重物品。西院较宽，上层设有悬挑檐廊周圈相交。主要功能为商户储存货物和商业贸易等。南侧临街为店铺，东院设有大门可供马车通过，进院后西侧又设旁门可进入西院。阜成信西记位于经二路369号，建于清宣统元年（1909），建筑坐北面南，主体为传统中国古代建筑形式，部分采用西方近现代建筑技术和材料。原始建筑平面布局由沿街店铺当中的一间设可供马车通过的大门，进门后为通道，通道两侧为东西两路建筑。东路主要功能为住宅、办公及贵重品仓库等，原始最少为南北三进院落，现仅保留了南院部分建筑。西路建筑为南北两进封闭院落，后院上层设有悬挑檐廊周圈相交，其东西厢房的部分和南房已被拆除。南院沿街和东西厢房为一层，其他建筑均为两层。建筑主要功能为商户临时居住、储存货物和商业贸易等。抗日战争期间，“阜成信”受日军掳掠元气大伤，抗日战争结束后关门歇业。新中国成立后，阜成信建筑群产权归槐荫区房管局，济南商业储运公司作为办公地点。20世纪90年代，济南广友物流配送集团有限公司出资收购阜成信东记产权，并负责日常管理、维护和安全防护等事宜。

原日本宪兵机关　位于纬九路126号、134号，整体由蘑菇石砌筑而成，原为日本宪兵队机关大楼，现为省安装公司职工宿舍，产权归槐荫区房管局。地板皆为木质，榻榻米结构，典型日式风格，地下室很深。据居民讲，该楼前原为宽可以跑大卡车的万德街，曾有高1.7～1.8米左右的“万德街碑记”，碑现存处不详。

原日本宪兵机关大楼　　（区文化局提供）

德式碉堡　位于纬十路50号、52号，同为德国人建。50号为一座红砖砌筑的四层碉堡，据说日本人接管后当作屠宰场。平面为矩形，东西长14.1米，南北宽8.4米。一至三层窗户为矩形，四层窗户为拱券形。屋顶东西两端为平屋顶，中部硬山双坡顶。楼内为木地板、木楼梯。52号位于50号南侧，紧邻50号。此建筑建于1919年，为一座坐北面南的二层楼房，硬山式。一层有三个拱券式入口，二层开矩形窗户。两座楼房为同一时期所建。

德鑫里传统民居　位于经六路259号～279号德鑫里传统民居，建于1934年。是由当时两户家境富裕的张家和闫家建成。起初为四个大院，后由于住家的不断更迭，现存建筑布局发生变化，为6个传统四合院另加几处传统民居建筑。其中265、271号院落为中西合璧，门楼为西式拱券、“山”字形女儿墙门楼，正方为四坡顶，带前廊，仿爱奥尼克的西式檐柱，室内为木地板，271号的正房还带有地下室。其余院落布局均由大门、南倒房、东西厢房和正房组成，建筑均为硬山式，正房五开间，带前廊，木质檐柱，檐柱间有木挂落、雀替等建筑构件。

纬八路54号～60号近现代建筑　建于1950年，为济南铁路局宿舍。该宿舍是一栋由若干个“凹”字形平面组成的二层楼房，东西长约42.2米，南北宽约14米，在临近纬八路的一面设有一拱券的过门。砖石结构，一层及二层下半部墙体为料石，二层上半部为红砖。双坡屋顶，所有山面均为悬山式。

经七路72-2号近现代建筑　坐东朝西，砖石结构，墙体下部为毛石砌筑，上部为红砖砌筑，屋面覆机制红瓦。

原英国烟草公司　位于纬七路9号，前山东省国民党党部所在地，亦有说法原为英国烟草公司，实为情报站。后来为济南烟酒公司使用，烟酒公司现已破产，建筑产权为济南国资委。为一座德式二层楼房，顶层带阁楼层。建筑保存较好，艺术价值较高。

原谭家大院　位于顺祥街22号，坐南朝北四合院。正屋5间，3明2暗，红砖墙。门前出厦，四方柱，几何纹镂空挂落，葫芦纹样雀替，墀头有“寿”字、蝙蝠、牡丹、荷花纹饰。室内木地板。东西厢房已改造，北屋加上门楼三间，门楼两侧各一间。现为私房，其南屋原有通道通向南院。

顺祥街18号，20世纪30年代建造，原为大资本家谭某某经营南方丝绸等所有，后公私合营后为纺织品公司宿舍。

经二路340号～346号近现代建筑 经二路340号，济南市工商银行院内在最南面有一处中西合璧的四合院，建筑艺术价值较高。经二路344号，民国时期的二进院。一进院主屋为两层楼房，一楼5间，3明2暗，前面有影壁。现占压规划红线，据说冯玉祥曾在此居住。经二路346号，20世纪20至30年代房子，原为东莱银行私人资本家所有，后为市商业局办公楼。为二层楼房，坐北面南。建筑东南角为入口，二层有阳台，西式风格。现国资委宿舍。

经四路394号近现代建筑 为省建设厅旧楼。此楼为三层西式洋楼。坐南面北，平面为矩形，共3层。东西长17.5米，南北宽14.9米。砖石结构，石砌墙基。入口位于建筑南北立面中部，北主入口外有四根西洋柱支撑的门厅。建筑南面有阳台，券柱式，下面有砖砌横杆，另有“凸”字形的窗户。建筑东西立面在靠近南侧的竖向方向也有“凸”字形窗户，其他则为矩形窗户。建筑内部每层沿入口方向为过廊，两侧各有两个房间，全为木地板，木楼梯。楼梯间位于过廊南头，为双跑楼梯。整个建筑外立面抹砂浆装饰。

第六节　非物质文化遗产

2006年，槐荫区非物质文化遗产领导小组成立，开展全区非物质文化遗产项目普查。经过普查，筛选并公布全区6项非物质文化遗产项目。

2006年槐荫区第一批区级非物质文化遗产名录

表13-3

类别	代码	数量	项目名称	申报地区或单位
民间文学	02-1	1	五里牌坊传说	青年公园街道
民间美术	03-1	1	济南剪纸	中大槐树街道
民间舞蹈	04-1	3	饮马高跷	张庄街道
	04-2		绣球灯	吴家堡镇
	04-3		旱船	五里沟街道
传统手工技艺	05-1	1	石家老陶制作技艺	段店镇

一、饮马高跷

槐荫区大饮马庄自古民风淳朴，其高跷灯会是游春社主要民间文艺，有近百年历史。清末民初原由民间自发组织，后经晚清秀才陈沛元编导，以“渔、樵、耕、浇”为人物配置，后为丑化王朝，增加“官、妇、傻子、傻妞”而组成队列。每到农历正月，一队队高跷队，在腰鼓、小铴锣、大小镲的打击乐中穿街而过。一拨儿高跷人数不定，一般十几人。身量高的踩低跷，身量矮的踩高跷。表演者是传统戏装打扮。由开路棍打头儿，随之便出现肖恩、白蛇、唐僧、丑婆、姜子牙等艺术形象。由于诙谐有趣、粗犷喜人、声情并茂、时有乐哏，一向为当地居民所喜欢。

每年元宵社日，花会中最多的当属高跷。远远地一队红男绿女，在喧天锣鼓中翩翩而来，人群立刻便云集过去，这便是高跷。其内容也丰富多彩，饮马高桥主要体现当初民间生活，日出而作，日落而息，场面有渔翁打鱼，樵夫砍柴和赃官与其夫人的怪态等场面。后经充实，增加了许仙游湖、许仙与白蛇初遇西湖及后来的恋情波折。其绝活是叠人的几个场面：三仙出洞、断桥遇仙、三层叠山、麒麟送子。

大饮马村的高跷是一种祖辈相传的民间表演形式，从它产生至今，基本上没有文字记载，没有相关的历史资料。居住在当地的农民世世代代祖祖辈辈口传心授，自娱自乐，但是没有谁去记录、挖掘、整理、采访报道这种极为独特的民间艺术。新中国建立以来，在党和政府的关怀下，高跷在其传承发展弘扬过程中，取得了较大的成绩，但因各方面的原因，在发展、研究、创新、传承方面面临着困难，民间艺人年龄老化，很多老艺人相继过世，而年轻者因为经费和时间等原因，没有发展成熟。随着时代的发展和进步，人们娱乐活动的丰富，宣传手段多样化，高跷在其发展过程中面临着诸多的挑战。自 2002 年村委换届后，当年投入资金 3 万元。2004 年起，每年村委会投入资金 1 万元。作为高跷队服装、道具的修复、购置、演出经费。当地居民所采取的积极措施，每年定期培训、辅导、排练，每年利用春节、元宵节期间参加比赛、演出。

二、五里牌坊的传说

传说清嘉庆年间，有家姓陈的人家，父母年龄都很大了，身边只有两个女儿。这两个女儿都已到了出嫁的年龄了，她们为了伺候和赡养年迈的父母，就立志不嫁人。

过了很长时间，父母相继因病去世，母亲病故时，陈家姐妹伤心地哭得死去活来。二女身穿重孝，头上戴着七尺孝码子。二女伏在母亲棺材旁，把孝码子一头搭在棺材上，另一头套在脖子上，就双双吊死在棺材两旁。

据《济南府志》《续修历城县志》记载：官府知道此事后，为陈家二女的孝心所感动，立起坐南向北，高约 3 米，宽约 2 米，全部用石料砌筑两底座的东西两根石柱，上写“绢七尺于灵前至死不悔，随双亲与地下携手同行”“旌孝双亲”等句。因此地距城五里，故称“五里牌坊”。遗址位于现五里牌坊北街 6 号院内。

三、济南剪纸

栾月英出生于淄博市博山区的一个农村家庭，七八岁开始学习剪纸，十几岁基本掌握了花鸟鱼虫等简单的剪法，在村里小有名气。工作后仍坚持有时间就练习、创作。退休后，她买来专业剪纸书籍学习技法，剪纸的技艺提高很快，渐渐可以创作出难度比较大的大幅花草、虫鱼、禽兽、瓜果、人物等图，其中十二生肖图、以花卉象征的春夏秋冬条幅、象征君子气度的梅兰竹菊大幅条屏等受到市民的喜爱。多次参加区举办的妇女才艺展示会和接受省、市电视台、《济南日报》记者的采访。

四、绣球灯

吴家堡镇西张村是一个以回族村民为主的少数民族村。该村土生土长的民间舞蹈“罐子灯”“绣球灯”起源于明嘉靖年间，独具黄河文化和少数民族风情。

明嘉靖三十四年（1556），西张村村民开始表演“罐子灯”，以祈求平安、驱赶灾难。当年一张氏村民在常见的双耳罐子上砸出眼睛、鼻子和嘴巴，底部固定一蜡烛，制作出“罐子灯”雏形。村民将罐子绑在板凳上，板凳上拴一根竹竿，将羊皮袄羊毛一面朝外穿在板凳和竹竿上。表演者头戴羊肚毛巾，将板凳放在头顶，双手紧抓板凳腿进行表演。

清顺治年间，王凤春在“罐子灯”表演中融入武术元素。“罐子灯”的重量及构造制约了武术动作的表现，“罐子灯”逐渐演变为“绣球灯”。村民开始用竹条编织成圆形、方形等各种形状，涂上各种鲜艳的色彩，留一小孔放入蜡烛；后来制成两层，并固定为圆形，外层用竹条编制，外面用彩纸包裹，内层为一可转动的球，内置蜡烛，无论舞灯人动作怎样变化，灯内的蜡烛始终不灭，人称“绣球灯”。“灯”由固定于头上改为舞在双手，四肢更加自由，武术与舞蹈得到完美结合。顺治末年“绣球灯”基本定型，康乾盛世发展到顶峰，村民主要在春节、元宵节期间玩耍，表演起来气势磅礴、风骨雄放，表达西张儿女对风调雨顺、五谷丰登的期盼。

该表演曾一度中断。1999年村里开办武术练习班，逐渐恢复，村民王金岩进行改革创新，提高了表演的难度和观赏性。

“罐子灯”“绣球灯”在400余年的历史发展过程中世代传承，颇具特色，它既有民舞表演共性，又有鲜明的武术特征。

五、旱船

是民间的一种常见的表演艺术形式。逢年或大的节庆日，山东、山西境内均流行这种民间舞蹈。这是一种模拟水中行船的民间舞蹈。

在进行表演的时候，通常是二人合作，一人扮作戏剧人物，在“船内”驾驶旱船，一人在船外，扮作渔翁，二人按照摇旱船的套路进行表演，或按故事情节设计表演，槐荫区内有影响的老艺人乔学渭、刘兴家（已故），是多年的搭档，配合非常默契，很多的表演可以即兴发挥，传说功底深厚。参加过济南市民间文艺汇演，其表演惟妙惟肖，栩栩如生，其制作的旱船不仅有传统的精华，还很别致，加上表演精彩，很受欢迎，在民间表演活动中，有一定的影响力。

六、石家老陶制作技艺

齐鲁柘沟制陶工艺，是制陶历史上经典工艺的集大成者，它以传统制陶工艺制作传统陶艺精品为己任，坚持“在继承传统上延续传统”“拟古非古”的制陶原则，为山东的制陶业做出巨大的贡献。

柘沟制陶业始于大汶口文化时期。秦汉时期，其陶制品已“远销京师，获利百倍”。唐宋时期达到鼎盛，有窑口数百，窑工数万，工艺水平得到大幅提高，出现了彩纹、开片、镶嵌等种类，制品以澄泥砚为代表，有“沉静坚韧，温润如玉，含津益墨，声若金石，手触生润，历寒不冰，哈气可研，发墨如油，不渍水，不损笔”的特点，与歙、端、洮并列为四大名砚。生活用具中，以盘条法烧制的大缸、大甏直径可达两米，以“盛粮不蛀、盛水不渗、腌菜不腐”的特点远销周边省市。明清时期，澄泥砚式微，生活用陶具仍然有巨大产量。清末民初，制陶业急剧衰微，新中国成立后略有恢复。

20世纪60年代，工艺美术家石可深入柘沟，挖掘继承了精品制陶技艺，于80年代末恢复柘砚的生产，产品远销国内外，成为国礼。为方便研制开发，石可将精典制陶技艺移植到久有烧陶历史的槐荫区，以其子石盾、泗水制陶名家谷氏十代孙谷凤刚为主，建立以传承保护传统制陶工艺为目的制陶基地——“石家老陶”窑场，利用传统的彩纹、开片、镶嵌、木陶等工艺，制作四大部类，数十个品种，上百规格的工艺品，得到包括赵朴初、欧阳中石、黄永玉、韩美林等名家的肯定和赞誉。

石家老陶坚持以古法手工制作，力求把每一道工序做到极致，量少而精，其制品“色变如虹，质润如玉，嵌艳如霞”，“一人一面，一物一精神”。同时在镶（嵌）、开（片）、彩（纹）混烧技艺上有重大突破。

第二章 档案 地方志

第一节 档 案

区档案局（馆）负责全区档案事业行政管理和保管利用，与档案馆一个机构，两块牌子。2005年，区档案馆成为山东省规范化目标管理一级档案馆。2006年，区档案局（馆）建筑面积527平方米；为区委办公室管理的事业单位，对外挂档案局牌子。内设办公室、档案指导科、档案管理科，人员15人。68个区直部门、88个行政村、54个居委会建立档案室，建档单位210家。全区有档案管理人员210人，其中专职人员6人。

一、档案馆

设施　1989年，区档案局（馆）设在经三路纬九路区政府机关，面积140平方米，有办公室、库房、阅览室等4间。1990年，档案馆新配备DAX档案图书大型消毒柜、臭氧空气消毒机、三洋SC-600吸尘器、1台N-TEK彩色C600扫描仪，1台松下FP-7824复印机。2003年，新馆库配置中央空调系统、消防自动报警系统、二氧化碳气体灭火装置。2004年，投资10万元铺装、改造活动式档案密集架11组，安装温湿度自动控制系统。档案馆迁至济南市经十西路275号槐荫区政府一楼，建筑面积527平方米，其中库房面积220平方米，库房配备中央空调、活动式密集架、二氧化碳气体灭火装置、消防自动报警系统、温湿度自动控制仪等。

档案馆　　（区档案局提供）

馆藏　1989年，区档案馆接收区委办、区委宣传部等单位90卷档案及撤销单位经三路街道、北大槐树街道307卷文书档案、669卷会计档案进馆。1990—1992年，接收全区73个单位、部门11615卷档案（1989年前）进馆。1995年，接收区司法局律师事务所137卷业务档案进馆。1996年，接收区直37个部门2885卷文书档案（1985—1989年）进馆。同年，撤销单位区国税局697卷档案进馆；区武装部因划归部队管理，其2133卷文书及退伍军人档案移交回武装部。1997年，接收区直6个部门571卷文书档案进馆。2000年，接收区民政局30卷知青档案（1964—1965年）进馆。2003年，接收区委办534卷文书档案进馆。2004年，接收区民政局56卷婚姻档案（2001年）、段店镇和吴家堡镇92卷婚姻档案（1986—1990年）进馆。2005—2006年，全区48个部门、单位，共10646卷档案（1990—2000年）进馆。至2006年底，区档案馆馆藏档案资料54289卷（册），档案类别主要包括文书档案、科技档案、专业档案、照片档案、实物档案、磁性载体档案等6个门类。其中，文书档案计82个全宗44615卷，照片档案24册，录音、录像档案18盘，实物（印鉴）档案5枚，上架排列长度721.5米；馆藏资料9674册，电子档案2盒，现行文件324件。

二、档案管理

区直单位档案　1990年，组织全区机关开展档案工作定级、升级工作。同年11月26日，区档案馆在省档案局组织的档案馆达标升级工作中被授予省三级先进档案馆。1997年，全区一级单位全部建立档案室，实现档案综合管理。1990—2006年，举办机关档案员业务培训班8期，培训人员464人次，开发利用档案信息资源成果获山东省三等奖2项。至2006年，全区区直单位、部门共建档32万余卷（册），2家事业单位立卷2000余卷。

1989—2006 年槐荫区直单位建档情况表

表 13-4

<table>
<tr><th>年份</th><th>数量（卷、册）</th><th>等级</th><th>年份</th><th>数量（卷、册）</th><th>等级</th></tr>
<tr><td>1989</td><td>22530</td><td>—</td><td>1998</td><td>14045</td><td rowspan="5">省特级 1 个，省一级 12 个，省二级 12 个，合格 42 个</td></tr>
<tr><td>1990</td><td>3157</td><td>省三级 3 个</td><td>1999</td><td>9713</td></tr>
<tr><td>1991</td><td>3781</td><td>省三级 11 个</td><td>2000</td><td>84827</td></tr>
<tr><td>1992</td><td>16891</td><td>省三级 5 个</td><td>2001</td><td>10184</td></tr>
<tr><td>1993</td><td>5283</td><td>省二级 1 个、省三级 4 个</td><td>2002</td><td>15985</td></tr>
<tr><td>1994</td><td>14890</td><td>省二级 8 个、省三级 1 个</td><td>2003</td><td>19706</td><td rowspan="4">省特级 1 个，省一级 12 个，省二级 12 个，合格 42 个</td></tr>
<tr><td>1995</td><td>13729</td><td rowspan="3">省一级 6 个，省二级 28 个，省三级 19 个</td><td>2004</td><td>4040</td></tr>
<tr><td>1996</td><td>3718</td><td>2005</td><td>5725</td></tr>
<tr><td>1997</td><td>8743</td><td>2006</td><td>68917</td></tr>
</table>

企业档案 1990 年，区属槐荫化工总厂、起重设备总厂、济南气动元件实验厂、槐荫塑料制品厂分别通过省、市级企业档案先进单位考评。1991 年，槐荫低压锅炉厂通过省级考核；槐荫印刷材料厂通过市级考核。1992 年，围绕企业档案要为企业生产、经营、管理服务，对 6 家企业（鲁滨实业公司、济南电石厂、建材玻璃厂、复合材料厂、装订一厂、热管实验厂）档案综合管理进行检查验收。1993 年 6 月，市档案局在槐荫区举办企业档案培训班，促进企业档案标准化、规范化管理。1997 年，原区属集体所有制企业改制，由改制后的企业接收原企业档案。2003 年起，辖区内重点民营企业建档工作启动。同年，槐荫砖瓦机械厂建档 30 卷。2004 年，济南樱龙公司建档 6 盒（200 余份文件）、济南外海房地产公司建档 50 卷（张）。2005 年，济南金海岸出租汽车公司建档 300 余卷，5 家企业共建有产品类、经营管理类、生产技术类管理类、设备仪器类 4 大类档案 400 余卷（盒、张）。2006 年，全区部分企业涉及改制、破产，企业建档工作暂时停止。

农村档案 1991 年起，在全区各村委会组织开展行政村建档工作，通过组织外出参观学习、区内评比检查、开现场会等形式，提高全区农村依法建档意识和工作水平。1996 年起，在各行政村开展档案管理“五有二创”（有专人管理、有专门档案室、有适应需要的橱柜、有完善的规章制度、有类别和归档齐全的档案内容；创经济效益和社会效益）活动。1997 年，按照国家档案局建立县、乡、村三级农业科技档案信息网络任务部署，开展农科档案建档建网络工作，建成 1 个中心（区档案馆农科信息中心）、两站（区农发局、区国土局）、9 个信息点的农科网络，收集农科信息 300 余条；选择济南丰农有限公司（民营企业）进行农业科技建档工作，当年完成其现存资料立卷、编目工作，建档 43 卷。至 2006 年底，全区有 88 个行政村建档，村级建档率 95%，共建有文书、科学技术、会计 3 大类档案 7700 余卷（册）。

社区档案 2003 年起，开展社区居委会年度立卷工作。至 2006 年，全区有 54 个社区居委会完成建档工作，共立卷 1.1 万卷；全区 14 个劳动保障中心基本完成建档工作，共立 3 万余卷。2006 年 3 月，青年公园社区创中国大陆首家安全社区，整理档案 20 盒 300 余件，照片 150 张，奖牌 10 块，锦旗 1 面。

1989—2006 年槐荫区基层建档情况表

表 13-5

年份	数量（卷、盒、件）				图书资料（册）	汇编资料（万字）	档案人员		企业升级		档案管理升级		档案室升级				
	文书档案	专业档案	声像档案	实物档案			专	兼	省	市	省	市	特级	一	二	三	合格
1989	847	3863	557	136	7965	1.65	20	315	5	4	2	6	—	—	—	—	—
1990	1737	7780	1180	198	70145	3.96	11	237	2	4	1	5	—	—	—	—	—
1991	1933	8183	622	219	4218	7.28	20	236	5	6	3	8	—	—	—	—	—
1992	2212	5022	1056	67	46441	10.06	16	244	4	5	2	7	—	—	—	—	—
1993	876	8334	595	90	3583	1.30	6	77	3	—	3	5	—	—	—	—	—
1994	3074	10971	120	372	67652	18.08	13	134	4	—	3	—	—	—	—	—	—
1995	1921	5672	1127	55	52328	10.13	15	222	3	—	3	5	—	—	—	—	—
1996	1611	5757	1363	92	1895	15.10	10	204	3	—	5	5	—	—	—	—	—
1997	2862	3720	1004	255	15569	33.35	24	259	—	—	—	—	—	—	—	—	—
1998	3697	8206	439	809	15943	18.44	15	316	—	—	—	—	—	—	—	—	—
1999	1503	4240	276	326	1202	77.83	9	199	—	—	—	—	—	—	—	—	—
2000	1144	2288	130	230	2498	17.70	9	144	—	—	—	—	—	—	—	—	—
2001	1996	2624	615	164	4270	3.06	2	65	—	—	—	—	—	—	—	2	—
2002	966	1721	1	—	214	4.20	2	75	—	—	—	—	—	—	—	—	—
2003	1186	2804	865	240	708	7.27	6	75	—	—	—	—	—	—	—	—	—
2004	342	841	16	43	170	3.10	4	52	—	—	—	—	—	—	—	—	—
2005	948	2259	3	362	232	—	3	83	—	—	—	—	—	—	—	—	—
2006	85	324	—	—	104	0.75	1	44	—	—	—	—	—	—	—	—	—

三、档案整理与利用

档案整理　1989 年起，每年编制大事记、专题文件汇编等多种编研资料。编辑出版和内部印发《中共济南市槐荫区代表大会文献汇编（1956—2003）》《中共济南市槐荫区基层单位组织史资料汇编》《济南日报槐荫情况汇集（2000—2002）》《槐荫区委干部任免文件汇编（2003）》《槐荫区政府干部任免文件汇编（2004）》《槐荫区大事记（1990—2006）》《槐荫区档案利用实例汇编（1990—2006）》等资料 170 万字。2001 年，获山东省开发利用档案信息资源成果四等奖 1 项。2003 年，获山东省开发利用档案信息资源成果三等奖 2 项。2004 年，获山东省开发利用档案信息资源成果二等奖 1 项，三等奖 2 项。2005 年，获山东省开发利用档案信息资源成果三等奖 1 项。2006 年，获山东省开发利用档案信息资源成果三等奖 1 项。

2001—2006 年槐荫区档案馆编研成果表

表 13-6

出版时间	填报项目	作者	完成时间	出版情况	字数（万字）	获奖情况
2001	《济南市槐荫区二〇〇〇年大事记》	钟莉、张洪、吴波	2001.3	内部印刷	1.5	获山东省开发利用档案信息资源成果四等奖（01-4-148）
2003	《济南日报槐荫情况汇集》（2002 年）	张洪、钟莉、吴波	2003.3	内部印刷	14.1	获山东省开发利用档案信息资源成果三等奖（02-3-221）
2003	《济南市槐荫区二〇〇二年大事记》	钟莉、张洪、吴波	2003.3	内部印刷	2.2	获山东省开发利用档案信息资源成果三等奖（02-3-220）
2004	《济南市槐荫区二〇〇三年大事记》	钟莉、张洪、吴波	2004.3	内部印刷	1.9	获山东省开发利用档案信息资源成果二等奖（03-2-103）
2004	《槐荫区委干部任免文件汇编》（2003 年）	钟莉、张洪、吴波	2004.3	内部印刷	1.9	获山东省开发利用档案信息资源成果三等奖（03-3-312）
2004	《济南市槐荫区二〇〇三年档案利用实例汇编》	吴波、钟莉、张洪	2004.3	内部印刷	0.6	获山东省开发利用档案信息资源成果三等奖（03-3-313）
2005	《济南市槐荫区二〇〇四年大事记》	钟莉、张洪吴波、张莹	2005.3	内部印刷	2	获山东省开发利用档案信息资源成果三等奖（04-3-95）
2005	《槐荫区政府干部任免文件汇编》（2004 年）	钟莉、张洪吴波、张莹	2005.3	内部印刷	0.6	获山东省开发利用档案信息资源成果三等奖（04-3-100）
2006	《中共济南市槐荫区代表大会文献汇编（1956—2003）》	王海燕、张洪吴波、张莹	2006.6	内部印刷	60.6	获山东省档案学会优秀成果三等奖、山东省开发利用档案信息资源成果三等奖（07-3-316）

档案利用 2001 年，区档案局（馆）制定和完善各项规章制度，增强窗口意识、服务意识，热情接待，服务周到。同年，纪念建党 80 周年，与区文化局联合举办“党旗红、槐荫美”摄影展，回顾中国共产党的光辉历史，展示全区政治、经济、文化、科技、教育等方面取得的成绩。2002 年 5 月，建立区现行文件阅览室，收集 45 个区直部门重要文件，采取开架阅览、电话查询、来信代查等形式对社会开放。2005 年，结合全区“联系群众年”活动的开展，对下岗职工、特困群众和残疾人实行优惠或免费查档服务。2002—2006 年，收集现行文件 324 件，接待查档人员 207 人次，183 件次。1989—2006 年，区档案馆共开放档案 16 批、58 个全宗、2001 卷，接待查档利用者 7029 人次，利用档案 7424 卷次。

1989—2006 年槐荫区直部门、基层单位档案利用情况表

表 13-7

年份	区直部门、单位		基层单位	
	利用档案人次、卷次	获经济效益（万元）	利用档案人次、卷次	获经济效益（万元）
1989	2157、2416	2	3269、3712	19.21
1990	2490、2705	10.90	3296、6744	31.50
1991	2982、12890	121.30	2715、2794	25.05
1992	1323、1921	10	1500、2092	11.58
1993	7926、8043	—	1213、1720	9.75
1994	2494、2399	4.50	2860、2353	43.55
1995	2821、2720	80.20	1807、1568	10.50

续表 13-7

年份	区直部门、单位		基层单位	
	利用档案人次、卷次	获经济效益（万元）	利用档案人次、卷次	获经济效益（万元）
1996	2180、1985	29.20	1773、1668	24.50
1997	3812、3096	89.90	3732、4471	80.21
1998	4479、6598	187.10	3797、3373	140.45
1999	4354、573	208.80	2256、1727	139.40
2000	3585、5700	164.10	778、987	31.25
2001	2220、4689	—	1087、1253	58.03
2002	1683、3622	—	782、848	—
2003	1203、2392	—	641、1063	9.10
2004	2702、3884	—	151、210	—
2005	2503、4249	—	397、474	—
2006	1020、1254	—	20、89	—

第二节　地方志

一、志书编纂

1984年，槐荫区志编纂委员会成立，下设办公室，开始编修《槐荫区志》。1995年，由济南出版社出版，全书共1册，16开精装，40余万字。记事上限起于1904年，对某些事物适当上溯；下限止于1989年。志书由概述、大事记、专志、人物、附录组成。概述综述区情，总摄全书；大事记纵述辖区范围内的大事、要事；专志设地理、经济、城市建设、政治、文化、社会共6编、38章、170节；人物设人物传略、烈士英名录和先模人物；附录收录某些单项性的重要资料。在做好《槐荫区志》编纂工作的同时，倡导各部门开展编修志书工作。先后编纂完成《段店镇志》《吴家堡镇志》《经三路办事处志》《北大槐树办事处志》《振兴街办事处志》《道德街办事处志》《中大槐树办事处志》《青年公园办事处志》《营市街办事处志》等志书，均未正式出版。

二、年鉴供稿

在编修《槐荫区志》过程中，为综合志书资料，编写1987年、1988年、1989年槐荫区年鉴（简装本，内部资料）。至2006年，负责为《山东年鉴》（1987年卷至2006年卷）、《济南年鉴》（1989年卷至2006年卷）供稿，并完成《山东省历史文化村镇》《当代济南概览》《济南市志》等有关槐荫区的撰稿任务。

三、区情网站建设

2006年，槐荫区情网（www.hyqq.gov.cn）开通运行，由区史志办公室主办，分设区情概览、领导简介、史志动态、时政要闻、方志园地、大事记、企业之窗、投资导航、槐荫指南、地情资料、槐荫新貌等栏目，成为宣传槐荫、展示槐荫、方便社会各界读志用志的平台。其中区情资料库录有《槐荫区志》，并与省情网资料库联网，可查阅槐荫及全省各地的史志文献资料。

第三章 体 育

第一节 体育设施

一、体育场

1989年，辖区内有青年公园体育场1处，位于经六路370号。体育场内有乒乓球室4间，面积50平方米。1997年8月，青年公园体育场因绿地建设而拆除。同年10月，区体委接管槐荫公园体育场（原属区建委管理）。2000年5月1日，体育场一期整修工程完成并对外开放，改建成综合性体育运动场1处，内含400米标准田径场、标准草坪足球场、门球场，在市区率先完成体育场馆“九五”发展规划。2001年起，槐荫体育场实施二期整修工程。同年8月，完成主席台电控室、器材室及厕所建设并投入使用。2002年起，体育场24小时免费对外开放，成为全市第一个也是唯一一个全天免费对外开放的体育场。

1989—2006年，先后接待、承办省级以上体育活动50余次。1996年、2004年分别通过全国体育场地普查工作。1996年普查槐荫区体育场地及设施情况（统计内不含部队、武警、铁路）：400米田径比赛场地1个，200米田径比赛场地8个，训练房（游泳馆）1个，游泳池1个，保龄球场地1个，门球场10个，篮球场53个，排球场4个。

二、游泳池（馆）

1989年，有区游泳池（室外）和游泳馆各1处，泳池池面均为50米长、20米宽，位于经十路325号。其中游泳馆原为1967年建成的浅水儿童游泳池，1977年改建为游泳馆，因经费不足，馆内附属配套设施无力建设而未能正式投入使用。1995年，区游泳池被评为山东省十佳样板游泳池。1997年，投资230万元对游泳馆进行改建，将原池规格缩小，更换池面、水线，增加更衣柜、淋浴室、卫生间、净化水设备和供暖设施等，于1999年6月改建完成并对外开放。游泳馆占地面积1850.9平方米，建筑面积1580.9平方米，结束了市区西部地区无室内游泳馆的历史。同年，游泳池（室外）停止使用。2004年，将游泳馆二楼改建成训练馆，安放有7副乒乓球台供活动、训练使用，面积为100平方米。2005年6月至8月，游泳馆共接纳健身人员达34800人次，办游泳培训班六期，共培训300人。2006年，游泳馆停止对外开放。2007年，振兴街片区改造，游泳池（室外）和游泳馆所在地块列入拆迁计划。

槐荫区游泳池 （2006年11月 王琴 摄）

槐荫区游泳馆 （王琴 摄）

三、健身路径

2000年起，辖区开始兴建健身路径。同年，张庄路街道被列为市级全民健身示范点。2001—2003年，新建健身路径28条。2004年起，健身路径建设发展迅速。2006年，新建健身路径80条；在全区54个社区、101个村居，累计选点安装健身器材1400余件，健身路径280余条，健身场地面积达35.02万平方米。

第二节　学校体育

1989年，全区中小学全面实施《国家体育锻炼标准》(简称《标准》)。《标准》规定中小学生体育锻炼达标率96.1%，其中优秀率19.1%。各学校均按《标准》进行体育课教学和课外体育活动，组建篮球、足球、田径等体育项目训练队，开展体育竞赛。同年，有省级传统体育项目学校2所(济南市纬十路小学、济南市经七路第一小学)，市级传统体育项目学校6所(济南第十二中学、济南第十九中学、北大槐树第二小学、南大槐树小学、北小辛庄小学、育华中学)。1994年,济南第十二中学篮球、田径，育华中学田径，南大槐树小学田径，北小辛庄小学航模被评为市级学校体育传统项目。2000年，省级传统体育项目学校增至4所，新增济南第十二中学篮球和济南第十九中学田径。市级传统体育项目学校增至12所，新增济南第二十中学、济南第三十五中学排球，德兴街小学网球，济南市铁路局第六小学田径和足球，槐荫实验小学、吴家堡西堡小学、育华中学、济南市南大槐树小学田径，济南市北辛小学为航模传统项目学校。其中济南第十二中学被评为省级优秀传统体育项目学校。1989—2002年,区体育局、教育局按《标准》每年对全区中小学进行检查验收。2003年起，学校体育锻炼达标工作由区教育局承担，直接上报教育部。

2006年槐荫区中小学传统体育项目表

表13-8

传统体育项目	传统体育项目学校	
	省级	市级
篮球	济南市纬十路小学	—
	济南市经七路第一小学	—
	济南第十二中学	—
排球	—	济南第二十中学
	—	济南第三十五中学
田径	济南第十九中学	济南第十二中学
	—	槐荫实验小学
	—	济南市铁路局第六小学
	—	吴家堡西堡小学
	—	育华中学
	—	南大槐树小学
网球	—	德兴街小学
足球	—	济南市铁路局第六小学
航模	—	北辛小学

附：济南市槐荫区竞技体育运动学校

1992年1月成立，初称济南市槐荫区业余体育学校。1996年4月，更名为济南市槐荫区竞技体育运动学校，设办公室、竞训科、群体科和场馆科。1997年2月23日，济南第十九中学和济南育华中学被列为济南市槐荫区竞技体育运动学校组成成员学校。1989—2006年，全区向上级体校和重点高中输送优秀体育后备人才151人。

第三节　群众体育

一、全民健身运动

1989年，举办第三届全区运动会。1993年，举办第四届全民运动会，比赛设中国象棋、门球、乒乓球、羽毛球、游泳、篮球、拔河、田径8个大项目，参赛运动员4665人次。此后，分别于2000年、2005年举办全区第五届和第六届全民运动会，规模逐步扩大，比赛项目逐渐增多。

1998年11月，成立槐荫区体育总会，下设体育运动协会。1999年11月，槐荫区被山东省体委评为全民健身活动先进单位。2000年，槐荫区委被评为济南市群众体育先进单位，槐荫区体育局获济南市“英派斯”全民健身系列活动优秀组织奖。至2006年，区体育局、区直机关工委、区总工会每年都举办机关羽毛球、乒乓球、跳绳等比赛活动，每次都有百余人次参加。

2005年9月28日，举办全区第六届全民运动会

（区体育局提供）

槐荫区历届全区运动会情况表

表13-9

运动会名称	举办时间	项　目
全区首届田径运动会	1959.10	田径
第二届全区田径运动会	1960.9	田径
全区第三届运动会	1989.8	田径、拔河、篮球、游泳、广播体操
第四届全民运动会	1993.4—10	中国象棋、门球、乒乓球、羽毛球、游泳、篮球、拔河、田径
第五届全民运动会	2000.10.20—21	广播体操、拔河、田径
全区首届社区运动会	2002.5—9	中国象棋、门球、乒乓球、拔河、跳绳、踢毽、游泳、广播体操、田径
第六届全民运动会	2005.4—9	中国象棋、门球、乒乓球、羽毛球、田径、游泳、拔河、篮球、跳绳、踢毽

二、老年体育

1989年，全区共有基层老年人体育协会（老体协）组织32个、会员10余万人。1990年5月，老年门球队参加“济钢杯”比赛获第五名；6月，参加郑州“黄河杯”全国门球比赛获第二名；7月，举办庆八一“鱼水杯”老年人门球比赛；8月，参加“拥政爱民杯”比赛和“军民联欢杯”比赛，分别获第四名和第二名。1997年，老年乒乓球队获市比赛团体冠军。1998年，区青松长跑队张承森、李瑞华在全国老年人田径运动会上分别获得男女1500米、5000米2个第一名。2000年，老体协乒乓球协会参加市乒乓球比赛，获团体第二名，2个单打第二名；太极拳协会在济南市第二届“玉泉杯”太极拳械比赛中获得5个项

目的第一名。1999—2006 年，老体协组织的太极拳、健身舞、导引养生功等表演获得多项国家、省、市级荣誉。振兴街街道德兴街社区健身气功活动站点、健身舞协会机车工厂一队表演队、健身舞槐荫区教委舞蹈队、杨氏太极拳研究会、大众广场站、济南机车车辆太极拳活动站、济南机车车辆厂太极拳活动站、华联槐荫广场活动站被济南市体育局评为“2000 年济南市全民健身活动先进站”。2005 年，济南市槐荫区青年公园太极拳辅导站被评为“全国优秀全民健身活动站(点)”。2006 年,区老体协下设 7 个协会，分别是槐荫区太极拳研究会、槐荫区导引养生功协会、槐荫区健身舞协会、槐荫区中老年人长跑队、槐荫区门球协会、槐荫区乒乓球协会、槐荫区空竹协会。同年，七三一三工厂老年健身活动站、机车工厂俱乐部老年健身活动站被评为省级优秀健身活动站。

三、社区体育

1991 年，西市场街道夺得济南市街道运动会总分第一名。1999 年匡山街道和道德街街道被评为第二批全省城市体育先进社区。2001 年，匡山街道被评为全国群众体育先进单位。2002 年，组织召开全区首届社区运动会，比赛项目设中国象棋、门球、乒乓球、拔河、跳绳、踢毽、游泳、广播体操、田径 9 个大项目，参赛运动员 2586 人。同年，槐荫区振兴街街道和青年公园街道被评为全省城市体育先进社区。2004 年，青年公园街道广场社区被评为全国城市体育先进社区。2005 年，道德街街道获全国群众体育先进单位，美里湖街道被评为山东省城市体育先进社区。社区常年开展跳绳、广播体操、拔河等小型趣味比赛，同时定期举办社区田径运动会。

四、农村体育

1997 年，吴家堡镇代表济南市参加山东省雏鹰起飞四项赛，获团体总分第五名。吴家堡镇代表队参加济南市跳绳、踢毽比赛，获团体总分第二名。同年，吴家堡镇被评为山东省第四批体育先进镇。1998 年 10 月，闫千户村参加全国狮子舞比赛，获全国北狮第四名，获深圳国际舞狮邀请赛北狮第三名。1999 年，第三届全国舞龙锦标赛在槐荫区举行，闫千户村女子舞龙队获总成绩第一名，男子舞龙队获 A 组规定套路第一名、自选套路第五名。闫千户村男子舞龙队被国家社会体育指导中心和中国龙狮协会命名为 A 级舞龙队。2006 年 3 月，区委九届四次全会通过《关于建设城郊型社会主义新农村的意见》，明确提出全区每个村至少有一处健身场地和一个篮球场。同年，辖区农村地区体育健身设施投资 75.1 万元，新增健身路径 80 余条，新增健身器材 400 余件，新增健身场地近 10 万平方米(农村 63 个村,城区 10 个社区)。各村均组建健身队伍。匡山街道坚持每 2 年举办较大规模的运动会，常设比赛项目有田径、拔河、广播操、踢毽、跳绳、象棋等。段店镇、张庄街道、段店北路街道也利用健身器材举行小型运动会。

五、国民体质监测

1997 年起，区体育局每年组织 300 ～ 1000 人进行国民体质监测，为国家提供国民体质数据。1998 年，槐荫区体育局被国家体育总局评为体质监测工作先进单位。同年，被国家体委评为中国成年人体质监测工作先进单位。2000 年，被省体育局评为先进单位。2006 年，被省体育局评为省群众体育先进单位、全省国民体质监测工作先进单位。

全民健身活动　　(2001 年摄　区体育局提供)

六、社会体育指导员

1997年，组织首批三级社会体育指导员培训，有23人经考核取得三级社会体育指导员。此后，每年举办三级社会体育指导员培训班1期，每期人数不等。2002年，9人取得市二级社会体育指导员资格。2004年，有2人获山东省一级社会体育指导员证书。2006年，培训三级社会体育指导员185人，其中20余人取得市二级社会体育指导员资格；2人参加国家级社会体育指导员培训。

第四节　竞技体育

1989年，区老年体协门球队代表济南市参加华东六省一市老年人门球赛，获总分第二名。1990年，举办全国十城市小学“苗苗杯”女子小篮球比赛，纬十路小学女子篮球队获亚军。同年，区中学女子篮球队首次参加市中学生篮球赛，获冠军。1991年，济南市纬十路小学代表队参加第四届全国“苗苗杯”小学生女子篮球邀请赛获第五名。1994年，区老年门球队代表济南市参加山东省“长寿杯”比赛，获第二名；获铁路局举办的“火车头杯”比赛第一名。1996年，济南市举办首届青少年运动会，区代表队获金牌29枚，团体总分第三名。1999年，张洪森、陈少红在北京举办的老年人运动会上取得金牌4枚。2000年，在济南市第二届青少年运动会上，区代表团获金牌45枚，团体总分1088分，列全市金牌和总分第三名，并获体育道德风尚奖和优秀组织奖。2003年，在市第三届青少年运动会上，槐荫区取得团体总分第三名，并获体育道德风尚奖和输送奖。2004年，在济南市中学生排球比赛中，男队获排球冠军、软排亚军，女队获排球冠军、软排亚军。济南市小学生排球赛，男队获软排亚军，女队获第三名。济南市中小学生乒乓球赛，男队获团体第三名。济南市幼儿体操赛，两支代表队分获第一名、第二名。山东省建设厅幼儿园代表济南市获山东省幼儿体操比赛第一名。在山东省中学生体育传统学校篮球赛中，济南第十二中学和济南第十九中学分获第一名和第三名。同年，在济南市中学生篮球赛上，男队分别获亚军和第六名；女队分别获冠军和亚军。小学生篮球赛上，男队和女队分获冠军。山东省传统学校篮球比赛，女队获第一名，男队获第七名。济南市中小学春季田径比赛，获团体总分第三名。济南市少年儿童武术比赛，获少年组团体总分第一名，儿童组团体总分第二名。2005年，济南市中小学学生篮球比赛，济南第十二中学女篮和男篮分获第一名和第二名，经七路小学男篮获第一名，纬十路小学女篮获第一名。济南第十二中学女子足球队在济南市中学生足球比赛中获得一名，机场小学女子足球队在济南市小学生足球比赛中获第一名。济南市少年、儿童武术比赛，少年组和儿童组均获总分第二名。济南第十九中学男排在济南市中学生排球比赛中获第二名。2006年，济南市中小学篮球比赛，济南第十二中学和机场小学女篮均获得第三名，纬十路小学女篮和经七路小学男篮均获冠军，纬十路小学男篮和经七路小学女篮均获亚军。

1989—1991年，各类体育赛事剪影　　（区体育局提供）

1990—2006年槐荫区部分年份中小学参加济南市以上体育比赛成绩表

表13-10

比赛项目	年份	参赛单位	队别	比赛名称	成绩
篮球	1990	区队	女篮	济南市篮球比赛	第一名
篮球	1990	区队	女篮	济南市小篮球赛	第一名
篮球	1990	区队	男篮	济南市小篮球赛	第一名
篮球	1990	纬十路小学	女篮	全国第四届“苗苗杯”小学篮球比赛	第二名
篮球	1992	区中小学	中学女篮	济南市中小学篮球比赛	第一名
篮球	1992	区中小学	小学女篮	济南市中小学篮球比赛	第一名
篮球	1992	区中小学	小学男篮	济南市中小学篮球比赛	第三名
篮球	1993	区中小学	初中女篮	济南市中小学生篮球比赛	第二名
篮球	1993	区中小学	小学女篮	济南市中小学生篮球比赛	第一名
篮球	1993	区中小学	小学男篮	济南市中小学生篮球比赛	第四名
篮球	1994	区中小学	中学女篮	济南市中小学篮球比赛	第二名
篮球	1994	区中小学	小学女篮	济南市中小学篮球比赛	第一名
篮球	1995	区小学	女子组	济南市小学篮球比赛	一、二、三名
篮球	1995	区小学	男子组	济南市小学篮球比赛	一、三、四名
篮球	1996	区中小学	小学女篮	济南市中小学生篮球比赛	一、二、三名
篮球	1996	区中小学	小学男篮	济南市中小学生篮球比赛	二、四、五名
篮球	1996	区中小学	中学女篮	济南市中小学生篮球比赛	第一、三名
篮球	1996	区中小学	中学男篮	济南市中小学生篮球比赛	第六、七名
篮球	1997	区中小学	中学女篮	济南市中小学篮球比赛	第一、三名
篮球	1997	区中小学	中学男篮	济南市中小学篮球比赛	第三、五名
篮球	1997	区中小学	小学女篮	济南市中小学篮球比赛	第一、三名
篮球	1997	区中小学	小学男篮	济南市中小学篮球比赛	第一、二名
篮球	1997	区中小学	小学女篮	济南市中小学篮球比赛	第一名
篮球	1999	区中小学	中学女篮	济南市中小学篮球比赛	第一名
篮球	1999	区中小学	中学男篮	济南市中小学篮球比赛	第二名
篮球	1999	区中小学	小学女篮	济南市中小学篮球比赛	第一名
篮球	1999	区中小学	小学男篮	济南市中小学篮球比赛	第二名
篮球	2000	区中小学	中学女篮	济南市中小学篮球比赛	第一名
篮球	2000	区中小学	中学男篮	济南市中小学篮球比赛	第一名
篮球	2000	区中小学	小学女篮	济南市中小学篮球比赛	第一名

续表 13-10-1

比赛项目	年份	参赛单位	队别	比赛名称	成绩
篮球			小学男篮		第二名
	2001	区中小学	中学女篮	济南市中小学篮球比赛	第一名
			中学男篮		第二名
			小学女篮		第一名
			小学男篮		第一名
	2002	区中小学	中学女篮	济南市中小学篮球比赛	第一名
			小学女篮		第一名
			小学男篮		第一名
	2003	济南第十二中学	男篮	山东省中学生体育传统学校篮球赛	第一名
	2004	区中小学	中学女篮	济南市中小学篮球比赛	第一名
			中学男篮		第二名
			小学女篮		第一名
		区中小学	小学男篮	济南市中小学篮球比赛	第一名
		济南第十二中学	女篮	山东省中学生体育传统学校篮球赛	第一名
		济南第十九中学	女篮		第三名
	2005	济南第十二中学	女篮	济南市中小学篮球比赛	第一名
			男篮		第二名
		经七路小学	男篮		第一名
		纬十路小学	女篮		第一名
	2005	济南第十二中学	女篮	山东省中学生体育传统学校篮球赛	第一名
	2006	济南第十二中学	女篮	济南市中小学篮球比赛	第三名
		纬十路小学	女篮		第一名
			男篮		第二名
		经七路小学	男篮	济南市中小学篮球比赛	第一名
			女篮		第二名
	2006	机场小学	女篮	济南市中小学篮球比赛	第三名
田径	1989	区高中队	团体	济南市中小学田径运动会	总分第一名
	1989	区初中队	团体	济南市中小学田径运动会	总分第三名
	1992	区队	团体	济南市春季五区五县田径比赛	总分第二名
	1993	区队	团体	济南市中学生田径运动会	总分第二名

续表 13–10–2

比赛项目	年份	参赛单位	队别	比赛名称	成绩
田径	1994	区队	团体	济南市中学生春季田径运动会	总分第二名
				济南市“萌芽杯”田径比赛	总分第二名
	1996	区队	团体	济南市中学生春季田径运动会	总分第二名
	1997	区队	团体	济南市中小学生春季运动会	总分第二名
	1999	区队	团体	济南市中学生春季田径运动会	总分第二名
	2000	区队	团体	济南市中学生春季田径运动会	总分第三名
	2001	区队	团体	济南市中学生春季田径运动会	总分第三名
	2002	区队	团体	济南市中学生春季田径运动会	总分第三名
		区队	男队	济南市“希望之星”田径、短池比赛	第二名
			女队		第三名
	2004	区队	团体	济南市田径对抗赛	总分第三名
				济南市中学生春季田径运动会	总分第三名
足球	1995	区队	团体	济南市“齐鲁晚报”杯小足球比赛	第三名
	2005	济南第十二中学	女队	济南市中学生足球比赛	第一名
		机场小学	女队	济南市小学生足球比赛	第一名
排球	2004	区队	男排	济南市中学生排球比赛	第一名
			女排		第一名
			男软排		第二名
			女软排		第二名
			女排	济南市小学生排球比赛	第三名
			男软排		第二名
	2005	济南第十九中学	男排	济南市中学生排球比赛	第二名
	2006	济南第十九中学	男排	济南市中学生排球比赛	第二名
		营东小学	男排	济南市小学生排球比赛	第三名
			男软排		第一名
乒乓球	1990	区队	男团	济南市少儿乒乓球比赛	总分第三名
	1990	区队	女团	济南市少儿乒乓球比赛	总分第三名
	2004	区队	男团	济南市中小学乒乓球比赛	总分第三名
游泳	1990	区队	团体	济南市游泳比赛	总分第二名
	1992	区队	甲组	济南市少儿游泳比赛	总分第二名
			乙组		总分第二名

续表 13-10-3

比赛项目	年份	参赛单位	队别	比赛名称	成绩
游泳	1992	区队	团体	济南市少儿游泳比赛	总分第二名
	1993	区队	甲组	济南市游泳比赛	总分第一名
	2001	区队	团体	济南市中小学游泳比赛	总分第一名
	2002	区队	男团	济南市中小学游泳比赛	总分第一名
			女团	济南市中小学游泳比赛	总分第一名
			男团	济南市短池游泳比赛	总分第二名
			女团	济南市短池游泳比赛	总分第三名
武术	1999	区队	女团	济南市武术比赛	总分第一名
			女子少年组		总分第二名
			少年组		总分第一名
	2004	区队	少年组	济南市少年儿童武术比赛	总分第一名
			儿童组		总分第二名
	2005	区队	儿童组	济南市少年儿童武术比赛	总分第二名
			少年组		总分第二名
			儿童组		总分第三名
踢跳	1999	区队	团体	济南市中小学踢跳比赛	总分第二名
	2000	区队	女子跳绳组	山东省“皇室杯”西部地区踢跳比赛	总分第一名
			团体	济南市踢跳比赛	总分第二名
	2001	区队	少年组团体	济南市踢跳比赛	总分第二名
	2005	美里湖第二小学	小学组	济南市中小学踢跳比赛	总分第一名
	2006	三教堂小学	小学组	济南市中小学踢跳比赛	总分第一名
		美里湖第二小学	小学组		总分第三名
		西王中学	中学组		总分第一名
体操	2004	区队	团体	济南市幼儿体操比赛	总分第一名
		省建设厅幼儿园	团体	山东省幼儿体操比赛	总分第一名
	2005	区队	团体	济南市幼儿体操比赛	总分第二名
		省立医院幼儿园	团体	济南市幼儿体操比赛	总分第一名
		小白鸽艺术幼儿园	团体		总分第二名
		省立医院幼儿园	团体	山东省幼儿体操比赛	总分第一名
		小白鸽艺术幼儿园	团体	山东省幼儿体操比赛	总分第三名
		省建设厅幼儿园	团体	全国幼儿体操比赛	总分第一名

续表 13-10-4

比赛项目	年份	参赛单位	队别	比赛名称	成绩
体操	2006	省立医院幼儿园	团体	山东省幼儿体操比赛	总分第一名
航模	2001	区队	中学组	山东省“希望杯”航模比赛	个人前三名
			小学组	山东省“希望杯”航模比赛	总分第二名 个人第一名 个人第三名
		南辛庄小学	个人单项	全国航模比赛	第五名、第八名
	2003	区队	中学组	济南市航模比赛	总分第一名
			小学组		总分第一名
		济南第二十六中学	中学组	济南市中小学生航空模型比赛	第一名
		济南第十九中学	—		第五名
		南辛庄小学	小学组		第一名
		小辛庄小学	—		第二名
	2006	济南第二十六中学	初中组	济南市航模比赛	总分第一名
		小辛庄小学	小学组		总分第一名

第五节　体彩销售

2001 年，辖区有体育彩票销售站点 3 个，销售金额 18 万元。2003 年起，销售站点、销售金额快速增长，当年销售站点 12 个，销售金额 460 万元。2005 年，区体育彩票管理中心成立，主要负责全区体育彩票销售管理和服务工作。2006 年，辖区销售站点 68 个，销售金额 2248 万元。

2001—2006 年槐荫区体育彩票销售情况表

表 13-11

年份	销售金额（万元）	站点数量（个）	年份	销售金额（万元）	站点数量（个）
2001	18	3	2004	680	26
2002	37	5	2005	2823	53
2003	460	12	2006	2248	68

第十四编

卫 生

WEI SHENG

槐荫区志

1989—2006

1989 年，辖区有卫生事业机构 150 个，病床 2975 张，卫生技术人员 5036 人。1996 年，开展社区卫生服务试点工作。2005 年 8 月，推行新型农村合作医疗制度。至 2006 年底，全区社区卫生服务中心 12 个，社区卫生服务站 5 个；新型农村合作医疗参合人员 47072 人，参合率 96%。辖区卫生事业机构 340 个，其中医院 20 家、防疫机构 2 家、妇幼保健机构 1 家、厂企医务室 40 家、村卫生室 98 家、个体行医 179 家，卫生技术人员 5528 人。

第一章　卫生体制改革

第一节　管理体制改革

1994 年，槐荫人民医院接管吴家堡镇卫生院，更名为槐荫人民医院吴家堡分院。1995 年 10 月 31 日，《中华人民共和国食品卫生法》颁布实施，规定县级以上地方人民政府卫生行政部门为执法主体。1996 年，成立区卫生行政综合执法监督检查大队，对卫生监督进行综合执法。2002 年，槐荫人民医院接管段店镇卫生院，更名为槐荫人民医院段店分院。2003 年 11 月 24 日，区爱国卫生委员会办公室的机构规格由副处级升格为正处级，设领导职数 2 职。2004 年起，社区卫生服务机构由原来政府医院承建的单一模式转变为政府医院承建、企业医院转型等多种模式。2005 年 6 月 27 日，撤销区卫生防疫站，成立槐荫区疾病预防控制中心和槐荫区卫生局卫生监督所。

第二节　医疗制度改革

一、公费医疗制度改革

1989 年 1 月，全市公费医疗制度改革正式实施，按照隶属关系，各区机关事业单位人员公费医疗归属各区管理。辖区公费医疗办公室设在区卫生局。在职人员定点机构为槐荫区人民医院，离退休人员定点机构为济南市中心医院、济南市立二院、济南市立四院和山东省警官总医院。发生的医疗费用，每月由各单位集中报表，由区卫生局公费医疗办公室审核，实报实销。区财政局将资金拨付到区卫生局，区卫生局再拨付到各单位。1992 年，辖区将实报实销制度改为医疗费补贴制度，随工资每月发放，标准为在职人员每人每月 80 元，退休人员每人每月 160 元，离休人员每人每月 240 元。1994 年，公费医疗改为由区医院包干的办法，个人承担医疗费的 10%，区卫生局按每人每年 450 元标准将公费医疗资金拨付到区医院。1999 年 7 月，公费医疗归属到区劳动局管理。2002 年，全区企事业单位职工开始实行基本医疗保险。

二、农村合作医疗

1970 年，段店镇、吴家堡镇 111 个自然村（当时隶属济南市郊区）基本普及农村合作医疗制度。基本形式：合作医疗经费由公社（生产大队）、生产队和社员三级负担，每人每年 3 元，其中公社、生产队和社员各 1 元，建立公社、大队两级管理的合作医疗制度，社员到大队卫生室看病，一般只收挂号费。以家庭为单位，门诊费报销每人每年不超过 10 元，超过部分由个人自负。公社提取合作医疗资金的 30% 由公社卫生院支配，用于住院病人的医药费报销。医务人员（时称“赤脚医生”）从社员中挑选，并轮流到公社卫生院或县医院培训和进修，其工资从合作医疗收入中解决。村卫生室一般配备 1—3 名“赤脚医生”，设有简单的医疗器械和药品。“赤脚医生”一般具有初中以上文化程度，经过短期培训，能治疗一般常见病、多发病，负责日常的卫生防疫和医疗保健工作。1978 年后，农村逐步推行土地家庭承包制，村卫生室逐渐由乡村医生或卫生员承包，合作医疗相继停办，村民恢复谁看病谁拿钱的做法。

2005年8月1日起，段店镇、吴家堡镇推行新型农村合作医疗制度。基本形式：资金筹集标准为每人每年20元，其中个人交费10元、政府财政补助10元。在区财政设立基金专用账户，两镇卫生院设有周转账户，负责日常报销事宜。参加新型农村合作医疗制度（以下简称“参合”）农民门诊报销比例为10%，住院报销比例按照医院级别在25%～65%之间。至2006年底，参合农民47072人，参合率96%，共筹集新农合资金94万元，补偿3120人次，补偿金额57万余元。其中住院补偿883人次，补偿金额52万元，门诊补偿2237人次，补偿金额5万元。设立大病救助专项资金，对参合农民治疗总费用超过5万元、报销额在1万元以下、需继续进行后续治疗且家庭生活特别困难享受低保待遇的，经患者本人提出申请，所在村、镇同意并盖章，区新型农村合作医疗办公室研究同意后，给予适当的大病医疗救助。2006年，大病救助19人次，救助资金3.7万元。

第二章　医　疗

第一节　医疗机构

一、济南市槐荫人民医院（济南市痔瘘医院）

始建于1956年2月。1989年，全院占地面积3949平方米，下设29个科室（含业务科室19个，医技科室3个），有病床176张，医务技术人员350人（副主任医师3人，主治、主管师级79人，师级175人，士级93人），全年门诊15.76万人，住院1850人次，临床治愈率69.1%。1990年9月，经济南市卫生局批准，成立济南市痔瘘医院。1994年，成立济南市大肠肛门病研究所。1995年，医院晋升为二级甲等综合医院，医院肛肠科为省中医重点专科建设单位，拥有中国中医药学会肛肠分会委员1人，年门诊量4万人次，年平均住院病人2000余人次。1996年起，槐荫人民医院开始建设社区卫生服务机构。1999年，医院社管科承担卫生部疾控司慢病防治社区示范项目，被列为全国四个示范点之一。2004年3月，设“120”急救分中心，作为唯一区级医院加盟济南市“120”急救服务网络，服从济南市“120”急救中心调度指挥，承担院外急救和危重病人的转运，有医、护、驾人员23人，急救车2辆，配有除颤器、呼吸机、心电监护仪及ICU全套设备，有车载GPS卫星定位系统，年平均出车450余次，急救转运500余人次。2006年，全院占地面积1.47万平方米，建筑面积2.12万平方米，编制床位300张。临床科室有肛肠一科、肛肠二科、肛肠三科、外科、内科、妇产科、手术室、急救中心“120”、特诊室、保健病房。门诊室有社管科、口腔科、中医科、美容中心、五官科、小儿科、理疗科、感染性疾病科。辅助科室有放射科、CT科特检科、内窥镜、病理室、检验科、供应室、制剂室、西药剂室科、便民药房、中药房及医技、行政等科室。有DR拍片机、电子胃镜、螺旋CT、彩超、数字胃肠、电子结肠镜、X线机、ICU、CCU及各种监护设备。万元以上医疗设备100余台（件）。全院在职职工560人，其中专业技术人员489人；副高以上职称60人，中级职称200人。门诊量30余万人次，年出院病人3500余人次。同年，成为泰山医学院教学医院。

二、农村卫生机构

槐荫人民医院段店分院　1989年，为槐荫区西郊卫生院，占地面积3996平方米，建筑面积面积1420平方米；下设外科、内科、儿科、中医科、妇产科、口腔科、治疗科、化验室、B超室及社会卫生组、妇幼保健组；有病床40张，医务技术人员 50 人，配备超声诊断仪、心电图机、X 光机、电冰箱、电烤箱、分析天平等设备。全年门诊 17003 人次，年收住院病人 599 人次。2001 年，更名为段店镇卫生院。2002 年，槐荫人民医院接管段店镇卫生院，更名为槐荫人民医院段店分院。2006 年，段店分院占地面积 3996 平方米，下设 19 个科室，年手术 60 余例，年门诊量 2235 人次，收住院病人 289 人次。主要设备有血球计数仪、半自动化分析仪、X 光机等。常见病的治疗一般不出本地，内科心脑血管疾病、呼吸系统疾病、消化系统疾病、内分泌系统疾病，外科各种复杂痔疮手术、阑尾炎、疝气、乳腺手术、各类肢体骨折、各种体表肿瘤，妇科顺产接生、剖宫产、大月份引产、卵巢肿瘤等都可得到有效治疗。

槐荫人民医院吴家堡分院　1989 年，为槐荫区吴家堡镇卫生院，占地面积 5733 平方米，建筑面积 1664 平方米；下设内科、外科、中医科、妇产科、口腔科、放射科、制剂室、化验室、治疗室、防疫组、计划生育服务站、消毒室；有病床 20 张，医务技术人员 38 人，配备实时超声诊断仪、心电图机、X 光机、显微镜、电冰箱等设备。全年门诊 10360 人次，年收住院病人 768 人次。1994 年，槐荫人民医院接管吴家堡镇卫生院更名为槐荫人民医院吴家堡分院。2006 年，吴家堡分院占地面积 900 平方米，有内外科、妇产科、化验、放射、防疫、药房 6 个科室，医务人员 21 人，主要设备有 200MAX 光机、尿八项。常见病治疗一般不出本地，年门诊量 1500 人次，年收住院病人 128 人次。外科手术量 30 余例。

农村卫生室　1989 年，段店镇卫生院管辖 54 个村卫生室，吴家堡镇卫生院管辖 46 个村卫生室，两镇共有乡村医生 206 人。1994 年达到 217 人，2004 年达到 232 人。乡村医生主要从事农村常见病的诊治、预防接种、健康教育等工作。2004 年，吴家堡小杨村和北店子村卫生室因无乡村医生撤销。至 2006 年，两镇共有村卫生室 98 个。

三、社区卫生服务中心（站）

1996 年 5 月，根据《槐荫区社区卫生服务发展规划》，开始在辖区内建立社区卫生服务中心，由辖区内区属与非区属医院作为承建方，开展预防、保健、医疗、康复、健康教育、计划生育技术指导等“六位一体”服务。确定以街道为单位，每个街道设置一处社区卫生服务中心，在人口较多或距离较远的地方设置社区卫生服务站作为补充，确保居民步行 15 ～ 30 分钟可以到达社区卫生服务机构。同年 10 月，槐荫区人民医院承建振兴街街道社区卫生服务中心和青年公园街道社区卫生服务中心，济南市第五人民医院承建营市街街道社区卫生服务中心，济南市第二人民医院承建匡山街道社区卫生服务中心正式启动。1997 年 9 月 28 日，槐荫区社区卫生服务工作经验在全省城市社区卫生服务座谈会上进行交流；11 月 23 日，区长杨庆林在全国社区卫生服务工作现场会上作经验介绍发言。1999 年，相继建成五里沟（济南市第二人民医院承建）、段店北路、南辛庄（济南市第五人民医院承建）、中大槐树、西市场（槐荫人民医院承建）、匡山街道老屯社区（济南机车工厂中心医院承建）卫生服务中心。2004 年起，社区卫生服务机构由原来政府医院承建的单一模式转变为政府医院承建、企业医院转型等多种模式。济南二机床有限公司职工医院转型为南辛庄办事处社区卫生服务中心，原南辛庄街道社区卫生服务中心变更为南辛庄街道南辛北街社区卫生服务站，西市场街道社区卫生服务中心变更为西市场街道北大寺社区卫生服务站。2005 年，槐荫人民医院承建张庄街道社区卫生服务中心和美里湖街道社区卫生服务中心。2006 年，槐荫人民医院承建中大槐树街道昆仑街社区卫生服务站，济南机车工厂医院转型为营市街街道槐村街社区卫生服务中心，中国人民解放军 3520 工厂医院转型为营市街街道 3520 社区卫生服务站。年底，辖区设立社区卫生服务中心 12 个，社区卫生服务站 5 个，覆盖辖区所有街道。槐荫区被授予“全国社区卫生服务示范区”称号。

1996—2006年槐荫区部分年份社区卫生服务机构情况表

表14-1

年份	机构数量		从业人数（人）	全科培训数（人次）	门诊量（人次）	双向转诊数（人次）	健康档案建立数（份）	慢病管理率（%）	业务收入（万元）
	中心（个）	站（个）							
1996	4	0	38	2	12550	25	56360	12	59
1999	9	1	85	22	56220	72	125830	26	206
2004	9	3	111	85	86550	256	210360	53	572
2005	11	3	142	136	166760	324	246520	61	782
2006	12	5	183	180	208370	568	258450	69	925

四、驻区医院

1990年，驻区医院共18家。1994年，济南东方红医院、济南3520工厂医院成立。至2006年底，驻区医院共20家。分别是：山东省立医院、山东省肿瘤医院、山东省立医院西院（2004年由山东煤矿总医院变更而来）、山东省皮肤病医院、济南市第二人民医院、济南市第五人民医院、山东大学齐鲁儿童医院（2004年由济南市儿童医院变更而来）、济南市皮肤病医院、济南市精神病医院、济南市槐荫人民医院及段店分院、吴家堡分院、济南机车医院、济南一机床集团有限公司职工医院、济南二机床集团有限公司职工医院、济南市按摩医院、济南东方红医院、济南3520工厂医院、山东三箭医院、济南汽车配件厂职工医院。

山东省立医院 始建于1897年，位于经五路396号。1989年，医院占地面积7.63万平方米，建筑面积6.61万平方米；下设临床、医改、行政、党群处（科）室85个及省妇保中心、省儿保中心、省临检中心、省防盲中心、省眼病中心、省医学影像研究所、护士学校，有病床92张，职工1752人（其中副教授、副主任医师以上高级知识分子223人），全年门诊85万人次，住院病人1.4万人次。2004年12月，山东省立医院集团成立，分别在济南东部新城和西部商区新成立山东省立医院集团妇产医院、山东省立医院集团眼耳鼻喉医院（原山东省煤矿医院）。2005年10月，山东省医学影像研究所正式加入山东省立医院集团，山东省儿童医院、山东省生殖不孕不育医院在该院内相继成立，山东省医疗卫生行业留学人员创业园挂靠山东省立医院管理，另外附设山东省立医院科卫专修学院。2006年，山东省立医院集团在职职工2000余人（其中高级职称530余人，具有博士学位204人、硕士学位229人）；拥有门诊、内科、外科、保健、生殖医学研究中心、肿瘤研究治疗中心等多座专业大楼，床位1800张，年平均门诊量130万人次，年出院病人3.72万人次，年手术1.8万台次，总资产近13亿元。医院设临床和医技科室66个，其中泌尿外科等9个科室是山东省医药卫生重点学科；设有12个省级医学研究中心。医院是山东大学的临床医学院，各临床科室均设有教学研究室。2006年，有硕士点32个，硕士生导师196名；博士点21个，博士生导师45名；拥有临床医学博士后流动站；承担着山东大学医学院、药学院等院校的授课、教学实习和研究生带教工作。

山东省肿瘤医院（山东省肿瘤防治研究院） 1958年建院，位于济兖路440号。1996年，被认定为“三级甲等医院”、山东省一类科研院所、临床肿瘤学硕士点、博士生带教点、国家药品临床研究基地和全省重点扶持发展的八个重点科研单位之一。1999年，经省政府批准，山东省肿瘤防治研究院同时应用第二名称山东省肿瘤医院。2006年，医院占地面积20万平方米，建筑面积15.8万平方米，固定资产3.1亿元。

有正式职工 887 人，其中高级专业技术人员 223 人，占专业技术人员总数的 30%，有省拔尖人才和享受国家政府特殊津贴者 12 人，博士、硕士研究生导师 30 余人，知名专家 60 余人。设有肿瘤外科、肿瘤内科、放射治疗科、妇瘤科、麻醉和急诊医学等 4 大专业 19 个临床科室，20 个科室 10 余个基础研究室。以肿瘤的放射治疗、乳腺癌保留乳房的综合治疗、改良根治乳房重建术、肛管直肠癌根治球海绵体肌原位肛门重建、食管癌、肺癌的冷冻治疗、头颈部肿瘤手术器官修复再造、肺癌、胃癌、恶性淋巴瘤等内科化疗、子宫颈癌和卵巢癌的综合治疗、微波加温治疗等新技术的临床应用为特色和优势。有病床 1100 余张，其中正式病床 854 张，适合患者医疗康复的简易病床 300 张。有万元以上医疗设备 300 余台套，除螺旋 CT、ECT、核磁共振、三维立体彩超、系列光导纤维内窥镜、高中低不同能量的直线加速器、钴 60 治疗机、放射治疗计划系统等诊疗设备外，拥有亚洲第一台 BSD2000 型微波加温治疗机（微波刀）、高能聚焦刀、多弹头射频治疗仪、骨髓移植及外周血干细胞移植配套设备及多叶光栅、颅脑 X 刀、体部 X 刀和国内首台全身 Y 刀、超级 Y 刀、适形、调强放射治疗系统、CT-PET、电子回旋加速器等。1995—2006 年，承担国家、省（部）级科研课题 60 余项，获奖 50 余项，获国家专利 20 余项。

山东省皮肤病医院（山东省皮肤病性病防治研究所） 位于经十路 27397 号（段店立交桥西）。1955 年，建立山东省麻风病研究所。1960 年，与山东省性病防治所合并成立山东省皮肤性病防治研究所。1968 年，开设皮肤科门诊，1986 年，开设皮肤病病房。1988 年，设立市内第一门诊部，位于经三纬三路 59 号。1992 年，设立市内第二门诊部，位于经七纬十二路 428 号。2000 年，经山东省卫生厅批准，加挂山东省皮肤病医院牌子，实现防治单位向医疗防治单位的转型。2002 年，建筑面积 5000 平方米的新临床大楼投入使用。2006 年，占地面积 2 万平方米，业务用房 1 万平方米，人员编制 118 人，其中具有高级技术职称者 46 人，中级技术职称 31 人；硕士研究生以上学历人员 16 人。设皮肤病诊疗中心、性病诊疗中心、整形激光美容中心、临床检验中心和银屑病治疗中心，开设皮肤科门诊、性病门诊、整形外科门诊、美容门诊以及化妆品皮肤病、白癜风、痤疮、银屑病等多个专病门诊；研究所设病理研究室、麻风性病研究室、真菌研究室、微生物研究室、分子生物学研究室、药物研究室等，为临床医疗提供有力的科研支撑。每年接诊皮肤病患者 15 万余人次。病房设床位 100 张。是山东省一所集临床、防治、科研、教学于一体的省属三级皮肤病专科医院，是国务院学位委员会批准的皮肤性病学硕士研究生培养点、卫生部指定的性病艾滋病监测点和山东省卫生厅指定的全省性病防治中心。

济南市第二人民医院（济南眼科医院） 位于经一路 148 号。前身为 1923 年由美国天主教会创办的若瑟医院。1953 年，市政府接管，改为济南市立第二医院。1972 年 7 月，改称为济南市第二人民医院。2006 年，医院设有眼科、内科、外科、妇科、中医眼科、急诊科、口腔科、保健科、检验科、B 超室、CT 室、放射科等科室。眼科作为医院的龙头专业，分为白内障、青光眼、眼底病、眼肌病、眼外伤、儿童眼病、框肿瘤病、激光、中医眼科、眼科整形美容十大专业；两大中心：近视眼激光治疗中心、验光复光配镜中心。拥有床位 300 张，年门诊量 20 余万人次，手术 6000 余例。医院拥有光学相干断层扫描仪（OCT）、眼底激光扫描仪（SLO）和准分子激光等大批国际先进医疗设备。有国务院津贴获得者 2 人，济南市拔尖人才 5 人。

济南市第五人民医院 1950 年 9 月成立，位于经十路 447 号。1989 年，医院有病床 340 张，医务技术人员 534 人，全年门诊 22.23 万人次，收住院病人 5258 人次。2004 年，以医院为依托，成立济南市工人医院，为各级“五一劳动奖章”获得者、特困职工、外来务工人员提供优质服务。至 2006 年，医院发展成为一所集医疗、预防、教学、科研为一体的市级综合性二级甲等医院。医院占地面积 3.86 万平方米，有职工 762 人，其中专业技术人员542人，副高以上职称140人，中级职称226人；有床位405张，年门诊量30余万人次；有医技科室40个，泌尿外科、创伤外科、中西医科等专业在社会上享有一定声誉。同年，医院成为首批济南市惠民医院。

山东大学齐鲁儿童医院（原济南市儿童医院） 始建于1957年，位于经十路638号。1989年，医院建筑面积1.62万平方米，病床200余张，医务技术人员237人，年门诊量27.6万人次，收住院病人6571人。2004年，与山东大学齐鲁医院联合成立山东大学齐鲁儿童医院，为三级甲等医院，是山东省最大的综合性儿童医院，承担着济南市及山东省0～18岁儿童的医疗、预防、保健、康复任务。医院设有28个临床专业科室，9个医技科室，并设山东省残疾儿童康复技术指导中心（下设脑瘫儿童、聋儿听觉言语、智力残疾儿童和孤独症儿童四个康复分中心）、山东济南儿童哮喘病防治研究中心、济南市儿童心脏病治疗中心、济南市儿童保健所、济南市儿童医学实验诊断中心、济南市儿童多动症诊疗中心、济南市危重儿、新生儿转运中心；济南市儿童保健所、济南市儿科医学研究所，是国家级儿科医师培训基地，以及泰山医学院、山东省医学高等专科学校等高等院校的教学医院和泰山医学院硕士学位授予点。小儿内科的新生儿、呼吸、神经专业为医院重点特色专业。危重新生儿、婴幼儿转运系统辐射20余个地市，抢救成功率97%。心脏外科是医院新兴重点发展专业，手术矫治成功年龄最小为16天、体重最轻为3.5千克的新生儿。2002年，成功治愈出生28天、体重3.7千克完全性肺静脉异位引流患儿，属全国首例。2004年，脑瘫康复中心聘任香港复康会加拿大籍贝维斯医生为该中心顾问，在手术矫治的基础上，利用综合康复训练方法对脑瘫患儿的治疗，与国际接轨，达到国内先进水平。2006年，医院建筑面积5万平方米，在职职工668人，其中卫生专业技术人员543人，高级职称118人，博士、硕士生74人。开放床位800张，年门诊量55万人次，年出院病人3万人次。

济南市皮肤病防治院 始建于1926年6月。位于经三路165号。1990年，经市政府批准，成立济南市性病防治研究所，与济南市皮肤病防治院合署办公，是集皮肤病、性病防治、宣传、教育、培训、科研、疫情、监测于一体的市级专科医院，是济南市皮肤病性病检验治疗中心。1996年，职工总数94人，其中卫生技术人员60人。2006年，职工总数106人，其中卫生技术人员74人，本科学历46人，硕士学历8人。医院占地4600平方米，年门诊量2万余人次。

济南机车工厂医院 始建于1961年。位于槐村街73号。1989年，医院占地面积11453平方米，建筑面积2611平方米；下设儿科、外科、妇产科等13个科室，有病床100张，医务人员142人，年门诊量15.71万人次，收住院病人778人次。2001年，新建血液透析科特色科室，有费森尤斯4008Bx型等血透机8台以及配套水处理机2套，开展血液透析、血液灌流，及各种肾脏疾病的诊治。2003年，成立糖尿病治疗小组，中西医结合治疗糖尿病取得较好的效果。2005年，引进开展椎间盘微创治疗，在济南市率先提出椎间盘超市的概念。至2006年，开展椎间盘微创治疗手术563例。2006年7月1日，成为济南市城镇职工基本医疗保险定点机构。年底，医院转型为营市街街道槐村街社区卫生服务中心。有职工90人，其中专业技术人员81人；副主任医师7人，中级职称9人，工勤人员9人，业务管理人员2人，其他管理人员4人。全年门诊1.2万人次。

济南机床二厂医院 位于南辛庄西路9号，1960年由厂卫生科改建为职工医院。1989年，医院占地面积4400平方米，下设17个诊疗科室，有病床80张，医务技术人员105人，年门诊量15.43万人次，收住院病人412人次。1993年，医院职工超过140人。1994年，医院成为一级甲等医院。1996年，职工医院改名为济南二机床集团有限公司职工医院。2000年，企业对医院开始实行独立核算，积累资金200余万元，改造就医环境，更换X光机、心电监护仪，购置彩色B超、半自动生化仪、血流变仪等。

2003 年，医院职工 76 人，结合实际开始社区卫生服务，工作模式和发展方向逐渐改变。2004 年，医院承办南辛庄社区卫生服务中心，创建达标成为市级社区卫生示范中心。2006 年，有医务人员 82 人，年门诊量 8500 人次。

五、厂企卫生室（所）

1990 年，驻区厂企卫生室共 73 家。1996 年，市区原 9 家街道卫生院全部撤销。1999 年，卫生室增至 92 家。2000 年，企业改制，人员下岗分流，部分卫生室陆续撤销。至 2006 年底，全区有厂企卫生室 40 家。

六、个体行医机构

1990 年，全区个体行医机构共 50 家。至 1999 年底，个体行医机构发展至 89 家。2000 年，部分厂企卫生室的医务人员从事个体行医。至 2006 年底，全区有个体行医机构 179 家。

1990—2006 年槐荫区部分年份驻区医疗卫生机构情况表

表 14–2

项目＼年份	1990	1995	2000	2002	2004	2006
医院（家）	18	20	20	21	20	20
厂企医务室（家）	73	85	90	60	44	40
村卫生室（家）	100	100	100	100	98	98
个体行医（家）	24	72	95	126	152	179
实有床位数（张）	2850	3995	4016	4293	4649	4853

第二节　医疗队伍

1989 年，全区（不含驻区医疗机构）有西医技术人员 394 人，其中区医院 272 人，两镇卫生院 74 人，街道卫生院 9 人，区防疫站 32 人，区妇幼保健站 7 人；副主任医师 3 人，主治医师、主管医师、主管检验师、主管护师、主管药师 72 人，医师、护师、助产师、药师、检验师、放射诊断师 194 人，医士、检验士、助产士、放射技师、放射诊断士、护士、药士、护理员等 125 人。个体行医者 24 人。1992 年，全区卫生医疗机构共有卫生技术人员 5000 人。1994 年，《中华人民共和国护士管理办法》颁布实施，规范护士执业行为。1997 年，全区卫生医疗机构有卫生技术人员 4923 人。1999 年，《中华人民共和国执业医师法》实施，对医师执业资格、考核、注册条件、责任与义务等均作出明确规定，规范医师的执业行为。2002 年，全区驻区卫生医疗机构共有卫生技术人员 4754 人。2004 年，全区卫生医疗机构共有卫生工作人员 5230 人。2006 年，全区驻区卫生医疗机构共有卫生技术人员 5528 人。区属医疗机构卫生技术人员 441 人。

2006年槐荫区属医疗机构床位和人员情况表

表14-3

医疗机构	床位数（张）	职工总数					
		合计（人）	卫生技术人员（人）				
			合计	执业（助理）医师	注册护士	其他	
槐荫区人民医院	250	489	394	160	146	88	
段店镇卫生院	25	32	28	18	6	4	
吴家堡镇卫生院	25	22	19	8	6	5	
合计	300	543	441	186	158	97	

第三节 医疗技术

一、医术

肛肠科 1994年，采用复合镇痛方法解除肛肠手术后剧烈疼痛。主要应用骶管麻醉、局部长效镇痛药封闭、长效止痛栓塞肛等非静脉、口服用药解除术后疼痛，临床观察3000余例手术病人，有效率95%。无头痛、头晕、恶心等副作用。长期随访3年，无脑神经、脊神经受损表现。1995年，开始使用对口引流保留括约肌治疗复杂性肛门瘘，保护肛门肌能不降低，肛管不变形，明显减轻病人痛苦，缩短病程，排粪造影动态观察与术前动态影像接近，治疗病例1000余例，一次手术治愈率98%。1996年，研制非梗阻性便秘的治疗方法，选用大黄、红花，以2∶1的比例研成细粉末，醋调，填入脐内，共治疗便秘患者5000余例，有效率91%。1998年，采用“三点式组合吊扎+缩肛术”治疗完全性直肠脱垂，远期有效率达93%，该项技术通过省级鉴定，填补国内空白，居国内同类研究领先水平。2000年，编著《痔瘘专科药物学》（山东科技出版社），填补国内该类学术专著空白。2004年，肛肠科成为省中医重点专科建设单位，市A级重点专业，对痔疮、瘘疮、肛裂、肛周脓肿等常见病、多发病诊治具有良好的疗效，无痛苦、无后遗症；综合治疗肛门直肠神经症、顽固性便秘、出口梗阻综合症、中医药治疗重度溃疡性结肠炎、各种肠炎、肛门顽固性湿疹等，尤其在肛门手术术后镇痛方面取得突破性进展。在肛肠病文献资料研究方面，对祖国医学历代的医书、方书、药书进行有关痔瘘关键词的检索，整理出有关治痔的千余味药和方剂，通过归纳整理，提出“中医治痔药物群落”的概念，为研究开发痔瘘专科中药制剂提供了理论基础。2006年，肛肠科3次应邀参加中日国际肛肠学术交流会，6项科研成果获省、市科技进步三等奖。肛肠科年门诊量4万人次，年平均住院2000余人次。

外科 是济南市治疗大肠肿瘤的重点科室，开展低位直肠癌保肛手术、重度直肠全层脱垂注射治疗加肛门括约肌折迭缩肛术、直肠粘膜悬吊缝扎术、全结肠切除术、结肠穿孔修补体外旷置术、经内窥镜下高频电切摘除术治疗结肠单发或多发性大肠息肉、痔上粘膜环切吻合术（PPH）、治疗复杂性肛瘘等手术。结肠、直肠癌手术治疗达到国内先进水平。1991—2006年，进行结肠、直肠癌手术1200余例。

妇科 1996年，经评审认定为济南市爱婴医院。主要治疗妇科常见病、多发病，对附件炎、盆腔炎、阴道炎等治疗有良好的疗效。2005年6月，开展可视人工流产；子宫肌瘤、卵巢囊肿、各种妇科、各种妇科恶性肿瘤治疗技术日渐成熟；输卵管吻合术成功率98%。2006年，全年妇科手术600余例，分娩1600例。

二、医药

1996 年，槐荫人民医院开展“愈痔熏洗剂临床研究”。同年，研制的痔宁膏，获得山东省科技进步成果三等奖；研制的愈痔熏洗剂，是传统的熏洗方剂的改良剂型，由原来有效成分浸出率 30% 提高到 90%，该项技术获得山东省科技进步三等奖。1997 年，“痔宁膏的临床研究”获山东省科技进步三等奖、济南市科技进步三等奖。同年，开展“痔宁肠溶止痛栓”研究。2001 年，获得济南市科技进步三等奖。2003 年，从 5000 余种中草药检索出历代记载治疗痔瘘病的 2000 余首方剂，研制治疗痔瘘内服药剂——十味愈痔丸。至 2006 年，槐荫人民医院自行开发研制的药剂主要有：痔宁膏、愈痔熏洗剂、十味愈痔丸、庤宁肠溶止痛栓、紫草油、红粉砂条、芙蓉膏等，还有双连清热合剂、川杏糖浆等。取得国家批准文号的特色制剂有痔宁膏、愈痔熏洗剂、十味愈痔丸、痔宁肠溶止痛栓。

第四节 医疗设备

1989 年，全区卫生专业机构 1000 元以上的医疗器械共 39 种、70 余台。随着国家对卫生事业投入的不断增加，各医疗单位逐步购置和更新医疗器械。至 2000 年，万元以上医疗器械达 45 种、212 台。2006 年，槐荫人民医院、槐荫区卫生防疫站、槐荫区妇幼保健站、槐荫人民医院段店分院、槐荫人民医院吴家堡分院均配备较为完备的常规检查检验设备，槐荫人民医院拥有 DR 拍片机、电子胃镜、螺旋 CT、彩超、数字胃肠、电子结肠镜、X 线机、ICU、CCU 及各种监护设备等大型医疗设备，万元以上设备 99 台，其中 100 万元以上设备 5 台。段店分院主要设备有血球计数仪、半自动生化分析仪、高频电刀、X 光机、过参数心电监护仪等。吴家堡分院主要设备有 200MAX 线机、尿八项分析仪等。

第三章 卫生防疫

第一节 防疫机构

1989 年，区防疫站下设卫生科、食品卫生科、防疫科、检验科、宣教科、办公室及劳动卫生组、学校卫生组、计划免疫组、传染病管理组、地方病调查组、公共卫生组、宣传组、消毒组、食品组、统计组、化验组等机构，履行辖区公共卫生职能。有业务人员 36 人，其中医师 13 人，主管医师 9 人，医士 10 人，其他 4 人。1995 年 10 月 31 日，《中华人民共和国食品卫生法》颁布实施，规定县级以上地方人民政府卫生行政部门为执法主体。1996 年，成立区卫生行政综合执法监督检查大队，对卫生监督进行综合执法。1997 年 4 月，成立慢性非传染性疾病防治科，重点防控高血压病和糖尿病，对高危人群进行干预。1999 年，撤销卫生行政综合执法监督检查大队，设立 5 个卫生监督科，实行食品卫生、公共场所卫生、饮用水卫生、化妆品卫生综合执法及相关产品、用具、场所的监测工作。2005 年，有业务人员 43 人，其中副高级职称 7 人、中级职称 18 人、初级职称 18 人。2005 年 6 月 27 日，撤销卫生防疫站，成立槐荫区疾病预防控制中心和槐荫区卫生局卫生监督所。区疾病预防控制中心内设办公室、财务科、防疫科、性病慢病防治科、免疫规划科、查体科、检验科和质量管理科，履行辖区疾病监测、疾病防治和疾病预防控制，突发卫生事件处理，卫生宣传等职责。辖区公共卫生防疫网络分别由 13 家医院（省级医院 4 家、市级医院 4 家、区级医院及其分院 3 家，工厂职工医院 2 家）及 12 家社区卫生服务中心组成，负责辖区 40 余万人的传染病管理、预防接种和健康教育。

第二节　计划免疫

1989年，辖区儿童建卡率100%、卡介苗接种率85.7%、脊灰接种率82.14%、百白破接种率82.14%、麻疹接种率85.71%；抽查辖区医院产房卡介苗接种率81.89%。1990年，成立区脊髓灰质炎防治领导小组。1992年，全区在计划免疫门诊推广使用一次性注射器，从第四季度开始，生物制品接种工作全部采用一次性注射器。1993年，抽查检查“四苗”接种率均在95%以上。1995年1月1日起，建立全国常规免疫接种率报告系统，使用统一的免疫接种率报告表格。1999年1月1日起，使用新常规免疫接种率报表、新版预防接种证。根据《山东省麻疹监测方案（试行）》开展麻疹监测，对辖区7岁以下儿童开展大规模的麻疹疫苗强化活动。对驻济大中专院校入学新生进行麻疹疫苗接种。2000年1月1日起，使用新版麻疹个案调查表，加强新生儿破伤风的监测工作。首次签发计划免疫人员上岗证。

2001年，对驻区各医疗单位计划免疫工作人员、疫情报告管理人员进行申报和重新审核。辖区省立医院预防接种门诊、市立二院预防接种门诊、振兴街预防接种门诊、二机床集团职工医院预防接种门诊通过济南市首批市级规范预防接种门诊验收。2002年，取消驻区厂企卫生室儿童预防接种工作，辖区儿童预防接种工作实行社区统一管理。推广使用无细胞百白破三联制剂取代全细胞百白破三联制剂进行常规免疫接种。新建3520工厂职工医院预防接种门诊。辖区山东省立医院预防接种门诊首批取得省级示范门诊资格。西郊医院预防接种门诊、市立五院预防接种门诊、中大社区卫生服务中心预防接种门诊、西市场社区卫生服务中心预防接种门诊通过济南市第二批规范预防接种门诊验收。2003年，将乙型肝炎疫苗纳入儿童计划免疫，对1月1日后出生的儿童使用免费乙肝疫苗进行接种。青年公园社区卫生服务中心预防接种门诊、机车医院预防接种门诊、3520职工医院预防接种门诊通过济南市第三批规范预防接种门诊验收。调整流行性脑脊髓膜炎球菌多糖疫苗的接种程序。

2005年，各级各类医疗机构对发现的流脑疑似病例实行24小时内报告制度。将1岁以上儿童的甲肝疫苗接种纳入常规免疫接种工作，并将甲肝疫苗接种情况纳入常规接种率监测系统进行统计报告。在驻区大中专院校开展国产麻疹风疹二联减毒活疫苗免疫接种工作。中大槐树社区卫生服务中心预防接种门诊、西市场社区卫生服务中心预防接种门诊、吴家堡医院预防接种门诊、煤矿医院预防接种门诊、机车工厂医院预防接种门诊均取得省级示范门诊资格。2006年1月1日起，按照卫生部规定的新的儿童计划免疫程序执行预防接种，调整流脑疫苗、乙脑疫苗、麻疹疫苗及白破疫苗的接种程序。在校儿童预防接种证建证率100%，补种后免疫规划疫苗全程接种率达到95%。承接世界卫生组织与卫生部的两脑监测合作项目，以山东省立医院、齐鲁儿童医院为监测点，开展对脑炎、脑膜炎的监测、报告及流调、采样工作。

1991—2006 年槐荫区预防接种情况表

表 14-4

年份	卡介苗		乙肝疫苗		脊髓疫苗		麻疹疫苗		百白破三联		乙脑疫苗		流脑疫苗	
	接种人数（人）	接种率（%）	接种人数（人）	接种率（%）	接种人数（人）	接种率（%）	接种人数（人）	接种率（%）	接种人数（人）	接种率（%）	接种人数（人）	接种率（%）	接种人数（人）	接种率（%）
1991	4092	96	—	—	4085	100	4315	100	4095	100	4844	100	—	—
1992	2901	95.36	—	—	2002	99.60	1767	99.80	2121	99.58	17766	98.52	—	—
1993	254	100	—	—	2913	98.80	1354	98.80	3049	97.20	—	—	—	—
1994	3465	94.20	—	—	8357	99.80	14857	99.90	11339	99.40	—	—	—	—
1995	3286	96.10	—	—	10883	99.90	2920	99.70	8726	99.80	16797	99.70	—	—
1996	3388	98.50	3308	100	8257	99.90	2882	99.80	8621	99.80	7298	99.30	1539	100
1997	2626	94.80	2726	100	12072	99.90	2868	99.80	12137	99.80	10663	98.70	29957	99.80
1998	4550	98.70	3971	96.60	8663	99.50	22976	99.90	8741	99.93	9878	99.41	8277	99.41
1999	1157	100	3377	100	7790	100	2694	100	8100	99.98	3568	99.94	3251	99.62
2000	4528	99.54	12806	99.06	8784	100	2852	100	9116	100	3731	99.47	3964	99.67
2001	3846	99.20	11234	98.70	10350	99.70	5974	99.80	11685	99.90	8200	99.20	7937	98.50
2002	4139	99.00	10561	99.20	12995	99.90	19013	99.80	13088	99.80	10409	98.60	8831	98.50
2003	2848	99.50	6442	100	11508	99.90	10383	99.20	12765	99.90	11399	98.80	11320	98.00
2004	4746	97.30	10266	99.60	13677	99.70	9874	99.20	14133	99.80	7543	98.50	26000	80.00
2005	3942	92.10	11403	99.90	15720	99.90	11404	95.30	16370	99.90	17559	99.30	9962	99.70
2006	4611	92.40	13433	99.90	16366	98.40	12202	98.00	18478	99.80	13167	99.20	14984	99.80

第三节 传染病防治

一、霍乱（2号病）肠道传染病防治

1989年，《中华人民共和国传染病防治法》颁布实施，传染病防治管理工作纳入法制轨道。同年，辖区内各医院成立腹泻病门诊，每年5月1日开诊，10月31日结束，并组建6支霍乱疫情处理机动队。1994年，进一步规范霍乱、腹泻病防治方案和疫情处理应急预案，各医疗单位从事腹泻病诊疗检验及有关人员每年定期进行岗前培训，考核合格后持证上岗，市级以上医院设置腹泻病门诊独立区“四室一所”（诊查室、留验室、化验室、药房和专业厕所），县区级医院腹泻病门诊备有诊查室、留验室和专业厕所，乡镇级医院设专桌。1997年、1999年、2001年，区卫生防疫站检验科从医院病人粪便送检标本中分别检出稻叶型霍乱弧菌。2001年6月，山东省立医院报告辖区1例稻叶型霍乱弧菌霍乱病人。2004年4月，吴家堡镇刘庄和陈庄2个自然村被山东省疾病预防控制中心定为腹泻病监测点，全年监测5岁以下儿童1389人。其中，刘庄782人，腹泻者9人，发病率1.15%；陈庄607人，腹泻者13例，发病率2.14%。至2006年，感染性腹泻传染病得到有效控制。

1989—2006年槐荫区腹泻病门诊工作量情况表

表14-5　　　　单位：人（次）

年份	腹泻病总数	痢疾	肠炎	SPA快诊	霍乱培养	霍乱
1989	10941	949	9992	9546	1872	0
1990	12422	697	11725	10926	4556	0
1991	9335	299	9036	9036	4556	0
1992	12623	1408	11215	11360	4315	0
1993	5133	553	4580	4600	2699	0
1994	6631	327	6304	6411	3470	0
1995	6277	1045	5858	5691	1045	0
1996	7738	333	7405	7259	595	0
1997	7190	297	6893	6419	929	0
1998	8738	535	8170	8452	758	0
1999	9176	399	8777	8799	473	0
2000	9377	323	9054	8381	518	0
2001	11624	680	10797	11098	398	1
2002	12193	957	11190	11976	374	0
2003	8951	477	8434	8836	335	0
2004	8444	483	7920	8369	377	0
2005	8412	360	8021	8254	330	0
2006	8662	425	8180	1080	1034	0

二、传染性非典型肺炎防治

2003年初，传染性非典型肺炎（简称非典）疫情在国内发生。4月21日，成立槐荫区防治非典型性肺炎指挥部，下设办公室，进行辖区内的防治督导。同时成立由各街道（镇）监督管理员、医院和社区卫生服务中心医护人员250人组成的26支应急小分队，各街道（镇）成立监督管理站，各村居和单位成立监测点315个，负责对全区疫区往返来济人员和发热病人进行监督、管理和健康监测。辖区23个一级以上医疗机构全部设立发热门诊，有330名专业医护人员，46张观察床位。山东省立医院设立涉外发热门诊。区防疫站成立由站长担任组长的“非典”疫情处理防治机动队，2支16人组成的流行病学调查队，深入各街道（镇）负责非典防治技术指导，每天下午4点反馈疫情报告情况。街道（镇）成立14支84人的“非典”疫情流动调查小组，对辖区内“非典”疫区返济人员实施健康监护，对发热病人及密切接触者进行医学观察。建立“非典”疫情报告制度（每日零报告）、消毒隔离制度、应急队伍工作制度、流行病学调查工作制度、留验站工作管理制度、疫情统计报告制度等一系列规章制度。“非典”期间，配备一次性隔离衣900件、防护服180套、手套5000副、水靴60双、防护镜200副、雨衣100件，专门为疫情处理人员配备消毒间、淋浴室。共处理疑似病例11起，密切接触者164人，消毒疫点8处，消毒和指导消毒1.2万平方米。监测12.45万人次，担山屯和美里湖留验站共检查车辆28687辆，消毒7155辆，测体温10.42万人次，查出发热病人100人，全部进行妥善处理；全区23个发热门诊，共接诊病人774人次，其中发热449人次，留验观察41人次；学校监测73397人次，发热98人，均排除非典和疑似非典（多为上呼吸道感染和扁桃体炎，病愈后返回课堂）；对从疫区到济、返济人员590人进行流行病学调查和健康监测。

三、艾滋病防治

2000年前，艾滋病防治工作以宣传为主。2001年，协助山东省皮肤病防治研究所开展艾滋病防治信、知、行的调查。2002年，举办艾滋病防治培训班，培训800余人，参与市疾病控制中心AIDS血清流行病学调查工作。2003年3月，辖区发现首例艾滋病病毒感染者。2004年4月28日，区卫生局成立槐荫区性病艾滋病防治所。5月12日，槐荫区被省卫生厅确认为山东省城市艾滋病综合防治示范区。2005年1月，槐荫区启动既往有偿供血（浆）人员艾滋病病毒抗体筛查，调查居民12万人，筛查出职业献血员10人，对其中9人（1人失踪）进行血清学检测，检查结果全部为阴性。成立槐荫区艾滋病高危人群干预工作队，每月至少两次到夜总会、洗浴中心等公共场所对服务人员进行调查和指导，开展艾滋病病毒抗体免费检测、自愿咨询服务，发放艾滋病防治宣传材料。同年6月1日，区政府成立槐荫区防治艾滋病工作委员会。8月，建立槐荫区疾病预防控制中心艾滋病筛查实验室；对农村外来妇女74人进行抽血和调查，农村外来妇女筛查检测工作逐步常规化。至2006年底，共干预510人，检测73人，发放安全套10万余只，在社区重点地段和大型宾馆的公共卫生间安装100余台安全套自动售套机。累计发现艾滋病病毒感染者4例，其中艾滋病病人3例。

1989—2006 年槐荫区传染病发病率情况表

表 14-6

年份	肝炎	痢疾	淋病	梅毒	猩红热	出血热	麻疹	肺结核	乙脑	伤寒	百日咳	疟疾	斑疹伤寒
	发病率/10 万	发病率/10 万	发病率/10 万	发病率/10 万	发病率/10 万	发病率/10 万	发病率/10 万	发病率/10 万	发病率/10 万	发病率/10 万	发病率/10 万	发病率/10 万	发病率/10 万
1989	216.94	310.00	—	—	68.52	6.88	1.80	216.94	0.30	—	—	—	—
1990	182.34	207.33	5.35	—	12.49	0.59	0.30	—	—	—	—	—	0.30
1991	154.88	113.72	2.96	—	7.40	0.59	4.15	—	—	—	0.30	—	0.30
1992	119.93	120.82	0.59	—	7.10	2.67	1.48	—	—	0.30	0.30	—	—
1993	125.36	104.12	1.47	—	7.96	4.42	2.36	—	0.30	0.88	0.30	—	0.88
1994	85.79	114.97	0.88	—	33.61	4.42	0.30	—	—	0.30	0.30	—	—
1995	82.76	91.89	10.31	—	35.34	4.71	0.59	—	—	—	—	—	—
1996	74.09	97.90	5.88	—	21.17	5.29	0.29	—	0.29	—	—	—	—
1997	83.31	94.42	5.22	0.29	15.67	2.90	0.58	7.55	—	—	—	—	—
1998	86.87	148.20	11.85	0.85	8.74	2.54	1.13	16.36	—	—	0.28	—	0.28
1999	80.82	109.49	25.02	1.65	4.12	4.12	0.55	20.34	—	—	—	—	—
2000	79.48	85.87	14.04	1.85	3.18	2.38	1.32	17.22	—	—	0.79	—	—
2001	94.86	83.70	4.82	0.51	3.30	2.54	2.03	16.74	—	—	—	—	—
2002	315.43	175.80	2.37	0.89	5.62	3.55	0.29	21.61	—	—	—	—	—
2003	92.32	80.19	17.78	2.96	5.62	2.37	0.30	32.84	0.30	—	—	—	—
2004	87.03	77.84	20.97	8.33	7.46	2.58	0.57	42.51	—	0.28	—	0.28	—
2005	94.15	68.01	46.95	25.83	12.17	1.74	3.24	55.64	—	—	0.25	—	—
2006	115.97	60.91	21.20	20.95	6.82	0.24	5.12	38.49	—	—	—	—	—

续表 14-6

年份	流脑	HIV	新生儿破伤风	狂犬病	炭疽	脊髓灰质炎
	发病率/10万	发病率/10万	发病率/10万	发病率/10万	发病率/10万	发病率/10万
1989	0.59	—	—	2.09	0.30	0.30
1990	—	—	—	—	—	—
1991	—	—	—	—	—	0.30
1992	1.48	—	—	—	—	0.30
1993	0.30	—	—	—	—	—
1994	0.29	—	—	—	—	—
1995	—	—	—	—	—	—
1996	—	—	—	—	—	—
1997	—	—	0.29	—	—	—
1998	—	—	—	—	—	—
1999	—	—	—	—	—	—
2000	—	—	—	—	—	—
2001	—	—	—	—	—	—
2002	—	—	—	—	—	—
2003	—	0.59	—	—	—	—
2004	—	—	0.28	—	—	—
2005	0.50	—	—	—	—	—
2006	—	—	—	—	—	—

第四节　慢性非传染性疾病防治

1996年底，槐荫区开始承担卫生部慢性非传染性疾病（慢性病）社区综合防治示范项目。该项目以社区为工作层面，以健康促进为策略，以高血压、糖尿病为重点干预目标，以慢性病的高危人群和病人为干预对象，以整合全区防治资源机制为探讨重点，开展社区慢性病综合防治工作。1997年4月，辖区被确定为卫生部“社区慢性非传染性疾病综合防治项目”的17个示范点之一，成立槐荫区慢病防治工作领导小组，区防疫站成立慢性非传染性疾病防治科，承担宣传教育工作；各街道依托社区卫生服务中心（站），确立慢性病防治的相应管理部门和人员。

1998—1999年，主要针对高血压进行控盐宣传的健康教育。

1999年9月，制定《槐荫区慢性病综合防治干预规划》；11月，槐荫区被卫生部确定为全国4个重点社区慢性病综合防治示范点之一。2000年3月，向卫生部提交《槐荫区社区慢性病综合防治工作结合机制实施方案》。同年，在城区8个街道社区发放限制食盐摄入量的盐勺5000余只。2002年，结合慢性病防治中期评估工作，调查员入户开展居民健康调查活动，对居民存在的健康问题进行指导。2005年，区疾病预防控制中心对社区卫生服务工作人员进行慢性病社区干预业务技术培训，并参与各卫生服务中心的《社区卫生诊断》的调查。2006年，配合国家、省、市疾病预防控制中心在全区开展糖尿病、肾病防治“生命之光”项目。

第五节 地方病防治

一、碘缺乏病防治

1989年，开始实施加碘食盐碘含量监测工作，居民食盐合格碘盐使用率达到国家规定要求。1993年起，每年5月5日在全区开展防治碘缺乏病日宣传活动。在学校开设“碘缺乏病防治常识”一堂课，要求中小学每学期用一节课时间，对学生开展碘缺乏病防治宣传教育。1994年，全区开始应用碘油丸，每年特需人群补用碘油覆盖率90%。1997年，辖区通过国家评估，成为碘缺乏病消除区。1998年，停止特需人群补用碘油丸供应。2000年，成立槐荫区卫生防疫站碘缺乏病防治服务站、段店镇医院碘缺乏病防治服务站、吴家堡镇医院碘缺乏病防治服务站。2002年，槐荫区疾病预防控制中心被评为“参加全国质控网络并合格的实验室——盐碘实验室”。2006年，碘盐监测合格率95.3%。

二、流行性出血热防治

防控措施除强化灭鼠外，以疫苗接种为主。1996年，接种出血热疫苗625人份。1997年，全区推行大范围疫苗接种，接种出血热疫苗3000份。

三、疟疾防治

1999年，辖区内成立9所疟疾血检镜检站，以临床初诊为疟疾、疑似疟疾和不明原因发热病人（简称“三热”病人）为血检对象，登记并及时报告。血片涂制和染色合格率要求每年均达90%，复检率10%。

四、炭疽病防治

1999年6月24日，吴家堡镇新沙村发生动物间（羊）炭疽疫情，得到有效控制。至2006年，无炭疽病例发生。

五、狂犬病防治

1989年，辖区狂犬病发病7例。1990—2006年，辖区无狂犬病病例发生。

第六节 职业病防治

1989年，对辖区89家工业单位进行检测，各类疾病患病率57.1%，其中高温作业47.1%，毒物作业60.20%；查苯作业人员949例，白细胞低于4000者52例，检出率5.5%，确诊为慢性苯中毒2例，患病率0.2%；查铅作业人员942例，尿铅高于正常值7例，诊断为铅吸收，占体检人数0.7%；职业禁忌症125例，占体检人数1.9%；均调离原作业岗位。1990年，检测单位82家，查出各种疾病439例，其中职业禁忌症21例。1991年，监测单位28家，监测点228个，接触有毒有害作业人员查体3600人，禁忌症12人，均妥善处理。1992—1993年，检测单位89家，实测点366个，检出职业病3例，其中慢性苯中毒1例，急性乙二胺中毒1例，职业病皮炎1例。发生非生产性农药中毒2例，无生产性中毒发生。1994年，对有害作业39家企业、2954人进行查体，检出阳性504人。

2002年5月1日，《中华人民共和国职业病防治法》颁布，组织多期法律法规培训班，开展乡镇企业、农村个体工商户企业职业危害因素专项整治，加大宣传。建立职工职业健康监护档案2105份，建档率80%。2004年，与省职业卫生与职业病防治研究所合作，对部分企业的605人进行健康查体，查出职业禁忌症1人，立即调离其工作岗位；白细胞偏低3人，经复检后调离从事的有机溶剂岗位。2005年，开展职业卫生监督执法专项行动，对1家化工企业进行监督检查。2006年，与省职业病防治院合作健康体检306人，为私营企业农民工10余人免费查体。同年4月，开展职业病防治宣传周，发放宣传材料200份，开展职业病防治咨询30人次；并依据《中华人民共和国职业病防治法》和有关对职业病防治工作的分工，开展职业病防治情况重点检查，监督、组织接触有毒、有害作业的工人进行体检。年底，对16家企业230人进行体检，查出职业病1种（尘肺病），发现尘肺病病人3人。

第七节　卫生监督

2005年前，卫生监管工作由区防疫站负责。2005年6月，成立区卫生监督所，设2个监督科、2个监测科和1个综合卫生科，行使卫生监督职责，实行食品卫生、公共场所卫生、饮用水卫生、化妆品卫生区域管理。

一、食品卫生监督

食品卫生监督包括对食品加工、食品销售及餐饮单位、集体食堂等卫生监督。1989年，全年发放食品卫生许可证334个，经济处罚134户，罚款额6020元。1994年，辖区食品从业人员5105人。1996年，推行餐饮业“六室一厅”（加工间、凉菜间、粗菜处理间、洗刷消毒间、更衣室、仓库和餐厅）发证标准，餐饮业基础卫生条件明显提高。同年，经济处罚48户，罚款15.57万元，没收销毁污染变质食品8047.5千克。1998年，将小饭桌纳入日常食品卫生管理。同年，全区监督6020户次。2001年，发放食品卫生许可证1420个。2002年，推行“退路进厅”政策，食品卫生状况得到进一步改善，监督2.57万户次。2003年，实行食品卫生监督量化分级管理。2004年11月，开展对建筑工地食堂专项整顿，督促建筑承包商改善食堂卫生条件，增加卫生设施，保证提供卫生合格的食品。2005年，整治工地食堂45家，举办食堂负责人培训班，向各工地农民工发放工地食品卫生知识宣传材料500余份。同年，区防疫站（疾控中心）成立专门科室，从事学校卫生及食品卫生管理，对辖区内的学校幼儿园进行不间断拉网式检查。2006年，全区共有食品生产经营单位3105家，食品生产经营人员近万人，取得有效卫生许可证的食品销售单位2234家，餐饮单位685家，食堂76个，生产加工单位110家。

1989—2006年，辖区共发生食物中毒事件7起。1989年9月，济南市商业储运公司民工31人因食用食堂未炖熟的芸豆造成中毒。1991年8月14日，振兴街中心幼儿园幼儿及保教人员共66人因饮用被金黄色葡萄球菌污染的牛奶导致中毒。2000年5月25日，济南槐荫东晟面粉厂员工29人因食用食堂未炖熟的芸豆造成中毒；金源商会俱乐部餐厅造成21人不明原因的食物中毒；2001年8月28日，段店村个体熟肉加工户未经许可擅自加工酱驴肉，由于工具容器不洁，造成34人细菌性食物中毒。2003年9月7日，新源酒店未经许可擅自从事盒饭的加工销售，因生熟加工在同一房间内，造成42人不明原因食物中毒。2004年，发生阜阳奶粉事件，辖区对农村地区及城乡接合部所有销售奶粉的商店、超市进行全面检查，未发现“问题奶粉”。2005年3月，国内其他地区出现苏丹红事件后，辖区内进行普查，未发现含有苏丹红的食品。7月31日，济南杭州城大酒店因凉菜被待加工食品污染，造成参加婚宴的34人发生不明原因的食物中毒。

2005—2006年，卫生局开展食品卫生检查、宣传（区卫计局提供）

二、学校卫生监督

1989年起，全区各学校采取措施控制近视眼、龋齿、贫血、蛔虫等常见病，采取各种形式宣传保护视力的意义，坚持一日2次眼保健操、一年2次视力普查；每年10月对中小学进行服药驱虫；利用健康查体机会对龋齿进行普查；组织校医、保健教师及部分中小学生参加各种形式的卫生知识培训。1990年起，建立中小学生查体健康档案卡。1999年，对64所小学6年级学生共5844人进行血红蛋白情况检测，贫血率19.68%；对19所公办小学一、四年级共3927名学生进行血红蛋白检测，贫血率29.49%（全国平均水平为44.39%）。同年起，每年对学校食堂公用餐具进行2次以上消毒效果监测。2004年，对驻区大中专学校，每学期每所学校进行卫生监督2～3次，每年每所学校食堂餐具消毒效果监测2～4次。2005年，对5家食堂食品卫生违法行为严重的学校进行处罚，共罚款4000元。2006年，全区市区中小学和镇中心小学均设有卫生室，配备专（兼）职卫生保健老师和基本的医疗器械及常用药品。

三、公共场所卫生监督

1987年4月1日，国务院《公共场所卫生管理条例》颁布实施，区卫生防疫部门对7类28种公共场所实施卫生监督、监测和许可，进行日常卫生监督管理，对营业场所环境卫生质量及公共用品进行卫生监测，对从业人员进行健康检查，对违反《公共场所卫生管理条例》行为实施行政处罚等。1988年，正式实施公共场所卫生许可证管理，当年发证94个，从业人员查体1130人。1989年，发放公共场所卫生许可证127个。至1990年，累计发证268个。至1996年，公共场所卫生每年监督检测400～800户次，检测5000～17000项次，合格率82%～99%，立案查处违规行为28件，罚款8000余元。1999年始，实行综合卫生监督，每年检测800户次以上，检测1万项次以上;合格率80%～96%。同年，立案查处违规行为15户次，罚款8000余元。2001年，投资21万余元，购置3套公共场所现场检测仪器，首次实现公共场所空气卫生质量监测数据的现场直读，并能开展甲醛、可吸入尘的现场检测。制定《济南市槐荫区卫生防疫站公共场所卫生监测规定》，规范卫生监测工作。公共场所卫生监督监测覆盖率95%以上，立案查处各种违法案件，结案率100%；每年组织从业人员进行健康查体及卫生知识培训，查体、培训率95%以上。2004年始，每年春季对重点公共场所空调通风系统进行1次监督检查及监测。2006年，对旅店业、商场等从业人员进行健康检查，共查体3203人。

卫生工作人员雨后开展消毒消杀工作

（2006年摄　区卫计局提供）

四、生活饮用水卫生监督

1996年7月9日，建设部、卫生部《生活饮用水卫生监督管理办法》颁布实施，区卫生防疫站负责对生活饮用水进行全面卫生监督管理。1997年后，全区城市供水监测合格率100%。2000年，全区二次供水点27个。至2003年，共采样检验样品201份，监测项目2000余个，合格率95%以上，未合格者主要由于储水箱未及时清洗所致。2006年起，对农村自建供水系统纳入卫生监督管理范围。

五、化妆品卫生监督

1989年11月，国务院《化妆品卫生监督条例》颁布实施。区防疫部门每年依法对市场流通领域的化妆品经营及使用单位进行2次监督检查，检查合格95%以上。2000年，采集样品37份，合格36份，合格率97.3%。2005年，对市售化妆品进行专项监督，没收未按《化妆品卫生监督条例》规定要求标识包装内容的化妆品120余盒（支）。

六、放射卫生监督

1989年，辖区医用X线机和工业探伤机共45台，有合格证的41台，全区放射从业人员培训169人，培训率100%。1990年，共监测医用X线机7台，工业探伤机2台，合格率100%；培训放射从业人员360人，合格率99.4%，培训率100%。1991年，监测单位2家，X线机3台，合格率66.67%。1997年，重点监测辖区内X线机4台、CT机1台，合格率100%。2004年，对全区放射从业人员全部进行放射防护知识的培训和考核，对放射从业人员证进行复检，持证率100%。2006年，对辖区从事放射工作11家单位办理放射诊疗许可证，均为医疗机构放射诊疗科目。

第四章 妇幼保健

1989年，区妇幼保健站有医务人员7人，其中主治医师1人，医师5人，助产士1人。1993年，设立婚检科、儿童保健科、妇女保健科和化验科等。1999年，投资20万元，配备B超、心电图机、二分类血球计数仪、波姆光治疗仪、乳腺透照仪和乳腺治疗仪。2001年4月16日，保健站迁入新址，原有的二分类血球计数仪换成三分类血球计数仪，同时增加全自动生化分析仪、微量元素仪和全自动尿液分析仪。2006年，有医务人员10人，其中主治医师6人。

第一节 婚前健康检查

1989年9月1日，婚检试点在济南市区正式启动，婚检时间为每星期四、星期五上午，每月底为新婚人员举办学习班。至年底，全区841人接受婚检，查出各种疾病患病人数59人，患病率7.02%；各种传染病36人，传染病患病率4.28%。1992年3月1日，婚检在全区铺开。至年底，婚检人数4955人，婚检率90.75%，各种疾病患病率2.94%。2000年，婚检人数4600人。2003年10月1日起，新婚姻登记条例下发，取消强制性婚检。2004—2006年，有103人自愿接受婚检。

第二节 妇女保健

一、围产期保健

1985年，开始围产期保健工作。1989年，开展孕、产妇系统管理。1990年，开始为孕妇建立母子保健手册。1992年，开办孕妇学校，向孕妇宣传母乳喂养、母婴同室等知识。1993年起，辖区被确定为孕产妇死亡国家监测点。1996年，聘任监督员5人，对全区母婴保健工作实施监督管理，实行母婴保健专项技术服务执业许可证制度，有9家区级以下医疗机构获得许可证，50人取得母婴保健技术专业合格证。区妇幼保健站通过发放宣传资料、广播等形式向社会宣传母乳喂养知识，每月8日组织社区产后访视人员学习业务知识，不断充实和更新业务知识。2006年，产后访视率74.91%。两镇的访视率54.65%。

1989—2006年槐荫区孕产妇保健情况表

表14-7 单位：人

年份	产妇	住院分娩	孕三个月初检数	产前检查	产后访视	孕产妇死亡	出生体重低于2500克
1989	4225	4053	3394	4183	3190	0	93
1990	4007	4006	2754	3849	2804	1	65
1991	2693	2693	1875	2693	1602	1	59
1992	2263	2263	1377	1679	1078	0	55

续表 14-7

年份	产妇	住院分娩	孕三个月初检数	产前检查	产后访视	孕产妇死亡	出生体重低于2500克
1993	2440	2440	1440	2079	985	1	32
1994	2884	2884	1872	2735	1597	0	69
1995	2957	2957	1360	2740	1807	0	39
1996	3072	3072	1854	2824	1822	0	109
1997	3848	3848	2607	3790	2580	1	103
1998	3810	3810	2405	3712	2574	1	139
1999	3276	3276	3074	3276	3136	1	120
2000	2017	2017	1807	2017	1864	0	131
2001	2184	2184	1896	2130	2028	0	76
2002	2794	2794	2432	2794	2609	1	84
2003	2095	2095	1765	2095	1934	0	61
2004	3853	3853	2247	3859	2865	1	123
2005	3403	3403	1419	3403	2359	0	106
2006	3906	3906	1702	3906	2920	1	90

二、妇女病普查

1984年起，全区开展妇女病普查。1989年，各种妇科病患病率36.7%。1996年，妇科病患病率32.98%。2002年，妇科病患病率32.71%。2003年12月，区卫生局下发《关于加强妇女病防治工作意见》，开展妇女病的普查普治。2006年，各种妇科病患病率下降至12.60%。

1989—2006 年槐荫区妇科疾病查体情况表

表 14-8

单位：人

年份	查体人数	妇科疾病														
		宫颈糜烂	阴道炎	附件炎	盆腔炎	子宫肌瘤	卵巢肿物	尿瘘	子宫脱垂	宫颈癌	乳腺癌	卵巢癌	其他	淋病	尖锐湿疣	EIV 感染
1989	11283	1843	532	1014	23	143	25	0	0	0	—	—	1173	—	—	—
1990	9006	1259	396	448	4	61	22	0	0	0	—	—	983	—	—	—
1991	6864	565	67	125	7	29	14	0	0	1	—	—	39	—	—	—
1992	10204	2533						0	11	0	—	—	—	—	—	—
1993	6731	930						0	3	1	—	—	—	—	—	—
1994	8109	938						0	0	0	—	—	—	—	—	—
1995	5258	802						0	0	0	—	—	—	—	—	—
1996	4411	418	137	—	—	—	—	0	0	0	0	—	—	0	0	—
1997	7731	813	448	—	—	—	—	0	0	0	0	—	—	0	0	0
1998	6986	1248	386	—	—	—	—	0	0	0	0	—	—	0	0	0
1999	2655	788	116	—	—	—	—	0	0	0	0	—	—	0	0	0
2000	8642	1952	327	—	—	—	—	0	0	0	0	—	—	0	0	0
2001	6259	731	211	—	—	—	—	0	0	0	0	—	—	0	0	0
2002	10334	1770	114	—	—	—	—	0	0	2	6	—	—	0	1	0
2003	4782	956	142	—	—	—	—	—	—	1	0	0	—	0	0	—
2004	13639	2216	564	—	—	—	—	—	—	3	5	2	—	0	0	—
2005	4866	1392	374	—	—	—	—	—	—	0	0	1	—	0	0	—
2006	5368	1248	180	—	—	—	—	—	—	0	0	0	—	0	0	—

第三节 儿童保健

1989年，儿童保健工作（集体儿童保健和散居儿童保健）由妇幼保健站管理。1992年，创建爱婴医院，辖区济南市第二人民医院和济南市第五人民医院成为首批爱婴医院。1994年，开展5岁以下儿童死亡监测，西市场街道、南辛庄街道作为5岁以下儿童死亡省级监测单位。1995年，《中华人民共和国母婴保健法》实施，各医院儿童保健门诊相继成立并承担散居儿童保健管理工作，集体儿童仍由妇幼保健站管理。同年7月，山东省煤炭局医院、槐荫区人民医院和济南市槐荫区西郊卫生院被命名为爱婴医院。1996年9月，槐荫区被命名为国家级爱婴区，被卫生部确定为社区妇幼卫生服务全国50个试点区之一，社区卫生人服务员要求掌握辖区内0～6岁儿童数，5岁以下儿童死亡数，随时了解儿童变化情况；对散居儿童定期免疫接种、体检，体格检查、母乳喂养指导、营养指导、生长发育监测、智能干预和智能筛查，每年查1次血红蛋白。同年，各医院出生的人口开始统一使用依法印制的出生医学证明。10月1日起，开展新生儿疾病筛查，凡是在市区各医院出生72小时后的新生儿，均要采血做苯丙酮尿症、甲状腺功能低下筛查。1998年，开始对在托儿童进行以防龋齿为目的的氟化泡沫透入治疗，龋齿发生率12.33%。2001年5月10日，区妇幼保健站的儿童健康保健查体站通过省、市相关机构验收，正式开展儿童入托查体工作。2002年，要求每个幼儿园、所配备兼职保健员1人，负责幼儿晨检、幼儿园消毒、幼儿膳食改进和各种记录的检查。同年7月，出生缺陷监测在全区所有接产医院中铺开。2004年，私立幼儿园配备兼职保健人员，每年培训，考核合格后发给上岗证，保育员和炊事员每年培训1次，并且持证上岗。大部分幼儿园拥有带量食谱，每周更换1次，根据营养状况及时调整伙食，保证幼儿的膳食营养合理。2005年7月，除两镇15所学校附设幼儿园、3所私立幼儿园外，全部取得卫生保健合格证。2006年，查体儿童18494人，查出佝偻病395人，发病率2.14%；贫血病患者552人，发病率2.98%；营养不良发生率0.37%；龋齿发生率8.34%。同年，驻区各医疗机构活产儿4738例，筛查4703例，筛查率99.26%，可疑患儿87例，2例确诊为甲状腺功能低下；听力筛查2641例，筛查率55.74%，其中61例查3次未通过。

1989—2006年槐荫区儿童健康查体情况表

表14-9　　单位：人

年份	应查人数	实查人数	佝偻病患病人数	贫血患病人数	体重≥X+2SD	体重≤X+2SD
1989	18053	8511	1864	3149	485	106
1990	15159	10230	2133	4570	612	113
1991	14843	10860	1873	3896	651	120
1992	11060	10227	927	1541	608	125
1993	21714	9551	362	1710	268	61
1994	21459	8457	233	976	721	37
1995	19890	6456	123	914	219	13
1996	19950	10790	79	1425	647	198
1997	18492	10055	373	1563	381	91
1998	19752	14030	1074	1744	980	142

续表 14-9

年份	应查人数	实查人数	佝偻病患病人数	贫血患病人数	体重≥ X+2SD	体重≤ X+2SD
1999	20246	18623	661	1601	1200	152
2000	20140	18544	935	1917	1095	165
2001	19389	16091	462	1145	996	118
2002	19530	16681	371	846	1612	178
2003	19041	15991	313	384	1272	135
2004	18998	16290	323	435	732	98
2005	19661	17851	346	1000	901	135
2006	20298	18494	395	552	992	73

第五章 爱国卫生

第一节 宣传教育

1989年4月，开展全国第一个卫生月宣传教育活动，围绕“一条街、一条沟、一个市场、一个城乡接合部”开展卫生突击活动。1991年3月，卫生月活动中，围绕创建卫生城市，辖区11个街道、132个单位在西市场街道集中进行爱国卫生专项整治宣传，设置宣传展牌225块，发放宣传材料2万余份，出动宣传车26辆。1993年5月，开展第五个爱国卫生月综合整治宣传活动，共设宣传站65个，服务点18处，大型展牌85块，黑板报67块，印发宣传材料1.5万余份。1998年4月，开展第十个爱国卫生月活动，提出“人人从我做起，讲究卫生，改善生存环境，提高生活质量”号召。2002年，全国爱国卫生运动50周年，区委、区政府召开总结表彰大会。2003年4月，为有效防治传染性非典型肺炎的流行，发放非典须知等宣传材料15万余份，张贴省、市政府通告1.12万张、“非典”工作“三落实”标志7500份；14家医疗单位设立咨询点，设置宣传板45块，条幅30条。

2004年，结合“迎亚足赛、创文明城”等主题活动，以公共卫生、环境卫生、食品卫生、社区卫生为宣传重点，设立各类宣传专栏1041个、宣传咨询点86个、宣传板164块，悬挂标语60余条，印发《健康手册》等宣传材料3万余份，解答群众咨询2200余人次，形成人人动手、户户参与的良好氛围。2006年，召开区爱卫会第二十次全委扩大会暨创建国家卫生城市动员会，制定《关于印发槐荫区创建国家卫生城市实施方案》《槐荫区创建国家卫生城市部门责任分解表》，为群众义诊1200余人次，印发“除四害须知”等宣传材料3万余份。

第二节 创建国家卫生城市

1988年始，在全区开展创建卫生先进单位达标活动。1989年，采取专业队伍与群众相结合的措施，清除垃圾死角87处，垃圾720余吨，整顿槐荫海右市场，摊位统一规划，统一条凳，统一服装。同年，颁发卫生达标牌照200个，卫生先进牌照58个。1990年8月，济南市爱卫会命名槐荫区为市级卫生区。1993年，取缔槐荫市场、五里牌坊市场无证流动商贩700余人次，各种违章1470余次。全区5处大的房屋改造工地均进行围挡作业。1994年5月，区爱卫办、消杀站、工商分局、环卫局有关人员组成检查组，对57个一般单位、60个特行单位，32个居民楼道、庭院，39个建筑工地、46个集贸市场的环境卫生进行重点检查，并对辖区主要干道和背街小巷环境卫生进行"地毯式"检查。1995年，济南机床二厂成为首批被命名的省级卫生先进单位，区爱卫会办公室获"全省爱国卫生工作先进集体"称号。

1996年4月，全区29个部门负责人与区政府签订"槐荫区创建国家卫生城市责任书"。1998年，清除各类卫生死角150余处，清运垃圾1400余吨。槐荫市场西侧臭水沟加盖500米水泥盖板，疏通1500米排水管道；更换50个损坏的井盖和铁篦子，栽植各类花木14万余株（棵），种植草坪4万平方米；改造公厕41个，城区公厕全部实现水冲式。农村整修路面5000平方米，清除垃圾及小粪堆500余处。2000年，集中治理城乡接合部、偏僻街巷、居民小区、建筑拆迁工地、马路市场、街头绿地等重点部位的垃圾死角，出动人力3000余人次，集中整治繁华路段5条、背街小巷28条、建筑工地10处、集贸市场4家，清运建筑生活垃圾260余吨；出动水车100余辆次，洒水1400余吨；清理花坛绿地广场30处，清除各类张贴物和不规范广告1400处；同时对马路摊点和露天烧烤进行拉网式排查，取缔露天烧烤25处，销毁炉具87套，取缔马路摊点20余处；发动居民清除庭院、楼道各类脏乱杂物。1997—2001年，全区先后达到市级卫生先进单位的181家，省级卫生先进单位的30家。

2002年，各街道（镇）累计出动人力2.35万余人次，清除乱贴乱画及各种不规范广告3.6万余处，整治全区垃圾卫生死角900余处，规范居民区楼道、庭院物品摆放2200处，清运各类脏乱杂物、垃圾1200吨，清扫二环西路扬尘3000余米。2005年4月，全区开展第十八个爱国卫生月活动，开展以整治环境卫生、治理视觉污染、清除垃圾死角为主要内容的集中整治活动。共动用清运车辆108台次，清理卫生死角900余处，清运垃圾渣土260吨，拆除违章建筑67处，清理乱贴乱画2万余处。2006年，爱国卫生月期间，共出动人员1.6万余人次，动用清运车辆680台次，清运垃圾渣土650吨，拆除违章建筑87处，清理乱贴乱画2万余处，墙体粉刷5100平方米。同年，槐荫区创建国家卫生城各项指标达到国家卫生城市标准。

第三节 除"四害"

1989年，全区继续开展除"四害"（老鼠、苍蝇、蚊子、蟑螂）工作，春季投放灭鼠毒饵5380千克，冬季投放灭鼠毒饵2719千克。1990年春季，投放灭鼠毒饵682千克，秋季灭鼠投放灭鼠毒饵819千克。1992年，区爱卫办协调区工商、公安等部门对周边农村地区的集贸市场中制售急性剧毒鼠药的不法商贩进行连续突击检查，先后收缴"毒鼠强""闻到死""气死猫"等液剂、粉剂剧毒急性鼠药120余千克，没收呱打板、扩音器等工具82宗。1993年，对驻区400家单位喷洒长效灭蝇、灭蟑螂药物420余千克，喷洒面积1.8万平方米，对辖区沟渠、河道进行集中消杀，使用敌敌畏1.8吨，消杀面积累计18.9万平方米。通过对辖区蟑螂、臭虫密度进行全面检测，有蟑螂单位占0.0059%，有蟑螂居民占0.000056%，蟑螂密度由灭前的0.7%降至0.2%，未发现臭虫。1994年，灭鼠投药覆盖率96.5%，鼠密度由灭前的2.7%降至0.7%。1996年10月，通过全国爱卫会灭蟑螂工作考核验收，检查160个单位、181户居民，仅存1只蟑螂，侵害率0.039%。

1997年，开展冬季灭鼠活动，全区投放药物4100千克、投放粘鼠板2800余块、加装挡鼠板540余块，下水道防鼠网200余处。1998年，鼠密度由灭前的1.7%降至0.3%。1999年4月，针对春季蚊蝇繁殖季节，组织消杀站专业队伍先后两次对沟渠、河道地带进行集中消杀，共使用原药1846千克，消杀面积18.9万平方米。2000年11—12月，开展大规模集中灭鼠活动，鼠密度由灭前0.9%下降到0.1%。2001年

9月，青年公园、振兴街、五里沟3个街道通过国家爱卫会专家对创建灭蝇先进城市系统的考核验收，槐荫区获市级创建全国无蝇城市先进集体。2002年，“四害”密度由灭前2.9%下降至1.1%。

2005年，在坚持常年除“四害”的基础上，针对不同季节强化全区除害管理，修建、修补灭鼠毒饵站4620个，设置毒饵盒2980个，完善防蝇防鼠设施8900余处，投放灭鼠毒饵14000千克、粘鼠板900余块；对餐饮特行单位实行动态常规化消杀管理，喷洒长效灭蝇、灭蟑药物840千克，“四害”密度由灭前1.9%下降至0.36%。2006年，全区设立灭鼠咨询点19处，鼠情举报电话15部，全区共投放灭鼠毒饵4618千克、粘鼠板731块，完善防鼠设施735处，防鼠设施完好率达94%。清除卫生死角186处，清运建筑、生活垃圾150吨。

第四节　农村改厕

1996年起，辖区农村开展改水改厕爱国卫生运动。2002年，槐荫区被国家爱卫会评为全国农村自来水普及工作先进集体和全国农村卫生厕所普及工作先进集体。2005年，槐荫区被确定为全国农村改厕项目区，同年，完成农村户厕改造400户。2006年，国家拨付专项资金，对改厕农户免费提供厕具，本着村民自愿的原则进行改造，全区共改厕2975户。同年3月10日，济南市爱国卫生全委扩大会议暨农村改厕现场会在槐荫区召开，副区长刘福荣介绍槐荫区改厕经验，与会代表参观吴家堡镇申庄村、明里村改厕情况。

第十五编

社会生活

SHE HUI SHENG HUO

槐蔭区志

1989—2006

1989—2006年，区委有关部门每年组织干部群众开展以文明创建和思想道德建设为主题的精神文明建设活动，推动文明城区、文明社区、文明村镇、文明家庭创建工作，树立无私奉献、扶危助困、见义勇为的社会新风。其间，人们的婚育观念发生明显变化，自由恋爱的青年越来越多，晚婚晚育、计划生育逐渐被人们接受，夫妻关系趋于平等。全区街道（镇）及区直部门先后建立老龄委员会，各行政村（居）建立老年组织，老年人享受优待政策，“五保”供养标准、居住条件逐年改善。随着民族政策的落实和政府制定相应优惠政策，辖区内少数民族经济、文化、教育等事业有很大发展。全区人民的文化水平、健康状况、消费观念发生显著变化。

第一章　精神文明建设

第一节　文明创建活动

一、创建文明区

1989年，开展“友爱在泉城”“微笑在槐荫”和以“热爱中国共产党、热爱社会主义祖国、热爱人民解放军”为主题的精神文明建设活动。1990年3月，开展“学雷锋、讲奉献、树新风”活动，评选出各行各业典型105个。1994年，全区开展以“唱响主旋律、塑造新形象”为主题的群众性精神文明建设系列活动，评选出十大红旗单位和十大文明标兵。1995年，开展以“1113工程”（评选文明居10个、文明村10个、文明市民10人、文明户300个）为主要内容的创建活动。1996年，召开全区精神文明建设工作暨争创省级文明先进区誓师动员大会，制定创建活动实施方案；开展市民道德自律活动，基本要求是：爱祖国、爱人民、爱劳动、爱科学、爱社会主义。1997年，从全区人大常委会代表、政协委员、民主党派人士中聘请15名精神文明建设工作顾问，并把创建省级精神文明建设先进区的8项标准分解成35项指标，落实到各职能部门。1998年，开展市民道德自律活动。1999年，开展“实施容貌工程，创建文明城市”万人签名活动。把“实施容貌工程，创建文明城市”完成任务好、行动快、做出突出贡献的单位，作为文明单位进档升级的重要依据。2000年，成立塑造区形象领导协调委员会，制定《关于塑造槐荫区域形象的工作方案》。2001年，槐荫区被省委、省政府命名为“第五届精神文明建设工作先进区”；振兴街街道德兴社区被定为山东省文明社区示范点。召开槐荫区创建省级文明先进区总结表彰大会，表彰做出突出贡献单位50个、精神文明建设积极分子50人，全区选树文明市民标兵10人、文明楼院100个、文明标兵家庭1000户。2002年，成立区创建文明城市领导小组，召开动员大会，先后召开创城现场会10次。2003年，槐荫区与北京市东城区缔结“文明共建对子”，辖区西市场街道与北京东城区东直门街道结成诚信社区共建对子。2004年，槐荫区被省委、省政府命名为“山东省第六届精神文明建设工作先进区”。2005年，把“联系群众年”和“创建文明城市”活动结合起来，实施“推进十大行动、办好百件实事、帮扶千户穷亲”工程。2006年，制定全区“创城”工作要点，将1192项创城工作指标进行分解，召开创城工作目标责任书签订大会。全区创城指标达标率和巩固率90%以上。

二、创建文明社区

1993年，召开全区社区文化建设工作会议，传达区委、区政府《关于加强文化建设的意见》，西市场、振兴街、营市街3个街道作典型发言。1995年，制定下发《关于开展创建“文明小区”活动的实施意见》，开展以“优质服务、优良秩序、优美环境”为主要内容的“三优街”创建工作。1997年,济南市“讲文明树新风道德自律”现场会在槐荫区召开。在全市文明楼院建设经验交流会上，槐荫区代表作“开展‘市民道德自律活动，推动文明楼院建设上新水平’”的发言。主要做法是把城区8个街道作为重点，树立10个文明片区示范点,7个“三优街”示范点，形成抓一个点、带一条线、推动一个面的工作格局。以搞好楼道整治，根除居民居住环境脏、乱、差为切入点，先后与居民3万人签署自律承诺书。1998年，以思想工作联做、社会治安联访、公益事业联办、环境卫生联抓、文艺活动联搞、经济工作互促为基本内容，深入开展共建文明街路、文明小区、文明社区活动。西市场街道成立社区文明共建委员会，聘请山东大学社区研究所所长为顾问，制定共建委员会章程，共建委员会与各委员单位签订同创共建协议书，各单位按照各自承担的任务积极行动，辖区上下形成“区域内的事情大家管、集体公益事业大家办的新风尚”。1999年，制定文明社区达标竞赛活动实施方案。城区8个街道均建立文明社区共建委员会，完善章程、制度，形成齐抓共创的格局。西市场、南辛庄街道跨入省级文明单位行列。2000年,全区12个街道(镇)都成立文明社区共建委员会，继续深化以遵守社会公德为主要内容的市民道德自律活动，全区有4万多户家庭自觉签订自律承诺书，涌现出文明楼院200余个、文明家庭6万余个、道德自律标兵100余名。2001年，坚持走“德治”与“法制”相结合的文明社区创建活动。《大众日报》《济南时报》《山东省精神文明建设通讯》《山东宣传信息》等分别刊载文章，宣传报道槐荫区的经验做法。2002年，槐荫区在全市率先启动“建设学习型社区”活动及开展文体、卫生、司法、科普“四进社区”活动。2003年，在槐荫区召开济南市创建文明社区现场会，向全市推广槐荫区“走资源共享新路，建设文明社区”的经验。2004年，抓住整治背街小巷的有利时机，创建文明和谐社区，全区各街道、社区按照“抓特色、创品牌”的要求,实施“一街一特色、一居一品牌”，推出青年公园安全社区、西市场诚信社区、振兴街亲情社区、道德街道德社区、南辛人文社区、五里沟绿色社区、中大康乐社区、营市街学习型社区、匡山温馨社区、段北文化社区、张庄互助型社区、美里湖科普社区等12个街道特色社区；创出振兴社区居民论坛、丁字山社区盛姐心桥、纬九路社区梅兰邻里、辛西街社区道德讲坛、阳光花园社区希望辅导站、欣园社区小巷名人评选、华联社区党员示范岗、纬十路社区诚心大家谈、忠厚街知心话室、公祥街社区东华信箱等社区品牌。2005年，以“创建文明社区，共建和谐家庭”为主题，加大特色文明社区创建工作力度，辖区32个社区进入市级文明社区行列，裕园社区、丁字山社区、纬九路社区分别被评为“最受居民欢迎的济南十佳和谐社区”。2006年，青年公园街道被世界卫生组织命名为中国大陆第一个、世界第97个安全社区;营市街街道被评为全国“科教进社区”活动优秀组织单位；中大槐树街道裕园社区探索创新“三元化”社区管理体制,取得初步成果。

全国“平安家庭”创建活动领导小组视察槐荫区，观看幼儿园逃生演练

(2005年9月摄　区委办公室提供)

第二节　思想道德建设

一、公仆意识教育

1998年后，公仆意识教育基本做到经常化、具体化，年年有主题、有活动。1998年2月，开展“做人民好公仆”宣传教育活动，制定下

发《关于在全区党员干部中开展“做人民好公仆”宣传教育活动的实施意见》，引导广大机关干部、群众深入基层，深入群众，全心全意为人民服务，办实事、办好事。8月，区委办公室转发区评选“人民好公仆”活动组织协调小组《关于在全区组织开展评选“人民好公仆”活动的实施方案》，区纪委、区委宣传部、区委组织部召开“做人民好公仆”宣传教育活动经验交流会。12月24日，区人大常委会印发《关于授予李钰等10人槐荫区“人民好公仆”荣誉称号的决定》。1999年，开展“迎接新世纪，争做好公仆”主题教育活动，区委制定下发关于在全区广泛深入开展“迎接新世纪，争做好公仆”宣传教育活动的意见。同年底，区人大常委会授予王立臣、鲁丽华、李钰、率秀英、刘富荣、关葆纯、李淑芳、王桂英、张才奎、蔡福海等10人区第二批“人民好公仆”。2001年起，开展“三个代表”重要思想教育，强化全区干部勤政为民意识。2003年11月，制定《槐荫区机关工作人员守则》，对文明办公、形象礼仪、接待宾客等方面作出具体规定，树立人民公仆的良好形象。2004年，区委办、政府办联合下发《关于落实〈机关工作人员守则〉，加快推进人员素质建设的实施意见》。从2005年1月起，用一年半的时间，开展保持共产党员先进性教育活动。2005—2006年，连续2年深入开展“联系群众年”“服务群众年”主题实践活动，全面推行党员干部“一线工作法”，推进“十大行动”，办好百件实事、帮扶千户“穷亲”，强化公仆意识教育，密切干群关系。

二、公民素质教育

1992年起，开展职业道德教育和社会公德教育。职业道德教育以抓行业树新风竞赛活动和举办职业道德培训班为主，全区有2000余名干部参加培训并领取结业证。社会公德教育通过文明楼院、文明小区、文明一条街等创建活动，激发公民的参与热情，提高公民素质。1994年，全区开展“唱响主旋律，塑造新形象”主题活动，唱响主旋律主要是唱响以学习中国特色社会主义理论和十四届三中全会精神，加强爱国主义、社会主义和集体主义教育，加强党的基本路线教育和革命理想、信念、纪律教育为内容，塑造新形象主要是塑造适应建立社会主义市场经济体制需要的文明待客、优质服务的新形象，解放思想、勇于创新的新形象，艰苦奋斗、自强不息的新形象，廉洁勤政、无私奉献的新形象。1995年，贯彻落实《爱国主义教育纲要》，开展“五心”（忠心献给祖国、爱心献给社会、关心献给他人、孝心献给父母、信心献给自己）、“五爱”（爱祖国、爱人民、爱劳动、爱科学、爱社会主义）教育，国旗礼仪教育和革命传统教育；开展“济南人应当具备什么样的素质”群众性讨论活动及“行风万人评”活动，实施《济南市民行为规范》。1996年，利用市民文明学校等阵地，对市民进行“五爱”（爱祖国、爱人民、爱劳动、爱科学、爱社会主义）为主要内容的社会主义道德教育。1996年9月至1997年，在南辛庄街道开展“市民道德自律”试点，并逐步向全区推开。1998年，采取“三延伸”（道德自律由重环境向重居民素质提高延伸、由居民楼院向门头业户延伸、由居民自我约束向领导干部主动服务延伸），“四结合”（与发展社区经济结合、与社区服务结合、与优化社区环境结合、与丰富社区文化结合）的方法，在全区深入开展市民道德自律活动。2000年，在道德自律活动中，全区先后有4万余户家庭自觉签订自律承诺书，20余个文明社区、200余个文明标兵楼院、6500余户文明家庭成员成为公民道德自律建设活动中的“排头兵”。《山东精神文明建设通讯》刊登《槐荫区积极深化市民道德自律活动》的文章，向全省推广槐荫区市民道德自律活动的经验做法。2001年，南辛庄街道被省委宣传部评为公民道德建设先进单位。同年，振兴街街道创办居民自我教育、自我提高的园地“居民论坛”；11月，振兴街街道在全国思想政治工作会议上作典型发言。《大众日报》《山东宣传信息》等10余家新闻媒体及理论刊物予以宣传报道。2002年，制定《关于贯彻落实公民道德建设实施纲要》的意见，创作《道德规范歌》。2003年，组建区理论宣讲团，深入基层宣传中共十六大精神，举办培训班、报告会、座谈会280余场次，参加人员4万余人次。下半年，组成由强生出租汽车公司党员先锋车队队长任延梁等参加的先进事迹报告团到基层巡回报告。2004年9月20日，承办省暨济南市“公民道德宣传日”集中宣传活动，运用展板、文艺演出等多种形式，宣传《公民道德建设实施纲要》有关内容。2005年，组织开展第三个“公民道德月”，推出司有昌、张吉嵩、张业爱、任延梁等一批文明市民典型。张吉嵩、任延梁被评为济南市市民标兵。2006年，印发《关于开展文明交通承让行动的实施意见》。配合全区第三批保持共产党员先进性教育活动，由宣讲团、先进事迹报告团举办各类报告会、党课辅导等196场次，受教育党员6700人次。总结推广段店镇油牌赵村党支部和吴家堡镇大高村党支部书记翟洪香等先进典型13个。其中3个典型入编《济南市建设社会主义新农村先进典型风采录》。

三、未成年人教育

1990年始，区委有关部门采取多种形式开展未成年人教育。1992年，由区委宣传部组织，从驻区部队选派教官，对全区32所中小学学生进行军训，并举行军训检阅仪式。1994年，团区委、区教委先后在全区青少年中开展“寻史迹、忆传统、话使命、比贡献”系列活动和“争当文明小市民”活动，对青少年进行爱国主义、文明礼仪教育。1995年，各中小学校运用演讲会、报告会、座谈会等形式，在全区青少年中开展世界观、人生观、价值观教育活动。1998—1999年，在全区中小学开展“告别不文明行为，争当文明小主人”活动，2万余名中小学生签订自律承诺书，并组成“劝阻不文明行为”小分队、爱绿护绿队、志愿者服务队、文明宣传队等2000余支，深入社区开展服务活动。命名陆军学院、槐荫区民营科技园、“四五”烈士纪念碑、琵琶山“万人坑”遗址、济南第一个农村党支部所在地——段店北路街道闫千户村为全区首批爱国主义教育基地。2000年，制定下发《关于进一步加强青少年工作的意见》和《关于加强学校思想政治工作的意见》。2005年，贯彻落实中共中央《关于进一步加强和改进未成年人思想道德建设的若干意见》，进一步加强未成年人思想道德建设工作，区精神文明建设委员会办公室增设未成年人思想道德教育科。2006年，区委宣传部组织实施“知荣辱、我为先”未成年人思想道德先锋活动，全区3万余名未成年人签订争当“道德先锋”承诺书，6万余名家长和100余个村居参与监督考核。

通过不断加强对未成年人教育，一批优秀青少年茁壮成长。1989年，光明街小学学生边荣唐当选“全国十佳少先队员”。1999年10月，经二路小学学生兰珍妮被评为第六届“全国十佳少先队员”，受到党和国家领导人的接见。

2003年3月24日，交警到济南小辛庄小学指导小学生交通安全模拟训练　　（刘新华　摄）

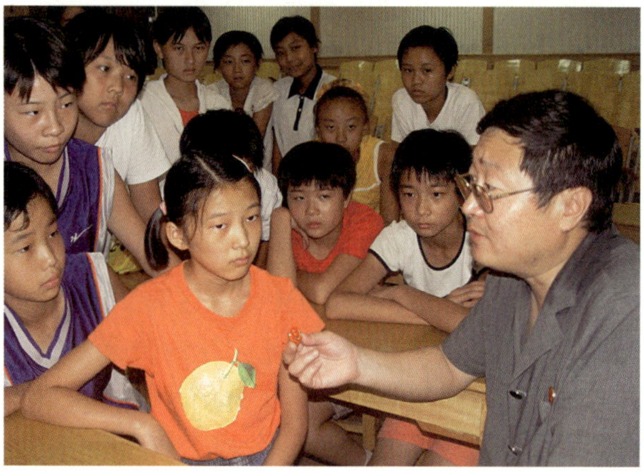

2004年8月，区法院法官走进济南第十二中学进行法制教育　　（张华　摄）

第三节　文明新风

一、奉献服务

1990年，以学雷锋为主题，评选出各行各业典型105人。1994年，区委下发《关于在全区广泛开展向王广顺同志学习活动的决定》，报纸、广播、电视以多种形式报道。市委宣传部、槐荫区委联合组织由王广顺妻子、生前同事参加的“王广顺事迹巡回报告团”，深入到机关、农村、企业等单位作报告。全区上下出现向王广顺学习的热潮。王广顺生前任吴家堡镇党委委员、镇党政办公室主任，多年来，献身农村经济战线。从1990年起，带领群众修建灌溉防渗渠道，使3万亩稻田实现旱涝保收。他与群众一起大力开发荒滩水面，搞科学养殖，经过70余次反复试验，攻克白莲藕保鲜技术，使白莲藕销往日本，实现吴家堡镇农副产品出口创汇零的突破，因日夜操劳，积劳成疾，1994年3月殉职，时年41岁。1995年，推出槐荫中学校长祖兆田、纬九路小学校长马晓玲等无私奉献、敬业爱岗的先进典型。2000年，辖区居民王桂英、曹卫萍被命名为济南市第四届十佳文明市民标兵。区文明办发出《关于向第四届十佳文明市民标兵王桂英学习的通知》。王桂英原为济南市汽车配件五厂职工，从20世纪60年代起义务为职工理发，至1979年8月退休到街道后，仍坚持定期为社区老人、儿童及卧床不起的病人和精神病人义务理发。2002年，区委下发《关于在全区开展向付联群同志学习活动的通知》。付联群系区房管局房管五所所长，多年来为房管事业日夜操劳，呕心沥血，积劳成疾，2002年4月因患肺间质纤维化，医治无效，不幸殉职。其感人事迹在《济南时报》刊登后，在全市广大党员、干部和群众中引起强烈反响。2005年，推出济南市文明市民标兵张吉蒿、张业爰、任延梁等一批文明市民典型。张吉蒿是南辛社区居民，离休后，他自费3.5万余元，搜集整理图片4000余张，先后制作“共产党人”“共和国的缔造者”“保持共产党员先进性”“八荣八耻”等20个专题展板430块，在英雄山陵园、五龙潭公园、解放阁、泉城广场及部分学校、部队和街道社区举办展览699场，参观者达80万人次。原济南机床一厂三分厂机械加工车间主任兼党支部书记任延梁，在企业困难的时候，带头向厂领导提交下岗申请，开起出租车。2001年5月，成立由15名党员司机组成的“党员先锋车队”，任延梁任队长。车队成立后先后推出“赈灾义运”“助残日”，志愿送客、高考免费接送考生、“党的生日”免费服务等活动，累计免费接待乘客540余人，为群众办好事950余次。

二、见义勇为

1994年，开展向见义勇为、勇救儿童的英雄王纪祥和全国优秀人民警察贾玉东学习活动。1995年，区委、区政府下发《关于表彰毕可胜等同志见义勇为先进分子的决定》。毕可胜为青年公园街道司法所所长，面对危害人民群众生命财产的盗窃犯罪分子，奋不顾身，挺身而出，赤手空拳同手持尖刀的歹徒搏斗，终将犯罪分子抓获归案，破获一起重大团伙流窜盗窃案件。西市场街道公益岗人员张业爰，女，身高不足1.5米，体重不足40千克。从1997年10月起，每天到街头抓贼，至2006年，先后抓获偷盗提包、自行车犯罪嫌疑人160余人，向公安机关提供破案线索180余条。犯罪分子曾多次对张业爰及其孩子进行威胁恐吓，但她无所畏惧，一如既往地战斗在反扒第一线。张业爰先后获“山东省三八红旗手”“综合治理先进个人”“山东省见义勇为十佳公民”“感动泉城”十佳人物等称号，中央电视台对其进行采访并在《新闻联播》和《新闻30分》节目中播出，在社会上引起强烈反响。

三、爱老敬老

2002年7月，华殿凤创建富首元私营老年公寓。为让老人们吃好，她聘用懂营养学的厨师调配膳食，根据不同人的饮食习惯，区别对待，个别照顾。公寓设有卫生室，医生、护士天天查房，及时为病人治疗。茶余饭后，老人们到文化娱乐室休闲娱乐。至2006年，公寓住有60余位老人，有护理人员20余人。华殿凤用自己的一片孝心、爱心，陪伴数十位老人安度晚年，得到社会各方面的好评，2005年，被评为“全国敬老模范”、全省十大孝星。

第二章　居民生活

第一节　城镇居民生活

城区居民的主要收入来源是职工工资。1989年，区全民所有制职工年人均工资1812.2元，集体所有制职工年人均工资1548.5元。1992年，区全民所有制职工年人均工资2674元，集体所有制职工年人均工资2007元。之后，职工工资逐年增长。1993年10月起，实行工资改革，机关、事业单位工作人员实行职级工资制，国家连续数次提高工作人员工资标准和档次；企业实行岗位技能工资制度，全区职工工资收入出现较快增长趋势。1997年，全区职工年人均工资6064元。2000年，全区职工年人均工资9559元。2006年，全区职工年人均工资20164元。其中区全民所有制职工年人均工资25716元，集体所有制职工年人均工资12691元，分别是1989年的14倍、8倍。

1998—2006年槐荫区城镇职工生活情况表

表15-1

年份	国有单位			集体单位			其他单位		
	年平均在岗人数（人）	年工资总额（万元）	年人均工资（元）	年人均在岗人数（人）	年工资总额（万元）	年人均工资（元）	年平均在岗人数（人）	年工资总额（万元）	年人均工资（元）
1998	9423	7278.40	7657	6422	2376.40	3771	534	276.20	4837
1999	7993	7690.10	9621	6085	2664.30	4378	1972	1223.90	6206
2000	7256	9471.10	13052	4173	2489.20	5965	2430	1288.30	5301
2001	7321	11437.80	15623	4499	2703.70	6010	1169	560.30	4792
2002	7568	14019.20	18524	5463	4119.70	7541	7301	5798.20	7941
2003	7937	14491.60	18258	1662	1361.20	8190	7593	6969.60	9178
2004	7462	15789.10	21159	2012	1565.80	7782	8031	8628.10	10743
2005	42736	97784.10	22881	5585	5800.50	10386	29962	43907.40	14654
2006	43655	1122631	25716	7546	9576.50	12691	35657	53299.60	14948

第二节　农村居民生活

1989年起，稳定家庭联产承包责任制，调整农业产业结构，发展个体私营企业，鼓励农民进城务工，农民收入大幅度增长。同年，全区农民人均收入850元。1991年，全区农民人均纯收入1134元。1996年，全区农民人均纯收入2706元。

1997—2006年，以全面建设小康社会为目标，深化农业结构的战略性调整，加大农村剩余劳动力的转移力度，发展农村个体私营企业，农民收入稳步增长。2006年，全区农民人均纯收入6277元，比1989年增长7.4倍。

1992—2006 年槐荫区部分年份农村居民生活情况表

表 15-2　　单位：元

年份	农民人均总收入	人均纯收入	生活消费支出	
			小计	其中人均食品支出
1992	1851	1254	869	403
1993	1998	1393	882	401
1998	3912	3401	2339	1152
1999	4114	3552	2461	1230
2000	4231	3676	2507	1086
2001	4629	3905	3245	1152
2002	4982	4200	3420	1102
2003	5230	4528	3592	1132
2004	5682	5026	3420	996
2005	6118	5774	3191	1315
2006	6961	6277	3368	1065

说明：1992 年、1993 年按 80 户抽样调查；1998 年、1999 年、2000 年按 40 户抽样调查；2001—2006 年按 60 户抽样调查

第三节　生活习俗

一、饮食

1989 年后，居民收入不断提高，生活水平有了很大的改善。饮食方面逐渐由吃饱就好发展到讲究营养，注重无公害和品位上来。本地饮食为一日三餐，早餐品种多为油条、油旋、油炸菜合、鸡蛋包、粽子、灌汤包、煎包、锅贴、甜沫、豆浆、胡辣汤、豆腐脑、馄饨、羊汤、粥类等。午餐为馒头、烧饼、油饼、蒸包、馅饼、饺子、米饭、面条和粗粮制品，搭配炒菜及不同口味的汤菜。晚餐以面条、馒头为主，稀饭汤类为辅。如在外用餐，各种餐馆和小吃摊点遍布街头巷尾，不同档次的大酒店随处可寻。金德利在辖区设有多处分店。人们用餐除对口味、营养注重外，对环境、卫生亦有新的要求。蔬菜品种繁多，由于大棚菜种植的普及推广，四季都可买到各种新鲜蔬菜，除青椒、黄瓜、西红柿、菜花、芸豆、蒜薹、韭菜、茄子、芹菜、圆葱、白菜、菠菜、萝卜、土豆外，尤以白莲藕深受群众喜爱。各类豆制品，如豆腐、豆腐皮、豆芽及腐竹也摆满菜市场内。生活富裕的家庭，烧鸡、烤鸭、鱼类虾蟹、海参也时常摆上餐桌。随着健康意识的增强，各类水果进入家庭，春季有樱桃、油桃、草莓，夏季有西瓜、桃杏、甜瓜、葡萄，秋季有苹果、梨、大枣，外来的香蕉、橘子、橙子、柚子、芒果、椰子、菠萝、荔枝也四季上市。各类果脯有葡萄干、杏脯、桃脯、话梅及各种罐头和瓜子、核桃、柿饼、大枣、栗子等干果。牛奶、蜂蜜、阿胶、保健品成为多数居民的日常所需。如有亲友来访，农村多在家中招待，一般是四菜一汤或六菜一汤，外加拼盘。城市多去饭店招待，或是套餐或是点菜。如喜庆宴客，多用包间，除菜品酒品高档外，另有卡拉 OK 等服务设施。素有无酒不成席之说，酒类品种繁多，农村多以当地的地瓜干烧酒、趵突泉白酒、长清及张夏白酒、章丘清照

白酒为主，有的与城市一样档次较高，有金六福、古井贡、西凤、汾酒、扳倒井、景阳春等，更高的有茅台、五粮液、郎酒等名酒。随着人们对健康观念的重视，酒精度也由高度向低度转化。啤酒深受人们喜爱，有生啤、熟啤、扎啤、干啤多种类型。红酒有葡萄酒、干红等，还有果汁等各种饮料繁多。

二、服饰

20 世纪 80 年代末，城乡居民服饰发生很大变化，着装从款式到质地不断改进和提高，颜色由过去的灰、兰、黑为主向多色彩发展。春秋两季中青年多以西服为多，中老年以夹克衫、休闲服为多，色彩多样，面料有纯棉、涤棉、毛料、丝棉，同时讲究品牌、式样和做工。学生多穿运动服或校服。夏季，各式 T 恤衫广为流行，女性多穿裙装、旗袍及短上衣、紧身裤，追求新颖、华丽和大方。冬季逐渐由过去的呢料、毛料、皮料的长短大衣转变为质地轻柔、款式多样、不同颜色的羊绒、鸭绒、羽绒防寒服，不同年龄的人佩戴不同式样的帽子。运动鞋普遍流行，女性穿高筒靴的很多。

三、居住

城镇住房 多以楼房为主，棚户区以砖木结构的平房为主。随着城市建设的发展，2004 年起相继建设艾菲尔花园、凯旋新城、易居、香桔市、槐苑新城、新世纪阳光花园、阳光 100 等大型高档小区及多处普通小区，居住条件得到较大改善。城镇楼房面积大的在 150 平方米以上（有复式结构），小的在 90 平方米左右，一般是两室一厅、两室两厅、三室或四室两厅，阳台、厨房、卫生间齐备，家用电器、厨房用具、卫生洁具俱全，并追求新潮和品牌。有些小区建有邮电、学校、餐饮、银行、健身设施及各式花坛。

农村住房 1989 年前，村民房舍大多是砖瓦结构，一般是正房前出厦，侧室配有厨房、卫生间，独立小院，也有的建有二层小楼和小型观景台，1989 年后，陆续向高层发展，普遍新建二层三层也有四层的小楼。室内仿照城里进行不同程度、不同标准的装修。至 2006 年，随着旧村改造和城乡一体化进程的加快，辖区农村平房已不多见，新建楼群逐渐增多，有明星小区、桃园小区、荣祥花园、龙腾小区等，农村面貌发生巨变。

1991—2006 年槐荫区部分年份农民人均住宅面积情况表

表 15-3　　单位：平方米

年份	农民人均住宅面积	年份	农民人均住宅面积
1991	16.2	2001	36.8
1992	18.4	2002	36.0
1993	18.51	2003	42.1
1998	28.3	2004	40.3
1999	32.2	2005	39.6
2000	32.6	2006	37.8

室内装饰 室内除墙壁、房顶、门窗装修外，地面多是实木或复合材料地板铺地，挂平安结、石英钟、电子表或精美落地钟及装饰吊灯、壁灯、节能彩灯。随着人们精神文明生活需求的提高，不少家庭悬挂不同尺幅、不同层次的名人字画，橱架上摆放古董玩物、工艺制品以供观赏，阳台或窗台摆放花卉，以改善室内空气。

四、交通工具

随着城镇居民生活水平的不断提高，出行工具越来越多样化，摩托车、电瓶车普及，不少家庭购置轿车。在农村，大小型号的拖拉机、电动三轮车、改装摩托三轮车、小型货运汽车成为出行和运输的必备工具。

五、家具电器

家具　城镇居民家庭家具多是组合家具，大衣橱、电视柜、酒柜、书橱、轨道组合衣橱、各式挂衣架，床类有全木组合带柜大床、复合木板活动雕花床头床、铁架弹簧床、席梦思床垫等，沙发种类繁多,沙发组合有单人加 2 ～ 3 人组合、有单人、太妃床加 2 ～ 3 人组合，质地有红木、真皮、布艺及竹藤等，式样仿古，木柜雕花加绣花靠垫。

炉具炊具　炉具一般是蜂窝煤炉、煤气炉、电磁炉、微波炉；炊具有不粘锅、铁锅、铝锅、电饭锅、电炒锅、高压锅、电水壶，质地有铁质、铝质、铝合金、不锈钢等，厨房配有排风扇和抽油烟机。冬季取暖除集中供热外，多数家庭采用水暖两用的土暖气。

家用电器　电视机由平面弧屏发展到平面直角、纯平和液晶，有 18 寸至 42 寸各类型号、各式音响、功放设备，配影碟机（已由 VCD 改进到 DVD）组合家庭影院。生活水平高的有录像—放像机。

其他　电话普及，移动通信发展迅速，手机已家庭皆备。许多家庭购置豆浆机、饮水机、绞肉机、电风扇、冷暖空调机、消毒柜、空气净化器和加湿器等。

第三章　社会风俗

第一节　婚丧习俗

一、婚姻习俗

城乡彻底废除买卖婚姻、包办婚姻陋习。有的是经人介绍，或是自己相识后自由恋爱，通过相处、相知建立感情，确立关系至结婚。新式婚礼抛弃过去繁琐的程序和大操大办的陋习，而是在确定结婚时间后，通知亲朋好友（发请柬），在预约的酒楼办几桌酒席招待来宾。所有婚礼操办事项委托一位主管运作，婚礼礼仪由选定的婚庆公司全程跟踪服务。婚礼全程录像，由婚庆公司司仪主持，高雅而诙谐、隆重而热烈，整个典礼过程充满喜庆祥和的气氛。婚礼要求舞台化，并借用各种新式设备，如泡泡机、烛台、追光等候，典礼过程更加丰富多彩。通过互赠戒指象征终生不渝的爱情，通过双方老人送个红包展现出亲家之间对婚姻的认可和满意及公婆儿媳之间、岳父母与女婿之间永恒的感情。由于新式婚庆广受欢迎，专业庆典公司应时而生，“连心人”“天地人”“鸿福源”等婚庆公司发展较快、影响较大。

二、丧葬习俗

丧葬一改过去礼数繁杂、家族意识浓厚和常有封建迷信色彩的习俗，由丧葬服务社将亡者和专用灵车送至火化场停放，并进行更衣整容。丧家通知亲友前来吊唁，对亲友所送奠礼及花圈逐一记录（以备以后回谢），三日后，在送葬亲友及家人护送下，将全部花圈送至火葬场火化，根据逝者家属意愿购买不同式样的骨灰盒，并向死亡者进行告别。火化后，骨灰盒或暂存火化场，或送至事前定好的墓穴埋葬，并刻石碑作标志纪念。为方便人们扫墓，墓地管理部门在扫墓期间备有车辆接送。供品摆放碑前，默哀悲吊。为安全计，墓地设有专门烧纸处所，并按属相分格焚烧。随着人们思想观念的改变和环保意识的加强，越来越多的人采用鲜花祭奠。

三、其他

亲朋好友之间，遇有生孩子、老人寿诞、乔迁之时及年节假日，已不再延续过去的繁缛礼节，而是互赠礼品，去酒店欢聚。对寿诞老人除送寿糕外，多送用红宣纸书写的大寿字，以示祝贺。

第二节 家族习俗

一、修家谱

段店镇、吴家堡镇现有居民，大多于明洪武年间(1368—1398年)由直隶枣强县迁此落户。旧时，因受封建家族观念影响，传宗意识浓厚，为世袭传承出现修谱之风，逐渐在民间形成修家谱之俗。凡是修家谱者，大多是名门望族，先由族长（或族内年长辈高者）发起，请当地有功名之人（封建时代通过科举应试取得功名的人，如秀才、贡生、举人等）或德高望重有影响的长辈及书写好（毛笔小楷）的人员组成。家谱格式繁杂，修谱亦不统一。各地各姓自行定式。家谱修完后，存放于祠堂（家庙）之内，以备后人查阅，并从先祖始，按辈序制作已故先人牌位（神位）供奉于祠堂之中，供后代子孙参拜瞻仰。遇有重大事项议定或惩戒族中犯规人、事，亦召集族人在祠堂进行。至2006年，不少村庄兴起重修家谱，如段店镇大杨庄的杨姓、王姓，彭庄的王姓，位里庄的张姓，美里湖街道郑店、段庄、北王、范庄4个村的郑姓等重修家谱。

二、分家

一个家庭随着人口的增多，兄弟间、妯娌间在经济、生产、分配、日常生活诸方面难求一致，为避免纠纷便出现分家现象。分家后独立门户，互不侵扰。分家时要有族中长辈（或族长）在世父母、至亲（尤其是娘舅）和有威望的人出面主持协议，对家庭的不动产（房屋、土地、园子、场院、树木等）及动产（钱粮、农具、牲畜、家禽及生产资料等），力求公允进行分割。议定后，要立分家文书，当事人各持一份留存，以免日后出现纠纷时，保证自己的权益。在分家的同时，孪生出一种现象——分支，长子即为长支，次子为二支，三子为三支。有的以居住方位或坟茔地位置分支的，居住西边的称西支，居住东边的称东支；坟茔地在村西的称西支，坟茔地在村东的称东支。以后各支的后人统按该支相称。

三、过继

一户人家如有几个儿子，其子兄弟间有人有后（有子），有人无后（无子），无子者为防老和香火传递及身后产业继承，便在侄辈中选一人过继到自己名下，视为己子。过继需由3人以上协商确立，并立过继单（文书），双方各执一份作为凭证，在过继单中述明被过继人应遵守的赡养义务和享有的财产继承的权利，并自过继确立后，搬到过继人家中生活，正式成为该家庭中的成员。同时，不再具有分享生父母家庭中兄弟间财产的继承权。兄弟间男孩子少，如兄弟3人，只有1个男孩，那么无子者只能让侄子顶支（即顶立门户），顶支不需立文书，但要请中人议定义务和权利，如顶支的侄子违约未履行应尽的义务，则继承权亦自动丧失。当事人可另觅人选。按照民间惯例，过继子在新家庭中父母过世时，需披麻戴孝，守灵顶葬，出殡时要履行摔老盆仪式（将一泥制瓦盆在出灵时当众跪地摔碎）。此仪式意义重大，由此便向村人昭示具有该户无可争议的全部财产的继承权。

四、服期

在农村备受重视。自父始为一服，子（兄弟间）为二服，孙（叔兄弟间）为三服，曾孙（堂叔兄弟间）为四服，玄孙间为五服。五服之后为出服。五服之内长辈去世，晚辈要戴孝和参加葬礼，出五服的族人，则不再戴孝，也可不参加葬礼。

第三节 乡集 庙会

一、乡集

为解决农村物资流通、商贸交易，自发形成不同规模的集市，每集一月六市（五日一集），或初一初六，或初二初七，或初三初八，或初四初九，或初五初十。辖区内规模较大的有段店大集（初一初六），现已成为天天开市的集贸中心；吴家堡集（初二初七）；睦里庄集（初三初八）；大金庄集（初四初九）；朱庄集（逢五排十）。集市规模不等，交易内容有别。如过去的段店大集，有粮食、农副产品、农具、杂货，有骡马市，方圆百里的商贾云集，规模甚为可观。规模小些的集市，以粮食、农副产品为主，另有猪羊、鸡鸭、蛋类、调料、副食品及布匹服装等。至2006年，乡集一直延续，其中大金庄集市规模最大，除一般集市商品外，还有五金铁器、旧车辆（自行车、三轮车、摩托车等）、旧家电（电视机、电冰箱、空调、洗衣机等），新旧家具（沙发、床柜、桌椅等），尤以金星路两侧的各式服装为盛。

二、庙会

辖区内有一山，名峨嵋山，位于段店镇担山屯村北。清初始建大悲寺，至光绪年间形成规模，建有正殿、东西配殿、文昌阁、钟鼓楼等。据清道光十四年（1834年）《长清县志》记载，山有内四景、外八景之说。新中国成立前，每年农历2月25日在山南方圆数百亩空旷麦田地举办庙会。庙会规模宏大，声名远播，辐射数省，商贾云集。庙会期间各类商品物资繁多，划定区域分行列市，有骡马市、木器市、铁器市、粮食市、畜禽市、小吃街等。骡马市有新疆的马匹、外埠的骡牛；木器市有东北的木材及各种木器制品，如梁、檩、门窗、车盘、木轮、木叉、木铣、木桶、木盆等；铁器有锄、镰、铣、镢、镰刀、菜刀、铡刀等生活和农用器具；粮食有小麦、玉米、高粱、花生、豆类、各种杂粮等；畜禽有鸡、鸭、猪、羊及各种蛋类等，还有布匹、百货、服装、各种杂货等；小吃有油饼、锅饼、炸糕、油条、麻花、馓子、包子、煎饼、热豆腐等；夹杂有变戏法的、拉洋片的、打拳卖艺的及看相算命测八字的江湖人物，也有民间艺人现场制作面塑、糖人的。另在南北搭设两处戏台，请来戏班唱对台大戏。附近乡农和城里市民纷纷前来赶会，有购物的，有逛会的，有郊游的，人员多达上万之众，场面十分热闹壮观。由于山势不高，盘路平缓，登山游客川流不息，立山巅远眺，可览初春田园风光，心旷神怡。庙会会期虽定五日，但由于远道客商逗留，时常延期。庙会期间，田间麦苗尽数践踏，而麦苗长势反而更为茁壮，坊间有麦收战场之说。1937年庙会停止。新中国成立后一度恢复，1952年终止。山上建筑改建为济南市麻风病医院。

第四章　民族　宗教

第一节　少数民族

一、少数民族分布

1990年第四次人口普查时，全区有回、满、苗、侗、藏、蒙古、壮、朝鲜、土家等20个少数民族，共13295人，占全区总人口的3.94%。其中，回族12577人，城区主要分布在西市场街道第六、七居委会；农村主要分布在段店镇小金庄村、孟王村，吴家堡镇西张村；段店镇新王府庄、常旗屯村也有部分回族居住。1994年11月，为与腊山王府庄区别，新王府庄改为西王府村。2000年底，全区有回、蒙古、藏、苗、彝、壮、布依、朝鲜、满、侗、瑶等20个少数民族，共14178人，占全区总人口的3.60%，回族仍占绝大多数，区域分布未发生变化。

二、少数民族事务

1986年起，各民族村逐步形成以农作物种植和畜禽养殖为主，个体运输、牛羊肉加工、饭店经营、商业为辅的多元化经济发展模式。同年，小金庄村被济南市委、市政府授予“农业生产先进单位”，小金庄“三秋黄瓜”（9月下旬至10月，蔬菜淡季上市的黄瓜为三秋黄瓜）在1986—1994年成为济南蔬菜市场响亮的品牌。1995年后，小金庄村部分蔬菜种植户转行开饭店、搞运输、加工牛羊肉等。2002年，全村有个体养牛户20余户，采取集体、个体合资办场，建起小金庄奶牛场。

1986年，孟王村建设塑料大棚300余个，当年创收60余万元。后全村加大投入以及各种蔬菜生长过程中的技术管理，蔬菜品种由过去的大众性蔬菜向新、特、奇、稀蔬菜方向发展。销售方式由原来的自己去菜市场零售，变为去大型蔬菜批发市场批发，部分菜农种植的蔬菜直接进入超市、饭店、宾馆及大型企事业单位食堂。

1983年始，西张村个体运输业蓬勃发展。1986年，由西张村村办企业起家的山东省民族绣品有限公司被山东省民族事务委员会评为“发展少数民族经济先进单位”。1988年，村党支部书记王清顺、厂长崔衍平应邀到北京人民大会堂参加先进单位表彰大会。1992年，村民自发联合购置大型挖掘机，与运输车辆配合实施机械化联合作业，施工业务由本地延伸至外地。1992年4月，齐河县船业社、铁道部黄河舟桥处、槐荫区北店子航运站合作建成齐槐浮桥。2002年，两岸航运站与西张村、北关4方共同出资筹建新浮桥，码头迁至西张村西。2003年，村民以入股分红形式参与投资建设济齐黄河浮桥，除安排11名人员在浮桥工作外，每年高额分红成为村民主要经济收入之一。

1993年3月，成立民族经济实体——济南槐荫伊达经济开发中心。1997年，区委、区政府制定《关于加强全区民族宗教工作的实施意见》，设立少数民族经济发展扶持金，支持和发展少数民族经济。

20世纪80年代初，槐荫区有小金庄、孟王2所回民小学。1988年，安家庄小学改为西张回民小学，回民小学增至3所。2001年，小金庄小学和孟王小学合并为小金小学，回民小学减为2所。同年，小金庄村得到阿拉伯国家支援少数民族教育事业60万元人民币资助，小金小学成为六年制完全小学，达到一类学校标准。2006年，全区开展新农村建设，各民族村大街小巷全部硬化，实现自来水“户户通”，文化体育、医疗卫生等基础设施配套更加完备。医疗设施基本齐全，基本满足村民看病就医的需要。特别是农村新型合作医疗实施后，参保率逐年提高，减轻了农民因疾病带来的经济负担。各村都建有文化大院、篮球场等文体活动场地，有力地促进了乡风文明建设。

1999年，由吴家堡镇西张村王金岩、王金行等村民组织，恢复中断近50年的绣球灯舞表演，使传统的民俗艺术重新焕发活力。2002—2006年，多次参加元宵花灯焰火晚会、民族团结进步宣传月等活动。2003年，小金庄村被济南市委、市政府被评为“民族团结进步模范村”。2006年，西王府村被省委宣传部、省委统战部和省民族事务委员会、省文明办、省民政厅评为“山东省民族团结进步村居”。

2005年10月，孟王村花灯队在泉城广场参加省、市民族团结进步宣传月活动　（区民宗局提供）

三、少数民族风俗习惯

辖区内少数民族，除回族外，多是因为个人工作或生活迁徙到槐荫区，数量少、不集中，很难将本民族的风俗习惯规模性地带到居住生活的地区，有的民族习俗仅仅保留在个人或家庭当中。相比于其他少数民族，回族数量较多，居住相对集中，占全区少数民族人口比例超过90%，仍保留本民族特有的民风风俗和生活习惯。

回族群众信仰伊斯兰教，在居住较集中的地方建有清真寺，全区有清真寺7坊，由阿訇主持宗教活动，经典是《古兰经》，称信教群众“穆斯林”。生活习俗固守传统，遵循教规教义。清真寺是穆斯林举行宗教活动的场所，还负有传播宗教知识、培养宗教职业者的职能。穆斯林每日五次礼拜，每个星期五是主麻日（聚礼日），晌礼时分的聚礼是一周中礼拜人数最多的时候。

穆斯林的传统节日主要有开斋节、古尔邦节等。伊斯兰教规定，每年教历9月为斋月。在斋月里，要求每个穆斯林在黎明后至落日前的时间里，戒饮、戒食、戒房事，每天要诵经，称作“把斋”或“封斋”。生活条件较好的穆斯林村民拿出自家的钱物救助困难的穆斯林家庭，其目的是让人们在斋月里认真地反省自己的罪过，使经济条件充裕的富人，体验一下饥饿和干渴的痛苦心态，怜悯贫困的人们，真心去救助他们。到教历10月1日即斋戒期满，举行庆祝斋功完成的盛会，这一天就是“开斋节”，是穆斯林的“大节”。开斋节这天，人们早早起床、沐浴、燃香，穿戴整齐到清真寺做礼拜，聆听教长讲解《古兰经》。请村里有威望的人到清真寺里，制作传统的回族食品，炸油香、炸馓子和糖馅炸糕等，用肉末麦仁儿做出香喷喷的糁（sá），供礼拜的穆斯林群众享用。穆斯林群众可不计数量自愿地向寺里捐油、面粉或做好的饭菜，也可以拿钱，回族称拿“乜贴”。礼拜后，穆斯林群众一起吃“油香”，享用食物，即是开斋。之后的一个月内，穆斯林每家每户都先后请阿訇去墓地念经“走坟”，缅怀“亡人”，以示不忘祖先。按伊斯兰教历，每年12月10日为古尔邦节，也称“小节”。每年的这一天，宰牲献祭的习俗沿袭至今。较富裕的穆斯林村民到寺里捐羊，条件一般的穆斯林凭自愿捐粮、油、牛羊肉或钱物，并邀约若干人采购东西、炸油香、煮牛羊肉、做菜等。勤杂活都是回族群众自愿来干，并将此视为行善做好事，因此争先恐后。到寺里礼拜后的穆斯林聚在一起吃做好的食物。对于节前散了“乜贴”、捐散了东西，而没有来进餐的，要托亲友、邻居给带一份“油香”、菜等品尝，并相互登门贺节。

回族擅经商，尤以经营饮食业为多。回族的殡葬习俗是土葬，各级政府尊重回族的民族习俗，为穆斯林群众专门划出回民墓地。一般在举办婚丧礼仪活动中，7天之内都要请阿訇到家里念经，做“油香”，摆宴席招待客人及亲属，并将“油香”挨户分送给穆斯林群众。

北大槐树清真寺内庆祝开斋节仪式

（1992年摄　北大清真寺提供）

第二节　宗　教

一、伊斯兰教

1990年，全区有伊斯兰教清真寺4坊，分别为北大槐树清真寺、北大槐树清真女寺、小金庄清真寺、孟王清真寺。1994年4月，成立槐荫区伊斯兰教协会。1996年，新建小金庄清真女寺。1998年，新建西王府清真寺、西张清真寺。2005年7月，改建北大槐树清真女寺。2006年，全区有清真寺7坊，阿訇17人，海里凡6人。

北大清真寺（详见第十五编文化　体育第一章文化　第五节文物古迹“北大槐树清真寺”）

北大清真女寺　位于北大槐树街西首。始建于1911年，2005年重建。占地面积500平方米，建筑面积350平方米。建有大殿、北讲堂、沐浴室等。有教职人员2人。每年穆斯林重大节日，辖区的穆斯林群众在此参加活动。

小金庄清真寺　位于段店镇小金庄。始建于明崇祯十年（1637），后历经清道光（1821—1850）、民国五年（1916）、1999年3次重修。建筑面积1370平方米。建有大殿、后殿、南北讲堂、影壁墙、沐浴室及附属建筑。有教职人员6人。每年穆斯林重大节日，小金村及周围经商的外来流动穆斯林群众在此参加活动。

孟王清真寺 位于段店镇孟王村。始建于1986年6月，有大殿3间。1996—2000年，先后建起南、北讲堂及附属建筑。建筑面积150平方米。有教职人员4人。每年穆斯林重大节日，孟王村及周边的穆斯林群众在此参加活动。

西张清真寺 位于吴家堡镇西张村。1998年10月建成，占地面积2300平方米，建有大殿(2间)、讲堂、沐浴室及附属设施。有教职人员3人。每年穆斯林重大节日，西张村及周边穆斯林群众在此参加活动。

二、基督教

1990年，全区有经四路和裕忠里两座基督教堂，其中经四路教堂是济南市规模最大的基督教活动场所，1993年选入《中国宗教文化大观》大型画册。1993年，裕忠里教堂实施改建，拆除平房，建成砖混二层楼房，占地面积350平方米，建筑面积514平方米。同年，成立区基督教三自爱国运动委员会，办公地点设在裕忠里教堂。1993年起，先后审批设立基督教聚会点16处，分别是段店、吴家堡、南辛庄、大杨、明星、八里桥、刘庄、匡山、匡杨、周官屯、大金、营市新村、演马、建厂局、彭庄、小饮马。1999年，区基督教三自爱国会进行换届选举。2005年，辖区有基督教教堂2座、基督教聚会点16处；牧师4人（其中退休2人），长老5人（其中退休2人）。

基督教自立会礼拜堂 （详见第十三编文化体育　第一章文化　第五节文物古迹“基督教自立会礼拜堂”）

第五章　老龄事业

第一节　老年人优待

1998年起，每年“重阳节”期间举办老年人康乐运动会，开展尊老、敬老、养老、助老和评选好党员、好干部、好儿女、好儿媳、好女婿活动，走访慰问孤寡老人和贫困老人。1999年，在市财政拨款为百岁老人发放每人每月100元助养金基础上，区财政拨付资金为百岁老人增发每人每月100元助养金。2000年，开展创建“老年人之家”，争做“优秀老龄工作者”活动。2001年，区委、区政府下发《关于加强老龄工作的实施意见》。2002年，各街道(镇)、社区建立爱老敬老志愿者队伍，对特困、孤寡老年人帮扶助养。2005年起，65岁以上老年人乘坐市内公交享受半价优惠，70岁以上老年人乘坐市内公交车免费。2003—2006年，为3.5万名老年人审办老年优待证，办理免费和优惠乘车卡近万人次。70岁以上老年人持优待证可免除村级三项提留和五项乡镇统筹、免除国办公园门票。

第二节　老年人权益维护

2000年，联合区司法局成立槐荫区保障老年人合法权益法律服务中心，健全老年法律援助制度，使老年人能够就地、就近、及时地得到优质法律服务。区法院对涉老案件优先立案、

2000年9月29日，区老龄办联合区司法局在英雄山广场举办”法律咨询日“活动（区老龄办提供）

优先审理、优先执行，经济困难的老年人可享受缓交、减交或免交诉讼费的优待。同年起，全区开展以老年人赡养为主的民事纠纷排查，及时化解矛盾。1990—2006年，全区共接待老年人法律咨询服务1.2万余人次，减免诉讼费80余万元、律师服务费30余万元。

全区开展老年人权益保障年总结表彰大会

（2006年10月摄　区老龄办提供）

第三节　老年公寓与文化设施建设

一、老年公寓

1997年，全区建立第一家民营老年公寓。至2006年，全区建立和完善老年公寓7家，建筑面积6080平方米，有床位495张，配备器械康复室、图书杂志室、健身器材室、老年活动室等设施。

二、老年文化设施

1990—2006年，城区先后建立“星光老年之家”“老年书画院”“激情社区老年合唱团”“五彩虹老年艺术团”“七彩人生俱乐部”等社区老年活动场所170余处。2006年，根据市老龄委《关于利用农村闲置房屋建设老年人活动基地的意见》和区委、区政府关于建设城郊型社会主义新农村的部署，对辖区93个行政村的老年人活动场地情况进行摸底，着手农村老年活动基地的建设工作。同年，自筹资金330.6万元，利用集体闲置房屋建起标准老年活动基地（建有阅览室、棋牌室、健身室和健身活动场地）8个。

济南市老龄办向吴家堡镇肖家屯老年活动基地赠送活动器材　（2006年10月摄　区老龄办提供）

第六章　慈善事业

2005年4月，槐荫区慈善总会成立，区直机关工委、济南市第五人民医院等103家单位为团体会员。2006年，在全区建成区、街道（镇）、村（居）三级慈善工作机构，形成以区慈善总会为主体，以街道（镇）慈善分会为依托，以村（居）慈善工作联络站为延伸，上下贯通、左右相连的慈善组织体系。

第一节　资金募集与管理

一、“慈心一日捐”活动

2002年，首次在全区开展“慈心一日捐”活动。同年，募集资金52.6万元。此后每年5月面向全区各级党政机关、企事业单位、驻区部队、个体工商户、社会团体干部职工等，开展个人捐赠一日工资、企业捐赠一日利润捐款活动。2005年4月22日，区慈善总会成立，通过《槐荫慈善总会章程》，选举区慈善总会第一届理事会成员及常务理事、会长、副会长。6月，建立槐荫区社会捐助中心、爱心慈善超市，14个街道（镇）分区域设立捐助站，有条件的社区居委会设立捐助工作点，全区共募集资金366.6万元（含300万元政府基金）。2006年，募集善款112万元。

二、项目捐助

为慈善捐助的重要途径，其主要形式有：专项募捐，定向、非定向、冠名捐助，向上级、向外界争取资金和项目，开展专项救助。

三、经常性捐助

为慈善捐助重要补充形式，主要形式有：区、街道（镇）、村（居）等各级慈善机构随时随地接受单位和个人捐赠。

槐荫区慈善总会按照资产管理办法管理、使用慈善资金，受区审计机关审计，同时接受社会各界监督。

第二节　慈善救助

2005年，全区共投入慈善救助资金46.26万元，其中特困救助3.02万元，慈善助学11.17万元，慈善超市救助5万元，其他救助27.07万元。2006年，投入慈善救助资金79.4万元，其中特困救助13.22万元，慈善助学46.9万元，其他救助19.28万元。

第十六编

街道 镇

JIE DAO ZHEN

槐荫
区志
1989—2006

第一章　振兴街街道

第一节　政区环境

1940年，振兴货栈经理在现振兴街边办起1所小学，取名“振兴小学”，后将此街以学校名命名为“振兴街”。1955年12月，命名为振兴街街道。后几经易名。1980年复称振兴街街道。街道位于槐荫区东南部，东起纬九路和水泥厂路，西到南辛东路，北起经五路，南至兴济河。街道机关驻地经七路631号。2006年，辖区面积2.53平方千米。常住居民10930户，共36001人，其中男性19422人，女性16579人。有汉、回、蒙古、壮、满、仫佬、锡伯等7个民族。

丁字山东路小铁路涵洞　　（王琴　摄）

一、建置沿革

1952年，为第五居民委员会。1954年12月，更名为第五街道。1955年12月，更名为振兴街街道。2006年，下辖纬九路社区、振兴社区、德兴社区、丁字山社区、阳光新城社区5个居委会及劳教所家委会、水泥厂家委会等9个家委会。

二、居住环境

1989年，辖区内居民住房以土坯房、砖木房为主，建有部分平房、单元楼。2001年，开发兴建辖区首个大型居民小区——阳光100国际新城。该小区位于阳光新路19、21号，占地面积100万平方米，建筑面积110万平方米，配套公建面积2万平方米，总投资40亿元，总户数5900户，是集写字楼、酒店、住宅、购物、娱乐、休闲于一体的大型社区。2003年，新建健身路径130平方米，2004年，新建休闲广场3处。

1989年，辖区有经六路、经七路、经十路、纬九路、纬十二路等主要道路和25条街巷。1995—2005年，辖区先后改造街巷45条，修下水道1880米，绿化环境2000平方米。2006年，辖区有19路、6路、9路（支线）、K92、K96、102等公交汽车穿过。

阳光100一角　　（王琴　摄）

第二节　经济发展

一、工业

1989年，辖区化工厂、起重设备厂、印刷材料厂划为区计划单列企业；街办企业有塑料厂、烤漆厂、建筑公司等，全年产值12万元，利润4.22万元；居办生产服务为全国城市街道74强之一，全年产值699万元，利润78.7万元。

1990 年，有街居企业 14 家，产值 883.4 万元。1991 年，有街居企业 13 家，产值 1007.8 万元。1992 年，有街居企业 24 家，产值 1231 万元。1993 年，辖区街居办企业 13 家，工业总产值 1902 万元。1994 年起，辖区内工业企业开始进行破产等改制。同年，济南铅笔厂改制为亨通制笔有限公司；有街居企业 64 家，产值 3527 万元。1995 年，辖区街居办企业年利税在 50 万元以上的工业企业有 3 家，第八居委会金福实业公司年产值过千万元，利税过百万元。1998 年 12 月，振鲁企业公司改制为个体企业；年底，辖区有工业企业 7 家。2000 年，金属机械厂宣告破产；槐荫建筑工程公司与其下属的万利汽车清洗公司、槐荫汽车装具服务部同时改制为股份合作制企业；济南市化工建材厂宣告破产。2001 年，济南槐荫塑料厂改制为股份合作制，济南振昌实业公司宣告破产。2002 年，振兴汽车烤漆厂改制。同年，辖区有规模以上工业企业 1 家（济南市槐荫化工总厂），销售收入 5607.8 万元，利润 3.6 万元，利税 6.5 万元，工业增加值 1863.4 万元。2003 年，槐荫弹簧厂改制为民营企业。2005 年，济南市槐荫化工总厂将资产注入居委会。至 2006 年，辖区有规模以上企业 5 家（济南市槐荫化工总厂、济南水泥厂、山东送变电工程公司、济南铅笔厂、济南汽车配件厂），全年销售收入 3.86 亿元，利税 583 万元，工业增加值 4.57 亿元。

二、商贸

1989 年，辖区商业网点 340 余个，商业服务营业额、利润分别为 2575.3 万元和 39.94 万元。1990 年，居办商店 7 个，营业额 1727.1 万元。1991 年，有商业网点 18 个，年营业额 1809.8 万元。1992 年，有商业网点 35 个，年营业额 1968 万元。1993 年，辖区商业营业额 2321.4 万元，利润 66.04 万元。1994 年，有商业网点 33 个，年营业额 3688.5 万元。1998 年，辖区第三产业总收入 1.46 亿元，第三产业增加值 1283 万元，商业营业额 9540 万元，利润 158.5 万元。2001 年，山东博远物流发展有限公司和济南阳光 100 房地产开发有限公司相继成立。2002 年 11 月，由济南阳光 100 房地产开发有限公司与广西万怡物业管理有限责任公司合资成立济南万怡物业管理有限公司，注册资金 600 万元。其经营范围是物业管理、日用百货、批发零售。同年，博远物流经济园、泰山都市经济园相继建成。辖区第三产业总收入 2.93 亿元，第三产业增加值 2038 万元；商业营业额 1.76 亿元，商业利润 292 万元。

第三节　社会事业

一、教育

1989 年，辖区有高级技工学校山东劳动职业技术学院，济南市第九中学、济南市第十九中学，济南市小辛庄小学，济南市槐荫区实验幼儿园等教育机构。

2006 年，辖区有高等职业学院 1 所，中学 2 所，小学 2 所，幼儿园 1 所。

二、文化

1989 年，辖区有文化站 1 处。2000 年，始建振兴亲情文化广场，占地面积 280 平方米。2003 年，进行全面改造，成为社区区居民休闲娱乐的主要场所。2004 年 6 月，社区图书馆成立并向社区居民开放，面积 100 平方米，藏书 3000 余册，书籍涵盖史书、传记、文学、哲学、法律、儿童及各类工具书 20 余种，期刊、报纸 30 余种，配有电脑、电视、DVD 机等设备。2006 年始，各个社区均开辟社区学校，参加培

纬九路社区创建梅兰邻里社区品牌

（2006 年 6 月摄　区委办公室提供）

训活动达万人次。各社区活动室面积累计800余平方米；有17支文体队伍，400余人。辖区有济南市吕剧团、济南市杂技团、明星电影院等文化场所。

三、卫生

1989年，辖区有槐荫人民医院振兴街门诊部1处，办事处红十字会1处，下设8个分会。2006年，辖区建有社区卫生服务中心。

第二章　五里沟街道

第一节　政区环境

五里沟原为排洪沟，清光绪三十年（1904年）自辟为商埠，因距古历城县五里，故名五里沟。位于槐荫区东北部，东起纬五路与市中区相邻，西到纬九路，南始经五路，北至经一路。街道驻地经一路168号。2006年，辖区面积0.92平方千米。常住居民10332户，共25019人，其中男性12360人，女性12659人。有汉、回、满、蒙古、朝鲜、苗、土家、布依、畲族等9个民族。

一、建置沿革

1954年12月，属市区第五区第一街道。1955年12月，属市中区五里沟街道。1956年7月，划归槐荫区经三路街道。1960年，属槐荫人民公社经三路分社。1962年8月，自经三路分社析出，成立五里沟分社。1963年2月，改称五里沟街道。后几经易名，1978年5月，复称五里沟街道。1989年9月，撤销经三路街道，划归五里沟街道。2006年，下辖和平里、公祥街、平安里、顺祥街4个社区居委会及机床一厂家委会。

二、居住环境

1989年，辖区居民住房多系砖木房、土坯房，楼房亦多为简易楼，单元楼极少。1998年，商品楼开始出现。2005年，经一路北侧、济南市35中学片区和纬六路等片区陆续开始拆迁。群盛华城、雅致•经典、海佑重华等小区楼盘相继开发建设。辖区居民楼143栋，居民住房类型以单元楼、平房为主，简易楼、木棚土坯房占10%，住宅总面积45万平方米，社区居民平均每户人均住房面积37平方米。辖区尚有棚户区6个，面积0.2平方千米，约占辖区总面积的28%。

1989年，辖区有街巷76条。2001年，纬六路跨铁路大桥开工建设，至2004年底，建成通车。2003年，街道先后投资18万余元对27条背街小巷进行综合治理，硬化裸露地面，共铺设沥青路面1500余平方米，新建花坊7个，新增绿化面积767平方米。2005年，对经一路、纬六路进行拓宽改造，13条小巷湮没消失。2006年，辖区有主要街道11条，为经一路至经五路，纬五路、小纬六路到纬九路，主要街巷23条。

五里沟东街　　（2003年5月　王琴　摄）

第二节 经济发展

一、工业

1989年，街办工业企业有槐荫区印刷装订一厂、三厂，槐荫区电力设备厂、槐荫区液压装置厂等8家,年生产总值1123万元。1990年，有街居企业23家，年产值1640万元。1991年，有街居企业22家,年产值1880.6万元。1992年，有街居企业18家，年产值2158万元。1993年，街居办工业企业14家，年生产总值2789万元，主要生产加工服装、印刷、电力设备、液压件等。1994年，有街居企业16家，年产值4581万元。1995年起,街道工业企业开始改制和重组。同年，济南人民电器开关厂、槐荫电子器材厂先后破产。1998年，街道分别以5万元、1万元的价格将槐荫水箱厂、槐荫区印刷装订三厂的产权转让给全厂员工；印刷装订一厂、服装三厂等以无偿转让所有权的形式改制为股份合作制企业；济南液压装置厂与槐荫电力设备厂合并为济南市槐荫液压装置厂。同年底，辖区工业企业减至3家，无限额以上工业企业。2000年，槐荫液压装置厂改制为济南隆力液压装置股份有限责任公司。2003年,印刷装订一厂破产。2006年，济南服装二厂、济南市机电公司由市国资委下放街道管理。同年底，辖区有济南市鲁联集团有限责任公司、深普科技有限公司、冠兴科技有限公司等规模以上企业5家；实现销售收入1.49亿元，工业利润816万元，利税1265万元，工业增加值4174万元。

二、商贸

1989年，辖区内商业经营规模较小，商业额656.51万元。1990年，有商业网点20个，年营业额73.9万元。1991年,有商业网点21个，年营业额1108万元。1992年6月，第一家金德利快餐厅在辖区内开业。同年，有商业网点19个，年营业额1160万元。1993年，有商业网点27个，年营业额1360万元。1994年，街居办商业服务网点26个，营业额1805.9万元。1998年，在经一纬九路济南面粉厂基础上改建民天干货副食品批发市场；在经二路至纬九路（经一路、经二路段）“羊肉串烧烤一条街”的基础上建成济南华鲁美食广场，拥有营业房118间，总面积1600平方米。同年，辖区第三产业总收入5850万元，第三产业增加值739万元；商业营业额3736万元，利润70万元。2002年，辖区第三产业总收入1.36亿元，第三产业增加值1403万元；商业营业额7340万元，利润139万元。2006年，辖区有商业网点315个，占地面积5000余平方米；建有民生、公祥街2处农贸市场，占地面积3000平方米，年交易额1256万元；有兴禾、国美、统一银座超市等，占地面积6000平方米，年交易额2.17亿元。餐饮行业中较大规模的有济南饭店、珍珠大酒店、济南市老洋行餐馆、金德利快餐连锁总公司等4家。

第三节 社会事业

一、教育

1989—1996年，辖区内中小学无大变化。1997年，因生源减少，部分校舍归还给教堂，纬六路小学与经二路小学合并。2000年，组建山东老年大学五里沟社区分校，校址经四路425号。2002年8月，经二路小学并入济南第三十五中学，成立济南第三十五中学小学部。2003年12月，济南第三十五中学小学部恢复为经二路小学。2005年，合并纬十路小学；启动济南第三十五中学校改一期工程，济南第三十五中学与济南第二十中学合并为济南第三十五中学。同年7月，成立五里沟街道现代远程教育管理站,在社区设立远程教育站点5个。2006年，辖区有济南第三十五中学、经二路小学，其中济南第三十五中学在校生1500余人，经二路小学在校学生360余人。同年，原山东老年大学五里沟社区分校撤销。

二、文化

1990年，投资约2万元对“旱船”“花棍”等民间文艺项目进行挖掘和继承，代表槐荫区参加市民间艺术表演，获优秀表演奖。在槐荫区首届文化艺术节中获“最佳优胜奖”。

2000年，济南市儿童艺术剧院院长兼党委书记丁小秋获“全国先进工作者”称号。2001年，街道社区文化站成立，并相继成立老年人活动室、棋艺室、聊天室、京剧艺术活动天地、青少年辅导站等。2004年，成立夕阳红腰鼓队、水墨丹青书画班、蓝孔雀时装队、白衣天使歌舞队、华夏乐章民乐队、新芽少儿艺术队、太极拳队、中华神功武术队等8支文体队伍，共组织演出200余场，参与者2000余人次。2006年，建有社区文化活动室4个，每年两次固定大型文化活动（主要是消夏晚会和元宵灯会）。驻区文化单位有济南市图书馆、济南市歌舞剧院、济南市儿童艺术剧院等4家。

三、卫生

1978年，建有社区卫生院，1985年撤销。2005年，街道、圣松老年公寓与济南市第二人民医院联合成立五里沟社区卫生服务中心，位于纬五路59号，占地面积400平方米，设有儿童免疫、康复治疗、临床观察、化验注射、计生咨询和中西药房，其中副高以上职称4人，医师5人，专业护理4人。至2006年，辖区有社区卫生室1家、民办诊所11家，医务人员64人。辖区卫生单位有山东省立医院、山东省眼科医院、济南市眼科医院、济南市皮肤病防治院、济南市疾病预防控制中心5家。

第三章　青年公园街道

第一节　政区环境

青年公园街道因辖区内青年公园而命名。位于槐荫区东部，东起小纬六路，西至纬九路、水泥厂路和振兴街街道相接，北起经五路，南到怡心苑与市中区相邻。街道机关驻地纬七路90号。2006年，辖区面积0.79平方千米。常住居民6446户，人口26765人，其中男性13376人，女性13389人。有汉、回、蒙古、布依、苗等11个民族。

一、建置沿革

1962年6月，将槐荫人民公社振兴街分社纬九路以东地区划出，成立青年公园分社。1963年2月，改称青年公园街道。后几经易名，1978年5月，复称青年公园街道。2006年，街道下辖槐荫广场社区、汇统社区、前卫街社区、五里牌坊社区4个居委会和4个家委会。

二、居住环境

1989年，辖区居民住房多为土坯房、砖木房，有少数单元楼、平房。1994年起，开始进行旧城改造。至1997年，辖区内先后建成居民楼26栋。2001年，五里牌坊社区建成辖区内首个大型居民区——怡心苑小区，共有480户。2005年，经十纬七东北片区、阳光新路东侧片区和经七纬十二东南片区三大片区陆续开始拆迁。同年7月，在残疾人聚居区五里牌坊社区建成全市首家社区无障碍广场——我的兄弟姐妹广场，占地面积1500平方米。2006

2006年9月，山东省省长韩寓群（前排右一）、济南市市长鲍志强（第二排中）到街道检查　　（青年公园街道提供）

年，辖区有社区居民楼 142 栋，其中省级绿色社区怡心苑等大型居民小区 4 个；棚户区 8 个，面积共 10 万平方米，约占辖区总面积的 12.8%；已拆迁改造棚户区 1.65 万平方米，占总棚户区面积的 16.5%。

2006 年，由街道城市管理科牵头，环卫所、执法中队以及相关社区居委会对辖区内经十路、纬七路等主要道路沿线环境和经营性广告牌匾进行集中清理整治，开展乱涂写乱刻画乱张贴“视觉污染”专项整治行动，共粉刷墙面 5000 余平方米，增加绿化 200 平方米，修补路面 200 余平方米，拆除更换广告牌匾 25 块，清理乱摆乱放、占道经营现象 200 余处，净化社区环境，并作为全区的样板街迎接全市检查；加强“绿色社区”创建工作，五里牌坊社区的怡心苑小区通过省环保局检查验收，被命名为省级“绿色社区”。

第二节　经济发展

一、工业

1989 年，辖区有街居办企业剪切设备厂、汽车修理厂、建材玻璃厂、稀贵金属提炼厂、制刷厂、消音设备厂、复合材料厂等 7 家，全年生产总值 1134.48 万元。1990 年，有街居企业 14 家，年产值 1270 万元。1991 年，有街居企业 12 家，年产值 1395 万元。1992 年，有街居企业 11 家，年产值 1595 万元。1993 年，有街居办工业企业 10 家，工业总产值 2001 万元。1994 年，有街居办工业企业 8 家，工业总产值 3432 万元。1998 年底，辖区原有工业企业大多破产，减至 1 家（济南文建印刷厂）。2004 年，辖区出现第一家年产值 500 万元以上规模企业（济南文建印刷厂）。2005 年，有规模以上企业 4 家，全年销售收入 9052 万元，工业利润 134 万元，利税 549 万元，工业增加值 6856 万元。2006 年，辖区规模以上工业企业 4 家：济南文建印刷厂（2005 年由市属军工企业转至地方）、山东省恒兴实业公司印刷厂、阶梯实业有限公司、济南和泰纸业有限公司，其中民营企业 3 家；规模以上企业实现销售收入 1.52 亿元，工业利润 373 万元，利税 986 万元，工业增加值 1.11 亿元；其中济南文建印刷厂实现工业总产值 4823.4 万元，产品销售收入 5324.4 万元，工业利润 18.1 万元，利税总额 472.4 万元；济南阶梯实业有限公司主要生产加工玻璃工艺产品，产品全部出口欧洲和北美市场，年出口额在 120 万美元以上。

二、商贸

1989 年，辖区商业营业额 1010 万元。1990 年，有商业网点 8 个，年营业额 937.3 万元。1991 年，有商业网点 16 个，年营业额 1195 万元。1992 年，有商业网点 28 个，年营业额 1364 万元，利润 48.1 万元。1993 年，有商业网点 15 个，商业营业额 2300 万元，利润 54.5 万元。1994 年，有商业网点 10 个，商业营业额 3363 万元。1996—1999 年，各类中小商业企业及餐饮业发展较快。1999 年，辖区商业营业额 8302 万元，利润 151 万元；第三产业总收入 1.21 亿元，第三产业增加值 1951 万元。2000 年起，发展“都市经济”“楼宇经济”等，促进以第三产业为重点的区域经济快速发展。同年，辖区餐饮业发展至 30 家，主要有胜利石油大厦、山东化工宾馆、粤都、云亭、泉都、天天鲜、金海岸、满汉楼、金德利、纺织酒家、黄桷树、常春藤等。2001 年，辖区第三产业总收入 1.43 亿元，第三产业增加值 2411 万元；商业营业额 1 亿元，商业利润 167.0 万元。2002 年，辖区第三产业总收入 1.65 亿元，第三产业增加值 2450 万元；商业营业额 1.06 亿元，商业利润 223 万元。2004 年，辖区第三产业总收入 3.81 亿元，第三产业增加值 4045 万元；商业营业额 1.3 亿元，商业利润 275 万元。2006 年，辖区有商户 500 余家，其中统一银座超市 2 家，餐饮业 30 余家，个体工商户 280 余家，有限公司 220 余家。辖区第三产业总收入 2.15 亿元，第三产业增加值 3617 万元；商业营业额 1.5 亿元，商业利润 300 万元。

第三节　社会事业

一、教育

1989 年，辖区有中共山东省委党校、济南

2003 年 3 月 5 日，青年公园街道举行学习雷锋活动月启动仪式　（青年公园街道提供）

消防演练教会孩子如何在火灾中逃生　（青年公园街道提供）

市第二十中学（前身是私立立达中学）、济南市第二职业中专（前身是济南第二十一中学）、山东省立医院护士学校、济南市供销学校等大中学校 5 所；有济南市经七路第一小学、济南市纬九路小学、济南市光明街小学等 3 所小学；有济南市侨联业校、济南市老年人大学等业余学校 2 所；幼儿园 15 所。2000 年，辖区中小学全部建有微机室，经七路第一小学校舍改造教学楼主体工程完工。2006 年，辖区有 1 所中学、1 所职业中专、2 所小学、5 所幼儿园，在校学生 3600 余人。2006 年始，各社区均开辟社区教育培训课堂——社区学校，参加社区学校培训活动 2.5 万人次。

二、文化

1999 年，辖区内建有文化场馆 5 个。2001 年，投资建成纬七路安全科普宣传一条街，长 50 余米，设立不锈钢橱窗 18 个，普及健康知识，加强思想道德建设。2003 年 1 月，五里牌坊社区成立济南市第一支由残疾人（聋哑）组成的“我的兄弟姐妹表演队”，共 36 人，2003 年，获济南市文化局举办的“百龙大赛”特别奖，2004 年获“大观杯”济南市民间艺术表演赛特别奖。2003 年 6 月 20 日，“广艺书画研究中心”在青年公园社区挂牌成立，成员共计 150 人。2006 年，主要由社区退休老党员组成太极拳队、扇子舞队、夕阳红合唱队等群众组织，正确引导社区群众开展精神文明活动。街道团工委组建“四·五烈士纪念碑”护碑队，组织社区青少年坚持开展护碑活动，对社区青少年和群众进行爱国主义和革命传统教育。利用广场面积大的优势，坚持在槐荫广场开展一系列主题教育活动，采用群众喜闻乐见的形式，先后举办千人以上参加的社区反邪教大会、庆祝中国共产党建党 80 周年文艺演出和“人民不会忘记”——纪念“四五”烈士英勇就义 70 周年等大型活动。槐荫广场成为展现社区群众文明风姿的社区大舞台，成为传播社会主义精神文明的主阵地。

三、卫生

1989 年，辖区内有街道卫生院和济南市盲人按摩诊所。街道卫生院始建于 1972 年，至 1989 年卫生院有房屋 3 间，医务人员 3 人，配备有心电图、红外线治疗仪等设备。济南市盲人按摩诊所始建于 1976 年，1982 年 8 月从市中区新市场迁五里牌坊北街 18 号，1995 年 10 月更名为济南市按摩医院。1997 年，社区卫生服务中心成立，面积 200 平方米，配有医护人员 7 人，其中医生 4 人，护士 3 人，设有观察室、治疗室、中西药房、资料室等科室，配有心电图机、血糖仪、电脑中频治疗仪、微波治疗仪红外电磁烤灯等多种医疗康复器材及服务用车，开展全科医疗、康复训练、理疗、预防接种、妇幼保健等服务项目。

第四章　南辛庄街道

第一节　政区环境

清乾隆三十六年（1771）《历城县志·地域考》称为“辛庄”。1932 年,《济南市区图》称作“西辛庄”。1934 年,《济南市政府测量报告书》首现“南辛庄”。1949 年，新中国成立后被正式命名为南辛庄。位于槐荫区东南部，东与振兴街街道相接，西和白马山街道为邻，南到机床二厂南路，北至经十路，街道机关驻地南辛北街 64 号。2006 年，辖区面积 2.02 平方千米。常住居民 10061 户，共 27907 人，其中男 14083 人，女 13824 人。有汉、回、满、蒙古、壮、朝鲜、锡伯、高山 8 个民族。

一、建置沿革

1949—1979 年，先后隶属市第九区、市直属乡、郊区、历城县、槐荫区。1979 年 9 月，成立南辛庄街道，隶属槐荫区。2006 年，下辖南辛北街、欣园、南辛苑 3 个社区居委会及机床二厂家委会。

二、居住环境

1989 年，辖区内居民住房以单元楼、平房为主，其中 1958—1960 年“大跃进”时期建造的简易楼及木棚土坯所形成的棚户区有 8 个，占地面积 39.89 万平方米。1993 年起，辖区开始开发建设住宅小区。1995 年，实现旧城改造 1.4 万平方米，老企业改造面积 1.3 万平方米。1999 年，辖区有住宅楼共 188 栋。2004 年，嘉馨现代逸居、玉景家园、南辛苑、南辛·普利花园、嘉和馨园等 5 个小区相继建成，其中玉景家园、南辛·普利花园连续两年被评为市级绿色社区。2006 年，辖区内共有居民楼 266 栋，入住居民 11807 户。

1989 年，辖区有经十路、辛西路 2 条主干道，23 条街巷。2000 年，对南辛中街实施大盖被 3500 平方米，制止违章建筑 17 处。机床二厂、试金集团、民天面粉及驻区 5 个部队、2 个居民小区达到花园式厂区、营院、小区的标准。2001 年，街道先后对二厂路、南辛东街路面实施大盖被 6000 余平方米，在社区内园畔小区 74、75 号楼完成“平改坡”的试点工程；完成经十路儿童医院门口、南辛高架桥南侧 2 处绿地共计 700 余平方米，在二厂宿舍区栽种爬山虎 400 余平方米，建成面积 460 余平方米的高标准花坛 1 处，协助南辛小学、试金集团、驻济某部建成面积 1970 平方米的绿地花坛。2003 年，修整路面 1314.4 平方米，垒砌绿化地 7 个。

南辛庄街及以南片区民居　　　　（2007 年 5 月　王琴　摄）

2002—2004年，对背街小巷进行整治，安装路灯174盏，整修道路22条，道路绿化16710平方米。2005年，街道投资80余万元对辖区内20余条背街小巷进行综合整治，铺设路沿石800余米，新绿化面积650余平方米，铺设人行道花砖1570平方米,路面盖被16710平方米，新安装路灯40余盏。2006年，街道投资30余万元，对辖区内的南辛东街和南辛南街进行整修，整修面积达9000余平方米，路面达到Ⅱ级标准。建成绿地广场1处，铺设沥青道路3000余平方米，新增路灯27盏。有经十路、经七路和南辛庄街3条主干道，主要街巷19条。

第二节　经济发展

一、工业

1989年，辖区街办企业有低温起动装置厂（同年划为区计划单位）、日历印刷厂、木器制品厂、汽车修理厂、汽车装具厂、电线器材厂等6家，全年街居生产总值1327.3万元。1990年，有街居企业13家，年产值1407.2万元。1991年起，相继对原有企业实行破产兼并等改制，同年街居企业减至4家，年产值1540.8万元。1993年，街居办企业共11家，全年工业总产值2200万元。组建济南槐荫工贸公司，其下属单位有气化炉厂、五金制品厂、电器修理厂、机电产品经营处、五金工具经营处、物资供应处、车辆修理部7家。1994年，街居办企业共11家，全年工业总产值2827万元。1995年，制定《关于发展南辛经济的暂行管理办法》，促进辖区内经济发展。当年工业总产值达4000万元，实现工业利润130万元，销售收入380万元，利税总额65万元。1997年，辖区实现工业总产值3140万元，销售收入400万元，工业利润总额172万元，利税30万元，街办工业增加值143万元，全社会固定资产投资400万元。1998年，街居办企业共5家，全年工业总产值3760万元。1999年，街道以医药市场为主，围绕医药经营发展各类产业，医药经营面积达3万平方米、药品库房面积达5000平方米。2000年，销售收入720万元，工业利润总额291万元、工业利税总额83万元，全社会固定资产投资520万元，社会消费品零售总额840万元。2001年，街道以大力发展社区经济为主线，加大招商引资、协税护税、外经外贸的工作力度，当年实现工业利润384万元，销售收入1117.60万元，工业利税总额91.50万元。2003年，工业产值累计完成9000.04万元，工业销售收入1950万元，工业增加值1687.49万元，引进外商独资企业济南纬池工艺品有限公司。2004年，引进济南嘉泰置业有限公司、济南嘉馨地产开发公司等房产企业。实现工业产值9552.53万元，工业增加值1878万元。2005年，工业总产值1.34亿元，工业投入7800万元，引进山东中铁路桥工程有限公司等16家企业，实现招商引资4600万元。2006年，辖区规模以上企业有济南二机床集团、试金集团、民天面粉有限公司、济南市新光机床配件厂、山东健康药业有限公司5家，全年销售收入13.9亿元，工业利润8884万元，利税2亿元，工业增加值5.38亿元。

二、商贸

1989年,辖区商业营业额82万元。1990年，商业网点8个，年营业额205.1万元。1991年，商业网点6个，年营业额240.7万元。1992年，年营业额621万元。1993年,辖区商业网点13个，商业营业额460万元。1994年，辖区商业网点16个，商业营业额470万元。1995年，商业营业额1000万元，商业利税30万元，第三产业总收入9500万元,外贸出口600万元。1997年，第三产业经营单位总收入3422万，商业营业额1520万，社会消费品零售总额4622万，出口创汇1.5万美元。1998年，辖区第三产业总收入1.18亿元，第三产业增加值1036万元；商业营业额1720万元，利润58万元。1999年，辖区支部以上单位28家，个体私营业户286户，有省属单位2家、市属单位13家、区属单位6家、街办7家、农贸市场3处。2001年，与“三九”药业集团达成关于共同开发新兴大厦，开办面向全省的药业公司的协议。当年第三产业总收入1.95亿元，第三产业增加值1834万元；商业营业额3097万元，商业利润112.3万元。2002年，辖区第三产业总收入3.09亿元，第三产业增加值2519万元；商业营业额3380万元，利润106.5万元。2003年起，对北街集贸市场多次进行综合整治。2004年，辖区第三产业总收入5.52亿元，第三产业增加值3519万元；商业营业额4532万元，利润147万元。引进济南嘉鸿进出口贸易公司，办事处实现自营出口222万美元。2006年，第三产业总收入8亿元，同比增长20%，南辛大街、辛西路、济微路、二厂路、南辛中街成为辖区重要的商贸主线，个体工商户658户。

第三节　社会事业

一、教育

2005年，济南机床二厂子女学校由厂办转公办，更名为济微中学。2006年，辖区有济微中学、南辛庄小学和老年大学1所。2006年，济微中学有中学部、小学部，教学班43个，在校生2300人。其中，中学部17个班、800人，小学部26个班、1500人。南辛庄小学，始建于1935年。2006年，有教学班17个，在校生699人。幼儿园5个班，140余人。辖区有老年大学1所，建于1999年，位于南辛中街北巷13号，面积1000平方米。至2006年，累计有老年学员1000余人。同年3月，被评为“市级示范校”。

二、文化

1990年，建设文化专室和一室多用的活动场所130平方米，建基层活动室7个。1998年，在社区服务活动中依托民政部门，建立社区服务网络，有理发、干洗、修自行车、小饭桌、送奶站、职业介绍、医疗、儿童保健等。2001年，街道在社区成立面积300平方米的社区文化活动中心，先后成立“晚晴书画联谊会”“夕阳红合唱队”“威风锣鼓队”“喜洋洋秧歌队”等十几支文化队伍。引导广大社区居民参与科普特色家庭、学习型家庭、文明家庭的创建，评选“书香家庭”“花卉家庭”“收藏家庭”“剪纸家庭”“环保家庭”“音乐家庭”等特色家庭。2003年，在南辛庄东街投资建设集社区文化、群众体育、道德教育、科普知识宣传于一体的“小巷文化一条街”，开展“道德大家谈”“周末课堂”“书友联谊”“特色兴趣小组”等活动，每两年举办一届“小巷文化艺术节”，评选一次“小巷名人”，收录到《小巷名人录》中。2004年，在南辛中街成立社区活动中心，下设社区党校、工会之家、老年之家、科协等机构。在南辛西街建有健身路径，方便居民学习、活动、健身。2006年，投资4万余元，在南辛北街社区新建1处500余平方米的绿色休闲文化广场，新增健身路径1条，健身器材3套。

三、卫生

1989年，有街道卫生院1所，该院始建于1980年。驻区医疗单位有济南市儿童医院和机床二厂职工医院，其中机床二厂职工医院不对外服务。1998年3月起，机床二厂职工医院开展社区服务，承担南、北两院职工家属的保健医疗任务。2003年，济南二机床职工医院改建为南辛庄社区卫生服务中心。向居民提供预防、医疗、保健、健康教育、计划生育技术指导等综合服务。至2006年底，辖区建有南辛庄社区卫生服务中心，驻区较大型医疗、医药卫生单位有济南儿童医院（山东大学齐鲁儿童医院）、济南仁康医院和山东健康药业有限公司。

第五章　中大槐树街道

第一节　政区环境

1955年12月，首称中大槐树街道，因辖区内有中大槐树街而命名。后几经易名。1978年复称中大槐树街道。位于槐荫区东北部，东起纬十二路，西到机车车辆厂及八里桥村，北至张庄路，南与道德街街道相接。驻地经四路681号。2006年，辖区面积1.45平方千米。常住居民7285户，共17425人，其中男性8693人，女性8732人。有汉、回、满、壮、蒙古、朝鲜、锡伯、仫佬8个民族。

一、建置沿革

1952年，为第三居民委员会。1954年12月，更名为第三街道。1955年12月，以中大槐树街命名为中大槐树街道。2006年，辖裕华里社区、裕园社区、忠厚街社区、昆仑街社区和裕北社区5个居委会。

二、居住环境

1989年，辖区居民住房多为土坯房、砖木房等棚户区。1998年住房制度改革后，商品楼开始出现。2005年，旧城改造步伐加快，裕园小区等大型居民小区相继开工兴建。至2006年，辖区建有大型居民小区3个（裕园小区、忠厚街小区、昆仑小区），居民楼共136栋，有4300户居民入住。有3个棚户区,其中2个面临拆迁。

荣誉　（中大槐树街道提供）

1989年，辖区有20条街巷，有纬六路、纬十二路、经一路、经四路等主要道路。至2006年，辖区主要街巷减至16条。

2005年5月11日，济南市委书记姜大明（前排右一）到中大槐树街道视察　（中大槐树街道提供）

第二节　经济发展

一、工业

1989年，辖区有街办企业4家，全年生产总值1320万元，利润71.57万元。1990年，有街居企业11家，产值1430.2万元。1991年，有街居企业13家，产值1644.4万元。1992年，有街居企业9家，产值1931万元。1993年，辖区有街居办企业11家，全年生产总值2375万元。1994年,街居办企业13家,产值3467万元。至1998年底，辖区工业企业3家，其中限额以上企业1家。2000年，开始构建“中大都市园”，先后组建济南鸿信兴业电力设备有限公司和济南顺启冷启动设备有限公司等年产值超500万元的新兴产业。2002年，最后一家街办企业——济南市热管茶炉厂破产。2004年，辖区规模以上工业企业2家（济南鸿信兴业电力设备有限公司和济南顺启冷启动设备有限公司），销售收入1291万元，利润48.2万元，利税82.9万元，工业增加值574.2万元。2006年，引进济南桃丰厨房设备有限公司，注册资金1000万元。同年底，辖区有规模以上工业企业4家，全年销售收入5793万元，工业利润302万元，利税569万元，工业增加值3993万元。

二、商贸

1989年，全年商业营业额387.13万元，利润18.01万元。1990年，商业网点13个，年营业额395.4万元。1991年，商业网点12个，年营业额404.5万元。1992年，商业网点7个，年营业额471万元。1993年，商业网点8个，辖区商业营业额500万元，商业利润23.6万元。1994年，商业网点9个，辖区商业营业额726.1万元。1998年，辖区第三产业总收入2521万元，第三产业增加值297万元；商业营业额1572万元，商业利润46万元。2000年前后，辖区内先后兴建广友钢材市场、广友茶叶市场、蔬菜批发市场。其中广友钢材市场占地面积2.4万平方米，业户200余家，年交易量7万吨，年交易额2亿元。广友茶叶市场占地面积8万平方米，业户300余家，以南方茶业为主，品种繁多，年交易量2万吨，年交易额5.3亿元。2002年，辖区第三产业总收入3.16亿元，商业营业额3146万元，商业利润94万元，第三产业增加值1685万元。至2006年底，辖区共有钢材市场3家，茶叶市场1家，蔬菜市场1家，家电市场1家，共有业户536家，全年交易额10亿元。

第三节　社会事业

一、教育

1989年，辖区有南大槐树小学、南大槐树第二小学等两所小学，中大槐树辅读学校（特殊教育学校），中心幼儿园等学校。2005年，铁路第一小学划归地方并转为公办学校，更名为昆仑街小学。2005年7月，成立远程教育管理站，设立远程教育站点5处。2004年9月至2005年12月，中大槐树辅读学校教学楼拆除新建。2006年12月，中大槐树辅读学校更名为济南市育园学校。同年，辖区有济南第十二中学、济南市昆仑街小学、济南育园学校及民办幼儿园1所。

二、文化

2004年，辖区建有社区文化活动中心5处，有健身中心、乒乓球室、书画室、图书阅览室、棋牌室、多功能会议室、老年人休息室等各类功能室，集文化娱乐、党员活动、教育培训、作品展览、体育健身、图书阅览、团队活动为一体，覆盖社区居民文化生活服务所需的现代化、多功能的社区文化服务。社区文化活动中心坚持“服务社区群众”的理念，以体现公益性、便捷性、服务性为原则，针对居民的不同文化需求，提供内容丰富、形式多样、健康有益的文化活动。

2001年，投资建成中大南街科普宣传一条街，长110余米，普及健康知识，加强思想道德建设。2004年在辖区5个社区组建社区文艺团队，进一步丰富社区的文化舞台和社区居民的业余文化生活，带动群众性文体活动的蓬勃

2005年4月10日，全国人大常委会副委员长、中国红十字会会长彭佩云（左二）视察槐荫区红十字会社区工作

（中大槐树街道提供）

开展。2006年，组织和承办各类演出活动8场，参加演出人数约200人次，观众500余人次。年底，辖区建有社区文化活动室5个，图书室1个。

三、卫生

1975年辖区建有街道卫生院1所，1985撤销。2006年，投资4万元建立社区卫生服务中心，面积200平方米，辐射周边3个社区，3400户居民。辖区内有山东省老年医院、济南口腔医院经二路门诊，有医药经营单位10家。经四路西端有宠物医院一条街，门诊30余家。

第六章　道德街街道

第一节　政区环境

1925年以前，辖区东部只有零星住户。1926年，北洋军阀张宗昌的一支保安分队（俗称马伍队）驻地，该队队长厉大琛及其族弟厉呈南在此建房，逐渐与原住户形成一条南北走向的胡同，初称“永和街”，后因该街名与天桥北岗子的永和街重名，遂改街名为“道德街”。济南解放后，将原始的道德街改称“中心街”，其余街巷大多数以“道德”为街巷名首。1955年12月，以该地区道德街命名为道德街街道。后几经易名。1978年5月，复称道德街街道。位于槐荫区中部，北起南大南街、经四路，南至经七路，西从纬十二路，东到南大明沟，东西距离为810米，南北长约900米。地势东南较高，西北偏低，属于山前平原地带。街道机关驻地道德街193号。至2006年底，辖区面积0.62平方千米。常住居民4658户，总人口12436人，其中男性5586人，女性6850人；有汉、回、藏、朝鲜、满、锡伯、仫佬等7个民族。

一、建置沿革

1948年济南市解放前，该地属历城县南乡区。1948年9月济南解放后，该辖区属济南特别市第九区。1951年1月，市区合并为6个区，该地区划属第六区。1952年12月，辖区称第六区第四居民委员会。1954年12月，更名为第六区第四街道。1955年9月，更名槐荫区道德街街道。1960年5月，街道撤销，改建槐荫人民公社机床二厂分社。1962年6月，改称槐荫人民公社道德街分社。1966年9月，改名创新街分社。2006年，辖西新街社区、北辛街社区、南大西街社区、新世界阳光花园社区4个居委会。

2001年6月15日，道德街街道西新街社区居委会换届选举大会　（张春华　摄）

二、居住环境

1989年，辖区内居民住房以单元楼、平房、土墙瓦房为主。1995年，共审批办理修房手续22份，建筑面积为713.91平方米，其中扩建203.4平方米，新建171.24平方米，植树200棵，攀绿植物500株，对辖区绿化情况进行摸底，绿化面积33.8万平方米。1999年，在“亮”“靓”“拆”上下功夫。维修路灯13盏，粉刷沿街楼24栋，共计17229平方米，清洗18418平方米，贴瓷瓦2447平方米，刷银粉628平方米，拆除违章建筑设施5处，旧广告牌匾27处。2003—2005年，道路硬化面积328平方米，新设或恢复路灯38盏，粉刷墙壁面积5000平方米，安置宣传栏6块，宣传橱窗16个、并新建健身路径2条，开辟小憩园等功能休闲区2处，达到路面硬化、小巷净化、道旁绿化、夜晚亮化、设施功能化的“五化标准”。社区面貌以经六路延长线为分界线，南部阳光花园社区是济南市西部最为高档的社区，北辛街社区居民住宅楼栋多为企业宿舍，属于旧式开放式居民小区。北部西新街社区和南大西街社区多为棚户区。2000年，对三裕里进行整治，建成宽3.5米、长200米的新路。组织实施“蓝天工程”“畅通工程”绿化美化居民小区环境，植树2000余棵。同年，新世界阳光花园工程开工建设，是全市第一个利用外资进行棚户区改造的项目，被建设部列为“21世纪国家康居示范工程”。项目东起纬十二路，西至北辛西街，南临经七路，北靠经六路延长线，占地面积25.07万平方米，分东西两区，总建筑面积60万平方米，计划总投资25亿元，共搬迁居民2983户。至2006年，东区一期工程完工，建成住宅楼11栋，竣工面积12万平方米，累计入住居民700余户。西区工程于2006年7月开工，占地面积8.2万平方米，共有12栋住宅楼，1栋商业楼，3个地下停车场，建筑面积15.9万平方米，其中商业用房面积1.1万平方米。北辛街社区为老旧开放式小区建筑面积25万平方米，辖区内有35个楼院，39栋楼。道德商城小区结构为楼下为商业门头房，楼上为住宅部分。其他住宅区域为未经改造的老旧棚户区。

2005年10月12日，道德街片区原貌 （道德街街道提供）

1989年，辖区有主要街巷25条。1992年，对北小辛庄西街进行拓宽改造，现长520米，宽20米。1995年，共投资4.12万元对北小辛庄街2条道路，道德、一、二、三、四街，道德一里、道德西街的南口进行整修，共整修984平方米。1999年，成立道德街“容貌工程”领导小组；3—9月，根据全市统一部署，道德街开展容貌工程，对辖区墙体进行粉刷。2001年，对道德北街开始进行拓宽改造。2002年4月，正式完工通车，全长910米，宽30米，双向六车道，暂定名为经六路西延长线（2006年正式命名为经六路）。2003—2005年，以经六路沿线为重点，共整治北小辛庄街2条道路，道德、一、二、三、四街，道德一里、道德西街等8条主要街巷进行整治。至2006年，辖区消失道路有道德一、二、三、四里路，道德一、二、三、四街，道德北街等道路，新建、扩建阳光AA路（辖区俗称、后命名德新路）、经六路等道路。至2006年，辖区有经六路、纬十二路、营市东街、道德中街等主次干道6条，有裕仁里、裕福里等主要街巷9条。

第二节 经济发展

一、工业

1989年，有街办企业6家，全年街居生产总值1301.4万元，利润88.33万元。街办工业产值850万元，同比增长6%，居办生产全年完成502.34万元，比上年提高1%。1990年，有街居企业19家，年产值1450.1万元。1991年，有街居企业24家，年产值1645.1万元，利润103万元，分别同比增长15%与9%。1992年，有街居企业22家，年产值1920万元，工业利润118万元，工业销售额1100万元，工业利税110万元。1993年起，辖区内工业、企业开始破产兼并、改制重组和腾笼换业等。同年底，辖区有街居办企业17家，工业总产值2511.2万。1994年，有街居企业17家，年产值4275万元，占年计划的104.3%，实现工业利润205万元，占年计划的102.5%。1995年，工业总产值年计划为815万元，实际完成了993万元。1997年，工业总产值4671万元,工业销售收入4300万元，工业利润总额302.7万元。1998年，有工业企业5家，限额以上企业1家。1999年，完成工业总产值3510万元，工业利润243万元，工业销售收入2759万元,工业利税266万元。2004年，规模以上工业企业2家(济南市振达特种油品厂、济南市汇金工艺制品总厂)，销售收入2019.4万元，工业利润63.4万元，利税175.8万元，工业增加值506.3万元。2006年，规模以上企业2家（济南市振达特种油品厂、济南市汇金工艺制品总厂)，年销售收入3923万元，工业利润119万元,利税363万元,工业增加值2125万元。2006年，完成地方财政收入950万元，招商引资1.39亿元，社会固定资产投资年累计完成3.3亿元，新增城镇就业再就业人数648人。

二、商贸

1989年，辖区商业服务营业额3342.62万元，利润42.01万元。1990年，辖区街居办商业网点18个,全年营业额4004.7万元。1991年，辖区街居办商业网点22个，全年营业额3108.2万元，逐步建立和完善道德中街饮食一条街和槐荫公园北侧的商业服务一条街，形成东西呼应的服务体系。1992年,街居办商业网点15个，全年营业额3860万元,利润61.1万元。1993年，街居办商业网点13个，全年营业额14544万元，利润75万元。1994年1月，成立道德街经济园管理委员会。同年，街居办商业网点18个，全年营业额1.3亿元。1995年,道德街经济园撤销。同年，济南中兴大厦建成开业，大厦位于经十路425号,共7层,经营面积1.52万平方米,集购物、住宿、餐饮等业务于一体。当年营业额4301万元，后因贷款过多、市场竞争激烈，经营陷入困境，2001年清产还贷关闭。1998年，辖区第三产业收入15593万元，第三产业增加值1834万元；商业营业额4567万元,利润80.6万元。1999年，商业营业额4100万元，利润81.3万元；第三产总收入1.21亿元，三产增加值1308万元。2000年，引进有实力财税型企业9家，引资额1265万元。2002年，辖区第三产业总收入2.5亿元，三产增加值2079万元。商业营业额5425万元，商业利润101万元。至2006年底，辖区内有各类服务网点230余个，有桃花源、水上人家和石榴红大酒店等餐饮娱乐休闲企业10余家。辖区商业营业额5425万元，商业利润138万元。

第三节 社会事业

一、教育

1989年，辖区有街办幼儿园1所，道德街小学、北辛庄小学2所，济南第十二中学、济南卫生学校和槐荫区缝纫学校（短期职业技术培训学校)。1996年，济南第十二中学整体改制为“公办民助”学校。1999年，济南第十二中学被确定为全国电化教育示范学校。2006年，辖区有山东省济南卫生学校、济南第十二中学和道德街小学。2006年，济南第十二中学占地面积2.12万平方米，校舍面积6400平方米；设教学班30个，教职工140人，教师128人，在校生1508人。道德街小学设教学班18个，教职工52人，教师52人，在校生860人。

2002年6月，济南卫校被确定为“山东省全科医学培训济南基地”；7月，被确定为全国教育科学“十五”规划教育部重点课题《职业指导和创业教育的研究与实验》实验学校。2004年3月,被教育部确定为中国西部教育顾问单位。

二、体育

1984年5月，举办首届街道运动会。1998年9月，成立道德街社区体育协会，举办道德街地区首届社区体育运动会。1999年，投入25万元用于槐荫体育场的场地维修。同年，槐苑广场正式落成，占地面积2.53万平方米，绿地面积0.93万平方米，硬化面积1.25万平方米，湖水面积0.18万平方米。居委会成立体育健身小组，每周六定期组织居民开展体育健身活动。在第四居居委会设立1处130平方米的大型健身房，投资13万余元，购买健身器，成立体育指导员队伍，每年举办2次体育骨干培训班。2000年5月，建立社区体育健身服务中心，室内活动面积130平方米，并建立体育中心两处，在社区公园安装健身路径1条。同年参加市体委组织的“健身路径比赛”，获团体总分第四名。当年被评为省级先进体育社区。2000—2004年，连续举办5届社区运动会，2005年1月，道德街街道被国家体育总局评为全国体育运动先进社区。

三、文化

1999年7月，道德街街道成立道德街文明社区共建委员会，创建文明社区，开展家庭文明卫生行动。2000年，在槐荫广场组织“社区文艺晚会”，与文化局联合举办“十大业余歌手比赛”，丰富居民文化生活。2002年1月18日，在西新街社区居委会成立“希望辅导站”。2002年6月1日，成立道德街社区巡防队。2002年9月3日，在社区成立“社区点平台”。2003年，由辖区居民韩春生发起成立“熙馨书画院”，共计58人，致力于辖区的书画交流和公益教学。重点开展以“建道德之家，做文明市民”活动，以兴办“道德讲坛”为载体，创建学习型社区。2003年4月，街道党工委在西新街社区组织开展济南第一条“无痰街”签字活动。2004年，道德街街道注册济南市第一个社区服务类商标“七色鸟”街标；正式创设“道德讲坛”栏目，开展评选“形象大使”活动，成立“希望母子小学堂”。2004年5月，为响应“迎亚足赛，创文明城”号召，开展“登齐烟九点，揽泉城文明”大型文化宣传活动。同年，成立新世界阳光花园社区学院，举办“千人学太极”培训班、“六字诀”气功练习站、社区交谊舞培训班等。9月20日，全国公民道德宣传日期间，街道举办“道德风展示会”，评选出“荣誉居民”“十佳道德文明户”各10个，并给予奖励。为搞好社区服务工作，推出“三四五服务工程”（“三不断工作法”：体系不间断、管理不断弦、服务不断档；“四千万精神”：走进千家万户，说遍千言万语，想尽千方百计，吃下千辛万苦；“五渠道联系”：一部公开电话、一张服务卡、一个举报箱、一封公开信、一人意见簿）。至2006年，新世界阳光花园居委会成立社区团委，以此提升社区青年在政治理论学习、辖区经济发展、社区文明建设、青年再就业、志愿者活动等工作中的地位和作用。活动中心内设有团员联络室、电教课堂、公共网络平台、室内健身休闲角、青年沙龙等，新购置影音器材，安装投影机，配备专用电脑。辖区建有社区文化活动室1个，场馆1个、图书室1个。

2005年4月3日，道德街志愿服队在西新街社区广场唱响《道德规范歌》　（朱峥　摄）

四、卫生

1978年，建有街道卫生院1所，1982年撤销。1996年10月，槐荫区人民医院在辖区成立道德街卫生服务中心。1999年，成立社区卫生服务领导小组。4月，以创建国家卫生城市工作为契机，完善社区管理，提升辖区整体卫生环境。2000年，因新世界阳光花园建设，卫生服务中心被拆除。2006年，街道建起康复指导站1处，康复室4个，专业康复医生1人，康复志愿者80人，大型康复器械12件，小型康复器械8套共计38件、康复读物数千份，残疾人安置就业56人，辖区参与康复活动人数达90%，康复达标合格率95%以上，解决困难200余件。至年底，辖区建有社区卫生室1家，民办诊所3家，医务人员20人。

第七章　营市街街道

第一节　政区环境

营市街原系西辛庄（现南辛庄）的农田，据民国十三年（1924）《续修历城县志·建置考》载，1907 年"以陆军第五镇驻山东，建营房于省西辛庄"。另据 1974 年《济南建筑史草稿》载："济南辛庄营垣建于 1907 年，原驻清末北洋陆军第五镇（后改为第五师），占地皮颇大。随后许多逃荒者在此搭棚营生，逐渐形成街市，因靠近兵营，故称为'营市街'。"民国 21 年（1932）《济南市市区图》亦将此地称为"营市街"。位于槐荫区东部，东邻槐荫广场，西至兴济河，北起经四路，南到机床二厂。街道机关驻地营市东街 6 号。2006 年，辖区面积 2.37 平方千米。常住居民 11733 户，共 33344 人，其中男 16722 人，女 16622 人。有汉、回、蒙古、朝鲜、壮、满、侗、土家 8 个民族。

一、建置沿革

1952 年，为第六居民委员会。1954 年 12 月，更名为第六街道。1955 年 12 月，以该地区营市街命名为营市街街道。后几经易名。1978 年复称营市街街道。1998 年 6 月，将所辖第一至第十七个居委会合并为第一至第七个居委会，及机车、市立五院、铸锻研究所、3520 工厂等 4 个家委会。2001 年，居委会改称社区居委会，将第一至第七居委会调整合并为营市东街、营市街、槐村街、槐荫街、营市西街、舜承苑 6 个社区居委会。2005 年，铸锻研究所家委会改制为绿园社区居委会，引进居委会的管理服务模式，为居民提供党建、民政、卫生、计生、治安等全方位服务，提高社区综合服务水平。2006 年，辖槐村街、营市东街、营市西街、舜承苑、绿园 5 个社区居委会及机车工厂、市立五院、3520 工厂 3 个家委会。

二、居住环境

1989 年，辖区居民住房多系土坯房、砖瓦房，部分企业和单位集资自建宿舍楼形成居民小区。2001 年，全面开展"退路进厅"工程，完成槐荫市场整体迁移，协调区城建大队完成对营市东街的交接，实现全省第一条道路的移交。2002 年，配合经六路拓宽工作，拆迁面积 2 万余平方米。在绿园小区新建绿地区 1.3 万平方米，成为济南市首批"绿色社区"之一。同年，利用济南轴承厂的闲置土地引入舜承苑小区建设项目；促成济南汽修厂开发建成槐苑花园小区；山东省畜牧局建筑面积 1 万平方米的山东省畜牧兽医科技服务中心建成并投入使用。2003 年，以创建"国家环保模范城市"为契机，开展静安小区、绿色小区创建工作等各项环境建设工作。绿园小区获评市、区首批"安静小区"称号。同年，取缔槐苑西路马路市场。2004 年，投资 60 余万元整治背街小巷 21 条，整治路面 1.5 万平方米，种植苗木 800 株，安装路灯 80 余盏。营市东街被评为全市十二条"环境综合整治示范街巷"之

槐村街南首　　（2003 年 12 月　王琴　摄）

一。开展绿色社区创建工作，绿园小区成为槐荫区第一家省级绿色社区，营市东街社区被评为市级“绿色社区”“卫生社区”，在全市绿色社区现场会上，街道代表槐荫区作典型发言。同年，先后开发建设艾菲尔花园、凯旋新城、居易·香桔市、槐苑欣城等高品质住宅小区。2005年，以营市西街为重点，修整背街小路和楼间狭长小巷，社区卫生环境、市容面貌得到较大改善，绿园社区被评为省级安静居住小区，营市东街社区被评为市级“安静居住小区”。至2006年，辖区有大型住宅小区6个。

1989年，辖区有32条街巷，主要道路7条。2006年，辖区有经十路、经六路、营市街、槐村街等城市主、次干道4条，主要街巷14条。

第二节　经济发展

一、工业

1989年，有变压器厂（同年划为区计划单列企业）、热处理设备维修厂、济南通用电器设备厂、济南胶木制品厂、济南槐荫精细化工厂、济南市试验仪器设备厂等街办企业6家，街居企业全年生产总值553.2万元。1993年，热处理设备维修厂改称济南济兴实业公司，1996年，改称槐荫塑料焊接加工厂。2000年，辖区共有集体企业5家。同年，对试验仪器厂、胶木制品厂、精细化工厂3家街办企业进行改制，由多人联合和单人出资买断股份，成立有限公司。2001年，完成通用电器厂、塑料焊接厂的企业改制。2006年，辖区有中国北车集团济南机车车辆厂、济南机车车辆厂机具分厂、济南同力达机车车辆工具厂、济南恒泰机车车辆锻压有限公司等规模以上工业企业4家，逐步构建起以“三园”（都市经济园、都市科技园、润嘉商务园）为核心，辐射经十路、经六路和经一路（包括槐村街、营市街）三条经济增长带的“三园三线”区域经济发展格局。全年完成工业总产值11.45亿元，实现产品销售收入10.45亿元，实现工业利税4260万元，实现工业利润1280万元，实现工业增加值3.44亿元，全社会固定资产投资3.36亿元。

二、商贸

1989年，街道全年商业营业额58.46万元。1990年，有商业网点19个，年营业额490.4万元。1991年，有商业网点19个，年营业额490.4万元。1992年，有商业网点25个，年营业额620.8万元，商业利润23万元。1993年，有商业网点10个，年营业额800万元。1994年，有商业网点9个，年营业额1300万元。1998年，辖区第三产业总收入4131万元，第三产业增加值376万元，商业营业额2467万元，商业利润57.5万元。2001年，建成济南西部最大的槐荫副食食品商城。当年，辖区第三产业总收入1.47亿元，第三产业增加值1130万元；商业营业额6548万元，商业利润280万元。同年，与济南五金总公司联合成立五金大厦招商引资管理委员会，开展招商引资工作。2002年，利用济南酿造厂风船大厦的闲置房产引入海市酒楼、君怡花卉公司、茶社等商家；利用济南汽修厂北厂区4000余平方米土地建成农贸市场，建筑面积5100平方米，摊位200余个。全年辖区第三产业总收入3.35亿元，第三产业增加值3105万元，商业营业额1.37亿元，商业利润1069亿元。2006年，街道完成出口创汇390万美元，实际利用外资100万美元，完成招商引资2.95亿元。

第三节　社会事业

一、教育

1989年，辖区有营市街街道幼儿园等4所；有3520厂小学、铁路第七小学2所厂办小学；有槐荫南路小学、营东小学2所公办小学；有济南第七职业高中、济南十一职业高中2所高中；济南机车中学1所厂办初中。1995年，济南第七职业高中改为济南第九职业中专。1998年，济南十一职业高中改为济南十四职业中专。2001年，3520厂小学被槐荫南路小学接收。2002年，济南机车中学获评市级规范化学校。2003年，济南十四职业中专与济南第九职业中专合并为济南第九职业中专。2005年，铁路第七小学划归地方转公办，改名济南兴济小学。2006年，济南机车中学转公办，改名兴济中学。年底，辖区有营市街街道中心幼儿园、营东小学附属幼儿园、营东小学、槐荫南路小学、兴济小学、兴济中学、济南第九职业中专教育机构7所。

二、文化

2002年，街道与辖区20家单位签订《社区单位内部设施对社区开放协议书》，低偿或无偿开放文体活动场所38处、总面积7922平方米，供社区居民使用。同时设立社区学校、板报橱窗等一批精神文明阵地，逐步实现资源共享，优势互补的社区文化环境。2003年，确定“整合学习资源，创建学习型社区”工作思路，制订全年活动配档表和“学习型社区建设三年规划”，开展文化创建工作。引导群众组建10余个专业学习组织，聘请社区17名具有专业优势的专家、民间艺术家、离退休人员成立社区讲师团，开展学习型家庭、楼院、企业的评比活动。依托济南第九职业中专、信康健康教育俱乐部，启动“全民学习日”活动，社区1000余名群众领取“终身学习教育卡”。2004年，街道投资10万元建成营市东街科普一条街，先后建立科普大学营市东街分校、绿园分校。通过橱窗、画廊、宣传活动等元素，广泛宣传科普知识；创办《社区健康报》，26名通讯员均为社区居民。2005年，在绿园社区建立全市第一个社区青少年科学工作室，推动社区青少年校外科技活动的开展，为社区居民提供有益的活动场所。街道获“省级科普示范社区”称号，被评为全国“科教进社区”活动优秀组织单位。2006年，辖区5个居委会的办公及居民文体活动场所全部建设完成。新增2个百姓活动广场、5个活动室、1个社区青少年科学工作室、1个图书室。在绿园社区建起全市首家“环保教育基地”，成立全国首家“资源再利用超市”，多次举办废旧物品再利用艺术品展览。

至年底，辖区建有社区棋牌室、健身房、台球室、舞蹈室等室内文化活动室18个，健身路径11条，活动站点12个。秧歌队6支，近300人；太极拳（剑）队4个，260余人；门球队6个，80余人；钓鱼协会30余人，长跑队20余人。有京剧、书画、气功、健身舞、长跑、象棋、钓鱼、乒乓球、登山、台球等多种活动队伍，参加各项活动的总人数逾4000人。

三、卫生

1989年，有街道卫生院1所。1996年，市立五院在辖区成立营市街社区卫生服务中心，开展预防、保健、医疗、康复、健康教育、计划生育技术指导等服务，实行“一居一医一护”，即每个居委会配备1名医生、1名护士。2001年，辖区设立1个面向全省的药品直销窗口——信康医药超市，经营面积1500平方米，以批发、零售、代理、展示为主。2003年，社区卫生医疗服务中心先后为社区3万余名居民群众建立医疗档案，对常见病多发病进行跟踪监测，对弱势群体实现低偿服务。在抗击“非典”期间，共建立防治领导组织16个，消毒队伍22个，使用消毒液5.2吨，消毒面积427万平方米，消毒辖区单位73家，检查合格并张贴“三落实”标志310家，其中公共娱乐场所6家；辖区监控总人数3.96万余人。隔离外地、返济人员171人，疫区学生返济6人。2004年，建立老年保健大学、心理咨询室，定期举行健康知识讲座及健康促进活动。至2006年，共举办预防、保健、健康教育和计划生育指导等各种宣传活动110余次，发放宣传材料9000余份，入户健康指导及咨询10万余人次，社区计划生育率100%。辖区有济南市第五人民医院、济南机车医院2家大型医疗单位。

第八章　西市场街道

第一节　政区环境

1928年9月，民族商人李九龄、刘俊卿等集资创办“西市场”一条街。1955年12月,以“西市场”命名为西市场街道。后几经易名。1978年5月，复称西市场街道。位于槐荫区东南部，东起纬九路，西至纬十二路，北靠京沪铁路，南到经六路。街道机关驻地经三路291号。2006年，辖区面积0.71平方千米。常住居民6908户，共16523人，其中男8233人，女8290人。有汉、回、满、朝鲜、瑶、土家、布依、达翰尔、壮、白10个民族。

一、建置沿革

1952年，为第二居民委员会。1954年12月更名为第二街道。1955年，首称西市场街道。1989年9月，北大槐树街道纬十二路以东地区划归西市场街道。2006年，下辖华联社区、纬十路社区、北大寺社区、北大东街社区4个居委会。

二、居住环境

1989年，辖区内居民住房以单元楼、平房为主。1991年，开始实施旧城改造。1995年，辖区首座居民小区——诚心苑小区开工建设，共3幢楼，220户。至2002年，省立医院宿舍、铁路宿舍、电信局宿舍等单位陆续开工建设，至2005年，辖区建成舜亿园、诚心苑等小区。

1989年，辖区有经一至经五路、纬十至纬十二等主要道路，21条街巷。2005年，北大槐树东街、北街、南街及费家巷、公义街等13条街巷进行改造，对北大槐树片区内的小街巷进行修补。2006年，辖区有纬十路、纬十一路、纬十二路、经一路、经二路、经三路、经四路、经五路等主干道8条，街巷21条。

第二节　经济发展

一、工业

1989年,街居工业企业生产总值948.8万元。1990年1月，槐荫低压锅炉厂等5家企业移交区经济计划委员会；3月，槐荫钢塑工艺厂并入济南机床标牌厂。同年，有街居企业12家，产值1370万元。1991年，辖区有街居办企业23家，街居工业企业生产总值1594.3万元。1992年，辖区有街居办企业18家，街居工业企业生产总值1594万元。1993年，辖区有街居办企业19家，街居工业企业生产总值2100万元。1994年，辖区有街居办企业14家，街居工业企业生产总值2900万元。1998年,有济南机床标牌厂、槐荫锅炉附件厂、槐荫服装四厂、瑞金商业公司、泉西电池厂等5家企业。2001年，服装四厂等3家企业改制。2004年，济南机床标牌厂破产。2006年，辖区有规模以上企业山东金邮印务股份有限公司1家，全年销售收入871万元，工业利润41万元，利税59万元，工业增加值218万元。

二、商贸

1989年，辖区有纬十一路农贸市场、德达商场、西市场百货商场、小商品市场和纬十二路商业街,全年商业营业额1921.6万元。1990年，有商业网点16个，营业额2100万元。1991年，有商业网点18个，营业额2300万元。1992年，有商业网点11个,全年商业营业额2539.4万元，商业利润86.1万元。1993年，有商业网点18个，营业额3000万元。1994年，小商品市场进行扩建改造；同年，有商业网点16个，营业额4099.9万元。1995年，济南华联商厦建成开业。1997年，西市场服装商城建成投入使用。1998年，绿洋商城开业；同年，辖区全年商业营业额2015.4万元，商业利润30万元；第三产业总收入10839万元，第三产业增加值2166万元。1999年7月，启动“西市场商贸中心规划”建设。2000年，济南和平电影剧院转为市场。2002年9月，济南嘉华购物广场建成，总投资2000万元、全长780米的华联商业街正式开街。沿街经营业户126家。同年，辖区第三产业总收入34270万元，第三产业增加值5349万元；商业营业额5828万元，利润92.5万元。2004—2006年，济南西市场小商品市场进行改造扩建。新西市场共6层（地下一层、地上五层），总面积4万平方米。至年底成交额15.8亿元，纳税300万元。2006年，辖区有大型商场两处、超市1处、大中型批发市场5处，商业网点4000余个，规划建设路港商业广场；全年辖区商业营业额41.4亿元。

西市场小商品批发市场

（2006年摄　西市场街道提供）

第三节　社会事业

一、教育

1989年，辖区有济南第六职业中专、济南市第三十七中学、济南市北大槐树第一、第二小学和济南市纬十路小学，幼儿园两所。其中，济南第六职业中专（济南职业外语学校）前身系山东省济南第四中学，1982年始办职业教育。1987年，正式改为济南第六职业中专。1994年，该校被省政府认定为省级重点职业学校。2006年，学校设有普通高中、职业中专、成人中专和三二连读大专，学生2530人。济南市第三十七中学始建于1965年，学校占地面积4706.52平方米，建筑面积3852.9平方米。2006年，该校设置12个教学班，432名学生，教职工73人。济南市北大槐树第一小学创建于1949年7月，原名为济南市北大槐树小学，1964年3月改为现名，位于纬十二路58号。学校占地面积2142平方米，校舍建筑总面积3253平方米。2006年，该校设10个教学班，共有学生455人，教职工34人。济南市北大槐树第二小学建于1964年。1991年，进行校舍改造，新教学楼于1993年2月建成，校舍建筑面积3913平方米，内设普通教育、实验室、图书室、微机室、语音室、多媒体教育、音乐教育、体育运动操场等完善配套设施。2006年，共有教学班12个，学生524人，幼儿园2个班66人，教职工40人。济南市纬十路小学始建于1938年，是济南市首批山东省规范化学校。学校占地面积6321.8平方米，2006年，有教学班27个，在校学生1400余人，在职教师84人。

二、文化

1989年，建有秧歌队、锣鼓队，不定期组织训练和表演。1991年，西市场街道派出代表队参加济南市运动会。办事处、各社区举办多次邻里文化节，增进邻里感情，推动文化发展。2000年始，逐步成立社区文化活动中心。2003年，以“立诚信、塑形象、兴商务、扬道德”为核心内容，以创建“诚信社区”为目标，提出“以宣传为先导、用诚信立社区，以服务为依托、用诚信强社区，以守诺为标准、用诚信建社区，以制度为保障、用诚信治社区”的工作思路，通过开设“诚信大家谈”交流平台，谱写传唱“社区诚信之歌”，制定“诚信社区”标志，缔结诚信社区共建对子，评选社区“诚信使者”等，社区精神文明建设取得实效。2004年5月，为配合全市“迎亚足赛，创文明城”主题行动，开展“好邻居剧场”活动，营造“携手共建美好家园”氛围。8月，开展“社区情·邻里节”活动，引导居民走出“小家庭”，融入社区“大家庭”。9月，街道成立1支威风锣鼓方队，丰富社区文化生活。2006年4月，在和平广场举办“计生文化，香溢社区”活动，宣传计生文化。

2006年，投入20余万元对2个社区居委会办公场所进行改扩建，使4个社区均达到150平方米以上，全面改善社区居委会的办公环境，在居委会设立社区文化活动室、图书室。至年底，辖区建有社区文化活动室4个，活动大厅1个、图书室5个。

街道与驻地业户研讨“诚信社区”创建

（2006年7月摄　区委办公室提供）

三、卫生

1977年，建有街道卫生院1所，1983年撤销。2004年，建成社区卫生服务中心，由济南市槐荫人民医院承办，位于西市场中心地带，业务用房398平方米，设有全科诊室、治疗室、观察室、康复理疗室、预防接种室、妇幼保健室、健康教育室、资料室，心电图机、血糖仪、康复器材等医疗设备，有医护人员16人。至2006年底，辖区有社区卫生室1家，民办诊所两家，医务人员23人。有槐荫区人民医院等大型医疗卫生单位两家，药店两家。

第九章　张庄路街道

第一节　政区环境

张庄路街道位于城区西部，南依腊山与市中区接壤，北与吴家堡镇相邻，东临段店立交桥、与段店北路街道以二环西路为界，西至腊山河，毗邻京福、济青和绕城高速公路出入口。辖区内长途汽车客运西站为济南主要的旅客集散地。2006年，辖区面积9.87平方千米。辖张庄、刘家庄、大饮马3个行政村，明星社区1个居委会。常住居民共有7375户，20637人，其中男10188人，女10449人。办事处驻地段店北路157号，有汉、回、满、蒙古、朝鲜5个民族。

一、建置沿革

1989年，从段店镇段店街道划出张庄（含小张庄、营市庄、南北亭庄）、大饮马、刘家庄（含腊山新村）3个行政村，成立张庄路街道。

二、居住环境

1980年后，村民住房多为砖瓦结构的平房，20%生活较富裕的村民建起二层以上楼房。1999年，随着各村旧村改造，近半数村民住进楼房，楼房人均居住面积50余平方米，平房人均居住面积60余平方米。

1987—2006年，辖区开发建设5大社区：明星社区、桃园南区、桃园北区和景绣荣祥社区。共容纳住房11453户，其中明星社区是辖区内建成最早的一处开放式居民小区，由原槐荫区开发公司开发建设，始建于1987年，1988年正式入住。主要用于安置有市区中大槐树、五里沟、纬十二路、道德街等处拆迁而来的居民。经过近20年发展，形成包括明星南区、明星北区、园丁小区、吉尔西苑、重汽宿舍等规模化小区，共有居民楼92栋，居民4800余户，人口2万余人。社区内建有社区广场3处，综合性社区文化活动中心1处，社区服务站1处。1998年11月成立明星社区一居、二居两个居委会，2004年11月合并为现居委会。

第二节　经济发展

1989—2006年，辖区经济大致经历由传统农业为主到机器制造业与传统农业并存，至以销售服务业为主的第三产业三个阶段。

一、工业

1989年，辖区内村办企业73家，全年总产值2800万元，实现利润110万元。1990年，工业企业40家，建筑企业2家，全年工业总产值4050万元。1993年，共有企业54家，其中居办4家，村办50家，居办工业总产值4010万元，村办工业总产值8280万元。2003年，工业总产值6亿元，实现工业利税418万元；规模以上企业共3家，年销售收入1.28亿元，工业利润160万元，利税459.6万元，工业增加值3730.2万元。至2006年，辖区工业企业20家，民营企业354家，个体企业143家；多数村办企业停产或破产关闭，规模以上企业共6家，年销售收入1.38亿元，工业利润–168万元，利税271万元，工业增加值3273万元。

二、农业

1989年，有耕地123.97公顷，其中菜田96.7公顷，全年产蔬菜6525吨。1990年，农业及多种经营收入1858万元。1991年，全年产粮食228吨、蔬菜8000吨。1993年，农作物总播种面积284公顷，其中粮食播种面积54公顷，总产量177吨，单产3278千克/公顷；蔬菜播种面积230公顷，总产量3857吨。2001年，有耕地74公顷，其中粮食播种面积43公顷，总产量263吨；蔬菜播种面积31公顷，总产量126吨。至2006年，有耕地71公顷，其中粮食播种面积58公顷，总产量344吨，单产5931千克/公顷；蔬菜播种面积13公顷，总产量713吨，单产54846千克/公顷。农民人均收入6758元。

三、商贸

1989年，辖区内有商业网点8个，全年营业额1500万元，实现利润20万元。1990年，有交通运输企业8家，餐馆企业86家，服务类企业20家。1992年，山东长城实业总公司成立，总部位于济南市经十西路165号，占地面积30余万平方米，以商业地产和教育业为主，下属全资子公司和股份公司10余家，固定资产10亿元。包括济南汽车配件市场、济南世购服装广场、世购商贸广场、西市场小商品批发市场、济南马鞍山黄金珠宝古玩城等。1993年起，润华集团股份有限公司快速发展，经营领域涉及汽车销售、汽车修理、配件供应、旧车交易、客运出租、机动车拍卖、房地产开发、制药、进出口贸易、物业管理、广告企划等，并参股金融，企业规模位列全国第10名。1996年，润华集团股份有限公司全国汽车流通系统综合实力排名第四位，经济效益名列榜首。2002—2006年，辖区内先后建起桃园农贸市场、济南世购商贸广场、张庄千宝汽车配件市场、装饰材料市场、土产杂品市场等7处；经十路沿路分布有实力集团、国贸集团、段店客运站、段店钢材市场、汽配市场、温州服装小商品批发市场、润华集团、重汽济南销售公司等，被誉为“经十路产业带”或“汽车一条街”。辖区餐饮行业随城区发展渐趋繁荣，至2006年，辖区有金融机构7家；邮政、电信单位4家；有饭店、酒店、小吃店100余家，其中新世纪酒店等较具规模的10家；实现招商引资3.39亿元，合同利用外资187.5万美元，出口总额799万美元，国税收入800万元，地税收入2998万元。

第三节　社会事业

一、教育

2006年，辖区有机场路小学、张庄小学、刘庄小学、大饮马小学、明星小学5所小学，济南第三十中学1所，有公办槐荫区机关幼儿园等8所幼儿园，有蓝天职业技能培训学校、关西外语学校、民盟飞机场培训中心、济南立明科技职业学院（北校区）职业教育学校4所。

2006年，大饮马小学内建成标准化塑胶运动场地，共投入资金568万元，建设面积1万余平方米，配备塑胶跑道、人工草坪、遮阳看台。

二、文化

社区文化事业以群众自发文化活动与农村传统文化形式为主，有老年养生健身操、太极剑、太极拳、腰鼓、秧歌等，大饮马高跷历史悠久，传说最早起源于明朝洪武年间，历经几百年，村中每逢大事都会组织演出。2002 年，大饮马村修建健身广场，将清嘉庆二十三年（1818 年）修建的钟楼重新整修后北移 4 米。2006 年，社区内建有广场 3 处，综合性社区文化活动中心 1 处，社区服务站 1 处等。

三、卫生

2006 年，有医疗卫生单位 7 家，其中大型医院如济南市精神病医院、山东省皮肤病医院 2 家，社区卫生机构有槐荫区办、段店镇办的卫生院、卫生服务中心和社区服务中心门诊 5 家。2006 年，3 村共投资 24 万元为 1500 余名村民（张庄村 60 岁以上村民、刘庄村 60 岁以上村民、大饮马村 40 岁以上村民）加入医疗保险。同时，3 村对丧失劳动能力的残疾人每月发放 80—180 元不等的生活补贴。大饮马村自筹资金 62 万元新打 1 眼 200 米深的水井，更换 12000 余米管道，使村民喝上放心水。全年共新增低保户 54 户，增长金额 10280 元，同时按照动态管理的原则取消 36 户，取消金额 7233 元，调整标准 19 户，至年底共办理低保 227 户，月均发放低保金 47199 元。

第十章　段店北路街道

第一节　政区环境

段店北路街道位于槐荫区中南部，东与营市街街道相邻，西与张庄街道相接，南与市中区相交，北与匡山街道相连。临近京福高速公路、济青高速公路、绕城高速公路交汇处，是从西部进出市区必经之路。街道机关驻地段兴西路 8 号。2006 年，辖区面积 3.59 平方千米。辖段店村、闫千户村、孔家村 3 个村委会，八里桥社区、前屯社区、刘家堂社区、刘家场社区、段店居社区、闫千户东社区、闫千户北社区、段店东路社区、七三一三社区 9 个社区居委会。常住居民 8237 户，共 22875 人，其中男性 11014 人，女性 11861 人；有汉、回、满、蒙古、苗 5 个民族。

一、建置沿革

1989 年，从段店镇划出所辖段店、刘堂、刘家场、闫千户、八里桥、前屯、孔村（含叶家庄）7 个行政村，成立段店北路街道。

二、居住环境

1989 年，居民住房主要为砖混平房，楼房比重 30%。1993 年，按照旧村改造规划，开始建设闫千户住宅小区。2000 年，段店地区开始旧村整体改造。2002—2006 年，辖区内先后开发建设前屯小区、孔村小区、闫千户北区、闫千户东区、刘家堂小区、八里桥小区、卉苑小区、绿苑小区、刘家场小区、段店馨苑小区、富雅园小区、天景小区、孔村小区等 12 个大型居民小区，共 164 栋楼，13482 套住房。2006 年，未搬入小区的村民的居民住房为平房，约计 2200 户。

1999—2006 年，辖区先后建成外环西路、经六路延长线、段兴东路、段兴西路等主次干道 16 条。其中自修或联合修 10 条，长 5000 余米。

段店村一角　　（2006 年　王琴　摄）

第二节　经济发展

一、工业

1989年，辖区有村办企业64家，全年工业总产值3133.6万元，实现利润299万元。1998年，有企业23家，其中限额以上企业1家。2003年，有企业25家，工业总产值9100万元；其中规模以上企业2家，销售收入3436.2万元，工业利润1.1万元，利税89.8万元，工业增加值1017.9万元。2006年，有企业35家，工业总产值1.81亿元，其中规模以上企业3家，销售收入7162万元，工业利润43万元，利税252万元，工业增加值1397万元。镇海机械厂（济南军区7313工厂），占地面积66.67万平方米，主营军工产品。济南铁路配件厂占地面积33.33万平方米，主营铁路配件。

二、农业

1989年，辖区有菜田30公顷，全年产蔬菜2025吨。同年，前屯村通过农民集体“农转非”后实现村民改居民。1992年底，辖区有耕地141公顷。随着城市化进展，辖区各村逐步实现村改居，耕地面积逐步减少。至1998年底，辖区有耕地15公顷。2006年，辖区内无耕地，农民年人均纯收入6979元。

三、商贸

1989年，辖区内有商业网点1691处，全年商业营业额3537.47万元，实现利润235万元。1991，段店村在原段店大集的基础上，建设段店集贸中心，年底一期工程竣工投入使用。1992年，商业营业额1.5亿元，商业利润1080万元。2001年，辖区形成三大市场群，主要有以汽车及其配件贸易为主的经十西路市场群（亦称“汽车大道”），以农贸副食批发为主的段东路、段兴路市场群及以茶叶、机电、陶瓷、钢材批发为主的张庄路市场。其中济南世界购物广场、华东汽车配件城、山东汽车销售中心、济南陶瓷大市场、济南博茗茶叶市场等大型市场20余家，建筑面积50万平方米，进场经营业户3000余户。2002年，山东段店集团总公司和山东长城集团实业总公司被评为山东省齐鲁乡企之星。2004年，兴济河社区经济园（亦称兴济河商城）开街招商，入驻业户1000余家。2006年，辖区第三产业总收入58亿元，商业营业额2.5亿元，合同利用外资2900万美元，出口总额485万美元；有农业银行、工商银行等金融单位4家，有大型市场20余家，个体私营单位2200余户，大型小区12个。

2000年前后，在张庄路南的二环西路旁，雇佣双方自发形成劳务交易场所，工种多为家居装修之类的短时工。

段店批发市场　（王琴　摄）

第三节　社会事业

一、教育

2006年，辖区有闫千户小学、段店小学、刘家堂小学3所小学，在校学生1593人，教师80人。闫千户小学幼儿园、刘家堂小学幼儿园、驻济某部幼儿园、小精灵幼儿园、小铃铛幼儿园、东方之星幼儿园、前屯物业幼儿园、卉苑幼儿园、金太阳幼儿园、蓓蓓幼儿园、琪琪幼儿园11所幼儿园，共有29个教学班，在园儿童1745人。

二、文化

社区文化主要以群众自发文化活动与农村传统文化形式为主，有老年养生健身操、太极剑、太极拳、腰鼓、秧歌等，特别是高跷，历史较为久远。1991年，段店北路街道民间艺术表演队表演的《跑驴》，在济南市第二届新春大型民间艺术表演和山东省暨济南市第三届文化艺术节上，分获表演一等奖和优秀表演奖。2002年，闫千户村委会、孔村村委会分别投资200万元、150万元，建成闫千户广场和孔村广场，分别占地3500平方米和2000平方米，均设置健身配套设施。2005年，总投资5万余元的闫千户广场建成使用，设有多种健身器械，基本满足村民健身、运动的需要，同时还为群众提供了一个娱乐、乘凉、休闲的好去处。

闫千户村舞龙舞狮队。1998年获中国国际舞狮赛第三名。1999年村男女舞龙队各获第三届全国舞龙锦标赛第一名，在中华舞龙大赛中获最高奖“山花奖”。2001年4月16日，男女舞龙队赴马来西亚参加“2001年马来西亚世界舞龙锦标赛”，获第三名。

闫千户舞龙队　　（闫千户村提供）

三、卫生

1999年，济南市第五人民医院承建段店北路街道社区卫生服务中心。2003年，段店北路街道劳动保障服务中心成立。2004年4月，建立槐荫区段店北路街道闫千户卫生服务站，医务人员4人。2004年，山东省煤矿医院被山东省立医院兼并，改名省立医院西院。2005年，社区卫生服务中心被确定为城镇职工基本医疗定点服务单位，对辖区内60岁以上的老人进行免费查体。

第十一章　匡山街道

第一节　政区环境

匡山街道位于槐荫区西部，南、东南与段店北路街道为邻，东北与天桥区堤口路街道相连，西与张庄路街道接壤，北与美里湖街道毗邻，街道机关驻地老屯东路社区张庄路297号。辖区紧靠京福高速公路、济青高速公路、104国道、绕城高速公路、西外环路等交通干线，面积8.5平方千米。匡山为“齐烟九点”景观之一，济南市园林苗圃和济南西郊森林公园坐落辖区内。2006年，街道辖4个村委会、3个社区居委会。常住居民9413户，总人口25995人，均为非农业户口，其中男性12675人，女性13320人。有汉、回、满、蒙古、苗、侗、朝鲜、佤8个民族。

济南市委书记姜大明（中间）在老屯村视察党建工作

（2005年摄　区委办公室提供）

辖区内有企事业单位460余家，其中金融机构7家，邮政、电信4家。济南邮政中心局为全国二级中心局，是全省规模最大的邮件集散处理中心。有山东匡山集团总公司、老屯集团有限责任公司、济南天齐特种平带有限公司等企业，匡山汽车大世界、老屯汽车配件市场、匡山钢材市场等大型专业市场。

一、建置沿革

1989年9月，由段店镇划出匡山、张庄、段北3个办事处，成立匡山街道，辖4个行政村。1998年，成立匡山小区居委会。2000年8月，成立中共匡山街道工委。2004年，根据社区管理需要将匡山小区居委会调整为匡山小区东街居委会和匡山小区西街居委会，老屯小区社区居民委员会调整为老屯东路社区居民委员会。

二、居住环境

1990年10月，匡山村开始旧村改造，建匡山新村。1992年，老屯村采用自筹和集资的方式，投资3000万元，进行旧村改造。1994年，匡山村建成具有古典建筑风格的住宅123户，部分村民搬进新居。2000年，投资200万元，建成高标准的匡山绿苑广场，占地面积1.6万平方米，其中硬铺装6500平方米，绿地面积1万平方米，种植树木近20个品种、360余棵。2001年，后屯村建成正华园小区，村民人均福利住房32平方米。2002年，外海集团入驻杨庄村，开发建设外海·西子花园（一期），占地面积28.13万平方米，规划建筑面积35万平方米，建楼26栋，容纳865户。2003年，建成6处居民小区。至2006年，老屯村将平房全部改建为六层楼房，拆除污染大户老屯铁合金厂、煤气站和塑料厂，种植各种树木13.4万棵，新增绿地3000平方米。

2006年，辖区有主次干道19条，公交线路17条。

第二节　经济发展

1989年，辖区年工业总产值2100万元，商业营业额2830万元，工商利润312万元。1993年前，辖区以农业为主、农工结合。之后，调整产业结构，工业、商贸业发展较快。2006年，完成财政收入3104万元，工业总产值4.84亿元，销售收入4.77亿元，利税506.6万元，招商引资4.2亿元。

一、工业

1989年，有村办企业28家，年工业总产值2100万元。1990—1996年，先后建起山东匡山集团总公司等民营工业企业7家，其中山东匡山集团总公司1993年建立，注资3500万元，下属企业21家，包括济南匡山门窗工贸有限公司、济南匡山汽车改装厂、济南匡山水泥制品有限公司等工业企业10家。1998年，街道所属工业企业32家，其中年产值500万元以上规模企业5家。2006年底，辖区共有企业13家，均为规模以上企业，主要企业有匡山门窗工贸公司、匡山水泥制品公司、济南计划变压器厂、匡山黄河汽车配件厂、匡山银粉浆厂、匡山热力中心、天齐特种平带公司、东方药业集团、华星纺织器材有限公司等，主要生产水泥、银粉浆、特种平带等。实现工业总产值4.84亿元，销售收入4.77亿元，利税506.6万元，其中规模以上企业实现工业销售收入3.89亿元，工业利润–399万元，利税581万元，工业增加值5.42亿元。

二、农业

1989年，辖区有耕地179.5公顷，全年产粮食424吨，蔬菜9450吨，粮食作物主要有小麦、玉米等。1993年，有耕地153公顷，年产粮食4094吨，蔬菜7320吨。1997年，耕地减至58公顷，年产粮食1690吨，蔬菜675吨。至2006年，耕地12公顷，年产粮食58吨。

三、商贸

1989年，辖区有村办商业网点8处，全年商业营业额2830万元。1994年，提出“依托大交通，建设大市场，搞活房地产，实现大发展”的发展思路，商贸业进入快速发展的新阶段。同年，匡山集团公司与重汽公司、四川汽车制造厂联合办匡山汽车改装厂，并投资1200万元新建匡山金华变压器厂；机电产品市场、后屯村铁路商贸、农产品、果品储运、批发市场建成开业。年工业总产值完成2亿元，工业利润完成224万元，出口交货值5.7万元。1995年，辖区所属9家小型企业进行产权制度改革，租赁经营8家，拍卖1家。2000年，成立济南匡山小区物业管理有限责任公司，具有国家三级物业管理资质，从业人员124人，物业管理面积46.10万平方米。2002年，匡山集团投资1000万元建匡山钢材市场，占地面积近8万平方米，主营钢材及有色金属材料。同年，街道共实现税收1400万元，其中招商引资实现税收200万元，招商引资完成1.4亿元。2002年12月至2004年4月，总投资近亿元，建设匡山汽车大世界，总占地面积23.23万平方米，总建筑面积14万平方米，年交易额100亿元。2004年，二环西路国际汽车城有汽车4S店40余家，年销售收入20余亿元，辖区初步形成汽车销售、旧车市场、车辆检测、车辆维修、汽车配件、汽车美容等配套的汽车园区。2006年，辖区内建成汽车配件市场5处，肉类、蔬菜、茶叶、花卉、土产等农贸市场5处，钢材、建材物流市场2处，大型综合商城4家，大酒店2家。东方大酒店被市旅游局挂牌为“涉外酒店”。年底，辖区共有商贸网点11处，商业营业额27.14亿元，出口总额571万美元。

第三节　社会事业

一、教育

1989年，辖区内有匡山小学，老屯小学、杨庄村小学等。1993年，建成槐荫实验小学、重建济南第二十六中学新校。2000年，建成匡山小学，占地面积2.2万平方米。2004年，建成中共槐荫区委农村党员干部基层教育基地、中共槐荫区党校匡山教学科研基地。2005年，济南市农业学校与山东省济南卫校合并，组建新的山东省济南卫生学校。2006年，辖区有区管小学4所，78个教学班，在校学生3753人，教师203人；中学1所（第二十六中学），26个教学班，在校学生1314人，教师88人；幼儿园5所，79个教学班，在园儿童2570人；职业学校1所。

二、文化体育

1998—2006年，举办5届社区体育运动会，有拔河、足球射门、跳绳、踢毽子、双人绑腿竞跑等18个项目，涉及15家单位，910名运动员。2003年，被评为“全国体育城市先进社区”。2006年，辖区有各类群众艺术表演团体4个，社区图书馆1个和图书批发中心1个。老屯村、匡山村、匡山社区的“夕阳红俱乐部”和4个文艺团体都有自己的文艺演出队伍，自导自演。

太白读书处　（匡山村提供）

三、卫生

1998年，辖区设立社区服务中心、槐荫人民医院匡山分院各1处，村卫生室2处。2005年，老屯社区卫生服务站（1980年建立）成为济南市确定的第三批城镇职工基本医疗定点服务单位，实现小病不出社区，并对辖区60岁的老人进行免费查体。2006年9月，老屯村撤销卫生室。同年，外海西子花园建成后，成立槐荫区服务中心医疗服务机构，为本地区居民防病、治病提供医疗保障。

第十二章　美里湖街道

第一节　政区环境

美里湖街道因辖区美里湖而得名。位于槐荫区北部，南依小清河，北临黄河，西侧为黄河二桥，东与天桥区洛口街道相邻。绕城高速穿境而过，京沪、京福、济青高速公路交汇。街道机关驻地二环西路北段新沙北路28号。2006年，辖区面积19.9平方千米，辖14个行政村、2个居委会。常住人口4197户，14687人，其中男性7169人，女性7518人。有汉、回、满、朝鲜4个民族。

一、建置沿革

1992年6月，成立美里湖旅游经济开发区。1995年11月，由济南市政府上报，经国家科委批准，开发区成立济南民营科技产业园，成为国家级高新技术产业示范园区。1996年4月，成立美里湖街道，将吴家堡镇的西沙王庄、南沙王庄、新沙王庄、刘七沟、邹庄、李家寺、郑家店、鲁唐、邱庄、美里、蒋庄、北王庄、范庄、段庄等14个行政村划归美里湖街道管辖。1997年11月19日，成立济南民营科技产业园管理委员会。2001年12月31日，济南科技产业园管理委员会与美里湖街道合署办公，实行“园办合一”的管理体制。2006年3月，通过国家开发区设立审核，被省政府批准设立为省级开发区，济南民营科技产业园更名为济南槐荫工业园，仍为与美里湖街道合署办公，实行“园办合一”的管理体制。

二、居住环境

1994年后，新沙村、西沙村等5个村开始对老年人、残疾人、孤寡、重特病人等村民生活补贴、过节补贴，免费铺设自来水管道、建沼气池，对安装太阳能、有线电视给予补贴等。1996年，辖区有主要道路13条。2004年，14个村庄全部实现“村村通”，村际间三级混凝土道路23.95千米。2006年，开通73路、77路、26路公交车，辖区实现道路、供水、排水、电力、通讯、天然气、有线电视、信息宽带网等“八通”。

1994年，开始旧村改造工程。至2006年，辖区14个村中，有新沙村、南沙村、西沙村和美里村建成具一定规模的小区4个。

村村通公交通车仪式（2006年摄　美里湖街道提供）

第二节　经济发展

一、工业

1996年，辖区工业基础相对薄弱，全年工业总产值5811万元，销售产值5579万元。随着美里湖旅游经济开发区——济南民营科技产业园——槐荫工业园的发展，辖区产业结构发生变化，农村城市化进程加快。2000年8月，园区正式启动建设济南民营科技企业孵化器。主要为高新技术成果商品化、产业化提供孵化创业功能。孵化器分三期进行建设，一期工程建筑面积1000平方米，当年建成并投入使用。引进企业11家，其中初创企业4家，新办企业7家，有高新技术人员30人，中级技术人员50人，大专以上学历155人，享受国家特殊津贴的专家3人。实际利用外资24.7万美元，自营出口创汇6万美元。2001年，济南民营科技产业园发展迅速，驻园区各类企业达160家，其中工业企业80家，引进资金7.5亿元。2002年，园区投资总规模12亿元，建设面积60万平方米，进园企业200余家，形成以精细化工、机电一体化、新型建材和家用电器为重点的产业格局。同时，园区及周边地区建成一系列重要的工业配套设施，其中包括日供水能力20万吨的济南鹊华制水公司、济南污水净化二厂、220千伏变电站、5万平方米的煤气储气站、装机容量为5万门的济南市电信56局通讯枢纽工程、二级华东地区邮政分中心和济南铁路西货场。同年，被省政府授“山东省先进民营园区”，被科技部、中国民营促进会授予“发展民营经济先进单位”称号。2004年6月，建立中国济南留学生创业美里湖创业区。2005年，经国家发改委牵头组织的全国开发区审核，审核面积2平方千米，其范围东至槐荫区界，西至美里湖东路—七支渠，南至济齐路—栗山路，北至绕城高速公路。至2006年，园区累计入驻企业401家，其中工业企业270家，规模以上企业29家。实现技工贸总收入31亿元，生产总值5.98亿元，税收收入7539万元，合同利用外资233.9万美元，实际利用外资124.6万美元，出口创汇441万美元。规模以上工业企业实现产值11.2亿元，销售收入13.70亿元，工业利润2723万元，利税6567万元，工业增加值5.42亿元。园区有高新技术企业35家，高新技术产品45项，高新技术产业年产值8亿元。高新技术产品中获国家科技进步二等奖一项，机械工业部科技进步一等奖一项，获中国人民解放军总装备部科技进步二等奖两项。留学生创业区引进留学人员创业企业27家，孵化器与留学创业区共实现技工贸总收入2.5亿元。同年7月，被科技部及中国民营科技促进会授予“全国先进科技园区”称号。

济南民营科技企业孵化器揭牌成立

（2001年摄 美里湖街道提供）

美里湖留学人员创业大厦暨瑞德公司出口产品启运仪式 （2004年摄 美里湖街道提供）

二、农业

1996年，辖区有14个行政村，农业人口3200户，1.09万人。通电户数3200户，自来水受益村3个，通汽车村14个，通电话村14个。实有耕地面积591公顷，其中水田520公顷，旱地71公顷，全年粮食总产量3390吨（粮食种植以小麦、水稻为主），蔬菜总产量450吨。2002年，农作物总播种面积919公顷，其中粮食播种面积905公顷，粮食总产量4127吨，单产4560千克/公顷。至2006年，农作物总播种面积822公顷，其中粮食播种面积806公顷，全年粮食总产量4702吨，单产5834千克/公顷。

三、商贸

1996年，辖区村办商业网点13个，全年营业额1980万元。2000年，第三产业总收入实际完成11715万元，商业营业额实际完成1.1亿元。2001年，西沙村建成装饰材料会展中心，占地面积20万平方米，建筑面积4万余平方米，为大型仓储构造。次年改为济南寰宇汽车超市，形成集50家汽车销售、维修、售后服务生产厂商的美里湖汽车园。2002 年，南沙村集体投资兴建华东物流，占地面积 2.33 万平方米，营业面积 10 万平方米，入驻企业 200 家，年收入 100 万元。2005 年，西沙村争取到省市重点建设项目，由山东海那产业有限公司合资兴建，占地面积 99.13 万平方米，集加工、仓储、贸易、物流、配送、科技开发为一体的综合性农产品龙头企业——国际农产品加工贸易中心，又称海那城。2006 年，西沙村建成农贸市场。年底，辖区有大型市场 2 家，具有一定规模的酒店、饭店 3 家。

第三节　社会事业

一、教育

1996 年，辖区共有小学 3 所，分别是西沙小学、刘七沟小学、郑家店小学。1997 年，3 所小学校名分别改为济南市美里湖第一小学、济南市美里湖第二小学、济南市美里湖第三小学。中学 1 所，即美里湖中学，为三年制初中教育。该中学 1997 年对外招生，招生对象为美里湖一、二、三小学毕业的学生。当年共招收教学班 2 个，学生 110 人，教师 12 人。2001 年，该校停止招生，师生分流。辖区学生到吴家堡镇槐荫中学就读。

1996 年，南沙村、新沙村、西沙村都有村办幼儿园。中等职业学校 1 所。

二、旅游文化

1999 年，辖区规划建成美里湖广场，实施西外环两侧的绿化。2002 年 6 月，邱庄村与山东东莱农牧科技发展有限公司签订美里湖公园开发项目合同，公园以渔业养殖、苗木花卉、绿色农业、垂钓餐馆和休闲观光旅游为主。总占地面积 50 万平方米，其中湖水面积 25.87 万平方米，投资 1000 余万元，种植瓜果树木 4 万余株，开发建设垂钓园、狩猎场、百果园、桃花园等休闲娱乐场所。2006 年，建设农村文化大院 3 个，图书室 3 个，南沙村建设 200 平方米的老年活动中心，包括文化大院、图书室等内容，新沙、西沙分别建设农村文化大院；南沙村、新沙村、西沙村、刘七沟村、李家寺村 5 个村安装建设健身路径；辖区涌现出北王村庄户剧团、新沙村夕阳红合唱团等民间演出队伍。

三、卫生

1996 年，共有卫生室 12 个。2005 年，组建美里湖社区服务中心，西沙、新沙、南沙 3 个村设立门诊部，每个门诊部有医护人员 2 人。同年，实施新型农村合作医疗。2006 年，辖区各村每月对村民发放生活补助，金额 30～70 元。

第十三章　段店镇

第一节　政区环境

段店镇位于济南市西部，东起腊山河，西到玉清湖水库与长清为邻，南依腊山、卧牛山与市中区接壤，北至小清河与吴家堡镇隔河相望。全镇东西最大横距 9.2 千米，南北最大纵距 8.6 千米，总面积 63 平方千米，镇政府驻地腊山王府村，距槐荫区政务中心 4 千米。2006 年，辖区常住人口有 20131 户，64672 人，其中男性 31968 人，女性 32704 人；农业人口 5.3 万人。

大金庄牌坊　　（大金庄村提供）

人口以汉族为主，有回、满、苗、朝鲜、土家、侗、布依、彝8个少数民族。

辖区地处泰山山地向黄河平原的过渡地带，境内有腊山、峨嵋山，主要河流有黄河、小清河、玉符河、腊山河，小清河发源于此。

一、建置沿革

1948年后，先后隶属长清县、历城县、郊区、槐荫区。1985年9月，成立段店镇。1987年，划归槐荫区。1989年，划出14个行政村成立段店北路、张庄路、匡山3个街道。2006年，段店镇下辖大金、宋庄、周王、腊山4个办事处，全镇有5个居委会（位里居委会、济西铁路生活区居委会、北八里社区居委会、南八里社区居委会。宋庄社区居委会），36个村民委员会。

二、居住环境

1989年，村民住房多为前后出厦、砖混结构房屋，有条件的村民盖起楼房。1998年起，旧村改造工程开始，镇属旧村开始拆迁。至年底，有15个村庄改造基本完成。全镇村民共15000余户，总住宅面积850万平方米，工矿企业住宅面积630万平方米。有大金、小饮马、宋庄等14个住宅小区。共有楼房200余栋，总建筑面积170万平方米。

2006年，未搬入小区的村民居住在本村自建房屋（都为平房）。宋庄共有村民330户，未搬入宋园小区的村民有100余户，平房占30%，楼房占70%。石头村有村民80户，未搬入小区的村民有20户，平房占25%，楼房占75%。古城村有村民700户，未搬入小区的村民有595户，平房占85%，楼房占15%。朱庄村有村民98户，未搬入小区的村民有58户，平房占59%，楼房占41%。

2006年段店镇旧村改造情况表

表16-1

小区名称	楼数（栋）	总建筑面积（万平方米）	入住户数（户）	开工建设时间
大金小区	12	6.50	624	1998
鑫城小区	45	42.50	3478	2002
宋园小区	16	12	630	2002
小董	21	15	1320	2003
演星家园	14	9.10	841	2003
石头	8	6	130	2003
朱庄	12	10	450	2003
鑫彭小区（彭庄）	9	7.60	568	2004
王府小区	11	5	320	2004
小屯小区	6	4.50	—	2005
玉周景园（后周）	20	12	250	2005
河王	5	3.20	130	2005
古城	6	5	100	2005
于庄	6	7	—	2005
大金紫光园	10	7.30	574	2006

辖区有京福高速公路通过，1997年3月开工，1999年通车，途经辖区7.7千米；国道220线（经十西路）在辖区内长8.4千米，1995年道路宽30米，1996年拓宽为50～60米。在济南市"村村通"工程的政策引导下，辖区从1998年始，先后修建金星路、沿黄路、金孟路、党杨路、水厂路、后周路、筐里路等村级公路，总长40余千米。

第二节　经济发展

1989年，全镇经济总收入2.08亿元。2000年，总收入25.4亿元，第一、二、三产业之比分别为8∶53∶39。2005年，全镇生产总值20.05亿元，其中第一、二、三产业分别为1.05亿元、11.2亿元、7.8亿元。实现财政收入2552万元，地方财政收入1800万元，农民人均可支配收入3500元。2006年，全镇三产总收入90亿元，共有工业企业200余家，年总收入40亿元，其规模以上企业19家，销售收入33.8亿元，工业利润1.58亿元，利税2.41亿元，工业增加值6.4亿元。

一、工业

1989年，辖区有工业企业86家（镇直企业16家，村办企业70家），全年总产值1.65亿元。主要企业有峨嵋滑动水口厂（省级先进企业）、长城汽车维修总厂、鲁滨进口汽车维修厂、西郊铆焊厂等。所产B40滑动水口阀、黑陶瓷太阳能等11种产品获国家专利，24种产品获部、省、市、区级科技成果奖，申请专利数和获奖数居全市乡镇首位。1993年，辖区有工业企业114家（镇直企业12家，村办企业102家），镇直工业总产值2.47亿元，村办工业总产值1.92亿元，户办工业总产值5300.3万元。1998年，工业企业126家，全年总产值14亿元，销售总收入13亿元，利税1亿元，利润6700万元。主要产品：水口阀门、预制构件、蓄电池、剪切机、汽车改装、机械加工、汽车维修等。同年光明机器厂破产。2000年，规划建设段店镇工业园，占地面积200万平方米，2004年初步建成，先后入住规模较大的企业有济南红星铝业有限公司、济南天都机械有限公司、济南砖机有限公司等8家。至2006年，辖区共有工业企业200余家，年总收入40亿元，其中规模以上企业19家，销售收入33.8亿元，工业利润1.58亿元，利税2.41亿元，工业增加值6.4亿元。

二、农业

辖区适合种植的农作物主要有小麦、玉米，经济作物主要有蔬菜、林果等。1989年，有耕地2134.03公顷，全年产粮食13029吨，单产6105千克/公顷，年人均粮食330千克，年人均收入784元。村办企业70家。1993年，全镇农作物总播种面积3913公顷，其中粮食播种面积2446公顷，总产量13624吨，单产5570千克/公顷；蔬菜、瓜类播种面积1467公顷，总产量69950吨；果园面积235公顷，水果总产量3789吨（水果种类主要有苹果、梨、葡萄、桃、山楂）。2004年，国家废除农业税并向农民发放种粮补贴，农民种粮积极性大增，种植面积也随之增加。至2006年，农作物总播种面积4072公顷，其中粮食2127公顷，总产13722吨，单产6451千克/公顷。农民年人均收入5100元。

1987年，济南市实施"东菜西移"，辖区40个村中，有15个村为纯菜区，5个村为半菜区。蔬菜种植总面积753公顷，约占全市菜田面积的四分之一，其中大棚面积106.67公顷，总产量6.32万吨。2003年10月，济南丰农有限责任公司申报建立全市第一个国家级农业标准化示范区"国家级出口圆葱标准示范区"。2004年，济南樱龙食品有限公司建立辖区第二个"国家出口圆葱标准化示范区"。2005年，圆葱被农业部产品质量安全中心认证为无公害农产品。2006年，辖区共有菜地面积292.33公顷，年上市蔬菜8000万吨；出口圆葱基地面积233.33公顷，年出口圆葱2万吨。种植方面，普遍采用风障阳畦、塑料薄膜、地膜覆盖、塑料大棚、拱棚、地热线育苗等技术。

1996年，全镇种植巨峰葡萄88公顷，主要集中在水屯、大金庄二村，平均亩产2500千克。栽种梨、苹果、桃242.73公顷，主要集中在大金庄、后周等6村，2006年减少到34.2公顷。在高速公路两侧、黄河大坝两侧、玉清湖周边、南水北调工程干渠两侧及村庄、庭院“四旁”（即村旁、路旁、宅旁、地旁）种植杨树、柳树、梧桐、刺槐、松树、紫叶梨、玉兰以及香椿树、核桃树、杏树、枣树、花椒等共329.07公顷。

辖区西北部地势低洼，又有小清河、玉符河，水资源条件好，山东省淡水水产研究所、济南市淡水养殖科学研究所设置于此，养殖水面面积分别为93.33公顷、80公顷。该地适宜开挖鱼池，常旗屯、宋桥等村，1996年养殖水面面积193.33公顷，2006年减为41.33公顷，主要品种为：鲤鱼、草鱼、鲢鱼、罗非鱼、建鲤、胡子鲶、罗氏沼虾及甲鱼等。

1980—1990年，辖区农业机械以小型拖拉机为主，服务领域主要为农业运输、经营运输、农田灌溉、场间作业、农副产品加工及其他副业加工，配套机械主要是与拖拉机配套的农机具收割机、播种机、水泵等。1995年前后，农业机械由小型向大中型发展。配套机械有背扶式小麦联合收割机、大中型小麦收割机、推土铲定机、防洪清淤机、自走式小麦联合收获机等。2000年，介于拖拉机与农用机之间的农用运输车（包括农田三轮、四轮、六轮）发展迅速。2001年，全镇有农用运输车500辆。2006年，农业工程机械成为广大农机户的投资方向。拖拉机、多功能挖掘机、工程装载机、平整机械、铲定机械等相继引进，农业机械逐步形成了功能齐全，门类众多的机械行业。

三、商贸

1989年，辖区第三产业有100余家，从业人员1200余人，全年零售额2.1亿元。段店集贸市场、大金集贸市场初步形成规模，有商业服务摊点1200余家。1993年，大金集贸市场发展为旧自行车、旧摩托车、蔬菜、农资、花卉、宠物、建材、农产批发、旧货市场等众多专业市场。较有规模的酒店19家。同年，辖区商业营业额1.2亿元。1999年，段店镇与浙江现代集团共建山东现代国际物流园，一期项目占地面积20.4万平方米。2003年，国际物流园开始建设物流大道；2006年，完成建设3千米。2000年开始兴建大金物流中心；2006年，建成占地面积4.67万平方米，建筑面积10万平方米，办公面积5000平方米。同年，润华汽车园一期工程，总占地面积100万平方米，建成一汽大众、北京现代、上海大众、神龙等5家4S店。

1991年，完成出口交货值120万元。1992年，出口创汇品种5种，外贸出口交货值500万元，“三资”企业14家。1993年，新增“三资”企业10家，实际利用外资270万美元，外资出口1200万元。2000年，招商引资1亿元，合同利用外资45万美元，实际利用外资10万美元，自营出口创汇191万美元。2002年，招商引资2亿元，合同利用外资20万美元，实际利用外资36.2万美元，自营出口创汇506万美元。2006年，招商引资10亿元，合同利用外资34.5万美元，出口总额432万美元，引进世纪中华城和外海中央花园。

彭庄钢材市场 （王琴　摄）

第三节　社会事业

一、教育

1986年初，辖区有小学34所。1989年，区划调整，个别中小学校归属发生变化。1990年，投资修建田庄小学教学楼，规模为12个教学班，实验室、图书阅览室、活动室等设施齐全，扩建田庄中小学操场1万平方米，并首次承办段店镇中小学田径运动会。1993年，筐李村委投资建设筐李小学。1995年，筐李小学撤销，并入古城小学。1996年，宋庄小学合并到担山屯小学。1997年，古城实业新建古城实验学校和幼儿园。1998年，辖区内民办教师全部转为公办教师。2000年，撤销河王小学，合并到周王庄小学，共6个年级，12个教学班。同年，全镇共有小学15所，教学班123个，在校学生4084人。中学教学班32个,在校生1565人。中小学教师442人，其中中学118人，小学324人。2003年，由田庄中学、古城中学、于庄中学合并成立古城中学,教学班18个,教师106人。2006年，睦里小学并入田庄小学。辖区有中学1所，教学班18个，教师104人，学生608人；小学10所，教学班88个，教师268人，学生3354人。

2006年，全镇具有办园许可证资格幼儿园15所,其中村办8所、民办7所,共有教学班35个,在园幼儿1512人。

1989年11月，成立段店镇成人教育中心。1991年，组织61名农村后备干部进行培训。1992年，先后有5600名干部职工在成人教育中心接受培训。同年，被山东省教育委员会命名为山东省农村成人教育省级示范学校。1993—2005年，举办农、林、水、养殖、计生等各类培训班313期，培训69868人次。2006年，更新完善成教教学计划，举办书画、剪纸、月嫂、奶牛养殖、创汇蔬菜等培训16期，培训人员5300人次，劳动力转移160人；举办两年制农村干部及后备人才培训班一期，学员78人。

2006年，辖区有驻地学校7所，分别为：济南市铁路司机学校、山东邮电学校、济南市西郊卫生学校、济南市公共关系学院、济南市陆军学院、济南市卫生学校西校、济南市育华中学等。

二、文化

1989—2006年，辖区共有文化大院8处（宋桥村、北八里居、龙王庙村、古城村、石头村、河圈村、由李村、南八里居各1处）；图书室13个（其中宋桥村、常旗屯村、北八里居、龙王庙、古城村、石头村、西王府村、小杨村、河圈村、麻沟村、由李村、南八里居、朱庄村各1个）。

辖区内有始建于元、明、清的众多名胜古迹，主要有小金清真寺、孟王清真寺、西王府清真寺、峨嵋山大悲寺、兴福寺，后周古石拱桥，古城遗址、田庄遗址、彭家庄遗址等。

玉符河古桥　（2005年5月　王琴　摄）

"知荣明耻树新风 携手共建新农村"消夏晚会
（2006年7月摄　区文化局提供）

三、卫生

1989年，有医疗卫生室23家，医务人员35人。有镇卫生院1处，占地3996平方米，建筑面积1420平方米，其中段店北街公路拓宽后占地面积333平方米。院内有综合病床50张，段店门诊有病床25张，固定资产15.56万元。

2005年，实施新型农村合作医疗。至2006年底，辖区有合作医疗卫生室40家，医务人员65人。全镇医疗保险参保人数7796人，参保率100%。辖区配备有专门的卫生人员，有爱卫会、红十字会等各种机构。驻地医院主要有山东省肿瘤医院、济南市麻风病医院、济南市皮肤病防治院等。

第十四章 吴家堡镇

第一节 政区环境

吴家堡镇位于济南市西北部，距市中心5千米，南靠小清河与段店镇相接，西南与长清区搭界，西、北部紧靠黄河与德州市齐河县隔河相望，东接二环西路与美里湖街道相邻。镇政府驻地济齐路149号（西堡村）。2006年，辖区土地面积38.22平方千米。常住人口6938户，共22814人，其中男性11155人，女性11659人。有汉、回、藏、维吾尔、苗5个民族，西张村为回族村。

京福高速公路、京沪高速铁路贯穿全镇，区域内地势平坦，通讯、交通便利，电力、水源充足，自然资源丰富，空气清新，盛产优质黄河大米、黄河鲤鱼、白莲藕，是名副其实的“鱼米之乡”。

一、建置沿革

1948年后，先后隶属郊区、历城县、槐荫区，多次变动，1985年9月建镇。1987年，划归槐荫区。辖吴家堡、刘庄、西王3个办事处，33个行政村。

二、居住环境

1989年，居民住房以砖木、砖混结构平房为主，住房样式前出厦房屋，二层楼房占比重5%，砖混平房占比重50%，砖木平房占比重42%，土木平房占比重3%。2000年，新建清河源花园小区，7栋楼，居民218户。2005年，新建北店子居民楼小区，北店村黄河滩区於坝工程搬迁，2栋楼，楼层7层，居民72户。2006年，未搬入居民小区村民居住环境情况：居住环境砖木、砖混结构平房占比重70%；楼房比重30%。

1989年，全镇共有济齐路、治黄路、申庄路等主干道3条，总长19.9千米；柏油路2条，总计15.8千米；矿渣路1条，总计4.1千米。其中济齐路—南沙—北店子柏油路，宽7米，长11.3千米；治黄路—唐庄—韩道口村柏油路，宽6米，长4.5千米；济齐路—申庄路，矿渣路，宽6米，长4.1千米。

第二节 经济发展

一、工业

1989年，全镇共有企业60余家，其中镇直属企业10家，其余为村办企业，全年产值4182万元，实际利润45.2万元。2003年10月，成立吴家堡镇民营工业园，占地面积12万平方米。首家引进山东省华冠建材技术开发有限公司，占地面积1.47万平方米，主营墙体材料添加剂的生产、销售。同年，全镇规模以上企业4家，实现销售收入1.44亿元，工业利润377.4万元，利税861.9万元，工业增加值3410.6万元。2006年，民营工业园落户企业5家：济南槐荫电器开关厂，济南同鑫实业有限公司、济南嘉州果品进出口有限公司、济南强达工贸有限公司、山东省华冠建材技术开发有限公司，其中济南强达工贸有限公司投资9600万元建设钢结构生产线。至年底，全镇企业总数为120余家，除4家镇直属企业（济南兴达集团总公司、济南鑫源实业公司、济南联达实业公司、济南鹏程实业公司）外，其余均为私营企业。其中规模以上企业8家，销售收入2.16亿元，工业利润647万元，利税1156万元，工业增加值1.6亿元。

二、农业

1989年，全镇有耕地2002.5公顷，其中粮田1946.5公顷，菜地56公顷。全年粮食产量1.77万吨（其中水稻1.16万吨）。2006年，有耕地1200公顷，农作物总播种面积2060公顷（两季），粮食播种面积1982公顷（两季），总产量

1.26万吨（两季），单产6375千克/公顷；蔬菜播种面积78公顷，总产量2054吨，单产26333千克/公顷。

1989年，养殖鱼池面积50.6公顷，鱼藕间作面积33.33公顷，年产鱼46吨。藕池面积133.33公顷，藕产量1200吨。2006年，养殖鱼池面积120公顷，年产鱼1.44万吨；藕池面积133.33公顷，藕产量1200吨。

棉张村妇女编织草苫

（2005年12月摄　吴家堡街道提供）

三、商贸

1989年，全镇第三产业233家，全年商业零售销售额281万元，总收入134万元。1993年，全年商业营业额1120万元，商业利润35万元。2000年，全年第三产业总收入33.73亿元，商业利润13.60万元，第三产业增加值2256万元，合同利用外资45万美元，实际利用外资10万美元，自营出口创汇2万美元。2003年，全年第三产业总收入1.8亿元，商业营业额3211万元，商业利润83万元，第三产业增加值2710万元，自营出口创汇80万美元。2006年，全镇商业网点156家，第三产业总收入6320万元，第三产业增加值1050万元，商业营业额3340万元，商业利润24万元，出口总额273万美元。

第三节　社会事业

一、教育

1989年，辖区有刘庄小学、西张回族小学、三教堂小学、西堡小学、周官屯小学、石佛屯小学、楚庄小学7所小学，教师142人，学生1052人；中学1所，教师13人，教学班2个，学生85人；幼儿园7所，教师32人；在园幼儿625人。2006年，辖区有小学7所（刘庄小学、西张回族小学、三教堂小学、西堡小学、周官屯小学、石佛屯小学、楚庄小学）教师143人，学生1126人；幼儿园7所，教师36人，在园幼儿651人。

二、文化

2006年，吴家堡镇辖区内共有文化大院6处，图书室6个，配有活动室6个。分别为西张村文化大院、刘庄村文化大院、明里村文化大院、曹圈村文化大院、西堡村文化大院及中赵村文化大院，各文化大院配备相应图书室，图书种类齐全，分类摆放，借阅制度上墙，村民有序借阅。文化大院还配有活动室，室内配有二胡、京胡、锣、鼓等乐器，还配有乒乓球台、棋牌桌等设施。各村文化队伍积极活跃，如刘庄村锣鼓队、西张村绣球灯以及各村舞蹈队伍，表演经验丰富。

三、卫生

1989年，辖区有医疗卫生室28家，医务人员56人。2006年，实行农村新型合作医疗，参保人数15000人，参保率91%。

第十七编

组织机构

ZU ZHI JI GOU

槐荫区志

1989—2006

第一章　中共槐荫区委员会及其工作部门

第一节　中共槐荫区委员会

1948年10月2日，建立中共济南特别市第七区委员会，先后设立组织部、宣传部、民运部、联络部。1949年6月，建立中共济南市第七区委员会。1951年1月，建立中共济南特别市第六区委员会，先后恢复组织科、宣传科，增设工业科、财政贸易委员会。1955年，改称为组织部、宣传部、工业部、财政贸易工作部。同年9月，建立中共济南市槐荫区委员会。

1960年6月，成立中共济南市槐荫人民公社委员会，与区委合署办公。1963年2月，撤销槐荫人民公社党委。至1966年8月，先后设立组织部、宣传部、工业部、财政贸易工作部、办公室、合作部、统战部、文教部、监察委员会、政法部、党校、街道工作部、区级机关党委、公社工作部、商业粮食党委、工业党委、市委监委驻槐荫区委监察组、宣传文教部、财政贸易政治部、工交政治部、街道政治工作部。

1966年8月，改称中共济南市东风区委员会，职能部门无变动。1968年2月，成立东风区革命委员会，实行党政一元化领导。1969年12月，成立中共东风区革命委员会核心领导小组。1971年2月，建立中共济南市东风区第二届委员会。1973年7月，改称中共济南市槐荫区委员会。1976年3月起，恢复区委职能部门。至1989年12月，先后设立办公室、组织部、宣传部、统战部、机关党委、党校、纪律检查委员会（1979年6月至1985年1月）、政法委员会、企业政治工作部、老干部局、党史资料征集办公室、农村工作委员会、台湾工作办公室、研究室。

1996年，改革后区委工作机构：区委办公室、区委政策研究室、区委组织部、区委宣传部、区委统战部、区委政法委员会、区机关党委。区纪律检查委员会机关与区监察局合署。2001年，区委工作机构：纪律检查委员会机关（区监察局与其合署）、办公室（挂政策研究室、党史办公室牌子；设督查室，挂全方位目标管理办公室牌子；设保密机要局）、信访局（由区委办公室、区政府办公室管理，以区委办公室管理为主）、组织部（挂组织员办公室牌子）、老干部局（由区委组织部管理）、宣传部（挂精神文明建设委员会办公室牌子）、统一战线工作部（挂台湾工作办公室、民族宗教事务办公室和侨务办公室牌子）、政法委员会（社会治安综合治理委员会办公室与其合署）、区直机关工作委员会。至2006年，区委工作机构设置无变化。

1987年6月、1990年3月、1995年4月、1998年4月、2003年3月、2006年12月，先后召开中国共产党济南市槐荫区第五届、第六届、第七届、第八届、第九届、第十届一次全委会，分别选举区委书记、副书记和常委。2006年底，书记1人、副书记2人。

济南市槐荫区第五届至第十届区委书记、副书记、常委任职情况表

表17–1

届　次	职　务	姓　名	任　期
第五届（1987.6—1990.3）	书　记	亓凤海	1987.6—1988.8
		张印峰	1988.11—1990.3

※ 1. 1994年，济南市升格为副省级城市；1996年起，区属部门（单位）规格由局级统一规范为处级。

2. 组织机构收录标准：正处级部门（单位）；领导干部职务为正处级以上，区公安分局、区人民法院、区人民检察院包含副书记、副局长、副院长、副检察长。

续表 17-1-1

届 次	职 务	姓 名	任 期
第五届（1987.6—1990.3）	副书记	董林洲	1987.6—1990.3
		马广庆	1987.6—1990.3
		张印峰	1987.6—1988.11
		马洪泉	1988.11—1990.3
	常 委	亓凤海	1987.6—1988.8
		张印峰	1987.6—1990.3
		董林洲	1987.6—1990.3
		马洪泉	1987.6—1990.3
		马广庆	1987.6—1990.3
		徐承鲁	1987.6—1990.3
		梁乙河	1987.6—1990.3
		周留存	1987.6—1990.3
		刘英亮	1987.6—1990.3
		宋秉坤	1987.6—1990.3
		刘锡玉	1987.6—1990.3
第六届（1990.3—1995.4）	书 记	张印峰	1990.3—1995.2
		马纯济	1995.2—1995.4
	副书记	董林洲	1990.3—1992.12
		马洪泉	1990.3—1992.11
		马广庆	1990.3—1992.12
		马纯济	1992.11—1995.2
		周留存	1992.12—1995.4
		邢家应	1992.12—1994.6
		梁乙河	1993.7—1995.4
		丛大鸣	1995.1—1995.4
	常 委	张印峰	1990.3—1995.2
		董林洲	1990.3—1992.12
		马洪泉	1990.3—1992.11
		马广庆	1990.3—1992.12
		刘传印	1990.3—1992.12
		邢家应	1990.3—1994.6
		徐承鲁	1990.3—1995.4

续表 17-1-2

届　次	职　务	姓　名	任　期
第六届（1990.3—1995.4）	常　委	梁乙河	1990.3—1995.4
		宋秉坤	1990.3—1995.4
		刘英亮	1990.3—1993.1
		刘锡玉	1990.3—1991.3
		孔繁玉	1991.8—1995.4
		马纯济	1992.11—1995.4
		周留存	1992.12—1995.4
		黎　越（女）	1992.12—1995.4
		杨庆林	1992.12—1995.4
		孙金奎	1992.12—1995.4
		丛大鸣	1995.1—1995.4
第七届（1995.4—1998.4）	书　记	马纯济	1995.4—1996.4
		丛大鸣	1996.7—1998.4
	副书记	丛大鸣	1995.4—1996.7
		周留存	1995.4—1998.1
		梁乙河	1995.4—1998.1
		杨庆林	1996.7—1998.4
		王宏炜	1998.1—1998.4
		时延盈	1998.1—1998.4
		徐承鲁	1998.1—1998.4
	常　委	马纯济	1995.4—1996.4
		丛大鸣	1995.4—1998.4
		周留存	1995.4—1998.1
		梁乙河	1995.4—1998.1
		黎　越（女）	1995.4—1998.4
		杨庆林	1995.4—1998.4
		徐承鲁	1995.4—1998.4
		孙金奎	1995.4—1996.3
		于汝彬	1995.4—1998.4
		赵常胜	1995.4—1998.4
		李良坤	1995.4—1998.4

续表 17-1-3

届 次	职 务	姓 名	任 期
第七届（1995.4—1998.4）	常 委	彭连生	1996.7—1997.3
		王宏炜	1998.1—1998.4
		时延盈	1998.1—1998.4
		王建国	1998.1—1998.4
		王继贵	1998.1—1998.4
		李建国	1998.1—1998.4
第八届（1998.4—2003.3）	书 记	丛大鸣	1998.4—2000.1
		赵文朝	2000.1—2002.12
		朱玉臣	2002.12—2003.3
	副书记	杨庆林	1998.4—1999.4
		朱玉臣	2000.1 —2002.12
		王宏炜	1998.4—2000.1
		时延盈	1998.4—2003.1
		徐承鲁	1998.4—2003.1
		马维加（挂职）	2000.3—2001.7
		江 林（挂职）	2000.6—2002.12
		徐明梅（女）	2001.1—2003.3
		刘向伟	2001.1—2003.3
		李胜利	2002.12—2003.3
		高 斌	2002.12—2003.3
	常 委	丛大鸣	1998.4—2000.1
		杨庆林	1998.4—1999.4
		王宏炜	1998.4—2000.1
		时延盈	1998.4—2003.1
		徐承鲁	1998.4—2003.1
		黎 越（女）	1998.4—2001.1
		李良坤	1998.4—2003.1
		于汝彬	1998.4—2003.1
		赵常胜	1998.4—2003.1
		王建国	1998.4—2000.1
		王继贵	1998.4—1999.4

续表 17-1-4

届 次	职 务	姓 名	任 期
第八届（1998.4—2003.3）	常 委	李建国	1998.4—2000.1
		张苏华（女）	1999.4—2002.12
		赵文朝	2000.1—2002.12
		朱玉臣	2000.1 —2003.3
		吴峻崎	2000.1—2003.3
		赵玉杰	2000.1—2003.3
		马维加（挂职）	2000.3—2001.7
		江 林（挂职）	2000.6—2002.12
		毛华铭	2001.1—2002.12
		徐明梅（女）	2001.1—2003.3
		刘向伟	2001.1—2003.3
		杨秋英（女，挂职）	2001.5—2001.11
		吕 荫（女，挂职）	2002.5—2002.11
		李胜利	2002.12—2003.3
		高 斌	2002.12—2003.3
		付金峰	2002.12—2003.3
		郑金松	2003.1—2003.3
		李坚强	2003.1—2003.3
第九届（2003.3—2006.12）	书 记	朱玉臣	2003.3—2006.12
	副书记	李胜利	2003.3—2006.12
		徐明梅（女）	2003.3—2006.10
		刘向伟	2003.3—2005.9
		高 斌	2003.3—2006.10
		郝志荣（挂职）	2004.4—2004.10
		李建民（挂职）	2004.11—2005.2
		彭 燕（女，挂职）	2005.7—2006.1
		郑金松	2005.9—2006.12
	常 委	朱玉臣	2003.3 —2006.12
		李胜利	2003.3 —2006.12
		徐明梅（女）	2003.3—2006.10
		刘向伟	2003.3—2005.9

续表 17-1-5

届次	职务	姓名	任期
第九届（2003.3—2006.12）	常委	高　斌	2003.3—2006.10
		张曰良	2003.3—2006.12
		吴峻崎	2003.3—2004.5
		赵玉杰	2003.3—2006.12
		付金峰	2003.3—2006.12
		郑金松	2003.3—2006.12
		李坚强	2003.3—2006.12
		郝志荣（挂职）	2004.4—2004.10
		沈永强	2004.5—2006.12
		李建民（挂职）	2004.11—2005.2
		彭　燕（女，挂职）	2005.7—2006.1
第十届（2006.12—　）	书记	朱玉臣	2006.12 —
	副书记	李胜利	2006.12—
		郑金松	2006.12—
	常委	朱玉臣	2006.12—
		李胜利	2006.12—
		郑金松	2006.12—
		张曰良	2006.12—
		付金峰	2006.12—
		李坚强	2006.12—
		沈永强	2006.12—
		王　诚	2006.12—
		张宪武	2006.12—
		陈贯鹏	2006.12—
		周　敬（女，回族）	2006.12—

第二节　区委工作部门

区委办公室

1956年1月，设立区委办公室。“文化大革命”期间，陷入瘫痪。1976年3月，区委恢复设立区委办公室等6个工作部门。1976年10月至1980年12月，区委、区革委只设一个办公室。1996年8月，区保密局、区党史办公室并入区委办公室，挂保密局牌子。1998年6月，重设区委党史办公室，对外挂牌。2001年，撤销区委办公室督查科，成立槐荫区委办督查室，为副处级单位，编制3人；根据《济南市槐荫区党政机构改革的实施意见》，区委办公室挂政策研究室、党史办公室牌子；设督查室，挂全方位目标管理办公室牌子；设保密机要局；编制21人，其中行政编制17人，离退休干部工作人员编制2人，工勤编制2人。设处级领导职数8人，科级领导职数4人。同年，区委办公室内设秘书机要科、综合科、信息科、调研科。

主　任

徐承鲁　　1986.7—1995.4
李良坤　　1995.4—2003.1
郑金松　　2003.1—2005.9
张宪武　　2005.9—

区委党史办公室　1986年6月，设立党史资料征集办公室，后更名为党史办公室。1996年8月，区党史办公室并入区委办公室。1998年6月重设区委党史办公室，对外挂牌。

主　任

祁志芳（女）1988.3—1989.3
王继贵（兼）1989.11—1993.4
燕玉兰（女）1993.4—1996.8
赵　明（女）1998.8—2003.7
于　琴（女）2003.7—

区委政策研究室　1989年3月，区委设立政策研究室。2001年党政机构改革，政研室成为区委办公室的挂牌部门。无内设科室，人员编制与办公室混编使用。

主　任

李良坤（兼）1989.3—1995.7
杨　华（兼）1995.7—1996.10
高晓峻　　1996.10—

区保密机要局　1990年10月6日，建立槐荫区保密局，为正局级部门。1996年8月，区保密局并入区委办公室，挂保密局牌子。

局　长

徐承鲁（兼）1990.10—1995.4
李良坤（兼）1995.4—1998.8
徐遵水　　1998.8—1999.7
王学起　　2004.12—

区群众工作办公室　2006年2月，组建区群众工作办公室，为正处级规格，内设综合、宣传督查两个科室，工作人员8人，其中科级领导职数2人，挂靠中共槐荫区委办公室管理。邱英主持工作。

区委、区政府信访局　1984年4月，设立区信访科，隶属区政府办公室管理。1989年11月23日，撤销信访科，设立区信访办公室（正局级）。1995年6月28日，区信访办公室改为区委、区人民政府信访局，隶属区委办公室管理，正局级单位，原规格不变，设接访科、办信科、办公室。原设在区信访办公室的区长电话同时移交区政府办公室管理，编制2人增至区政府办公室编制。1996年7月，区委、区政府信访局改由区委办公室、区政府办公室管理，以区委办公室管理为主。1997年2月21日，区信访局编制7人，其中行政编制5人，离退休干部工作人员编制1人，工勤编制1人；设局长1人，副局长2人。2004年12月31日，区信访局编制8人，其中行政编制5人，离退休干部工作人员编制2人，工勤编制1人；设局长1人，副局长2人。2005年10月24日，成立区信访事项听证委员会，办公室设在区信访局。

局　长

王树浩　　1989.12—1992.11
李　全　　1992.11—1996.10
汪作本　　1996.10—2003.3
苏喜俊　　2003.3—2004.12
褚化荣　　2004.12—

区档案局（馆）　1960年1月，成立区档案馆，文化大革命期间被撤销。1980年1月，区档案局成立，同时恢复区档案馆，区档案局与区档案馆一套班子，挂两块牌子，为正局级事业单位。1996年7月，区档案局（馆）由局（馆）合一改为区委办公室管理的事业单位，挂区档案局牌子，授权行使有关行政管理职能。1998年2月18日，经区编办批复，区档案局、区档案馆是一个机构，挂两块牌子，为区委、区政府工作机构，正处级规格不变，由区委办公室管理。内设办公室、档案指导科、档案管理科；事业编制总数为12人，其中档案局编制6人，档案馆编制6人，设局长（兼馆长）1人，副局长（兼副馆长）2人，科级领导职数3人。2001年，区档案馆为区委办公室管理的事业单位，对外挂档案局牌子。事业编制总额12人，设处级领导职数3职，科级领导职数3职。至2006年底，领导职数、机构编制无变化。

局长（馆长）

汤少芳（女）1987.2—1996.8
（空缺） 1996.8—1998.7
高桂凤（女）1998.7—2001.1
马希武 2001.1—

区委组织部

1951年7月，恢复设立组织科。1955年1月改称组织部。1966年底，组织部门受到冲击。1976年3月，正式恢复组织部。1980年，组织部设立老干部科。1986年2月，老干部科改为区委老干部局，为区委局级单位。1992年，设立区委组织员办公室，为区委正局级工作部门，隶属区委组织部管理。2001年12月13日，内设办公室、干部管理科、基层组织科。行政编制11人，离退休干部工作人员编制3人，工勤编制1人。设处级领导职数5人，科级领导职数3人。2005年1月，成立区下派工作办公室，正处级全额预算管理事业单位。设处级领导职数2人，隶属组织部。3月，增设干部监督科。11月，成立区党员干部现代远程教育管理中心，将原有的中共济南市槐荫区委党员电化教育管理中心挂牌，合并为一个机构，为正处级全额预算事业单位，编制4人（包括党员电化教育管理中心编制3人），设领导职数2人，隶属中共济南市槐荫区委组织部管理。

部　长

梁乙河 1987.5—1995.4
徐承鲁 1995.4—1998.1
王继贵 1998.1—1999.4
张苏华（女）1999.4—2002.12
付金峰 2002.12—

区委组织员办公室　1992年，设立区委组织员办公室，为区委正局级工作部门，隶属区委组织部管理。

主　任

于汝彬（兼）1993.4—1995.4
王继贵（兼）1995.7—1998.8
刘爱民（兼）1998.8—2000.8
汪　浩 2005.2—

区党员干部现代远程教育管理中心　2003年，成立党员电化教育管理中心。2005年11月，成立区党员干部现代远程教育管理中心，为正处级全额预算管理事业单位，隶属区委组织部领导。编制4人（包括党员电化教育中心编制3人），设领导职数2人，隶属区委组织部管理。2005年3月，设立综合管理科；10月，设立技术服务科。

下派工作办公室　2005年1月，成立下派工作办公室，为正处级全额预算管理事业单位，隶属区委组织部领导。

主　任

徐法贤 2005.1—

区委老干部局

1986年2月，区委组织部老干部科改为区委老干部局，为正局级单位，隶属区委组织部。

2001年12月，区委老干部局编制10人，离退休干部工作人员编制9人，工勤编制1人。内设综合科、管理服务科；处级领导职数3人，科级领导职数2人。2003年11月，区委老干部局加挂济南市槐荫区老年大学牌子，校长由老干部局局长兼任，设专职副校长1人。2006年6月，老年大学增加编制3人，增设教务处和综合办公室2个正科级内设机构，设科级领导职数2人。

局　长

路桂兰（女）1986.2—1989.11
戴鹏霞（女）1989.11—1996.10
王盛华（女）1996.10—2001.1
张春翠（女）2001.1—2003.7
赵　昕（女）2003.7—2006.2
刘运超　2006.2—

区委宣传部

1951年7月，设立宣传科。1955年1月，改为宣传部。1964年5月，宣传部改为宣传文教部。1976年3月，恢复为宣传部。1989年11月，设立区精神文明建设协调委员会办公室（简称文明办），隶属宣传部，规格为副局级；1992年2月，宣传部内设新闻科、电视报道科、党员教育科、企业政工科4个科室。1993年4月，区文明办规格调整为正局级。1996年12月，区委宣传部和区文明办编制14人，其中行政编制8人，离退休干部工作人员1人，工勤编制1人，事业编制4人；设部长1人，副部长2人（其中1人兼文明办主任），文明办副主任1人，科级领导职数4人。1997年6月，根据区机构改革三定方案，内设宣传部办公室、新闻科、理论教育科、社会宣传科4个科室。2001年11月8日，区文明办在宣传部挂牌。2005年10月，区文明办增设未成年人思想道德教育科。同年，设立区文学艺术界联合会。

部　长

周留存　1987.4—1989.11
宋秉坤　1989.11—1995.4
于汝彬　1995.4—2003.1
李坚强　2003.1—2006.12
周　敬（女，回族）2006.12—

区文明办　1989年11月，设立区精神文明建设协调委员会办公室，隶属宣传部，规格为副局级，1993年4月，规格调整为正局级。

主　任

李绍青（兼）1989.11—1992.11
李凤林（兼）1992.11—1994.7
张　君（兼）1994.7—1996.10
王传侠（兼）1998.8—1999.5
于汝彬（兼）1999.7—2001.1
齐大河（兼）2001.1—2003.7
朱希才（兼）2003.7—

区文学艺术界联合会　2005年6月设立，为区委宣传部下属的正处级全额拨款事业单位，编制3人，设主席1人，专职副主席兼秘书长1人。2006年，主席空缺。

区委统战部

1956年3月，设立区委统战部。“文化大革命”期间陷入瘫痪。1976年3月，区委正式恢复统战部。1991年8月1日，区台办、侨办、民宗办、工商联、侨联、台联统一隶属到区委统战部。2001年12月13日，经区机构编制委员会办公室审核，区委统战部设行政编制6人、离退休干部人员编制2人、工勤编制2人，设领导职数6人，科级领导职数1人。至2006年底，科室设置、编制人员无变化。

部　长

尤春峰　1986.4—1998.1
刘锡玉　1998.1—1999.11
张其江　1999.11—2001.1
赵世河　2001.1—

常务副部长

王宝绥　2003.7—2006.12
田　克　2006.12—

区委台湾工作办公室 1989年3月，设立对台工作办公室，对外挂区政府台湾事务办公室牌子，与区委统战部合署办公。1996年，并入区委统战部管理，对外挂区委对台工作办公室和区政府台湾事务办公室两个牌子。2001年12月19日，更名为区委台湾工作办公室，配主任1人、副主任1人。2006年底，实有3人。

主　任

尤春峰（兼）	1989.3—1989.11
崔安共（兼）	1989.11—1993.2
朱奎峰	1998.8—2003.7
沈秋白	2003.7—

区民族宗教事务办公室 1984年，设立民族宗教侨务办公室。1990年11月，成立区人民政府民族宗教办公室，列入区政府局级序列部门，行政编制2人。1996年12月，更名为区政府民族宗教事务办公室。2001年，人员编制与统战部混合使用。2006年底，实际在岗4人，其中，行政编制2人，事业编制2人；设主任1人，副主任1人。

主　任

尤春峰	1986.4—1989.3
张威仪（女）	1989.11—1989.12
尤春峰	1990.3—1990.11
马连栋（回族）	1990.11—1999.1
周庆山（回族）	1999.1—2001.11
左文明（回族）	2001.11—2005.10
米金山（回族）	2005.10—

区侨务办公室 1984年，设立民族宗教侨务办公室。1990年11月，成立区侨务办公室。1996年，区政府侨务办公室并入区政府办公室，为正处级行政机构，区政府办公室对外加挂区政府侨务办公室牌子。编制3人，设处级领导职数2人。2001年12月，区侨务办公室划归区委统战部管理。

主　任

尤春峰	1986.4—1989.3
张威仪（女）	1989.11—1989.12
尤春峰	1990.3—1992.3
杜玉清	1992.3—1997.7
张明舜	1997.8—

区委政法委员会

1984年3月，设立区委政法委员会。1991年2月，区委政法委员会设行政编制4人；4月，设立区社会治安综合治理委员会办公室（简称区综治办），为正局级部门，与区委政法委员会合署办公，人员占政法委编制。1997年2月，区委政法委内设办公室、调研室2个科室，区综治办与区委政法委合署办公，编制10人，其中行政编制8人、离退休干部工作人员编制1人，工勤编制1人。设政法委书记1人、副书记2人（其中1人兼任区综治办主任），综治办副主任1人；科级领导职数2人。

2001年12月，根据区编委机构改革实施意见，区委政法委员会、区综治办合署办公，内设办公室、基层指导科、政工科（副处级）3个科室，编制14人，其中行政编制8人，离退休干部工作人员编制1人，工勤编制1人。设处级领导职数5人，科级领导职数3人。2004年2月，在区委政法委加挂区维护稳定委员会办公室牌子，为正处级规格，办公室主任由政法委副书记兼任，设专职副主任1人，人员编制内部调剂解决。2006年底，内设机构及人员编制无变化。

书　记

赵熙修	1985.9—1990.3
韩世香	1990.3—1993.2
刘少坤	1993.2—1995.4
赵常胜	1995.4—2003.1
赵玉杰	2003.1—2006.12

常务副书记

苗启业	2005.2—

区综治办 1991年4月，设立区社会治

安综合治理委员会办公室，为正局级工作部门，与区委政法委员会合署办公。

主　任

芦根山　　1991.6—1994.4
王玉文　　1994.4—1998.8
刘立正　　1998.8—2001.1
苗启业　　2001.1—2005.2
秦福贵　　2005.2—

区维护社会稳定工作办公室　2004年2月，在区委政法委加挂槐荫区维护稳定委员会办公室牌子，为正处级规格。

主　任

刘文起　　2005.2—

区委区直机关工作委员会

1955年，建立中共槐荫区机关委员会。1959年12月，改为区机关党委。2001年，中共槐荫区机关委员会更名为中共槐荫区委区直机关工作委员会，编制5人，其中行政编制4人，离退休干部工作人员编制1人。设处级领导职数3职人。2006年底，无下设科室，人员编制无变化。

书　记

马珍云（女）1985.4—1989.11
王贵年　　1989.11—1993.2
侯少伟　　1993.4—1995.7
杨改芳（女）1995.7—1996.10
孙诚敏（女）1998.9—2003.8
冷要勇　　2003.8—2006.12
祁丽华（女）2006.12—

区老龄工作委员会办公室

1987年10月，设立区老龄问题委员会，办公室设在区劳动局。1991年6月，明确区老龄委办公室为正局级工作部门，归区委管理，行政编制3人（由劳动局内部调剂2人）。1991年8月，区老龄问题委员会更名为区老龄委员会。1997年5月，区老龄委员会办公室为区老龄委员会办事机构，确定事业编制4人，主任1人，副主任1人。2001年12月，区老龄委员会更名为区老龄工作委员会，其办事机构更名为区老龄工作委员会办公室，事业编制4人，其中处级领导职数2人。至2006年底，领导职数、人员编制无变化。

主　任

周定保（兼）1987.10—1992.11
王贵年　　1993.2—1995.5
汪作本　　1995.5—1997.8
夏兆平　　1997.8—

区委党校

1959年2月15日成立。1966年下半年停办。1973年7月2日恢复。1993年7月16日，区委党校列为中等专业学校体制，按副区级单位配备领导班子，事业编制12人。1993年7月18日，建立中共槐荫区委党校委员会。1994年4月11日，中共槐荫区委党校使用第二名称济南市槐荫区行政干部学校，实行一个机构、一套班子、两块牌子。1994年7月12日，区委党校设立济南市槐荫职工中等专业学校。区委党校、区行政干部学校、槐荫职工中等专业学校系一个机构、一套班子、三块牌子。1995年7月15日，经区机构编制委员会批复，区委党校内设办公室、教务处、教研室、总务处、业余教育办公室；所设机构为副局级，处室职数不超过5人，事业编制12人。1995年11月开始实行区委书记兼任校长。至2006年底，区委党校（区行政干部学校、槐荫职工中等专业学校）内设副处级处室5个，事业编制14人。

校　长

翟启祚　　1979.2—1989.11
张希木　　1989.11—1995.11
马纯济（兼）1995.11—1996.7
从大鸣（兼）1996.7—2000.1

赵文朝（兼）2000.1—2002.12
朱玉臣（兼）2002.12—

常务副校长

张希木　1995.11—1998.7
侯少伟　1998.7—2000.8
高晓峻　2001.1—2005.12
邱　英（女）2005.12—

党委书记

石志勇　1993.7—1996.4
张金梁　1996.4—1998.7
刘光亮　1998.7—2000.8
杨改芳（女）2000.8—

第二章　槐荫区人民代表大会常务委员会及其工作部门

第一节　槐荫区人民代表大会常务委员会

1980年，区第九届人民代表大会第一次会议召开，建立济南市槐荫区人民代表大会常务委员会（简称区人大常委会），为区人民代表大会常设机关，下设办公室。1981年3月，建立党组。1984年，下设办公室、调查研究科、代表联络科。1989年4月，区第十一届人大常委会撤销调查研究科、代表联络科，设立法制处、财政经济处、教育科技文化卫生处、城乡建设处和人事代表处。1992年2月，区第十二届人大常委会增设信访处，与办公室合署办公，对外挂牌。1999年7月，设立老干部管理处，在办公室内部挂牌。

2003年，槐荫区人大常委会机关内设办公室、法制处、教科文卫处、城乡建设处、财经处、人事代表处、信访处、老干部处8个处室；区人大常委会机关编制28人，其中行政编制20人，离退休干部工作人员编制4人，工勤编制4人。区人大常委会主任、副主任配备，参照《中共山东省委关于印发〈山东省关于各级人大机构改革的实施意见〉和〈山东省关于各级政协机构改革的实施意见〉的通知》（鲁发〔1996〕3号）有关规定执行。处级领导职数按每处室1正1副配备。2005年4月25日，经区编办批复，区人大常委会办公室内设综合科、调研科2个科室，设科级领导职数2人。

济南市槐荫区人大常委会第十一届至第十五届党组书记、副书记、主任、副主任情况表

表17-2

届次	职务	姓名	任期
第十一届（1987.5—1990.3）	党组书记	刘连城	1987.5—1990.3
	党组副书记	于世德	1987.5—1990.3
	主任	刘连城	1987.5—1990.3
	副主任	于世德	1987.5—1990.3
		牛琪玉	1987.5—1990.3
		魏法文	1987.5—1990.3
		冯宏	1987.5—1990.3

续表 17-2-1

届次	职　务	姓　名	任　期
第十二届（1990.3—1993.1）	党组书记	刘连城	1990.3—1993.1
	党组副书记	魏法文	1990.3—1993.1
	主　任	刘连城	1990.3—1993.1
	副主任	魏法文	1990.3—1993.1
		冯　宏	1990.3—1993.1
		韩芳云（女）	1990.3—1993.1
		韩世香	1990.3—1993.1
		陈耀汉	1990.3—1993.1
		刁怀林	1990.3—1993.1
第十三届（1993.1—1998.1）	党组书记	董林洲	1993.1—1998.1
	党组副书记	刘连城	1993.1—1998.1
		刘英亮	1993.1—1998.1
		孙金奎	1996.3—1998.1
	主　任	董林洲	1993.1—1998.1
	副主任	刘英亮	1993.1—1998.1
		韩芳云（女）	1993.1—1998.1
		刁怀林	1993.1—1998.1
		张　敏	1993.1—1998.1
		韩金魁	1993.1—1998.1
		于恩林	1993.1—1998.1
		孙金奎	1996.3—1998.1
		石志勇	1996.3—1998.1
第十四届（1998.1—2003.1）	党组书记	周留存	1998.1—2003.1
	党组副书记	刘英亮	1998.1—2001.3
		孙金奎	1998.1—2001.3
		钟　蔚（女）	2001.3—2003.1
	主　任	周留存	1998.1—2003.1
	副主任	刘英亮	1998.1—2001.3
		孙金奎	1998.1—2003.1
		韩芳云（女）	1998.1—2001.4
		韩金魁	1998.1—2000.6

续表 17-2-2

届次	职务	姓名	任期
第十四届（1998.1—2003.1）	副主任	石志勇	1998.1—2001.4
		谷永琛	1998.1—2003.1
		崔守华	1998.1—2003.1
		李昌义	1999.3—2003.1
		钟　蔚（女）	2001.3—2003.1
		侯少伟	2001.3—2003.1
第十五届（2003.1—　）	党组书记	周留存	2003.1—2003.4
		时延盈	2003.4—
	党组副书记	钟　蔚（女）	2003.1—
	主　任	时延盈	2003.1—
	副主任	钟　蔚（女）	2003.1—
		于汝彬	2003.1—
		赵常胜	2003.1—
		崔守华	2003.1—
		李昌义	2003.1—
		侯少伟	2003.1—

第二节　区人大常委会工作部门

办公室　1980 年 12 月设立。

主　任

张楚材　　1989.4—1992.11
单保信　　1992.11—2001.8
王宝珠　　2001. 08 —

法制处　1989 年 4 月设立。

处　长

韩道孝　　1989.4—1989.11
于　杰　　1989.11—1996.10
田　克　　1997.10—1999.1
王玉文　　2000.2—2006.1
冷要勇　　2006.1—

财政经济处　1989 年 4 月设立。

处　长

程继河　　1989.4—1989.11
王永振　　1989.11—1996.10
高永顺　　1997.10—2001.1
刘恩忠　　2001.1—2002.12
夏德宽　　2002.12—

教科文卫处　1989 年 4 月设立。

处　长

徐连增（女）1989.4—1992.11
祁志芳（女）1992.11—1996.10
卢继金　　1997.11—2001.1
何淑真　　2001.1 —

城乡建设处　1989 年 4 月设立。

处　长

宋宪珂　　1989.4—1989.11

李锡文　　1989.11—1990.4

李桂兰（女）　1990.4—1995.3

曲先民　　1995.3—1991.1

汪文祥　　1999.2—2002.12

曹　勇　　2002.12—2006.12

周庆山（回族）2006.12—

人事代表处　1989年4月设立。

处　长

吴九州　　1989.4—1992.11

王云宏　　1992.11—2002.3

潘恒星　　2002.3—

信访处　1992年2月设立，与办公室合署办公。

处　长

单保信（兼）1992.2—2001.8

王宝珠（兼）2001.8—2002.11

鲁增文（兼）2002.11—

老干部管理处　1999年7月设立，在办公室内部挂牌。

处　长

常新萍（女）1999.8—2003.8

杨书喜　　2003.12—

第三章　槐荫区人民政府及其工作部门

第一节　槐荫区人民政府

1948年10月，成立济南特别市第七区区政府。至1949年10月，先后改为济南市第七区人民政府、济南市第七区区公所。1951年1月，改为第六区区公所；8月，设第六区人民政府；10月，第六区人民政府先后设立文教股、民政股、工商劳动股、卫生建设股、民政调解股、文教卫生股、粮食股。1953年12月，选举产生第六区第一届人民政府。1955年1月，根据市政府统一部署，区政府将各“股”改成“科”；9月，区政府改为区人民委员会，增设办公室、劳动科等部门。1956年12月，区人民委员会有12个工作部门和7个街道办事处。1960年6月，建立槐荫人民公社管理委员会，与区人民委员会合署办公。1962年12月，撤销槐荫人民公社管理委员会。1966年8月，改为东风区人民委员会。1968年2月，成立东风区革命委员会，区革委会将原来的科、局改称为组，设立20个工作部门和9个街道办事处。1973年7月，改称为槐荫区革命委员会。1976年10月，区革委会工作部门将组改为科、局。1980年5月，槐荫区革命委员会改为槐荫区人民政府，先后有33个工作部门和10个街道办事处。1989年，槐荫区人民政府下设37个政府工作部门、11个街道办事处、2个镇政府。1996年机构改革后，槐荫区人民政府下设28个政府工作部门、11个街道办事处、2个镇政府。2001年机构改革后，槐荫区人民政府下设19个政府工作部门、11个街道办事处、2个镇政府。

1987年5月、1990年3月、1993年1月、1998年1月、2003年1月，先后召开的济南市槐荫区第十一、十二、十三、十四、十五届人民代表大会第一次会议，分别选举产生区人民政府区长、副区长。会后，区委公布区人民政府党组成员。2006年底，区人民政府有党组书记1人、党组副书记2人；区长1人、副区长6人。

济南市槐荫区人民政府第十一届至第十五届党组书记、副书记、区长、副区长任职情况表

表 17–3

届次	职务	姓名	任期
第十一届（1987.5—1990.3）	党组书记	张印峰	1987.5—1989.4
		马洪泉	1989.4—1990.3
	党组副书记	马洪泉	1987.5—1989.4
	区长	张印峰	1987.5—1988.11
		马洪泉	1988.11—1990.3（其中 1988.11—1989.3 为代区长）
	副区长	马洪泉	1987.5—1988.11
		邢家应	1987.5—1990.3
		韩芳云（女）	1987.5—1990.3
		孙启胜	1987.5—1990.3
		韩世香	1987.10—1990.3
		曾天树（聘任，科技副区长）	1988.5—1990.3
		郑长才（挂职）	1989.4—1990.3
第十二届（1990.3—1993.1）	党组书记	马洪泉	1990.3—1992.11
	党组副书记	邢家应	1990.3—1992.12
	区长	马洪泉	1990.3—1992.11
		马纯济	1992.11—1993.1（为代区长）
	副区长	邢家应	1990.3—1992.12
		孙启胜	1990.3—1991.1
		赵玉水	1990.3—1993.1（其中 1991.8—1992.10 外出挂职）
		钟蔚（女）	1990.3—1993.1
		郑长才（挂职）	1990.3—1990.11
		曾天树（聘任，科技副区长）	1990.3—1990.5
		王立山（聘任，科技副区长）	1990.11—1993.1
		马纯济（挂职）	1990.11—1992.11
		谷永琛	1991.5—1993.1
		匡兴华（挂职）	1991.8—1992.10
第十三届（1993.1—1998.1）	党组书记	马纯济	1993.1—1995.4
		从大鸣	1995.4—1996.8
		杨庆林	1996.8—1998.1

续表 17-3-1

届次	职务	姓名	任期
第十三届（1993.1—1998.1）	党组副书记	杨庆林	1993.1—1996.8
	区　长	马纯济	1993.1—1995.2
		从大鸣	1995.3—1996.7（其中 1995.2—3 为代区长）
		杨庆林	1996.7—1998.1（其中 1996.7—1997.3 为代区长）
	副区长	杨庆林	1993.1—1996.7
		赵玉水	1993.1—1996.9
		钟　蔚（女）	1993.1—1998.1
		谷永琛	1993.1—1998.1
		陆　政	1993.1—1998.1
		王立山（聘任，科技副区长）	1993.1—1993.12
		李益民（聘任，科技副区长）	1994.12—1998.1
		张　建（聘任，科技副区长）	1994.12—1998.1
		赵　东（聘任，科技副区长）	1996.2—1998.1
		兰秋萍（女，挂职）	1996.7—1996.12
		王宏炜	1996.12—1998.1
		丁新力	1996.12—1998.1
第十四届（1998.1—2003.1）	党组书记	杨庆林	1998.1—1999.4
		朱玉臣	2000.3—2003.1
	党组副书记	王建国	1998.1—2000.1
		钟　蔚（女）	1998.1—2001.3
		时延盈	2000.3—2003.1
	区　长	杨庆林	1998.1—1999.4
		朱玉臣	2000.1—2003.1（其中 2000.1—3 为代区长）
	副区长	王建国	1998.1—2001.1
		钟　蔚（女）	1998.1—2001.3
		丁新力	1998.1—1999.1
		张曰良	1998.1—2003.1
		金德岭（回族）	1998.1—2003.1
		杨　华	1998.1—2003.1
		郑茂萍（女，挂职）	1999.6—2001.1

续表 17-3-2

届次	职　务	姓　名	任　期
第十四届（1998.1—2003.1）	副区长	徐　波（聘任，科技副区长）	1999.8—2001.1
		时延盈	2000.3—2003.1
		刘光亮	2000.3—2003.1
		郑金松	2002.2—2003.1
第十五届（2003.1—　）	党组书记	朱玉臣	2003.1—2003.4
		李胜利	2003.4—
	党组副书记	时延盈	2003.4—
		张曰良	2003.4—
		杨　华	2003.4—
	区　长	李胜利	2003.1—
	副区长	张曰良	2003.1—
		杨　华	2003.1—
		刘光亮	2003.1—
		刘福荣（女）	2003.1—
		展庆林（回族）	2003.1—
		王　诚	2003.1—
		崔　缓（女，挂职）	2003.8—
		孙传尚（挂职）	2003.12—2005.12

济南槐荫工业园区管理委员会

1992年6月，济南市美里湖旅游经济开发区管理委员会成立。1993年2月，建立中共美里湖旅游开发区工作委员会。5月，设立办公室、基建开发办公室、公关招商部、村政科、财务审计科，所设机构为科级，科室职数不超过5人。12月，增设农业办公室、政工科，增设机构为科级，增加职数2人。增设土地管理所、规划科与基建开发办公室合署办公，增设企业管理科与公关招商部合署办公。

1995年11月，成立国家级高新技术产业示范区。1998年3月，撤销济南市美里湖旅游经济开发区管理委员会，建立济南民营科技产业园管理委员会，配行政编制8人，工勤编制2人，设党政正职各1人（副区级），副主任2人。下设济南民营科技实业发展中心，定编制30人，科级领导职数3职。2000年9月，建立济南民营科技企业孵化器。2001年12月，济南民营科技产业园管理委员会与美里湖街道“园办合一”，内设办公室、经济科技发展处、规划建设处、组织人事处、农村工作处、宣教处、财务处、法制处、社会事务处、计划生育处，编制33人，处级领导职数9人（其中党政正职为副区级），科级领导职数10人。2006年3月，原济南民营科技产业园更名为济南槐荫工业园区；6月，成立中国济南留学人员创业园美里湖创业区管理委员会办公室，规格为副处级，编制5人，设领导职数2人。

美里湖旅游经济开发区

主　任

马树华　1992.6—1993.2
张其江　1993.2—1998.3

济南民营科技产业园管委会

主　任

陆　政（兼）1998.3—1998.7
张其江　1998.7—1999.1
赵玉杰　1999.1—2002.12
李小明　2002.12—2006.11

济南槐荫工业科技园管理委员会

2001年12月，成立济南槐荫工业园管理委员会，建制级别为副区级，内设机构为正处级。设党工委书记、主任各1人（副区级），副书记1人，副主任2人（正处级），管委会下设办公室。管委会编制15人，属差额预算管理事业单位，按区政府派出机构管理。2007年4月，济南槐荫工业园管理委员会更名为济南槐荫工业科技园管理委员会。

党工委书记

张　平　2001.12—

主　任

潘庆纲　2001.12—

第二节　区人民政府工作部门

区政府办公室

1955年10月设立。1984年4月，设立区信访科，隶属区政府办公室管理。1989年，撤销信访科，成立信访局。同年，区政府办公室设秘书科、综合科、行政科、基建科、房管科。1990年12月，成立区政府法制办公室，为正局级政府部门，隶属区政府办公室管理。1996年，区政府侨务办公室并入区政府办公室，为正处级行政部门。区人民政府办公室作为区政府的工作部门，加挂区政府法制办公室、侨务办公室的牌子。政府办公室内设6个职能科室：秘书科、综合科、信息调研科、史志科、督查科、接待科。1998年2月，人员编制23人，其中行政编制17人，离退休人员编制3人，工勤编制3人。2001年12月，区经济体制改革办公室划入区政府办公室管理，区侨务办公室划归区委统战部管理。人员编制23人，其中行政编制17人，离退休人员编制3人，工勤编制3人。2003年11月，督查科更名为区政府办公室督查室，为区政府办公室内设机构，升格为副处级；撤销接待科，成立接待处，隶属区政府办公室管理，规格为正处级，编制3人。2005年，撤销区经济体制改革办公室。2006年6月6日，重新成立区史志办公室，隶属区政府办公室管理，规格为正处级。

主　任

赵玉水　1986.2—1990.3
王建国　1990.4—1993.1
王如生　1993.2—1995.7
丁新力　1995.7—1997.8
赵其魁　1997.8—2001.2
马树华　2001.2—2003.6
李东亮　2003.6—

区政府法制办公室　1990年12月成立，为正局级工作部门，隶属区政府办公室管理。1991年，成立区政府行政复议办公室，与区政府法制办公室合署办公。区政府法制办公室设主任1人、副主任1人。

主　任

王建国（兼）1990.12—1993.1
王如生（兼）1993.2—1995.7
匡赞辉（兼）1995.7—1998.8
侯家跃　1998.8—2002.1
陈贯鹏　2002.1—2003.3
董永红（女）2003.6—

区史志办公室　1984年9月，成立区志办公室，为区政府工作部门，区局级事业单位，编制5人。1996年，因机构改革，区志办划归区政府办公室，撤销区志办，成立史志科，有工作人员2人。2006年6月6日，重新成立区史志办公室，为正处级全额预算管理事业单位，隶属区政府办公室管理，编制5人，人员在区政府办公室内调剂，设主任1人，副主任1人。

主　任

李新民　　1986.5—1989.11

王玉恒　　1989.11—1996.8

区接待处　2003年11月，撤销区政府办公室接待科，成立区接待处，为区政府办公室管理的正处级事业单位，编制3人。

处　长

刘金龙　　2005.2—

区发展和改革委员会（挂区物价局牌子）

1984年3月26日，设立区经济计划委员会，同时建立党委，核定行政编制35人，内设生产科、计划科、企业管理科、技术科、党委办公室、行政办公室、经济协作科。1990年10月6日，建立区经济协作办公室，为副局级部门，隶属区经济计划委员会领导管理，人员由区经济计划委员会自行带编调剂。

1994年3月25日，成立区工业房地产开发总公司，为全民科级事业单位，隶属区经济计划委员会领导管理，人员由区经济计划委员会内部调剂，经费实行独立核算，自负盈亏。1995年8月14日，区房管局材料供应公司及所属企业划入区经济计划委员会管理，材料供应公司的全民事业性质不变，实行事业单位企业化管理，资产所有权由区国资委委托区经济计划委员会管理。1996年7月29日，区经济协作办公室合并入区经济计划委员会；区物价局由政府工作部门改为由区经济计划委员会管理的部门。1997年2月17日，成立区材料供应公司变为金銮物业中心，为全民事业单位，隶属区经济和计划委员会管理，定编制120人，经费渠道实行自收自支。

1997年5月14日，区经济计划委员会作为区政府序列部门，内设政工科、行政办公室、财务审计科、生产科、计划科、企业管理科、技术经协科7个职能科室，编制27人。其中行政编制24人，离退休干部工作人员编制1人，工勤编制2人；设书记1人，主任1人，副书记2人（副书记兼纪委书记1人、主任兼副书记1人），副主任3人，科级领导职数7人。9月4日，成立区设备维修管理站，为全民科级事业单位，定编制15人，设领导职数2人，经费渠道实行自收自支，人员由区经济计划委员会内部调剂解决，隶属区经济计划委员会管理。

1997年11月17日，成立区技术监督局，为全民副处级事业单位，定编制20人，经费渠道实行自收自支，隶属区经济计划委员会管理，人员由区经济计划委员会内部调剂解决。1998年4月6日，建立槐荫区锅炉研究所，为全民事业单位，定编制5人，经费渠道自收自支，实行企业化管理。2001年11月8日，区经济计划委员会更名为区经济发展计划局，挂个体私营经济发展局牌子；区物价局由区经济发展计划局管理；组建区安全生产监督管理局并由区经济发展计划局管理。区经济发展计划局内设党政办公室、计划科、经济运行科、财务审计科、企业管理科、技术经协科，编制22人。其中行政编制20人，离退休干部工作人员编制1人，工勤编制1人，设处级领导职数5人，科级领导职数6人。区安全生产监督管理局设编制6人，其中行政编制5人，工勤编制1人，设处级领导职数2人。同年12月30日，区技术监督局更名为济南市质量技术监督局槐荫分局，并加挂济南市质量技术监督局槐荫稽查队牌子，为济南市质量技术监督局的派出机构，由济南市质量技术监督局统一领导和管理，脱离区经济发展计划局的管理。

2002年11月，区交通局并入区经济发展计划局合署办公，保留事业编制3个，撤销原有工作职能和内设机构。2006年1月23日，区安全生产监督管理局不再由区经济发展计划局管理，改为区政府工作部门。4月24日，区经济发展计划局更名为区发展和改革委员会。

党委书记

马洪泉	1986.4—1989.11
石志勇	1989.11—1993.9
马树华	1993.9—1995.5
徐德厚	1995.5—1999.8
杨光明	1999.8—

主任（局长）

石志勇	1987.6—1992.3
杨庆林	1992.3—1993.2
马树华	1993.2—1995.5
徐德厚	1995.5—2000.5
杨光明	2000.5—

区物价局　1981年3月7日，建立区物价管理局。1984年6月12日，建立区物价检查所，隶属区物价局领导，事业编制8人。6月28日，区物价管理局更名为区物价局。1991年，区编办核定区物价局（含物价检查所）编制15人，其中行政编制3人，事业编制12人。1992年，经区编委批准成立槐荫区价格信息中心，为正科级事业单位，隶属区物价局领导，人员由物价检查所内部调剂。1996年12月27日，区编办明确区物价局为区经济计划委员会管理的部门，区物价局编制7人，其中行政编制5人，离退休干部工作人员1人，工勤人员1人。设局长1人，副局长2人。1999年12月22日，在区物价检查所加挂槐荫区价格鉴证中心牌子。2001年11月5日，区价格鉴证中心更名为槐荫区价格认证中心；12月13日，区编制委员会发文明确区物价局编制7人，其中行政编制5人，离退休干部工作人员编制1人，工勤编制1人。设处级领导职数3人，科级领导职数1人，内设办公室（挂价格举报中心牌子）。2004年6月16日，区价格信息中心更名为区价格监测中心。2005年1月10日，区物价局增设价格管理科。至2006年底，区物价局内设办公室、价格管理科、物价检查所、价格认证中心、价格监测中心5个科室。

局　长

蔡毓民	1986.1—1992.3
刘长仁	1992.3—1993.4
颜景澄	1993.4—2001.11
李财清	2001.11—

区交通局　1957年10月，设立交通科。1960年12月，设立交通运输管理局。1970年12月，设立交通运输革命委员会。1976年11月，设立交通局。1984年4月，撤销交通局，设立交通运输公司。1991年8月，恢复区交通局，实行两块牌子一套班子。内设党委办公室、行政办公室、武装部、财政审计科、机务材料科、安全运务科、劳工科、保卫科、工会、团委、妇委会等11个科室，局下属企业13个，其中8个汽车运输队、2个厂、2个站，共有职工1449人（其中离退休人员451人）。1999年，局直属专业运输及其他企业逐一改制，至2005年8月全部改为民营企业。2003年6月，区交通局与区经济发展计划局合署办公，区交通局事业编制由20人（人员采取分流、自然减员）保留3人，主要为道路货物运输经营许可与物资管理，驾驶培训从业人员物资管理，道路运输行业调查与统计及局属改制企业遗留问题协调与处理。2006年，区交通局局属单位有槐荫汽车驾驶员培训队，共有职工23人，退休职工10人。

局　长

杜景远	1991.8—1992.11
徐德厚	1992.11—1995.5
李广祥	1995.5—1998.11
李　鑫	1998.11—2001.1
褚花荣	2001.1—2003.8
李　鑫	2003.8—

区国有资产监督管理委员会

1988年1月28日，建立区体制改革委员会

（简称区体改委）。11月11日，建立区政治体制改革办公室，靠挂体改委。1991年4月5日，区体改委内部设立综合科和经济体制科。1996年7月29日，改为区经济体制改革委员会，为区政府序列部门。1997年2月21日，区编委核定区体改委行政编制5人，设主任1人，副主任1人。2001年12月13日，撤销区经济体制改革委员会，成立区经济体制改革办公室，在区政府办公室挂牌，编制5人，设处级领导职数2人。2005年6月27日，撤销区经济体制改革办公室，组建区政府国有资产监督管理委员会，为区政府直属特设机构，编制10人，设处级领导职数3人。

主　任

崔安共　1998.4—1999.1
张其江　1999.1—2000.5
徐德厚　2000.5—2003.7
张子刚　2003.7—

区教育局

1951年，设区文教股。1952年8月，改为区文教卫生股。1955年9月，改为区文教科。1956年,改为区教育科。1969年,改为区文教组。1975年，改为区文教局。1979年，改为区教育局。1987年6月，撤销区教育局，成立区教委，市辖12所中学归区教委管辖，原郊区两镇教育组同时划归槐荫区。1990年3月1日，全区托幼工作由区妇联移交区教委管理。

1991年3月，成立老干部科、德育科、体育卫生科，建立普教科、教学研究室、基建办公室，同时撤销中教科、初教科、中学教研室、小学教研室。1992年2月，成立区托幼领导小组。同年12月，建立区教师培训中心，编制26人。1993年3月,成立学前教育科。1994年6月，成立区教育财务结算服务中心、区教育设施配套总公司（人员编制暂定7—10人）。

1997年机构改革，精简为行政办公室、组织科、政工科、人事科、计财科、教育科6个科室，机关编制27人；明确教学研究室（编制24人）、青少年宫（编制5人）、电教仪器站（编制5人）、招生考试办公室（编制5人）、勤工俭学办公室（编制7人）等5个事业单位；成立区政府教育督导室，为正处级单位；区教育设施配套总公司更名为区教育设施配套服务中心。1998年4月，区教育财务结算服务中心与区校办企业结算中心合并为区教育财务结算中心。2001年7月，成立区语言文字工作委员会，编制3人。2001年11月，区教委改为区教育局。2006年1月，区成教局并入区教育局。6月，增设成教科，编制4人；设立教育科学研究室；教育设施配套服务中心更名为规划基建办公室。10月，成立教育系统会计集中核算中心。

2006年底，区教育局内设政工科、组织科、办公室、教育科、人事科（挂教育人才交流中心牌子）、计财科6个科室。编制27人，其中行政编制11人，离退休干部工作人员编制4人，事业编制10人，工勤编制2人，实有21人。设处级领导职数7人，科级领导职数6人。

党委书记

刘锡玉　1987.6—1991.8
孔繁玉　1991.8—1998.3
杨伊丽（女）1998.3—

局长（主任）

孔繁玉　1987.6—1991.10
张郁才　1991.10—1994.2
孔繁玉　1994.2—1996.10
张益贤　1996.10—2003.7
孟祥晶　2003.7—

区政府教育督导室　1997年11月成立，正处级单位。1999年5月，进一步明确其规格为正处级单位，督导室主任由区教委主任兼任。

主　任

张益贤　1999.5—2004.2
尹志建（女）2004.2—

区成人教育局　1981年8月，设立区职工教育办公室。1996年8月，归区教委代管；同年12月，改称区成人教育办公室。1998年3月，挂成人教育局牌子。2006年1月，区成教局并入区教育局。

局长（主任）

王效明	1987.2—1992.8
杜家庚	1992.8—1998.11
匡赞辉	1998.11—2001.1
曲宪民	2001.1—2006.1

区科学技术局

1959年5月，设立区科学技术委员会（简称区科委）。1961年7月，撤销。1976年3月，设立区科学技术办公室。1978年6月，改为区科委。1989年，区科委设办公室、科技计划科，有工作人员9人，下属自收自支事业单位区科技中心。2001年，区科学技术委员会更名为区科学技术局，设立办公室、科技计划科，编制10人，其中行政编制8人，离退休干部工作人员编制1人，工勤编制1人；设处级领导职数3人，科级领导职数2人。2004年12月，成立区知识产权局，为全额拨款正处级事业单位，隶属区科技局领导。编制3人，设局长1人。2005年9月，区科技中心更名为区生产力促进中心。

局长（主任）

李胜利	1978.6—1994.2
孟祥海	1994.2—1995.5
李小明	1995.5—2003.8
张爱萍（女）	2003.8—

区监察局

1988年1月，设立区监察局，为区政府工作部门，暂定编制7人，人员由机关内部调剂安排。1993年4月，区纪委与区监察局合署办公，实行一套机构、两块牌子的两种职能体制，区纪委、区监察局共有编制25人，其中区监察局12人；实有在职人数20人，其中区监察局10人。1996年，区纪委机关、区监察局内设职能室6个，分别为办公室、信访室、案件检查室、案件审理室、党风建设执法监察室室、宣教调研室，其中区监察局编制10人，内含行政编制8人，离退休干部工作人员编制1人，工勤编制1人；纪委副书记兼监察局局长，区监察局副局长职数2人（党员副局长由纪委常委兼任）。1998年，区纪委监察局内设机构6个，实有在职工作人员18人。

2001年，区纪律检查委员会机关与区监察局合署，内设办公室、案件检查室、执法监察室、党风廉政建设宣传教育室、案件审理室、信访室，区纪委机关、区监察局编制20人。其中区监察局编制10人，内含行政编制8人，离退休干部工作人员编制1人，工勤编制1人。纪委副书记兼监察局局长，区监察局副局长职数2人；室主任6人。2005年3月，成立区发展环境投诉中心，为区监察局内设机构，设科级领导职数1人。

局　长

邢家应（副区长兼）	1988.1—1989.11
刘少坤	1989.11—1993.2
王宝绥	1993.2—1995.7
侯少伟	1995.7—1998.8
王枫云（女）	1998.8—2001.1
赵　敏	2001.2—

区民政局

1951年10月，设立民政股。1952年8月，改称民政调解股。1955年1月，民政调解股改称民政科。1966年5月至1976年10月，组织陷入瘫痪。1976年10月，恢复设立民政科。1984年3月，改称民政局。1989年，区民政局下设办公室、军队离退休干部办公室、基层政权科、优抚科、社会科、民政科、财务科，编制12人。1994年6月13日，区拥军优属、拥政爱民工作领导小组办公室（简称区双拥办）从区文明办平等移位到区民政局，规格为正局级。2000年3月，建立区军队离退休干部休养所，为全民副处级事业单位，编制10人；4月，建立区社区服务中心，为全民副处级事业单位，定编5人。2001年12月，农村社会养老保险管理职能从区民政局移交区劳动和社会保障局，区民政局下设办公室、基层政权和社区建设科、社会事务科、救灾救济科4个职能科室。2002年5月，成立区民间组织管理办公室，为全额预算科级事业单位，人员内部调剂。2006年，区民政局编制16人，其中行政编9人，离退休干部人员编制3人，工勤编制1人；双拥办事业编制3人。处级领导职数4人，其中双拥办1人；科级领导职数4人。

局长（双拥办主任）

袁淑君（女）1987.2—1995.5
马树华　1995.5—2001.2
王荣山　2001.2—

济南市公安局槐荫区分局

1948年10月，为济南特别市第七区公安七分局。1951年1月，改称为济南市第六区公安六分局。1955年，改称为济南市槐荫区人民委员会公安分局。1965年5月，成立公安分局党总支。1968年，成立区公安机关军管组，公检法三家都并入军管组。1973年2月。撤销区公安机关军管组，恢复设立区公安分局。1984年11月，党总支改为党委。

1989年，区公安分局由济南市公安局垂直领导，有9个科队和14个派出所，在编人员417人。1992年2月，区公安分局实行区委、区政府和济南市公安局双重领导。3月，重新成立预审科。1993年12月，增设外事科。1994年11月，成立济南市公安局巡警支队槐荫区大队。1996年，成立流动人口管理科、信访科，增设美里湖派出所。1997年11月，刑警大队由正科级升格为副处级单位，下设秘书科和8个责任区中队（均为正科级），预审科纳入刑警大队管理，更名为刑警三中队，继续履行预审职能。1998年4月，济南市公安局防暴支队槐荫大队（正处级单位）纳入分局管理。7月，撤销北大槐树派出所，原警务区并入西市场派出所。1999年1月，增设槐荫区分局警务督察大队（正科级单位）。2001年4月，增设玉清湖治安派出所。2002年3月，槐荫公安分局内设机构11个，直属机构7个，派出机构16个。撤销分局秘书科，设立分局办公室（副处级），内设秘书科、指挥调度室和信息通信科；行政科更名为财务装备科，户籍科更名为户政管理科，撤销流动人口管理科，外事科更名为出入境管理科；警务督察队更名为警务督察科，保安公司更名为保安管理科；撤销政保科，设立国内安全保卫大队（副处级）、反邪教侦察大队（正科级）；经文保科更名为经济犯罪侦察大队，升格为副处级，下设3个中队；治安科更名为治安警察大队，升格为副处级，下设3个中队；撤销经三路派出所，原警务区并入五里沟派出所。2004年9月，警务督察管理科和保安管理科，分别更名为警务督察大队、保安管理大队，升格为副处级；增设城市管理警察大队（副处级）。2006年，分局机关有1个正处级单位（槐荫区分局特警大队）和11个副处级单位（办公室、政治处、刑警大队、巡警大队、法制办公室、警务督察大队、国内安全保卫大队、治安警察大队、城市管理警察大队、保安管理大队、经济犯罪侦查大队），44个科级单位和五里沟派出所、振兴街派出所、中大槐树派出所、道德街派出所、美里湖派出所、南辛庄派出所、吴家堡派出所、西市场派出所、段店北路派出所、营市街派出所、玉清湖派出所、张庄派出所、周王庄派出所、青年公园派出所、匡山派出所、大金庄派出所16个派出所。在编干警650人（提前离岗人员92人）。

党组书记

李绪恒　1987.8—1998.7
吴兆庆　1998.7—2001.8
韩　磊　2001.8—

党组副书记

逄学华　1984.11—1990.3
张继珂　1990.3—1998.6
黄文玉　1998.6—2001.8
林国华　2001.8—

局 长

李绪恒 1987.7—1998.4
吴兆庆 1998.7—2001.8
韩 磊 2001.8—

政 委

逄学华 1984.11—1990.3
张继珂 1990.3—1998.6
黄文玉 1998.6—2001.8
林国华 2001.8—

副局长

郭兴泉 1978.10—1990.11
苏国铭 1984.5—2001.12
王风武 1984.5—1987.5
梁永思 1984.5—1992.5
黄文玉 1987.7—1998.6
鲁德和 1989.4—1990.10
梁传和 1992.6—2002.1
孙野青 1992.6—
张仁骏 1998.6—2002.1
游奎元 1998.6—
牛长安 1999.7—2002.1
范道君 1994.11—2002.1
陈 晨 2002.1—
张宗立 2002.1—
贺立坤 2002.1—
庄云长 2002.9—

副政委

王同义 1990.3—2002.1
王韶玉（女）2002.1—

槐荫区分局特警大队 1992年5月，成立槐荫区防暴大队，隶属济南市公安局防暴支队管理。1998年4月，济南市公安局防暴支队槐荫大队（正处级单位）纳入分局管理，下设综合科、作训科和两个防暴中队。2005年9月，更名为槐荫区分局特警大队。2006年，特警大队在编人员37人。

大队长

梁永思 1992.5—1995.12
商 庆 2003.8—2005.10
（1995.12—2003.8 主持工作）
王 颖 2005.11—

区司法局

1980年11月，设立区司法局。1981年4月1日，设立区公证处。1984年，成立区法律顾问处。1989年5月，各街道（镇）实行法律服务所、司法所同步建设（一套班子，两块牌子），至年底，共建立10个司法所，有工作人员42人。同年，区司法局内设政工科、宣传科、基层科等3个科室，以及区法律顾问处（事业单位）、区公证处，在职人员22人。1992年1月，区法律顾问处更名为区律师事务所。1995年6月，将临时机构普法办公室明确为常设机构，并更名为区普法教育依法治理办公室，为正局级单位。1996年，区律师事务所改称济南信义律师事务所。

1997年5月14日，区司法局内设办公室、法制宣传科、公证律师管理科、基层工作科，司法专项编制38人（含司法局、公证处司法行政编制18人，司法助理员编制14人，信义律师事务所司法专项事业编制6人）。设局长1人，副局长3人，公证处主任1人，科级领导职数4人。1998年12月16日，新建槐荫区法律援助中心，正科级全额拨款事业单位，定编制5人，隶属区司法局领导。所需人员从取得律师资格的人员中选配。1999年，济南信义律师事务所改称山东信义律师事务所。2000年10月13日，新建槐荫区148协调指挥中心，正科级全额拨款事业单位，定编制4人，隶属区司法局领导。

2001年12月13日，区司法局内设政工科，法制宣传科，律师、公证管理科，基层工作科，分配司法专项编制40人，其中司法局、公证处编制18人，法律援助中心3人，“148”协调指挥中心3人，司法助理员编制16人（下达到各街道、镇），设处级领导职数4人（包括公证处1人），科级领导职数6人。2003年11月24日，区司法局加挂区普法教育依法治理办公室牌子。

2004年6月3日，明确全区各街道、镇司法所名称统一为“槐荫区司法局××街道（镇）司法所”，其建制级别与街道（镇）内设机构的建制级别相同。各街道司法所设司法专项编制1人，事业编制2人；段店镇司法所设司法专项遍制2人，事业编制6人；吴家堡镇司法所设司法专项编制2人，事业编制3人。每所配所长1人，使用司法专项行政编制。2006年，司法局专项编制40人，其中司法局、公证处编制18人，法律援助中心3人，“148”协调指挥中心3人，司法助理员编制16人。设处级领导职数4人，科级领导职数6人。内设机构为政工科、法制宣传科、律师公证管理科、基层工作科。

局　长

战余慧	1988.4—1990.11
蔡福海	1990.11—2002.10
于守春	2002.10—

区普法教育依法治区领导小组办公室　1995年6月20日，将临时机构普法办公室明确为常设机构，更名为区普法教育依法治理办公室，为正局级，隶属区政府领导，业务隶属区司法局，所需人员由区司法局现有人员中带编调剂解决。1996年8月，并入区司法局。2003年11月，区司法局加挂区普法教育依法治理办公室牌子。办公室主任由司法局长兼任，设专职副主任1人。

主　任

尹兆伦	1986.9—1991.5
蔡福海	1991.5—2003.2
于守春	2003.2—

区财政局

1984年3月26日，设立区财政局。1986年5月3日，成立区财政局党支部。1987年，设立国库券推销办公室。1988年，成立控制社会集团购买力办公室。1989年，区财政局下设办公室、预算资金管理科、预算外资金管理科、农业财务管理科、控制社会集团购买力办公室、会计事务所，有工作人员14人。1991年2月8日，区编委核定区财政局编制12人，其中行政编10人，事业编制2人。1992年6月22日，成立区税收、财务、物价大检查办公室，为正局级单位，挂靠区财政局。7月6日，成立区经济开发投资公司，为正局级事业单位，实行企业化管理，经费自收自支，挂靠区财政局。

1994年1月17日，建立区国有资产管理局，为局级工作部门，不在政府序列，与区财政局合署办公，定编制5人。同日，建立山东济南会计师事务所槐荫分所，为全民科级事业单位，定事业编4人，隶属区财政局领导管理，经费实行自负盈亏。同年，区财政局经核定设有7个科室，核定人员编制18人，其中行政编制12人，事业编制6人。区大检查办公室、经济开发投资公司、国有资产管理局3个局级工作部门，分别挂靠、合署于财政局办公，核定国资局行政编制5人，其余两部门未下达编制，区财政局、国资局2个部门共核定编制23人，其中行政编制17人，事业编制6人。

1995年1月，区经济开发投资公司成为独立核算单位；5月9日，明确区经济开发投资公司性质为全民事业单位，挂靠区财政局，编制15人，经费实行自收自支。同年9月12日，区财政局、区经济开发投资公司成立区账务处理中心。1996年8月，区税收、财务、物价大检查办公室并入财政局，对外挂牌。1997年2月，区财政局设办公室、预算行财科、综合计划科、农财农税科4个职能科室，编制16人，其中行政编制14人，工勤编制1人，离退休干部工作人员编制1人。设局长1人，副局长3人，科级领导职数5人。3月10日，建立区会计管理中心、区社会保障财务管理中心，均为全额拨款全民科级事业单位，编制均为7人，隶属区财政局领导管理。1998年6月3日，建立区财政局信息管理中心，为全额拨款全民科级事业单位，编制3人，设领导职数1人。1999年5月26日，建立区政府采购办公室，为全额预算全民副处级事业单位，编制3人，设领导职数1人，机构设在区财政局内部，财政局社控工作职能移交采购办公室。

1999年5月26日，撤销区会计管理中心，建立区会计监督检查局，为全民正处级事业单位，定编制12人，内设综合科、行政事业科、企业科、监督检查科4个科室，设处级领导职数2人，科级领导职数4人。2000年10月13日，设立区工资发放管理中心，为全额预算全民副处级事业单位，隶属区财政局领导管理，编制3人。2001年初，区会计监督检查局撤销，保留会计监督检查职能。同年，区财政局内设办公室、预算行财科、综合计划科、农财农税科、会计监督管理科、国库管理科6个科室。核定编制21人，其中行政编制14人，离退休干部工作人员2人，工勤编制1人，国资局事业编制4人，设处级领导6人，科级领导6人。

2002年6月，建立区农业税收征收管理局，为全额预算管理副处级事业单位，由区财政局管理。编制6人，设局长、副局长各1人。同时将区财政局内设的农财农税科改为农财科，农税职能并入区农业税收征收管理局。2004年9月，成立区综合治税办公室，为副处级自收自支事业单位，隶属区财政局管理，编制5人，领导职数1人。2005年6月，成立区财政资金国库集中支付中心，为正处级全额预算管理事业单位，隶属区财政局管理，编制15人，设处级领导职数3人；内设资金结算科、行政核算科、事业核算科、财务分析科。同时撤销区农业税收征收管理局，其职能和人员编制划归区财政局。2005年8月，增设行政事业资产管理科，为区财政局内设机构。2006年6月，成立区财政局账务处理中心，为正科级全额预算管理事业单位，编制3人，由区财政局管理。2006年6月28日，成立中共槐荫区财政局党组。

党组书记

肖　骏　　2006.6—

局　长

秦绪民　　1984.3—1992.3

魏绪梧　　1992.3—2000.8

李建国　　2000.8—2003.6

张宪武　　2003.6—

区经济开发投资公司　1992年7月6日设立，为正局级全民事业单位，实行企业化管理、自收自支，挂靠区财政局。1995年1月，区经济开发投资公司成为独立核算单位；5月9日，明确区经济开发投资公司性质为全民事业单位，挂靠区财政局，定编制15人，经费实行自收自支。同年9月12日，区财政局、区经济开发投资公司成立区账务处理中心。

经　理

魏绪梧（兼）1992.10—1995.1

任遵禄　　1995.1—2000.9

杨　斌　　2000.9—2002.4

李文胜　　2002.4—2003.7

崔明发　　2003.7—

区税收、财务、物价大检查办公室　1992年6月22日，成立区税收、财务、物价大检查办公室，为正局级单位，挂靠区财政局。1996年8月，区税收、财务、物价大检查办公室并入财政局，对外挂牌。

主　任

魏绪梧（兼）1992.6—2000.8

区财政会计监督局　1999年5月26日，撤销区会计管理中心，建立区会计监督检查局，为全民正处级事业单位，定编制12人，内设综合科、行政事业科、企业科、监督检查科4个科室，设处级领导职数2人，科级领导职数4人。2001年初，区会计监督检查局撤销，保留会计监督检查职能。

局　长

魏绪梧（兼）1999.5—1998.8

李建国　　1999.8—2001.3

区人事局

1981年，区政府设人事科。1984年，区人事科改为区人事局。1984年6月28日，成立区编制委员会，编制委员会办公室设在区人事局。1988年，建立区人才交流服务中心。1991年6月，设立区编制委员会办公室，为区人事局领导下的副局级单位。1992年，建立区人才劳务信息市场，为区人事局人才交流服务中心下设全民事业单位。建立区机关事业单位社会保险事业办公室，为区人事局领导的副局级事业单位，编制7人。1994年，建立区考试培训中心，为全民科级事业单位，编制5人，归区人事局领导。

1993年6月，区编委办公室更名为机构编制委员会办公室，升级为正局级单位。1995年，区人才交流服务中心明确为副局级。1996年，确定区机构编制委员会办公室与区人事局合署办公；区机关保险办、人才交流中心归人事局管理。2001年，保留区人事局，区机构编制委员会办公室与其合署。区人事局内设办公室、干部管理科（挂人事争议仲裁科牌子）、工资福利科、专业技术人员管理科。编制16人，其中行政编制13人，离退休干部工作人员编制2人，工勤编制1人。设处级领导职数5人，科级领导职数4人。

2003年，区人才交流服务中心机构由副处级升格为正处级，编制7人，设处级领导职数2人，科级领导职数2人；区机构编制委员会办公室内设区事业单位登记管理办公室。2005年，区事业单位登记管理办公室更名为区事业单位登记管理局，升格为副处级全额预算管理事业单位。

局长（主任）

张基汉	1986.4—1989.11
韩金魁	1989.11—1993.2
王继贵	1993.2—1995.7
沈红兵	1995.7—2000.10
王宝绥	2000.11—2003.8
邱　英（女）	2003.8—2006.2
刘爱民	2006.2—

区人才交流服务中心　1988年，建立区人才交流服务中心。1992年，建立区人才劳务信息市场，为区人事局人才交流服务中心下设全民事业单位。1995年，区人才交流服务中心明确为副局级。1996年，归人事局管理。2003年，区人才交流服务中心机构由副处级升格为正处级，编制7人，设处级领导职数2人，科级领导职数2人。

主　任

王明亮	2005.2—

区机构编制委员会办公室　1984年6月，设立区编制委员会办公室。1993年6月，更名为机构编制委员会办公室，为局级单位。1996年，确定区机构编制委员会办公室与区人事局合署办公。2001年，保留区人事局，区机构编制委员会办公室与其合署。2003年，区机构编制委员会办公室内设区事业单位登记管理办公室。

主　任

孙诚敏（女）	1993.6—1998.8
朱丽华（女）	1998.8—2004.12
邱　英（女，兼）	2005.2—2006.2
刘爱民	2006.2—

区劳动和社会保障局

1951年10月，设立区工商劳动股。1955年9月，改为区劳动科。1967年，改为区劳动组。1976年11月，恢复区劳动科。1982年12月，区劳动科改为区劳动局。1983年2月，区劳动局设立秘书股、教育安置股、业务股、财务股。1980年1月25日，成立区劳动服务公司。1984年，区劳动局设局长1人，副局长1人，内勤岗位1人，劳动力管理岗位1人，管理工资基金和工资岗位1人，调配岗位2人、劳动保护岗位2人，劳动保险岗位1人，培训工作岗位1人。内设机构为秘书科、计划调配科、工资福利科、安全保护科。成立槐荫区职业介绍所，由区劳动服务公司管理，与培训安置科一个机构两个牌子，编制7人。在区劳动局内部建立劳动监察科，编制5人。

1999年4月，区劳动局更名为区劳动和社会保障局。2001年12月13日，内设办公室、劳动工资科、监督监察科、劳动争议处理科（挂区劳动争议仲裁委员会办公室牌子）。2002年5月10日，区劳动服务公司更名为区劳动就业办公室。2003年11月，成立槐荫区医疗保险管理办公室，为副处级全额预算管理事业单位，编制8人。2006年6月，成立槐荫区农村社会养老保险事业管理处，为副处级全额预算管理事业单位，编制5人。2006年底，区劳动和社会保障局编制12人，行政编制10人，离退休干部工作编制1人，工勤编制1人，实有23人。

局　长

周定保	1987.2—1992.11
张逢义	1992.11—1993.1（未到位）
王贵年	1993.2—2001.2
刘学功	2001.2—2003.8
张志康	2003.8—

区劳动就业办公室　2002年5月10日，区劳动服务公司更名为区劳动就业办公室。

主　任

徐遵水	2002.5—2004.1
张志康	2004.1—

区城乡建设委员会

1971年8月，设立区城市建设革命委员会。1976年3月，改为区城建局。1980年2月，设立地名委员会办公室。1984年4月，撤销区城建局，设立区城市建设管理委员会。1984年10月，设立区建委党总支；1987年1月，建立区城建委党委。1987年9月，设立区土地管理办公室;1988年8月撤销，业务划归区土地管理局。1990年5月，将代管的区地名办公室划归区民政局；撤销建筑建材管理科，成立区建筑建材矿产资源综合管理处、村镇建设管理科。9月，撤销政工科、生计财务科，新设组织科、宣传科、生产计划科、财务科、防汛河道管理科；槐苑宾馆改为建委机关招待所，同时设立机关招待所党支部。10月，成立区市容卫生整顿指挥部办公室、市容环境卫生督察中队。

1991年10月，区环境卫生管理所恢复为区环卫局，为区政府工作部门，区环境卫生督查中队同时划归区环卫局管理。12月，成立济南市村镇建设服务中心槐荫服务总站。1993年，先后成立区城乡房地产开发公司、区村镇建设工程质量监督分站；槐苑宾馆（建委机关招待所）划归区政府招待所管理。11月，区养护所、区绿化所、区排水所分别更名为区市政工程管理养护处、区园林绿化管理处、区排水管理处；成立区城乡房地产开发管理办公室。1994年2月，区村镇建设服务总站改为区村镇建设服务中心；11月，区地产开发公司划归区建委，为副局级；12月，成立城建物业公司。1996年5月，区城乡房地产开发公司更名为区房地产开发总公司。同年8月，区城建委党委改称为区建委党委；区城市建设管理委员会更名为区建设委员会。

1997年5月，区建委内设6个职能科室：政工科、行政办公室、生产计划科、城管科、城乡规划建设科和综合科。成立区建委招待所、区城建档案馆和区监察大队。7月，区人防办公室列入区建委管理。1998年7月，调整建立济南市城建监察总队槐荫城建监察大队。1999年4月，成立区建委开发管理办公室。12月，撤销综合科，新设财务审计科；行政办公室改为党政办公室。2000年，明确区市政工程管理养护处、区园林绿化管理处为正处级单位；成立济南朝阳房地产开发公司，为全民企业单位。

2001年6月，撤销区排水管理处，并入区市政工程管理养护处。11月，区建设委员会更名为区建设管理委员会，内设7个职能科室：办公室、政工科、生产计划科、城管科、城乡规划建设科、财务审计科、220国道规划办公室，济南市朝阳房地产开发有限公司批准为科级事业单位。2002年2月，成立济南市规划局槐荫分局，建委机关城乡规划建设科划入。2003年，槐荫城建监察大队职能、人员移交区城市管理行政执法局。2005年4月，区建委机关增设开发办公室为内设科室。8月，区房地产开发总公司划归区房产管理局管理。9月，建立济南市12319服务中心槐荫工作站，为正科级全额预算管理事业单位。2006年1月，区建设管理委员会更名为区建设委员会。6月，成立区城市规划建设协调办公室，为副处级全额预算管理事业单位，隶属区建委管理。2006年底，区建委内设办公室、政工科、生产计划科、财务审计科、开发办公室。

党委书记

谷永琛	1987.2—1991.8
李昌义	1991.8—1999.7
潘庆刚	1999.7—2003.1
章建东	2003.2—

主　任

谷永琛	1987.2—1991.8
李昌义	1991.8—1999.7
潘庆刚	1999.7—2003.1
章建东	2003.2—

区市政工程管理处 1977年8月，成立区市政工程养护队，为全民所有制事业单位，建立党支部，由区革委会城建局统一管理。1978年11月，撤销区市政工程养护队，设立区市政工程管理养护所（集体性质），养护队原有国营职工按三不变原则（性质不变、待遇不变、隶属关系不变），以借调方式充实到区市政工程管理养护所；养护所增加集体职工100人。1986年9月，明确区市政工程管理养护所为正科级事业单位。1989年，区市政工程管理养护所有在职职工208人，隶属区建设委员会，为全民事业单位。1993年11月，更名为区市政工程管理养护处，在职职工217人。

2000年4月，区市政工程管理养护处规格明确为正处级事业单位，核定编制205人，实有在职职工198人。设领导职数5人，其中书记1人，主任1人，副主任3人；科级领导职数8人。下设办公室、政工科、计财科、市政管理科、河道管理科、材料科、排水科、工程科8个正科级内设科室。8月，原排水科与河道管理科合并，组成排水河道科；新设质检科，撤销办公室，新设行政科。2001年6月，区排水管理处的职能和人员转入区市政工程管理养护处，养护处内部增设节水科，实有在职职工232人。2004年2月，济南市机动车驾驶员第十四培训队部分人员分流到区市政工程管理养护处，与区市政工程管理养护处人员享有同等待遇，实有在职职工234人。2005年4月，增设财务科，将原计财科中的相关职能划归财务科，原计财科更名为生计科。

2006年12月，区市政工程管理养护处为差额拨款正处级事业单位，隶属区建设委员会管理，有职工343人，其中在职职工236人，专业技术人员37人。领导职数配备党支部书记1人，局长1人、副局长4人。内设政工科、财务科、生计科、市政管理科、排水河道科、质检科、材料科、工程科、行政科、节水科10个正科级职能科室。

局长（主任）

章建东	1995.7—2004.12
王利民	2004.12—

区园林绿化管理处 1989年，为区园林绿化管理所。1993年11月，更名为区园林绿化管理处，隶属区建委。2000年4月，升格为正处级单位，核定事业编制70人，设领导职数4人，其中书记1人，主任1人，副主任2人。内设6个科室:办公室、社会绿化科、监察科、财务科、广场管理科、生产计划科，定科级领导职数6人。2006年，人员及科室未变。

主任（所长）

张爱萍（女）	2000.8—2003.7
吴大明	2003.7—

济南市国土资源局槐荫分局

1988年7月23日，撤销区建委土地管理办公室，设立区土地管理局，暂定编制5人，人员从现有机关中调整解决。1990 年 10 月，成立区矿产资源管理局。1994 年 7 月 15 日，成立区地产物业估价所，为隶属区土地管理局的全民科级事业单位，定编制 5 人，人员由区机关内部调剂解决，经费实行独立核算，自负盈亏。

1996 年 7 月 29 日，撤销区土地管理局、区矿产资源管理局，成立区土地矿产资源管理局。1997 年 2 月 21 日，内设办公室、土地管理科、矿产资源管理科、监察科、市场管理科，编制 16 人。其中行政编制 13 人、离退休干部工作人员 1 人、工勤编制 2 人，设局长 1 人、副局长 3 人、科级领导职数 5 人。

2001 年，土地矿产资源管理局更名为国土资源局；成立区国土资源管理服务中心，为自收自支单位。同年，内设机构为办公室、耕地保护科、地籍管理科、监察科、矿产资源管理科 5 个科室，编制 16 人，其中行政编制 13 人、离退休干部工作人员 1 人、工勤编制 2 人、设处级领导职数 4 人、科级领导职数 5 人；撤销区执法监察大队，将职能、人员移交区国土资源服务中心，人员编制、经费渠道、机构规格不变。

2006 年 5 月 29 日，区国土资源局更名为济南市国土资源局槐荫分局，下设段店、吴家堡两个国土所，编制 4～8 人。内设机构为办公室、地籍管理科、地质矿产科、规划用地科、耕地保护科；撤销土地市场管理科，其职能移交规划用地科；撤销监察科，其职能移交执法监察大队；矿产资源管理科更名为地质矿产科，撤销财务科，其职能移交办公室。编制 22 人，其中行政编制 13 人，离退休干部工作人员 1 人，工勤编制 2 人，事业编制 6 人。领导职数配局长 1 人，副局长 4 人，科长 5 人，副科长 5 人。

局　长

周文江　　1988.7—1994.4
董树芳　　1994.4—2002.3
李阿金（女）2002.3—

区环境保护局

1984 年 3 月，区环境保护局成立。1994 年 1 月，建立区环境监理站，为全民科级事业单位，定事业编制 10 人，隶属区环保局，经费实行独立核算，自收自支。1996 年 2 月，成立第一、第二、第三环境保护所，分片负责辖区环境监管工作。2001 年，区环保局为处级行政单位，行政编制 10 人，配工勤 1 人，经费财政拨款。2002 年 5 月，将环境保护一、二、三所合并到环境监理站，更名为环境监察大队，原机构规格由正科级升格为副处级，编制由 25 人增至 30 人，内设 6 个职能科室：生态保护科、法规宣教信访科、环境监察一、二、三、四中队（环保 110）。2006 年，区环保局内设办公室、计划财务科、综合管理科，下设区环境监察大队和环境监测站 2 个事业单位，机关编制 10 人，可配工勤 1 人，监察大队 30 人，监测站 16 人。

局　长

王永振　　1987.2—1989.11
石建佐　　1989.11—1994.4
靖绪杉　　1994.4—2003.7
刘立正　　2003.7—

区市容环境卫生管理局

1984 年，成立区环境卫生管理所，隶属区城市建设委员会。下设汽车队、保洁队（1987 年下放街道）、修建队。1989 年，共有职工 206 人。1990 年 3 月，市环卫局将所属市容环境卫生监察大队槐荫中队下放槐荫区管理，隶属区建委。1991 年 10 月，撤销区环境卫生管理所，恢复建立区环境卫生管理局，为区政府正局级工作部门，隶属区建委，内设办公室、政工科、环卫科、财政审计科、统管办、安全保卫科。设立区环境卫生修建队、保洁队、汽车队，为全民事业单位，隶属区环境卫生管理局管理。内设科室及下设各队均为科级机构。职工总数 216 人。同时，区市容环境卫生监察中队划归区环卫局领导和管理。

1993 年 11 月，区环境卫生管理局更名为区市容环境卫生管理局。1997 年机构改革，区市容环境卫生管理局成为区政府直属处级事业单位，授权行使行政管理职能。内设政工科、办公室、环境卫生管理科、市容管理科、财务审计科5个职能科室。1999年2月，区市容环境卫生监察中队撤销，并入区城建监察大队。11月，成立区市容环境卫生清洁公司。1999年12月至2000年4月，辖区12个街道和段店镇先后成立环卫所。2001年机构改革，明确区市容环境卫生管理局是区政府主管环境卫生管理工作的事业单位，授权行使行政管理职能，内设政工科、办公室、环境卫生管理科、市容管理科、财务审计科5个职能科室，事业编制20人。设处级领导职数4人，科级领导职数5人。2006年7月，吴家堡环卫所成立。年底，区市容环境卫生管理局内设职能科室情况、下设科室情况、编制或人员情况不变。

局　长

吕荣成	1992.3—2006.2
苏春祥	2006.2—

区人民防空办公室

1962年7月，槐荫人民公社管理委员会防空战备领导小组成立，下设防空办公室。1963年5月，办事机构为区防空战备领导小组办公室。1968年2月，改为东风区革命委员会防空战备领导小组办公室。1973年7月，办事机构改为区革命委员会防空办公室。

1980年12月，改为区防空办公室。1982年4月，改为区人民防空办公室，正局级规格，编制8人，无内设科室。1989年1月，区人防办下设区人防工程平战结合管理处，为自收自支正科级事业单位（定编制15人，设处长、副处长各1人）。2001年12月，减编1人。2006年12月，区人防办内设办公室、工程科和规费科3个科室。

主　任

杜守文	1984.4—1989.11
张延友	1989.11—1992.11
汪文祥	1992.11—1999.1
朱家芳	1999.1—2001.1
姜现运	2001.1—

区拆迁办公室

1985年8月，成立区拆迁办公室，为区政府所属副局级事业单位，由区城市建设管理委员会管理，业务归市拆迁办公室领导，经费从拆迁管理费中列支。编制13人，设办公室主任1人，副主任3人。1993年4月，区拆迁办公室调整为正局级自收自支事业单位。1996年，定编制13人。2002年，设拆迁一科、拆迁二科、综合科、行政科、财务科共5个科室。各科室设置正副科长各1人。2005年8月，撤销财务科，增设拆迁三科。2006年，内设拆迁一科、拆迁二科、拆迁三科、综合科、行政科5个科室，编制13人，每个科室设正副科长各1人。

主　任

刘玉起	1986.7—1992.8
杜景元	1992.8—1999.5
鲁师元	1999.5—2001.11
高志伟	2001.11—2005.2
宋　毅	2005.2—

区城市管理行政执法局

2003年7月，成立区城市管理行政执法局，正处级建制，挂槐荫区城市管理监察大队牌子，列区政府工作部门，设党政办公室、执法科、监察科3个科室。配行政编制4人，事业编制8人。领导职数配局长（大队长）兼政委1人，副局长（副大队长）3人（其中1名副局长由区公安分局城市管理警察大队队长兼任）；科级领导职数3人。下设直属中队1个，人员编制10人；设街道、镇中队14个，人员编制6至10人。执法中队编制总额127人，均为正科级建制。各中队配中队长兼教导员1人，副中队长1人；中队所有人员使用事业编制，参照实行国家公务员制度。7月28日，济南市公安局槐荫分局城市管理警察大队（副处级）挂牌成立。8月4日，建立中共济南市槐荫区城市管理行政执法局委员会和中共济南市槐荫区城市管理行政执法局纪律检查委员会。8月8日，撤销槐荫区城建监察大队。区建管委、区园林绿化处、区市政工程养护处、区房管局、区拆迁办、区人防办、区环保局、区环卫局相关城市管理行政执法职能划归区执法局（监察大队）。各街道及两镇相关城市管理行政执法职能划归区执法中队。2005年11月，区城市管理行政执法局调整内设机构，增设党委办公室、行政办公室、督查信访科、指挥调度中心；同时撤销党政办公室。2006年1月，城市管理行政执法局所挂的城市管理监察大队的牌子，更名为城市管理行政执法大队。

党委书记

章建东　　2003.8—2005.8

朱茂丽（女）2005.8—

局长兼政委

章建东　　2003.8—2005.8

朱茂丽（女）2005.8—

区农业经济发展局（挂区水务局牌子）

1987年5月，成立区农业委员会、农村工作委员会，合署办公。内设“一室六站”，即办公室、农业技术推广站、水利工程站、林果站、畜牧兽医站、水产站、农业经营管理站。1990年4月，成立区蔬菜办公室；10月6日，更名为区蔬菜局。1992年上半年，撤销区委农村工作委员会。1994年1月22日，恢复区委农村工作委员会工作职能。1996年8月，区农业委员会更名为区农业办公室，撤销区委农村工作委员会，区蔬菜局更名为区蔬菜办公室；区农业办公室下设“一室六站一场”。在原有内设机构基础上，增设美里淡水养殖实验场，为自收自支事业单位。2001年8月1日，成立区水务局，规格为正处级，与区农业办公室合署办公，一个机构、两块牌子，下设水政执法大队。11月8日，区农业办公室更名为区农业经济发展局，同时撤销区蔬菜办公室，职能移交区农业经济发展局。下设机构增加蔬菜站、动物卫生监督检验所和黄河苗圃。2003年，区苗圃注销。

2006年，区农业经济发展局（水务局）下属单位5个：区农林水生产指导站(撤销原区农业技术推广站、区蔬菜技术推广站、区林果站、区水产站、区淡水实验场，合并成立区农林水生产指导站，为正科级全额预算管理事业单位，编制10人，设站长1人、副站长1人)；区农业经营管理站(产业化办公室以及农业科技培训等职能并入区农业经营管理站，为正科级全额预算管理事业单位，编制6人，设站长1人)；区畜牧兽医总站（挂区动物卫生监督检验所牌子）(撤销原区畜牧兽医工作站和原区动物卫生监督检验所，为正科级全额预算管理事业单位，编制22人，设站长1人、副站长2人)；区水利管理执法综合站(挂区水政监察大队牌子)(撤销原水利站、区水政监察大队，为正科级全额预算管理事业单位，编制14人，设站长1人、副站长3人)；区能源管理办公室(新成立区能源管理办公室，为正科级全额预算管理事业单位，编制3人，设主任1人)。

局长（主任）

刁怀林　　1987.6—1990.3

刘恩忠　　1990.3—1993.2

张曰良　　1993.2—1995.5

殷开芳（女）1995.5—1997.8

任剑峰　　1997.8—2003.1

冯盛茂　　2003.1—2004.6

展庆林（回族，副区长代管）

　　　　　2004.6—2004.12

刘持良　　2004.12—

区水务局　2001年8月1日，成立区水务局，规格为正处级，与区农业办公室合署办公，下设水政执法大队。

局　长

任剑峰（兼）2001.8—2003.1

冯盛茂（兼）2003.1—2004.6

展庆林（回族，副区长代管）

2004.6—2004.12
赵长征　2004.12—

区蔬菜办　1990年4月，成立区蔬菜办公室；同年10月6日更名为区蔬菜局。2001年11月8日，撤销区蔬菜办公室，职能移交区农业经济发展局。

主　任

刘恩忠（兼）1990.4—1993.2
陈冠昌　1993.2—1998.8
任剑峰（兼）1998.8—2001.11

区商业贸易局

1954年11月，设立区工商科，管理工商行政与商业。1958年3月，撤销工商科，设立区商业一科、商业二科，管理商业饮食服务业。1959年5月，商业一科、商业二科合并为商业科。1969年10月，设立区商业组。1976年10月，撤销商业组，成立区商业局。1981年3月，成立商业局党委。1989年，下属百货、糖业烟酒、饮食、服务、副食、食物6个公司。1996年8月，改称区商业委员会党委；撤销区商业局、区第三产业办公室，成立区商业委员会，为区政府序列部门。区商业委员会设5个职能科室：政工科、办公室、三产办公室、业务科、资产管理科。编制17人，其中行政编制14人，离退休干部工作人员编制2人，工勤编制1人。设党委书记1人，主任1人，副书记2人，副主任3人，科级领导职数5人。2001年12月13日，区商业委员会更名为区商业贸易局，整建制转为区直事业单位，授权行使行政管理职能。内设办公室、三产办公室、畜禽屠宰管理办公室，编制总数17人。设处级领导职数5人，科级领导职数3人。2004年3月22日，增设网点办公室，增加正科级领导职数1人。

党委书记

张金梁　1987.1—1999.7
刘东英（女）1999.8—2001.1
周洪华（女）2001.11—

局　长

张延友　1987.2—1989.11
张金梁　1989.12—1999.7
刘东英（女）1999.8—2001.1
周洪华（女）2001.11—

区对外贸易经济合作局

1987年2月12日，成立区对外经济贸易办公室，隶属区经济计划委员会。1988年4月4日，设立区对外经济贸易委员会，列区政府工作部门序列，定编制5人。1993年5月17日，成立区外商投资服务公司，定编制8人。1994年9月9日，成立济南槐荫国际经济技术合作中心。2001年11月15日，区对外经济贸易委员会改为区对外贸易经济合作局。

局长（主任）

马洪泉（代区长，兼）1988.4—1989.3
石志勇（兼）　1989.3—1990.11
杜长柄　1990.11—1994.7
秦志军　1994.7—1999.11
韩伟明　1999.11—

中国国际贸易促进委员会济南槐荫区支会（中国国际商会济南槐荫商会）　2002年9月17日，设立中国国际贸易促进委员会济南槐荫区支会，同时使用中国国际商会济南槐荫商会名称，归属区对外贸易经济合作局领导。

常务副会长

韩伟明　2002.9—

区文化局

1951年10月，设区文教股。1952年12月，改称区文教卫生股。1955年9月，设区文教科。1956年8月，设区文化科。1960年5月，设区文化体育科。1970年12月，设区文化体育革命委员会。1975年5月，设区文教局。1979年1月，设区文化科。

1984年4月，设区文化局。1991年2月8日，核定区文化局行政编制4人，事业编制3人，无内设科室。1997年2月21日，区文化局编制4人、其中行政编3人，离退休干部人员编制1人，设局长1人，副局长1人。1999年1月8日，区文化市场稽查队建立，为全民科级事业单位，定编5人，经费实行自收自支，隶属区文化局。2001年，区文化局编制4人，其中行政编制3人，离退休干部工作人员编制1人，设处级领导职数3人，无内设科室。

局 长

范守延 1988.3—1990.4
刘淑芝（女）1990.4—1996.8
程宏业 1996.10—1999.5
郑静晓（女）1999.5—2005.3
刘洪建 2005.3—

区卫生局

1951年10月，设立第六区政府卫生建设股，有人员7人。1952年12月，撤销区卫生建设股，设立区文教卫生股。1955年9月，撤销区文教卫生股，设立区卫生科。20世纪50年代初，相继调整充实红十字会组织机构，下设办公室，划归区卫生局领导，在辖区开展工作。1966年，由区革委生产指挥部卫生组代行区卫生科职责。1970年，建立东风区革命委员会卫生组。1976年6月，卫生组改为区革命委员会卫生局。同年，区爱国卫生运动委员会办公室成立（简称爱卫办），区红十字会办公室与区爱国卫生运动委员会办公室合署办公。

1987年，妇幼保健站和卫生防疫站均为副局级事业单位，隶属卫生局管理。1990年10月，明确区爱卫办为区政府副局级单位。2000年，成立区消毒站，为全民科级事业单位，编制3人。2001年，区卫生局下设办公室、执法监督科、医政科，编制为15人，其中行政编制7人，离退休干部工作人员编制1人，工勤编制1人；爱卫会办公室事业编制5人，红十字会专职工作人员1人；设处级领导5人，科级领导3人。

2003年，区爱卫办升格为正处级，设领导职数2人。2005年，撤销区防疫站，成立区疾病预防控制中心和区卫生局卫生监督所。同年6月，区红十字会机构独立设置，为正处级全额预算管理事业单位，在区卫生局的指导下独立开展工作，编制5人，处级领导职数2人。

2006年底，区卫生局下设办公室、执法监督科、医政科3个科室，编制为15人，其中行政编制7人，离退休干部工作人员编制1人，工勤编制1人；爱卫办事业编制5人，红十字会专职工作人员1人。

局 长

孙华强 1989.1—1993.5
姜建华（女）1993.5—1996.9
张宝永 1996.9—2003.6
吴峻崎 2003.6—

区爱卫办 1976年，区爱国卫生运动委员会办公室成立（简称爱卫办），区红十字会办公室与区爱国卫生运动委员会办公室合署办公。1990年10月，明确区爱卫办为区政府副局级单位。2003年，区爱卫办升格为正处级，设领导职数2人。2006年底，区爱卫办事业编制5人，红十字会专职工作人员1人。

主 任

葛 青 2003.12—

区人口和计划生育局

1963年5月，设立区计划生育办公室。1981年12月，设立区计划生育局。1996年8月，区计划生育局改称为区计划生育委员会。1996年12月，成立区计划生育协会办公室，为全民科级事业单位，编制3人，隶属区计划生育局管理。1999年，成立区社区计划生育咨询服务中心，为全民副处级事业单位，编制3人。

2001年，区计划生育委员会更名为区计划生育局。下设办公室、综合科、流动人口计划生育管理科3个科室，编制为10人，其中行政编制9人，工勤编制1人；设处级领导4人，科级领导3人。2002年，区社区计划生育咨询服务中心更名为区计划生育服务中心，编制由3人调整为8人。2003年，区计划生育服务中心更名为区计划生育服务站。2004年，流动人口计划生育管理科更名为法规科，增设统计信息科，并增加科级领导职数1人。2005年，区计划生育协会办公室升格为副处级单位，增设项目科，区计划生育服务站增设办公室、宣传科，均为正科级内设机构。2006年1月13日，区计划生育局更名为区人口和计划生育局；2006年底，区人口和计划生育局下设办公室、综合科、政策法规科、统计信息科4个科室，编制为10人，其中行政编制9人，工勤编制1人；设处级领导4人，科级领导4人。

局长（主任）

王锡琛　　1987.2—1989.12
范宗延　　1989.12—1993.4
王桂英（女）1993.4—2000.4
刘东英（女）2000.4—2005.4
刘　剑　　2005.4—

区审计局

1984年3月，设立区审计局。1988年11月，设立区审计事务所，归区审计局领导，暂定编制3人，经费自筹。1990年5月，区审计局内设工商交审计科、行政事业基建审计科2个科室。1991年4月，区审计局行政编制8人、事业编制4人。1997年1月，区审计局内设机构调整为财政行政事业审计科、基本建设投资审计科、工商交企业审计科、审计管理科4个科室，行政编制13人、工勤编制1人，领导职数配局长1人、副局长2人、科级职数3人。1999年11月，设立区经济责任离任审计办公室，为全额拨款国有科级事业单位，定编制2人，隶属区审计局领导。2000年1月1日，区审计事务所与区审计局脱钩，改制为山东正义会计师事务所。

2001年，区审计局内设办公室、财政行政事业审计科、社会保障审计科、固定资产投资审计科4个科室，配科级职数4人，区经济责任离任审计办公室更名为区经济责任审计办公室。2002年5月，区经济责任审计办公室升格为副处级事业单位。2006年5月，区审计局内设办公室（挂法规科牌子）、行政事业审计科、社会保障审计科、固定资产投资审计科4个科室，行政编制12人、可配工勤人员1人，领导职数配局长1人、副局长3人、科长（主任）4人、副科长（副主任）3人；区经济责任审计办公室为区审计局所属财政拨款副处级事业单位，事业编制12人。

局　长

宋宪文　　1986.4—1991.10
刘永南　　1992.3—1995.5
崔传生　　1995.5—2001.2
李阿金（女）2001.2—2002.3
崔安共　　2002.3—

区统计局

1984年4月，设立区统计局。1988年9月，建立区计算机站，隶属区统计局领导，为科级事业单位，编制3人。1989年12月，核定行政编制5人、事业编制1人。1993年12月，区统计局机关行政编制7人、事业编制3人，领导职数配局长1人、副局长1人。1996年1月，区计算机站更名为区信息统计中心；12月，全区各街道、镇建立统计站，配备专职统计人员。2005年6月，成立区社会经济综合调查队，为副处级全额预算管理事业单位，隶属区统计局管理，编制3人，设处级领导职数1人；12月，增设综合核算科、工交科、三产科、投资科、社会科，均为区统计局正科级内设机构，同时撤销信息统计中心，相关职能移交办公室；设人员编制总额26人；领导职数配局长1人、副局长2人。2006年12月，领导职数配局长1人、副局长2人。内设6个科室：办公室、综合核算科、投资科、工交科、三产科、社会科。区社会经济综合调查队为区统计局所属副处级全额预算管理事业单位，设处级领导职数1人。

局 长

耿玉梅（女）1992.3—1993.4
高晓俊 1993.4—1995.5
李长芳（女）1995.5—1998.4
李阿金（女）1998.4—2001.2
崔传生 2001.2—

区安全生产监督管理局

2001年8月，设立区安全生产监督管理局，同时撤销区安全生产委员会办公室。区安全生产监督管理局为区政府主管安全生产的正处级工作部门和区安全生产委员会的办事机构，由区经济计划委员会管理，行政编制5人、工勤编制1人，设领导职数2人；12月，领导职数增副局长1人。2004年9月，成立区安全生产监察大队，为全额拨款副处级事业单位，隶属区安全生产监督管理局管理，事业编制15人，领导职数2人，内设2个正科级监察中队。2005年3月，区安全生产监督管理局内设办公室、执法宣传教育科、综合业务科、安监监察一中队、安监监察二中队5个科室，设科级领导职数5人；11月，增设行政监察执法室，增设科级领导职数1人。2006年1月，区安全生产监督管理局改为区政府序列工作部门。

局 长

陈志强 2001.8—2005.1
郭元林 2005.2—

区房产管理局

1956年1月，设立济南市房地产管理局第三公房管修所，负责辖区范围内的公房修缮、管理业务。1958年1月，建立房管三所党支部；9月，第三公房管修所下放到区与房管建设科合署办公。1962年6月，第三公房管修所与区房管建设科脱钩。1976年7月，房管三所革命委员会改称区房产管理局。1977年7月，区私房管理业务并入区房产管理局，改为私房管理科。

1982年7月，区房产管理局改为济南市房产管理局槐荫区分局，下设16个科（室）、6个站（队）:组织科、宣传科、纪委、工会、武装部、团委、办公室、保卫科、职工教育科、生产计划科、房产管理科、私房管理科、劳动工资科、财务科、技术质量科、卫生所、经三路房屋管理维修站、西市场房屋管理维修站、振兴房屋管理维修站、基建队、修建队、材料供应站。1984年11月，复称区房地产管理局。1989年，区房产管理局下属5个公房管修所，1个区房屋建设综合开发公司，1个劳动服务公司及济南市经七路信用社。1993年9月，成立槐荫房产市场，为区房管局领导的全民事业单位，实行企业化管理，自负盈亏。1996年8月，区房地产管理局更名为区房产管理局，为区政府工作机构。局机关内设6个科室:组织人事科、政工科、办公室、财务科、生产计划科和房产管理科（同时挂产权产籍科的牌子）。2001年11月，区房产管理局整建制转为区直事业单位，授权行使行政职能。2001年12月，局机关内设机构调整为组织人事科、政工科、办公室、财务科、房产管理科和物业科；事业编制27人，处级领导职数6人，科级领导职数6人。2005年8月，区城乡房地产开发总公司改由区房管局管理，不再由槐荫区建设管理委员会管理，机构规格和人员编制不变，机构规格为副处级，事业编制30人。同年12月，区交通运输管理站划归区房管局管理，区交通运输管理站在职人员、退休人员由区房管局全部接收。至2006年底，区房管局职工（包括下属单位）共计947人，其中在职职工629人，离、退休职工318人。局机关内设科室及人员编制、职数未变。

党委书记

于恩林 1987.4—1993.2
董林珠 1993.2—1995.7
潘庆纲 1995.7—1999.5
张凡银 1999.5—2006.8
杨 斌 2006.8—

局 长

于恩林 1987.2—1993.2
董林珠 1993.2—1995.7

潘庆纲　　1995.7—2000.5
张凡银　　2000.5—2003.7
杨　斌　　2003.7—

区体育局

1958年8月，成立区体育运动委员会。1959年12月，改为体育科。1960年5月，撤销体育科，同时与文化科合并成立文体科。1970年12月，设立区文化体育革命委员会。1976年10月，撤销文化体育革命委员会；11月复设区体育运动委员会。1990年3月，内设办公室、业务科、场地科3个科室。1991年，核定编制17人，其中行政编制3人，事业编制12人，区自定编制2人。1992年1月，成立区业余体育学校，编制在体委编制中自行调整。1996年12月，区业余体育学校更名为区竞技体育运动学校，编制渠道不变。1998年11月，成立区体育总会（民间社团组织）。2001年12月，区体育运动委员会更名为区体育局，在区文化局挂牌，编制6人，设处级领导职数3人，体校编制12人，不再列区政府工作部门序列。至2006年12月，区体育局共有工作人员17人。其中行政人员6人，处级领导职数3人，事业管理人员6人，教练员5人（高级教练2人，初级教练3人）。

局长（主任）

孙长林　　1987.2—1996.10
李　钦（女）1996.10—2005.9
胡庆生　　2005.9—

区机关行政事务管理局

1995年6月28日，成立区机关行政事务管理局，为局级全民事业单位，隶属区政府领导管理，编制50人，原属区政府办公室的机关行政事务管理职能全部移交区机关行政事务管理局。1996年12月16日，区政府办公室将车管科、机关生活服务中心、区机关幼儿园、收发保卫、基建办公室、汽车修理厂移交给机关事务管理局。1997年1月31日，成立区机关行政事务管理局党支部。2002年9月3日，成立区机关物业管理服务中心，编制15人，人员在行管局现有人员中调剂，领导职数为正职1人，副职1人，实行聘任制。2002年12月17日，将区政府办公室所属的行政科、机电科、槐苑宾馆划归区机关行政事务管理局管理。2004年6月16日，经区编办批复，区行政事务管理局内设6个职能科室：办公室、财务科、综合科、机电房产科、车管科、膳食科。2006年底，区机关行政事务管理局科室未变，编制50人，实有45人。

局　长

丁新力　　1995.6—1996.10
刘恩忠　　1996.10—2001.2
李东亮　　2002.8—

区物资集团（区物资局）

1960年12月，设立区工业管理局供销股。1964年，改称工业管理局供销经理部。1966年12月，改称工业管理局物资站。1979年2月6日，撤销物资站，成立区物资局。1980年3月，并入区生产服务局，改称区生产服务局供销公司。1984年4月，撤销生产服务局供销公司，复建区物资局。1993年8月31日，建立济南市槐荫物资集团总公司，为全民局级事业单位，定编23人，实行企业化经营，独立核算，自负盈亏，人员由物资系统内部调剂。1996年7月29日，撤销区物资局，人员移交区物资集团总公司。2006年，区政府收回区物资集团名下土地，人员工资及办公经费等改由区财政拨付。

总经理（局长）

张新三　　1986.4—1989.11
徐衍芳　　1990.4—1995.5
冯盛茂　　1995.5—1999.1
魏爱立　　1999.1—2000.7
孙玉友　　2001.1—

第四章　政协济南市槐荫区委员会及其工作部门

1984年4月，中国人民政治协商会议济南市槐荫区委员会（简称区政协）开始筹建。1984年4月23日—28日，政协济南市槐荫区第一届委员会第一次会议召开，选举产生中国人民政治协商会议济南市槐荫区第一届委员会主席、副主席、常委，区政协成立。1989年3月9日，区政协增设咨询服务处、组织联络处。1990年1月，咨询服务处改为经济科技工作处。1991年2月，组织联络处改为学习提案处，同月设立社会文教处工作处；同年，政协济南市槐荫区委员会下设办公室、经济科技工作处、学习提案工作处、社会文教工作处4个处室，均为正局级，核定行政编制18人。2003年11月10日，区政协机关编制18人，其中行政编制14人，离退休干部工作人员编制2人，工勤编制2人。区政协主席、副主席配备参照《中共山东省委关于印发〈山东省关于各级人大机构改革的实施意见〉和〈山东省关于各级政协机构改革的实施意见〉的通知》（鲁发〔1996〕3号）有关规定执行。处级领导职数按每个处室1正1副配备，共设8职。2005年4月22日，区政协办公室设置综合科。

第一节　政协济南市槐荫区委员会

1987—2006年，中国人民政治协商会议济南市槐荫区委员会历经5届。其中，第二、三届每届任期3年，第四、五、六届每届任期5年。

第二届至第六届政协槐荫区委员会党组书记、副书记、主席、副主席任职情况表

表17–4

届　次	职　务	姓　名	任职时间
第二届（1987.5—1990.3）	党组书记（区委副书记兼）	董林洲	1987.5—1990.3
	党组副书记	刘茂儒	1987.5—1990.3
	主　席	董林洲	1987.5—1990.3
	副主席	刘茂儒	1987.5—1990.3
		李广杰	1987.5—1990.3
		赵熙修	1987.5—1990.3
		潘慎松	1987.5—1990.3
		黄成烈	1987.5—1990.3
第三届（1990.3—1993.1）	党组书记	刘茂儒	1990.3—1993.1
	党组副书记	吴敬铭	1990.3—1993.1
	主　席	刘茂儒	1990.3—1993.1
	副主席	吴敬铭	1990.3—1993.1

续表 17-4-1

届 次	职 务	姓 名	任职时间
第三届（1990.3—1993.1）	副主席	李广杰	1990.3—1993.1
		潘慎松	1990.3—1993.1
		黄成烈	1990.3—1993.1
		刘锡玉	1991.3—1993.1
		尤春峰	1991.3—1993.1
第四届（1993.1—1998.1）	党组书记	刘传印	1993.1—1998.1
	党组副书记	宋秉坤	1996.3—1998.1
	主 席	刘传印	1993.1—1998.1
	副主席	刘锡玉	1993.1—1998.1
		尤春峰	1993.1—1998.1
		朱德华	1993.1—1998.1
		朱乃燔	1993.1—1998.1
		孔庆来	1993.1—1998.1
		张炳元	1993.1—1998.1
		宋秉坤	1995.3—1998.1
		王宪德	1996.3—1998.1
		王伦善	1996.3—1998.1
第五届（1998.1—2003.1）	党组书记	梁乙河	1998.1—2003.1
	党组副书记	宋秉坤	1998.1—2003.1
	主 席	梁乙河	1998.1—2003.1
	副主席	宋秉坤	1998.1—2003.1
		刘锡玉	1998.1—2001.1
		陆 政	1998.1—2003.1
		王宪德	1998.1—2003.1
		朱德华	1998.1—2003.1
		朱乃燔	1998.1—2003.1
		孔庆来	1998.1—2003.1
		张其江	2000.3—2003.1
		赵世河	2001.3—2003.1
第六届（2003.1— ）	党组书记	徐承鲁	2003.4—
	党组副书记	王宪德	2003.4—

续表 17-4-2

届　次	职　务	姓　名	任职时间
第六届（2003.1—　）	党组副书记	赵世河	2003.4—
	主　席	徐承鲁	2003.1—
	副主席	王宪德	2003.1—
		陆　政	2003.1—
		朱德华	2003.1—
		赵世河	2003.1—
		靖绪杉	2003.1—
		印东（女）	2003.1—

第二节　政协济南市槐荫区委员会工作部门

1991 年，政协济南市槐荫区委员会下设办公室、经济科技工作处、学习提案工作处、社会文教工作处 4 个处室，均为正局级。2005 年 4 月 22 日，办公室下设综合科。至 2006 年底，工作部门未发生变化。

办公室　1984 年 4 月设立。

主　任

蒋鸿儒　1984.4—1992.11
齐振家　1992.11—1996.10
付　德　1997.10—2001.11
薄玉民　2001.11—

经济科技工作处　1989 年 3 月设立咨询服务处，1991 年 2 月 7 日改为经济工作处。

处　长

齐振家　1989.3—1992.11
董振甲　1992.11—1999.5
秦志军　2000.5—2005.2
周永林　2005.2—

社会文教工作处　1991 年 2 月 7 日设立。

处　长

芮吉勇　1992.11—1996.10
李凤林　1997.8 —2005.11

学习提案工作处　1989 年 3 月设立组织联络处，1991 年 2 月 7 日，改为学习提案工作处。

处　长

付　德　1992.11—1997.10
闫桂玲（女）1997.10—1999.5
赵秀珍（女）1999.5—2003.7
张宝永　2003.8 —2005.7
丁　虹（女）2005.7—

第五章　中共槐荫区纪律检查委员会

1979年6月，区委设立纪律检查委员会。1985年1月，区委纪律检查委员会升格为副区级，改称中共济南市槐荫区纪律检查委员会（简称区纪委），明确区纪委为区级五大机构之一。同年，相继为基层各党委配备专职纪检员。1987年，各街道（镇）设立纪律检查委员会。1989年3月9日，区纪委内设办公室、信访室、案件检查室、案件审理室4个科室，规格为副局级。1990年3月，中共济南市槐荫区第六次代表大会，选举产生槐荫区纪律检查委员会委员。全区基层设21个纪检监察组织，其中镇纪委2个、街道纪委11个、区直机关纪检组8个。

1991年，区纪委核定编制13人，区纪委信访室更名为控告申诉室。1993年4月，区纪委与区监察局合署办公，实行一套机构、两块牌子的两种职能体制。合署后设置6个室：办公室、案件监察室、案件审理室、信访室，新设立执法监察室、党风廉政建设室。区纪委、区监察局共有编制25人，其中区纪委13人、区监察局12人；实有在职人数20人，其中区纪委10人、区监察局10人。1996年，区纪委机关、区监察局内设办公室、信访室、案件检查室、案件审理室、党风建设执法监察室、宣教调研室6个科室；区纪委机关、区监察局编制20人，其中区纪委机关编制10人，内含行政编制8人，离退休干部工作人员编制2人；设纪委书记1人、纪委副书记兼监察局局长1人、纪委副书记1人；区监察局副局长2人（党员副局长由纪委常委兼任）；室主任6人。1998年，区纪委监察局内设机构6个，实有在职工作人员18人。

2001年，区纪委机关与区监察局合署办公，内设办公室、案件检查室、执法监察室、党风廉政建设宣传教育室、案件审理室、信访室，区纪委机关、区监察局编制20人，其中区纪委机关编制10人，内含行政编制8人，离退休干部工作人员编制2人，设纪委书记1人，纪委副书记兼监察局长1人，纪委副书记1人，区监察局副局长2人；室主任6人。2006年，区纪委内设信访室、办公室、案件检查室、案件审理室、执法监察室、党风廉政建设室6个科室。全区基层设纪检监察组织30个，其中镇纪委2个、街道纪委12个、区直机关纪检组13个、事业单位纪检组3个。

中共济南市槐荫区每届党员代表大会选举产生区纪委委员，并经第一次区纪委全体会议选举和中共槐荫区委批准，确定本届区纪委常委和书记、副书记。1989—2006年，区纪委共选举产生5任书记，先后由刘传印、黎越、刘向伟、高斌、王诚担任。

书　记

刘传印	1987.5—1992.12
黎　越（女）	1992.12—2001.1
刘向伟	2001.1—2002.12
高　斌	2002.12—2006.11
王　诚	2006.12—

副书记

颜景澄	1985.12—1989.11
李玉章	1987.2—1989.11
邵在春	1990.4—1995.4
刘少坤	1989.11—1991.2
黎　越（女）	1991.2—1992.12
王宝绥	1993.2—1995.7
侯少伟	1995.7—1998.8
赵　敏	1998.4—2011.4
王枫云（女）	1998.8—2001.2
刘玉民	2003.3—

第六章　中国人民解放军山东省济南市槐荫区人民武装部

1952年2月，成立济南市第六区人民武装部。11月，撤销第六区人民武装部，其工作由济南市郊区人民武装部负责。1954年10月，济南市郊区人民武装部撤销，组建济南市兵役局，槐荫区设立驻区助理1人，分管兵役工作。1958年11月25日，重新设立中国人民解放军济南市槐荫区人民武装部，部长、政委、助理员各1人，主要负责辖区的兵役和民兵工作，下辖驻区117个民兵组织。1959年起，先后在各街道和驻区大中型厂矿企业、事业单位建立武装部，并配备专职武装干部。1961年9月，编制由3人增至12人，部长、政委、副部长各1人，干事8人，通信员1人。

1966年10月，槐荫区人民武装部改称东风区人民武装部。1971年7月，各街道（镇）企（事）业单位重新设立人民武装部。1973年7月，东风区人民武装部复称槐荫区人民武装部。编制10人：部长、政委、副部长、副政委各1人，干事5人，炊事员1人。1974年，成立区民兵指挥部。1977年9月，区武装部有部长、政委、副部长、秘书各1人；下设军事科科、政工科，共计干部11人，战士2人。1981年3月，军事科改为作训动员科，新设立供管科，编制增至18人。

1986年6月，中国人民解放军山东省济南市槐荫区人民武装部改归地方建制。部长、政委各1人；下设办公室、军事科、政工科，共计干部15人、职工7人。1987年5月，郊区武装部撤销，增编干部2人，职工1人；段店镇武装部、吴家堡镇武装部移交槐荫区管辖。1988年11月，增设副部长1人。1989年3月，设立后勤科，其编制从本部现有人员中调剂使用。街道武装部恢复工作。1990年7月，人武部增配副部长1人，为正局级；后勤科升格为副局级，配科长1人，助理员1～2人，从现有人员中调剂。

1996年4月1日，区武装部收归军队建制，为正团级单位，受济南军分区和区委、区政府双重领导。配部长、政治委员、副部长各1人。设军事科、政工科、后勤科3个科，均为正营级单位。2000年，区武装部辖基层武装部18个。2003年，区武装部配部长、政委、副部长各1人。设军事、政工、后勤科3个科室，辖基层武装部24个。2006年，区武装部设军事科、政工科、后勤科3个科室，辖基层武装部24个。

部　长

刘英亮	1984.8—1993.6
王宪德	1993.6—1996.4
张凡银	1996.4—1999.1
于守春	1999.1—2002.6
孙世群	2002.6—2003.1
石　军	2003.1—

政　委

孙金奎	1985.12—1996.3
彭连生	1996.3—1997.1
李建国	1997.1—1999.7
吴峻崎	1999.7—2003.6
沈永强	2003.6—

第七章 槐荫区人民法院

1955年7月，成立济南市第六区人民法院；10月，改称济南市槐荫区人民法院。1967年初，区人民法院被群众组织“夺权”。1968年2月，成立区公安机关军管组，公检法三家都并入军管组。1973年4月，设立东风区人民法院；7月，复称济南市槐荫区人民法院。1979年3月，在槐荫区人民法院设立党组。

1991年，区法院内设刑事审判庭、民事审判庭、经济审判庭、行政审判庭、执行庭、办公室、研究室、政工科及振兴街、段店、中大槐树、张庄路、营市街、道德街、匡山、段店北路、吴家堡14庭2室1科。1994年5月23日，建立纪检组。1995年1月3日，张庄法庭、匡山法庭撤销与段北法庭合并；3月28日，中大槐树法庭撤销与道德街法庭合并，建立五里沟法庭；5月24日，建立党总支。1996年3月4日，建立法警队。1998年1月5日，相继成立审判监督庭、立案庭；6月3日，后勤管理服务中心成立。

1999年12月22日，撤销五里沟、营市街、段店北路、振兴街、道德街、吴家堡6处人民法庭、保留段店人民法庭；将原民事审判庭改称民事审判第一庭，增设民事审判第二庭，将原经济审判庭改称经济审判第一庭，增设经济审判第二庭；撤销执行庭，设立槐荫区人民法院执行局，为正处级规格，配备局长1人，副局长2人。执行局内设执行第一庭、执行第二庭，庭长由执行局副局长兼任。2002年2月，设立政治处；撤销经济审判第一庭和经济审判第二庭，设立民事审判第三庭；设立机关党委；将区人民法院机关后勤管理中心更名为区人民法院机关服务中心，区人民法院司法科学技术鉴定中心更名为区司法科学技术鉴定中心。8月，段店人民法庭撤销。

2006年6月26日，撤销区司法科学技术鉴定中心；立案庭改为区人民法院立案第一庭、立案第二庭。区法院下设19个职能部门：纪检组、政治处、立案一庭、立案二庭、刑事审判庭、少年审判庭、民事审判第一庭、民事审判第二庭、民事审判第三庭、行政审判庭、审判监督庭、执行局（内设执行第一庭、执行第二庭）、办公室、研究室、技术室、法警大队、机关服务中心、机关党委、监察室。

党组书记

张礼堂	1984.4—1993.1
王建国	1993.1—1998.1
王启太	1998.1—

党组副书记

徐义麟	1989.1—1996.10
米长征	1990.11—1998.5
姜炳华	1992.3—
赵其魁	2001.1—

党组纪检组组长

魏守和	1994.5—2001.11
刘学锋	2002.2—2003.11
甘昭新	2003.11—

院　长

张礼堂	1984.4—1993.1
王建国	1993.1—1998.1
王启太	1998.1—

副院长

宋书勋	1984.6—1992.8
徐义麟	1987.6—1996.10
米长征	1990.11—1998.5
姜炳华	1992.3—
张福文	1996.3—2005.2
白振芳	1998.5 —
赵其魁	2001.1—
朱立生	2003.8—2005.2

关葆纯　　2005.2—
胡世涛　　2005.2—

政治处　2002 年 2 月设立，为正处级规格。

主　任
夏友成　　2002.2—

执行局　1999 年 12 月设立，为正处级规格，配备局长 1 人，副局长 2 人。

局　长
甘昭新　　2000.1—2002.2
关葆纯　　2002.2—2005.2
李　勇　　2005.2—2005.7
宫维刚　　2005.7—

第八章　槐荫区人民检察院

1956 年 7 月 1 日成立，建院初有干警 5 人，后增至 12 人。1961 年，精简机构，有干警 8 人，下设办公室。1966 年 5 月“文化大革命”开始，工作陷入瘫痪状态。1967 年 12 月，成立军事管制小组，公检法三家合署办公。1973 年 2 月，军管组撤销，恢复公安局；8 月，在局内设检察股。

1978 年 5 月，区人民检察院恢复重建。1981 年 3 月，设立区检察院党组。1988 年 4 月，设立区人民检察院驻槐荫区税务分局检察室。1995 年 6 月，设立反贪污贿赂局。1998 年 11 月，设立区人民检察院机关后勤服务中心，为全民科级事业单位，定编制 7 人，自收自支，隶属区检察院管理。1999 年 4 月，成立法警队。2001 年 3 月，设立渎职侵权检察局。2002 年 2 月，区检察院内设办公室、政治处、侦查监督科、公诉科、反贪污贿赂局、渎职侵权检察局、民事行政检察科、控告申诉检察科（举报中心、刑事赔偿工作办公室与其合署）、检察技术科、法律政策研究室（挂检察委员会秘书办公室牌子）、法警大队、职务犯罪预防科 13 个科室。配检察长 1 人，副检察长 4 人。

党组书记
陈耀汉　　1986.2—1989.11
周留存　　1989.11—1992.12
张红齐　　1993.2—1998.2
吴庆海　　1998.3—

党组副书记
李绪福　　1995.2—1999.5
谭　勇　　1999.8—2002.6
张和平　　2002.8—

党组纪检组组长
张星楼　　1996.1—1998.5
姚炳常　　1998.5—2000.5
侯家跃　　2001.1—2005.2
王旭光　　2005.2—

检察长
陈耀汉　　1985.12—1989.12
周留存　　1989.12—1993.1
张红齐　　1993.1—1998.2
吴庆海　　1998.1—
（其中 1998.1—2 代检察长）

副检察长
刘克远　　1981.10—1989.11
张红齐　　1984.7—1993.1
时洪德　　1989.4—1990.11
（市下派挂职干部）
王玉文　　1990.11—1994.4
谭　勇　　1992.3—2002.6
郝同广　　1992.7—1993.10
（市下派挂职干部）
张和平　　1994.7—
孙久明　　1996.10—2002.1
姚炳常　　2000.5—2005.2

张步捷　　2001.1—
王保新　　2002.3—2003.1
孙富运　　2003.7—
胡世涛　　2003.8—2005.2
朱力生　　2005.2—
王枢栋　　2005.2—

政治处　2002 年 3 月设立。

主　任
王保新（兼）2002.3—2003.1
任宗国　　2005.8—

反贪污贿赂局　1995 年 6 月设立，其规格为正局级，所需人员由区检察院现有人员中带编调剂解决。2002 年 2 月，明确为反贪污贿赂局，内设侦察一科、侦察二科、综合办公室。2006 年 6 月，增反贪污贿赂局第三侦察科。

局　长
张和平　　1995.7—1998.5
王洪生　　1998.5—2001.8
张步捷（兼）2001.8—2005.2
王继胜　　2005.2—

反渎职侵权局　2001 年 3 月设立渎职侵权检察局，为正处级规格，设领导职数 2 人，人员内部调剂，同时撤销法纪科。2002 年 2 月，明确为渎职侵权检察局，内设侦察科、综合科。2006 年 4 月，渎职侵权检察局更名为反渎职侵权局。

局　长
王洪生　　2001.8—2005.7

第九章　群众团体　工商联

槐荫区总工会

1951 年 9 月，成立济南市总工会第六区办事处，为市总工会派出机构，隶属中共第六区委。1955 年 9 月，改为济南市工会联合会槐荫区办事处。1959 年 5 月，改称济南市总工会槐荫区办事处，仍为市总工会的派出机构。1967 年，办事处陷入瘫痪。1970 年 2 月，济南市总工会槐荫区办事处改称济南市东风区工代会委员会，同时召开东风区第一次工人代表大会，选举产生本届区工代会委员会，取代工会办事处工作。1973 年 4 月，东风区第二次工会会员代表大会决定撤销区工代会，建立区工会委员会；7 月，改称槐荫区工会委员会。1979 年 6 月，撤销工会委员会，恢复设立济南市总工会槐荫区办事处，为市总工会的派出机构。1981 年 6 月，各街道相继设立基层工会。1989 年 12 月，撤销济南市总工会槐荫区办事处，成立槐荫区总工会委员会，核定行政编制 6 人。同时，成立槐荫工会职工业余学校，为全民事业单位，核定事业编制 4 人。

1995 年 2 月 27 日，增设组织民管部、生产事业部、宣教部、办公室，核定行政编制 7 人。1995 年 6 月 6 日，撤销区工会职工业余学校，成立济南市工会职工中等专业学校，核定事业编制 16 人，为差额事业单位。2006 年底，槐荫区总工会设组织民管部、生产事业部、宣教部、财务部、办公室 5 个科室，行政编制 7 人、离退休干部 5 人、工作人员编制 4 人、事业编制 16 人、实有 11 人，设主席 1 人、副主席 2 人。

主席（主任）
徐连增（女）1984.3—1989.4
于淑娴（女）1989.12—1993.4
胥克洲　　1993.4—1999.10
李广祥　　1999.10—

共青团槐荫区委员会

1950年6月，建立中国新民主主义青年团济南市第七区工作委员会，为中国新民主主义青年团济南市委员会派出机构。1951年1月，改称中国新民主主义青年团济南市第六区工作委员会。1955年9月，改称中国新民主主义青年团济南市槐荫区委员会。1957年5月，改称中国共产主义青年团济南市槐荫区委员会。1967年，委员会陷入瘫痪。1971年7月，召开东风区第四次团员代表大会，会后区和各基层团组织相继恢复工作。1973年7月，复称中国共产主义青年团济南市槐荫区委员会。1998年，成立槐荫区委员会。2003年11月，团区委行政编制4人。2005年3月，设区关心下一代工作委员会办公室，为区关心下一代工作委员会办事机构，正科级编制，由团区委管理，设科级领导职数1人；12月，团区委增设办公室，正科级，设科级领导1人。2006年底，团区委设办公室、区关工委办公室。编制4人，行政编制4人，实有6人，其中书记1人，副书记2人。

书　记

董镇华　1987.1—1989.11
刘光亮　1990.10—1992.2
张　君　1993.2—1994.7
毛华铭　1995.4—1996.10
王　伟　1998.7—1999.8
满　斌　2000.9—2003.2
杨高峰　2003.7—2005.2
张庆国　2005.2—

槐荫区妇女联合会

1950年10月，成立济南市第七区妇女工作筹备委员会。1952年9月，建立济南市第六区民主妇女联合会。1955年9月，改称济南市槐荫区民主妇女联合会。1958年4月，区民主妇女联合会改为妇女联合会；10月起，各街道相继建立妇联组织。1967年，各级妇联组织瘫痪。1973年7月，区和各基层妇联相继恢复组织。1991年2月，核定行政编制6人。1994年6月，成立槐荫区妇女儿童工作委员会。第十届妇联主要领导名称由第九届妇联主任改称主席。1997年2月，区妇联行政编制6人，其中主席1人，副主席1人。2003年11月，区妇联行政编制6人，设处级领导3人。

主席（主任）

徐孝兰（女）1987.1—1989.3
祁志芳（女）1989.3—1992.11
张春翠（女）1992.11—1996.10
刘成俐（女）1996.10—2001.8
周　洁（女）2001.8—

区妇女儿童工作委员会　1994年6月，撤销区少年儿童工作协调委员会，成立槐荫区妇女儿童工作委员会，下设办公室，与妇联合署办公。

主　任

张春翠（女）1994.6—1996.10
刘成俐（女）1996.10—2001.8
周　洁（女）2001.8—2003.8
赵　明（女）2003.8—2004.12
高　荣（女）2005.2—

槐荫区科学技术协会

1959年5月，设立区科学技术协会，与区科委两个机构，一套班子，合署办公。1961年下半年，撤销区科协。1981年3月，区科协复建，与区科委一套班子，合署办公。2003年11月，区科协机关编制6人，设处级领导职数2人。

主　席

江敦龙　1992.2—1996.10
李胜利　1998.3—2004.12
马厚强　2004.12—

槐荫区归侨侨眷联合会

1981年6月，建立区归侨、侨眷中心组。

1985年6月，召开全区第一次归侨侨眷代表大会，选举产生槐荫区归侨侨眷联合会。1997年4月，开始在全区各街道、镇党（工）委设立专（兼）职侨联干部。2003年11月10日，明确区归侨侨眷联合会为群团机关，事业编制2人，设处级领导职数1人。至2006年底，全区共有基层侨联小组14个，联络员20人。

主　席

王峻菱（女）1988.11—1997.4
张嘉智　　　1997.4—2002.4

槐荫区残疾人联合会

1990年11月，成立区残疾人联合会（简称区残联），建制级别为副局级事业单位，由区民政局代管，编制5人，在区编制计划中单列户头。2002年2月25日，区残联升格为区政府直属正处级事业单位，编制5人，领导职数2人。2003年11月10日，残联机关编制5人，设处级领导职数2人。2004年4月1日，区残联增挂残疾人劳动就业服务中心牌子，为自收自支事业单位，编制4人。2005年10月8日，成立区残疾人劳动服务部，为正科级全额预算管理事业单位，隶属区残疾人联合会管理，所需人员在区直机关内部调剂。

理事长

支应福　　　2002.2—2005.2
张耀旺　　　2005.2—

槐荫区工商业联合会

1953年12月，成立第六区工商业联合委员会筹备委员会。1955年9月，改称槐荫区工商业联合委员会（简称工商联）。“文化大革命”期间停止工作。1982年1月，成立济南市工商联槐荫区办事处，为市工商联派出机构。1985年6月，撤销区工商联办事处，恢复区工商联组织。1993年2月24日，区工商联建立党组。1995年8月7日，根据《中国工商业联合会章程》，原领导称谓由主任委员、副主任委员改称会长、副会长。至1996年12月，全区14个街道（镇）全部成立工商联分会。1997年，区工商联（商会）核定机关事业编制4人，其中会长1人，党组书记兼副会长1人。至2006年底，机构规格及人员编制无变化。

党组书记

何淑真　　　1993.3—2001.1
朱家芳　　　2001.1—

会长（主任）

李广杰　　　1987.11—1993.2
裴明铭　　　1993.2—1997.5
何淑真　　　1997.5—2000.8
薄玉民　　　2000.8—2001.11
周庆山（回族）2001.11—2006.12
姜　鹏　　　2006.12—

第十章　区协管单位

槐荫区税务局

1950年4月，成立济南市税务局，下设4个稽征所。1951年9月，市税务局第三稽征所改为市税务局第三区分局。1955年9月，改为市税务局槐荫区分局。1958年2月，市税务局与市财政局合并，改为市财政局槐荫区分局。1961年11月，复改为市税务局槐荫区分局。1966年3月，市税务局与市财政局合并，改称市财税局槐荫区分局。1973年1月，建立党支部；7月，改称市财税局槐荫区分局革命委员会。1978年9月，复称市财税局槐荫区分局。1984年11月，改为市税务局槐荫稽征处。1987年5月，改称市税务局槐荫分局。1988年8月，党支部改建为党委。1991 年 4 月 1 日，撤销市税务局槐荫区分局，批准设立各区税务局；区税务局党委由市税务局移交区管理。1994 年 8 月，撤销区税务局，分设为区国家税务局、市地方税务局槐荫分局；区税务局党委划出。

党委书记

魏绪梧	1991.4—1992.2
马延平	1992.2—1994.8

局　长

魏绪梧	1991.4—1992.2
马延平	1992.2—1994.8

槐荫区国家税务局

1994 年 8 月 18 日，成立槐荫区国税局，共有干部职工 129 人。组建 3 个业务科、9 个税务所、1 个检查站、2 个直属分局、1 个治安办、8 个综合科室、1 个检察室、1 个咨询服务部，共计 26 个单位。1998 年 4 月，区国税局稽查分局升格为副处级单位，更名为槐荫区国家税务局稽查局。1999 年，下设办公室、政工科、人事科、监察室、税收管理科、征收计财科、发票管理科、考核委 8 个科室；稽查分局和个体分局 2 个分局；代理部 1 个，共有干部职工 146 人。2000 年，原个体分局改为个体科，原代理部撤销，下设 9 个科、1 个稽查分局。共有干部职工 152 人。

2001 年 5 月，区国税局更名为济南市槐荫国家税务局。槐荫国家税务局内设办公室、人事教育监察科、综合业务科、税收管理一、二、三科 6 个行政科（室），个体税收管理分局（为副处级单位，内设三个科）1 个、信息中心 1 个。干部职工 153 人。2002 年，新设小规模管理科，共有干部职工 155 人。2003 年，新设税政法规科、发票管理所、税源管理一、二、三、四、五科，原人事教育监察科分为人事教育科和监察室，原征收管理一、二、三科合并为征收管理科，原个体分局撤销，新设段店分局。下设办公室、人事教育科、监察室、税政法规科、征收管理科、发票管理所、信息中心、税源管理一科、税源管理二科、税源管理三科、税源管理四科、税源管理五科、考核委、联络办 14 个科及 1 个段店分局，共有干部职工 171 人。2004 年，原税政法规科、征收管理科和发票管理所撤销，新设纳税服务中心、综合业务科和管理监控科，共有干部职工 179 人。2005 年，新设办税服务厅、票证中心、美里湖分局。原纳税服务中心、管理监控科、考核委、联络办和税源管理五科撤销，共有干部职工 164 人。

2006 年，下设办公室、人事教育科、监察室、办税服务厅、综合业务科、票证中心、信息中心、税源管理一科、税源管理二科、税源管理三科、税源管理四科 11 个科室及段店分局、美里湖分局 2 个分局，共有干部职工 176 人。

党组书记

马延平	1994.10—1998.4
杜广兴	1998.4—2000.1
李小明	2000.1—

局　长

马延平	1994.10—1998.4
杜广兴	1998.4—2000.1
李小明	2000.1—

济南市地方税务局槐荫分局

1994 年 8 月，设立济南市地方税务局槐荫分局，并成立党组，为济南市地方税务局派出机构，内设政工科、办公室、计会科、综合科、稽查队、一科、二科、三科、吴家堡税务所 9 个科所，编制 63 人，实有 61 人，领导职数配书记、局长 1 人，副书记 1 人，副局长 2 人，正科级 9 人，副科级 9 人。1996 年 8 月，内设政工科、办公室、综合科、计会科、征收中心、征收一科、征收二科、征收三科、征收四科、稽查队 10 个科室和吴家堡税务所、段店税务所、道德街税务所、纬十一路税务所、金星税务所、南辛庄税务所、段北税务所、涉外所 8 个所，编制 74 人，实有 70 人，正科级、副科级职数分别调整为 18 人。1997 年 8 月，人员编制调整为 85 人，实有 75 人。

1998 年 1 月，更名为济南市地方税务局第三征收分局，内设办公室、政工科、计会科、综合科、征收科、管理一科、管理二科、管理三科和8个所，编制88人，实有82人，正科级、副科级职数分别调整为16人。1999年1月，撤销涉外所，增设税检室、咨询所，编制100人，实有89人。2001年2月，内设政工科、办公室、综合科、征收管理科、户籍管理科、发票管理科、个体管理科、稽核一科、稽核二科、稽核三科、稽核四科、城区个体所、城郊个体所、市场税务所、吴家堡税务所15个科所。2003年1月，济南市地方税务局第三征收分局复称为济南市地方税务局槐荫分局，内设办公室、政工科、监察室、综合业务一科、综合业务二科、户籍发票科、执行科、管理一科、管理二科、管理三科、管理四科11个科室和吴家堡税务所、第一税务所、第二税务所、第三税务所4个税务所，编制105人，实有98人，领导职数配书记、局长1人、纪检组长1人、副局长3人、助理调研员1人、正科级15人、副科级15人。2004年2月，户籍发票科更名为管理五科，执行科更名为管理六科，增设办税服务大厅；6月，增设涉外管理科。2005年1月，内部机构设置“十科四所二室一中心”，即办公室、人事政工科、监察室、综合一科、综合二科、管理一科、管理二科、管理三科、管理四科、管理五科、管理六科、涉外科、中大税务所、段北税务所、张庄税务所、美里湖税务所、纳税服务中心。2006年10月，增设段店税务所。

党组书记

李顺年	1994.1—1998.1
王利民	1998.1—2000.9
邵爱庆	2000.9—2004.10
张丙良	2004.10—

局　长

李顺年	1994.1—1998.1
王利民	1998.1—2000.9
邵爱庆	2000.9—2004.10
张丙良	2004.10—

济南市工商行政管理局槐荫分局

1951年10月，设立济南市第六区工商劳动股。1954年11月，设立工商科。1958年2月，分为商业一科、二科。1959年5月，由原商业一科、二科合并为商业科。1962年12月，设立工商科。10月，建立西市场管理委员会及昆仑街等市场管理所。1963年，区工商科增加人员，定编制5人。1964年，以工商科为主，成立打击投机倒把专案办公室。1965年，打击投机倒把办公室撤销，查处投机倒把工作列入工商行政管理部门正常工作。1966年，区工商科、振兴街管理所全体人员合并到西市场管委会办公。

1967年，机关工作瘫痪。1969年10月，工商管理与财政税务合并，建立工商财税管理组。1971年3月，工商与财政税务分开，恢复市场管委会。1974年12月，市场管委会改为工商行政管理所。1975年12月，工商管理所改为工商行政管理局。1979年2月，设立秘书股、市管股及行政管理股，建立第一市场管理所、第二市场管理所，人员由14人增至28人。1984年，内设机构扩大到5股（人秘股、市管股、企管股、财务股、合同股）、5所（个体经济管理所、纬十一路市场管理所、营市街市场管理所、纬七路市场管理所、五里牌坊市场管理所）。6月，建立经济合同管理股，人员增至103人。1987年5月，设立工商局党委。1989年，内设7个科室，1个个体经济管理所，7个市场管理所和2个协会办公室，人员163人。

1992年，内设办公室、政工科、财务审计科、经济合同管理科、企业登记管理科、商标广告管理科、市场管理科、经济检查科等8个科室及消费者协会、个体劳动者协会。辖纬十一路、段店、吴家堡、纬七路、营市街、五里牌坊、辛庄蔬菜批发市场、济南皮革制品批发市场、西市场小商品批发市场、段店集贸中心等10个工商所及个体私营经济管理所。9月，设立区消费者协会办公室。1993年5月，增设青年公园、振兴街、中大槐树、营市街、五里沟、南辛庄、道德街、西市场等8个街道工商所。增设外资企业登记管理科、市场检查中队。在区经委、商业局、物资局、交通局等部门成立并派出经济合同仲裁庭。

1994年4月，增设箱包市场、经四纬十路综合市场、兴济桥综合批发市场、装饰材料批发市场等5个市场管理所。8月，工商系统实行垂直管理，槐荫区工商行政管理局改名为济南市工商行政管理局槐荫分局。槐荫分局内设科室9个、片区综合工商所10个及个体私营经济管理所1个、街道工商所8个、市场管理所5个、市场检查中队1个、事业单位6个，编制229人。1995年，组建美里湖工商所，纬十一路市场管理所变更为八里桥蔬菜批发市场管理所。经市工商局批准，设立区个体劳动者协会办公室和私营企业协会办公室。

1997年，经济南市编委重新确认，区消费者协会办公室、区个体劳动者协会办公室、私营企业协会办公室隶属槐荫分局领导，为正科级全额预算事业单位，编制9人。8月，设立工商咨询服务中心，为正科级事业单位，编制10人；设立区广告协会办公室、区合同协会办公室，为正科级全额预算事业单位，编制6人。1998年，分局对派出机构进行合并重组，设立段店、段店北路、营市街、五里牌坊、海佑、西市场、匡山、吴家堡、美里湖9个工商行政管理所及八里桥蔬菜批发市场管理所。

2002年，全省工商系统机构改革，分局内设机构调整为办公室、人事政工科、财务装备科、法制科、纪检监察室、市场合同管理科、商标广告管理科、消费者权益保护科、企业注册局、公平交易局。辖段店、段店北路、营市街、五里牌坊、海佑、西市场、中大、匡山、吴家堡、美里湖10个工商行政管理所及八里桥蔬菜批发市场管理所，编制223人。2003年，工商所建立综合服务室、监管督查队、市场巡查队（简称“一室两队”）。2004年10月，个体劳动者协会与私营企业协会合并更名为济南市槐荫区个体私营企业协会，内设办公室。11月，分局组建信息中心，为事业编制正科级单位。至2006年底，分局内设机构及人员未变。

党委书记

王克昌	1987.5—1989.11
徐善庆	1989.11—1998.1
王振田	1998.1—2001.3
谷奎友	2001.3—2004.6
费圣义	2004.6—

局　长

王克昌	1986.4—1989.12
徐善庆	1989.12—1998.1
王振田	1998.1—2000.2
程传林	2000.2—2001.3
谷奎友	2001.3—2002.8
费圣义	2002.8—

济南市质量技术监督局槐荫分局

1988年，设立区标准计量所，隶属区经济计划委员会。1997年，区标准计量所更名为区技术监督局，归经计委管理，为全额拨款副处级事业单位，经费自收自支，定编制20人，内设办公室、综合科、稽查科3个科室。2001年，区技术监督局成为正处级行政部门，实行垂直管理，更名为济南市质量技术监督局槐荫分局，加挂济南市质量技术监督局槐荫分局稽查队牌子，下设区域监管科4个、稽查队1个，人员编制22人，其中机关9人、工勤3人、稽查10人。同时，将区劳动局承担的锅炉、压力容器、电梯、防爆电器的安全监督管理、检测职能及其机构编制和人员划归分局。2006年，人员编制19人，其中机关7人、工勤1人、离退休干部工作人员1人、稽查10人。

党组书记

王　春（女）	2002.4—2004.7
李在六	2004.7—2006.9
张　建	2006.9—

局　长

王　春（女）	2002.4—2004.7
李在六	2004.7—2006.9
张　建	2006.9—

济南市公安局交通警察支队槐荫区大队

1987年5月，单位明确为科级建制，名称由中队改为大队，即济南市公安交通警察支队槐荫区大队。1994年9月，大队升格为处级。大队下设5个科：秘书科、政工科、交通科、宣传科、事故处理科，8个中队：经二路、经四路、经七路、高架桥、八里桥、段东、西郊、西外环中队。1997年10月，济南市公安局公路巡逻民警支队举行揭牌仪式，区交警大队相应挂牌公路巡逻民警大队。2002年3月，槐荫区车管分所明确为大队下设机构。2005年3月，大队增设经六路中队。

大队长

王家利	1988.3—1992.8
杨毅力	1992.8—1998.10
张守忠	1998.10—2002.1
王福才	2002.1—

政委（教导员）

杨绪忠	1988.3—1992.8
耿庆民	1992.8—1994.12
王乃弘	1994.12—1998.10
韩建国	1998.10—2002.1
王建民	2002.1—

济南黄河河务局槐荫黄河河务局

1987年5月，建立山东黄河河务局槐荫修防段，内设秘书、政工、工务、财务4个股室，所辖吴家堡、段店2个分段。同时，成立黄河水利工会济南槐荫修防段委员会。12月，成立槐荫修防段北店子、杨庄引黄闸管理所，人员编制162人。1988年4月,设立工程管理股;7月，增设黄河派出所。1990年12月，济南槐荫修防段更名为槐荫区黄河河务局。1991年1月，内设办公室、工务科、工程管理科、财务科、政工科、公安派出所；3月，成立济南市黄河河务局槐荫水政监察所；9月，槐荫区黄河河务局更名为济南市槐荫区黄河河务局；段店分段、吴家堡分段更名为段店河务段、吴家堡河务段。1993年，成立山东黄河工程开发有限总公司槐荫工程处。1995年3月，区黄河河务局设办公室、工务科、工程管理科、水政水资源科、人事劳动科、财务经营管理科、公安派出所、工会8个机关部门，段店河务段、北店子河务段、吴家堡河务段、杨庄闸管所4个事业单位机构和山东黄河工程局四分局槐荫工程处1个内部企业管理单位，人员编制147人。1995年8月，成立北店子管理段。1996年3月，北店子闸管所更名为北店子河务段，政工科、财务科、水政科更名为人事劳动科、财务经营管理科、水政水资源科。2002年12月，区黄河河务局设办公室、工务科（防汛办公室）、水政科（水政监察大队、黄河公安派出所）财务科、人事劳动教育科、工会等6个机关部门、黄河工程管理处1个直属事业单位，段店、北店子、吴家堡河3个务段基础公益类事业单位及服务部（信息管理站）、经济发展管理办公室，人员编制140人，其中党组书记、局长1人，副书记1人，副局长2人，纪检组长1人。2004年9月，区河务局更名为济南黄河河务局槐荫黄河河务局。2005年5月，槐荫黄河河务局进行水管体制改革，设办公室、工程管理科、防汛办公室、人事劳动教育科、财务科5个正科级科室，下设北店子、吴家堡、段店3个正科级管理段。人员编制87人，其中党组书记、局长1人、副书记1人、副局长2人、纪检组长1人、正科级8人、副科级7人。

党组书记

李传顺	1990.12—1994.2
刘广生	1994.2—1999.11
杜云岭	2000.1—2004.7
张清田	2004.7—

局　长

李传顺	1990.12—1994.2
刘广生	1994.2—1999.11
杜云岭	2000.1—2004.7
张清田	2004.7—

第十一章　街道（镇）

1989 年 10 月，新建张庄路、段店北路、匡山街道，与城区原有振兴街、五里沟、西市场、中大槐树、道德街、青年公园、南辛庄、营市街街道，全区共有 11 个街道和段店镇、吴家堡镇。11 月，各街道、镇恢复建立武装部；12 月，吴家堡镇建立人大工作室。1991 年 2 月，段店镇建立人大工作室。1994 年 4 月，段店镇、吴家堡镇党政机关机构改革，改革后的机构设 6 个办公室，分别是：党政办公室、农业办公室、经济贸易办公室、建设环保土地办公室、社会事务办公室、教科文卫办公室。1996 年 4 月，建立美里湖街道。12 月，各街道根据机构改革方案，设立党委办公室、行政办公室、社会事务办公室、城市管理办公室、经贸办公室、政法办公室、计划生育办公室（挂计划生育服务中心牌子）7 个正科级科室；12 月，各街道建立财政所、统计站和法律事务所。1997 年 8 月，各街道成立人大工作室。2000 年，撤销各街道党委、纪委，建立各街道党的工作委员会（简称党工委）和纪律检查工作委员会（简称纪工委），各街道党工委为区委派出机构、各街道纪工委为区纪委派出机构。2001 年，街道由 7 个正科级科室减为 6 个：党工委办公室（挂行政办公室牌子）、社会事务科、城市管理科、经济发展科、政法科、计划生育科。2003 年，各街道建立社区服务中心（挂劳动保障中心牌子），内设综合科、劳动就业与社会保障科，企业退休人员管理科，为全额预算事业单位，编制 10 人。2004 年，街道法律事务所更名为司法所。2005 年，各街道建立党员干部现代远程教育管理站，为正科级全额预算管理事业单位，编制 2 人。2006 年，各街道成立安全生产监察执法中队，为正科级事业单位，编制 3 人。

振兴街街道

党工委（党委）书记

夏侯风文　1986.2—1989.10
杜家赓　1989.10—1992.8
丁新力　1992.8—1995.7
王宝绥　1995.7—1998.8
刘福荣（女）1998.8—2003.1
满　斌　2003.1—

主　任

李长芳（女）1986.2—1992.3
丁新力　1992.3—1995.7
刘福荣（女）1995.7—2003.3
苏春祥　2003.3—2005.2
周　敬（女，回）2005.2—2006.12

人大工作室主任

刘福荣（女，兼）1997.8—1998.11
沈秋白（兼）1998.11—2002.2
张业鸿　2002.2 —

五里沟街道

党工委（党委）书记

钟　蔚（女）1985.9—1989.11
杨秀发　1989.11—1992.11
王如生　1992.11—1993.2
张　平　1993.2—1997.8
王宝绥　1997.8—2000.10
邱　英　2000.10—2003.8
梁英林　2003.8—2006.12
杨高峰　2006.12—

主　任

杨秀发　1988.11—1989.11
夏兆平　1989.11—1992.11

张　平　　1992.11—1997.8
王宝绥　　1997.8—1999.7
王　诚　　1999.7—2003.7
方庆萍　　2003.7—2005.2
杨高峰　　2005.2—

人大工作室主任

王宝绥（兼）1997.8—2000.11
邱　英（女）2000.11—2001.2
刘　瑛（女）2001.2—2003.8
李　刚　　2003.8—

青年公园街道

党工委（党委）书记

王贵年　　1987.2—1989.11
王如生　　1989.11—1992.11
王枫云（女）1992.11—1998.8
王荣山　　1999.1—2001.2
孟祥晶　　2001.2—2003.7
董传师　　2003.7—

主　任

李昌义　　1987.2—1989.10
王枫云（女）1989.11—1996.10
王荣山　　1996.10—1999.1
田　克　　1999.1—2000.2
王荣山　　2000.2—2001.1
孟祥晶　　2001.1—2003.7
朱　军（女）2003.7—2005.2
齐　敏（女）2005.2—

人大工作室主任

王荣山　　1997.8—2000.8
焦方德　　2000.9—2001.2
孟祥晶　　2001.2—2003.8
刘双钗　　2003.8—2005.2
董传师（兼）2005.2—

南辛庄街道

党工委（党委）书记

周荣钧　　1986.9—1989.11
侯少伟　　1989.11—1992.11
李绍青　　1992.11—1993.9
曹　勇　　1993.9—1996.10
毛华铭　　1996.10—2000.2
田　克　　2000.2—2006.12
熊高翔　　2006.12—

主　任

阎美莲（女）1987.2—1989.11
颜景澄　　1989.11—1992.11
李绍青　　1992.11—1994.4
曹　勇　　1994.4—1996.10
刘东英（女）1996.10—1999.8
毛华铭　　1999.8—2000.2
田　克　　2000.2—2003.7
熊高翔　　2003.7—

人大工作室主任

张爱萍（女，兼）1997.8—1998.11
夏德宽（兼）1999.8—2002.12
张　平　　2005.2—2005.10

中大槐树街道

党工委（党委）书记

赵世河　　1988.1—1992.3
李长芳（女）1992.3—1995.5
高晓峻　　1995.5—1996.10
张春翠（女）1996.10—2001.1
刘立正　　2001.1—2003.7
陈贯鹏　　2003.7—2006.12
朱庆胜　　2006.12—

主　任

戴鹏霞（女）1987.2—1989.11
丁新力　　1989.11—1992.3
李长芳（女）1992.3—1995.5
高晓峻　　1995.5—1996.10
朱家芳　　1996.10—1999.1
曲宪民　　1999.1—2001.1
董传新　　2001.1—2003.3
陈贯鹏　　2003.3—2003.7
朱庆胜　　2003.7—

人大工作室主任

朱家芳（兼）1997.8—1999.1
曲宪民（兼）1999.1—1999.7
张春翠（兼，女）1999.7—1999.12
王兆龙 1999.12—2001.1
丁 虹（女）2001.1—2005.2
高 飞 2005.2—

道德街街道

党工委（党委）书记

徐善庆 1988.1—1989.11
杜玉清 1989.11—1992.2
刘光亮 1992.2—1999.1
崔安共 1999.1—2002.7
汪 浩 2002.7—2005.2
王玉英（女）2005.2—

主 任

殷开芳（女）1988.1—1992.3
刘光亮 1992.3—1996.10
杨 华 1996.10—1998.3
刘光亮 1998.3—1999.1
汪 浩 1999.1—2002.2
刘 瑛（女）2002.2—2003.7
卢 刚 2003.7—

人大工作室主任

杨 华（兼）1997.8—1998.3
刘光亮（兼）1998.3—1999.1
崔安共（兼）1999.1—2003.7
于明利 2003.7—

营市街街道

党工委（党委）书记

曾庆贵 1988.1—1989.11
傅 德 1989.11—1992.11
李胜利 1992.11—1998.3
郑金松 1999.1—2001.1
王 磊 2001.1—

主 任

王树浩 1981.1—1989.11
汪文祥 1989.11—1992.11
李胜利 1992.11—1997.8
郑金松 1997.8—1999.1
杨淑莉（女）1999.1—2003.7
王玉英（女）2003.7—2005.2
朱 军（女）2005.2—

人大工作室主任

郑静晓（女，兼）1997.8—1999.5
王传侠（兼）1999.5—2001.1
王 磊 2001.2—2003.8
汤荣宝 2003.8—

西市场街道

党工委（党委）书记

王玉恒 1985.12—1989.11
董振甲 1989.11—1992.11
殷开芳（女）1992.11—1995.5
张曰良 1995.5—1998.1
杨改芳（女）1998.1—2001.1
冷要勇 2001.1—2003.7
杨淑丽（女）2003.7—

主 任

汪宝树 1988.1—1992.2
殷开芳（女）1992.2—1995.5
张曰良 1995.5—1996.10
杨改芳（女）1996.10—2001.1
刘洪建 2001.1—2005.2
范中平 2005.2—

人大工作室主任

常新萍（女，兼）1997.8—1999.8
杨改芳（女，兼）1999.9—2001.1
冷要勇（兼）2001.2—2003.8
胡振良 2003.7—

张庄路街道

党工委（党委）书记

夏侯凤文　1989.10—1992.8
赵世河　1992.11—2001.1
冯昌盛　2001.1—2003.2
崔志强　2003.2—2004.12
赵宏海　2004.12—

主　任

李　全　1989.10—1992.2
赵世河　1992.2—1994.2
赵其魁　1994.2—1997.8
赵世河　1997.9—1999.1
冯盛茂　1999.1—2001.1
张子刚　2001.1—2003.7
张志坚　2003.7—

人大工作室主任

赵世河（兼）1997.8—1998.11
李铭绩（兼）1998.11—2001.1
潘恒星　2001.1—2002.12
柳慧明　2002.12—2004.12
胡　博　2004.12—2006.12
郑名根　2006.12—

段店北路街道

党工委（党委）书记

李昌义　1989.10—1991.6
高永顺　1991.6—1998.7
刘光亮　1999.1—2000.2
毛华铭　2000.2—2002.12
姜　鹏　2003.1—2004.12
崔志强　2004.12—

主　任

高永顺　1989.10—1996.10
周庆山（回族）1996.10—1999.1
刘光亮（兼）1999.1—2000.2
毛华铭（兼）2000.2—2001.1
姜　鹏　2001.1—2003.1
翟福群　2003.1—

人大工作室主任

周庆山（回族）1997.8—1999.1
刘光亮（兼）1999.1—2000.3
冷要勇（兼）2000.3—2001.2
王兴祥　2002.3—2003.8
翟永宝　2003.8—

匡山街道

党工委（党委）书记

王建国　1989.10—1990.3
吕振泰　1990.3—1992.8
侯少伟　1992.11—1993.4
彭龙恩　1993.4—1994.2
潘庆纲　1994.2—1995.7
李凤林　1995.7—1997.9
张　平　1997.9—2001.12
祁丽华（女）2001.12—2006.12
张延秀　2006.12—

主　任

吕振泰　1989.10—1990.3
张　平　1990.3—1992.11
侯少伟　1992.11—1993.4
彭龙恩　1993.4—1994.2
潘庆纲　1994.2—1995.7
张明舜　1995.7—1997.9
张　平　1997.9—1999.8
王　伟　1999.8—2000.8
祁丽华（女）2000.8—2001.11
赵新文　2003.4—

人大工作室主任

张　平（兼）1997.8—1999.7
袁中常（兼）1999.7—2003.8
王兆龙　2003.8—

美里湖街道

党工委（党委）书记

张其江　1996.4—1999.5

赵玉杰　　1999.5—2000.2
李财清　　2000.2—2000.10
李小明　　2000.10—

主　任

张其江　　1996.4—1998.11
李财清　　1998.11—2000.10
李小明　　2000.10—2003.1
董传新　　2003.3—

人大工作室主任

李财清（兼）1997.8—1999.7
宋德成（兼）1999.7—2001.2
张廷秀　　2001.2—2003.2
王德胜　　2003.2—2003.8
任运宝　　2003.8—

段店镇

党委书记

张逢义　　1988.12—1992.11
赵常胜　　1992.11—1995.7
王如生　　1995.7—1998.1
张和平　　1998.1—2001.4
郑金松　　2001.11—2003.1
刘持良　　2003.1—2004.12
李培杰　　2004.12—

镇　长

张其江　　1987.4—1989.11
徐德厚　　1989.11—1992.11
赵常胜　　1992.11—1995.7
王如生　　1995.7—1998.5
张和平　　1998.5—2001.4
郑金松　　2001.11—2003.1
李培杰　　2003.1—2005.1
张廷秀　　2005.1—2006.12
邵立鸿　　2006.12—

人大主席（主任）（1995 年 2 月起，镇人大工作室主任改称主席）

马怀玉（回族）1991.2—1992.11
郑广智　　1992.11—1994.1
于兰才　　1994.1—1996.1
王玉勤　　1996.1—2001.2
刘开太　　2001.3—2001.12
刘持良　　2001.12—2003.1
张廷秀　　2003.1—2005.1
朱振国　　2005.1—

吴家堡镇

党委书记

刘恩忠　　1988.7—1990.3
贾延森　　1990.10—1991.2
任剑锋　　1991.2—1998.3
齐大河　　1998.3—2001.1
李坚强　　2001.1—2001.11
张　平　　2001.11—2006.12
李　刚　　2006.12—

镇　长

贾延森　　1987.2—1991.2
任剑锋　　1991.2—1998.3
姜宪运　　1998.3—2001.1
路美荣　　2001.1—2004.12
李　刚　　2004.12—2006.12
李世文　　2006.12—

人大主席（主任）（1995 年 2 月起，镇人大工作室主任改称主席）

李贵仁　　1989.12—1994.10
齐大河　　1996.1—2001.1
米春柳　　2001.1—2006.8
国传华　　2006.8—

人 物

REN WU

槐荫区志

1989—2006

人物传

郑仿侨（1893—1941） 男，名善修，字仿侨。山东益都（今青州市）人。约于1916年毕业于齐鲁大学，获神学和社会学双学位。1931年任齐鲁中学社会学教师，后任济南市基督教青年会总干事。1937年12月，济南沦陷，有志青年宁愿失学也不愿接受日伪军的奴化教育。郑仿侨不忍坐视学生失学，主导成立济南基督教青年会中学（济南第十九中学前身），宣传抗日救国道理，并出任第一任校长。1938年前后，加入国民党军统抗日组织，授上校军衔，任情报站站长。他利用济南基督教青年会总干事和中学校长的身份为掩护，组织侦察日本侵略者情报工作，行动站根据他提供的情报，多次炸毁日本侵略者军车、仓库等。1941年10月30日清晨，由于叛徒告密，在上班途中被日本宪兵队逮捕，日本侵略者许以高官，威逼利诱，他宁死不屈，于同年12月底被日本侵略者杀害，年仅48岁。抗日战争胜利后，国民政府发给郑家"遗族证书"。台北"国民革命忠烈祠"存有郑仿侨牌位和"烈士资料详表"。上面记着：编号56450，郑仿侨，男，山东益都人，47岁（应为48岁），上校，死难地点——济南，历史阶段——抗日。

高世孝（1923—1983） 男，山东省苍山县贾庄公社南坞坵大队人。初中文化。1946年10月，加入中国共产党。1943年12月至1947年11月，先后任鲁中南赵镈县（1950年并入苍山县）公安局战士、班长、通讯员、侦察员。1947年12月至1948年8月，华东建大学习。1948年9月至1956年1月，先后任济南市公安局九分局七所副所长，六分局六所所长，六分局副局长。1956年1月至1961年9月，任中共槐荫区委统战部副部长。1961年9月，任中共槐荫区委统战部部长。1976年3月至1983年10月，中共槐荫区委恢复统战部后，由区革委组织组组长改任中共槐荫区委统战部部长。任第六届济南市政协委员，槐荫区第三次党代会代表、第三届区委委员，第九届槐荫区人大常委会代表。1983年10月31日逝世。

金浪白（1912—1989） 男，回族，黑龙江省庆安县人，祖籍槐荫区段店镇小金庄。1934年春，赴日本东京留学专修经济。1935年，在日本参加东北青年解放社。1937年，回国参加抗日战争，曾任中华民族解放先锋队分队长。1938年，加入中国共产党，先后任延安回民协会主任、陕甘宁边区回民协会副干事长、关中分区巡视团团长、中共特支书记。1946年10月后，历任黑龙江省委土改工作队队长、中共克山县委宣传部部长、克山县县长。1950年初，调任黑龙江省农林厅，先后任副厅长、厅长、党组书记。1958年后，历任中共宁夏回族自治区委员会常委、区经委主任、区农办主任、农业政治部主任、农垦局党委书记兼局长。1973年后，历任黑龙江省革委会农办副主任、中共黑龙江省委统战部副部长、黑龙江省民委主任、省政协副主席。1983年，离开一线领导岗位。1989年3月3日，逝世于哈尔滨。

陈道顺（1959—1991） 男，革命烈士。山东省肥城市人。1980年参加公安工作，历任济南市公安局交通警察支队槐荫区大队民警、副班长、科员，多次被市公安局评为先进工作者。1989年，加入中国共产党。同年被市公安局授予"新长征突击手"称号。1991年12月4日下午，在执勤中检查交通违章车辆，被酒后无证驾驶轻骑摩托车的肇事者撞倒，造成头部粉碎性骨折，光荣牺牲。1992年9月，被公安部追授全国公安战线二级英模称号。1993年3月，经省政府批准为革命烈士。

王广顺（1953—1994） 男，槐荫区吴家堡镇人。1972年高中毕业后，回村参加农业劳动。1973年应征入伍，先后任战士、班长、副排长；1975年，加入中国共产党。1980年，从部队转业到黄河河务局工作。1984年，调任西王乡政府文书；后调吴家堡镇政府工作，先后任宣传科干事、吴家堡办事处主任、镇农委主任、镇党委办公室主任。1990年起，他每年都和农民群众一起修建防渗渠道。至1994年初，已修4500米，使3万亩稻田实现旱涝保收。1991年，他带领群众开发荒滩水面，搞科学养殖，发展千斤稻、1吨鱼、2吨藕的“双高一优”农业。1993年，全镇水稻、淡水鱼和藕的产量均创历史最高纪录。为使黄河白莲藕打入国际市场，他带领有关人员历尽艰辛，经过70余次反复试验，攻克保鲜技术难关。之后，他们夜以继日地抓生产、搞包装、跑手续，曾7天7夜没有睡过囫囵觉，每天忙得只能喝方便面、啃干烧饼。经过八九个月的苦战，第一批鲜藕于1994年1月销往日本，实现吴家堡镇农副产品出口创汇“零”的突破。为利用镇上荒废的水面发展养鱼业，他苦口婆心地做群众的思想工作，不厌其烦地请人传授技术，千方百计地筹措资金，甚至拿出自己的积蓄来扶持养鱼专业户。1994年，在他的带动和帮助下，全镇发展到200余个养鱼专业户，实行了科学喂养，鱼池的亩产量由过去的95千克提高到1643千克。长期以来，王广顺按照共产党员的标准严格要求自己，克己奉公，艰苦朴素，把群众的冷暖记在心上，始终与人民群众保持血肉联系。他先后在四五个单位奔波操劳，却从未领过一分钱，在不宽裕的条件下生活。因操劳过度，积劳成疾，1994年3月不幸殉职，年仅41岁。1994年7月4日，市委发出《关于在全市广泛开展向王广顺学习活动的决定》，组成王广顺事迹报告团，在全市巡回报告32场次，听众达3万余人次。中央人民广播电台和《农民日报》《大众日报》《济南日报》等20余家新闻单位予以宣传报道。

吴吉英（1952.9—1995.3） 男，槐荫区段店镇人。1975年4月参加工作。1995年3月7日，段店镇农民马某等人驾驶机动三轮车途径段店河务段时，因违反规章与工作人员发生口角，继而毒打工作人员。时任槐荫区黄河河务局段店河务段段长的吴吉英闻讯赶来制止，遭到围攻，被马某用4.5千克重的大石头砸中头部，在送医院途中停止呼吸。同年10月25日，山东省人民政府批准吴吉英为革命烈士。

刘松若（1924—1995） 曾用名刘振邦，男，1924年2月出生，汉族，原籍山东陵县，出生于辽宁省旅顺口市，高中学历，1945年11月参加工作，1948年1月加入中国共产党。

1943年9月至1945年9月任龙口电信局报务员；1945年10月至1945年11月任烟台平安巷小学教员；1945年11月至1946年9月山东大学政治系（在鲁南）学员；1946年10月至1947年9月任烟台教育局教育馆干事；1947年9月至1947年11月任崮山大队（胶东）队员；1947年11月至1948年1月烟台联中干部队学员；1948年1月至1948年3月任烟台警备司令部宣传队分队长；1948年3月至1948年4月胶东区党委干校学员；1948年4月至1948年8月任胶东区党委工作队队员；1948年8月至1948年9月任济南党政军联合办事处资料员；1948年9月至1949年4月任济南市政府政策研究室研究员；1949年4月至1954年3月任济南市各界代表会协商委员会秘书、副科长；1954年3月至1955年1月任济南市委统战部干事；1955年1月至1955年12月在北京中国人民银行总行国外局受训；1956年1月至1966年5月任济南市委统战部副科长、部委；1966年5月至1969年12月在五七干校劳动；1969年12月至1973年7月任济南皮鞋厂党总支书记；1973年7月至1979年3月任济南皮革公司党委副书记；1979年3月至1980年12月任槐荫区委副书记、革委会副主任；1980年12月至1984年9月任槐荫区委、区人大常委会副书记、主任；1981年3月至1984年9月任区人大常委会党组书记；

1984年9月离休。1995年9月20日逝世。

颜锡笙（1922—1996） 男，槐荫区张庄村人。1945年8月参加革命工作，同年9月加入中国共产党。历任辽西省锦县卫戍司令部工人教导团队长、指导员，热河省新东县武委会政治股长、县政府民教科长兼秘书，第二十一军分区独立四团供给处副主任。新中国成立后，曾任南下工作团三分团一大队总务股长，中南军政大学第二分校供给处军械股长，第二十二步兵学校校务部管理科副科长，广州军区第四政治干校营房管理科科长，第一政治学校校务部管理处副处长、处长等职。曾受嘉奖、荣立三等功各一次。1972年8月，受到错误处理，被遣送回原籍。1978年11月，予以平反，由复员改为退休，后改为离休。离休后利用自己掌握的食用菌培植技术带领农民脱贫致富，为发展农村经济做出突出贡献。1986年，被授予山东省农业劳动模范、全国优秀共产党员称号。先后获省、市优秀共产党员，市劳动模范，全国老有所为精英奖，全国老干部先进个人，市文明市民标兵等称号。1987年，当选为中共十三大代表。1996年8月9日病逝。

崔剑平（1971—1997） 男，济南市人。6岁就读于济南市槐荫区槐南小学。1989年，山东省实验中学高中毕业，同年考入上海复旦大学。1993年和1996年，先后获微生物专业学士学位和生物遗传工程专业硕士学位。1996年8月，赴美国新泽西医学院留学，攻读博士学位。1997年9月2日，参加学校学生会组织的郊游活动时，因抢救一溺水中国学生而不幸牺牲。1998年4月6日，山东省人民政府批准崔剑平为革命烈士。

辛竞涛（1917—1998） 男，山东省莱阳市人。济南第三十七中学原校长、党支部书记。青少年时代求学于莱阳、济南等地。1937年1月投身革命，加入中国共产党领导的抗日民族先锋队。1938年5月始，在胶东区党委军事部、青年部任文书，南海军分区司令部任参谋等职。1942年后，曾在海阳、莱阳任小学校长，在莱东各救会、五龙县武装部任秘书、股长等职。1947年6月，加入中国共产党。1948年8月后，先后任山东省团训班团支部书记、济南成通纱厂团支部书记、济南市纺织业团委书记。新中国成立后，历任济南市学校党委干事、济南市教育局副科长。1957年11月后，历任济南市槐荫区机关业余学校校长，济南第三十七中学校长、党支部书记等职。1983年4月，离职休养。1998年10月9日，在济南病逝。

刘茂儒（1932—2001） 男，1932年8月出生，汉族，山东省章丘人，初中学历，1949年12月参加工作，1955年3月加入中国共产党。

1949年12月至1950年5月任济南市公安局清道队队员；1950年5月至1953年3月任济南市城建局卫生工程队队员；1953年3月至1955年4月任济南市城建局卫生科通讯员、团干部；1955年4月至1956年1月任济南干部疗养院党总支干事；1956年1月至1956年3月任济南市卫生局党委宣传科干事；1956年3月至1958年2月任中共济南市槐荫区文教部干事；1958年3月1959年3月任中共槐荫区委审干办公室副组长；1959年4月至1960年1月中共槐荫区委组织部干事；1960年2月至1961年8月任中共槐荫区委审干办公室副主任；1961年8月至1961年12月任中共济南市槐荫区文教部副部长；1961年12月至1965年1月任共青团槐荫区委书记；1965年1月至1965年5月任槐荫区人委劳力办公室副主任；1965年5月至1966年5月任槐荫区人委劳动科科长；1966年5月至1966年12月任槐荫区人委文化科科长；1966年12月至1969年11月在槐荫区五七干校劳动；1969年11月至1971年6月任东风胶木制品厂革委主任；1971年6月至1976年11月先后任槐荫区文体革委主任、中共槐荫区委宣传组副组长；1976年11月至1979年1月任槐荫区体委副主任、办公室主任；1979年1月至1980年12月任槐荫区革命委员会副主任；

1980年12月至1984年4月任槐荫区政府副区长（1981年3月至1984年4月为区政府党组成员）；1984年3月任中共槐荫区委统战部部长；1984年4月至1990年3月任政协槐荫区委员会副主席；1990年3月至1994年5月任政协槐荫区委员会主席。1994年5月离休。2001年2月12日逝世。

王忠堂（1929—2001） 男，山东省海阳市人。1945年2月,参加革命工作。1946年9月，加入中国共产党。先后任胶东公安局特务队战士、文书，胶东公安局武工队文书，华东建大教导团一营部文书，济南特别市政府公安局秘书室文印员，十一分局侦保股侦讯干事。新中国成立后，历任济南市公安局十一分局第八派出所副所长，市公安局人事处科员，济南市人民检察院办公室秘书、副主任、主任、三科副科长、科长、检察员、检察委员会委员、党组成员，中共济南市人委机关党委常委，济南市槐荫区检察院检察长，中共济南市槐荫区监察组委员，济南市槐荫区革委会文教组组长，济南市革委政法办公室工作员，济南市中级人民法院副院长、党组成员。1983年4月，任济南市中级人民法院院长、党组书记。1988年1月，当选为济南市第十届人大常委会副主任、党组成员、法制委员会主任委员，曾任济南市老龄委员会主任、名誉主任。曾当选为济南市第九、十、十一届人民代表大会代表，中共济南市第四次代表大会代表、第四届市委委员。2001年9月27日，在济南病逝。

张　扬（1917—2002） 男，山东省阳谷县人。1937年9月参加革命，1938年9月加入中国共产党。抗日战争时期，历任鲁西战地服务团团员，中共费县大五区区委书记，中共鲁南三地委组织部干事、科长兼机关总支书记，中共泰宁县组织部部长、县委常委，中共山东分局济南工委组织委员等职。解放战争时期，历任中共蒙山县委常委、组织部长，中共济南特别市第七区（槐荫区）区委书记，中共济南市委党训班主任等职。新中国成立后，历任中共济南市委组织部副科长、科长、副部长、部长，中共济南市委常委，市纪委常务书记兼市委党史资料征集研究委员会常务副主任，济南市第九届人大常委会副主任、党组成员等职。当选中共山东省第一、四次代表大会代表，济南市第六、八、九、十届人民代表大会代表。1986年12月离休。2002年2月2日，在济南病逝。

人物简介

秦孟黄 男，原名秦鸿勋。1918年2月12日出生。山东省滕州市秦庄人。1946年参加革命工作。1946—1948年，在中共中央华东局领导下，先后在徐州、兖州、滕县、南京等地，以国民党军少校副官等身份，在国统区开展民主运动、分化瓦解国民党、营救被捕革命同志、护送禁运物资等工作，是华东联络部滕县临时特派员。1948年，在济南战役中，秦孟黄与李勇烈等成功策动国民党高级将领吴化文起义，使济南西郊飞机场得以保存，为解放济南作出突出贡献，受到鲁南军区和华东局领导张雄、张光中、张劲夫、舒同、刘贯一等领导的接见。1952年，秦孟黄由山东分局统战部和山东省政协介绍到济南市教育局，被派到济南私立崇新中学（济南市第十九中学前身）任历史教师,教导处副主任。1985年，应中央组织部刘贯一邀请，撰写解放战争时期有关他在徐州、滕县和鲁南一带敌工工作回忆录。在两年时间内完成《回顾王道同志》《回忆刘子衡同志》《孙墨佛先生事略》《滕县民主运动始末》等数篇回忆文章,留下珍贵的史料。1990年离休。

金志忠 男，回族，1929年出生。槐荫区段店镇小金村人。1944年参军，在齐河情报站任情报员。1945年，在鲁西回民大队为马孟良参谋长做警卫员。1946年，回民大队整编为鲁西军分区基干一团一营，曾经多次在齐河、长清、泰安等地参加战斗。1948年，因回家为父处理后事，与部队失去联系，随回家务农。1949年，加入青年团组织。1951年，参加中国人民解放军，在济南公安总队工作，荣立三等功两次。1956年转业，担任地方工作。1961年，担任小金村党支部书记，带领小金村村民艰苦创业，摆脱贫困，把一个落后村改变成为家家有余粮，户户有存款的富裕村。1979年，被评为济南市群英会劳动模范。1980年，被评为济南市郊区模范党员。1981年，被授予济南市改革开放模范党员。1981—1983年，连续3年获济南市郊区模范党员称号。1982年、1987年，两次被评为济南市模范党员。1992年，获济南市“双拥共建先进个人”称号。曾当选全国第六、七届人大代表，济南第九、十届市人大代表，济南市人大常委会委员、常委，槐荫区第十一、十二、十三届人大代表。

郑凤荣 女，1937年出生。章丘市水寨镇狮子口村人。身高1.70米，就读于济南市第二十中学。1953年，首次代表山东队参加华东区第一届田径运动会，跳高以1.38米获第二名，跳远以4.76米获冠军；同年被选入国家田径集训队。1954年，参加全国十三城市大中学生田径运动会，以1.45米的成绩打破全国女子跳高纪录。1957年，她在柏林国际田径比赛中，以1.72米的成绩获得第一名；11月17日，在北京田径比赛中，以1.77米打破由美国运动员M•麦克丹尼尔保持的1.76米的世界纪录，成为全国第一位打破田径世界纪录的运动员，也是1936年以来亚洲第一位打破田径世界纪录的运动员。1959年，获国家体委颁发的体育运动荣誉证章。1979年起，任中国田协副主席。1964年，当选为第三届全国人民代表大会代表。1978年、1983年，任第五届、第六届全国政协委员。英国《吉尼斯田径全书》对郑凤荣有所介绍，并刊登她的照片。1984年，被评选为中国建国35年来优秀运动员之一。1987年10月，获国际田联颁发的“国际田联75周年金质纪念章”。1988年，任中华全国体育总局副秘书长。1995年5月15日，郑凤荣获国际奥委会授予的奥林匹克银质勋章。

刘振华 女，1955年2月出生。槐荫区演马村人。2002年12月，加入中国共产党。1977年7月，济南卫校护理专业毕业，分配到济南市皮肤病防治院工作，先后担任主管护师，副主任护师，院长助理，住院部主任。1995年，获济南市百名优秀护士称号。多次获济南市卫生系统先进个人称号。2004年1月，获马海德基金会马海德奖；同年，被授予济南市劳动模范、济南市卫生系统优秀共产党员、山东省优秀共产党员、第六届文明市民标兵、济南十大杰出职工称号；获山东省红十字会博爱勋章。2005年3月，被市妇联授予三八红旗手称号；5月，获山东省省总工会授予的省富民兴鲁劳动奖章；6月，获红十字会国际委员会第四届南丁格尔奖章；12月，获省第十届职业道德双十佳标兵、省十大新闻人物。2006年3月，获全国三八红旗手称号。

李茂年 男，1962年12月出生，章丘市人。中国社会科学院研究生院研究生，北京大学光华管理学院工商管理硕士，中国商业政策研究会特约研究员，济南市商业联合会会长。1984年，任济南市百货公司西市场商场（济南华联商厦前身）副经理。1986年，任经理。1989年，任济南西市商场总经理。1992年，任济南华联商厦总经理。1994年，任济南华联商厦股份有限公司董事长、总经理、党委书记。1995年，任济南华联商厦集团股份有限公司董事长、总裁、党委书记。1996年，获“山东省第五届优秀青年企业家”称号。1999年，被山东省总工会授予“富民兴鲁劳动奖章”。2000年5月，被人事部、国家国内贸易局授予“全国内贸系统劳动模范”

称号。2002年，兼任济南嘉华购物广场集团股份有限公司董事长。2006年1月，被中国商业联合会、中国财贸轻纺烟草工会评为“2005年全国商业服务业十佳经营者”。2006年5月，获“全国五一劳动奖章”；6月，被中共济南市委评为“优秀共产党员”。

张业爱 女，1963年出生，西市场街道辖区北大寺社区人。1997年下岗，时年34岁。下岗后自谋职业卖水果蔬菜。一次偶遇一中年妇女钱包被偷，坐地号啕大哭，伤心无助的眼泪震撼张业爱，促使她愤而开始“怀揣遗书、义务擒贼”的十年壮举。1998年9月，首次成功抓获小偷，帮失主抢回2400元。至2006年，义务协助公安机关抓获抢包、盗窃、抢夺金项链、偷盗摩托车、电动车团伙嫌疑人161人，向公安机关提供重大破案线索180余条，协助公安机关破获刑事大案50余起，为群众挽回经济损失30余万元，被人们誉为“泉城女侠”。2002年3月，被省妇联授予“山东省三八红旗手”称号。2003年12月，被省综治委授予“山东省见义勇为十佳公民”称号。

兰珍妮 女，1987年4月2日出生。一岁半时因病致聋。为了让女儿学会说话，父母毅然辞去工作，从山东龙口迁至济南槐荫区，陪着孩子开始漫漫语训路。半年后，兰珍妮终于发出“妈——妈——”的声音。经过5年艰苦的语训，兰珍妮达到聋儿三级康复标准，并可以通过眼睛看对方口型，与正常人进行对话交流。1995年9月1日，在区残联帮助下，她成为经二路小学的一名学生，得到社会各界对她的关心和爱护。学校开展“教珍妮一句话”活动；共青团市委在社会上开展向兰珍妮献爱心活动；一些大学生志愿者担当起她的业余家庭教师。1998年6月1日，珍妮成为全国“第三届宋庆龄奖学金”获得者，并把奖学金全部捐给贫困生陈玉。1999年10月13日，她作为“第六届全国十佳少先队员”在北京人民大会堂受到国家领导人胡锦涛的接见。2001年，兰珍妮在济南泉城广场举办一个特殊的拍卖会，她把亲手绘制的50幅国画作品进行现场义卖，共拍得2.7万余元。兰珍妮将其中8000元，现场捐助从山西、甘肃、陕西、内蒙古请来的4名贫困学生，帮助他们完成小学学业；余款1.9万元捐给山东省希望工程。2002年，她被联合国和中国青少年发展基金会评为“第三届国际少年儿童消除贫困奖”一等奖。2003年7月，兰珍妮作为一名优秀聋人共青团员当选为共青团第十五次全国代表大会代表，并为大会献上巨幅绘画《四面荷花三面柳》。

人 物 表

全国劳动模范和全国先进工作者人物表

表18-1

姓名	性别	工作单位	职务	表彰时间
朱成汉	男	济南第二机床厂	造型师	1989
卢信义	男	济南市第二人民医院	副院长	1995
丁小秋	男	济南市儿童艺术剧院	院长兼党委书记	2000
张　华	男	济南市第二人民医院	副院长	2005

全国五一劳动奖章人物表

表 18-2

姓名	性别	工作单位	职务	表彰时间
卢信义	男	济南市第二人民医院	副院长	1990
彭佐生	男	济南市第三运输公司	驾驶员	1991
张　建	男	济南第二机床厂	班长	1993
宋铭福	男	济南二机床集团有限公司大型压力机厂	工人	1998
张广祥	男	济南市公安局槐荫分局刑警大队	侦查员	2001
张　华	男	济南市第二人民医院	副院长	2004
江秀花	女	济南二机床集团有限公司机械设计室	主任	2006
李茂年	男	济南华联商厦集团股份有限公司	党委书记、董事长	2006

山东省劳动模范人物表

表 18-3

姓名	性别	工作单位	职务	表彰时间
彭佐生	男	济南市第三运输公司	驾驶员	1989
李献庭	男	济南水泥厂	工人	1989
朱成汉	男	济南第二机床厂	厂长	1989
卢信义	男	济南第二人民医院	副院长	1989
吴丁元	男	山东省济南第九中学	教研组组长	1989
王玉贞	女	济南人民商场	—	1992
张　建	男	济南第二机床厂重型压力机车间	班长	1992
张德贵	男	济南市匡山肥料厂清除二队	班长	1992
牛继胜	男	山东水泥集团公司	—	1993
赵其魁	男	济南市槐荫区张庄路街道金龙集团	总经理	1995
李　鹏	男	济南振达企业集团总公司	总经理	1995
张宝玮	男	济南第二机床厂	厂长	1995
翟卫民	男	济南黄海水泥有限公司	驾驶员	1995
赵维君	男	济南市社会福利院	理发员	1995
王　平	男	济南市槐荫区房产管理局第四公房管修所	所长	1998
宋铭福	男	济南二机床集团有限公司大型压力机厂	工人	1998
郭广霞	女	山东华联商厦股份有限公司针纺商场	营业员	1998
杨素范	女	山东省济南第九中学	教师	1998

续表 18-3

姓名	性别	工作单位	职务	表彰时间
于新明	女	济南市第五人民医院	副院长	1998
李　超	男	济南市公安局槐荫区交警大队经七路中队	副中队长	1998
陶爱菊	女	济南市公安局槐荫分局经济犯罪侦查大队	政委	2003
章建东	男	济南市槐荫区市政工程管理养护处	处长	2003
姜　甦	男	济南市槐荫人民医院	院长	2003
王志宏	男	济南机车车辆厂	电焊工	2003
张　华	男	济南市第二人民医院	副院长	2003
姜同义	男	济南二机床集团有限公司	工会主席	2003

山东省富民兴鲁奖章一览表

表 18-4

姓名	性别	工作单位	职务	表彰时间
穆忠明	男	济南第五棉纺织厂织布分厂保全队	队长	1990
刁玉聪	男	济南第二制药厂动力车间维修班	班长	1990
张德贵	男	济南市匡山肥料厂清除二队四班	班长	1990
梁美玉	女	济南市第三运输公司汽车二队	工人	1990
杨介林	男	济南市半导体四厂设备科锅炉班	班长	1990
孙奎元	男	济南市第五人民医院	工会主席	1990
张道源	男	济南起重设备总厂	厂长	1990
康玉宝	男	济南试验机厂大件车间	工人	1991
杨国强	男	济南匡山肥料厂清除一队四班	班长	1991
冯盛茂	男	济南市槐荫区振兴街街道	副主任	1991
李　鹏	男	济南市振达企业集团总公司	总经理	1993
路玉琴	女	济南第二机床厂设计处	工程师	1994
李文贵	男	济南市第三运输公司第二分公司	驾驶员	1994
李嘉奉	男	山东省济南卫生学校	校长	1994
张宝玮	男	济南第二机床厂	厂长	1994
张德海	男	济南市槐荫汽车运输一队	驾驶员	1996
刘冬英	女	济南机车车辆厂备料车间小件电炉班	—	1996
姜同义	男	济南机床二厂工会	—	1996
江秀花	女	济南二机床集团有限公司技术开发部	科长	1999
杨　波	女	济南东风制药厂供销公司	营销员	1999

续表 18-4

姓名	性别	工作单位	职务	表彰时间
陈茂东	男	济南民天面粉有限公司技术开发中心	—	1999
夏丽华	女	济南市工商银行槐荫支行经二路纬十二路储蓄所	主任	1999
张　华	男	济南市第二人民医院眼科	主任	1999
李茂年	男	济南华联商厦集团股份有限公司	党委书记、董事长	1999
任振萍	女	济南市粮食局槐荫分局二六粮店	经理	1999
齐玉国	男	济南试金集团有限公司中小件车间	工人	2000
郝兆兴	男	济南豪达摩托车有限公司	董事长、总经理	2000
姜希河	男	济南二机床集团有限公司金切机床厂中件车间	班长	2001
王志宏	男	济南机车车辆厂转向架车间	班长	2001
韩光财	男	中国农业银行济南市槐荫区支行信贷管理部	经理	2001
姜　甦	男	济南市槐荫人民医院	党委书记、院长	2001
陶爱菊	女	济南市公安局槐荫分局经保科	科长	2001
付联群	男	济南市槐荫区房产物业五所	所长	2002
田　红	女	济南市粮食局槐荫区分局粮油供应连锁中心店	经理	2002
王佳训	男	济南广友物流配送集团有限公司	党委书记、董事长	2004
陈锡忠	男	济南华联商厦集团股份有限公司	执行总裁	2004
王延璞	男	北车集团济南机车车辆厂铸造分厂	班长	2004
陶东方	男	济南市公安局交警支队槐荫区大队	副中队长	2004
杨宗炎	男	济南市儿童艺术剧院	副院长	2004
田兆彬	男	中国北车集团济南机车车辆厂内燃分厂铆工班	班长	2005
房　旭	男	中国农业银行济南市槐荫区支行	行长	2005
李阿金	女	济南市槐荫区国土资源局	局长	2005
邹景泉	男	济南市平安建筑集团有限公司	董事长	2005
张志刚	男	济南二机床集团有限公司	党委书记、董事长	2005
孙德军	男	中国北车集团济南机车车辆厂总装车间交车班	班长	2006
刘　伟	女	济南市社会福利院	保育员	2006
黄　勇	男	济南市公安局槐荫分局经侦大队	侦探员	2006

济南市劳动模范一览表

表 18-5

姓名	性别	工作单位	职务	表彰时间
李凤娟	女	济南机电设备集团公司	—	1990
黄家萍	男	济南黄河路桥公司	—	1990
张洪齐	男	济南市槐荫区人民检察院	副检察长	1990
马符庆	男	济南槐荫食物公司联益食物店	业务员	1990
张士水	男	济南市槐荫区环境卫生管理所汽车队	驾驶员	1990
张胜勇	男	济南市槐荫区汽车运输二队	驾驶员	1990
范正齐	男	济南市槐荫区教育委员会	办公室主任	1990
王汝桐	男	济南市槐荫人民医院经三路门诊部	主任	1990
苏振芳	男	济南市槐荫区吴家堡镇美里庄	养鱼专业户	1990
王泽智	男	济南市槐荫区段店镇大金庄办事处	主任	1990
潘庆刚	男	济南市槐荫区段店镇农业委员会	主任	1990
于富铭（于富明）	男	槐荫区张庄路街道大饮马村	农民	1991
李茂年	男	济南华联商厦	总经理	1994
郝兆兴	男	济南市剪切设备厂	模具班班长	1994
王永伟	男	济南信康医药有限公司	董事长兼总经理	1997
王　平	男	槐荫区房产管理局槐荫房管所	瓦工班班长	1997
张德海	男	济南市槐荫汽车运输一队	驾驶员	1997
崔昌印	男	槐荫区环卫局	清运员兼司机	1997
王建国	男	槐荫区人民法院	党组书记、院长	1997
吴秀兰	女	济南市北小辛庄小学	党支部书记、校长	1997
路美荣	男	槐荫区蔬菜技术推广站	农艺师	1997
费玉兰	女	济南华联商厦集团股份有限公司	工会主席、副总裁	1997
李庆林	男	济南峨嵋滑动水口长厂	厂长	1997
赵念昌	男	槐荫区段店镇彭庄	党支部书记	1997
付联群	男	济南市槐荫区房产管理局第五公房管修所	所长	2000
祝天勇	男	山东段店集团总公司	总经理	2000
姜　甦	男	济南市槐荫人民医院	院长	2000
徐纪云	女	济南市槐荫区教育委员会	工会主席	2000
陈锡忠	男	济南华联商厦集团股份有限公司	副董事长、副总经理	2000

续表 18-5

姓名	性别	工作单位	职务	表彰时间
张立全	男	济南市民营科技产业园房地产开发公司	总经理	2004
李兆德	男	济南市槐荫人民医院	外科主任	2004
毕立军	男	济南市公安局槐荫分局刑警大队	民警	2004
金 岩	女	济南市公安局槐荫分局五里沟派出所	所长	2004
房 旭	男	中国农业银行济南市槐荫区支行	行长	2004
连世游	男	济南大地汽车出租有限公司	总经理	2004
李阿金	女	济南市槐荫区国土资源局	局长	2004
周长娥	女	济南市槐荫芙蓉烧鸡店	经理	2004
王旭宁	男	山东九阳小家电有限公司	总经理	2004
郭宝江	男	济南市槐荫区张庄路街道刘庄村	主任	2004

槐荫区教育系统获省级以上表彰人物表

表 18-6

姓名	性别	工作单位	职务	表彰时间及名称
贾万贞	女	济南市中大槐树辅读学校	书记、校长	1993 年被国家教委、人事部授予全国教育系统劳动模范称号
马晓玲	女	济南市纬九路小学	校长	1995 年被国家教委、人事部授予全国教育系统劳动模范称号，同年被省政府授予省特级教师称号
郭士宽	男	济南机车中学	教师	1989 年被国家教委、人事部、全国教育工会授予全国优秀教师称号
张 恂	女	槐荫区实验幼儿园	园长	1991 年被国家教委、人事部授予全国优秀教师称号
刘 跃	男	槐荫区吴家堡教委	少先队总辅导员	1993 年被国家教委、人事部授予全国优秀教师称号
李 华	女	济南第十九中学	教师	1995 年被国家教委、人事部授予全国优秀教师称号
胡天琳	男	段店镇田庄中学	校长	1995 年被国家教委、人事部授予全国优秀教师称号
焦兴旺	男	济南第六十三中学	副校长	1998 年被教育部、人事部、全国教育工会授予全国优秀教师称号
董庆峰	男	禹城铁路学校	教务主任	1999 年被教育部、人事部、全国教育工会授予全国优秀教师称号
张伊凡	女	济南第三十五中学	校长	2001 年被教育部、人事部授予全国优秀教师称号
朱宁刚	男	槐荫区教育局	少先队总辅导员	2004 年被团中央、教育部、人事部、少工委授予全国优秀辅导员称号
张梅奇	女	济南市营市东街小学	大队辅导员	1991 年被国家教委基础教育司、团中央少年部、全国妇联儿工部授予全国“心中有祖国、心中有他人”主题教育活动优秀组织工作个人奖
吴秀凤	女	济南市北小辛庄小学	校长	1993 年、1995 年被中国少年先锋队国家工作委员会、中国少年报社授予全国队报优秀工作者称号
夏玉华	女	济南市营市东街小学	校长	1996 年被国家教委、全国妇联授予全国家庭教育优秀园丁称号
王儒征	男	济南第二十中学	教师	1994 年被省政府授予特级教师称号

续表 18-6

姓名	性别	工作单位	职务	表彰时间及名称
徐　康	女	济南第三十五中学	教师	1998 年被省政府授予特级教师称号
刘春青	女	济南市小辛庄小学	教师	2002 年被省政府授予特级教师称号
王恩芝	女	槐荫区实验幼儿园	园长	2002 年被省政府授予特级教师称号
邓名华	女	济南第十二中学	教师	2006 年被省政府授予特级教师称号
陈成瑞	男	济南第九职业中等专业学校	教师	1989 年被省人事厅、省教育委员会授予省优秀教师称号
田福裕	女	济南市德兴街小学	校长	1989 年被省人事厅、省教育委员会授予省优秀教师称号
王常辉	男	济南市小辛庄小学	教师	1989 年被省人事厅、省教育委员会授予省优秀教师称号
于艳珍	女	济南市南辛庄小学	教师	1991 年被省人事厅、省教育委员会授予省优秀教师称号
姜玉贵	男	济南第九职业中等专业学校	副校长	1991 年被省人事厅、省教育委员会授予省优秀教师称号
张　怡	男	济南第十二中学	教师	1993 年被省人事厅、省教育委员会授予省优秀教师称号
赵荣华	男	济南育华中学	教师	1993 年被省人事厅、省教育委员会授予省优秀教师称号
徐淑轩	女	济南第十二中学	教师	1995 年被省人事厅、省教育委员会授予省优秀教师称号
杨衍波	男	济南槐荫中学	教师	1995 年被省人事厅、省教育委员会授予省优秀教师称号
王庆忠	男	济南市美里湖第二小学	教师	1995 年被省人事厅、省教育委员会授予省优秀教师称号
吴秀兰	女	济南市北小辛庄小学	书记	1995 年被省人事厅、省教育委员授予优秀教育工作者称号
井立英	女	济南第十四职业中等专业学校	教师	1997 年被省人事厅、省教育委员会授予省优秀教师称号
张昭华	女	济南市纬十路小学	教师	1997 年被省人事厅、省教育委员会授予省优秀教师称号
郝秀炎	女	济南市德兴街小学	教导主任	1997 年被省人事厅、省教育委员会授予省优秀教师称号
吴贯斌	男	济南第十二中学	校长	1995 年被省人事厅、省教育委员会授予优秀教育工作者称号
战振华	女	济南市经二路小学	教师	1999 年被省人事厅、省教育委员会授予优秀教育工作者称号
刘志英	女	济南第十九中学	副校长	1999 年被省教育委员会授予省教学能手称号 2001 年省人事厅、省教育厅授予省优秀教师称号
张　馨	女	济南市纬九路小学	副校长	2001 年被省人事厅、省教育厅授予省优秀教师称号
张晓梅	女	济南第十九中学	教师	2004 年被省人事厅、省教育厅授予省优秀教师称号
钟　欣	女	济南第二十中学	教师	2004 年被省人事厅、省教育厅授予省优秀教师称号
张立新	女	济南市小辛庄小学	教师	2004 年被省人事厅、省教育厅授予省优秀教师称号

附 录

FU LU

槐荫区志

1989—2006

前志提要

1982年，区政府办公室着手筹备启动《槐荫区志》编修工作。1984年成立区志编纂委员会和区志办公室，编修工作全面铺开。全区所属59家单位150余人参与修志，累计收集整理资料1000余万字、图片725幅，编写分志50余部，历时十载，数易其稿，于1993年底定稿，1994年8月由济南出版社出版。全书42.8万字，16开精装本，共印1500册。槐荫区旧为历城县属地，《槐荫区志》为首部区志。1996年，《槐荫区志》在国家新闻出版署印刷司组织的图书评奖活动中，被评为国家优质图书。

区志上限1904年，有些史事适当上溯；下限止于1989年。全书采用编章节目体，以概述通摄全志，以大事记为主线，全书设地理、经济、城市建设、政治、文化、社会6编，编下设政区、自然地理、人口·民族、工业、农业、商业、交通·运输、财税·金融·保险、综合经济管理、粮油、煤炭·燃气、市政建设、园林·绿化、环境卫生、房地产、公用事业、邮政·电信、环境保护、中国共产党槐荫区地方组织、权力机关、行政机关、政协机关、民主党派、群众团体、政法、军事、教育、科技、卫生、体育、文化艺术、档案、文物、民政、宗教·侨务、人民生活、民间习俗、社会新风38章、170节，后附人物、附录和编后记。正文前有政区图、城区街巷图、第七区街巷图（1948年）各一幅，照片60余幅以及序言和凡例。

槐荫区地处鲁中山区与鲁北平原的过渡地带，北濒黄河，南依历城区、市中区，东邻天桥区、市中区，西接长清区。地理坐标：北纬36° 37′～36° 45′，东经116° 47′～116° 59′。全区行政区划总面积151.48平方千米。辖区地势南高北低，西高东低，主要分布有刘长山、丁字山、腊山、卧牛山、峨嵋山、匡山等山丘；黄河、小清河、玉符河从境内流过，水资源丰富。1955年，将以槐树命名的街巷较多的第六区改名为槐荫区。1989年，辖区共有路、街、里、巷134条，辖2个镇、11个街道办事处，约34万人。

槐荫区盛产粮食、蔬菜，林果和养殖业发达，是济南市重要的副食品基地之一。1904年前，辖区为农区，西部地区以种粮为主，东部地区多种蔬菜。新中国成立后，经过生产关系变革和大规模农田水利建设，蔬菜种植面积迅速扩大，粮食、蔬菜产量逐步增长。20世纪60年代，引黄种稻成功，彻底解决群众吃饭问题。1978年后，实行家庭联产承包制，大搞多种经营，农林牧副渔全面发展，逐步成为济南市重要的副食品生产基地。1989年，全区有耕地4473.33公顷。其中粮田3400公顷，总产3.14万吨；菜田1073.33公顷，总产8.5万吨。段店、吴家堡两镇分别被列为济南市7个蔬菜保护栽培基地之一和4个水生菜基地之一。全年农村经济总收入5.33亿元。

1904年济南开埠后，辖区以手工业生产作坊为主的私营工业逐步兴起。1910年，清政府建立津浦铁路局济南机器厂。此后，制革、地毯纺织、家庭织布等作坊和建材业相继出现。20年代，相继建起机器铁工业、榨油业等民族工业。30年代，火柴业迅速崛起。40年代，机器铁工业、化学染料业、砖瓦石灰业、织布业等迅速发展起来，私营工业、手工业增加到79家。济南解放初，官僚资本企业收归国有，私营工业、手工业得到恢复发展，辖区成为济南市中小型工业企业及小手工业较集中的地区之一。中共十一届三中全会后，街道工业发展迅速，低压锅炉、化工和机器产品在全市区街工业中占有一定优势。1989年，区属企业406家，全年总产值40175万元。辖区以济南机车工厂、济南第二机床厂、济南试验机厂等大中型企业及济南槐荫化工总厂、济南槐荫低压锅炉厂、济南剪切设备厂等小型企业为核心，构成济南市西南工业区。

济南开埠后，中外商人云集，以“萃卖场”（1909）、“商埠第一楼”（1917）和西市场（1928）相继建成开业为标志，商业兴旺发达。30年代末期，辖区有“雪地银都”之称。日军侵占济南后，商业逐渐萧条。济南解放后，商业发展迅速。“文革”期间，国营商业全面占领市场，合作商社受到限制，个体商户取缔。1978年后，开放市场，个体商户逐渐恢复，发展迅速。1989年，区属商业网点4500个（国营21个、集体1777个、个体2702个），从业者（职工）近2万人，总营业额4.85亿元。全区有市场12处、商场3处、集市8处，城区商业网点主要分布于经二路、经四路、经七路、纬十一路、纬十二路等地。

槐荫文物遗存较多，共有文物保护单位17处。有济南地区发现最早的文化遗址田家庄遗址，有“襄公十九年（前554）……诸侯盟于祝柯”（《春秋·左传》载，春秋时期称祝柯）的祝阿古城遗址，有节孝感天动地的“孝女坊”（五里牌坊），有佛教、伊斯兰教、基督教的寺院、教堂遗址和古建筑多处。有北齐宜阳国太妃傅华墓，明代张尚斋墓；有济南地区发现的碑座之王，元代墓碑座——龟趺。峨嵋山，清初始建大悲寺，清道光十四年（1834）《长清县志》载其山有内四景、外八景。匡山，为齐烟九点之一，金代前建有“李白读书堂”，现山腰立有“太白读书处”石刻。中共津浦铁路济南机车工厂党支部旧址是辖区第一个党支部诞生地，青年公园有“四五”烈士纪念碑，位于经三纬六路的济南饭店是1946年周恩来视察军事调处部济南执行小组纪念地。

槐荫交通运输发展迅速。济南解放前，运输以人力、畜力为主，城区道路多为石板路、碎石路和土基路。新中国成立后，市政建设步伐加快，先后改建、新建部分市区道路。1958年，中国民航张庄机场济南航空站建立。60年代，逐步实现机动板车、拖拉机、汽车运输，人力车逐步减少，道路路面向沥青化发展。70年代，汽车逐步成为主要运输工具，道路路面基本实现沥青化。1982年，济南西编组站建成，为济南铁路枢纽的主要编组站。1989年，全区道路总长达73.2千米，公共汽车线路增至11条，区运输公司有货运汽车220辆；济南火车西站日均编解列车9800辆，张庄机场有7条民航航线及3条联航航线通航。

新中国成立后，槐荫教育、科技、文化、卫生、体育事业全面发展。1989年，辖区共有各类学校（含幼儿园）178所，教职工6254人，在校生（含幼儿）55553人。国家划拨教育经费达834.1万元。至1989年，全区取得科研成果78项，其中填补省内空白15项，国内空白23项；达省内先进水平10项，国内先进水平18项，国际先进水平8项。全区共有科研机构15处，专业技术人员4859人；有机械工业部济南铸造锻压机械研究所、省电力试验研究所、省肿瘤防治研究院、济南市机械研究所等中央、省市属科研机构10处。济南解放后，先后建立区文化馆、街道办处事文化站、图书室，成立文艺团体。1989年，全区有文化馆1处，文化站和文化中心各13处，文化室109处，文化点13处，群众文化组织3个；有业余文艺创作人员255名。有济南市吕剧团、济南市杂技团等驻区市级文化单位7家。50年代，逐步建起区妇幼保健站、槐荫人民医院、区卫生防疫站、街道办事处和乡镇卫生院等区管卫生专业机构。至1956年，卫生专业机构79家。1989年，全区共有卫生事业机构150家（含驻区机构55家），有病床2975张，卫生技术人员5036人。全区体育事业不断发展，设施不断完善。1989年，全区有学校业余体育队伍705人，老年业余门球运动员500余人，裁判员170人。

新中国成立前，人民生活普遍贫困，住地窨、窝棚、土坯草房；吃杂粮，伴以糠菜，在饥饿线上挣扎。灾荒年月外出讨饭、卖儿卖女、冻饿而死时有发生。新中国成立后，党和政府积极发展生产，人民生活逐步改善。中共十一届三中全会后，经济发展加速，人民生活水平不断提高。1989年，区财政总收入4677万元，区得财力2453.1万元，支出2451.8万元。职工人均工资1680.35元，农民人均收入850元。城乡人民住房条件明显改善，自行车、缝纫机、钟表、电风扇、洗衣机、电冰箱、电视机、照相机、录音机等进入普通家庭。

重要文件选录

中共槐荫区委　槐荫区人民政府
关于印发《槐荫区加快新城区城市化进程试行方案》的通知

各街道办事处、镇、区直有关部门：

随着城郊农村经济的发展和城乡一体化进程的加快，我区近郊四个新建街道办事处区域的经济发展框架、产业布局、旧村改造及村民的生活方式、生活质量正在与城市接轨，其经济、社会生活日益与城市融为一体。为适应城市向西延伸的需要，促进全区经济建设和各项社会事业的持续发展，实现省委提出的济南五年大变样的目标，必须加快新城区的城市化进程。为此，区委、区政府在组织广泛调研和论证的基础上，确定了加快城市化进程的工作思路，制定了《槐荫区加快新城区城市化进程试行方案》，现予以印发。望有关办镇、部门根据此方案的要求，高度重视，统盘运筹，精心组织实施。

附：槐荫区加快新城区城市化进程试行方案

槐荫区加快新城区城市化进程试行方案

随着城郊农村经济的迅速发展和城乡一体化进程的加快，我区近郊农村的经济发展框架、产业布局、旧村改造以及村民的生活习惯、生活环境都逐步与城市接轨，其经济、社会生活与城市日益融为一体，并向农村腹地辐射延伸。为适应城市向西延伸的需要，促进全区经济建设和各项社会事业的持续发展，必须加快新城区的城市化进程，逐步实施现行农村管理体制的转轨，建立和完善以街道办事处、居委会为主要特征的城市管理体制，实现与市区社区建设的有机融合和同步发展。

一、新城区城市化的指导思想

加快新城区城市化进程，是实施市委、市政府“东西两翼展开”发展战略、实现济南五年大变样的重要步骤，是全区经济和社会发展到现阶段城市向西延伸的必然趋势，是以加强和完善社区建设为主要内容的区街体制综合改革向新城区的延伸，是一项系统的社会工程，政策性强，涉及面广。其指导思想是：把推进新城区城市化进程列入区街体制改革的重要内容，在全面调研、摸清新城区基本情况的基础上，以完善新建住宅小区的管理、建立和规范居委会为切入点，以实施社区建设为基本内容，以加快经济建设和社会事业的发展为目标，本着先易后难、先抓小区后抓其他的原则，上下结合，积极稳妥，大胆推进。

二、突出街道办事处在新建住宅小区管理的主导地位，建立和完善小区物业管理的良好运行机制

新城区内的成型居民住宅小区已达6个，居民总数5259户、25636人。完善这些小区的管理，是新城区城市化的前提。

1、明确街道办事处在居民住宅小区管理的主导地位。街道办事处成立物业管理办公室，行使政府派出机构对辖区内各小区物业管理工作的业务指导和行政监督。街道办事处根据本辖区居民住宅小区和居民居住区的实际情况，在一个居或几个居成立物业公司，与其他产权单位的各种性质的物业公司，同属物业管理的作业层，接受街道办事处物业管理办公室的监督和指导。街道办事处以此实施对各居民小区的集中综合整治和正常管理。

2、完善小区配套设施建设，实现居民住宅小区向街道办事处的管理交接。各住宅小区产权单位要按照城建规划及全市小区综合整治的部署，以完善配套为重点，突出抓好配套设施建设，创造条件向街道办事处进行管理交接。为此，区建委应制定小区管理交接的具体方案，明确配套设施建设的标准，明确欠账和遗留问题解决的限期或补偿办法，明确交接的程序和街道办事处的责任和利益。积极创造条件，逐个小区实施交接。

三、加大措施，加强新城区居民委员会建设

新城区居民集中居住区设立居民委员会，是“居委会组织法”的规定，是新城区城市化的重要基础工作，是加强和巩固基层政权建设、密切联系群众、维护社会稳定的重要措施，应当建立在城市发展与稳定的现实基础和未来需求上，从实际出发，分近期和长远两步，积极稳妥地进行。

1、近期

(1) 建立和完善住宅小区居委会。根据市政府办公厅《关于进一步加强小城镇和新建住宅小区居委会建设的通知》精神，在新城区已经成型的 6 个住宅小区，按照集中居住居民 300—700 户的标准，从实际出发，参照以下模式，尽快建立居民委员会。一是，将现有住宅小区已有的三个居委会筹委会直接改为街道居委会；在美里湖街道办事处等居民相对集中居住区成立新的街道居委会。二是，在一个或几个相邻单位职工集中居住、一般无杂居的区域成立单位家属委员会 (或单位居委会)。三是，在尚有部分耕地没有实行集体“农转非”，且居民成分较多的区域，设立村居合一型居委会，负责管理辖区 (居民小区) 内居住的城镇居民，挂两块牌子，合署办公，分别管理。居委会组成人员必须按“居委会组织法”的规定，有常住居民。

新建居委会由街道办事处直接指导和协调；家属委员会由街道办事处和单位共同管理，正常业务以街道办事处管理为主，单位主动配合。各街道办事处要按照属地管理的原则，加强对所属新建居委会的管理，指导他们实现与城区居委会职能的融合。新建居委会必须由区政府正式批复，纳入正常管理；其开办经费不少于 8000 元，由区财政和街道办事处各承担一半；其办公用房由街道办事处与住宅小区产权单位或村委会协商解决；其干部工资福利不得低于现行城区街道居委会标准。新建居委会要完全按照城区街道居委会的职责和运作机制，建立党的基层组织；健全相应的工作、学习、会议、财务、档案管理等规章制度，逐步走向法制化、制度化、规范化的轨道。

(2) 已实行集体“农转非”“村改居”的 7 个居民委员会，除段店镇几个居系国家建设项目征占土地过多、自身实际尚不具备城市化的条件外，都要按照“居委会组织法”的规定，实现向街道居委会的职能转化。居委会所辖范围不变，同时实施区域内的社区管理。政府有关部门要按照城区街道居委会的管理模式，在土地、民政、城建、教育、计划生育等方面纳入城市化管理轨道，真正实现与城市的有机融合。

区民政局要根据区委、区政府的安排，切实抓好近期新城区居委会建设的指导和调度，制定“关于加强新城区居妥会建设的意见”及“住宅小区居委会建设的实施意见”，审定后以区政府名义下发并抓好落实。

2、长远

对耕地面积较少、经济及社会事业较为发达的行政村，有计划地实行村民集体“农转非”，村委会改制为居委会。

(1) 采取灵活的方法，核实村庄的实际耕地面积，对人均实际耕地面积少于 3 分地的村，实行村民集体“农转非”。(2) 立足现有村办经济，兴办市场或工业载体，推进经济产业化，大力发展个体私营经济，创造更多的就业机会，使大多数村民能够不依赖土地而生存。(3) 将原有村办集体企业实行产权制度改革，界定居属资产和利益，并以此利益构造原村民的社会保障，如对原村民按年龄段按月发放不同标准的补助金。(4) 对原村办学校等社会事业转为公办，纳入正常的城市管理。(5) 村民“农转非”之后，可先实行居委会与村委会的并存与合署办公，视居民结构变化择机去掉村委会建制。

四、以经济建设为中心，配套联动，加快新城区城市化进程

新城区城市化是一项系统的社会工程，政策性强，涉及面广，需要全区上下各方面的共同努力。

1、加快新城区的经济发展。按照区委、区政府新城区、城郊区两大经济区域的发展构想，继续坚持以服务城市、致富农民和提高财政税收为出发点和归宿，充分发挥基础设施和土地资源的优势，围绕大市场和区域工业发展，搞好服务型三产项目的建设发展。村级经济重点发展安排村民就业、一村一品、产业化的项目，特别是搞好综合服务，迅速改善居民生活水平和生活质量，壮大经济实力，为城市化奠定必要的经济和物质基础。

2、抓好思想观念的转变。狠抓新城区村、居干部对区街体制改革和社区建设理论及其基本知识的学习，进一步转变观念，跳出传统的农民意识的影响，破除“小富即安、小进即满”的思想，改掉生产方式、生活方武中保守、落后的习惯，加强对相关村庄村民的城市化教育，引导他们在思想意识、文化修养、精神面貌以及生活习惯方面适应城市发展的需要，实现真正意义上的“农转非”。

3、加快新城区城市建设。一是抓紧办理和完善区域建设规划，并严格控制和实施；二是有计划地实施旧村改造，进行较大面积的城市化建设，在道路密度、地下管网、电力通讯等基础设施配套及社会事业发展方面，逐步接近城市水平；三是有关部门围绕城市化的发展要求，超前搞好相关的基础建设和管理准备。形成村民住宅新颖、环境面貌更新、基础设施配套、物业管理和社区服务并进的新格局，尽快实现与城区的融合。

4、在管理体制上实现由管理农村向管理城市的转变。新建街道办事处在新城区城市化进程中承担着重要责任，必须强化城市化管理的意识，按照区委、区政府的工作部署，注意与政府职能部门的衔接，从辖区实际出发，制定切实可行的城市化方案，贯彻始终，狠抓落实。要加强对新建居委会的业务指导，切实帮助他们解决实际困难，协调并建立居委会与村委会、小区开发商之间的工作关系，指导他们与驻辖区单位、广大居民群众建立和谐的联系，共同把社区建设管理好。

5、搞好试点，稳步实施。首先在住宅小区管理交接、建立居委会及村居合一型居委会建设三方面先行试点，摸索经验，然后全面推开。在实施过程中，也应注意借鉴兄弟城区城市化建设的成功经验。

6、加强对新城区城市化的领导。把此项工作列为区街体制改革的重要内容，作为区委今后一段时期的工作重点。区委、区政府成立新城区城市化工作领导小组（名单附后)，及时研究城市化各个阶段、各项具体工作的方案、措施以及遇到实际问题，注意与区街体制综合改革工作的有机衔接，加强区委、区政府有关部门及相关办事处的工作调度。区街居管理办公室要切实行使好全区街居建设和社区建设各方面工作的指导、协调职能，保证整个改革的顺利实施。要加强新建办事处的领导班子建设，强化班子的城区管理意识，提高综合工作能力，更好地担负起加快城市化进程的领导责任。为加强新城区的基层基础工作，从区机关抽调部分工作人员进村驻点，加大新城区城市化力度，加快城市化步伐，抓好工作协调和对干部群众的宣传教育。

槐荫区新城区城市化工作领导小组名单

组　长：时延盈　区委副书记

副组长：李良坤　区委常委、区委办公室

主任
王继贵 区委常委、区委组织部部长
丁新力 区政府副区长
张曰良 区政府副区长
杨 华 区政府副区长
成 员：李昌义 济南民营科技产业园管委会党委书记，区建委党委书记、主任
张其江 济南民营科技产业园管委会主任，美里湖街道办事处党委书记、主任
吴兆庆 区公安分局局长
赵其魁 区政府办公室主任
崔安共 区体改委主任
高晓峻 区委政研室主任
张益贤 区教委主任
马树华 区民政局局长
董树芳 区土地矿产局局长
赵世河 张庄路街道办事处党委书记、主任
张 平 匡山街道办事处党委书记、主任
周青山 段北街道办事处党委副书记、主任

中共槐荫区委
槐荫区人民政府
1998 年 9 月 21 日

中共槐荫区委　槐荫区人民政府
关于加快槐荫区农业和农村经济结构战略性调整的意见

经过二十年的改革和发展，槐荫区农业和农村经济发展进入一个新阶段。农产品需求日益转向多样化和优质化；农业发展对现代化生产要素依赖性增强；乡镇企业进入分化重组和结构调整新时期；农业发展受资源和市场双重约束；面临加入世贸组织后国际农产品市场的激烈竞争。为此，全区各级干部要充分认识当前的新形势，把握机遇，加快农业和农村经济结构的战略性调整，实现农业和农村经济结构的优化和产业升级，加速现代化都市农业的发展。

一、结构调整的指导思想和原则

当前和今后一个时期，我区农业和农村经济结构调整的指导思想是：以党的十五届三中全会精神为指导，以市场为导向，以农民增收为目标，以实施农业总体发展、旅游景观区、生态农业等规划为基础，大力发展以“三创”（创收、创汇、创税）农业为标志的优质高效农业，推进农业产业化和农村城市化。依靠科技进步，实现结构优化、产业升级和整体素质提高，努力构筑槐荫区现代化农业新格局。根据这个指导思想，为保证结构调整的顺利进行，必须切实坚持以下原则：

（一）以市场为导向的原则。紧紧围绕国内外市场需求搞调整，增强科学性，避免盲目性。

（二）持质量第一、效益优先的原则。不断提高农产品的科技含量，提高农业的经济效益、社会效益和生态效益。

（三）因地制宜的原则。发挥区域优势，选准支柱产业和主导产品，防止“一哄而起、一哄而下”，力避结构雷同。

（四）尊重群众意愿的原则。用政策扶持、信息服务，引导农民搞好结构调整，不能无视客观条件和农民的接受程度搞强迫命令，挫伤农民的积极性。

（五）农业可持续发展的原则。妥善处理好当前和长远的关系，合理开发利用资源，保护生态环境，决不能急功近利，搞短期行为。

二、结构调整的总体目标

农业和农村经济结构战略性调整的总体目标是：立足城郊区位优势，改善内外部环境，加快调整步伐。由农产品的品种、数量的调整转向质量和效益的调整；由种养结构内部的调整转向一、二、三产业大结构的调整；由单纯农业产业结构的调整转向整个农村经济结构的调整。经过3至5年左右的调整和发展，基本建立起结构明显优化、布局较为合理、素质显著提高、现代化程度增强的可持续发展农业。到2002年，全区农业内部结构调整达到新的目标：种植业结构，经济作物面积占全区耕地面积的75%，粮经比例由1999年的5:5调整到2.5:7.5；农村经济总收入增加1.7亿元；农业增加值增长3300万元；农产品出口创汇增加350万美元；农民人均纯收入增加570元；大幅度提高农业特产税在区财政税收中的比重。

三年内调整种养植和开发建设面积2万亩。其中，段店镇扩大出口蔬菜基地10000亩；吴家堡镇扩大名优蔬菜、浅水藕、食用菌4000亩；美里湖办事处扩大旅游观光农业3000亩；新城区三办扩大市场和城市化建设3000亩。

三、结构调整的重点任务

（一）加快产品优化重组，调整种植业布局。本着压缩粮田，扩大经济作物面积的原则，在重新划定优质黄河大米生产区域的前提下，尽量压缩粮食种植面积。引进优质高产、高效、出口创汇、加工专用型、适应市场需求的国内外新品种，改造具有市场竞争能力的传统产品，增加科技含量，提高市场占有率。努力开发黄河大米系列产品，搞好精细加工和包装。扩大圆葱、莲藕、花卉、食用菌等产品的面积，调整种植业结构。三年内段店镇扩大1万亩出口蔬菜基地，花卉200亩。吴家堡镇发展名优特稀蔬菜1000亩，大棚、浅水藕2000亩，食用菌1000亩。美里湖办事处发展观赏莲藕1000亩、花卉100亩。经过五年的努力，使粮食和经济作物比例调整到2：8。经济作物比重的增加，将开辟农业特产税等新的税源。要积极发展饲料作物，建立三元化作物种植结构。进一步优化品种和品质结构，提高农产品率和农业投入产出率，提高产品附加值。

（二）积极发展畜牧业，优化农业养殖结构。依托生猪、肉食鸡等四大良种繁育基地，发挥其辐射带动作用，推广优良品种，扩大规模养殖。大力发展奶牛、肉食牛、肉食羊、肉食鸡、獭兔等食草型畜禽。引进推广肉食狗、肉食鸽、狐狸、鹿、貂等品种的珍禽异兽特种养殖和观赏品种养殖。突出以大金奶牛场为中心的奶牛基地，与市农工商集团相配套，三年内增加奶牛2000头。以小金、孟王为中心发展肉食牛、肉食羊基地，三年内增加3000头（只）。以周官屯为中心发展年产100万只肉食鸡的规模养殖基地。稳定提高淡水养殖业，改善品种结构，向良种化、多样化发展，搞好立体养殖、设施养殖，大幅度提高水产养殖水平和效益。

（三）扩张出口总量，加快创汇农业发展。以国际市场为导向，进一步扩大农业对外合作与交流。充分发挥济南兴建冷冻食品有限公司、槐荫丰农有限公司等出口企业的优势，增加品种，密切企业与基地的联结，积极建立农产品生产、加工、出口一体化的外向型经营体系，大幅度提高创汇能力。丰农有限公司要引进品种，建立保鲜库和示范园，三年创汇突破500万美元。加快外向型龙头企业建设，为农产品扩大出口创汇创造条件。积极搞好招商引资、境外办企业，拓宽出口渠道。以龙头带基地，三年内全区扩大创汇基地1万亩以上，并实现出口品种的多样化，扩大种植南瓜、大蒜、辣椒、菠菜、食用菌等品种，提高出口能力。

（四）培植新兴产业，加快旅游观光农业发展。充分发挥当地水资源和区位优势，以农业生产经营为特色，把农业和旅游业结合起来，把农业景观、自然环境、人造景点有机地连接在一起，发展旅游观光农业。全区旅游观光农业的整体布局是“一山两水一温泉”。即利用具有人文景观的匡山建成匡山公园。五年内加大美里路两侧以兴业养殖园、通达垂钓园为代表的观光园建设，建立起以垂钓、观赏、度假为基调的景观区域；三年内再开发2000亩，五年内初步形成风景区。以吴家堡温泉为中心，开发温泉资源，带动周围第三产业发展。全区旅游观光农业要采取多种融资方式，多种经营体制，多种发展模式，争取在五年内初具规模，"十五"期间形成我区旅游观光农业的雏形。

（五）搞好乡镇企业和城市化建设，加快农村劳动力的转移。乡镇企业以市场为导向，结合农业和农村经济结构调整，大力发展农副产品加工、储藏、保鲜、运销等，延长产业链，培植农业产业化的龙头企业，提高农业产业化水平，实现贸工农一体化。新城区段北、张庄、匡山三个办事处，加快二、三产业发展，配套城市建设、社会化服务和保障体系，尽快提高城市化水平。吴家堡镇要以西堡为中心，抓好小城镇的规划和建设，尽快形成辐射、带动区域经济发展的政治、经济、文化、信息、服务中心。

四、落实配套措施，加速结构调整进程

为保证结构调整目标任务的全面实施，必须在依靠政策、投入的同时，抓好科技创新、制度创新、产业创新和环境创新。

（一）大力培植龙头企业。在继续抓好现有龙头企业的同时，扶持多种经济成分和不同模式的龙头企业。区农办富源农工商总公司，要拓宽流通渠道，形成全区农业产业化的龙头。各镇办围绕各自的主导产业和产品，大力扶持一批外资、合资、个体民营等龙头企业群体，发展农产品加工、出口、运输等，起到农产品销售的桥梁和纽带作用，提高农产品商品率。龙头企业要与农民建立稳定的购销关系和经济利益联结机制，实现经营规模化、机制市场化的目标，以龙头带基地，大力推进农业产业化。以龙头企业的培植和发展，涵养税源，增加财政税收。

（二）加强农产品市场建设。现有农产品市场要加强设施建设，扩大规模，提高市场容量。依托资源、产品、交通等区位优势和济南大市场，积极开拓国内外市场，努力打通国际市场流通渠道，主要是日本、韩国及其他东南亚国家的国际市场。组织好日益活跃的农民经纪人队伍和各种形式的民间流通组织，发挥其重要的市场中介作用，搞活农产品流通。重点配合济南市有关部门建成农产品集散中心，形成市场经济的隆起带。同时抓好匡山、朱庄两个肉类批发市场的建设，扩大规模，增加畜禽等肉类品种，带动畜牧业发展。

（三）积极发展专业村、专业户。依靠政策和服务，促使现有专业村、专业户，继续扩大规模，增强专业化程度和产品科技含量，实现两个层次的共同升级。以其为依托，在"点、线、片"上搞突破，实现膨胀发展。走"一户带多户，多户带全村，多村成基地"的路子，形成群体优化组合的规模生产经营格局。各镇、办、村要根据发展规模，按照集中连片的产业化要求，搞好规划，划定种植、养殖、加工等小区。加强管理，落实措施，逐步纳入规范化发展轨道。全区要重新制定专业村、专业户的标准，重点扶持，鼓励发展，再造我区新的优势。

（四）努力推进科技进步。加强对科技人员和农民的科技培训，健全农业技术培训体系和科技网络。区农办要完善科技信息中心，配套设施，与国际国内联网，加快科技信息传递，形成科技交流和培训基地；依托科技信息中心，抓好科学技术培训，送科教影片下乡，并举办各类培训班，大力推进科技进步和农民素质的提高。以科技为先导，不断开发名牌产品。紧密结合结构调整，抓好"种子工程"，加快良种体系建设。区农办要健全种子公司，把引进、试验、示范和推广国内外农作物、蔬菜、林果、畜牧等优良品种作为重要任务，为发展高科技现代化农业奠定坚实的基础。全区各级主管部门要不断推广适销对路的蔬菜、畜牧、水产、食用菌等新品种，推广农产品精深加工、综合利用及贮存、保鲜、包装等技术，满足结构调整的现实需要。

（五）扩大对外开放。适应经济全球化的形势，增强开放意识，按照"引进来，走出去"的思路，充分利用国际国内两种资源，鼓励和引导基层干部和农民走出去，积极参与竞争，开拓国际国内市场，发展壮大自己，建立起开放型农业新体制。继续扩大对外招商引资，重点是多渠道、多形式地吸引国际资本，直接投资于

农业项目，不断提高农业利用外资的效益和水平，增强农产品在国际市场上的竞争能力。努力利用自身优势，大胆开拓，发展跨地区、跨行业的规模经济。今年，全区将组织两批干部到国外去招商，在加强经济往来和信息交流的同时，根据成熟条件，积极创办境外企业。充分用好已享受的保税、免税，进出口等政策优惠，把我区逐步建成农业对外开放示范区。

（六）建立现代农业园区。区农办和蔬菜办要领办农业园区，按照“环保生态、高新技术、引进示范、优质高效”的原则，今年要建立两个园区。一是生态农业园区。主要是推广大棚藕、浅水藕、食用菌、设施栽培等高产优质栽培经验和种植模式，指导全区生态农业的发展。二是畜牧养殖园区。引进国内外畜禽良种，培育以肉食牛、肉食羊为主的食草性畜禽良种，杂交繁育，推广商品代，引导全区畜牧良种的更新换代，逐步达到国际标准，适应出口创汇需求。要积极探索租赁、反租倒包等土地流转形式，建立农业园区，强化设施建设，推行多种管理体制，提倡采取“政府搭台、业主唱戏、部门服务、农民受益、各方满意”的管理模式。鼓励科技人员转变职能，积极参与园区建设和技术承包。区镇干部也要以入股参股等形式，积极投身到结构调整和农业产业化的实践中去，构筑农业产业化经营新格局。

（七）加强农村基础设施和生态环境建设。围绕结构调整目标，努力营造政治、经济、社会等良好环境，提高吸引力和开放程度。区政府要制定招商引资、设施投入、产业开发等优惠政策，改善投资环境和对外形象。开展以水利为重点的农业基础设施建设，积极发展节水型工程，提高农业综合生产能力。加强以公路、电网、供水，通讯为重点的农村生产生活设施建设。改善生态环境，打农产品绿色品牌，发展生态经济，形成农村经济的良性循环。

（八）加强农村经营管理。认真落实延长土地承包期工作。要在落实承包期和承包内容、颁发土地承包经营权证书的基础上，重点建立健全承包合同的各项管理制度，建立合同档案，及时调处矛盾，兑现合同，妥善解决遗留问题，稳定土地承包关系。要继续做好农村集体资产的清理工作，建立资产登记台账，健全各项警理制度。继续推行村务公开制度，严格财务管理，加强民主监督。努力减轻农民负担，维护农民利益，改善干群关系，创造有利于农业和农村经济持续、快速发展的稳定社会环境。

中共槐荫区委
槐荫区人民政府
2000 年 5 月 11 日

中共槐荫区委　槐荫区人民政府
关于深化教育改革，全面推进素质教育的实施意见

为认真贯彻落实中共中央、国务院《关于深化教育改革，全面推进素质教育的决定》及江泽民总书记《关于教育问题的谈话》精神，振兴槐荫教青，实施“科教兴区”战略，现就加快全区教育改革和发展，全面推进素质教育，提出以下实施意见。

一、指导思想和主要目标

（一）实施素质教育的指导思想：全面贯彻党的教育方针，以提高公民和全体学生的整体素质为宗旨，以培养科学的世界观、人生观和价值观为根本，以培养创新精神和实践能力为重点，造就有理想、有道德、有文化、有纪律的全面发展的社会主义建设者和接班人。各级各类学校坚持面向全体学生，把德育、智育、体育、美育等有机地统一到教育活动的各个环节，统一到幼儿教育、义务教育、职业教育、成人教育

和高等教育的各个方面，促进学生的全面发展。全社会高度重视素质教育，学校教育、家庭教育、社区教育相互配合，全面推进。努力提高全区公民和全体学生的综合素质，使之具有高度的社会责任感、高尚的道德情操和高度文明的生活行为方式，具备良好的科学素质和人文精神，更好地适应改革开放和社会主义市场经济新形势的需要，促进全区经济建设和社会事业的持续健康发展。

(二)2000年到2005年教育改革和发展的主要目标：

1、进一步巩固“普九”成果，完善学区九年一贯制，年内完成“实验教学普及县”任务。小学和初中适龄儿童少年入学率继续保持在100%和99.5%以上；巩固率分别保持在99.5%和99%以上；严格控制初中学生流失。重视和发展特殊教育，残疾儿童入学率保持在95%以上，中大辅读学校达到省级示范等级学校标准。通过新建、扩建、合并、产业置换等形式，用3年时间基本完成中小学布局调整，使各类学校基本达到国家和省规定的设施标准。城市新建小区要按照规划要求，配套建设中小学校、幼儿目，并按省定标准与小区同期设计，优先施工，提前交付使用。

2、加快发展学前教育。在普及学前一年教育的基础上，三周岁以上幼儿入园率市区达到95%、农村达到80%以上。努力提高三岁以下幼儿入托率和学前一年残疾儿童入园率。加大统筹协调力度，逐步形成以政府办园为示范、社会办园为主体、个人办园为补充的办园体制。各办、镇要在辖区建设一处示范幼儿园。

3、积极发展成人教育和职业教育。加强企业管理人员培训和下岗职工再就业培训，职工全员培训率达50%，岗前转岗培训达100%。开展各种紧缺人才培训，强化各类人员的计算机及外语培训。充分发挥农村成人教育中心作用，农村青壮年扫盲率达到100%，农民实用技术年培训6000人次以上，“绿色证书”年培训200人左右。大力发展职业教育，进一步提高职业学校的办学质量和水平，办出特色，实现普教和职教的协调发展。

4、深入实施“争创名学校、争当名校长、争做名教师”工程，培育教育名牌，加快名校适度膨胀。切实深化学校人事制度改革，提高各级各类学校的教育水平。

5、切实加强农村教育，继续坚持农村教育镇长、村委主任和校长负责制。两镇、四新办把教育改革与发展纳入本地区经济社会发展总体规划，建立定期研究和调度教育的工作机制。各部门在人、财、物方面向农村教育倾斜，加强对农村教育的指导和师资培训，鼓励教师到农村任教，组织城区优秀教师定期到农村支教，缩小城乡教育差距。

6、大力推进办学和投资体制的多元化，积极稳妥地搞好“公办民助”“民办公助”等多元化办学试点，鼓励和支持发展民办教育。

7、充分利用辖区内的教育资源，加大对公民的教育力度，为青少年健康成长提供良好社会条件，全面推进社区教育。

二、实施素质教育，培养全面发展新人

1、思想教育工作是素质教育的灵魂。各办镇、部门和全社会，尤其是共青团、少工委对加强和改进学校思想政治工作负有重要责任。各级各类学校要坚持正确的办学方向，加强学生的马列主义、毛泽东思想、邓小平理论教育，加强爱国主义、集体主义和社会主义教育，加强行为规范教育，引导学生树立正确的世界观、人生观和价值观，崇尚科学，反对迷信，增强辨别是非、美丑、善恶和承受挫折、适应社会的能力。

各级各类学校要坚持把德育放在学校工作的首要地位，全面落实《中小学德育工作规程》，增强德育工作的针对性、全员性和实效性。遵循学生道德品质形成规律和社会发展要求，对各个学段的德育教育目标、内容、实施途径和方法，进行科学规划，从完善机构、健全制度、明确目标、落实内容，改进方法、拓宽渠道、优化环境等方面，使德育工作更好地发挥对青少年学生健康成长和对学校工作的导向、动力和保证作用。

重视和加强对青少年的法制教育。全区中小学都要开设法制教育课，充分发挥法制校长的积极作用，推进法制教育课堂化。大力开展社区教育，建立青少年参与社区服务、社区建设以及各种社会实践的制度。办好家长学校，推动素质教育进家庭，为学生健康成长营造良好的社会氛围。

2、推进课堂体系、教学内容和教学方法的改革。中小学要突出课堂教学在素质教育中的主渠道作用，重视实验课教学，开展科学技术教育，推进课堂教学方法改革，积极倡导启发式、讨论式教学，构建适应素质教育要求的课堂教学模式。继续推行“小班化”教育。进行相应的课堂教学结构和师资配备改革，提高“小班化”教学质量，保持领先水平。

3、抓好学校体育、美育与劳动教育。各级各类学校必须正常开设体育课，保证学生每天1小时的体育活动时间。要把美育作为素质教育的重要内容，切实加强音乐、美术课教学，开展丰富多彩的校园文化艺术活动，培养学生的审美感受和审美情趣。加强劳动教育、国防教育和社会实践，将中小学生参加劳动、军训、社会实践和志愿者服务的情况作为毕业条件之一。加强学生健康教育，促进学生养成良好的卫生习惯，使学生的心理素质、体能、体质特别是视力状况有明显好转。注重心理健康教育，积极开发非智力因素，增强青少年适应社会生活的能力。

4、提高教育技术现代化水平和教育信息程度。大力普及计算机教育，到2002年，市区职业中专、初中全部开设计算机教育课程。使学生掌握计算机及因特网的基础知识和技能。创造条件，力争3年之内，在市区小学和农村初中基本普及计算机教育。年内，市区职业中专和初中全部实现与因特网的联接，实现教育网络化。

三、实施教育“三名”工程，建设一支适应素质教育要求的教师队伍

1、努力造就一支具有较高思想政治素质、较高教学科研能力和强烈的教书育人社会责任感的教师队伍。继续深入实施教育“三名”工程，加大校长、教师培训力度，尽快培养一批名学校、名校长和名教师，形成一支职业教育家队伍，充分发挥其示范、辐射、带动作用。

2、不断提高广大教师的思想政治素质和师德水平。教育主管部门和各级各类学校，要教育和引导广大教师认真学习马列主义、毛泽东思想、邓小平理论，牢固树立正确的世界观、人生观和价值观，增强贯彻执行教，育方针的自觉性。加强对教师的法制教育和师德教育，深入贯彻落实《教师职业道德规范》，教育和引导广大教师树立正确的教育观、质量观和人才观，坚持实践“一切为了学生”的宗旨，以良好的师生关系推进素质教育。建立健全教师政治思想和职业道德考核和奖惩制度，把思想政治素质和师德水平作为年度考核、职务评聘、表彰奖励的重要内容和条件。

3、提高教师的学历层次和业务素质，建成一支满足教育教学需要、结构合理、素质较高、管理规范的教师队伍。加强教师继续教育工作，到2003年，对全区现有中小学教师基本轮训一遍；用3年时间，对45岁以下教师进行计算机知识普及培训。开展多样化的电化教学和计算机辅助教学活动，加强教育软件开发和应用，积极鼓励小学教师参加专科层次培训、初中教师参加本科层次培训。职业学校重点培养一批“双师型”骨干教师。按照中小学教师继续教育人均基本费用标准，设立专项资金，为教师继续教育提供经费保障。加强中小学骨干教师队伍建设，着力培养一批省内外有影响的名教师、学科带头人和骨干教师。今后5年内，培养5名中小学教育教学专家、10名“名教师”、100名左右优秀中青年学科带头人、1000名左右骨干教师。

4、重视教育科研和教学研究工作。加强与高等院校和教育科研机构联系，大力开展群众性教育科研活动和教育、教学改革实验，推广成功的教学方法，促进科研成. 果的转化和应用。普及和推广教育科学理论，促进教育观念的转变。建立科研成果与教育教学成果奖励制

度，鼓励教育、教学领域的改革创新。

以教育部《中小学校长培训规定》《中小学校长任职资格和岗位规范》为依据，努力建设一支高素质的现代教育管理干部队伍。进一步完善中小学校长和幼儿园园长的岗位培训，严格持证上岗制度。启动专家型校长培训工程，组织骨干校长高级研修，逐步实行校长职级制，建立与之相配套的相关制度。建立校长推进素质教育责任制度，并列为考核的主要内容之一。

5、推进和完善“校长负责制、教师聘任制、岗位责任制、结构工资制”为主要内容的学校人事制度改革。进一步完善校长负责制，校长切实行使制定学校发展规划、人事安排、经费使用、工资分配、教育教学改革等项权利。逐步推行全员聘用合同制，按照“按需设岗、民主公开、平等竞争、严格考核、择优聘任、合约管理”的原则，不断完善教师职务聘任制；加强编制管理，按照省定编制标准，对各级各类学校核编定员，精减富余人员，提高生员比和生师比。完善岗位责任制，全区教育工作的整体目标按教委、学校、教师逐级分解，明确责任。完善校内结构工资制，实行工资总额动态包干，根据教职工岗位目标和工作实绩，拉开分配档次。建立教师合理流动机制，采取转岗、校内退养、病退、待岗、交流、辞退等渠道，妥善分流富余人员。

四、加强领导，依法行政，为素质教育发展提供保障

1、切实加强领导，保证素质教育的顺利实施。从实施“科教兴区”和可持续发展的战略高度，重视和加强教育工作，切实加强领导，列入工作议程。区及各办镇每年两次专题研究教育工作，解决深化教育改革、推进素质教育的有关事宜。坚持和完善区级领导联系学校制度，各级领导特别是党政主要负责同志，都要经常深入学校调查研究，帮助解决教育改革和发展中遇到的实际困难和问题。

建立教育工作责任人制度，加强对素质教育实施情况的监督、检查、评估和指导。组织部门要加强对各办、镇、部门及其主要领导推进素质教育工作情况的检查，并以此作为年终政绩考核的重要内容。

2、强化法治与监督，坚持依法行政、依法治教、要按照国家教育法律法规的要求，依法推进教育事业发展，依法深化教育改革，依法维护教育的合法权益，依法规范教育教学行为和办学行为，依法提高教育质量和效益。要建立健全教育行政执法责任制，认真落实教育执法责任目标，进一步明确政府各有关部门的教育执法责任，完善执法监督机制。区财政局、审计局要按照《教育法》要求，确保教育投入的“三个增长”；区人事局要依照《教师法》，协助、指导教育部门落实教师资格、职务、聘任、培训制度；区公安分局、文化局、环保局要加大学校周边环境管理力度，优化青少年健康成长的育人环境；区建委要实行优先、优惠政策，为新建、改建、扩建学校和改善教师居住条件提供保障；区检察院、法院、司法局、劳动局要加大对师生的普法教育力度，认真落实《未成年人保护法》，保护青少年健康成长，禁止单位、个人招用未成年人；区体委、卫生局要认真执行《学校体育工作条例》和《学校卫生工作条例》，提高学生的身体健康水平；区成教局要大力做好扫除青壮年文盲工作；区教委要依据各种教育法律法规，开展教育行政工作；各办、镇要确保辖区内适龄儿童入学，多形式开展社区教育和农村教育活动，组织居民、村民广泛开展教育法律法规的学习、宣传活动，努力提高全社会的法律意识。

3、进一步健全教育督导机构，完善教育督导制度。认真落实省政府《山东省县级政府教育工作督导评估标准（试行）》和市政府《济南市乡镇政府教育工作督导评估标准（试行）》，把政府及教育部门和各类学校实施素质教育的情况作为教育督导的重要内容。

4、加强对城乡教育税费的征管工作，切实增加财政对教育的投入。要把教育投入作为战略性、基础性、产业性投资，认真落实已出台的筹措教育经费的各项法律法规和政策，落实《教育法》规定的“三个增长”，逐步提高教育经费在区财政支出中的比例。在保证正常事业费和基建投资逐年增长的前提下，加大对教育重点项目的投资。年度超收财政收入安排支出时，适当考虑部分教育经费的支出。

切实加大农村教育的投入，按照现行体制和分级负责的原则，切实解决好农村教师的工资问题，逐步提高其福利待遇，坚决制止拖欠教师工资的现象。

区财政、教育部门要制定具体办法，落实农村教育费附加“镇征区管镇用”的管理体制，确保按农民人均纯收入的 1.5% ～ 2% 的标准，及时收缴和拨付教育行政部门，主要用于义务教育。用足用好《山东省实施（中国教育改革和发展纲要）的意见》中规定的筹措教育经费的各项政策。

拓宽教育经费来源渠道，切实加强教育经费管理工作，提高经费的使用效益。坚持依法、自愿、量力、专款专用的原则，进行农村教育集资，专项用于义务教育学校的危房改造和校舍修缮新建。继续鼓励社会、个人、企业投资办学和捐（集）资助学。积极支持各级各类学校开展勤工俭学，兴办校办产业，认真落实国家规定的校办产业优惠政策。完善各级教育财务管理和中小学收费管理制度，坚决制止乱收费行为。坚持勤俭节约，开源节流，使有限的教育资金发挥最大的效益。进一步加强教育内部审计工作，健全制度，充分发挥审计监督职能。

5、切实减轻学生过重课业负担。要建立健全学生课业负担监督检查机制，加大督查力度，坚决制止加班加点、超量布置作业等违反教育规律的行为。任何单位和个人不得擅自编写各种名目的教辅资料，不得向学校和学生硬性摊派教学用书目录以外的书刊和音像制品，不得以知识竞赛、读书活动为名向学生推销书籍和物品，不得组织学生参加与教育教学无关的社会活动。

6、全社会要以高度的政治责任感，树立社会大教育观，形成合力，共同营造实施素质教育的良好氛围。调整和充实区社区教育委员会，加强学校和社会综合治理，为青少年学生身心健康发展、引导全民开展健康向上的文体教育活动，创造良好的条件。各办镇也要建立社区教育机构，切实加强领导，依托社区服务年，心和农民业校，成立社区教育学校，充分利用社区教育资源，对本地区村（居）民和学生进行形势政策教育、道德教育、法律教育和业务技能培训，开展多种形式的文体教育活动，提高全民素质，推进“教育社会化”和“社会教育化”，逐步构建适应社会主义市场经济体制的、有利于社会成员终身教育的大教育体系，实现学校教育、家庭教育、社会教育相辅相成和协调发展。

中共槐荫区委
槐荫区人民政府
2000 年 5 月 22 日

中共槐荫区委　槐荫区人民政府
关于加快全区科技创新的意见

为贯彻落实全市科技创新大会精神，全面实施科教兴区发展战略，加快科技创新步伐，发展高新技术，促进高新技术产业化，推动全区科技进步和经济建设的健康、快速发展，特制定如下意见。

一、正确认识形势，进一步增强科技创新的紧迫感和责任感

近年来，全区积极实施科教兴区战略，坚持依靠科技进步推动经济和社会发展，努力促进科技与经济的紧密结合，取得了很大成绩。全区科技意识进一步增强，科技对经济增长的贡献率日益提高，科技正逐步成为全区经济发展的首要推动力量。但是也应清醒看到，面对科学技术的日新月异、市场经济的激烈竞争，特

别是新一轮经济发展的需要，都还有很大差距：干部群众的科技意识尤其是部分领导干部对科学技术在生产力发展中的决定作用，缺乏应有的认识;科技整体实力和能力、科技队伍的数量、质量、结构及管理方式，还不适应市场经济发展的需要；科技投入总量虽有增加，但离实际还有较大差距，尤其是企业还没有真正成为科技投入的主体；高新技术发展速度不快，高新技术产品少，经济发展的重点还没有真正转移到依靠科技进步和提高劳动者素质上来。因此，全区上下要从战略的高度，充分认识到，科技进步和科技创新能力，是增强综合经济实力和竞争力的决定性因素，进一步增强科技创新的紧迫感和责任感，把科技创新作为一项战略性任务来抓，努力实现科技创新的新突破。

二、明确发展重点，努力开创科技创新的新局面

全区科技创新的基本思路是：继续全面实施科教兴区战略，以大力引进、发展高新技术及其产业为突破口，努力培植新的经济增长点；加快运用高新技术改造提升传统产业；建立健全科技创新体系；重点发展济南民营科技产业园，逐步建成高新技术产业发展的示范区和工业增长的重点区域；大力引进、培养高层次科技人才和管理人才，真正把经济建设转移到依靠科技进步和提高劳动者素质的轨道上来。

1、大力发展高新技术，带动全区产业结构优化升级。把发展高新技术产业，作为优化产业结构、实现经济跳跃式发展的切入点和突破口，重点发展机电一体化、高效节能、环保、生物工程、电子信息等高新技术领域。到2005年，全区高新技术企业达到25家，高新技术产业增加值的比重达到30%。经认定的高新技术企业，除享受国家政策外，对开发具有自主知识产权的给予重点支持。加大高新技术企业和项目的招商引资力度，更多地引进具有自主开发能力的高新技术企业和集团，走好依靠高新技术产业的外延增长带动经济发展的路子。对经认定，引进项目是高新技术企业、产品和成果的，由引进单位给予2000—20000元奖励。把高新技术的引进、消化、吸收，同传统产业的改造有机结合起来，重点对机械、化工、建材等传统产业进行嫁接改造，促进高新技术向主导和优势企业倾斜，用高新技术增量激活传统产业存量，提高其工艺技术、装备水平和技术开发能力。对新引进的经认定的高新技术企业，按当年实际进入地方财政税金的30%，给予科技创新奖励；原有高新技术企业，按当年实际进入地方财政税金新增部分的30%，给予科技创新奖励，一定三年不变。围绕农业和农村经济结构调整，用高新技术改造传统农业，积极引进和培育种养新品种、新技术，在良种培育、现代农业园区建设和生态环境保护等方面实现新突破。健全农业技术培训体系和科技网络，建立和完善农业科技开发推广体系、农业综合信息体系、社会化服务体系等，为农业的科技化、现代化提供优质服务。大力发展商贸购物、信息咨询、中介服务等科技型的项目和经济组织，不断提高第三产业的科技含量和经济、社会效益。

2、建立健全技术创新体系，提高全区科技创新能力。要逐步建立起以市场为导向，以企业为主体，以高等院所、科研单位为依托的技术创新体系。鼓励有条件企业普遍建立自己的技术中心，增强企业的技术开发能力。到2005年，市级的技术中心要达到10家，省级5家。继续下大气力推进产学研结合，鼓励企业与大专院校、科研单位进行经济技术开发与合作，提高企业的技术水平。到2005年，全区产学研联合企业达到80家。企业技术创新要做好“三个结合”，一是与专利制度相结合，大力开发具有自主知识产权的产品，形成规模化、产业化；二是与技术改造、技术引进相结合，实现产业规模化；三是与结构调整相结合，大力发展电子信息、生物、新材料三大新兴产业。通过创新不断优化产品结构，把企业推向健康发展轨道。

进一步加快区科技中心建设，根据市场需求，利用自身与科技界紧密联系的优势：既当好政府的参谋助手，又要为全区企业技术创新提供社会化服务。尽快建立区科技信息网络，以网络的手段将各类科技资源、市场信息组织起来，直接为全区企业的科技、贸易、人才流动提供服务，将科技中心建成“一中心两市场”(科技市场、人才交流市场)。科技中心要探索建立新的适应市场经济的运行机制，在内部完善竞争机制，不断引进高素质人才，提高工作效率和服务质量，在政府支持下，通过有偿服务求得自身的生存与发展。

3、加大人才的培训和引进，为科技创新提供智力保证。把加强人才的引进、培养和使用，作为科技创新的一项重要基础工作来抓，加大工作力度，不断深化组织人事体制和用人机制改革，建立和完善吸引、凝聚人才和发挥人才作用的新机制。制定更加优惠政策，对来区工作的高层次人才，严格落实国家、省、市有关优惠政策，区有关部门要在科研立项、科研经费资助、住房、子女入学等方面给予最优惠的待遇。为加强政府科学决策能力，区政府将聘请一批经济、科技专家顾问，对全区重大决策、发展规划等进行论证。继续完善和落实重奖有突出贡献科技人员的政策，对通过研制开发新产品，推广应用新成果、获得重大经济效益的人员，给予重奖。凡获得国家科技进步奖和国家优秀教学成果特别奖的，除国家给予奖励外，区里也给予重奖。属于集体成果的，首位人员奖励额不低于奖金总额50%，所需经费原则上从项目、成果获益单位提取。对不需要财政拨款的事业单位和企业引进的高层次人才，工资待遇完全放开，由用人单位根据贡献大小自行确定。鼓励科技人员加快成果转化，把科技人员的收入与贡献挂起钩来，鼓励科技人员以科技成果入股或投资，在其成果所形成的效益中分红。继续开展区级科技拔尖人才选拔工作，增加津贴。建立高级人才医疗保健和休假制度．对在我区做出突出贡献的高级专业人才，定期安排他们进行体检和疗养．逐步建立起流动、开放、竞争的人才机制，积极筹建区人才库，加快人才的引进和开发。高效率地使用和激励现有人才，搞好对现有人才的培训和知识更新，多渠道、多形式、多学科地培养后续人才，为科技创新提供智力保证。

4、以发展济南民营科技产业因为重点，逐步壮大民营科技产业规模。产业园是全区经济发展的重要基地，也是全市民营科技企业的龙头，要进一步加大宣传力度，不断提高产业园的知名度。全区各部门要积极支持产业园的发展，区财政对园区的财政返还政策从2000年起3年不变。园区要进一步完善发展规划，积极争取国家、省，市有关部门的支持，争取享受济南高新开发区的有关优惠政策。园区要充分发挥自身优势，营造好软硬环境，特别是加强软环境建设，积极吸引科技人员、科技企业家进园创办民营科技企业，争取3～5年时间培养引进一批具有自主知识产权、有竞争力的高科技企业，使园区工业逐步形成以家用电器、生物技术、节能环保、新型建材为代表的四大产业。到2005年，使进园企业达到300家，技工贸总收入达到10亿元，在整个园区构筑成特色观光农业、娱乐旅游业、流通大市场、高新技术产业群、科技创新孵化中心、留学生创业中心、清华、南开大学中试基地等具有可持续发展的产业群体，成为济南市西部新城区。加快建立济南市民营科技企业创业孵化中心，搞好设施建设，健全服务功能，为前来创业的留学人员、科技人员提供优越的服务环境，尽可能降低创业者的创业成本。对来孵化创业的国外留学人员、大学、科研院所科技人员免收1～2年租金。通过提供孵化场地和各种高效优质的服务，源源不断地为民营园区培育成熟的高新技术企业及具有技术创新、经营、管理等方面能力的优秀人才。建设好南开大学中试基地、清华大学硕士培训点，不断壮大园区规模，尽快成为民营科技企业的密集区和示范区，从而带动全区民营科技企业的发展壮大。加大招商引资力度，坚持高标准、高起点，突出产业重点和产业特色，努力在招大商，引大资，建设大项目上实现新突破。

5、加大科技投入，为科技创新提供有力支撑。逐步建立起以政府投入为引导、以企业投入为主体、以银行贷款为补充、多渠道、多层次的科技投入体系。2001年区科技三项经费要达到当年区财政预算支出的1.5%，2005年达到2%。对使用科技三项经费的项目，必须由科技部门考察并列入科技发展计划，严格按照有关规定执行。科技三项经费要按季及时拨付，保障科技项目的顺利进行。设立槐荫区科技创新发展基金，采取区政府拨款、社会资助、部分新产品退税及争取上级部门资金等方式多方筹集。该资金一部分用于高新技术成果转化和中小企业技术开发，实行有偿使用，滚动发展；一部分与金融部门联合，作为民营科技企业发展担保基金，按一定比例进行融资，支持民营科技企业的发展。注重加强对科技经费的管理，确保专款专用，合理使用，保证有限的科技资金用到关键环节上，提高资金的使用效益。区财政、审计等部门要加强对资金使用情况的监督。各办、镇科技三项经费也要达到同级财政预算支出的1.5%，专项列支，专款专用，并列入全方位目标考核。要采取有效措施，加强对企业科技投入的引导，企业技术开发经费不低于企业销售收入的3%，使企业真正成为技术创新的主体，形成政府宏观调控，企业自觉主动创新的新机制。

三、加强领导，为科技创新营造良好环境

1、各办事处要配齐科技副主任，健全科技领导体系，充分发挥科技领导的作用，确保科技创新工作的顺利实施。各部门、各单位要把科技创新作为经济工作的重点，摆上重要议事日程，牢固树立依靠科技进步促进经济发展的观念，努力学习现代科学知识。领导干部要进一步转变思想方式和工作方式，把更多精力放在科技进步上，用在解决科技创新工作的突出问题上，用在为科技创新营造良好环境上。

2、齐抓共管，形成合力。实施科技创新是一项复杂的系统工程，离不开上上下下、方方面面的关心、配合和支持。各部门、各单位都要把实施科技创新、环境创新、发展高新技术，当作自己的一项重要职责，积极主动地参与这项工作，为科技创新营造良好环境。要进一步加大科技宣传，普及科学文化知识，积极开展“科技宣传周(月)”、“科技三下乡”活动等，充分利用科普知识宣传栏等方式，使科学技术深入到千家万户，切实提高全区干部群众科技意识和整体素质。

3、恢复槐荫区科技进步奖的评审。为鼓励和推动科技进步，表彰推进科技创新、为经济建设做出突出贡献的组织和个人，建立区科技进步奖评审委员会，恢复科技进步奖的评审工作。该奖评定注重高新技术成果产业化导向，侧重自主知识产权和经济效益。对在科技创新和高新技术产业化工作中取得卓著成绩，创造巨大效益的单位和个人，给予科技创新特别奖。科技进步奖奖金由财政列支。

4、加强知识产权管理和保护工作。鼓励和保护企业科技人员发明创造，对取得巨大经济效益的知识产权的发明人、设计人，按“济槐政(99)10号”文件的规定给予奖励。对拥有自主知识产权、市场前景好的专利项目和市级以上名牌产品，可优先列入科技发展计划，在政策、资金等方面给予支持。济南民营科技产业园力争建成省级专利工作先进园区。

中共槐荫区委
槐荫区人民政府
2000年6月1日

中共槐荫区委　槐荫区人民政府
关于调整优化工业结构的实施意见

为实现我区基础产业、支柱产业、先导产业的协调发展，推动产业创新和升级，改善工业结构现状，加快经济增长方式的转变，加大产品科技含量，增强市场竞争能力，提高工业经济运行质量，根据国家有关产业政策和市场需求，结合我区实际情况，制定本实施意见。

一、指导思想和主要发展目标

（一）指导思想：认真贯彻执行党的十五大及十五届三中、四中全会精神，坚持“四个创新”，依靠科技进步，推进产业升级，以市场为导向、效益为中心、企业为主体、优势产品为龙头，通过改革、改制、改组和加强管理，从优化企业资本运营结构入手，进一步调整和优化工业产业、组织和劳动力结构，保证我区工业经济持续、快速、健康发展。

（二）主要发展目标：到2002年，通过工业结构的优化调整，全区初步形成以优势产业为基础，高新技术产业、新兴产业为导向，规模企业和名牌产品为龙头，外向型与内向型经济协调发展，多种经济齐头并进的合理化工业布局。

1、工业总产值55亿元，年增长幅度为14%；工业增加值14亿元，年增幅13%；利润总额2亿元，年增幅12%；工业产销率保持在95%以上。

2、逐步提高新兴产业、高新技术产业在工业结构中的比重。力争汽车改装与摩托车制造及配件制造、机械制造、化工、电子信息、生物技术、新材料六大产业分别占到全区工业生产总值的35%、10%、8%、4%、4%和4%。

3、依靠科技进步，推动品牌建设。建立市级技术中心7家、省级中心2家；争创市级名牌8个、省级名牌2个；通过ISO 9000质量认证的企业达到10家。

4、工业产品出口创汇达到1000万美元（海关口径），过百万的创汇企业达到3家。

5、抓好特色工业小区建设。将济南民营科技产业园建设成为高科技成果孵化基地和民营科技企业示范区。将段店镇和吴家堡镇工业园建成有特色和相对规模优势的工业小区。

6、实现企业规模膨胀。营业收入过亿元的企业集团达到15家，规模工业企业达到45家，实现利税7500万元，增加值7亿元，亏损面控制在5%以下。

7、实现企业资本结构的战略性转移。民营经济占全区工业经济总量的50%，财税达到40%。

二、调整优化的重点和方向

今后几年我区产业、产品结构调整优化的重点和方向是：紧紧围绕市场需求和国内外同行业先进水平，加大科技创新力度，积极开发适销对路的新产品和新品种，大力培植新兴产业和高新技术产业，发展壮大优势规模企业，增强企业市场竞争能力。把汽车改装与摩托车制造及配件制造、机械制造、化工、电子信息、生物技术、新型材料等六大产业，作为产业提升和创新的重点。重点发展的系列产品是：汽车改装与配件、摩托车及配件、机电一体化机械产品、塑窗机械、磁型材料、软件开发、新型计算机、生物制药、新型建筑材料和装饰材料等。

（一）采用高新技术，加快传统产业的提升改造

1、汽车改装、摩托车制造及零部件配件业。通过采用高新技术及设备的引进，坚持以国家产业政策为主导和“三高”（技术含量高、劳动生产率高、附加值高）、“三少”（污染少、能耗少、物耗少）原则，加快发展节能型、环保型车辆，促进产业规模化。重点培植和发展载重汽车和特种改装汽车、环保客车、摩托车及零部件配件、汽车零部件配件等主导产品。通过技术创新，推进产业升级，借助入世带来的机遇，加快项

目的引进、吸收消化，不断降低产品制造成本，提高产品的质量档次。通过合作、合资、联营，到2002年该产业年产值达到20亿元。

2、机械制造业。加快新技术和科技成果转化为生产力，注重引导加工企业扩大加工规模，促进企业的产品更新换代，积极开发科技含量高、附加值高的环保产品，逐步淘汰效益低、耗能高、污染重的产品。以建筑材料专用设备、燃气、电热机电一体化锅炉、电力设备、冶金机械、电器及器械等产品为主攻方向，加快传统产业的嫁接改造，尽快形成产业优势。到2002年，年生产总值突破6亿元。其中光明公司、环保锅炉厂、热管实验厂、第二变压器厂、金华变压器厂、九阳公司年生产总值超过3亿元。

3、化学制品制造业。大力发展精细化工产品等高技术产业，重视节能降耗、治理污染，提高质量和效益。到2002年五龙石化公司、段店燃料站、海华公司、司普润公司、迈英德公司、宝洁公司等企业年生产总值超过4亿元。

(二)实施技术创新工程，加快高新技术产业的发展

1、电子信息业。通过引资、引办、多元化投资参股，加强与国内外大信息产业集团联系，培植发展信息业。重点向信息网络、智能化产品、应用软件、新型计算机等方面拓展。重点发展支持软件、工具类软件、事务管理软件和网络应用软件、安全与保密软件等主导产品。加快小型计算机及外围设备配制产业发展，带动全区电子信息产业的发展，使该行业成为我区工业经济发展的支柱产业之一。力争2002年，该产业年生产总值过2亿元。

2、生物技术业。加强与大专院校、科研院所的产学研结合，组成基因工程药物、发酵工程药物、新型诊断试剂及相关产品的科技开发创新体系，加快科研成果产业化进程，到2002年末，形成年生产总值2亿元的产业规模。以长城集团的生物工程研究院和民营科技产业园的科技创新服务中心为基地，以长城集团、济南逢春抗癌药物研究所、匡山永宁医药厂、兴达公司银杏液酒厂为基础，运用现代科学技术和加工手段，开发具有治疗心脑血管疾病、抗肿瘤、抗衰老、有免疫调节作用、疗效明显、毒副作用小的抗癌保健品、诊断试剂、试纸等新药及相关产品。加快动植物反应器系列制品、基因工程技术、生物技术育种等方面的开发。

3、新材料业。结合我区新材料业的现有基础，以市场为导向，以重点项目开发为切入点，加快创新速度，提高创新能力，在电子、材料制品、化工、新型建材、冶金新材料、陶瓷新材料、稀贵金属提炼、环保等新材料研制开发方面，实现较大的突破。努力培植5个年收入过1000万的企业集团，产业年总产值过2亿元。重点发展金銮集团的水泥砌块、鲁锦建材厂的空心砖、银丰硅制品厂的金属硅粉、稀贵金属提炼厂的贵金属提炼、国茂集团的铝型材等项目，尽快形成产业规模。

三、主要措施

(一)加快科技创新，改造传统产业，发展新兴产业。一是运用高新技术嫁接改造传统产业和优势产品，提高产品的科技含量。对支柱产业中的主导产品，加快技术升级，增加品种和系列，实现数量型向技术型、效益型转换。大力发展新兴产业，重点培植电子信息、生物工程、精细化工、新材料以及环保设备等领域的战略性先导产品。二是建立企业技术创新体系。重点企业集团要积极创造条件，建立以企业技术中心为主体的产学研基地，开发具有自主知识产权的高新技术产品，不断增强企业的创新能力。尊重知识，尊重人才，加强科技人才的培养和引进，建立和完善科技成果入股、开发转化奖励机制，制定优惠政策，创造良好环境。参照有关兄弟城市的办法，提高高新技术成果作为无形资产参与项目投资比例，提高成果转让人的收益比例，最大限度地调动科技人才的积极性。三是建立松散型专家工作站，搞好我区工业结构调整战略性研究和指导，提高企业科技创新能力。在采用高新技术改造传统产业的同时，也要注意劳动密集型企业和为大型企业配套企业的稳定和发展，妥善解决职工分流安置等问题，为经济发展创造一个安定团结的

大好环境。

（二）深化企业产权制度改革，实现资源的优化配置，促进企业结构的优化。以产权制度改革为突破口，通过改革、改制、改组等方式，打破区域、行业、所有制的界线，采取兼并、联合、剥离重组等多种形式，进一步优化资本结构，强化资本运营，按照产业政策、发展方向和市场需求，实现生产要素和存量资产的优化配置，培植规模企业、名牌产品和市场优势。通过一批大型规模企业集团的崛起，带动中小企业发展。一是对区直工业企业进行彻底改造，以资产多元化和股份制改造为主要形式，盘活存量资产，形成主导产品，开拓市场，强化内部管理，尽快建立现代企业制度，增强企业活力。二是对街办企业在全面清产核资和产权界定的基础上，通过退出公有资产，转为民营、出租、出售等形式进行全面改革；乡镇企业改革必须迈出实质性步伐，在产权界定和组建新型企业制度方面实现突破，促进乡镇企业的二次创业和腾飞。三是选择一批效益好、实力强、后劲足的企业，列入重点培养对象，在技术、人才、资金、机制、政策上给予重点扶持，鼓励他们跨地区、跨行业、跨所有制进行兼并联合企业，加快资本积累，低投入膨胀、滚动式发展，进一步壮大规模企业队伍。

（三）全方位招商引资，促进工业结构的调整与优化。进一步统一认识，增强紧迫感，努力形成积极招商引资的浓厚氛围和强大合力，实现招商引资与工业结构调整优化的有机结合，促进产业升级。要认真落实招商引资的各项优惠政策，鼓励和调动一切积极因素全方位招商。要不断完善区、办镇、村居、企业四级招商网络，充分发挥区招商办的作用和部门协助招商的优势，采取灵活多样的引资方式，吸引更多的资金和项目。要突出抓好境外招商、委托招商、网上招商，重点发挥规模企业集团的招商引资骨干作用，加强与国外大公司、大集团、大商社的合作与交流，引导更多的外资投向传统产业改造、高新技术产业等领域，不断提高我区的招商引资质量。

（四）以济南民营科技产业园为龙头，特色工业小区为依托，促进全区民营工业的快速健康发展。把民营科技产业园作为高新技术产业发展的摇篮，不断改善园区的软硬环境，提高园区的管理水平和素质，更好地为进园企业服务，加大园区知识产权保护力度，争创全国民营科技“专利产业化园区”。要运作好科技创业服务中心，将其建设成为全区工业经济发展的支持平台，为我区高新技术发展提供较为广阔的空间。段店、吴家堡镇工业园要注意发展定位，使其成为工业经济总量扩张、上新创新的基地。实施兴办新兴产业，招商引资、接纳换业项目的“三位一体”发展战略，实行统一招商，力求引进项目的高科技化、效益化、规模化，尽快实现产业的聚集，确保可持续性、特色性发展。区个体私营经济发展局要切实行使职责，加强对私营工业企业发展的协调和指导，建立经常性的联系制度，及时把上级有关扶持私营经济发展的优惠政策、产业政策及市场信，息等送上门交到手，及时解决遇到的实际困难和问题，提供良好的服务，创造平等竞争的环境。按照产业化的要求，因势引导，通过承包、租赁、兼并参股，控股集体企业等形式，促进私营企业跨地区、跨行业、跨所有制经营。注重为规模私营企业在资金协调、技改、场地发展、进出口取证、ISO 9000 系列认证及企业间联系渗透等方面，提供有效优质服务。

（五）加大有效投入，坚持实施可持续发展。注意发挥政府在结构调整中的宏观指导和协调作用，加大对工业的有效投入和项目监管力度。要抓好项目管理，按照产业规划布局，对不符合国家产业政策、明令禁止的项目，坚决不再兴建；严格控制耗能高、污染重、科技含量不高、附加值低、劳动力密集、占地大和重复建设等项目上马。要积极推进“银企互信”，争取上级部门的资金支持，建立产品结构调整专项基金，对重点项目进行贴息，减少银行贷款的风险和融资成本，引导信贷资金投向科技含量高、附加值高，且有市场前景的工业项目，建立中小企业信用担保中心。以专业担保机构为运作主体，以商业银行网络为基础，以中小企业为主要服务对象，为成长性、盈利性的中小企业申请贷款提供信用担保，有效控制、分散和化解金融风险。

（六）抓好中小企业的配套协作工作。全区中小企业要抓住大量中间产品主要依靠中小企业配套协作完成的机遇，根据自己的实际情况，加强与大专院校和科研院所的合作，扩大与大企业的配套协作。不仅为本地企业、国内企业配套协作，也要与外地、外资企业配套，特别要加强与名牌企业的配套协作。配套行业要宽，范围要广，逐步由传统的机械、汽车配件等行业，向电子信息、生物工程等行业拓展，由单品种配套逐步向多品种配套。要通过加强管理，提高质量，降低成本，增强产品市场竞争能力，争取实现产品升级、规模升级，逐步提高全区中小企业产品的配套档次和水平。

（七）加强对工业结构调整的组织领导。各级领导要强化机遇意识，高度重视产业创新工作，真正把创新工作落到实处，并且做到组织落实、人员落实、措施落实、行动落实。区成立工业结构调整领导小组，负责全区工业结构调整及发展方向的调查研究，制定工业结构调整方案和政策措施，及时解决结构调整过程中存在的困难和问题，为“十五”规划的制定做好铺垫。区委、区政府将把此项工作作为各级的“一把手工程”，实行党政主要领导负责制，纳入全方位目标管理。区经计委继续搞好工业经济结构优化调整的季度讲评和考核奖励，在抓好区直工业企业的改制和结构调整的同时，加大对全区私营工业企业的指导，搞好技改、立项、职称评定等方面的指导、协调和服务。各办镇要针对各自的实际情况，拿出加快工业企业调整优化及深化产权制度改革的具体方案，确定专人负责，狠抓工作落实，推动全区工业经济的持续健康发展。

中共槐荫区委
槐荫区人民政府
2000 年 6 月 14 日

中共槐荫区委　槐荫区人民政府
关于加快城郊型社会主义新农村建设的
实施方案

围绕贯彻党的十六届五中全会提出的建设社会主义新农村的部署，区委九届四次全会通过了《关于建设城郊型社会主义新农村的意见》，立足省会城区实际，明确了建设城郊型新农村的总体思路、基本原则和基本任务。为全面落实全市农村工作会议精神和全委会“意见”，加快推进我区城郊型新农村建设，特制定如下实施方案。

一、指导思想

坚持以邓小平理论和“三个代表”重要思想为指导，认真贯彻党的十六届五中全会精神，坚持以科学发展观统领全局，统筹城乡经济社会持续协调发展，进一步落实工业反哺农业、城市支持农村和多予、少取、放活的措施；坚持科学规划、分步实施、先易后难和分类指导，充分发挥我区城郊地区的比较优势，不断深化“服务群众年”活动，进一步改善群众的生产、生活的条件和环境，加快推进城郊型新农村建设，全面建设文明、生态、和谐的现代化新槐荫。

二、明确任务，加快推进城郊型社会主义新农村建设

城郊型社会主义新农村建设是一项系统工程，必须围绕“生产发展、生活富裕、乡风文明、村容整洁、管理民主”的目标，因地制宜、突

出重点、强化措施、全力推进。

(一)远郊村着力办好"十件实事"。建设城郊型社会主义新农村，要结合实际，围绕改善群众的生产、生活环境和条件，全面加强村级基础设施和群众生活设施建设，排定两镇一办53个村为重点(段店镇18个村、吴家堡32个村、美里湖3个村)，切实办好"十件实事"。通过一年的多方努力，促进村庄面貌和乡风民风的明显改观。

1、实施村内街道硬化：村内主干道硬化率达到100%，通户道路硬化率达到80%以上。

2、村内路灯：村内主要道路两旁安装路灯，分布合理，照明良好。

3、推动农户沼气池建设：30%以上的农户建有沼气池，并搞好配套设施建设。

4、村村通自来水工程：以村为主建设生活用水系统，实现单村集中供水，入户率达到98%以上，卫生安全饮用水合格率达到100%。

5、进行农厕改造：40%以上农厕达到国家卫生厕所标准。

6、建立生活垃圾处理制度：每村至少建有2处分布合理的垃圾存放集运点，实行村户生活垃圾统一收集、定时清理、集中处理；建立村庄保洁制度，成立专兼职保洁及垃圾清运队伍，形成责、权、利明确的长效管理机制。

7、实施村庄绿化：村庄绿化覆盖率达30%以上，村内主要道路两旁种植行道树，50%以上的农户庭院进行绿化美化。

8、推广家庭洗浴设施：30%以上农户安装家庭洗浴设施，并实现春、夏、秋三季能够洗浴。

9、完善村庄卫生室：建有一处以上卫生室，达到卫生部门规定的标准，并与实施"新农合"相结合，保证正常运作。

10、建设群众文体设施：有一处健身路径和篮球场，建设一处"文化大院"，为群众性文体活动提供必要的设施和条件。

(二)近郊村加快推进城市化。三新办及所辖村居要坚持与城市化进程相结合、与经济发展相结合，突出抓好体制改革、旧村规范改造、社会保障、民主法制、文化建设和环境整治等关键环节。积极配合城乡重点项目建设，探索走好村庄整合和村居一步城市化的新路子，加快城市基础设施的建设。要加快村改居步伐，着力探索和解决"城中村"问题，依法处置村务管理和村集体资产经营管理，探索与城市接轨的新路子。积极探索道路养护、卫生保洁等城管机制向近郊地区的延伸，从体制、机制上真正实现城市化。加快发展非农产业，突出特色市场建设，持续有效地推动二、三产业健康发展。

(三)突出生产发展和环境整治。各级、各部门、各单位尤其是两镇四办，要高度重视城郊地区的改革发展和稳定，加大对"三农"的投入。要立足建设省会城区生态村镇，突出精种特养、出口创汇、旅游观光三大农业特色，大力加强生产基础设施和生态建设。要引导群众大力发展农村经济合作组织，提高生产经营水平，不断扩大种植、养殖和农副产品加工的规模，增强适应市场和抗御风险的能力；要重视农业龙头企业的带动作用，不断完善企业带基地、基地连农户的生产经营模式，力争在短期内再膨胀1—2个农业龙头企业。要加大对近郊地区的环境整治力度，切实推进路网建设、绿化美化和村容村貌整治，不断改善人居环境。近期，要结合深化"服务群众年"活动，集中开展以垃圾清理为主要内容的城郊地区环境综合整治，确保街净路洁、无垃圾死角，力争"五一"前整体环境和面貌明显改观。

三、整合力量、强化措施、全力推进

建设城郊型社会主义新农村是全区的大事，必须整合各方面的资源，动员各方面力量广泛参与。

(一)突出办镇、村居的主体作用。两镇、四办及所辖村居是建设城郊型社会主义新农村的主体，是主要组织者和承担者，要立足实际，进一步理清各自的思路，制定切实可行的工作意见和实施方案，做出全面安排，明确责任，狠抓落实；要集中办镇、村居的人力、物力和财力，加大对"十件实事"的投入，力求村户的基础设施得到明显改善;要深入开展"三级联创"活动，不断完善村民自治组织网络，加强村居

班子和队伍建设，健全和规范村规民约，提高村民自我管理、自我服务的能力。各有关办镇要在充分调研的基础上，对辖区村居进行分类，突出重点，强化调度；要主动与包挂单位衔接，发挥下派干部的作用，切实抓住机遇，全力推进，力争在短期内有新的进展和变化。对村内绿化美化等季节性工作，要不等不靠，创造条件，先行实施。

（二）突出城郊地区的社会建设。有关部门要充分发挥职能作用，围绕落实“十件实事”、推进社会建设，积极向上争取，内引外联，全力扶帮。区民政局要不断完善农村低保、养老、救助等社会保障机制建设，探索建立农村专业经济协会，提高农民综合保彰能力。区卫生局要加大全国卫生镇的创建力度，扩大新型农村合作医疗制度的覆盖面，不断完善运作机制，提高农村医疗保障水平；区劳动和社会保障局要积极建立和完善农村劳动力培训和就业指导服务网络，做好针对农民的失业登记工作，不断提高农民素质和就业的能力；区教育局要围绕振兴农村教育，加大城郊地区教育资源整合力度，切实加强教育规范化达标建设，进一步提高教育教学质量；区文明办要大力实施农民素质工程，协同其他部门抓好文明生态村建设，深入开展党的政策、文化教育、致富技术和文明生活方式“四进农户”活动，实施好百家文明单位包百村“城乡联动、共建文明”行动，力争在建设“文明长廊”方面率先突破。文体部门要高度重视农村的文化建设，加大协调力度，推动农村的文体设施和“文化大院”建设，扶持群众性文体队伍，积极开展经常性的群众文体活动。

（三）结对帮扶，典型示范，全面推动。2006年全区确定首批启动远郊53个重点村的新农村建设工作，其中15个为示范村，全面落实“十件实事”。力争15个示范村上半年基本完成，并形成特色、创出经验和品牌，发挥好示范带动作用；其他38个重点村力争通过1年的建设，初步完成“十件实事”，促进农村面貌和群众生活环境条件明显改善。

实行城区街道办事处和部分区直部门、协管单位联系包挂制度（具体联系包挂分工详见附表），与53个示范村、重点村结成帮扶对子，实行“一对一”帮扶。其他村居按照属地管理原则，由办镇直接帮扶。各帮扶单位要与联系包挂的村居，保持密切的工作联系，建立相应的帮扶制度，明确包挂领导和职责。要全面了解村居情况，协助村居制定集中整治规划，分阶段重点实施。发挥各自的职能和工作优势，内引外联，在落实“十件实事”上给予资金或生产资料等方面的支持；城区办事处要充分利用城区社区共建和资源优势，切实发挥城市支持农村的作用，积极动员和整合社区单位和资源，加大城市资源、人才、智力对农村的支持和帮扶力度，加大城市科技、教育、医疗等方面对农民的服务，引导和鼓励各种社会力量参与农村基础设施建设，努力营造全社会关心、支持、促进农村建设的良好氛围。要发挥下派干部的重要作用，及时协调解决新农村建设中遇到的困难和问题，确保所包挂村、派驻村的基础设施、整体环境建设及各项社会事业有新的进展。

（四）多元投入，保障运行。逐步建立起符合新农村建设实际的政府主导、部门支持、农民主体、社会参与的新农村建设多元化投入机制。区财政要对新农村建设各项事业的投入进行倾斜，通过向上争取和千方百计筹措专项资金，支持和推进“十件实事”的落实。区支农资金及其他涉农资金要进一步整合，突出重点，不断提高资金使用效率，主要扶持农村基础设施建设。区科技专项经费也要围绕新农村建设，更多地支持涉农项目。各包挂单位要从大局出发，给予必要的资金支持。各有关部门要充分发挥职能优势，积极争取上级主管部门的政策倾斜和资金支持。

（五）充分发挥广大农民群众的主人翁作用。建设城郊型社会主义新农村，调动和发挥好农民群众的作用是关键。要通过广泛宣传和动员，调动农民群众的积极性，引导他们发扬自力更生、艰苦奋斗的精神，对直接受益的公共设施建设自愿投工投劳，通过自己的辛勤劳动建设美好家园，改善生产生活条件，提高生命健康质量，以主人翁的姿态推进社会主义新农村建设。

四、加强领导，形成建设城郊型新农村的整体合力

全区城郊型新农村建设工作由区委副书记徐明梅、区政府副区长展庆林总牵头，负责总体统筹调度。区成立由区农发局牵头，区委办、区文明办协助，有关部门参加的城郊型社会主义新农村建设协调办公室，设在区农发局，具体指导、协调和调度有关工作，及时解决推进过程中遇到的问题。将新农村建设工作纳入全区年度目标绩效管理和考核体系，定期、不定期地对各办镇的工作进度、部门的包挂情况，进行督导和调度；对按照时间进度完成建设任务的办镇、部门和单位，给予表彰和奖励。各级党政、区直各部门要切实把新农村建设工作列入重要议事日程，切实加强领导，实行“一把手”亲自抓、负总责，确保抓出实效。

附：槐荫区城郊型新农村建设联系包挂一览表

中共槐荫区委
槐荫区人民政府
2005年3月15日

附件：

槐荫区城郊型新农村建设联系包挂一览表

（序号后加“※”的为示范村，其余为重点村）

吴家堡镇			
序号	村（居）	下派干部派出单位	包挂单位
1※	明里村	吴家堡镇	城管执法局
2※	曹圈村	吴家堡镇	区国土局
3※	申庄村	区卫生局	区卫生局
4※	七里村	西市场办事处	区建管委
5※	东曹村	五里沟办事处	五里沟办事处
6※	西王村	区统计局	区环保局
7※	棉张村	五里沟办事处	区财政局
8※	三教堂村	区经发局	区绿化处
9	西张村	营市街办事处	营市街办事处
10	安庄村	道德街办事处	道德街办事处
11	韩道口	区委党校	区法院
12	闫庄村	道德街办事处	区环卫局
13	陈庄村	振兴街办事处	振兴街办事处
14	周官屯村	区招商局	青年公园办事处
15	董庄村	区政府办	区政府办
16	大高村	区农发局	区农发局
17	席庄村	区卫生局	区委组织部
18	大杨庄	吴家堡镇	区物价局
19	宋庄村	吴家堡镇	区劳保局
20	裴庄村	区房管局	区房管局
21	西堡村	张庄办事处	区纪委
22	东堡村	吴家堡镇	区武装部
23	南堡村	区规划局	区委宣传部
24	肖家屯	区人防办	区人防办
25	石佛屯	区建委	区委政法委
26	楚庄村	区招商局	槐荫农村信用社

续表

序号	村（居）	下派干部派出单位	包挂单位
27	唐庄村	区建委	槐荫供电部
28	东赵村	吴家堡镇	区房地产开发公司
29	中赵村	区劳保局	工商局槐荫分局
30	中店铺	吴家堡镇	槐荫地税分局
31	刘庄村	团区委	槐荫国税局
32	小杨村	吴家堡镇	区安监局
段店镇			
序号	村（居）	下派干部派出单位	包挂单位
1※	油赵村	段店镇	区委办
2※	前周村	段店镇	人事局
3※	北八里村	区法院	区养护处
4※	水屯村	区委党校	区民政局
5	南八里村	区城管执法局	区教育局
6	河圈村	西市场办事处	西市场办事处
7	河王村	区劳保局	区政协办公室
8	王府村	段店镇	区拆迁办
9	大李村	青年公园办事处	南辛庄办事处
10	麻沟村	区安监局	区人大常委会办公室
11	位里村	段店镇	区计生局
12	由里村	区执法局	中大办事处
13	睦里村	段店镇	区司法局
14	古城村	区教育局	区检察院
15	龙王庙	区体育局	公安分局
16	常旗屯	区农发局	区委党校
17	宋家桥村	区工商联	农业银行槐荫支行
18	小李村	九职专	区医院
美里湖办事处			
序号	村（居）	下派干部派出单位	包挂单位
1※	新沙村	美里湖办事处	美里湖办事处
2※	邱庄村	美里湖办事处	
3※	刘七沟村	区委宣传部	

2006年辖区主要地名

路

经一路 位于辖区城区东北部，路经西市场、五里沟等街道地区。清朝光绪三十年(1904)，山东巡抚周馥会同北洋大臣、直隶总督袁世凯奏请开辟商埠，所附《济南商埠全界图》中，将该路定名为“经一路”。

经二路 位于辖区城区东北部，路经中大槐树、西市场、五里沟等街道地区。1914年《济南指南·商埠大概》载：“二马路”。1924年《续修历城县志》所附《济南商埠全界图》(以下简称1924年《商埠全界图》)标注为“经二路”。

经三路 位于辖区城区东北部，路经西市场、五里沟等街道地区。1914年《济南指南·商埠大概》载：“三马路”。1924年《商埠全界图》标注“经三路”。

经四路 位于辖区城区东北部，路经西市场、五里沟等街道地区。1924年《商埠全界图》标注为“经四路”。

经五路 位于辖区城区东北部，路经西市场、五里沟等街道地区。1924年《商埠全界图》将该街标注为“经五路”。

经六路 位于辖区城区东北部，路经振兴街、青年公园等街道地区。1924年《商埠全界图》中，将该街标注为“经六路”。

小经六路 位于振兴街街道地区东部。1930—1938年间此处仅有几户人家，后住户逐渐增多，形成一条贯通纬九路与纬十二路的大街。日伪侵占时期(1937—1940)命名为“小经六路”。

经七路 位于辖区城区东北部，路经振兴街、青年公园等街道地区。1924年《商埠全界图》中，将该街标注为“经七路”。

经十路 位于辖区城区中部，路经营市街、南辛庄、振兴街、青年公园等街道地区。1941年，日伪政府开辟南商埠，修筑一条东起红桥、西止营市街北口的大道。1946年改称“经十路”。

纬五路 位于辖区城区东北部，路经五里沟街道地区。1924年《商埠全界图》将该街标注为“纬五路”。

纬六路 位于辖区城区东北部，路经五里沟、青年公园等街道地区。1914年前形成道路。1924年《商埠全界图》将此街标注为“纬六路”。

小纬六路 位于辖区城区东北部，路经五里沟、青年公园等街道地区。1924年《商埠全界图》将此街标注为“小纬六路”。

纬七路 位于辖区城区东北部，路经五里沟、青年公园等街道地区。1914年形成道路。1924年《商埠全界图》将此街标注为“纬七路”。

纬八路 位于辖区城区东北部，路经五里沟、青年公园等街道地区。1924年《商埠全界图》将此街标注为“纬八路”。

纬九路 位于辖区城区东北部，路经五里沟、振兴街等街道地区。1924年《商埠全界图》，将该街标注为“纬九路”。

北小纬九路 位于五里沟街道地区西北部。1913年前后，军阀孙传芳、商人于化龙等4家先后在此建房，形成一条贯通经一路与经二路的胡同，因此路位于纬九路与纬八路之间，故名“小纬九路”。1980年整顿换制街(门)牌时，为避免与经六路以南的小纬九路重名，改名为“北小纬九路”。

南小纬九路 位于振兴街街道地区东北部。1930年前后形成道路。因位于纬九路以西，故称小纬九路。为避免与经一路小纬九路重名，1980年调整为“南小纬九路”。

纬十路 位于西市场街道地区中部。1924年《商埠全界图》将此地标注为“纬十路”。

小纬十路 位于西市场街道地区中部。1930年左右形成道路。因其直通纬十路，当地群众通称纬十路。1956年定名为“小纬十路”。

纬十一路 位于西市场街道地区中部。此街原是一条南北走向的大沟，1930年前后形成大街，定名为“纬十一路”。1934年《济南市政府市区测量报告书》有“西南乡区，纬十一路”的记载。

小纬十一路 位于西市场街道地区西北部。1930年前只有南北街的一段，因与纬十一路平行，故名为“小纬十一路”。后几经变迁，逐渐形成东西走向的胡同，仍称“小纬十一路”。

纬十二路 位于辖区城区中部，路经振兴街、西市场等街道地区。1932年版《济南市市区图》中将北起津浦铁路、南至经二路的一段标注为“纬十二路”。

丁字山东路 位于振兴街街道地区南部。原属德兴街和五里牌坊北街。因其西接丁字山，1980年命名为“丁字山东路”。

机床二厂路 位于南辛庄街道地区西部。1948年前为辛庄营垣内的便道，1949年后形成一条东西走向的大街，群众习称“机床二厂路”。1980年正式命名为“机床二厂路”。

南辛庄西路 位于南辛庄街道地区中部。1907年建立辛庄营垣后形成道路。1949年后成为机床二厂通外的主要通道，称“机床二厂路”。因东靠南辛庄，1980年命名为“南辛庄西路”。

南辛庄东路 位于南辛庄街道地区东部，南起南辛庄南街，北至经十路。

刘长山路 位于辖区城区西南部，路经南辛庄、振兴街等街道地区。因位于刘长山南麓，1980年整顿换制街（门）牌时，取名为“刘长山路”。

丁字山路 位于振兴街街道地区南部。原为丁字山下的运石小路，群众习称“畜牧公司路”，因其靠近丁字山，1980年命名为“丁字山路”。

济齐路 位于辖区城区东北部，路经北大槐树、匡山等街道和吴家堡镇地区。该路是济南通往齐河县的主要交通干线，故名济齐路。

铁配路 位于营市街街道地区西南部。1959年济南压铸厂迁至此处，新修一条由营市南街（现经十路）通往厂区的道路。因此街紧靠济南铁路局配件厂，1980年命名为“铁配路”。

济微路 位于南辛庄街道辖区南部，北起辛西路南口，南至试金集团南墙。

阳光新路 位于振兴街街道地区南部，北起经十路，南至刘长山路。

二环西路 位于槐荫区西部，南起安澜南路，北至西沙北街。

段北东路 位于段店北路街道地区东部，南起经十路，北至张庄路。

段兴东路 位于段店北路街道地区东部，兴济河东侧，南起经十路北至济齐路。

段兴西路 位于段店北路街道地区东部，兴济河西侧，南起经十路，北至济齐路。

老屯西路 位于匡山街道地区南部，南起老屯小区南侧，北至老屯小区北街。

匡山小区东路 位于匡山街道地区南部，南起匡山小区南明沟，北至幸福街。

匡山小区中路 位于匡山街道地区南部，南起匡山小区南明沟，北至张庄路。

匡山小区西路 位于匡山街道地区南部，南起老屯村，北至幸福街。

匡山东路 位于匡山街道地区中部，南起匡山杨家庄，北至济齐公路。

匡山中路 位于匡山街道地区中部，南起无影山中路，北至济齐公路。

匡山西路 位于匡山街道地区中部，南起二环西路，北至济齐公路。

张庄路 位于槐荫区北部，东起堤口路，向西折南至经十路。

腊山北路 位于张庄街道地区南部，北起经十路，南至腊山脚下。

美里路 位于美里湖街道地区南部，东起西二环路，西至美里西路。

美里东路 位于美里湖街道地区东南部，南起济齐公路，北至美里北路。

美里南路 位于美里湖街道地区东南部，东起二环西路，北至铁路。

美里西路 位于美里湖街道地区南部，南起济齐公路，北至美里北路。

美里北路 位于美里湖街道地区北部，东起二环西路北口，西至鲁唐庄。

粟山路 位于美里湖街道地区东部，东起黄岗西，西至二环西路。

西沙路 位于美里湖街道地区东部，东起东沙村，西至二环西路。

治黄路 位于吴家堡镇辖区北部，东起济齐路，西转北至黄河大堤。

金位路 位于段店镇东北部，东起大金庄，西至位里庄。

金庄东路 位于段店镇东北部，南起大金庄东侧，北至小饮马庄西侧。

鲁鹰南路 位于张庄街道地区北部，东起张庄路，西至实胡同

街

岔路街 位于辖区城区东北部，路经青年公园街道地区。1934 年《济南市政府市区测量报告书》中始载“岔路街”。

槐村街 位于辖区城区西部，跨中大槐树、营市街两个街道地区。1956 年将南大槐树北街西口以南至营市街北口的一段定名为“槐村街”。1980 年将机车工厂北门至南大槐树北街西口一段南北街并入槐村街。

三角线街 位于北大槐树街道地区北部。因此街 位于供火车头转向使用的三角形铁路线地带，1980 年定名为“三角线街”。

北大槐树街 位于北大槐树街道地区中部。早年是北大槐树庄的中心街道。1949 年前定名为“北大槐树街”。

北大槐树南街 位于北大槐树街道地区南部。原属北大槐树街。1970 年，在铁道路基处建起楼房 12 幢，形成街道。因北靠北大槐树街，1980 年定名为“北大槐树南街”。

昆仑街 位于北大槐树街道地区西部。1939 年前后形成街道。因此街处于市区西北端，取“日落昆仑”之意，定名“昆仑街”。

中大槐树南街 位于中大槐树街道地区中部。旧为中大槐树庄内的小巷，1947 年称中大槐树街。1949 年后定名为“中大槐树南街”。

中大槐树东街 位于中大槐树街道地区东部。旧为中大槐树庄内的一条小巷，1950 年命名为“中大槐树东街”。

南大槐树北街 位于中大槐树街道地区中部。旧为南大槐树庄的中心街道。1949 年后定名为“南大槐树北街”。

南大槐树南街 位于中大槐树街道地区中部。原为南大槐树庄内的小巷，1949 年后定名为“南大槐树南街”。

南大槐树西街 位于道德街街道地区西部。旧称“棚户”。1949 年后命名为“南大槐树西街”。

碧梧街 位于西市场街道地区西部。旧时此地因多娼妓而取名“凤凰街”。1930 年，当地群众忌讳此名，公议改称“碧梧街”（取“凤落梧桐”之意）。

公义街 位于西市场街道地区西北部。1928 年，王守长出面与四邻商议，取街名为“公义街”。

顺祥街 位于五里沟街道地区西北部。1916 年仅有几家小商人住此，无正式街名。1918 年，冷姓商人在此处办起一处“顺记货栈”，后以货栈名命名为“顺祥街”。

公祥街 位于五里沟街道地区东部。1924 年几户资本家在此建房形成街道，商号众多，由商人合议取名为“公祥街”。

六顺街 位于五里沟街道地区南部。原为小商贩聚居地，无名称。日伪侵占时期因此地西通纬六路、东通小纬六路，伪保长李润芝取名“六顺街”，为“六六大顺”之意。

五里沟东街 位于五里沟街道地区东北部。原为由梁家庄经五里沟至北大湾的自然排洪沟。1936 年，五里沟庄公民赵文风、张九龄等人呈请速修水沟以弭水患，将庄内排洪明沟修为涵洞，形成一条贯通经一路与经二路之间的小巷。1956 年定名为五里沟东街。

五里沟西街 位于五里沟街道地区北部。1956 年定名为五里沟西街。

槐荫街 位于营市街街道地区中部。据传，1914 年津浦铁路局济南机器厂在此建起一排铁路公寓，习称“红房子”。1920 年后陆续有人迁居公寓周围，形成不规则的居民区。1930 年将

此处命名为“槐荫街”，为受南大槐树庄管辖之意。

西槐荫街 位于营市街街道地区西部。1935年前此处住有十几户人家，因靠近槐荫车站，故称“槐荫街”。1956年调整为“西槐荫街”。

小槐荫街 位于营市街街道地区西部。1953年形成街道。因靠近槐荫街，1980年命名为“小槐荫街”。

槐荫南街 位于营市街街道地区西部。原系槐荫街和营市南街的一部分。1980年命名为“槐荫南街”。

营市西街 位于营市街街道地区中部。1964年形成一条无名土街，属营市街。1980年调整为“营市西街”。

营市街 位于营市街街道地区中部。辛庄营垣建成后，许多逃荒者在此搭棚营生，逐渐形成街市。因靠近兵营，故称为“营市街”。

营市东街 位于营市街街道地区东部。1979年后陆续在此兴建宿舍楼，形成一条由道德北街至经十路的通道。因位于营市街之东，1980年命名为“营市东街”。

机车新村一街至六街 位于营市街街道地区西北部。1953年，济南铁路工厂（现济南机车工厂）在此兴建职工宿舍。1957年扩大规模，改称“机车工厂新村”。1980年，将新村划为6条街，按顺序排列，分别命名为机车新村一街、机车新村二街、机车新村三街、机车新村四街、机车新村五街、机车新村六街。

北小辛庄西街 位于道德街街道地区西部。原为北小辛庄村西的一条土路，1980年后逐步形成以居民为主的街巷。因此街位于村庄西部，故称“北小辛庄西街”。

北小辛庄东街 位于道德街街道地区西部。早年为南辛庄的农田。1938年，刘文尊在北端开设“泰安客栈”，后陆续有人在此租地晒粪，开辟花圃，称为“大槐树棚户街”。1980年调整为“北小辛庄东街”。

道德中街 位于道德街街道地区中部。原是一条东西走向的大沟。1940年后，沟南、北居民逐渐增多，1949年前形成若干街巷，无名称。因其位于道德南街、北街之间，1956年定名为“道德中街”。

西新一街至三街 位于道德街街道地区西北部。此处原为南大槐树庄的田地。1930年前后，城内西关王姓瓷器商在此建房百余间出租，形成一条南北胡同，因位于商埠西端，取名“西新街”。后房屋增多，与西新街并列形成三条胡同。统称“西新街”。1949年后，按顺序分别命名为西新一街、西新二街、西新三街。

前卫街 位于青年公园街道地区中部。原属纬七路和小纬六路南街。1980年将此街从纬七路和小纬六路南街中划出，以街内7213厂印刷《前卫报》命名为“前卫街”。

西光明街 位于青年公园街道地区南部。原为郑家坟地。1938年后有人居住。1980年，定名为“西光明街”。

中光明街 位于青年公园街道地区南部。1949年后形成街道，属光明街。1980年定名为“中光明街”。

小辛庄街 位于振兴街街道地区东部。1930年前后此处只有十几户人家，因靠近西辛庄，将村内两条平行的胡同取名“小辛庄”。1980年定名为“小辛庄街”。

德兴街 位于振兴街街道地区中部。原为此街北端东侧的一条实胡同。民国时期，保长段德顺以自己名字中的“德”字，为胡同命名为“德兴街”。1952年，济南火柴厂在此兴建宿舍，形成街道，沿称“德兴街”。

德兴南街 位于振兴街街道地区南部。1956年前后形成宿舍区，属德兴街。1980年调整为“德兴南街”。

德兴东街 位于振兴街街道地区中部。原为五里牌坊向西延伸的一段。1960年后，改成经十路向南、向西，与德兴街南北平行的一条街道。1980年定名为“德兴东街”。

德兴西街 位于振兴街街道地区中部。原为德兴街的一部分。1980年调整为“德兴西街”。

振兴街 位于振兴街街道地区西部。日伪侵占时期有少数住户。1940年，“振兴货栈”经理在此办起一处小学，取名“振兴小学”。后将此街以学校名命名为“振兴街”。

振兴中街 位于振兴街街道地区西部。1949年前为棚户。1949年后形成贯通经七路与经十路的小巷,属振兴街。1980年调整为“振兴中街”。

振兴东街 位于振兴街街道地区西部。原位于小辛庄西，取名“西小辛庄”。1939年开拓纬十二路,该街只剩路西一段。1956年并入振兴街。1980年又从振兴街划出，命名为“振兴东街”。

振兴西街 位于振兴街街道地区西部。原为振兴街的一部分。1980年将振兴街划为四条街，此街为“振兴西街”。

五里牌坊东街、西街、南街、北街 位于青年公园街道地区南部。1932年版《济南市市区图》中标注为“五里牌坊南街”。1949年后将此处划分为五里牌坊东街、西街、南街、北街。

南辛庄街 位于南辛庄街道地区中部。原为“西辛庄”的中心街。1934年西辛庄改称南辛庄。1980年定名为“南辛庄街”。

南辛庄南街 位于南辛庄街道地区南部。原为南辛庄的一部分，后成为通向丁字山的便道。1960年后修铺成路。因该街位于南辛庄以南，1980年命名为“南辛庄南街”。

南辛庄中街 位于南辛庄街道地区中部。原为南辛庄的一条南北街。1980年定名为“南辛庄中街”。

南辛庄东街 位于南辛庄街道地区东部。原属南辛庄的一部分。1980年命名为“南辛庄东街”。

忠厚街 位于中大槐树街道地区北部。1912年形成道路。1929年民众公推司成龙为此街取名，司崇尚忠诚厚道，取街名为“忠厚街”。

丽人街 位于五里沟街道地区南部，东起纬七路，西至纬八路。

南辛庄北街 位于南辛庄街道地区北部，东起南辛庄中街，西至南辛庄西路。

南辛庄西街 位于南辛庄街道地区中部，北起南辛庄街，西至南辛庄西路。

西十里河西街 位于南辛庄街道地区南部，东起西十里河街，西至南辛庄西路。

段店东街 位于段店北路街道地区南部，南起经十路，北至实胡同。

段店南街 位于段店北路街道地区南部，东起段店东街，西至段店西街。

段店西街 位于段店北路街道地区南部，南起经十路，北至天景小区。

段店北街 位于段店北路街道地区南部，东起段店东街，西至二环西路。

段店中街 位于段店北路街道地区南部，东起段店东街，西至段店西街。

幸福街 位于匡山街道地区中部，东起济齐路，西至二环西路。

匡山大街 位于匡山街道地区北部，东起济齐公路，西至二环西路。

西沙北街 位于美里湖街道地区东南部，东起二环西路，西至西沙王庄西头。

西沙南街 位于美里湖街道地区东南部，东起二环西路，西至西沙王庄池塘。

西沙中街 位于美里湖街道地区东南部，东起二环西路，向西折北至西沙北街。

新沙一街 位于美里湖街道地区东南部，南起粟山路，北至虹吸干河。

新沙二街、三街、四街、五街 位于美里湖街道地区东南部，南起粟山路，北至东沙村。

里

二合里 位于中大槐树街道地区西北部。1930年前后始有人居住,名为“棚户”。1938年后,驻地日军粮食收购站嫌此名不雅，改称“二合里”。

裕津里 位于中大槐树街道地区西部。1929年前后，津浦铁路济南机厂部分天津籍工人在此建房居住，形成一条较齐整的南北胡同，取名“裕津里”，意为居此的天津人富裕起来。

裕兴里 位于中大槐树街道地区中部。原为农田。1930年后，津浦铁路济南机厂职工刘升广和南大槐树庄于广志在此建房，逐渐形成里巷。抗日战争胜利后，因此里巷靠近裕津里，起名“裕兴里”，为富裕兴旺之意。

裕华里 位于中大槐树街道地区中部。原为农田。1930年前后，南大槐树庄边希恩、韩英祥在此建房居住,后逐渐形成居民区,习称“边韩小庄”。后循“裕”字头，取名“裕华里”。

裕仁里 位于道德街街道地区中部。原为南大槐树庄农田。日伪侵占时期逐渐迁来住户，形成里巷。抗日战争胜利后，循“裕”字头，取名“裕仁里”。

裕福里 位于道德街街道地区中部。原为南大槐树庄内的里巷。国民政府时期，循“裕”字头，起名“裕福里”。

裕忠里 位于道德街街道地区北部。原为南大槐树庄的里巷。国民政府时期,循“裕”字头，起名“裕忠里”。

裕明里 位于道德街街道地区北部。原为南大槐树庄的里巷。国民政府时期,循“裕”字头，起名“裕明里”。

裕信里 位于道德街街道地区北部。原为南大槐树庄的里巷。国民政府时期,循“裕”字头，起名“裕信里”。

保安里 位于青年公园街道地区西北部。原是一片荒地。1920年，济南“永记营造厂”在此盖起40余个院落，形成三条里巷，分别命名为“东保安里”“西保安里”和“曜东里”。1963年，东保安里拆迁建立济南第二十中学。1965年，曜东里并入经六路，西保安里定名为“保安里”。

隆新里 位于青年公园街道地区中部。原为1918年德国商人白尔太开办的太隆发网厂女工宿舍。1922年,将房子卖给中国职员,起名“隆新里”。

德邻里 位于青年公园街道地区中部。原为德商太隆发网厂占地。1922年，将土地卖给中国人，逐渐盖起数座小院，形成里巷。因与德商工厂相邻，起名“德邻里”。

高安里 位于青年公园街道地区中部。1933年前仅有少数住户。同年，济南试验所化工师孙清三在此修建一处较大住宅，为祝其父母长寿而取名“高安里”。

宝善一里至三里 位于中大槐树街道地区中部。1945年前后始有人居住，因北端南北胡同内有“宝仙居”酱园而取名“宝善里”。国民政府时期，将宝善里南面三条胡同分别命名为“宝善一里、宝善二里、宝善三里”。

宝明里 位于中大槐树街道地区南部。原为中大槐树庄农田。1938年后逐渐形成居民区。为与北面“宝善里”相对称，将此街命名为“宝明里”。

大生里 位于经三路街道地区中部。1932年版《济南市市区图》中标注为“大生里”。新中国成立后，济源里、恒善里并入，仍称大生里。

福音里 位于五里沟街道地区中部。1918年，由中华基督教教友捐资、教会出面，建房300余间，形成一条贯通经三路与经四路之间的土巷。1932年版《济南市市区图》标注为“福音堂”，亦称“福音里”。

槐村东里、西里 位于营市街街道地区中部。1945年后，此地居民增多，逐步形成两条不规则的南北胡同,因地靠南大槐树庄,习称“槐村里”。1956年将槐村里划分为东里、西里。

南辛庄西街一里、二里 位于南辛庄街道地区东部，南起南辛庄西街北至南辛庄街。

南辛庄东街一里 位于南辛庄街道地区东部，南起南辛庄东街北至南辛庄街。

南辛庄东街二里 位于南辛庄街道地区东部，南起南辛庄中街北巷，北至南辛庄街。

巷

槐家巷 位于五里沟街道地区北部。原为菜园地。1904年济南开辟商埠后，商人王盛三等在此开设茶馆、剧场、澡堂，形成一条街巷，因街中有几棵老槐树，习称槐巷，后定名“槐家巷”。

发祥巷 位于五里沟街道地区北部。1904年济南开辟商埠后，形成一条贯通经一路、经二路的土街。因街北端有“发祥马车栈”，故习称“发祥街”。1947年版《济南市街道详图》标注为“发祥巷”。

南辛庄中街南巷、北巷、中巷 位于南辛庄街道地区东部，东起南辛庄东街，西至南辛庄中街。

村（庄）

孔家村　位于大金庄东4千米。清代，该村有一孔庙，取村名“孔家庙”。后因“庙”字不雅，改名“孔家庄”，又称“孔家村”。

闫千户　位于大金庄东5千米。明万历年间，有位闫千户迁此落户，取村名“闫千户”。

段店　位于大金庄东南3千米。战国魏人段干木路过此处遇雨投宿，临行时说：此地开店甚好，方便行人。后来很多人在此开店，取名“段店”。

匡山庄　位于大金庄东北7千米。唐朝末年，有人从山西洪洞县迁此落户，因东靠匡山，取村名“匡山庄”。

匡山杨家庄　位于大金庄东北5千米。明洪武年间，杨、李两姓从山西洪洞县迁此落户，取村名“杨李庄”。清初，杨姓兴旺，改村名为“杨家庄”。因北临匡山，后改称“匡山杨家庄”。

后屯　位于大金庄东北4千米。村名史同“前屯”。该村在北，定名“后屯”。

老屯　位于大金庄东北5千米。明洪武年间，有人从河北枣强迁此落户。因从济南往西至常旗屯共72屯，此屯为头屯，故取村名“老屯”。

腊山张家庄　位于大金庄南3千米。清乾隆年间，张姓由山西洪洞县迁此定居，以姓氏取村名“张家庄”。后习称“腊山张家庄”。

大饮马庄　位于大金庄东北2千米。明洪武年间，有人从河北枣强迁此落户。因传说三国时曹操曾在此地饮马，该庄较大，故取名“大饮马庄”。

刘家庄　位于大金庄东3千米。明洪武年间，刘姓由河北枣强迁此落户，以姓氏取村名“刘家庄”。

西沙王庄　位于西吴家堡东北3千米。相传唐代，该地有一沙王庙，将庙东西两村分别命名为“东沙王庄”“西沙王庄”。

刘七沟　位于西吴家堡北4千米。明洪武年间，刘业由河北枣强迁此居住，起名“西刘庄”。后因该村自然形成七道沟，与黄河连通，遂改名“刘七沟”。

郑家店　位于西吴家堡西北4千米。明洪武年间，郑植星由河北枣强迁此开店，取村名“郑家店”。

鲁唐庄　位于西吴家堡西北5千米。明永乐年间，鲁、唐二姓由河北枣强迁此定居，取村名“鲁唐庄”。

北王家庄　位于西吴家堡西北5千米。明洪武年间，王绘祖由河北枣强迁此定居，以姓氏起名“王家庄”。1968年撤销郊区合并公社。为与“西王家庄”区别，以坐落位置取名“北王家庄”。

新沙王庄　位于西吴家堡东3千米。清光绪二十七年（1901年），东沙王庄部分群众避水灾迁此居住，始称“新东沙王庄”，1936年改名为“新沙王庄”。

邱家庄　位于西吴家堡西北7.5千米。明弘治年间，邱德成由本省诸城来此定居，取村名“邱家庄”。

李家寺　位于西吴家堡北3.5千米。明天顺年间，李姓由河北枣强迁至此处“永安寺”东侧定居，起村名“李家寺”。

美里庄　位于西吴家堡西北4千米。据七圣堂碑文记载，该村原名“小民屯”，因名称不佳，后改称“美里庄”。

南沙王庄　位于西吴家堡东2千米。清光绪二十七年（1901年），东沙王庄部分群众避水灾迁此定居，始称“南小庄”。1936年，村长王子太提议改为“南沙王庄”。

范家庄　位于西吴家堡西北5千米。明永乐年间，范姓由河北枣强迁此定居，以姓氏取村名“范家庄”。

蒋家庄　位于西吴家堡北4千米。明永乐年间，蒋姓由河北枣强迁此定居，起村名“蒋家庄”。

邹家庄　位于西吴家堡北3千米。明永乐年间，邹姓由河北枣强迁此定居，因住地前有两棵大柳树，起名“双柳前邹家庄”。1921年改为“邹家庄”。

段家庄　位于西吴家堡西北4千米。明永乐年间，段姓由河北枣强迁此定居，起村名“段家庄”。

大金庄（段店镇政府驻地） 位于区政府西8千米。清道光十四年（1834年）《长清县志·地舆志》载：“大金庄”。后一直沿用此名。

大杨庄 位于大金庄南1千米。明万历年间，杨氏兄弟三人由河北枣强迁此地落户，以姓氏取村名“杨家庄”，后称“大杨庄”。

水屯 位于大金庄西南3千米。明洪武年间，有人从河北枣强迁此落户。因本村周围地势低洼，长年积水，故取村名“水屯”。

王府庄 位于大金庄南3千米。明洪武年间，王姓府官从河北枣强迁此落户，取村名“王府庄”。

任家庄 位于大金庄南3.5千米。明洪武年间，任姓从山西洪洞县迁此落户，以姓氏取村名“任家庄”。

张家庄 位于大金庄东2.7千米。清顺治年间，张姓由山西洪洞县迁此落户，以姓氏取村名“张家庄”，后简称“张庄”。

彭家庄 位于大金庄西北3千米。明洪武年间，彭、王两姓由河北枣强迁此落户，取村名“彭王庄”，后称“彭家庄”。

于家庄 位于大金庄西北2千米。明洪武年间，于德水由河北枣强迁此落户，以姓氏取村名“于家庄”。

演马庄 位于大金庄北2.5千米。明洪武年间，有人从河北枣强迁此落户。据传三国时曹操任济南相曾在此演习兵马，取村名“演马庄”。

小饮马庄 位于大金庄北1.5千米。明洪武年间，有人从河北枣强迁此落户。因相传三国时曹操曾在此地饮马，该村较小，故取村名“小饮马庄”。

小董庄 位于大金庄北0.5千米。明洪武年间，一董姓由河北枣强迁此落户，因户少，以姓氏取村名“小董庄”。

新庞庄 位于大金庄西南7千米。清光绪十九年（1893），黄河泛滥，长清县小庞庄、四里村等地人家迁此落户，取村名“新庞庄”。

睦里庄 位于大金庄西北5千米。明洪武年间，穆姓从河北枣强迁此落户，以姓氏取村名穆里庄。后以“穆”字谐音改为“睦里庄”。

担山屯 位于大金庄西南1千米。明洪武年间，有人从河北枣强迁此落户。因地处腊山与峨嵋山之间，故取村名“担山屯”。

东谢屯 位于大金庄西6千米。明朝洪武年间，谢姓从山西洪洞县迁此落户，取村名“谢家屯”。1976年黄河泛滥，该村迁至朱庄北建村，取名为“东谢屯”。

石头庄 位于大金庄西南7千米。清顺治年间，史姓从山西洪洞县迁此落居，取村名“史庄”。后来，庄上人家贫穷，长辈认为北邻朱庄是朱（猪）吃史（屎）不祥，遂改村名为“康庄”。之后，庄里群众依旧贫穷，又认为是朱（猪）吃康（糠）所致，嘉庆年间改村名为“石头庄”。

大李庄 位于大金庄西南7千米。明初年，李洪由山西洪洞县迁此落居，取村名“大李家庄”，惯称“大李庄”。

麻沟 位于大金庄西南6千米。明洪武年间，阎、吴、金三姓由山西洪洞县迁此落户。此地有一深沟，两岸野麻丛生，该庄建在沟嘴，取名“麻沟嘴”。1958年遭水淹迁庄南建村，取村名“新麻沟”，简称“麻沟”。

河圈 位于大金庄西南8千米。清光绪十七年（1891），黄河泛滥成灾，淹没村庄，长清县河圈村部分住户迁此落居，取村名“河圈”。

小杨庄 位于大金庄西南6千米。明崇祯年间，杨姓由齐河县迁此落户，后柳姓又迁居此处，取村名为“杨柳庄”。后杨姓富，柳姓穷，柳姓迁至该庄西南。原杨柳庄遂改为“小杨庄”。

西王府庄 位于大金庄西南6千米。清顺治年间，王姓由山西洪洞县迁此落居，取村名“王府庄”。后与该庄西南柳家庄合并，取名“柳王庄”。1937年发大水，原柳家庄大部分住户迁出定居，柳王庄遂改名为“西王府庄”。

由李庄 位于大金庄西6千米。该村钟楼碑文载：“大明国万历元年山东济南府长清县迤北由李庄有观音堂修钟楼一座”。村名沿用“由李庄”。

宋家桥 位于大金庄西6千米。清宣统年间，宋姓从河北枣强迁此落户，因此地原有“博济桥”，以姓氏和桥取村名“宋家桥”。

田家庄 位于大金庄西3千米。明洪武年间，徐、胡、赵三姓由山西洪洞县迁此落户。因此地“七圣庙”和“三官庙”的钟上皆注有“田姓”，以田姓取村名“田家庄”。

小李庄 位于大金庄西南7.1千米。明洪武年间，李洪之弟由山西洪洞县迁此落居，取村名“小李家庄”，惯称“小李庄”。

古城 位于大金庄西南4千米。原为祝阿（柯）故城址。清道光十四年（1834）《长清县志·地舆志》载：“祝柯：县东北境，本祝国，黄帝之后，周武王所封。春秋襄公十九年（公元前554年），盟于祝柯，《左传》所谓‘督扬’者也。周武王封帝尧之后于祝，是为祝国。后属齐国，为祝柯地。汉置县，改为祝阿，属平原郡。魏晋改属济南郡。南北朝改属东太原郡。隋，属齐州。唐天宝初，改祝阿为禹城县。唐乾元三年（760），安史之乱，李铣决河以陷贼，县为水坏，徙禹城于迁善村，而旧县遂呼‘古城’”。

筐李庄 位于大金庄西5千米。明万历年间，刘姓从河北枣强迁此落户，取村名“新刘庄”。因该庄编筐户多，李姓家族大，遂改村名为“筐李家庄”，后简称“筐李庄”。

龙王庙 位于大金庄西北6千米。原名“保辛庄”。清同治六年（1867），因庄西玉符河有“龙王庙”，改村名为“龙王庙”。

小金庄 位于大金庄西北2千米。明天启年间，金华兄弟二人由山西洪洞县迁本地彭庄西落户。十余年后，兄弟二人见峨嵋山一带风景好，又迁至峨嵋山北，以姓氏取村名“金庄”。清顺治年间，因东有大金庄，遂改名为“小金庄”。

孟王庄 位于大金庄西北3千米。明崇祯年间，孟、王两姓从齐河桑梓店逃荒来此落户，以姓氏取村名“孟王庄”。

油牌赵庄 位于大金庄西北3千米。明洪武年间，赵姓由河北枣强迁此落户，以姓氏取名“赵家庄”。1937年，在地下挖出一个卖油的牌子，改村名为“油牌赵家庄”，惯称“油牌赵庄”。

前周王庄 位于大金庄西南4千米。明崇祯年间，周姓从河北枣强迁此落户，以姓氏取村名“周家庄”。清嘉庆十二年（1807），王姓又迁此落户，遂改村名为“周王庄”。后分为两庄，此庄在南，称为“前周王庄”。

后周王庄村名史同“前周王庄”。该村在北，称为“后周王庄”。

河头王庄 位于大金庄西南4千米。据该村王氏家谱载：南宋末年，王姓自山西洪洞县迁至古祝阿锦绣川（玉符河）东岸，同周氏同住一村（现前周王庄），后因宗族矛盾，王氏又迁至玉符河西岸新立王家庄。因该村三面环河，俗称“河崖头王庄”，后沿用“河头王庄”。

朱庄 位于大金庄西南6千米。南宋景炎二年（1277），朱姓由山西洪洞县迁至章丘县建立“朱庄”。明崇祯年间，全国动乱，朱氏被杀，其后代迁至长清县东北古祝阿城（古城）东南建村，取村名“朱庄”。

常旗屯 位于大金庄西6千米。明洪武年间，常姓从河北枣强迁此落户。因此地设总旗，取村名“常总旗屯”，简称“常旗屯”。

东吴家堡 位于西吴家堡东0.5千米。秦朝用“五里一堡”作为军事上的联络信号。明洪武年间，守堡人吴汉三在此定居，取村名“吴家堡”。“西吴家堡”设村后，将“吴家堡”改为“东吴家堡”。

南吴家堡 位于西吴家堡东南1千米。清光绪六年（1880），东吴家堡部分群众因避水灾迁至坝南定居，取名“南小庄”。1936年改名“南吴家堡”。

西吴家堡 吴家堡镇政府驻地。位于区政府西北8千米。明永乐十七年（1419年），王胜德由河北枣强迁此居住，因东靠吴家堡，取名“西吴家堡”。

东赵家庄 位于西吴家堡西1千米。明洪武年间，赵十九、赵二十兄弟二人由河北枣强迁此居住，以烧黄土瓦盆为生，俗称“黄盆赵家庄”。因庄西有一赵家庄，后改名为“东赵家庄”。

石佛屯 位于西吴家堡西北2千米。该村原名“石佛寺”。明崇祯九年（1636年），王三公耕地耕出一大石人，用它代替小石佛，重建庙宇。

因该村地势低洼，起名“石佛屯”。

中赵家庄 位于西吴家堡西2千米。明洪武年间，赵建轩由河北枣强迁此居住，以姓氏命名“赵家庄”。清代，为同东赵家庄、西赵家庄区别，改名为“中赵家庄”。

唐家庄 位于西吴家堡西2千米。明永乐年间，唐姓由河北枣强迁此定居，以姓氏命名“唐家庄”。

楚家庄 位于西吴家堡西2.5千米。该村原以姓氏命名。清同治年间，孙姓由现市中区西红庙村迁此居住，仍沿用旧村名。

肖家屯 位于西吴家堡北0.5千米。明万历年间，肖纪先由山西洪洞县迁此定居。因地势低洼，取村名“肖家屯”。

宋家庄 位于西吴家堡西3千米。该村宋氏家谱记载：清光绪四年（1878），宋氏由河北枣强迁此居住，故称“宋家庄”。

中店铺 位于西吴家堡西3.5千米。明洪武年间，张、胡、赵、宋、彭等姓由河北枣强迁此定居，开设店铺，因此处 位于济南到齐河县城的中心点，故称“中店铺”。

大高家庄 位于西吴家堡西4.5千米。明洪武年间，高仁美由河北枣强迁此落户，取村名“高家庄”。明天顺年间，本村四世祖高刚迁出定居，该村改名为“大高家庄”。

董家庄 位于西吴家堡西4.5千米。明万历四年（1756），董姓由河北枣强迁此定居，起村名“董家庄”。

刘家庄 位于西吴家堡西5千米。据该村《刘氏家谱序》记载：明朝年间，刘氏始祖由河北枣强迁此定居，故名“刘家庄”。

陈家庄 位于西吴家堡西6千米。该村原以姓氏定名。明洪武年间，李、赵、杜、曹、刘等十余姓先后迁此定居，仍沿称“陈家庄”。

周官屯 位于西吴家堡西6千米。始建于唐朝，原名“小新庄”。北宋年间，山西洪洞县县官带兵来此修建周家楼。后人将烧砖瓦的洼地取名“周官屯”。

韩家道口 位于西吴家堡西北6.5千米。明洪武年间，韩友才由河北枣强迁此定居，在黄河渡口以摆渡为生，后取村名“韩家道口”。

大杨家庄 位于西吴家堡西北6千米。明永乐年间，杨士贤由河北枣强迁居此地，取村名“杨家庄”。1951年加固黄河大坝，该村迁至坝南，分成两个自然村，户数多的村取名“大杨家庄”。

裴家庄 位于西吴家堡西北6千米。该村原名小李庄。明崇祯元年（1628），裴贵文由本省莱州府即墨县西北乡八里庄迁此定居，后裴姓人增多，遂将“小李庄”改为“裴家庄”。

小杨家庄 位于西吴家堡西北7千米。1951年由杨家庄分出一自然村，因户数少，取名“小杨家庄”。

阎家庄 位于西吴家堡西北7千米。明洪武年间，阎氏兄弟三人由河北枣强迁此定居，故名“阎家庄”。

东曹家庄 位于西吴家堡西7千米。明洪武年间，曹子石由河北枣强迁此定居，取村名“曹家庄”。后为与庄西曹家庄相区别，遂改名为“东曹家庄”。

北店子 位于西吴家堡西11千米。该处是通往齐河的渡口，人们在此开店做生意，逐渐形成村落，始称“开河店”。清光绪十一年（1885）黄河发大水，此处决口。人们忌讳村名不佳，因南有长清县南店子，遂改村名为“北店子”。

棉花张庄 位于西吴家堡西7千米。明天启年间，张龙、张虎、张豹兄弟三人由省内即墨县张家胡同迁此定居，贩卖棉花，取村名“棉花张家庄”，习称“棉花张庄”。

三教堂 位于西吴家堡西9千米。明洪武年间，李武由河北枣强迁此定居，以姓氏起村名“李家庄”。明天启二年（1622），村内修建三教（儒、佛、道）堂，改村名为“三教堂”。

西王家庄 位于西吴家堡西8.5千米。明洪武年间，王景星由河北枣强迁此定居，取村名“王家庄”。1968年撤销郊区合并公社，为与北王家庄区别，改名为“西王家庄”。

曹家圈 位于西吴家堡西9千米。明洪武年间，曹子良由河北枣强迁至黄河滩边定居，取村名“曹家庄”。清光绪十一年（1885），黄河发大水，群众搬至坝南月牙坝上定居，因四面环水，取村名“曹家圈”。

安家庄 位于西吴家堡西 9 千米。该村原以姓氏取名。清光绪年间，曹、赵、李、王四姓先后迁居此处，仍沿用“安家庄”。

席家庄 位于西吴家堡西 10 千米。明洪武年间，席善修由河北枣强迁此定居，故名“席家庄”。

申家庄 位于吴家堡西 9 千米。据清光绪年间重修镇武庙碑文记载：该庄前身为“石家庄”，以姓氏命名。后赵、申二姓兴旺。某年，赵家帮申家打赢官司，为感谢赵家，申家搬走时把全部财产送与赵家。赵家为纪念申家，将村名改为“申家庄”。

七里铺 位于西吴家堡西 9 千米。明洪武年间，李、鲍二姓由河北枣强迁此居住，开设店铺，因此地距齐河县东门七华里，故名“七里铺”。

西张家庄 位于西吴家堡西 10 千米。清顺治年间，王风春由本省张店金岭镇迁此居住。清道光十四年（1834）《长清县志·地舆志》载：“西张家庄”。

明里庄 位于西吴家堡西 9 千米。该村前身为东辛庄与西辛庄两个自然村，后合并起名“明里庄”。

前屯 位于大金庄东北 4 千米。明万历年间，窦、苏两姓由河北枣强迁此定居。因东有老屯，取村名为“小屯”。1937—1945 年修路将村庄分为两部分，该村在南，定名“前屯”。1989 年 10 月村改居。

八里桥 位于大金庄东 6 千米。清康熙年间，滕姓由长清县万德迁此落户，因靠八里桥，取村名“八里桥”。1989 年村改居。

刘家场 位于大金庄东 4.5 千米。清宣统年间，刘姓由本地老屯迁此定居，住场园屋子，故名“刘家场”。1986 年村改居。

刘家堂 位于大金庄东 3.5 千米。明洪武年间，刘姓由河北枣强迁此落户，以姓氏取村名“刘家堂”。1989 年 10 月村改居。

位里庄 位于大金庄西北 4 千米。清雍正年间立碑为“魏里庄”。1937 年后，为便于书写，以“魏”之谐音，取村名“位里庄”。1989 年 10 月村改居。

北八里庄 位于大金庄西 3 千米。清嘉庆年间（1796—1820），王大公兄弟三人由山西洪洞县来此落居，因距西边齐河县城八里地，故取名八里庄。1976 年黄河泛滥，部分户迁至村北定居，称为“北八里庄”。1990 年村改居。

南八里庄 位于大金庄西 6 千米。1976 年黄河泛滥，原八里庄部分户迁至朱庄北定居，称为“南八里庄”。2000 年村改居。

主题索引

说明：

1. 本索引为综合性主题索引。
2. 索引款目按汉语拼音字母（同音字按声调）顺序排列。
3. 款目后的阿拉伯数字表示内容所在的页码。
4. 同一主题的内容在文中多处出现的，在其款目后用不同的页码标明。

A

B

C

D

E

F

G

H

J

K

L

M

N

P

Q

R

S

T

W

X

Y

Z

曾参与本志编辑人员名单

张恒传　黄家祥　莫　玲　尹燕华　张炳杰　刘启东　付　德

《济南市槐荫区志（1989—2006）》单位撰稿人员名单

（按姓名笔画排列）

于景霞　万　伟　马　雪　马长勇　马厚强　王　伟　王　迎　王　欣　王　鸥　王　莹
王　烨　王　量　王玉艳　王合胜　王青春　王林林　王建华　王修祥　王培修　王雅欣
王黎明　尤玉明　孔　媞　孔德超　邓爱华　石海波　卢　浩　申洪伟　田笑涵　史中锋
史敬云　付宁宁　付金永　白　云　白　哲　包　磊　边德平　毕仙雨　吕瑞雪　朱晓立
朱惠麟　乔　勇　伏丽萍　任思露　刘　宁　刘　京　刘　晨　刘　婷　刘　蓉　刘　源
刘　燕　刘　霞　刘广顺　刘天雄　刘元洪　刘东昌　刘东雪　刘志斌　刘丽丽　刘良政
刘彦秀　刘继群　刘维奇　刘婷婷　刘福云　刘福江　刘福顺　刘增恭　汤　勇　许　珞
许　萌　孙　妍　孙　明　孙　蕊　孙红梅　孙明波　孙学雷　孙翠芬　苏　强　苏　毅
苏令永　杜秀梅　李　宁　李　宁　李　伟　李　杰　李　佳　李　玲　李　路　李　颖
李　新　李　蕾　李广成　李长丽　李圣湘　李连法　李国兵　李宗政　李春阳　李昭强
李振君　李健健　李韶尉　李旖旎　杨　阳　杨洪帅　杨晓丽　肖立东　肖向东　时文娟
时敬静　何　倩　余孟莲　冷丽娟　宋　勃　宋　强　宋文萍　宋传梅　宋敬怡　张　宁
张　华　张　芳　张　洁　张　洪　张　彬　张　磊　张大川　张长美　张玉岭　张玉熠
张业鹏　张毕友　张红梅　张红蕾　张忻璐　张泽栋　张学林　张彦升　张晓娣　陈　涛
陈　菲　陈玉娟　陈忠东　陈知云　陈欣渊　陈秋材　陈俊儒　邵　钰　明　群　周　宇
周其高　周树梅　房　燕　孟令存　赵　农　赵　亮　赵　勇　胡　薇　胡晓静　胡慧敏
俄秋兰　侯君君　侯宝庆　姜　妍　祝世莹　祝林山　姚　强　栗春国　贾　屹　贾金桥
夏　青　夏海露　顾修恩　徐　伟　徐伟艺　徐秀兰　徐秀花　高　申　郭　松　郭玉丽
郭兆生　郭洪群　曹凤娟　戚本侠　崔　莹　盖明珠　葛树丽　葛筱玥　董庆辰　董晓娟
韩　磊　韩　薇　程玉霞　曾书金　谢于娜　谭相伟　翟志桂　滕　萌

编 后 记

《济南市槐荫区志（1989—2006）》是1994年版《槐荫区志》的续志。编纂工作始于2007年，后因编纂《槐荫区村庄概览》搁置。2015年1月重新启动，历时3年时间完成。编纂工作大致经历以下阶段。

一、第一次启动修志及工作推进情况

筹备启动（2006.6—2007.4）。2006年6月6日，为适应第二轮修志工作需要，撤销史志科，重新成立区史志办公室。2006年12月，区政府调整区史志编纂委员会成员，着手准备启动二轮修志工作。2007年初，区史志办开始研究制定区二轮志篇目，多方征求史志专家意见，学习借鉴外区县已出版的第二轮优秀志书，结合槐荫区实际，对篇目设置进行反复修订完善。4月，全区修志工作动员大会召开，会上下发《槐荫区续修新志工作方案》《济南市槐荫区志(1989—2006)》篇目设计（征求意见稿），对全区修志工作进行部署，明确各单位的工作任务和材料报送时间。

培训供稿（2007.5—2009.12）。5月11日，全区82个供稿单位100余名撰稿人员在区政府礼堂集中进行业务培训，印发《济南市槐荫区志（1989—2006）》编纂行文规范，区史志办结合区志篇目设计，就地方志的概念与特征、志书的文风、资料的收集、初稿的撰写、图表的运用、专记的运用、志书的质量标准等基本业务知识进行讲解；济南市史志专家就如何撰写志书、编写志书应注意和把握的问题等内容作了辅导授课；工商局槐荫分局的领导介绍编写工商分志的经验。为保障工作的顺利进行，先后聘请区史志办等机关退休人员及有文字功底的社会退休人员6人作为编辑，壮大编纂队伍。区史志办采取上门指导、会议调度、电话督导、典型推广、样稿引路等多种形式开展工作。通过各供稿单位资料搜集整理过程中反馈的情况，区史志办不断对志书篇目进行调整和细化，按照分工对各供稿单位报送的资料进行审核。至2009年底，全区大部分供稿单位都不同程度地报送基础资料，区史志办进行初步的归类和整理，形成资料100余万字。随着济南西客站落户槐荫区，城郊农村发生巨大变化，为抢救性挖掘、保护村庄历史文化资料，2012年，经区政府研究同意，区史志办开始组织人员，集中力量编写《槐荫区村庄概览》，历时两年半，于2014年底完成出版发行，总字数达95万字。

二、第二次启动修志及工作推进情况

2015年初，区史志办重新制定二轮修志工作计划，倒排工期，明确工作重点，细化责任分工，严格按照进度计划推进修志工作。

梳理完善资料（2015.1—2016.8）。将现有二轮志资料分两批次进行梳理，查找缺项，完善篇目并提出修改意见，同时进行区志图片、人物资料征集。区史志办在人员少、人员新的情况下，边学习，编实践。第一批共对14个街道、镇及劳动人事、民政、城建系统等44个供稿单位的资料进行重新梳理，并一一提出有针对性的反馈意见。11月24日，区史志办组织第一批44个单位分管领导召开区志承编单位工作会议，印发各单位区志稿件反馈意见等相关资料。副区长印东出席会议并作再动员讲话，对二轮修志工作提出具体要求，保障工作的顺利推进。26日，邀请市史志办专家对第一批44个单位44名撰稿人进行业务培训，重点对资料收集和行文规范进行讲解，为各单位志稿补充完善奠定了基础。2016年上半年，区史志办集中精力完成区委、区人大、区政府、区政协等第二批31个供稿单位志稿的审稿和反馈意见整理工作，同时对第一批44个单位陆续反馈的稿件作进一步的修改补充。7月8日，再次邀请市史志办专家对第二批31个单位撰稿人进行业务培训，针对第二批部分单位稿件比较薄弱的实际，印发稿件反馈意见和样稿，并重点对编纂过程中资料收集、行文规范、注意事项等一些重要问题进行系统讲解，增强各单位撰稿人组稿能力。区史志办编辑人员按照分工，在完善资料的基础上完成初稿的编辑工作。

借助外力，完成志稿修改及总纂（2016.9—2017.1）。为加快修志进度，9月，邀请3名济南市史志专家对志书篇目及内容进行调整、规范和修改。区史志办结合专家提出的修改意见，对区志内容进行查漏补缺，优化篇目，完善充实，形成《济南市槐荫区志（1989—2006）》合成稿。11月下旬，市史志办组织6名市史志专家对初稿进行初步审读，对照优秀志书的标准，从篇目框架、内容编排、行文规范、语言表述、文字校对、数字核准等方面进行全面把关。12月，《济南市槐荫区志（1989—2006）》统编总纂工作完成，形成征求意见稿，分发至区直各部门及街道广泛征求意见。区史志办根据各单位反馈的意见，对部分篇目和内容进行修改完善，于2017年1月形成评议稿，120余万字。

精打细磨，完成志书评审及精修（2017.1—2017.12）。评议稿形成后，市史志办组织4名市史志专家进行审读。3月21日，《济南市槐荫区志（1989—2006）》志稿评审会在槐荫区政务中心召开，山东省人民政府办公厅党组成员、省史志办主任刘爱军，济南市人民政府副市长巩宪群等省市领导和史志专家出席会议。省市领导及专家一致认为《济南市槐荫区志（1989—2006）》是一部时代气息浓郁、槐荫特色鲜明、结构严谨、资料翔实、体例完备、文理贯通的志稿，具备一部优秀志书的雏形。同时各位专家就篇目框架、内容记述、文字校对及图片插入等问题提出意见和建议。评审会后，区史志办根据专家意见和建议，对志稿进行认真修改和通编，同时对入志照片进行整理。9月，志稿送方志出版社审核。10月16日，市史志办组织8名市史志专家对修改后的志稿进行最后审读。审读会后，区史志办对专家意见进行认真梳理，并结合方志出版社审核意见，对志稿进行修改和完善，反复推敲打磨，插入图片，数次通稿后，交付印刷出版。

《济南市槐荫区志（1989—2006）》付梓出版，得益于中共槐荫区委、区政府的正确领导，得益于省市史志办的大力支持，得益于兄弟区县史志部门的全力帮助，得益于各供稿单位的密切协作，得益于社会各界的关注厚爱。特别是在编纂过程中济南市史志专家委员会成员亓远程倾注了大量心血，给予精心指导。分管副区长印东、胡民安多次调度指挥，把好志书质量关。全体编纂人员始终以高昂的工作热情和精益求精的工作态度，兢兢业业，淡泊名利，甘于清苦地辛勤工作，确保了《济南市槐荫区志（1989—2006）》编纂工作圆满完成。值《济南市槐荫区志（1989—2006）》付梓之际，谨向所有关心、支持槐荫修志工作的领导、专家、同仁、同志们及方志出版社表示衷心感谢！

编史修志是一项庞大的系统工程，涉及面广，工作量大，专业性强，编纂人员虽已尽最大努力，但因资料提供渠道不一，信息来源不畅，还有许多该记未记之人、事，加之时间、水平有限，纰漏之处难免，敬请各位读者批评指正。

编　者

2017 年 12 月